JACK HIGGINS

1

JACK

HIGGINS

1

LES ANNÉES
1959-1962

Présentation de François Rivière

L'OR DES MARAIS ROUGES

LA DERNIÈRE CHASSE

LES VISAGES DE LA NUIT

RETOUR À L'ENFER

LE TESTAMENT DE CASPAR SCHULTZ

ÉVASION VERS L'ENFER

AU DIABLE SON DÛ

Illustration de couverture : Michel Stringer.

JACK HIGGINS
ou
HARRY ET SES HÉROS

par
François Rivière

> *« N'oubliez surtout pas que ces gens vivent maintenant, et au milieu de nous... »*
>
> Erskine Childers

Reconnu aujourd'hui, partout dans le monde, comme l'un des plus prestigieux romanciers d'aventure, Jack Higgins a fait sa véritable entrée en scène dans notre pays avec la traduction, en 1975, de *L'Aigle s'est envolé*. Mais un certain nombre d'autres romans nés sous sa plume avaient déjà été traduits et publiés, sous ses divers pseudonymes — y compris son nom véritable, Harry Patterson — dans diverses collections, dont Le Masque. Toutefois, l'ensemble des livres de l'auteur de *L'Irlandais* et de *Confessionnal* parus en France, ne constitue qu'une partie de la production d'un romancier aussi fécond que discret, établi depuis près de vingt ans sur une île anglo-normande placée symboliquement entre l'Angleterre et nous : plus de cinquante volumes qui sont autant de jalons d'une œuvre compacte, et terriblement attachante.

Le roman d'action, plus qu'aucune autre forme de littérature de genre, épouse — c'est un truisme de le rappeler — chacune des convulsions de l'histoire du monde moderne, avec une sourde et enivrante délectation. S'il est assez malaisé de situer avec précision l'apparition de ce type de récits, en parallèle avec le roman criminel qu'il a souvent frôlé et dont il est bien sûr parent, tout comme il se confond parfois avec le roman d'espionnage, il est permis de dire que la fin du XIXe siècle l'a vu subitement s'épanouir de l'autre côté de la Manche, sous la plume de romanciers particulièrement inspirés et féconds. Un certain William Le Queux, né en 1864, et longtemps correspondant sur le continent du *Daily Mail* — comprenez : agent des Services secrets britanniques — peut être considéré comme l'inventeur de ce qu'on appelait jadis « le roman d'intrigue internationale ». Son premier livre, paru en 1890, traite d'une conspiration politique à Moscou et lui vaut d'être interdit de séjour en Russie. Quelques années plus tard, Le Queux fait état d'un péril beaucoup plus précis — et, surtout, plus proche puisqu'il annonce un complot unissant la France et la Russie, dont l'enjeu n'est rien moins que l'invasion de l'Angleterre ! Il ne s'agit bien sûr que d'un roman, mais cette fiction comme celle, plus tard, d'un Éric Ambler — à qui Le Queux fait beaucoup penser — se nourrit d'informations troublantes et d'échafaudages militaro-diplomatiques recueillis aux meilleures sources, lesquelles, tout agent de renseignements sait cela, ne sont pas toujours les plus fiables... Mais l'effervescent et mondain romancier, mieux inspiré, ne tarde pas à se racheter. En 1905, dans un livre intitulé *L'Invasion de 1910*, il préfigure tout simplement la Grande Guerre. Un autre homme, toutefois, l'a devancé de peu au fil d'un récit étrange, subtil et poignant, *The Riddle of the Sands* (L'énigme des sables) paru deux ans plus tôt chez l'éditeur Elder, à Londres. Erskine Childers sera l'homme d'un seul roman mais celui-ci fait date. Il évoque l'odyssée de deux hommes, Carruthers et Davies, naviguant au large des côtes frisonnes et qui se retrouvent soudain nez à nez avec la marine allemande en pleines manœuvres. Carruthers est un fonctionnaire du ministère des Affaires étrangères et son compagnon, le parfait « faire-valoir » dont les auteurs de romans d'aventures anglais sauront tirer le meilleur parti au cours des années à venir. Mais Childers, lui, est un patriote et il fera de son livre une sorte d'avertissement solennel à l'Angleterre, qui n'est pourtant que la moitié de son pays, puisque sa mère est originaire d'Ulster. Les autorités ne resteront pas insensibles à son message en forme de fiction et en tireront la leçon qui s'impose. L'histoire personnelle de ce romancier bien méconnu de ce côté du Channel, mérite d'être évoquée.

Ayant renoncé au genre romanesque, Erskine se bat courageusement durant la Première Guerre Mondiale, puis se consacre avec passion à la cause irlandaise. Établi à Dublin en 1919, il sera le secrétaire de la délégation qui signe un traité avec le gouvernement anglais. Mais il incline vers les exigences de l'IRA et, en 1922, les soupçons croisés des Irlandais extrémistes dont il déplore la brutalité, et du gouvernement de Londres qu'il sert loyalement, lui vaudront d'être considéré comme traître à ses deux causes. Le 10 novembre de cette année-là, Childers voit des soldats du *Free State Irish Government* encercler la maison de sa mère où il s'est établi et il est arrêté. Passé en Cour Martiale à Dublin quelque temps plus tard, il est condamné à mort. Il sera fusillé après avoir serré la main à chacun des hommes du peloton d'exécution.

Pendant ce temps, le monde de la fiction a sans répit mis à profit les terribles événements guerriers pour peaufiner sa technique. William Le Queux a fait école et passé le flambeau du récit d'intrigue cosmopolite à E. Phillips Oppenheim, davantage assidu des casinos de la Riviera Française que des ambassades. Infiniment plus talentueux, l'Écossais John Buchan (né à Perth en 1875) a publié en 1915 *Les Trente-neuf marches*, un modèle du genre qui allie la finesse de l'étude psychologique à une vision du monde qui insiste avec inquiétude sur la fragilité de notre civilisation. L'issue de la guerre ne fera qu'amplifier le désarroi de cet écrivain qui est également un homme d'action — il sera vers la fin de sa vie gouverneur général du Canada. Le personnage de Richard Hannay, figure centrale de la saga la plus accomplie de Buchan, affirme la philosophie d'un genre qu'on aurait bien tort de considérer seulement sous l'angle de l'évasion. Un certain dandysme de ton — celui que pratiqueront toujours A.E.W. Mason, par exemple, ou Dornford Yates — voudra faire croire que le monde des aventuriers est avant tout celui de spadassins à peine plus conséquents que le *Mouron Rouge* de la baronne Orczy ou le *Bulldog Drummond* de l'auteur bicéphale et abominablement réactionnaire qui signe du nom de Sapper.

La littérature, celle que ne publient pas les magazines comme le *Collier's* ou les fascicules de l'éditeur Newnes, s'en mêle alors. Somerset Maugham, dans la série de nouvelles qui mettent en scène Ashenden — agent des Services secrets britanniques lui ressemblant comme un frère, et pour cause... — montre bien, non seulement que le « renseignement » est un métier subtil, mais aussi qu'il est le fait de cerveaux sophistiqués. Graham Greene, un peu plus tard, en fera lui aussi la démonstration, avant de s'affirmer comme le plus grand des romanciers anglais de ce siècle. Lui-même a lu, enfant, les romans d'A.E.W. Mason et de William Le Queux et y a trouvé la matière à une réflexion sur le rôle éminent de la fiction d'aventures. Plus tard, avec *Le facteur humain*, il composera le plus bel hymne au rôle de l'aventurier, acteur solennel et invisible de notre monde. Et il rendra hommage à Buchan en ces termes : « Il fut le premier à comprendre l'énorme valeur dramatique de *l'aventure* quand le décor en est un milieu familier, et que ses héros sont des hommes fort peu aventureux, membres du Parlement, inscrits au Club de l'Athenaeum... » Étrangement, cette « filière » dont parle l'auteur de *Brighton Rock* et du *Troisième homme*, connaîtra son plus bel accomplissement au cinéma, à travers certaines œuvres d'Alfred Hitchcock et de Carol Reed, sous l'impulsion notamment d'Alexander Korda, lui-même agent des services secrets. Les nouveaux sursauts de l'histoire contemporaine, qui font se profiler le second conflit mondial, suggèrent aux romanciers la mise au monde d'un nouveau type de héros. L'explication peut en être trouvée dans un fait demeuré longtemps occulté — non sans raisons —, à savoir l'appartenance d'un très grand nombre de ces écrivains soupçonnés d'intentions mercenaires, aux Services secrets de Sa Majesté. Une récente anthologie due à Nigel West, nom-de-plume du député conservateur Rupert Allason, fait état, de manière surprenante, des liens très étroits qui unirent longtemps des écrivains comme Mason, John Bingham, Dennis Wheatley, Ted Allbeury et quelques autres et le MI5. Paradoxalement, ni Éric Ambler, ni Ian Fleming ne figurent sur la liste des « espions officiels », peut-être parce qu'ils décidèrent de vivre une aventure plus esthétique, se mêlant au conflit de manière individuelle. C'est en flâneur que le jeune publicitaire Ambler découvre le décor de ses premiers romans, à travers l'ambiance à ses yeux déliquescente et perverse du bassin méditerranéen. Et il est à Paris, humant les pavés du boulevard Saint-Michel en 1939, lorsque la guerre s'annonce. A quoi songe-t-il ? Au roman qu'il publiera plus tard sous le titre *Le masque de Dimitrios* — certainement son chef-d'œuvre ? Pendant ce temps à Londres, Ian Fleming hante les salons du Dorchester et rêve — mais rêve seulement, contrairement à ce qui a parfois été écrit — d'intégrer le SIS. Son frère Peter, un authentique aventurier, a été recruté pour effectuer de périlleuses missions au Moyen-Orient. Mais lui va se contenter d'un poste à l'Amirauté — une position enviée, d'où il découvre les mécanismes de la guerre. Le personnage de James Bond, totalement imaginaire, naîtra entouré d'un groupe de personnages plus ou moins vraisemblables, quoique pour la plupart inspirés par le personnel militaire que Fleming a pu observer avec son ironie et sa causticité légendaires. Mais c'est en écrivain qu'il vivra la Seconde Guerre mondiale, déployant — ainsi que le déclara un de ses supérieurs — « des tas d'idées loufoques, comme celle consistant, juste avant l'attaque sur Dieppe, à couler dans la Manche un énorme bloc de béton avec des hommes à l'intérieur afin de surveiller le port au moyen de périscopes ».

Tandis que leur pays vit des heures difficiles, serrant les dents avec un héroïsme certain, les enfants d'Angleterre connaissent des fortunes diverses. La plupart des petits londoniens sont évacués vers la campagne. Un certain nombre de familles juives expédient leur progéniture dans des familles d'accueil américaines. D'autres encore, retrouvent leurs racines irlandaises et émigrent à Belfast. C'est le cas des Patterson et de leur fils Harry, né le 27 juillet 1929 à Newcastle. Le jeune garçon restera par le cœur dans cette partie du monde dont il a épousé la cause, même lorsque, rentré en Angleterre, il fréquente une école secondaire où il est tout sauf brillant. À quatorze ans, ce fils de famille modeste s'entend dire par le directeur de l'établissement : « Vous ne ferez jamais rien de bien, mon vieux. » L'avenir d'Harry s'annonce plutôt sombre lorsqu'il s'engage sous les drapeaux en 1947. Il servira deux années durant dans les *Royal Horse Guards*, puis se lancera dans la vie active, sans grande conviction, s'essayant à toutes sortes d'activités : représentant de commerce, garçon d'écuries dans un cirque, conducteur de tram, postier... Puis il tombe amoureux « d'une ravissante étudiante d'origine bourgeoise ». La mère de la jeune fille dit à Harry : « Je vous aime bien, mais je désire que ma fille ait une belle vie. Or, jusque-là, vous n'avez pas réussi grand-chose. » Le grand dadais blond décide alors de reprendre ses études et s'inscrit, à Leeds, dans un collège de formation d'enseignants. Il se découvre alors une vocation pédagogique, en parallèle avec une autre forme d'initiation, un rêve qu'il caressait en secret depuis de longues années déjà : l'écriture de romans. Le narrateur d'un livre largement autobiographique, *Memoirs of a Dance Hall Romeo*, publié par Harry en 1989, retrace ces débuts littéraires difficiles, mais résolus. Le lecteur fasciné de Scott

Fitzgerald et d'Hemingway ayant renoncé à singer ses maîtres, s'engage dans la composition d'un récit d'action qu'il propose à un agent littéraire en 1958. C'est l'année de son mariage avec Amy Margaret Hewitt et le début d'une vie nouvelle. Diplômé de son école, il commence à enseigner dans le secondaire, tout en suivant les cours de l'Université de Londres en sociologie et psychologie sociale. L'année suivante, paraît le premier roman signé Harry Patterson, *L'Or des marais rouges*, chez l'éditeur John Long. L'action du livre se passe en Chine et met en scène le premier d'une série de héros nostalgiques et chevaleresques, soldats de fortune en proie au mal de vivre mais plus encore peut-être au désir d'une vie conforme à leur idéal d'adolescent.

Dès le second roman de Harry Patterson, publié l'année suivante, apparaît l'une des composantes obsessionnelles de cette œuvre qui, pour l'heure, s'inscrit résolument dans la tradition du roman d'action pure. Le héros de *La Dernière Chasse* se nomme Martin Fallon. C'est un légendaire agent de l'IRA qui, après de longues années de prison, a décidé d'écrire des romans policiers. Avec plus de force encore que Mark Hagen, l'acteur du premier récit de Patterson, oublié par son auteur dès la fin de l'histoire, Fallon s'oppose avec une acuité qui n'est pas sans rappeler au lecteur Johnny McQueen, le protagoniste de *Odd Man Out (Huit heures de sursis)*, le roman de F.L. Green porté à l'écran en 1947 par Carol Reed et campé de façon magistrale par James Mason. L'adaptation de R.C. Sherriff avait transfiguré le jeune chef de l'IRA traqué dans Belfast, l'homme pur contraint à « agir de la mauvaise façon afin d'honorer une cause juste ». Ce leitmotiv lancinant, qui semble surgi des profondeurs de la forêt de Sherwood où officiait Robin Hood, est en train de devenir l'un des moteurs de la fiction de Harry. Comment dès lors, s'étonner que le nom de Martin Fallon devienne en 1962 le pseudonyme de Harry lorsqu'il publie son cinquième livre, *Le Testament de Caspar Schultz*. Car ce roman, qui délaisse le rituel de l'action classique pour se muer en récit d'espionnage — le genre alors à la mode —, pourrait être l'un de ceux écrits par le héros de *La Dernière Chasse* enfin rendu à sa paisible retraite ! Une sorte de fantasmatique secrète régirait-elle l'œuvre embryonnaire de cet écrivain d'une trentaine d'années n'envisageant pas encore d'abandonner la profession d'enseignant qu'il pratique avec un certain plaisir ? Harry Patterson s'est vu proposer un poste d'assistant à mi-temps, à l'Université de Leeds. « C'était, dira-t-il, extrêmement flatteur pour le fils d'ouvrier que j'étais d'accéder ainsi à une telle position. »

Harry va donc poursuivre son double cheminement, tout en explorant systématiquement le champ particulièrement vaste qu'offre la littérature d'évasion à sa curiosité.

Le début des années soixante a vu le roman d'espionnage anglais prendre un essor particulier. Outre Ian Fleming, dont la mort interrompt brutalement l'œuvre — mais celle-ci sera, comme on sait, largement relayée par le cinéma —, un certain nombre d'auteurs ont investi, en le renouvelant, le paysage du récit d'aventures. Elleston Trevor, sous son nom ou l'alias d'Adam Hall, James Leasor, Victor Canning, Gavin Lyall, pour ne citer qu'eux, vont marquer la décennie. Les romans de Canning, tels *La maison des sept faucons* ou *Visa pour les limbes*, comme l'admirable *Minuit plus une* de Lyall, sont d'une inspiration proche de celle de Patterson. Le Major Furse de Canning, Cale, dit le « Caneton », de Lyall, sont d'anciens résistants devenus détectives privés au service de causes qui n'ont souvent rien d'officiel. Comme Fallon ou Matt Brady, le héros du roman *Évasion vers l'enfer* que publie Harry en 1962, ils poursuivent un rêve né durant la Seconde Guerre mondiale et qu'ils tentent, contre vents et marées, de réactiver à la faveur de missions périlleuses. Les romans de Gavin Lyall, comme ceux de Patterson, commencent toujours sous la pluie. L'Angleterre encore mal remise du traumatisme de 1939-1945 leur semble un pays asphyxiant. Leur terrain d'action va donc s'étendre progressivement jusqu'au Moyen-Orient, où ils rejoignent les protagonistes d'Éric Ambler, dont l'œuvre commence son âge d'or. Mais tandis qu'Helen McInnes — *Décision à Delphes*, *Rendez-vous à Malaga* — ou Martha Albrand — *Après le désespoir* —, deux grandes praticiennes de l'espionnage grand public, investissent le pourtour méditerranéen avec un savoir-faire de *tour operator*, les romanciers mâles semblent de plus en plus captivés par le ressort psychologique du récit d'espionnage. Le tout jeune David Cornwell, alias John Le Carré, met à profit son activité d'agent secret pour imaginer le destin de George Smiley, d'ailleurs largement inspiré par Lord Clanmorris, lui-même connu dans le genre pour les romans qu'il a fait paraître sous le nom de John Bingham. Len Deighton avec *Ipcress, danger immédiat* (1962) joue avec subtilité sur le même registre que feu Ian Fleming, avec son personnage de Harry Palmer. La critique dira même à propos de son premier livre que « Palmer est plus fort que James Bond ».

Patterson, cependant, demeure en deçà des préoccupations souvent hystériques du « nouveau roman d'espionnage » à l'anglaise. La tradition qu'il honore est plus souterraine, finalement plus proche de Buchan ou du méconnu F.L. Green : ses personnages agissent dans l'ombre la plus absolue, ils n'utilisent aucun gadget et n'ont rien de ces cabots un peu snobs dont le public, peu à peu, commence à raffoler. Ce qui n'empêche pas Hugh Lomax — héros de *Sans rancune, capitaine*, paru en 1963 —, ou Paul Chavasse, dans *L'Année du tigre*, un Martin Fallon de la même année — d'être des hommes de grande culture, qui citent Shakespeare et Wordsworth et se conduisent de manière chevaleresque. Leur comportement à l'égard des femmes est assez révélateur. Depuis son premier roman, Patterson a toujours mis en scène de mâles figures toujours en proie au doute le plus grand quant à leur faculté d'aimer. Fascinés par les jeunes filles transies que l'aventure leur fait rencontrer, ils ressemblent beaucoup à Oliver Shaw, le narrateur de *Memoirs of a Dance Hall Roméo*, livre-clef en matière de psychologie pattersonienne. Comme ce garçon à peine démobilisé qui, au cours de l'hiver 1949, tente de se muer en séducteur acharné et croise sur sa route des femmes avides et fort peu romantiques avant de se replonger dans l'écriture de son premier roman, sa vraie planche de salut, le héros-type de Harry se heurte au mystère féminin avec infiniment moins de plénitude qu'il ne l'aurait souhaité. Par contrecoup, l'action sauvage, idéaliste, à laquelle sa mission l'attelle, apparaît en quelque sorte salvatrice et — dans le meilleur des cas — sert de catalyseur à son effort amoureux. En 1964, Patterson publie son seul et unique « roman sentimental », *A Phoenix in the blood*, livre qui n'a d'ailleurs jamais été réédité depuis.

La prolixité inébranlable de Harry Patterson au fil des années 60, sous son propre nom ou sous les pseudonymes qu'il multiplie — il adopte celui de Hugh Marlowe en 1963, celui de Jack Higgins en 1968 et, deux ans plus tard, le nom-de-plume de James Graham en référence au fondateur de ce collège du Yorkshire où il enseignera de 1968 à 1970 — n'est cependant pas encore pour son auteur le signe d'une véritable réussite. « J'avais encore tendance à imiter les autres auteurs. Je vendais chacun de mes livres à 3 500 exemplaires. C'est avec le changement de ton opéré avec les premiers romans signés Jack Higgins que mes ventes se sont accrues. Mon éditeur m'avait dit : "Vous êtes un honnête auteur de thrillers, voire peut-être un peu mieux. Vous ne devriez pas tarder à vendre 7 000 exemplaires..." Je devenais enragé. Mais cet homme avait vu juste : mes ventes se mirent à grimper et c'est alors que j'écrivis *L'aigle s'est envolé.* »

Le changement dont parle Harry n'est pas seulement ce qu'il appelle une modification du « ton ». Il s'agit bel et bien de la recherche de sujets nouveaux, dépassant la désormais très balisée voie de l'espionnage. Patterson-Higgins se captive désormais pour l'exploration des années de guerre, que le recul du temps rend plus aisée, voire plus romantique. Le cinéma est déjà passé par là, les Américains filmant sans poésie *Le Jour le plus long* et Gérard Oury faisant s'esclaffer le bon peuple français aux avatars de l'Occupation.

Le travail de Harry est plus pervers, ses propres sentiments à l'égard de l'Histoire le propulsant vers les marges des événements officiels. Pourtant, si les six premiers romans signés Higgins — *De haut vol* (1968), *In the hour before midnight* (1969), *Night judgement at Sinos* (1970), *The last place God made* (1971), *The savage day* (1972) et *L'Irlandais* (1973) mettent en scène des officiers et des nazis, ils n'ont pas l'ambition de *L'aigle s'est envolé*, qui paraît chez Collins en 1975. Ce livre raconte la mission d'un certain Kurt Steiner et d'un groupe de soldats allemands parachutés sur l'Angleterre en 1943 dans le but de kidnapper Churchill, sous la houlette d'un membre légendaire de l'IRA, Liam Devlin. Bien avant que le cinéma rende familière cette histoire au plus grand nombre, le roman de Higgins sera l'un des best-sellers de l'année en Angleterre, avant de commencer un tour du monde triomphal.

Le succès du romancier met un terme à la carrière d'enseignant de Patterson, mais ce sont les inévitables conséquences fiscales de sa nouvelle aisance qui vont décider Harry à quitter Leeds pour s'installer à Jersey. « En 1975, dit-il, le pourcentage d'imposition était de 83 %, alors qu'à Jersey, il n'était que de 20. » À présent père de quatre enfants, c'est tout de même avec un certain pincement au cœur que l'auteur à succès quitte le pays où vivent tous ceux qu'il aime — à commencer par sa mère, alors âgée de quatre-vingts ans et ses quatre enfants, Sarah, Ruth, Sean et Hannah. Il fait l'acquisition d'une somptueuse villa de style californien, tout le contraire de la solide maison édouardienne de Leeds qu'il laisse derrière lui. Mais, bientôt, c'est dans une propriété plus rustique — plus proche, dit-il, du décor de Gatsby, son héros de fiction favori — qu'il s'établit pour de bon. C'est du moins ce qu'il croit, car son histoire personnelle, sans doute marquée par les retombées inévitables d'un exil doré, l'amène à divorcer d'avec sa femme en 1984. Depuis lors, c'est dans une grande maison blanche dominant les falaises que le romancier vit en compagnie de sa seconde épouse, Denise, journaliste à Channel Television.

Jack Higgins, subitement reconnu comme l'un des plus prestigieux auteurs de romans d'action au monde, ne va pas s'abandonner au ronron d'une forme de récit historique ayant pour décor unique la guerre de 1939-1945 et mettre un terme aux exploits secrets de ses héros militants. Bien au contraire, ceux-ci ont décidé de le traquer sans merci. Liam Devlin, le vrai héros de *L'Aigle*, réapparaîtra en 1982 dans *Touch the devil*, opposé au terroriste Frank Barry, puis dans *Confessionnal*, en 1985, et enfin dans *L'œil du typhon*, en 1992. Plus encore que Martin Fallon, Devlin incarne la véritable fascination de Harry. Il le décrit ainsi dans *Confessionnal* : « Il était de petite taille, pas plus d'un mètre soixante-huit, et à soixante-quatre ans, ses cheveux bruns ondulés ne montraient aucune trace d'argent. Il portait une vieille cicatrice sur la droite du front — la marque d'une balle —, son visage était empreint de pâleur et ses yeux d'un bleu extraordinairement brillant. Un sourire vaguement ironique relevait en permanence les commissures de ses lèvres — le sourire d'un homme qui prend la vie pour une mauvaise plaisanterie, et qui a décidé d'en rire. Un sourire charmant, d'ailleurs, et dépourvu de toute hypocrisie. »

Devlin est l'archétype suprême, l'homme pétri d'une morale qui se cabre contre tous les excès du terrorisme sans jamais faillir à la mission quasi divine dont il se sent imparti. Comme Fallon, sa dévotion au Dieu de souffrance dont se réclame leur peuple est sans limite. Certains parmi les plus beaux passages des romans de Higgins se déroulent à l'ombre d'une église. Dans *L'Irlandais*, le père Michael Da Costa incarne une forme de mystère infiniment plus prenante encore que tous les poncifs du roman d'aventures. Cet homme qui, comme la plupart des héros de Harry, aime marcher sous la pluie, y trouvant depuis l'enfance une « sensation de sécurité », saura se montrer plus fort que les pires canailles jetées sous ses pas au cours de l'action... Au cœur de ce monde d'hommes éperdus qu'a su, roman après roman, créer Harry Patterson, et que le plus vaste public lui reconnaît aujourd'hui sous son pseudonyme de Jack Higgins, c'est peut-être le romancier lui-même qui s'avance porteur de tous les masques que lui a fournis le genre de fiction auquel il a voulu se plier. Son obstination, la rigueur avec laquelle il a, depuis la fin des années 50, mis en œuvre la mécanique subtile d'une entreprise qui n'a jamais sacrifié aux modes du moment, font de lui l'artisan peut-être le plus singulier du roman d'action anglais. À cet égard, le destin éditorial chaotique de Harry Patterson dans notre pays ne peut surprendre, en raison de l'ignorance qui fut longtemps la nôtre sur le continent, de l'unité créatrice camouflée sous des noms aussi divers que James Graham, Harry Patterson, Hugh Marlowe ou Martin Fallon... Le succès de *L'Aigle s'est envolé*, trente-cinquième roman de Harry, aura été décisif puisque la majeure partie de sa production est à présent traduite et connaît une grande audience. Mais il devenait nécessaire de revenir en arrière, de « récapituler » en quelque sorte le parcours du combattant de celui qui accepte désormais que tous ses livres connaissent sous un nom d'auteur unique une seconde chance auprès d'un public sensible au charme d'une œuvre compacte, traversée de sombres nuées de doutes et d'éclairs aveuglants d'espoir pour une cause difficile. Jack Higgins était le nom d'un oncle irlandais, vénéré de Harry. C'est celui, désormais, sous lequel tous ses romans entreront dans notre mémoire.

1959

L'OR DES MARAIS ROUGES

Traduit de l'anglais
par Jean-Marc Mendel

Ce roman a paru sous le titre original :

SAD WIND FROM THE SEA

Pour Amy.

Macao 1953

1

Lorsque Hagen émergea de la salle de jeu installée à l'arrière du café de Charlie Beale, il était ivre. Il entendit derrière lui le claquement de la porte et, un instant, il chancela, tandis que l'air froid de la nuit déchirait ses poumons.

Pendant plusieurs minutes, il s'appuya au mur, le front contre les briques glacées. Enfin, il se redressa, les pieds fermement écartés. Il fit quelques pas lents et prudents le long de la ruelle, et s'arrêta devant la vitrine de l'établissement, respirant profondément pour s'éclaircir les idées. Dans sa poche, il trouva un paquet de cigarettes froissé. Il en alluma une, lentement et soigneusement, et laissa la fumée pénétrer dans ses bronches.

Poussée par une brise fraîche, la brume marine, ténue, montait du port en rouleaux cotonneux. Le silence régnait, seulement troublé par le clapotis de l'eau contre les piliers de la jetée. Hagen se demanda quelle heure il était. Instinctivement, il leva le poignet droit, avant de se souvenir que sa montre avait suivi ses derniers billets sur le tapis vert d'une des tables de Charlie Beale. Il décida qu'il devait être environ 3 heures du matin. Parce qu'il en avait l'intuition, ou peut-être, seulement, parce qu'il se faisait vieux. Trop vieux pour le genre de vie qu'il avait mené au cours des quatre dernières années. Et trop vieux pour laisser la fortune dépendre d'une bonne carte ou de dés bien lancés. Soudain, il éclata de rire en songeant à sa situation présente. Les Douanes l'avaient privé de son seul moyen d'existence, son bateau, qu'elles avaient mis sous séquestre et, maintenant, il avait perdu jusqu'à son dernier sou. « Cette fois, tu es vraiment cuit, se dit-il à lui-même. Tu t'es surpassé. » Quelque part, une femme hurla.

Il s'arracha au mur et écouta, la tête un peu penchée en avant : il y eut de nouveau un hurlement, curieusement amorti, comme étouffé par le brouillard. Alors même qu'il s'ordonnait encore mentalement de se mêler de ses propres affaires, il s'était déjà mis à courir. La bière roula lourdement dans son estomac, et il maudit sa pauvreté, qui le contraignait à boire de la mauvaise bière. Courant silencieusement sur ses semelles de crêpe, il tourna au coin d'une rue et tomba sur eux par surprise. Dans la lumière jaunâtre d'un réverbère, deux hommes maintenaient au sol une femme qui se débattait.

Comme le plus proche de lui se retournait, inquiet, Hagen lui envoya son pied dans la figure et il alla bouler sur le bord de la jetée. L'autre bondit vers lui, une lame d'acier brillant à la main. Durant le bref moment de silence où ils se firent face en tournant l'un autour de l'autre, Hagen constata que c'était un Chinois. On lisait le meurtre dans ses yeux. Hagen recula, comme s'il avait peur. L'autre sourit et se jeta sur lui. Hagen tendit le bras pour se couvrir et il ressentit une douleur aiguë au moment même où son genou atteignit le bas-ventre de son adversaire. L'homme s'effondra, se tordant sur le sol. Hagen évalua froidement la distance, et le frappa à la tempe du bout de sa chaussure.

Le calme était revenu. Immobile, il respira à fond, regardant à ses pieds le corps inanimé. Il se demandait s'il l'avait tué, mais cela lui importait peu. Il se détourna pour chercher la femme, qui se tenait dans la pénombre de la porte d'un entrepôt. Il s'avança vers elle.

— Ça va ? demanda-t-il.

Il discerna le mouvement d'une silhouette vêtue de blanc.

— S'il vous plaît, restez une seconde où vous êtes ! commanda une voix douce.

Cette voix l'étonna : que faisait donc une Anglaise sur les quais de Macao, aux petites heures de la nuit ? Il y eut d'autres mouvements, puis elle sortit de l'ombre et vint à lui.

— Ma robe était déchirée et il fallait que je l'arrange, expliqua-t-elle.

Il entendait à peine ce qu'elle disait. Ce n'était qu'une jeune fille de dix-sept ou dix-huit ans à peine, et pas une Anglaise, encore qu'à en juger par la pureté de son anglais, l'un de ses parents ait dû être britannique. Sa peau avait le velouté propre aux Eurasiennes, et ses lèvres pleines lui donnaient un air vaguement sensuel. Elle était d'une beauté à couper le souffle, du type qu'on associe toujours à la simplicité. Elle se tenait devant lui, le fixant calmement. Hagen, soudainement, frissonna sans raison précise, comme si quelqu'un avait marché sur sa tombe. Il passa sa langue sur ses lèvres sèches.

— Où habitez-vous ? parvint-il à dire.

Elle lui cita le nom du meilleur hôtel de Macao. Il jura en silence, à la pensée de la longue marche qui l'attendait.

— Je ne pourrais pas avoir un taxi ? interrogea-t-elle de son timbre net et cristallin.

Il eut un rire bref :

— Dans ce quartier de Macao et à cette heure-ci... ? Sans doute, ne connaissez-vous pas cette ville, mon ange.

Elle fronça les sourcils, écarquilla les yeux, puis elle s'avança et lui prit le bras :

— Mais vous êtes blessé ! Il y a du sang sur votre manche.

Il refréna un juron parce qu'en le saisissant, elle avait déclenché une vague de souffrance qui parcourait tout son corps.

— Doucement, murmura-t-il.

Il se déplaça pour examiner sa blessure à la lueur d'un lampadaire. Sa veste portait une vilaine coupure souillée de sang, mais lorsqu'il essuya le sang à l'aide d'un mouchoir, il vit qu'il n'avait qu'une éraflure superficielle, plus douloureuse qu'autre chose.

— C'est grave ? demanda-t-elle, anxieuse.

Il haussa les épaules :

— Non, pas trop. Mais ça fait quand même un mal de chien.

Elle lui prit le mouchoir des mains et le noua proprement autour de son bras :

— C'est mieux comme ça ?

En hochant la tête pour confirmer, il s'aperçut que sa robe avait pas mal souffert. Elle avait fait une tentative dérisoire pour en rajuster les morceaux, sans pour autant parvenir à se conformer à la décence la plus élémentaire. Il se décida d'un coup :

— Il n'y a qu'une seule façon de vous ramener à votre hôtel. Il va nous falloir marcher. (Elle approuva avec gravité.) Mais nous ferions mieux de passer d'abord par le mien. Vous pourrez me faire un pansement et moi, je vous trouverai quelque chose pour vous couvrir.

Du menton, il désigna le haut de sa robe. Elle parut rougir et y porta instinctivement la main.

— Cela me semble la meilleure chose à faire, convint-elle avec calme. Je pense qu'il vaudrait mieux que nous nous dépêchions. Ce mouchoir se révèle un pansement insuffisant.

Hagen était étonné par l'aisance avec laquelle elle avait accepté sa proposition. Étonné et intrigué : pour une jeune fille qui venait de traverser une épreuve aussi pénible, elle paraissait remarquablement peu affectée. Son hôtel à lui n'était qu'à quelques centaines de mètres, mais, au fur et à mesure qu'ils s'en approchaient, il se sentait de plus en plus mal à l'aise. En lui ouvrant la porte, il songea, amer, que l'établissement avait bien l'air de ce qu'il était : un boui-boui sordide. Une bouffée d'air chaud et une odeur de renfermé leur sautèrent au visage dès l'entrée du petit hall où un vieux ventilateur grinçait, inutile, au-dessus de leurs têtes, sans guère remuer l'atmosphère.

Le veilleur de nuit chinois sommeillait derrière son comptoir, la tête dans ses mains. Hagen fit signe à la jeune fille de ne faire aucun bruit. Ce fut peine perdue. Ils n'avaient pas parcouru la moitié du chemin qu'un toussotement poli s'élevait derrière eux. Hagen se retourna avec lassitude. Le réceptionniste, pleinement réveillé, arborait un sourire d'excuse. Hagen fouilla dans ses poches, avant de se souvenir qu'il ne lui restait rien.

— Avez-vous une pétaka ? dit-il.

Elle plissa le front, perplexe.

— Je suis à sec, fauché, reprit-il, et j'ai besoin d'une pétaka.

Du doigt, il désignait la pancarte accrochée à la cloison :

LES FEMMES NE SONT PAS ADMISES DANS LES ÉTAGES.

Il esquissa un sourire fatigué pendant qu'elle lisait l'inscription.

— Ils préfèrent de beaucoup fournir leur propre cheptel, voyez-vous !

Cette fois, il la voyait mieux. Elle rougissait. Elle fouilla dans son sac et lui tendit un dollar de Hong Kong. Il le lança au veilleur de nuit et ils s'engagèrent dans l'escalier branlant.

Il éprouvait encore plus de honte de sa chambre que de l'hôtel lui-même. Elle ressemblait à une porcherie, et elle puait tout autant. Les bouteilles de gin vides dans un coin, le linge sale dans un autre, et le lit défait, composaient un tableau peu engageant. La jeune femme ne sembla pas y prêter attention :

— Vous avez des pansements, par hasard ?

Il fourragea sous le lit, et finit par en sortir la trousse de premier secours qu'il avait pu sauver de son bateau. Elle l'emmena à la salle de bains et lui dit de se mettre torse nu.

Avec soin, elle essuyait le sang coagulé. Elle fronça les sourcils.

— Il faudrait poser des agrafes.

Il secoua la tête :

— Je cicatrise très vite.

Elle sourit, et montra de l'index les cicatrices qui parcouraient sa poitrine et son ventre :

— Je le crois volontiers.

— Des souvenirs de guerre, sourit-il. Des éclats. Ça a l'air plus grave que ce ne l'était.

Elle pansait méticuleusement son bras :

— Quelle guerre ?... Celle de Corée ?...

— Non. Ma guerre à moi, c'était il y a bien longtemps, répondit-il. Il y a mille ans.

Elle acheva le bandage en le fixant avec du ruban adhésif et lui lança un coup d'œil rapide. Le triangle aigu de son menton était couvert d'un poil sombre qui accentuait ses joues creusées et ses yeux presque noirs. Un instant, il la regarda, lui aussi.

— Vous avez déjà fait ce genre de choses auparavant, remarqua-t-il en montrant le pansement.

Elle hocha la tête :

— Un peu oui... Mais ce peu, c'était déjà trop.

Brusquement, elle fut saisie d'un tremblement irrépressible. Il lui passa le bras autour des épaules et les serra doucement.

— Tout va bien, l'apaisa-t-il. C'est fini, maintenant.

Elle hocha plusieurs fois la tête, puis elle s'écarta de lui et alla à la fenêtre, dos tourné. Il ouvrit un tiroir où, par miracle, il découvrit une chemise propre. Quand il fut à nouveau correctement habillé, elle s'était reprise.

— C'était complètement idiot de ma part, confessa-t-elle. Je suppose que ma faiblesse féminine congénitale remontait à la surface.

Hagen éclata de rire :

— Ce qu'il vous faut, c'est boire un coup.

Il versa du gin dans deux verres plus ou moins bien nettoyés, traversa la pièce, ouvrit du pied la croisée et conduisit la jeune fille sur le balcon. Elle s'assit sur l'unique chaise tandis que Hagen s'appuyait à la balustrade. Pendant un moment, ils se turent.

— Croyez-vous que je pourrais avoir une cigarette ? demanda-t-elle d'une voix qui montait doucement dans l'obscurité.

Il fouilla dans sa poche pour y retrouver le paquet froissé. Lorsqu'elle se pencha en avant pour allumer sa cigarette à l'allumette qu'il tenait dans ses mains en écran, la lumière mit en relief la beauté délicate de ses traits. Il garda l'allumette un peu plus longtemps qu'il n'était nécessaire. Ils se fixèrent brièvement, les yeux dans les yeux, avant qu'il ne lance l'allumette dans le noir, en une longue trajectoire incurvée.

— Je voudrais vous remercier pour ce que vous avez fait là-bas.

Elle avait parlé lentement, comme si elle cherchait ses mots.

— Une jeune fille comme vous ne devrait pas se promener sur le port à pareille heure, répliqua-t-il.

Comme si elle s'était enfin décidée, sa voix traversa à nouveau la pénombre, cette fois plus assurée et plus confiante :

— Je m'appelle Rose Graham.

Ainsi donc, au moins, il ne s'était pas trompé sur ses parents. Il se tourna à demi vers elle.

— Moi, je suis Mark Hagen. Le commandant Hagen, comme on dit par ici.

— Oh, vous êtes capitaine au long cours ?

— J'ai un petit bateau, oui.

Il lui vint à l'esprit qu'il avait tort. Le mot juste, se corrigea-t-il, aurait été « j'avais » : « j'avais un petit bateau ». Et qu'est-ce qu'il lui restait aujourd'hui ? Une autre pensée le frappa, plus immédiate et plus urgente :

— Est-ce que je suis arrivé à temps ? J'entends... Enfin, est-ce que ces salopards vous ont réellement fait du mal, ou je ne sais quoi ?

La chaise craqua quand elle se releva :

— Ils ne m'ont pas fait de mal, commandant Hagen. Il ne s'agissait pas de ce genre d'agressions.

Elle le rejoignit contre la balustrade et se tint à côté de lui, si bien que leurs épaules se frôlaient chaque fois qu'il remuait. Le vent soufflait de la mer, le brouillard roulait sur la rade, et les feux des navires brillaient faiblement lorsque la brise parvenait à déchirer le rideau gris de la brume.

Il se sentit soudain embarrassé.

Du balcon, la vue était superbe. Hagen se sentit soudainement, tout à la fois, en paix et plein d'inquiétude, heureux et mécontent.

La journée avait été mauvaise, et le passé lui remontait trop facilement à la mémoire. Il conclut que c'était la faute de la jeune fille. Beaucoup d'eau avait coulé sous les ponts depuis qu'il avait été, pour la dernière fois, aussi proche de quelqu'un comme elle. Il se redressa, avec un gros soupir.

Elle émit un petit rire :

— À quoi pensez-vous ? Ce doit être quelque chose de drôlement triste, pour que vous soupiriez aussi profondément.

Il lui sourit et prit une nouvelle cigarette :

— Je regardais toute une vie gâchée, mon ange. Apparemment, ces derniers temps, ça devient une habitude. Je dois me faire vieux.

Elle rit encore :

— C'est ridicule... Vous n'êtes pas vieux. Vous êtes encore un homme jeune.

— J'ai trente-cinq ans. Mais, croyez-moi, quand on a mené la vie que j'ai menée... c'est vieux (Une autre idée le fit sourire.) Et vous, alors, quel âge avez-vous ?

— Dix-huit ans, dit-elle d'une petite voix.

Hagen rit :

— Nous y voilà... Je suis deux fois plus vieux que vous. Assez vieux pour être votre père. Je dirais volontiers qu'il serait grand temps que vous soyez tranquillement couchée dans votre lit.

Il revint dans la chambre et commença à enfiler sa veste. Elle le suivit. Elle l'observait, jouant nerveusement avec l'écharpe en soie nouée autour de son cou.

— Je ne crois pas, dit-elle d'une voix haut perchée, qu'il soit très raisonnable pour vous de me raccompagner à mon hôtel.

Il se redressa lentement et la regarda, sans prononcer une parole. Elle rougit et baissa les yeux.

— Si vous vous imaginez, martela-t-il, que je vais vous laisser parcourir toute seule trois kilomètres dans les pires quartiers de Macao, vous êtes cinglée.

Elle l'avait déjà dépassé et avait ouvert la porte avant qu'il ne la prenne par le bras et qu'il ne la ramène en arrière. Elle se débattit un instant, puis elle se laissa aller, d'un seul coup et complètement.

— Commandant Hagen, lâcha-t-elle avec désespoir, tout ce que j'essaie de vous dire, c'est que si vous me raccompagnez à mon hôtel, vous allez prendre bien plus de risques que vous ne le croyez.

Il décrocha une veste de lin froissée d'un portemanteau accroché à la porte et la lui tendit :

— Voilà femme ! Couvrez donc votre nudité !...

Son ton pompeux était délibéré.

Elle éclata de rire, et il rit avec elle. Quand elle reprit la parole, sa nervosité s'était émoussée, mais elle n'en demeurait pas moins désespérément sérieuse :

— Vous avez été très gentil avec moi. C'est seulement que je ne veux pas vous voir mêlé à quelque chose qui ne vous concerne pas.

— Je suppose que tout ça a à voir avec votre présence sur les quais à pareille heure ?

Elle hocha la tête :

— Je devais voir un ami. Il m'avait téléphoné pour me demander de le retrouver devant un certain entrepôt. Mon chauffeur de taxi n'a pas voulu m'attendre. Et alors ces hommes...

— Je persiste à penser que c'était une bien drôle d'heure pour un rendez-vous avec un ami, et, que, s'il connaît cette ville, il n'aurait pas dû vous demander de venir dans un quartier comme celui-là à ce moment de la nuit.

À sa grande surprise, Hagen s'apercevait que cette histoire le mettait vraiment en colère.

— Si je n'avais pas débarqué, vous auriez probablement fini dans un des bassins du port, conclut-il.

Elle se détourna, avec, à nouveau, une expression de désespoir :

— Mais ne voyez-vous pas que ce n'était pas le but de l'agression ? Ces hommes voulaient une information, et ils essaieront encore de me l'arracher. Si on vous voit avec moi...

Elle n'acheva pas sa phrase et haussa les épaules. Hagen réfléchit à ce qu'elle venait de dire et, allant jusqu'au lit, glissa la main sous l'oreiller. Lorsqu'il se redressa, il tenait au poing un Colt automatique réglementaire de l'armée américaine. Il fit jouer la culasse pour en vérifier le fonctionnement et le glissa dans sa poche. Puis il sourit, ouvrit la porte, et lui fit signe de sortir :

— Moi, j'aime les ennuis, mon ange. Ça rend la vie bien plus excitante.

Une seconde, elle le fixa, stupéfaite. Mais son visage se détendit en un sourire. Elle franchit le seuil sans mot dire.

Il leur fallut quelque quarante minutes pour arriver à l'hôtel de la jeune fille. En chemin, elle resta quasiment muette. Hagen devina qu'elle était sur le point de s'effondrer et finit par lui prendre le bras. Elle s'appuya lourdement sur lui et un parfum léger et subtil monta à ses narines. Une seconde, il en savoura la douceur avec plaisir, puis, impatient, il refusa de continuer à le respirer et se concentra pour rester sur ses gardes en cas de problème.

Ils s'arrêtent au bas du perron de l'établissement.

— Eh bien, voilà, dit Hagen.

Elle hocha la tête, à moitié assoupie :

— Est-ce que je vous reverrai ?

Pendant un instant, il réfléchit, l'esprit traversé par le doute. Cette fille signifiait des ennuis... De gros ennuis. De cela, il était convaincu. Et il en avait suffisamment de son côté. Il prit brutalement sa décision alors qu'épuisée, elle chancelait et le heurtait.

— Oui, vous me reverrez, mon ange. Je passerai vers midi.

Il lui sourit, rassurant, et lui tapota l'épaule.

— À midi, répéta-t-elle.

Elle revint soudain à la vie. Un grand sourire s'épanouit sur son visage. Elle se hissa sur la pointe des pieds et, attirant sa tête à elle, elle lui effleura les lèvres d'un baiser. Et puis elle tourna les talons et gravit en courant les marches qui menaient à la porte.

Une demi-minute, il resta immobile, respirant encore son parfum, puis il repartit d'un pas vif vers les quais. Il fuma une cigarette en pensant à elle. De temps en temps, un petit sourire remontait les coins de sa bouche. Comme s'il n'avait déjà pas assez d'ennuis...

— Rien ne te servira jamais de leçon, se dit-il à mi-voix.

Au moment où il se penchait pour respirer encore son odeur sur son épaule, où elle avait appuyé la tête, une balle s'écrasa sur le mur, à côté de lui.

Il courut s'abriter dans l'entrée d'un entrepôt. Un moteur démarra. Une grosse limousine sortit du brouillard tel un monstre menaçant, et fonça dans sa direction. Hagen se mit à l'abri dans l'entrée du bâtiment et, pivotant sur lui-même, il sortit son automatique et tira rapidement à trois reprises sur la voiture. Le véhicule dérapa, accrocha une borne en tournant le coin de la rue et disparut. Le tout n'avait pas duré plus de quelques secondes. Seuls, les réflexes acquis au long des années d'une existence difficile avaient sauvé Hagen.

Il marcha dans l'ombre des murs jusqu'à son hôtel, pistolet au poing, mais rien ne se produisit. Lorsqu'il pénétra dans le hall, le veilleur de nuit dormait encore la tête dans les mains. Hagen arrivait au pied de l'escalier quand une idée lui traversa l'esprit. Il s'en retourna au comptoir et secoua par l'épaule l'homme endormi, qui ne s'éveilla qu'au bout de plusieurs secondes. Hagen s'en étonna : tout à l'heure, le bruit discret fait par deux personnes marchant à pas de loup avait suffi à le réveiller. Maintenant, il fallait le secouer énergiquement pour l'arracher au sommeil. L'homme finit par relever la tête. Il le fixa avec étonnement.

— Ah, commandant Hagen, vous êtes de retour ? dit-il poliment.

Hagen se pencha sur le comptoir et interrogea, sans avoir l'air d'y attacher trop d'importance.

— Est-ce que quelqu'un m'a demandé ?

— À cette heure de la nuit ? répliqua le réceptionniste en s'efforçant, sans le moindre succès, de jouer la surprise. Vous vous moquez de moi ?

Hagen releva l'abattant et, d'un mouvement souple, se retrouva de l'autre côté du comptoir.

— Non, je ne me moque pas de toi, répliqua-t-il en saisissant l'homme apeuré par les revers de sa veste. Maintenant, parle. Qui m'a demandé ?

— Non !... S'il vous plaît. J'ai rien à dire.

Hagen sortit son pistolet.

— Ça, c'est bien dommage. Parce que tu as environ dix secondes pour changer d'avis avant que je ne te balance ça au travers de la figure.

Pour se montrer plus persuasif, il enfonça le canon de l'arme sous le menton du veilleur de nuit.

— Je parle, je parle ! cria soudain l'homme, suant de peur, d'une voix brisée et suraiguë de vieille femme. Juste après le départ à vous et la dame, deux hommes ils entrent. Très méchants, très durs. Ils demandent vous. Un homme, il a couteau. Il dit si je parle pas, ils coupent ma gorge. Quoi je fais ? Je leur dis ce qu'ils veulent savoir et ils partent.

La voix grasseyante du veilleur de nuit cessa de massacrer la langue de Shakespeare. Il était debout, tremblant comme un petit oiseau effrayé qui recherche un endroit où se cacher. Hagen prit le temps de réfléchir :

— Ces hommes, c'étaient des Blancs ? questionna-t-il.

— Non ! Eux, Chinois.

Hagen hocha la tête :

— Tu les connaissais ? Tu les avais déjà vus avant dans le coin ?

Le veilleur de nuit baissa les yeux. Il avait l'air plus apeuré encore qu'auparavant.

— Eux, pas de Macao. Moi, je crois ils viennent du continent.

Hagen le planta là, affolé et pleurnichard, et monta lentement les étages. Il prit tout son temps pour parvenir à sa chambre, ouvrit la porte d'un coup de pied, et se jeta au sol, l'automatique braqué. Mais il n'y avait personne. Il se servit un verre, puis s'étendit sur son lit, dans l'obscurité, fumant et repensant à toute l'affaire. Des hommes du continent, se disait-il. Cela voulait bien dire que les Cocos étaient dans le coup, non ?... Il se sentait désolé pour Rose Graham : ça n'était jamais payant, de se mettre en travers de la route de ces gens-là. Il avait déjà eu affaire à eux. Et puis, de toute façon, pourquoi se faire autant de souci pour cette petite ? Ses propres soucis lui suffisaient bien. En cet instant, tout ce qui comptait, c'était de récupérer son bateau. Qu'elle aille donc au diable. Il lui avait sauvé la vie, et cela suffisait.

Il écrasa son mégot, et s'allongea confortablement. Comme le sommeil le gagnait il se laissa aller à rire doucement : il savait sacrément bien qu'il serait présent à son rendez-vous de midi. Il lui sembla sentir encore la pression de ses lèvres contre les siennes. Sa dernière pensée consciente fut pour son visage qui resplendissait dans l'ombre et qui lui souriait.

2

À midi, Hagen franchit la porte à tambour de l'hôtel de la jeune fille. Il était vêtu d'un costume d'alpaga blanc impeccable, spécialement repassé pour l'occasion. Il traversa le vaste hall jusqu'au comptoir où le réceptionniste, un Russe blanc d'allure aristocratique, releva les yeux de la lettre qu'il était en train de lire. Son regard jaugea les vêtements coûteux du nouveau venu et un sourire apparut sur son visage :

— Bonjour, monsieur. Que puis-je pour vous ?

Hagen demanda Rose Graham. L'atmosphère se rafraîchit sensiblement. Une expression légèrement désapprobatrice remplaça le sourire. Très froid, le Russe l'informa qu'elle était bien là, mais que le règlement de l'hôtel exigeait que les visiteurs soient annoncés par le téléphone intérieur avant d'être autorisés à gagner les étages. Il s'empara du combiné et demanda à être mis en communication avec la chambre de la jeune fille. La colère et une antipathie instinctive saisirent Hagen. Il attendit que l'homme ait Rose Graham au bout du fil, puis il se pencha et lui arracha le récepteur. Le Russe bondit, outré. Hagen lui tourna le dos :

— Salut, mon ange ! Vous avez bien dormi ?

Elle répondit d'une voix aussi claire et douce que la cloche d'un navire sur les flots :

— Commandant Hagen !... Mais je viens juste de me réveiller.

Il rit gaiement :

— Comme il est évident que vous n'avez pas pris votre petit déjeuner, que diriez-vous d'un repas avec moi ?

Il tâtait dans sa poche les quelques billets qui constituaient son ultime réserve. Elle lui demanda de patienter une vingtaine de minutes, le temps de prendre une douche et de s'habiller.

Hagen s'installa dans un des nombreux fauteuils du hall avec un magazine américain vieux d'un mois. Mais il ne parvenait pas à se concentrer si peu que ce soit sur sa lecture : la plupart du temps, il se retrouvait en train de penser à la jeune fille, d'attendre avec impatience le moment où elle le rejoindrait. C'était là, pour lui, un sentiment nouveau. Et un sentiment qui le perturbait. Il y avait bien longtemps qu'il ne s'était pas autant intéressé à une femme. Il y avait en elle quelque chose d'innocent et de rafraîchissant. Elle avait accepté son invitation à déjeuner avec un plaisir qu'elle n'avait pas cherché à dissimuler. Il se demanda s'il ne s'impliquait pas dans une affaire sérieuse. D'un haussement d'épaules, il rejeta cette pensée de son esprit. Ce serait là leur dernière rencontre. Un déjeuner en tête à tête, et tout serait terminé. Il fit signe à un serveur qui passait pour lui commander un *gin-sling*. Quand on lui apporta son verre, il remarqua que le réceptionniste russe le regardait par en dessous. D'instinct, il donna au serveur un gros pourboire. Le rictus du Russe s'évanouit rapidement : il devait imaginer qu'il s'était mis en mauvais termes avec un client généreux. Hagen avala sa boisson à petites gorgées. Il soupira. Encore quelques gestes grandioses comme celui-là, et il serait réellement fauché.

Il jeta un coup d'œil distrait aux portes de l'ascenseur qui s'ouvraient. Elle en sortit. Il se leva et se dirigea vers elle. Elle regardait avec impatience autour d'elle. Dès qu'elle le vit, un sourire chaleureux apparut sur ses lèvres. Elle se dirigea vers lui, mais une voix l'arrêta devant le comptoir de la réception.

— Oh, miss Graham... Auriez-vous une seconde ?

C'était le Russe qui avait parlé. Hagen s'immobilisa, son chapeau à la main, feignant de s'intéresser à des brochures touristiques. Il essayait de saisir des bribes de la conversation. Apparemment, la jeune fille n'avait pas réglé sa note depuis trois semaines, et le Russe le lui reprochait sans trop de courtoisie. Hagen, à demi tourné vers eux, s'interrogeait sur la nécessité d'intervenir, quand la jeune fille ouvrit son sac à main et en tira un chéquier. Elle rédigea un chèque avec fureur, avant de le jeter à la tête du réceptionniste. Puis elle se tourna vers Hagen et maudit l'homme d'abondance, en malais, en cantonais, et dans un dialecte qu'il ne connaissait pas.

— Ces gens-là, expliqua-t-elle, pensent qu'ils peuvent me traiter n'importe comment, parce que je suis eurasienne.

Hagen sourit :

— La séquence du chèque constituait la meilleure partie du spectacle.

Elle lui sourit en retour, d'un petit sourire contraint. Brusquement, ses traits se décomposèrent et elle commença à pleurer. Avant qu'ils n'attirent l'attention, Hagen la prit par le bras et la fit entrer dans le bar américain. Chacun était parti déjeuner. Pour le moment, l'endroit était frais, sombre et désert. Il la conduisit à un box tranquille, pour qu'elle puisse se calmer, alla s'asseoir sur un des hauts tabourets du bar et demanda un whisky à l'eau.

Il se sentait perplexe. La jeune fille avait reçu une bonne éducation et portait des vêtements coûteux. À l'évidence, elle était habituée à ce qu'il y avait de meilleur. Pourtant, on ne laisse généralement pas une note d'hôtel impayée durant trois semaines lorsque l'on dispose d'un chéquier. Hagen en venait à se demander ce qu'il restait sur le compte en banque. Il se demandait même si elle n'avait pas rédigé le chèque uniquement pour le jeter au visage du réceptionniste russe. C'était là une idée plaisante. La jeune fille vint prendre place sur son tabouret à côté de lui. Elle s'était remaquillée. Seul l'éclat anormal de ses pupilles indiquait qu'elle avait pleuré.

— Puis-je avoir à boire, s'il vous plaît ?

— Certainement ! Un *gin-sling* ?

Elle approuva de la tête et il commanda. Il demeura silencieux jusqu'à ce que le barman ait posé le verre devant elle et se soit retiré à l'autre bout du comptoir pour essuyer les verres.

— Vous pouvez couvrir le chèque ? interrogea-t-il.

Elle eut un pauvre sourire :

— De justesse. Encore quelques dollars, et puis...

Elle haussa les épaules, dans un geste de désespoir qui paraissait dire qu'elle était parvenue au bout du rouleau. C'était, songea Hagen, le moment de se montrer galant. Puis il comprit tout à coup à quel point il était ironique que de tous les hommes présents à Macao, ce soit lui, justement qu'elle ait rencontré. Il en rit tout haut. Elle rougit de colère :

— Qu'est-ce qu'il y a de si drôle ?

Il se hâta de la rassurer :

— Je ne riais pas de *vous*, mon ange. Il y a seulement que mes finances n'ont rien à envier aux vôtres. Nous formons un joli couple.

Elle se mit à rire. Hagen se souvint qu'il lui restait un peu d'argent. Soudain, il se sentait sans scrupules et au-delà de toute prudence. Il la prit par le bras et la guida avec fermeté hors du bar.

— Il y a au moins une chose que nous pouvons encore faire, trancha-t-il. C'est de déjeuner. La situation paraît toujours moins désespérée après un repas.

Il continua d'entretenir la conversation jusqu'à la salle à manger et, lorsqu'ils s'assirent à table, elle avait retrouvé le sourire. Ils parlèrent peu pendant le repas. Elle avait un robuste appétit. Il l'observait discrètement, chaque fois qu'il le pouvait. Une fois ou deux, elle remarqua les yeux posés sur elle et rougit.

— C'était délicieux, dit-elle enfin. Je ne pourrais plus avaler une seule bouchée.

Hagen proposa un verre sur la terrasse et commanda deux cognacs avant de la suivre dehors. Elle s'assit à une table tout près du bord. Macao s'étendait en dessous d'eux. La vue, par-delà le bleu des eaux, embrassait Kowloon et la Chine continentale.

— C'est superbe, constata-t-il en lui offrant une cigarette.

Elle acquiesça mais refusa la cigarette.

— C'est une belle ville. Très belle.

Elle marqua un temps d'arrêt pendant qu'un serveur leur apportait leurs verres. Hagen eut tout à coup l'intuition qu'elle allait enfin lui raconter son histoire.

Elle hésitait encore.

— Vous êtes ici depuis longtemps ? demanda-t-il vivement.

Elle secoua la tête :

— Seulement les trois semaines que j'ai passées à l'hôtel. (Elle contemplait le port.) Je suppose que j'aurais dû trouver quelque chose de moins cher, mais quand on est une fille seule... ! C'est très difficile.

Doucement, Hagen posa sa main sur la sienne :

— Pourquoi ne me dites-vous pas tout ? Je sais que tout cela a un rapport avec nos amis rouges de l'autre côté de l'eau.

Elle se redressa, les traits altérés par la peur.

— Comment le savez-vous ?

Il le lui expliqua, en peu de mots.

— Voyez-vous, conclut-il, je me suis déjà assez mêlé de cette affaire pour qu'on m'ait tiré dessus. Le moins que vous puissiez faire, c'est de me dire de quoi il s'agit.

Un instant, elle fixa la table, jouant nerveusement avec ses doigts.

— Je viens d'Indochine, finit-elle par lâcher. Du Tonkin. Mon père était écossais, ma mère indochinoise. Je suis allée au collège en Inde, où j'ai passé la guerre. Ensuite, je suis revenue à la plantation de mon père. Pendant la guerre, il avait appartenu aux services spéciaux, en Malaisie. Les choses commençaient enfin à s'arranger quand le conflit a commencé, entre la France et le Vietminh.

Hagen approuva.

— Ça n'a pas dû arranger les choses. En particulier pour vous, qui habitiez le nord.

— Oui, ça n'aurait pas pu être pire. Il n'a pas fallu longtemps pour que nous soyons complètement encerclés par le territoire passé aux mains des Communistes. Au début, ils ne nous ont pas causé d'ennuis. Et puis, un jour...

Un instant, elle sembla avoir de la peine à trouver ses mots. Elle se détourna à demi. Hagen lui pressa fermement la main :

— Continuez, mon ange. Videz votre sac.

Elle esquissa un triste sourire :

— Ma mère... Ils ont tué ma mère. Père et moi, nous étions partis pour la journée. Nous sommes rentrés à la maison au moment où les trois soldats communistes en sortaient. Mon père avait un fusil automatique. Il les a tués. (Elle regardait bien au-delà de la mer, dans son passé.) Il a fait ça comme un professionnel, conclut-elle. Il devait avoir eu une guerre très dure.

— Finissez votre verre, dit Hagen. Le cognac est le meilleur remontant que je connaisse.

Elle avala trop vite, et s'étrangla. Elle avait l'air désabusé.

— Papa ne pouvait pas se pardonner de ne pas nous avoir ramenées plus tôt, reprit-elle après un instant. Mais, voyez-vous, il s'était préparé à ça depuis longtemps. Il avait une vedette de dix mètres cachée dans une crique proche. Nous devions descendre la rivière jusqu'à la côte et filer vers le sud, sur Hanoï.

— Pourquoi avait-il tant attendu ?

Du doigt, elle traçait un dessin délicat dans une petite mare de cognac.

— Parce qu'il avait promis d'emporter quelque chose avec lui, et que ce n'était pas prêt.

Hagen avala quelques gorgées.

— C'était vraiment aussi important que ça ?

— Oui, si vous êtes de ceux qui considèrent qu'un quart de million de dollars, c'est important, riposta-t-elle avec calme.

Il finit son cognac et reposa son verre très soigneusement :

— Combien avez-vous dit ?

Elle sourit :

— Je n'exagère pas. Un quart de million de dollars... En or. Près de la plantation, il y avait un monastère bouddhiste. L'or lui appartenait. Les moines savaient que, tôt ou tard, les Communistes viendraient le piller. Ils ont décidé que leur trésor serait plus à sa place entre les mains d'une organisation humanitaire que dans le trésor de guerre d'Ho Chi Minh.

— Vous avez dit *en or*, mon ange ?

Elle hocha la tête :

— En lingots. C'est cela qui a provoqué le retard. Ils ont dû fondre plusieurs statues. C'était la seule manière sûre de transporter la marchandise.

— Alors, qu'est-ce qui s'est passé ? Et qu'est-ce que votre père en a fait ?

Elle joua un moment avec son verre :

— Oh, il l'a seulement chargé dans la cabine, dans des caisses, et puis nous avons appareillé. Nous étions seulement trois, avec comme matelot Tewak, notre boy malais. Nous avons atteint la côte et nous nous sommes heurtés à une canonnière. Il y a eu combat. Je me souviens de mon père éperonnant l'autre bateau et lançant une grenade. En réalité, je ne sais plus. C'est difficile de se rappeler clairement toutes ces choses. Tout était si confus... Et puis il était très gravement blessé...

Elle marmonna une seconde et releva soudain les yeux :

— Vous connaissez les marais des Kwai, sur la frontière entre le territoire vietminh et la Chine ?

Hagen confirma de la tête :

— Je connais. C'est un trou à rats. Des centaines de kilomètres de canaux et de roseaux, de lagunes et de marécages. Infestées de maladies.

Elle approuva :

— C'est là. C'est là que papa a conduit la vedette. Elle faisait eau de toutes parts. Il a foncé vers les marais. Le bateau a coulé dans une lagune cernée de roseaux.

Hagen attendait la suite. Elle s'appuya soudain à son dossier et dit brusquement :

— Après, ça a été simple. Mon père est mort le lendemain. Nous avons eu besoin de trois jours, Tewak et moi, pour nous échapper des marais. Nous avons longé la côte jusqu'à Haiphong et de là, nous avons rejoint Saigon. Heureusement, là-bas, j'avais un peu d'argent dans une banque.

— Oui, mais l'or ? insista Hagen. Vous avez prévenu les autorités françaises, j'imagine ?

— Oh oui, je l'ai dit aux Français. Ils n'avaient aucune envie de monter une expédition en Chine communiste pour ne récupérer qu'un petit quart de million de dollars. Ça n'aurait même pas financé dix minutes de guerre supplémentaires.

— Je vois... Donc, l'or est toujours là-bas ?

— Toujours, oui. J'ai essayé de louer un bateau pour me ramener aux marais. Au commencement, les gens avaient bien trop peur pour en prendre le risque. Maintenant, je n'ai plus assez d'argent pour pouvoir les payer. C'est pour cela que nous sommes venus à Macao.

— Nous ? s'étonna Hagen.

— Tewak et moi. Il est resté avec moi tout le temps. Il a des amis à Macao. Cette ville était notre dernier espoir. Depuis trois semaines, il a essayé d'emprunter un bateau.

Pour Hagen, l'énigme s'éclairait :

— C'est Tewak qui vous a téléphoné hier soir ?

Elle hocha la tête :

— C'est exact. Il m'a demandé de prendre tout de suite un taxi et de le rejoindre où vous m'avez trouvée. Quand j'y suis arrivée, je ne l'ai vu nulle part. Après le départ du taxi, ces deux hommes ont fait leur apparition.

— On dirait bien que les Rouges n'ont pas l'intention de laisser cet or leur filer entre les doigts, remarqua Hagen.

— Pas si je peux m'y opposer, rétorqua-t-elle.

Son visage était devenu froid et dur.

— Vous connaissez la position de l'épave ? interrogea-t-il mine de rien.

— Oh oui. Elle est gravée dans ma mémoire. Sans elle, on pourrait fouiller ces marais pendant l'éternité.

Hagen se leva, s'appuya à la balustrade, et laissa son regard se perdre au loin sur l'eau. Ses yeux ne voyaient plus les navires dans la baie, ni le ferry de Kowloon qui traçait sa route vers Macao. Ils voyaient une lagune calme entourée de roseaux géants, une vedette de dix mètres gisant dans les eaux claires, et, dans la cabine, les caisses qui contenaient les lingots sans couleur : un quart de million de dollars. Il en avait les mains moites et la gorge sèche. Ce pouvait être le gros coup dont un homme rêve. Le jack-pot. Alors, finis les hôtels borgnes dans des ports puants et oubliés de Dieu. Finis, la contrebande et le trafic d'armes, les trahisons, les embrouilles et le double jeu permanent. S'il pouvait mettre la main sur l'or, il serait tranquille pour le restant de sa vie. Il revint à la table. Elle le regardait tristement.

— Allez, souriez, mon ange, dit-il. Les choses ont été sacrément dures, mais ça va s'améliorer. Attendez seulement d'avoir mis la main sur ce magot. Vous pourrez vivre comme une princesse.

Une seconde, elle afficha un air ébahi. Mais elle comprit sa méprise et s'empressa de remettre les choses au point :

— L'argent que rapportera la vente de l'or ne m'appartiendra pas. (Hagen se carra, très raide, sur sa chaise.) Je n'en prendrai qu'un peu pour couvrir mes dépenses. Le reste ira à une œuvre charitable de Saigon, comme les moines et mon père le désiraient.

Hagen comprit qu'elle s'était exprimée avec une sincérité absolue. Qu'elle avait réellement l'intention de donner tout ce fric à une œuvre à la noix. Durant un instant, il éprouva la tentation de lui révéler les mystères de la vie. Mais cela pouvait attendre.

— Quelle était la profondeur de la lagune, mon ange ? enchaîna-t-il.

Elle sembla étonnée :

— Je ne peux pas en être sûre, mais ce n'est pas très profond. Peut-être sept ou huit mètres. Pourquoi cette question ?

Il haussa les épaules et alluma méticuleusement une cigarette :

— J'ai un bateau. J'ai fait un peu de plongée aux perles. Je suis aussi allé dans les marais des Kwai.

Elle le questionna du regard :

— Vous voulez dire que vous seriez disposé à m'emmener dans les Kwai ? (Elle fronça les sourcils.) Mais pourquoi ?

Il continua de la fixer, tout en se détestant. Soudain, elle lâcha un rire bref et haletant :

— Je vois... Je...

De confusion, le rouge lui monta aux joues.

Hagen lui pressa la main et décida de se sortir de la tête toute autre considération. Il ne devait plus penser qu'à l'or. Après tout, il ne lui serait pas trop difficile de faire semblant d'être amoureux d'elle.

— Je préfère me montrer honnête avec vous dès le départ, affirma-t-il. Comme cela, il n'y aura ni malentendu, ni dégât. Je suis pas mal connu dans le coin, et pas pour les meilleures raisons. Je fais de la contrebande, du trafic d'armes, de la plongée illégale. Tout ce qui paie, en fait.

Elle hocha lentement la tête. Il poursuivit :

— En ce moment, mon bateau est aux mains des douanes portugaises. L'amusant, c'est que, pour une fois, j'étais vraiment innocent.

Le souvenir lui revint de la « Inter-Island Trading Incorporated » et de son associé de pacotille, Mr Papadopoulos. « Méfie-toi des Grecs, surtout lorsqu'ils sont porteurs de présents »... Et, pourtant, c'était le jeu. Il adressa à la jeune fille un sourire sardonique :

— Ils ont trouvé de l'or sous le plancher de la cabine. On m'a infligé une amende assez lourde. Je n'avais pas l'argent, alors... Alors, ils ont mis mon bateau sous séquestre.

— Vous ne pouvez pas trouver cet argent ? s'enquit-elle.

— Si. Je pourrais l'emprunter à un ami. Mais il faudrait que vous soyez d'accord pour payer mes dépenses et pour garantir le prêt sur le fruit de la vente des lingots.

Elle approuvait de la tête, enthousiaste :

— Oh oui. Ce serait bien. Ça en vaudrait la peine. (Une ride d'étonnement apparut sur son front. Elle se pencha au travers de la table :) Mark, toutes ces choses que vous faisiez... Pourquoi ?

Je ne comprends pas. Vous ne me semblez pas être ce genre d'hommes.

Il releva, très calme, qu'elle avait, pour la première fois, utilisé son prénom, et qu'il n'avait jamais si bien sonné auparavant. Il sourit :

— C'est une histoire longue et sordide, mon ange. L'un de ces quatre matins, je vous la dirai peut-être. Mais, pour le moment, il faut penser à des choses plus importantes. À Tewak, par exemple. J'aimerais savoir ce qui lui est arrivé hier soir. Vous êtes sûre que c'était bien sa voix, au téléphone ?

— Certainement. Il zézayait. Personne n'aurait pu réellement l'imiter.

Hagen jugea que ça ne se présentait pas trop bien pour Tewak. Le scénario prenait forme. Les Cocos avaient suivi la fille à la trace, des Kwai à Macao. Ils avaient des agents dans toutes les villes de l'Extrême-Orient, et ça n'avait pas dû leur être difficile. Et il était normal qu'ils se donnent tout ce mal. Après tout, l'or se trouvait sur leur propre territoire. Il estima que Tewak avait été contraint de passer son coup de fil, ou bien qu'on avait su qu'il l'avait donné et qu'on lui avait ensuite réglé son compte.

— Quelle est notre prochaine étape ? interrogea-t-elle.

Il claqua des doigts à l'intention du serveur et déposa sur la table presque tout l'argent qui lui restait.

— La prochaine étape, mon ange, ça sera de faire un saut rapide jusqu'à mon hôtel. À partir de maintenant, je n'ai plus l'intention d'avancer d'un seul pas sans mon Colt.

Ils quittèrent l'hôtel et prirent un taxi jusqu'aux quais. Hagen laissa Rose patienter dans le véhicule et courut à sa chambre. Avant d'arriver à l'adresse qu'elle avait donnée au chauffeur, il vérifia le jeu de la culasse et regarnit le chargeur. Elle frissonna :

— Je hais les armes. Je les déteste.

Il lui caressa la main.

— Après les chiens, sourit-il, ce sont les plus fidèles amis des hommes.

Leur taxi s'arrêta avec une secousse dans une rue déserte. Il aida la jeune fille à sortir et paya le chauffeur.

Il reconnaissait la bâtisse. C'était un immeuble minable, qui servait de pension aux marins de couleur. Il n'y avait pas de réceptionniste, dans ce genre d'établissement. Tous deux pénétrèrent dans un vestibule sombre au bout duquel s'élevait un escalier de bois dangereusement délabré. Hagen se mit en devoir de gravir les marches, suivi de Rose cramponnée à sa ceinture. Une puanteur effrayante régnait. Hagen tenait son pistolet dans la main droite, contre sa hanche. De la gauche, avec une allumette à la flamme vacillante, il s'efforçait de lire les numéros sur les portes des chambres. La 18 était la dernière, à gauche, au fond du couloir. Elle s'ouvrit dès qu'il la toucha.

La pièce était plongée dans l'obscurité. Hagen s'arrêta, aux aguets. Tout restait silencieux. Il décida de prendre le risque de frotter une autre allumette. Un homme était assis sur une chaise, au milieu de la chambre. Complètement nu, il avait les mains liées dans le dos. Hagen, saisi d'horreur, observa les marques et les meurtrissures qui couvraient le corps. Puis son regard se porta plus bas, et il frémit en constatant ce qu'on lui avait fait. Il entendit Rose entrer. Avant qu'il ait pu lui ordonner de rester dehors, elle cria « Tewak ! » et se mit à hurler. Au même instant, l'allumette, consumée, brûla les doigts de Hagen, qui la laissa tomber, replongeant la pièce dans le noir.

La jeune fille s'était écroulée à demi évanouie. Il lui fit vivement quitter la chambre. Dans le vestibule, il la tint serrée une minute contre lui.

— Ça va ? demanda-t-il enfin.

Elle se redressa :

— Oui, ça va aller. Vraiment, oui. C'était seulement le choc.

— Vous êtes courageuse. (Il lui tendit l'automatique.) Vous savez comment ce truc-là marche, je suppose. La sécurité est enlevée. Si quelqu'un s'approche, appuyez simplement sur la détente. Je n'en ai pas pour longtemps, je vous le promets.

Il revint à la chambre et ferma la porte derrière lui. Il craqua de nouveau une allumette. La lumière fit jaillir un reflet dans les yeux du mort, qui avaient tourné dans leurs orbites si bien que l'on n'en voyait plus que le blanc. Hagen alla à la fenêtre pour arracher la couverture qui avait servi de rideau improvisé. Il commença à examiner les lieux. Ce n'était guère plaisant de se déplacer avec cette horreur macabre trônant au centre, mais il lui fallait cependant voir si on n'avait rien laissé d'intéressant.

La pièce était vide de tout mobilier, à l'exception d'un vieux lit de fer et de la chaise. Il y avait un placard, mais il ne contenait que quelques vêtements disparates abandonnés par de précédents occupants. Finalement, Hagen trouva la force de venir contempler de près le cadavre. Dans n'importe quel pays occidental, ce meurtre aurait été considéré comme l'œuvre d'un dément. Mais

Hagen, familier de l'esprit des Orientaux, de leur raffinement dans la cruauté et de leur mépris de la vie humaine, ne tirait pas pareille conclusion. Les hommes qui avaient agi ainsi avaient voulu à tout prix des renseignements. Pour eux, la torture constituait d'évidence la clef qui délie les langues. L'ultime mutilation donnait l'impression d'avoir été commise dans un accès de rage, après la mort du supplicié. Hagen conclut que Tewak avait sans doute refusé de parler. La sueur lui inondait les yeux. En l'essuyant, il comprit soudain pourquoi la baraque lui paraissait si bizarrement silencieuse : avec le sixième sens qui les avertissait toujours des problèmes, tous les marins avaient quitté les lieux. Il ouvrit la porte après un dernier regard circulaire et s'en fut.

La jeune fille tentait de sourire, mais parvenait seulement à paraître sur le point de vomir. Hagen lui reprit le pistolet qu'il glissa dans sa poche.

— Vous avez besoin d'un verre, lui dit-il.

La saisissant par le bras, il l'emmena dehors en hâte.

Il la conduisit dans un petit bar qu'il connaissait près de là. Ils s'assirent dans l'intimité d'un box, protégé des bruits du monde par un rideau épais. Il alluma une cigarette qu'il lui glissa entre les lèvres. Elle inhala deux ou trois fois la fumée et sembla aller mieux.

— Je suis désolée, souffla-t-elle. C'était la chose la plus horrible que j'aie jamais vue.

Elle frissonnait.

Leurs commandes arrivaient. Hagen poussa son verre vers elle.

— Buvez, ordonna-t-il. Ça vous fera du bien. Je ne suis pas moi-même une femmelette, mais c'était l'un des pires spectacles de ma vie.

Elle sourit à peine.

— Apparemment, vous ne faites rien d'autre que de m'emmener dans des bars tranquilles quand je pleure. (Il lui adressa un sourire en serrant fortement sa main.) Qu'est-ce que je vais faire ? gémit-elle.

— Vous voulez toujours partir à la recherche de cet or ? (Elle acquiesça de la tête.) Alors, c'est décidé. Maintenant, la meilleure chose que vous ayez à faire cet après-midi, c'est de rentrer à votre hôtel et de vous étendre.

Elle tenta de protester.

— Il n'y a pas de mais, reprit-il. C'est moi qui commande.

De toute façon, j'ai beaucoup de choses à régler. Vous ne feriez que m'encombrer.

Ils quittèrent le bar et firent signe à un taxi. Après avoir payé le chauffeur, il ne restait quasiment plus un sou à Hagen. Il aurait voulu la laisser devant l'entrée, mais elle insista pour qu'il monte. L'ascenseur les amena au troisième étage. Sa chambre était au fond du couloir. Elle lui en donna la clef. Lorsqu'il ouvrit la porte, il trouva tout sens dessus dessous. Vêtements et objets personnels avaient été partout répandus, tandis que la plupart des tiroirs étaient retournés et vides.

— Mais pourquoi ? dit-elle. Qu'est-ce qu'ils espéraient donc trouver ?

Hagen repoussa son chapeau sur l'arrière de son front :

— Les éléments pour retrouver la vedette, mon ange. Ils espéraient que vous étiez assez stupide pour les avoir laissé traîner.

— Les idiots ! explosa-t-elle. Pour qui me prennent-ils ? Je connais le relèvement par cœur.

— Ça prouve une chose, nota Hagen d'un ton satisfait. Tewak n'a pas parlé.

Soudain, Rose Graham se mit à jurer d'abondance, comme lorsqu'elle avait insulté le Russe.

— Hé, du calme, commanda-t-il.

— Qu'ils aillent se faire foutre ! Je commence à en avoir marre.

— Pas de larmes ? s'étonna-t-il.

— Je n'en ai plus.

Il sourit et enleva sa veste :

— Commençons à emballer vos affaires.

— Pourquoi si vite ?

— Vous ne pouvez plus rester ici. Je pense qu'il vaut mieux que je vous emmène rendre visite à une de mes amies.

Elle haussa les épaules et se mit à ranger ses affaires dans ses valises au fur et à mesure qu'il les lui tendait. Vingt minutes plus tard, ils quittaient la chambre, précédés par deux boys portant les bagages. Le Russe, en préparant la note, se montra d'une politesse exacte et détachée. Quand ils s'éloignèrent du comptoir, Hagen, tout à coup, cria :

— Attrape, garçon !

Il lui lança une pièce de monnaie, que l'autre, instinctivement, saisit au vol. Il resta là à les regarder, furieux. Plusieurs personnes rirent. Hagen estima que le spectacle valait l'investissement.

Pendant que leur taxi s'élançait dans les quartiers résidentiels de Macao, sur la colline, Rose Graham interrogea, curieuse :

— À quoi ressemble votre amie ?

— Elle est bien, répondit Hagen avec désinvolture. Je pense qu'elle vous plaira.

— Mais c'est une femme, insista-t-elle d'un ton un peu tranchant. Une vieille amie ?

— Oui, rit-il, dans les deux sens du mot. (Il lui tapota la main.) Ne vous inquiétez pas. Elle est très connue. Les gens les plus huppés fréquentent sa maison. Les hommes les plus chics, du moins.

Elle ne comprit pas tout de suite la signification profonde de la formule. Puis elle hoqueta, bredouillant presque :

— Vous ne voulez pas dire que... qu'elle tient une maison !...

— Si, certainement. C'est le meilleur claque de Macao.

Hagen n'avait pas achevé qu'elle se rejetait contre son dossier, écarlate. Le taxi vira dans une rue latérale et freina pour s'arrêter devant une magnifique grille en fer forgé au dessin compliqué sertie dans un haut mur de pierre.

3

Hagen ordonna au chauffeur de taxi d'attendre. Il s'avança avec la jeune fille vers la grille ouvragée et tira le cordon d'une sonnette. Au bout d'un moment, une silhouette massive et informe apparut de l'autre côté. Un visage aux traits plats de Mongol s'écrasa contre le fer forgé, cependant que son propriétaire portait sur eux un regard de myope. Hagen tendit la main pour saisir l'homme par le nez :

— Sacré nom, Lee, tu ne te souviens plus de tes vieux amis ?

Un sourire éclaira la face de l'Asiatique, qui se hâta de déverrouiller la porte. Au moment où ils le dépassaient, Hagen frappa d'un léger coup de poing sa poitrine épaisse :

— Quand je te le dirai, Lee, tu apporteras les bagages à l'intérieur.

Le Mongol hocha la tête avec vigueur, le sourire figé.

Alors qu'ils se dirigeaient vers l'imposante demeure, Rose Graham dit :

— Il a l'air tellement grotesque... On dirait un singe. Pourquoi ne parle-t-il pas ?

— Les Japonais lui ont coupé la langue, répondit Hagen. Ici, c'est lui qui joue les videurs. Il pourrait briser les reins de n'importe qui.

Elle parut impressionnée.

— Rappelez-vous seulement ça, mon ange, ajouta-t-il. Si vous restez ici, c'est ce prétendu singe qui vous protégera quand je ne serai pas dans les parages. Peut-être que cette idée vous aidera à le trouver un peu plus beau.

Une femme de chambre les fit entrer, avec un sourire de bienvenue pour Hagen, et les conduisit dans une grande pièce de réception, dont le luxe incroyable fascina Rose Graham. Elle paraissait contenir une petite fortune en objets d'art chinois. Tout proche, une voix forte se fit entendre, puis la porte s'ouvrit à la volée et la femme la plus extraordinaire qu'elle ait jamais vue entra comme une tornade.

— Mark Hagen... Espèce de jeune démon...

Sa voix résonnait comme une corne de brume. De son ourlet, elle balaya le plancher pour venir serrer Hagen dans ses bras.

Elle portait un kimono lamé or sur un pyjama d'intérieur noir, couleurs qui juraient affreusement avec le roux éclatant de ses cheveux.

— Clara, vous m'aimez toujours ? demanda Hagen.

— Il n'y a personne d'autre, mon mignon.

Elle l'embrassa avec enthousiasme sur une joue qu'elle marqua d'orange vif, avant de se retourner pour regarder la jeune fille avec impudence.

— Rose, je voudrais vous présenter Clara Boydell, dit Hagen. Clara, voici Rose Graham.

La maîtresse des lieux prit une boîte en argent et offrit à son hôte un petit cigare. Elle en prit un elle-même :

— Bon Dieu, Mark, je voudrais bien en trouver quelques-unes comme celle-là. Je pourrais faire fortune.

Rose rougit et baissa les yeux.

— Écoutez-moi, Clara, reprit Hagen, j'ai une grande faveur à vous demander.

Clara Boydell s'effondra dans un fauteuil, qui protesta avec vigueur sous son poids.

— Tout ce que je peux... Je vous en dois une ou deux, de faveurs. (Elle se redressa.) Tout, sauf de l'argent, bien entendu.

(Elle se retourna pour expliquer à la jeune fille :) Une chose que je ne fais jamais, trésor, c'est d'engager du fric. J'ai besoin de tout mon pèze pour mes vieux jours.

— Il ne s'agit pas d'argent, Clara, précisa Hagen. Je voudrais seulement que vous mettiez Rose à l'abri durant quelques jours. Il y a en ville certaines personnes qu'elle préfère éviter.

La grosse femme étrécit les paupières et le fixa quelques secondes. Puis elle sourit :

— Sûr, pourquoi pas ? (Elle appuya sur une sonnette.) Ça ne me coûtera rien.

Hagen sourit à son tour :

— Il ne reste plus qu'une formalité, Clara. Il y a, à la grille, un taxi qui m'attend, avec les bagages. Et j'ai bien peur d'être sans un...

Elle lui adressa un regard menaçant et féroce, qui se transforma en sourire au moment où la femme de chambre entrait :

— Okay, mon mignon. Mais pour cette fois seulement.

Elle donna ses ordres à la domestique dans un cantonais exécrable, puis ajouta, pour Rose Graham :

— Suivez-la, trésor. Elle va vous installer dans une des chambres.

Rose sourit pour exprimer ses remerciements et se dirigea vers la porte.

— Je vous verrai plus tard, mon ange, dit Hagen.

— Et moi, je vous verrai tout de suite, déclara Clara Boydell.

Hagen referma la porte et se tourna vers elle.

Elle remplit généreusement deux verres de gin.

— Très bien, Mark, reprit-elle. Dites-moi donc dans quel pétrin vous vous êtes fourré, ce coup-ci.

Hagen se laissa tomber dans un fauteuil et se détendit. Il était plus fatigué qu'il ne s'en était jusqu'alors rendu compte. Par-dessus le bord de son verre, il observait Clara Boydell. Dans le passé, ils s'étaient mutuellement rendu trop de services pour qu'il laisse, à ce stade, la méfiance s'introduire dans leurs relations. Il savait qu'elle nourrissait à son égard une affection authentique. Il lui résuma donc l'essentiel de ce qui s'était passé, et de ce qu'il entendait faire.

Lorsqu'il eut achevé, elle demeura silencieuse, à regarder par la fenêtre. Elle avait un air sérieux qu'il ne lui avait jamais vu depuis quatre ans qu'ils se connaissaient.

— Eh bien, qu'est-ce que vous en pensez ? demanda-t-il.

— Je pense que tout ça ne sent pas bon.

Il bondit sur ses pieds pour arpenter la pièce avec impatience :

— Sacré bon Dieu, Clara. Je sais que c'est risqué. Mais, dans ce monde, on n'a rien pour rien.

— Je ne pensais pas seulement aux risques. Mais cette petite m'a tout de suite plu. Et vous, vous vous apprêtez à lui faire un coup en vache.

— Pour l'amour de Dieu, riposta-t-il, furieux, je ne vais quand même pas la jeter aux requins. Et je veillerai à ce qu'elle ait sa part.

— Qui vous a dit qu'elle voulait une part, hein ?... Et, de toute manière, elle est amoureuse de vous.

Hagen eut un rire bref :

— Ne soyez pas ridicule. Il n'y a que quelques heures que je l'ai rencontrée.

— Oui, mais vous lui avez sauvé la vie. Elle était dans le pétrin et vous, vous avez débarqué pour la tirer de là. Et depuis, vous vous êtes chargé de tout à sa place. Si elle n'est pas encore amoureuse de vous, ça ne va plus tarder.

Il gronda, mécontent, et se versa un autre verre.

— Ne faites pas l'idiot, Mark, continuait-elle. Oubliez un peu cette fille et regardez le problème sous un autre angle. Si vous allez dans ces marais, les Cocos ne vous en laisseront jamais sortir vivant. Ils suivront le moindre de vos mouvements. Ils vous laisseront peut-être y entrer. Peut-être vous laisseront-ils même faire tout le boulot. Mais, au bout du compte, ils vous tomberont dessus. C'est du suicide, Mark. Vous auriez donc si désespérément besoin d'argent ?

Hagen s'en fut à la fenêtre.

— Clara, grinça-t-il sans se retourner, j'en ai plein le dos, de la vie que j'ai menée. Marre. Les années passent et moi, qu'est-ce que j'ai ? Rien. Je veux rentrer chez moi, les poches pleines, avant qu'il ne soit trop tard. C'est si dur à comprendre ?

Maintenant, il lui faisait face. Dépassée, elle haussa les épaules.

— Très bien, insista-t-il. Je vais mettre les points sur les i. Si je ne tente pas ma chance, je suis fini. Bon pour terminer clochard sur la plage. Je me ferai peut-être descendre... Et alors ?... Je préfère courir le risque. Et si je ne récupère pas l'or, il vaudra mieux que je sois mort, de toute manière.

Il alla à la porte, qu'il tint ouverte.

— Parfait, Mark, lâcha Clara. Faites ce que vous voulez.

Il esquissa un sourire triste :

— J'en ai bien l'intention, Clara. Soyez gentille de dire à Rose que je reviendrai la voir ce soir.

Elle hocha la tête et referma doucement la porte derrière lui.

Sans se l'avouer tout à fait, il avait espéré que Clara Boydell, dûment appâtée, accepterait de financer son projet. Maintenant, cet espoir avait sombré. Il se dirigea vers le centre de Macao, afin d'y faire le tour des banquiers et des prêteurs. On aurait dit que quelqu'un, à chaque fois, l'avait devancé. La plupart des Européens ne se donnaient même pas la peine de refuser avec politesse. Ils avaient entendu parler de lui, et il représentait plutôt un risque. Par contre, les usuriers chinois se montraient trop polis : ils lui offraient du thé et agitaient des mains expressives, mais ils ne voyaient pas comment ils pourraient accéder à son souhait. Hagen alla jusqu'à contacter deux ou trois commerçants qui, dans le passé, n'avaient pas toujours craint de se porter acquéreurs d'une cargaison de contrebande. Partout, on lui montra courtoisement la porte.

L'après-midi était déjà bien entamé quand Hagen échoua dans le café de Charlie Beale, dernier endroit où son crédit lui permettait encore de se payer à boire. Il s'effondra dans un box. Pendant qu'il avalait goulûment la bière fraîche qu'un serveur lui avait apportée, quelqu'un s'assit en face de lui. Il leva les yeux. C'était Charlie en personne, souriant :

— Salut, mon garçon ! Paraît-il que, ce coup-là, tu es dedans, et jusqu'au cou.

Hagen lui adressa un sourire fatigué :

— Pour mon bateau, tu veux dire ? Mais j'aurai l'argent d'une manière ou d'une autre.

Charlie Beale claqua des doigts. Le serveur s'empressa d'apporter une bouteille de scotch et deux verres.

— Bois quelque chose de convenable, Mark, recommanda-t-il. (Il leva son gobelet.) À ta chance, et il t'en faut beaucoup. D'après ce que je me suis laissé dire, tu auras du pot si tu arrives à dénicher un seul fifrelin dans ce bled. On a donné le mot. En ce qui te concerne, les guichets sont fermés.

Cela, ça intéressait Hagen. Charlie savait tout, ou presque, de ce qui se passait à Macao.

— C'est qui, Charlie ? interrogea-t-il. C'est Herrara, le patron des douanes ? Je sais que ce salaud voudrait que je sois définitivement privé de mon bateau.

Charlie Beale secouait la tête :

— À ce qu'on me dit, c'est politique. Tu aurais des problèmes avec les Cocos ?

Hagen ne répondit pas à la question car, soudain, une idée saugrenue venait de jaillir :

— Charlie, ça te plairait de me prêter dix mille pétakas ?

Les yeux de Charlie Beale s'étrécirent. Son visage perdit toute expression. Mais il ne rit pas, parce qu'il savait que Hagen avait une proposition sortant de l'ordinaire à lui soumettre.

— Qu'est-ce que tu me gardes dans ta manche ? demanda-t-il d'une voix brusquement plus marquée par l'accent cockney de sa jeunesse.

— C'est quelque chose de gros, Charlie. De vraiment gros.

Charlie Beale se leva, en faisant signe à Hagen de le suivre. Il le conduisit à l'étage de son bureau.

— Ici, affirma-t-il quand ils furent assis face à face, nous serons tranquilles. Raconte-moi tout. Et tu as intérêt à ce que ça soit juteux.

Il n'était plus qu'un homme d'affaires, seuls les faits et les chiffres l'intéressaient. Après avoir écouté Hagen, il alluma une cigarette pour mieux réfléchir. Il finit par sortir d'un tiroir une carte roulée sur elle-même, qu'il déploya sur la table :

— Regarde donc ça, mon garçon. D'ici aux Kwai, la côte est farcie de canonnières. Et par-dessus le marché, il y a les pirates. Tu n'as pas l'ombre d'une chance.

Hagen hocha la tête :

— D'accord. Ça va être difficile, mais c'est faisable.

Charlie Beale, pensif, prit une nouvelle cigarette.

— Tu ne te sentirais pas mieux loti, avec un sampan à moteur ? Tu aurais l'air du pêcheur moyen des villages côtiers.

Hagen trancha :

— Non, je ne te suis pas. Tout se joue sur un seul facteur : la vitesse. Il faut que ce soit fait si vite que nous soyons arrivés et repartis avec les lingots avant qu'ils aient pu comprendre ce qui leur est tombé dessus. Pour réussir, il me faut un bateau rapide. Et le mien, c'est le meilleur de toute la région, comme tu le sais mieux que personne.

Charlie Beale sourit :

— C'est entendu. Une fois, ton rafiot m'a sauvé la vie. Mais ce service-là, je te l'ai payé il y a longtemps.

Hagen approuvait :

— Je sais. Mais, là, je ne te demande pas un autre service. Je te fais une suggestion d'investissement.

Beale secoua la tête.

— Suggestion d'investissement, tu parles. Ce n'est qu'un coup de poker. Mais c'est vrai que je suis joueur autant qu'homme d'affaires.

Il se replongea dans l'étude de la carte, sans mot dire. Hagen attendait, les mains moites, implorant le Ciel d'obtenir la réponse qu'il espérait.

— Qu'est-ce qu'il te faudrait, comme équipement ? s'enquit enfin Charlie Beale.

Hagen tenait sa réplique prête :

— Quasiment rien. La vedette repose sur un fond de sable, à huit mètres de profondeur. Ça devrait être facile. J'apporterai un scaphandre. Un palan et un treuil pour remonter les lingots, ça s'installe en moins de deux. Le gros problème, c'est l'argent pour cette enfoirée d'amende. Il faut que je puisse reprendre mon bateau.

Charlie Beale branla du chef :

— Ça n'est pas si mal. On pourrait monter toute l'affaire pour des clopinettes.

— Encore une chose, se souvint brusquement Hagen. Et importante !... Il me faudrait quelques bonnes armes automatiques et, si possible, un lot de grenades. (Beale fronçait les sourcils.) Ça serait quand même trop idiot de laisser filer l'or, simplement parce qu'on aurait pas pu défendre le bateau convenablement.

— Excellent. Mais ça ne sera tout de même pas une partie de plaisir. Ces joujoux-là, on ne se les procure pas facilement, ces temps-ci. Tu prendrais qui avec toi ?

Hagen tenait prête cette réplique aussi :

— La fille, bien sûr. Autrement, elle pourrait se poser des questions. Et puis j'ai besoin d'un matelot. O'Hara serait le meilleur. N'importe quel Chinetoque pourrait être un agent des Rouges.

— Qu'est-ce que tu veux faire de ce vieux poivrot ? gronda Beale. Il a la tremblote quand il ne picole pas ses deux bouteilles de tord-boyaux par jour.

Hagen sourit :

— Je sais. Mais, à jeun, c'est un sacrément bon marin. Et puis on peut compter sur lui pour fermer sa gueule. En plus, c'est un ami à moi.

Il y eut un long moment de silence. Une brise légère agitait les lattes de bambou de la jalousie qui protégeait la croisée. Hagen, nerveux, alluma une cigarette pour tromper l'attente. Charlie Beale poursuivait son étude de la carte, en jouant avec un coupe-papier d'ivoire. Il se redressa brusquement et posa le coupe-papier.

— Parfait, Mark. Reviens demain. Ni trop tôt, ni trop tard. Je vais y réfléchir.

Hagen parvint à rester impassible en quittant le bureau et en redescendant les escaliers. Mais, dès qu'il fut dans la rue encombrée, son visage s'éclaira d'un large sourire. Charlie Beale avait mordu à l'hameçon. L'affaire était faite. Il se sentait submergé de confiance en soi et d'espoir. Très bientôt, peut-être dans quelques jours seulement, il serait à bord de ce ferry qui filait vers Kowloon, puis ensuite, assis dans un avion survolant le Pacifique. Et il comprit tout à coup qu'il ne voulait pas regagner les États-Unis. Que plus rien, là-bas, ne l'attendait. Un rictus remontait les coins de sa bouche pendant qu'il méditait là-dessus. Non, il lui fallait aller en Irlande. Une maison de campagne avec l'alcool qui coule à flots et quantité de bons chevaux.

Ce fut de penser à l'Irlande qui lui remit O'Hara en mémoire. Il décida de partir à la recherche du vieux loup de mer. Sur les quais, il inspecta tous les cafés, tous les bars à mauvais gin. Au bout d'une heure, il allait abandonner sa quête, lorsqu'il l'aperçut dans l'un des pires bouges de Macao : un grand marin français à l'accent de Marseille tenait d'une main l'Irlandais à moitié étendu sur une table, tandis que, de l'autre, il le douchait de bière. Hagen se fraya un chemin à travers la foule des spectateurs ivres et rigolards, puis, s'emparant de la chaise la plus proche, l'écrasa sur le crâne et le dos du Français. Le siège se fendit. L'homme s'effondra au sol, sans émettre un seul son. Hagen chargea O'Hara sur son épaule et l'assistance s'écarta respectueusement pour le laisser passer.

Il appela un rickshaw, et il y déposa O'Hara. Il marcha à côté jusqu'au taudis où l'Irlandais avait élu domicile. Il le porta dans les étages et le jeta sur son lit. À s'en tenir aux apparences,

O'Hara n'avait pas dessoûlé de deux jours. Hagen, de l'extérieur, verrouilla la porte et mit la clef dans sa poche.

La nuit commençait à tomber quand il revint à son hôtel. Un nouveau réceptionniste se tenait derrière le comptoir, un Chinois fluet au visage chafouin.

— Des messages pour moi ? interrogea Hagen.

— Non, commandant Hagen. Pas de messages.

Hagen avait déjà gravi la moitié des marches quand il prit conscience que le nouveau connaissait son nom, et se demanda ce qu'il était advenu de son prédécesseur. Il poursuivit sans bruit jusqu'à la porte de sa chambre et s'arrêta un instant, aux aguets. Il se jugea stupide, tourna la clef dans la serrure et entra.

Il alluma la lumière. Assis sur le lit, un homme contemplait le mur d'un air pensif. Il était petit et brun. Élégamment vêtu d'un costume d'alpaga blanc, il tenait de ses mains gantées le pommeau d'argent d'une canne en bois de Malacca. Hagen s'appuya dos à la porte, alluma une cigarette, et attendit. Les petits yeux, noirs et brillants, de l'inconnu avaient pivoté pour pouvoir l'observer. L'homme, toujours assis, se tourna à demi, souleva son panama et dit, dans un anglais net et précis :

— Ai-je l'honneur de parler au commandant Hagen ?

Hagen le trouva trop poli pour être honnête. Malgré l'expression courtoise de son visage d'oiseau, il avait le regard fixe et cruel d'une vipère. Hagen souffla dans sa direction une bouffée de fumée :

— Écoutez, je suis très occupé. Alors, ayez la gentillesse de déballer votre affaire et, ensuite, foutez le camp.

Le petit homme souleva sa canne dans un geste de reproche. Il sourit, comme un père devant un fils rétif :

— Commandant Hagen, cela vous plairait-il de gagner très facilement vingt mille dollars des États-Unis ? Sans risque et sans le moindre problème ?

Hagen se rendit dans la salle de bains, et en rapporta la bouteille de gin et deux verres. Il servit l'alcool, qu'ils burent côte à côte, sur le lit, sans mot dire. Il savait qu'il s'agissait de quelque chose de très particulier, car un Russe travaillant pour les communistes chinois ne pouvait occuper qu'un poste de la plus haute importance. Ils devaient être plus que déterminés à mettre la main sur l'or. Il se resservit.

— Comment cela va-t-il à Moscou, ces temps-ci ? interrogea-t-il.

Le Russe sourit.

— Je rends hommage à votre perspicacité, commandant, dit-il en inclinant la tête. Il y a cependant dix ans que je n'ai pas mis les pieds à Moscou, et moins encore en Russie, et, entre nous (il baissa la voix, l'air d'un conspirateur), cet état de choses me convient à merveille. Je trouve le mode de vie oriental très séduisant, commandant. Ses critères, ses valeurs morales, et jusqu'à la nourriture, me paraissent infiniment préférables. Quelle comparaison pourrait-on établir entre une kolkhozienne trapue et les fragiles fleurs de l'Orient que l'on trouve dans diverses parties de cette ville ?

Le regard du Russe s'embruma et son expression se fit rêveuse. Hagen frissonna de dégoût, mais il lui fallait savoir où voulait en venir le camp adverse. Il se contraignit à sourire :

— Et comment pourrais-je donc gagner aussi facilement ces vingt mille dollars ?

L'autre sourit, radieux. Il se leva et claqua les talons, très raide :

— Ah... Ainsi donc, nous pourrions nous entendre ? Je m'appelle Kossov, commandant Hagen. (Il tendit la main.) Mes mandants vous verseraient la somme en question si vous acceptiez de les conduire jusqu'à la position d'un certain bateau qui a coulé, je crois, dans les environs des marais des Kwai.

Rejetant la tête en arrière, Hagen éclata de rire :

— Pour qui me prenez-vous ?

Kossov sourit à peine :

— Je vous prends pour ce que vous êtes, commandant. Lieutenant de vaisseau dans la marine britannique, et capitaine de frégate dans la US Navy... Est-ce que votre nouveau rôle de protecteur de l'innocence vous plaît ?

Hagen éprouvait de la difficulté à se maîtriser :

— Vous vous foutez du monde. Pourquoi vous dirais-je où se trouve ce bateau pour vingt mille pauvres petits dollars, alors que je puis récupérer l'or moi-même ?

Le Russe pointa sa canne :

— Ah... Mais le pouvez-vous vraiment, commandant ? Je ne le pense pas. Tout d'abord, il vous faut trouver l'argent dont vous avez besoin pour rentrer en possession de votre propre bateau. Avez-vous connu le moindre succès dans ce domaine, à propos ? En second lieu, il vous faudrait quitter Macao et pénétrer dans les marais sans être repéré. Et c'est là une impossibilité, mon cher commandant. (Il sourit, charmeur.) En tout état de cause, étant donné que je ne peux conclure avec vous, je me dois de rendre visite à miss Graham. Les femmes, à mon avis, se montrent bien plus coopératives.

Hagen fut sur lui avant qu'il n'ait atteint la porte. Il le saisit par les revers, et lui tordit le col jusqu'à ce que ses petits yeux noirs jaillissent de leurs orbites.

— Espèce de sale petit rat, cria-t-il. Si vous effleurez seulement cette gosse, je...

Sentant une présence derrière lui, il bascula d'instinct la tête sur le côté. Un rouleau de cuir empli de cailloux lui meurtrit l'épaule. Faisant pivoter Kossov, il le lança contre son assaillant.

Ils avaient dû attendre sur le balcon, songea-t-il en leur faisant face. Ils étaient deux, aux faciès aplatis de Mongols, pas aussi massifs que Lee, mais grands tout de même. Hagen plongea sous le bras du plus proche, lui écrasa le poing droit dans le ventre, et bondit par-dessus le lit.

Une seconde, tout fut tranquille : le calme avant la tempête. L'un des deux hommes assit Kossov sur une chaise et lui donna un verre d'eau. L'autre, serrant nerveusement son boudin de cuir dans sa main, se tenait en face de Hagen, de l'autre côté du lit. Le Russe se ressaisissait. Il se massa doucement la gorge. Puis il désigna Hagen et ordonna à voix basse, en cantonais :

— Cassez-lui la gueule. Cassez-lui la gueule, mais ne le tuez pas.

Hagen jugea qu'il avait assez attendu. À leur mine, on pouvait estimer que les sbires de Kossov ne feraient que peu de différence entre rouer de coups et tuer. Il saisit le bord des couvertures qu'il leva en même temps qu'il bondissait sur le lit. Il étendit les bras, lançant les couvertures comme un pêcheur son filet, de telle sorte qu'elles enveloppèrent le Russe et l'homme qui se tenait à ses côtés. Dans le même mouvement, il bondit sur l'autre, pieds en avant. Sous la violence du choc, le Mongol partit à reculons, à travers la fenêtre, jusqu'au balcon.

Hagen atterrit sur les avant-bras, en un geste classique au judo, puis pivota pour se retrouver en face du second malfrat. En essayant de se débarrasser des couvertures, celui-ci avait trébuché et il était tombé sur la chaise de Kossov, les entraînant tous deux au sol. Au moment où il se libérait enfin du piège pour se remettre debout, Hagen lui balança un coup de pied en pleine figure.

Hagen, immobile, respira à fond pendant que Kossov se remettait péniblement sur ses pieds, puis recula jusqu'à la porte. Il écarta le Russe, ouvrit le battant à la volée, et tira dehors le Mongol inconscient. Au même instant, l'autre reparut, venant du balcon. Il était plié en deux de douleur. Du sang coulait de sa bouche. Hagen eut un geste menaçant. L'autre le dépassa et se lança dans le couloir en titubant. Ils descendirent tous en cortège. Hagen, en serre-file, tirait par le col l'homme inconscient. Le réceptionniste affecta d'être très pris par ses occupations pendant qu'ils traversaient le hall.

Garée dans la rue étroite, une grosse limousine américaine, qu'il crut avoir déjà vue, attendait. Celui qui pouvait encore marcher en ouvrit la portière. Hagen tassa l'autre à l'intérieur. En se redressant, il ressentit dans le dos comme la légère piqûre d'une pointe d'aiguille.

— Je vous avais sous-estimé, commandant Hagen, reconnut Kossov. Vous êtes un judoka émérite. Il faudra que je me montre plus prudent à l'avenir. Quoi qu'il en soit, je remporte cette levée, me semble-t-il ?

— D'un point, concéda Hagen, amer.

La pression contre son échine disparut. En se retournant, il vit Kossov en train de rentrer dans la manche de sa canne une inquiétante lame d'acier de soixante centimètres. Hagen, soudain, se sentit las et découragé au-delà de toute expression. Dans la pénombre, il distinguait la circulation, au bout, mais cela lui paraissait irréel ou lointain. Même les bruits semblaient étouffés, dépourvus de sens.

— Vous êtes étonné que je ne vous aie pas tué ? dit Kossov. Permettez-moi de vous expliquer pourquoi. Comme je vous l'ai dit, il y a dix ans que je ne suis pas retourné à Moscou. Là où je veux en venir, commandant, c'est que je n'ai pas du tout l'intention de rentrer en Russie si je puis l'éviter. En Chine, j'ai ce que vous appelleriez “une bonne planque”. Certes, je vis très bien. Mais cette qualité de vie est menacée, commandant. Et par vous. Le Parti est sévère pour ceux qui échouent. Si je ne récupère pas cet or, je pourrais fort bien être rappelé là-bas pour rendre compte de mon échec. Ceci posé, je n'ai pas l'intention d'échouer. (Il rajusta sa cravate et rectifia l'angle de son panama.) Je vous donne deux jours pour étudier ma proposition, conclut-il.

Hagen estima qu'il ne servirait de rien de l'envoyer au diable :

— Très bien. J'y réfléchirai.

Kossov avait pris place derrière le volant.

— Mes pauvres amis..., soupira-t-il. Vous avez été extrêmement dur avec eux, commandant. Mais merci de les avoir ramenés à ma voiture. C'est ce que j'appelle un vrai service.

— Allez vous faire voir, riposta Hagen. Je ne l'ai fait que pour tenir la police en dehors de tout ça.

— À dans deux jours, cher ami.

La petite rue était déserte et calme.

La voiture démarra. Hagen se détourna avec lassitude et rentra dans l'hôtel.

Il prit une douche et se changea. Après quoi, il redescendit, pour donner consigne au réceptionniste d'envoyer quelqu'un remettre de l'ordre dans sa chambre, et de répondre qu'il était sorti prendre un verre si on le demandait. Le bonhomme hocha la tête. Hagen se dirigea vers la porte d'entrée. Il resta dehors une minute avant de rentrer vivement dans le hall. Le réceptionniste était au téléphone :

— Il vient juste de sortir pour la soirée. Je pense que...

Hagen releva l'abattant et bondit de l'autre côté du comptoir. L'homme recula. Hagen l'attrapa par le devant de sa veste et, de sa main libre, sortit son automatique. Deux fois, du canon, il lui en frappa le visage. Le lourd métal ouvrit un sillon irrégulier dans la joue droite. Le réceptionniste s'effondra sur le comptoir en gémissant.

— Je n'aime pas les fouille-merde, cracha Hagen. Tu ferais mieux d'avoir disparu quand je reviendrai.

Il se détourna et quitta l'établissement.

Il alla à pied jusqu'à la maison de Clara Boydell, faisant mille détours et s'arrêtant souvent pour s'assurer qu'il n'était pas filé. Là-bas, tout était illuminé. De nombreuses voitures étaient garées dehors — certaines avec des plaques minéralogiques du corps diplomatique. Il entra par la grande porte. Aux tables de jeu du rez-de-chaussée, les flambeurs menaient un train d'enfer. Dans le salon, la tenancière entretenait une conversation animée avec un groupe de messieurs d'allure distinguée. Il monta au premier et demanda à une domestique croisée au hasard de la conduire à la chambre de Rose Graham.

La pièce était plongée dans l'obscurité. Un rayon de lumière jaune venant d'une des lampes de la façade filtrait par la fenêtre. La jeune fille dormait sous une moustiquaire. Hagen la voyait mal, distinguant tout juste une silhouette aux membres ronds et des cheveux aile-de-corbeau répandus sur l'oreiller. Dans le lointain, il perçut un éclat de rire, suivi du triste sanglot d'une clarinette quand l'orchestre commença de jouer. Très doucement, il ressortit sur la pointe des pieds.

Il se sentait très fatigué en regagnant son hôtel. À la réception, il y avait maintenant une ravissante Chinoise. Il lui demanda où était passé le réceptionniste. Elle répondit qu'il avait dû partir à toute vitesse. Son oncle, le propriétaire, avait été contraint, raconta-t-elle, de faire appel à elle en désespoir de cause, ce qui avait été fort incommode. Hagen compatit avant de regagner sa chambre. Il y avait longtemps qu'il n'avait pas été aussi épuisé. Il se jeta sur son lit, regarda le plafond, s'agita un instant, et s'endormit.

Il se réveilla en sursaut. Dans l'ignorance de ce qui l'avait tiré du sommeil, sa main se glissa sous son oreiller pour saisir le canon de son Colt. On frappait frénétiquement à sa porte.

— Commandant Hagen ! criait la jeune Chinoise. Venez vite ! On vous demande d'urgence au téléphone.

— Qui est-ce ?

— La dame, elle a pas donné son nom. Elle dit que c'est très urgent.

Il ouvrit la porte à la volée, écarta la jeune femme et descendit les marches quatre à quatre. Il prit le combiné du comptoir.

— Hagen à l'appareil.

— Mark, c'est Clara. Je vous envoie Lee, avec une voiture. Il vaudrait mieux que vous arriviez vite. On a enlevé votre petite amie.

Au loin, la voix de la grosse femme parut se briser. Il chancela, comme si, pour la première fois, il avait compris l'importance que la jeune fille revêtait désormais pour lui. Il se ressaisit :

— Merci, Clara. Je serai chez vous dans un quart d'heure.

Il reposa le récepteur, bouscula la jeune femme interdite, et regagna sa chambre à l'étage.

4

Il avait à peine fini de s'habiller qu'il entendait les freins de la voiture crisser au-dehors. Il bondit au rez-de-chaussée, ouvrit la portière à la volée, et se jeta sur la banquette arrière. Avant même qu'il ait pu refermer, le véhicule s'arrachait au trottoir. Au coin, ils virèrent sur deux roues, faisant s'égailler les piétons, puis Lee s'engagea dans un dédale de ruelles tranquilles, conduisant comme le diable en personne.

Jamais de sa vie Hagen ne s'était senti aussi frustré que pendant les quinze minutes que dura le trajet jusqu'à la maison de plaisir de Clara Boydell. Il aurait voulu, plus que tout, savoir ce qui s'était passé. Mais le seul homme qui aurait pu le lui raconter ne pouvait plus parler. Il se demanda l'heure qu'il était, et se prononça pour 1 heure du matin. Son attente prit fin lorsque la voiture s'engouffra entre les grilles et freina en dérapant sur les gravillons.

L'endroit était aussi illuminé, et d'une gaieté aussi bruyante, que de coutume. Hagen grimpa le perron quatre à quatre et franchit la grande porte. Une domestique l'attendait. Elle lui fit signe de monter à l'étage. Il monta en courant. Clara apparut en haut des escaliers, une meurtrissure livide sur une joue, plus en colère qu'il ne l'avait jamais vue.

— Par ici, coassa-t-elle.

Elle le précéda dans le couloir jusqu'à la chambre que Rose Graham avait occupée.

La porte en était ouverte. La serrure pendait selon un angle bizarre. Hagen pénétra dans la pièce et regarda autour de lui. Pour autant qu'il en puisse juger, tout semblait en ordre. Rien ne manquait — à part Rose. Il se laissa tomber sur le lit, en fouillant ses poches à la recherche d'une cigarette. Il n'y put découvrir qu'un paquet vide, qu'il apporta le plus grand soin à examiner et à lisser entre ses doigts, parce qu'en lui, une petite voix lui ordonnait de conserver son sang-froid et de maîtriser ses nerfs : s'il voulait retrouver la jeune fille, il lui fallait garder la tête froide.

Clara lui offrit un petit cigare. Il l'alluma et inhala la fumée avec gratitude. Il lui sembla qu'elle le ramenait à la vie et le calmait. Il lança un coup d'œil à Clara Boydell :

— Comment avez-vous reçu ce coup ?

Elle explosa :

— J'ai pris une baffe !... Moi, Clara Boydell, je me suis fait tarter la gueule chez moi par un petit salopard jaune !...

À ce souvenir, elle blêmit de rage.

— Ouvrez un peu la soupape, lui conseilla Hagen. Si jamais je tombe sur lui, je ne manquerai pas de lui transmettre vos meilleures amitiés. Et maintenant, dites-moi exactement ce qui est arrivé.

Elle haussa les épaules :

— Il n'y a pas grand-chose à dire. Vers minuit, un groupe de Chinois — ils étaient quatre, je crois — ont demandé à voir des filles. Ils étaient polis et bien sapés. En fait, ils flambaient aux tables de jeu depuis une heure et ils paraissaient pleins aux as. La femme de chambre les a emmenés à l'étage. Là, il y en a un qui lui a balancé son poing dans la mâchoire. Ils ont suivi le corridor en regardant dans chaque chambre. Et je peux vous dire que ça a dû être assez embarrassant pour certains des citoyens les plus connus de la ville. Moi, j'étais tout en haut, à distraire le nouvel attaché de l'Air de l'ambassade de France... Un lascar de première, ajouta-t-elle, l'air rêveur.

— Allez, Clara, continuez, coupa-t-il, impatient.

— Très bien, mon chéri. Quoi qu'il en soit, je suis descendue pour trouver ces zozos en train de traîner Rose dans le couloir. Je leur ai demandé ce que diable ils fabriquaient. Et il y en a un qui m'a frappée au visage. Ils se sont tirés par l'escalier de service. Le jardinier affirme qu'une limousine noire les attendait derrière la maison.

— Ils avaient quelque chose de particulier, ces pèlerins ? interrogea Hagen. Il n'y avait pas un Mongol parmi eux, par hasard ?

Elle secoua la tête :

— Non, certainement pas. Mais je n'oublierai pas celui qui m'a giflé vite fait. Un affreux petit rat. Quelqu'un lui avait refait le portrait. Un des côtés de son museau était noir et bleu.

Hagen éprouva un soupçon de satisfaction : au moins, il tenait le début d'une piste.

— Merci beaucoup, dit-il. Je pense que je sais qui est ce voyou. Je pourrais vous emprunter Lee et la voiture pour quelques heures ?

Elle acquiesça :

— Vous pouvez avoir tout ce que vous voulez pour nous ramener cette chouette petite en un seul morceau.

Hagen ne perdit pas son temps à prolonger la conversation. En quelques secondes, il se retrouva de nouveau à l'arrière de la voiture, vérifiant son automatique pendant que Lee le conduisait à travers les petites rues. Il glissa le pistolet dans la poche intérieure de sa veste, puis se laissa aller contre le haut dossier. Il n'ignorait pas qu'il lui fallait agir vite. Chaque minute comptait s'il voulait retrouver Rose Graham saine et sauve. Quand le véhicule s'arrêta devant son hôtel, il ouvrit la porte à la volée et bondit dans le hall. La jeune Chinoise leva les yeux du livre qu'elle lisait. La stupéfaction se peignait sur son visage.

— Tout va bien, commandant ?

Hagen se pencha sur le comptoir :

— Tout, certes, sauf que j'ai un besoin urgent d'un renseignement. C'est une question de vie ou de mort. Le maudit salopard qui travaillait ici, avant vous, vous avez son adresse ?

Elle regarda un instant sous le comptoir, puis se redressa avec un grognement de satisfaction :

— Bien sûr. Il a demandé que son argent lui soit envoyé là.

Il prit le morceau de papier.

— Merci, petite, lâcha-t-il.

Il courut à la voiture.

Il ne leur fallut que cinq minutes pour parvenir à l'adresse indiquée. Hagen ordonna à Lee de s'arrêter au bout de la rue. Il ne voulait pas donner l'alerte à leur gibier avant de l'avoir débusqué. Ils firent à pied le reste du chemin. L'adresse correspondait à un immeuble chinois, raisonnablement propre et convenable. L'appartement qu'ils recherchaient se situait au rez-de-chaussée. Ils s'approchèrent en silence de la porte, puis Lee s'inclina pour écouter par le trou de la serrure. Il finit par se relever en hochant la tête. Hagen frappa doucement. Presque immédiatement, on entendit grincer les ressorts d'une literie, tandis qu'une voix interrogeait, en cantonais :

— Qui est là ?

— Dépêche-toi d'ouvrir, imbécile, rétorqua Hagen brutalement, avec l'espoir que l'épaisseur du battant dissimulerait son accent étranger. J'ai un message du chef.

On jura, les ressorts grincèrent à nouveau, et, après quelques secondes, la porte s'entrouvrit à peine. Hagen pesa dessus de tout son poids. Elle s'ouvrit d'un coup, envoyant bouler l'homme sur son lit. Un cri étouffé s'éleva. Hagen aperçut une jeune Chinoise terrifiée, les épaules nues, qui cherchait à se dissimuler sous les couvertures.

— Fermez-la, si vous savez où se trouve votre intérêt, lui intima Hagen.

Derrière lui, la porte claqua. Il put fixer les yeux remplis de haine du réceptionniste vendu, notant, assez satisfait, que l'un des côtés du visage de l'homme était horriblement abîmé. Il s'en fut à la fenêtre pour tirer le rideau.

— Je n'ai pas l'intention de discuter avec toi, annonça-t-il tout de go. Je veux seulement savoir où ils ont emmené la fille.

Il se retourna pour faire face au Chinois, qui lui cracha à la figure.

Hagen ferma un instant les yeux.

« Je ne dois pas le tuer, songea-t-il. Il faut qu'il parle. Il doit parler. »

Il se détourna, et essuya le crachat.

— Lee, dit-il, voici l'homme qui a frappé Mrs Clara.

Le Mongol s'avança. Une lueur s'alluma dans son regard.

— Fais-le parler, Lee, ordonna Hagen. Par n'importe quel moyen. Mais fais-le parler.

Il tourna le dos, s'installa devant la fenêtre et s'absorba dans la contemplation de la rue tranquille à travers les lattes de la jalousie. Il essayait d'ignorer ce qui se passait derrière lui, mais son esprit refusait de se plier à sa volonté. À chaque gémissement il tendait l'oreille. Soudain, la fille lâcha quelques mots en cantonais, si vite qu'il ne put comprendre ce qu'elle avait dit.

— Non ! Non ! Non ! siffla l'homme d'une voix qui, au fur et à mesure, escaladait les aigus.

Il hurla brusquement de douleur. Hagen se retourna. Quelque part dans l'immeuble, on bougeait. Il écarta Lee et dit au Chinois :

— Vite, maintenant. Dis-moi où elle est, et il s'arrêtera.

Le Chinois bavait. Les larmes coulaient de ses yeux perdus. Hagen le secoua avec impatience, car les bruits, au-dessus d'eux, se précisaient.

— L'entrepôt d'Henry Wong, sur les quais, finit par gémir l'homme au travers de ses dents serrées. Au sud du port.

— Et Kossov ?... Kossov y sera ?

— Oui, Kossov y sera.

Sa tête s'inclina sur le côté et il s'évanouit.

Au même instant, la fille se mit à pousser des cris perçants et on tambourina à la porte. Hagen se précipita vers la fenêtre qu'il ouvrit, heureux que le Chinois n'habite qu'au rez-de-chaussée. Quelques secondes plus tard, Lee les conduisait à toute allure dans le réseau des ruelles, loin du vacarme et des cris.

Hagen lui dit de les ramener chez Clara. Une idée encore vague prenait forme dans son esprit. Il comprenait maintenant qu'il serait inutile de faire une descente dans l'entrepôt, l'arme au poing : Kossov le réduirait tout simplement à l'impuissance, en le menaçant de maltraiter Rose Graham. Il faudrait employer une méthode plus subtile. Mais, quoi qu'il fasse, ce serait risqué, et ce devrait être rapide. Peut-être même était-il déjà trop tard. Hagen frissonna en se rappelant en quels termes le Russe avait fait allusion aux femmes.

Dès que la voiture se fut arrêtée devant la demeure de Clara Boydell, Hagen bondit pour se précipiter directement dans son salon privé. Elle l'attendait, tirant sur un petit cigare avec une anxiété non dissimulée.

— Qu'est-ce qui s'est passé ? demanda-t-elle. Vous avez pu savoir où elle est ?

Il acquiesça de la tête, tout en s'emparant de l'annuaire du téléphone. Un instant plus tard, il composait le numéro de l'entrepôt d'Henry Wong. Clara allait ouvrir la bouche, mais il lui fit signe de se taire car, à l'autre bout, on décrochait. Il y eut d'abord un silence, brisé seulement par une respiration haletante. Hagen alla au plus court :

— Hagen à l'appareil. Prévenez Kossov. Je pense que vous verrez qu'il voudra me parler.

— Attendez, s'il vous plaît, répondit le correspondant.

Hagen se sentit un peu mieux. Pour l'instant, tout allait bien.

Kossov avait pris le combiné. Même au bout du fil, sa voix restait inimitable :

— Bien le bonjour, commandant. Quelle charmante surprise.

— Laissons là les civilités et parlons sérieusement, dit Hagen. Vous m'avez doublé. Vous avez pris la fille. Maintenant, je suis disposé à traiter avec vous.

— Ah... Mais ai-je encore besoin de vous ?

— Évidemment, contra Hagen. Cette fille, c'est une coriace. Elle a connu des moments très durs en Indochine. Elle est capable de vous claquer dans les doigts sans avoir desserré les lèvres.

Il y eut un silence significatif à l'autre bout du fil. Hagen poursuivit :

— D'autre part, elle est amoureuse de moi. Tout ce que j'ai à faire, moi, c'est de venir où vous êtes, et de lui dire que vous me tuerez si elle ne vous donne pas le renseignement. Elle parlera sans hésiter.

Il y eut un nouveau silence. Hagen avait l'impression de pouvoir entendre fonctionner le cerveau du Russe : il pensait que Hagen était fou, mais que son plan avait des qualités. Et il serait toujours possible de le liquider au moment opportun.

— Je vous attends dans vingt minutes, commandant, reprit enfin Kossov. Ne vous donnez pas la peine de vous munir d'une arme.

Il raccrocha sèchement.

Clic du récepteur reposé. Hagen frappa du poing sa paume ouverte :

— Ça peut marcher, dit-il. Ça pourrait bien marcher.

Dans un tiroir du bureau de Clara, il prit un revolver calibre 38, au canon raccourci.

— Et alors, qu'est-ce qui se passe ? demanda-t-elle. Que diable avez-vous l'intention de faire ?

— Donnez-moi du ruban adhésif, répliqua-t-il.

Elle alla dans la salle de bains et en rapporta un rouleau et une paire de ciseaux. Hagen enleva son panama et plaça le 38 dans la coiffe, puis, coupant plusieurs bandes d'adhésif, les colla en croix pour maintenir l'arme. Tout en travaillant, il expliqua ses intentions à Clara.

— Vous êtes dingue, trancha-t-elle. Vous ne vous en tirerez jamais.

Il rajusta son panama, l'inclina correctement. Rien n'indiquait la présence du revolver.

— Que puis-je faire d'autre ? riposta-t-il.

Les épaules de Clara s'affaissèrent soudain. C'était la première fois que Hagen se rendait compte qu'elle était une vieille femme. Elle ouvrit un autre tiroir pour en sortir une liasse de billets :

— Vous feriez mieux de les emporter. On ne sait jamais ce qui peut arriver.

Elle se mit à pleurer. Les larmes se perdaient dans ses joues ravinées. Hagen lui tapota l'épaule, tourna les talons et s'en fut.

Quelques taxis attendaient encore dehors. Il choisit celui qui lui paraissait le plus rapide, s'enfonça dans le siège et ferma les yeux. « Ça doit marcher, pensait-il. Il le faut. Il faut que je la sorte de là. » Il s'aperçut tout à coup que sa première pensée avait été de sauver la jeune fille, non à cause de l'or, mais pour elle-même. « Qu'est-ce qui m'arrive ? », se demandait-il encore au moment où le taxi freina devant l'entrepôt.

Hagen paya son chauffeur, qui repartit. Il regarda de près la construction délabrée. Il n'y avait pas à s'y tromper. HENRY WONG - IMPORTATEUR s'étalait sur la façade en caractères blanc sale. Au loin, dans le port, la sirène d'un cargo mugit, sinistre. Hagen n'avait jamais eu si peur de sa vie. Une petite entrée de service avait été ménagée dans l'une des grandes portes doubles qui donnaient accès aux camions. Elle s'ouvrit brusquement, comme s'ils l'avaient guetté, tandis qu'on dirigeait sur son visage une lampe aveuglante.

— Les mains en l'air, et avancez, ordonna une voix.

Il obéit et on alluma alors l'éclairage principal. Il demeura immobile, battant des paupières, des taches sombres dansant devant ses yeux. Kossov était là, un Luger au poing droit.

— J'espère, pour votre propre bien, que vous avez suivi mes instructions, commandant, sourit-il.

Il fit un geste. Deux hommes s'avancèrent et palpèrent Hagen. Ils reculèrent, hochant la tête. Kossov sourit à nouveau et remit le Luger dans sa poche :

— Bien. Je suis content de vous, commandant. Vous faites preuve de bon sens. Suivez-moi.

Il ouvrit la voie, d'un pas qui résonnait sur le vaste plancher.

Pendant qu'ils montaient un escalier de fer, Hagen jeta un coup d'œil rapide derrière lui pour évaluer la force des adversaires. Les deux acolytes du Russe appartenaient à coup sûr aux durs d'un des gangs des quais. Il en éprouva une certaine inquiétude. Il avait escompté n'avoir affaire qu'aux habituels amateurs fanatisés. Mais le Russe lui avait fait l'honneur d'engager des professionnels. Kossov ouvrit une porte. Tous le suivirent.

Ils pénétrèrent dans une pièce saturée de vapeurs de tabac brillamment éclairée par une ampoule nue pendue au-dessus de la table qui en occupait le centre. Quatre hommes y étaient assis, jouant aux cartes. Deux d'entre eux paraissaient russes, le troisième chinois et le quatrième, dépourvu de veste, tout ce que l'on voulait. Le tout formait une bande de vilaine allure. Kossov les observa un moment. Mais comme ils persistaient à l'ignorer, il renversa la table d'un coup de pied. Tous se turent avant que celui qui était en bras de chemise ne crache un juron en portugais. De sa canne, Kossov lui cravacha le visage.

— Il serait déraisonnable de votre part de jamais répéter pareille conduite, Cortez, dit-il d'un ton égal.

Une seconde, Cortez fixa le Russe, puis il sourit d'un sourire faux, et écarta Hagen pour se diriger vers sa veste, accrochée à une patère.

Hagen se sentait impressionné : Kossov avait du cran. Même avec des voyous, il savait démontrer qui était le patron. Hagen ramassa un paquet de cigarettes qui était tombé de la table, et en glissa une entre ses lèvres.

Kossov lui sourit :

— Et maintenant, commandant ? Irons-nous retrouver cette jeune personne ?... Cortez et Li, vous venez avec nous. Vous deux, nettoyez-moi tout ça.

Il déverrouilla une porte à l'aide d'une clef tirée de sa poche et entra. Hagen le suivit, précédant Cortez. Un des Chinois fermait la marche.

Ils avancèrent dans une totale obscurité. Puis Kossov actionna un interrupteur et tous clignèrent des yeux. La jeune fille était allongée sur un lit de camp, dans le coin le plus éloigné. Elle s'assit lentement, avec une expression égarée. Ils l'avaient habillée du pantalon court et de la blouse d'une Chinoise. Quand elle leva la main pour repousser sa chevelure de son front, l'une des larges manches glissa, découvrant sur son bras de nettes meurtrissures.

Il lui fallut un moment pour reconnaître Hagen, qui lui faisait face. Une expression de bonheur apparut dans ses yeux, et elle courut se jeter dans ses bras.

— Comme c'est touchant, commenta Kossov. Je suis fâché d'interrompre d'aussi délicieuses retrouvailles. Mais, comme on dit, les affaires avant le plaisir.

Hagen se dégagea avec douceur de l'étreinte de la jeune fille. Il recula jusqu'à se trouver derrière elle, face à Kossov. Le Russe s'assit et alluma une cigarette fichée au bout d'un long fume-cigarette d'ambre. Il souffla une bouffée vers le plafond qui s'effritait.

— Miss Graham, dit-il, vous ne me semblez pas étonnée de trouver ici le commandant Hagen. Pourtant, n'est-ce pas quelque peu surprenant ?

Elle allait répliquer, mais le Russe leva la main :

— Non, ne m'interrompez pas, je vous prie. Le temps nous est compté, et je ne vais pas vous ennuyer avec le récit détaillé de la venue ici de notre ami commun. Qu'il vous suffise de savoir que si vous vous obstinez dans votre refus de me communiquer l'information que je souhaite obtenir, le commandant Hagen sera le seul à en souffrir.

Du doigt, il désignait Cortez qui, le dos à la porte, se curait les ongles à l'aide d'un couteau à cran d'arrêt.

— Imaginez un peu, ajouta-t-il, ce que ce monsieur pourrait

faire à notre beau commandant avec son petit couteau. En particulier si nous l'attachions à ce lit.

Rose Graham porta la main à la bouche.

— Non, vous ne feriez pas ça, gémit-elle, terrifiée. Vous ne pouvez pas...

Hagen estima que le moment d'agir était venu. Il la fit pivoter et la gifla d'un revers de main.

— Dites-lui ce qu'il veut savoir, bordel ! beugla-t-il, comme pris de panique.

Il entendit Kossov éclater d'un rire sonore et grinçant. Puis une main l'écarta de la jeune fille et l'envoya dinguer à travers la pièce. Il s'arrangea pour tomber sur le lit, comme s'il avait été déséquilibré. Cortez s'approchait, la lame haute, un sourire vicieux aux lèvres. Hagen enleva son chapeau et en arracha l'arme. Visant un point situé en dessous de la poche de poitrine de Cortez, il pressa deux fois la détente. Cortez était mort avant même d'avoir touché le sol.

Pendant que Hagen bondissait sur ses pieds, le Chinois avait plongé une main dans sa poche pour en sortir un automatique. Il cherchait encore sa ligne de mire quand Hagen lui logea deux balles dans l'estomac. Kossov avait déjà ouvert la porte, et les deux dernières balles se perdirent derrière lui, sans autre effet visible que d'accélérer sa course. Hagen se hâta de claquer le battant et de tirer le verrou.

Il ramassa le pistolet du Chinois, qui toussait et se tordait de douleur sur le plancher. Sans un regard pour lui, il alla à la fenêtre. Elle refusa de bouger quand il essaya de lever le châssis à guillotine. Un examen rapide démontra qu'elle avait été vissée. Il se retourna et saisit Rose Graham aux épaules :

— Vous allez bien ? Kossov ne vous a pas fait de mal ?

Elle secoua la tête :

— Il n'a jamais levé le petit doigt contre moi, et les autres ne pouvaient pas me toucher. Ils auraient bien voulu, mais ils avaient peur de lui. Je pense qu'il avait l'intention de m'interroger sérieusement ce soir.

Elle était pâle, mais elle parvint à sourire.

Hagen s'éloigna. Attrapant une chaise, il en assena des coups furieux contre la fenêtre. Quand il s'arrêta le siège était en miettes, mais il avait rempli son office. La vitre avait volé en éclats. Hagen se pencha par-dessus le rebord : le quai se trouvait deux étages plus bas. Il leur aurait fallu des ailes pour y parvenir. Il regarda ensuite vers le haut et, comme les premiers coups ébranlaient la porte, il comprit que c'était le toit qui leur offrait leur seule chance de salut.

La toiture était plate, mais elle se prolongeait en légère pente jusqu'à une gouttière. Ça n'avait pas l'air très sûr, mais il jugea qu'en sautant, il pourrait sans doute saisir le chéneau. Il rentra à l'intérieur et ressortit de sa poche l'automatique pour le donner à Rose.

— Nous avons une chance d'arriver sur le toit si la gouttière tient. Si elle lâche, je vous suggère de vous tirer une balle dans la tête ou bien de sauter à ma suite.

Elle lui serra la main avec force. Il était à nouveau dehors, en équilibre précaire sur le châssis de la fenêtre. Une seconde, il attendit. Et puis il sauta et agrippa le rebord de la gouttière, qui grinça affreusement et plia un peu, mais ne céda pas. Il resta pendu là un instant, puis d'un rétablissement, il amena ses coudes au-dessus du rebord. Peu après, il était couché de tout son long dans la gouttière, offrant mentalement une prière au couvreur qui avait réalisé le travail.

Il se pencha, bras tendu.

— Maintenant, Rose ! cria-t-il. Maintenant !

Il entendit un épouvantable craquement au moment où la porte cédait, suivi d'un feu roulant pendant qu'elle vidait le chargeur de l'automatique. Ce fut une cacophonie de cris, de hurlements, de gémissements de souffrance. Et puis elle apparut à la fenêtre et lui saisit la main. Elle était légère comme une plume. Avant même qu'il ait pu s'inquiéter, elle était allongée à côté de lui. Elle lui tendit le pistolet :

— C'était une bonne chose que vous me l'ayez donné. J'ai bien peur d'avoir tiré toutes les cartouches.

Il sourit :

— Bravo. J'espère que chacune a fait ce qu'on attendait d'elle.

Il n'y avait plus, en bas, que les cris de douleur des blessés. Il grimpa sur la partie plate du toit et tira la jeune fille à lui.

— Le restant de la troupe va arriver incessamment, reprit-il. Il faut qu'on se remue.

Ils se lancèrent sur la toiture en terrasse. Mais à peine avaient-ils parcouru quelques mètres qu'un cri s'éleva. Hagen se retourna : Kossov et trois autres hommes émergeaient d'une trappe. Il saisit la main de la jeune fille et ils se mirent à courir. De temps en temps, il leur fallait franchir le toit bas qui séparait un entrepôt d'un autre, car cette partie des quais était bordée de bâtiments. Ils finirent par arriver à un parapet bas, donnant sur une ruelle qui leur barrait le chemin vers le bâtiment suivant. Hagen courut de l'autre côté du toit. La vue plongeait directement sur le port. Il reconnut les lieux : ils se trouvaient sur un des silos à grains, où l'on chargeait directement les navires. La meute de leurs poursuivants se rapprochait. À cet instant précis, la lune sortit des nuages et se refléta sur le pommeau d'argent de la canne de Kossov qui pressait ses hommes. Hagen sourit à la jeune fille :

— Ça fait une bonne vingtaine de mètres de haut, mais l'eau est bien assez profonde. Vous en êtes ?

— Avons-nous le choix ? répondit-elle simplement.

Il enleva sa veste et glissa son revolver dans la poche de son pantalon. Serrant fort la main de Rose Graham, il l'entraîna sur le faîte du parapet. Derrière eux, Kossov hurla une fois encore. Ils sautèrent.

L'air grondait contre ses tympans. Mille lueurs colorées semblaient danser au firmament, comme une gerbe de balles traçantes. Il heurta la surface de l'eau dans un choc dur et retentissant, puis il sembla plonger, encore et encore, dans une nuit profonde et sans fin. Une centaine d'années plus tard, il commença à remonter paresseusement de l'obscurité. Sa tête émergea. Il contempla les étoiles par-delà la masse sombre des entrepôts avant de s'apercevoir que la jeune fille flottait à côté de lui. Il vit qu'il tenait sa main — et sut qu'il ne l'avait pas lâchée depuis qu'ils avaient sauté.

— Ça va ? demanda-t-il avec difficulté, à bout de souffle.

Elle hocha la tête :

— Je crois que oui, hoqueta-t-elle. Mais maintenant ?

Il réussit à sourire :

— Pouvez-vous nager cinq cents mètres ?

— Je ne sais pas.

— Eh bien, c'est le moment de le découvrir. Nous allons traverser le port. Ça fera perdre notre trace à nos amis. Contentez-vous d'y aller tranquillement. Une bonne brasse sans forcer fera l'affaire. Si vous avez des difficultés, ne vous inquiétez pas. Je suis là.

Ils commencèrent de nager, lentement et régulièrement. L'eau était chaude. La lune, de nouveau, avait disparu derrière un nuage. Il n'y avait qu'eux deux seuls et l'obscurité. Kossov, l'or, le monde entier même, leur semblaient avoir perdu toute importance, comme évanouis dans le passé. Ils nageaient côte à côte. Parfois, leurs mains se touchaient. Hagen se sentait curieusement calme, et en paix avec lui-même.

Il leur sembla qu'ils nageaient depuis une éternité quand, enfin, un enchevêtrement de jonques et de sampans apparut dans la pénombre, pour indiquer qu'ils étaient parvenus au côté nord du port. Se faufilant entre les bateaux, ils prirent pied sur un escalier de pierre qui menait à une jetée. Ils s'assirent un moment sur les marches. Hagen demanda à la jeune fille si elle se sentait bien.

— Oui, lui dit-elle, avec une nuance d'orgueil nettement perceptible. Je ne me suis jamais sentie mieux.

Au bout de quelques minutes, ils montèrent les degrés et marchèrent le long du quai. Hagen y connaissait un bistrot ouvert jour et nuit. Lorsqu'ils y entrèrent, l'établissement était vide, à l'exception de quelques ivrognes qui cuvaient leur alcool, affalés sur les tables. Il fit asseoir Rose dans un box et demanda à un barman fatigué, qui avait l'air d'avoir perdu toute illusion, d'apporter deux cognacs à leur table.

Il alla au téléphone, pour composer le numéro de Clara. Elle décrocha aussitôt, comme si elle avait attendu à côté du combiné. Il n'expliqua rien. Il lui donna simplement l'adresse du bar, en lui demandant d'envoyer Lee avec la voiture pour venir les chercher. Pour payer leurs consommations et acheter un paquet de cigarettes, il donna au tenancier un billet détrempé. L'homme ne broncha pas. Son expression paraissait signifier qu'il n'était plus homme à se laisser étonner par quoi que ce soit.

Ils restaient tous deux dans leur box, à fumer. Lasse, Rose posa la tête sur la table. Soudain, la migraine tarauda les tempes de Hagen : il n'avait plus envie que de quinze heures de sommeil dans des draps frais et propres. Dehors, un moteur gronda. Il secoua doucement Rose, ils se levèrent et ils sortirent.

Sur la banquette arrière, il y avait une couverture. Pendant que Lee démarrait, il enveloppa la jeune fille et glissa son bras autour de ses épaules. Elle se blottit contre lui.

— Vous êtes toujours là quand j'ai besoin de vous, murmura-t-elle avant de sombrer dans le sommeil.

Brutalement, il semblait à Hagen que tous les muscles de son corps le lâchaient. Il s'abandonna contre son dossier, l'esprit en déroute. Il se demandait comment diable se sortir de là.

5

Quand ils furent de retour chez Clara Boydell, deux domestiques chinoises prirent Rose Graham en charge et l'emmenèrent en haut, pour prendre un bain chaud. Hagen trouva Clara assise à sa table de travail, un large registre ouvert devant elle. Elle portait de grosses lunettes à monture d'écaille qui lui donnaient, étrangement, l'apparence d'une érudite. Pendant un moment, elle l'ignora. Il alla se servir un cognac au petit bar disposé dans une encoignure et resta debout à côté d'elle, l'eau dégoulinant avec régularité sur le tapis épais. Elle referma le livre et enleva ses lunettes.

— C'est un moment bizarre pour faire vos comptes, remarqua-t-il.

Elle s'appuya contre son dossier :

— Je n'aurais pas pu dormir avant de savoir ce qui s'était passé. Et puis, de toute façon, je voulais voir si j'arriverais à coincer mon comptable indien en train de me rouler.

— Et alors ?

Elle secoua la tête :

— Pas l'ombre d'une chance. Il est trop malin, comme d'autres gens que je connais. Mais un jour viendra où il prendra un risque de trop.

Il sourit, pour marquer que le sous-entendu ne lui avait pas échappé, et sortit de sa poche le 38.

— Désolé de l'avoir mouillé, dit-il.

Elle fit basculer le barillet, éjectant six douilles sur le bureau.

— Combien de cadavres avez-vous laissés derrière vous ?

Il lui sourit de nouveau :

— Je ne vais pas m'inquiéter de ça. La dernière chose que ces gens veulent, c'est que la police s'en mêle. À l'heure actuelle, les morts et les mourants doivent être bien au frais en Chine, ou j'y perds mon latin.

Elle alluma un petit cigare et le fixa, pensive, à travers la fumée :

— Ils n'ont pas fait de mal à la petite, hein ? (Il secoua la tête.) Vous avez toujours l'intention de vous lancer dans ce projet idiot ?

— Pourquoi pas ? Je commence à me sentir en veine.

— Et vous avez toujours l'intention de carotter ses lingots à la gosse ?

Il reposa soigneusement son verre, à cause de la colère qui l'envahissait.

— Vous pouvez m'accueillir pour la nuit ? demanda-t-il.

Elle hocha la tête avec tristesse :

— Bien sûr... Voyez avec une des femmes de chambre.

Soudain, elle jura comme un charretier et abattit sa main sur le bureau.

— Allez, foutez le camp d'ici, espèce de salopard, beugla-t-elle.

Il referma doucement la porte derrière lui et monta à l'étage.

En allant se coucher, il avait oublié de tirer les rideaux, si bien que la chaleur du soleil sur son visage le réveilla vers 9 h 30. À sa grande surprise, il se sentait revigoré, bien qu'il n'eût dormi que quatre heures à peine. Il passa quinze minutes sous une douche chaude qui chassa toute raideur de ses muscles, et revêtit ensuite un magnifique costume en gabardine de satin que quelque client négligent avait abandonné dans la penderie. Le costume tombait assez bien, mais la seule chemise convenable qu'il put trouver était plutôt petite. Il négligea de boutonner le col, ce qu'il dissimula en faisant un nœud d'une taille supérieure à la normale à la cravate en soie tissée main qui semblait accompagner le vêtement.

Il se regarda dans le miroir avec une certaine satisfaction. Il songeait que s'il parvenait à s'emparer de l'or, il porterait des costumes comme celui-là pour le restant de ses jours. En descendant, il se demanda si Rose serait impressionnée. Il secoua la tête, et décida qu'elle occupait ses pensées plus souvent qu'il ne l'aurait fallu, ce qui prenait la place de sujets plus importants.

La maison était encore tranquille et silencieuse. Il ne s'en étonna pas, car il savait qu'en règle générale, même le personnel ne s'éveillait pas avant midi. Dans la cuisine, il trouva cependant plusieurs femmes de ménage chinoises, d'abord très inquiètes de son apparition, probablement parce qu'elles redoutaient qu'il ne dénonce leur manque de zèle à Clara. Mais il ne fut pas long à établir avec elles des relations cordiales, après un échange de quelques paillardises et autres plaisanteries douteuses en cantonais : quelques minutes plus tard, il pouvait s'attabler devant un petit déjeuner improvisé, composé d'un pamplemousse et d'une omelette.

Le grand garage situé sur l'arrière de la maison abritait plusieurs voitures. Il opta en faveur d'un vieux break cabossé, surtout en raison de son apparence banale. Tout en tâchant d'échafauder un plan de campagne pour sa discussion avec Charlie Beale, il se dirigea à allure modérée vers les quais. Il gara son véhicule dans une ruelle, le long du café, et entra par une porte de service.

Il n'y avait pas de clients. Seul, un vieux Noir à l'air lugubre chantonnait en balayant le plancher. Lorsqu'il aperçut Hagen, il sourit de toutes ses dents.

— Et alors, Mr Hagen, comment qu'ça va-t-il ?

Hagen lui répondit par un sourire chaleureux. Il y avait entre eux une sorte de lien, car le Noir était américain :

— Salut, Harry. Charlie est dans le coin ?

— Allons, Mr Hagen. V'savez bien qu'il s'montre jamais avant midi.

Hagen hocha la tête :

— Je sais. Mais je veux le voir pour quelque chose de sacrément important. Je monte.

Le Noir haussa les épaules et reprit son travail. Hagen franchit la porte au fond du café et s'engagea dans l'escalier. Au moment où il tournait dans le couloir menant à l'appartement de Charlie, il vit un boy en veste blanche qui portait un plateau recouvert d'une serviette. Il s'arrêta devant la porte de la chambre de Charlie, tandis que le serviteur s'approchait, avec une expression de surprise. Hagen jeta un coup d'œil au plateau.

— C'est pour Mr Beale ?

— Oui, Monsieur. Mr Beale, il a demandé à avoir son petit déjeuner au lit tôt ce matin.

Hagen s'empara du plateau :

— Je le lui apporte. Mr Beale et moi, nous avons à parler affaires.

Le boy repartit le long du couloir, en traînant des pieds. Hagen, ayant frappé, entra.

— Très bien, fils, pose ça près du lit, ordonna Beale, le dos tourné pendant qu'il arrangeait ses oreillers.

Lorsqu'il vit Hagen, il parut étonné, puis sourit :

— Les choses doivent aller de travers à la cuisine. Quand est-ce que le cuisinier vous a embauché ?

Hagen versa du café dans une tasse et la lui tendit.

— Ça ne va pas encore aussi mal que ça, sourit-il en allumant une cigarette. Vous savez pourquoi je suis ici, Charlie. Qu'est-ce que vous avez décidé ?

Beale lui rendit la tasse avant d'attaquer un œuf dur. Il prit son temps pour répondre :

— J'y ai beaucoup réfléchi. D'après moi, vous n'avez pas une seule chance.

Le cœur de Hagen lui manqua, mais Charlie poursuivait :

— D'un autre côté, moi, je suis un joueur. L'argent que ça coûte, ça ne représente qu'une heure d'activité de mes tables de jeu. J'ai toujours aimé miser gros.

— Vous voulez dire que vous allez le faire ?

Charlie Beale confirma du geste :

— C'est bien ce que j'ai dit.

Hagen, envahi par une sensation de soulagement, s'assit sur le lit :

— Merci, Charlie. Vous ne pouvez pas savoir ce que ça signifie pour moi.

Beale secoua la tête en allumant une cigarette turque :

— Merci de rien du tout, oui. C'est votre peau. Mais vous avez la réputation de garder toujours un as dans votre manche. C'est ça qui a réellement emporté ma décision.

Hagen avait repris son calme :

— Très bien. Alors, discutons affaires. Il faut jouer finement, et voilà ce que je veux que vous fassiez. Vous irez voir Herrara, le patron des douanes, et vous lui direz que je vous dois un gros paquet. Expliquez-lui que je l'ai perdu sur votre tapis vert et que je n'ai pas pu couvrir les mises. Je vous donnerai une reconnaissance de dette vous transférant la propriété du bateau. Tout ce que vous avez à faire, c'est de régler mon amende, et vous deviendriez légalement le propriétaire du bateau. Si nous procédons comme ça, Herrara sera enchanté parce qu'il pensera qu'il m'a mis sur le sable et, en plus, l'histoire fera vite le tour des quais. Avec un peu de chance, ça peut nous débarrasser des Cocos pendant un moment.

— Moi, ça me paraît bien, approuva Beale. Et qu'est-ce que je fais du bateau ?

— Conduisez-le devant votre villa de la plage. Nous appareillerons demain soir, sous le couvert de l'obscurité.

Charlie, fronçant les sourcils, méditait ce plan :

— Vous ne trouvez pas que vous pressez un peu trop le mouvement ?

— Tout au contraire, riposta Hagen. Je veux prendre l'adversaire au dépourvu. Avec un peu de chance, je pourrai faire l'aller et retour aux Kwai avant même qu'ils ne s'en aperçoivent.

— Très bien, mon garçon, concéda Beale. Faites comme vous voulez. Je ferai amener le bateau et tous les approvisionnements nécessaires à la villa.

— Et n'oubliez pas les armes que je vous ai demandées, lui rappela Hagen.

— Elles y seront. Mais il reste juste une petite chose. Au sujet de l'équipage.

Hagen s'étonna :

— Quoi, au sujet de l'équipage ? Je vous ai dit qu'avec la fille et O'Hara, ça serait amplement suffisant.

Beale secouait la tête :

— Autant que possible, j'aime bien prendre une assurance sur mes paris. Et si, par hasard, vous arriviez à vous débrouiller pour récupérer l'or, hein ? Ça pourrait vous donner des idées. (Il eut un sourire aimable.) Il n'y a rien de personnel là-dedans, vous comprenez. Mais nous sommes tous humains.

Hagen sourit avec lenteur :

— Parfait. Objection retenue. Qu'est-ce que vous suggérez ?

— Je vais envoyer quelqu'un avec vous — seulement pour protéger mon investissement.

De surprise, Hagen éclata de rire :

— Vous avez trouvé quelqu'un qui est fatigué de la vie à ce point-là ?

Charlie Beale alluma une autre cigarette :

— L'homme auquel je pense n'est pas exactement fatigué de la vie. Disons qu'il n'est pas en position de refuser. Il n'a nulle part ailleurs où aller... Il dépend complètement de moi. (Beale rejeta les couvertures pour se lever.) C'est un Américain, ajouta-t-il. De la US Navy. Il a descendu un M.P. à Tokyo, et il a dû foutre le camp à toute pompe.

Hagen haussa les épaules :

— Okay, Charlie. Si vous voulez qu'il vienne avec nous, il vient. De toute façon, nous aurons besoin de vous pour écouler l'or.

Il marcha jusqu'à la porte.

— Passez-moi un coup de fil ce soir, dit encore Charlie Beale. Je vous dirai si tout marche comme prévu.

Hagen acquiesça. En redescendant, pour la première fois depuis des années, il se sentait totalement sûr de lui. Il était convaincu qu'il était entré dans l'une de ces périodes de chance où il ne pouvait pas se tromper. Il sourit à Harry :

— Sers-nous-en deux, mon vieux. J'ai à fêter la conclusion d'un contrat très satisfaisant.

Le Noir passa derrière le comptoir et versa du whisky dans des verres propres.

— À vot'bonne fortune, Mr Hagen, dit-il.

Hagen lui tendit un billet :

— Il vaut mieux que tu me donnes une bouteille de rhum, Harry. Je m'en vais voir O'Hara.

Prenant un air entendu, le Noir lui passa par-dessus le comptoir une bouteille de rhum à bon marché :

— À c'qu'on m'dit, c'type, il s'est tapé des cuites de trois jours dans tous les bistrots de c'te ville. Un d'ces quatre matins, il va s'réveiller mort.

— Pas lui, Harry. Il a un estomac doublé de bois de teck.

Balançant la bouteille par le goulot, Hagen sortit dans la rue claire et chaude, où l'on commençait déjà à étouffer sous le soleil du matin.

Ce ne fut qu'en arrivant devant la porte de la chambre d'O'Hara qu'il se souvint que, la veille, il en avait emporté la clef. Il se demanda où elle pouvait bien être, avant de se rappeler qu'il l'avait mise dans la poche de sa veste qu'il avait dû abandonner sur le toit de l'entrepôt. Haussant les épaules avec philosophie, il recula pour balancer son talon contre la serrure. Rongé par les vers et par les années, le battant éclata et s'ouvrit.

Hagen pénétra dans une pièce plongée dans l'obscurité. Il y régnait une puanteur effrayante. L'air était irrespirable. Il se précipita à la fenêtre pour en ouvrir les volets. Longuement, il respira la fraîcheur de la brise qui balayait le port, avant de se retourner pour observer O'Hara.

Le vieil homme reposait sur le dos, les lèvres ouvertes, un peu tordues d'un côté. Les draps, d'une crasse indescriptible, avaient glissé sur le sol. O'Hara ne portait que le tricot de corps avec lequel Hagen l'avait mis au lit. Hagen tira l'un des draps sur le corps nu du vieil homme, s'assit sur la seule chaise que la chambre pouvait offrir, et alluma une cigarette. En s'éventant doucement à l'aide de son panama, il portait sur le vieux un regard où se mêlaient la pitié et le dégoût. Il le connaissait depuis longtemps et savait qu'il avait vendu son âme au rhum. Dans leur vie, songeait-il, certains hommes ont une femme. Une femme belle et maléfique, à laquelle ils ne savent pas résister. O'Hara, lui, n'avait que le rhum. Mais le résultat était le même.

Hagen se demandait s'il pourrait lui-même jamais sombrer à un point pareil, lorsqu'un long soupir saccadé interrompit le cours de ses pensées. O'Hara roulait sur lui-même. Hagen se pencha en avant pour constater que le vieux, paupières grandes ouvertes, le regardait fixement, puis, frottant de ses articulations ses yeux injectés de sang, parvenait à se redresser contre la tête du lit. Le regard restait toujours aussi flou. Hagen comprit qu'O'Hara ne l'avait pas reconnu.

Il y eut un moment de silence. Une mouche bourdonnait contre le plafond. Les bruits de la rue parvenaient assourdis. Puis un déclic se fit dans l'esprit du vieux. Un sourire tremblota sur sa bouche.

— Mark ! croassa-t-il.

Hagen déboucha la bouteille, remplit un verre sale qui traînait sur le plancher. La main qui l'attrapa tremblait, une main dont les veines bleues saillaient à travers une peau translucide et parcheminée. Le verre tinta contre les dents. Un quart de pinte de rhum s'engouffra dans la vieille gorge. O'Hara chercha la bouteille. Hagen la lui passa, le regardant remplir à nouveau son verre et le vider. O'Hara poussa un long soupir de soulagement et s'adossa à la tête de son lit. Comme par miracle, son visage semblait arborer dix ans de moins. Hagen alluma une cigarette qu'il enfonça entre les lèvres du vieux. Un instant, ils se fixèrent, puis O'Hara eut un sourire insolent.

— Espèce de vieux salaud, lança Hagen dans une colère feinte. Tu es incorrigible.

— Eh ben, pourquoi t'es dur avec moi comme ça après m'avoir encore une fois sauvé du "gin-trap" ?

Le vieil Irlandais faisait allusion au quartier de la prison où la police faisait subir aux alcooliques une cure de désintoxication à la dure.

— Sacré vieux démon de bon à rien, reprit Hagen. Si je n'avais pas eu besoin de toi pour un boulot, je t'aurais laissé pourrir.

Un éclair s'alluma dans les vieux yeux mouillés.

— Y a beaucoup à pincer pour moi là-dedans ? demanda O'Hara, l'air malin.

Hagen alla à la fenêtre :

— Ça sera un job sacrément dur. Quasiment le plus dur de ta vie.

— Oui, mais dur à quel point ?

— Je jouerais à six contre quatre notre chance de sortir vivants de Chine rouge.

Le rhum glouglouta de nouveau :

— C'est bien tout ? Pour sûr, à mon âge, je me soucie plus guère que ça tombe dans un sens ou dans l'autre. Je ne manquerai à personne, ça, c'est un fait.

Hagen pivota sur lui-même :

— Écoute-moi, toi, vieux brigand. Si tu arrives à rester sobre pendant deux jours, nous ne mourrons pas. Et tu auras assez d'argent pour rentrer à Kilkenny, ou à Downpatrick, ou de là d'où tu viens. Tu auras la possibilité de claquer dans ton lit, comme un monsieur.

Le regard d'O'Hara brillait d'excitation :

— Vous oseriez quand même pas vous moquer de moi, mon garçon ? (Il portait sur Hagen des yeux pleins de respect. Le verre vide lui tomba des mains.) Vous vous moqueriez pas d'un vieil homme ? interrogea-t-il encore.

— Va te faire décrasser, lui intima Hagen en lançant quelques billets sur le lit. Prends un bain de vapeur, ou ce que tu veux. Freine un peu sur l'alcool, et couche-toi tôt ce soir. Je veux que demain matin, tu ailles à la villa de Charlie Beale, sur la plage. Tu y trouveras le bateau à l'ancre. Vérifie les moteurs.

— Vous pouvez compter sur moi, mon garçon, répondit O'Hara d'un ton enthousiaste.

Au moment où Hagen allait ouvrir la porte, une ultime idée lui vint :

— Quoi que tu fasses, ferme-la. Compris ?

L'autre cligna de l'œil, un doigt sur les lèvres. Hagen sourit en refermant la porte au bois éclaté.

Il passa ensuite à son hôtel. Personne ne se tenait derrière le comptoir. Il monta à sa chambre et commença à emballer ses affaires. Tous ses biens sur cette terre tenaient dans une unique valise et un vieux sac de marin, dans lesquels il restait encore de la place. Lorsqu'il descendit, c'était au tour du propriétaire de jouer les réceptionnistes. Son faciès gras et huileux s'illumina d'un sourire de plaisir qui vira soudain à l'aigre quand Hagen lui demanda sa note. Hagen n'y prêta aucune attention et poussa des billets dans sa direction. L'homme le poursuivit jusqu'à la porte, se tordant les mains :

— Mais qu'est-ce qui ne va pas, commandant ? Vous n'êtes pas satisfait ? Le service ne vous convient pas ?

— Le service ? grimaça Hagen. Quel service ?

Mais le Chinois s'accrocha à sa manche :

— Peut-être ma nièce ne s'est-elle pas montrée assez accommodante avec vous ? Je peux lui en toucher un mot.

Hagen laissa tomber ses bagages, attrapa le Chinois et le retourna afin de lui botter le derrière de toute sa force. Il eut la satisfaction de le voir traverser le hall et s'écrouler dans un fauteuil. Il reprit ses bagages et quitta les lieux définitivement.

En retournant chez Clara, il pensait encore à cet incident. Il en comprit soudain le sens symbolique. Il n'avait pas seulement quitté cet hôtel-là pour de bon. Il avait aussi laissé derrière lui tous les bouges et tous les nids à puces des quais. D'une certaine manière, cet hôtel avait représenté la vie qu'il menait depuis si longtemps. En l'abandonnant, il avait aussi renoncé à un certain genre de vie. Dès qu'il aurait mis la main sur cet or... Il comprit tout à coup que s'il échouait, il n'aurait pas à retourner à sa vie d'autrefois. Parce qu'il serait mort.

Cette idée lui trotta dans la tête. Une telle vague de froid le saisit qu'il en frissonna. En rentrant le break au garage, il fit le vœu que rien ne vienne se mettre en travers de son chemin — Rien. Ni personne.

Chez Clara, le silence régnait toujours. Il monta à sa chambre, y déposa ses bagages, et marcha sur la pointe des pieds jusqu'à celle de la jeune fille, pour voir si elle était réveillée. Elle dormait paisiblement, la tête appuyée sur un bras. Il referma doucement la porte et s'en revint chez lui. Brusquement, il se sentait plus las qu'il n'aurait pu l'exprimer. Il enleva sa veste et se jeta sur son lit. En quelques instants, il s'endormit.

Il ne s'éveilla qu'au soir. L'ombre avait envahi les recoins de sa chambre. Elle était assise sur le bord de son lit. Elle le regardait. Quand il ouvrit les yeux, elle eut un sourire chaud et lumineux, comme si une lampe s'était allumée en elle.

— Salut, dit-il. Comment vous sentez-vous ?

Elle repoussa une mèche de cheveux noirs :

— Bien ! Vraiment bien. Il me semble que tout ça n'était qu'un mauvais rêve.

Il bâilla, en passant ses mains dans sa chevelure :

— Bon Dieu, je me sens bizarre. J'ai comme un goût de boue dans la bouche.

— Je suis venue pour vous prévenir, expliqua-t-elle. Le dîner est fixé à 6 heures. Clara dit qu'elle n'acceptera aucun refus. Vous avez environ vingt minutes pour vous préparer.

Il quitta le lit, ouvrit sa valise et y prit son rasoir.

— Je prends une douche rapide et je me rase, lui dit-il. Ce ne sera pas long.

Le jet brûlant de la douche le revigora. Lorsqu'il se fut habillé, son corps était à nouveau plein de vie. De retour dans sa chambre, il la trouva assise au bord du lit, en train d'examiner une photo dans un cadre de cuir. Mentalement, il jura contre la négligence qui l'avait conduit à laisser sa valise ouverte. Elle leva les yeux, avec un sourire d'excuse :

— Je vous demande pardon. J'ai vu ça au-dessus des autres choses. Je n'ai pas pu résister à l'envie d'y jeter un coup d'œil.

Il haussa les épaules :

— Ça ne fait rien.

Il n'avait plus regardé le cliché depuis longtemps. L'homme qu'il représentait, un jeune officier de marine, superbe dans un uniforme irréprochable, mort depuis des années, lui était devenu étranger.

— Vous aviez l'air différent, à cette époque-là, remarqua-t-elle. Notamment la bouche et les yeux. Maintenant, vous me paraissez amer.

Il hocha la tête :

— Un peu, seulement. C'est ce que la vie vous fait.

Il regarda encore une fois la photo, en ajustant son nœud de cravate. Il soupira :

— Ah, jours de bonheur...

— Que s'est-il passé ? demanda-t-elle d'une voix tranquille.

Une seconde, il fut tenté de couper court, de lui dire de se mêler de ses propres affaires. Puis il se rendit compte qu'il voulait qu'elle sache, et qu'elle comprenne. Il marcha jusqu'à la fenêtre et, regardant au-dehors, il essaya de clarifier les faits pour lui-même :

— Ça n'est qu'une histoire banale. Vous ne savez jamais quand ça a commencé. Peut-être le jour de votre naissance...

Enfin, je ne sais pas. Lorsque j'ai fini mes études secondaires, mon père m'a envoyé achever ma formation en Europe. En 1939, quand la guerre a éclaté, j'étais à Oxford. Je me suis engagé dans la marine britannique. Ça a rendu mon vieux cinglé. Après Pearl Harbor, j'ai été transféré dans la marine américaine. À la fin du conflit, j'étais capitaine de corvette. Le problème, c'était que j'aimais la Navy, mais que mon père ne voulait pas en entendre parler. Lui, il voulait que je devienne agent de change, dans la société de la famille. J'ai refusé. Alors, il m'a coupé les vivres.

— C'était important, ça ? demanda-t-elle.

Il lui sourit :

— Oui, j'en ai bien peur. J'avais des goûts de luxe, notamment en ce qui concerne les femmes. Mais ma solde n'y suffisait pas. J'avais été chargé de la responsabilité de la comptabilité d'un carré. Et j'ai emprunté des espèces dans l'attente de mon prochain chèque. Malheureusement, les contrôleurs ont débarqué. (Il rit, d'un rire rauque.) Vous savez, c'est sacrément drôle. Mais, dans un cas comme le mien, il semble que les contrôleurs arrivent toujours trop tôt.

Soudain, l'histoire le lassait. Il alluma une cigarette.

— On m'a demandé de démissionner, reprit-il. Tout le monde était au courant bien sûr. La Navy ne doit former qu'une grande et heureuse famille, non ? Mon père m'a donné mille dollars et m'a dit de disparaître.

— Et c'est ainsi que vous êtes venu à Macao ?

Il hocha la tête :

— En passant par l'Afrique, l'Inde, et divers autres lieux. Il y a à peu près quatre ans que je suis ici. (Il regardait par la fenêtre, rêveur.) C'est franchement curieux de penser qu'une si petite erreur peut avoir de telles conséquences. (Brutalement, il se retourna et rit gaiement :) Mais ça se passait dans un autre pays, comme on dit au théâtre. Venez, allons manger quelque chose, conclut-il en prenant sa veste.

Il lui tint la porte ouverte. Pendant un moment, elle le regarda fixement. Et puis elle sortit, apparemment perplexe.

Le dîner ne fut pas une réussite. Clara Boydell n'avait pas grand-chose à dire et Rose Graham était perdue dans ses pensées. Hagen regrettait de lui avoir parlé de lui-même : c'était comme si elle s'était forgé une image de lui, et qu'il l'avait détruite.

Après le repas, il se glissa dans le bureau de Clara, pour appeler Charlie Beale au téléphone. Au terme d'une courte conversation, il reposa le combiné, satisfait. Tout, apparemment, s'était déroulé sans anicroche. Le bateau était déjà en route pour le mouillage privé de la villa de Charlie. Au moment où il allait quitter la pièce, Clara entra :

— Je me servais seulement de votre téléphone, se justifia-t-il.

— Alors, vous continuez ?

Il acquiesça :

— Oui, tout est réglé. J'ai récupéré mon bateau, et j'ai les approvisionnements et tout ce qu'il faut.

— Et la gosse ?

Une vraie colère le saisit :

— Sacré bon Dieu, Clara, pourquoi faut-il que vous continuiez à vous acharner là-dessus ? Je vous ai dit qu'on prendra bien soin d'elle. Ça ne vous suffit pas ?

— Ah bon ? Vous le croyez vous-même ?

Il l'écarta et ouvrit la porte avec violence.

— Je n'ai pas l'intention de discuter davantage de ça avec vous. Mais soyez tranquille : vous serez bientôt débarrassée de nous. Nous partons demain matin.

Il s'en fut à sa chambre, où il s'étendit dans le noir à fumer comme un forcené. Il haïssait Clara, et le monde entier. Mais, surtout, il se haïssait lui-même. Il entendit le déclic de l'interrupteur. Un flot de lumière éclaira la pièce, tandis que la porte s'ouvrait. Il ne bougea pas pendant que Rose venait s'asseoir sur le lit. Il respirait la senteur de sa chevelure. Elle lui prit la main :

— Vous allez bien ? s'enquit-elle.

Il laissa sa main dans la sienne :

— Oui, je vais bien.

Après une pause, elle reprit :

— Alors, qu'est-ce qui s'est passé, aujourd'hui ? Vous avez eu un peu de chance ?

Il lui parla de Charlie Beale, sans mentionner le fait qu'il voulait une part de l'or pour prix de son aide.

— Charlie me doit quelques services, lui dit-il. Il nous faudra naturellement le rembourser sur la vente des lingots. Et puis il y a les deux hommes que j'emmènerai comme matelots... Eux aussi, il faudra bien les payer.

Elle accepta ses arguments sans discuter :

— Et vous ? Quel paiement voudrez-vous ?

Le temps demeura suspendu. Tous deux attendaient dans la pénombre. Il enleva doucement sa main :

— Allez donc vous coucher. Dormez autant que vous le pouvez. Vous en aurez bien besoin, croyez-moi.

Il eut conscience qu'elle se levait et qu'elle marchait vers la porte. Elle marqua un temps d'arrêt.

— Je voudrais que vous sachiez que je comprends, dit-elle doucement. Oui, que je comprends vraiment.

La porte s'ouvrit et se referma très vite.

Il était toujours étendu dans l'obscurité. Au bout d'un moment, il écrasa son mégot. Il n'y avait plus de lumière, seulement le néant. Un froid soudain avait pénétré tout son corps. Il avait peur. Il se retourna pour enfouir sa tête dans l'oreiller.

6

Ils quittèrent la maison de Clara le lendemain, un peu avant midi. Le problème était d'arriver à la villa de Charlie Beale sans être observés. Hagen l'avait résolu : il avait remarqué la camionnette d'une blanchisserie garée devant la cuisine. Grâce à une conversation avec son chauffeur, accompagnée de la promesse d'un pourboire généreux, Rose Graham et Hagen se trouvaient dissimulés à l'arrière, au milieu des ballots de linge sale, lorsque le véhicule démarra.

Clara s'était abstenue d'assister à leur départ. On ne l'avait vue nulle part. Hagen ne s'en étonna pas. Elle l'avait traité avec une extrême froideur et, pendant un moment, il s'était demandé si elle avait révélé à la jeune fille la vérité de ses projets. Il laissa échapper un soupir de soulagement quand la camionnette sortit par une issue latérale et s'engagea dans la rue.

— Eh bien, dit-il, nous voici réellement partis.

Rose Graham hocha la tête :

— Vous croyez que toutes ces précautions sont vraiment nécessaires ?

Il réfléchit un instant, avant de répondre :

— Oui, ça en vaut la peine, ne serait-ce que si ça maintient

Kossov dans l'incertitude. Je ne pense pas qu'il soit encore à Macao. Je ne serais pas surpris qu'il soit plutôt en Chine. Souvenez-vous qu'il sait que, quoi qu'il arrive, nous allons débarquer dans les marais des Kwai, à un moment ou à un autre.

— Alors, quelles chances avons-nous ?

Hagen sourit, un peu sombre :

— Nous n'avons qu'une seule chance. Et c'est d'entrer dans ces marais et d'en sortir avant qu'il ait eu le temps de s'en apercevoir. C'est pour cela que je veux que nous appareillions ce soir même, si nous y parvenons. (Il alluma une cigarette.) Tout dépend de l'état dans lequel on m'a laissé le bateau. J'espère que ce porc de Herrara ne l'a pas fichu complètement en l'air.

— Vous aimez ce bateau, n'est-ce pas ? Vous parlez de lui comme si c'était une femme.

Il sourit :

— Oui, le *Hurrier* me plaît beaucoup.

— Le *Hurrier*... Quel drôle de nom. Pourquoi avez-vous choisi ce nom-là ?

— Parce que c'est exactement ce qu'il est[1]. Il appartenait à un trafiquant de drogue qui a été descendu au cours d'un accrochage avec les douaniers, au large de Java. Je passais, par hasard, par Surabaya quand il a été vendu aux enchères. J'étais en fonc[illegible]t je me suis porté acquéreur. Il a quinze mètres de long, et deux moteurs diesel. Il provient de la marine japonaise, encore que personne ne sache exactement à quoi les Japs l'utilisaient. C'est à peu près ce qu'il y a de plus rapide dans les eaux de cette région, conclut Hagen avec un sourire pour lui-même.

Elle dit doucement :

— Je me demande si vous avez jamais pensé autant de bien d'une femme que de ce bateau.

Elle rougit soudain, et se tut.

La camionnette s'arrêtait avec une secousse. Ils ouvrirent les portes et sautèrent dehors. Ils étaient dans une petite cour fermée de murs. Hagen paya son dû au chauffeur.

— Qu'en pensez-vous ? demanda-t-il à Rose.

Elle jeta un coup d'œil aux jardins, que l'on distinguait par une ouverture en forme d'arche, et, plus loin, à une maison à l'aspect frais et avenant.

— C'est beau, dit-elle.

---

1. *Hurrier* signifie « vif comme l'éclair » *(NdT)*.

— Vous n'avez encore rien vu.

Deux boys chinois surgirent alors que la porte de derrière pour se disputer leurs bagages. Ils réglèrent finalement ce conflit à leur mutuelle satisfaction et ouvrirent la voie jusqu'à la villa, puis à l'intérieur, le long d'un couloir étroit et sombre qui menait à une spacieuse véranda aménagée en salon.

La véranda s'élevait en saillie au flanc du bâtiment, avec trois cloisons entièrement en verre. De là, on bénéficiait d'une vue à couper le souffle. Rose, au beau milieu, battait des mains comme une enfant.

— Oh, Mark, soupira-t-elle, c'est merveilleux.

Elle ouvrit l'une des croisées et courut sur la terrasse.

Hagen indiqua à l'un des boys qu'ils allaient descendre au bateau, qu'il demande à Charlie Beale de les y rejoindre quand il arriverait ; puis il rejoignit Rose au bord de la balustrade. Il se pencha à côté d'elle, si bien que leurs épaules se touchaient, pour contempler le bleu-vert de la mer de Chine. Au-dessous de la terrasse, les falaises tombaient droit, d'une bonne trentaine de mètres, dans une étroite crique en entonnoir. De cette hauteur, on distinguait très clairement les variations de couleur de l'eau provoquées par les bancs de corail des diverses profondeurs. Le bateau flottait, immobile, à côté d'une jetée de pierre appuyée sur une plage de sable blanc. On n'y voyait nul signe de vie.

— O'Hara doit être à bord, dit Hagen. Descendons jeter un coup d'œil.

On atteignait la plage par un sentier de marches taillées au petit bonheur dans le flanc de la falaise. En arrivant en bas, Hagen transpirait. Pendant qu'ils parcouraient la jetée, la chaleur réverbérée par les pierres transperçait leurs semelles. Alors qu'ils approchaient du bateau, ils entendirent un martèlement assourdi.

— Les pierres sont presque rougies à blanc, fit remarquer Rose.

Il confirma :

— Oui. Et faites attention à ne toucher à rien de métallique quand nous serons à bord. Vous vous brûleriez, probablement.

Ils sautèrent sur le pont. Hagen la conduisit à la timonerie. Tout paraissait dans un ordre parfait. Il promena ses doigts sur l'armature de cuivre du compas avec un plaisir profond et conscient. Les panneaux vitrés, cependant, étaient ternis et sales. Lorsqu'il s'empara d'un chiffon pour les nettoyer, Rose rit, d'un rire de gorge. Il se sentit un peu ridicule, mais elle lui sourit et lui prit le bras impulsivement :

— Je suis désolée. Je ne me moquais pas de vous. Mais ça rendait tellement évident ce que vous pensez de ce bateau...

Il sourit en retour :

— Je sais. On dirait que je ne suis qu'une vieille bonne femme maniaque. (Il la ramena sur le pont, et ajouta :) Il vaut mieux que vous fassiez la connaissance d'O'Hara.

Elle le suivit pour descendre la courte échelle d'acier qui menait à la chambre des machines exiguë. Il y faisait si chaud que la sueur se mit soudain à couler sur son visage en petits ruisseaux. Il se tourna vers Rose et, du geste, il fit signe de remonter. La jeune femme, qui paraissait sur le point de s'évanouir, se hâta de regagner le pont.

Dans un coin, O'Hara remettait en place les chemises d'un cylindre à l'aide d'un lourd marteau, au milieu d'un vacarme assourdissant. Hagen lui tapa sur l'épaule. Il se retourna, lui sourit, et cessa de frapper. L'écho mourut.

— Ah, vous voilà enfin, dit-il.

Il ne portait qu'un short graisseux et un tricot de corps.

— Dans quel état est-il ? s'enquit Hagen.

— Parfait, mon garçon. Deux, trois petites choses à faire par-ci par-là, et il sera prêt à tout. Les réservoirs sont pleins à ras bord. Charlie y a veillé.

Hagen lui tapota l'épaule.

— Excellent ! le félicita-t-il. Je savais que je pouvais compter sur toi. Maintenant, viens sur le pont pour rencontrer la demoiselle.

Ils trouvèrent Rose écroulée sur une glène de cordage, en train de s'éventer avec le panama de Hagen. Il lui présenta O'Hara. Une lueur d'approbation brilla dans les yeux du vieux.

— Cet homme-là, commenta-t-il, c'est bien la première fois que je lui vois du goût.

Elle lança un coup d'œil à Hagen et lui sourit.

Ils s'assirent sur le pont, dos appuyé à la cloison. Rose et Hagen fumaient des cigarettes tandis qu'O'Hara tirait sur sa vieille pipe toute culottée. Ils ne parlèrent ni de leur expédition, ni de la mer. En fait, leur conversation semblait ne porter sur rien qui puisse se rapporter à l'Orient. O'Hara évoquait sa jeunesse en Irlande, ses parties de pêche, et ses départs à l'aube, un fusil de chasse à la main. Hagen s'aperçut qu'il se souvenait, lui, de ses jeunes années passées dans le Maine et le Connecticut, des étés où il naviguait avec les pêcheurs au large de Cape Cod, et de l'excitation des retours en Nouvelle Angleterre pour un Noël blanc. C'était un échange de propos heureux et détachés, comme on n'en peut tenir qu'en compagnie de bons amis. Les propos allaient et venaient, comme le flot de la marée, coupés de courts intervalles de silence qui marquaient davantage, à cause du calme de cet après-midi torride où la mer demeurait lisse comme un miroir — immobile et écrasée de chaleur.

Ce fut durant l'un de ces moments de silence que Hagen se souvint qu'il n'avait pas pleinement expliqué la situation à O'Hara. Seule une heureuse coïncidence avait permis que ni le voyage qui les attendait, ni le sort final de l'or n'aient été abordés. Il s'étira paresseusement.

— Je pense, lâcha-t-il pour O'Hara, que nous ferions mieux d'aller vérifier la chemise de ce cylindre.

Le vieux marin le regarda, surpris, puis hocha la tête :

— Très bien, mon garçon.

Hagen dit à la jeune fille de les attendre sur le pont. Elle approuva, d'un air endormi, et s'allongea dans l'ombre incertaine du bastingage. Hagen descendit avec O'Hara. Pénétrer dans la chambre des machines, c'était comme plonger dans un bassin plein d'eau. La chaleur atteignait un point tel que Hagen dut faire un véritable effort physique pour s'y frayer un passage. Il se dépouilla de sa chemise, s'introduisit dans l'étroit espace libre à côté du moteur et se mit en devoir de boulonner la chemise du cylindre. O'Hara la lui maintenait en place, pendant qu'il lui décrivait son projet. Leur tâche achevée, ils revinrent au pied de l'échelle où ils restèrent quelques instants, dans l'espoir d'y respirer un air relativement plus frais.

— Il y a quelque chose de moche dans toute cette histoire, remarqua le vieux marin avec lenteur.

Hagen eut un mouvement d'humeur : tout le monde était-il donc contre lui ?

— Ne sois pas aussi stupide, répliqua-t-il à O'Hara. La petite n'aura pas à en souffrir, je te le promets. Elle recevra sa part, pleine et entière. Assez pour vivre des années dans le luxe. Le moment venu, je lui expliquerai les choses. Elle se ralliera à ma manière de voir.

O'Hara soupira :

— Ouais, il nous faut espérer qu'elle comprendra. Mais je peux avouer que ça ne me plaît pas du tout.

Ils remontèrent sur le pont. Quand Rose les vit, elle poussa un cri écœuré :

— Regardez donc un peu votre pantalon, reprocha-t-elle à Hagen.

Baissant les yeux, il vit une large tache de graisse à la hauteur des genoux.

— Pourquoi ne mettez-vous donc pas des vêtements de travail ? insista-t-elle.

Il lui sourit, obéissant, et battit en retraite dans la cabine principale, où il se changea rapidement en enfilant des jeans au bleu délavé et un sweat shirt, et en chaussant des espadrilles à semelle de corde. Une casquette très usée et maculée de sel, vestige de son passage dans la Navy, complétait la tenue. Lorsqu'il revint sur le pont, elle battit des mains, approbatrice :

— C'est beaucoup mieux. Vous avez l'air de sortir d'un roman d'Hemingway.

Il n'eut pas le temps de répondre, car, dans un rugissement qui brisa le calme de l'après-midi, un canot automobile pénétra dans la crique par l'étroit chenal qui menait à la mer. Moteur coupé, la petite embarcation heurta doucement la jetée. Charlie Beale vint à eux, un sourire cordial aux lèvres.

— Salut à tous ! cria-t-il.

Hagen observait l'homme qui s'affairait à amarrer la vedette. « Comment peut-on expliquer l'inexplicable ? », se demanda-t-il. Sans qu'il ait rien su d'elle, Rose lui avait plu dès qu'il l'avait vue. De la même manière, il détestait au premier regard l'homme qui avait suivi Charlie sur la jetée et sauté à bord du *Hurrier*.

— Je vous présente Steve Mason, le nouveau membre de votre équipage, annonça Charlie Beale.

Hagen et le nouveau venu se serrèrent brièvement la main. Mason lui lança un regard interrogateur, avec une expression moqueuse dans ses yeux bleus. C'était un homme de haute stature, bâti en force, aux cheveux blonds presque blanchis par le soleil, doté d'un visage rougeaud taché de son.

Pendant que Hagen le jaugeait, les présentations s'étaient faites automatiquement. Rose impressionna vivement Charlie Beale, pour qui elle sembla nourrir une sympathie instantanée. Tous deux reprirent le chemin de la villa, suivis par Hagen et

Mason. À mi-hauteur, Mason lui offrit une cigarette et en prit une lui-même. Ils firent halte pour les allumer.

— Vous ne vous souvenez pas de moi, n'est-ce pas ? interrogea Mason en jetant l'allumette.

Hagen le fixa avec perplexité. Puis, tout à coup, quelque chose lui revint à la conscience :

— Je vous ai connu dans la Navy, hein ?

Mason hocha la tête :

— Exact ! Un court moment seulement — deux semaines pour être précis. J'ai servi comme enseigne à bord du *Johnson*, quand vous en étiez le commandant en second. Je ne vous aimais pas du tout, Hagen. Le jeune homme à cheveux blancs bardé de décorations, avec toute son expérience du combat aux côtés des Britanniques. J'étais officier canonnier. Pendant nos essais, à Pearl, je vous ai eu tout le temps sur le dos. Vous avez dit au pacha que j'étais incompétent, et il m'a fait transférer à l'état-major. J'ai fini la guerre avec un travail de bureau.

Hagen se força de sourire et reprit sa marche.

— Alors, je vous ai rendu service, fit-il valoir. Vous savez ce qui est arrivé au *Johnson*. Il n'y a eu que dix-huit survivants.

— Je note que vous avez réussi à en faire partie, ricana Mason.

Hagen tenta de lui rendre la monnaie de sa pièce :

— Qu'est-ce qui vous a poussé à flinguer ce M.P., à Tokyo ?

Mason eut un rire amer :

— Ah, quel sacré merdier... J'avais un très bon boulot quand ça a démarré en Corée. On m'a rappelé. J'étais capitaine de corvette, chargé d'un dépôt de ravitaillement au Japon. Je me faisais de bons petits à-côtés, avec le marché noir et les contrats de complaisance. Malheureusement, un salopard de fouille-merde a mis le nez dans mes trois comptes en banque. (Il éclata d'un rire gras.) Je ne voulais pas buter ce type. Mais si je ne l'avais pas fait, je pourrirais maintenant dans une cellule. C'était lui ou moi.

Étrangement, on décelait un vrai regret dans sa voix.

— Charlie vous a expliqué cette affaire, non ? reprit Hagen.

— À propos de la fille qui ne sait pas ce qui arrivera à l'or, vous voulez dire ? Oh, oui, bien sûr. C'est un plan sans bavure. Mes félicitations.

À nouveau, il avait ricané. Hagen éprouva de la peine à se maîtriser. Il s'en enfonçait les ongles dans la paume de ses mains.

— Souvenez-vous bien d'une chose, Mason. Pour cette traversée, vous n'êtes qu'un matelot. Vous faites ce que je dis, quand je le dis. Compris ?

Mason, doigts joints à la tempe, fit un salut plein de dérision.

— À vos ordres, commandant. (Il sourit d'un air malin.) La fille est chouette. Ça pourra faire une expédition intéressante.

Hagen pivota, le saisit par les revers et le poussa en arrière, jusqu'à la limite du sentier :

— Il y a trente-cinq mètres d'éternité derrière vous, Mason. Et il n'y aurait pas besoin de me persuader pour que je vous y pousse. Fermez-la, et ne touchez pas à la petite. Compris ?

Quelque chose vacilla dans les yeux de Mason, puis il esquissa un sourire :

— Bien sûr ! Je vous reçois 5 sur 5. Ne vous faites pas de bile.

Hagen tremblait lorsqu'ils arrivèrent en haut de la falaise. Ils firent une pause pour reprendre haleine.

— Dépêchez-vous, vous deux, leur cria Rose depuis la terrasse. Le déjeuner est prêt.

Alors qu'il repartait, Mason l'attrapa par le bras et le fit pivoter :

— Une chose, mon pote. Je vous serais obligé de ne plus porter la main sur moi dans l'avenir.

Un instant, ils s'affrontèrent, les yeux dans les yeux. Puis Hagen sourit lentement et se détourna.

Le déjeuner fut assez agréable, bien que gâché, pour Hagen, par certain convive. Délibérément, Mason avait choisi de se mettre en frais pour Rose. À la fin du repas, elle l'appelait par son prénom. Charlie Beale fit servir les alcools sur la terrasse. Hagen se versa un généreux verre de gin et resta assis à regarder d'un œil torve Rose et Mason qui partageaient un double fauteuil à bascule. Il se sentait irrité autant qu'agacé et, pour une raison indéfinissable, il n'avait pas d'autre envie que de bondir et d'écraser son poing sur le visage de Mason; Charlie les avait rejoints. Sans doute racontait-il une histoire drôle car tous trois éclatèrent de rire. Hagen serra plus fort le pied de son verre.

— Charlie, lança-t-il brutalement, vous ne croyez pas qu'il serait temps que nous passions la situation en revue, maintenant que tout le monde est là ?

Ils passèrent dans la véranda. Charlie déploya une carte. Hagen indiqua la route qu'ils suivraient, puis expliqua les difficultés et les dangers prévisibles. Il avait estimé, précisa-t-il, que le voyage leur prendrait de vingt-quatre à trente-six heures. Charlie commença à aligner des chiffres sur une feuille de papier. Au bout d'un moment, il poussa un grognement satisfait :

— Vous devriez vous trouver là-bas dans la soirée de demain. Si miss Graham peut retrouver sans problème l'emplacement où la vedette a coulé, vous devriez mouiller dans la bonne lagune vendredi. Vous pourrez peut-être même vous mettre à plonger dès ce jour-là. Quoi qu'il arrive, il faudra vous tenir prêts à repartir à la nuit samedi soir.

— Mais ça signifierait un retour vers Macao en plein jour, protesta Hagen. Nous ne pourrons jamais franchir le détroit de Hainan.

Charlie Beale sourit d'un air entendu.

— C'est là qu'intervient une combine à ma façon. J'ai un cargo qui passe dans le coin. Il vient de Haiphong et va à Macao. J'ai donné pour instruction au commandant de vous attendre le dimanche matin à un mille nautique au large. Il vous laissera un délai de quelques heures pour sortir de ces marais. Si vous n'êtes pas là à 6 heures, cela voudra dire que vous ne viendrez plus, et il repartira.

Il y eut un silence lourd de sens.

— Merci d'être aussi gai, grinça Mason.

Beale les conduisit dans la pièce voisine. D'un geste large, il montra, posés sur une bâche, deux pistolets mitrailleurs Thompson, une paire de fusils Garand semi-automatiques, et une caisse de grenades, ainsi que de nombreux chargeurs. Le tout paraissait neuf.

— C'est la guerre ? interrogea Mason.

Hagen hocha la tête avec satisfaction :

— Juste un truc de plus, Charlie. De la dynamite. Je pourrais avoir des choses à faire sauter.

Charlie Beale sourit :

— J'y ai pensé, et j'ai trouvé mieux.

Il sortit d'un tiroir un ceinturon muni de plusieurs poches.

— Les commandos se servaient de ça pendant la guerre, reprit-il. C'est malléable, ça résiste à l'eau et ça ne peut exploser qu'avec un détonateur.

— Ça me convient, dit Hagen.

Mason s'était emparé d'un des Garand dont il expliquait le fonctionnement à Rose. Hagen les observa quelques secondes avec humeur, puis il se tourna vers O'Hara :

— Allons-y. Toi et moi, nous avons tout à faire sur le bateau.

Il lui sembla, en quittant la terrasse, que Rose l'avait appelé, mais poussé par la colère aveugle qui le possédait, il marcha furieusement jusqu'au bord de la falaise et entama la descente du sentier. O'Hara s'élança derrière lui, protestant et jurant sans discontinuer.

— Qu'est-ce qui vous prend, mon garçon ? s'étonna-t-il quand ils eurent atteint la plage.

Hagen secoua la tête :

— Je ne sais pas. Réellement, je ne sais pas. Peut-être que j'ai peur, maintenant que nous partons pour de bon. Oublie ça, et que tout soit impeccable ici.

Ils s'activèrent jusqu'à 5 heures dans la chambre des machines, nus jusqu'à la ceinture, ruisselants de sueur. En plusieurs voyages, les boys apportèrent les armes et l'équipement. Ni Rose, ni Mason ne se montrèrent. Pendant qu'il s'affairait dans la chaleur, Hagen les imaginait assis dans le salon à air conditionné, buvant des boissons fraîches et bavardant — faisant peut-être même l'amour. Il lâcha une bordée de jurons et remonta sur le pont. Appuyé au bastingage, il respirait profondément, contemplant les eaux vertes. Soudain, elle cria son nom. Il se retourna pour la voir s'avancer sur la jetée, précédée des deux boys chargés de cartons.

Elle paraissait fraîche et nette dans son tailleur de lin. Hagen se détourna vivement pour redescendre.

— Mark ! appela-t-elle. Attendez une minute. Je n'ai pas eu l'occasion de vous parler depuis le déjeuner. (Elle le regardait du haut de la jetée.) Qu'est-ce que vous avez fait ? interrogea-t-elle encore.

Il étendit les mains et répondit, plein d'ironie :

— Oh, deux ou trois petits travaux sans importance. J'espère que Mason et vous, vous vous êtes bien amusés.

Une ombre passa sur son visage. Elle se tourna vers les boys :

— Apportez ces cartons dans la cambuse. C'est la nourriture, expliqua-t-elle à Hagen. J'étais en train de la préparer. Mr Beale et Steve sont allés à Macao. Ils reviendront à 7 heures.

Comme frappé par la foudre, il se détesta. Pourtant, dans son désir enfantin de la blesser, il dit :

— Eh bien, vous semblez préférer sa compagnie à la mienne. C'est tout à fait évident.

Il lui tourna le dos et plongea.

Il nagea jusqu'au fond de sable qui, en cet endroit, atteignait les six mètres. L'eau était d'une fraîcheur dont il avait oublié l'existence. Pendant qu'il remontait vers la lumière, la chaleur, l'irritation, et la sueur s'effacèrent. Il comprit à quel point il s'était montré ridicule. En arrivant à la surface, il fit un moment la planche, le temps de trouver ce qu'il allait dire. Il la vit alors qui courait sur le sable, à l'autre bout de la crique. Il se mit à nager d'un crawl rapide, ce qui lui permit de traverser en quelques secondes. Elle s'élança dans les rochers qui bordaient le long chenal qui conduisait à la mer, mais, gênée par sa jupe, elle tomba dans le sable mou. Elle se remit debout en hâte et reprit sa course. Hagen traversa le chenal à la nage. Lorsqu'elle sortit des rochers et fit face à la mer, il l'attendait, debout, dans le sable jusqu'aux chevilles.

Elle sanglotait amèrement. Elle recula jusqu'à un trou sablonneux entouré de rocs. Les larmes coulaient sur ses joues. Il s'avança et la prit aux épaules.

— Je vous demande pardon, s'excusa-t-il. Je ne voulais pas dire ça. C'est la faute de la chaleur. Elle suffirait à rendre un homme fou.

— Ok, Mark, sanglota-t-elle, je vous aime tant.

Une fraction de seconde, il la lâcha. Puis il la serra dans ses bras et l'écrasa contre sa poitrine. L'eau dégoulinait de son visage.

— Ça ne va pas faire beaucoup de bien à votre tailleur, remarqua-t-il.

Mais, de ses mains, elle attira sa tête à elle. Sa bouche chercha la sienne. Il la souleva pour la coucher dans le sable. Un moment, il la tint serrée, tandis que son corps tremblait. Puis elle se tendit contre lui et ses bras se resserrèrent autour de son cou. Durant un instant, son esprit lutta contre ce qui arrivait, et puis il perdit le contrôle de lui-même. C'était comme si un grand vent s'était emparé d'eux pour les emporter dans un voyage à l'autre bout du temps.

En retournant au bateau, ils marchaient main dans la main, comme des adolescents. O'Hara rêvassait sur le pont en fumant sa pipe. Le tailleur de lin était complètement froissé et taché d'eau salée, mais il n'existait aucun moyen de le dissimuler. O'Hara s'efforça de jouer l'indifférence :

— Charlie vous cherchait. Il veut que vous soyez là-haut pour dîner à 8 heures.

— Merci, répondit Hagen. Nous y serons.

O'Hara fit mille simagrées pour consulter sa montre de gousset en argent :

— Eh bien, je me grouillerais, moi, si j'étais vous, il est déjà 7 h 30.

Rose poussa un cri et fila dans la cabine. Le vieux cligna de l'œil avec solennité pour Hagen.

— C'est étonnant de voir comme le temps passe vite dans certaines situations.

Hagen tira sa casquette sur ses yeux et descendit se changer.

Le dîner fut grandiose. À l'évidence, Charlie Beale avait décidé de célébrer l'événement. Hagen se sentait pleinement heureux et n'était plus dévoré par la jalousie à voir Rose bavarder, pleine d'animation, avec Mason. Maintenant, elle était liée à lui. Il le savait, avec une sûreté absolue. À une ou deux reprises, elle se tourna pour le regarder. Elle fronça le nez et un tout petit sourire joua sur ses lèvres.

Après le repas, ils passèrent sur la terrasse pour les liqueurs et, assis dans l'obscurité, ils conversèrent tranquillement. Hagen se sentait bien. C'était l'un de ces moments de paix qui surviennent parfois avant les périodes de tension et de danger. Il avait déjà connu cela pendant la guerre et, tout comme alors, il en jouissait pleinement.

Charlie et les deux boys descendirent à la jetée pour assister à leur appareillage. La nuit était tiède et douce. La mer rayonnait d'une étrange luminescence. Il n'y avait pas de clair de lune, car de lourds nuages s'étendaient bas sur l'horizon, comme si une tempête se préparait. Hagen mit en route. Les moteurs éternuèrent avant de rugir, pour manifester, eût-on dit, leur colère d'être réveillés d'un bon sommeil. Les boys larguèrent les amarres qu'O'Hara et Mason hissèrent à bord. Le bateau s'écarta de la jetée et cula une seconde.

— Bonne chance !

Le dernier salut de Charlie Beale sembla irréel, détaché et lointain.

Hagen sentit la présence de Rose, debout contre son épaule. Il sourit :

— Eh bien, mon ange. On y va.

Elle lui rendit son sourire, avec une parfaite confiance. Il ouvrit les gaz. Le *Hurrier* bondit dans un sursaut de puissance. Il lui fit franchir le chenal pour entrer dans la mer de Chine.

7

Rose descendit. Au bout d'un moment, Hagen appela Mason dans la timonerie et lui ordonna de prendre la barre. Il consacra ensuite vingt minutes à étudier ses cartes et ses instruments de navigation, avant de donner un cap à Mason.

— Je vous ferai relever par O'Hara dans une paire d'heures, lui dit-il.

À son tour, il descendit.

Il fouilla dans son sac de marin jusqu'à ce qu'il retrouve son Colt, qu'il avait nettoyé et huilé, et le remit dans un étui de cuir lustré qui portait encore les initiales USN. Il en boucla le ceinturon autour de sa taille, puis se rendit dans la cabine où il trouva Rose en train de préparer du café. De la suie lui barbouillait le visage. Il rit :

— Ainsi, vous faites aussi la cuisine ?

Elle lui adressa une grimace :

— Je tiens à vous faire savoir que le réchaud m'a sauté deux fois à la figure avant que je n'arrive à comprendre comment ce machin fonctionne.

Il s'empara d'un chiffon humide et ôta soigneusement la suie de son visage. Elle se hissa sur la pointe des pieds pour l'embrasser.

— Voilà, c'est mieux, dit-il.

Il s'adossa à la porte pour allumer une cigarette pendant qu'elle versait le café dans deux grandes tasses.

— Voilà votre café, chéri, annonça-t-elle en lui donnant une tasse.

Au même moment, elle remarqua sur sa hanche le pistolet dans son étui.

— Oh, Mark, vous vous attendez déjà à des ennuis ?

Il leva une main rassurante :

— Ne vous paniquez pas. Dans ces eaux-ci, je m'attends toujours à des problèmes. Nous ne sommes pas loin de la baie de Bias, qui grouille de pirates... Certains sont menés par des femmes, d'ailleurs.

Elle rit, tête rejetée en arrière :

— Vous vous moquez de moi.

— Non, je suis mortellement sérieux. Si, par hasard, vous êtes sur le pont, et que vous voyez des sampans ou des jonques à moteur d'aspect innocent, prévenez-moi tout de suite. Ils ont la vilaine habitude de venir bord à bord et, à ce moment-là, cent bonshommes sortent des cales, en hurlant à la mort.

Pendant qu'il la mettait en garde, elle avait coupé des sandwiches. Il l'observa par-dessus le bord de sa tasse. Elle ne portait qu'un vieux jean et un chandail à col roulé, mais elle parvenait cependant à paraître plus féminine que jamais. Hagen se souvint de ce qui s'était passé en fin d'après-midi et en éprouva un profond malaise.

— J'ai des choses à faire, dit-il en reposant sa tasse. Je vous reverrai plus tard. N'oubliez pas de dormir tout votre soûl.

Il gagna la chambre des machines. O'Hara s'affairait à graisser diverses pièces du moteur à la lumière pâle, presque fuligineuse, d'une lampe torche. Il régnait un bruit si assourdissant qu'il dut taper sur l'épaule du vieux et lui désigner les hauts du pouce. Ils remontèrent sur le pont.

— Tout va bien ? interrogea Hagen.

— Au poil, répliqua l'Irlandais. Maintenant, ces moteurs tourneront jusqu'au Jugement dernier.

— Parfait. J'ai décidé de monter tout de suite en puissance.

O'Hara écarquilla les yeux d'étonnement :

— Mais je croyais que vous vouliez conserver une vitesse constante. Vous aviez combiné tout ça.

Hagen hocha la tête :

— Oui, je sais. Mais j'ai réfléchi. Si nous restons en vitesse de croisière, ça nous fera passer dans le détroit de Hainan demain vers midi. En général, il y a un tas de patrouilleurs légers dans le coin. Un petit bateau comme le nôtre ne pourrait qu'exciter leur maudite curiosité. Et autre chose encore : si Kossov avait mis en alerte les bases navales rouges de Kiung Chao et de l'île de Hainan ?... C'est un gars malin. Il peut leur avoir donné l'ordre de nous laisser passer, mais de l'avertir que nous sommes en chemin. Ça ne va pas. Je veux prendre ce salaud par surprise.

O'Hara acquiesça :

— Ça me paraît bien. Mais pour la suite ? Nous ne pouvons pas approcher de ces marais pendant le jour.

— Nous n'en aurons pas besoin, expliqua Hagen. Après le passage du détroit, je réduirai de nouveau l'allure, et, demain, nous pourrons naviguer tout tranquillement.

Soudain, O'Hara éclata de rire en prenant sa pipe :

— Bon Dieu ! Mais c'est d'un sacré foutoir qu'il va nous falloir essayer de sortir, cette fois-ci, mon garçon. Et je viens tout juste de le comprendre. Eh bien... Mais après tout, on dit que le diable veille sur les siens...

Hagen retourna à la timonerie et ordonna à Mason de pousser les gaz, puis il descendit dans sa cabine et se jeta sur sa couchette. Il resta étendu, à fixer la cloison sans la voir, tout en songeant à l'or, aux marais et à la jeune fille. De la cuisine lui parvenaient des voix assourdies. O'Hara devait goûter le café de Rose. Une fois, même, il entendit très distinctement son rire, et se surprit à en sourire. Puis le murmure se perdit dans le ronronnement des moteurs et le fracas des vagues.

Il ne fut pas conscient d'avoir dormi, seulement de s'être réveillé en sursaut. Il regarda sa montre et vit, avec un choc, qu'il était déjà 3 heures du matin. Il passa un caban épais, qu'il boutonna jusqu'aux oreilles. Au même instant, il perçut le grognement d'un homme qui se retournait dans son sommeil. Craquant une allumette, il découvrit Mason qui, même en dormant, gardait aux lèvres un sourire sardonique. Il quitta la cabine sans faire de bruit et regagna le pont.

Une brume légère se levait sur la mer. Le *Hurrier* tanguait, mené à un train d'enfer. La lune était cachée par des nuages, mais le ciel de la nuit n'en offrait pas moins ses joyaux sertis de diamants. La luminescence étonnante des eaux persistait. Hagen parcourut le pont qui oscillait et ouvrit la porte vitrée de la timonerie. O'Hara, debout devant la barre, campait une silhouette d'une étrange beauté. Il n'y avait pas d'autre éclairage que celui du compas, dont la lumière illuminait son visage par en dessous, de telle sorte qu'à première vue on aurait pu croire que sa tête, détachée du corps, flottait seule, à un mètre soixante-dix du sol.

— Comment ça se présente ? s'enquit Hagen.

— Ça ne pourrait pas aller mieux. À voir comment elle file, vous pourriez penser que cette vieille coque va à un rencard avec un beau chalutier.

Quand O'Hara s'écarta pour permettre à Hagen de le remplacer, une nette odeur de rhum s'éleva. Une seconde, une flambée de colère souleva Hagen, mais il se contrôla : le vieux, après tout, avait accompli une longue journée de travail. Cependant, quand O'Hara sortit, il lui lança :

— Vas-y doucement sur le rhum. Je n'ai pas envie que tu prennes une cuite.

— Vous savez bien que vous pouvez compter sur moi, mon garçon, riposta l'Irlandais d'une voix blessée.

Il s'élança sur le pont, en sifflotant une gigue à la fois triste et gaie.

Hagen glissa une cigarette entre ses lèvres, puis il attira à lui un siège plié contre la cloison, installa son dos confortablement et, tenant d'une main légère les manetons de la roue, observa la moustache d'écume qui jaillissait sous l'étrave. Parfois, des embruns s'écrasaient sur les vitres. Peu à peu, son esprit vagabonda sur d'anciens chemins, depuis longtemps oubliés. Il repensait à des événements et à des gens d'autrefois avec une sorte de tristesse mesurée. Il espérait toujours vivre des instants comme celui-ci au cours d'une traversée : des instants de solitude en compagnie de la mer, de la nuit et du bateau. Comme si le monde extérieur n'existait pas. Pendant ces moments-là, le temps n'avait plus de signification. Une heure s'écoulait aussi vite qu'une minute. Il lança un coup d'œil à sa montre. Il était déjà 4 h 10. La porte s'ouvrit doucement, tandis qu'une rafale de pluie s'écrasait sur les vitres. Il respira le parfum du café, puissant dans l'air matinal, puis une odeur plus subtile à laquelle il s'était maintenant habitué.

— La couchette n'est pas confortable ? interrogea-t-il.

Elle eut un petit rire :

— C'est notre première véritable occasion d'être seuls ensemble, et voilà que cet homme pose des questions idiotes. Je peux m'asseoir quelque part ?

Il déplia un autre siège où elle prit place. Elle lui tendit une tasse :

— Vous voulez un sandwich ?

Ils mangèrent dans un silence sympathique et intime. Leurs genoux se touchaient. Il lui donna ensuite une cigarette et ils parlèrent tranquillement, tandis que la pluie ne cessait de marteler les hublots. Après un long moment de silence, elle demanda :

— Vous avez l'amour de la mer, n'est-ce pas ?

Il prit le temps de réfléchir.

— Je suppose que oui, finit-il par répondre. Voyez-vous, la mer a toujours été pour moi un refuge. Aussi bien quand, gamin, je fuyais la colère de mon père sur mon dériveur, là-bas dans le Connecticut, que lorsque j'arrachais le *Hurrier* à un port peu accueillant. Dans un sens, la mer est ma demeure. Elle peut se comporter comme une femme, capricieuse, infidèle, et parfois même cruelle ou traîtresse, mais cela ne signifie pas qu'on l'en aime moins, ni qu'elle cesse de fasciner.

Le rire de Rose s'éleva dans la pénombre :

— Merci pour cette comparaison extrêmement pertinente. Il y a en vous des gouffres bien cachés.

Il sourit, malicieux :

— Le secret de l'âme de Mark Hagen... En vieillissant, je deviens sentimental.

Il tangua jusqu'à la petite table à cartes, au-dessus de laquelle il alluma une lampe minuscule protégée par un abat-jour enveloppant. Il vérifia ses calculs.

— Eh bien, mon ange, dit-il, à moins que je me sois trompé, nous entrerons dans le détroit de Hainan dans le quart d'heure qui vient. Ça risque d'être assez pointu.

— Il faut que je réveille les autres ?

Il secoua la tête :

— Non, ils ne nous seraient d'aucun secours.

Ses yeux fouillaient la nuit et, au cours d'une brève accalmie de la pluie, il lui sembla apercevoir la côte de Hainan.

— Je veux que vous veilliez sur tribord, et que vous veilliez bien. Côté terre, le détroit est délimité par la péninsule de Lui Chao. Il doit y avoir un phare au bout, mais vous savez comment sont les Cocos... Peut-être qu'il fonctionne quand même.

Ils continuèrent de faire route à pleins gaz pendant une demi-heure. Hagen savait qu'ils étaient maintenant engagés dans le détroit. Il n'y avait pas à se tromper : le phare était hors service. Brusquement, sur bâbord, il repéra un phare ainsi que de nombreuses lumières, comme un collier de perles jaunes jeté au hasard. Puis la pluie rabattit son rideau et les dissimula.

— Tout va bien, lâcha-t-il, rasséréné. C'était Kiung Chao, un port de Hainan. Nous avons tenu exactement le bon cap.

— Et maintenant ?

— Maintenant, nous allons serrer les fesses et filer pendant une heure et demie aussi vite que si nous avions le diable à nos trousses, et puis nous chercherons un autre phare sur tribord. Que Dieu soit loué pour ce mauvais temps. Ça nous donne une vraie chance de nous en sortir.

Les moteurs grondaient avec régularité. La pluie frappait toujours les vitres. Rose finit par s'endormir, la tête roulant contre l'épaule de Hagen. Il demeurait en alerte, les yeux tentant de percer les ténèbres, au point qu'ils le piquaient et qu'il avait peine à les garder ouverts. À 6 h 15, il la réveilla pour lui demander de guetter un phare à tribord. Cinq minutes plus tard, elle l'avait aperçu, point minuscule clignant dans le noir.

— Ça, c'est le phare du cap Kami, lui expliqua-t-il. Nous en avons presque fini. Dans dix minutes à peu près, nous laisserons celui de la pointe de Lamko sur bâbord, et nos ennuis seront terminés.

C'était comme si tout se déroulait conformément à un plan fixé de toute éternité. Le phare de Lamko clignota à travers la pluie selon l'horaire calculé. Hagen changea de cap aussitôt. Pendant vingt minutes encore, ils tracèrent leur route dans l'obscurité, puis Hagen réduisit la vitesse et se laissa aller.

— Ça y est, mon ange, soupira-t-il, soulagé. Nous sommes sauvés.

Elle lui pressa le bras :

— Qu'est-ce qui se passe, maintenant ?

Il eut un rire bref :

— Maintenant, nous allons naviguer paisiblement toute la journée, en espérant que personne ne nous repérera avant la tombée de la nuit.

Peu à peu, la pluie s'apaisa. L'aube commença d'illuminer le ciel. Brusquement, le jour fut là, accompagné d'un brouillard léger sur la mer et d'un vent glacé, mais Hagen remarquait à peine le froid. Il ouvrit l'un des panneaux vitrés. La journée naissante possédait la douceur d'un vin dont la beauté l'enivrait. Il regarda Rose et prit soudain conscience, non sans en ressentir un choc, de la fatigue et de la tension qu'il pouvait lire dans ses yeux.

— Est-ce que ça va ? interrogea-t-il.

Elle tenta de sourire, mais ce fut une expression de peur et de désespoir qui se peignit sur ses traits :

— Oh, Mark, je serai si heureuse quand tout cela sera fini. Mon Dieu, faites que ce soit bientôt.

Elle se détourna vivement, ouvrit la porte en grand et disparut sur le pont. Un moment, Hagen contempla le battant qui allait et venait, au gré du roulis, jusqu'à ce que la fraîcheur du vent le pénètre jusqu'aux os. Il avait peur. Pour la première fois, depuis leur départ de Macao, il éprouvait une peur véritable, comme palpable.

Mason le releva à 8 heures. Hagen descendit à sa cabine et se coucha. Il dormit d'un sommeil sans rêve, sans un battement de cil, jusqu'à ce qu'O'Hara le réveille à 3 heures de l'après-midi.

L'Irlandais prit la barre pendant que Rose servait un repas à Hagen et à Mason. Elle n'avait pas grand-chose à dire et paraissait toujours très fatiguée. Hagen nota que Mason la suivait des yeux quand elle entrait ou sortait du carré. Sur son visage, les plis amers et sardoniques s'étaient, provisoirement, effacés. Mais quand il vit le regard de Hagen posé sur lui, il rougit de colère.

Ce ne fut qu'après ce repas, quand Hagen eut pris la relève d'O'Hara, que Mason le rejoignit dans la timonerie. Il ferma la porte et s'y adossa, la cigarette au bec. Hagen s'était préparé à une telle visite. Il attendit que le gros homme formule sa proposition, et s'aperçut qu'il le haïssait bien moins qu'il ne l'avait cru.

— Je pense qu'il est temps, dit Mason, que nous ayons une petite conversation, non ?

— Vous pensez à quoi ? coupa Hagen.

Mason souffla un rond de fumée parfait.

— Quand Charlie m'a annoncé que j'étais du voyage, je n'ai pas été très chaud. Et puis j'ai appris les détails, et ça m'a intéressé. Voyez-vous, j'avais commencé à comprendre que ça pourrait nous ouvrir pas mal de possibilités.

Hagen rit à gorge déployée.

— Qu'est-ce qu'il y a de si drôle ? s'étonna Mason.

— C'est vous qui êtes drôle. Laissez-moi donc terminer à votre place. Vous alliez me dire que nous serions idiots de rentrer chez Charlie. Pourquoi n'irions-nous pas à Saigon, auriez-vous précisé, pour garder pour nous le bénéfice de l'opération ?

Mason se détendit :

— Alors, vous avez un don de double vue ?... Qu'est-ce qui ne colle pas, dans cette idée ? Vous allez bien rouler la fille, hein ?

La fureur pulsa dans les veines de Hagen, mais il se maîtrisa : Mason ne disait que la vérité.

— Ça n'a rien à voir, riposta-t-il. Nous avons besoin de Charlie pour négocier l'or. À Saigon, ça nous prendrait beaucoup trop de temps. Et nous l'aurons à aboyer sur nos talons dans les vingt-quatre heures.

Mason se redressa, très froid :

— Je me fous complètement de Charlie, de vous, ou de qui que ce soit d'autre. Tout ce que j'ai jamais fait dans ma putain de vie m'est retombé dessus. Ça, c'est ma dernière chance. Je vous préviens : si nous sortons l'or de ces marais, j'en veux ma part.

Il écrasa avec rage sa cigarette sur le plancher, et ajouta :

— Si nous ne nous échappons pas des Kwai... alors, nous aurons perdu la partie. C'est aussi simple que ça. J'aime autant mourir que de finir dans la peau d'une cloche sur les quais de Macao.

Il ouvrit la porte et sortit.

Hagen le suivit des yeux jusqu'à l'avant où Rose, allongée sur une couverture, prenait un bain de soleil. Il s'allongea à côté d'elle et ils engagèrent la conversation. Le parallélisme étonnant qu'il fallait bien établir entre Mason et lui-même perturbait Hagen. Par bien des côtés, ils étaient pareils, tous deux parvenus au bout de la route. À la dernière chance.

Il resta à la barre jusqu'à 6 heures. Mason vint le relever. Il descendit manger quelque chose. Rose paraissait beaucoup mieux. Autour de ses yeux, les cernes s'étaient atténués. O'Hara avait disparu.

— Où est le vieux ? demanda-t-il.

Elle ne cacha pas sa surprise :

— Je pensais que vous lui aviez donné du travail à faire dans la chambre des machines. Je ne l'ai pas vu depuis des heures.

Soupirant de lassitude, Hagen se leva. « Quel équipage ! pensait-il. Une fille, un déserteur et une épave imbibée de rhum. » Il jura comme un charretier et descendit à la chambre des machines. Il découvrit O'Hara affalé au pied de l'échelle, ivre mort. Ça puait l'alcool. Deux bouteilles vides gisaient à côté de l'Irlandais. Hagen le chargea sur son dos comme un sac de pommes de terre et le remonta sur le pont par l'écoutille. Rose s'inquiéta :

— Il est malade ? interrogea-t-elle, anxieuse.

— Il est tout ce qu'il y a de malade, oui, grinça Hagen.

Il remplit un seau qu'il descendit par-dessus bord au bout d'un cordage et arrosa le vieux d'eau de mer. Après quelques instants, le matelot parut revenir à lui.

— Surveillez-le une minute, mon ange, ordonna Hagen avant de redescendre dans la chambre des machines.

Il lui fallait déjouer cette astuce hyper-développée dont font preuve les alcooliques invétérés, mais la longue expérience qu'il avait d'O'Hara venait à son aide. Après avoir fouillé les cachettes les plus improbables, il finit par découvrir une touque d'huile qui sonnait creux. Il en souleva le couvercle : elle renfermait un grand carton rempli de bouteilles.

Il le monta sur le pont et le déposa devant le bastingage de la poupe. Il souleva une ou deux bouteilles pour mieux les examiner à la lumière. Elles ne contenaient qu'un tord-boyaux à l'étiquette trompeuse, capable de provoquer une cirrhose du foie fulgurante. Il se mit à jeter les bouteilles par-dessus bord, une par une. O'Hara avait retrouvé assez de conscience pour comprendre ce qui se passait et il parvint à se mettre debout :

— Non, mon garçon ! Pas ça ! Pas toutes !

Hagen se retourna.

— Je t'avais prévenu, lança-t-il froidement. Maintenant, tu vas en baver. Je vais en garder deux, et tu ne boiras un coup que quand je le déciderai. Le reste, à la baille.

Il tendit deux bouteilles à Rose avant de balancer tout le carton à la mer.

O'Hara l'attaqua par-derrière, criant une phrase incompréhensible, et le prit à la gorge de ses vieux doigts noueux. Hagen pivota, se débarrassa de l'Irlandais, et le gifla à plusieurs reprises.

— Maintenant, un peu moins d'alcool. Et ressaisis-toi.

Le vieil homme sanglotait comme un bébé. Quand Hagen lâcha sa chemise, il s'écroula sur le pont, secoué de spasmes. Rose s'agenouilla près de lui et lui passa le bras autour des épaules. Elle lança à Hagen un regard chagriné :

— C'était vraiment nécessaire ? Il est vieux, vous savez.

Avant même que Hagen n'ait pu trouver la réponse qui convenait, les moteurs furent coupés et le bateau ralentit. La voix de Mason s'éleva dans un silence dont ils avaient perdu l'habitude :

— Oui, O'Hara est vieux, Hagen. Pourquoi ne vous en prenez-vous pas à quelqu'un qui ait à peu près votre âge ?

Il n'y avait pas à se méprendre sur le défi. Mason paraissait formidable, prêt à tout, très sûr de lui, avec le soleil qui jouait dans ses cheveux blonds. Hagen eut un geste d'invite pour montrer le pont qui s'étendait entre eux. Mason s'avança à pas légers, comme un chat prêt à sauter sur une proie. Il paraissait suprêmement confiant.

Hagen ôta sa casquette, essuya la sueur de son front et se mit en garde. Il se sentait curieusement détaché. Il lui fallait seulement relever le défi. Il le comprenait. Le succès de tout en dépendait. De la part de Mason, il ne s'agissait nullement d'un geste chevaleresque destiné à défendre un vieil homme. Le Ciel lui avait envoyé l'occasion rêvée de démolir Hagen. Il l'avait saisie aussitôt qu'elle s'était présentée.

Mason avait l'allure d'un boxeur. En s'approchant, il en adopta la posture classique, poings dressés. Hagen ne ressentait aucune peur. Il se réjouissait presque du combat. C'était du concret qu'il lui fallait affronter là, non des abstractions. Quand Mason lança son premier direct, il lui bloqua le poignet et le lui tordit d'une de ses prises de judo préférées. L'instant d'après, ses pieds décollaient du pont. Sa prise avait été efficacement contrée. Il retomba avec une violence spectaculaire.

Mason reculait, souriant, l'invitant à s'approcher d'un geste de la main.

— Allez, debout, salopard. Je commence tout juste à m'amuser.

Hagen se remit debout et s'appuya contre la paroi extérieure du rouf. Un brouillard flottait devant ses yeux. Toutes ses forces l'avaient abandonné. Mason s'avançait de nouveau. Hagen tituba le long du rouf, proche de l'évanouissement. Derrière lui, il entendait rugir son adversaire. Il savait que s'il ne tentait pas une contre-attaque désespérée, il serait écrasé contre le pont dans les secondes qui suivraient. Il tourna en titubant le coin du rouf et plongea au sol, de telle sorte que Mason, qui le poursuivait, trébucha sur lui et s'affala sur les lattes de teck. Hagen se redressa et se mit à lui bourrer méthodiquement l'estomac de coups de pied. Soudain, il n'y avait plus dans ses oreilles qu'un grondement de tonnerre qui le rendait sourd à tout, excepté à son unique but : clouer Mason au pont.

À travers le grondement, une voix hurla :

— Arrêtez, Mark ! Vous allez le tuer !

Des mains l'entraînèrent de force. Il comprit encore qu'il entrait en titubant dans la cabine et qu'il se cramponnait à la table dans l'espoir de rester conscient. Puis le plancher monta vers lui et il sombra dans le néant.

Elle lui tenait la tête posée sur ses genoux. Elle pleurait et, avec un chiffon humide, lui nettoyait le visage. Lorsqu'il s'étira et tenta de se relever, elle lança, frénétiquement :

— Ah, Mark... Vous allez bien ? Dites-moi quelque chose, je vous en supplie.

À sa grande surprise, il constata que sa bouche avait conservé son dessin d'origine, mais que celle de ses joues qui avait heurté le pont était considérablement enflée. Il essaya de sourire :

— Je ne dois pas être beau à voir.

Elle sanglotait de soulagement :

— Dieu soit loué ! Depuis une demi-heure, je croyais devenir folle.

Il lutta pour se remettre sur ses pieds et, enfin debout, chancela. Il dut s'appuyer à la table.

— Je suis désolé que vous ayez été obligée de voir ça.

— Je pensais que vous alliez le tuer.

Il fronça les sourcils :

— Et que croyez-vous donc qu'il essayait de me faire, lui ?

Il revint sur le pont en titubant, juste à temps pour voir Mason se redresser avec de durs efforts et vomir. Le gros homme, jambes écartées, vacillait, comme s'il allait de nouveau s'effondrer. Puis il lança à la mer un seau de toile, dont il gardait la bosse en main et, l'ayant ramené à lui, nettoya ses vomissures d'un vigoureux jet d'eau.

— Toujours le respect des convenances, commenta Hagen.

Mason se tourna vers lui. Ses traits étaient encore marqués des stigmates de leur affrontement. Il avait les lèvres fendues, mais il sourit, sans rancune :

— Ce sera pour une prochaine fois, Hagen.

Il enleva sa chemise — découvrant ainsi les meurtrissures de son abdomen et de sa poitrine. D'un bond, il plongea par-dessus le bastingage et nagea d'un crawl facile.

À son tour, Hagen se dépouilla de sa chemise et le suivit. Quoique chaude, l'eau le rafraîchissait. Le sel qui s'insinuait dans ses blessures le ramenait à la vie. Au bout de quelques minutes, il cria à Mason qu'il regagnait le bateau. Il se hissa à bord. Rose l'attendait, une serviette à la main. Il se sécha vivement, puis remit sa chemise.

— Votre pantalon est encore mouillé, lui signala-t-elle.

Il sourit et se sentit soudain très tendre à son égard.

— Arrêtez un peu de faire la bonne femme, lui dit-il. Vous êtes bien toutes les mêmes.

Elle fit une moue boudeuse. Mason remontait à bord.

— Nous allons continuer notre route, puisque le spectacle est fini, reprit Hagen.

Mason lui adressa un sourire avant de descendre.

— Je vous apporte une tasse de café dans deux minutes, dit Rose.

Hagen hocha la tête et retourna à la timonerie. Quelques secondes plus tard, le *Hurrier* fendit à nouveau les flots avec rapidité.

À 10 heures du soir très précisément, Hagen coupa les gaz. Le bateau continua sur son erre, en silence, avant de stopper. Les trois autres membres de l'équipage se tenaient sur le pont. Dans ses bras, Mason avait calé un pistolet mitrailleur. Il était prêt à tirer. Au fond de la nuit noire, à un quart de mille nautique, les marais des Kwai les attendaient. Hagen, les mains un peu moites, s'apprêtait à vivre la partie la plus difficile de leur voyage.

D'avance, il avait tracé sa route dans les marais. Elle les faisait passer par un chenal peu connu, qu'il avait naguère emprunté pour livrer des armes aux Rouges. Il tablait sur la supposition que le Russe — si même il s'était mis en embuscade — les guetterait à l'embouchure du fleuve. Jamais il n'imaginerait qu'il serait possible de pénétrer dans les marais par une autre voie. Par plaques, le brouillard arrivait de la côte, charriant l'odeur fétide des marécages, poussé par une forte brise de terre. Ils attendaient tous, raides et tendus, les oreilles aux aguets du moindre bruit.

Mais il n'y avait que le clapotis de l'eau qui battait la coque et le murmure du vent. Hagen actionna le démarreur. Le moteur rugit, brisant le silence de la nuit. Il se hâta de réduire son régime. Ils firent route vers les marais à cinq nœuds, dans le grognement de protestation des machines.

La sueur coulait sur le visage de Hagen tandis que la côte se dessinait devant lui. Mais il n'y eut ni coup de feu, ni alerte. Rien qui puisse indiquer que Kossov se trouvait à moins de mille kilomètres. Hagen conduisit son bateau dans un labyrinthe de canaux avant de couper les moteurs, pour qu'il stoppe doucement au milieu de roseaux géants. Il émit un petit sifflement soulagé et passa sur le pont.

— Eh bien, et maintenant ? demanda Mason.

— Jusqu'ici, tout va bien. Nous sommes entrés... Espérons que nous sortirons avec autant de facilité, le moment venu. Bon. Nous allons avoir une dure journée, demain. Je crois que tout le monde devrait aller se coucher.

— Et pour la garde ? interrogea Mason.

Hagen répondit qu'il prendrait le premier tour. Mason hocha la tête. O'Hara et lui descendirent à leurs couchettes. Rose s'attarda un court instant. Hagen lui tint la main, sans mot dire. Elle l'embrassa rapidement et descendit à son tour.

Il resta assis dans la timonerie. Il fumait, un pistolet mitrailleur au creux du bras. Il sentait monter autour de lui l'odeur des marais. Les cigales chantaient dans la nuit. Pour la première fois, il commença à croire qu'il y avait peut-être une chance — une chance seulement — que tout se passe sans anicroche.

8

Peu avant 7 heures du matin, Mason le réveilla. Il lui annonça qu'il venait d'être relevé par O'Hara, dont le regard enfin sobre, un peu glauque toutefois, surveillait les environs. Rose Graham, déjà levée, s'affairait à préparer le petit déjeuner. Hagen avala une tasse de café, monta sur le pont et dit à O'Hara d'aller manger quelque chose. Il grimpa sur le toit de la timonerie et observa les alentours.

En contemplant l'immense étendue des roseaux, il songea avec satisfaction qu'il n'aurait pas pu y avoir de meilleur endroit pour jouer à cache-cache. À quelque distance, la mer de Chine paraissait brumeuse sous le soleil du matin, tandis qu'au-delà de la côte, la végétation aquatique semblait s'étendre à perte de vue.

Hagen savait que ce n'était pas vrai. Au milieu de ce fouillis végétal s'étendait tout un labyrinthe de canaux et de lagunes, de profondeur variable. Il savait aussi que des gens vivaient quelque part à l'intérieur des marais : des pêcheurs primitifs qui avaient édifié leurs demeures sur pilotis ou sur des îlots. Il en avait rencontré quelques-uns au cours de ses précédents passages. C'étaient des hommes simples et durs au travail, qui luttaient pour survivre dans un environnement difficile. Pour eux, il n'existait ni gouvernement nationaliste, ni gouvernement communiste, et le monde extérieur ne signifiait rien. Ils continuaient de vivre dans cet univers de chaleur et de fièvres, en se battant pour gagner leur pitance comme ils l'avaient fait depuis mille ans.

Un vol de sauvagines s'éleva des roseaux proches et fila vers la mer. Hagen sauta sur le pont et appela ses compagnons. Ils sortirent du carré et le rejoignirent dans la timonerie. Il déplia la carte et leur décrivit sans détour ce qui les attendait :

— À partir de maintenant, les difficultés vont commencer. Nous devons être sur nos gardes, à toute heure du jour ou de la nuit. Des éclaireurs nous guettent peut-être, et nous pouvons avoir la certitude de tomber sur les pêcheurs sauvages qui habitent les marais. Mais je ne crois pas que nous ayons à nous inquiéter d'eux. Ils ne distinguent pas un communiste d'un receveur des impôts.

— Okay, Hagen ! coupa Mason avec impatience. Mais l'or ? Combien de temps ça va nous prendre, pour y arriver ?

Hagen fronça les sourcils :

— C'est le problème. Selon le relèvement que Rose m'a donné, nous ne sommes qu'à huit milles nautiques de la lagune où la vedette a coulé. Comme vous pouvez le voir, tous les chenaux ne sont pas portés sur cette carte. En d'autres termes, nous pouvons très bien avoir à parcourir vingt milles de canaux pour parvenir à notre destination.

Mason renifla, incrédule :

— Bon Dieu, ça ne peut pas être aussi moche que ça.

— Je connais le coin, répliqua Hagen, très sombre. Vous serez dans la vase jusqu'à la taille en train de pousser le bateau avant qu'il soit longtemps.

Mason n'avait toujours pas l'air convaincu. Hagen enroula la carte.

— Plus tôt nous partirons, plus tôt nous y serons, conclut-il seulement.

Le reste de la matinée fut cauchemardesque. La puanteur du marécage, jointe à la fournaise que faisait régner le soleil ,sapait leurs forces. Pendant les deux ou trois premiers milles, il leur fallut pousser et tirer le bateau dans une espèce de boue liquide. À 2 heures de l'après-midi, après cinq heures d'efforts titanesques, ils entrèrent dans un chenal plus large. Hagen décida une halte, pour qu'ils puissent se nourrir et se reposer.

Ils étaient tous à bout de nerfs. Personne ne semblait avoir d'appétit. Les moustiques devenaient un véritable fléau, et la crème protectrice que Rose avait trouvée dans la trousse de premier secours ne paraissait pas les affecter le moins du monde. Rose avait l'air particulièrement fatiguée. Tout le matin, elle s'était dépensée aux côtés des trois hommes, ce qui, d'évidence, avait épuisé son corps frêle. Le visage de Mason était piqueté de morsures d'insectes et les meurtrissures que lui avait laissées la bagarre présentaient une apparence malsaine.

— Il y en a encore pour longtemps ? demanda-t-il. C'est un vrai massacre.

Hagen haussa les épaules :

— Je vous avais prévenus. Mais avec un peu de chance, ça va

s'améliorer. Espérons que ce chenal nous mènera dans la bonne direction.

Il revint à la timonerie, mit en route, et le bateau repartit à petite vitesse.

Il conserva son cap, empruntant à l'occasion des canaux secondaires, et fut presque surpris, une heure et demie plus tard, d'entrer enfin dans une vaste lagune. Il coupa les gaz.

— Nous y sommes, annonça-t-il.

Ses compagnons s'exclamèrent. Rose, appuyée au bastingage, une main en écran pour protéger ses yeux du soleil, tourna lentement sur elle-même pour observer l'endroit dans son entier. Ses épaules s'affaissèrent :

— Ce n'est pas là.

Mason jura.

— Vous êtes sûre, Rose ? insista-t-il.

Elle hocha la tête :

— Oui, c'était beaucoup plus petit qu'ici, et complètement entouré de roseaux. Je me souviens que mon père y avait enfoncé la vedette pour la cacher, et que nous avons soudain pénétré dans une petite lagune. Il faisait assez sombre, mais je me le rappelle parfaitement.

Hagen remonta sur le toit de la timonerie pour observer les environs. Il ne voyait rien, sauf les roseaux qui s'étendaient au loin. Il sauta sur le pont et enleva sa chemise.

— Rien à faire, indiqua-t-il à Mason. Nous sommes bons pour nager.

Mason sourit et se déshabilla, lui aussi :

— Il n'y a pas de doute. Dans cette expédition, tout se fera de la pire façon.

Il sauta par-dessus bord, et commença à nager vers le sud. Hagen adressa à Rose un sourire confiant :

— Ne vous faites pas de soucis, mon ange. Nous trouverons votre lagune secrète.

Il plongea et partit à la brasse vers le nord.

L'eau n'était pas aussi sale qu'il s'y était attendu. Elle dégageait, certes, une odeur de vase, mais c'était supportable et sa fraîcheur offrait un contraste agréable avec la chaleur ambiante. Il nagea tout au long d'un étroit chenal qui s'ouvrait entre les roseaux. Parvenu à ce qui ressemblait à un cul-de-sac, il dut se frayer un chemin au milieu des roseaux. Cela se révéla plus facile qu'il ne l'aurait cru et, quelques secondes plus tard, il débouchait dans une petite lagune. Il éprouva un bref espoir, vite supplanté par la déception. L'eau claire et peu profonde laissait voir un fond de sable, mais pas la moindre vedette. Il franchit à nouveau la barrière des roseaux pour nager dans une autre direction.

À intervalles réguliers, il appelait le bateau pour être sûr de ne pas s'égarer. La voix nette de Rose lui répondait. De temps en temps, il entendait les cris de Mason, qui faisait de même, mais paraissait ne pas avoir plus de chance que lui. Au bout d'une heure et demie, il se sentit fatigué et suivit la voix de la jeune fille jusqu'à ce qu'elle le ramène au bateau. Mason y était déjà revenu. Il lui tendit la main pour remonter à bord. Tous deux s'assirent pour fumer une cigarette.

— Il ne pouvait quand même pas être bien loin d'ici quand il a pris son relèvement, non ? demanda Mason.

Hagen s'efforça de paraître encore optimiste :

— Non. Ce doit être tout près.

Mais, en lui-même, il ne voyait plus que l'image d'un homme à l'agonie, dans le crépuscule, sur une vedette en train de sombrer. Il jeta sa cigarette à l'eau et plongea de nouveau. Mason, de son côté, reprit ses recherches dans une autre zone. Hagen se dirigea vers l'extrémité de la lagune, qui semblait fermée par une épaisse barrière de roseaux. Il s'y engagea sur une quinzaine de mètres, puis décida de rebrousser chemin. Plus tard, il se demanderait toujours pourquoi il avait tout de même continué un peu. Mais il avança encore. Devant lui s'ouvrait une autre petite lagune, de forme à peu près circulaire, d'un diamètre de trente mètres environ. L'eau y était cristalline, au-dessus d'un fond de sable blanc, presque libre de toute vase, qui descendait en pente raide vers le centre. Ailleurs dans les marais, l'air bruissait des clameurs de milliers de créatures vivantes. Mais là, on n'entendait même plus les criquets. Un instant, il frissonna en se souvenant des mares aux fées des contes qu'il avait entendus enfant, lorsqu'il allait en Irlande.

— Ne sois pas idiot, se gourmanda-t-il à mi-voix.

Il se remit à nager.

Tout se passait comme s'il avait été le premier à entrer dans ce lieu, mais ce n'était pas le cas. Dès le début, il avait su, sans le moindre doute, qu'il était parvenu à son but. Il fit la planche, immobile, jusqu'au centre de la lagune, observant la vedette coulée durant quelques secondes, puis, après avoir respiré profondément, il plongea.

La pression de l'eau contre ses tympans lui fit avaler sa salive à plusieurs reprises pour déboucher ses oreilles, et il agrippa soudain le bastingage de la vedette. Il demeura ainsi un instant, pour jeter un coup d'œil rapide à l'épave, puis remonta à la surface.

Alors qu'il avalait de grandes goulées d'air frais, sous le brillant soleil, il s'aperçut que, devant lui, flottait un canot de fabrication grossière, à bord duquel se trouvait un pêcheur chinois qui donnait l'impression d'éprouver la peur de sa vie. Hagen, d'une brasse facile, s'en rapprocha. Il sourit.

— Ne crains rien, dit-il. Je suis un homme, tout comme toi.

Une expression de soulagement se peignit sur les traits de l'homme. Il s'exprimait dans un cantonais abâtardi que Hagen comprenait tout de même à peu près :

— Loués soient les dieux que vous soyez un homme, parce que je pensais que vous étiez l'un des démons des eaux qui habitent ces lieux maléfiques.

Hagen se hissa par-dessus la proue et s'assit au fond de l'embarcation.

— Je viens d'un grand bateau qui est là-bas, expliqua-t-il en montrant les roseaux. Peux-tu m'y conduire ?

Le pêcheur acquiesça de la tête et montra la vedette du doigt :

— C'est un lieu maudit. Un démon des eaux habite l'épave. Plonger ici, c'est la mort.

— Mais je viens tout juste de le faire, pourtant, et je suis vivant, fit valoir Hagen.

L'homme réfléchit. Il brandit du chef avec sagesse :

— Alors, c'est que le démon est en train de dormir.

Ils se rapprochèrent des roseaux. Hagen demanda :

— Si cet endroit est maudit, pourquoi y viens-tu ?

Le chagrin marqua le visage du pêcheur. Son frère et lui, raconta-t-il, avaient découvert l'épave. Son frère avait absolument voulu plonger. L'épave devait se trouver en équilibre instable. Apparemment, elle avait basculé sur le côté pendant que son frère était dans la cabine. Il avait été pris au piège et il s'était noyé. Hagen avait pu remarquer que des débris de la superstructure bloquaient la porte de la cabine, ce qui permettait de comprendre le destin tragique du malheureux. Mais le pêcheur refusait d'accepter cette explication simple. Il continuait de l'attribuer à l'action du démon des eaux. Le motif de ses visites sur les lieux résidait dans sa peine profonde, car l'âme de son frère resterait pour toujours emprisonnée dans son corps jusqu'à ce qu'il ait été retrouvé. Seule une tombe dans l'îlot où la tribu enterrait les siens assurerait à son âme une vie après la mort.

Quand ils sortirent des roseaux pour arriver dans la grande lagune, Hagen dit :

— J'ai l'intention de plonger de nouveau sur l'épave, et je remonterai le corps de ton frère.

Le pêcheur porta la main à sa bouche dans un geste de respect.

— Je ne pense pas que vous soyez un homme ordinaire si vous pouvez accomplir cela, seigneur, murmura-t-il en s'inclinant légèrement. Je suis votre humble serviteur Chang, dont les frères feront tout ce qui sera en leur pouvoir pour vous aider.

Ils regagnèrent le bateau à la pagaie. Rose et O'Hara, étonnés, se penchèrent par-dessus bord.

— Je l'ai trouvée, annonça Hagen. Exactement comme vous l'aviez décrite, mon ange.

On rappela Mason, qui sortit des roseaux pour les rejoindre.

Hagen s'assit sur le pont pour interroger Chang en détail. Oui, dit le pêcheur, il avait déjà vu des Blancs. Ils venaient quelquefois, pour rencontrer d'autres bateaux. Beaucoup de grandes caisses changeaient de mains. Mason ne comprenait pas le cantonais, et il interrompit l'interrogatoire avec une impatience mal dissimulée.

— Il a vu des trafiquants d'armes auparavant, traduisit Hagen. Mais pas depuis longtemps.

Il demanda encore à Chang si des inconnus étaient venus dans les marais au cours des jours précédents. Le pêcheur secoua la tête : non, il n'y avait eu personne. Lui et les siens l'auraient su. Ils pouvaient toujours repérer la venue d'étrangers.

Hagen se remit debout et s'étira. Il se sentait satisfait. Très satisfait. Apparemment, ils ne cessaient d'avoir une bonne avance sur Kossov. Il prit une décision soudaine et passa dans la timonerie. Quelques secondes plus tard, les moteurs rugissaient. Le bateau prit de la vitesse et s'enfonça dans les roseaux du bout de la lagune. Il sembla, un instant, qu'ils constituaient un obstacle infranchissable, puis ils s'écartèrent. Le *Hurrier* entra dans la petite lagune. Hagen coupa le contact puis, courant à la proue, il se hâta de jeter l'ancre. Mason et les deux autres l'observaient, ébahis.

— Que diable fabriquez-vous ? demanda Mason.

Hagen éclata d'un rire excité.

— Il faut que tu restes jusqu'au soir, dit-il à Chang. À ce moment-là, je t'aurai ramené le corps de ton frère.

Il descendit dans la cabine et en revint muni de la caisse qui renfermait son équipement de plongée.

— Vous n'allez quand même pas replonger ce soir, Mark ! s'exclama Rose.

Il se contenta de confirmer d'un signe, tout en mettant en ordre les pièces de son équipement. Elle se tourna vers Mason :

— Arrêtez-le, Steve ! lança-t-elle, affolée. Faites-lui entendre raison.

— Vous avez eu une journée épouvantable, Hagen, insista Mason. Pourquoi presser le mouvement ? Nous avons tout demain. Et nous savons que la camelote est là-dessous.

— Vous ne comprenez pas ? s'enquit Hagen en chaussant ses palmes. Kossov n'est pas encore arrivé. Ce qui veut dire que nous avons eu en permanence une longueur d'avance sur lui. Je voudrais que ça continue. Il y a un cadavre dans la cabine et la porte est bloquée. Je veux qu'elle soit dégagée ce soir. Comme ça, nous pourrons remonter l'or dès le début de la matinée.

Il hissa sur son dos les bouteilles, dont O'Hara boucla le harnais. Mason regardait le ciel :

— Je pense que vous perdez votre temps. Il fera nuit dans une heure et demie.

Hagen l'ignora.

— Tâche de gréer le palan aussi vite que possible, ordonna-t-il à O'Hara. Je pourrai en avoir besoin.

Il ajusta son masque et serra fermement entre les dents l'embout du tube. Au moment où il franchissait le bastingage, il entendit le cri de protestation de Rose, mais il se laissa basculer en arrière et entra dans l'eau claire.

Il s'accorda quelques secondes pour régler le débit d'oxygène, puis s'enfonça en décrivant une large courbe, la sensation de flotter dans l'espace, seul dans un monde de silence, le fascinait. Il approcha de l'épave avec un sentiment d'allégresse. Mais il comprit aussitôt que la situation était plus complexe qu'il ne l'avait tout d'abord cru. La vedette avait presque complètement basculé. Elle avait glissé le long du fond en pente. Une partie du toit de la cabine, apparemment très endommagée au cours du combat avec la canonnière, s'était effondrée en une masse informe devant la porte. Hagen nagea quelques minutes au-dessus de l'épave. Il fit des tentatives infructueuses pour enlever le métal tordu, et vit tout de suite qu'il perdait son temps. Il poussa du pied pour regagner la surface et émergea sur l'avant du *Hurrier*, dans la lumière du soleil couchant.

Mason lui tendit la main pour remonter sur le pont. Hagen enleva son masque et demanda une cigarette.

— Comment ça se présente ? s'enquit Mason.

Hagen, pensif, tassait le tabac :

— Pas trop bien. D'après ce que je comprends, deux courants se déversent dans cette lagune. C'est ce qui explique sa forme circulaire. À eux deux, ils ont creusé la vase et le sable. Le fond fait un angle aigu avec les rives. La vedette reposait en porte-à-faux quand le frère de Chang est entré dans la cabine. Je pense qu'il a dû remuer quelque chose à l'intérieur. La vedette s'est renversée. L'essentiel du toit de la cabine touche le fond. C'est une partie endommagée de ce toit qui semble bloquer la porte.

Rose hochait la tête :

— Ce toit *avait été* endommagé. Par un obus, je crois.

Mason émit un grognement :

— Eh bien, et maintenant ?

Hagen sourit :

— Je vais le faire sauter pour l'ouvrir. Nous avons un sacré pot que Charlie nous ait fourni ce plastic.

Mason haussa les épaules :

— Okay, Hagen. C'est vous le patron.

Il remonta l'explosif de la cabine pendant que Hagen relevait l'ancre. O'Hara, ayant fait démarrer les moteurs, conduisit le *Hurrier* au bord de la lagune.

— Vous pensez qu'on s'est assez éloignés ? demanda Mason tandis qu'ils préparaient les charges. Ça serait dommage de nous faire sauter nous-mêmes.

— Ce ne sont que de petites charges, répliqua Hagen. Je veux seulement ouvrir la vedette. Pas la faire exploser tout entière.

Il rajusta son équipement de plongée et sauta à l'eau en emportant les explosifs, les détonateurs et le fil de commande. Il ne voyait plus aussi clair qu'il l'aurait souhaité et comprit que le crépuscule tombait avec rapidité. Il plaça deux charges aux endroits appropriés dans la masse de métal qui bloquait la porte de la cabine, avant de brancher le fil sur les détonateurs. Il travaillait vite. Au bout de quelques minutes, il revenait à nouveau en surface, le fil fermement tenu à la main. Il s'assit sur le pont, brusquement épuisé.

— Comment c'était ? interrogea Mason.

— Pas trop moche, répondit Hagen avec un sourire fatigué. La visibilité se réduit sensiblement tout de même.

De la tête, il fit signe à O'Hara qui appuya sur la manette de mise à feu. L'eau se souleva dans un grondement sourd. Le *Hurrier* roula et tangua violemment. Ensuite, très vite, des débris apparurent sur l'eau. Cela dura un quart d'heure environ. Ils regardaient, silencieux. Peu à peu, l'ombre s'épaissit, tandis que, loin sous la mer, le ciel virait au doré et à l'écarlate.

L'eau était noire de boue et de sable.

— Vous ne pouvez pas plonger de nouveau, Mark, dit Rose. Vous n'y verriez plus rien du tout.

Une seconde, Hagen fut sur le point d'abandonner, mais l'obstination qui constituait le cœur même de sa personnalité reprit le dessus.

— Passe-moi la lampe, ordonna-t-il à O'Hara.

Il se tourna vers Rose avec un sourire las :

— J'ai souvent plongé de nuit. Il le faut, quand on s'en va pêcher sur la concession perlière de quelqu'un d'autre.

De la timonerie, O'Hara rapporta la lampe : un projecteur massif et puissant, muni d'un long câble relié au système électrique du bateau, spécialement conçu pour une utilisation sous-marine. Lorsque Hagen replongea, il tenait sa lampe dans une main et un gros levier dans l'autre.

La puissance de l'éclairage lui permettait presque de voir l'épave tout entière mais, pour une raison quelconque, elle lui parut, cette fois, sinistre et fantomatique. Peut-être, pensa-t-il, n'était-ce que l'effet de la fatigue, ou bien une sorte d'étourdissement, cependant, arrêté au-dessus de la vedette, il avait peur. L'épave s'inclinait toujours selon un angle fou, mais un trou noir béait maintenant à la place de la masse de débris. Hagen descendit et éclaira l'intérieur de la cabine, sans y voir rien. Il hésita une seconde. Et puis, tenant la lampe devant lui, il s'aventura.

Il projeta le rayon lumineux dans tous les coins, sans rien noter d'étrange. Il éprouvait une sensation bizarre, à flotter ainsi avec le plafond sous les pieds et le plancher au-dessus de la tête. Devant lui, une porte menait à une autre cabine. Il la franchit à la nage et, tout de suite, sa lampe illumina un amas de lingots et de caisses brisées qui reposait dans l'angle formé par le plafond de la cloison. L'or !... Il était là. La réalité confirmait le rêve. Soudain, il eut conscience d'un mouvement. Il releva la lampe pour éclairer toute la cabine. Saisi d'horreur, il vit un homme venir à lui, bras tendus. Il cria, sans émettre un son, et balança le levier devant lui. La silhouette recula vers le fond de la cabine et demeura à y flotter.

Le frère de Chang !... Hagen, brusquement, était à la limite de l'évanouissement. Dans son état d'épuisement, dans ces conditions lugubres, il lui avait paru que le démon des eaux dont avait parlé le pêcheur s'était matérialisé. Par quelque caprice de la nature, les gaz contenus à l'intérieur du cadavre le faisaient flotter debout, comme un être vivant. Il offrait une vision affreuse, tant il était gonflé. Hagen dut mobiliser toutes ses réserves de volonté et de cran pour le saisir par les cheveux. Le visage détourné, il nagea pour sortir de la cabine, traînant le corps derrière lui.

Ce fut une véritable lutte. Le cadavre se coinça dans l'ouverture. Hagen fut contraint de revenir en arrière et de forcer le passage. Il trouvait curieux de continuer à penser à lui comme à une personne en vie, non comme à un objet inanimé. Il le saisit par la taille pour le tirer hors de l'épave. Le toucher spongieux de la peau le rendait malade. Il le lâcha. Poussé par les gaz, le corps jaillit en surface comme un boulet, brillant d'une sorte de phosphorescence. Hagen le suivit avec lenteur.

Il heurta le flanc du *Hurrier*. Des mains secourables le saisirent pour le hisser sur le pont. Il resta allongé, et se laissa débarrasser de son équipement et enrouler dans une couverture. Il faisait presque nuit, mais il pouvait distinguer l'extrême pâleur de Rose, penchée sur lui.

— Il est remonté ? demanda-t-il.

Elle hocha la tête, lèvres serrées.

— S'il est remonté ? intervint Mason. Il a presque bondi hors de l'eau. Ça m'a fichu une trouille pas possible.

— Le voilà qui part, ajouta O'Hara.

Hagen parvint à se remettre debout. Chang pagayait en direction des roseaux. Le corps de son frère flottait derrière le canot, attaché à une corde.

Dans la pénombre, le pêcheur se retourna pour saluer de la main.

— Je reviendrai demain, seigneur, cria-t-il avant de disparaître.

Titubant vers la porte de la cabine, Hagen se souvint tout à coup d'une chose. Il se retourna et dit avec une grimace :

— J'avais presque oublié. C'est là... L'or, je veux dire. Il n'attend que d'être repêché. Ça ne devrait pas prendre plus d'une ou deux heures.

Pendant qu'il allait, chancelant, à sa cabine, un murmure excité s'éleva derrière lui. Il se jeta sur sa couchette, au-delà des limites de l'épuisement, sans même avoir la force de se glisser sous les couvertures. Il restait allongé, une cigarette aux doigts. Lorsqu'il commença à sombrer dans le néant, on la lui enleva. On lui tira avec soin les couvertures jusqu'au menton. Une seconde, des lèvres fraîches touchèrent les siennes et il respira son parfum. Puis il n'y eut plus rien.

9

Hagen s'éveilla très vite d'un sommeil profond et sans rêves. Ce fut comme s'il était venu au monde au moment même où ses yeux s'ouvrirent. Étendu dans la pénombre de la cabine, il se demandait qui il était. Cela, ce n'était pas une sensation nouvelle. Il l'avait souvent éprouvée pendant la guerre. Elle succédait toujours à des périodes de grande tension physique et mentale. Pendant les deux ou trois minutes où cette impression se prolongea, il se sentit très mal. Et puis il se souvint et se détendit.

Il se glissa au bas de sa couchette et il resta à frissonner, les pieds nus sur le plancher froid de la cabine. Mason et O'Hara dormaient calmement. Le vieil Irlandais ronflait un peu. Hagen ouvrit doucement la porte et monta sur le pont.

Appuyé au bastingage, il contempla la lagune encore enveloppée dans la brume du petit matin. Se décidant tout à coup, il se laissa descendre par-dessus bord. Au premier contact, l'eau lui parut glaciale et il retint un cri avant d'aller nager tranquillement dans les roseaux. Au bout de quelques minutes, il revint au bateau et se hissa à bord. Une serviette était posée sur le pont. Alors qu'il la fixait, perplexe, Rose sortit de la cabine avec une cafetière et deux grandes tasses.

— Bonjour, dit-elle d'une voix douce. Vous avez bien dormi ?

— Pas trop mal, répondit-il en se séchant avec vigueur.

Son corps portait encore les marques laissées par la bagarre avec Mason. Il ne s'était pas rasé depuis leur départ de Macao.

— Vous avez l'air assez dur et assez dangereux, constata-t-elle en lui tendant son café.

Il noua la serviette sur ses épaules et s'assit sur l'écoutille de la chambre des machines.

— Comme un personnage d'Hemingway ? sourit-il.

Elle rit. Son sourire lui faisait plisser le nez. Elle prit place à côté de lui, regardant l'aube avec une expression de bonheur :

— Ah, que c'est bon d'être en vie.

Pour la première fois, elle l'émouvait réellement. Il ne s'agissait pas d'un désir physique, bien plutôt d'un malaise. D'un sentiment d'une telle profondeur qu'il en avait peur. Soudain, il lui sembla que le temps était venu de rétablir entre eux des rapports d'une parfaite franchise. Il jouait avec sa tasse et commença, gauchement :

— Rose, il y a quelque chose que je voudrais que vous sachiez. Quelque chose que nous devons éclaircir tous les deux.

Elle tourna la tête vers lui, lèvres à peine écartées en attendant qu'il parle, quand une voix s'éleva brusquement :

— Eh bien !... Eh bien !... Vous êtes des oiseaux matinaux.

Mason sortait de la cabine.

Il s'assit à côté d'eux.

— Je vais chercher une autre tasse, dit Rose.

Mason offrit une cigarette à Hagen et reprit, en l'allumant :

— Je me trompe ou je vous ai interrompu ? Vous le lui avez dit ?

— J'allais le lui dire quand vous êtes arrivé.

Hochant la tête, pensif, Mason ajouta :

— Vous avez toujours l'intention de le lui dire ?

Hagen allait répondre que oui, mais il comprit que le bon moment en était passé. Il soupira et jura à voix basse :

— Non. Ça devra attendre encore un peu.

Mason rit, avec dans sa voix une nuance de sympathie :

— Croyez bien que je suis vraiment désolé pour vous, Hagen. Après avoir été le prince charmant, vous allez devenir le pire salaud qu'elle ait jamais connu. (Il lui tapa sur l'épaule.) Venez. Liquidons notre petit déjeuner et nous pourrons commencer à plonger.

Hagen s'attarda sur le pont. Il entendit Mason saluer Rose d'une plaisanterie. Elle rit gaiement. Il s'injuria à voix basse, parce que Mason avait raison. Il décida de laisser provisoirement les choses en l'état et descendit dans la cabine.

À 9 h 30, Hagen fit sa première plongée. Le soleil était déjà haut dans le ciel. L'eau avait la transparence du cristal. Il s'arrêta au-dessus de l'épave, pour l'observer d'un bout à l'autre, et rit de lui-même au souvenir de ses frayeurs de la veille. Les rayons du soleil pénétraient jusqu'au fond et coloraient les poissons qui allaient et venaient autour de la vedette. Il s'introduisit par l'entrée du rouf. La lumière solaire traversait l'eau cristalline et passait au travers des hublots illuminant l'intérieur, de telle sorte que l'or était parfaitement visible lorsqu'il entra dans la seconde cabine.

Les lingots reposaient en une masse informe dans l'angle du toit. Sans doute, lorsque la vedette avait basculé, les caisses avaient-elles été projetées contre la cloison. Hagen s'empara d'un des lingots, qu'il jugea relativement léger à manier. Cela ralentissait un peu sa vitesse de remontée, mais il accéléra ses mouvements de pied, et ses palmes firent le reste. Lorsqu'il émergea dans le soleil, Mason se pencha pour le débarrasser du précieux métal. Hagen grimpa par-dessus le bastingage. Les autres s'assemblèrent autour de lui.

— Ça n'a pas l'air de grand-chose, déplora Rose, déçue.

Hagen rit. Prenant dans la gaine qui pendait à sa ceinture, son lourd coutelas, il gratta le dépôt mat qui recouvrait le lingot. L'or apparut, brillant dans les rayons du soleil. O'Hara émit un sifflement. Un instant, tous contemplèrent le lingot en silence. Mason fut le premier à parler :

— Combien croyez-vous que ça vaut ?

Hagen soupesa le lingot :

— C'est difficile d'être précis. Mais je dirais que ça pèse environ cinq livres. Ça doit valoir dans les cinq cents dollars.

Une lueur brilla fugitivement dans le regard de Mason. Puis son expression changea :

— Ça veut dire qu'il y a un sacré nombre de lingots à remonter.

— Je me demandais quand vous le comprendriez, commenta Hagen. Pas loin d'une centaine, à mon avis.

Rose, qui avait écouté sans rien dire, intervint :

— Je crois qu'au départ, il y avait cinq caisses, Mark.

Il hocha la tête :

— Ce que je me propose de faire, c'est de remettre les lingots dans les caisses que je ferai tenir dans un filet de cordage. De cette manière-là, elles devraient résister assez longtemps pour qu'on puisse les treuiller à la surface.

— Ça va prendre un sacré bout de temps, mon garçon, protesta O'Hara.

— Ça nous prendrait bien plus longtemps encore de remonter le tout lingot par lingot, répliqua Hagen avec un haussement d'épaules.

Les mesures indispensables furent prises avec rapidité. O'Hara et Mason amenèrent au-dessus du bord l'espar auquel était suspendu le palan et firent descendre dans l'eau le câble et le lourd crochet. Lorsque Hagen plongea pour la deuxième fois, il emportait avec lui une glène de cordage. Il suivit le câble du palan jusqu'au fond. Là, prenant le crochet, il le tira avec lui à l'intérieur de la vedette.

La tâche se montrait plus simple qu'il ne s'y attendait. Trois des caisses paraissaient encore en assez bon état. Seuls leurs couvercles avaient éclaté quand elles s'étaient écrasées contre la coque. Hagen rangea soigneusement vingt lingots dans l'une d'elles, qu'il lia par du cordage serré. Il mit le crochet en place, puis tira sur le câble pour donner le signal convenu. O'Hara et Mason commencèrent à actionner le palan. La caisse se souleva et se balança dans la cabine. Hagen la suivit, pour l'aider à franchir les passages difficiles et les portes, et à s'arracher à la vedette. Le reste fut facile. Il l'accompagna jusqu'à la surface et monta à bord tandis que O'Hara et Mason la déposaient sur le pont. Mason se montrait enthousiasmé.

— Trente-cinq minutes, annonça-t-il. C'est du joli travail.

Pendant que les deux autres dénouaient les cordes, Hagen se reposa.

— Ça ne sera peut-être pas aussi aisé avec les autres. C'était probablement la meilleure caisse.

Au moment même où il parlait, O'Hara défaisait le dernier nœud : un des côtés de la caisse s'ouvrit doucement.

— Vous voyez ce que je veux dire ? reprit Hagen.

Il plongea de nouveau, pour répéter l'opération avec les deux caisses encore utilisables. Il travaillait sur un rythme constant, en prenant son temps, et resta dans l'eau pendant la remontée du deuxième chargement. Vers 11 h 30, la troisième caisse fut enfin en sécurité sur le bateau. Hagen décida de marquer une pause. Assis sur le pont, il fumait en buvant du café quand Chang sortit des roseaux à bord d'un canot plus grand que la veille. O'Hara lui lança un cordage. Il sauta par-dessus le bastingage et se prosterna, arborant un large sourire. Il portait une tunique d'un blanc immaculé et un pantalon de soie bleue. Autour de sa tête, il avait noué une écharpe multicolore, de soie elle aussi.

— Salutation, seigneur, dit-il à Hagen. Je vous apporte les remerciements de ma famille.

Hagen lui offrit une cigarette. Le pêcheur s'accroupit sur les lattes de teck et souffla de grosses bouffées, avec toutes les apparences du contentement.

— Et votre frère ? demanda Hagen. Vous l'avez déjà enterré ?

Chang, hochant la tête, expliqua que les funérailles avaient eu lieu dans la matinée. Elles avaient été, non seulement pour la famille du défunt, mais pour le village tout entier, l'occasion de se réjouir. Il y aurait fête dans la soirée, et ils y étaient tous invités. Hagen commença par refuser, en faisant preuve de la réticence qu'exigeaient les convenances.

— Il nous reste, dit-il, beaucoup de travail à finir. Et, ce soir, il nous faut reprendre la mer.

Chang parut très déçu et Hagen ajouta :

— Les gens de chez vous ont-ils vu dans les marais des inconnus, ou bien les hommes du Gouvernement qui portent une étoile rouge ?

Le pêcheur secoua la tête :

— Ici, seigneur, vous êtes les seuls étrangers. Nos jeunes gens vont en pêche dans tous les recoins des marécages. Nous le saurions tout de suite, si des étrangers faisaient leur apparition.

Hagen traduisit, au bénéfice d'O'Hara et de Mason. Mason sourit :

— Ça prend forme. Nous serons à l'heure demain matin pour le rendez-vous avec ce cargo.

De la tête, Hagen acquiesça. Chang se remit debout et s'apprêta à partir.

— Y a-t-il quelque chose que je puisse faire pour vous, seigneur ? interrogea-t-il.

Avant que Hagen n'ait pu répondre, Rose s'adressa directement au pêcheur :

— Avez-vous du poisson ou des fruits frais ?

Chang hocha la tête :

— Je serai de retour avec, dans deux heures.

Rose l'attrapa par le bras au moment où il allait franchir le bastingage. Elle se tourna vers Hagen :

— Je vais avec lui, Mark.

Hagen en demeura interdit :

— Ne soyez pas stupide. Vous ne pouvez pas partir là-bas toute seule.

— Et pourquoi pas ? Nous sommes les seuls étrangers, comme Chang vient de vous le dire. Avec lui, je serai bien assez en sécurité, et ici, il n'y a rien à faire, sauf rester debout pour observer. Steve et O'Hara ne veulent même pas me permettre de soulever les lingots. Ils disent que c'est trop lourd.

— Laissez-la y aller si elle en a envie, rit Mason. Dans les marécages, il n'y a personne que Chang et ses potes ne connaissent pas. Elle sera revenue dans une paire d'heures.

Hagen persistait dans son refus, mais elle coupa court à toute discussion en escaladant le bastingage pour sauter dans le canot. Chang prit place à l'arrière. Ils s'éloignèrent lentement. Elle se retourna pour faire signe à Hagen :

— Ne vous inquiétez pas. À bientôt.

Un bref moment, Hagen les regarda disparaître dans les roseaux.

— C'est trop tard pour l'arrêter, maintenant, remarqua Mason.

En bouclant son harnais à bouteilles, Hagen ressentait encore une inquiétude vague.

Il s'activa avec acharnement pendant l'heure qui suivit. Les deux caisses restantes étaient presque en morceaux. Il lui fallut de la patience et un effort de concentration pour parvenir à les reconstituer et à les attacher. La première fut hissée sans incident à la surface. Quand Hagen s'aventura pour la dernière fois dans la cabine de la vedette et accrocha la caisse au câble, il éprouva un sentiment de soulagement. Les événements s'étaient déroulés plus facilement qu'il n'aurait jamais osé l'espérer. Il souleva la caisse pour lui faire passer la porte, et elle commença son ascension lente, par saccades. Il la suivit des yeux avec satisfaction. Soudain, l'un des côtés céda. Cinq ou six lingots se glissèrent entre les cordages et retombèrent vers le fond de la lagune.

L'accident s'était produit en une fraction de seconde. Les lingots semblaient tomber au ralenti. Hagen, nageant entre deux eaux, les regardait, stupéfait, jusqu'à ce que l'un d'eux lui heurte l'épaule. La douleur ressentie sous le choc lui redonna de l'énergie. Il s'écarta du chemin des autres lingots pour remonter en surface. Mason se pencha pour l'aider à regagner le bateau.

Hagen cracha l'embout du tube respiratoire et jura comme un charretier.

— Quel manque de pot ! grinça-t-il.

Mason lui passa une cigarette tout allumée :

— Ça aurait pu être pire. Mais vous allez devoir repêcher un par un ceux qui se sont perdus.

Hagen se força à rire :

— Vous avez raison, bon Dieu. Nous n'avons pas à râler. Tout avait marché à merveille jusqu'à présent.

Il se laissa tomber sur l'écoutille de la chambre des machines, et inhala la fumée avec plaisir.

O'Hara s'affairait à libérer la caisse de ses liens. Hagen nota que l'essentiel de l'or avait déjà disparu sous le pont. Le vieil Irlandais s'interrompit tout à coup, tendit l'oreille et, soudain, il cracha dans la lagune et se redressa :

— Ça me plaît pas.

Hagen se retourna, surpris :

— Qu'est-ce qui te prend ?

— C'est les oiseaux. Depuis que nous sommes arrivés dans ce trou à rats puant, ils ont pas arrêté de faire du raffut. Mais maintenant, ils se taisent.

Tous trois écoutèrent. Hagen sentit la main glacée de la peur lui contracter l'estomac.

— Il a raison, jeta Mason. Les oiseaux ne font plus un bruit.

Hagen sauta sur ses pieds. Quelque chose ne collait pas. Pas du tout. Des roseaux, un large vol de sauvagines s'éleva vers le ciel.

— Ça sent mauvais, dit Hagen. Il se passe quelque chose.

Il s'en fut au bastingage tout en remettant son équipement de plongée.

— Qu'est-ce que vous êtes en train de faire ? demanda Mason.

— Je vais remonter ces lingots aussi vite que je le pourrai. Après ça, il nous faudra réfléchir. Et vite.

Il accomplit sa tâche rapidement, avec le minimum d'efforts. Six lingots seulement étaient tombés sur le fond de la lagune. Il les remonta successivement. Le sixième avait glissé à quelques mètres des autres. Quand il partit à sa recherche, il dut fouiller le petit nuage de sable qu'avaient soulevé ses palmes chaque fois qu'il avait poussé du pied pour regagner la surface. Il finit par retrouver le lingot manquant et entama sa dernière remontée. Ce fut alors qu'il distingua la quille d'un canot qui se dirigeait vers le *Hurrier*.

Sa première pensée fut que Rose était revenue plus tôt que prévu. Une vague de soulagement l'envahit. Il fit surface à un mètre ou deux du canot, mais replongea tout aussitôt : il était occupé par deux Chinois en treillis sale. Leurs casquettes arboraient l'étoile rouge de l'armée de la République populaire. Debout à la proue, l'un des deux menaçait O'Hara et Mason de sa mitraillette. Au moment où Hagen replongea, il tira une longue rafale, dans un mouvement fauchant. Hagen descendit plus bas. Il vit les balles pénétrer dans l'eau, puis les projectiles perdre de leur vitesse et finir par couler lentement comme des morceaux de plomb inoffensifs. Il lâcha le dernier lingot et poussa avec force vers la quille de l'embarcation. Ses palmes lui permirent un mouvement ascensionnel d'une force considérable. Au moment où sa tête heurta le canot, il empoigna le bord des deux mains et fit chavirer le frêle esquif.

L'un des soldats s'affala près de lui, battant frénétiquement des jambes. Hagen le saisit par la ceinture et l'entraîna vers les profondeurs. Bloquant ses pieds dans le bastingage de la vedette coulée, il serra de son avant-bras la gorge de l'homme. Le voir mourir était un spectacle éprouvant. Il se débattait violemment, les membres agités de spasmes. Tout avait des allures de cauchemar. Brusquement, une main crispée arracha l'embout de la bouche de Hagen, qui comprima les lèvres et resserra la prise. Le sang commença à s'échapper des narines de l'homme en deux nuages écarlates. Quelques secondes plus tard, il se balançait mollement contre le bras de Hagen qui desserra les doigts et le laissa aller. Le cadavre s'écarta, et tourna deux fois sur lui-même avant de rouler sur le fond.

Hagen avait les tempes battantes. Ses oreilles bourdonnaient. Il remonta vivement vers la surface. Au-dessus de lui, un peu sur le côté, un combat acharné avait lieu. Il opposait Mason à l'autre soldat. À première vue, Mason ne dominait pas son adversaire. Ce n'étaient ni le lieu, ni le moment de se montrer chevaleresque. Hagen nagea vers eux, tout en sortant de sa gaine son coutelas. Des deux mains, il enfonça la lame dans le dos du Chinois et fit surface.

Il se heurta à la coque du *Hurrier*, hoquetant, tentant de reprendre sa respiration. Une seconde après, Mason émergeait à son tour. O'Hara les hissa à bord, l'un après l'autre. Ils restèrent allongés sur le pont, pris de quintes de toux. Mais, assez vite,

Hagen se rassit et commença de vérifier ses bouteilles et leur embout.

— Mais qu'est-ce que vous êtes en train de faire ? s'étonna Mason.

Hagen, malgré sa lassitude, se mit debout :

— Je vais chercher le dernier lingot. Je pense que je peux y arriver.

— Vous êtes cinglé ! beugla O'Hara. Cet or maudit vous a mis la tête à l'envers.

Hagen cracha, puis toussa :

— Je ne vais quand même pas abandonner deux kilos et demi d'or à cause de quelques minutes de travail de plus et d'une paire de macchabées.

Il se remit à l'eau.

Alors qu'il descendait lentement, il se sentait affreusement fatigué et un peu étourdi. « Quand une chose en vaut la peine, songea-t-il, elle mérite qu'on l'accomplisse à fond. » Il se cabra pour rester immobile au-dessus du dernier lingot. Lorsque ses mains le saisirent, il comprit soudainement la différence qui le séparait de ses deux compagnons : il existait une limite à ce qu'ils seraient prêts à faire — même pour de l'argent. « Mais pour toi, pensait-il rêveusement, il n'y en a pas. » Il nagea vers le haut, loin du premier cadavre qui rebondissait sur le fond de la lagune et du deuxième qui y descendait dans un brouillard de sang. Mason, main tendue, lui prit l'or. La tension se lisait sur son visage, et il y avait dans son regard, une expression que Hagen ne pouvait analyser.

— Vous êtes givré, Hagen, dit le gros homme en le hissant sur le pont. Mais je dois reconnaître que vous avez plus de cran et de sang-froid qu'aucun type que j'aie rencontré de ma vie.

— Épargnez-moi vos compliments, hoqueta Hagen.

Quelques secondes, il s'appuya, chancelant, à la paroi de la timonerie.

— Pour l'amour de Dieu ! reprit-il, aidez-moi à enlever cet équipement, il faut que nous nous remuions.

O'Hara et Mason lui ôtèrent ses bouteilles. Il rejoignit leur cabine et s'habilla rapidement. Une migraine lui brûlait le crâne. De ses doigts tremblants, il alluma une cigarette, mais son goût le fit cracher d'écœurement. Mason se laissa tomber sur la couchette opposée à la sienne, tandis qu'O'Hara demeura sur le seuil.

— Et alors, qu'est-ce qu'on va faire, mon garçon ? interrogea le vieux.

Hagen se saisit d'un des fusils et le chargea :

— Nous allons partir la chercher, trancha-t-il.

Mais alors même qu'il prononçait ces mots, une autre voix lui soufflait silencieusement : « Tu te conduis comme un idiot. Fiche le camp avec l'or pendant que tu le peux encore. Avant que tout ça ne te saute à la figure. »

Mason éclata d'un rire gras :

— Ne faites pas le con. Nous ne savons même pas où se trouve ce village. (Il se redressa et passa la main dans ses cheveux mouillés.) Tout ce que nous pouvons faire, c'est de nous asseoir et de l'attendre.

— Mais ils doivent bien être dans le coin ! explosa Hagen. Kossov et toute sa maudite bande... Chang s'est trompé. Ils nous ont eus, d'une façon ou d'une autre.

Mason levait la main :

— Donc, Kossov a fait vinaigre. Donc, Chang et ses potes avaient tort pour une fois. Okay !... Mais Rose est plus en sécurité avec ce pêcheur qu'avec nous, ou je n'y connais rien. Ces gars-là ne la trouveront jamais s'il n'en a pas envie.

Hagen voulut parler, mais Mason se borna à répéter :

— Nous devons nous asseoir et attendre.

Tout à coup, Hagen s'effondra de l'intérieur. Il reposa le fusil sur la table et se rejeta sur sa couchette, face à la cloison. Il ressentait une frustration extrême et comme le martèlement augmentait dans son crâne, il enfouit sa tête dans son oreiller.

Heureusement, son esprit avait enduré plus qu'il ne pouvait supporter. Il glissa vers un état de semi-conscience, assez proche du sommeil. Il demeura ainsi, comme suspendu. Comme s'il était de retour dans les eaux de la lagune, flottant au-dessus de l'épave. Et puis il y eut un vide, et il ne pensa plus à rien.

Tout se passa comme s'il s'était réveillé d'un sommeil profond et réparateur. Pendant un instant, il resta étendu, sans bouger. Il se sentait détendu, maître de lui-même, l'esprit vif. De l'autre couchette s'élevait le souffle calme et régulier de Mason. Il n'y avait nul signe d'O'Hara. Tout était tranquille. Hagen savait pourtant que quelque chose l'avait dérangé. Il se leva, puis éveilla silencieusement Mason en lui posant une main sur la bouche. Il reprit le fusil et monta sur le pont, Mason sur ses talons.

O'Hara, adossé à la timonerie, ronflait doucement dans le

soleil. Mason l'arracha à son somme en lui mettant un doigt sur les lèvres. Écarquillés, les yeux du vieil homme passèrent lentement de Hagen aux roseaux. Ils entendirent un éclaboussement. Ils attendaient, tendus. Puis un canot sortit de la végétation. Une silhouette accroupie se tassait à l'arrière.

C'était Chang. Lorsqu'il s'approcha du *Hurrier*, ils purent voir que ses vêtements étaient déchirés et tachés de boue. Il avait du sang sur le visage. Un lambeau de peau pendait de l'une de ses joues. Des mouches bourdonnaient sur le sang coagulé. Ils le hissèrent par-dessus le bastingage et l'allongèrent avec précaution sur le pont. O'Hara s'en fut chercher l'une de ses deux bouteilles et lui versa un peu de rhum dans la bouche. Chang toussa violemment, mais la vie revint dans son regard. À l'évidence, il avait été battu. En l'examinant, Hagen craignit le pire. Mais le pêcheur retrouva la parole pour leur conter son histoire, en phrases courtes et incohérentes. Hagen traduisait ses propos aux autres, phrase après phrase.

Chang et Rose étaient arrivés au village sans incident. Chang avait noté le silence des autres villageois, qui semblaient travailler à leurs filets. Au moment où ils avaient abordé, un groupe de soldats avaient bondi hors du couvert des huttes d'où ils avaient silencieusement menacé les habitants. Chang avait essayé de résister mais il avait été assommé à coups de crosse. Lorsqu'il avait repris conscience, il était étendu dans l'une des huttes. Il n'y avait pas de garde devant la porte. Il avait réussi à ramper jusqu'à un endroit où il savait qu'il trouverait un vieux canot.

Quand il eut achevé son récit, le silence tomba. Mason jura.

— Qu'est-ce que vous en pensez ? demanda-t-il.

Hagen secoua la tête avec lenteur :

— Je ne sais pas. Nous n'avons pas de preuve qu'il s'agisse de Kossov. Ça n'est peut-être que l'incursion inopinée d'une patrouille de l'armée. (Il fut saisi d'un frisson soudain.) J'espère de tout mon cœur que c'est Kossov. Elle sera mieux entre ses mains qu'entre celles des soldats !

— Juste au moment où tout semblait aller si bien, lâcha Mason avec un rire amer. (Il se leva.) Eh bien, quand nous mettons-nous la tête sur le billot ?

Hagen réussit à sourire :

— Le plus tôt sera le mieux. Il ne peut pas s'attendre à une réaction aussi rapide. Prenez une Thompson et quelques grenades.

Pendant que Mason passait dans la cabine, il ajouta pour O'Hara :

— Je te laisse ici. Si nous ne sommes pas de retour à la nuit, ça voudra dire que nous ne reviendrons pas. Il faudra que tu essaies de regagner la mer tout seul.

Le vieil homme branla lourdement du chef. Mason revenait avec les pistolets mitrailleurs. Il avait accroché plusieurs grenades à son ceinturon. Hagen sauta dans le canot, suivi de Mason qui s'installa à l'arrière. Chang s'assit à la proue. Mason et lui pagayèrent. O'Hara ne se donna pas la peine de leur dire adieu tandis qu'ils s'éloignaient du bateau et s'enfonçaient dans les roseaux. « Il n'espère pas nous revoir, pensa Hagen. Pour lui, nous sommes déjà morts. » Il frémit et serra fermement son arme.

Ils franchirent la barrière des roseaux pour rejoindre le chenal principal, et ils se trouvèrent immédiatement dans un autre monde, loin de la quiétude de la lagune secrète, de nouveau au milieu des moustiques et de la puanteur. Lorsque la sueur commença d'inonder son visage, Hagen regarda le marais qui s'étendait autour d'eux, et il le détesta, comme jamais il ne l'avait détesté auparavant.

Après avoir pagayé difficilement pendant une heure et demie, Chang tourna la tête pour annoncer qu'ils ne se trouvaient plus qu'à quelques centaines de mètres du village. Ils pénétrèrent dans une longue bande d'eau libre, entièrement couverte de nénuphars et d'une épaisse écume verte. Ils étaient parvenus à mi-chemin, la proue se frayant un chemin au milieu des nénuphars, quand une arme automatique, dissimulée dans les roseaux droit devant eux, ouvrit le feu. Chang poussa un hurlement affreux et bascula en arrière contre Hagen, la poitrine et l'abdomen criblés de balles.

Hagen leva son arme et arrosa les roseaux. Du coin de l'œil, il apercevait Mason, qui tentait frénétiquement de faire passer la courroie de la Thompson au-dessus de sa tête. Les balles projetaient l'eau au visage de Hagen. Il vida son chargeur. Pendant qu'il se hâtait de glisser un nouveau chargeur dans le magasin, Mason poussa un cri perçant et se dressa, une main sur la figure, du sang coulant entre ses doigts. Un instant, il tituba, puis il perdit l'équilibre, tomba à l'eau et le canot chavira.

Hagen laissa échapper son fusil. Il revint à la surface, cherchant l'air, à moitié étouffé par l'eau croupie à l'odeur fétide. Il aperçut le visage de Mason, pâle et couvert de sang. Il nagea dans sa direction. Mais le gros homme avait à nouveau disparu sous la surface avant que Hagen n'ait pu l'atteindre.

À cet instant, un canot lui heurta le dos. Relevant la tête, il vit, confusément, les faces de plusieurs Chinois et, plus nettement, un fusil d'abord brandi puis très vite abaissé vers lui. Et puis le monde se fondit dans une explosion noire où s'entrelaçaient des lumières colorées.

10

Hagen gisait au sol, la joue dans la fange. Il regardait une paire de godillots qui, notait-il, étaient éculés et sales, et surmontés de guêtres graisseuses. Au bout d'un moment, l'un des deux, balancé en avant, s'enfonça dans ses côtes. Il grogna, car la douleur l'avait poignardé, tandis que sa vision se brouillait un peu. Étendu dans sa crasse, luttant pour retrouver son souffle, il vit les godillots marcher vers la porte, l'ouvrir d'une brusque poussée, puis disparaître. Au bout d'une minute, il se sentit un peu mieux et parvint à s'asseoir.

Il était allongé dans un coin d'une hutte grossière, aux murs enduits d'argile et au sol de terre battue. Il régnait là-dedans une puanteur indescriptible. Lorsque ses yeux se furent accoutumés à la pénombre, il distingua, dans un autre coin, un tas d'excréments humains, auprès duquel deux hommes étaient couchés. Derrière lui, une fissure s'ouvrait dans la cloison. Il parvint, non sans souffrance, à se mettre debout pour évaluer son état.

Un côté de son crâne avait considérablement enflé. Les cheveux y étaient raides et poisseux de sang coagulé. En les tâtant, ses doigts dispersèrent un nuage de mouches. Un frisson le parcourut. Il fit doucement jouer ses muscles puis remua les bras, refrénant un cri provoqué par les élancements de ses côtes, où la chaussure l'avait touché. Il s'avança pour examiner ses codétenus. Saisi par la nausée, il vacilla. Il dut s'appuyer au mur. Au bout d'un moment, il reprit le contrôle de lui-même et s'agenouilla.

Il s'agissait de villageois, morts tous les deux. À s'en tenir aux apparences, ils avaient été horriblement battus, puis jetés dans la cabane sans le moindre soin médical. Un essaim de mouches voltigeait au-dessus d'un des deux cadavres. Hagen détourna la tête pour vomir. Il se remit sur ses pieds, tituba jusqu'à l'autre coin, et s'assit. Les conditions sanitaires donnaient une bonne indication non seulement du comportement de la soldatesque chinoise, mais aussi de sa stupidité : quelques heures de plus dans la chaleur accablante amèneraient les corps à un état de décomposition inimaginable. Il y aurait de quoi déclencher une épidémie qui ravagerait tout le village. Une mouche se posa sur sa figure. Il la chassa d'un geste agacé, puis il se redressa.

On avait laissé la porte à demi ouverte. Sans doute le propriétaire des godillots avait-il estimé l'état de Hagen plus grave qu'il ne l'était en réalité, et jugé que le prisonnier serait dans l'impossibilité de bouger avant longtemps. Hagen se pencha dans l'ouverture pour respirer l'air relativement plus pur du dehors, en clignant des yeux sous l'éclat du soleil. Le village sommeillait dans la chaleur de l'après-midi. Il se composait d'une trentaine de huttes, groupées sur un îlot entouré par les marécages. Une vedette à moteur d'une douzaine de mètres, à l'aspect miteux, était amarrée à une jetée de bois grossier qui s'avançait dans l'eau. On ne voyait sur le pont aucun signe d'activité. Au mât, le pavillon de la Chine rouge pendait, inerte, sous la canicule. Un cri soudain déchira le silence. Une jeune Chinoise bondissait d'une cabane proche. Elle était complètement nue. Deux soldats lui coururent après. L'un des deux la saisit par le poignet, la fit pivoter sur elle-même et la frappa en plein visage. Elle s'effondra sur le sol. Les deux soudards, souriants, la ramenèrent à la hutte en la portant entre eux.

Hagen s'était rejeté dans l'ombre. Il avait de nouveau envie de vomir. Durant quelques abominables secondes, il avait imaginé qu'il s'agissait de Rose. Mais il frémit quand il songea qu'elle avait peut-être été déjà la victime d'une telle scène. Un moment, il hésita. Et puis il carra ses épaules et sortit dans la lumière. Il marqua un temps d'arrêt, regardant autour de lui, se demandant quoi faire. Il entendit alors des voix pousser des cris aigus en chinois. Trois soldats se précipitaient vers lui, le fusil levé.

Leurs baïonnettes le poussaient, malgré lui, vers une cabane plus grande et mieux construite : la demeure, à l'évidence, du chef local. Il hésita au pied de la demi-douzaine de marches qui menaient à une petite véranda, mais une chaussure appliquée dans son dos le contraignit à avancer. Il ralentit aussi devant l'entrée de la hutte, jetant un coup d'œil dans la pénombre fraîche. Une main lui empoigna les fesses.

Le regard de Hagen vacilla sous la douleur qui lui déchirait les reins. Dans un soudain accès de rage, il lança sa jambe en arrière. Pour sa pleine satisfaction, son talon s'écrasa sur une rotule. Derrière lui, le soldat chinois hurla. Hagen évita son fusil, puis, attirant l'homme à lui, il lui cogna deux fois la tête contre le mur. Un instant, il fut en danger de mort, mais une voix cria un ordre en cantonais. Immédiatement, les deux soldats abaissèrent leurs armes et, s'emparant de leur compagnon, ils le tirèrent dehors. La voix reprit, en anglais :

— Entrez, commandant Hagen. Que vous êtes donc violent...

C'était Kossov.

Hagen s'avança et le vit assis dans une sorte de fauteuil d'osier, devant une table de bois brut chargée d'une bouteille de gin. Il y avait un autre fauteuil en face de lui. Hagen y prit place et but une bonne rasade, directement au goulot. Sans mot dire, il porta un toast silencieux au Russe, puis but de nouveau. Au fur et à mesure que l'alcool descendait en lui, il se sentait mieux. Il s'appuya au dossier :

— Tout le confort de la maison, hein ? ricana-t-il. On voit bien que vous êtes de ceux qui s'escriment d'arrache-pied pour le salut du prolétariat. À propos, vous n'auriez pas une cigarette, par hasard ? Mon dernier paquet a été légèrement mouillé.

De sa poche, le Russe sortit un paquet de cigarettes américaines qu'il fit glisser sur la table d'un claquement de doigts :

— Vous voyez, mon cher commandant, que je puis satisfaire à tous vos désirs.

Hagen prit une cigarette et se pencha pour l'allumer au briquet qu'on lui tendait :

— Que reprochez-vous donc aux marques de chez vous ? demanda-t-il en montrant le paquet.

Kossov sourit aimablement :

— Ces cigarettes de Virginie sont extrêmement bonnes. Quand notre temps viendra, nous les expédierons toutes au pays, pour notre consommation nationale.

Hagen grimaça, incapable de résister à son envie d'agacer le Russe :

— Un peu de prudence, camarade. À Moscou, on qualifierait cela de trahison.

Kossov sourit et ajusta une cigarette au bout de son élégant fume-cigarette.

— Mais c'est que nous ne sommes pas à Moscou, en ce

moment, mon cher commandant. Ici, c'est moi le maître. Je dois avouer que je n'apprécie guère les populations du cru. Je suis cependant convaincu qu'avec votre coopération, nous pourrons tous rapidement quitter ces lieux pour des paysages plus plaisants.

Hagen fut brusquement plus attentif. Kossov paraissait sous-entendre qu'il était encore possible de conclure un arrangement. Mais il fronça les sourcils. « Et pourquoi ? songea-t-il. Ce Russe détient tous les atouts. Moi, je n'ai plus l'ombre d'une chance. Et il le sait. » Il lui adressa pourtant un sourire à travers la fumée :

— Ainsi, il me resterait une chance ?

Kossov hocha la tête, en souriant avec bienveillance.

— Oui. Et à miss Graham aussi. (Il se pencha comme pour une confidence.) J'avoue que faire sa connaissance a constitué l'un des aspects les plus délicieux de toute cette affaire. Trouver une fleur aussi exquise dans ce trou.

Hagen se maîtrisait avec peine, mais il parvint à esquisser un sourire :

— Oui. C'est une sacrée fille.

Le Russe approuvait :

— Mais très entêtée malheureusement.

Comme Hagen se penchait en avant, il leva la main.

— Oh, ne vous inquiétez pas, commandant, ajouta-t-il. Elle est en très bonne santé. Je n'ai pas l'intention de lui faire du mal... pas encore, du moins.

Le silence tomba. Hagen, mal à l'aise, s'agitait dans son fauteuil. À quoi Kossov voulait-il en venir ? Pourquoi jouait-il avec lui au jeu du chat et de la souris ? Il écrasa son mégot avec soin :

— Et mon ami ? Vos types l'ont ramené ici ?

Le Russe secoua lentement la tête :

— Ils n'ont même pas recherché son corps. Ils ont considéré qu'il leur suffisait de lui avoir logé une balle dans le crâne. (Il soupira avec tristesse.) Ce ne sont que des sauvages, vous savez... des barbares ignorants... Des enfants, en réalité.

Hagen eut un rictus amer :

— Oui... des enfants, en effet.

D'une main élégante, Kossov tambourinait sur la table.

— C'est vraiment grand dommage, dit-il songeur.

Sa voix résonnait à peine. Hagen l'écoutait avec une sorte de détachement, tout en pensant à autre chose.

— Dommage ?...

— Dommage que nous soyons dans des camps opposés. (Il rit.) Après tout, commandant Hagen, je ne suis pas un politicien idéaliste. Ni non plus un fanatique. Je suis un homme qui aime à profiter des bons côtés de l'existence, et j'ai toujours su m'adapter aux circonstances du moment. Ainsi, j'ai pu survivre... et confortablement. Vous pourriez me définir comme une espèce d'opportuniste. Je pensais que nous avions au moins cela en commun, mais vous m'avez déçu, cher ami. Je ne puis comprendre l'attitude que vous avez adoptée dans cette histoire.

Il y avait dans sa voix une étrange nuance de regret.

Le cerveau de Hagen tournait à toute allure, élaborant et rejetant aussitôt des plans pour faire face à la situation. Mais il se borna à répondre, pour entretenir le dialogue :

— On ne peut plus faire confiance à personne aujourd'hui, Kossov. Vous devriez le savoir mieux que personne.

Il entendit des pas derrière lui.

— Voilà réellement une perte de temps, camarade, coupait un homme dans un anglais rocailleux. Ça ne nous mène nulle part.

Hagen se retourna et découvrit un petit officier chinois au crâne dégarni et à l'uniforme froissé, qui essuyait la transpiration sur son visage marqué des stigmates de la petite vérole.

— Permettez-moi, dit le Russe, de vous présenter le capitaine Tsen. Il a eu la complaisance de m'apporter son aide dans cette affaire.

Hagen en revint à Kossov :

— Le capitaine a raison, bien entendu. Ça ne nous mène nulle part.

Kossov sourit, en soufflant vers le plafond un délicat panache de fumée :

— Votre bateau est quelque part, perdu dans ces maudits roseaux. Vous avez probablement mis la main sur l'or. Le moment est arrivé de négocier un compromis. (Son sourire s'élargit. Il fixa Hagen droit dans les yeux.) Votre attitude, depuis le début, comme je l'ai dit, n'a pas cessé de me surprendre. Mais j'ai maintenant élaboré une hypothèse. Mettons-la à l'épreuve. Amenez la jeune fille, cria-t-il en cantonais.

Hagen reprit la bouteille de gin pour en avaler à nouveau quelques gorgées. Une porte s'ouvrit dans la pénombre, sur l'arrière de la hutte. Il vit Rose, qui s'avançait avec lenteur. Un instant, elle hésita. Puis elle le reconnut. Son regard s'éclaircit. Elle se précipita pour se jeter dans ses bras comme il se levait pour aller à sa rencontre.

— Tout va bien, mon ange, lui affirma-t-il en lui tapotant gauchement les cheveux. Tout ira bien.

Kossov riait sous cape :

— Mais qui donc l'aurait cru ?... De jeunes amoureux...

Hagen le regarda par-dessus l'épaule de Rose et lui lança :

— Très bien. Qu'est-ce qui se passe, maintenant ?

Tsen s'avança vivement, arracha la jeune fille à son étreinte, et le gifla d'un revers de main.

— Vous allez nous conduire à votre bateau ! hurla-t-il.

Hagen fit un pas en avant. Mais, du coin de l'œil, il vit l'automatique qui avait surgi dans le poing du Russe.

— Et pourquoi ? s'enquit-il. Vous allez nous tuer, de toute façon.

Le capitaine Tsen lui plaça un coup de pied bien ajusté au bas-ventre.

Alors même qu'il se tordait de douleur sur le sol, il perçut la voix de Kossov qui s'en prenait, furieux, à l'officier rouge.

— Imbécile, criait-il. Il nous le faut entier. Ce n'est pas comme ça qu'on doit traiter cet homme. Si vous voulez votre part, vous feriez mieux de me laisser faire.

Soudain, tout devenait clair. Malgré la douleur qui incendiait ses reins, Hagen eut un sourire, sans joie. Après un moment, il put se remettre sur ses pieds en s'appuyant à la table. Il se mit à rire. La vérité crevait les yeux : l'absence d'une vraie force navale pour leur interdire d'entrer dans les marais... la vedette rongée par la rouille... la poignée de soldats... Il rit encore.

— Espèce d'escroc, lança-t-il à Kossov. J'aurais dû le savoir. Vous voulez l'or pour vous tout seul.

Rose s'approcha pour l'aider à se rasseoir précautionneusement dans le fauteuil. Le Russe éclata d'un rire gai :

— Naturellement. Il vous a vraiment fallu aussi longtemps pour vous en apercevoir ?... Après tout, ne serait-ce pas là un souhait que nous partageons, commandant ?

Il y eut un bref silence, chargé d'électricité.

— C'est un mensonge, souffla Rose Graham.

Kossov souriait, indulgent :

— Posez-lui donc la question. Je suis persuadé que vous n'êtes pas assez naïve pour vous imaginer que le commandant n'agissait que par amour.

Elle se tourna vers lui, et le fixa, perplexe.

— Dites-lui que ce n'est pas vrai, Mark.

Une seconde, il souhaita trouver en lui le courage de lui mentir. Il aurait été facile de réfuter l'accusation. Elle y aurait cru, parce qu'elle voulait le croire. Mais, brusquement, il en avait marre. Marre de toute cette maudite combine. Il baissa les yeux et, sans la voir, il prit une cigarette dans le paquet du Russe :

— Non, Kossov a raison, mon ange. À cent pour cent.

Elle se détourna vivement. Il pensa qu'elle allait le gifler. Mais quand il releva les yeux, il vit qu'elle regardait par la fenêtre, avec une expression étrange.

— Aucun d'entre nous ne vous aidera, articula-t-elle lentement pour Kossov. Aucun.

Elle bougea lentement la tête, pour fixer Hagen droit dans les yeux.

Il soutint son regard. Il frémit. Un fatalisme bizarre s'était emparé de lui. Il se leva.

— Ne vous trompez pas, Kossov, sourit-il. Vous allez devoir fouiller ces marais jusqu'à la consommation des siècles.

Le Russe se cassa brusquement en deux, avec une feinte courtoisie.

— Je vous salue, ma chère, lança-t-il à Rose. Vous êtes une jeune femme des plus exceptionnelles.

Il fit un geste en direction de Tsen qui hocha la tête et sortit par la grande porte.

Tout à coup, Hagen éprouvait une immense lassitude, mais, étrangement, il se sentait heureux. Il esquissa un sourire fatigué. Depuis le commencement, il avait toujours su, au fond de lui-même, que la jeune fille n'accepterait jamais que l'or soit employé à des fins qu'elle jugerait mauvaises. Et, pour la première fois, il comprenait tout ce que le précieux métal avait représenté pour elle. Son père était mort pour le défendre. Les lingots lui avaient été confiés, et c'était elle, maintenant, qui en avait la charge. Hagen eut un bref sourire : penser qu'il lui avait fallu tomber sur quelqu'un qui respectait encore un code de conduite !... L'honneur... Bien du temps avait passé depuis qu'il lui avait fallu faire face aux exigences de ce mot... Dehors, on hurlait des ordres.

— Venez donc sur la véranda, dit le Russe. Je voudrais que vous voyiez quelque chose.

Ils sortirent et s'arrêtèrent en haut des marches. À vingt ou trente mètres, quatre soldats se tenaient au garde-à-vous. Un pêcheur du village était ligoté sur le sol, face contre terre, complètement nu, les jambes maintenues écartées. Le capitaine Tsen attendait, quelques pas plus loin. À la main, il brandissait un épieu de bambou d'un mètre de long, effilé comme une aiguille. Kossov, de la tête, fit un signal. Tsen s'agenouilla à côté du malheureux.

Rose se détourna tout de suite. Elle voulut s'enfuir dans la hutte, mais le Russe lui barrait le chemin. Elle enfouit sa tête dans l'épaule de Hagen. Les cris étaient effroyables. Un instant, fasciné d'horreur, Hagen regarda, puis il leva les yeux vers Kossov qui portait sur ce tableau sinistre un intérêt distant. Sur son visage, on ne discernait pas la moindre trace de sadisme. Il aboya un ordre. Deux soldats s'avancèrent et s'immobilisèrent au pied des marches. Hagen attendait, glacé.

— Suivez-moi, je vous prie, dit Kossov.

Il les conduisit à la hutte qui servait de prison. Ils s'arrêtèrent à l'extérieur.

— Je vous laisse une demi-heure, indiqua-t-il, très froid. Cette jeune fille peut rester avec vous. Les charmes de l'intérieur l'aideront peut-être à se décider. Je n'ai nul besoin de proférer des menaces. (Il désignait du doigt le supplicié et son bourreau.) Si vous n'êtes pas disposés à nous conduire à votre bateau quand je reviendrai dans trente minutes, l'un de vous deux sera le suivant. (Une expression étrange passa dans son regard.) Croyez-moi, Hagen, je n'en ai aucune envie. Ne m'y forcez pas.

Il s'éloigna et deux soldats poussèrent Rose et Hagen dans la cabane, dont ils refermèrent la porte.

Hagen entraîna sa compagne dans le coin opposé à celui où gisaient les deux cadavres. Il serra contre lui son corps secoué de sanglots. Peu à peu, elle se calma.

— C'était inimaginable, dit-elle d'une voix qui trahissait encore sa terreur. On aurait dit un cauchemar.

Il la fit asseoir contre le mur :

— Ne vous inquiétez pas. Ça ne vous arrivera pas. J'y veillerai.

— Vous allez tout lui révéler ? demanda-t-elle d'un ton égal.

Il hocha la tête :

— Kossov n'est pas l'homme des menaces en l'air. Il tient toujours ses promesses.

Elle garda longtemps le silence.

— Mark, demanda-t-elle enfin, pourquoi m'avez-vous trompée ? Moi, j'avais confiance en vous. Oui, vraiment.

Il haussa les épaules :

— Quelle importance ? J'avais besoin de cet argent. C'était mon unique porte de sortie. (Il rit, d'un rire sec.) Vous ne me croirez peut-être pas. Mais vous auriez reçu votre juste part. Je n'envisageais pas de vous laisser sur le sable.

— Oui, je vous crois, concéda-t-elle avec tristesse. Je vous crois.

Soudain, ses pleurs redoublèrent. Elle lui frappa l'épaule de son poing serré.

— Ah, cet or maudit, cria-t-elle. Pourquoi faut-il qu'il transforme tellement les gens ?... Pourquoi a-t-il tant d'importance ?...

Du bras, il lui enlaça les épaules :

— Il ne change personne, mon ange. Il dévoile seulement la véritable personnalité des gens.

Elle s'appuya contre lui, paupières closes. Hagen, le regard fixe, se demandait comment il avait pu se conduire aussi stupidement. « J'aurais dû écouter Clara », se dit-il. Il sourit à peine, parce qu'il reconnaissait en lui-même qu'il n'était pas si tourmenté par la colère, ou par la peur, mais bien plutôt par le fait qu'elle savait maintenant qui il était réellement. Et qu'il acceptait enfin l'idée qu'il était fondamental qu'elle ait une bonne opinion de lui.

Des grattements discrets se firent entendre derrière lui.

Longtemps, il resta sans bouger. Et puis il se pencha à l'oreille de la jeune fille.

— Ne faites pas un bruit, souffla-t-il.

Il se contorsionna pour voir finalement se former dans le mur un petit trou au travers duquel on inséra la lame d'un couteau. Brusquement, un grand morceau du pisé se détacha de la cloison. Hagen aperçut alors le visage pâle et hagard de Mason.

Ils se fixèrent un moment.

— Tiens, tiens !... murmura Mason.

Il avait entouré sa tête d'un chiffon taché de sang. La souffrance se lisait dans son regard.

— La balle m'a seulement effleuré, continua-t-il. Depuis les roseaux, je ne perdais pas de vue la petite représentation de Kossov. Je savais qu'il vous avait emmenés ici.

De toute son existence, Hagen n'avait jamais été aussi heureux de voir quelqu'un :

— Les deux singes de garde à la porte ne nous ennuieront pas tout de suite. Vous avez une arme ?

Par la fissure qu'il avait ouverte, Mason lui passa un pistolet mitrailleur :

— Il est trempé, mais il peut encore faire de la bonne besogne. Il me reste deux grenades. J'ai perdu les autres dans l'eau.

Rose colla son visage devant la fente. Il lui sourit :

— Salut, mon bébé. On va vous sortir de là.

En s'aidant de leurs mains nues, Mason et Hagen commencèrent à démanteler la cloison de boue séchée. Assez vite, ils ouvrirent un trou assez large pour que l'on puisse s'y faufiler. Rose rampa au-dehors, suivie par Hagen. Ils se tassèrent contre la hutte. Mason leur fit signe de se taire. On n'entendait rien, à part le murmure des deux sentinelles qui bavardaient. Du doigt, Mason désigna un bosquet de bambous éloigné d'une vingtaine de mètres. Ils y coururent. Hagen se tenait en arrière-garde, avec la Thompson. Ils étaient presque parvenus à leur but quand on tira un coup de feu derrière eux. Hagen, par réflexe, pivota et lâcha une rafale. Leur garde s'était engagé à mi-corps dans le trou du mur. Il hurla au moment où les balles le contraignirent à reculer. L'autre poussait des cris perçants pour appeler du renfort, contournant la hutte. Quand il épaula son fusil, Hagen pressa encore la détente de son arme. L'homme bascula en arrière en tournoyant. Hagen plongea dans les bambous derrière Mason et Rose.

Ils se débattaient dans le bosquet, bras levés pour écarter les tiges élastiques.

Hagen parvint à dire :

— Et qu'est-ce qu'on fait, maintenant ?

— Je me suis débrouillé pour remettre notre canot à flot quand ils m'ont laissé pour mort, jeta Mason par-dessus son épaule. Je l'ai caché dans les roseaux. Mais il va nous falloir patauger.

Dès lors, ils se turent. Tout près, ils entendaient les voix de leurs poursuivants. Hagen savait que Kossov lui avait déjà accordé sa dernière chance. Désormais, le Russe serait sans pitié. Une fois, Rose trébucha, mais elle repoussa la main qui l'aidait et repartit de l'avant. Ils sortirent brusquement des bambous pour déboucher en terrain découvert. Ils se mirent à courir sur une vaste bande de terre recouverte de la végétation propre aux marécages. Très vite, ils s'enfoncèrent jusqu'aux chevilles dans le sol mou, gorgé d'eau. Leur progression devenait de plus en plus pénible. Mais il ne leur restait plus guère de chemin à parcourir. Quarante ou cinquante mètres devant eux, les roseaux leur offraient leur abri et leurs poursuivants n'avaient pas encore atteint le terrain découvert.

L'eau crasseuse et verdâtre du marais les accueillait déjà. Ils s'y enfoncèrent jusqu'à la ceinture. « On va y arriver, pensa Hagen. On va réussir. » Au même instant, Rose tomba dans la vase. Pendant que Mason l'aidait à se relever, un cri de triomphe s'éleva. Une balle frappa l'eau à côté d'eux. Hagen se retourna et fit feu sur un groupe de soldats qui sortaient des bambous. Deux d'entre eux poussèrent un cri et tombèrent. Les autres repartirent à couvert.

Hagen se redressa pour suivre Mason et Rose. L'eau lui montait aux aisselles. Il fut bientôt au milieu des roseaux. Et il eut la certitude que, pour le moment au moins, ils étaient en sécurité.

11

Au fur et à mesure qu'ils s'avançaient dans les roseaux, le niveau de l'eau baissait. Ils n'en avaient plus que jusqu'à la taille. Mais leur progression restait toujours difficile, à cause de la couche de vase épaisse et gluante du fond, dans laquelle ils enfonçaient parfois jusqu'aux genoux. Derrière eux s'élevaient les cris de leurs poursuivants. Hagen serra plus fort son arme : quoi qu'il puisse arriver, il avait décidé qu'ils ne retomberaient plus dans les griffes de Kossov.

Soudain, l'eau redevint plus profonde. Rose tomba et disparut sous la surface. Ils la relevèrent. Elle repoussa de devant ses yeux ses mèches aile-de-corbeau.

— Ça va ? lui demanda Hagen.

— Oui, ça va !... Ça va vraiment. Continuons.

Ils reprirent leur marche. Les roseaux se faisaient moins touffus, et ils les dissimulaient moins efficacement. Au bout d'un moment, Mason leva la main et s'arrêta. Il regardait autour de lui d'un air interrogateur. Une expression de doute se peignit sur ses traits.

— Où diable avez-vous laissé ce canot ? interrogea Hagen d'un ton exaspéré.

— Je n'en suis plus sûr, répondit Mason un peu paniqué. Je

pensais que je pourrais le retrouver facilement, mais ce n'était certainement pas aussi loin que ça du village.

Hagen jura. Du bras, il essuya la sueur qui lui coulait sur le visage. « Quel manque de pot, râlait-il mentalement. Quel foutu bordel de manque de pot. » Très proches, on entendait les craquements provoqués par les soldats qui se frayaient un chemin au travers de la végétation.

— Fichons le camp d'ici, siffla Mason. Ces salauds sont bien trop près pour mon confort.

Ils repartirent, s'enfonçant toujours plus profond dans le marécage. Tous trois tombèrent à plusieurs reprises, car l'eau se révélait traîtresse, changeant de profondeur sans avertissement. Une fois, même, Hagen bascula dans un trou où il n'avait plus pied. Il lutta pour retrouver le sol ferme, en jurant et en crachant. Mais les voix de ceux qui les traquaient ne cessaient de se rapprocher. Ils débouchèrent à l'improviste dans une large étendue d'eau peu profonde. Une seconde, Mason hésita.

— Nom de Dieu, mon vieux, avancez ! lui cria Hagen, farouche.

Il le poussa si fort de la main que le gros homme faillit s'étaler de tout son long. Ils repartirent, vers l'abri de roseaux dont ils n'étaient éloignés que de cinquante ou soixante mètres. Ils avaient presque atteint leur but quand la fusillade éclata.

Autour d'eux, les balles déchiraient la surface de l'eau. Hagen s'empara du bras de Rose et la tira vers l'abri des roseaux. Ils se retournèrent : quatre soldats chinois, le fusil à la main, dans la vase jusqu'aux cuisses, poussaient déjà des cris aigus de triomphe. Mason voulut prendre les grenades qu'il avait accrochées à sa ceinture. Il lâcha un juron :

— Il ne m'en reste qu'une. Je dois avoir perdu l'autre en avançant.

— Assurez-vous qu'elle fasse bien son travail, répliqua Hagen. Nous ne pouvons pas nous offrir la moindre erreur.

Toute leur attention paraissait se concentrer sur le petit groupe d'hommes qui faisaient jaillir de l'écume en chargeant, avec des voix qui, d'une certaine façon, paraissaient irréelles et fragiles dans la chaleur étouffante du marais. Brusquement, ils furent trop proches. Hagen épaula son pistolet mitrailleur et suivit soigneusement sa ligne de mire. L'unique grenade de Mason parcourut une longue courbe paresseuse pour atterrir au milieu des soldats. Durant une interminable seconde, il n'y eut que le bruit de l'éclaboussement du projectile dans la boue et l'avertissement hurlé par l'un des Chinois. Au moment où les hommes tentaient de se disperser, l'eau jaillit au milieu d'eux en un éclair brillant qui les enveloppa. Un instant, des débris chutèrent en pluie. Par vagues affolées, les oiseaux gagnèrent le ciel, avec des gazouillements terrifiés qui couvrirent les cris des mourants :

Rose frissonna :

— Ça n'aura donc jamais de fin ? lança-t-elle, horrifiée, à Hagen. Il n'y a réellement que la mort et la destruction ?

Ses yeux brillaient d'une lueur égarée. Hagen savait qu'elle avait été poussée au-delà de ses limites. Il la remit rudement sur ses pieds :

— Allez, on repart. On continue vers l'est. C'est à peu près notre direction.

Il n'y avait plus aucun espoir de pouvoir regagner le bateau sans disposer d'un canot. Désespéré, Hagen avançait pourtant résolument, poussant la jeune fille épuisée devant lui. Mason tomba à plusieurs reprises. La dernière fois, il parut avoir de la peine à se relever. Lorsque Hagen se précipita pour lui porter secours, il vit que le sang coulait de son pansement improvisé :

— Ça ira ? dit-il.

Mason hocha la tête, en souriant avec peine :

— Ça va aller. J'ai perdu beaucoup de sang, c'est tout. Ça m'étourdit un peu.

Il reprit sa marche, sans s'accorder de répit.

Le bruit d'un moteur résonna brusquement. Ils s'immobilisèrent, accroupis dans l'eau jusqu'aux épaules.

— Ils sont remontés sur leur vedette, interpréta Hagen. On va la suivre au son, décida-t-il brusquement.

— Vous êtes cinglé, grinça Mason. Vous voulez nous jeter dans les bras de Kossov ?

— Vous ne comprenez donc pas ? riposta Hagen avec impatience. Leur vedette ne peut naviguer qu'en eau profonde. Si nous pouvons ainsi retrouver le chenal principal, je crois que je pourrai vous ramener au *Hurrier*.

— Et comment on fera pour y aller ? insista Mason. À la nage, peut-être ?...

Hagen ne répondit pas. Ils reprirent leur marche en avant. La profondeur de l'eau augmentait nettement. Le grondement du moteur se rapprochait sans cesse. Ils avaient de l'eau jusqu'aux aisselles. Hagen, bras levés, tenait son arme au-dessus de sa tête.

Devant eux, les roseaux s'ouvraient sur la rive d'un canal couvert de nénuphars. L'endroit leur parut vaguement familier.

Mason sourit. Il dit, avec un optimisme revenu :

— C'est ici que nous sommes tombés dans l'embuscade.

— Exact, confirma Hagen.

— Vous pensez que vous pouvez vous retrouver à partir d'ici ?

— Je crois.

Rose chancelait. Hagen lui enlaça les épaules. Le bruit du moteur augmentait.

— Reculez, ordonna sèchement Hagen.

Ils se fondirent dans l'abri des roseaux.

La vedette revenait lentement vers le village. Son remous submergea leur têtes qui sortaient à peine de l'eau. À travers la végétation, Hagen put voir Kossov assis à l'avant. Le Russe semblait furieux. Puis la vedette disparut et le grondement du moteur s'atténua.

— Vous pensez qu'ils abandonnent ? interrogea Mason.

— Oh non, pas lui, répliqua Hagen. Il n'abandonnera pas tant qu'il ne sera pas mort.

Rose toussait.

— Je suis désolée, Mark, parvint-elle à dire d'une petite voix. Mais je n'en peux plus.

Il la serra de son bras gauche, en se demandant ce que diable ils allaient faire. C'est alors que, dans la chaleur du crépuscule, ils entendirent des pagaies qui creusaient l'eau ainsi que le piaillement de voix chinoises. Hagen jeta avec précaution un coup d'œil sur le chenal. Deux canots se dirigeaient vers eux. Trois soldats occupaient le premier, tandis que le capitaine Tsen et un sous-officier se tenaient dans le second. Un sourire sauvage découvrit les dents de Hagen. Il lâcha doucement la jeune fille :

— Essayez de tenir quelques minutes de plus, mon ange. Je vous promets que je vous sortirai de là.

— Jésus-Christ, ils sont cinq, souffla Mason.

Hagen caressa son pistolet mitrailleur :

— Oui, mais vulnérables comme des canards posés. J'attendrai le moment où je serai sûr de ne pas les manquer.

Il n'y avait plus d'autre son que celui de leurs respirations lourdes et, par intervalles, des échanges de propos entre les Chinois. Peu à peu, les canots s'approchaient. Mason et Hagen s'avancèrent jusqu'à l'extrême limite des roseaux. Hagen ne s'était jamais senti aussi calme, ni aussi sûr de lui. Il ne pouvait pas rater son coup. Il cala la crosse du pistolet mitrailleur au creux de son épaule. Il ferma l'œil gauche et régla sa visée. Le premier canot coupa la ligne de mire plus tôt qu'il ne l'attendait, mais son index appuya sur la queue de détente : une gerbe de balles mit les trois soldats hors de combat. Mais quand il voulut se tourner vers la seconde embarcation, l'arme s'enraya.

Il demeura interdit une fraction de seconde. Il pensait avec amertume que l'on ne peut jamais compter très longtemps sur la chance. Et puis il jeta violemment son arme inutile au visage du sous-officier assis devant Tsen. L'homme hurla et bascula en arrière. Tsen dégaina son pistolet pour tirer au hasard sur Hagen. Mason jaillit des roseaux, et s'accrocha avec fureur au bord du canot qu'il réussit à faire chavirer. Mais le capitaine Tsen avait eu le temps de le viser avec soin et de tirer deux fois, à bout portant.

Le sous-officier avait disparu en hurlant sous la surface. Hagen plongea à la recherche de Mason. Tsen émergea à côté de lui, la terreur dans le regard. Hagen le bloqua de la main gauche, tandis que, du poing droit, il écrasait son visage grêlé. Ensuite, des deux mains, il serra la gorge du Chinois et lui enfonça la tête sous l'eau. Quelques secondes le corps de Tsen fut secoué de spasmes d'agonie, puis il ne bougea plus. Hagen le lâcha et se tourna vivement vers Mason.

Rose le soutenait avec peine. Hagen, grâce à une pagaie qui flottait, attira à lui le canot le plus proche.

— Tenez-moi le canot, intima-t-il à la jeune fille. Je vais le hisser là-dedans.

Le regard de Mason s'éclaira. Un instant, le vieux pli sardonique revint sur ses lèvres.

— Ne perdez pas votre temps, hoqueta-t-il. Cette fois, ils m'ont eu.

Hagen lui tenait le visage hors de l'eau. Il lui sembla que Mason aurait voulu encore parler. Mais brusquement, un flot de sang coula de sa bouche. Sa tête roula sur le côté.

Une seconde encore, Hagen continua de le soutenir. Mais comme le bruit reconnaissable de la vedette se rapprochait de nouveau, il abandonna le corps qui coula lentement vers le fond. Rose poussa un hurlement et bondit vers lui, pour lui marteler le visage de ses poings serrés.

— Vous ne pouvez pas le laisser ! cria-t-elle. Rien ne compte pour vous ! Rien !

Il lutta quelques instants avec elle. Mais en désespoir de cause, comme le bruit de la vedette devenait plus insistant, il la gifla brutalement à plusieurs reprises. Elle s'amollit dans ses bras. Les marques de ses doigts se voyaient déjà sur sa peau délicate. Brusquement, sa tête s'inclina et elle commença de pleurer en silence, les épaules secouées par ses sanglots. L'heure n'était pas à la pitié. Il la souleva et la chargea dans le canot, puis se hissant avec précaution à bord par l'avant, il se saisit de la pagaie et conduisit l'embarcation sous le couvert des roseaux.

Il n'était que temps. À peine étaient-ils cachés par la végétation que le remous de la vedette souleva le petit canot. Hagen entendit un cri de surprise. On coupa le moteur. Il y eut d'autres cris puis la voix de Kossov s'éleva, coléreuse. Hagen estima que leurs adversaires devaient avoir découvert les corps. Il abandonna la pagaie et, se remettant à l'eau, il poussa le canot en avant.

Ils avancèrent ainsi pendant plusieurs minutes. Rose, assise au milieu de l'embarcation, tête penchée, ne disait rien. Elle paraissait brisée. Hagen ne pensait guère à elle. Une seule et unique pensée l'obsédait : survivre. Brusquement, le canot sortit des roseaux et entra dans un large canal. Il remonta dans le canot et se mit à pagayer de toutes ses forces.

Le ciel s'était beaucoup assombri. Le soleil glissait sous l'horizon. Hagen tirait avec rage sur sa pagaie. Il savait que s'ils étaient surpris par la nuit, toute chance de retrouver le *Hurrier* s'évanouirait. Il continuait à filer vers l'est. Après vingt minutes passées à tourner d'un chenal à l'autre, ils débouchèrent dans une grande lagune qu'il lui sembla reconnaître. Une minute, respirant lourdement, il reposa son corps que l'effort avait rendu douloureux. Alors, saisi d'un espoir fou, il pagaya avec une vigueur renouvelée qui propulsa le canot vers l'autre bout de la lagune. Il leva sa pagaie. Le canot glissa un peu sur son erre. Dans le soir calme, on n'entendait plus que les criquets. Il appela :

— O'Hara !... Ohé !...

Attentifs, ils entendirent enfin la voix cassée du vieil Irlandais :

— Par ici, mon garçon. Par ici !...

Un sentiment de vrai soulagement et de complète lassitude envahit Hagen. Plongeant la pagaie dans l'eau, il conduisit le canot à travers les roseaux dans la direction indiquée par la voix d'O'Hara. Il dut tirer de ses mains nues sur les tiges pour se forcer un passage. Et puis ce fut fini et il traversa une eau tranquille pour rejoindre le *Hurrier*.

O'Hara se pencha et tendit les bras pour monter Rose à bord. Hagen la lui passa et franchit le bastingage. Il chancelait.

— Qu'est-ce qui est arrivé à Mason ? demanda le vieux d'un ton inquiet.

Hagen secoua la tête :

— Il ne reviendra plus.

Rose poussa un cri de souffrance et elle s'évanouit.

Hagen la prit dans ses bras. Il tituba un peu, car ses membres noués protestaient, puis il la souleva :

— Je veux que tu prennes l'autre pistolet mitrailleur et que tu montes la garde, O'Hara. Kossov est dans le coin, et il nous cherche. Je vais aller dormir. Tu me réveilleras à minuit.

Il descendit Rose dans sa cabine et l'étendit sur sa couchette. Très doucement, il la déshabilla. Quand elle fut complètement nue, il la sécha avec soin. Il fit tout cela avec un détachement total. Il lui semblait que son esprit évoluait à un autre niveau, si bien qu'il n'y avait plus en lui ni désir, ni appétit. Il enveloppa Rose dans plusieurs couvertures. Une fois, elle s'étira, avec un petit gémissement. Mais sa tête s'inclina sur le côté et elle sombra dans le sommeil.

Longtemps, Hagen la contempla, puis il tourna les talons pour regagner sa propre cabine. Ses pieds trébuchèrent sur un obstacle. Il chuta lourdement contre la table. Levant les yeux, il vit les lingots, rangés en piles nettes sur le plancher. Il les fixa un moment. Son cerveau tentait de se concentrer, mais rien ne parvenait plus à y prendre sa place. Sa mémoire était comme un puzzle dont tous les morceaux auraient été dispersés, si bien que rien n'avait plus de sens. Il lui sembla que sa couchette montait à sa rencontre. Il céda au sommeil.

Il revint à la vie avec peine. De longues minutes, il demeura dans l'obscurité, regardant devant lui sans voir. Lorsqu'il posa les pieds sur le sol, il se crispa sous la douleur brutale qui parcourait ses muscles tendus. Sa tête était pesante. Chaque chose lui paraissait morte. Il resta assis au bord de sa couchette. Peu à peu, tout lui revint. Mais tout lui semblait sans espoir. Il se força à se redresser et s'appuya à la table. Il se souvenait. Cela n'avait rien d'agréable.

Il éprouvait de la difficulté à coordonner ses idées. Mais, par un effort volontaire et délibéré, il rejeta les événements de la journée au fond de son cerveau et se concentra sur l'immédiat.

O'Hara... Oui, c'était cela : O'Hara aurait dû le réveiller. Il traversa précautionneusement la cabine et monta sur le pont.

Le ciel de la nuit était sombre, sans clair de lune. Les étoiles brillaient d'un éclat glacé, sauf à l'est où de lourds nuages les cachaient. Hagen alla s'appuyer au bastingage pour écouter les petits bruits nocturnes. La puanteur épaisse et visqueuse des marais lui emplissait les narines. Il se sentit mieux. Une brume légère roulait sur les eaux. L'espoir se ralluma dans son cœur. Agrippant convulsivement le bord, il fouilla le brouillard du regard en se demandant s'il deviendrait plus dense. Tout à coup, derrière lui, il perçut une lourde respiration, puis un petit ronflement. Il se pencha pour découvrir O'Hara endormi, le dos à la timonerie. Une bouteille de rhum vide gisait à côté de lui, sur le pont.

En une fraction de seconde, la colère serra la gorge de Hagen. Mais, aussitôt, il se détendit complètement, vidé de toute émotion. Charlie Beale, songea-t-il, avait eu raison depuis le début : on ne peut jamais compter sur un vieillard imbibé de rhum, même lorsque le danger menace. Il l'abandonna et pénétra dans la timonerie pour jeter un coup d'œil à la pendule. 1 heure du matin. Il retourna sur le pont pour réfléchir, appuyé au bastingage. Le vent, qui s'était levé et qui balayait les roseaux en un murmure sifflant, le fit frissonner. Il s'aperçut que ses vêtements étaient encore humides. Il retourna à sa cabine et se déshabilla rapidement. Il se frotta énergiquement avec une serviette, avant d'enfiler un pantalon sec et un gros sweater de laine. Il alla ensuite à pas de loup à la cabine de la jeune fille.

Un moment, il écouta son souffle régulier. Puis il se rendit dans la cuisine où il mit de l'eau à chauffer pour préparer du café. Il avait déployé une couverture devant les petits hublots. Il alluma la lumière, alla chercher dans sa cabine toutes les armes qui leur restaient, et entreprit de les vérifier. Pendant qu'il rechargeait le pistolet mitrailleur, un bruit lui fit vivement relever la tête. Rose Graham se tenait sur le seuil. Elle s'était drapée dans une des couvertures et paraissait complètement sans défense. Les yeux enfoncés dans leurs orbites, elle avait l'air désespérément malade et épuisée. Hagen reposa vivement l'arme et se leva.

— Vous n'avez pas bonne mine. Asseyez-vous là.

Il la conduisit à une chaise et revint au réchaud.

— Je voudrais m'excuser, dit-elle pendant qu'il achevait ses préparatifs. Je vous ai causé beaucoup d'ennuis.

Il ignora la perche qui lui était tendue, et resta le dos tourné. Elle poursuivit :

— Je crois que j'étais presque devenue folle. (Prise d'une quinte de toux, elle s'étrangla.) Je n'oublierai jamais l'expression du visage de Steve quand il a disparu sous l'eau.

Hagen lui tendit une tasse :

— J'y ai mis beaucoup de sucre. Et puis je veux que vous me preniez ces comprimés.

D'un tiroir, il avait sorti une petite boîte, dont il avait extrait deux capsules.

— Qu'est-ce que c'est ? demanda-t-elle, soupçonneuse.

— Ne vous inquiétez pas, la rassura-t-il. C'est sans danger. De la benzédrine[1]. Ça vous donnera l'énergie dont vous aurez besoin jusqu'à la fin de cette affaire.

Elle prit les capsules et les avala sans discuter, avec une gorgée de café. Au bout d'un moment, elle l'interrogea :

— Mark, vous êtes sûr que Steve était...

Il hocha la tête :

— Oui, il était mort avant que je ne le lâche. Tsen lui avait tiré dessus deux fois, à bout portant. C'était seulement de la malchance. Une de ces choses qui peuvent arriver.

Elle eut un rire amer :

— Une de ces choses... Mais enfin, il était vivant hier, et maintenant, il est mort. C'est tout ce que je sais.

Hagen alluma une cigarette, puis il ouvrit un placard pour y prendre une bouteille de cognac. Il en versa une dose généreuse dans sa propre tasse.

— Écoutez-moi, reprit-il. Ça ne vous aidera peut-être pas beaucoup, mais Mason ne pensait pas qu'il avait de grandes chances de s'en tirer vivant.

Elle le fixa d'un regard tragique :

— Alors, pourquoi ?... Pourquoi est-il venu ?

Il haussa les épaules :

— Il est venu pour la même raison que moi. Parce que c'était sa dernière chance. Parce qu'il ne pouvait plus rien faire d'autre.

Un lourd silence s'abattit. Elle crispa les doigts nerveusement autour de sa tasse :

1. Très en vogue en France, dans les années cinquante, sous le nom de *Maxiton*, la benzédrine est un stimulant qui a beaucoup été utilisé par l'aviation et la marine britanniques au cours de la Seconde Guerre mondiale *(NdT)*.

— Est-ce qu'il savait... pour l'or, j'entends... que vous me donneriez seulement une part, et que vous garderiez le reste ?

Hagen fut sur le point de lui répondre que non. De lui dire que Mason au moins avait été honnête avec elle. Mais il lui semblait que Mason, tout proche, le fixait sardoniquement. Il se contenta de dire :

— Tout le monde était sur le coup. Chacun voulait sa part.

Les yeux dans le vide, elle eut un sourire dur.

— Comme j'ai été bête... Comme j'ai été bête de vous croire.

Il ressentit le feu de cette accusation comme si elle avait pénétré dans sa chair. Elle le tenait pour le seul coupable. Les autres ne comptaient pas pour elle. Secoué par une colère irraisonnée, il se resservit du café d'une main qui tremblait :

— Vous vous imaginiez vraiment que des hommes allaient courir au suicide pour un simple salaire, alors qu'ils auraient pu toucher bien plus ?

— Non... Ça n'a jamais été aussi simple.

Elle se leva et posa la tasse sur la chaise près d'elle.

— Dès le commencement, expliqua-t-elle, ça a été comme un rêve incroyable. Vous, vous étiez la réalité. Je croyais en *vous*... et en personne d'autre. Je pensais que vous faisiez cela parce que vous m'aimiez.

Elle repartit, très calme, vers sa cabine, et referma la porte derrière elle.

Hagen avait les yeux perdus dans le vide. Il réfléchissait. Enfin, il soupira et siffla :

— Quel dommage que ça soit venu trop tard, bordel !

Il acheva de recharger le pistolet mitrailleur et le Garand. Il vissa ensuite les bouchons allumeurs sur les grenades qui restaient. Il les compta, satisfait. Il y en avait huit. Il esquissa un sourire : Kossov ne les tenait pas encore. La jeune fille revint au moment où il se levait. Elle s'était habillée d'un de ses pantalons à lui, dont elle avait roulé les bas des jambes, et d'un vieux sweater. Son apparence avait subi un changement subtil, qui n'avait rien à voir avec les vêtements. Elle lança :

— Qu'est-ce qui se passe, maintenant ?

Il coinça la caisse de grenades sous son bras, et s'empara des armes :

— Je pense que vous feriez bien de nous préparer à manger. J'emporte ça à la timonerie.

— Où est O'Hara ?

Il esquissa un sourire :

— O'Hara est saoul. Je lui avais demandé de monter la garde et il s'est affalé sur le pont.

Elle ralluma le réchaud :

— Vous feriez mieux de l'amener ici. Je vais refaire du café, pour essayer de le dessoûler.

Après avoir déposé leur armement dans la timonerie, Hagen s'occupa du vieil homme. Il se pencha sur lui, le secoua et, quand il laissa échapper un grognement, le gifla à plusieurs reprises. O'Hara se réveilla. Il se débattit un peu, mais Hagen le tenait fermement.

— Ta gueule, vieux salaud. Je ne veux même pas t'entendre chuchoter.

Il le remit sur ses pieds. Il dut presque le traîner jusqu'à la cambuse et l'asseoir de force sur une chaise. Le vieux battit des paupières, se frotta le visage d'une main aux veines bleues et saillantes.

— Je me sens pas bien, dit-il.

— Tu iras beaucoup plus mal si tu ne sors pas de ta cuite, coupa Hagen.

Rose donna au vieil homme une tasse de café très noir et très fort :

— Buvez ça. Ça vous fera du bien.

L'Irlandais saisit le récipient de ses mains tremblotantes. Il en renversa la moitié du contenu sur sa chemise. Hagen grogna de dégoût :

— Je ne peux même plus te faire confiance pendant cinq minutes.

Rose éclata d'un rire léger. Quand Hagen la regarda, elle arborait un étrange sourire. Il se hâta de regagner le pont.

Dans la timonerie, il actionna l'interrupteur de la petite table à cartes et se lança dans divers calculs. Il était 2 h 15. Le rendez-vous avec le cargo de Charlie Beale était fixé à 6 heures. Il examina une dernière fois la carte puis il sortit sur le pont et regarda l'eau. Le brouillard s'était épaissi et déroulait ses vagues fantomatiques. Hagen jeta son mégot dans la nuit. Il souriait : au firmament, il voyait moitié moins d'étoiles qu'une heure auparavant. Quand il s'en revint à la cambuse, l'espoir illuminait ses traits.

— Vous avez l'air tout content, remarqua Rose en posant devant lui une assiette de haricots.

Il hocha la tête :

— La situation s'améliore. Il y a un sacré brouillard qui commence à se lever.

— Cela ne va-t-il pas nous rendre les choses plus difficiles ? Comment pourrons-nous jamais sortir de ces marais si nous ne voyons pas où nous allons ?

Il se servit une tasse de café, souriant :

— Le meilleur chemin pour filer d'ici, c'est d'emprunter les canaux profonds. Je peux très bien les suivre sur la carte.

— Ça sera dangereux, mon garçon, dit O'Hara. Ces bougres doivent nous attendre à l'embouchure.

Hagen approuva :

— Évidemment. Mais nous n'avons pas le choix. Nous avons notre rendez-vous dans trois heures et demie. La seule issue pour nous en tirer, c'est de passer où c'est facile.

Rose s'assit en face de lui, faisant tourner sa tasse dans ses mains :

— Vous pensez vraiment que nous pourrons nous en tirer ?

Elle avait parlé d'une voix sérieuse et égale, sans la moindre note d'espérance.

Il leva les yeux et lui sourit :

— Je crois que nous avons quand même une chance. Bien sûr, il nous faudra jouer à cache-cache dans le brouillard. Mais ne l'oubliez pas : nous n'aurons en face de nous que Kossov. Pas la marine chinoise. Maintenant, nous le savons.

Elle lui sourit.

— Vous ne renoncez jamais, n'est-ce pas ? dit-elle avec une surprenante nuance de tristesse dans la voix. Quel homme vous auriez pu devenir...

Ils s'affrontèrent du regard.

— Nous ne sommes pas toujours responsables de l'évolution des choses, concéda-t-il, mélancolique.

Elle baissa les yeux. Il alluma une cigarette.

— Je demande seulement un miracle de plus, ajouta-t-il. Là, je crois que nous aurons une vraie chance.

Il leur sembla soudain qu'on tambourinait sur le toit. Rose se dressa, inquiète. Le roulement s'amplifia, comme si mille doigts battaient la mesure. Hagen se leva et sortit sur le pont. Debout, il leva son visage vers les rafales de pluie. La jeune fille l'avait rejoint. Il se tourna vers elle avec un gros sourire :

— Nous y voici, ma petite. C'est l'autre miracle... Maintenant, nous allons nous en sortir.

12

Hagen passa encore une demi-heure à se pencher sur ses cartes, pour calculer avec soin la route qu'ils suivraient jusqu'à la mer. Il décida d'appareiller à quatre heures moins le quart du matin. Cela les conduirait au débouché des Kwai largement à temps pour leur rendez-vous. Ils pourraient faire route à une vitesse si modérée que leurs moteurs s'entendraient à peine sous la pluie. O'Hara fit son apparition, à nouveau sobre et contrit. Il se confondit en excuses, mais Hagen coupa court :

— Très bien. Tu n'avais pas de mauvaises intentions. Rappelle-toi quand même que, dans les trois heures à venir, nous allons affronter le moment le plus périlleux de notre expédition. Et je te jure qu'au moindre faux pas, je te flanquerai par-dessus bord, et que tu pourras rentrer à la nage.

— Vous savez que vous pouvez me faire confiance, mon garçon, répondit le vieil Irlandais, au garde-à-vous. Jusqu'à présent, je ne vous ai jamais laissé tomber dans un moment difficile.

— Presque jamais, en effet, renvoya Hagen, avec un rire cynique. Descends donc aux machines, et assure-toi que tout est parfaitement en ordre. Je te donne une demi-heure.

Il vérifia une dernière fois ses calculs et lâcha un grognement de satisfaction : ils avaient une chance. Une sacrément bonne chance. Il descendit à la cuisine où il trouva Rose en train de faire le ménage.

— C'est vraiment nécessaire ? lui demanda-t-il.

Elle nettoyait une assiette et haussa les épaules :

— Ça me donne quelque chose à faire.

Il se glissa une cigarette entre les lèvres :

— Je pense que nous avons une chance. Je le crois vraiment.

— Je vois, répondit-elle sans enthousiasme.

Il fuma en silence un instant, à la regarder s'activer.

— Vous n'avez pas l'air enchantée, finit-il par dire.

— Il faudrait que je le sois ? Après tout, que signifierait pour moi notre réussite ?

— Oh, pour l'amour de Dieu !... Personne n'essaie de vous rouler de quoi que ce soit. Si vous choisissez d'agir comme vous le voulez, vous pourrez tout donner à je ne sais quelle œuvre de charité merdique. Mais si vous jouez le jeu à ma manière, vous garderez pour vous une jolie pincée.

Il lut de la pitié sur son visage et se détourna, fâché.

— Après toutes les épreuves que nous avons subies, reprit-il, nous avons bien gagné notre récompense jusqu'au dernier penny.

Le silence retomba. Elle passa derrière lui et lui posa la main sur le bras :

— Vous ne comprenez pas, Mark ? Cet or, c'est un dépôt sacré. Mon père est mort pour lui. Je ne peux pas le trahir.

Il secouait la tête, ébahi :

— Mais ce n'est pas ainsi que l'on joue le jeu, mon ange. La vie, ça n'est pas comme ça.

Elle le fixa en souriant avec mélancolie :

— Alors, je préfère ne pas jouer du tout.

Elle se détourna, appuyée à la table.

— Je préférerais voir cet or au fond de la mer plutôt que de le savoir employé à mauvais escient, reprit-elle, d'une voix dure et forte qui ne laissait transparaître aucune faiblesse.

Une seconde, Hagen eut envie de lui assener une réplique furieuse. Mais, soudain, il renonça. Ses épaules s'affaissèrent. Il affrontait une force avec laquelle il ne pouvait pas lutter à armes égales. Il branla du chef, avec un sourire ironique :

— L'intégrité et l'honneur... Je croyais que ça, c'était passé de mode. (Il sourit franchement.) De là-haut, Mason doit être en train de se payer ma tête.

Elle pivota, l'espoir aux yeux :

— Vous m'aiderez, Mark ? Vous allez m'aider à ramener cet or à Saigon ?

Les traits de Hagen se durcirent. Il secoua la tête avec lenteur :

— Pas question, mon ange. Pour moi, votre genre de morale, c'est du luxe.

À son tour, ses épaules fléchirent. Elle parut vieillir de dix ans :

— Je vois...

Elle lui tourna le dos pour nettoyer machinalement une autre assiette, la mine défaite.

— Et vous, vous nous aiderez à nous tirer d'ici ? lui demanda Hagen.

Elle replaça avec soin la dernière assiette dans le placard. Quand elle se tourna vers lui, il vit qu'un changement était intervenu. Elle se redressait, pleinement maîtresse d'elle-même.

— Oui, je vous aiderai, répliqua-t-elle avec un rire amer. Je suis prisonnière de mon genre de morale, voyez-vous. Je pense à ce vieil homme, en bas, dans la chambre des machines. Si je refusais de vous apporter mon aide, et que vous soyez pris, il mourrait, lui aussi. Et je ne voudrais pas avoir cela sur la conscience.

Ils se défièrent du regard puis Hagen tourna les talons :

— Si vous voulez bien monter sur le pont avec moi, je vous montrerai quoi faire.

Il lui donna un gros caban pour se protéger de l'averse, et lui confia une puissante lampe torche qu'il alluma. Il l'entraîna vers la proue. Le pinceau blanc perça le rideau de pluie et de brume pour éclairer avec netteté les roseaux, à l'autre bout de la lagune.

— Qu'est-ce que je dois faire ? interrogea-t-elle.

— Vous restez ici, à l'avant. Nous avancerons à très petite allure. Je vous avertirai quand il faudra guetter les chenaux annexes. Ces canaux sont très étroits. La torche devrait vous fournir assez de lumière. Je ne veux pas me servir du projecteur.

Elle acquiesça :

— C'est tout ?

— Ne vous inquiétez pas de tribord et de bâbord, répondit-il avec un sourire que la nuit dissimulait. Criez-moi seulement “à droite” ou “à gauche”. Je saurai ce que vous voulez dire.

Il pivota sur lui-même, avant de se souvenir d'une ultime recommandation :

— Tenez-vous bien au hauban, et faites attention. Je n'ai pas envie de vous voir passer par-dessus bord.

Dans l'obscurité, la voix de la jeune fille s'éleva, nuancée de tristesse :

— Bonne chance, Mark.

Il fut sur le point de lui tendre les bras, mais il se détourna pour rentrer dans la timonerie.

Peu avant 4 heures du matin, les moteurs ronronnèrent. Hagen lança le *Hurrier* en avant, dans la barrière de roseaux qui fermait la lagune. Lentement, comme malgré lui, le bateau la franchit pour entrer dans la lagune suivante. Hagen tourna à fond la barre. Obéissant, le bâtiment vira et, dans la brume, se dirigea vers la mer.

Hagen ouvrit l'un des panneaux vitrés de la timonerie et la pluie lui frappa le visage. Balayant les marais, un vent léger soufflait de la mer, qui soulevait devant lui la brume aux formes étranges. Sur ses lèvres, Hagen pouvait sentir le goût du sel qu'il charriait. Lentement, avec précaution aurait-on dit, le bateau traçait sa route dans la nuit. Les moteurs grondaient à peine, comme s'ils dormaient. Hagen consulta sa carte : ils devaient approcher du premier confluent important. Il se pencha pour héler la jeune fille :

— Vous devriez ne pas tarder à apercevoir un canal sur la gauche.

Durant de longues minutes, il n'y eut rien d'autre que le rayon de la lampe torche qui perçait la nuit. Et puis elle cria. Hagen commença de peser sur la barre. La proue rasa un mur de roseaux. Il accentua encore son mouvement, puis l'inversa pour redresser. Ils se dirigèrent sur un nouveau relèvement.

Trois fois de suite, cette manœuvre se répéta sans incident. En une occasion seulement, ils dépassèrent le chenal qu'ils recherchaient, ce qui contraignit Hagen à battre en arrière, mais sans qu'ils perdent trop de leur temps précieux. Peu à peu, l'aube apportait une faible lumière nacrée. Il put bientôt distinguer la grisaille du brouillard et les lances d'argent terni de la pluie. Lorsqu'il dut changer à nouveau de direction, il put repérer lui-même le tournant. Il cria à Rose :

— Vous pouvez rentrer, maintenant. J'y vois assez.

Elle le rejoignit dans la timonerie.

— Je suis trempée, dit-elle. Je descends me changer.

La visibilité se limitait à vingt mètres, mais l'épaisseur des roseaux allait en diminuant tandis que le chenal s'élargissait nettement. L'eau commença de se soulever en ondulations longues et douces. Bientôt, des vagues frappèrent la coque. Le vent forcissait. Il sut qu'ils avaient atteint le canal principal des Kwai et que la mer ne se trouvait plus qu'à un mille nautique devant eux.

Il baissa encore davantage de régime jusqu'à ce que le *Hurrier* puisse progresser comme en rampant, dans un silence presque complet où l'on n'entendait plus que le crépitement de la pluie. Il alluma une cigarette, et referma le panneau vitré. Il tenait la barre d'une main légère. Tout était presque fini. Il se sentait suprêmement confiant. Les événements se déroulaient comme si tout avait été programmé depuis le début. Même la pluie et le brouillard avaient fait leur apparition au moment opportun.

Oui, c'était parfait. Mais il éprouvait pourtant un certain malaise. Il comprenait enfin qu'il aurait souhaité que la jeune fille se soit montrée différente. Si seulement elle avait été plus dure, plus expérimentée, ça n'aurait pas été aussi difficile. Il nourrissait le même sentiment que s'il avait abusé de la naïveté d'une enfant. Il se demandait ce qu'il adviendrait d'elle quand tout serait fini. Il serait obligé de la contraindre à accepter sa part de l'or, mais il s'y était préparé. Le vrai problème, c'était qu'elle pourrait refuser de l'utiliser, qu'elle pourrait même le donner. Dans ce cas, son destin serait scellé, car elle n'avait pas en elle assez de dureté pour survivre : à Macao, il n'existait qu'une seule issue pour les filles sans le sou. Soudain, il jura et cogna de son poing fermé contre la cloison. Il ne voyait pas comment elle pourrait s'en tirer toute seule. Elle n'était pas capable de veiller sur elle-même. Brusquement, la porte s'ouvrit. Elle entra, porteuse d'une tasse de café. Il lui sourit avec gratitude :

— Merci. J'en avais besoin.

— Comment ça se passe ?

— Pas trop mal. Nous sommes dans le canal principal de sortie des marais. Le plus complexe nous attend. (Il bloqua la barre pour lui montrer la carte.) Le débouché du chenal est cerclé de bancs de sable. Le dernier passage qui mène à la mer est assez étroit. Si Kossov est devant nous, et j'espère qu'il ne l'est pas, c'est là qu'il nous attend.

Elle hocha la tête, très grave :

— Mais ce ne serait pas dangereux d'essayer de naviguer dans tous ces goulets ?

— Ça dépend, répondit-il en haussant les épaules. S'il est là, il faudra que je réfléchisse à une autre solution.

Il regarda de nouveau la carte.

— Dès que nous serons en mer, reprit-il, nous n'aurons plus de soucis à nous faire. Le *Hurrier* montrera son dos à la baignoire de Kossov, à moins qu'elle n'ait quelque chose de très particulier dans sa chambre des machines.

— Et après ?

— Après, vogue la galère. Le cargo de Charlie devrait être à l'heure. Le temps a été suffisamment calme.

— Et votre *Hurrier* ? Qu'est-ce qui va lui arriver ?

Les traits de Hagen se crispèrent :

— Il me faudra l'envoyer par le fond, j'en ai peur.

— Mark ! s'exclama-t-elle avec un étonnement scandalisé. Vous ne couleriez pas votre propre bateau, quand même ?

— Et pourquoi pas ? Je ne puis plus rien faire d'autre. Que je sois damné si j'accepte de le laisser à Kossov et à ses petits camarades. Je préfère qu'il repose sur le lit de l'océan... Et, croyez-moi, c'est assez profond, au large de cette côte. Quand il coulera, il mettra longtemps à descendre.

Elle s'appuya au panneau vitré pour contempler la pluie :

— C'est plutôt sinistre, non ? Quand on l'a possédé pendant aussi longtemps, un bateau doit être pour vous comme un être vivant.

Il lui sourit, les traits assombris :

— Si je pouvais le sauver, je le ferais, mais je ne peux pas prendre le risque d'une traversée de retour. Pas avec l'or à bord, de toute façon. (Il éclata de rire.) Ça pourrait être pire. Après tout, je n'aurai plus besoin de lui, désormais. Je vivrai dans un univers différent.

— Que ferez-vous ? demanda-t-elle avec calme. Où irez-vous ? En Amérique ?

Il secoua la tête :

— Non, je ne crois pas. J'y connais trop de gens. Je ne serais pas le bienvenu dans la bonne société. (Il rit, en allumant une cigarette.) J'envisage plutôt d'aller en Europe. Pas en Angleterre, évidemment... Les impôts ont fini par la tuer. Non. En Suisse ou en Irlande. (Sa voix se raffermit.) Probablement en Irlande. Maintenant, c'est un pays formidable.

— Qu'est-ce que vous y deviendrez ? Propriétaire terrien ?

Il y avait une nuance de moquerie dans la voix de la jeune fille.

Il sourit :

— Oui, quelque chose comme ça. Un domaine tranquille près de la mer me conviendra très bien, et le monde pourra tourner sans moi. Ces derniers temps, j'ai eu assez de ce qu'il offre de pire pour le restant de mes jours.

Elle acquiesça avec lenteur :

— Oui, je ne vous le reproche pas. C'est un beau rêve.

Il fut envahi par la tendresse. Il se tourna vers elle. La tristesse qu'il lut sur son visage lui serra le cœur.

— Venez avec moi, mon ange, lança-t-il, pressant. Nous pouvons le vivre ensemble. Il n'est pas utile que cela reste un rêve.

Elle secoua la tête :

— Non, Mark, non ! Ça n'est pas possible.

Elle se détourna et saisit frénétiquement la poignée de la porte.

— Mais pourquoi ? s'étonna-t-il. Je ne peux pas vous laisser comme ça à Macao. Je penserais tout le temps à vous.

— Ainsi, vous vous sentez responsable de moi ? Pourquoi donc ?

— Il n'y a pas que ça. (Il se sentait soudain gêné.) Il y a bien plus que ça.

Il s'avança et lui toucha l'épaule. Elle recula vivement :

— Non, il ne faut pas, Mark. Voyez-vous, je vous aime. Je pensais que cela suffisait. Mais ça ne suffit pas. Je me suis aperçue que j'avais aussi besoin de vous respecter. Et, les choses étant ce qu'elles sont, je ne le peux pas.

Elle ouvrit la porte et sortit avant qu'il n'ait pu répliquer.

Un moment, il s'appuya lourdement à la barre, regardant la pluie sans la voir. Il pensait à elle. La situation n'était pas belle, mais il avait toujours su, depuis le début, qu'il lui jouait un sale tour. Il se redressa et, d'un haussement d'épaules, il chassa ces idées. Au diable tout cela, se forçait-il à croire. C'était ainsi, un point c'est tout. Il lui avait proposé une part, et il faudrait bien qu'elle la prenne, qu'elle le veuille ou non. Après ça, elle devrait prendre soin d'elle-même. Alors qu'il levait les yeux pour voir l'heure, les moteurs éternuèrent, toussèrent et leur ronronnement se tut.

Brusquement, il régnait un silence effrayant. Il n'y avait plus que la pluie qui tambourinait sur le toit de la timonerie. Hagen tenait toujours la roue. Il jura et sortit sur le pont.

Quand il passa devant la porte de la cabine, Rose sortit la tête :

— Qu'est-ce qui se passe ? demanda-t-elle, l'air inquiet.

Il agita la main :

— Comment diable le saurais-je ?

Il s'engagea sur l'échelle de la chambre des machines.

O'Hara était à genoux, dans un coin. Lorsque Hagen s'agenouilla à côté de lui, il lui fit triste mine :

— Un des tuyaux d'arrivée du mazout, mon garçon...

Hagen jeta un coup d'œil :

— Sacré bon Dieu, on n'avait pas besoin de ça.

Le tuyau était fendu sur plus de dix centimètres.

— C'est ça qui arrive, quand on fait confiance à des métèques, grinça O'Hara. Je me souviens que vous avez acheté ce tuyau à Hong Kong, chez un Indien, à la moitié du prix habituel.

Hagen grogna :

— On s'en fout, maintenant. Remue-toi, pour l'amour de Dieu. Essaie de colmater avec de l'adhésif. Il me suffira que ça tienne à peu près une demi-heure.

Il se remit debout et remonta sur le pont.

Rose, de la main, essuyait son visage trempé de pluie :

— C'est grave ?

— Assez, oui. Et c'est ma faute. J'avais dû monter un tuyau à bon marché, il y a quelques mois, parce que j'étais fauché. Et cette saloperie était défectueuse. Ça a lâché.

— On peut réparer ?

Il acquiesça :

— O'Hara s'en occupe, expliqua-t-il. Il arrivera peut-être à l'arranger pour nous remettre en route.

Elle regardait par-dessus son épaule. Soudain, elle poussa un cri d'alarme :

— Faites vite, Mark. Nous allons nous échouer.

Il pivota sur lui-même et aperçut le dos allongé d'un banc de sable qui se dessinait dans la brume. Il se précipita dans la timonerie, où il tourna la barre en toute hâte. Le courant les poussa doucement vers la rive. Il y eut un léger choc, puis tout s'arrêta. Hagen revint sur le pont pour rassurer la jeune fille :

— Ne vous inquiétez pas. Les moteurs nous tireront facilement de là. Nous sommes mieux qu'à la dérive.

Il alla à l'écoutille de la chambre des machines. Il avait déjà posé un pied sur l'échelle quand Rose se mit à crier :

— Stop !

Il se retourna, surpris.

— Je crois que j'ai entendu quelque chose, ajouta-t-elle.

Ils s'appuyèrent au bastingage pour écouter ensemble. Peu à peu, malgré la brume et la pluie, Hagen distingua un bruit de moteur qui se rapprochait de seconde en seconde. Rose allait parler. Il lui fit signe de se taire. Le bruit s'enflait progressivement, jusqu'à sembler leur arriver dessus. Puis il commença à s'atténuer. Traversant le brouillard, un remous très net vint frapper la coque.

— Bon Dieu, ce n'était pas loin, siffla Hagen.

Tout à coup, le moteur de l'autre bateau fut coupé. Le silence retomba.

— Qu'est-ce que ça veut dire ? interrogea Rose. Pourquoi ont-ils stoppé ?

Hagen réfléchit un moment, avant de retourner dans la timonerie pour y consulter la carte. Ensuite, il enleva son caban.

— Je ne pense pas que nous soyons si près que ça du chenal, dit-il.

Derrière lui, Rose demandait :

— Qu'allez-vous faire ?

Il enleva ses chaussures et passa sur le pont.

— Mark, que faites-vous ? insista-t-elle d'une voix marquée par la peur.

Sous les pieds de Hagen, le pont était froid. La pluie tombait sur ses épaules nues. Il frissonna :

— Je m'en vais nager un peu. Ne vous inquiétez pas. Je sais ce que je fais.

Il franchit le bastingage pour entrer dans l'eau. Le froid le saisit. Enfin, ses pieds touchèrent le sable. Il sourit à la jeune fille, dont le visage reflétait la frayeur, et s'élança.

Il sortit de l'eau pour monter sur le banc de sable qu'il suivit dans le brouillard jusqu'au moment où il ne vit plus le *Hurrier*. Il se mit à courir, et son sang circula de nouveau. Deux fois, il dut se remettre dans une eau assez profonde, mais c'était relativement facile. Après avoir alternativement marché et nagé pendant six ou sept minutes, il entendit des voix. Il ne bougea plus. Il écouta attentivement, puis il repartit de l'avant, mais avec plus de prudence. Une voix s'éleva de nouveau dans le brouillard, plus loin sur la gauche. Hagen rentra dans l'eau et commença à nager.

C'était très froid. Un fort courant l'entraînait, plus puissant qu'il ne l'avait pensé. Il était sur le point de faire demi-tour lorsque devant lui, une forme apparut dans la brume. C'était la vedette de Kossov. Hagen l'observa un moment, puis il s'éloigna.

Il lui était difficile de vaincre le courant. Pendant quelques pénibles secondes, il redouta de s'être trompé. Mais ses pieds touchèrent bientôt le fond. Le banc de sable émergeait devant lui. Il commença à courir, sur un rythme régulier. Il lui fallut cependant plusieurs minutes pour retrouver l'empreinte de ses pas, où il était entré dans l'eau. Il fit une pause. Dans le lointain, les moteurs de la vedette de Kossov, remis en marche, rugirent. Leur bruit s'éloigna en direction de la mer. Hagen reprit sa course, projetant des éclaboussures car la marée était montante.

Revenir au bateau lui prit plus de temps qu'il ne l'avait imaginé et il pensa de nouveau s'être trompé. Le brouillard paraissait s'être densifié. Ce fut avec soulagement qu'il distingua enfin les superstructures du *Hurrier*. Il se hissa à bord. Rose et O'Hara, anxieux, l'attendaient sur le pont. Il ignora leurs questions, pénétra dans la timonerie et examina la carte. Soudain, on lui posa une couverture sur les épaules. Il se retourna et remercia la jeune fille d'un sourire.

— Il faisait diablement froid, là-dehors, dit-il.

— Vous avez vu l'autre bateau ?

Il hocha la tête :

— Oui, c'était celui de Kossov. Je ne sais pas pourquoi ils ont stoppé. Il va nous attendre à l'embouchure.

— Ça se présente mal, gémit O'Hara.

Mais, l'index sur la carte, Hagen grognait de satisfaction.

— Il y a un chenal, ici. Par endroits, c'est peu profond. Mais la marée monte, et ça fait toute la différence. Il faudra quand même que je patauge encore, conclut-il avec une sorte de détachement.

— Pourquoi ? demanda Rose. C'est dangereux, et l'eau est glaciale. Vous allez attraper une pneumonie.

Il haussa les épaules :

— Il faut le faire. Je dois passer devant pour découvrir la partie la plus profonde du chenal. On ne peut pas se fier à la carte. Les bancs de sable ont la mauvaise habitude de se déplacer.

— Mais est-ce que nous éviterons Kossov, si nous prenons cette autre sortie ? interrogea-t-elle encore.

Il réfléchit :

— Peut-être, si nous avons de la chance. Nous passerons très près du chenal principal. Si près que s'il n'y avait pas de brouillard, ça ne vaudrait même pas la peine de tenter le coup. Espérons qu'il nous cachera. Sinon, nous serons forcément repérés.

O'Hara avait écouté avec une expression soucieuse.

— J'ai réussi à reboucher ce tuyau, mon garçon, lâcha-t-il. Mais ça tiendra pas longtemps. Où que nous allions, il vaut mieux y aller vite.

Hagen lui tapa sur l'épaule :

— On passe par là, O'Hara. Prends la barre et suis-moi. Quoi qu'il arrive, tu avances à toute petite vitesse et tu ne me lâches pas des yeux. Si nous restons coincés là-dedans, nous offrirons de belles cibles à Kossov quand la brume se lèvera.

Il rejeta la couverture, adressa un sourire à Rose et se remit à l'eau. Le chenal qu'il recherchait coupait le banc de sable à une centaine de mètres. O'Hara fit démarrer les moteurs et arracha le *Hurrier* au banc de sable. Il vira pour pouvoir suivre une route parallèle à celle de Hagen. Le banc de sable s'enfonçait sous les eaux. Hagen s'avança avec prudence, jusqu'à avoir de l'eau à hauteur de poitrine. Il agita le bras. O'Hara fit décrire une courbe serrée au bateau, qui entra lentement dans le chenal.

Hagen avançait à la nage dans les hauts fonds, sondant la profondeur avec ses pieds tous les quelques mètres. Derrière lui, le

Hurrier progressait avec régularité, suivant scrupuleusement sa trace zigzagante. Le froid était perçant. Au bout de vingt minutes, Hagen se sentait complètement paralysé. Finalement, son cerveau lui-même en fut affecté. Une sorte d'instinct aveugle, né du désespoir et de la nécessité, le poussait seul à continuer à sonder et à suivre le chenal. À un moment donné, le bateau s'échoua sur un banc de sable, en un endroit où le passage décrivait un coude particulièrement accentué, mais O'Hara parvint à le remettre à flot sans grande difficulté.

Hagen prenait conscience que l'eau lui arrivait maintenant au visage. Tout à coup, il n'eut plus pied. Il lui fallait à tout prix nager, mais ses membres, comme plombés, se mouvaient lentement. Il s'enfonça. La panique s'empara de lui. Puis quelque chose le heurta et des mains l'attrapèrent par les cheveux. À l'aveuglette, il leva le bras. On prit ce bras, on le hissa et on l'allongea sur le pont.

O'Hara le regardait, souriant de tous ses vieux chicots :

— Vous avez gagné, mon garçon. Ce salaud l'a dans l'os.

— Christ, que j'ai froid, marmonna Hagen.

Rose l'enveloppa dans une couverture. Il se leva pour ordonner à O'Hara :

— En avant toute. Fais-lui donner tout ce qu'il a dans le ventre. Et ne t'inquiète pas du boucan. Avec son baquet, Kossov ne pourra jamais nous rattraper.

Le vieux sourit et effectua un simulacre de salut. Hagen, douloureusement, descendit à la cuisine. Il revêtit un sweater et un pantalon secs. Du café chauffait sur le réchaud. Rose lui en remplit une grande tasse, à laquelle elle ajouta du cognac.

— Voilà, buvez ça, commanda-t-elle. Je ne sais pas comment vous avez pu le supporter.

Le bateau frémit de toutes ses membrures et se souleva lorsque O'Hara le lança à pleine puissance. Le vacarme des moteurs ne tarda pas à se stabiliser en un grondement régulier. Hagen leva sa tasse.

— L'adieu d'un marin au camarade Kossov, sourit-il.

À l'instant où il portait le récipient à ses lèvres, les moteurs eurent des ratés, toussotèrent, puis remontèrent en régime avant de s'arrêter tout à fait.

Le visage de Rose devint mortellement pâle dans le silence qui s'ensuivit. Hagen reposa lentement sa tasse sur la table et se dressa :

— Si ce salopard ne nous coince pas maintenant, c'est qu'il ne le mérite pas.

Il quitta la cuisine d'un pas vif pour regagner le pont.

13

Dans la chambre des machines, O'Hara s'était agenouillé dans un coin. Une odeur d'huile chaude avait tout envahi. La peur colorait de gris le visage du vieux. Hagen s'accroupit à côté de lui.

— Qu'est-ce qui s'est passé ?

Le vieil Irlandais s'épongeait le front à l'aide d'un chiffon graisseux :

— C'est la fissure. Elle s'est agrandie. Les vibrations... Il fallait s'y attendre.

Hagen jura à mi-voix, puis il essuya le tuyau pour pouvoir l'examiner. Il hocha lentement la tête et s'assit sur ses talons :

— Ça ne me plaît pas.

— Qu'est-ce que nous pouvons faire, mon garçon ? demanda O'Hara d'un ton désespéré.

On bougeait sur le pont. La tête de Rose Graham passa par l'écoutille.

— Ça ira, Mark ? demanda-t-elle, anxieuse.

Hagen haussa les épaules :

— Je ne peux pas encore vous le dire. Il se passe des choses là-haut ?

— Rien du tout. Je n'entends même plus leur vedette.

Hagen avait fait son choix.

— Ça te prendrait combien de temps pour dévisser ce tuyau et le ressouder ?

O'Hara fronça les sourcils :

— Trop longtemps, mon garçon. Dix minutes pour le sortir, vingt minutes pour le souder, et encore dix minutes pour le remettre en place.

— Une quarantaine de minutes. Ça n'est pas si mal. Vas-y.

— C'est trop long, répliqua l'Irlandais sur un ton aigu qui disait sa peur. On va rester là comme des canards posés.

Hagen le saisit aux épaules et le secoua férocement :

— Réfléchis un peu. Si nous mettons du chatterton sur ce

tuyau, il tiendra peut-être vingt minutes. Mais si le cargo ne se pointe pas, hein ?... Il peut se passer n'importe quoi.

Il relâcha l'Irlandais qui, muet, hocha la tête un moment, avant de concéder :

— Vous avez raison. (Il respira profondément et carra les épaules.) Vous bilez pas, mon garçon. Je vous goupillerai ça. Mais vous feriez mieux de remonter sur le pont. Au cas où.

Hagen, rassurant, sourit et lui tapa sur l'épaule.

— Toi, ne t'en fais pas. On y arrivera. Nous ne sommes pas allés si loin pour finir par baisser les bras.

Il grimpa en hâte sur le pont.

— Écoutez, Mark, lui dit Rose comme il apparaissait. Je crois que j'entends quelque chose.

Le flux soulevait le bateau. On n'entendait que les vagues qui frappaient la coque. Appuyé au bastingage, aux aguets, Hagen finit par percevoir le bruit d'un moteur, au loin. Des deux mains, il agrippa le bastingage.

— Dites à O'Hara de faire aussi peu de bruit que possible, souffla-t-il.

Rose Graham disparut par l'écoutille et Hagen entra dans la timonerie pour y prendre le pistolet mitrailleur. Il se tint près du bastingage et écouta le grondement qui se rapprochait. On ne pouvait le confondre avec aucun autre.

— C'est Kossov ? demanda Rose, qui l'avait rejoint.

Hagen hocha la tête.

— Ça y ressemble, dit-il avec rage. Il doit nous avoir entendus.

— Il n'aurait pas pu ne pas nous entendre, trancha-t-elle. Qu'est-ce qu'il va faire ?

Il cala la crosse de son arme au creux de son bras, puis alluma une cigarette dans ses deux mains en écran :

— C'est très simple. De deux choses l'une. Ou bien il a compris que nous avons une panne, ou bien il sait que nous attendons quelqu'un. Il connaît à peu près notre position. Tout ce qu'il a à faire, c'est de balayer les environs dans le brouillard, dans toutes les directions, jusqu'à ce qu'il nous découvre.

Elle tourna vers lui un visage inquiet et scruta anxieusement le brouillard. Ils écoutèrent le grondement de la vedette se rapprocher de plus en plus. À un certain moment, il fut tout proche. Hagen eut alors l'espoir fou que Kossov les avait ratés et qu'il leur restait encore une chance. Mais le bruit s'amplifia, comme si la vedette du Russe chargeait dans la brume. Il força la jeune fille à s'allonger sur le pont et s'accroupit près du bastingage.

La vedette fonçait droit sur eux. Mais, au dernier moment, elle vira pour couper leur ligne de retraite. Soudainement, l'air vibra du claquement de mitrailleuses. Hagen se coucha pour éviter les balles qui balayaient le pont. Les panneaux vitrés de la timonerie éclatèrent. À cet instant, il bondit sur ses pieds pour lâcher une longue rafale en direction des deux hommes accroupis derrière leur arme lourde automatique, à l'arrière de la vedette de Kossov. Il entendit un hurlement étouffé. Quand la vedette repartit dans la brume, il eut la satisfaction de voir l'un des deux servants basculer dans la mer.

Le bruit de la vedette s'atténuait.

— Descendez, hurla-t-il à Rose. La prochaine fois, ils emploieront leur grosse artillerie.

Il se rua dans la timonerie et en rapporta la caisse de grenades.

Apparemment, le bâtiment du Russe avait viré largement pour zigzaguer ensuite dans la brume. Hagen attendait, impatient. Il eut le temps de noter que Rose s'était allongée à côté de lui, un Garand à la main. Avant qu'il puisse seulement entamer une discussion, la vedette fonçait à nouveau sur eux. Deux remplaçants s'étaient installés derrière la mitrailleuse. Cette fois, ce fut Hagen qui ouvrit le feu, en arrosant la timonerie de l'adversaire dans le faible espoir que Kossov s'y trouvait. Mais il dut bientôt plonger sur le pont sous la grêle de plomb qui balayait le bastingage. De nouveau, la vedette vira sec. Au moment où elle frôlait la poupe du bateau, Hagen, d'un mouvement précis, lança une grenade. La vedette se resserrait, et la grenade roula vers le bastingage, mais avant qu'elle ne tombe à la mer, elle explosa. Quand la fumée se fut dissipée, la mitrailleuse et ses deux servants avaient disparu. L'embarcation du Russe se perdit dans la brume, et le silence revint.

Rose essuya le sang qui coulait sur son visage.

— Je crois que j'ai été touchée par un éclat, se borna-t-elle à constater.

Hagen, inquiet, se hâta de la rejoindre :

— Laissez-moi regarder. (L'une des joues de la jeune fille avait été profondément entamée.) Venez dans la timonerie. Je vais vous mettre un pansement.

La tête d'O'Hara surgit de l'écoutille :

— On est encore en un seul morceau ?

— Retourne à ton boulot ! aboya Hagen.

Le vieil homme redisparut dans la chambre des machines. Hagen conduisit la jeune fille à la timonerie. D'un tiroir en miettes, il sortit un rouleau de pansement adhésif :

— Il faudra que ça suffise pour le moment. (Il en coupa une bande qu'il appliqua sur la plaie.) Alors, ça va ?

Elle parvint à sourire :

— C'est mieux. Mais qu'est-ce qui va se passer maintenant ?

Il alluma une cigarette, dont il souffla calmement la fumée :

— Je ne crois pas qu'ils vont nous charger encore comme des fous. D'abord, ma grenade doit les avoir secoués. Et ensuite... ensuite, il ne peut pas prendre le risque de nous couler. Ça voudrait dire que l'or disparaîtrait.

Il passa sur le pont pour scruter la brume.

— Non, reprit-il. Nous n'avons plus qu'à attendre leur prochaine visite en espérant qu'O'Hara pourra bricoler ce tuyau.

La visibilité restait inférieure à trente mètres. La pluie, un instant apaisée, redoubla. La voix qui jaillit de la brume surprit Hagen :

— Commandant Hagen !... Pourquoi n'abandonnez-vous pas ? Vous ne pourrez pas vous en sortir.

Hagen rassura Rose, en souriant :

— Il se sert d'un haut-parleur. Je me demande à quoi joue ce verrat.

Il haussa le ton pour lancer :

— Allez vous faire foutre, Kossov !...

Il y eut un silence de quelques secondes. Hagen se demandait si le Russe avait entendu sa réplique. Mais Kossov continuait :

— Vraiment, cher ami, vous vous conduisez comme un étourdi. Vous ne souhaitez certainement pas qu'il arrive malheur à notre jeune fille ?

Hagen se pencha vers Rose :

— Ça, c'est louche. On dirait qu'il essaie de gagner du temps. Je me demande ce qu'il peut bien garder dans sa manche.

— Allons, commandant, reprenait le Russe avec une nuance d'impatience. Soyons raisonnables. Tout ce que je demande, c'est l'or. Vos vies vous appartiennent.

Un léger choc ébranla la coque du *Hurrier*. Rose Graham pivota sur elle-même et hurla :

— Attention, Mark !... Derrière vous !...

Hagen se retourna pour faire feu, l'arme à la hanche. L'homme qui avait déjà sauté sur le pont fut projeté par-dessus le bastingage. Mais le pistolet mitrailleur de Hagen s'enraya. Il le lâcha en jurant et se précipita sur un deuxième soldat. L'homme céda avec un gémissement. Hagen souleva son corps inanimé pour le jeter à l'eau. Un petit canot pneumatique se gonflait sur la mer. Il prit soin de l'amarrer par une longueur de cordage.

La jeune fille était livide de peur. Sa voix tremblait :

— Je ne peux pas en supporter davantage.

Avant qu'il ait pu répondre, le grondement du moteur de la vedette s'éleva dans la brume. Il s'accroupit. Le bâtiment longea leur proue en les balayant du feu d'armes de petit calibre. Hagen n'eut que le temps de coucher Rose à côté de l'écoutille et de la couvrir de son propre corps. Quand le bruit se fut évanoui dans le lointain, il se hâta de se remettre debout et de relever la jeune fille :

— Ça va ?

— Oui. Un peu secouée. Mais je peux me débrouiller.

Il retourna vivement à la timonerie dévastée pour recharger le pistolet mitrailleur, mais il s'arrêta sur le seuil. Les cloisons étaient piquetées de trous. La roue de la barre avait à moitié éclaté. Le tableau de contrôle n'était plus que débris. La peur le paralysa durant une seconde, mais il trouva le courage d'avancer et de regarder les commandes.

— Tout marche ? demanda avec anxiété Rose, restée dans l'encadrement de la porte.

— La barre fonctionne encore, et c'est tout ce qui compte, soupira-t-il, soulagé.

Il retourna sur le pont pour introduire un nouveau chargeur dans la culasse de son arme.

— Nous ne pourrons pas continuer comme ça pendant très longtemps, dit la jeune fille.

Sa voix, brouillée par la peur, chevrotait. Hagen se retourna, mais la voix de Kossov traversait de nouveau les rideaux de pluie.

— Alors, commandant, vous avez retrouvé le sens commun ? demandait-il.

Hagen ne réagit pas et il poursuivit :

— Il est évident que votre bateau ne peut plus bouger, mais je vais me montrer généreux. Je vous donne encore un quart d'heure de réflexion. Quinze minutes, cher ami. Réfléchissez vite.

Le haut-parleur se tut. Il n'y eut plus que la pluie qui martelait la surface des eaux.

Hagen se pencha sur l'écoutille pour appeler O'Hara :

— Il y en a encore pour combien de temps ?

Le vieux se redressa. D'une main, il tenait un chalumeau et, de l'autre, il épongeait sa sueur.

— Je suis encore en train de souder. C'est presque fini. Plus que quinze ou vingt minutes... Je sais pas.

Avec lenteur, Hagen s'accouda au bastingage. Il aurait dû savoir, pensait-il, que tôt ou tard, un homme épuise les réserves de la bonne fortune. Désespéré, la mine défaite, il fixait le brouillard dans la direction de la vedette du Russe. Mais il se souvint. Du poing, il frappa le bastingage.

— Nous avons encore une chance, annonça-t-il d'une voix où l'espoir était revenu. Une très petite chance. Mais ça peut marcher. (Il se tourna vers Rose.) Demandez donc à O'Hara de me trouver un rouleau de câble électrique... Il y en a dans la chambre des machines, je ne sais pas où. Et qu'il se dépêche.

Il bondit dans la cabine, pour en revenir avec la caisse qui contenait son équipement de plongée. Pendant qu'il l'ouvrait, Rose revint avec le câble demandé.

— C'est ce que vous vouliez ? demanda-t-elle.

Il acquiesça, tout en enlevant son sweater.

— Qu'est-ce que vous allez faire ? insista la jeune fille. Vous n'allez quand même pas nager dans ces eaux-ci ?

Il enfila le harnais à bouteilles :

— Je n'ai pas le choix.

Un instant, il crut qu'elle allait entamer une polémique. Mais elle se contenta d'un petit sourire :

— Très bien, Mark. Faites comme vous voulez.

Elle l'aida à boucler les fixations.

Enfin prêt, Hagen se leva :

— Maintenant, écoutez-moi bien. Parce que je n'aurai pas le temps de me répéter. Je vais m'enrouler le bout de ce fil au poignet. Vous le déviderez à la demande. J'ai pris le peu de plastic qui nous reste. Mon intention, c'est de régler son compte à l'ami Kossov, et une bonne fois pour toutes.

— Que Dieu vous aide, murmura-t-elle, pendant qu'il mettait en place les détonateurs, qu'il nouait le fil à son poignet droit, et qu'il refermait la ceinture dont les étuis contenaient l'explosif.

Il se remit à l'eau sans attendre. Un court instant, il la fixa. Elle frissonna et se contraignit à sourire. Il régla le débit d'oxygène et disparut sous la surface.

Pour se diriger, il n'avait que le relèvement approximatif de la vedette, mais il savait qu'elle n'était pas loin. Juste à la limite de la visibilité, sans doute. Il nageait rapidement, en poussant sur ses palmes, et il ne lui fallut que deux ou trois minutes pour pénétrer dans la brume. Il sonda le fond avec lenteur, en regardant autour de lui. Le bateau du Russe n'était pas en vue. La chance tournait. Soudain, la voix de Kossov retentit dans la brume :

— Il ne vous reste que huit minutes, commandant. Huit minutes.

Sans perdre une seconde, Hagen replongea, en effectuant un léger changement de direction. Bientôt, la quille de la vedette se dessina sous l'eau. Il se propulsa vers l'arrière, afin de pouvoir coller le plastic sur la poupe, en un point situé sous l'hélice. Il enroula son câble autour du gouvernail et enfonça les détonateurs dans l'explosif. Toute cette opération ne lui avait pas pris plus de trois minutes. Il effectua un rapide demi-tour et revint au *Hurrier* en suivant le câble.

Sa nervosité et sa peur lui faisaient oublier le froid. Il sut puiser dans des ressources inconnues pour nager plus vite que jamais. Le câble se relevait. Il buta contre la coque de son bateau. Rose lui tendit la main.

— Non ! cria-t-il. Faites-le sauter tout de suite.

Alors même qu'il en était encore à s'accrocher au bastingage, elle avait fébrilement branché le fil sur la télécommande. Sortant de la brume, on entendit de nouveau la voix de Kossov :

— Je suis désolé, cher ami. Mais ma patience est à bout.

Le moteur de la vedette toussa tout à coup, sous l'impulsion du démarreur. Rose appuya sur la manette. Le tonnerre de l'explosion résonna dans le brouillard, accompagné des cris des mourants. Longtemps, des débris tombèrent en pluie sur la mer, puis ce fut le silence. O'Hara passa la tête par l'écoutille.

— Sainte mère de Dieu, souffla-t-il, choqué. Il a dû couler comme une pierre.

Hagen se dépouillait lentement de ses bouteilles :

— Oui, la poupe a dû se volatiliser. (Il enleva ses palmes et se redressa.) Ça se passe comment, en bas ?

O'Hara réussit à sourire :

— Ça n'a plus beaucoup d'importance. Mais j'ai fini.

Avec lenteur, Hagen hocha la tête. Il se sentait épuisé au-delà de toute limite, proche de l'étourdissement. Il descendit pour se sécher et enfiler un sweater.

— Mark, venez vite ! cria Rose.

En arrivant sur le pont, il entendit que depuis l'eau, on l'appelait d'une voix faible. Il alla au bastingage pour voir Kossov sortir de la brume à la nage. Ils observèrent tous trois l'approche du Russe qui finit par s'immobiliser, se cognant à la coque. Son visage paraissait jaune et vieilli, et il avait l'air à moitié gelé. Il parvint à sourire :

— Je vous ai toujours sous-estimé, cher ami.

Hagen secoua la tête :

— Moi, j'ai eu de la chance. Pas vous. C'est aussi simple que ça.

Kossov hoqueta, avala une grande quantité d'eau, mais réussit quand même à reprendre :

— Vous n'allez pas me laisser me noyer ?

Un instant, Hagen fut tenté de lui répondre d'aller au diable, mais Rose lui toucha le bras :

— Mark, nous ne pouvons pas l'abandonner.

Haussant les épaules, il tendit la main au Russe pour le tirer à bord. Kossov, étendu sur le pont, toussa à la recherche de sa respiration.

— Merci, dit-il enfin. Vous ne le regretterez pas.

— Je me le demande, répliqua Hagen avec un rire bref.

Il se détourna pour regagner la timonerie.

Soudain, on bougea derrière lui.

— Attention ! hurla Rose.

Elle se jeta contre lui et il perdit l'équilibre.

Il se remit vivement sur pied. Rose se tenait entre le Russe et lui. Brusquement, elle chancela, puis tomba en arrière. Hagen bondit pour la prendre dans ses bras. Elle avait du sang sur la poitrine. Kossov reculait, un couteau dans la main droite.

— Il me semble que, même à la fin, je joue de malchance avec vous, commandant, dit-il calmement.

Hagen allait répliquer, mais O'Hara sortait de la timonerie en brandissant le pistolet mitrailleur.

— Espèce de salaud d'assassin, beugla-t-il. Elle en valait dix comme vous.

Il pressa la détente. La volée de balles projeta le Russe par-dessus bord. Quand le vieil Irlandais cessa de tirer, son chargeur était vide.

Hagen souleva doucement la jeune fille dans ses bras pour la descendre dans la cabine. Il l'allongea sur sa couchette et lui glissa un oreiller sous la tête. Comme il allait sortir, elle s'accrocha à son bras :

— Non, ne partez pas. Ne me laissez pas.

Il se dégagea avec autant de douceur qu'il le put.

— Je vais seulement chercher la trousse de premier secours, la rassura-t-il.

Elle se laissa aller contre l'oreiller. Il passa dans la cambuse.

Lorsqu'il revint, O'Hara était penché sur elle.

— Elle s'est évanouie.

Hagen l'écarta et s'assit au bord de la couchette. À l'aide d'une paire de ciseaux de chirurgien, il découpa son sweater et la chemise qu'elle portait en dessous. Il enleva avec précaution le tissu taché de sang. O'Hara eut un haut-le-corps devant la blessure mise à nu. Hagen épongea le sang avec une compresse pour l'examiner.

— Elle a de la chance, dit-il. La pointe du poignard a rebondi sur sa clavicule.

La plaie allait en diagonale de l'épaule gauche à la poitrine.

— C'est moche, s'inquiéta O'Hara. C'est sacrément moche.

Du revers de la main, Hagen essuya la sueur de son front. La blessure avait vilain aspect et l'hémorragie se poursuivait à une vitesse inquiétante. Il lui fallait agir efficacement avant qu'il ne soit trop tard.

— Remonte et fais démarrer les moteurs, ordonna-t-il à l'Irlandais. J'arrive dans deux minutes.

Le vieil homme s'en alla sans un mot et Hagen entassa sur la blessure du coton et des compresses, maintenus serrés par un bandage sommaire qui passait sous l'aisselle et autour du cou. La jeune fille ne cilla pas. Une seconde, il la regarda, avant de sortir.

Les moteurs rugirent au moment même où il arrivait sur le pont. Soufflant de la mer, un fort vent d'est faisait moutonner les vagues, en chassant la brume devant lui. La visibilité s'améliorait de minute en minute. Il entra dans la timonerie et reprit la barre à O'Hara.

— Il faut que nous filions vite, ou bien l'hémorragie la tuera, dit-il.

— Qu'est-ce que vous avez l'intention de faire ? interrogea l'Irlandais.

Hagen poussa les manettes des gaz pour lancer le *Hurrier* en avant :

— Il y a une île rocheuse, à un quart de mille. Elle offre un bon abri. Nous y jetterons l'ancre, et je pourrai faire du travail convenable.

Il poussa les moteurs à plein régime. Le bateau planait au-dessus de l'eau comme un grand oiseau de mer.

— À tribord, mon garçon, à tribord ! hurla soudain O'Hara.

Hagen fit pivoter la barre et mit le cap sur l'île, qu'on distinguait encore à peine sous le brouillard et la pluie.

Il coupa les moteurs, laissant le *Hurrier* courir sur son erre jusqu'à la petite rade. O'Hara sauta sur les rochers et entoura l'un d'eux d'une aussière. Hagen, rassemblant ses forces, redescendit.

Il mit la bouilloire à chauffer sur le réchaud, puis alla sur la pointe des pieds examiner Rose. Le sang suintait du pansement. Il jura à mi-voix. De retour à la cuisine, il alluma une cigarette d'une main un peu tremblante. Il attendit impatiemment que l'eau ait bouilli. Quand ce fut prêt, il la versa dans une cuvette qu'il apporta dans la cabine. Il lava avec soin ses mains qu'il passa au désinfectant.

— Qu'est-ce que vous allez faire ? demanda O'Hara, debout au pied de la couchette.

— Recoudre, répondit brièvement Hagen.

Il s'assit à côté d'elle et commença de couper le bandage. Rose ouvrit lentement les yeux. Elle lui sourit :

— Je vais m'en sortir, Mark ?

Il hocha la tête :

— Vous irez très bien, mon ange. Faites-moi confiance.

Elle referma les paupières.

— Il y a quelque chose que je peux faire ? demanda O'Hara avec timidité.

Hagen acquiesça :

— Lave-toi les mains, et mets-toi à côté de moi. Je veux que tu éponges le sang pendant que je travaille.

Très soigneusement, il enleva les derniers restes du pansement avant de nettoyer la plaie. Il cassa alors l'ampoule de verre qui contenait une aiguille et du catgut. Le sang coulait, très rouge, de la blessure.

— Commence à éponger, intima-t-il à O'Hara.

Rose rouvrait les yeux :

— Je vous aime, Mark.

Hagen sourit :

— Je le sais. Et je vais vous faire mal.

— Ça n'a pas d'importance. Vous m'avez déjà fait souffrir.

Il hocha à peine la tête :

— Ce sera la dernière fois, je vous le promets.

Il se pencha et examina la blessure, hésitant. Elle esquissa un sourire :

— Allez-y, chéri.

Elle referma les yeux.

Il essuya la sueur de son visage et se mit à l'ouvrage. Elle s'évanouit heureusement dès que l'aiguille la toucha. Il ne fallut pas moins de quinze points de suture pour refermer la plaie béante. Quand ce fut fini, Hagen était épuisé, physiquement et mentalement. Il acheva le pansement en fermant la bande par du ruban adhésif.

— Voilà, ça y est, soupira-t-il, soulagé.

— Elle s'en tirera ? s'inquiéta O'Hara d'une voix faible.

Hagen se relevait :

— Elle a perdu beaucoup de sang, mais elle est jeune. Ça va aller.

Il s'empara de ses jumelles et regagna le pont. Sautant sur les rochers, il grimpa jusqu'à trouver un point qui lui permette d'observer commodément la mer et la côte. Dissipé par la forte brise, le brouillard avait complètement disparu. Hagen put distinguer de loin l'approche du cargo de Charlie Beale. Le navire fit lentement route vers le point où la vedette de Kossov avait coulé. Hagen put voir les marins s'aligner le long du bord pour regarder l'épave dans l'eau. Le cargo ne ralentit pas. Il poursuivit sa route vers Macao. Hagen le suivit dans ses jumelles jusqu'à ce qu'il disparaisse à l'horizon. Au bout d'un moment, il entendit une toux discrète. Il se retourna pour voir O'Hara debout près de lui.

— C'était le bateau à Charlie ? demanda l'Irlandais.

— Exact, confirma Hagen.

Il commença à redescendre. O'Hara le suivit :

— Je me trompe si je suppose qu'on retournera pas du tout à Macao ?

Hagen n'hésita qu'une seconde :

— C'est à peu près ça. Tu n'es pas d'accord ?

Le vieil Irlandais sourit jusqu'aux oreilles :

— C'est une sacrée fille, commenta-t-il.

— Espérons qu'ils ont pensé que cette épave était tout ce qui restait de nous, répliqua Hagen.

O'Hara hocha la tête, rembruni :

— Je l'espère. Charlie a le bras long.

Hagen entra dans la timonerie et remit les moteurs en marche. Il sortit de la petite rade machine arrière, puis confia la barre à O'Hara :

— Je pense que nous pouvons tout juste arriver à Haiphong. Tu prends pour l'instant. Je te relèverai tout à l'heure.

Il s'en fut s'asseoir auprès de Rose. Il la regardait en fumant. Au bout d'un moment, elle ouvrit les yeux et lui sourit. La cabine craquait quand le *Hurrier* plongeait dans les vagues.

— Nous sommes repartis ? interrogea-t-elle d'une voix faible.

Il confirma de la tête.

— Macao ? reprit-elle.

— Non. Haiphong. Nous avons juste assez de mazout. De là, nous irons à Saigon.

Elle le fixa sans rien dire, puis ses larmes commencèrent à couler.

— Oh, Mark, je vous aime tant...

Il se pencha pour lui embrasser tendrement la joue :

— Pendant que je vous recousais, il s'est passé une drôle de chose, raconta-t-il. J'ai oublié l'or. En fait, j'avais tout oublié, sauf vous.

— Et Charlie ?

— Que Charlie aille se faire foutre. Nous allons livrer l'or, vendre le bateau et partir. Je n'ai pas peur de Charlie.

— Où irons-nous ? questionna-t-elle. En Irlande ?

— Peut-être. Nous en reparlerons.

Elle lui adressa un sourire heureux. Il lui prit la main. Elle finit par glisser dans le sommeil. Il demeura encore un peu avec elle, avant de remonter et de reprendre la barre.

Le vent avait encore fraîchi. Des embruns s'écrasaient sur les panneaux aux vitres brisées de la timonerie quand le *Hurrier* passait dans une lame. Une mouette rasa le pont et plana au-dessus de l'eau avec un cri aigu. Dans sa main, la barre vibrait. Tout à coup, Hagen sourit. Pour la première fois de sa vie, il avait le sentiment qu'il échappait réellement à la fatalité.

1960

LA DERNIÈRE CHASSE

Traduit de l'anglais par
M. Charvet et Pascal Loubet.

Ce roman a paru sous le titre original :
CRY OF THE HUNTER

Pour Oncle David.

1

Fallon se réveilla brusquement et resta allongé à fixer les ténèbres d'un regard aveugle. La pièce commença progressivement à prendre forme tandis que ses yeux s'habituaient à l'obscurité et il avança une main pour atteindre ses cigarettes sur la petite table de chevet. Il ferma les yeux devant l'étincelle soudaine de l'allumette et inspira une profonde bouffée. Il avait la gorge desséchée et un goût épouvantable dans la bouche. Il grogna et tâtonna dans le noir jusqu'à ce que sa main trouve une bouteille.

Il ôta le bouchon avec les dents et prit une longue gorgée de whisky qui lui brûla l'estomac et le souleva d'une nausée suivie d'une agréable sensation de chaleur. Il se radossa sur son oreiller en poussant un soupir de soulagement.

Les doigts de la pluie frappaient doucement les carreaux comme un spectre. Il jeta un coup d'œil au cadran lumineux de sa montre et vit qu'il était 11 heures et demie. Il se demanda quel jour c'était. Il porta à nouveau la bouteille à ses lèvres tout en réfléchissant à la question. Il était encore habillé : donc, il devait être soûl lorsqu'il s'était couché. Cela, au moins, c'était évident, mais il avait du mal à aller plus loin, car sa mémoire avait le don de lui jouer des tours. Il se dit qu'il devait vieillir et prit encore une généreuse rasade de whisky au goulot. Il se souvint qu'il s'était levé et que la journée s'annonçait belle. Il avait essayé de travailler, mais les mots se refusaient à venir et le whisky ne lui avait été d'aucune aide. Absolument aucune. Mais une chose était sûre : il ne pouvait pas rester à dormir plus d'une journée, puisque sa montre fonctionnait encore.

Une vrille de lierre qu'une brusque bourrasque avait détachée du mur cognait inlassablement contre la fenêtre avec un bruit exaspérant. Il frissonna et porta à nouveau la bouteille à ses lèvres. Elle était vide, aussi la jeta-t-il négligemment sur le plancher et décida-t-il de se lever.

Il écrasa sa cigarette dans le cendrier de la table de chevet et se retrouva seul dans l'obscurité revenue qui commença à l'envahir, à l'envelopper et à peser sur lui d'un poids impalpable, avec une force inexorable et terrifiante. Les ténèbres fondaient sur lui en tourbillonnant et il entendit un étrange chuchotement sifflant qui parcourait ce vide. L'espace d'un instant, il vacilla, au bord de la panique, puis il rejeta violemment les draps et bondit sur ses pieds.

D'une main tremblante, il chercha ses allumettes et une petite flamme jaillit dans la nuit. De sa main libre, il tourna la molette de la lampe de chevet et en approcha l'allumette. La lumière repoussa l'ombre et inonda jusqu'au dernier recoin de la chambre. Il se rassit sur son lit et alluma une autre cigarette d'une main qui tremblait légèrement.

Un instant plus tard, il prit la lampe et se rendit dans la salle de bains. Il ôta sa chemise moite de transpiration et se passa de l'eau froide sur le visage et les épaules. Tout en se séchant, il observa son visage dans la glace. Des yeux sombres, trop profondément enfoncés dans leurs orbites, le fixèrent avec une expression indéchiffrable dont il ne comprenait plus lui-même la signification. L'affreuse cicatrice couturée qui traversait sa joue droite relevait le coin de sa bouche et lui donnait un sourire sardonique et étrangement amer qu'accentuait l'ombre de sa barbe.

Il retourna dans sa chambre et fouilla dans un tiroir dont il finit par sortir une chemise propre. Il l'enfila prestement et la boutonna d'une main qui avait retrouvé son assurance. Puis il reprit la lampe et quitta la pièce. Il traversa rapidement le couloir glacial pour aller à la cuisine. Il prit une brassée de petit bois dans le bûcher et se rendit dans la pièce principale de la maison.

Sa machine à écrire reposait sur une table, près de la fenêtre, et des boulettes de papier froissé jonchaient le sol. Fallon les ramassa prestement et s'en servit pour allumer le feu. Quelques instants plus tard, le petit bois sec brûlait gaiement. Il prit alors des bûches dans la pile de bois placée près de la cheminée et les mit dans l'âtre.

Assis sur ses talons, il contempla les flammes vives. Au bout d'un moment, lorsque le feu brûla régulièrement, il se releva et alla chercher une bouteille de whisky pleine au fond de la pièce, dans une commode. Ensuite, il baissa la mèche de la lampe et s'assit près de la cheminée, un verre dans une main, la bouteille posée par terre à côté de lui.

Les flammes éclairaient les poutres du plafond et projetaient des ombres fantastiques qui se déformaient constamment. Le liquide ambré et doré scintillait dans son verre. Fallon le savoura lentement, réconforté par la chaleur qui coulait en lui. Il soupira de plaisir et de satisfaction et voulut remplir son verre. Tout à coup, un éclair de lumière brilla à la fenêtre, illumina un instant le mur du fond, puis disparut aussi vite qu'il était apparu.

Fallon gagna aussitôt la fenêtre, scruta l'obscurité et la pluie battante. On ne voyait rien. Il allait regagner sa place lorsque surgirent les phares d'une voiture qui remontait la côte. Le véhicule qui roulait lentement parut s'arrêter. Il l'observa quelques instants. Les lumières se remirent en mouvement, puis s'engagèrent dans le sentier qui conduisait à la maison.

Fallon repoussa la machine à écrire et sortit du tiroir de la table un Luger automatique et une torche électrique. Il vérifia le mécanisme de l'arme, ouvrit la porte et sortit sous la véranda.

La voiture s'arrêta à quelques mètres et le moteur stoppa. Un instant, ce fut le silence complet. Fallon attendit patiemment dans l'obscurité, tandis que la pluie tambourinait régulièrement sur le sol. Il entendit l'une des portières s'ouvrir, perçut quelques bribes de conversation, puis la portière se referma, et deux silhouettes s'approchèrent. Elles s'arrêtèrent à quelque distance de la véranda.

— C'est le bout du monde ! Vous croyez qu'il est ici ? fit une voix.

Fallon dégagea le cran de sûreté et cala le Luger contre sa cuisse droite. Il leva la torche et parla d'un ton calme :

— Oui, il est ici.

Le faisceau lumineux perça l'obscurité et se braqua sur le visage étonné de deux hommes.

Après quelques instants de silence, une voix qu'il n'avait pas entendue depuis bien des années demanda :

— C'est vous, Martin ?.

Un instant, Fallon fixa la lumière de la torche sur les visiteurs, puis abaissa le rayon vers le sol.

— Entrez, dit-il. Attention à la marche, O'Hara, n'oubliez pas votre jambe.

Rentré dans la maison, Fallon alluma la lampe. Les deux visiteurs le suivirent et fermèrent la porte derrière eux. Fallon fit volte-face. Se rendant compte qu'il tenait toujours le Luger, il eut un rire bref et le posa.

— Les vieilles habitudes ont la vie dure, dit le plus jeune des deux hommes.

Fallon haussa les épaules.

— Que savez-vous de mes vieilles habitudes ?

L'homme qu'il avait appelé O'Hara se mit à rire :

— Bien répondu, dit-il, bien répondu.

Vieux, les épaules tombantes, il appuyait son corps massif sur une canne.

— Débarrassez-vous de votre manteau et asseyez-vous, dit Fallon.

Il alla chercher deux autres verres sur une étagère.

Le plus jeune aida O'Hara à ôter son pardessus et le vieillard s'assit près du feu avec un soupir de soulagement.

— Est-ce que vous nous offririez une goutte de ce qui est bon ? demanda-t-il à Fallon qui apportait les verres.

Fallon versa une copieuse rasade dans un verre qu'il lui tendit.

— Qui est votre ami ? demanda-t-il.

O'Hara se remit à rire.

— Que je suis mal élevé ! dit-il. C'est Jimmy Doolan. Il y a longtemps qu'il désire faire votre connaissance, Martin.

Doolan sourit d'un air tranquille et tendit la main. C'était un homme calme, petit, il avait des pognes puissantes et l'accent de Dublin.

— J'attendais ce jour avec impatience, Mr Fallon. Depuis mon plus jeune âge, je vous considère comme un héros.

Fallon grogna :

— Drôle de héros ! (Il tendit un verre de whisky à Doolan.) Pour ce que ça m'a rapporté !

Doolan parut surpris. O'Hara se pencha et parla tranquillement :

— Ne me dites pas que vous devenez amer avec l'âge, Martin.

Fallon haussa les épaules et s'assit.

— Amer ? Question de point de vue. C'est un des rares luxes que je puisse encore m'offrir.

Après un moment de silence gêné, O'Hara demanda :

— Et la littérature, ça marche ? Je ne vois jamais rien sortir sous votre signature.

Fallon hocha la tête.

— Et vous ne verrez jamais rien. J'écris des thrillers sous deux noms différents. Ça ne vous intéresserait pas, ça ne m'intéresse pas moi-même. Mais ça me permet de payer les factures et de m'approvisionner en whisky.

Doolan se pencha :

— Vous n'avez jamais eu envie de faire autre chose, Mr Fallon ?

Fallon l'observa un instant, puis sourit.

— Pas spécialement. Que me proposeriez-vous ?

Doolan chercha ses mots :

— Ma foi, ce que vous faisiez autrefois n'était pas si mal.

— J'ai été en prison, lui dit Fallon. Travaux forcés. Vous voudriez que je recommence ?

Il y eut un silence tendu, puis il se leva :

— Que se passe-t-il, O'Hara ? Que me voulez-vous ?

Le vieillard soupira et repoussa, du bout de sa canne, une bûche qui menaçait de tomber.

— L'Organisation a besoin de vous, Martin. Grand besoin.

Fallon sursauta et répandit un peu de whisky contenu dans son verre. Il regarda O'Hara d'un air stupéfait, puis rit sèchement.

— L'Organisation a besoin de moi ? fit-il d'un ton incrédule. Après tout ce temps, elle a besoin de moi ?

O'Hara hocha lentement la tête :

— Parfaitement. On nous a demandé, à Doolan et à moi, de venir vous voir.

Fallon éclata de rire :

— Fantastique ! Absolument fantastique !

Doolan bondit :

— Qu'y a-t-il de si drôle, Mr Fallon ? demanda-t-il d'un air furieux.

— L'Organisation peut parfaitement se passer de moi, dit Fallon. C'est ça qui est sacrément drôle.

Doolan jura et s'adressa à O'Hara :

— Voilà donc le fameux Martin Fallon qui se bourre de whisky et qui pourrit dans une porcherie au fin fond de la campagne ?

Fallon s'avança si vite que Doolan n'eut pas la moindre chance d'esquiver. Il reçut un coup de poing sur la joue droite, trébucha, se prit le pied dans une carpette et tomba lourdement par terre. Fallon le remit debout et le jeta sur un siège.

— Écoutez-moi bien, dit-il d'un ton glacial. Quand j'étais gosse, je ne jurais que par l'I.R.A. Je m'y suis engagé à dix-sept ans. À vingt-deux ans, j'étais chef de l'Organisation pour l'Ulster.

J'étais quelqu'un là-bas. Aujourd'hui, j'ai quarante ans, j'en ai passé neuf en prison. J'ai fait mon devoir pour l'Irlande.

— Allons, voyons, dit O'Hara d'un ton apaisant. Personne ne prétend que vous n'avez pas souffert. Mais ça devrait vous fortifier dans votre résolution de combattre jusqu'à la libération totale de l'Irlande.

Fallon rejeta la tête en arrière et éclata d'un rire féroce.

— Bon Dieu, vous en êtes encore là ! Le pays a toute la liberté qu'il veut. Si les gens du Nord veulent changer les choses, qu'ils le fassent par des moyens légaux. Les bombes ne serviront qu'à leur faire comprendre la chance qu'ils ont d'être débarrassés de nous.

Doolan grogna, secoua plusieurs fois la tête; Fallon lui tendit un verre de whisky que le petit homme assécha d'une seule gorgée. Au bout d'un moment, il se tâta le visage avec précaution et eut un sourire moqueur :

— Vous avez un sacré punch du droit, Mr Fallon. C'est moi qui vous le dis.

Fallon sourit et s'assit :

— Excusez-moi, j'ai perdu mon sang-froid. Mais vous m'aviez touché au point sensible.

— Et c'est une chose que je ne conseillerais de faire à personne, dit Doolan d'un ton convaincu.

O'Hara toussa, puis cracha dans le feu.

— Nous ne serions pas venus vous trouver si nous avions pu faire autrement, Martin. Il s'agit d'une mission désespérée et vous seul pouvez vous en charger. C'est comme ça.

— Vous perdez votre temps, dit Fallon.

Mal à l'aise, Doolan s'agita et demanda d'une voix hésitante :

— Vous voulez dire que vous refusez de nous aider, Mr Fallon ?

Fallon prit une cigarette et l'alluma.

— C'est à peu près ça.

Doolan se retourna vers O'Hara d'un air éperdu.

— Cette vieille fripouille savait parfaitement que je ne lèverais pas le petit doigt, poursuivit Fallon. Il n'avait pas le droit de vous amener ici.

O'Hara leva pieusement les yeux au plafond.

— Mais pourquoi ? demanda Doolan. Vous êtes le plus célèbre de tous. Tout le monde vous vénérait en Irlande.

Fallon hocha la tête.

— Il aurait mieux valu que je me fasse descendre, fit-il d'un ton léger. Je serais devenu un martyr de la Cause.

Doolan poussa une exclamation de dégoût, se détourna. Et Fallon poursuivit d'un ton plus sérieux :

— Quel âge avez-vous, jeune homme ? Combien de fois avez-vous franchi la frontière ? Moi, j'ai passé au moins une existence d'homme de l'autre côté. J'y ai passé plusieurs éternités. J'ai été pourchassé dans tout l'Ulster et dans toute l'Angleterre. Il y a cinq ans, je me suis évadé de la prison de Dartmoor. Pendant trois semaines, avant que je revienne ici, on m'a traqué comme une bête. Oh ! J'ai été un héros jusqu'au jour où j'ai déclaré au Q.G. que c'était fini. O'Hara était là. Il sait bien ce qui s'est passé.

O'Hara hocha la tête. Doolan se pencha et baissa la voix :

— Vous avez entendu parler de Patrick Rogan, Mr Fallon ?

Fallon fronça les sourcils :

— Je l'ai bien connu. Un fanatique cinglé. Il a été abattu alors que la police le pourchassait dans les docks de Belfast.

— Il avait un fils, dit O'Hara avec calme.

— Oui, il avait un fils. On l'appelait Shamus. Il a été tué en 1945 au cours de l'attaque d'une caserne de police, dans le comté de Down. J'ai oublié le nom de l'endroit.

— Il avait un autre fils, dit Doolan. Vous le saviez ? Il était tout môme au moment de la mort de son père. Vous ne lisez pas les journaux, Mr Fallon ?

— Je m'en voudrais !

Doolan eut un bref sourire et continua :

— À Belfast, il y a deux ans, la police a arrêté la plupart des chefs, à la suite d'une rafle. Patrick Rogan n'avait que vingt ans et il n'était pas là depuis longtemps. Mais il s'est montré à la hauteur et s'est révélé le fils de son père. Il a pris la tête de l'Organisation et il a si bien réussi que nous l'y avons laissé.

Fallon haussa les sourcils :

— Ce doit être quelqu'un !

— Oui, Mr Fallon, dit Doolan. Et nous ne pouvons pas nous passer de lui. Il est sur la brèche depuis deux ans. C'est un héros légendaire dans l'Organisation.

Il s'interrompit, et on n'entendit plus que le craquement des bûches dans la cheminée et le bruit de la pluie qui tambourinait sur les vitres.

O'Hara toussa comme un asthmatique, et Doolan reprit d'un ton pesant :

— On l'a capturé avant-hier.

Après un bref silence, Fallon déclara :

— C'est ce qui nous arrive à tous un jour ou l'autre. Il a perdu. C'est tout.

— Il faut que nous le fassions évader, dit subitement O'Hara. Il ne faut pas qu'il passe en justice.

Fallon cligna des paupières et regarda d'abord Doolan qui baissa les yeux, puis O'Hara. Il rit sèchement.

— Qu'est-ce que vous racontez ? Pourquoi ne passerait-il pas en justice ? J'y suis bien passé, moi. En quoi Rogan est-il différent ?

Doolan soupira et dit à O'Hara :

— Il faut lui dire la vérité. C'est inutile de la lui cacher.

O'Hara hocha la tête :

— Je le savais. J'étais certain qu'il ne marcherait pas.

Doolan se tourna vers Fallon.

— Voyez-vous, Mr Fallon, dit-il en cherchant ses mots, comme je viens de vous le dire, Rogan a bien servi son pays. Il a fait du bon travail en Ulster, mais...

— Il n'est pas sûr, coupa O'Hara. S'il passe devant un tribunal, c'est la fin de l'Organisation en Ulster.

Fallon se servit à boire.

— Des années de travail fichues, hein ? dit-il d'un ton glacial. Dommage. Et comment s'y prendrait-il ?

Doolan soupira avec lassitude et s'appuya au dossier de son siège.

— Il est détenu à Castlemore. Hier, nous avons reçu de lui un message nous demandant de le tirer des griffes de la police avant qu'on le transfère à Belfast. Si nous le laissons juger, il pactisera avec la police. Pour obtenir l'indulgence des juges, il vendra l'Organisation en Ulster.

Fallon fronça les sourcils.

— Alors, il est fou ! Il sait très bien que s'il réussit à être acquitté, il sera abattu par l'Organisation. Il ferait mieux de se laisser juger et de prendre son mal en patience.

O'Hara secoua la tête :

— Ce n'est pas une question de patience. Il a descendu un flic et grièvement blessé un autre. On le pendra purement et simplement.

Fallon siffla doucement.

— Alors là, son compte est bon. Les flics ne sont jamais très tendres, mais ils deviennent enragés quand on a descendu un des leurs.

— Vous comprenez pourquoi nous sommes ici, Mr Fallon, dit Doolan. Nous n'avons plus personne là-bas. Personne capable d'accomplir une mission de ce genre.

Fallon eut un rire glacial.

— Et vous vous imaginez que je vais me fourrer dans ce guêpier ? Vous êtes dingue !

— Vous refusez de nous aider ? demanda Doolan.

— Je ne lèverai pas le petit doigt, dit Fallon d'un ton catégorique. Rogan a descendu un flic. Il savait ce qu'il faisait. A lui d'en supporter les conséquences.

Doolan se tourna vers O'Hara, mais le vieillard ne parut pas s'en rendre compte. Le dos rigide, la tête penchée de côté, il semblait tendre l'oreille. Tout à coup, il se leva pour se diriger vers la fenêtre. Il regarda dehors et quand il se retourna, un léger sourire éclairait son visage.

— Ne t'en fais pas, Jimmy, tout va s'arranger. L'ennui avec toi, c'est que tu ne comprends rien aux Irlandais.

Riant dans sa barbe, il retourna s'asseoir près du feu.

Fallon entendit alors le bruit d'un moteur étouffé par la pluie. Il se retourna.

— Quelle entourloupette avez-vous mijotée, O'Hara ? demanda-t-il.

Le vieillard sourit aimablement et sortit sa pipe.

— Aucune, Martin. Question de psychologie. Une bien belle chose ! Il faut évoluer avec son temps.

La voiture s'arrêta devant la maison. Fallon remplit son verre d'une main ferme et l'avala d'une seule lampée.

— Vous perdez votre temps, vieille fripouille, dit-il.

On frappa à la porte. Doolan se leva, les sourcils froncés, et demanda à O'Hara :

— Que se passe-t-il ? Vous ne m'avez rien dit.

O'Hara sourit.

— Une petite idée à moi. (Il hocha la tête d'un air rassurant.) Va ouvrir, Jimmy.

Doolan se dirigea lentement vers la porte qu'il ouvrit. Tout d'abord, Fallon aperçut un homme, puis il comprit qu'une femme s'appuyait au bras du visiteur. Un instant, il crut qu'elle portait une cape, mais lorsqu'elle arriva sous la lumière, il vit qu'un vieil imperméable pisseux lui couvrait les épaules. D'une main, elle tenait une canne pour se guider. Les cheveux d'un blanc de neige brillaient comme une auréole à la lumière de la lampe.

Mal à l'aise, Fallon eut un coup au cœur, et sa main se resserra sur le verre. La femme s'arrêta au milieu de la pièce, et son compagnon recula vers la porte. O'Hara se leva :

— Je suis content que vous soyez venue, Maureen. (Il s'avança et lui prit la main.) Tout ceci doit vous paraître bien étrange. Mais je savais que vous voudriez lui parler avant qu'il aille sauver Patrick.

La femme tourna son visage vers la lumière et fixa l'extrémité de la pièce de ses yeux opaques ; elle était aveugle.

— Où êtes-vous, Martin ? demanda-t-elle.

O'Hara se tourna vers Fallon, sans manifester la moindre émotion.

— Martin, la mère de Patrick Rogan est venue vous voir.

Fallon posa précautionneusement son verre à terre et se leva. Puis il regarda O'Hara avec une expression de mépris, et le vieillard baissa les yeux.

— Je suis là, Mrs Rogan, dit-il en s'approchant.

La femme leva la main et lui effleura délicatement le visage du bout des doigts. La peau tendue et jaune comme du parchemin, elle paraissait infiniment vieille, comme hors du temps, et son visage portait les marques d'une grande souffrance.

— J'ai donné un mari et un fils à la Cause, Martin Fallon, dit-elle. C'est assez.

Il prit doucement la main de la femme dans la sienne.

— Plus qu'assez, Mrs Rogan.

— Vous allez sauver Patrick, dit-elle. Vous le ramènerez à la maison.

C'était une évidence qui n'admettait aucune contradiction. Fallon regarda les yeux vides et inutiles et chercha ses mots pour répondre. Il sentait l'amertume monter en lui ainsi qu'une haine profonde pour O'Hara qui l'avait mis dans cette situation impossible. Comment refuser, à la vue de la souffrance qu'endurait cette femme ? Il tenta de parler puis, comme si elle sentait le trouble de son interlocuteur, une expression de panique passa sur son visage et sa main serra celle de Fallon. On aurait dit qu'elle le voyait avec la profondeur de son âme. Comme elle chancelait, il s'avança pour la soutenir.

— Vous le sauverez, n'est-ce pas ? dit-elle d'une voix angoissée. Il le faut.

Il y eut un silence pesant alors qu'elle attendait la réponse. Fallon sourit et lui pressa doucement la main.

— Je vous le ramènerai sain et sauf, Mrs Rogan, assura-t-il.

Au fond de lui, il savait que, dès l'instant où elle était entrée, les dés avaient été jetés.

Elle poussa un soupir qui semblait très lointain, oscilla encore. Fallon l'aida à reprendre son équilibre.

— Venez vous allonger un moment, lui dit-il.

Elle hocha la tête à plusieurs reprises, s'appuya pesamment sur le bras de Fallon. Doolan s'avança aussitôt pour ouvrir la porte. Ils passèrent dans le couloir, ensuite dans la chambre.

Lorsque Fallon réapparut, O'Hara et Doolan discutaient avec animation.

— Je maintiens que vous lui avez joué un sale tour en vous servant de cette femme, disait Doolan.

O'Hara leva la main :

— Ne me parlez pas de sale tour. Dans ce jeu, tout est permis. Tenez, demandez-le-lui, fit-il en désignant du doigt Fallon qui venait les rejoindre. En son temps, il s'est servi de pareils procédés.

— Oh, il n'a pas tort, dit Fallon à Doolan en se rasseyant. Tout est permis. C'est la seule façon d'y parvenir, mais cette fois, ce sera difficile.

— Et qu'est-ce qui vous fait dire ça ? demanda O'Hara.

— C'est simple : toute l'affaire est vouée à l'échec depuis le début. Est-ce que vous imaginez un seul instant que la police a la moindre intention de laisser quiconque ne serait-ce qu'approcher Rogan ? Il y a trois mille flics là-bas qui n'ont qu'une seule envie en ce moment. Ils veulent voir Patrick Rogan pendu au bout d'une corde et ils feront tout ce qu'ils pourront pour que personne ne se mette en travers de leur chemin.

O'Hara hocha la tête et déclara calmement :

— J'en suis conscient. Je vous ai dit que c'était une mission désespérée, mais s'il y a quelqu'un qui peut s'en acquitter, c'est bien vous. (Fallon eut une exclamation de mépris et le vieil homme pousuivit :) Non, Martin, je suis sincère. Le problème, avec la plupart des hommes une fois qu'ils ont passé la frontière, c'est qu'ils commencent à craquer. Ils prennent tout ça beaucoup trop au sérieux. Tandis que vous, ça ne risque pas de vous arriver.

— Mais vous êtes fou, intervint Doolan, indigné. Je n'ai jamais entendu de ma vie pareille absurdité.

Fallon renversa la tête en arrière et éclata de rire.

— Il a raison, vous savez, dit-il. Ça ne m'est jamais arrivé. (Il jeta un regard au visage courroucé de Doolan et se reprit.) La seule façon de s'en sortir, là-bas, c'est de tout prendre comme un jeu, dit-il. C'est comme la guerre. C'est la guerre. Sauf que ce n'est pas du tout comme le racontent les livres ou les poésies. C'est sale, c'est dangereux et c'est incroyablement bête.

— Et c'est là la seule philosophie qui permette d'accomplir l'impossible, conclut O'Hara.

Fallon se pencha :

— Vous feriez mieux de dire tout ce que vous savez. Où est-il détenu ?

Doolan hocha la tête et sourit :

— C'est à peu près la seule chose satisfaisante, dit-il. Nous avons des renseignements secrets. Il est toujours à Castlemore, mais un ami de l'intérieur nous a prévenus ce matin. On l'emmène à Belfast demain soir par le train postal de 9 heures. Tout se passera avec la plus grande discrétion.

Fallon hocha la tête.

— Parce qu'ils redoutent une tentative stupide de ceux qui se prennent pour des héros.

— Vous aurez besoin de l'adresse de notre Quartier général de Castlemore, dit Doolan.

Fallon secoua la tête :

— Non, merci. D'abord, il ne serait pas prudent que je travaille avec un groupe local. Ma tête est toujours mise à prix deux mille livres. Non, je me débrouillerai seul. C'est le seul moyen.

O'Hara acquiesça d'un air approbateur.

— Vous avez raison, Martin, c'est le seul moyen. Mais il faudra bien que vous trouviez une planque.

Fallon sourit.

— J'en connais une ou deux qui sont sûres. Je m'en suis servi autrefois.

Il se leva, s'approcha de la fenêtre et scruta l'obscurité.

— Quand partez-vous ? demanda O'Hara.

Fallon alluma une autre cigarette.

— Dans une heure. Je passerai la frontière avant qu'il fasse jour. Je prendrai le train laitier de Castlemore à Carlington.

Revenant près du feu, il ajouta :

— Je me donne trois jours au maximum. Si nous nous en tirons, je le ramène directement chez moi. Ce serait trop idiot qu'on l'arrête de ce côté pour le mettre dans le magnifique camp de détention qui vient d'être installé.

O'Hara hocha la tête. Fallon poussa un soupir.

— J'ai été très heureux ici, O'Hara, dit-il. Heureux pour la première fois de ma vie. Si l'occasion se présente, je vous rendrai un chien de ma chienne.

O'Hara sourit :

— Non, dit-il, ce n'est pas votre genre. Ensuite, vous n'avez jamais été heureux ici.

Calme, sûr de lui, il lança à Fallon un regard de défi. Et Fallon comprit tout à coup que le vieillard avait raison.

Il jeta sa cigarette dans le feu et quitta la pièce. Il ouvrit sans un bruit la porte de la chambre et y entra. Le visage calme et reposé sous la lumière de la lampe, Mrs Rogan était en train de dormir paisiblement. Fallon ouvrit l'armoire et en sortit un costume en tweed qu'il revêtit rapidement. Une fois qu'il fut prêt, il décrocha un vieux chapeau de pluie et un pardessus éculé du portemanteau derrière la porte. Il resta un instant auprès du lit à regarder la femme endormie, puis il éteignit la lampe et s'approcha de la fenêtre.

À moins d'un kilomètre de là se trouvait la frontière. Dans quelques heures, il se trouverait en grand danger. La pluie martelait inlassablement la vitre et le vent gémissait dans les branches des arbres comme pour l'appeler. Une brusque étincelle d'excitation jaillit en lui. Il sourit doucement dans l'obscurité, pivota sur ses talons et quitta sans bruit la chambre.

2

Lorsque le train s'arrêta à Castlemore, Fallon dormait dans un coin, son chapeau tiré sur les yeux. Un vieux fermier qui partageait son compartiment depuis Carlington lui donna un coup de coude. Fallon s'éveilla aussitôt et murmura des remerciements.

La gare était pratiquement déserte et quelques passagers descendirent du train. Fallon se dirigea vers le contrôle des billets pendant que des porteurs déchargeaient bruyamment des bidons de lait au bout du quai. Un jeune agent de l'Ulster en uniforme, le revolver fixé sur le côté droit dans un étui de cuir noir, bavardait avec l'employé chargé de récupérer les billets. Il regardait vaguement les voyageurs qui franchissaient le portillon et se couvrit la bouche de la main pour dissimuler un bâillement.

Fallon s'arrêta à l'entrée de la gare, regarda la place balayée par une bourrasque de pluie fine. Tout s'était passé facilement. Trop, presque. Grâce à l'obscurité et au crachin, il avait franchi la frontière sans difficulté. D'un pas rapide, il avait parcouru un kilomètre jusqu'à Carlington. À présent, il se retrouvait en territoire ennemi, avec tous les atouts contre lui. Mais ce n'était plus la même chose qu'autrefois. Il n'éprouvait ni excitation ni tension. Tout lui semblait morne et irréel comme dans un rêve dont il s'éveillerait bientôt. Il serra le col de son manteau autour de son cou et traversa la place sous la pluie.

Au bout de quelques pas, il se rendit compte que quelqu'un le suivait. À une heure aussi matinale, il y avait peu de monde dans les rues. Fallon traversa sans hâte le centre commercial, puis s'arrêta pour allumer une cigarette. Alors qu'il abritait la flamme de ses deux mains, il jeta un coup d'œil dans la rue et aperçut un individu coiffé d'une casquette et vêtu d'une veste de cuir qui s'arrêta brusquement pour regarder une vitrine.

Fallon continua son chemin du même pas tranquille. Une fois qu'il eut quitté l'artère principale, il hâta le pas. Il traversa la chaussée et s'engagea dans une ruelle étroite. À mi-chemin, il s'arrêta pour regarder derrière lui et se retourna. Au carrefour, le gars en veste de cuir l'observait. Fallon accéléra le pas ; il se sentait presque joyeux. L'homme qui le filait n'était pas un policier mais un amateur des plus maladroits. Fallon déboucha dans une rue calme et se plaqua contre un mur. Son poursuivant courait. Le bruit de ses pas résonnait dans la ruelle aux murs de briques. Quand il entendit son poursuivant arriver, Fallon traversa la chaussée et s'avança sur l'autre trottoir.

Il n'y avait personne alentour. La pluie redoublant de violence rebondissait sur la chaussée et transperçait son imperméable. Bientôt, il se trouva devant l'entrée d'une scierie. Après une légère hésitation, il jeta un coup d'œil derrière lui et entrevit l'homme à la veste de cuir qui reculait dans la ruelle. La cour de la scierie, déserte, était remplie de piles de bois. D'étroits couloirs permettaient de circuler dans cette jungle. Fallon fit quelques pas et se dissimula derrière une pyramide de planches de chêne.

Quelques instants plus tard, son poursuivant apparut. Il s'arrêta à l'entrée de la cour, jeta un regard prudent autour de lui, puis entra. Fallon attendit qu'il ait dépassé sa cachette avant d'en sortir.

— Quel temps dégueulasse ! dit-il.

L'homme se retourna subitement, et Fallon le frappa sous le sternum.

L'inconnu s'effondra contre un mur de planches, la respiration sifflante. Sa tête se renversa lorsqu'il chercha à reprendre son souffle, et sa casquette tomba à terre. C'était un gamin de seize ou dix-sept ans aux cheveux roux coupés court. Fallon posa une main sur le cou du jeune garçon et lui maintint la tête en arrière. Il répéta plusieurs fois l'opération, puis recula et attendit. Au bout d'un moment, le garçon présenta un visage livide.

— Vous auriez pu me laisser m'expliquer, dit-il péniblement.

Fallon haussa les épaules.

— Tu m'as suivi et je n'aime pas ça. Qui es-tu d'abord ?

Le môme ramassa sa casquette.

— Tenez. Je l'ai achetée lundi et regardez dans quel état elle est !

Il tenta d'essuyer la boue avec sa manche, jura et remit finalement la casquette sur sa tête.

— Je m'appelle Murphy, Mr Fallon, dit-il. Johnny Murphy. Je vous attendais à la gare. Mais il fallait m'assurer que c'était bien vous.

— Et comment en as-tu été certain ? demanda Fallon.

— À cause de la barbe. On m'a dit de chercher un homme barbu. (Le garçon éclata de rire.) À vrai dire, Mr Fallon, je ne croyais vraiment pas que c'était vous. Je vous imaginais tout autrement.

Fallon sourit :

— Comme tout le monde. C'est un atout très important. (Il sortit une cigarette qu'il alluma avec difficulté sous la pluie.) Comment étais-tu au courant de mon arrivée ? demanda-t-il.

— C'est pas compliqué, dit Murphy. Le chef de l'équipe de nuit du standard téléphonique de Carlington est un ami. Il prend les messages de l'autre côté et les transmet.

Fallon jura.

— J'ai dit à Doolan que je ne voulais pas d'aide. C'est déjà assez difficile sans que les gosses s'en mêlent.

Murphy haussa les épaules et dit d'un ton enjoué :

— Je suis peut-être un gosse, mais il n'y a personne d'autre, Mr Fallon. Les flics ont fait une rafle hier. Heureusement, je ne m'étais pas encore fait inscrire à l'Organisation. On n'a rien trouvé sur moi.

Fallon éprouva un vague sentiment d'inquiétude, et tout à coup, il eut peur. Le garçon le regardait fixement, un léger sourire aux lèvres. Au bout de quelques instants de silence, Fallon se détendit et se mit à rire.

— Si je comprends bien, nous sommes dans un drôle de merdier.

Murphy hocha la tête :

— Quoi, ça vous étonne ? Les flics ont capturé Rogan et n'ont pas l'intention de le laisser filer. S'il y a un type qu'ils ont envie de pendre, c'est bien lui.

Une certaine intonation dans la voix du garçon amena Fallon à lui lancer un regard sévère.

— Tu n'aimes pas beaucoup Rogan, on dirait.

Le sourire du gosse disparut. Il s'obligea à faire bonne figure.

— Il est le chef de l'Organisation pour l'Ulster. Je n'ai rien d'autre à dire.

Fallon le scruta un instant, puis sourit :

— En route ! dit-il. Nous ne pouvons pas rester plus longtemps ici. Les ouvriers ne vont pas tarder à arriver.

Ils s'éloignèrent sous la pluie battante en direction de la rue principale. Fallon réfléchit à la situation qui paraissait grave. En fait, elle ne pouvait être pire.

— On a fait venir des policiers en renfort ? demanda-t-il.

Le garçon secoua la tête.

— Je n'en ai pas vu. Plusieurs inspecteurs de Belfast sont arrivés hier soir. Ils doivent escorter Rogan.

— Combien ? demanda Fallon.

— Quatre, je crois, répondit Murphy, en fronçant les sourcils. Plus, peut-être. Je ne sais pas exactement.

Fallon hocha lentement la tête.

— Non, ils ne sont pas plus de quatre, à mon avis. Le transfert doit avoir lieu discrètement. On ne va pas coller un flic d'un mètre quatre-vingts à toutes les fenêtres du wagon pour ameuter les populations.

Ils arrivèrent dans la grande rue.

— Je ne vois vraiment pas comment vous allez le sortir de là, Mr Fallon, dit Murphy.

Fallon eut un rire bref.

— Pour l'instant, moi non plus. Enfin, j'ai toute la journée pour y réfléchir. (Il sourit à Murphy.) Après tout, c'est peut-être une bonne chose que tu m'aies suivi.

Le visage du gamin se fendit en un large sourire, et Fallon poursuivit :

— De toute manière, il me faudra une voiture.

De son portefeuille, il sortit dix livres qu'il tendit à Murphy.

— Tu peux en louer une ?

Le garçon acquiesça;

— Aucune difficulté. Vous avez besoin d'autre chose ?

— De quel genre ?

— Oh ! Des explosifs et des armes. Il y en a toute une quantité que la police n'a pas trouvée. Dans un endroit sûr.

Fallon hocha lentement la tête :

— J'irai voir plus tard, dit-il. Pour l'instant, je veux simplement que tu ailles chercher la voiture ; qu'elle soit prête et qu'elle m'attende.

Après un instant de réflexion, il ajouta :

— Pendant que tu y es, prends-moi un billet de train. Inutile de traîner à la gare.

— Un billet pour Belfast ? demanda Murphy.

Fallon secoua la tête.

— Non. Pour n'importe quelle station de la ligne. Inutile de jeter l'argent par les fenêtres. (Il regarda la pluie, puis le ciel.) On dirait qu'il va faire ce temps-là toute la journée.

Puis il se retourna brusquement et assena une claque sur l'épaule du gosse.

— Retrouvons-nous ici à 1 heure.

Une expression de surprise apparut sur le visage de Murphy.

— Qu'allez-vous faire d'ici là, Mr Fallon ? Ça n'est pas prudent de rester dans les rues.

Fallon sourit.

— Je vais aller voir un vieil ami.

Son expression se durcit. Il s'approcha du garçon.

— Et n'essaie pas de me suivre, dit-il. Je ne veux pas que cet homme soit mêlé aux histoires de l'Organisation. Compris ?

Le gosse perdit son sourire et prit une mine grave.

— Comme vous voudrez, Mr Fallon. (Il se remit à sourire.) Entendu. À 1 heure pile, je suis là !

Plongeant sous la pluie, il s'éloigna à pas rapides.

Fallon resta quelques minutes à l'abri de la porte cochère en attendant que le garçon ait complètement disparu de sa vue. Puis il releva son col et se lança à son tour sous les trombes d'eau.

Il s'engagea dans une rue latérale qui l'éloigna du centre de la ville, et se perdit dans un dédale de petites rues jusqu'au moment où il eut la certitude que personne ne le suivait. Finalement, il arriva sur une place paisible entourée de vieilles maisons de briques hautes et étroites. Dans un angle de la place se dressait un grand mur dans lequel s'ouvrait un vieux portail de bois dont la peinture s'écaillait par larges plaques. Fallon poussa le portail et entra.

Il se trouva dans un jardin clôturé de murs. Le terrain était en friche et l'allée envahie par les mauvaises herbes. Derrière le rideau de pluie, la masse sombre de la vieille maison s'élevait jusqu'au ciel de plomb. Surpris, il fronça les sourcils devant ce spectacle de désolation, puis remonta lentement le sentier qui conduisait à la porte d'entrée et tira la poignée d'une vieille sonnette.

Le bruit d'une cloche retentit faiblement dans les profondeurs de la maison comme si elle sonnait dans un autre monde. Personne ne répondit. Peu après, Fallon sonna encore une fois. Au bout d'un moment, il entendit des pas s'approcher de la porte. On tira des verrous et la porte s'entrouvrit.

Une jeune fille apparut. Vêtue d'une vieille robe de chambre en poil de chameau, elle avait les yeux ensommeillés.

— Que voulez-vous ? demanda-t-elle.

— Le professeur Murray est-il chez lui ?

Une expression bizarre apparut immédiatement sur le visage de la fille. Fallon expliqua aussitôt :

— Je sais qu'il est très tôt. Mais je suis de passage. J'avais promis à Mr Murray de venir le voir. Je suis un de ses anciens élèves.

La fille le regarda fixement, puis recula et ouvrit le battant tout grand.

— Entrez, dit-elle.

La porte se referma et le vestibule se trouva plongé dans la pénombre. Une déplaisante odeur de moisissure flottait dans l'air, et en suivant la jeune fille d'un pas hésitant, Fallon remarqua qu'il n'y avait plus de tapis par terre. Elle ouvrit une porte au bout du couloir et entra dans une vieille cuisine carrelée. L'atmosphère était chaude et accueillante. Fallon ôta son chapeau et déboutonna son manteau trempé.

— Il fait bon, dit-il.

La jeune femme s'approcha d'un réchaud placé dans un coin de la pièce et alluma le gaz sous la bouilloire. À l'endroit où se trouvait autrefois la cuisinière, il y avait maintenant un poêle à coke moderne devant lequel la femme s'agenouilla pour en vider les cendres.

— Le professeur dort encore ? lui demanda Fallon.

Elle se leva et se retourna vers lui.

— Il est mort il y a quelques semaines. (Et sans manifester la moindre émotion, elle ajouta :) Je suis sa fille, Anne.

Fallon s'approcha de la fenêtre et se plongea dans la contemplation du jardin à l'abandon sous les rafales de pluie. Derrière lui, la jeune fille s'affairait à vider le fourneau. Au bout d'un moment, il se retourna.

— C'était l'homme le plus extraordinaire que j'aie jamais connu, dit-il.

Les mains de la fille étaient couvertes de cendres. En repoussant une mèche de ses cheveux blonds, elle se noircit le front.

— Lui aussi avait une très haute opinion de vous, Mr Fallon.

Elle retourna à l'évier et se rinça les mains sous le robinet.

Fallon s'assit sur une chaise près de la table.

— Comment savez-vous qui je suis ? demanda-t-il.

— À cause de cette cicatrice. Un soir, il y a une dizaine d'années, vous êtes arrivé chez mon père à Belfast ; vous aviez la joue ouverte jusqu'à l'os. Il vous l'a recousue parce que vous refusiez d'aller chez un médecin.

Elle se tourna vers lui, une serviette à la main et examina la cicatrice.

— Ça n'était pas très réussi, ajouta-t-elle.

— Mais efficace, dit Fallon. J'ai pu échapper à la police.

Elle hocha la tête.

— Philip Stuart et vous étiez ensemble à Queen avant la guerre, n'est-ce pas ?

Fallon sursauta, surpris.

— Vous connaissez Philip Stuart ?

Elle eut un pâle sourire en posant les tasses sur la table.

— Il vient me voir de temps en temps. Il habite tout près d'ici. C'est l'inspecteur du Comté. Vous le saviez ?

Fallon s'effondra sur son siège en poussant un soupir.

— Non, je ne le savais pas.

Elle servit le thé et continua :

— Mon père trouvait assez ironique que Stuart soit de la police et vous de l'autre bord. Il m'a dit un jour qu'à vous deux, vous formiez la double image de l'histoire de l'Irlande.

Fallon lui offrit une cigarette et sourit tristement.

— Comme il avait raison !

Le regard dans le vague, il se remémorait le passé.

— C'était un homme remarquable, reprit-il avec lenteur. Quand j'avais les flics aux trousses, il m'abritait et passait la nuit à essayer de me faire comprendre mes erreurs.

Il se redressa, puis se mit à rire.

— Et pourtant, il voyait Stuart aussi souvent. Pauvre Phil, s'il avait su ce qui se passait sous son nez !

Anne buvait son thé à petites gorgées.

— Pourquoi vouliez-vous voir mon père ? demanda-t-elle d'un ton calme.

Fallon haussa les épaules.

— Pour une fois, je n'avais rien à lui demander. Je voulais simplement bavarder avec lui. Ça fait plusieurs années que je ne l'avais pas vu, vous savez.

Il se leva et arpenta nerveusement la pièce. Au bout d'un moment, il se retourna.

— Et vous, que faites-vous ici ? dit-il d'un ton aimable. Je ne me rendais pas compte que vous aviez tellement changé. Votre père vous avait bien expédiée chez une tante en Angleterre, après la mort de votre mère ?

— Oui, dit-elle. Ensuite, le pensionnat, puis le Guy's Hospital de Londres. Je suis infirmière, ajouta-t-elle simplement.

— Vous êtes revenue pour l'enterrement ?

Elle secoua la tête.

— Je suis arrivée quelques jours avant sa mort, et je suis restée pour vendre tout ce qui reste. Une partie des meubles est déjà vendue. (Elle frissonna.) Je ne tiens pas à les garder. Je veux me débarrasser de tout et m'en aller.

Pour la première fois, ses traits exprimèrent le chagrin qu'elle éprouvait. Fallon lui posa une main sur l'épaule. Quelques instants, ils demeurèrent l'un près de l'autre, unis par un lien de sympathie mystique. Puis elle s'écarta, et il retira sa main.

Elle le regarda droit dans les yeux et reprit sans s'émouvoir :

— Pourquoi êtes-vous venu, Martin Fallon ? Vous avez repris du service ?

Ils se dévisagèrent sans ciller pendant un long moment, puis il poussa un profond soupir. Il repartit vers sa chaise et s'y assit lourdement.

— Oui, j'ai repris du service, dit-il.

Elle hocha lentement la tête en fixant quelque chose au-delà de lui, d'un air distrait, comme si elle réfléchissait. Puis elle demanda :

— Mais pourquoi ? C'est cela que je ne comprends pas. Après toutes ces années, pourquoi recommencer ?

Il secoua la tête à plusieurs reprises.

— Je ne sais pas. Vraiment, je ne sais pas du tout. Je croyais que je faisais cela pour une femme qui avait déjà beaucoup trop souffert, mais maintenant, je doute. Peut-être que j'obéis à une pulsion d'autodestruction. Après tout, pourquoi ai-je mené la vie que j'ai menée pendant toutes ces années ? (Il éclata soudain de rire.) Je ne crois pas que cela ait été entièrement pour l'Irlande.

La jeune fille se leva et porta les tasses dans l'évier. Elle s'arrêta un moment, le dos tourné, puis elle fit volte-face.

— Je sais seulement ce que mon père m'a raconté. Que vous étiez un type bien, mais déchu, un esprit brillant dont le talent était gâché. (Elle hocha lentement la tête et répéta, comme pour elle-même :) Gâché.

Tout à coup, la cloche retentit. Des ondes de vacarme rompirent le silence.

Un court instant, ils se regardèrent. Puis elle ouvrit la porte de la cuisine et avança rapidement dans le couloir. Elle revint au bout d'un moment.

— C'est Philip Stuart, dit-elle. Je le vois par la petite fenêtre.

La panique submergea Fallon et un étourdissement étrange le fit légèrement chanceler. Il faillit perdre l'équilibre, puis réussit à reprendre son sang-froid. Sa main plongea dans son pardessus et en sortit le Luger.

— Que veut-il ? demanda-t-il d'une voix éteinte.

La jeune fille lui saisit le poignet et détourna l'arme, le canon pointé vers le sol.

— Pas de ça ici, dit-elle. Il s'est chargé de vendre la maison. Comme il est très occupé, il vient quand il peut.

Un instant, Fallon résista. Elle approcha son visage du sien.

— Rangez ce revolver.

Il se calma brusquement et glissa l'arme dans son holster.

— Excusez-moi, dit-il.

Elle le prit par le bras et le conduisit vers une autre porte qu'elle ouvrit. Il aperçut un escalier.

— Montez, dit-elle. En arrivant sur le palier, la première chambre à gauche est la mienne. Restez-y jusqu'à ce que je vienne vous chercher.

Il voulut parler, mais la cloche retentit de nouveau. La jeune fille le poussa, lui jeta son chapeau et son manteau, puis ferma la porte.

Fallon trouva la chambre sans difficulté. Le mobilier se composait d'un lit et d'une vieille commode ; plusieurs valises étaient empilées contre un mur. Il s'assit au bord du lit, les mains tremblantes, puis se laissa tomber sur les oreillers, les mains jointes, et ferma les yeux tandis qu'un sanglot montait dans sa gorge.

— J'ai peur, dit-il à mi-voix. Je suis mort de terreur. Je perds mon sang-froid.

Il resta allongé, le corps secoué de tremblements, puis il commença à avoir sommeil. La pièce était calme et silencieuse et les draps exhalaient le léger parfum féminin de la jeune fille. Soudain, il se détendit. Il avait l'impression qu'elle était désormais tout près de lui et qu'elle lui apportait un indéfinissable réconfort, puis la lassitude l'envahit. Sa tête roula doucement sur le côté et il sombra dans les ténèbres.

Il émergea en sursaut d'un sommeil sans rêve et contempla le plafond. Un instant, il ne se rappela plus où il se trouvait. Ayant recouvré ses esprits, il bascula sur le côté, posa ses pieds à terre et consulta sa montre. Elle indiquait près de midi. Fallon jura à mi-voix, se leva et s'aperçut avec surprise qu'on lui avait ôté ses souliers qui se trouvaient près du lit. Il fronça les sourcils et se rassit pour se chausser. Son imperméable et son chapeau avaient disparu. Il les chercha un moment, puis ouvrit prudemment la porte. Tout était calme dans la maison. Il s'avança dans le couloir et commença à descendre.

On entendait de la musique dans la cuisine. Fallon hésita un instant devant la porte, puis l'ouvrit et entra. Un poste de radio posé sur une étagère d'angle marchait en sourdine. Debout devant le réchaud à gaz, la jeune fille remuait quelque chose dans une casserole. Elle se retourna brusquement, l'air grave.

— Vous êtes réveillé ? demanda-t-elle.

Fallon hocha la tête.

— Pourquoi m'avez-vous laissé dormir ?

Elle haussa les épaules.

— Vous paraissiez avoir besoin de récupérer.

Elle s'approcha de la table et servit une portion de ragoût dans une assiette.

— Venez vous asseoir, et mangez ça.

Elle s'était changée et portait une jupe en tweed et un pull de lainage vert. Elle faisait plus âgée et semblait plus sûre d'elle.

Fallon s'assit.

— Il va falloir que je me dépêche, dit-il. J'ai rendez-vous à 1 heure.

Pendant qu'il mangeait, la jeune fille, assise en face de lui, une tasse de thé à la main, l'observait.

— Stuart m'a trouvé un acheteur pour la maison, dit-elle au bout d'un moment. Je n'en tirerai pas grand-chose, elle est en trop mauvais état. Mais ce sera toujours mieux que rien.

Fallon hocha la tête et continua à manger. Curieusement, il ne trouvait rien à dire. L'atmosphère était tendue comme si quelque chose allait éclater d'une minute à l'autre. Tout à coup, la jeune fille se pencha.

— Vous êtes venu à cause de Rogan, n'est-ce pas ?

La cuiller levée, l'homme cessa de manger et scruta la jeune fille.

— Qui vous a dit ça ?

Satisfaite, elle s'appuya au dossier de sa chaise.

— Simple déduction de ma part. Il fallait une circonstance exceptionnelle pour vous ramener. J'aurais dû y penser plus tôt.

— Stuart a dit quelque chose ? demanda Fallon.

Elle secoua la tête.

— Non, rien de particulier. Il a vaguement parlé de Rogan, il a dit qu'on allait bientôt le transférer à Belfast. J'ai compris qu'il devait y avoir un rapport.

Fallon repoussa l'assiette vide.

— C'était fameux, dit-il.

Elle se pencha, les yeux brillants de colère.

— Pauvre idiot ! Vous allez vous faire tuer cette fois. Et pour qui ? Pour un assassin qui mérite de se balancer au bout d'une corde.

Fallon secoua la tête et haussa les épaules.

— Certains le considèrent comme un soldat.

Elle rit sèchement.

— Ne dites pas de bêtises. C'est un sale petit terroriste qui abat les gens dans le dos.

Il ne prit pas la peine de répondre, car il savait qu'elle avait tout à fait raison. Il plongea son regard dans ses yeux étincelants de colère pendant un instant, puis il détourna les siens et commença à faire un dessin sur la nappe avec le manche de son couteau.

— Rogan a une mère, dit-il. Elle a déjà perdu un mari et un fils. Tous les deux abattus et morts pour la Cause. Elle veut qu'il lui revienne. C'est tout ce qui lui reste.

Anne Murray laissa échapper un petit cri plaintif et se dressa brusquement.

— Ce sont toujours les femmes qui souffrent, dit-elle. (Pendant un moment, elle resta ainsi, tête baissée, puis elle la secoua lentement.) Cela n'ira pas, dit-elle. Ce n'est pas une raison suffisante.

Il quitta la table et reprit le chapeau et le manteau qu'elle avait accrochés à sécher.

— Il faut que je parte, dit-il.

Elle s'approcha lentement de lui et s'arrêta au moment où elle allait presque le toucher. Puis elle demanda d'une voix dure :

— Cette femme, ce n'est pas la raison de votre venue, n'est-ce pas ? (Et comme il ne répondait pas, elle haussa la voix et répéta :) N'est-ce pas ?

Pendant un moment, il y eut un lourd silence. Ils étaient face à face, les yeux dans les yeux. Elle vacilla légèrement et il tendit la main pour la rattraper.

— Un homme doit toujours finir ce qu'il a entrepris, dit-il.

Elle hocha la tête d'un air las.

— Les hommes ! (Il y avait comme de la haine dans sa voix.) Les hommes et leur honneur et leurs jeux stupides !

Elle le raccompagna à la porte. La pluie tombait toujours sans relâche sur le sol détrempé. Il boucla la ceinture de son manteau et baissa son chapeau sur ses yeux. Ils restèrent un instant ensemble en haut des marches, puis un sanglot se brisa dans sa gorge et elle le poussa en avant en disant d'une voix où perçait la colère :

— Allez ! Partez. Allez au-devant de la mort, inconscient !

Il resta un instant à regarder la porte qu'elle avait claquée violemment, puis il se détourna et traversa le jardin pour rejoindre la rue qui ruisselait de pluie.

3

Fallon trouva Murphy à l'endroit convenu. Installé au volant d'une vieille Austin, le garçon lisait un journal. Fallon contourna rapidement la voiture et ouvrit la portière. L'air inquiet, Murphy leva les yeux. Il poussa un soupir de soulagement.

— Bon sang, Mr Fallon ! J'ai cru que c'était la police !

Fallon éprouva subitement une grande pitié pour lui. Il avait envie de lui dire que ce serait toujours comme ça, que toute cette affaire n'avait rien de romanesque, qu'à partir de maintenant, il vivrait dans la peur. Mais il préféra se taire. Il regarda le jeune visage enthousiaste du garçon et se revit vingt ans plus tôt. Il sourit.

— Tu fumes ? demanda-t-il.

Murphy acquiesça. Après avoir allumé une cigarette, ils se calèrent contre le dossier tandis que la pluie tambourinait sur le toit de la voiture.

— La bagnole, elle vous convient ? demanda Murphy.

Fallon hocha la tête.

— Elle casse rien, mais j'ai pensé qu'on la remarquerait moins. J'ai bien fait ?

Fallon eut un petit rire.

— Tu as de la cervelle, dit-il. C'est la seule chose qui empêche des types comme nous de tomber aux mains de la police.

Murphy rougit de plaisir.

— Vous voulez voir les armes dont je vous ai parlé, Mr Fallon ?

Fallon acquiesça. La voiture décolla du trottoir et fonça aussitôt à vive allure.

— Doucement, dit Fallon. Ça serait trop idiot de nous faire arrêter pour excès de vitesse.

Murphy ralentit, et ils roulèrent à une allure régulière dans la grande rue où il y avait peu de circulation. Accoté au dossier, Fallon tira son chapeau sur les yeux. Il n'avait pas encore envisagé le moyen de faire évader Rogan. Il y pensa calmement. À première vue, ça semblait impossible. Rogan serait accompagné de quatre inspecteurs, au moins, et tous bien armés. Ils s'installeraient dans un compartiment réservé, peut-être même dans une voiture où les voyageurs n'auraient pas le droit de monter. Fallon secoua la tête. Ça se présentait mal. C'était le genre d'aventure très risquée, qui dépend des circonstances et qu'on peut difficilement prévoir. Le garçon freina ; la voiture stoppa et Murphy coupa le moteur.

— On y est, Mr Fallon, annonça-t-il.

La voiture était garée dans une petite rue le long d'un grand mur de pierre derrière lequel s'élevait la tour d'une église. Étonné, Fallon examina les lieux.

— Tu es sûr que c'est là ?

Le garçon sourit.

— Vous en faites pas, Mr Fallon. C'est bien là. Comme planque, on ne peut pas rêver mieux.

Il sortit un trousseau de clefs de sa poche et descendit de voiture. Dans le mur de pierre se trouvait une porte massive que Murphy ouvrit avec l'une des clefs. Puis il fit signe à Fallon de venir.

Fallon se trouva à l'entrée d'un cimetière que couvrait une forêt de monuments funéraires et de pierres tombales, et l'église se dressait à l'autre bout, bien enracinée dans le sol. D'un pas prudent, Murphy se dirigea vers l'église dans le dédale des tombes. Il s'arrêta devant une petite porte de bois à demi enfouie dans la terre au pied de l'édifice où on accédait par trois marches. Murphy prit le trousseau de clefs, en choisit une et essaya d'ouvrir la porte. Elle résista. Il jura et recommença. À la quatrième tentative, la porte s'ouvrit et le garçon disparut à l'intérieur. Fallon le suivit avec prudence.

Il se trouva dans la pénombre d'une crypte. De grandes arches de pierre soutenaient le plafond, et la lumière filtrait à travers une grille de fer donnant sur le cimetière. On entendit un cliquetis lorsque Murphy donna de la lumière.

— Rien ne manque ici, électricité, eau courante, dit-il en désignant un filet d'eau qui coulait par la grille de fer le long du mur.

— Où sommes-nous ? demanda Fallon.

— À l'église Saint-Nicholas, répondit Murphy. Dans la crypte. Personne ne vient jamais ici, nous ne risquons rien.

— Tu en es sûr ? dit Fallon.

— Voyez vous-même.

Murphy désigna du doigt un lit de camp et plusieurs caisses entassées dans un coin.

— Ce matériel est là depuis plus d'un an. Personne ne vient jamais ici.

Fallon leva une main.

— Très bien, ne t'énerve pas. Je te crois sur parole.

Il examina la crypte paisible et poussa un soupir.

— Ça paraît déplacé d'utiliser un endroit pareil comme entrepôt.

Aussitôt, le visage de Murphy redevint grave.

— C'est ce que je pensais, moi aussi. L'idée est de Rogan. Il a dit que la fin justifie les moyens.

Fallon rit sèchement.

— Toujours. Plus j'entends parler de Mr Patrick Rogan, moins il me revient, ce type-là.

Il déboutonna son manteau et s'approcha des caisses.

— Bon. Voyons un peu ce qu'elles contiennent.

Dans les caisses, il découvrit une formidable collection d'explosifs. Dans la première, il y avait des grenades à main et des cartouches de munitions. La deuxième contenait des pains de plastic. Mais c'est la troisième qui intéressa surtout Fallon.

— Où a-t-on trouvé ça ? demanda-t-il.

Murphy s'approcha pour jeter un coup d'œil :

— Un soir où des soldats campaient tout près de la ville, ils ont fait une rafle dans le magasin de munitions. Rogan était furieux parce que les gars s'étaient trompés de caisse. Pourquoi ? Qu'y a-t-il dedans ?

Fallon se mit à rire :

— Des bombes fumigènes. Bien sûr, je comprends ce qu'il voulait dire. Ça ne nous est pas d'une grande utilité.

Alors qu'il était sur le point de refermer la caisse, il se reprit :

— Réflexion faite..., ajouta-t-il avec un air pensif.

— À quoi ça pourrait servir, Mr Fallon ? demanda Murphy.

Souriant, Fallon sortit l'une des bombes fumigènes qu'il soupesa.

— Voilà peut-être la solution...

Il alla s'asseoir sur le bord du lit.

— Le déclenchement se fait automatiquement, expliqua-t-il. On détache la cuillère qui se trouve à une extrémité, et il se produit une réaction chimique. J'en ai vu fonctionner. En quelques secondes, il s'en dégage d'épais nuages de fumée noire. Quel effet cela ferait-il si j'en plaçais une dans le train ?

— Bonté divine ! Vous déclencheriez la panique, dit Murphy. Les gens croiraient que le train a pris feu.

— Exactement, murmura Fallon. Tout le monde aurait peur.

Les femmes seraient au bord de la crise de nerfs, les couloirs bondés. Circonstances idéales pour une évasion.

— C'est sûr ! dit Murphy d'un ton admiratif. Vous êtes génial, Mr Fallon.

— Ne dis pas de bêtises. Tu as une carte de la région ?

Murphy en sortit une de sa poche intérieure et Fallon l'étala sur le lit pour l'étudier.

— Écoute-moi bien, dit-il au bout de quelques instants. À une quinzaine de kilomètres de Castlemore, à l'est de la voie ferrée, il y a un bois, tu le connais ?

Murphy examina la carte et hocha la tête.

— Tu m'y attendras dans la voiture à partir de 9 heures et quart, pas plus tôt, je ne veux pas que ta présence attire l'attention.

— Vous ne trouvez pas que c'est trop près de la ville ? demanda Murphy.

Fallon secoua la tête :

— Il faut que nous agissions par surprise pour réussir. Même si les flics prévoient du grabuge, ils ne s'y attendront pas aussi tôt. Ils penseront que quelqu'un tentera de monter dans le train dans une petite gare. (Il poussa un soupir.) En tout cas, c'est comme ça. Il faut toujours compter avec l'imprévu, mais au moins, ce plan a une chance de réussir.

— Et si ça marche ? On file à la frontière ?

Fallon secoua la tête.

— Réflexe classique. Et c'est comme ça qu'on se fait prendre. On reviendra ici, et on attendra au moins trois jours.

Murphy sortit un portefeuille élimé et en tira un billet de chemin de fer.

— Voilà, dit-il, un aller pour Dunveg. C'est le troisième arrêt.

— Bravo ! Merci.

Fallon rangea le billet.

— Que fais-tu pour vivre, Johnny ? demanda-t-il. Aujourd'hui, par exemple ?

Le garçon se mit à rire et haussa les épaules.

— J'ai de la chance. Mes parents sont morts, mon père nous a laissé une épicerie dans une petite rue. Ma sœur Kathleen s'en occupe. En principe, je l'aide, mais je lui ai dit qu'aujourd'hui, j'étais occupé. Et puis il n'y aura pas beaucoup de clients, comme toujours quand il pleut.

Fallon se leva.

— Allons faire un tour sur les lieux du crime, dit-il. Si tu connais un bon pub sur le chemin où on peut manger un morceau, on s'y arrêtera. On a tout le temps.

Ils repérèrent un coin tranquille non loin de la grand-route, à la sortie de Castlemore, garèrent la voiture et déjeunèrent. Ensuite, ils suivirent une route parallèle à la voie ferrée jusqu'à l'endroit que Fallon avait choisi sur la carte. Un chemin, partant de deux vieux piliers de pierre, pénétrait dans le bois. Le portail avait disparu depuis longtemps. Murphy engagea la voiture entre les piliers et parcourut un bout de chemin avant de couper le moteur.

— Parfait, dit-il, je pourrai me garer ce soir à l'écart de la route.

— Attends-moi ici, dit Fallon.

Il descendit de voiture et s'engagea sur le sentier étroit qui serpentait entre les arbres. En quelques minutes, il traversa le bois et déboucha près de la voie ferrée, qu'il examina longuement sous la pluie. Il se sentait absolument vide, dépouillé de toute émotion.

Curieux, songea-t-il, je ne suis même pas excité. Il soupira et un léger sourire lui retroussa les lèvres. Ce doit être l'âge, se dit-il à mi-voix, puis il revint sur ses pas, à l'abri des arbres, et regagna la voiture.

Il était près de 4 heures et demie quand ils retournèrent à l'église. Murphy coupa le contact.

— Donne-moi les clefs de la porte, lui dit Fallon.

Le garçon enleva les deux clefs du trousseau et les tendit à Fallon qui poursuivit :

— Gare la voiture quelque part et rentre chez toi. Il ne s'agit pas que ta sœur s'inquiète.

— Elle ne sait pas que je travaille pour l'Organisation, dit Murphy.

— Eh bien, qu'elle continue à l'ignorer. Rentre, prends ton thé, lis un bouquin ou ce que tu voudras. Quitte la maison à 8 heures et quart et va directement au rendez-vous.

— Et vous ? Vous ne voulez pas que je passe vous chercher ?

Fallon secoua la tête et descendit de voiture. Il referma la portière et se pencha vers la vitre baissée.

— Je reste ici jusqu'à l'heure du train. J'irai seul à la gare.

Murphy démarra en marche arrière, et Fallon se dirigea vers

la porte. Au moment où il s'arrêtait pour introduire la clef dans la serrure, la voix claire et jeune lui dit à voix basse :

— Bonne chance, Mr Fallon ! Vive la République !

Fallon se retourna et lui adressa un signe de la main.

— Bonne chance, mon gars ! Si le train ne s'arrête pas, rentre chez toi et oublie que tu as entendu parler de moi.

— Pas de danger ! dit Murphy avec un sourire hardi et confiant, tandis que la voiture bondissait en soulevant un jet de boue.

La crypte était glaciale et lugubre. Fallon s'allongea sur le lit de camp et contempla le plafond, tout en fumant une cigarette. La journée grise d'octobre touchait à sa fin. La lumière qui filtrait par le grillage s'obscurcit. Du fond de l'église lui parvint le son feutré d'un orgue, qui accompagna peu après les voix douces de jeunes garçons. Il n'éprouvait aucune crainte spéciale en songeant à l'action qu'il allait entreprendre. Il se sentait curieusement détaché de l'affaire. Elle ne le concernait pas, il en suivait le déroulement en observateur.

Il se mit à penser à Anne Murray et à ce qu'elle lui avait dit. Elle avait raison, bien sûr, mais c'est surtout à elle qu'il songeait. Il la revit au moment où elle lui avait ouvert la porte, ses cheveux blonds ébouriffés et ses yeux emplis de sommeil. Il sourit dans l'obscurité. Elle avait bon cœur. Pendant qu'il dormait sur son lit, elle lui avait retiré ses chaussures sans le réveiller. Mais pourquoi s'était-elle ainsi mise en colère contre lui ? Il n'arrivait pas à le comprendre. Il était pourtant inutile d'en venir à tant d'agressivité. Pendant un bref instant, il avait eu l'impression que ses yeux verts le défiaient dans l'obscurité et, lorsqu'il retourna sa tête contre l'oreiller, ce fut comme s'il avait été à nouveau dans son lit, environné par cet indéfinissable parfum qui était immanquablement le sien.

Il était assis entre deux hommes dans le compartiment. Le train filait à tombeau ouvert et tanguait d'un côté et de l'autre. Soudain, il aperçut le bois par la fenêtre, mais le train ne s'arrêta pas. Les hommes se mirent à rire. Il baissa les yeux, vit ses poignets emprisonnés dans les menottes et se tourna vers celui qui était à sa gauche en criant :

— C'est une erreur ! C'est Rogan que vous voulez, pas moi ! C'est une erreur ! (L'homme continuait à rire et se changeait progressivement en juge et Fallon s'écria :) C'est une erreur, je vous le jure ! C'est Patrick Rogan que vous voulez, pas moi !

C'est alors qu'ils se mirent tous à éclater de rire, la tête rejetée en arrière ; leurs rires montaient jusqu'au ciel et il hurla lorsqu'il sentit la corde qui coulait autour de son cou.

Il se réveilla, en nage, et resta allongé, suffoquant et pantelant, pendant de longues minutes. Il avait fait un cauchemar. Ce n'était que cela : un cauchemar. Un sanglot monta à ses lèvres. Il rejeta les draps et s'assit au bord du lit, la tête dans les mains. Tout était calme et silencieux. Soudain, il sauta sur ses pieds et regarda sa montre. L'aiguille lumineuse indiquait 8 heures et quart. Il poussa un soupir de soulagement et se dirigea à tâtons vers le commutateur. Il trouva par terre, près du grillage, un morceau de couverture qu'il ramassa et fixa à deux crochets en guise de rideau de fortune. Fallon fit rapidement ses préparatifs. Derrière les caisses, il trouva un sac de toile dans lequel il fourra une demi-douzaine de bombes fumigènes. Il vérifia le mécanisme du Luger, le rechargea soigneusement, puis mit son manteau et son chapeau, et sortit dans le cimetière.

Pour se rendre à la gare, il traversa la ville sous une pluie battante. Les voitures étaient rares dans les rues pratiquement désertes. Le restaurant de la gare était rempli de gens cherchant refuge contre la pluie. Il commanda une tasse de thé au comptoir et se faufila dans la foule pour s'installer près d'une fenêtre donnant sur le quai et l'entrée des voyageurs.

Le train était déjà formé, un jet de vapeur filtrait entre ses roues. Fallon consulta sa montre, il n'était que 9 heures moins 20. Il but son thé à petites gorgées et attendit. À 9 heures moins 5, sa patience fut récompensée. Une grande voiture noire entra dans la cour de la gare et s'arrêta à quelques mètres de l'entrée des voyageurs. Les policiers, tous très grands, portaient des imperméables élimés et des chapeaux mous. Mais l'homme qui marchait, menottes aux poignets, entre deux d'entre eux était petit et trapu, ses cheveux noirs rejetés en arrière découvraient son visage livide. Il portait une chemise dont le col ouvert cachait celui de sa veste en tweed.

Fallon sortit du restaurant à coups de coude et franchit précipitamment le portillon. Les inspecteurs passaient avec leur prisonnier lorsqu'il présenta son billet à l'employé ; puis il adressa un sourire aimable au policier en uniforme appuyé contre la barrière.

— Excusez-moi, c'est bien le train de Belfast ? demanda-t-il avec son plus bel accent anglais.

Le flic acquiesça d'un signe de tête et adressa un clin d'œil peu discret à l'employé. Lorsque Fallon s'éloigna, tous deux se mirent à rire.

Rogan et son escorte montèrent dans le wagon voisin du fourgon réservé au chef de train. Fallon parcourut rapidement le quai, en examinant toutes les fenêtres comme s'il cherchait un compartiment vide. Quand il arriva enfin devant la dernière voiture, il poussa un soupir de soulagement. Rogan et les inspecteurs s'installaient dans un compartiment réservé, mais le reste du wagon était occupé par des voyageurs. Des porteurs couraient sur le quai, des portières claquaient. Fallon monta dans le train et avança dans le couloir. Rogan et son escorte se trouvaient dans le dernier compartiment. Fallon entra dans celui d'à côté. Le seul occupant, probablement un voyageur de commerce grand et gras, dormait déjà paisiblement dans une place de coin.

Au bout d'un moment, un coup de sifflet retentit. Le train fut ébranlé par plusieurs secousses et sortit de la gare. Cinq minutes plus tard, Castlemore avait disparu dans l'obscurité et le convoi filait sous la pluie en direction de Belfast. Fallon alluma une cigarette et aspira profondément la fumée. Il se sentait très calme et fataliste. Il consulta sa montre et se livra à un calcul rapide. Le train devait avoir franchi la moitié de la distance séparant la gare du bois. Il se leva, passa rapidement dans le couloir, jeta au passage un coup d'œil dans le compartiment voisin. Trois des inspecteurs jouaient aux cartes, et Rogan était attaché par des menottes au quatrième. On lui avait enlevé ses chaussures, et ses pieds étaient posés sur la banquette d'en face.

Fallon entra dans les toilettes et ferma la porte. Il compta lentement jusqu'à vingt, puis ouvrit la porte pour regagner son compartiment. Il se heurta à l'un des inspecteurs. L'homme se mit à rire et s'excusa. Fallon lui adressa un sourire aimable. Les yeux du flic brillèrent : il l'avait reconnu.

— Fallon, dit-il, Martin Fallon !

Dans cette fraction de seconde, Fallon songea avec amertume qu'on ne peut décidément jamais se fier à un plan car il arrive toujours quelque chose d'imprévu. Au même moment, avant que l'inspecteur ait pu donner l'alarme, il lui assena un coup de genou dans le bas-ventre et un coup de poing dans l'estomac. Le visage du gars vira au violet. Il perdit l'équilibre. Fallon le frappa alors sur la nuque et le traîna dans les toilettes.

Il cala l'homme inerte dans un coin et recula en fermant la

porte. Maintenant, le temps pressait. Il regagna rapidement son compartiment et, le sac de toile à la main, se dirigea précipitamment vers l'autre extrémité de la voiture. Il entra dans les toilettes et ferma la porte. Il ouvrit le sac, en sortit deux bombes fumigènes qu'il glissa dans les poches de son imperméable, puis en sortit une troisième dont il arracha la goupille. Il la déposa ensuite dans la corbeille destinée aux serviettes sales. Au moment où il ouvrit la porte pour sortir à reculons, un nuage de fumée noire commença à se dégager.

Au milieu de la voiture se trouvait un compartiment vide. En passant devant, il sortit une autre bombe, fit sauter la goupille et la jeta dans le filet à bagages. Il procéda à la même opération dans son compartiment où le gros voyageur dormait paisiblement dans son coin. À hauteur du dernier compartiment, il remarqua que les trois inspecteurs qui restaient jouaient toujours aux cartes. Puis, derrière lui, il entendit une femme pousser un cri aigu, et un homme hurla :

— Au feu ! Au feu !

Sans hésiter, Fallon tira la corde de communication qui passait par-dessus la portière de la voiture et jeta une autre bombe à l'entrée du wagon suivant. Il ouvrit la portière, descendit sur le marche-pied au moment où le train commençait à ralentir.

La pluie lui fouettait le visage, et le vent le plaquait contre la paroi extérieure du train. Cramponné à la rampe, il poussa de toutes ses forces la portière qui claqua en se refermant. Puis il tendit les mains, s'accrocha solidement au rebord du toit et se propulsa jusqu'à la hauteur du dernier compartiment. Là, il regarda ce qui se passait à l'intérieur. Deux des inspecteurs avaient disparu, laissant Rogan attaché au troisième. Partout, les cris et les hurlements s'élevaient et le train freina brutalement en patinant. Le flic se tourna du côté de Rogan, blanc et terrifié à la vue de la fumée qui envahissait le compartiment. Il cria quelques mots que Fallon ne put entendre, ouvrit à l'aide d'une clef la menotte pour libérer sa main gauche, la referma sur le poignet libre de Rogan, qui se retrouva les deux mains enchaînées. Puis, au moment où un nouveau nuage de fumée noire s'engouffrait dans le compartiment, il se tourna vers la fenêtre.

Lorsque le train stoppa, Fallon retourna rapidement vers la portière de la voiture et sauta sur la voie. Il s'accroupit quand la fenêtre du compartiment s'ouvrit et que l'inspecteur et Rogan se penchèrent en toussant, suffoqués par la fumée qui envahissait leurs poumons. Fallon bondit, saisit le flic par le revers de sa veste. Pris de court, l'homme bascula par-dessus la fenêtre et tomba lourdement sur la voie. Alors qu'il tentait de se relever en grognant, Fallon le frappa sur le côté de la nuque, puis se baissa pour fouiller les poches de l'homme. Ses doigts se refermèrent sur les clefs des menottes. Il se releva et dit d'un ton pressant :

— Bon sang ! Rogan, qu'est-ce que vous attendez ?

Rogan était à califourchon sur la fenêtre. Fallon tendit le bras impatiemment et le tira à terre. Rogan se releva en jurant.

— Je cherchais mes chaussures, dit-il. Ces salauds me les ont enlevées.

— On s'en fout de vos chaussures ! grinça Fallon. Filons.

Il poussa Rogan et courut le long de la voie en direction du bois. Sans s'arrêter, il sortit de ses poches les deux dernières bombes fumigènes, arracha les goupilles et les lança. Au bout de quelques instants, un nuage de fumée s'éleva derrière les fuyards, cachant les lumières du train.

Les deux hommes coururent sans rien dire pour ménager leur souffle. Fallon, qui allait en tête, écrasait les taillis comme une bête sauvage, sans freiner l'allure, les bras levés pour protéger son visage des branches qui le fouettaient. Il atteignit enfin le sentier qui serpentait entre les arbres et s'arrêta. Rogan lui rentra dedans à toute vitesse et lança un juron.

— C'est vous, Mr Fallon ? demanda une voix sortie de l'obscurité.

Fallon courut et se heurta contre Johnny Murphy.

— Ouf ! dit-il. Démarre et filons !

Il ouvrit la portière arrière de l'Austin et poussa Rogan devant lui. Le moteur rugit, la voiture recula rapidement dans le sentier et s'engagea sur la grand-route. Quelques secondes plus tard, ils foncèrent dans la nuit en direction de Castlemore.

Fallon sortit un paquet de cigarettes et en alluma une, les mains tremblantes. Il se cala contre le dossier, en poussant un soupir de satisfaction.

— Dieu merci, c'est fini.

Murphy se mit à rire, tout excité :

— Je disais bien que vous étiez un génie, Mr Fallon. J'étais sûr que vous le feriez évader du train.

Fallon dit d'une voix fêlée :

— Un jeu d'enfant ! Pas de coups de feu, pas de victimes. Quelques bonnes petites bombes fumigènes, ça suffit.

Rogan, qui semblait avoir recouvré ses esprits, se pencha :

— Vous êtes Martin Fallon ? demanda-t-il d'un ton incrédule. Merde ! Je vous croyais mort, ajouta-t-il avec une pointe de sarcasme.

— Une sacrée veine pour vous qu'il ne le soit pas, rétorqua Murphy.

— Ne t'emballe pas, dit Rogan. (Puis, s'adressant à Fallon :) Vous avez les clefs ?

Fallon sortit les clefs et lui enleva les menottes. Rogan poussa un soupir de plaisir.

- - Les bracelets, moi, je ne peux pas encaisser ça. On se sent définitivement coincé quand on vous les passe. (Il rit sèchement.) Mais je les ai bien eus ! Je leur ai montré qu'on risque gros quand on s'attaque à Pat Rogan.

Fallon fut un peu écœuré. Cet individu lui était antipathique. Plus vite ils se sépareraient, mieux cela vaudrait, songea-t-il.

— Une cigarette ? proposa-t-il.

Rogan secoua la tête et dit d'un ton désagréable :

— Je ne fume pas. Par contre, des godasses, ça m'arrangerait bien. Mes chaussettes sont en charpie.

Fallon se força à avoir l'air aimable.

— Excusez-moi. Johnny vous en achètera une paire demain si vous lui indiquez votre pointure.

Rogan répondit par un grognement. La voiture roulait déjà dans les faubourgs de Castlemore. Murphy ralentit et suivit les autres véhicules pour entrer dans la ville. Il était un peu plus de 10 heures lorsqu'il vint se ranger derrière l'église. Il coupa le contact. Fallon ouvrit le verrou du portail et entra dans le cimetière. La pluie tombait plus fort, Rogan était trempé jusqu'aux os quand il arriva dans la crypte. Fallon alluma et se débarrassa de son imperméable.

— Vous n'avez rien trouvé de plus confortable ? grogna Rogan.

Fallon haussa les épaules.

— Vous avez de la chance d'être ici, dit-il d'un ton uni. C'est l'endroit le plus sûr pour l'instant.

Rogan jura, puis se tourna vers le même :

— Bon Dieu ! Pourquoi on ne peut pas se cacher chez toi ? lui demanda-t-il.

Le garçon rougit, voulut répondre mais Fallon l'en empêcha et dit froidement :

— Parce que j'en ai décidé autrement.

Rogan se retourna furieux.

— Pour qui vous vous prenez ? En Ulster, c'est moi qui commande.

Fallon eut un rire bref.

— *C'était* vous.

Il se rapprocha de Rogan et toisa le petit homme, en soutenant son regard.

— Pas d'entourloupes, Rogan. Nous savons tous les deux pourquoi je suis ici. Il était question d'un arrangement, à ce que j'ai entendu dire...

Un voile obscurcit les yeux de Rogan, et Fallon reprit :

— Vous resterez ici trois jours et vous m'obéirez. La frontière franchie, vous irez vous faire pendre où vous voudrez. (Avec un sourire, il ajouta :) Vous voyez, je n'éprouve aucune sympathie pour vous. C'est comme ça.

Rogan sourit sans joie ; ses lèvres tirées révélèrent des dents blanches et régulières. Ses yeux brillaient de haine.

— Entendu, Mr Fallon, dit-il, comme vous voudrez. C'est vous qui commandez... pour l'instant. (Puis, se tournant vers Murphy :) Toi, trouve-moi une paire de chaussures demain matin. Pointure quarante. Des brodequins.

Murphy hocha la tête et se dirigea vers la porte. Fallon le suivit et posa une main sur l'épaule du gamin.

— Tu as fait du beau boulot, ce soir.

Le garçon rougit et son visage s'illumina de joie. Il voulut parler, puis tourna brusquement les talons et partit dans la nuit.

Fallon s'approcha du lit, prit deux couvertures.

— Vous pouvez dormir dans le lit, ce soir, dit-il.

Rogan acquiesça et ôta sa veste. Puis il se retourna aussitôt.

— On est partis du mauvais pied, tous les deux. Excusez-moi, j'étais à bout de nerfs. Tout s'est passé tellement vite.

Fallon ne crut pas un mot de ce que disait l'autre.

— Aucune importance, fit-il d'un ton peu engageant.

Rogan s'assit au bord du lit.

— À la réflexion, ça me convient assez de rester quelques jours en ville, annonça-t-il. Il y a un salaud à qui je veux régler son compte avant de partir.

Fallon, qui étendait ses couvertures par terre dans le coin, interrompit son geste.

— Qui ça ? demanda-t-il.

Rogan se mit au lit et remonta ses couvertures jusqu'au menton.

— Cette ordure d'inspecteur du Comté, répondit-il d'un air mauvais. Stuart, il s'appelle. Depuis l'année dernière qu'il est en fonction, il m'a chassé de toutes mes planques. C'est lui qui m'a piqué il y a trois jours. (Il ajouta d'un ton glacial :) Je réglerai le compte de l'inspecteur Stuart avant de partir.

Fallon ne répondit rien. Il éteignit, s'enveloppa dans les couvertures et s'installa dans le coin. Rogan l'écœurait. Mais quel genre de gens recrutent-ils dans l'Organisation, maintenant ? se demanda-t-il. Puis il sourit tristement et se dit que peut-être les gens n'avaient pas changé. C'était peut-être lui, Martin Fallon, qui avait changé. Quoi qu'il en soit, il faudrait qu'il garde l'œil sur Rogan, c'était évident. Une idée lui traversa l'esprit et il tendit la main pour prendre sa veste. Le holster était toujours en place, cousu en dessous de l'aisselle gauche. Il en tira sans bruit le Luger et le glissa sous les couvertures, à portée de sa main droite.

Il roula sa veste en boule pour s'en faire un oreiller et il se radossa en attendant que le sommeil le gagne. Les événements de la journée défilèrent devant ses yeux en tourbillonnant comme les séquences d'un film monté dans le désordre. Il fut étonné de s'apercevoir que, de tout ce fouillis, c'était sa rencontre avec Anne Murray qui émergeait le plus clairement. Il sourit à nouveau et secoua la tête. Une chose était sûre. Elle saurait certainement ce qu'il avait fait lorsqu'elle lirait les journaux du matin. Il se sentait satisfait et en paix, et n'éprouvait pas la moindre crainte. Cela suffit pour aujourd'hui, se dit-il. Nous verrons bien ce qui se passera demain. Il tourna la tête sur le côté et s'endormit aussi paisiblement qu'un petit enfant.

4

Fallon dormit d'un sommeil léger. Lorsqu'il s'éveilla une première fois, il consulta sa montre qui indiquait un peu plus de 5 heures. Il avait froid ; ses membres étaient engourdis après cette nuit à la dure. Dans l'obscurité, il écouta la pluie et le vent qui gémissait dans le cimetière. Au bout d'un certain temps, il se rendormit.

Quelqu'un le secoua et il ouvrit les yeux, la main sur la crosse du Luger. Johnny Murphy était accroupi près de lui. La couverture de la fenêtre grillagée était tombée et une lumière grise filtrait dans la crypte.

— Il pleut encore ? demanda Fallon à voix basse.

Le garçon hocha la tête.

— La pluie n'a pas cessé de tomber toute la nuit, dit le garçon en lui tendant un grand thermos. Buvez, Mr Fallon, ça vous fera du bien.

Fallon avala quelques gorgées du liquide chaud. C'était du café fort et bon. Il s'assit, le dos appuyé contre le mur.

— Et notre ami, qu'est-ce qu'il devient ? demanda-t-il.

Murphy, écœuré, émit un grognement.

— Il dort profondément. Ce type-là ne me revient pas, Mr Fallon. Ce sont surtout ses yeux. Je panique.

Fallon sourit.

— Je te comprends.

Il consulta sa montre qui indiquait 8 heures.

— Il est tôt, dit-il. Quelles nouvelles ?

Murphy lui tendit un journal et tourna la tête.

— Pas fameux, Mr Fallon. On vous recherche. Les journaux ne racontent pas grand-chose. Ils n'ont pas eu le temps. Mais j'ai écouté les nouvelles de 7 heures à la radio. On vous a reconnu.

Fallon jura à mi-voix.

— Merde ! J'avais oublié le flic rencontré dans le couloir. C'est lui, bien sûr. J'ai dû l'enfermer dans les toilettes. Qu'est-ce qu'on a dit aux nouvelles ?

— On a surtout parlé de vous. On a donné votre signalement, en parlant de la cicatrice et on a dit que vous portiez la barbe.

Fallon eut un rire bref.

— C'est donc la première chose à sacrifier. Dommage, je m'y étais attaché.

Le garçon sourit.

— J'y ai pensé. Je vous ai apporté ce qu'il faut.

De sa poche, il sortit un paquet contenant un rasoir et un tube de crème à raser.

— La lame est neuve, ajouta-t-il, j'ai pensé que vous en auriez besoin.

Fallon se savonna la barbe et commença à se raser. Sans eau chaude, l'opération fut douloureuse. Il grimaça et jura à voix basse à plusieurs reprises. Assis sur ses talons, Murphy l'observait.

Il lui fallut un quart d'heure pour obtenir un résultat acceptable. Il posa le rasoir avec un soupir de soulagement et s'essuya la figure à l'aide d'un mouchoir.

— Comment tu me trouves ? dit-il.

Murphy siffla.

— Je ne vous aurais pas reconnu. Bien sûr, on voit toujours la cicatrice, mais vous faites dix ans de moins.

Avant que Fallon ait eu le temps de répondre, on entendit grogner dans le lit. Appuyé sur un coude, Rogan les regarda, se frotta les yeux avec une main.

— Bon Dieu ! À quoi vous jouez ? demanda-t-il. Quelle heure est-il ?

Fallon se leva et traversa la crypte.

— Ne vous en faites pas. Il est 8 heures passées. Donne-lui du café, dit-il à Murphy.

Rogan le regarda, l'air stupéfait.

— Et votre barbe ? demanda-t-il.

Fallon haussa les épaules et lui tendit le journal.

— Regardez les nouvelles de dernière minute et vous comprendrez. On me recherche. On a diffusé mon signalement à la radio.

Rogan lut l'article et grogna d'un ton dégoûté :

— On dit pratiquement rien de moi. Il n'y en a que pour vous.

Fallon faillit éclater de rire, mais réussit à se dominer.

— On va peut-être être obligés de rester ici plus longtemps qu'on le pensait. Ils vont fouiller tout le coin.

Rogan rit sèchement.

— Faudrait pas qu'ils s'imaginent qu'ils vont me remettre la main dessus aussi facilement. (Il bâilla et poursuivit :) Comme on ne va sans doute pas sortir si tôt de ce trou, autant roupiller.

Il se tourna du côté du mur et remonta la couverture jusqu'à son cou.

Fallon alla à la porte avec le garçon.

— Ne reviens pas de la journée, lui recommanda-t-il. Cette combine ne me dit rien qui vaille. Si jamais quelqu'un te voit traverser le cimetière, on est bons.

Le garçon hocha la tête :

— De toute façon, je ne peux pas revenir avant ce soir. Il faut que j'aide Kathleen à la boutique.

Fallon lui donna une tape sur l'épaule.

— Eh bien, vas-y, il ne faut pas qu'elle ait des soupçons. Et la voiture, qu'est-ce que tu comptes en faire ?

— Je l'ai louée pour trois jours, répondit Murphy. Vous voulez que je la rende ?

Fallon réfléchit un instant, puis secoua la tête.

— Non, garde-la. Elle pourra nous être utile si nous devons décamper en catastrophe.

Il ouvrit la porte et poussa le garçon.

— Allez, débine-toi ! À tout à l'heure, entre 5 et 6.

Murphy lui adressa un sourire et se sauva sous la pluie.

Quand Fallon regagna son lit de fortune, il trouva un paquet de papier brun par terre. Il sourit. Le garçon avait sans doute oublié de lui en parler. Le paquet contenait des sandwiches, trois pommes, des oranges, ainsi qu'une paire de souliers ordinaires pour Rogan. Fallon mangea la moitié d'un fruit, se recoucha sous les couvertures et examina la voûte. Au bout d'un moment, il se rendormit, suivant l'exemple de Rogan.

Lorsqu'il se réveilla, Rogan était assis près des caisses de munitions, leur contenu éparpillé autour de lui. À la main, il tenait une ficelle qui paraissait attachée à l'une des grenades. Quand il se releva pour reculer, il laissa filer la ficelle.

— Qu'est-ce que vous fabriquez ? demanda Fallon.

Rogan regarda par-dessus son épaule et sourit.

— Une expérience, dit-il. Pour faire exploser une grenade à distance, on attache une ficelle à la goupille, on tire et la grenade éclate.

Fallon fronça les sourcils.

— Bon Dieu ! Ce n'est pas le moment de tirer la ficelle ! dit-il, sans chercher à dissimuler sa colère.

Patrick Rogan commençait à lui taper sur les nerfs.

Le petit homme haussa les épaules, l'air absolument détaché.

— Quoi, qu'est-ce qu'il y a ? Le célèbre Martin Fallon a la trouille ?

Il rit méchamment et ramassa la ceinture de toile.

— Le tout dernier cri de la gélinite de plastic. Elle résiste même à l'eau. Autrefois, j'ai fait des trucs formidables avec.

Fallon le regarda, écœuré. Cet individu avait quelque chose de répugnant, de totalement inhumain.

— Bon Dieu ! fermez-la si vous n'avez rien d'autre à dire, fit-il d'une voix glaciale.

Et il se recoucha sous les couvertures. Le reste de la journée s'écoula lentement. Les deux hommes ne s'adressaient la parole que lorsque c'était indispensable, et Rogan arpenta les dalles de pierre ; son impatience croissait à mesure que le temps passait. Fallon dormit encore pendant l'après-midi, et le jour tombait lorsqu'il s'éveilla vers 5 heures. Debout près du soupirail, Rogan regardait le cimetière.

— Quel temps fait-il ? demanda Fallon.

— Affreux, répondit Rogan sans se retourner. Et à mon avis, la pluie n'est pas près de s'arrêter.

La crypte paraissait plus petite maintenant que les ombres s'allongeaient dans les coins. Fallon se leva et entrouvrit la porte. Le ciel était couvert, la pluie, qui tombait à verse, rebondissait sur les monticules que formaient les tombes. Il alluma une cigarette, regarda, par-delà les monuments funéraires, le mur qu'il distinguait vaguement dans la pénombre. La plupart des tombes, abandonnées, étaient envahies par l'herbe. Subitement, en pensant au vide et à l'inutilité de la vie, il éprouva une immense tristesse. Les gonds de la porte s'ouvrant sur la rue grincèrent. Murphy traversa le cimetière en courant.

Fallon ouvrit la porte. Le garçon entra, pâle et surexcité.

— Bon sang, quelle histoire ! Jamais je n'ai vu autant de flics. La ville en est remplie.

— Tu as la dernière édition? demanda Fallon.

Le garçon hocha la tête et sortit un journal de sa poche. Il n'y avait rien de nouveau. L'affaire était passée à la une et les photos de Fallon et de Rogan figuraient côte à côte. Celle de Fallon n'était pas très nette et il grogna de satisfaction.

— Dégueulasse comme photo, dit-il.

Il tendit le journal à Rogan et ajouta d'un air pensif :

— Je me demande pourquoi la police est concentrée à Castlemore. Ils auraient dû passer la campagne au peigne fin.

Rogan jura et jeta le journal.

— C'est ce salaud de Stuart, fit-il furieux. Le gros malin ! Mais il perd rien pour attendre.

— Assez ! Parlons de choses importantes, dit Fallon.

Un courant d'air froid lui souffla dans le cou, et derrière lui, la porte s'ouvrit en grinçant.

Fallon se retourna lentement tandis qu'une voix lançait :

— Que se passe-t-il ? Qu'est-ce que ça signifie ?

Un petit vieillard desséché en tenue d'ecclésiastique, portant un imperméable noir râpé, se tenait sur le seuil. Il les observa en silence. Puis un éclair brilla dans ses yeux.

— Fallon! dit-il. Fallon et Rogan !

Très décidé, il passa devant eux et examina les explosifs éparpillés près du lit. Un instant, il resta la tête baissée, puis se retourna et dit d'un ton peiné et courroucé.

— Comment osez-vous utiliser la maison de Dieu à des fins aussi ignobles ! Meurtriers ! Assassins ! Tous tant que vous êtes.

— Mon père, je vous en prie, dit Fallon.

— Je vais téléphoner à la police, coupa le vieillard d'un ton glacial, tremblant de rage. Vous avez cinq minutes pour déguerpir.

Le prêtre se mit en route, et Rogan le saisit par le bras.

— Pas si vite, grogna-t-il. Vous ne bougerez pas d'ici.

Toute l'antipathie que nourrissait Fallon, écœuré par le rôle qu'il jouait dans cette affaire, se transforma en un éclat de rage. Il écarta brutalement Rogan, lui fit faire volte-face et l'envoya dinguer à l'extrémité de la pièce où l'autre s'effondra sur le lit.

— Excusez-nous, mon père, dit-il. Pour tout. Vous pouvez partir.

Le prêtre et Fallon se trouvèrent face à face un instant et une lueur étrange apparut dans le regard du vieillard.

— Excusez-moi aussi, dit-il.

Sur le seuil, il hésita comme s'il allait ajouter quelque chose, puis ses épaules s'affaissèrent, et il sortit à pas lents sous la pluie.

Fallon poussa un profond soupir, en laissant échapper un petit ricanement ironique. Le garçon lui tendit son manteau et son chapeau.

— Il va sûrement nous mettre les flics aux trousses, Mr Fallon. Il faut nous en aller.

Murphy, l'air malade, avait le teint jaune sous la lumière crue de l'ampoule. Il était terrorisé.

Rogan se leva et ajusta ses vêtements.

— C'est malin ! Maintenant, ils vont savoir que nous sommes en ville.

Fallon ne lui prêta aucune attention.

— Tu es venu en voiture ? demanda-t-il à Murphy.

Le garçon hocha la tête.

— Elle est garée dans la ruelle.

Fallon enfila son imperméable.

— Allons-y. Il va falloir faire vite, dit-il d'un ton autoritaire. Si nous réussissons à quitter la ville, nous avons encore une chance de nous en sortir. Il fait un temps de cochon. La police aura du mal à nous retrouver dans les chemins de campagne.

Il prit le garçon par le bras et le poussa en direction de la porte.

— En route ! lança-t-il par-dessus son épaule à Rogan. On n'a pas de temps à perdre.

En courant, il passa derrière Murphy entre les tombes ruisselantes de pluie. La porte du cimetière était entrouverte, et quand Fallon arriva à la voiture, Murphy cherchait déjà la clef. Le garçon ouvrit la portière et se glissa derrière le volant. Fallon s'installa à côté de lui. Murphy mit le contact et tira le starter. Le moteur toussa en manière de protestation, ronfla un moment, puis se mit à tourner.

— Où est Rogan ? demanda Murphy d'une voix cassée.

Fallon poussa un juron et retourna dans le cimetière. Tout en pestant, il cherchait à apercevoir Rogan dans l'obscurité qui tombait. Celui-ci arriva en courant.

— Bon Dieu ! Qu'est-ce que vous foutiez ? grogna Fallon.

— J'avais oublié quelque chose, dit Rogan, essoufflé.

Fallon le poussa vers l'Austin où ils grimpèrent tous deux.

Murphy démarra à toute vitesse, et Fallon l'attrapa par l'épaule.

— Hé ! doucement ! dit-il. Il ne s'agit pas d'attirer l'attention. Traversons tranquillement la ville à cinquante à l'heure.

Le garçon transpirait. Fallon alluma une cigarette qu'il lui glissa entre les lèvres.

— Merci, Mr Fallon, dit Murphy. Ça ira.

— Tu t'en tires comme un chef.

Il alluma une cigarette et s'appuya au dossier de la banquette, en observant la route devant lui.

— Le môme a une trouille bleue, dit Rogan. Il sert à rien. Laissons-le tomber.

Fallon se retourna et lança d'un ton catégorique :

— Si je laisse tomber quelqu'un, ce sera vous.

Rogan se tut. Fallon reporta son attention sur la route. La situation était grave. Déjà, la police cernait la ville. Dès la diffusion du message du vieux prêtre, toutes les grandes artères allaient être barrées par des voitures de ronde. Il s'agissait donc de les gagner de vitesse. Au moment où cette pensée lui traversa l'esprit, l'Austin ralentit et dut rouler au pas. Une file de voitures s'allongeait devant eux. Le cœur battant, Fallon se rendit compte qu'ils arrivaient trop tard.

— Qu'est-ce que je fais, Mr Fallon ? demanda Murphy d'un ton calme.

— Prends la première ruelle, dit Fallon. On va essayer de passer par l'autre rue.

Il savait qu'ils perdaient leur temps.

La voiture vira pour s'engager dans de petites rues, et arriva dans une autre grande artère. Au moment où ils y débouchaient, Fallon vit une longue procession de véhicules devant eux ; il toucha l'épaule du garçon.

— Prends à droite et regagnons le centre de la ville.

Rogan s'affola.

— Qu'est-ce qu'on va faire ? demanda-t-il d'une voix terrorisée ? On n'a pas une chance de s'en sortir.

— La ferme ! s'exclama Fallon.

À cet instant, il vit dans le rétroviseur une voiture noire qui les suivait.

— Vas-y, fonce ! cria-t-il.

Murphy écrasa la pédale de l'accélérateur, la voiture bondit.

— La police ! dit Rogan. On n'arrivera jamais à semer cette bagnole.

— On a dû nous repérer quand on a fait demi-tour, dit Fallon.

L'aiguille du compteur grimpa péniblement à 90 et plafonna à cette vitesse.

— J'ai le pied au plancher, dit Murphy d'un ton désespéré.

Fallon hocha la tête et regarda derrière. La voiture de police gagnait du terrain.

— Voilà ce qu'on va faire. Rétrograde et prends le premier virage à droite, puis le premier à gauche. À ce moment-là, tu freines, et on saute tous. Compris ?

Le garçon hocha vigoureusement la tête.

— Passez-moi votre arme, dit Rogan. Je vais essayer de tirer dans les pneus.

— Non, pas question, répliqua Fallon. Jusqu'à présent, il n'y a qu'un criminel parmi nous.

Le juron de Rogan fut couvert par le grincement des freins. Murphy changea de vitesse, freina, et la voiture prit le virage en dérapant. Ils roulèrent dans une petite rue sombre, bordée de lugubres maisons toutes semblables. Murphy alluma les phares et ils repérèrent le tournant de loin. Il rétrograda à nouveau et freina. La voiture se mit en travers, dérapa, et les roues heurtèrent le coin du trottoir, puis ils se remirent à foncer dans l'obscurité. À la lumière des phares apparut l'entrée d'une étroite ruelle.

— Stop ! cria Fallon en frappant Murphy sur l'épaule.

Murphy écrasa la pédale du frein. La voiture dérapa et alla heurter un lampadaire avec un fracas épouvantable.

Il y eut un moment de silence absolu. Un chien aboya dans la nuit. Fallon ouvrit brutalement la portière et sauta sur la chaussée. Murphy courut péniblement derrière lui.

— Ça va ? demanda Fallon.

Le garçon acquiesça.

— Je me suis cogné, mais ce n'est rien.

Rogan les rejoignit en jurant.

— On est dans un foutu merdier ! observa-t-il.

— Ce sera pire si on reste ici à bavarder, dit Fallon.

À ce moment, les phares de la voiture de police apparurent à l'extrémité de la rue.

— Suivez-moi, dit le môme. Je connais bien le coin. On va s'en tirer.

Il plongea dans la rue étroite, les autres le suivirent.

Murphy s'engagea dans un dédale de petites ruelles. Au bout d'un moment, il s'arrêta et leva la main.

— Qu'est-ce qui te prend ? demanda Fallon.

— J'essaie de savoir s'ils nous suivent, répondit Murphy.

Dans l'obscurité, on entendait vaguement des cris mêlés aux bruits de voiture.

— Ils sont tout près, dit Fallon. En route !

Ils se remirent à courir, Murphy toujours en tête pour montrer le chemin. Ils traversèrent un terrain vague couvert de taudis en démolition, et s'engagèrent dans une ruelle longue et étroite qui paraissait interminable. Avant d'atteindre le carrefour, Murphy cria par-dessus son épaule :

— Attention, nous allons traverser une grande artère.

Il ralentit l'allure. Au coin de la rue, il tomba dans les bras d'un policier. Alors que l'agent cherchait à dégainer son revolver, Murphy l'agrippa et cria :

— Sauvez-vous, Mr Fallon. Sauvez-vous !

Ils s'écroulèrent dans un enchevêtrement de jambes et de bras. Rogan traversa la chaussée et disparut dans une ruelle. Fallon esquiva habilement et, lorsque l'agent roula pour maîtriser le gamin, il lui assena un coup de pied sur la nuque. Le flic s'écroula avec un grognement, Fallon attrapa Murphy pour le remettre debout et le traîna vers le trottoir d'en face. Les passants qui s'étaient arrêtés pour observer la bagarre se dispersèrent précipitamment. Fallon et Murphy plongèrent dans l'obscurité de la petite rue.

En arrivant à l'extrémité de celle-ci, ils virent Rogan debout sous un lampadaire, qui se préparait à reprendre sa course.

— Je croyais que vous me suiviez.

Un instant, Fallon fut sur le point de lui balancer son poing à la figure, mais il se domina.

— Toi, ça va ? demanda-t-il à Murphy.

— Oui, oui, répondit le garçon. Il ne m'a pas fait mal.

Derrière eux, un coup de sifflet étouffé par le vent retentit faiblement, et une voiture déboucha dans la rue.

— Où allons-nous ? demanda Fallon.

— Suivez-moi, dit Murphy. On a encore une chance.

Ils longèrent la rue en courant et se précipitèrent dans une autre ruelle, à l'extrémité de laquelle se trouvait un petit mur. Lorsque Fallon se pencha au-dessus, il entendit un bruit d'eau. Murphy sauta. Fallon et Rogan en firent autant. L'eau glaciale leur arrivait aux genoux. Rogan jura. Fallon le pria sèchement de se taire. Il frappa l'épaule du garçon.

— On te suit, dit-il.

Murphy hocha la tête et se mit à marcher dans le ruisseau qui coulait entre des murs de briques. À un endroit, ils durent s'engouffrer dans un étroit tunnel d'une vingtaine de mètres, où régnait une telle odeur de putréfaction que Fallon, écœuré, fit la grimace car il devinait à quoi servait le ruisseau. Ils marchèrent en silence pendant une demi-heure et le bruit de leurs poursuivants s'affaiblit au loin. On n'entendit plus que la pluie qui frappait la surface de l'eau en sifflant, et le bruit des éclaboussures qu'ils faisaient à chaque pas. Ils percevaient faiblement le moteur des voitures dans le lointain, puis une horloge sonna l'heure. Murphy s'arrêta.

— On va grimper par ici, dit-il.

L'opération fut aisée car plusieurs briques manquaient sur la façade du mur dégradé. Le grillage qui le surmontait était béant en plusieurs endroits, et les trois hommes se glissèrent par l'une des ouvertures. Ils se trouvèrent dans une rue calme bordée de demeures bourgeoises. Murphy passa le premier sur le trottoir et ils arrivèrent à une petite boutique au coin de la rue. Une entrée latérale donnait dans une cour minuscule. Murphy s'y engagea et s'arrêta devant la porte.

— Où sommes-nous ? demanda Fallon.

Le garçon sourit.

— Chez moi.

Fallon voulut protester mais Murphy l'interrompit :

— C'est le seul endroit où on peut aller. On n'a pas le choix.

— Bon Dieu ! Décidez-vous ! Entrons ! fit Rogan qui se tenait derrière eux.

Murphy ouvrit la porte et pénétra dans une petite cuisine. Une jeune fille au visage plaisant, l'air décidé, qui se tenait devant l'évier, se retourna. Comme elle avait les bras mouillés jusqu'aux coudes, elle prit une serviette et s'essuya en regardant avec stupéfaction son frère en compagnie des deux inconnus.

— Johnny ! s'écria-t-elle. Où étais-tu ?

Ses yeux se posèrent sur les jambes de pantalon trempées qui gouttaient sur le sol.

Nerveux, Murphy s'éclaircit la voix.

— On a eu un petit accident, Kathleen, dit-il. Ces messieurs sont des amis.

— Des amis ! l'interrompit-elle.

Elle s'avança, regarda Fallon de près. Son expression se transforma et elle pâlit.

— Vous êtes Martin Fallon.

Un instant, elle chancela comme si elle allait tomber, puis reprenant ses esprits :

— Dans quel pétrin t'es-tu fourré, imbécile ? demanda-t-elle à son frère d'une voix courroucée.

— Je t'en prie, Kathy, dit-il. Ne discute pas. On va attraper la crève. La police nous recherche. Il faudra que nous passions la nuit ici.

— Ici ? (Sa voix, apparemment calme, était très menaçante.) N'y compte pas. Je préfère qu'on t'arrête tout de suite, Johnny Murphy, avant que tu ne te compromettes jusqu'au cou dans cette histoire.

Elle se retourna et courut à un petit vestibule. Un téléphone était posé sur une table, près de la porte. Au moment où elle décrochait le combiné, Rogan s'avança et la saisit si brutalement que le corsage de sa robe se déchira.

— Laissez-la tranquille ! cria Murphy en se jetant sur Rogan.

Fallon s'interposa et expédia Rogan contre le mur.

— Assez ! hurla-t-il.

Il y eut un moment d'accalmie. Sous le regard haineux de Rogan, Fallon se tourna vers la jeune fille qui pleurait, la tête penchée sur la table.

— Excusez-moi, miss Murphy. Nous n'allons pas vous encombrer plus longtemps. (Il s'adressa au garçon.) Tu vas rester ici avec ta sœur.

La jeune fille étouffa ses sanglots.

— Ça ne changera rien, dit-elle. J'appellerai quand même la police. Je ne laisserai pas faire. Cette histoire a assez duré.

Elle saisit le combiné et composa un numéro. Fallon se détourna, traversa en toute hâte la cuisine et arriva dans la cour. Il s'arrêta sous la lumière. Rogan et le garçon le suivirent. Fallon se retourna, prêt à discuter, mais Murphy secoua la tête.

— Si vous vous imaginez que je vais attendre les flics ici, vous vous trompez. Je reste avec vous.

— Ça te fera une belle jambe ! dit Fallon avec un petit ricanement.

La pluie redoublait. Ils se mirent aussitôt en route. Rogan avait relevé le col de sa veste qui lui offrait une protection bien précaire. Trempé jusqu'aux os, il n'arrêtait pas de jurer. Soudain, Fallon se sentit découragé. Le filet se resserrait ; ils n'avaient aucune planque... Mais n'y avait-il vraiment aucune solution ? Il stoppa brusquement.

— Qu'est-ce qu'il y a ? demanda Murphy d'un ton inquiet.

Fallon secoua lentement la tête.

— Je viens d'avoir une idée, c'est tout. Tu connais Cadogan Square ?

Murphy hocha la tête :

— Bien sûr. C'est à peine à un kilomètre d'ici.

Fallon hésita un instant, puis se décida :

— Alors, conduis-nous-y aussi vite que tu peux.

Murphy hocha la tête et partit d'un pas vif. Il s'engagea dans des petites rues, s'arrêtant aux carrefours pour s'assurer que la voie était libre avant de traverser les grandes artères. Il leur fallut vingt minutes pour arriver à destination. Seuls, trois lampadaires étaient éclairés ; les coins de la place étaient plongés dans l'obscurité. Fallon passa devant pour traverser la place. Quand ils s'arrêtèrent devant le portail, il hésita un instant.

La pluie, rabattue par une bourrasque de vent, leur fouetta le visage. Fallon se décida, ouvrit le portail et entra. Sur la dernière marche du perron, il s'arrêta et tira le vieux cordon de sonnette. Le vent soufflait avec une telle force qu'il n'entendit pas la cloche sonner à l'intérieur de la maison. Ils attendirent quelques instants, puis une lumière apparut dans le vestibule.

« Bon sang, qu'est-ce que je vais lui raconter ? », songea Fallon.

La porte s'ouvrit. Anne Murray apparut dans un rayon de lumière. Elle le regarda un instant, puis son regard se posa sur ses deux compagnons. Fallon voulut parler, mais ne trouva rien à dire. Anne recula :

— Entrez, Mr Fallon, fit-elle avec un léger sourire. Je vous attendais.

5

La mansarde était glaciale, et la pluie tambourinait sans arrêt contre une grande lucarne donnant sur un toit en pente. Deux lits de fer rouillé occupaient le milieu de la pièce, et des caisses, qui contenaient des objets inutiles accumulés pendant des années, s'empilaient dans les coins. L'air était imprégné d'une odeur de renfermé, d'humidité et de moisissure. Rogan examina les lieux d'un air dégoûté.

— Elle n'a rien d'autre à nous offrir ?

Fallon eut un rire bref.

— Si ça vous tente de courir par ce temps, ne vous en privez pas. Mais vous irez seul.

Murphy entra avec une pile de couvertures.

— Pour moi, c'est parfait, Mr Fallon, dit-il. J'ai un toit au-dessus de la tête pendant que les flics courent en rond sous la pluie. J'apprécie, croyez-moi.

Rogan renifla :

— Évidemment, fit-il d'un ton méprisant. Toi, comme béni oui-oui...

Murphy, les joues en feu, jeta les couvertures sur l'un des lits.

— Moi, au moins, je ne me débine pas en laissant les autres dans le pétrin !

Rogan fit un pas en avant, et le garçon lui colla deux ou trois couvertures dans les bras.

— Tenez, Mr Rogan, dit-il d'un ton calme. Vous pouvez faire votre lit.

Rogan se retourna en jurant et jeta les couvertures sur le lit.

Fallon se mit à rire :

— Vous feriez mieux de vous taire, Rogan, dit-il. Vous n'êtes pas très bien vu dans le secteur. Pour dire le vrai, j'ai bien envie de vous foutre dehors. Et, croyez-moi, ce serait malsain pour vous. L'inspecteur du Comté habite à quelques pas d'ici, la police doit être sur les dents dans le coin.

Une lueur bizarre brilla quelques secondes dans le regard de Rogan. Il se força à rire.

— Voyons, je plaisantais. Vous savez bien que nous sommes tous à cran, en ce moment.

Fallon se dirigea vers la porte :

— Quoi qu'il arrive, je vous interdis de sortir de cette pièce sans mon autorisation.

Murphy hocha la tête.

— Où allez-vous coucher ? demanda Rogan d'un ton plein de sous-entendus. Cette fille paraît avoir un sens très particulier de l'hospitalité.

Une vague de fureur submergea Fallon. Mais, au moment où il s'approchait de Rogan, la porte s'ouvrit et la jeune fille entra, un plateau à la main. Elle le tendit à Murphy.

— Voici de quoi manger et du café chaud pour vous deux. Je ne veux pas que vous circuliez dans la maison. Restez dans cette pièce. Si j'ai des ennuis, vous partirez.

Elle parlait d'un ton froid et uni, sans manifester la moindre sympathie.

— Votre dîner vous attend en bas, ajouta-t-elle à l'adresse de Fallon.

Il adressa un signe de tête à ses deux compagnons et suivit la jeune fille.

Dans la cuisine, il faisait chaud. Fallon prit place à la table et Anne servit du ragoût dans une assiette qu'elle plaça devant lui.

— Ça sent bon, dit-il.

Elle eut un petit rire.

— C'est le seul plat que je sache préparer. La maison, ça n'est pas mon fort.

Il avala une bouchée du ragoût bien chaud et secoua la tête.

— C'est délicieux. Après les heures que je viens de vivre, tout me paraîtrait excellent.

— Si vous appelez ça un compliment ! protesta-t-elle.

Il tendit les mains en un geste d'humilité.

— Excusez-moi. Ce n'est pas ce que je voulais dire.

Tout à coup, il se rendit compte qu'il avait très faim et ne pensa plus qu'à manger. Anne l'observa tranquillement plusieurs minutes sans rien dire. Quand il eut terminé, elle lui apporta une tasse de thé.

Tout en versant du lait dans sa tasse, elle lui demanda :

— Et combien de morts avez-vous laissé sur votre chemin ?

— Pas un seul, répondit-il en secouant la tête. Dieu merci. Vous pensiez que c'était mon genre ?

Elle fronça les sourcils et remua son thé d'un air absent.

— Non, il serait plus juste de dire que j'avais peur que ce soit votre genre. (Il la regarda d'un air surpris, sans comprendre, et elle poursuivit :) Que faites-vous quand un policier vous tire dessus ? Vous ne répliquez pas ?

— En ce qui me concerne, je prends mes jambes à mon cou, dit-il en souriant.

Elle soupira et hocha la tête.

— Mais un jour, vous serez bien *obligé* de riposter, et c'est de cela que j'ai peur.

Fallon sortit ses cigarettes et lui en offrit une.

— Je déteste toutes ces histoires d'armes, dit-il en lui tendant du feu. Tuer un policier ne prouve absolument rien, sauf peut-être que l'on est bon tireur.

— Et quand on les descend à bout portant dans le dos, comme l'a fait Rogan, demanda-t-elle, qu'est-ce que cela prouve ?

Il plissa les yeux.

— Qui prétend qu'il a fait cela ?

Elle haussa les épaules.

— C'est la version que m'en a donnée l'inspecteur Stuart. C'est le blessé qui la lui a racontée. Rogan leur a fait lever les mains. Il leur a dit de se retourner et il leur a tiré dessus. Celui qui a survécu a été blessé à la colonne vertébrale. Il est dans une chaise roulante pour la vie, maintenant.

Il ôta sa cigarette de sa bouche et l'écrasa soigneusement dans le cendrier.

— Tout à coup, tout a mauvais goût, dit-il.

Elle secoua la tête avec impatience et s'approcha de lui pour lui poser une main sur l'épaule.

— Pour l'amour du Ciel, Martin, pourquoi êtes-vous allé vous fourrer là-dedans, pourquoi ?

Il se leva et recula de quelques pas.

— Vous m'avez déjà demandé cela hier, dit-il. Sur le moment, je n'ai pas pu vous donner de réponse convenable et je ne le peux pas plus maintenant. L'un des vieux chefs est venu me trouver. Il m'a demandé d'accomplir cette mission, je lui ai ri au nez, mais c'est alors qu'il m'a présenté la mère de Rogan. C'était une sorte d'atout qu'il a sorti de sa manche. Il savait que je serais incapable de lui refuser, à elle.

— Je vous ai dit qu'elle ne représentait pas une raison suffisante, dit Anne.

Il haussa les épaules d'impuissance.

— J'aurais aimé que vous puissiez la voir. Vieillie et abattue. Et aveugle, par-dessus le marché, comme si tout cela ne suffisait pas. Tout ce à quoi elle peut s'accrocher désormais, c'est son fils. Je ne pouvais pas lui refuser.

— Vous voulez dire que vous n'aviez pas assez de tripes.

Il arpenta nerveusement la pièce et frappa de son poing dans sa paume ouverte.

— Très bien. Je n'ai pas eu assez de tripes. Pensez ce que vous voulez. (Il se retourna et la regarda d'un air désespéré pendant un moment puis il s'assit et prit sa main dans la sienne pour la serrer avec force.) Peut-être que je ne cherchais simplement qu'une excuse, dit-il. J'avais tout laissé tomber parce que j'étais convaincu que je n'agissais plus comme il fallait. Je croyais que l'Organisation et tout ce qu'elle représentait était pourri. C'est pour cela que j'ai refusé à O'Hara, et pourtant, j'ai cédé beaucoup trop rapidement lorsque cette vieille femme m'a supplié de l'aider. Peut-être que je n'avais besoin que d'une bonne excuse.

Elle hocha la tête et sa voix laissa paraître qu'elle le comprenait.

— Là-bas, dans votre maison, il vous manquait quelque chose, dit-elle. Vous croyiez vraiment le trouver de ce côté-ci de la frontière ?

Exaspéré, Fallon fronça les sourcils et poussa un soupir.

— Je ne sais pas. Franchement, je ne sais pas.

Il sourit avec tristesse, puis se dirigea vers la fenêtre d'où il observa la pluie chassée par le vent.

— J'ai vécu trop d'années dans la violence, dit-il lentement comme si ces paroles sortaient du plus profond de son être. L'action, la passion sont des choses étranges. Un peu comme une drogue. Une fois qu'on y a goûté, tout le reste paraît fade.

Anne se leva péniblement et commença à débarrasser la table.

— Ça ne suffit pas, dit-elle. Ça ne suffit jamais. Il doit exister quelque chose capable de combler le vide qu'il y a en vous.

— J'ai cherché pendant cinq ans. Je me suis pris pour un grand écrivain alors qu'en fait je ne suis qu'un scribouillard de troisième ordre. Je me suis mis à boire, mais cela n'a jamais rien résolu.

Elle le regarda de l'autre bout de la pièce et dit d'une voix terriblement solennelle :

— Quoi qu'il arrive, il vous faudra le découvrir bientôt. Sans quoi, vous vous détruirez vous-même.

Il eut un petit rire.

— Peut-être que c'est exactement ce que je cherche. Peut-être que je ne désire qu'une chose, être un nouveau martyr de la cause.

La jeune fille porta la main à sa bouche et se détourna. En trois pas, Fallon traversa la cuisine et la prit dans ses bras. Elle sanglota quelques instants, la tête appuyée contre sa veste, puis elle s'écarta et s'obligea à sourire.

— Vous devez être satisfait. Je me suis ridiculisée.

Il secoua la tête.

— C'est une chose qui ne peut pas vous arriver, dit-il d'un ton calme.

Un instant, elle lui sourit, posa une main sur la poitrine de Fallon et le repoussa.

— Allez-vous-en, dit-elle avec douceur. Allez vous coucher.

Il la scruta un instant et se dirigea vers la porte. Au moment où il l'ouvrait, elle ajouta vivement :

— Vous êtes dans la chambre qui se trouve deux portes après la mienne. Attention de ne pas vous tromper si vous vous levez la nuit.

Un mince sourire étira les coins de la bouche de Fallon.

— Si ça m'arrivait, ce serait l'erreur la plus agréable que j'aurais jamais commise.

Le visage de la jeune fille s'empourpra. Il ferma la porte précipitamment avant qu'elle ait pu répondre.

En traversant le vestibule, il aperçut Rogan penché sur une petite table qui se trouvait dans un coin, au pied de l'escalier. Fallon l'observa en silence un instant, avant de s'approcher de lui.

— Je croyais vous avoir dit de rester dans votre chambre, fit-il à voix basse.

Inquiet, Rogan se retourna précipitamment. Il replaça sur la table l'annuaire du téléphone qu'il tenait dans la main et eut un rire forcé.

— Excusez-moi, Fallon, je vérifiais simplement l'adresse d'un ami.

— Vous comptez faire des visites ? demanda Fallon d'un ton ironique.

Rogan secoua la tête et se mit à grimper l'escalier.

— Un type que je connaissais. Il habite ici. J'ai pensé qu'il pourrait peut-être nous aider, mais il n'est plus dans l'annuaire. Il a dû déménager.

Il monta au premier étage et traversa le palier. Au bas de l'escalier conduisant aux mansardes, ils s'arrêtèrent.

— Je vous conseille de m'obéir, dit Fallon. On a assez de problèmes comme ça. Alors, inutile de faire des conneries.

Rogan se tourna vers lui, les poings serrés.

— Faudrait pas exagérer, Fallon, dit-il d'un ton aigre. Vous avez peut-être été un type important autrefois, mais maintenant, c'est fini.

Fallon s'approcha de lui et l'obligea à reculer jusqu'au mur.

— Vous voulez la bagarre ? demanda-t-il, furieux. Rien ne me ferait plus plaisir que de vous réduire en bouillie.

Un moment, Rogan le regarda d'un œil mauvais, puis baissa les yeux.

— Je vous ai sauvé la vie parce que votre mère m'a supplié de le faire.

Le ton de Fallon était glacial, et Rogan eut l'impression de recevoir une gifle.

— Le plus drôle, c'est que je crois qu'elle serait bien plus heureuse débarrassée de vous. Entre nous, vous êtes le pire salopard que j'aie jamais rencontré.

Un moment, Fallon toisa Rogan.

— Montez. Allez vous coucher, dit-il d'un ton calme.

Rogan leva lentement la tête. Ses traits exprimaient une haine féroce.

— Bonne nuit, Mr Fallon.

Puis il fit demi-tour et s'engagea dans l'escalier.

Fallon le regarda monter jusqu'à ce qu'il fût presque arrivé en haut et dit :

— Au fait, Rogan, je ne vous conseille pas d'essayer de me tirer dessus par-derrière. Vous vous en mordriez les doigts. Pour tout vous dire, je n'espère qu'une seule chose, c'est que vous essayiez.

Rogan s'arrêta sur la dernière marche sans se retourner, puis il continua et disparut dans l'obscurité du dernier étage.

En se couchant, Fallon regarda l'heure à sa montre. Il n'était que 9 heures. Le lit était frais. Il venait d'être refait avec des draps propres qui sentaient légèrement la lavande. Il se douta qu'elle avait dû les sortir exprès pour lui et il sourit faiblement dans l'obscurité en soupirant. Puis il alluma une cigarette et s'allongea pour la fumer tout en pensant à Anne Murray. C'était une espèce de problème. Il se souvint de ce qu'il avait éprouvé en la tenant dans ses bras lorsqu'elle avait pleuré sur son épaule, et une vague de tendresse le parcourut. Pendant quelques minutes, il se laissa aller à penser à des choses agréables. À ce que cela aurait pu être. Il jura à mi-voix et revint à la réalité. Il était inutile de spéculer sur ce qui restait hors d'atteinte.

Il essaya de considérer le problème rationnellement et logiquement. Il désirait cette femme. Et puis après ? Elle était attirante, jeune, presque belle, et cela faisait une éternité qu'il n'avait pas couché avec une femme, ni même envisagé de le faire. Cette fille était du genre à aimer un seul homme, à s'embraser pour lui totalement et sans compromis. Il y avait en elle un caractère d'acier, de l'honnêteté et même une pointe d'humour. Qu'avait-elle dit ? Ne faites pas de sottises si vous vous levez cette nuit. Il gloussa doucement, se retourna et s'endormit.

Fallon fut réveillé par une main qui lui pressait doucement l'épaule. Il chercha aussitôt sous l'oreiller la crosse du Luger, puis remarqua le léger parfum qu'il avait appris à connaître. Rassuré il se dressa sur son séant.

— Tiens, tiens, qui s'est trompé de chambre ? demanda-t-il.

— Excusez-moi de vous déranger. C'est idiot, mais j'ai cru entendre quelqu'un en bas.

La jeune fille paraissait inquiète. Il repoussa les couvertures et se leva.

— Il y a un moyen très simple de le savoir. Je vais voir.

La chemise de nuit d'Anne bruissait dans l'obscurité quand elle se dirigea vers la porte.

— Je passe une robe de chambre et je vous accompagne, dit-elle.

Fallon enfila sa chemise et son pantalon. Il hésita un instant, le Luger à la main, puis le replaça sous l'oreiller et sortit prestement de la chambre. La jeune fille attendait dans l'obscurité devant sa porte. Tous deux s'avancèrent prudemment vers l'escalier et tendirent l'oreille. La maison était silencieuse comme un tombeau. Fallon descendit l'escalier et ouvrit la porte de la cuisine. Elle était déserte et on n'entendait d'autre bruit que le craquement du coke dans le poêle. Il alluma.

— Je vais voir dans les chambres, dit-il, mais tout paraît normal. Ce doit être le vent.

Lorsqu'il revint dans la cuisine, la jeune fille avait fait bouillir de l'eau sur le réchaud.

— Alors ? demanda-t-elle.

Il sourit et consulta sa montre.

— 6 h 10 exactement. Vous êtes sûre que ce n'était pas un bon prétexte pour me faire lever tôt ?

Elle sourit et secoua la tête.

— J'ai vraiment cru entendre du bruit. Mon imagination, sans doute. La nuit, dans cette vieille baraque, on entend des tas de trucs bizarres.

Fallon alluma une cigarette, s'assit à table pendant que la jeune fille servait le thé. Il toussa violemment quand la fumée lui râpa la gorge.

— Quel goût dégueulasse ! finit-il par dire.

Elle se mit à rire.

— Alors, pourquoi fumer ?

Il haussa les épaules et secoua la tête.

— Alors, pendant que vous y êtes : pourquoi vivre ?

Elle leva la main, en feignant l'inquiétude.

— Non ! Pas de philosophie d'aussi bonne heure, je vous en prie !

À la porte de la maison, on entendit un cliquetis de bouteilles. Fallon se retourna aussitôt, sur le qui-vive.

— Qu'est-ce que c'est ? demanda-t-il.

— Ne vous inquiétez pas. Ce n'est que le laitier. Il livre de très bonne heure dans ce quartier.

Anne se leva et alla ouvrir.

Fallon entendit le bruit de la pluie. Les bouteilles s'entrechoquèrent quand elle les prit, puis la porte claqua. Anne entra lentement dans la pièce.

— Ça tombe toujours ? s'enquit-il.

La jeune fille paraissait préoccupée et fronça les sourcils en posant les bouteilles sur la table.

— J'aurais juré avoir tiré le verrou, dit-elle.

— Comment ?

Fallon se redressa sur sa chaise et la regarda.

— J'ai cru avoir verrouillé la porte d'entrée, hier soir.

Ils se regardèrent un instant, puis elle pâlit. Fallon bondit en renversant sa chaise, et se précipita dans le vestibule. Il grimpa l'escalier quatre à quatre, traversa précipitamment le palier et escalada les marches qui conduisaient au grenier. La porte claqua contre le mur et il alluma. Réveillé en sursaut, Murphy se redressa dans son lit, inquiet et stupéfait.

— Bon sang, Mr Fallon, qu'est-ce qu'il y a?

Fallon observa un instant la forme endormie de Rogan sous les couvertures. Il s'approcha du lit et arracha les couvertures. Deux oreillers apparurent.

— Le salaud ! s'exclama-t-il, fou de rage. Le salopard, il nous fera tous pendre. Habille-toi et descends à la cuisine, ajouta-t-il à l'adresse de Murphy.

Il tourna les talons et sortit.

La jeune fille l'attendait au bas de l'escalier, follement inquiète.

— Rien d'anormal ? lui demanda-t-elle.

— Parlez ! Rogan est allé se balader.

Il alla ouvrir la porte, et son regard scruta l'obscurité et la pluie battante.

— Mais pourquoi ? fit-elle, stupéfaite. Je ne comprends pas. Où a-t-il pu aller ?

Fallon ferma la porte.

— Je paierais cher pour le savoir, dit-il. Tout ce que je sais, c'est qu'il est sorti et qu'il a certainement une bonne raison.

Il se retourna et rentra dans la cuisine. Murphy descendit pesamment l'escalier et arriva en courant.

— Vous avez une idée de l'endroit où est allé Rogan, Mr Fallon ? demanda-t-il.

Fallon secoua la tête.

— Tu ne l'as pas entendu se lever ?

Le gosse rougit et regarda ses pieds.

— Je dormais à poings fermés et je n'ai rien entendu, dit-il. Je vous ai fait défaut.

Fallon grogna et lui appliqua une claque sur l'épaule.

— Jamais de la vie. Tu n'étais pas chargé de le surveiller.

La jeune fille tendit une tasse de thé à Murphy.

— Il ne t'a rien dit de particulier avant que tu t'endormes ? demanda-t-elle. Enfin... quelque chose de bizarre ?

Le garçon fronça les sourcils.

— Non, rien de vraiment spécial. Il est sorti de la chambre un moment. Je l'ai entendu parler avec Mr Fallon dans l'escalier. Quand il est revenu, il était furieux. Il m'a demandé un crayon et a écrit quelque chose sur un bout de papier.

Fallon, vivement intéressé, leva les yeux.

— Tu as vu ce qu'il a écrit ? C'était une adresse ?

Murphy secoua la tête.

— Vraiment, je ne sais pas.

— Je l'ai surpris en train de consulter l'annuaire téléphonique, expliqua Fallon à la jeune fille. Il cherchait l'adresse d'un vieil ami, mais ne l'aurait pas trouvée... Il a dit autre chose ? demanda-t-il à Murphy.

— Non, rien de spécial. Il a fait quelques plaisanteries à votre sujet avant de s'endormir. Ah oui ! il a aussi pesté contre l'inspecteur du Comté ; il disait qu'il lui ferait regretter d'avoir vu le jour.

Fallon fronça les sourcils.

— Mais pourquoi est-il si monté contre Phil Stuart ? demanda-t-il d'un air surpris.

Anne sourit amèrement.

— Parce que Phil a fait de la bonne besogne. Il a traqué Rogan sans relâche pendant deux mois.

— Il a été blessé dans son orgueil, Mr Fallon, expliqua à son tour Murphy. Ce type-là est terrible quand il se met en colère. On dit qu'il ne pardonne jamais à ceux qui lui ont fait du tort.

Fallon jura et donna un coup de pied dans la table.

— Le jour où j'ai entendu son nom est à marquer d'une croix noire, dit-il.

— On se met à sa recherche ? suggéra Murphy.

Fallon eut un rire glacial.

— Le chercher ? Où ça ? Tu le sais ? Moi pas.

Il haussa les épaules et gagna la porte.

— Non, il n'y a qu'une chose à faire : attendre. S'il a filé dans l'espoir d'avoir plus de chance de s'en tirer tout seul, il ne reviendra pas. Dans ce cas, bon débarras ! S'il est allé voir quelqu'un, il reviendra quand bon lui plaira à moins que la police le ramasse, ajouta-t-il avec un sourire mauvais.

— Et si les flics le piquent ? dit Murphy. Je n'ai aucune confiance en lui. C'est un faux frère, Mr Fallon. Il va nous dénoncer.

Fallon eut un sourire aigre.

— Je sais, dit-il. C'est un risque que nous ne pouvons éviter.

Il se retourna pour partir, puis hésita.

— Mets-toi aux aguets dans la pièce de devant, dit-il lentement à Murphy. À la moindre alerte, tu m'appelles et on file par le jardin de derrière. Si tu as besoin de moi, je suis dans la salle de bains.

Fallon remplit le lavabo d'eau froide et y plongea le visage à plusieurs reprises. Puis il tourna le robinet d'eau chaude, se lava la figure et les épaules. Dans l'armoire de la salle de bains, il trouva un rasoir dont la lame n'était pas trop émoussée. Il se savonna le visage et s'attaqua aux poils durs de sa barbe. Que pouvait bien fabriquer Rogan ? Ce type avait quelque chose de louche, de malsain. Il n'était pas normal. Fallon s'essuya le visage et passa sa chemise par-dessus la tête. Il soupira. Quel pétrin !

Il s'examina dans la glace et secoua la tête.

— Décidément, tu es incorrigible se dit-il à mi-voix.

Fallon s'engagea dans l'escalier. Tout à coup, la jeune fille qui se trouvait dans la cuisine poussa un long cri de terreur.

L'espace d'une seconde, Fallon resta figé sur place, puis aussitôt, il bondit au rez-de-chaussée, traversa le vestibule en direction de la cuisine. Murphy sortit de la pièce de devant, l'air inquiet.

— Seigneur ! cria-t-il, qu'est-ce qui se passe ?

Sans répondre, Fallon courut à la porte de la cuisine qu'il ouvrit brutalement. Anne Murray, effondrée devant la table, sanglotait. Fallon jeta un rapide coup d'œil autour de lui. Il n'y avait personne. À la radio, une voix neutre annonça la fin du bulletin d'informations. Fallon éteignit le poste, puis se pencha au-dessus de la jeune fille et posa une main sur son épaule.

— Anne, qu'y a-t-il ? Que s'est-il passé ?

Elle tourna lentement la tête et leva les yeux vers lui. Des larmes coulaient sur ses joues et ses traits exprimaient le dégoût.

— Les informations, dit-elle, haletante, le bulletin de 7 heures. Hier, vous étiez cachés dans la crypte de Saint-Nicholas, n'est-ce pas ? Le Père Maguire vous a découverts. Il vous a chassés et a prévenu la police.

Fallon hocha la tête, envahi d'un terrible malaise.

— La police s'est rendue à la crypte hier soir, poursuivit-elle. Un jeune agent a ouvert la porte. On y avait attaché une grenade à main avec une ficelle. Elle lui a explosé à la figure.

Fallon la regarda, horrifié. Elle se leva, approcha son visage du sien :

— Il est mort ! cria-t-elle. Il avait vingt et un ans, et vous l'avez tué !

Fallon secoua la tête, l'esprit paralysé. Il ne se rappelait qu'une chose : le retard inexplicable de Rogan à les rejoindre à la voiture quand ils avaient quitté la crypte. Il s'humecta les lèvres.

— C'est Rogan, parvint-il à articuler. C'est lui qui a fait le coup.

Elle détourna la tête. Tout son corps était secoué de sanglots.

— C'est votre faute à vous ! dit-elle. C'est vous qui l'avez libéré. Vous l'avez fait évader pour qu'il fasse du mal aux innocents.

Fallon tourna le dos sans rien voir. Murphy tendit la main et l'effleura de ses doigts tremblants.

— Ce n'était pas notre faute, n'est-ce pas, Mr Fallon ?

Sa voix était empreinte de désespoir et d'horreur.

Fallon voulut parler mais il n'y avait rien à dire. Comment répondre à cette question ?

À cet instant, la sonnerie de la porte de devant retentit.

Tous trois se regardèrent un moment sans bouger. La jeune fille maîtrisa ses sanglots, porta une main à sa bouche, les yeux agrandis et brillants de peur. Murphy traversa le vestibule en courant et regarda par la fenêtre latérale, tandis que la cloche retentissait de nouveau. Il recula de quelques pas, le visage blême et tendu.

— C'est Rogan, annonça-t-il.

Fallon hésita un instant, puis s'avança très lentement.

— Ouvre-lui, murmura-t-il.

La sonnerie retentit encore, au moment où Murphy ouvrait la porte.

À la lumière grise du matin blême, striée de pluie, Rogan claqua la porte et s'écroula contre elle, hors d'haleine et riant. Il s'emplit les poumons d'air.

— J'ai bien failli me faire piquer, dit-il. Un flic m'a arrêté à deux rues d'ici. Je lui ai flanqué un coup de pied et je me suis tiré en vitesse.

Son rire sonnait faux. Il repoussa une mèche de cheveux humides qui lui tombait sur le front. Il perdit le sourire devant le silence de mort qui l'accueillit. Son regard se posa sur Murphy, puis sur la jeune fille, enfin sur Fallon, et il passa nerveusement la langue sur les lèvres.

— C'est fou ce que vous êtes gais !

— D'où venez-vous ? demanda calmement Fallon.

— Je suis allé voir si cet ami, dont je vous ai parlé, habitait toujours à son ancienne adresse. J'ai pensé qu'il avait peut-être fait couper le téléphone.

Fallon le gifla du revers de la main.

— Vous mentez. Où êtes-vous allé ?

— Assassin ! hurla Anne Murray. Ignoble assassin !

Une expression de terreur apparut sur le visage de Rogan. Il se retourna, une main tendue vers le bouton de la porte. Mais Fallon l'empêcha de l'ouvrir. Il lui fit faire volte-face, le saisit par sa veste et le gifla à plusieurs reprises.

— C'est vous qui avez attaché la grenade à la porte de l'église ? cria-t-il. Vous saviez qu'elle éclaterait à la figure de la première personne qui entrerait.

Ses yeux réduits à la taille de têtes d'épingle, Rogan vit le visage implacable de Fallon, et une mince traînée d'écume apparut au bord de ses lèvres. Fallon poussa une exclamation de dégoût et le jeta contre la porte. Au moment où Rogan heurta le battant, un objet tomba de l'intérieur de son manteau. Fallon se pencha précipitamment pour le ramasser. C'était l'un des rubans de gélinite qui se trouvaient dans l'une des caisses de la crypte. Un instant, il l'observa avec horreur. Deux des étuis de plastic étaient vides. Il s'avança vers Rogan, et lui mit la ceinture sous le nez.

— C'est vous qui avez posé cette grenade, et vous avez tué un homme. Et vous venez de recommencer. D'où venez-vous ?

Il frappa Rogan avec la ceinture d'explosifs. L'homme hurla de rage, se jeta sur Fallon et l'envoya rouler au pied de l'escalier. Les yeux fixes, l'écume aux lèvres, il s'appuya ensuite contre la porte.

— Oui ! c'est moi qui ai placé la grenade, dit-il. Parce que j'espérais qu'elle tuerait quelqu'un. C'est pour ça que je suis ici, pour tuer des gens. C'est de ça que l'Organisation a besoin.

Il parut étouffer, puis reprit son souffle et pointa un doigt tremblant vers Fallon.

— Des hommes comme vous, qui ont peur de verser une goutte de sang, qui sont tourmentés par leur conscience larmoyante, elle en a rien à foutre.

Il se mit à rire. Des larmes lui coulaient sur le visage.

— Il est fou ! dit Murphy épouvanté.

Rogan se redressa.

— Ah, oui ? grogna-t-il. Eh bien, il n'y a que les fous qui entreprennent quelque chose. Pendant que vous, les gens sensés, vous dormiez, moi, je cherchais quelqu'un sous la pluie et dans l'obscurité. Quelqu'un qui habite à trois rues d'ici, et je l'ai trouvé. J'ai passé une demi-heure sous la voiture du tout-puissant Stuart. Une demi-heure, très exactement.

Il ricana et, du revers de la main, essuya la salive qui lui coulait sur le menton.

— Il leur faudra trouver un nouvel inspecteur du Comté avant la fin de la matinée.

Anne Murray porta une main à sa bouche et étouffa un cri.

— Martin ! gémit-elle.

Fallon était comme pétrifié. Subitement Rogan allongea un coup de pied dans les tibias de Murphy. Il fit volte-face, ouvrit brutalement la porte et courut sous la pluie. Ils l'aperçurent une dernière fois au moment où il descendait l'allée, puis la porte du jardin claqua. Rogan avait disparu.

Replié sur lui-même contre le mur, Murphy se tenait le genou droit. Fallon se tourna vers lui.

— Ça va ? demanda-t-il.

Le garçon hocha la tête.

— Le fumier ! Il m'a touché à la rotule.

Anne, prenant Fallon par le bras, le fit pivoter.

— Qu'a-t-il fait à Philip Stuart. Que veut-il dire ?

Fallon prit la ceinture d'explosifs.

— Il a dû placer une sorte de bombe à retardement sous la voiture de Stuart. On utilisait ce procédé pendant la guerre. On attache un morceau de gélinite sous la voiture et on fixe le détonateur sur le tuyau d'échappement au moyen d'un ruban isolant. Quand la voiture a roulé quelques minutes, le tuyau s'échauffe et déclenche le détonateur.

Une expression d'horreur apparut sur le visage de la jeune fille.

— Martin, il faut que vous sauviez Stuart.

Fallon hocha la tête pour l'apaiser et la prit par les épaules.

— C'est bien mon intention. Ne vous en faites pas. Il est probable qu'il ne se servira pas de sa voiture avant un moment.

Elle secoua la tête avec obstination.

— Non, ce n'est pas vrai, quand il y a du grabuge, il est constamment dehors. C'est pour cette raison que des types comme Rogan ont tellement peur de lui. Il ne prend aucun repos, jamais il n'abandonne. Hier, il était dehors à 6 heures.

Fallon acquiesça.

— Vous avez peut-être raison. Je vais lui téléphoner.

Il voulut soulever le combiné mais la jeune fille lui cria :

— Le téléphone ne fonctionne pas. J'ai demandé qu'on coupe la ligne puisque je partais.

Un instant, ils se regardèrent, et Fallon se sentit défaillir. Il lui semblait qu'une vague grise le submergeait et lui soulevait les cheveux de la nuque. Il eut peur, effroyablement peur.

— Où habite-t-il ? demanda-t-il d'un ton pressant.

— De l'autre côté de la place, dit-elle. La troisième rue en tournant sur la gauche. Une grande maison étroite avec un garage en sous-sol, la porte est peinte en bleu, au numéro 4.

Il la prit par le bras.

— Ne bougez pas d'ici, dit-il. Murphy reste avec vous. Quoi qu'il arrive, ne le laissez pas me suivre.

Elle hocha la tête. Contre toute attente, Fallon sourit.

— On m'avait prévenu que l'affaire était désespérée ! dit-il.

Il tourna les talons, s'engagea en courant dans l'allée du jardin et déboucha sur la place.

Il courait très vite, et il n'était pas allé bien loin que déjà la pluie avait transpercé sa chemise jusqu'à la peau et lui dégoulinait dans les yeux. Arrivé à l'extrémité de la place, il s'engagea dans la rue et pataugea dans un caniveau plein d'eau. Il n'y avait personne alentour. Il courut seul sur la chaussée déserte, sans s'arrêter, même lorsqu'il glissait et manquait de perdre l'équilibre. Au moment où il approchait de la troisième rue, une berline émergea du virage puis poursuivit sa route. Il tourna dans la rue et chercha le numéro 4. Les portes bleues du garage étaient bien telles que la jeune fille les avait décrites, mais elles étaient ouvertes. La voiture était sortie. Fallon hésita un instant, puis grimpa les marches en courant et frappa à coups répétés contre la porte. Enfin, quelqu'un vint ouvrir. Une femme vêtue d'un peignoir apparut sur le seuil. Fallon ne la laissa pas parler.

— Depuis combien de temps l'inspecteur Stuart est-il sorti ? demanda-t-il.

— Il vient juste de partir. Je suis Mrs Stuart, dit-elle. Puis-je vous être utile ?

D'un geste las, Fallon leva la main et repoussa les cheveux qui lui tombaient sur les yeux.

— J'ai besoin de le voir de toute urgence. C'est une question de vie ou de mort. Se trouvait-il dans la conduite intérieure noire qui m'a dépassé au bout de la rue ?

— Parfaitement, dit-elle. Il est allé acheter le journal. Il reviendra prendre son petit déjeuner avant de commencer sa journée.

Soudain, la femme ouvrit de grands yeux, et sa voix changea.

— Vous êtes Martin Fallon !

Il tourna les talons sans répondre, dégringola les marches, suivit l'allée et arriva dans la rue. Il tourna au coin et scruta le matin gris. Mais pas de Stuart. Il se mit à courir, le souffle court, en dérapant sur les pavés mouillés. Il pensait à Philip Stuart tranquillement assis au volant de sa voiture, tandis que sous le châssis, le tuyau d'échappement s'échauffait peu à peu. « Cinq minutes suffisent », songea Fallon. Il trébucha, tomba à plat ventre et s'égratigna le bras droit. Un instant, il demeura immobile, puis il se releva pour reprendre sa course.

« Bon Dieu ! Quel pétrin ! », se dit-il.

À cet instant, il vit la conduite intérieure noire revenir vers lui.

Il se lança sur la chaussée, les bras étendus. La voiture stoppa dans un dérapage à un pas de lui. Fallon entrevit derrière le pare-brise le visage surpris de Stuart, et se précipita aussitôt pour ouvrir la portière et le tirer dehors.

— Martin ! cria Stuart, stupéfait. Qu'est-ce que tu fous ici ?

Fallon saisit Stuart à bras-le-corps pour le faire descendre. Il glissa et tomba à genoux sur la chaussée, mais réussit à dire entre deux halètements :

— Une bombe sous la voiture. Filons !

Fallon détala et courut vers l'autre côté de la rue, Stuart sur ses talons. Il y eut une explosion formidable. Du coin de l'œil, Fallon vit un morceau de métal propulsé dans les airs. Il se jeta à plat ventre sur le trottoir, la tête enfouie dans les bras. Les échos de la déflagration mouraient dans le froid du petit matin lorsqu'on entendit un grondement terrible et une nouvelle explosion. L'essence contenue dans le réservoir prenait feu.

Fallon leva la tête et respira un bon coup. Il se mit à genoux. Stuart était étendu à quelques pas derrière lui.

— Ça va, Philip ? demanda-t-il.

Stuart se releva péniblement sur un genou, l'air stupéfait.

— Martin, je ne comprends... Que se passe-t-il ?

Fallon ouvrit la bouche pour répondre. Au même moment, on entendit le rugissement des moteurs de deux voitures de police qui arrivèrent en trombe. Elles stoppèrent dans un grincement de freins. Fallon eut un rire amer. Mrs Stuart n'avait pas perdu de temps !

— Dis à ta femme qu'elle a bien travaillé, lança-t-il précipitamment à l'adresse de Stuart qui resta soufflé.

Et aussitôt, il se remit à courir sur la chaussée.

Il traversa la rue en diagonale, se faufila derrière une voiture et prit ses jambes à son cou. Au bout de quelques mètres, il vit une autre voiture déboucher d'une rue latérale devant lui. Derrière lui, Stuart criait à voix haute et claire :

— Martin, ne fais pas l'imbécile !

Fallon ralentit. Trois agents sortirent du véhicule et se dirigèrent vers lui. Il fut envahi de désespoir et de peur. Devant lui, sur le trottoir, se trouvait un morceau de ferraille tordue provenant de la voiture de Stuart. C'était la seule arme disponible. Il le ramassa, fit demi-tour et se mit à courir, tête baissée, en direction de Stuart et des deux autres voitures.

— Attention ! Il a une arme ! cria une voix.

Puis Stuart hurla :

— Non ! Ne tirez pas !

Un coup de feu claqua, Fallon fut touché à la poitrine. Il s'effondra, la tête sur le pavé mouillé, au centre d'une forêt de jambes et de murmures confus. Un visage s'approcha du sien, une voix qui semblait venir de très loin se fit entendre. Puis le visage disparut dans un tourbillon de lumières multicolores et il sombra dans l'obscurité.

6

Fallon vit une lumière s'approcher et disparaître à plusieurs reprises. Il en fut exaspéré. La tête lui tournait, et il fit un effort pour ouvrir les yeux. La lumière s'approcha de nouveau et une voix dit :

— Détendez-vous. Ne vous crispez pas. Détendez-vous.

La lumière se réduisit en une toute petite boule tourbillonnante qui s'amenuisa encore, puis ce fut l'obscurité complète.

À son réveil, il était couché dans un lit. La chambre était petite et étroite et, comme dans tous les hôpitaux, une odeur de désinfectant et de propreté flottait dans l'air.

La pièce était plongée dans la pénombre. Une jeune infirmière lisait à la lumière tamisée d'une lampe posée sur une table, à côté du lit. Fallon essaya de se redresser et grogna. Il avait l'impression qu'on lui avait enfermé la poitrine dans un corset de fer. L'infirmière leva les yeux et posa son livre. Elle se leva et alla ouvrir la porte.

— Voulez-vous appeler le Dr Flynn, s'il vous plaît ? demanda-t-elle à une personne invisible qui se trouvait dans le corridor.

Puis elle ferma la porte et revint près du lit.

Fallon eut un pâle sourire :

— J'appartiens toujours au monde des vivants, à ce que je vois, dit-il. La vie est décidément pleine de surprises.

L'infirmière posa sur le front de Fallon une main fraîche et douce, et lui ferma les yeux.

— Reposez-vous, lui conseilla-t-elle. Vous ne devriez pas parler.

La porte s'ouvrit et Fallon souleva les paupières. Il vit un visage basané, empreint de bonté, sillonné de rides et surmonté de cheveux gris fer. Le médecin lui prit délicatement le poignet, consulta sa montre et demanda :

— Comment vous sentez-vous ?

— Affreusement mal, répondit Fallon.

Le médecin sourit.

— Vous avez de la chance. La cage thoracique a fait dévier la balle. La blessure n'est pas belle, mais pas de danger de casser votre pipe pour l'instant.

Fallon fit la grimace.

— Et vous appelez ça de la veine ?

Le docteur haussa les épaules et dit en riant :

— Je ne m'occupe que des réparations. Le reste ne me regarde pas.

On frappa discrètement à la porte. L'infirmière ouvrit et annonça :

— L'inspecteur Stuart, docteur.

Lorsque Philip Stuart entra dans la chambre, le médecin le prévint :

— Je vous donne un quart d'heure. Pas davantage. Il a besoin de beaucoup de sommeil. Je passerai demain matin, dit-il à Fallon.

Puis il sortit, suivi de l'infirmière.

Stuart s'approcha du lit et sourit à Fallon. Grand et mince, il était bien moulé dans son uniforme.

— Bonjour, Martin, dit-il. Comment vas-tu ?

Fallon sourit faiblement.

— Ça irait mieux si je fumais. Tu as une cigarette ?

Stuart hocha la tête. Il avança une chaise, s'installa et sortit un étui à cigarettes. Fallon aspira la fumée et poussa un soupir de satisfaction.

— Ça va déjà mieux, dit-il.

— Je suis désolé de ce qui s'est passé, fit Stuart. L'un de mes jeunes agents a perdu son sang-froid. Quand tu t'es retourné avec le morceau de ferraille à la main, il a cru que tu étais armé.

Fallon hocha la tête.

— Je sais, Phil, je t'ai entendu crier juste avant d'être touché. Mais les dégâts ne sont pas terribles. Et ta voiture, qu'en reste-t-il ?

Stuart haussa les épaules.

— On m'en donnera quelques livres à la casse, je pense.

— Dommage, soupira Fallon. Encore une chance que je t'aie rencontré aussi vite !

— C'était Rogan ? demanda Stuart.

Fallon acquiesça.

— Oui. C'était Rogan.

— Et la grenade de l'église, c'était également lui ?

Fallon écrasa sa cigarette dans le cendrier posé sur la table de chevet. Il se cala sur les oreillers.

— Je regrette ce qui s'est passé. C'est seulement ce matin que j'ai appris l'attentat en écoutant les nouvelles.

Stuart se leva avec un sursaut de dégoût.

— Ce type est un chien enragé, dit-il d'un ton catégorique, en arpentant impatiemment la chambre. S'il y a un homme sur lequel je veux mettre la main, c'est bien Patrick Rogan. Je n'ai qu'un désir : le voir pendu.

— C'est le pire que j'aie jamais rencontré, dit Fallon. Si j'avais eu un peu de bon sens, je l'aurais abattu moi-même ; ça aurait évité bien des malheurs.

— Et au lieu de ça, tu l'as aidé à s'évader, dit Stuart.

Fallon hocha la tête lentement.

— Oui, je l'ai aidé à s'évader. Ce qui me rend responsable de tous ses faits et gestes, je suppose ?

Le visage de Stuart s'assombrit.

— Pourquoi as-tu quitté ta maison, Martin ?

— Tu savais donc où j'étais ? demanda Fallon, l'air stupéfait.

Stuart acquiesça.

— J'ai souvent observé ta maison à la jumelle, du poste frontière de Doone. (Il éclata de rire.) Qu'est-ce que tu t'imaginais ? Que nous nous étions désintéressés de Martin Fallon parce qu'il nous avait filé entre les pattes ? Il y a longtemps que nous attendons ton retour. (Il se réinstalla sur sa chaise.) Personnellement, j'étais très satisfait que tu ne reviennes pas.

Fallon sourit.

— Je m'en mords les doigts, dit-il d'un ton convaincu.

— Alors, pourquoi ? Pourquoi es-tu revenu au bout de cinq ans aider un chien enragé qui ne mérite que la pendaison ?

Fallon secoua la tête.

— Non ! Ne commence pas. J'en ai plus que marre de cette question. La seule chose importante, c'est que je suis revenu et que j'ai tout fichu en l'air. (Il eut un rire amer.) Il me reste encore six ans de taule à tirer, tu te rends compte ? Combien vais-je récolter, cette fois-ci ?

Le visage de Stuart s'assombrit. Il se leva, s'approcha de la fenêtre, scruta l'obscurité sans rien dire. Au bout d'un certain temps, Fallon poussa un soupir.

— Allons, Phil, dis-moi la vérité. Je suis préparé au pire... Combien ?

Stuart se retourna lentement. Il était redevenu un policier sec, direct, à la voix calme.

— Cette fois, tu es complice d'un crime.

Fallon hocha lentement la tête.

— Et je risque la pendaison, dit-il.

— Très probablement. (Stuart se rapprocha du lit et ajouta d'un ton amical :) Bien entendu, le fait que tu m'as sauvé la vie sera pris en considération... Et tous les renseignements utiles que tu nous fourniras influeront considérablement sur l'issue du procès.

— Que veux-tu connaître ? Les faits et gestes de Rogan ?

Stuart acquiesça.

— Ainsi que l'endroit où vous vous êtes cachés après avoir quitté l'église. (Il fronça les sourcils.) Je croyais avoir dispersé toute l'Organisation de Castlemore.

Fallon sourit.

— Je peux répondre très facilement à la première partie de ta question. Je n'ai pas la moindre idée de l'endroit où se trouve Rogan. Quant à celui où je me suis caché, à toi de le découvrir.

Stuart pinça les lèvres et fronça les soucils.

— Tu étais en bras de chemise quand tu es venu me chercher, fit-il observer. Tu ne devais donc pas venir de bien loin.

Fallon se cala confortablement sur ses oreillers.

— Bonsoir, Phil, dit-il.

Stuart prit sa casquette, qu'il se mit sur la tête, la visière légèrement tirée sur les yeux.

— Tu es au deuxième étage de l'hôpital, dit-il d'un ton glacial. Un garde surveille ta porte vingt-quatre heures sur vingt-quatre. Alors, pas de tentative d'évasion ; ce serait trop idiot.

— Je serais même incapable d'aller jusqu'aux toilettes, dit Fallon.

Stuart se diriga vers la porte. Il s'arrêta la main sur le bouton et dit avec le plus grand calme.

— Ma femme m'a chargé de te remercier. (Il avala sa salive et poursuivit d'une voix fêlée :) Nous attendons un enfant pour le mois prochain...

— Ça va, Phil, dit Fallon à voix basse.

Stuart toussa.

— Elle voulait que je te dise qu'elle prie pour toi.

Il resta un instant dans l'ombre, puis la porte se ferma sans bruit derrière lui.

Qu'elle prie pour moi, songea Fallon. Voilà qui me fait une belle jambe. Il leva les yeux au plafond et sentit la sueur perler sur son front. Complice de meurtre. Les mots semblaient flamboyer dans l'obscurité devant ses yeux. Il se souvint alors de ce rêve qu'il avait fait, lorsqu'il était dans un train à la place de Rogan et il frissonna. Dans son rêve, le juge portait un chapeau noir. Peut-être était-ce prophétique.

Il se demanda ce que pensait Anne Murray, désormais. Les détails de sa capture avaient dû faire la une des journaux de toute la province. Elle saurait où il se trouvait. Il se rembrunit en pensant à Murphy et pria le ciel qu'elle l'empêche de faire quoi que ce soit d'imprudent.

Il commença à penser à elle, calmement et posément, en laissant son esprit spéculer sur chaque détail isolé. Il y avait tant de choses. Pourquoi lui avait-elle donné refuge ? Mais la réponse à cette question était simple. C'est lui qui l'avait chassée de son esprit parce qu'il ne voulait pas affronter l'évidence.

Fallon comprit brusquement qu'il ne voulait pas mourir. Il fut envahi du désir fou de revoir Anne Murray et parvint à se redresser. Une sueur froide lui perla au front, et il eut un étourdissement. Il ferma les yeux et attendit. Quand il les rouvrit, il se sentait bien. Il repoussa les couvertures et posa les pieds à terre. Sa poitrine était étroitement bandée et il ressentait une douleur sourde du côté gauche. Il aspira profondément et se leva. Un instant, il tituba, puis se mit à marcher.

Sa tête lui paraissait extraordinairement légère, il avait l'impression de marcher sur de la ouate. Arrivé au mur du fond, il se reposa un instant, fit demi-tour et revint sur ses pas. Il s'assit sur le bord du lit et recommença l'opération. Dans un coin se trouvait une commode. Il ouvrit le tiroir mais son espoir fut déçu. Ses vêtements ne s'y trouvaient pas. Il s'approcha de la fenêtre et regarda prudemment dehors sans écarter les rideaux. Lorsque ses yeux furent habitués à l'obscurité, il constata que le sol se trouvait à une quinzaine de mètres au-dessous de lui. Déçu, il regagna péniblement son lit. À peine y était-il installé que la porte fut ouverte par l'infirmière.

Elle redressa ses oreillers et remit les couvertures en place.

— Comment vous sentez-vous ? demanda-t-elle.

Fallon grogna un peu et répondit d'une voix faible :

— Pas très bien. Je vais me rendormir.

Elle hocha la tête d'un air compatissant.

— Je viendrai vous voir tout à l'heure. Tâchez de vous reposer.

L'infirmière sortit sans bruit comme elle était entrée.

Fallon sourit. Jusqu'à présent, tout allait bien. Il rejeta les couvertures et s'approcha de la porte. On parlait à voix basse dans le couloir. L'infirmière se mit à rire. La tête contre le panneau, il l'entendit dire :

— Vous allez vous ennuyer affreusement à rester là toute la nuit.

Une voix d'homme répliqua.

— Sûrement pas, si une aussi jolie fille que vous vient me tenir compagnie.

Elle rit de plus belle.

— Continuez votre lecture, dit-elle. Je reviendrai jeter un coup d'œil à 11 heures et demie. Je vous apporterai une tasse de thé.

Le martèlement de ses talons s'affaiblit alors qu'elle s'éloignait dans le couloir. Fallon entendit grincer une chaise quand le policier s'y réinstalla.

Fallon se dirigea vers le lit en titubant. Une pendule électrique accrochée au mur indiquait 9 h 30. Il arpenta la chambre à deux ou trois reprises, puis s'assit. Il avait une heure et demie devant lui. C'était l'épisode du train qui recommençait. Une seule chance lui restait, l'effet de surprise. Il fallait agir vite. C'était immédiatement ou jamais qu'il pourrait s'évader. Cette première nuit était la seule où ses gardiens montreraient un certain relâchement. On le croyait trop faible et abruti pour imaginer sérieusement qu'il se sauverait.

Fallon fouilla la table de chevet. Elle ne contenait que quelques serviettes et une paire de pantoufles qu'il chaussa. Puis il alluma la lampe et se dirigea vers la fenêtre.

Un peu à droite, à une dizaine de mètres au-dessous, se trouvait une entrée latérale de l'hôpital.

Une applique fixée au mur supportait une lampe qui éclairait l'allée d'accès. La lumière jaune transformait les fines gouttelettes de pluie en un nuage argent. Sans bruit, Fallon ouvrit la fenêtre et se pencha. À un mètre au-dessous de la fenêtre, une corniche de pierre d'une quinzaine de centimètres courait le long de la façade du bâtiment. Subitement, l'espoir l'envahit. À droite, les fenêtres qui s'alignaient à l'infini découpaient de larges faisceaux de lumière dans les ténèbres. À sa gauche, se trouvaient trois fenêtres ; seule celle du milieu était éclairée. Fallon réfléchit à peine au problème. Que risquait-il ? Sa vie était en bien plus grand danger encore s'il restait dans cet hôpital. Il enjamba l'appui et posa le pied sur la corniche. Un instant, il se cramponna à la fenêtre ouverte qui lui offrait une sécurité relative, puis plaqué au mur, il avança prudemment le long du rebord.

Il ne sentait ni le froid ni le vent qui transperçaient le mince tissu de son pyjama. Il se déplaçait lentement, ne pensant qu'à conserver son équilibre sur l'étroite corniche. Au bout d'une éternité, lui sembla-t-il, il parvint à la fenêtre voisine entrouverte de quelques centimètres.

Fallon glissa les doigts dans cet interstice, souleva le châssis et sauta à l'intérieur. Il traversa la chambre avec prudence, scrutant l'obscurité. Le lit était vide. Rapidement, il gagna la porte, en fit tourner le bouton sans bruit et l'entrebâilla. À quelques pas, un sergent de police, installé sur sa chaise, lisait. Fallon referma tout doucement la porte.

Sans perdre de temps, il retraversa la chambre plongée dans l'obscurité et sauta sur la corniche. Cette fois, il eut froid et frissonna en s'avançant vers la fenêtre suivante. La chance le favorisa. Un mince rai de lumière filtrait entre les rideaux tirés. Fallon s'arrêta deux secondes pour récupérer, puis continua. La dernière fenêtre était un peu plus éloignée que les autres. Ses bras tremblaient quand il y parvint.

Pris de panique, il s'escrima un moment sur le montant de la fenêtre qui refusait de s'ouvrir. Concentrant toute son énergie, il fit un nouvel effort. Le châssis remonta brusquement. Fallon perdit l'équilibre et tomba sur le rebord. La douleur lui labourait les côtes. Il étouffa un cri et se laissa glisser à l'intérieur. Un instant, il resta à terre en attendant que la souffrance diminue. Au bout d'un certain temps, il ne ressentit plus qu'une douleur sourde ; il se leva et avança prudemment. Sa tête heurta un mur qu'il longea jusqu'à la porte. Sans bruit, il tourna la poignée et tira. Le battant ne s'ouvrit pas. Un moment, il demeura immobile, à bout de souffle, puis il tâta le mur près de la porte et trouva le bouton du commutateur.

La pièce était une lingerie. Le long des murs s'alignaient des étagères de bois où s'empilaient des draps, des couvertures et des serviettes. Il essaya vainement d'ouvrir la porte, éteignit, puis alla se poster près de la fenêtre ouverte. Il n'était pas totalement découragé mais préoccupé. Il avait déjà fourni de trop gros efforts. S'il tombait dans les pommes, toutes ses chances de fuite s'écrouleraient. Les paroles de Stuart lui revinrent en mémoire et lui donnèrent un sursaut d'énergie. Il passa sur la corniche et regagna sa chambre.

Le trajet lui parut deux fois plus long qu'à l'aller. Une fois, Fallon faillit perdre l'équilibre et ne se maintint que par miracle. Enfin, il réussit à se hisser par-dessus l'appui de la fenêtre et à pénétrer dans sa chambre. D'un pas chancelant, il parvint à son lit où il s'assit. Il respirait avec difficulté, la poitrine comprimée par les bandages. Il réfléchit. Inutile de s'engager sur la droite. Presque toutes les chambres étant encore éclairées, on le repérerait certainement. Les fenêtres donnaient peut-être même dans une salle commune. Non, il fallait trouver une autre solution. La pendule indiquait 10 heures et quart. Fallon siffla discrètement. Son expédition avait duré plus longtemps qu'il ne le pensait. De nouveau, il se pencha par la fenêtre. Aucune issue possible par le toit dont le bord se trouvait hors de portée. Plus de trois mètres le séparaient de l'étage inférieur. Il se pencha au maximum pour mieux voir. Aucune lumière n'apparaissait dans la chambre située au-dessous de la sienne.

Sans réfléchir au danger, Fallon défit précipitamment son lit, puis attacha bout à bout les deux draps et le couvre-lit. Un conduit de chauffage central passait sous la fenêtre. Il y attacha l'une des extrémités de sa corde improvisée, puis jeta l'autre dehors. Sautant sur la corniche, il saisit le drap et se mit à descendre. Une douleur fulgurante lui déchira la poitrine et le côté. Pris d'un étourdissement, il faillit lâcher prise. Enfin, ses pieds se posèrent sur le montant de la fenêtre de la chambre du dessous. Il était sauvé. Après s'être reposé un moment, cramponné à sa corde, il essaya d'ouvrir la fenêtre d'une main tremblante. Elle était fermée. Il donna un violent coup de coude dans la vitre. À cet instant, un tourbillon de vent étouffa le vacarme du bris de verre. Passant la main par l'orifice en forme d'étoile, il libéra le loquet. Un instant plus tard, accroupi dans la pièce obscure et tiède, il cherchait à reprendre sa respiration.

Il n'avait pas de temps à perdre. Les bras tendus, il s'avança, puis atteignit le mur qu'il longea jusqu'au commutateur. Il se trouvait dans une autre chambre. Des couvertures étaient rangées en une pile nette sur le lit. Visiblement, la chambre était inoccupée. La porte s'ouvrit sous sa main, il poussa un soupir de soulagement et jeta un coup d'œil dans le corridor désert. Il referma la porte et fouilla rapidement la pièce. Dans l'armoire, il découvrit une robe de chambre de l'hôpital d'un bleu déteint et l'endossa. Après avoir éteint, il sortit.

Toujours sur ses gardes, il s'engagea dans le couloir, tous ses sens en éveil. Comme il n'avait pas de plan précis, il était décidé à se fier au hasard. Il était calme, fataliste maintenant, car, fait curieux, il avait la certitude de s'en tirer. En arrivant à l'angle du corridor, il entendit des voix qui conversaient paisiblement. Il risqua un œil. À quelques mètres de lui, deux agents de police armés de mitraillettes étaient appuyés contre la rampe de l'escalier.

De toute évidence, Stuart ne voulait prendre aucun risque. Fallon revint sur ses pas. Lorsqu'il gagna l'autre extrémité du couloir, il recula précipitamment : un flic posté à un mètre lui tournait le dos.

Fallon étudia la situation. Si les couloirs et les escaliers étaient si bien gardés, les issues devaient l'être également. De grosses gouttes de sueur lui perlaient au front. Il les essuya du revers de la main. À tout instant quelqu'un pouvait apparaître, et sa corde improvisée pendait toujours à la fenêtre. Il suffisait qu'un passant lève les yeux. Tandis qu'il réfléchissait, il remarqua dans le mur, au fond du couloir, une petite ouverture d'un mètre carré qui ressemblait à une fenêtre. Il s'approcha et l'ouvrit : c'était la porte d'un monte-charge.

Inquiet, fébrile, il tira sur les cordes. Quelques secondes plus tard, le monte-charge apparut avec un panier d'osier rempli de draps et de serviettes sales. Fallon sortit en toute hâte le panier et se glissa pour prendre place sur le plateau. Dans cet espace exigu, il dut se plier en deux, la tête sur les genoux. Sa blessure le faisait terriblement souffrir. Les bandages lui entamaient la peau. Refermant la porte, il tira sur les cordes et descendit par à-coups dans l'obscurité.

Des rais de lumière filtraient dans la paroi sombre chaque fois qu'il arrivait à hauteur des étages inférieurs. Enfin, le monte-charge atteignit son socle de béton. Prudemment, Fallon ouvrit la petite porte et sortit. Il se trouvait au sous-sol, dans une vaste salle brillamment éclairée par trois ampoules électriques nues, et remplie de piles de draps et de couvertures sales ficelées en paquets. Il ne vit personne alentour, gagna la porte du fond qu'il ouvrit.

Fallon s'engagea dans un long corridor aux murs blanchis à la chaux et bordé de pièces où il jeta un coup d'œil. Au bout du couloir, il perçut un bruit de voix dans une des pièces. Par la porte légèrement entrouverte, Fallon regarda à l'intérieur. Deux hommes en salopette, appuyés sur des pelles près de grandes chaudières, riaient d'une bonne plaisanterie. Fallon poursuivit sa route et arriva dans un petit couloir où ne donnaient que deux portes.

Ouvrant la première, il se trouva dans des toilettes. L'autre pièce semblait être une sorte de salle de repos. Son mobilier consistait en une table, deux bancs et deux vieilles armoires métalliques qu'il ouvrit. L'une contenait des objets personnels.

Dans l'autre, il découvrit une paire de vieilles bottines ferrées et une veste râpée. Il les enfila aussitôt, puis ses yeux se posèrent sur le costume d'un employé, pendu derrière la porte. En quelques secondes, il ôta sa robe de chambre et enfila le costume sur son pyjama. Il s'assit pour lacer les bottines, puis se releva et passa les bras dans les manches de la veste. À ce moment, la porte s'ouvrit et un homme entra.

C'était l'un de ceux que Fallon avait aperçus dans la chaufferie. L'homme resta bouche bée, puis il éclata de fureur en voyant que Fallon enfilait la veste.

— Hé là ! c'est ma veste ! dit-il, en serrant des poings menaçants. Bon Dieu ! Non mais... vous allez pas l'embarquer ?

Fallon ne prit pas le temps de discuter. Il n'était pas en mesure de se battre. Derrière lui, contre le mur, se trouvait une vieille chaise cassée. Il la saisit et la balança à la tête du malheureux. L'homme tomba à genoux en poussant un grognement. Il essaya de se relever, tendit les bras tandis que Fallon se dirigeait vers la porte. L'employé chercha à saisir sa veste, Fallon se retourna et lui expédia un coup de pied dans le ventre. L'autre tomba à la renverse et se tordit à terre, le visage cramoisi.

Fallon se mit à courir dans le couloir. Attiré par le bruit de la bagarre, le second ouvrier bondit de la chaufferie au moment où Fallon passait devant la porte. Les deux hommes se cognèrent. Fallon poussa un cri. La douleur lui déchira tout le haut du corps. L'employé l'empoigna de ses mains énormes endurcies par le travail. Fallon leva un genou et le frappa au bas-ventre. L'homme s'affaissa comme une baudruche dégonflée. Fallon reprit sa course et gravit rapidement les marches qui se trouvaient au bout du couloir.

La douleur lui labourait le corps, mais par un effort de volonté, il parvint à se dominer, ouvrit la porte et sortit paisiblement. Il se trouva dans un étroit couloir donnant sur un petit vestibule. Près de la porte, on voyait un minuscule bureau vitré où deux flics buvaient du thé. Les grandes portes en verre de l'entrée étaient ouvertes. À l'extérieur, Fallon repéra une rampe de chargement devant laquelle un gros camion rempli de corbeilles attendait, ridelle baissée. Le couloir était rempli de paniers. Fallon en saisit un par la poignée et le tira dans le hall. La peur le faisait transpirer et son cœur battait à se rompre. Il ne leva pas les yeux en passant devant le bureau vitré ; dans l'angoisse, il attendait un cri qui ne vint pas. Il tira le panier dans le camion, réfléchit un instant, puis se décida brusquement. Sautant sur la plate-forme, il releva la ridelle du camion qu'il fixa. Ensuite, il contourna le véhicule et grimpa dans la cabine. Le moteur rugit dès qu'il mit le pied sur l'accélérateur. Fallon desserra le frein à main et s'éloigna lentement.

Il craignait à tout instant que quelqu'un donne l'alarme, mais rien ne bougea. Il s'engagea dans l'allée et s'approcha du portail où deux policiers montaient la garde, mitraillette en main. Fallon ralentit pour s'arrêter, mais l'un d'eux leva un bras et lui fit signe d'avancer. Il déboucha dans la grande rue et roula à faible allure.

Il conduisit le camion jusqu'au centre de Castlemore, le gara dans la rue principale, trois ou quatre minutes après avoir quitté l'hôpital. Une pluie fine tombait toujours, il faisait très froid. Fallon frissonna, releva le col de la vieille veste et se mit à marcher à pas rapides dans les petites rues. Curieusement il n'éprouvait aucune satisfaction particulière. Il était fatigué, très fatigué et tout étourdi. Philip Stuart lui inspirait une sorte de pitié, comme s'il avait été victime d'une vacherie de sa part, ce qui ne se fait pas entre amis.

Il trébucha, heurta un lampadaire et s'y cramponna désespérément. Qu'est-ce que c'étaient que ces idioties ? Que lui arrivait-il ? Il leva les yeux vers la lampe, qui parut brusquement s'obscurcir. Il ferma les paupières, les rouvrit et la lampe recouvra son éclat. Fallon pressa le pas. Pas question de tomber dans la rue ; ce serait trop idiot.

Avec surprise, il se rendit compte qu'il traversait la place. Les lampadaires paraissaient s'éloigner de lui en sautillant. Lorsqu'il arriva devant chez Anne Murray, le portail s'éleva doucement, lui sembla-t-il, puis revint en place. Fallon l'ouvrit brusquement et s'engagea en titubant, comme un ivrogne, dans l'allée.

La cloche résonna dans la nuit, il continua à tirer la chaîne, puis se mit à rire. C'était idiot, il le savait, mais il ne pouvait s'en empêcher. Appuyé contre le battant, il riait nerveusement. Lorsque la porte s'ouvrit, il s'écroula dans le vestibule.

Maintenant, il était sauvé. Anne Murray l'entoura de ses bras. Il était en sécurité, il avait chaud, et tout près, il entendait la voix de Murphy, aiguë et excitée. Mais c'est le visage d'Anne Murray qu'il vit, empli de douceur et d'amour. Il voulut lui sourire mais les traits de la jeune fille s'estompèrent dans le lointain, puis finirent par disparaître complètement. Fallon se retrouva seul.

7

Il émergea d'un abîme de ténèbres. Pendant un court instant, la lumière l'éblouit et il lui sembla que les murs de la pièce bougeaient. Il referma les yeux et les ouvrit à nouveau. Il perçut un vif mouvement à côté de lui et Johnny Murphy se pencha sur lui.

— Dieu merci ! dit-il avec ferveur avant de quitter précipitamment la pièce.

Fallon resta allongé à fixer le plafond. Il se sentait calme et reposé, mais toutes ses forces semblaient l'avoir quitté. Après un moment, il perçut une douleur sourde au côté. Il bougea légèrement pour se soulager et referma les yeux. La porte s'ouvrit discrètement et il entendit le frou-frou d'une robe. Lorsqu'il ouvrit les yeux, ce fut pour voir Anne Murray penchée sur lui. Il sourit faiblement.

— La malchance, encore une fois, dit-il.

Elle sourit chaleureusement, s'assit sur le rebord du lit et prit sa main.

— Je n'ai jamais été aussi heureuse de ma vie de voir quelqu'un, dit-elle. Comment vous sentez-vous ?

— Vivant, dit-il dans un sourire. Mais à peine. Depuis combien de temps suis-je ici ?

— Douze heures environ, répondit-elle. Vous vous êtes évanoui en arrivant.

À ce moment-là, la porte s'ouvrit et Murphy entra en portant précautionneusement un plateau. Il sourit aimablement tandis que la jeune fille glissait un autre oreiller derrière le dos de Fallon et dit :

— Vous êtes un héros, Mr Fallon. Tout le pays est devenu fou.

Fallon fronça les sourcils et regarda la jeune fille d'un air interrogateur.

— C'est vrai, l'assura-t-elle. Vous avez vraiment fait sensation, cette fois-ci.

— Ce pauvre Phil, soupira Fallon. Il va avoir du mal à se sortir de cette histoire.

Anne Murray hocha la tête.

— Certains journalistes ont déjà découvert que vous aviez été à l'université ensemble. (Elle prit la cuiller et dit d'un ton enjoué.) Allez, maintenant. Fini les bavardages, ouvrez la bouche. Un peu de ce ragoût de bœuf vous fera le plus grand bien.

Obéissant, il ouvrit la bouche et elle commença à lui faire manger le ragoût comme s'il avait été un petit enfant.

— C'est un sacré exploit, ce que vous avez fait hier matin, Mr Fallon, dit Murphy d'un ton enthousiaste. Sauver l'inspecteur Stuart comme ça. (Il fronça brusquement les sourcils et le sourire disparut de son visage.) Ce Rogan, c'est un sale type. Plus vite ils l'auront, mieux ça vaudra, ça je le dis.

Fallon avala une bouchée et leva la main.

— Est-ce que vous seriez en train de me dire qu'il est encore en liberté ? demanda-t-il, incrédule.

Murphy hocha la tête.

— Il est futé. On ne peut pas le nier.

Fallon se radossa à ses oreillers en fronçant les sourcils.

— Je n'arrive pas à comprendre comment il a pu se débrouiller pour quitter la ville.

— Peut-être qu'il a une autre cachette à Castlemore, dit Anne Murray. Peut-être qu'il est encore ici, comme vous.

— Non, dit Fallon en secouant la tête. Je ne pense pas. Il me hait. S'il avait un autre endroit où se réfugier, il y serait déjà allé hier après avoir piégé la voiture de Stuart. Il n'est revenu ici que pour une seule et unique raison : il n'a nulle part où aller.

— Allons, la dernière bouchée ! fit Anne en tendant une cuillerée à Fallon qui ouvrit docilement la bouche.

— C'était bon, dit-il quand il l'eut avalée.

Anne sourit et lui essuya la bouche avec une serviette.

— Et maintenant, vous allez boire votre lait, sans faire d'histoire, ordonna-t-elle.

Fallon fit la grimace.

— Du lait, j'ai horreur de ça ! À vrai dire, j'aimerais bien une goutte de whisky.

— Pas question, c'est tout ce qu'il y a de plus mauvais pour vous ! dit-elle en prenant un verre de lait tiède sur le plateau.

Fallon grimaça encore.

— Alors, je le bois tout seul, merci. Je ne suis pas encore impotent.

Alors qu'il buvait son lait, Murphy déclara :

— Bon, je vous laisse, Mr Fallon. Vous avez besoin de dormir.

Fallon protesta :

— Jamais de la vie ! Dès que j'ai fini mon lait, je me lève. C'est une blessure superficielle. Le médecin me l'a dit. J'ai du pain sur la planche.

Anne sourit et secoua vigoureusement la tête.

— Vous n'irez nulle part. Vous avez failli y rester, hier soir. Je me demande comment vous n'avez pas attrapé une pneumonie !

Un sourire éclaira le visage de Fallon.

— Je me serais trouvé dans une situation plus catastrophique encore si j'étais resté à l'hôpital.

Murphy, qui s'apprêtait à sortir, s'immobilisa.

— Que voulez-vous dire ? demanda la jeune fille.

Fallon haussa les épaules.

— On m'accuse d'être complice d'un crime.

La respiration de la jeune fille se fit sifflante.

— Et toi aussi, tu es dans le bain, mon pauvre vieux, ajouta Fallon à l'adresse de Murphy.

Après un court moment de silence, le gamin dit avec un rire forcé :

— Voyez où mènent les mauvaises fréquentations, Mr Fallon.

Il se dirigea vers la porte qu'il entrouvrit.

— Est-ce... est-ce qu'ils nous pendraient s'ils nous attrapaient, Mr Fallon ? demanda-t-il d'un ton hésitant.

Fallon regarda son verre vide, puis le posa doucement sur le plateau :

— Très probablement, dit-il.

Un gémissement s'échappa de la bouche du garçon, et ses épaules s'affaissèrent. Il resta un moment dans cette position, puis se redressa.

— Alors, il faudra nous débrouiller pour qu'ils ne nous coincent pas, déclara-t-il d'un air faussement enjoué.

Fallon hocha la tête et répliqua du même ton :

— Ne t'en fais pas, mon garçon, compte sur moi. Ils ne nous attraperont pas.

— C'est vraiment aussi grave ? demanda Anne. Vous croyez qu'ils vous pendraient ?

Fallon fronça les sourcils et eut un pâle sourire.

— Je ne sais pas. Je répète ce que m'a dit Phil Stuart. C'est Rogan qui a mis la grenade, mais nous sommes ses complices aux yeux de la loi. Complices dans l'intention. En outre, s'ils attrapent Rogan, ce qui va probablement être le cas, il videra son sac. Il nous balancera, Murphy et moi, par pure malveillance. (Soudain, une pensée lui traversa l'esprit.) Pour tout dire, il vous impliquera vous aussi.

Il y eut un bref silence durant lequel ils réfléchirent tous deux à ce qu'il venait de dire. Puis la jeune fille prit la parole.

— Ce qui signifie que nous allons devoir nous enfuir ensemble, dit-elle. Il n'y a pas d'autre solution, n'est-ce pas ? Je ne peux tout de même pas attendre que la police vienne me prendre, non ?

Il la dévisagea, désespéré, en mesurant soudain l'ampleur du mal qu'il venait de lui faire.

— J'ai gâché votre vie, dit-il. Totalement gâché.

Lorsqu'elle lui répondit, il eut l'impression que sa voix lui parvenait de très loin. Il secoua la tête et l'entendit à nouveau clairement.

— Ne vous inquiétez pas pour moi. La seule chose qui me soucie, c'est votre blessure. Le sang a coulé malgré les bandages. Heureusement que j'étais là.

La jeune fille se trouva tout à coup très loin, et les oreilles de Fallon se mirent à bourdonner.

— Que se passe-t-il ? grinça-t-il. Tout se met à tourner.

La voix d'Anne lui parvint des profondeurs d'un tourbillon.

— Rien d'étonnant. J'ai mis un médicament dans votre lait. Maintenant, vous allez dormir douze heures d'un sommeil de plomb.

L'obscurité engloutit Fallon et la jeune fille disparut.

Lorsqu'il s'éveilla, la chambre était plongée dans l'obscurité. Pendant un moment, il essaya de rassembler ses idées, puis rejeta les couvertures et s'assit au bord du lit. La douleur sourde avait un peu diminué et il se sentait moins mal en point. Il traversa la chambre et alluma. Sa tête se mit à bourdonner comme s'il allait s'évanouir, mais son malaise se dissipa vite. Une vieille robe de chambre était posée au pied du lit. Il l'enfila et sortit. Après avoir rapidement traversé le palier, il descendit l'escalier. Un murmure de voix parvenait à ses oreilles, et Fallon attendit un instant avant d'ouvrir la porte. Anne Murray et Murphy étaient assis devant la table de chaque côté d'un échiquier. Murphy était sur le point de déplacer sa reine. Fallon s'approcha en souriant.

— Stupide ! dit-il en regardant l'échiquier. Il faut toujours faire gaffe quand on a affaire à une femme !

Anne lui sourit.

— Désolée ! Mais croyez-moi, il fallait que vous dormiez ; c'était ce qu'il y avait de mieux pour vous.

Fallon tira une chaise et s'assit.

— Je ne suis pas fâché, dit-il. Seulement, c'est une journée perdue, et je n'ai pas encore établi de plan. Nous sommes en danger, ici. Les flics risquent de capturer Rogan d'une minute à l'autre. C'est ce qui peut nous arriver de pire.

Anne sourit et dit à Murphy :

— Range l'échiquier, tu veux, Johnny ? Je vais préparer le souper.

Murphy remit les pièces dans une boîte, et la jeune fille alla s'installer devant le fourneau.

— Vous n'êtes pas seul à réfléchir à la situation, fit-elle. Que diriez-vous si je vous apprenais que tout est organisé ?

Il la regarda surpris.

— Que voulez-vous dire ?

Elle ouvrit le buffet et sortit des assiettes.

— Explique-lui, Johnny, lui dit-elle. Les esprits supérieurs ont horreur d'écouter les femmes.

Murphy sourit et sortit une carte.

— Très astucieux comme idée, Mr Fallon, dit-il. C'est Anne... enfin, miss Murray qui a tout combiné ; je l'ai un peu aidée, faut dire.

Fallon haussa les sourcils.

— Vous êtes devenus très copains, on dirait, observa-t-il froidement.

Murphy rougit et déplia précipitamment la carte.

— La semaine dernière, miss Murray a vendu un certain nombre de meubles à un marchand de Stramore. Ils sont empilés dans la pièce de devant. Le type vient demain avec un camion de déménagement. C'est là l'idée géniale.

L'intérêt de Fallon fut immédiatement éveillé.

— Continue, dit-il en se penchant.

Murphy sourit.

— C'est le point le plus important du plan. Le camion nous offre le moyen de nous tirer d'ici. La ville grouille de flics qui ne vont pas tarder à fouiller toutes les maisons. Stuart croit sûrement que vous êtes encore ici. Demain, quand les déménageurs auront fini de charger, miss Murray les invitera à prendre le thé à la cuisine. Ces types-là ne refusent jamais, vous les connaissez. Nous pourrons tous les deux nous cacher dans le camion au milieu des meubles.

Le garçon scruta d'un œil inquiet le visage de Fallon qui hocha gravement la tête.

— Parfait. Supposons que ça marche et que nous passions les barrages de flics. Que faisons-nous ensuite ?

Le garçon hocha la tête.

— C'est là où miss Murray intervient. Elle n'aura aucune difficulté à franchir les barrages de police. Elle a loué une voiture qui est en ce moment dans le garage. Demain, elle suivra le camion. À la première occasion, nous sauterons à terre et monterons dans sa voiture. Ensuite, nous pourrons essayer de passer dans le Donegal.

Penché sur la carte, Fallon l'étudia longuement en silence.

— Oui, le plan est bon, reconnut-il au bout d'un moment. Pas mal du tout.

Anne Murray poussa une tasse devant lui et renversa du thé dans la soucoupe.

— Allons bon ! Qu'est-ce qui cloche donc, Superman ? fit-elle d'un ton indigné.

Fallon leva la main sur la défensive.

— Comprenez-moi bien, dit-il. Le plan est bon, mais il faut le mettre au point.

Il but une gorgée de thé et s'appuya au dossier de son siège.

— Par exemple, comment faire si vous avez une panne de moteur ? Nous ne pouvons pas demander au chauffeur du camion de s'arrêter. Pas question non plus d'employer l'intimidation, ce qui mettrait Stuart sur notre piste.

Elle grogna.

— Bien sûr, ça peut arriver, mais c'est assez improbable.

Il hocha la tête.

— D'accord avec vous, mais croyez-moi, c'est toujours l'inattendu qui se produit. Il faut envisager toutes les éventualités. Il n'y a que soixante kilomètres d'ici à Stramore. Et si le chauffeur ne s'arrête pas ? Pensez aussi que Murphy et moi nous ne pouvons pas sauter du camion à n'importe quel carrefour où le véhicule ralentira. Ça attirerait les soupçons.

Murphy eut l'air découragé et Anne Murray dit lentement :

— Il y a du vrai dans ce que vous dites.

Fallon sourit et donna à Murphy une tape sur l'épaule.

— Voyons, ne te décourage pas. Je t'ai dit que le plan avait simplement besoin de quelques fignolages.

Il se plongea dans l'étude de la carte.

— Bon, voici ce que nous allons faire. Nous suivrons votre plan tant que ça marchera. Si par suite d'un empêchement quelconque, il nous est impossible de sauter du camion entre ici et Stramore, il faudra prendre notre mal en patience et courir notre chance. (Puis, s'adressant au garçon :) Connais-tu quelqu'un de sûr à Stramore ? Une planque, pour qu'on ne soit pas obligés de traîner dans les rues pendant la journée et où on pourrait passer la nuit en cas de besoin ?

Murphy fronça les sourcils, puis son visage s'illumina.

— Bien sûr ! Chez Conroy, dit-il. Je lui ai souvent porté des messages.

Surpris, Fallon se mit à rire.

— Comment... Ce vieux chacal est toujours en circulation ! (Il hocha la tête et réfléchit.) Il ne m'a jamais paru très sûr. Il vendrait père et mère pour cinq livres, et moi, j'en vaux deux mille.

— Non, cinq mille. (Murphy toussa et ajouta pour s'excuser :) C'est la récompense promise pour l'arrestation du responsable de l'assassinat du flic tué par la grenade piégée.

— Le tarif a augmenté, constata Fallon.

Il regarda un moment dans le vide et eut un sourire narquois.

— Va pour Conroy !

— Et si vous êtes obligés d'aller chez ce Conroy, que dois-je faire ? demanda Anne.

— J'y arrive. Vous vous installez dans un hôtel de Stramore pour la nuit. Dites que vous partirez de bonne heure le lendemain matin, et payez d'avance.

Il examina de nouveau la carte et poursuivit :

— À la sortie de Stramore, sur la grande route du nord, se trouve un château en ruine et, derrière, un bois. Une petite route traverse le bois et à cinq cents mètres, il y a un vieux pont en dos d'âne. C'est là que nous nous retrouverons.

— À quelle heure ?

Il haussa les épaules.

— Autour de 11 heures. Les cinémas ferment vers 10 heures et demie. Il y aura du monde dans la rue, nous nous perdrons dans la foule pour sortir de la ville.

— Pourquoi ne passerais-je pas vous prendre à Stramore en quittant l'hôtel ? demanda Anne.

Fallon secoua la tête.

— Ce sera un peu trop dangereux, dit-il avec douceur. À présent, les flics possèdent aussi le signalement de Murphy. Il suffit d'un passant observateur, un seul. Non, nous nous rencontrerons à la sortie de la ville comme je viens de vous le dire, ajouta-t-il d'un ton catégorique.

La jeune fille ouvrit la bouche pour protester.

— Je suis d'accord avec lui, miss Murray, coupa Murphy.

Anne les foudroya un instant du regard, puis résignée, haussa les épaules.

— Parfait. Comme vous voulez.

Elle prépara des œufs et du jambon frits que Fallon engouffra comme s'il n'avait pas mangé depuis plusieurs jours. Ils bavardèrent ensuite en prenant le café et bientôt Murphy déclara :

— Bon, ben, je crois que je vais aller me pieuter. Je veux être en pleine forme demain. (Il sourit et sortit.)

— Brave gosse, dit Fallon.

Anne acquiesça.

— Ça ne l'a pas mené bien loin jusqu'à présent.

Fallon poussa un soupir.

— Je sais, mais ce n'est pas entièrement ma faute. Il travaillait déjà pour l'Organisation avant mon entrée en scène.

Il alluma une cigarette et en chassa la fumée, l'air pensif.

— Son état d'esprit me plaît. Il déteste la violence, il est loyal. Il s'est pratiquement sacrifié pour me sauver l'autre soir. J'espère de tout mon cœur lui faire passer la frontière en toute sécurité, soupira-t-il.

— J'espère, moi, que vous amènerez Martin Fallon sain et sauf de l'autre côté, dit-elle.

— Et vous ? Parlons un peu de vous.

— Si Rogan ne parle pas quand on mettra la main sur lui, j'aurai une sacrée veine et je pourrai retourner à Londres, comme c'est mon intention. Si ça ne se passe pas comme ça...

Elle s'interrompit et Fallon dit sèchement.

— Ça marchera, si je mets la main sur Rogan avant la police.

— Que ferez-vous ?

— Je le tuerai, c'est tout ce qu'il mérite.

La jeune fille secoua tristement la tête.

— Dire que vous avez franchi la frontière pour le sauver ! Tout ça est complètement idiot !

Il acquiesça sans répondre, et elle ajouta en s'efforçant de se montrer gaie :

— Mais si je dois franchir la frontière, que ferai-je ? Où irai-je ?

Fallon réfléchit un instant et répondit lentement :

— Vous pourrez venir chez moi à Cavan.

— L'endroit me plaira ?

Il se mit à rire.

— Beaucoup. C'est à un kilomètre à peine de la frontière. On aperçoit le poste frontière de chez moi. Le coin est sensationnel, l'air vivifiant et le ciel change d'aspect toutes les cinq minutes rien que pour vous divertir.

— Pourquoi êtes-vous ici puisque vous étiez tellement heureux chez vous ?

Il sourit et réfléchit.

— Je voudrais bien le savoir. Je me sentais seul, très seul, je vous l'accorde, et je buvais plus que de raison. Mais il y avait autre chose : un malaise de l'esprit.

Il ferma les paupières en songeant au passé, puis se leva et dit sèchement :

— Murphy a raison, allons nous coucher.

Elle hocha la tête, une expression étrange apparut sur son visage, mais elle ne répondit pas. Fallon éteignit et ils montèrent ensemble. En arrivant devant la porte de la jeune fille, ils s'arrêtèrent.

— Bonsoir, dit-elle en souriant.

Tout à coup, il sentit sa gorge se serrer. Il ouvrit la bouche pour parler. La jeune fille passa une main derrière le cou de Fallon pour l'attirer vers elle. Elle posa ses lèvres entrouvertes sur sa bouche. Quand il voulut la prendre dans ses bras, le battant claqua ; elle avait disparu. Longtemps, il contempla sa porte avant de tourner les talons et de gagner lentement sa propre chambre, l'esprit troublé.

Fallon dormit profondément, ce qui le surprit après la ration de sommeil qu'il avait eue les deux jours précédents. Sa blessure l'avait sans doute plus épuisé qu'il ne l'avait cru. Il fut réveillé par Murphy qui lui apporta une tasse de thé à 7 heures et demie.

— Encore un temps de cochon, Mr Fallon, annonça le garçon en souriant. Je crois bien qu'il va pleuvoir jusqu'à la fin des temps.

Fallon but le thé avec délices. Il tendit la tasse vide à Murphy et se mit en devoir de se lever lorsqu'une pensée lui traversa l'esprit.

— Bon Dieu ! grogna-t-il. Je n'ai pas de vêtements, je l'avais complètement oublié.

Murphy secoua la tête en souriant.

— Ne vous en faites pas. Miss Murray y a pensé. Hier après-midi, pendant que vous dormiez, elle est allée faire des courses. Regardez dans l'armoire, vous y trouverez un pantalon et une chemise. Vous aviez laissé ici la veste de votre complet quand vous êtes parti précipitamment pour prévenir Stuart.

Murphy sortit et Fallon alla se laver et se raser dans la salle de bains. Il souffrait toujours beaucoup, et son bras était tout engourdi. Il le balança plusieurs fois pour rétablir la circulation et s'habilla. En passant sa veste, il trouva le Luger à sa place habituelle. Il le sortit et le soupesa. L'arme lui procurait une sensation réconfortante. Que serait-il arrivé s'il l'avait emportée le matin où il était allé prévenir Stuart ? Il eut un sourire cynique. Une chose était certaine, il serait mort à l'heure actuelle. Il glissa l'arme dans son étui et descendit. Le déjeuner l'attendait. Il huma l'arôme du bacon en train de frire.

— Ça sent bon ! dit-il.

La jeune fille se retourna pour lui dire bonjour, en plissant les yeux.

— Comment vous sentez-vous ce matin ?

— Pas mal, un peu raide, mais je survivrai probablement !

Elle disposa des assiettes sur la table, et ils déjeunèrent. Le repas terminé, Fallon demanda :

— À quelle heure arrivent les déménageurs ?

— À 10 heures, répondit la jeune fille en débarrassant la table.

Ensuite, elle passa dans le vestibule et revint, vêtue d'un imperméable.

— Je sors. Je reviens dans une heure, dit-elle.

Surpris, Fallon leva les yeux.

— C'est important ?

Elle hocha la tête :

— Je vais voir Jane, la femme de Philip Stuart. S'il passe ici et s'aperçoit que je suis partie sans rien dire, il trouvera ça bizarre. Il risque même de me faire rechercher.

Fallon acquiesça.

— Oui, vous avez raison. Mais ne restez pas trop longtemps. Tout notre plan tombe à l'eau si vous êtes en retard. N'oubliez pas le journal, ajouta-t-il au moment où elle sortait.

Anne fut de retour à 9 heures et demie. Fallon et Murphy étaient absorbés dans une partie d'échecs. Elle entra dans la cuisine et les surprit.

— Vous n'êtes vraiment pas raisonnables ! Et si j'avais été un flic ?

— On se serait rendu sans protester à un flic aussi joli que vous, dit Murphy en faisant preuve de beaucoup d'audace.

Le visage de la jeune fille s'éclaira d'un sourire radieux, et elle tendit un journal à Fallon.

Il l'ouvrit immédiatement. S'il n'avait plus les honneurs des titres, on parlait néanmoins de lui dans un article au bas de la première page, à droite. On annonçait simplement que la police continuait ses recherches et avait toute raison de croire qu'il se trouvait encore à Castlemore. On avait fait appel à des renforts de divers secteurs de la province. Il y avait un petit paragraphe consacré à Rogan qui avait apparemment disparu de la face de la terre, et une ligne sur Murphy qui devait se trouver avec Fallon ou Rogan.

Fallon leva les yeux et sourit.

— Pas fameux, on a fait venir des renforts.

Anne hocha la tête.

— Je sais, Jane Stuart me l'a dit.

La jeune fille soupira et se débarrassa de son imperméable.

— J'avais assez mauvaise conscience en écoutant toutes ses confidences, alors que je savais exactement où vous vous trouviez.

— Est-ce que mon évasion a porté préjudice à Phil ? demanda Fallon.

Anne secoua la tête.

— Apparemment non. On relève plusieurs remarques idiotes dans des journaux anglais, le goût du scandale, comme d'habitude. Non, on connaît trop son honnêteté ; personne ne s'imagine que vous puissiez être de mèche tous les deux. Dans l'ensemble, les journaux irlandais trouvent assez amusant que vous soyez des amis d'enfance.

Fallon poussa un soupir de soulagement.

— Je suis heureux de ne pas lui avoir causé de tort.

— Au dire de Jane, il a été très satisfait que vous vous échappiez. Il a été stupéfait d'apprendre que vous vous étiez sauvé. Quand il vous a quitté, vous paraissiez incapable de traverser la chambre.

Avant que Fallon ait pu répondre, la cloche retentit. Anne courut à la porte. Elle regarda par la grande fenêtre et revint précipitamment.

— Ce sont les déménageurs, annonça-t-elle. Montez. Je vous avertirai quand ils seront sur le point de terminer.

Les deux hommes grimpèrent l'escalier et se réfugièrent dans la chambre de Fallon. Celui-ci sortit son paquet de cigarettes. Ils en allumèrent chacun une et s'assirent au bord du lit. Pendant un moment, Fallon observa derrière les rideaux les deux déménageurs qui transportaient les meubles le long de l'allée du jardin sans se presser. Trois quarts d'heure s'écoulèrent ; Fallon, rongé d'impatience, commençait à s'agiter lorsque la porte s'ouvrit, et Anne apparut.

— Ils emportent le dernier meuble, dit-elle. Le thé est prêt à la cuisine et je les ai invités à en boire une tasse. Bien entendu, ils ont accepté.

Fallon hocha la tête.

— N'oubliez pas d'appeler au secours en cas de besoin, dit-il ironiquement.

La jeune fille se mit à rire.

— Ils sont d'âge à être mon père.

Fallon lui prit doucement les mains.

— Faites bien attention, lui recommanda-t-il.

Le sourire d'Anna disparut, et elle répondit gravement :

— Je prie Dieu pour que tout se passe bien.

— Ça marchera, dit Murphy d'un ton enthousiaste. Ne craignez rien.

Anne lui sourit, puis observa Fallon. Elle n'eut pas besoin de lui parler. Elle murmura avant de sortir :

— Bonne chance.

Ils attendirent sur le palier que les deux hommes passent dans la cuisine. Bientôt, leurs voix s'estompèrent. Fallon endossa son imperméable, mit son chapeau et ils descendirent rapidement au rez-de-chaussée. Le garçon portait son blouson de cuir.

— Tes fringues sont trop voyantes, remarqua Fallon.

Murphy haussa les épaules :

— Vous avez raison. Mais dès qu'il cesse de pleuvoir, je le balance, je vous le promets.

Il se mit à rire de sa propre plaisanterie. Fallon sourit. Ils sortirent et s'approchèrent de l'arrière du camion.

Fallon jeta un coup d'œil alentour.

— Personne dans le secteur. C'est parfait.

Les déménageurs avaient déjà relevé la ridelle du camion.

— Baissons le panneau, dit-il. Nous allons grimper tranquillement pour ne pas nous faire remarquer au cas où quelqu'un nous regarderait par une fenêtre.

Murphy acquiesça. Ils abaissèrent la ridelle et la relevèrent derrière eux, après être montés dans la voiture. Le mobilier d'Anne, placé au fond du véhicule, n'occupait qu'une partie du camion. Tout était recouvert de bâches. Murphy se faufila entre les meubles et poussa une exclamation de triomphe.

— Ici, Mr Fallon ! dit-il. On ne risque absolument rien.

Fallon passa entre les pieds d'une table. Derrière une bâche que soulevait Murphy, se trouvait un espace vide entre une armoire et la paroi du camion. Murphy tira quelques sacs et Fallon hocha la tête, l'air satisfait.

— Parfait. Quand on arrivera près des barrages, on se recouvrira de ces sacs.

Ils s'assirent sur les sacs et patientèrent. Dix minutes après, ils entendirent les deux hommes s'approcher du camion. Les déménageurs montèrent dans la cabine et, un instant plus tard, le moteur se mit en marche. Fallon se glissa hors de sa cachette et jeta un coup d'œil par-dessus le panneau arrière. Au moment où ils traversaient la place, une Hillman verte déboucha de l'allée contiguë à la maison et les suivit. Satisfait, il sourit et retourna se blottir sous la table.

— Elle est derrière nous, dit-il. Maintenant, touchons du bois pour qu'on s'en tire.

Le camion roula à allure régulière cinq ou six minutes, puis il ralentit. Il alla au pas quelques instants, et Fallon et Murphy, recroquevillés sous les meubles, se recouvrirent de sacs.

Fallon, l'oreille collée contre la paroi du camion, entendit une voix demander au chauffeur d'où il venait. L'homme répondit, mais impossible de comprendre ce qu'il disait. Puis Fallon perçut un bruit de pas contournant le camion. Quelqu'un parut se hisser à l'arrière du véhicule pour regarder par-dessus la ridelle, puis sauta à terre. Les pas se dirigèrent ensuite vers la cabine. Fallon et Murphy restèrent plusieurs minutes sous les sacs. Murphy les rejeta et dit à voix basse :

— Ouf ! Ces salauds de flics, on les a bien eus !

Fallon sourit et leva la main :

— Oui, mais ne parle pas si fort.

Ils sortirent de leur cachette, et Fallon, ravi, alluma une cigarette en poussant un soupir de soulagement. Tout laissait présager qu'ils allaient s'en tirer. Fallon se faufila à l'arrière du camion et jeta un coup d'œil par-dessus la ridelle. Le véhicule roulait sous la pluie à une allure régulière entre des haies d'aubépine. De tous côtés, la campagne s'étendait, verte et luxuriante. C'était splendide. Une seule chose manquait dans le paysage : Anne Murray et sa Hillman verte.

8

Accroupi près du panneau arrière, Murphy regardait tristement la route, quasi déserte. De temps à autre, une voiture rapide doublait le camion, mais aucun signe de la Hillman verte. Le môme consulta sa montre et s'aperçut qu'ils roulaient depuis plus d'une heure. Se tournant vers Fallon assis sur un sac, le dos appuyé à l'une des parois, il lui demanda :

— Aucun signe de vie de miss Murray, qu'allons-nous faire ?

Fallon haussa les épaules :

— Que pouvons-nous faire ?

La mine déconfite du garçon le fit rire.

— C'était à prévoir, comme je te l'avais dit. Il a pu arriver n'importe quoi. Elle a pu se tromper à un carrefour, avoir une crevaison ou même manquer d'essence, bien que ce soit très peu probable, je le reconnais. (Il donna une tape amicale sur l'épaule du garçon.) Allons, ne t'en fais pas. Nous verrons à Stramore. À la première occasion, nous descendrons du camion pour aller chez Conroy. Nous retrouverons Anne ce soir. Ne t'en fais pas.

Rassuré, Murphy se rassit. Fallon s'installa près de la ridelle à l'arrière du véhicule et alluma une cigarette. Tout en fumant, il observait la route. En fait, il était plus inquiet qu'il ne le laissait paraître. Pour des raisons personnelles, il s'interrogeait sur les raisons du retard d'Anne Murray. Il songea aux accidents de la route, aux collisions et chassa en hâte de son esprit de pareilles éventualités. Il poussa un profond soupir. Inutile de se faire du souci. Il n'y avait qu'une seule chose à faire : attendre les événements.

Le camion entra dans Stramore. La ville était animée, car c'était jour de marché, et le lourd véhicule dut rouler au pas en raison de la circulation. Il s'engagea dans une rue latérale et stoppa. Fallon et Murphy regagnèrent prestement leur cachette.

Ils entendirent les deux déménageurs descendre de la cabine et s'éloigner en causant. Puis ce fut le silence.

— Descendons, dit Fallon.

Dissimulés sous la table, ils se glissèrent vers la ridelle et sautèrent sur la chaussée.

Le camion était garé devant une rangée de maisons toutes semblables. Un bar se trouvait quelques portes plus loin.

— Inutile de se demander où sont passés les deux gars, dit Murphy en souriant.

Au coin de la rue, ils hésitèrent un instant.

— Passe devant, dit Fallon. Ça fait longtemps que je ne suis pas venu dans cette ville. Je ne m'y repère plus.

Murphy acquiesça d'un signe de tête, passa sur la chaussée, et tous deux furent bientôt noyés dans la foule tourbillonnante qui emplissait les rues.

Il leur aurait été impossible de choisir meilleur jour. La ville fourmillait de paysans venus des environs pour la journée. Le long des trottoirs, dans les caniveaux, on avait installé des parcs à bestiaux et des étalages pour le marché. L'air vibrait des cris des vendeurs. Les deux hommes, toujours sur leurs gardes, suivaient le mouvement de la foule et, à deux reprises, ils changèrent brusquement de direction pour éviter un agent.

Après avoir traversé la place du marché, ils arrivèrent dans une rue latérale plus tranquille et hâtèrent le pas. Murphy s'engagea dans une ruelle donnant sur une petite place. Sur l'un des côtés s'élevait une grande maison de brique délabrée ; au rez-de-chaussée, il y avait une boutique à proximité d'une cour. Sur le mur, une vieille enseigne, délavée et battue par les intempéries, indiquait : « Paddy Conroy, Vend de tout ».

Fallon regarda l'enseigne en souriant.

— C'est exactement la description qui convient à ce vieux combinard. Pour lui, tout est bon. Pourvu que ça lui rapporte du fric.

— Mais nous ne risquons rien chez lui, n'est-ce pas ? demanda Murphy d'un air soucieux.

— Pour l'instant, nous n'avons pas le choix. Mais je peux te dire une chose : à la première entourloupe, je lui tire dessus. Il le mérite depuis des années.

Fallon poussa la porte de la boutique, Murphy le suivit. Une vieille cloche fêlée retentit dans les profondeurs de la maison et continua à tinter lorsque Murphy eut fermé la porte. Dans la boutique s'amoncelaient des piles de vieilleries et une odeur désagréable flottait dans l'air. Murphy secoua la tête.

— Vous croyez vraiment qu'il gagne sa vie en vendant ces frusques ? demanda-t-il.

Fallon haussa les épaules.

— Va savoir...

La cloche cessa finalement de tinter. On n'entendit plus rien. Des mouches bourdonnaient sur la fenêtre aux vitres sales. Fallon repoussa son chapeau sur sa nuque et épongea la sueur qui lui inondait le front. Quelqu'un bougea dans l'arrière-boutique, et une porte s'ouvrit. Une jeune fille apparut. Dans les dix-huit ou vingt ans, jolie dans le genre déluré et un peu vulgaire, elle avait une bouche pleine et des formes opulentes.

— Vous désirez ? demanda-t-elle d'un ton peu aimable.

Fallon sourit.

— Mr Conroy est-il chez lui, ma petite ?

— Il est au pub, répondit-elle, mais il va rentrer dîner d'une minute à l'autre. Vous désirez acheter quelque chose ?

Fallon secoua la tête.

— Je suis un vieil ami. Je venais lui dire bonjour en passant. Nous ne nous sommes pas vus depuis des années.

La jeune fille parut intriguée, puis ses yeux se posèrent sur Murphy. Elle le dévisagea un instant, et son expression changea.

— Je vous ai déjà vu, dit-elle.

Murphy acquiesça.

— En effet, mon chou, dit-il d'un ton effronté. Je suis venu le mois dernier porter un message à votre papa.

Les yeux de la fille s'écarquillèrent.

— Vous venez de la part de l'Organisation.

Elle regarda Murphy, puis Fallon qu'elle reconnut tout à coup. Elle s'avança d'un pas, le visage rayonnant.

— Vous êtes Martin Fallon, fit-elle dans un souffle. J'ai vu votre photo dans le journal. C'est vous que les flics recherchent.

Il lui adressa son plus charmant sourire.

— Exact, mon petit. Je suis venu voir si votre papa pouvait me loger cette nuit. C'est possible à votre avis ?

Passant derrière le comptoir, il sourit à la jeune fille qui hocha vigoureusement la tête.

— Nous serons fiers de vous abriter, Mr Fallon.

Fallon s'approcha de la jeune fille, leurs corps se touchaient presque.

— Mais vous êtes Rose ! dit-il. La dernière fois que je vous ai vue, vous n'étiez qu'une gamine. Vous voilà une jeune fille maintenant.

Elle le regarda avec un air d'adoration. Il reprit :

— Je peux avoir confiance en vous, Rose ?

— Oh oui, Mr Fallon ! murmura-t-elle.

Un petit sourire apparut sur le visage de Fallon, qui se pencha vers elle pour lui dire :

— Je suis en grand danger, Rose. Une seule parole imprudente, et je suis capturé. Ça n'est pas ce que vous souhaitez, n'est-ce pas ?

Elle ferma un instant les yeux, elle frissonna en une sorte d'extase, et sa jolie poitrine frémit.

— Les flics n'obtiendront aucun renseignement de moi, Mr Fallon, même s'ils me brûlent au fer rouge.

Il lui sourit un instant, puis lui caressa le bras.

— Je savais que je pouvais compter sur vous, dit-il.

— Passons derrière, dit la fille. Un client pourrait venir.

Elle s'engagea dans un corridor sombre. Ondulant des hanches, elle laissait derrière elle une légère odeur animale. Fallon soupira. Cette comédie ne lui plaisait pas, mais la réaction de la fille était évidente. Il ne pouvait pas se permettre de perdre une alliée d'une telle importance.

Elle les conduisit dans un salon misérable.

— Installez-vous à votre aise, dit-elle. Je vais ajouter des patates au déjeuner.

Elle disparut dans la cuisine et referma la porte derrière elle. Murphy se débarrassa de sa veste et siffla.

— Pas très appétissante. Mais pourquoi diable l'avez-vous fait marcher, Mr Fallon ?

Fallon haussa les épaules.

— Elle va probablement trop souvent au cinéma et s'imagine que tous les hors-la-loi sont romantiques. Je ne pouvais pas me permettre de lui enlever ses illusions. (Se laissant choir sur un siège, il ajouta :) N'oublie pas que son vieux est un dur à cuire. Rose peut nous être très utile.

Murphy secoua la tête.

— Faites gaffe, Mr Fallon. Elle a un sérieux béguin pour vous. Vous aurez du mal à vous en débarrasser.

Derrière eux, la porte s'ouvrit à la volée. Fallon bondit, le

Luger à la main. Paddy Conroy les regardait, la bouche grande ouverte ; il avait le visage couperosé des ivrognes.

— Sainte Mère ! murmura-t-il.

Fallon remit le Luger dans son étui et sourit d'un air aimable.

— C'est bien vous, Paddy ?

Il traversa la pièce et lui tendit la main.

— Ça fait longtemps qu'on ne s'est pas vus.

Conroy lui serra machinalement la main.

— C'est vrai, Mr Fallon, dit-il d'une voix lointaine.

Il cligna plusieurs fois de ses yeux larmoyants. Fallon réprima un haut-le-cœur en sentant l'odeur de bière et de tabac qu'il dégageait. Tout à coup, Conroy revint sur terre et regarda Fallon d'un air horrifié.

— Bon sang ! s'écria-t-il. Je vais fermer la boutique pour que personne n'entre.

Il courut dans le corridor et disparut.

Murphy haussa les sourcils.

— Le jour où il aura un client, on en parlera, fit-il.

Fallon sourit. Rose revint de la cuisine et mit la table. Elle s'était barbouillé les lèvres en orange vif et portait des souliers vernis à hauts talons bon marché. Après un sourire provocant, elle retourna en se dandinant à la cuisine. Fallon jeta un coup d'œil désolé à Murphy qui s'effondra sur le divan en éclatant de rire. Puis Conroy entra dans la pièce.

— Votre présence ici est un honneur pour nous, Mr Fallon. Vraiment. Que de grandes choses vous avez faites pour l'Irlande !

La goutte qui lui pendait au nez tremblota et il ajouta pieusement :

— Vous deviendrez un personnage historique, Mr Fallon.

Fallon réussit à sourire.

— Où est votre femme, Paddy ? demanda-t-il. En arrivant, j'ai oublié de demander de ses nouvelles.

Le visage de Conroy exprima la douleur et le chagrin.

— Partie, dit-il. Elle m'a quitté, Mr Fallon. Après tant d'années de vie commune.

— Comment... Elle vous a plaqué ? s'enquit Murphy d'un air intéressé.

Conroy parut profondément peiné.

— Elle est partie pour un monde meilleur, jeune homme, dit-il d'un ton de reproche.

Il poussa un profond soupir et sortit une bouteille dissimulée derrière un coussin.

— Mais ces épreuves nous sont envoyées à dessein, je suppose. Une petite goutte de gnôle, Mr Fallon ?

Fallon secoua la tête. Le vieillard porta la bouteille à sa bouche et but à longs traits.

La porte s'ouvrit devant Rose qui apportait un plateau chargé d'assiettes.

— Voulez-vous vous asseoir, Mr Fallon ? fit-elle en posant une assiette copieusement servie au bout de la table.

Son père se frotta les mains.

— Oui, asseyez-vous donc. La pitance est maigre, mais je suis pauvre, très pauvre.

À la grande surprise des invités, la nourriture était excellente. Fallon et Murphy dévorèrent sans rien dire. Le repas se passa dans un silence ponctué seulement par des gargouillis désagréables émis par Conroy, sans lesquels il semblait incapable d'introduire de la nourriture dans sa bouche. Quand ils eurent terminé, Fallon repoussa son assiette.

— Délicieux, Rose, dit-il.

La jeune fille rougit et entreprit de débarrasser la table. Son père ricana.

— Le gars qui l'épousera aura de la chance. (Il sourit d'un air mauvais et poussa Fallon du coude.) Croyez-moi, Mr Fallon, il n'y a pas que pour la cuisine qu'elle est douée.

Réprimant son dégoût, Fallon parvint à adresser un sourire à Rose qui apportait le thé. Elle avait sans doute entendu la réflexion de son père car elle était au bord des larmes. Murphy se leva.

— Je vais vous donner un coup de main pour la vaisselle, Rose.

Jetant un clin d'œil complice à Fallon, il suivit la jeune fille à la cuisine.

Conroy rota et se cura les dents à l'aide d'une allumette. Il s'appuya contre le dossier de sa chaise.

— Dites donc, Mr Fallon, cette fois-ci, vous vous êtes fourré dans un drôle de guêpier.

Fallon prit une cigarette.

— Ce n'est pas la première fois, répondit-il calmement.

Le vieillard hocha la tête.

— Je ne dis pas le contraire. Mais la situation n'a jamais été aussi grave.

Fallon se pencha en clignant des yeux.

— Allez-y, Paddy. Qu'est-ce que vous avez entendu dire ?

Conroy prit une vieille pipe d'argile et la bourra de tabac qu'il prit dans une blague en caoutchouc.

— L'armée est alertée, Mr Fallon. (Il s'interrompit pour allumer sa pipe. Lorsqu'elle tira convenablement, il poursuivit :) Si vous aviez idée de passer au Donegal, pas la peine d'y compter. Entre ici et la frontière, en plus des patrouilles de soldats, il y a des flics dans des voitures blindées. Des engins formidables munis de radio. Vous n'avez pas une chance de vous en sortir.

Fallon acquiesça, le visage impassible. Il réfléchit rapidement. La situation était bien pire qu'il ne l'avait imaginée.

— Ne vous en faites pas, Paddy, dit-il en souriant. J'ai un plan. (Se penchant, il tapota le genou de Conroy et ajouta :) Avec des amis sûrs, on peut aller loin.

Conroy hocha vigoureusement la tête.

— Ça, c'est vrai, Mr Fallon.

Il s'interrompit pour examiner le tuyau de sa pipe.

— Évidemment, il y a la prime... (Levant précipitamment les yeux, il ajouta :) Je ne veux pas dire qu'on vous dénoncerait, Mr Fallon. Mais tout de même, cinq mille livres, c'est beaucoup d'argent.

Fallon hocha la tête sans se troubler.

— Très juste, dit-il. Évidemment, ça ne sert pas à grand-chose si on n'est pas en mesure de le dépenser. Je ne crois pas que l'Organisation laisserait le bénéficiaire en profiter longtemps.

Suivit un court silence pesant, et Conroy soupira :

— Vous avez raison, Mr Fallon. (Il regarda longtemps dans le vide, puis se ressaisit.) Parlons de choses importantes. Combien de temps resterez-vous ici ?

Une voix intérieure avertit Fallon qui répondit avec prudence :

— Je ne sais pas exactement. Certainement jusqu'à demain soir.

Dans son portefeuille, il restait encore plus de cent livres sur l'argent qu'O'Hara lui avait remis. Il sortit les billets, prit dix livres et montra ostensiblement le reste à Conroy. Les yeux du vieillard se mirent à luire et Fallon poussa les coupures sur la table.

— Voici un petit acompte, Paddy. Bien entendu, vous aurez davantage par la suite.

— Ce n'était pas la peine, Mr Fallon, vraiment, dit Conroy.

Il étendit les mains sur la table et ses doigts se refermèrent sur les deux billets de cinq livres.

La porte de la cuisine s'ouvrit. Murphy entra.

— Ça y est. Je viens de faire ma bonne action de la journée, annonça-t-il. Alors, où on en est ?

Conroy se leva péniblement.

— Il vaudrait mieux que vous montiez, Mr Fallon, dit-il. Un voisin risque de venir. Il ne faut pas rester ici.

Fallon le regarda un moment droit dans les yeux, et Conroy se mit à rire nerveusement.

— Entendu, Paddy, comme vous voudrez, dit Fallon.

Conroy hocha la tête.

— C'est plus sûr. Rose va vous conduire.

Il se laissa choir sur le divan, et Rose sortit la première.

Derrière elle, les deux hommes gravirent l'escalier grinçant conduisant à un palier étroit sur lequel donnaient quatre portes. Fallon s'arrêta au pied de l'étage suivant.

— Et les mansardes ? demanda-t-il.

La jeune fille secoua la tête :

— L'escalier n'est pas solide, le bois est pourri. (Désignant d'un geste vague le rez-de-chaussée, elle ajouta :) Il a l'intention de les réparer, mais il n'a jamais le temps.

Elle ouvrit la première porte : une odeur effroyable se dégagea de la pièce. La jeune fille fit la grimace et ferma doucement le battant.

— C'est sa chambre. Je pense que vous n'avez pas envie d'y entrer.

— Non, merci, dit Murphy. Nous serions asphyxiés.

Elle ouvrit la porte d'à côté et ils pénétrèrent dans une chambre minuscule remplie de cochonneries. Un lit de camp muni d'un matelas se trouvait dans l'un des coins.

— Vous n'avez rien de plus confortable ? demanda Murphy.

— Vous pouvez dormir ici, dit Rose d'un ton calme. Mr Fallon prendra ma chambre.

Murphy ouvrit la bouche pour protester, mais Fallon fronça les sourcils, et ils quittèrent la pièce à la suite de la jeune fille. Elle désigna la porte d'en face.

— C'est la salle de bains, dit-elle.

Puis elle ouvrit la dernière porte et annonça fièrement :

— Voici ma chambre.

Le parquet était recouvert d'un tapis usé jusqu'à la corde et, près de la fenêtre, un lit étroit disparaissait sous un couvre-pieds en satin bon marché. Dans un coin, se trouvait une vieille table de toilette démodée que Rose avait essayé de camoufler sous une cretonne fanée. Le résultat était plutôt lamentable. Sur les murs, des portraits de ses idoles cinématographiques étaient accrochés avec des épingles. Fallon entra dans la chambre.

— Très joli, dit-il.

Rose sourit, enchantée de ce compliment.

— Je savais qu'elle vous plairait. Bon. Il faut que je parte, dit-elle en s'approchant de la porte. J'ai des courses à faire au marché.

Fallon la suivit dans le couloir, en faisant signe à Murphy de rester dans la chambre. Il l'accompagna jusqu'à l'escalier et ils s'arrêtèrent sur le palier.

— Je peux avoir confiance en vous, Rose ?

Le visage cramoisi, elle hocha vigoureusement la tête.

— Je ne vous laisserai pas tomber, Mr Fallon.

Il lui serra le bras.

— S'il se passe quelque chose de suspect, vous me tiendrez au courant ?

Elle acquiesça.

— Vous êtes une brave fille, ajouta Fallon.

Dans l'escalier, elle se retourna et sourit.

— Je surveillerai aussi mon père, Mr Fallon, dit-elle.

Il écouta le claquement de ses ridicules chaussures à talons hauts jusqu'au moment où elle pénétra dans le salon. Puis il alla rejoindre Murphy.

Le garçon examinait les photos épinglées aux murs.

— Elle a sacrément mauvais goût, Mr Fallon, dit-il.

— Merci quand même, fit sèchement Fallon.

— Voyons, vous savez très bien ce que je veux dire... (Redevenu sérieux, il s'assit sur le lit.) Que pensez-vous de Conroy ?

Fallon s'installa à côté de lui.

— Il est faux comme un jeton, dit-il. Mais il paraît surtout avoir peur des représailles de l'Organisation au cas où il nous dénoncerait.

— Je me demande ! Cinq mille livres, c'est un sacré paquet... Et maintenant, qu'est-ce qu'on va faire ? demanda-t-il.

Fallon s'appuya contre le mur.

— Nous restons ici comme prévu jusqu'à ce soir. Ensuite, nous irons retrouver Anne.

— Et après ? demanda Murphy.

— Je ne sais pas très bien, fit Fallon, l'air préoccupé. Ça se présente plutôt assez mal. Je croyais qu'il serait plus facile de passer la frontière à Donegal, mais, d'après Conroy, on y a posté des soldats. De plus, la police patrouille le long de la frontière dans des voitures blindées munies d'appareils radio à ondes courtes. Ça complique terriblement les choses.

— On est dans un sale pétrin.

Fallon hocha la tête.

— Nous allons être obligés de nous diriger vers le sud. Il sera peut-être plus facile de passer la frontière à un endroit où il y a beaucoup d'allées et venues. (Il fronça les sourcils en réfléchissant au problème.) Nous avons absolument besoin de rester planqués un jour ou deux en attendant que les chercheurs se calment un peu.

Une idée lui vint à l'esprit. Il se redressa.

— Tu as déjà entendu parler de Hannah Costello ?

Murphy fronça les sourcils.

— Non, jamais.

Fallon se leva d'un bond et se dirigea vers la fenêtre.

— Elle est peut-être morte. Ça fait bien dix ou douze ans que je ne l'ai pas vue. (Il se tourna vers Murphy et poursuivit :) Elle possédait une ferme et quelques hectares de terre dans les monts Sperrin. Curieux endroit, dans une vallée solitaire dont on ne peut soupçonner l'existence. Je me rappelle la première fois où j'y ai séjourné, ça remonte à quatorze ou quinze ans. Nous avions fait un coup dans le comté de Derry et nous avions tout le monde à nos trousses. Elle m'a hébergé trois semaines, en me faisant raquer sérieusement, remarque ! Seul l'argent l'intéressait, le patriotisme, elle s'en foutait royalement !

— Et vous croyez qu'elle vit encore ? demanda Murphy.

Fallon haussa les épaules.

— Qui sait ? (Il hocha la tête et ajouta d'un ton ferme :) Ça vaut la peine d'essayer.

Il s'approcha du lit en bâillant.

— Je suis complètement crevé, remarqua-t-il. Je ne comprends pas pourquoi.

Murphy hocha la tête avec sympathie.

— C'est votre blessure, Mr Fallon. On ne se remet pas du jour au lendemain d'un coup pareil. Dormez un moment, reprit-il en se levant. Moi, je monterai la garde. Ne vous en faites pas, au moindre signe suspect, je vous réveille.

Il sortit en refermant doucement la porte derrière lui. Fallon s'allongea et ferma les yeux.

L'oreiller sentait le parfum bon marché que Rose mettait en s'imaginant qu'il séduisait. Il repensa à la jeune fille et soupira. Quelle vie épouvantable elle avait dû avoir. Un voyou ivrogne en guise de père et un taudis pour toute maison. Le seul moyen qu'elle avait de s'en échapper, c'étaient ses rêves d'amour et d'aventure, ses soirées au cinéma et les magazines à deux sous. Et voilà qu'il croisait son chemin, lui, un terroriste en fuite. La une des journaux. Il soupira et s'étira pour libérer sa poitrine de ce poids qui l'oppressait. Tout ce qu'elle pourrait obtenir de l'existence, ce serait un mari qui ressemblerait à son père. Un ivrogne, un voyou au chômage qui la rouerait de coups. Il eut un triste sourire et songea que parfois, la vie était décidément trop cruelle. Puis il pensa à Anne Murray et se laissa glisser dans le sommeil en songeant à elle.

Quand il se réveilla, il faisait nuit. Le cadran lumineux du réveil bon marché placé à côté du lit indiquait 6 heures et demie. Il posa les pieds à terre, se leva, sortit de la chambre et entra sans bruit dans la chambre voisine. Il alluma. Murphy dormait paisiblement, une revue sur la poitrine. Fallon fut sur le point de le réveiller, puis il ferma la porte et regagna la chambre de la jeune fille. Il venait à peine de pousser le battant que la porte s'ouvrit, et Rose entra, une tasse de thé à la main.

— Je suis déjà venue tout à l'heure, mais vous dormiez, dit-elle.

Fallon s'assit sur le lit, sirota avec plaisir le thé chaud. Rose le dévorait des yeux. Elle portait un vieux peignoir de velours qui traînait à terre. Fallon pensa que le vieux Conroy l'avait probablement acheté lors d'une vente, dans un lot de vieilles fringues.

— Où est votre père ? demanda-t-il.

La jeune fille changea d'expression.

— À la cuisine, ivre mort. Il a bu tout l'après-midi.

Elle s'assit sur le lit à côté de Fallon ; son peignoir s'entrouvrit, découvrant ses jambes. Elle les croisa pour laisser voir le haut de ses cuisses au-dessus des bas.

— Il me répugne, dit-elle.

Fallon posa délicatement sa tasse vide, en évitant de regarder les jambes.

— Il n'est jamais bien beau à voir, fit-il en se levant.

Mais elle lui prit le bras pour le retenir.

— Moi, si, n'est-ce pas, Mr Fallon ?

Avant qu'il ait pu répondre, elle lui avait jeté les bras autour du cou.

— Emmenez-moi avec vous quand vous partirez, cria-t-elle. Je ne peux pas supporter ce trou à rat.

Fallon se débattit un instant et réussit enfin à se dégager.

— Impossible, dit-il.

Elle bondit et dénoua la ceinture du peignoir qui s'ouvrit ; elle ne portait que ses bas.

— Emmenez-moi avec vous, supplia-t-elle. Je ferai tout ce que vous voudrez, tout.

Rempli de pitié, il la regarda fixement, puis se leva et ramena les pans du peignoir sur elle.

— Désolé, dit-il doucement, mais c'est impossible.

Elle l'observa un moment d'un air incrédule, puis, dans un brusque mouvement de colère, elle le gifla violemment, tourna les talons et, secouée de sanglots, sortit en titubant de la chambre.

Fallon resta quelques secondes les yeux fixés sur la porte, puis il s'assit sur le lit, dégoûté de lui-même. C'était sa faute. Dès son arrivée, il avait donné à Rose l'impression qu'elle était la seule fille au monde à ses yeux. Il jura. Soudain, la porte se rouvrit. Lorsque Fallon leva les yeux, Rose se tenait sur le seuil et s'efforçait de maîtriser ses larmes.

— Je ne voulais vous le dire que lorsque vous m'auriez emmenée, commença-t-elle d'une voix brisée par les sanglots, mais je ne peux pas me taire.

Elle avala sa salive, chercha ses mots. Fallon se leva en hâte.

— Il s'agit de mon père, expliqua-t-elle. Il va prévenir la police. Il s'arrangera pour vous faire sortir de la maison, les flics vous attendront au bout de la rue. Comme ça, il pense que l'Organisation ne se doutera de rien.

Fallon s'avança.

— Merci, dit-il. Merci.

Mais elle tourna les talons et se sauva avant qu'il ait eu le temps d'ajouter quoi que ce soit.

Il entra dans la chambre voisine et secoua Murphy. Immédiatement, le garçon se réveilla, l'air inquiet ; il se redressa en clignant des yeux.

— Mon Dieu ! Je me suis endormi, dit-il, la mine déconfite.

— Aucune importance, dit Fallon. Conroy veut nous dénoncer, et il va falloir qu'on s'occupe de lui avant qu'il ne sorte.

Sans bruit, ils descendirent au rez-de-chaussée et entrèrent dans le living. Il était vide. Angoissé, Fallon ouvrit prestement la porte de la cuisine. Il poussa un soupir de soulagement en découvrant Conroy, vautré dans un vieux fauteuil, une bouteille à la main. Près de la porte, une corde à linge pendait à un clou. Fallon la prit et s'approcha de la chaise. Conroy ouvrit les yeux. Il était complètement ivre, mais lorsqu'il vit la corde à linge dans les mains de Fallon, un éclair de terreur passa dans ses yeux. Il tenta de se lever et d'ouvrir la bouche pour crier, mais Fallon lui assena un coup de poing sur le menton. Le vieillard s'effondra sur sa chaise.

En quelques instants, les deux hommes l'eurent ligoté. Ils l'emportèrent ensuite au premier étage et le déposèrent sur son lit. Quand Fallon retourna dans la chambre de la jeune fille, la porte était fermée à clef. Après un instant d'hésitation, il descendit l'escalier derrière Murphy.

Le reste de la soirée se passa sans incident. Assis près du feu, Murphy parcourut des revues pendant que Fallon, écroulé sur une chaise, fumait et réfléchissait. Le môme confectionna quelques sandwiches pour le dîner, et à 10 heures, ils se préparèrent à partir.

Fallon monta à la porte de la chambre de Rose. Au bout d'un moment, elle ouvrit.

— Que voulez-vous ? demanda-t-elle d'une voix morne.

Fallon ouvrit son portefeuille et en sortit vingt livres.

— Je vous demande de prendre ceci, dit-il.

Elle voulut protester, mais il lui prit la main pour lui remettre l'argent.

— Promettez-moi de partir à la première occasion. Ce n'est pas bien lourd, je sais, mais ça vous permettra de vivre trois ou quatre semaines à Belfast en attendant de trouver du travail.

Elle regarda quelques instants les billets sans comprendre, puis leva sur Fallon des yeux brillants.

— Merci, Mr Fallon. C'est ce que je vais faire.

Il lui pressa la main.

— Vous êtes une brave fille. Nous partons. Votre père est

ligoté sur son lit. Libérez-le d'ici une heure ou deux.Nous ne voulons pas qu'il meure par notre faute.

Rose hocha lentement la tête et des larmes lui montèrent aux yeux. Elle rentra dans sa chambre et ferma la porte.

Fallon et Murphy sortirent à 10 heures et demie pétantes et se faufilèrent dans les rues. La pluie avait cessé, mais le ciel était noir et sans étoiles. Lorsqu'ils arrivèrent dans la grand-rue, les salles de cinéma se vidaient. Fallon et le garçon, mêlés à la foule, se dirigèrent vers les confins de la ville.

Pendant une vingtaine de minutes, ils marchèrent d'un pas rapide, en silence, avant d'atteindre les faubourgs de Stramore. De temps à autre, les phares d'une voiture déchiraient l'obscurité et ils se cachaient dans le fossé. Fallon poussa une exclamation de satisfaction lorsque la masse sombre du château en ruine se dressa à leur droite dans les ténèbres.

Quelques instants plus tard, ils s'engageaient sur la petite route et traversaient le bois obscur en pressant l'allure.

Ils entendirent couler l'eau du ruisseau sur les cailloux avant d'apercevoir le pont. Aucun autre bruit ne parvint à leurs oreilles, et Fallon eut peur. Il se mit à courir dans l'obscurité. Le pont émergea de la nuit. Fallon s'arrêta et appela à voix basse :

— Anne ! Vous êtes là ?

Une pierre roula dans le lit du ruisseau.

— Enfin, vous voici ! Je me suis fait un sang d'encre, dit Anne Murray, toujours plongée dans les ténèbres.

Fallon s'avança. Ses mains tendues rencontrèrent celles de la jeune fille et les serrèrent un moment en silence. Puis Murphy demanda gaiement :

— Que vous est-il arrivé, miss Murray ?

Une fois qu'ils furent installés dans la voiture, la jeune fille expliqua :

— Au moment où je me suis engagée dans la grand-rue de Castlemore, un camion a heurté ma voiture. Comme il n'y avait pratiquement pas de dégâts, je voulais continuer ma route, mais un agent a insisté pour établir le constat. Ça n'en finissait plus. J'ai cru que je ne m'en irais jamais.

Fallon se mit à rire.

— Je vous avais bien dit qu'il fallait compter avec l'inattendu !

Il poussa un soupir et s'appuya au dossier.

— Que faisons-nous, maintenant ? demanda Anne.

Fallon lui parla de la surveillance renforcée à la frontière du Donegal, puis de Hannah Costello qui possédait une ferme dans les monts Sperrin. La jeune fille écouta en silence.

— L'idée me paraît bonne, dit-elle enfin, et nous n'avons guère le choix.

— Exact, dit Fallon. De toute façon, mettons-nous en route. C'est moi qui conduis, je connais bien le pays.

Ils échangèrent leurs places et Murphy alla s'asseoir à l'arrière. Au moment où Fallon mit le contact, la pluie commença à cribler le pare-brise et il jura à mi-voix. Il conduisit à petite allure à travers le dédale de petites routes de campagnes étroites sans cesser de s'éloigner de Stramore. Au bout d'une heure, Anne Murray et Murphy s'étaient endormis. La pluie s'était transformée en une averse qui tambourinait sur le toit comme de la grêle. Fallon commençait à avoir les yeux fatigués. À un moment, ses paupières se fermèrent et il dut faire une embardée au dernier moment pour éviter de tomber dans un fossé. La pluie semblait empirer et les essuie-glaces se révélaient inefficaces. Dans la lumière des phares, il aperçut un étroit chemin qui s'enfonçait dans un bois sur sa gauche. Il ralentit et engagea la voiture sous les arbres. Il éteignit le moteur une fois parvenu à couvert et, relevant son col, il s'enfonça dans son fauteuil et s'endormit.

Il se réveilla tout engourdi. La tête d'Anne Murray reposait sur son épaule et il la repoussa doucement sur son siège. L'horloge du tableau de bord indiquait 4 heures moins le quart. Il redémarra et repartit en marche arrière sur la route sans éveiller ses deux compagnons.

La pluie avait presque cessé et, bizarrement, il se sentait ragaillardi. La route commença à s'élever devant lui et le moteur se mit à gronder plus sourdement sous l'effort. Progressivement, une lueur commença à poindre à l'est. Une demi-heure plus tard, il distingua clairement les sommets des montagnes qui se dressaient devant lui.

La pluie s'arrêta et il ouvrit sa glace pour sentir le vent qui lui fouettait le visage. Un vol d'oies sauvages s'envola au-dessus d'eux en criaillant depuis les flancs dénudés des collines. La voiture déboucha sur une lande silencieuse et le ciel s'éclaircit doucement tandis que se levait le soleil.

Vers 5 heures et demie du matin, la voiture s'engagea sur un chemin étroit et mal entretenu qui ressemblait à une piste, sans aucun panneau de signalisation. Dix minutes plus tard, la voiture grimpa une côte, derrière laquelle s'étendait une paisible petite vallée. Fallon freina et alluma une cigarette. Au milieu d'un bouquet de vieux bouleaux, une vieille ferme de pierres grises était solidement enracinée dans la terre. Fallon desserra le frein et l'auto descendit la pente abrupte. Une femme grande et maigre sortit de la maison, un seau dans une main et s'abritant les yeux de l'autre, pour observer la voiture qui approchait.

Fallon éprouva un soulagement immense ; c'était Hanna Costello. Il entendit un léger bruit à côté de lui : Anne s'éveillait. Elle ouvrit les yeux et regarda autour d'elle, encore ensommeillée.

— Où sommes-nous ? demanda-t-elle.

— Nous sommes arrivés, dit Fallon avec un sourire tandis qu'il quittait la route pour s'engager dans une cour de ferme et arrêter le moteur.

9

Le vent qui secouait les bouleaux arrachait les dernières feuilles des branches et les emportait très haut au-dessus du toit.

De la fenêtre de la cuisine, Fallon regardait de l'autre côté de la vallée les collines couvertes de bruyère. Il posa les yeux sur le sommet des montagnes à l'endroit où elles rejoignaient le ciel, et un petit sourire lui étira les coins de la bouche. Il se sentait totalement détendu et en paix. Quelqu'un fit du bruit derrière lui et il se retourna. Hannah Costello entra.

— Gentille fille, dit-elle simplement.

Fallon acquiesça.

— Qu'en avez-vous fait ?

— Je l'ai mise dans mon lit, répondit Hannah. La pauvre petite n'en peut plus.

Fallon s'approcha de la table.

— Elle n'est pas habituée à ce genre d'existence.

— Une fille si comme il faut ! C'est normal, dit Hannah d'un air courroucé, en cassant des œufs dans une poêle à frire.

Murphy entra, le visage rouge, les cheveux trempés et tout ébouriffés.

— C'est formidable, Mr Fallon ! dit-il avec enthousiasme. La paix, le calme et l'air. Je n'ai jamais rien connu de pareil.

Hannah Costello déposa les œufs sur deux assiettes qu'elle plaça sur la table.

— Tenez, avalez-moi ça, dit-elle. Il y a du pain et de la confiture si vous avez encore faim après.

Murphy se mit à manger avec avidité.

— Épatant ! déclara-t-il après la première bouchée. Ça, on peut dire que vous savez faire la cuisine, Mrs Costello.

— Allez, allez ! Pas de baratin ! grogna-t-elle. Vous paierez, que ça vous plaise ou non.

Elle prit deux seaux et posa sur Fallon un regard menaçant.

— Je suis dans l'étable aux vaches. Quand vous aurez fini, venez, j'ai à vous parler.

Quand elle fut sortie, Murphy grimaça.

— Un vrai dragon, cette femme. Jamais un mot aimable.

Fallon sourit.

— Tu t'apercevras bien vite qu'elle n'est pas dure, dit-il. Oh, elle nous fera payer tout ce qu'elle nous donne, mais elle fera l'impossible pour nous aider. C'est une brave femme. Je me demande ce qui est arrivé à ses deux fils.

Murphy sourit.

— Avec l'appétit qu'on a par ici, elle ne pouvait probablement plus se permettre de les nourrir.

Fallon but une tasse de thé et sortit. Quelques nuages blancs traversèrent le ciel bleu, et la chaleur du soleil caressa son visage. Il entra dans l'étable. Il respira avec plaisir l'odeur familière des animaux et de la paille.

— Rien de tel que l'odeur d'une étable, dit-il en riant.

Hannah, assise sur un tabouret, était en train de traire les vaches. Elle sourit par-dessus son épaule :

— Vous connaissez le dicton ? Qui naît fermier meurt fermier.

Fallon alla s'appuyer sur la stalle qui se trouvait derrière la femme.

— C'est vrai. Rien ne vaut la campagne.

— Tiens, pardi ! Vous dites ça aujourd'hui parce qu'il fait beau. Mais venez donc ici en janvier, vous changerez d'avis.

— Vous avez peut-être raison, fit-il en riant.

Il la regarda un moment, puis dit :

— Et les garçons ? Qu'est-ce qu'ils sont devenus ?

Ses épaules bougèrent tandis que ses mains s'activaient. Puis elle se leva et alla à la vache suivante.

— James est mort, dit-elle d'une voix sans émotion.

— Que s'est-il passé ? demanda Fallon, surpris.

Elle soupira.

— Il en avait assez de la ferme. Il voulait de l'aventure. Alors, il s'est engagé dans les Ulster Rifles. Il a été tué quelque part en Corée. Je ne me rappelle jamais le nom exact de l'endroit. (Elle hocha la tête.) Charlie, il est toujours ici. Il a dix-huit ans maintenant.

Fallon parut étonné.

— Il est sorti de bien bonne heure, ce matin, pour qu'on ne l'ait pas vu.

Hannah finit de traire la vache et se cala sur son siège.

— Il n'est pas rentré hier soir, dit-elle. Ça lui arrive. Il passe la nuit dans la montagne à observer les étoiles, des bêtises de ce genre. (Elle se leva et ajouta sèchement :) Il m'a fait une sale méningite vers l'âge de treize ans. Il a complètement perdu l'esprit.

Fallon ne trouva rien à dire. Elle le regarda d'un air interrogateur.

— Vous n'avez pas pitié de moi, j'espère ?

Il se mit à rire et prit le seau de lait.

— Presque.

La femme lui frappa sur la main.

— Posez ce seau. Je suis encore valide. (Elle s'appuya contre le bat-flanc.) Donnez-moi une cigarette et dites-moi ce qui vous arrive. Je n'ai pas lu un journal depuis une semaine.

Fallon lui raconta tout ce qui s'était passé depuis le soir où O'Hara et Doolan étaient venus chez lui. Quand il eut terminé son récit, il y eut un long silence. Au bout d'un moment il s'agita, l'air gêné.

— Qu'en pensez-vous ? demanda-t-il.

Elle grogna avec mépris.

— Je pense que vous êtes le roi des imbéciles. Voilà ce que je pense, dit-elle en secouant la tête. La seule chose que je ne vous pardonne pas, c'est d'avoir mis cette pauvre fille dans le coup. Vous avez ruiné son existence.

Fallon hocha la tête à plusieurs reprises et donna un coup de pied dans la stalle.

— Je sais. Mais c'était inévitable. Et puis, ajouta-t-il sur la défensive, elle n'a absolument rien à craindre tant que Rogan ne parle pas. Malheureusement, je crains bien qu'il crache le morceau si la police lui met la main dessus.

La femme ramassa le seau et Fallon la suivit.

— Je connais Rogan, dit-elle. Il a passé quelque temps ici l'année dernière. C'est un mauvais. Le pire que j'aie jamais vu.

Fallon soupira.

— Je me demande où ils sont allés le pêcher. Beau spécimen de patriote irlandais, je dois dire !

Elle eut un rire glacial.

— L'Organisation est obligée de prendre qui elle peut. Ils ne trouvent plus d'idéalistes instruits. Ils sont obligés de recruter les voyous qui sont de toute façon des hors-la-loi.

— Les choses étaient bien différentes autrefois, dit-il sur un ton de regret.

Furieuse, elle se tourna vers lui.

— Évidemment. Seulement, les temps ont changé. Vous êtes un anachronisme ; vous êtes vieux, démodé. (Elle secoua la tête d'un air peiné.) Jamais vous n'auriez dû revenir.

Fallon respira profondément et réussit à sourire.

— Je commence à le croire.

Il resta un moment sans rien dire, grattant la terre du bout de sa chaussure.

— Je vais aller me promener, reprit-il enfin. Si le jeune Murphy essaye de me suivre, retenez-le. J'ai besoin d'être seul.

Elle hocha la tête d'un air sombre. Fallon traversa la cour et sortit de la ferme.

Derrière la maison se trouvait un petit vallon dont le flanc rejoignait les collines. Fallon s'y dirigea, en traversant un chaos de roches et de cailloux.

La vallée s'élevait un peu et bientôt, les rochers laissèrent la place à d'épaisses bruyères et un tapis de mousse. Fallon resta un moment à écouter le gargouillis d'un petit ruisseau qui coulait sur un lit de cailloux blancs. Un nuage passa devant le soleil et l'endroit se trouva plongé dans l'ombre. Progressivement, le bruit du ruisseau diminua et ce fut le silence. Fallon se sentit glacé sous la terreur primitive qui l'envahissait. Il se retrouvait là, seul dans cette vallée silencieuse, face au silence de l'éternité, et il se rendit brusquement compte qu'il ne signifiait presque rien devant cette immensité.

Il resta comme pétrifié, osant à peine respirer, puis il reprit peu à peu conscience du gargouillis du ruisseau et une légère brise vint caresser les bruyères. Il sortit son mouchoir et essuya son front trempé de sueur. Puis il s'assit sur la mousse et alluma une cigarette d'une main tremblante. Il aspira une profonde bouffée et, au bout d'un moment, il se sentit mieux. Il se renversa en arrière et, allongé, contempla le ciel éclatant en plissant les yeux.

Il commença à songer à Anne Murray. Hannah avait raison, évidemment. Tout ce qui avait pu arriver à la jeune fille était entièrement sa faute. Il n'aurait jamais dû retourner chez elle lors de cette nuit fatale. S'il considérait logiquement les choses, tout ce qui s'était passé était sa faute, car on pouvait remonter le cours des événements jusqu'à Rogan. Et c'était lui qui avait libéré Rogan. Il comprit alors quelque chose. Anne Murray allait devoir partir. La difficulté, ce serait de la convaincre que c'était la seule solution sensée. Il ferma les yeux et poussa un soupir qui se fondit dans la brise, avec le murmure des bruyères et du ruisseau, puis il s'endormit.

Lorsqu'il ouvrit les yeux, Anne Murray, assise à côté de lui, regardait le ruisseau, perdue dans ses pensées. Il l'observa quelque temps et découvrit qu'elle était très belle. Il remua et se redressa. La jeune fille se retourna aussitôt, et un sourire apparut sur ses lèvres. Son visage s'illumina comme éclairé par une lumière intérieure.

— Comment vous sentez-vous ? demanda-t-elle.

Il sourit d'un air grave.

— Pas mal. Depuis combien de temps êtes-vous ici ?

Elle haussa les épaules.

— Une demi-heure à peu près. Vous n'avez pas dormi longtemps. Hannah m'a dit que vous étiez parti dans cette direction ; elle pensait que vous aviez besoin de moi.

Il hocha lentement la tête.

— Je vois. C'est une délicate attention de sa part.

— Ne soyez pas méchant, dit-elle. Cela ne vous va pas. C'est une brave femme. Je l'aime bien et, en outre, elle vous aime aussi. Beaucoup.

— C'est toujours comme cela, dit-il. Même ma mère pensait que j'étais un amour.

Il prit son paquet de cigarettes et lui en offrit une. Elle refusa.

— Qu'est-ce qui vous arrive ? demanda-t-elle. Tout à coup, vous êtes devenu amer. Je n'avais jamais remarqué cela chez vous auparavant.

Il sourit d'un air désolé.

— Disons que je ne suis pas très fier de moi en ce moment.

— Je vois, dit-elle en hochant lentement la tête. Et il y a une raison particulière à cela ?

— Des tas de raisons, dit-il en haussant les épaules. Presque tout ce qui s'est passé au cours des derniers jours est ma faute.

— Non, celle de Rogan ! coupa-t-elle.

— La mienne ! dit-il en secouant la tête. Après tout, c'est moi qui l'ai libéré.

Elle eut un petit rire et secoua la tête à son tour.

— Et moi qui croyais que vous étiez intelligent.

Une petite étincelle de colère jaillit en lui.

— Parce que maintenant, vous croyez que je ne le suis pas ?

Elle haussa les épaules et dit vivement :

— Dans ce cas, commencez à penser intelligemment. Vous vous accusez de ce qu'a fait Rogan. Très bien, c'est vous qui l'avez libéré. Je vous l'accorde, mais quelle est l'origine de tout cela ? Vous le savez ? Moi pas, en tout cas. Qu'est-ce qui a fait de Rogan ce qu'il est ? Qu'est-ce qui l'a forcé à suivre la voie qu'il a choisie ? Est-ce que vous en êtes responsable ? (Elle secoua la tête et dit gravement :) Et puisque nous en parlons, qu'est-ce qui vous a fait choisir cela ?

— Quelque chose qui remonte à ma petite enfance, répondit-il en jetant des cailloux dans le ruisseau d'un air absent. Un rêve glorieux. Les étendards et les héros flamboyants des épopées. Charles Stuart Parnell et Wolfe Tone. (Il soupira.) La plupart des hommes ont quitté ces rêves en grandissant. Moi pas, voilà tout.

— Non, dit-elle, c'est quelque chose de bien plus important. Quelque chose qui tient à la nature même de l'Irlandais. C'est une sorte de lutte éternelle qui le déchire et le conduit à vouloir se détruire.

Il resta un moment à réfléchir à ce qu'elle venait de dire, tout en contemplant le ruisseau. Puis il bondit sur ses pieds et éclata d'un rire joyeux.

— Pour l'amour de Dieu, oublions tout pendant une heure ou deux !

Il lui tendit la main pour l'aider à se relever.

— Regardez autour de vous, la colline, le soleil, la bruyère. Cette journée merveilleuse nous appartient. Profitons-en.

Les joues de la jeune fille s'empourprèrent, elle se mit à rire, puis repoussa ses cheveux ébouriffés par le vent.

— Entendu, dit-elle. Que faisons-nous ?

— Nous allons grimper en haut de la montagne. Nous avons juste le temps avant le déjeuner.

Il la prit par la main et tous deux entreprirent l'escalade.

La montagne n'était pas très élevée, mais quand ils arrivèrent au sommet, Anne poussa un profond soupir de satisfaction.

— C'est merveilleux, dit-elle. Je n'ai jamais rien vu d'aussi beau.

Fallon contempla les versants des montagnes et hocha la tête. Le paysage était, en effet, admirable, mais c'était Anne qui retenait surtout son attention. Placé un peu derrière elle, il l'observait intensément. Le vent, qui plaquait sa jupe sur ses jambes, soulignait leur galbe, et ses cheveux d'or étincelaient au soleil. Elle était en parfaite harmonie avec le paysage.

Une jeune fille splendide par un jour magnifique. Et une affreuse tristesse l'envahit, car il savait que cette journée était un don du destin. Un bref répit avant que les ténèbres ne s'abattent enfin sur eux.

Il se reprit et laissa le vent balayer ces noires pensées. Cette journée leur appartenait et il allait en savourer jusqu'au moindre instant. Il prit sa main dans la sienne et s'écria « Allez ! » avant de s'élancer au bas de la colline.

Anne Murray poussa des cris de joie, alors qu'ils dévalaient la pente en trébuchant. Ils ne s'arrêtèrent que dans le petit vallon, près du ruisseau. Essoufflée, Anne s'effondra contre Fallon. Un instant, il la serra légèrement dans ses bras, puis elle jeta un coup d'œil par-dessus l'épaule de Fallon et écarquilla les yeux. Il se retourna aussitôt.

Au pied de la berge opposée, se tenait un jeune homme ; l'eau lui montait jusqu'à mi-jambes. Grand et mince, il avait de longs cheveux, des épaules voûtées et un visage inexpressif. Il sourit, enjamba d'un bond le ruisseau et s'avança vers eux. Sous un bras, il portait un sac de couchage et de l'autre main, il balançait un lapin mort. Affolée, Anne recula. Fallon resserra son étreinte.

— N'ayez pas peur, ce doit être Charlie, le fils de Hannah.

Arrivé à quelques pas d'eux, le garçon leur tendit le lapin.

— Je l'ai trouvé. Une hermine l'avait attrapé, mais je l'ai chassée.

Regardant le lapin, il dit d'un air triste :

— Il est mort.

— Qu'est-ce que tu vas en faire ? demanda Fallon. Tu comptes le manger ?

— Non, je vais l'enterrer, fit Charlie d'un ton indigné. Je les enterre toujours.

Anne s'agita nerveusement. Fallon murmura :

— N'ayez pas peur, il est absolument inoffensif... Tu as passé une bonne nuit ? demanda-t-il à l'adresse du garçon, en haussant la voix.

Charlie hocha la tête.

— J'ai dormi dans la vieille cabane des chasseurs, de l'autre côté de la montagne. Quand la pluie a cessé, je suis sorti. Les étoiles étaient magnifiques ; elles brillaient comme des diamants dans le ciel. Il y en avait des milliers.

Il paraissait en extase.

Fallon accentua sa pression sur la main d'Anne pour la rassurer.

— Nous retournons à la ferme. Tu nous accompagnes ? proposa-t-il.

Charlie sourit, l'air ravi.

— Oh oui ! J'aime bien quand on a du monde à la maison. Il y a longtemps que personne n'est venu.

Il les accompagna tandis qu'ils redescendaient vers la ferme, courant de temps à autre d'un côté et de l'autre pour regarder quelque chose comme un enfant. Il ne cessait de parler des oiseaux et des animaux qui peuplaient les collines comme s'ils avaient été des amis.

— Qu'est-ce qu'il a ? chuchota Anne à Fallon.

Il lui expliqua la maladie dont avait souffert le jeune garçon et elle s'en émut.

— C'est affreux. J'ai vu un ou deux cas comme lui lorsque je travaillais à l'hôpital. C'est l'une des choses les plus désespérantes qui soient. On ne peut pas faire grand-chose.

Fallon hocha la tête.

— Il a l'air assez heureux comme ça, dit-il en soupirant. La vie est parfois incroyablement cruelle, quand elle le veut.

Ils traversèrent la cour de la ferme et trouvèrent la table mise en entrant dans la cuisine. Hannah s'affairait aux fourneaux.

— Vous avez failli manquer le déjeuner, dit-elle. Nous allions commencer.

Murphy était déjà assis et il leur fit un clin d'œil.

— J'espère que cette promenade vous a ouvert l'appétit.

Anne rougit et s'assit vivement tandis qu'Hannah se tournait vers son fils.

— Bon, maintenant, Charlie, fais-moi sortir ce lapin et va te laver les mains. Sinon, tu n'auras pas le droit de déjeuner.

Ce fut un repas enjoué et Johnny Murphy ne cessa d'alimenter la conversation en s'adressant principalement à Hannah. Petit à petit, la vieille femme se laissa gagner et à deux reprises, un sourire vint illuminer son visage ridé et marqué par le temps. Une fois qu'ils eurent fini, Anne se dirigea vers l'évier et lui proposa de l'aider à faire la vaisselle. La vieille femme la gronda.

— Oh, non, sûrement pas. Vous êtes mes hôtes payants, mais vous êtes mes hôtes, dit-elle. Si vous avez un peu de jugeotte, vous allez tous partir faire une promenade dans les collines cet après-midi. Je vous ferai des sandwiches et Charlie pourra vous guider. (Elle regarda le ciel par la fenêtre.) Nous allons avoir à nouveau de la pluie, ce soir. C'est la dernière belle journée que nous aurons avant l'hiver.

Anne se tourna vers Fallon avec un grand sourire et Johnny Murphy bondit sur ses pieds avec enthousiasme.

— C'est une bonne idée, Mr Fallon. Allons-y.

Fallon hésita un moment, puis il se souvint de ce moment de paix qu'il avait savouré dans les collines lorsqu'il avait compris que cette journée serait unique. Il frappa du poing sur la table et s'écria :

— D'accord ! Allons-y. Qu'est-ce que nous attendons ?

Vingt minutes plus tard, ils montaient jusqu'à la vallée et s'enfonçaient dans les collines. C'était le plus bel après-midi que Fallon eût jamais connu. Murphy et Charlie marchaient ensemble devant, tandis qu'il fermait la marche avec Anne. L'air était enivrant comme du vin et le soleil leur chauffait les épaules. Lorsqu'ils parvinrent au sommet, ce fut comme s'ils avaient atteint le toit du monde et qu'ils avaient abandonné derrière eux toute la peur et la violence des jours passés.

Ils mangèrent leurs sandwiches dans la cabane de chasseurs dont leur avait parlé Charlie. Puis ils continuèrent leur promenade sur une vaste lande couverte de bruyères pourpres et parfumées. À la fin de l'après-midi, ils revinrent par les collines et restèrent au sommet à contempler la vallée pour la dernière fois. Une légère brise s'était levée et à l'est, le ciel commençait à s'assombrir. Fallon resta un moment à contempler la petite vallée. Tout était tellement silencieux qu'il entendait jusqu'au bruissement du ruisseau sur les cailloux. Anne Murray s'approcha de lui et dit d'une voix où perçait une infinie tristesse :

— Si seulement cette journée pouvait durer éternellement.

Il aurait aimé pouvoir répondre quelque chose dans le même ton, mais il ne trouva rien à dire. Rien qui eût pu la réconforter comme elle le souhaitait. Il prit doucement sa main et la serra dans la sienne tandis qu'ils redescendaient vers la ferme.

La pluie se mit à tomber dans la soirée, pendant que Fallon se promenait seul dans la cour après le dîner. L'air était lourd et serein ; la pluie débuta par une averse soudaine, comme si elle cherchait à prendre tout le monde par surprise. Il courut à la vieille grange voisine, en ouvrit brutalement la porte, et grimpa une échelle qui conduisait au grenier. Assis dans le foin odorant près d'une fenêtre ronde, il regarda dehors. Il entendit un léger craquement : quelqu'un montait à l'échelle, une silhouette traversa l'obscurité et vint s'asseoir en face de lui.

— Je vous ai vu courir jusqu'ici, dit Anne Murray. Je vous ai apporté votre imperméable.

Il tendit la main dans l'obscurité et prit le manteau. Leurs doigts se touchèrent et un instant, ils demeurèrent le souffle coupé. Puis Anne tomba dans ses bras.

— Oh ! Martin, je t'aime, je t'aime.

Plusieurs fois, elle répéta son nom, en haletant.

Il serra la jeune fille dans ses bras.

— Il y a bien longtemps, ces mots auraient pu avoir une signification pour moi.

— Et pourquoi pas maintenant ? demanda-t-elle d'un ton sauvage.

— Parce que je suis trop vieux, répondit-il en souriant. Pas seulement en âge, mais parce que je me suis détruit il y a longtemps.

Il la repoussa et lui saisit brutalement les bras.

— Vous ne voyez donc pas que je suis un mort ambulant ? Depuis le jour où je suis entré dans l'Organisation.

Anne lui entoura le cou de ses bras et l'embrassa. Ses baisers brûlants lui faisaient tourner la tête. Un instant, il céda, l'écrasa contre lui et lui rendit ses baisers avec passion. Mais, au fond de lui-même, une étincelle de raison lui disait que tout cela était inutile. Il la repoussa.

— Nous n'avons pas d'avenir, dit-il d'un ton pressant. Vous ne le comprenez pas ? Aucun.

Anne resta un long moment sans bouger.

— Et votre maison de l'autre côté de la frontière ? dit-elle enfin. Personne ne peut nous atteindre, là-bas.

Il secoua la tête et poussa un soupir.

— Excepté moi. Même si nous y arrivons, il y aura toujours ce vide en moi. Je me suis détruit, et il n'est pas question que je vous détruise, ajouta-t-il en regardant tomber la pluie.

Elle s'agenouilla.

— Je vois, fit-elle d'un ton uni. Et si je vous disais que je ne tiendrai pas compte de vos avis ?

Il haussa les épaules.

— Vous y serez bien forcée. À la première occasion, nous allons nous séparer.

Elle voulut parler, mais il éleva la voix et poursuivit :

— Pas de si ni de mais. Vous allez prendre un billet de chemin de fer et passer la frontière. Vous serez en sécurité de l'autre côté en attendant que le sort de Rogan soit réglé. Après tout, vous pourrez facilement passer. On ne vous recherche pas encore.

— Et comment comptez-vous m'y obliger ? demanda-t-elle calmement.

— Nous allons nous séparer, que vous le vouliez ou non, répliqua Fallon d'un ton catégorique, en haussant les épaules.

Ils restèrent un long moment sans rien dire, puis Anne leva la tête, et Fallon vit la tache blanche de son visage dans l'obscurité.

— Quoi qu'il arrive, dit-elle d'un ton parfaitement calme, j'irai dans votre maison de Cavan. Ne l'oubliez pas.

Une vague d'amour submergea Fallon et il s'approcha d'Anne, les mains tremblantes. À cet instant, la lumière des phares d'une voiture perça l'obscurité, et une auto s'engagea sur le chemin de terre qui conduisait à la ferme. Fallon se leva pour scruter l'obscurité. Une camionnette franchit le seuil du portail et traversa la cour. La porte de la maison s'ouvrit et Hannah Costello s'encadra dans la lumière. Quelqu'un descendit du véhicule et s'avança vers elle. Hannah discuta un instant avec son interlocuteur, puis tous deux entrèrent dans la maison et la porte se referma.

Anne serra le bras de Fallon.

— Qui est-ce ? demanda-t-elle d'une voix terrorisée.

Fallon haussa les épaules, se dirigea vers l'échelle.

— Ça peut être n'importe qui.

Rapidement, il descendit l'échelle et la tint en place pour que la jeune fille puisse le suivre. Elle lui tendit son imperméable qu'il se jeta sur les épaules.

— Allons voir ce qui se passe, dit-il.

Il la prit par la main et ils coururent sous la pluie jusqu'à la porte de la ferme.

Ils s'arrêtèrent un instant sur le seuil. Un bruit de voix parvenait à leurs oreilles, et Johnny Murphy cria :

— Je vous tuerai, salaud !

Fallon ouvrit la porte à toute volée et entra. Debout près du feu, Hannah avait l'air décidé. Murphy, près de la table, tenait un tisonnier à la main. Patrick Rogan leur faisait face.

Fallon s'avança d'un pas ; son imperméable tomba. Rogan se retourna, l'air inquiet. Son expression d'inquiétude fut effacée par un sourire.

— C'est donc vous, Mr Fallon ? Je suis heureux de voir que vous vous en êtes bien tiré.

Fallon s'arrêta à trois pas de lui.

— Qu'est-ce que vous venez faire ici, Rogan ? dit-il d'une voix glaciale.

Rogan haussa les épaules.

— Vous imaginez pas ce que j'ai pu en baver, dit-il nerveusement. J'ai quitté Castlemore dans un camion à bestiaux. Des amis m'ont hébergé quelque temps dans un village près de Stramore, mais maintenant, la police fouille partout et ils ont pris peur. (Il secoua la tête.) Ils m'ont foutu à la porte, vous vous rendez compte !

— Vous leur inspiriez probablement autant de sympathie qu'à nous, observa Murphy.

Rogan feignit de ne pas entendre. Il avait les joues creuses et n'était pas rasé. Sa paupière droite était agitée d'un tremblement nerveux.

— J'ai piqué la camionnette à Stramore. Je savais que je serais en sécurité ici.

Hannah grogna et s'approcha de l'évier où elle se mit à essuyer rapidement les assiettes.

— Vous pouvez vous en aller, lança-t-elle. Je vous l'ai déjà dit. Si vous étiez pendu, ce n'est pas moi qui couperais la corde.

Rogan se tourna vers elle.

— Mais bon sang, Hannah ! Vous ne refuseriez pas l'abri à un chien par une nuit pareille.

— J'aime les chiens, dit-elle d'un ton calme. Maintenant, dehors, espèce de boucher.

— Il ne bougera pas, intervint Fallon. Il va avoir ce qu'il mérite.

Il s'avança d'un pas. Anne Murray poussa un cri.

— Non, Martin, non !

Fou de rage, Rogan bondit en arrière et sortit un revolver de la poche de son imperméable.

Fallon lui saisit le poignet pour détourner l'arme, et la balle alla se ficher dans le parquet. Un instant, les deux hommes oscillèrent ensemble, puis Fallon réussit à prendre le dessus et fit virevolter son adversaire par-dessus sa hanche. Rogan alla s'effondrer lourdement à terre et, d'un coup de pied, Fallon lui fit lâcher son arme. Au moment où il avançait, Rogan lui bloqua les jambes et tira. Fallon tomba contre la table. L'autre se releva et flanqua son poing dans le thorax de Fallon. Ce coup fulgurant rouvrit sa blessure et lui fit pousser un cri. Fallon frappa à l'aveuglette, toucha Rogan à la bouche et l'envoya s'écraser contre la porte, à l'autre extrémité de la pièce. Fallon le poursuivit en titubant et le frappa de nouveau. Le petit homme s'écroula le long du mur, les yeux vitreux. Fallon l'attrapa par son manteau et se mit à le frapper au visage sans relâche.

Derrière lui, il entendit un brouhaha confus. Anne Murray criait, des mains le saisirent et il se trouva en face du double canon de la carabine que tenait Hannah Costello. Elle actionna le chien et dit d'un ton menaçant :

— Un geste de plus et je tire, Martin.

Fallon se retourna et s'appuya sur la table, cherchant à reprendre haleine. Hannah ouvrit la porte.

— Allez, fichez le camp, dit-elle à Rogan. Si vous êtes encore entier.

Rogan tituba jusqu'à la porte. Un instant, il s'appuya aux montants et lança d'une voix mauvaise :

— Je vous tuerai, Fallon. Je le jure ! Un jour, je vous aurai.

Il sortit en vacillant dans la nuit. Hannah ferma la porte. Un instant plus tard, on entendit la camionnette cahoter dans la cour et s'engager sur la route, puis le bruit du moteur s'estompa dans la nuit.

Hannah s'approcha du buffet et posa la carabine.

— Je n'allais pas vous laisser le tuer, Martin, dit-elle d'un ton calme. Il n'en vaut pas la peine.

Fallon resta un instant appuyé à la table, puis il se redressa et se dirigea vers la porte du fond.

— Je vais me coucher, dit-il d'une voix égale.

Il trébucha contre la porte et reprit son équilibre. Murphy courut à son aide. Fallon le repoussa et se retourna.

— Nous partirons demain matin de bonne heure, dit-il. Impossible de rester ici. On ne peut pas savoir ce que Rogan va faire.

Il regarda Anne Murray qui, l'air désespéré, se tenait à l'écart près de la table.

— Et vous, vous prendrez le train à Stramore demain, ajouta-t-il.

Un instant, elle fut sur le point de parler, puis elle s'effondra sur une chaise devant la table et éclata en sanglots. Fallon la regarda un moment avec pitié, ouvrit la porte et sortit sans dire un mot.

10

Murphy et Fallon partageaient le même lit. Comme sa blessure le faisait souffrir, son court sommeil fut troublé de cauchemars. Il flottait dans un monde flou, dans un état de demi-conscience et regardait le plafond. La pluie avait cessé de tomber et un rayon de lune éclairait le tapis. Il alluma une cigarette et consulta sa montre qui indiquait près de 2 heures. Il se rallongea, transpirant des pieds à la tête, et brusquement repoussa les couvertures et se glissa hors du lit.

Il s'essuya le corps à l'aide d'une serviette, puis s'habilla. Murphy dormait paisiblement, la respiration calme et régulière. Fallon gagna discrètement la porte qu'il ouvrit sans bruit. Le corridor, plongé dans l'obscurité, était parfaitement silencieux. À l'extrémité, la lune projetait une tache de lumière sur le parquet. Il s'approcha de l'escalier sur la pointe des pieds et s'immobilisa sur place en entendant une porte s'ouvrir, dans la cuisine. Il demeura un instant sans bouger, l'oreille tendue, puis descendit prudemment au rez-de-chaussée et s'arrêta devant le battant de la cuisine pour écouter. N'entendant aucun bruit, il tourna doucement le bouton, ouvrit la porte d'un mouvement brusque et entra dans la cuisine. Elle était déserte.

Il resta là un moment, l'air soucieux, puis entendit la porte extérieure se fermer. Il s'approcha aussitôt de la fenêtre, juste à temps pour voir Charlie traverser la cour au clair de lune, un fusil sur l'épaule.

Fallon se détendit et prit une cigarette quand il perçut un bruit derrière lui. Il se retourna. Sur le seuil se tenait Hannah en chemise de nuit, une lampe à la main. Anne était un peu en retrait.

— Que se passe-t-il ? demanda Hannah.

Fallon sourit et s'avança vers la table où elle posait la lampe.

— Rien, dit-il. Comme j'ai entendu du bruit, j'ai pensé que notre ami revenait peut-être. C'était seulement Charlie. Je l'ai vu dans la cour. Je m'étais demandé où il était passé quand je ne l'ai pas vu à table.

Hannah leva une main.

— Dieu sait où il va encore traîner. Il circule toute la nuit. Je le laisse faire, le pauvre.

Anne s'assit près de la table.

— Ce n'était que Charlie. Ça m'enlève un poids. J'ai eu très peur en entendant la porte s'ouvrir.

— Moi aussi.

Murphy apparut sur le seuil. Il bâilla et se gratta la tête.

— Rien d'anormal, Mr Fallon ?

— Charlie est parti se balader avec un fusil, répondit Fallon. Pour braconner sans doute.

Hannah, qui remplissait la bouilloire à l'évier, se retourna brusquement.

— Avec un fusil, dites-vous ?

— Oui. Il le portait sur l'épaule. Je l'ai vu distinctement à la lumière de la lune.

Elle s'approcha du buffet qu'elle ouvrit.

— Curieux, fit-elle lentement, il a emporté une boîte de cartouches.

— En quoi est-ce étrange ? demanda Fallon après un moment de silence.

— Je lui interdis de prendre le fusil, dit Hannah Costello. C'est une règle formelle, il n'y touche jamais.

Fallon, qui était appuyé contre le mur, se redressa et s'avança. Quelqu'un ouvrit la porte d'un coup de pied.

— Ne bougez pas ! cria une voix.

Sur le seuil, Rogan tenait le fusil braqué sur eux. Le canon tremblait légèrement. Fallon fit mine d'avancer.

— Restez où vous êtes ! dit Rogan d'un ton sec. Je n'ai qu'à presser la détente et vous y avez tous droit.

Fallon sentit sa gorge se serrer.

— Que voulez-vous, Rogan ? demanda-t-il.

Les lèvres de l'homme découvrirent ses dents.

— Je vais vous tuer, Fallon.

Une mince traînée d'écume apparut aux coins de sa bouche. Il émit un horrible ricanement aigu, pareil à celui d'une vieille femme.

— Vous allez vous placer contre le mur, je vais vous tirer deux cartouches dans le bide. Qu'est-ce que vous en dites ?

— Vous êtes fou ! s'écria Anne Murray, terrorisée. Vous avez perdu la tête, Rogan !

Elle s'avança d'un pas.

— Restez où vous êtes, Anne, cria Fallon. Ne bougez pas !

À cet instant, Charlie apparut sur le seuil, derrière Rogan. Il avait un large sourire et se mit à rire.

— Ça y est, hein, Mr Rogan ? Le jeu est commencé ?

— Entre, Charlie, dit Rogan sans se retourner. Mets-toi à côté de ta mère. (Il ricana.) J'ai rencontré Charlie sur la route quand vous m'avez foutu à la porte. On a bavardé tous les deux, pas vrai, Charlie ? Je lui ai demandé d'aller me chercher le fusil pour qu'on vous fasse une bonne blague, histoire de rigoler.

Il éclata d'un rire démentiel, et Charlie se joignit à lui.

— Laissez-moi tenir le fusil, Mr Rogan, dit Charlie, tendant la main vers l'arme.

— Fous le camp ! grogna Rogan.

Le sourire de Charlie disparut. L'air ahuri, il hésita un instant puis tendit la main vers l'arme. Rogan fit un pas en arrière, frappa le garçon à la tête avec la crosse de l'arme ; enfin, il se retourna pour tenir les trois autres en respect.

Charlie s'écroula à terre en gémissant, la tête entre les mains. Du sang se mit à couler entre ses doigts.

— Espèce de salaud ! dit Hannah. Tu me le paieras.

Charlie se traîna de l'autre côté de la cuisine pour venir se blottir dans les jupes de sa mère comme un chien blessé. Rogan recula d'un pas, jusqu'au seuil.

— La plaisanterie a assez duré. Reculez tous contre la porte du fond. Vous, Fallon, placez-vous contre le mur.

Anne étouffa un cri.

— Allez, obéissez ! cria Rogan.

— Faites ce qu'il dit, conseilla Fallon d'une voix calme. Vous ne voyez pas qu'il est fou ? Il nous tuera tous, si ça lui chante.

Fallon recula lentement jusqu'au mur, les yeux baissés. Il calculait très exactement la distance car le revolver qu'il avait fait sauter de la main de Rogan, au cours de la bagarre du début de soirée, se trouvait sous la table, à demi recouvert par une carpette. Dans l'excitation du moment, ils l'avaient tous oublié.

Sa main toucha le mur derrière lui.

— Ça va, bougez plus, dit sèchement Rogan.

Alors qu'il levait l'arme pour l'épauler, Fallon plongea la tête la première sous la table.

Anne Murray poussa un cri perçant et, au moment où il saisissait le revolver, Fallon comprit qu'il était trop tard. Il entendit des cris confus, et Murphy hurla :

— Sauvez-vous, Mr Fallon !

C'était la seconde fois qu'il venait courageusement à son secours. Puis, bondissant sur la table, le môme se jeta sur Rogan.

Rogan recula et tira. Murphy, touché au ventre et à la poitrine, à bout portant, poussa un cri, virevolta et s'écroula à terre.

Le revolver en main, Fallon tira au jugé. Il se retourna sur le ventre et des éclat de bois du montant de la porte volèrent à côté de la tête de Rogan qui tourna les talons et disparut sous la pluie.

Fallon n'attendit pas une seconde. Il n'avait qu'une seule idée : tuer Rogan. Il sortit comme une furie et tira sur la silhouette titubante de son ennemi qui traversait la cour. Rogan virevolta et fit feu. Fallon tomba à plat ventre, les plombs sifflèrent au-dessus de sa tête. L'autre courut se réfugier dans l'étable et Fallon, plié en deux, traversa le jardin et se plaqua près de l'entrée.

Les vaches s'agitèrent. Il entendit un cliquetis de chaînes et la porte s'ouvrit à l'autre extrémité de l'étable. Fallon jeta un coup d'œil prudent.

— Ne perds pas la tête, Rogan ! Sors, les mains en l'air. De toute façon, je te colle une balle dans la peau.

Pas de réponse. Les vaches piétinèrent dans leurs stalles, Fallon attendit. Le coup de fusil claqua comme un coup de tonnerre. Des plombs sifflèrent à l'entrée. Immédiatement, Fallon bondit à l'intérieur de l'étable et se jeta dans la stalle la plus proche. Nouveau coup de feu. Fallon se retourna et tira sur Rogan par la porte du fond. Puis il disparut.

Fallon se releva et sortit en courant. Il traversa la cour, tête baissée, revolver au poing, et tourna le coin de la grange pour apercevoir Rogan qui coupait à travers champs en direction de la route. Il visa et tira. Sans se retourner, Rogan escalada la barrière et se mit à courir sur la chaussée.

Fallon se lança à sa poursuite, mais il n'avait pas franchi cinquante mètres que la douleur de sa blessure se réveilla. À chaque inspiration, il ressentait comme un coup de poignard. Le front inondé de sueur, il serrait les dents mais n'abandonnait pas. Il gravit péniblement une petite colline. Soudain, un nuage passa devant la lune ; la route fut plongée dans l'obscurité. Arrivé en haut de la colline, il s'accroupit en scrutant les ténèbres et, alerté par un sixième sens, il se jeta à plat ventre. Des plombs sifflèrent au-dessus de sa tête. Rogan avait tiré des deux canons à la fois, et l'écho de la détonation se répercuta dans les collines. Fallon fit feu une fois dans la direction d'où était parti le coup et se releva avec peine. Au même instant, la lune réapparut.

Rogan se trouvait à cinquante mètres de lui. Un peu plus loin, la camionnette était garée sur le bas-côté de la route. La main de Fallon tremblait. Il respira profondément puis, le canon du pistolet appuyé sur son bras, il visa et pressa la détente. Rogan trébucha, il fit une culbute et se tordit sur la chaussée. Fallon poussa un cri de triomphe. Au moment où il s'approchait de la route, Rogan se releva et boitilla en direction de la camionnette. Fallon pointa son arme et pressa la détente. Il y eut un petit déclic : le chargeur était vide. Rogan arriva à la camionnette dont il ouvrit la portière. Un instant plus tard, le moteur se mit à tourner et le véhicule démarra. Fallon poussa un hurlement de rage. Profondément déçu, il lança le revolver inutile en direction de la voiture. La camionnette passa derrière la colline, puis disparut, et le bruit du moteur s'estompa au loin.

Fallon regagna la ferme en clopinant. Il s'efforçait de reprendre son souffle par courtes aspirations. Ainsi, il avait l'impression de moins souffrir. Arrivé au seuil du portail, il s'arrêta et se retint à la barrière. Une douleur fulgurante lui déchirait le corps. Jamais il n'avait enduré une pareille souffrance. Il récupéra quelques minutes. Enfin, la douleur diminua et il put respirer de nouveau normalement. Les mains tremblantes, il épongea avec son mouchoir la sueur qui lui coulait sur le visage. Il était vraiment très mal en point. Sa blessure certainement, ce ne pouvait être que ça. Mais, pour l'instant, une seule chose comptait pour lui : comment allait Murphy ?

Il ouvrit la porte et entra dans la cuisine. Anne Murray lui tournait le dos ; ses bras nus jusqu'aux coudes étaient couverts de sang. Couché sur une table, Johnny Murphy regardait le plafond. Hannah lui épongeait le front avec un linge humide. Par moments, les yeux du garçon se révulsaient et il étouffait un cri. Fallon s'approcha de la table pour regarder. Le ventre du môme ressemblait à un morceau de viande crue. Jamais Fallon n'avait vu autant de sang. Il ferma les yeux et tourna la tête.

— Sainte Mère de Dieu ! s'exclama-t-il.

La jeune fille s'efforçait d'arrêter l'hémorragie des blessures les plus profondes à l'aide de gros tampons de charpie et d'ouate.

— Il faut l'emmener à l'hôpital, annonça-t-elle.

— Le plus proche se trouve à Stramore, répondit Hannah.

Il y eut un moment de silence absolu. Anne Murray se raidit, le garçon poussa un grognement, et elle se mit à le panser.

— Il faut absolument y aller, dit-elle.

Fallon respira à fond, s'approcha de la table et observa le blessé. Murphy ouvrit les yeux ; c'était le regard fixe de la mort. Le garçon cherchait désespérément à s'exprimer.

— N'essaie pas de parler, dit Fallon. On va t'emmener chez un médecin. Tu vas guérir.

Murphy secoua faiblement la tête ; un sourire las apparut aux coins de sa bouche.

— Vous mentez bien mal, Mr Fallon.

Il ferma les yeux un moment, puis les rouvrit.

— Vous l'avez descendu ? demanda-t-il en faisant un effort.

Après une légère hésitation, Fallon sourit et prit les mains du garçon dans les siennes.

— Oui, dit-il enfin.

Un sourire de satisfaction apparut sur le visage livide de Murphy qui ferma les paupières.

— Vive la République, Mr Fallon ! dit-il.

Sa main pressa un instant celle de Fallon, puis son étreinte se desserra, et sa tête retomba doucement de côté.

Dans un coin, Charlie pleurait en silence. Fallon observa fixement le cadavre un moment, puis gagna la fenêtre, l'air accablé.

— Vous l'avez vraiment descendu ? demanda Hannah d'un ton calme.

Il secoua la tête.

— Non. Il s'en est fallu de peu, mais il a réussi à sauter dans sa camionnette. Il est à quinze kilomètres d'ici à l'heure qu'il est.

Fallon s'effondra sur un siège, la tête entre les mains. Hannah s'approcha de lui et lui tapota l'épaule.

— Vous n'avez pas à vous sentir coupable, Martin, dit-elle. C'est le destin. On n'y peut rien.

Il leva les yeux vers elle et sourit.

— Mais je me sens coupable, c'est ça le problème.

La femme haussa les sourcils.

— Eh bien, allez-y si ça peut vous faire plaisir. Mais ce gosse s'est sacrifié pour vous sauver. Ne gâchez pas son geste.

Hannah alla secouer Charlie.

— Lève-toi. Va chercher deux bêches dans la remise à outils.

Charlie sortit en pleurnichant.

— Je veux qu'il soit enterré et que vous ayez déguerpi avant demain matin, dit Hannah.

Fallon hocha la tête et se leva d'un air las. Anne Murray se lavait les bras sous le robinet. Lorsqu'elle se retourna pour les sécher, il vit que son visage était tendu et livide.

— Ça ira ? fit-il.

Elle hocha la tête et répondit d'une voix ferme :

— Parfaitement. Je vais aider Hannah à le mettre dans une couverture qu'on coudra ensuite pendant que vous creuserez la tombe.

Anne s'approcha de la table et étira les membres du mort. Fallon la regarda, stupéfait, et sortit à pas lents de la pièce.

Ils creusèrent la fosse derrière la ferme, à l'endroit où commençait le petit vallon. Charlie sanglotait encore par moments. Sans lui accorder la moindre attention, Fallon creusa machinalement. Son esprit était pétrifié par le choc de la mort de Murphy. Subitement, il se rendit compte de l'importance que le môme avait prise pour lui. D'un geste furieux, il enfonça la bêche dans le sol, en se reprochant amèrement de ne pas avoir, dès le début, tenu le môme à l'écart de cette affaire.

Lorsque le trou fut suffisamment grand, ils allèrent chercher le corps. Il était allongé sur la table ; c'était un paquet informe enroulé dans une couverture. Charlie apporta une planche sur laquelle ils placèrent le cadavre. Fallon et Charlie le portèrent derrière la ferme, suivis des deux femmes. Ils descendirent le corps dans la fosse et le déposèrent au fond. Fallon toussa.

— Quelqu'un sait-il ce qu'il faut dire ? demanda-t-il.

Hannah Costello répondit d'un ton dur :

— Il n'y a qu'une chose à dire. Ci-gît un brave garçon dont la vie a été gâchée. Son seul monument : la stupidité des hommes. (Se tournant vers son fils, elle ajouta :) Charlie, bouche le trou.

Prenant Anne Murray par le bras, elle l'emmena doucement.

Fallon regarda longuement la tombe, puis il observa les étoiles ; la nuit était magnifique et, très loin, un chien se mit à aboyer. Il se sentit extraordinairement seul, frissonna et rentra à la ferme.

Ils se mirent en route un peu avant 6 heures. Fallon se rendit à la cuisine pour régler les comptes avec Hannah. Mais, quand elle le vit sortir son portefeuille, elle leva la main.

— Non, pas cette fois, protesta-t-elle. Je ne suis pas un vautour.

Fallon hésita, puis rangea le portefeuille.

— Désolé, Hannah, dit-il. J'ai l'impression de créer des complications à tout le monde. Je dois avoir le mauvais œil.

Elle grogna et s'essuya les mains sur son tablier.

— Vous ne vous intéressez qu'à votre sort. Si vous tenez à me payer, rien de plus facile. Emmenez cette jeune fille à une gare et laissez-la tranquille. (Soutenant son regard, elle ajouta :) Vous ne lui êtes d'aucune utilité, Martin. Vous n'avez rien à lui offrir. Donnez-lui sa chance.

Fallon la regarda un moment fixement, puis sourit.

— Entendu, dit-il. C'est promis.

Au moment où il allait ouvrir la porte, la terrible douleur l'envahit de nouveau. Il chancela et se rattrapa au mur. Hannah se précipita pour le soutenir.

— Qu'est-ce que vous avez ? demanda-t-elle.

Le visage de Fallon était crispé par la souffrance, et elle murmura d'un ton inquiet :

— Mais vous êtes malade !

Un instant, il s'appuya sur elle, puis la douleur s'estompa.

— Ça ira. C'est ma blessure, fit-il en grimaçant un sourire, mais ce n'est pas grave. (Il lui saisit le bras et ajouta :) Ne dites pas à Anne que je suis souffrant. J'aurai déjà assez de mal à me débarrasser d'elle sans ça.

Hannah hocha lentement la tête, et Fallon se dirigea vers la voiture. Anne Murray était installée sur la banquette avant. Fallon se glissa derrière le volant et pressa le bouton du starter. Le moteur se mit à ronfler.

— Dieu vous bénisse ! cria Hannah.

Fallon desserra le frein à main et ils s'éloignèrent.

Le temps était magnifique, le ciel clair et le soleil se levait au-dessus de l'horizon. Fallon conduisit sans mot dire pendant une demi-heure, puis la jeune fille demanda :

— Où allons-nous ?

Il sortit un paquet de cigarettes. Il lui en restait une qu'il mit dans sa bouche, et il jeta le paquet vide par la vitre baissée.

— Nous allons à Stramore où vous prendrez le train, répondit-il.

Elle se tourna vers lui et répliqua d'un ton calme :

— Je ne prends pas le train. Je reste avec vous.

— Il n'en est pas question. Vous vous en rendez certainement compte.

Elle secoua la tête.

— Je ne sais qu'une chose : je vous aime. (Elle lui serra le bras.) Je ne vous reproche pas ce qui est arrivé à Johnny. C'était affreux, mais ce n'était pas votre faute.

Il eut un pâle sourire.

— Décidément, tout le monde se donne beaucoup de mal pour m'expliquer que ce n'était pas ma faute ; ça commence à m'inquiéter. (Secouant la tête, il ajouta d'un ton décidé :) La mort de Murphy n'a rien à voir là-dedans. Disons plutôt que je ne veux pas prendre la responsabilité de vous trimballer à ma suite.

Elle tendit la main et tourna la clef de contact. La voiture ralentit et finit par s'arrêter. Fallon mit le frein à main et elle dit :

— Il n'y a qu'une seule chose qui importe, pour le moment. C'est que nous nous aimons. (Il ne répondit pas et elle poursuivit, désespérée :) Vous m'aimez, n'est-ce pas ?

Il resta assis sans rien dire et elle commença à pleurer. Il resta ainsi pendant un long moment en résistant à son désir de lui prendre la main et de la réconforter, puis il redémarra et ils reprirent leur route.

Après quelques minutes, elle cessa de pleurer et s'essuya les yeux.

— Vous m'aimez, dit-elle, mais vous avez peur de l'amour. Vous n'avez jamais appris à l'accepter. (Comme il demeurait silencieux, elle ajouta :) Je ne vous quitterai pas et n'essayez pas de m'en dissuader.

Ils s'engagèrent sur la grande route en direction de Stramore. Devant un café, Fallon ralentit et rangea la voiture dans le parking.

— Voulez-vous prendre quelque chose ? demanda-t-il.

Anne refusa d'un signe de tête.

Il descendit et ferma la portière :

— Je n'en ai pas pour longtemps. Je vais juste aux toilettes.

Elle acquiesça et s'efforça de sourire.

— Parfait.

Il la regarda par la vitre et sourit.

— Allons, courage ! Les choses ne sont jamais aussi graves que nous le pensons.

D'un pas vif, il se dirigea vers le bistrot. Il s'arrêta un instant pour introduire une pièce de monnaie dans un distributeur de cigarettes, puis se dirigea vers l'arrière de la maison. Rapidement, il dépassa la salle du café et contourna le bâtiment jusqu'au moment où il fut dissimulé derrière le coin du garage. Comme la voiture se trouvait à une certaine distance, il entrevit la tête de la jeune fille derrière la vitre. Tout près de lui se trouvait un grand camion bâché sur la paroi duquel on lisait : *A. Malone, fruits et primeurs, Stramore*. Le chauffeur grimpa dans la cabine et mit le moteur en marche. Fallon jeta un rapide coup d'œil alentour. Personne. Il enfonça son chapeau sur sa tête, courut derrière la voiture et sauta par-dessus la ridelle.

Quand le camion s'arrêta avant de s'engager sur la route, Fallon risqua un coup d'œil au-dehors et regarda la voiture pour la dernière fois. Anne attendait son retour. Le camion s'engagea sur la route, le moteur ronronna et le garage ne fut plus qu'une tache blanche au loin. Fallon s'assit sur le plateau du véhicule, en s'appuyant contre la paroi du camion. Il prit une cigarette qu'il essaya d'allumer, mais sa gorge était affreusement serrée. Il écrasa la cigarette entre ses doigts et enfouit son visage dans ses mains.

11

Assis près de la ridelle, Fallon, qui était perdu dans ses pensées, fut stupéfait de constater soudain que le camion traversait les faubourgs de Stramore. Il se leva, prêt à sauter à la première occasion. Elle se présenta plus tôt qu'il ne l'avait espéré. Un gros camion de déménagement sortit lentement en marche arrière de l'allée d'une propriété, obligeant le véhicule où Fallon avait pris place à ralentir. Il sauta à terre, traversa la route et se mit à marcher d'un pas rapide sur le trottoir.

Il n'avait aucun plan déterminé. Un seul impératif : se diriger vers le sud le plus tôt possible. Pourquoi ne pas essayer de prendre un train ? Avec un peu de chance, il atteindrait la frontière en quelques heures. Il se dirigea à bonne allure, sans jamais s'arrêter, vers le centre de la ville, en se mêlant à la foule des gens qui faisaient leurs courses.

La place du marché traversée, il s'achemina vers la gare. Là, il ressentit un choc : le coin grouillait de flics en uniforme. Rebroussant chemin, il regagna la place en hâte et s'engagea dans une rue latérale. Un événement tout à fait extraordinaire avait dû survenir.

À un carrefour, il hésita. De toute évidence, il ne pouvait pas traîner dans les rues. Un agent de police s'avança dans sa direction. Fallon s'engouffra aussitôt au pas de course dans une ruelle, puis ralentit avant de s'engager dans une rue calme. Il s'arrêta un court instant, sachant ne posséder qu'un seul refuge où, d'ailleurs, il ne serait pas accueilli à bras ouverts.

En dix minutes, il parvint à destination. La petite place était paisible et aucun signe d'activité n'apparaissait dans la boutique aux vitrines encombrées de vieilleries. Tournant la poignée de la porte, il s'aperçut qu'elle était fermée à clef. Un instant, il hésita, puis contourna la maison pour pénétrer dans la cour où stationnait une vieille camionnette rouillée, apparemment hors d'usage. Il la contourna. La porte de la cuisine s'ouvrit sous ses doigts.

Rose Conroy, qui se tenait devant l'évier, fit volte-face.

— Seigneur ! C'est vous ! s'exclama-t-elle, l'air stupéfait.

Fallon fronça les sourcils.

— Mais comment... Je croyais que vous deviez partir.

La jeune fille baissa les yeux.

— C'était bien mon intention, Mr Fallon, mais mon père m'en a empêchée. Il a découvert l'argent que j'avais caché dans ma chambre ; il l'a pris et m'a flanqué une rossée par-dessus le marché. (Elle posa sur lui des yeux remplis de haine.) Un de ces jours, je le tuerai.

Fallon secoua la tête.

— Allons, pas de bêtises, dit-il d'un ton ferme. Il n'en vaut pas la peine. Où est-il, en ce moment ?

— Au bistrot, comme d'habitude, fit-elle en haussant les épaules. Seulement, ce coup-ci, c'est mon argent à moi qu'il dépense.

Fallon lui adressa un sourire de sympathie.

— Aucune importance. Je vous en donnerai avant de partir.

Elle s'essuya les mains sur une serviette.

— Pourquoi êtes-vous revenu, Mr Fallon ? Je vous croyais à mille lieues d'ici.

Il alluma une cigarette.

— Je suis en route pour le sud, seul. Mon intention était de prendre un train. Mais la gare est bourrée de flics. Que s'est-il passé ?

Rose haussa les épaules.

— Ils cherchent Rogan, répondit-elle d'un ton méprisant. Ce matin de bonne heure, on l'a arrêté à un barrage routier dans la banlieue ; il était au volant d'une camionnette. Il a tiré un coup de fusil par la vitre baissée et a continué.

Un silence étrange avait envahi la pièce.

— Ils n'ont pas encore mis la main dessus ? demanda Fallon.

Elle secoua la tête et se mit à rire.

— Non, pas de danger. En ce moment même, il se trouve en haut. Papa est furieux mais il a une trouille bleue de Rogan et n'a pas le cran de le flanquer à la porte.

« C'est drôle comme l'enchaînement du destin est inévitable, pensa Fallon. Lorsqu'un homme a rendez-vous avec la mort, il lui est impossible d'y échapper. »

— C'est sa camionnette qui est dans la cour ? demanda Fallon.

La fille secoua la tête.

— Non, c'est la nôtre.

— Je vois.

Fallon écrasa le mégot de sa cigarette, se leva et ôta son imperméable qu'il jeta sur une chaise.

— Je vais monter lui dire un mot, déclara-t-il d'un ton calme.

Rose hocha la tête et le regarda, l'air soudain soucieux.

— Vous vous sentez bien, Mr Fallon ?

— Un peu fatigué, répondit-il en souriant. Tout ira bien quand je me serai reposé.

Il traversa le salon et monta l'escalier. Le corridor était silencieux, seule une mouche bourdonnait contre une vitre. Sans bruit, il longea le corridor et colla l'oreille à la porte voisine de la chambre de la jeune fille. Quelqu'un remua et un ressort de sommier gémit. Glissant la main sous sa veste, il tâta le Luger dans son étui. Il respira à fond et ouvrit la porte.

Rogan était allongé sous les couvertures. Fallon ferma le battant contre lequel il s'appuya.

— Alors, salopard ! dit-il. La vie est pleine de surprises, tu ne trouves pas ?

Rogan se redressa lentement, l'air complètement ahuri. Les couvertures glissèrent de ses épaules, il les maintint en place d'une main.

— Eh bien, tu n'as rien à me dire ? demanda Fallon. Tu devais me régler mon compte à notre première rencontre.

Une expression terrible apparut sur le visage de Rogan. Il se mit à rire. Fallon cligna des yeux et glissa la main sous sa veste. Rogan ne réagissait pas comme prévu ; il y avait quelque chose de louche là-dessous. Rogan fit feu à travers la couverture. Fallon fut projeté contre le mur.

« Pauvre imbécile, pauvre, pauvre imbécile », songea-t-il. Alors qu'il perdait le contrôle de ses sens, il se rendit vaguement compte que Rogan se levait, gloussant comme une femme, la salive lui coulant d'un coin de la bouche. Fallon n'eut pas conscience de viser. Il leva le bras et pressa la détente du Luger. Un trou noir apparut dans la tête de Rogan. Plusieurs fines raies rouges, qui ressemblaient aux craquelures d'une assiette en porcelaine, s'étendirent comme par magie jusqu'aux yeux, qui exprimèrent une immense surprise. Rogan était mort lorsque son corps retomba sur le lit.

Fallon s'affaissa contre la porte et ferma les yeux. Au bout d'un moment, se sentant mieux, il prit appui sur le bouton de la porte pour se redresser. Un instant submergé par une vague de nausée, il s'appuya contre le mur et respira profondément en attendant de recouvrer ses esprits. Puis il s'approcha du lit et examina le cadavre. Les yeux de Rogan fixaient le plafond. Les lèvres découvraient les dents comme chez un animal. Fallon se retourna, dégoûté, et ouvrit brutalement la porte.

La maison était aussi calme qu'à son arrivée. Il tendit un moment l'oreille. Arrivé à la première marche de l'escalier, il entendit la jeune fille lui crier d'en bas.

— Attention, Mr Fallon ! Mon père est en haut.

Fallon faisait demi-tour, lorsque la porte de la chambre de Conroy s'ouvrit, et le vieillard apparut. Il tenait une barre de fer à la main, et son visage était empourpré par l'alcool. Ses petits yeux ronds clignotèrent.

— Vous lui avez réglé son compte, hein ? dit-il. Mais il vous a tout de même touché, je vois.

Fallon sortit le Luger. L'atroce douleur lui paralysa de nouveau tout le corps. Il poussa un cri et se replia sur lui-même.

Conroy lui fit sauter le Luger des mains avec la barre de fer. Automatiquement, Fallon s'avança d'un pas et empoigna le vieillard avant qu'il ait pu lui flanquer un coup sur la tête.

Fallon respirait difficilement. Il attendit de reprendre complètement ses esprits. Le vieillard se débattait comme un diable. Il donnait des coups de pied et des coups de tête, essayait de griffer le visage de son adversaire. Fallon sentit son dos heurter la rampe de l'escalier. D'un violent coup d'épaule, il atteignit le vieillard au menton, plongea sous le bras de Conroy qui décrivit un demi-tour et se retrouva, à son tour, adossé à la balustrade.

Le bras gauche de Fallon le faisait tellement souffrir qu'il lui était pratiquement inutile. Il s'en servit néanmoins pour parer un méchant coup et frappa Conroy au ventre de son poing droit. L'issue de la bagarre fut le fruit du hasard. Conroy avala sa salive, et un jet d'alcool sortit de sa bouche lorsqu'il se mit à vomir. Puis il s'effondra contre la rampe. On entendit un craquement, et toute la boiserie alla s'écraser au bas de l'escalier, en entraînant le vieillard.

Titubant au bord du palier, Fallon regarda Conroy étendu au rez-de-chaussée, une jambe repliée sous le corps, la bouche ouverte. Un rayon de soleil éclairait ses yeux à demi clos. La jeune fille leva craintivement les yeux et cria :

— Ne bougez pas ! Vous allez vous casser le cou...

Fallon recula. Rose grimpa le rejoindre et le guida pour descendre l'escalier.

Ils s'arrêtèrent près du corps que Fallon examina.

— Je n'avais pas l'intention de le tuer, dit-il.

La jeune fille eut un pâle sourire.

— C'est ce que vous avez fait de mieux. Venez vite à la cuisine, dit-elle en le poussant avec douceur. Laissez-moi voir votre blessure.

Elle le débarrassa de sa veste et coupa sa chemise à l'aide d'une paire de ciseaux. La balle l'avait frappé au sein gauche, au-dessous de la clavicule. La blessure saignait abondamment.

— C'est trop bête de ma part, grogna-t-il. J'aurais dû penser qu'il avait un atout dans sa manche. Il a toujours été terrorisé à ma vue et, aujourd'hui, il n'a pas bronché.

— Vous l'avez tué ? murmura-t-elle.

Fallon hocha la tête.

— Bon débarras, c'était un chien enragé.

Soudain, il pensa qu'Anne Murray était maintenant lavée de tout soupçon. Il jura à mi-voix. Impossible de le lui faire savoir !

Rose essuyait doucement le sang avec l'éponge de l'évier.

— C'est grave, Mr Fallon. Il vous faut voir un médecin. Au bord du bandage, la peau a pris une drôle de couleur. Ça sent le pourri.

Il se leva, s'approcha du miroir de la cheminée et regarda sa poitrine. À gauche, au-dessous de la nouvelle plaie, les chairs étaient enflées et rouges. Épouvanté, il comprit ce qui se passait. Il retourna s'asseoir.

— Pansez-moi de votre mieux, dit-il. Allez chercher de l'ouate et un drap que vous déchirerez en bandelettes et pansez-moi très serré.

La jeune fille sortit un paquet d'ouate d'une armoire et prit un drap sur le séchoir à linge qui pendait au plafond. Pendant ce temps, Fallon réfléchit. Sa vie était en danger. S'il n'était pas soigné de toute urgence dans un hôpital, il n'en avait plus que pour quelques heures. Rien d'étonnant qu'il eût souffert le martyre. L'infection s'étendait peu à peu. Il fallait franchir la frontière de nuit. Un seul moyen pour y parvenir : le train.

Rose enroulait les bandes en forme de huit autour de son cou et sous l'aisselle pour lui envelopper l'épaule. Lorsqu'elle eut terminé, Fallon pouvait à peine remuer le bras.

— Parfait, dit-il. Pouvez-vous me trouver une chemise propre et une autre veste ?

Elle hocha la tête :

— Je crois. Je vais voir.

Après quelques minutes d'absence, elle rapporta une chemise blanche sans col et une veste de tweed grise présentable.

— C'est la veste de son meilleur complet, dit-elle.

Comme la chemise se boutonnait de haut en bas, Rose n'eut aucun mal à la passer sur le bras bandé. Après l'avoir boutonnée, elle noua autour du cou de Fallon une écharpe de soie verte qu'elle glissa à l'intérieur de la chemise. Elle l'aida à endosser le veston, puis il s'examina dans la glace.

— Très beau travail, Rose.

— Je ferais n'importe quoi pour vous, Mr Fallon. Vous le savez bien.

Elle jeta dans le feu la chemise tachée de sang.

— Qu'allons-nous faire ? demanda-t-elle.

Fallon s'assit avec précaution sur la chaise.

— Voilà le hic. Il faut que je m'en aille pour prendre coûte que coûte un train allant au sud. Mais je ne veux pas vous compromettre davantage. Immédiatement après mon départ, vous avertirez la police. Dites que je vous ai menacée.

Elle poussa un soupir.

— C'est une sale histoire, mais elle aura au moins un heureux résultat : je pourrai enfin m'en aller d'ici.

— Le véritable problème est de savoir comment pénétrer dans la gare à la barbe des flics.

La jeune fille fronça les sourcils, puis son visage s'éclaira.

— J'ai une idée ! dit-elle, tout excitée. (Elle consulta l'horloge posée sur la cheminée et ajouta :) À midi part un train qui franchit la frontière en passant par Castlemore et Carlington. Dans la camionnette, il y a deux colis de porcelaine que le vieux a achetée dans une vente. Il l'a revendue à un marchand de Castlemore. Elle doit être expédiée par ce train.

— Et ça m'avance à quoi ? demanda Fallon.

— Je vous emmènerai à la gare dans la camionnette, je sais la conduire. Je prendrai votre billet et je passerai par l'entrée des marchandises pour déposer les colis. Vous pourrez vous cacher dans la camionnette, et quand je vous dirai que la voie est libre, vous sauterez sur le quai. Comme ça, vous n'aurez pas besoin de traverser la gare et de passer par le contrôle des billets.

— Mais je viens de vous dire que je ne voulais pas vous embringuer plus loin dans cette affaire, protesta-t-il. Il faut que vous disiez à la police ce qui s'est passé ici dès que je serai parti.

Elle haussa les épaules.

— Ça me prendra vingt minutes pour vous emmener à la gare et vous embarquer. On n'est pas à vingt minutes près, non ? Je reviendrai immédiatement ici, et j'avertirai la police. Je pourrai toujours dire que j'ai tourné de l'œil.

Fallon ferma les yeux. Il se sentait faible et son cerveau fonctionnait au ralenti. Il ne voulait pas avoir recours à la jeune fille. Pourtant, le plan de Rose était bon et c'était la seule chance de prendre le train sans être reconnu. Une fois installé dans un wagon, il pourrait dormir dans un coin, son chapeau sur les yeux, ou aller se cacher dans les toilettes. En deux heures, il serait à Castlemore. Il descendrait du train à l'une des petites stations de campagne entre la ville et la frontière qu'il franchirait à pied. C'était faisable, il avait encore une chance. Il sourit à la jeune fille.

— Entendu, dit-il.

— J'ai eu un moment d'inquiétude, avoua-t-elle au comble de l'énervement. J'ai cru que vous alliez refuser mon offre. Après tout ce que vous avez fait pour moi, ç'aurait été injuste.

Lorsqu'elle fut sortie de la cuisine, Fallon s'appuya au dossier de la chaise et se mit à sourire. Quelle gamine impossible ! Tout ce qu'il avait fait pour elle, vraiment !

À son retour, elle portait un manteau et des gants.

— En route ! dit-elle. Nous n'avons pas beaucoup de temps devant nous.

Fallon se leva et elle l'aida à mettre son imperméable dont elle attacha la ceinture. Arrivé à la porte, il s'arrêta car une idée lui vint à l'esprit ; il retourna prendre la veste tachée de sang que Rose avait jetée dans la cheminée. Il en sortit le Luger qu'il glissa dans la poche de son manteau, puis suivit la jeune fille dans la cour. Elle ouvrit l'arrière de la camionnette et Fallon y grimpa. Une minuscule ouverture vitrée donnait sur la cabine.

— Si la police nous arrête pour fouiller la voiture et me trouve, vous direz que je vous menaçais avec mon arme par la fenêtre. Compris ?

Elle hocha la tête.

— Entendu, Mr Fallon. Mais on ne nous arrêtera pas.

Rose poussa la portière qu'elle ferma à clef. Fallon l'entendit prendre place dans la cabine, le moteur se mit à tousser et ils sortirent de la cour.

Fallon s'accroupit dans un coin, accoté contre la paroi. Il se sentait mal. Sa blessure le brûlait et, à intervalles réguliers, des vagues de douleur lui donnaient la nausée et l'empêchaient de respirer. Il leur fallut dix minutes pour atteindre la gare. La voiture ralentit une ou deux fois, gênée par la circulation, mais on ne les arrêta pas. Enfin, les roues cahotèrent sur les pavés de la place de la gare et la camionnette s'arrêta. On frappa discrètement sur la paroi de la cabine et Fallon s'accroupit près de la petite fenêtre.

— Je vais chercher votre billet, annonça Rose. Ne bougez pas, il y a pas mal de flics dans le secteur.

Fallon demeura dans la même position, à genoux près de l'ouverture mais, comme son champ de vision était limité, il n'aperçut que des voitures. Après quelques minutes d'absence, Rose se réinstalla derrière le volant et fit semblant de consulter un horaire de chemin de fer.

— Il y a deux flics à l'entrée principale et un à chaque contrôle de billets, dit-elle d'une voix calme. Nous allons à l'entrée des marchandises. Le gardien me connaît. J'y suis venue souvent. Il y a certainement un autre flic, alors, ne faites pas de bruit.

— Entendu. Mais en cas de pépin, rappelez-vous ce que j'ai dit : je vous menace de mon revolver.

Rose ne répondit pas. Un moment plus tard, la voiture démarra en marche arrière et repartit. Fallon se laissa glisser sur la plate-forme et se traîna à l'arrière. Il y arrivait quand la camionnette ralentit et stoppa. Retenant son souffle, Fallon entendit des pas s'avancer et Rose dire à voix haute :

— Ouvrez-moi, Tommy ! J'ai deux colis à expédier par le train de Carlington à midi.

— Ah ! c'est vous, Rose, dit une voix d'homme.

Suivirent des bribes de conversation inintelligibles, puis une autre voix vint se joindre aux deux autres. Il y eut un éclat de rire.

— Assez de bêtises ! Ouvrez-moi la porte, Tommy, dit Rose.

Un instant plus tard, la camionnette se remit en marche et Fallon poussa un long soupir.

Le véhicule stoppa, et la jeune fille s'approcha de l'arrière de la voiture. Un coup de sifflet lugubre retentit dans le voisinage, on entendait une locomotive sous pression. Rose souleva la barre qui fermait les portes.

— Préparez-vous, Mr Fallon, dit-elle d'un ton calme. Il y a un ou deux porteurs dans le coin. Sautez à l'instant où les portières s'ouvriront. Retournez-vous aussitôt, et aidez-moi à sortir les colis.

— Quand vous voudrez, je suis prêt.

Une vague de souffrance l'obligea à fermer les yeux. Il s'enfonça les ongles dans les paumes, respira lentement et profondément. Tout à coup, les portes s'ouvrirent.

Immédiatement, il sauta à terre, se retourna et tira l'un des colis.

— Quelqu'un nous a remarqués ? demanda-t-il sans lever la tête.

Rose jeta un coup d'œil alentour.

— Non. On dirait que ça a marché. Maintenant, prenez un colis, et suivez-moi.

Le paquet n'était pas lourd, et cependant, Fallon transpirait tandis qu'il remontait la rampe derrière la jeune fille. Puis il longea le quai au sol gras. Le train attendait dans un léger nuage de vapeur. Rose se rendit directement au fourgon du chef de convoi, désert pour l'instant. Ils déposèrent les colis et redescendirent sur le quai.

Il y avait peu de voyageurs dans le train. Fallon ouvrit la porte d'un wagon vide en queue du convoi. Ils y grimpèrent et restèrent dans le couloir.

— Ne nous faisons pas remarquer, dit-il. Il y a trop peu de gens sur le quai pour me dissimuler.

Rose hocha la tête.

— Ce serait trop dommage de vous faire prendre maintenant, dit-elle en souriant. Heureusement, le portier de service me connaît, il y avait deux flics à l'entrée des marchandises. (Elle secoua la tête et ajouta, en faisant la grimace :) Pour rien au monde je ne voudrais recommencer cette expérience. Je tremblais comme une feuille à l'idée qu'on pourrait fouiller la camionnette.

Fallon sourit et lui pressa la main.

— Vous vous en êtes sortie comme un chef.

La jeune fille se trouvait en face de lui. Étant donné l'étroitesse du couloir, leurs corps se touchaient presque. Le calme régnait dans la gare. Une sorte d'expectative planait dans l'air. La jeune fille fixait sur Fallon des yeux sombres et lumineux qui s'emplirent brusquement de larmes. Fallon tendit la main et la caressa maladroitement.

— Ne vous en faites pas, assura-t-il. Je m'en sortirai.

— Oh, je prie Dieu pour que ce soit vrai, dit-elle.

Elle le regarda fixement, puis avança d'un demi-pas et l'embrassa avec fougue. Elle se cramponna à lui un moment, puis s'arracha à lui, descendit sur le quai et ferma la portière.

Un coup de sifflet aigu retentit au bout du quai. Fallon sortit de son portefeuille tout l'argent qu'il lui restait de la somme donnée par O'Hara, un peu plus de cent livres. Il garda pour lui cinq billets d'une livre et glissa le reste dans les mains de la jeune fille.

— Tenez, c'est à vous, dit-il. Il y a plus de cent livres. Faites-en bon usage. Quittez cette ville et refaites-vous une nouvelle existence.

Les yeux de la jeune fille s'écarquillèrent à la vue d'une telle somme d'argent.

— C'est trop, dit-elle. Je ne peux pas accepter.

Lentement, le train se mit en marche et la jeune fille alla à la même allure le long du quai.

— Gardez, dit-il. Je n'en ai plus besoin, et puis vous l'avez bien mérité.

Le train roulait de plus en plus vite, et la jeune fille se mit à courir, les yeux pleins de larmes.

— Jamais je ne vous oublierai, Mr Fallon.

Fallon sentit sa gorge se serrer.

— Moi non plus, je ne vous oublierai pas, Rose, dit-il d'une voix tremblante.

Puis elle disparut. Le quai parut reculer et l'emporter dans le passé.

Fallon s'installa dans un compartiment vide et regarda par la fenêtre. À présent, son sort reposait entre les mains du destin. Dans quelques heures, il arriverait à la frontière. Là, il devrait courir sa chance. Mais s'il attendait la nuit, il n'aurait pas grand mal à passer de l'autre côté. Un nouvel élancement de douleur lui laboura le corps. Il ferma les yeux, se blottit dans un coin et, au bout d'un moment, glissa dans un état de demi-conscience.

Lorsque Fallon ouvrit les yeux, une demi-heure plus tard, le train avait stoppé dans une petite gare de campagne. Il se détendit, referma les paupières, puis se raidit et se pencha. Aucun arrêt n'était prévu avant Castlemore. Il ouvrit précipitamment la fenêtre pour regarder dehors. À l'autre bout du train, plusieurs hommes bavardaient près de la locomotive. L'un d'eux était le chef de convoi, les trois autres portaient l'uniforme sombre des agents de la police.

Une folle envie de rire saisit Fallon. Vraiment, il perdait les pédales ! C'était à prévoir ! Ce qu'il avait fait était tellement évident ! Sous ses yeux, les trois policiers et le garde montèrent dans le train.

Fallon sortit du compartiment et gagna la portière la plus proche. Au moment où il mettait la main sur la poignée, le quai disparut. Le train roula aussitôt en pleine campagne et prit de la vitesse. Fallon réfléchit calmement à la situation. Le temps pressait. Vu le petit nombre de voyageurs, les trois policiers auraient contrôlé tout le convoi en une dizaine de minutes. Se penchant par une fenêtre, Fallon examina la voie et vit, à quelques centaines de mètres, un train de marchandises arrêté sur une autre ligne. Après avoir rapidement calculé les risques, il ouvrit la portière du wagon.

En fait, il n'était plus question de risques. Les nécessités s'imposaient d'elles-mêmes. Solidement cramponné à la rampe, il referma la portière derrière lui. Le convoi roulait à une trentaine de kilomètres à l'heure et, cependant, le train de marchandises à l'arrêt parut se précipiter sur lui. Il attendit de se trouver à une trentaine de mètres pour sauter.

Avant de toucher le sol, il comprit, dans un éclair, qu'il avait mal évalué la vitesse. Ses pieds touchèrent les cailloux du ballast et il rentra la tête dans les épaules, tandis qu'il culbutait et s'écrasait lourdement à terre.

Complètement étourdi, il resta un bon moment couché sur la voie où stationnait le train de marchandises. Par instinct, il se força à se relever et tituba jusqu'au convoi. La douleur le dévorait et son esprit essayait de s'en abstraire. Parvenu au wagon de queue, il saisit la poignée de la porte coulissante, effort qui déclencha de nouvelles vagues de souffrance. Serrant les dents, il tira le lourd panneau qui finit par s'ouvrir. Il récupéra un instant, puis se hissa dans le wagon.

Le fourgon était rempli de caisses entassées en piles serrées. De toutes les forces qui lui restaient, Fallon pesa sur la porte pour la refermer. Puis se glissant au milieu des colis, il finit par se loger dans un étroit espace entre des caisses et la paroi du wagon. La tête lui tournait et la douleur le dévorait sans un instant de répit.

Un liquide chaud et visqueux coulait sous sa chemise. Il glissa une main sous sa veste et la ressortit couverte de sang. Sa blessure s'était rouverte. Épouvanté, il examina son torse avec horreur, puis terrassé par la douleur, il s'écroula sur le plancher, en étouffant un cri.

12

Fallon émergea d'un abîme de souffrances et se pelotonna dans l'étroit espace qui séparait les caisses de la paroi du wagon ; il haletait, affaibli par la douleur qui l'élançait par tout le corps. Longtemps, très longtemps, il demeura dans cet état. Peu à peu, il s'obligea à dominer la douleur afin de s'en libérer au niveau de sa conscience. Elle se manifestait, tout en n'existant pas. Il ricana, ouvrit les yeux et se trouva plongé dans l'obscurité.

Soudain épouvanté, il chercha à s'orienter à tâtons et toucha la paroi comme pour s'assurer que le wagon était bien là. Le train roulait très lentement et il entendit tout près de lui le vacarme d'autres convois. Sa tête lui paraissait vide. Il fouilla dans ses poches, trouva un paquet de cigarettes, en introduisit une entre ses lèvres et chercha une allumette. La flamme jaillit, protégée par ses mains, et il se pencha pour allumer la cigarette. Il demeura dans cette position en tenant l'allumette dans la main droite. Autour de lui, le plancher était recouvert du sang qui avait transpercé sa veste. Tout le côté gauche de son imperméable était poisseux. La flamme de l'allumette lui brûla les doigts. Il la lâcha, puis resta les yeux fixés dans l'obscurité. Les idées claires, il se sentait étrangement calme. Prenant appui sur les caisses et la paroi, il se releva.

Lentement et avec précaution, il avança à tâtons, les mains tendues. Ses doigts effleurèrent la porte coulissante. En saisissant l'extrémité, il tira d'un coup sec. La pluie lui fouetta soudain le visage. Cramponné à la poignée, il se pencha pour regarder dehors.

La nuit était noire et la pluie tombait dru. Le train s'engageait dans un écheveau inextricable d'aiguillages, et au loin, on apercevait les lumières d'un quai. Un instant plus tard, le convoi passa devant des signaux et Fallon chercha le nom de la station. C'était Castlemore. Au-dessous du panneau indicateur, les aiguilles d'une grande horloge électrique lumineuse indiquaient 6 heures et demie. Il alluma une nouvelle cigarette, se laissa glisser pour s'asseoir sur le plancher et réfléchit.

Le train dans lequel il était monté à Stramore démarrait à midi. Il en avait sauté une demi-heure plus tard environ. Par conséquent, il était resté évanoui près de six heures. La terreur l'envahit ; il se redressa dans l'encadrement de la porte. Un homme ne peut pas perdre son sang six heures durant, il n'en a pas suffisamment.

Glissant la main sous sa veste, il tâta avec précaution la blessure. Elle ne saignait plus. Il s'efforça de réfléchir calmement. La plaie avait dû s'ouvrir à la suite de sa mauvaise chute. Au bout d'un certain temps, un caillot avait enrayé l'hémorragie. Après tout, le bandage était toujours à sa place. Donc, inutile de paniquer. Il était toujours en vie et il lui restait encore une chance de s'en sortir.

Il regarda les lumières de Castlemore disparaître peu à peu dans l'obscurité. L'arrêt suivant était Carlington. Il n'avait qu'à rester là où il était. Il descendrait du train après Carlington et gagnerait la frontière à pied. Il serait chez lui au matin.

Le train roulait à une trentaine de kilomètres à l'heure tout au plus. Il regarda les lumières et se laissa aller à songer. Il se souvint du premier matin où il avait traversé la ville sous la pluie et de Murphy qui l'avait suivi. Il revoyait le jeune garçon, tête nue dans la cour, en train d'essuyer la boue de sa casquette en jurant. Pauvre Johnny Murphy. Lui qui cherchait l'aventure et n'avait trouvé que la mort.

Et puis il y avait Anne, la délicieuse Anne Murray. Il lui avait fallu un moment avant de se rendre compte qu'elle était belle. Ou bien peut-être qu'il l'avait toujours su. Peut-être qu'il ne voulait pas se l'avouer. Il fixa l'obscurité et, pendant un bref instant, son visage lui apparut dans la nuit. Ses yeux étaient d'immenses lacs dans les profondeurs desquels il se noyait. Il eut un petit rire. C'était sans espoir, sans le moindre espoir. Pour recevoir, il fallait d'abord donner et il ne lui avait rien donné, rien du tout.

Il eut un rire amer. C'en était presque drôle. Tout ce qu'il touchait, il le détruisait. Murphy, Rogan. Et Anne Murray : de tous, c'était peut-être elle qu'il avait le plus détruite. Il n'y avait qu'une chose qu'il ne regrettait pas. Il avait franchi la frontière pour libérer un homme et il avait fini par le tuer. Mais cela, il ne le regrettait pas. Pas le moins du monde. Certains hommes ne sont pas dignes de vivre, et Patrick Rogan était de ceux-là.

Il se rembrunit et songea à un autre problème : comment annonce-t-on à une femme qu'on a promis d'aider que l'on a échoué ? Comment allait-il pouvoir regarder en face Maureen Rogan et lui dire qu'il avait tué son fils ? Qu'était-il pour pouvoir le lui faire comprendre ? Il soupira et se radossa contre l'une des caisses. Le train commença à ralentir, puis les freins crissèrent et ils s'arrêta tout à fait.

Le train s'arrêta.

Le silence fut soudain déchiré par le sifflement de la vapeur et il entendit des voix le long du ballast. Il se leva et regarda dehors. Venant dans sa direction, des lanternes s'agitaient dans l'obscurité, puis elles stoppèrent à une certaine distance. Une porte s'ouvrit. Quelques instants plus tard, les lampes s'approchèrent du wagon voisin. Nouveau bruit de porte qu'on pousse.

Sans hésiter, Fallon sauta à terre et traversa la voie. Il resta un instant au bord du talus, scrutant l'obscurité, puis s'avança d'un pas et perdit l'équilibre. Dévalant le talus d'une pépinière, il écrasa les jeunes pins dont les branches le fouettaient. L'obscurité se transforma en un tourbillon de lumières multicolores. Dans sa poitrine éclata l'effroyable douleur qui l'envahit tout entier. Les poumons en feu, il avait du mal à prendre son souffle.

Il se reposa quelques minutes contre un gros arbre, attendant de respirer plus facilement. Lorsqu'il se leva, il tituba dans l'obscurité, tendit les mains comme s'il cherchait un appui à quoi s'accrocher.

D'un pas mal assuré, il traversa la pépinière. Au passage, les branches des pins lui cinglaient le visage. Une peur effroyable l'envahit ; il se mit à courir en titubant entre les arbres, tête baissée, le bras droit levé pour se protéger. À plusieurs reprises, il tomba mais parvint à se relever à chaque fois, en pressant l'allure comme s'il avait le diable à ses trousses.

Au moment où il émergeait de la pépinière, il se prit le pied dans une touffe d'herbe et dévala dans un fossé. Trempé jusqu'aux os, il réussit à se dégager de l'eau boueuse et se retrouva sur la grande route. Il se mit à courir dans l'obscurité, sous la pluie qui lui fouettait le visage. Il ignorait pourquoi il courait. Il savait simplement qu'il devait aller loin et qu'il avait très peu de temps devant lui.

Au loin, entre les arbres, il vit rougeoyer le ciel et se mit à rire stupidement. Était-ce l'enfer qui l'attendait au bout de cette nuit ? Il franchit un virage de la route, puis s'arrêta. À une cinquantaine de mètres à droite se trouvait une maison munie d'une grande enseigne rouge au néon qui clignotait sous la pluie. Un instant, il fut pris de vertige puis se dirigea d'un pas chancelant vers la lumière.

Il se baissa pour s'abriter derrière un mur bas et risqua un œil par-dessus. Par une fenêtre ouverte, on entendait de la musique et des éclats de rire. Derrière le mur se trouvait un parking vers lequel il se dirigea. Ne voyant personne alentour, il y entra et courut d'un véhicule à l'autre en essayant désespérément de tomber sur une voiture ouverte. Au bout de quelques instants, il avait découvert une vieille camionnette qui n'était pas fermée à clef. D'un geste sec, il en ouvrit la portière et passa la main sur le tableau de bord. Heureusement, le propriétaire avait laissé les clefs.

Au moment où il mettait le pied sur le marche-pied, une main l'attrapa par l'épaule.

— Qu'est-ce que vous foutez, hein ? dit une voix.

Fallon n'avait pas le temps de répondre. Il sortit le Luger de sa poche et assena un coup de crosse sur le visage blanc qu'il entrevoyait vaguement. L'homme s'effondra avec un grognement. Fallon grimpa dans la cabine, tira le starter et sortit du parking en marche arrière. Quelques instants plus tard, il roulait à toute vitesse dans l'obscurité, la lumière des phares découpant la nuit devant lui.

Une pancarte blanche apparut au loin. Il freina et s'appuya par la vitre baissée pour la lire.

Il était sur la bonne route, Carlington se trouvait à une vingtaine de kilomètres. Il embraya et repartit. La camionnette ne pouvait pas dépasser le 75. Il écrasait la pédale de l'accélérateur et, bien calé contre le dossier, il tenait fermement le volant des deux mains et scrutait la nuit.

L'obscurité lui jouait des tours. Il faisait noir puis, soudain, tout lui apparut sous un bizarre éclairage. Il fronça les yeux et secoua la tête. La lumière des phares, sans doute. Le même phénomène se reproduisit. Cette fois, la lumière grandit et Fallon eut l'impression de voir la campagne s'étendre de chaque côté de lui, comme s'il prenait de l'altitude et observait ce qui se passait en bas. Décidément, ça n'allait pas. Il poussa un cri, écrasa la pédale du frein, et la camionnette stoppa en travers de la route.

Appuyé sur le volant, tête baissée, Fallon se mit à sangloter. « Je ne veux pas mourir, se dit-il. Je ne dois pas mourir, il faut que je rentre chez moi. » Tout à coup, il comprit pourquoi ce retour avait une telle importance. Anne l'attendait. Elle l'attendait chez lui, de l'autre côté de la frontière. Elle l'attendait et il ne pouvait pas la décevoir.

Sans même s'en rendre compte, il avait remis la voiture en marche. Ses mains ne tremblaient pas sur le volant et, grâce à un reste de lucidité, il se concentrait pour s'obliger à les y maintenir. La camionnette gravit une petite côte et, au-dessous, dans un creux, apparurent les lumières d'un village. Il longea la rue du bourg, déserte sous la pluie et, devant lui, à droite, une lumière blanche brilla dans l'obscurité.

Fallon stoppa et descendit péniblement du véhicule. La lampe ronde était placée au-dessus d'une grande entrée de briques sur laquelle une inscription gravée en lettres noires indiquait : « Patrick Quinn, Docteur en médecine ». Fallon ouvrit le portail et se dirigea vers la porte de la maison.

L'allée lui parut interminable, la porte reculait constamment. Tout à coup, elle le domina de toute sa hauteur, puis bascula sur le côté. Il lui fallut un bon moment pour comprendre qu'il était couché par terre, la joue sur le gravier. Lentement, il se releva et s'affaissa contre la porte sur laquelle il frappa faiblement du poing. Le battant s'ouvrit si brusquement qu'il tomba. Des bras le relevèrent, une porte s'ouvrit et un vestibule s'étendit devant lui.

Couché sur un divan, il entendait un murmure confus de voix. Puis un visage mince, auréolé de cheveux blancs, se pencha vers lui ; il manifestait la sympathie et la compréhension. Fallon humecta ses lèvres et essaya de parler.

— J'ai perdu du sang, dit-il. Beaucoup de sang... Pendant des heures. Aidez-moi, je ne veux pas mourir. (Il se souleva à demi.) Je ne dois pas mourir.

Une main le repoussa doucement, puis une voix calme — celle d'un vieillard qui a vu beaucoup de choses — le rassura :

— Je vais vous aider. Reposez-vous. Ne bougez pas.

Des mains le soulevèrent délicatement pour lui ôter son manteau et sa veste, puis on le recoucha sur l'oreiller. Au contact qu'il sentit le long de sa poitrine, il regarda et vit une paire de ciseaux qui découpaient la chemise et les bandages. Une femme poussa un cri d'horreur.

— Quelle abomination ! s'exclama-t-elle.

Fallon parvint à s'appuyer sur un coude et aperçut une jeune femme qui tenait une cuvette à côté du divan. Puis les ciseaux continuèrent leur travail et les pansements furent entièrement découpés. Immédiatement, une odeur pestilentielle se répandit. Fallon entendit le vieillard dire aussitôt.

— Bande-le, vite ! Il n'y a pas une minute à perdre.

De nouveau, on le redressa et il sentit qu'on lui mettait des pansements autour du torse. Parfaitement conscient de tout ce qui se passait, il avait cependant l'impression d'assister à l'opération en spectateur comme s'il s'agissait de quelqu'un d'autre. La pièce se mit à onduler, le plafond se souleva. On le recoucha doucement sur l'oreiller et il ferma les yeux. Il allait rentrer chez lui où Anne l'attendait. Anne l'attendait et rien ne l'empêcherait de la rejoindre. Alors, pourquoi était-il couché ici ?

Cette pensée fut pour Fallon une surprise totale. La frontière se trouvait à quelques kilomètres seulement et il était couché. Il ouvrit les yeux et vit une aiguille fixée dans son bras par du ruban adhésif. De l'aiguille, un tube remontait jusqu'à une bouteille qu'une femme tenait au-dessus de sa tête.

— Pourquoi suis-je ici ? rugit-il

Alors qu'il se redressait sur son séant, le tube d'alimentation se tendit, ce qui obligea la femme à s'avancer d'un pas.

— Pourquoi suis-je ici ? répéta-t-il.

Effrayée, la femme écarquilla les yeux ; ils étaient emplis de larmes.

— Allongez-vous, je vous en prie, dit-elle. Il faut que vous restiez couché.

Il y eut un moment de silence, pendant lequel Fallon entendit la voix du vieillard dire :

— Oui, il est ici. Non, il n'est pas dangereux, imbécile. Oui, je suis sûr qu'il s'agit de Martin Fallon.

Après une pause, la voix poursuivit :

— Une ambulance aussi vite que possible. Si elle n'arrive pas d'ici une demi-heure, envoyez un fourgon mortuaire, il est mourant.

Dans le terrible silence qui suivit, Fallon secoua maladroitement la tête et des larmes lui coulèrent des yeux.

— Non, dit-il. Je ne suis pas mourant. Je ne veux pas mourir, je rentre chez moi.

Il tira le bras. L'aiguille lui déchira les chairs, et un jet de sang rouge coula sur sa peau blanche. Fallon posa un genou à terre pour fouiller les poches de sa veste. Enfin, ses doigts se refermèrent sur la crosse du Luger. Il se leva au moment où le médecin entrait dans la chambre. Le vieillard se mit en travers de la porte, les bras tendus.

— Laissez-moi passer, dit Fallon. Je ne veux pas mourir. J'ai un rendez-vous. Il faut que j'aille retrouver Anne.

— Vous êtes malade, fit le vieillard, vous devez rester couché.

Fallon braqua le Luger sur lui.

— Laissez-moi passer, dit-il sèchement. J'irai à Doone même si je dois en crever.

Le vieillard secoua la tête.

— Vous ne réussirez même pas à aller jusqu'à la porte.

Un instant, il scruta le visage de Fallon, puis une expression de grande pitié apparut sur ses traits et il s'écarta. Fallon sortit d'un pas mal assuré dans le vestibule, ouvrit la porte de la maison et descendit l'allée en vacillant.

La camionnette démarra au quart de tour. Fallon plongea dans l'obscurité et la pluie pour son dernier voyage. Son esprit s'éclaircit un moment et il réfléchit d'une manière cohérente. Il s'aperçut qu'il tenait toujours le Luger dans la main droite, ce qui l'empêchait de bien tenir le volant. Dans un geste irréfléchi, il le jeta par la vitre baissée. Son torse n'était protégé que par les bandages. Pourtant, il n'avait pas froid et ne souffrait pas. Il rentrait chez lui où l'attendait Anne. Rien d'autre ne comptait pour lui.

La pluie se mit à tomber à verse, noyant le pare-brise. Il voyait à peine devant lui. Mais peu importait. Rien n'importait. D'ailleurs, qu'avait-il à craindre ? Il retournait chez lui, rien ne pourrait l'en empêcher. Il avait rendez-vous.

À droite, apparut une maison, puis une autre et encore une autre. Il arriva au sommet d'une côte et redescendit une colline. La route était bordée de maisons. Il arrivait à Doone. Au bas de la pente, il donna un coup de volant brutal et s'engagea dans une longue avenue à l'extrémité de laquelle se trouvait le poste frontière éclairé par des projecteurs.

Fallon n'avait pas peur. Il n'avait rien à craindre. Il allait passer de l'autre côté, rien ne pouvait l'en empêcher. Tout le monde comprendrait. Un homme revêtu d'un lourd imperméable s'abritait de la pluie dans l'entrée éclairée d'un bâtiment. Fallon stoppa la camionnette et attendit.

Son esprit ne faisait plus partie de son corps. Il planait et observait de haut le petit poste frontière et les gardiens qui se trouvaient à l'intérieur. Le gars qui portait un imperméable bleu s'avança vers lui et une voix appela. Une haute silhouette sortit de l'abri. Droit, bien moulé dans son uniforme, un imperméable jeté sur les épaules, l'homme dit quelques mots rapides au douanier qui rentra à l'intérieur. L'individu de haute stature sortit et s'approcha de la camionnette. Arrivé à quelques pas, il recula brusquement et étouffa un cri de surprise. Fallon sourit.

— Salut, Phil, dit-il. C'est drôle de te rencontrer ici !

Stuart s'avança et s'appuya à l'une des fenêtres. L'horreur se peignait sur son visage.

— Martin ! cria-t-il. Mon Dieu, Martin !

Fallon baissa les yeux, du sang coulait le long de sa poitrine. Il regarda Stuart sans le voir.

— Je rentre chez moi, Phil, dit-il. Je rentre chez moi. Ne me retarde pas, vieux, je suis pressé.

Un instant, Philip Stuart le regarda, d'un air désespéré, puis une expression bizarre apparut sur son visage. Tel un homme qui marche en rêve, il s'approcha lentement de la barrière qui fermait la route, et la souleva.

Fallon passa sans un regard derrière lui. Il se sentait fort et puissant. Il avait réussi. Il avait franchi la frontière, il rentrait chez lui. La route était en pente. Il traversa un gué et vira dans un petit chemin.

La vallée s'étendait à ses pieds, et derrière la montagne brillait une lumière solitaire. Il écrasa la pédale de l'accélérateur, et la voiture bondit dans la nuit comme un grand oiseau sur le chemin du retour. Il freina brutalement au bas de la colline, les roues patinèrent sur le gravier, et la voiture s'engagea dans le chemin de la maison. Les montants du portail jaillirent de l'obscurité. Fallon freina et braqua, mais ses mains avaient perdu leur force. La camionnette se souleva sur deux roues, décrivit un demi-cercle et s'écrasa contre un pilier.

La portière s'ouvrit sous ses doigts. Il tomba à terre, où il resta un moment sans bouger. Puis il se releva péniblement et se dirigea vers la maison. La lumière qui venait de la fenêtre parut briller plus fort, et il entendit des éclats de voix. La porte s'ouvrit à la volée, un long faisceau lumineux transperça l'obscurité et se fixa sur lui. Le silence devint total. Fallon resta sur place, oscillant, les jambes écartées. Il sentait le froid, et la pluie glaciale lui cinglait la peau. Il avait perdu une chaussure et un caillou lui avait entamé le pied. Ébloui par la lumière, il lu était difficile de distinguer nettement les gens qui l'entouraient. Il reconnut O'Hara et Doolan à côté de lui. Puis ils furent écartés. Anne était là. Fallon la regarda longtemps en s'efforçant de sourire, puis il fit un pas mal assuré dans sa direction et s'effondra à plat ventre.

Lorsqu'il ouvrit les yeux, O'Hara était penché sur lui.

— Nous vous vengerons, Martin, dit-il. Nous ne vous oublierons pas.

Fallon éclata de rire. Tout paraissait stupide et dépourvu de signification, maintenant... Des mots, rien que des mots. Puis O'Hara fut repoussé, Anne s'agenouilla sous la pluie et le prit dans ses bras. Il tenta de parler mais les mots n'arrivaient pas à ses lèvres. Il voulait lui dire qu'il l'aimait, que ce qui manquait dans sa vie, c'était elle.

C'était inutile. Elle pleurait, il aurait voulu la consoler, mais il se sentait très faible. Il avait tout gâché, toute sa vie avait été gâchée.

Anne, en sanglots, le tenait étroitement serré dans ses bras. Satisfait, il sourit, tourna son visage vers la chaleur. Soudain, il eut froid, très froid. Peu à peu, tout lui échappait. Il eut l'impression qu'un grand vent le soulevait pour l'emporter à l'autre bout du temps. Il se cramponna encore un moment à Anne, puis il lâcha prise et sa tête glissa lentement du côté des ténèbres.

1961

LES VISAGES DE LA NUIT

Traduit de l'anglais
par Jean-Marc Mendel

Ce roman a paru sous le titre original :
THE THOUSAND FACES OF NIGHT

Pour ma mère et mon père.

1

Marlowe quitta la prison de Wandsworth peu après 8 heures, par un matin humide de septembre. Lorsqu'on lui ouvrit la porte, il hésita un instant avant d'en franchir le seuil. Le gardien de service le poussa en avant.

— A bientôt, ricana-t-il, cynique.

— Mes fesses, lui lança Marlowe par-dessus son épaule.

Il s'engagea dans la grande rue, massif, l'air dangereux, les épaules carrées roulant sous l'imperméable bon marché qu'on lui avait donné. Il s'arrêta au coin pour observer la circulation de ce début de matinée. Une rafale de vent lui gifla le visage d'une douche de pluie glacée. En face de lui, il y avait un snack-bar. Il hésita un peu, tâta l'argent contenu dans sa poche, puis, profitant d'un intervalle entre les voitures, il traversa.

Un carillon retentit dans le silence quand il entra. L'endroit était désert. Marlowe s'assit sur un tabouret au comptoir et attendit. Au bout d'un moment, un vieil homme aux cheveux blancs émergea de l'arrière-boutique. Il le scruta par-dessus ses lunettes à monture d'acier.

— Qu'est-ce que vous voulez, fils ? demanda-t-il.

Les doigts de Marlowe se resserrèrent sur les pièces de monnaie. Pendant une seconde, il fut dans l'incapacité de parler, mais il finit par réussir à dire :

— Donnez-moi un paquet de cigarettes.

Le vieux, avant même qu'il n'ouvre la bouche, avait déjà la main sur l'étagère. Une fraction de seconde, Marlowe regarda l'emballage, puis il l'ouvrit très vite et prit une cigarette. Une allumette brilla dans la main du vieux. Il se pencha en avant. Il inhala profondément la fumée et la rejeta avec un long soupir :

— Bon Dieu, ça faisait longtemps que j'attendais ça.

Le vieux eut un petit rire de sympathie et, prenant une cafetière toute cabossée, il versa un café très noir dans une tasse. Il y ajouta du lait et la poussa vers son client. Marlowe cherchait son argent, mais le vieux sourit, avec un geste de refus.

— C'est la maison qui l'offre.

Pendant quelques secondes, ils se fixèrent, yeux dans les yeux. Puis Marlowe éclata de rire.

— Comment saviez-vous que je prendrais ça ?

Le vieillard haussa les épaules et posa les coudes sur le zinc.

— Ça fait vingt ans que je tiens le fonds. Presque tous les jours, j'ai vu quelqu'un marcher sur le trottoir d'en face et s'arrêter au coin. Et puis on voit ma devanture et on vient tout droit me demander un paquet de cigarettes.

Marlowe sourit.

— On ne peut pas le leur reprocher, hein ?

Il porta la tasse à ses lèvres et soupira de plaisir.

— C'est vraiment bon, reprit-il. Après cinq ans passés à boire de la lavasse, j'avais oublié le goût du bon café.

Le vieux hocha la tête.

— Ça fait une paie, dit-il avec calme. En cinq ans, les choses changent beaucoup.

Marlowe regardait dehors.

— Vous avez sacrément raison. J'ai observé les voitures. Elles ont toutes l'air différentes, d'une façon ou d'une autre. Même les vêtements des passants me paraissent différents.

— Ils le sont. Et les gens qui les portent sont différents, eux aussi.

Avec un rire amer, Marlowe acheva le reste de son café.

— Nous le sommes tous, non ? Tout change. Tout.

— Encore un peu de café ? demanda doucement le vieux.

Marlowe secoua la tête et se leva.

— Non. Il faut que j'y aille.

Le vieux prit un torchon pour essuyer le comptoir avec soin.

— Où allez-vous, fils ? À la société d'aide aux anciens détenus ?

Marlowe eut un rire bref et un éclair d'amusement véritable passa dans ses yeux gris.

— À votre avis, je ressemble au genre de types qui vont chez ces gens-là ?

Le vieux soupira et secoua la tête.

— Vous avez l'air d'un homme qui ne demande jamais rien à personne.

Marlowe sourit et alluma une nouvelle cigarette.

— C'est bien vu, papa, dit-il en ouvrant la porte. Merci pour les cigarettes. On se reverra.

— J'espère bien que non.

Marlowe sourit encore une fois.

— OK, papa. J'essaierai de vous satisfaire.

Il referma la porte derrière lui et s'engagea sur le trottoir.

La pluie tombait plus dru. Elle rebondissait sur le sol en longues barres dures. En quelques secondes, elle transperça l'imper trop léger. Marlowe jura et courut vers un abri d'autobus. Le rythme de la circulation s'était beaucoup ralenti et, à part un camion ou une voiture de temps en temps, plus rien ne passait sur la chaussée. Alors qu'il était presque parvenu à l'auvent, une longue limousine noire s'arrêta pour se garer, un peu devant lui.

Lorsqu'il passa à la hauteur du véhicule, une voix s'éleva :

— Salut, Hugh. On vous attendait. Ça fait longtemps.

Marlowe s'immobilisa. Sur ses pommettes saillantes, la peau s'était tendue, mais il ne montrait aucun autre signe d'émotion. Il s'approcha et fixa l'homme assis au volant.

— Salut, salopard.

— Faites gaffe, Marlowe ! aboya une voix depuis la banquette arrière. On cause pas comme ça à Mr Faulkner.

Celui qui venait de parler était gros, avec les traits amochés d'un ancien boxeur. À côté de lui se tenait un petit homme chafouin, dont les yeux pâles et froids semblaient n'être que deux trous dans son visage blanc.

Le regard de Marlowe passa des uns aux autres avec dédain.

— La vieille firme... Ça doit puer sacrément quand vous fermez les fenêtres.

Le gros eut un mouvement convulsif.

— Butcher ! l'avertit Faulkner.

Butcher se détendit, tout en jurant violemment à mi-voix.

— Oui, c'est la vieille firme, Hugh, reprit Faulkner. Et n'oublie pas que tu fais toujours partie des associés.

Marlowe secoua la tête.

— Vous avez dissous notre association il y a longtemps.

Faulkner fronça les sourcils.

— Je ne crois pas, mon vieux. Nous avons encore à régler une affaire pas terminée.

Marlowe afficha un sourire glacial.

— Cinq années dedans, ça m'a rendu gourmand, Faulkner. Je

ne distribuerai pas de dividendes, cette année. Vous me prenez pour quel genre de crétin ? demanda-t-il avec un rire âpre. Allez, dégagez de mon chemin.

Au moment où il se redressait, la portière arrière commença à s'ouvrir et une patte velue se tendit vers lui. Il repoussa la porte à la volée, de toutes ses forces, coinçant si bien la main que le sang jaillit de sous les ongles. Butcher poussa un cri de douleur. Marlowe se pencha à la fenêtre :

— Ça, c'est pour m'avoir laissé dans la merde la nuit où on est monté sur ce boulot, à Birmingham.

Il s'enfonça dans une venelle étroite et se mit à marcher d'un pas vif sur le pavé inégal. Derrière lui, il entendit claquer les portières de la voiture et des pas qui couraient lourdement. Il se retourna pour un coup d'œil à la hâte : le petit homme venait de tourner le coin, de l'acier brillant au poing. Il était suivi de Butcher, qui débitait des jurons à la chaîne en enveloppant d'un mouchoir sa main blessée.

En toute autre circonstance, Marlowe aurait rebroussé chemin pour les affronter face à face. Mais pas maintenant. Il avait mieux à faire. Il se mit à courir le long de la venelle, pataugeant dans le caniveau qui débordait, les semelles dérapant dangereusement sur le pavé graisseux.

Le petit homme poussa un cri de triomphe. Marlowe, de rage, grinça des dents : alors, ils pensaient qu'ils allaient l'avoir à la course ? Ils le croyaient ramolli par les années passées en taule. Il résista à l'impulsion de cesser de courir et accéléra la cadence.

Au bout de la ruelle, il se trouva dans une rue tranquille bordée de petites maisons. Une seconde, il hésita mais, lorqu'il voulut repartir, il glissa et chuta lourdement. Comme il se redressait en toute hâte, une femme émergea d'une des maisons, un panier à provisions à la main. Marlowe bondit vers elle. Elle recula précipitamment, hurlant de terreur, et lui claqua la porte au nez. Puis un autre cri s'éleva derrière lui et, lorsqu'il se remit péniblement en marche, une grosse voiture noire qui roulait dans sa direction se rangea au bord du trottoir.

Marlowe fut saisi d'une soudaine poussée de colère. Il serra les poings. La portière s'ouvrit et un homme de haute taille, carré, en imperméable marron et chapeau à bords roulés, apparut et resta debout, en attente, mains dans les poches.

Soudain, Marlowe s'arrêta. Il pouvait entendre les pas de ses poursuivants s'évanouir dans le lointain. Le nouveau venu secoua la tête et sourit, découvrant des dents resplendissantes sous une moustache bien taillée :

— Vous n'avez pas perdu de temps, Marlowe.

Marlowe sourit à son tour et s'approcha de lui.

— Je n'aurais jamais pensé qu'un jour, je me réjouirais de vous voir, Masters.

— C'est le jour des surprises, riposta Masters. Moi, je n'aurais jamais pensé que je vous verrais un jour détaler devant une paire de minables comme Harris et Butcher.

Marlowe se renfrogna.

— J'ai des choses plus importantes à mon programme. Je pourrai m'occuper de ces deux-là n'importe quand.

— Je n'en doute pas, concéda Masters en hochant la tête avant de bourrer une courte pipe dans une blague de cuir. Faulkner nous a vus débarquer, à propos, et il a fichu le camp. J'ai bien peur qu'Harris et Butcher ne se fassent tremper à l'attendre. Naturellement, vous pouvez toujours préférer porter plainte, conclut-il, le front tout à coup plissé, comme s'il venait d'en avoir l'idée.

— Une plainte pour quoi ? sourit Marlowe. Nous prenions seulement un peu d'exercice.

La pluie redoubla brutalement. Masters ouvrit la porte de la voiture.

— Au moins, poursuivons cette conversation dans le confort.

Marlowe hésita, puis monta, avec un haussement d'épaules. Un grand jeune homme en imper beige tenait le volant. Il se retourna.

— On va où, superintendant ?

Marlowe émit un sifflement.

— Vous voilà superintendant, maintenant ? Ils doivent être à court de personnel.

Masters ignora le sarcasme.

— Vous voulez aller quelque part en particulier ?

Marlowe se contenta de froncer les sourcils et de sortir son paquet de cigarettes.

Masters esquissa un petit sourire.

— Ramenez-nous seulement en ville, Cameron, dit-il. Mon ami et moi, nous avons beaucoup de choses à discuter.

Marlowe exhala la fumée et s'appuya à son dossier.

— Je n'ai rien à vous dire, Masters.

Le policier porta une allumette au fourneau de sa pipe. Puis il s'appuya, lui aussi, contre le dossier, en soupirant.

— Je ne dirais pas ça. Il y a le petit problème des vingt mille livres que je voudrais bien récupérer auprès de vous.

Marlowe, rejetant la tête en arrière, éclata de rire.

— Comptez là-dessus et buvez de l'eau, dit-il en regardant le superintendant droit dans les yeux. Écoutez-moi, Masters. J'en ai pris pour sept ans. J'en ai fait cinq comme un gentil petit garçon, et, maintenant, je suis dehors. Personne n'a le droit de lever le petit doigt contre moi. Je suis tout ce qu'il y a d'en règle avec la loi.

Marlowe hochait la tête.

— Rien n'est très en règle en ce qui vous concerne, Marlowe.

Marlowe se tourna vers lui, le poing levé. Le chauffeur écrasa la pédale du frein si brutalement que la voiture dérapa. Mais Masters souriait avec calme.

— Continuez à rouler, Cameron. Mon ami ne nous causera aucun souci.

Marlowe jura et saisit la poignée de la porte.

— OK, Masters. J'en ai assez entendu. Arrêtez-vous là, et laissez-moi partir.

— Oh non, je n'en ai pas encore fini avec vous, répliqua le policier en tirant de sa pipe des bouffées pensives. Je n'ai jamais réussi à vous comprendre, Marlowe. Pas pendant votre procès, et pas davantage maintenant. Vous venez d'un milieu parfaitement normal, et vous avez reçu une bonne éducation. Vous avez même été décoré, en Corée. Et puis vous revenez au pays, et vous devenez un pâle voyou. Un gangster à la petite semaine qui rôde autour des gros bonnets en attendant des coups faciles.

Marlowe s'était calmé.

— Je n'ai jamais attendu un coup de personne, et vous le savez.

— Mais vous conduisiez pour le compte de Faulkner et de sa bande, non ?

Marlowe haussa les épaules.

— Pourquoi me le demander ? Apparemment, vous connaissez toutes les réponses.

— Pas toutes, mais j'ai bien l'intention de les connaître, martela le superintendant en rallumant sa pipe. Le casse contre la *Iron Amalgamated* a été commis à Birmingham il y a juste un peu plus de cinq ans. Les auteurs, quels qu'ils aient été, ont fauché vingt mille livres, la paie du lendemain. Mais ils n'avaient pas tapé assez fort sur le crâne du veilleur de nuit. Il a pu donner l'alerte, et leur bagnole a été prise en chasse à travers la ville. Dans une petite rue, elle s'est emplafonnée. Quand une voiture de patrouille est arrivée sur les lieux, vous étiez derrière le volant, à moitié dans les vapes. Nos types vous ont sorti de là. Vous vous cramponniez à une serviette noire que vous ne vouliez pas lâcher. Un des policiers est allé au bout de la rue pour guider les autres voitures. Quand il est revenu, son coéquipier était au tapis et vous, vous aviez disparu — avec la serviette, évidemment.

Marlowe plissa le front puis bâilla délibérément.

— Je commence à m'ennuyer. C'est comme de revoir un film deux fois de suite.

Masters eut un sourire amusé.

— Attendez une minute. Ça va devenir plus intéressant. Le lendemain, vous vous êtes fait coincer à la gare de Paddington. Comment diable vous vous étiez débrouillé pour quitter Birmingham sans encombre, je ne le saurai jamais. Mais le point important, c'était que le fric s'était envolé. Et maintenant, je me demande où il a atterri, conclut-il en frottant le fourneau de sa pipe contre son nez.

— Au procès, j'ai dit tout ce que j'avais à dire, répondit Marlowe. On a démontré que je conduisait la bagnole. On m'a refilé sept ans de taule, et aujourd'hui, je suis sorti. Qu'est-ce que vous voulez de plus ?

Le policier acquiesça d'un geste.

— Mais la question du pognon est toujours entière. Vous n'avez jamais voulu nous dire ce que vous en aviez fait.

— Là, je dois reconnaître que vous marquez un point, reconnut Marlowe d'une voix un peu plus grave. Promettez-moi donc que ça restera entre vous et moi. Mais j'ai donné toutes les pépettes à une œuvre de charité qui est très chère à mon cœur. C'est une association qui s'occupe des flics tombés dans la dèche.

— Très drôle, commenta Masters. Mais il se trouve que je préfère ma propre version. Je sais que c'est Faulkner qui a arrangé le casse de Birmingham, même si nous ne pourrons jamais le prouver parce que vous continuerez de la boucler.

— Et où est-ce que tout ça vous amène ? ricana Marlowe.

— À ceci. C'est Faulkner qui menait votre équipe, mais il n'a jamais eu le fric en mains.

Marlowe voulut l'interrompre, mais le superintendant continuait :

— Il est inutile de nier. J'ai mes informateurs, et je sais qu'il vous a gardé à l'œil de très près pendant que vous étiez à l'ombre. À mon avis, voilà comment les événements se sont déroulés : cette nuit-là, quand votre voiture s'est plantée, Faulkner, Harris et Butcher étaient avec vous. Vous étiez quasiment dans les pommes. Ils ont paniqué comme des fous et ils ont pris la tangente, en vous abandonnant. Peut-être qu'ils ont oublié le pognon dans le feu de l'action, ou bien peut-être qu'ils ont fait exprès de le laisser, dans l'espoir que la police croirait que c'était un travail exécuté en solo. Vous, par miracle, vous avez réussi à prendre la fuite — et je le sais parce que je vous ai interpellé moi-même à Paddington, le lendemain — mais les ronds avaient disparu.

Marlowe regardait par la glace de la portière, les traits tendus.

— Et même si c'était vrai ? Même si ça s'était passé exactement comme vous le dites ? Ça ne vous mènerait toujours nulle part. Même si vous me preniez avec cet argent plein mes poches, vous n'auriez pas le droit de me toucher. J'ai payé ma dette, conclut-il avec un rire de mépris.

Masters lâcha un profond soupir.

— Vous savez, je vous croyais plus malin, Marlowe. C'est ça qui vous mettait au-dessus du lot de traîne-savates qu'on trouvait à cette époque-là dans les parages du club de Faulkner. Vous croyez vraiment que vous aurez un jour une occasion de dépenser ce pognon ? Pas la queue d'une. Moi, je le recherche, parce que ça fait partie d'un dossier qui n'est pas encore clos. Et Faulkner le veut aussi, et Harris, et Butcher, et n'importe lequel des petits truands qui connaissent cette histoire. Vous êtes bon comme la romaine.

Marlowe pivota d'un seul coup et agrippa le bras droit du policier. Son visage s'était durci et une expression terrible faisait flamber son regard.

— Écoutez-moi, Masters, et écoutez-moi bien. Si quelqu'un se met en travers de mon chemin, je l'étale pour le compte, et ça, ça vaut aussi pour vous. (Il resserra sa prise. Sa voix tremblait un peu.) J'ai passé trois ans dans un camp de prisonniers chinois, Masters, reprit-il. Vous le saviez, ça ? J'ai travaillé douze heures par jour dans une mine de charbon, en Mandchourie, avec de l'eau jusqu'aux genoux. La plupart de mes amis sont morts, mais moi, j'ai pu rentrer au pays. Et vous savez quoi ? Personne ne semblait savoir qu'il y avait eu une guerre.

— Et c'est censé vous donner des excuses ? interrogea Masters.

Marlowe ne répondit pas à la question.

— J'ai pris ce job de chauffeur, chez Faulkner. Ça payait bien, et on ne posait pas de questions. Il a essayé de se payer ma poire mais, au bout du compte, c'est moi qui lui ai donné l'air d'une sacrée cloche. J'ai passé huit années de ma vie derrière les barreaux, Masters, et je n'ai que trente ans.

Il relâcha soudain le bras du superintendant et se détendit.

— Entendu, c'est moi qui ai l'argent. Je l'ai bien gagné, et je le garde.

Masters hocha lentement la tête. Son ton avait une nuance de pitié :

— Vous ne vous en tirerez jamais. Si ce n'est pas Faulkner qui vous coince, ce sera moi.

Marlowe haussa les épaules.

— À votre place, je n'y compterais pas trop.

La voiture ralentit à l'approche d'un carrefour, puis accéléra au moment où les feux passèrent au vert. D'un mouvement brusque, Marlowe ouvrit la portière, sauta sur la chaussée, et referma violemment la portière derrière lui. Il se glissa dans le flot de la circulation et disparut dans une petite rue adjacente.

À peine dégagé de la foule, il prit le grand galop. Il savait qu'il n'avait, au mieux, que quelques minutes de marge. Au bout de la rue, il marcha d'un pas normal pour déboucher dans une autre artère principale. Un bus démarrait à peine d'un arrêt. Trois enjambées et il sauta sur la plate-forme.

L'autobus s'était engagé dans le flot des véhicules. Il se laissa tomber sur un siège, dans un coin, hors d'haleine, une fine sueur perlant sur son front. Il l'essuya du dos de la main en souriant amèrement. Les choses étaient allées très vite, plus vite qu'il ne l'avait prévu. Mais il précédait toujours la meute de ses poursuivants, et cela seul comptait.

Il sauta du bus à l'arrêt suivant et entra dans une quincaillerie où il acheta un tournevis bon marché. Puis il s'enfonça dans un lacis de ruelles. Il marchait vite, la tête rentrée dans les épaules sous la pluie battante, et il finit par déboucher dans une grande rue, où il prit un autre bus, à destination de la City.

Un peu plus d'une heure après avoir brûlé la politesse à Masters, il était dans le quartier de la gare de Paddington. Il pleuvait maintenant plus fort encore qu'auparavant et les rues étaient presque désertes. Il traversa pour se diriger vers la gare et s'engagea dans une rue étroite bordée, de chaque côté, de hautes maisons victoriennes décrépites.

Vers le milieu de la rue, il s'arrêta pour contempler la façade d'une des bâtisses. Au-dessus de la porte, une enseigne de verre crasseuse aux lettres délavées annonçait « Imperial Hotel ». C'était typique d'un certain genre d'établissements que l'on rencontrait dans le coin : des bouis-bouis où les chambres n'étaient en général louées que pour une heure ou deux, et jamais pour plus longtemps qu'une seule nuit. Il gravit lentement les marches du perron et pénétra à l'intérieur.

Il se trouva dans un hall étroit, sur lequel s'ouvraient plusieurs portes. En face de lui, des escaliers au tapis usé jusqu'à la corde conduisaient à un palier sombre. Sur sa gauche, assise dans un box vitré, une femme entre deux âges lisait un journal. Elle leva vers lui des yeux clignotants, chassieux, cernés de rouge, et replia le quotidien avec soin.

— Oui, Monsieur ? s'enquit-elle d'une voix fluette et sans timbre. Que puis-je pour vous ?

Le regard de Marlowe balaya rapidement les rangées de clefs pendues au tableau, derrière elle.

— Je voudrais une chambre. Juste pour trois ou quatre heures.

Elle le toisa rapidement de la tête aux pieds, et poussa vers lui un registre usagé et un stylo :

— Voulez-vous signer ici, s'il vous plaît ?

Marlowe se hâta de gribouiller un « P. Simons-Bristol ». La femme examina la signature.

— Des bagages, Monsieur ?

Il fit non de la tête.

— Je les ai laissés à la consigne. Je prends un train pour l'Écosse cet après-midi. J'ai pensé que je ferais aussi bien de dormir un peu, en attendant.

— Je vois, Monsieur. Ça sera quinze shillings.

Il lui donna un billet d'une livre, et, lorsqu'elle se tourna vers le tableau, il précisa :

— Je prendrais volontiers la numéro 7, si elle est libre. C'est mon chiffre porte-bonheur.

Elle lui donna la clef.

— C'est juste en face de vous, en haut de l'escalier. Vous voulez que je sonne pour vous réveiller ?

— Non merci. Ça ira très bien.

Il grimpa quatre à quatre et s'arrêta sur le palier pour écouter. Le calme régnait dans l'hôtel. Au bout d'une minute, il ouvrit la porte de la chambre et y entra.

Un jour pâle filtrait au travers d'une fenêtre sale, éclairant vaguement la courtepointe fanée qui recouvrait le lit à deux places. Le reste du mobilier ne se composait que d'une vieille armoire d'acajou et d'une chaise de bois, de l'autre côté du lit. Dans un coin, il y avait une porte marquée « toilettes ».

Dégoûté, Marlowe pinça les narines. La chambre sentait le renfermé et l'humidité. Tout semblait répandre une odeur de moisissure. Il alla à la fenêtre et tenta de l'ouvrir. Le crochet finit par céder. Il releva la vitre aussi haut qu'il le put et se pencha sous la pluie.

L'arrière de l'hôtel donnait sur un entrelacs de voies ferrées, et il distinguait la gare de Paddington à sa gauche. En dessous de la fenêtre, un tas de coke était amassé contre le mur. Non loin, une locomotive haletait sa vapeur. Il alluma une cigarette. Un soupçon de brouillard envahissait l'atmosphère et, déjà, les formes des choses s'estompaient, indécises. Une rafale de pluie lui fouetta le visage et il frissonna soudain, mais ce n'était pas un frisson de froid. Il avait peur. Durant un court instant, son courage le trahit, et il se laissa aller à penser que, peut-être, ces longues années d'attente auraient été vaines. Que, peut-être, ce qu'il était venu chercher là ne s'y trouverait plus.

D'un geste brusque, il balança sa cigarette et alla à la porte des toilettes. Le mot « toilettes » était peint en noir sur une petite plaque ovale qui tenait par deux vis. Marlowe prit le tournevis et commença de les dévisser, les mains légèrement tremblantes.

Quand l'une des deux vis fut complètement défaite, la plaque bascula et l'objet dissimulé dessous tomba sur le plancher. Il s'agenouilla et le ramassa, d'une main qui tremblait plus encore. C'était une petite clef de métal. Il la garda dans sa paume ouverte et la contempla longuement. Puis une exaltation soudaine le submergea. Elle était là. Après tout ce temps, elle était là.

Il n'avait rien entendu et, pourtant, son instinct lui disait qu'il n'était plus seul. Il sentit un courant d'air lui caresser la joue et il comprit que l'on avait ouvert la porte de la chambre. Il pivota lentement. Faulkner se tenait sur le seuil. Il était porteur de ce qui était, à l'évidence, un double de la clef de la pièce, et la faisait gaiement tourner autour de son index.

— J'en ai eu une moi aussi, mon vieux, dit-il. Mais c'est certainement pas aussi précieux que la tienne. Qu'est-ce que ça ouvre ? Un coffre de sûreté ? Ça, c'est très rusé de ta part.

Faulkner s'avança dans la chambre, suivi de Butcher et de Harris qui referma la porte et s'y adossa. Marlowe glissa la petite clef dans sa poche.

— Comment diable avez-vous fait pour me suivre ? interrogea-t-il.

S'asseyant sur le lit, Faulkner glissa une cigarette dans un élégant fume-cigarette.

— On n'en a pas eu besoin, mon vieux. Tu vois, je savais quelque chose que la police ne savait pas. Le jour où tu as été arrêté, j'ai eu un coup de bol. Il se trouve qu'un pote à Butcher t'a vu entrer ici. J'ai loué la chambre pendant quelques jours et on a tout passé au peigne fin. On a rien trouvé, mais j'ai jamais perdu l'endroit de vue. Il fallait bien qu'il y ait un rapport.

Marlowe prit, lui aussi, une cigarette qu'il alluma avec soin.

— Vous m'étonnez, Faulkner. Vous devez avoir perdu la main.

Il lança un coup d'œil rapide aux deux hommes qui gardaient la porte. Butcher suivait le moindre de ses mouvements, les yeux pleins de haine. Harris avait sorti un cran d'arrêt, avec lequel il se curait paisiblement les ongles.

— En fait, c'était une cachette sacrément bien trouvée, Hugh, reprit Faulkner, souriant. Mais c'est vrai que tu as toujours été un peu au-dessus de la moyenne. Maintenant, tu vas te mettre à table comme un bon garçon et tu me diras où je peux trouver la serrure que ta clef ouvre.

Le sourire du truand se fit plus charmeur encore.

— Je ne tenterais rien de pas raisonnable, si j'étais toi. Butcher et Harris attendent qu'un prétexte pour te découper en petits morceaux.

Une soudaine poussée de colère envahit Marlowe. Il empoigna Faulkner par sa cravate et l'arracha au lit.

— Bougre de salopard, cracha-t-il, très froid. Vous pensez que vous me foutez la trouille, vous et vos porte-flingues à la noix ?

Les yeux de Faulkner jaillissaient de leurs orbites. Il commençait à étouffer. Soudainement, Marlowe eut conscience d'un mouvement sur sa gauche. Il lâcha Faulkner et pivota. Harris fonçait vers son visage, le couteau dressé. Il para le coup du bras levé et ressen*it une douleur fulgurante quand la lame trancha sa manche. Il attrapa le petit homme par le poignet droit et, tirant brusquement, il le projeta à travers la pièce. Harris s'écrasa contre la cloison.

Au moment où il se retournait, Butcher le frappa d'une épaisse matraque en caoutchouc, l'atteignant à l'épaule gauche et paralysant presque son bras. Du tranchant de la main, Marlowe lui cisailla l'avant-bras. Le gros homme hurla de souffrance et lâcha sa matraque. Marlowe se tourna vers la porte, mais, la jambe en avant, Faulkner le fit trébucher. Il tomba lourdement au sol. Butcher se précipita et lui lança des coups de pied au visage et dans les côtes. Marlowe roula sur lui-même, para la plupart des coups et se remit rapidement debout. Harris s'était redressé, lui aussi, secouant la tête comme s'il n'avait pas encore recouvré ses esprits. Il y eut une brève pause pendant laquelle les quatre hommes échangèrent des regards. Puis Faulkner sortit un automatique de la poche intérieure de son veston.

Marlowe recula jusque de l'autre côté du lit, leur faisant face, la fenêtre ouverte derrière lui. Faulkner semblait avoir des difficultés à parler. Il toussa plusieurs fois avant de parvenir à dire :

— Je vais prendre cette clef, Hugh, et tu vas vite me dire où est ce fric. Je n'ai pas l'intention de me servir de ce joujou, mais je le ferai s'il le faut.

— Je vous enverrai d'abord en enfer, répliqua Marlowe.

Faulkner haussa les épaules et le visa soigneusement.

— Va prendre la clef, ordonna-t-il à Butcher.

Le gros homme s'avança. Marlowe attendit qu'il soit presque sur lui, puis il saisit la chaise de bois et l'envoya sur Faulkner. À la même seconde, il pivota et plongea par la fenêtre.

Il s'enfonça jusqu'aux chevilles dans le tas de coke, perdit l'équilibre et roula jusqu'en bas, la tête la première. Il se remit sur ses pieds et regarda : Butcher et Faulkner étaient à la fenêtre. Ils le fixèrent quelques secondes, puis ils furent violemment poussés sur le côté et Harris s'engagea sur le rebord. Au moment où il sauta, Marlowe s'élança au milieu des rails de chemin de fer, vers des voitures de voyageurs qui attendaient sur une voie de garage.

Le brouillard s'épaississait très vite et la visibilité tombait. Marlowe, enjambant les voies, se réfugia à l'abri des voitures pour observer. Harris courait à toute vitesse et la lame de son couteau brillait sous la pluie. Marlowe reprit sa course. Une douleur effroyable lui poignait le côté, où les coups de pied de Butcher l'avaient atteint, et le sang coulait de son bras gauche.

S'écartant des voitures, il aperçut un train de marchandises qui roulait lentement sur une voie proche, mais qui prenait de la vitesse. Marlowe fonça droit sur lui et courut à côté, tirant sur le levier d'ouverture d'une porte jusqu'à ce qu'elle s'ouvre. Il s'accrocha à la poignée en fer et se hissa.

Alors qu'il se penchait dans l'entrée du wagon, Harris apparut, le visage blême sous l'effort. Il attrapait déjà la poignée. Marlowe rassembla ses dernières réserves d'énergie et le frappa du pied de toutes ses forces, en pleine poitrine. Le petit homme disparut et le train accéléra, sautant sur les aiguillages en entamant son trajet de Londres vers le nord.

Un moment, Marlowe resta allongé dans l'ouverture, puis il referma la porte et se coucha doucement sur le plancher jonché de paille.

2

Il resta longtemps à plat ventre. Sa poitrine se soulevait comme si ses poumons torturés luttaient à la recherche de l'air. Au bout d'un moment, il se redressa et s'assit, le dos appuyé contre une caisse.

Le wagon était vieux, en mauvais état. La lumière entrait par des fentes entre les planches disjointes des cloisons. Peu à peu, Marlowe récupéra. Il se mit debout et se défit de son imperméable et de son veston. La plaie de son bras se révéla moins grave qu'il ne l'avait imaginé : c'était seulement une coupure superficielle, d'une dizaine de centimètres de long, là où la pointe du couteau avait entaillé sa manche. Il prit son mouchoir et en entoura la blessure, le nouant avec ses dents.

Il frissonnait. Il remit sa veste. Le vent qui soufflait entre les planches charriait une fine brume de pluie froide. En reboutonnant son imper, il examina les caisses qui l'entouraient, et il s'amusa de découvrir qu'elles portaient l'adresse d'une société de Birmingham. Ainsi donc, la boucle était bouclée ? Il s'était échappé de Birmingham, cinq ans auparavant, dans un train de marchandises. Et il se trouvait maintenant sur le chemin du retour. Masters en aurait souri.

Il se rassit, le dos contre l'une des caisses posées près de la porte et se demanda ce que le superintendant était en train de faire. Sans doute veillait-il à ce que le moindre poulet de Londres dispose de son signalement. Et probablement Faulkner agissait-il de même, dans son monde à lui. Marlowe fronça les sourcils et prit une cigarette : à Londres, il était interdit de séjour pour l'instant. Avec tous les voyous de la ville pour le guetter, il n'aurait pas tenu une demi-heure.

Il enfonça les mains dans ses poches et réfléchit à la situation. Tout compte fait, peut-être les événements s'étaient-ils combinés au mieux. Après une semaine ou deux au vert, dans le nord ou les Midlands, pour laisser les choses se tasser, il pourrait regagner tranquillement la capitale et aller chercher ce qu'il avait laissé dans le coffre de la banque, près de Bond Street.

Ses doigts se resserrèrent sur la petite clef dans la poche de sa veste. Il la prit et l'examina. Vingt mille livres... Il sourit soudain : il avait attendu cinq ans. Il pouvait bien attendre encore une ou deux semaines. Il remit la clef dans sa poche, tira sa casquette sur ses yeux et s'endormit.

Il s'éveilla avec lenteur, allongé dans la paille, essayant de comprendre où il était. Il lui fallut quelques minutes pour s'en souvenir et se remettre debout. Il avait froid et il ressentait les élancements d'une douleur diffuse dans le flanc, là où le pied de Butcher l'avait touché. Le train roulait vite, avec un léger balancement dans les courbes, et lorsqu'il ouvrit la porte, une rafale de vent lui fouetta le visage.

Une nappe de brouillard enveloppait les champs et réduisait la visibilité à trente ou quarante mètres. L'air frais lui fit du bien. Il se rassit en laissant la porte ouverte, et réfléchit à l'étape suivante.

Aller à Birmingham était hors de question. Il y avait toujours le risque que Faulkner ait découvert la destination du train, et qu'un comité de réception l'attende. Faulkner avait des amis partout. Il vaudrait mieux descendre du train au passage d'une petite localité le long de la ligne. Dans le genre de bled dont personne n'a jamais entendu le nom.

Il vida ses poches pour faire un inventaire de ses biens. Il disposait d'une carte d'assurance, de son permis de conduire — qu'il avait eu soin de faire renouveler chaque année pendant qu'il était en prison — et de quinze shillings en pièces de monnaie. Il lui restait dix cigarettes dans le paquet qu'il avait acheté au vieux du snack-bar. Il sourit tristement et décida que c'était quand même une bonne chose que d'avoir le permis de conduire. Avec un peu de chance, il pourrait se trouver un quelconque boulot de chauffeur. De quoi lui permettre de vivre jusqu'à ce qu'il soit prêt à retourner à Londres.

Le train commençait de ralentir. Il se hâta de se dresser et de refermer la porte, ne laissant qu'une mince fente à travers laquelle il pouvait essayer de percer le brouillard. Un poste de signalisation s'alluma dans la brume et, peu après, le train longea le quai d'une petite gare. Marlowe n'eut que le temps de lire le nom de Litton avant que la gare ne soit absorbée par le blanc cotonneux.

Il haussa les épaules, et un demi-sourire apparut sur ses traits. L'endroit paraissait convenir, autant qu'un autre. Il ouvrit la porte en grand et, comme le train ralentissait encore, il sauta dans le fossé qui courait parallèlement à la voie ferrée. Une haie d'épines le bordait. Il la suivit sur quelques mètres, et découvrit bientôt une brèche par laquelle il put se glisser jusqu'à la petite route tranquille qui se trouvait de l'autre côté. La pluie ne cessait de forcer son chemin dans le brouillard. Il releva le col de son imper et s'élança d'un pas vif.

Parvenu à la gare, il s'arrêta pour examiner le plan du réseau ferroviaire affiché dans un tableau vitré. Il ne lui fut pas difficile d'y repérer Litton. L'endroit se situait sur la grande ligne, à environ 120 kilomètres de Birmingham. La première localité de quelque importance, Barford, était éloignée d'une vingtaine de kilomètres.

Au-dessus de l'entrée de la gare, les aiguilles de la pendule marquaient 3 heures. Un peu crispé, il descendit en direction du village, à peine entrevu dans la brume. Il avait certainement dormi davantage dans le train qu'il ne l'avait cru.

La grand-rue paraissait déserte et le brouillard plus dense encore que sur les hauteurs. Il ne vit personne tandis qu'il descendait la chaussée détrempée. Lorsqu'il s'arrêta un moment devant la boutique d'un marchand de tissus, il fixa son reflet dans le miroir du fond de la devanture : avec sa casquette rabattue sur les yeux et ses épaules qui pointaient sous l'imper à tordre, il avait une allure redoutable et menaçante.

Il leva sa main gauche pour essuyer la pluie qui ruisselait sur son visage et jura à mi-voix. Le sang perlait de son bras, souillant la manche de son imperméable. Il renfonça la main dans sa poche et repartit à grandes enjambées. Il lui fallait trouver un endroit tranquille où il pourrait panser sa blessure avant de rencontrer quiconque.

La rue paraissait interminable. Il marchait déjà depuis dix bonnes minutes lorsqu'il arriva devant un mur de pierres bas surmonté d'une grille à pointes. Un peu plus loin, derrière une porte de fer ouverte, un panneau annonçait qu'il s'agissait de l'église du Cœur Immaculé. En dessous, en lettres d'or pâlies, étaient indiquées les heures des messes et des confessions.

Marlowe remonta le sentier dallé et gravit les quatre ou cinq marches qui conduisaient au porche. Là, il hésita un peu, puis il ôta sa casquette et entra.

L'intérieur de l'église était tiède et tranquille. Pendant quelques secondes, il écouta, attentif au moindre bruit. Ce ne fut qu'ensuite qu'il se glissa dans un banc, au fond. Il regarda les flammes vacillantes des cierges de l'autel et, soudain, tout lui parut plus sombre. Il se pencha et appuya la tête contre un pilier. Il ne s'était jamais senti aussi épuisé.

Après quelques minutes, il se sentit mieux et se mit debout pour enlever son imper et sa veste. Le mouchoir avait glissé, laissant la blessure à découvert. Le sang suintait doucement à travers la manche déchirée de sa chemise. Alors qu'il commençait d'essayer de défaire le nœud, on bougea à côté de lui.

— Ça ne va pas ? demanda doucement une voix. Je peux vous aider ?

Il se retourna d'un seul mouvement, avec une exclamation étouffée. Une jeune femme était debout à côté de lui. Elle portait un imperméable d'homme, trop grand pour elle, et un foulard sur les cheveux.

— Comment diable êtes-vous entrée ici ? interrogea Marlowe.

Elle sourit à peine et s'assit à côté de lui.

— J'étais là, dans un coin. Vous ne m'avez pas remarquée.

— Je ne pensais pas trouver qui que ce soit dans l'église au milieu de l'après-midi. Je voulais m'abriter de la pluie pour arranger mon pansement. Ça a glissé.

Elle lui prit le bras.

— Ce n'est pas joli, constata-t-elle sans s'émouvoir. Il vous faut un médecin.

Il s'écarta et se mit en devoir de dénouer le mouchoir avec sa main droite.

— C'est seulement une mauvaise coupure. Il n'y a même pas besoin de points de suture.

Elle s'approcha et, avec des gestes doux, défit le nœud. Elle replia le mouchoir pour en faire une bande, le serra étroitement autour de la plaie et le renoua.

— Ça ne pourra pas tenir longtemps, dit-elle. Il vous faut un vrai pansement.

— Ça ira très bien, répliqua Marlowe.

Il se leva et remit son imper. Il voulait partir avant qu'elle ne lui pose trop de questions.

— Comment vous êtes-vous fait ça ? s'enquit-elle pendant qu'il bouclait la ceinture.

Il haussa les épaules.

— J'ai fait du stop depuis Londres. Je monte chercher du travail à Birmingham. Je me suis accroché à une pointe de métal en descendant d'un camion.

Il se dirigea vers la sortie. Elle le suivit. Devant la porte, elle s'agenouilla et se signa, avant de le rejoindre sous le porche.

— Bon, eh bien, il vaudrait mieux que j'y aille, dit Marlowe.

Elle eut un coup d'œil à la pluie incessante et au brouillard.

— Vous n'avez guère de chance de trouver une voiture par un temps pareil, remarqua-t-elle.

Il hocha la tête.

— Si je ne trouve rien, répliqua-t-il doucement, je prendrai un bus pour Barford. Ça ira aussi bien.

— Mais il n'y a pas de bus avant 5 heures. Le service est limité, sur cette route.

Elle parut hésiter.

— Vous pouvez venir chez nous, si vous voulez, reprit-elle. Je pourrai mettre un pansement convenable à cette blessure. Vous avez beaucoup de temps devant vous avant que le bus n'arrive.

Marlowe fit non de la tête et s'avança vers la première marche.

— Je n'y songerais pas une seconde.

Ses lèvres tremblèrent un peu, et il y avait comme une sorte de rire dans sa voix quand elle répliqua :

— Mon père doit être rentré, maintenant. Tout ça sera très correct.

Malgré lui, Marlowe sourit, et il se retourna vers elle. Pour la première fois, il nota qu'elle avait une pointe d'accent étranger et qu'elle employait bizarrement des tournures de phrases un peu démodées. Tout à coup, pour une raison complètement inexplicable, il se sentit parfaitement à l'aise avec elle. Il lui sourit et sortit ses cigarettes.

— Vous n'êtes pas anglaise, n'est-ce pas ?

Elle lui rendit son sourire et, d'un geste, refusa la cigarette.

— Non, portugaise. Comment vous en êtes-vous aperçu ? Je suis pourtant assez fière de mon accent.

Il se dépêcha de la rassurer.

— Oh, ce n'est pas tellement votre accent. Mais, pour commencer, vous n'avez pas l'air anglais.

Son sourire s'élargit.

— Je ne sais pas comment vous l'entendez, mais je prends ça comme un compliment. Je m'appelle Maria Magellan.

Elle lui tendait la main. Il laissa passer une seconde avant de la prendre.

— Hugh Marlowe.

— Bien ! Maintenant, nous nous connaissons l'un l'autre, et tout est parfaitement respectable. On y va ?

Il marqua une pause en haut des marches avant de la suivre. Lorsqu'elle franchit la grille devant lui, il nota qu'elle était petite, et qu'elle possédait la silhouette épanouie propre aux femmes du sud et des hanches trop larges pour les critères britanniques. Ils marchaient côte à côte sur le trottoir et il l'observait du coin de l'œil. Elle avait le teint mat et la peau absolument lisse. Ses cils, comme les cheveux qui s'échappaient de son foulard, étaient d'un noir de jais, tandis que la plénitude de ses lèvres carmin trahissait sa sensualité.

Elle se tourna soudain vers lui et saisit son regard de biais. Elle sourit.

— Vous êtes un homme extrêmement grand, Mr Marlowe. Combien mesurez-vous ?

Il haussa les épaules.

— Je ne sais pas trop. Pas loin du mètre quatre-vingt-dix, je crois.

Le regard de la jeune femme parcourait sa forme massive.

— Vous recherchez quel genre de travail ?

Il haussa de nouveau les épaules.

— Je prendrai n'importe quoi. Mais conduire, c'est ce que je fais le mieux.

Un éclair d'intérêt brilla dans ses yeux.

— Et vous conduisez quoi ?

— Tout. Tout ce qui a des roues. J'ai conduit toutes sortes de véhicules, de la camionnette au porte-chars.

— Allons bon ! Vous étiez dans l'armée ?

Elle paraissait de plus en plus intéressée.

Marlowe jeta son mégot dans le caniveau où la pluie coulait en torrent.

— Oui. Je pense que vous pouvez dire que j'étais dans l'armée, répondit-il d'une voix blanche.

Elle parut percevoir son changement d'humeur et retomba dans le silence. Marlowe, marchant à ses côtés, essayait de trouver quelque chose à dire, mais ce n'était pas nécessaire. Ils tournèrent dans une ruelle étroite et arrivèrent à une grande barrière ouverte. Elle s'arrêta.

— Nous y sommes, dit-elle.

Devant eux, une allée de gravier se perdait dans le brouillard, mais Marlowe pouvait distinguer la forme indistincte d'une bâtisse.

— Ça a l'air bigrement grand, remarqua-t-il.

Elle acquiesça :

— Autrefois, c'était une ferme. Maintenant, il ne reste que quelques hectares. Nous faisons des produits maraîchers et des fruits.

Du menton, il montra la pluie.

— Ce genre de temps, ça ne vous fera pas de bien.

— Nous ne nous sommes pas trop mal débrouillés, rit-elle. Nous avons récolté pratiquement toutes les pommes la semaine dernière, et la plupart de nos autres productions se font sous serre.

Une bourrasque balaya la cour, chassant la brume, et révéla la maison. C'était un bâtiment de pierre, ancien, aux fondations massives, patiné par les ans. D'un côté de la cour, il y avait plusieurs bâtiments annexes et, de l'autre, une vaste grange au toit rouge.

La porte d'entrée était protégée par un auvent vitré à l'ancienne. Un petit camion jaune était garé devant. « Inter-Allied Trading Corporation » proclamait l'inscription peinte sur ses flancs en lettres noires bien nettes. Maria Magellan s'arrêta brusquement et quelque chose comme de la peur se peignit sur ses traits. Puis elle s'élança pour rentrer dans la maison.

Marlowe la suivit, plus lentement. Il dut s'incliner un peu pour passer sous le linteau de la porte et se retrouva dans un vaste vestibule dallé. La jeune fille s'était arrêtée devant une porte, à gauche, à travers laquelle on pouvait entendre des voix coléreuses. Elle ouvrit le battant à la volée et entra. Resté dans le hall, Marlowe, mains dans les poches, regardait.

Dans la pièce, deux hommes se faisaient face, de chaque côté d'une table. Le premier, un vieux, avait des cheveux grisonnants et une moustache blanche qui ressortaient clairement sur sa peau basanée, couleur cuir tanné.

L'autre était beaucoup plus jeune, bien bâti, avec de larges épaules. Un rictus de menace lui distordait le visage.

— Écoute-moi bien, vieux fou, cracha-t-il. Ou bien tu marches avec nous, ou bien tu es fini. C'est le dernier mot de Mr O'Connor.

Les yeux du vieux étincelèrent et il frappa du poing sur la table.

— Et toi, écoute-moi, Kennedy, répliqua-t-il d'une voix qui tremblait de fureur, dans un anglais correct, mais marqué d'un lourd accent. Tu peux dire ça à O'Connor de ma part. Avant d'abandonner, je l'aurai poignardé. Sur ma vie, je le jure.

Kennedy eut un rire de mépris.

— Espèce de vieux cinglé. Mr O'Connor pourra te foutre dans la merde dès qu'il en aura envie. Tu n'es qu'un rien du tout, Magellan.

Le vieux poussa un rugissement de fureur et fit rapidement le tour de la table. Il fut le premier à balancer son poing, mais les années jouaient contre lui. Kennedy esquiva facilement le coup. Il saisit le vieil homme par sa chemise et commença de le gifler du dos de la main. La jeune fille hurla et bondit, griffant l'Irlandais. Il la repoussa avec tant de force qu'elle traversa toute la pièce en chancelant et perdit l'équilibre.

Une colère froide s'empara de Marlowe. Il s'avança. Kennedy levait la main pour frapper à nouveau le vieux. Marlowe le saisit par l'épaule et le fit pivoter pour l'avoir face à face.

— Qu'est-ce que tu dirais d'essayer avec moi ? siffla-t-il. Je suis un peu plus de ta taille.

Kennedy ouvrit la bouche pour répliquer mais Marlowe, du poing, lui écrasa les lèvres. La force effrayante du coup étendit Kennedy sur la table. Il poussa un rugissement terrible et se redressa. Mais déjà Marlowe était sur lui et l'avait attrapé par le devant de sa veste.

— Salopard, martela-t-il. Espèce de salopard !

Et soudain, ses yeux s'embrumèrent et ce ne fut plus le visage de Kennedy qu'il eut devant lui. C'était un autre visage. Un visage qu'il avait haï de tout son être. Il commença de frapper méthodiquement l'Irlandais, par des allers-retours de la main droite.

La jeune fille hurla de nouveau, d'une voix ferme :

— Non, Marlowe ! Non... Vous allez le tuer.

Elle se cramponnait à son bras, frénétique. Marlowe s'arrêta. Un instant, il demeura là, fixant Kennedy, comme égaré, le poing levé, puis il le repoussa contre la table. Il tremblait un peu, mais il y avait encore cette brume devant ses yeux, comme si le brouillard avait envahi la pièce. Il serra les poings pour tenter de maîtriser son tremblement et il remarqua que le sang coulait à nouveau de sa manche. La fille le lâcha.

— Excusez-moi, dit-elle. Il fallait que je vous retienne. Vous alliez le tuer.

Marlowe hocha la tête et se passa la main sur le visage.

— Vous avez eu raison. Quelquefois, je ne sais plus m'arrêter. Et ce porc ne mérite pas qu'on soit pendu à cause de lui.

Il s'avança soudain et saisit Kennedy au collet, le propulsant hors de la pièce, puis du vestibule. Il lui fit franchir la porte d'entrée et le jeta contre le camion.

— Si tu as deux sous de jugeote, tu vas filer d'ici tant que tu as encore la peau sur les os. Je te donne cinq minutes, pas plus, pour rassembler tes esprits.

Kennedy se débattait encore avec la poignée de la porte de son camion que Marlowe tournait les talons et rentrait dans la maison.

3

Quand Marlowe revint dans la pièce, Maria avait disparu. Mais son père s'activait devant le bahut avec une bouteille et deux verres. Il lui sourit jusqu'aux oreilles et se hâta de lui tendre un verre :

— Du cognac... C'est ce que la maison a de mieux. Je me sens rajeunir.

Marlowe, reconnaissant, avala l'alcool d'un trait, et, du menton, montra le camion dont le moteur s'était mis en route.

— C'est la dernière fois que vous le voyez.

Le vieux haussa les épaules et une lueur mauvaise passa dans son regard.

— Qui sait ? La prochaine fois, je serai sur mes gardes. Je lui enfoncerai d'abord un couteau dans le ventre, et je poserai des questions ensuite.

Maria revint, une cuvette dans une main, et des pansements et une serviette dans l'autre. Elle paraissait toujours pâle et bouleversée, mais elle réussit à sourire en posant son attirail sur la table.

— Je m'en vais regarder ce bras tout de suite, dit-elle.

Marlowe enleva son imper et sa veste. Elle commença par nettoyer doucement le sang coagulé.

— Ça n'est pas joli-joli, constata-t-elle, les lèvres pincées. (Elle hocha la tête et se tourna vers son père :) Qu'est-ce que tu en penses, papa ?

Le vieux Magellan observa de près la blessure et un éclair malin passa soudain dans ses yeux.

— Franchement moche. Comment donc vous vous êtes fait ça, mon garçon ?

Marlowe eut un geste d'indifférence.

— Je me suis esquinté sur une pointe en descendant d'un camion. Je faisais du stop depuis Londres.

Le vieil homme sourit, complice.

— Une pointe, eh bien, voyons... Je pense qu'il est inutile de déranger le docteur, Maria. Nettoie bien ça et fais un bon bandage. Ce sera guéri dans une semaine.

Maria n'avait toujours pas l'air convaincu.

— Il a raison, approuva Marlowe. Vous, les femmes, vous faites des histoires pour la moindre éraflure.

Il rit et prit une cigarette de sa main libre.

— En Corée, j'ai fait deux cents kilomètres à pied avec une balle dans la cuisse. Je n'avais pas le choix. Il n'y avait personne pour l'extraire.

Elle fit une grimace, et la colère flamba dans son regard :

— Très bien. Nous ne demanderons rien au docteur. Nous ferons comme vous voudrez. J'espère que la gangrène se mettra dans votre bras et qu'il tombera tout seul.

Marlowe rit. Elle se pencha sur la blessure.

— Vous étiez en Corée ? demanda Magellan.

Marlowe acquiesça d'un signe de tête. Le vieux prit une photo encadrée sur le buffet.

— C'était mon fils, Pedro.

Sur le cliché, un jeune homme souriait, raide et fier. C'était le genre de portrait que toute nouvelle recrue se fait tirer pendant ses classes.

— Il a l'air de quelqu'un de bien, remarqua Marlowe, sans s'engager.

Magellan opina vigoureusement :

— C'était un garçon bien. Il devait aller au collège d'Agriculture. Il avait toujours voulu devenir fermier. Il a été tué pendant une patrouille, sur les bords de l'Imjin, en 1953, conclut-il avec un profond soupir.

Marlowe examina la photo de plus près. Il se demandait si Pedro Magellan avait eu le même sourire lorsque les balles l'avaient fauché. Mais il savait aussi qu'il ne servait à rien d'y penser, parce que dans une guerre, les hommes meurent de bien des façons différentes : certains vite, d'autres lentement, mais toujours avec des traits dévorés par la peur.

Il émit une sorte de grognement et rendit le portrait au père de Maria.

— C'était un peu après mon temps. J'ai été fait prisonnier au début, quand les Chinois sont intervenus.

Maria releva vivement les yeux.

— Vous êtes resté prisonnier combien de temps ?

— Trois ans, à peu près.

Le vieux siffla doucement :

— Sainte Mère de Dieu, ça fait un bail. Vous avez dû en baver. J'ai entendu dire que dans ces camps chinois, c'était vraiment dur.

Marlowe haussa les épaules.

— Je ne sais pas trop. Moi, je n'étais pas dans un camp. Ils m'ont fait travailler dans une mine de charbon, en Mandchourie.

Les yeux de Magellan ne furent plus qu'une étroite meurtrière. Il avait cessé de sourire.

— J'ai aussi entendu parler de ces endroits-là.

Il marqua une pause et frappa l'épaule de Marlowe.

— Bon. Mais tout ça, c'est le passé. Peut-être que c'est une bonne chose, pour un homme. Comme de traverser une fournaise. Une espèce de purification.

Marlowe eut un rire amer.

— Des purifications comme ça, je m'en passerais bien.

Maria achevait le pansement avec du sparadrap.

— Papa a vu le feu lui aussi, à son époque, dit-elle calmement. Il était dans les brigades internationales, en Espagne. Les fascistes l'ont gardé en prison pendant deux ans.

Le vieux haussa les épaules d'une manière expressive et leva une main pour protester :

— Pourquoi parler de ces choses-là ? Elles sont mortes. C'est de l'histoire ancienne. Nous vivons dans le présent. La vie est souvent pénible et toujours injuste. Le sage tire expérience de tout et il fait de son mieux.

Il leur faisait face, debout, mains dans les poches, et leur souriait.

— Voilà, c'est fini, annonça Maria.

Marlowe se leva et se mit en devoir d'arranger les restes déchirés de la manche de sa chemise.

— Il est temps que je parte. Vous m'avez dit que le bus passe à quelle heure ?

Magellan ne souriait plus. Il fronçait les sourcils.

— Partir ? Où allez-vous ?

— À Birmingham. J'espère y trouver du boulot.

— Eh bien, vous n'irez à Birmingham que demain, décida le vieux. Ce soir, vous restez ici. Par un temps pareil, ça serait un crime de refuser un abri même à un chien. Pour quel genre d'homme me prenez-vous ? Vous sortez du brouillard, vous me sauvez d'une sévère correction, et vous pensez que je vais vous laisser filer comme ça ?

Il renifla et ordonna :

— Maria, fais-lui couler un bain chaud. Moi, je vais voir si je peux lui trouver une chemise propre.

Marlowe hésitait. Tout son instinct lui disait de s'en aller. De s'échapper tout de suite, avant d'être davantage mêlé aux affaires de ces gens. Mais il regarda Maria. Elle lui sourit.

— Ça ne servirait à rien de protester, Mr Marlowe. Quand papa a pris une décision, la seule chose à faire, c'est d'être d'accord avec lui. Au bout du compte, ça permet de gagner du temps.

Il jeta un coup d'œil par la fenêtre. La grisaille, et la perspective d'un bain et d'un repas, lui firent prendre sa décision :

— Je cède. Reddition sans condition.

Elle lui sourit avant de quitter la pièce. Le vieux prit une pipe de bruyère qu'il bourra dans une vieille blague de cuir.

— Maria m'a un peu parlé de vous pendant que vous étiez

dehors avec Kennedy. Elle m'a dit que vous étiez chauffeur de camion.

Marlowe haussa les épaules.

— Je l'ai été.

Magellan aspira patiemment la fumée jusqu'à ce que le tabac soit convenablement allumé.

— Cette coupure au bras... Vous avez dit que vous vous êtes fait ça comment ?

— En me prenant dans un crochet cassé, à l'arrière d'un camion. Pourquoi ?

— Oh, pour rien, répondit le vieux en affectant l'indifférence. Sauf que j'ai eu une jeunesse très agitée, et que je sais reconnaître la trace d'un couteau quand j'en vois une.

Marlowe se raidit de colère. Il fit un pas en avant, poings serrés, mais le vieux sortit un étui à cigarettes cabossé et l'ouvrit.

— Prenez-en une, fils, dit-il paisiblement. Ça calme les nerfs.

Marlowe lâcha un profond soupir et se détendit.

— Vous avez de trop bons yeux, papa. Un de ces quatre matins, ça va vous attirer des ennuis.

Le vieil homme haussa à nouveau les épaules.

— Des ennuis, j'en ai déjà eu, confia-t-il, une allumette protégée par ses deux mains. Et vous, fils ?

Marlowe observa ses traits sages et gais et il aima ce qu'il y vit.

— Rien dont je ne puisse venir à bout, papa.

Le vieux parcourut du regard la silhouette massive.

— Je peux l'imaginer. Il faudrait être costaud pour vous avoir. Mais il y a d'autres genres d'ennuis qui ne sont pas si faciles à affronter.

Marlowe haussa un sourcil.

— La loi ? s'enquit-il en souriant. Ne vous inquiétez pas, papa. Les flics ne viendront pas frapper à votre porte ce soir. (Il leva le bras) Je peux vous expliquer ça. J'étais couché à l'arrière d'un camion et je dormais. Je me suis réveillé pour découvrir un type qui me faisait les poches. Il a sorti un couteau et il a déchiré ma manche. Je lui ai balancé mon poing dans la mâchoire et j'ai sauté du camion. C'est comme ça que je suis arrivé ici.

Magellan rit, la tête rejetée en arrière.

— Eh bien, je parie que votre bonhomme ne s'est pas réveillé avant que le camion arrive à Newcastle.

Marlowe s'assit sur une chaise et rit, lui aussi. Il se sentait maintenant à l'aise et en sécurité.

— C'est bien tombé que nous ayons été près d'ici. Je ne savais même pas qu'il existait un village du nom de Litton.

— C'est un petit bled tranquille, confirma le vieux. Il n'y a pas plus de sept ou huit cents habitants dans le coin.

Marlowe sourit.

— Pour un petit bled tranquille, il me paraît assez animé. Qui est le bonhomme que j'ai foutu à la porte tout à l'heure ?

Le vieux se rembrunit.

— Kennedy ? Il y a encore quelques jours, il travaillait pour moi, comme chauffeur. Maintenant, il est chez Inter-Allied Trading.

— J'avais remarqué le camion jaune, en arrivant. Et qui c'est, ce O'Connor ? Le grand patron ?

— Ça lui plaît de le croire, mais je me souviens encore du temps où c'était qu'un petit mec, cracha Magellan, une flamme dans le regard. Un très petit mec. Il avait un vieux clou et il transportait tout ce qui se présentait. C'est la guerre qui a fait sa réussite. Il était pas trop regardant sur les chargements qu'on lui confiait et il donnait l'impression de pouvoir toujours trouver des masses d'essence quand les autres n'en avaient plus. Aujourd'hui, il a vingt ou trente camions.

— Et il n'aime pas la concurrence, constata Marlowe. Qu'est-ce qu'il essaie de faire ? Vous foutre en faillite ?

— Il a offert de me racheter l'affaire, mais je lui ai dit que ça m'intéressait pas. À elle seule, l'exploitation agricole ne suffit pas à nous faire vivre décemment. Alors, j'ai aussi trois camions Bedford. Une fois par mois, nous livrons le charbon dans le village et dans les fermes isolées. Le reste du temps, on fait le transport d'un peu tout le monde. J'ai monté une petite coopérative avec sept ou huit autres maraîchers du coin. Tous des petits exploitants. Ensemble, on peut être rentable, en utilisant mes camions pour acheminer les produits et les vendre en gros.

Marlowe commençait à se sentir intéressé.

— Même comme ça, papa, ça ne vaut pas une fortune. Qu'est-ce qu'il cherche, votre O'Connor ?

— Ce n'est pas le transport qui l'intéresse, se dépêcha d'expliquer le vieil homme. Ce sont les produits eux-mêmes. Vous comprenez, il y a près de dix-huit mois, il a acheté un grand commerce en gros de fruits et légumes sur le marché de Barford. Depuis, il en a acheté un autre, et il a pris une participation majoritaire dans deux autres encore. Maintenant, pratiquement, c'est lui qui contrôle les prix. Quand on veut vendre, il faut passer par lui.

Marlowe siffla doucement :

— Joli coup, et parfaitement légal... Mais qu'est-ce qu'il a contre vous ?

Le vieux haussa les épaules.

— Il n'aime pas ma petite coopérative. Il préfère traiter avec chaque exploitant, individuellement. Comme ça, il peut avoir la marchandise à des prix minimum et se faire des bénéfices gigantesques en la revendant à Birmingham et dans les autres grandes villes.

— Et personne n'a essayé de s'opposer à lui ?

— Si, naturellement. Mais O'Connor est un homme puissant, et Barford une très petite ville. Il peut faire jouer son influence de bien des manières. Et puis, à côté de ses méthodes les plus subtiles, il en a d'autres. Une bande de jeunes voyous a déclenché une bagarre l'autre jour, alors que le marché était bondé, et dans le feu de l'action, un étal a été complètement démoli. Bien entendu, O'Connor ignorait tout de l'affaire. Mais, depuis ça, le petit marchand qui avait l'étal suit le train.

— Et Kennedy ? Qu'est-ce qu'il vient faire là-dedans ?

Les traits du vieux se durcirent.

— Il a travaillé pour moi pendant presque six mois. Il ne m'a jamais plu. Mais dans un endroit comme celui-ci, les bons chauffeurs sont rares. Un jour, la semaine dernière, il m'a annoncé qu'il me quittait. Je lui ai proposé de le payer davantage pour qu'il reste. Il m'a ri au nez. Il m'a dit qu'il toucherait le double en travaillant pour O'Connor.

Il conclut, avec un gros soupir :

— Je pense qu'O'Connor est en train de se mettre à penser qu'il est le Bon Dieu dans les parages. C'est difficile de trouver quoi faire.

— Je suppose que personne n'a eu l'idée de lui faire rentrer les dents dans la gorge.

Magellan esquissa un petit sourire.

— Oh si, mon ami. Même que ça m'a traversé l'esprit. Mais les affaires d'O'Connor ont des tas de ramifications, maintenant. Il a fait venir des individus très bizarres. Tout ce que vous voulez, mais pas des gens de la campagne.

— Intéressant. Mais on peut en venir à bout de ça aussi. (Il se leva, s'étira et fit quelques pas :) Comment allez-vous vous battre ?

Le vieux sourit.

— J'ai déjà commencé. Mon autre chauffeur, c'est un jeune, un dénommé Bill Johnson, qui habite au village. O'Connor lui a offert un bon boulot et un meilleur salaire. Bill lui a dit d'aller se faire voir. Ce matin, je l'ai envoyé à Barford, avec un plein camion de fruits et de légumes. Il doit faire le tour des détaillants et leur proposer de leur vendre directement.

— Et vous croyez que ça va marcher ?

Magellan haussa les épaules.

— Je ne vois pas pourquoi ça ne marcherait pas. O'Connor lui-même ne peut pas tenir tout le monde sous sa coupe. Et je suis sûr qu'il n'a pas les moyens de flanquer la trouille à tous les commerçants de Barford et du district.

Marlowe secoua la tête avec lenteur.

— Je ne sais pas trop, papa. C'est un petit peu trop simple.

Le vieux bondit sur ses pieds, agacé.

— Il faut que ça marche. O'Connor n'est pas Dieu le Père. Il ne peut pas contrôler tout le monde.

— Il peut sacrément bien essayer, fit valoir Marlowe.

Un instant, on aurait pu croire que Magellan allait exploser de colère. Il darda sur Marlowe un regard brûlant puis, tout d'une pièce, il se détourna et s'en fut à la cheminée. Il demeura un moment à contempler les flammes, les épaules secouées par la fureur qu'il réprimait. Marlowe se resservit un verre de cognac.

— Nous vivons dans un drôle de monde, finit par dire le vieux au bout d'un moment, sans se retourner. Après la guerre d'Espagne, quand je suis retourné chez moi, au Portugal, j'ai découvert que je gênais mon propre gouvernement. Franco aurait pu m'atteindre, même là-bas. Alors, je suis venu en Angleterre. Et maintenant, après toutes ces années, je découvre qu'il peut encore m'atteindre. Franco... O'Connor... Il n'y a aucune différence. C'est la même chose.

— Vous êtes en train d'apprendre, papa, dit Marlowe. C'est le même problème, et la solution est toujours la même. Vous devez vous battre. S'il se sert de la force, vous devez employer plus de force encore. Et s'il joue les coups tordus, vous devez trouver encore plus tordu.

— Mais c'est horrible. Nous ne vivons pas dans la jungle.

Maria était revenue dans la pièce sans faire de bruit et s'était exprimée depuis le seuil.

Marlowe leva son verre.

— C'est la vie, répliqua-t-il, cynique. On survit, ou on se fait avoir.

Le vieux Magellan s'était retourné pour leur faire face. Un instant, il fixa Marlowe d'un œil inquisiteur.

— Ce boulot que vous recherchez... Pourquoi aller à Birmingham ? Vous pouvez en avoir un tout de suite, en reprenant le job de Kennedy.

Marlowe termina son cognac et réfléchit à cette proposition. C'était précisément ce dont il avait besoin : un travail, dans une petite bourgade tranquille où personne ne le connaissait. Il pourrait rester profil bas pendant quelques semaines. Ensuite, il retournerait à Londres pour récupérer son argent dès que le tumulte se serait apaisé. Et après ça, l'Irlande. Là, quand on connaissait ceux qu'il fallait connaître, il y avait toutes sortes de moyens de s'en sortir.

Tout cela présentait bien des attraits, mais il y avait la complication nouvelle que constituaient les ennuis avec O'Connor. Si les choses prenaient de l'ampleur, la police viendrait y fourrer son nez. Et un contact avec la police était bien la dernière chose que Marlowe voulait en ce moment.

Il reposa lentement son verre.

— Je ne sais pas, papa, il faut que j'y réfléchisse.

— Qu'est-ce qui se passe ? lança vivement Maria. Vous avez peur ?

Le vieux eut un geste d'agacement.

— Vous pouvez rester ici, fils. Vous prendrez l'ancienne chambre de Pedro.

Il s'ensuivit un long silence. Le père et la fille attendaient la réponse. Le vieil homme tremblait d'impatience. La jeune femme semblait calme et réservée. Marlowe la fixa, mais elle ne montra pas une seconde quel genre de décision elle attendait. Pendant qu'il la regardait, elle rougit et fronça un peu les sourcils, et il sut qu'elle ne l'aimait pas.

Il sourit à peine et se tourna vers le vieux.

— Désolé, papa. Moi, je suis à fond partisan d'une vie tranquille. Et j'ai bien l'impression que vous êtes bons pour une sacré fiesta dans les jours qui viennent.

De déception, les traits de Magellan s'effondrèrent, tandis que s'affaissaient ses épaules. Brutalement, il redevenait un vieillard. Un grand vieillard.

— Sûr que je comprends, fils. C'est beaucoup demander à un homme.

Maria vint se ranger à côté de son père et l'enlaça :

— Ne vous inquiétez pas, papa. On y arrivera.

Puis elle eut pour Marlowe un sourire plein d'orgueil.

— Mon père n'avait pas le droit de vous demander ça. C'est notre affaire. Nous sommes assez grands pour veiller sur nous-mêmes.

Marlowe se força à sourire pour cacher la fureur qui l'agitait. Il grinçait des dents de colère et, d'abord, de colère contre lui-même. Pour la première fois depuis des années, il avait honte. « Nous sommes assez grands pour veiller sur nous-mêmes », avait-elle dit. Un vieil homme, une jeune femme... Il se demandait combien de temps ils pourraient tenir lorsque les durs d'O'Connor passeraient vraiment à l'action et leur tomberaient dessus.

Impassible, il s'empara de son manteau : quoi qu'il puisse arriver, il n'avait pas l'intention de s'y trouver impliqué. Tout ce qu'il avait à faire, c'était de ne plus replonger, et de s'écraser pendant quelques semaines. Au bout, il y avait une fortune qui l'attendait. Il faudrait être cinglé pour tout remettre en jeu après cinq années à suer sang et eau. Et pourquoi l'aurait-il fait ? Pour un vieillard et une bergère qu'il ne connaissait pas une heure auparavant ?

Il boutonnait son imper :

— Après tout, il vaut peut-être mieux que j'y aille.

Avant que Magellan ait pu répondre, on entendit le bruit d'un camion qui tournait dans la cour et s'arrêtait devant la porte. Le ronronnement du moteur se tut.

— Ça doit être Bill, dit Maria. Je me demande s'il a eu la moindre chance.

La porte d'entrée claqua et on entendit des pas traînants dans le couloir. Une silhouette s'encadra dans le chambranle, vacillante. C'était celle d'un jeune homme de taille moyenne, en blouson de cuir et casquette de velours. Ses traits, joufflus et joviaux, étaient tendus et blêmes de douleur. Un coquard déformait l'un de ses yeux. Ses lèvres étaient salement déchirées et, sur la joue, le sang se coagulait autour d'une profonde balafre.

— Bill ! s'écria Maria, horrifiée. Qu'est-ce qui se passe ? Qu'est-ce qu'on vous a fait ?

Johnson s'avança d'un pas incertain et se laissa tomber sur une chaise, tandis que le vieux Magellan s'empressait de remplir un verre de cognac et de le lui tendre. Marlowe, en retrait, observait tranquillement.

— Qui t'a tapé dessus, mon garçon ? interrogea le vieil homme, sombre. Les hommes d'O'Connor ?

Johnson avala son cognac dans un hoquet. Il semblait avoir de la peine à parler.

— Oui, finit-il par dire. C'était le grand, Blackie Monaghan. J'ai fait le tour des boutiques, comme vous me l'aviez dit, et ça a bien marché. J'ai réussi à vendre toute la marchandise contre paiement en liquide.

Il sortit de la poche de son blouson une poignée de billets et les posa sur la table.

— Il y en a un ou deux qui m'ont dit que ça ne les intéressait pas, reprit-il. Je pense que quelqu'un a dû refiler le tuyau à O'Connor.

Il marqua un nouveau temps d'arrêt, et ferma les yeux, comme s'il allait s'évanouir. Marlowe le fixait attentivement et un rictus cynique relevait les coins de sa bouche. Johnson avait, certes, reçu une correction, mais rien d'aussi grave que ce qu'il tentait de faire croire. Il en rajoutait, et il devait bien y avoir une raison.

— Continue, fils, ordonna Magellan. Dis-nous ce qui s'est passé ensuite.

— Je prenais une tasse de thé dans le café des routiers, à Barford, sur Birmingham Road. Monaghan est entré avec deux des voyous qui le suivent tout le temps. Ils viennent toujours au Plaza, le samedi soir, après la fermeture des pubs, et ils font du raffut. Monaghan m'a suivi dehors et il a commencé la bagarre. Il disait que j'avais serré de trop près sa petite amie au bal, samedi dernier.

— C'est vrai ? demanda Magellan.

Johnson secoua la tête.

— Je ne savais même pas de quoi il parlait. J'ai essayé de discuter avec lui, mais il m'a frappé. Un de ses amis m'a tapé sur la figure, mais Monaghan l'a arrêté, en disant que j'avais mon compte. Il m'a dit de ne plus mettre les pieds à Barford si je tenais à rester en bonne santé.

Magellan, ébahi, branlait du chef.

— Mais pourquoi ça ? Je ne comprends pas.

Marlowe eut un rire bref.

— C'est une vieille tactique, papa. Officiellement, ça n'a rien à voir avec votre conflit avec O'Connor. C'est seulement une coïncidence si Johnson travaille pour vous.

Le visage de Maria était blanc de colère.

— Nous devons aller à la police. Il ne peut pas s'en tirer comme ça.

Marlowe haussa les épaules.

— Ça servirait à quoi ? Si Johnson va trouver les flics, qu'est-ce que ça apportera ? Ça ne fera rien à O'Connor. Monaghan recevra une amende de quelques livres pour coups et blessures et ça n'ira pas plus loin.

— Je ne veux pas aller chez les flics, protesta Johnson d'une voix inquiète.

Magellan fronça les sourcils.

— Pourquoi pas ? Tu aurais au moins la satisfaction de voir Monaghan au tribunal.

Johnson se dressa. Brusquement, il paraissait capable de se tenir debout sans tituber. Sa voix était un peu glapissante :

— Je veux plus avoir d'histoires. Je veux pas être davantage mêlé à ça. Je savais pas que ça allait être comme ça. (La peur avait envahi son visage et sa voix se brisa :) Je suis désolé, Mr Magellan. Vous avez été très bon pour moi, mais il va falloir que je me trouve un nouveau boulot.

Il resta sans bouger, tordant sa casquette dans ses mains :

— Je serai pas là demain.

Il y eut un moment de silence scandalisé, puis Maria se détourna, étouffant un sanglot. Magellan, à tâtons, chercha un endroit où s'appuyer, si faible qu'on aurait pu penser qu'il allait s'effondrer.

Marlowe s'aperçut qu'il s'était précipité vers le vieux, le soutenant de ses bras et l'aidant à s'installer dans un fauteuil.

— Ne vous faites pas de soucis, papa, dit-il. Tout ira bien. Tout ira très bien.

Il se redressa et fixa Johnson, sur le visage duquel la honte avait remplacé la peur. Et, soudain, il fut pris d'une rage terrible, irrépressible, impossible à maîtriser. Il bondit en avant, saisit Johnson à la gorge et le secoua comme un prunier :

— Espèce de petit salopard venimeux, cracha-t-il. Je vais te donner une leçon dont tu te souviendras.

De toute sa force, il projeta Johnson dans le hall. Le jeune homme perdit l'équilibre et tomba au sol. Voyant Marlowe s'avancer vers lui, il se remit sur ses pieds, tremblant de peur. Mais Maria attrapa Marlowe par les cheveux, lui tordant la tête en arrière. Elle le gifla.

— Arrêtez ! hurla-t-elle. Vous croyez qu'il n'y en a pas eu assez comme ça pour aujourd'hui ?

Marlowe levait le bras pour la repousser. Magellan apparut à la porte, soudain très actif et, saisissant Johnson par l'épaule, il le poussa dehors :

— Allez, file d'ici, pour l'amour de Dieu !

Johnson lança un coup d'œil terrifié derrière lui et s'enfuit dans le brouillard. Tout était silencieux maintenant, à part la respiration haletante de Marlowe. Cette fois, Maria ne pleurait pas. Mais son visage était tendu et ses yeux lançaient des éclairs.

— Qu'est-ce qui ne va pas chez vous ? demanda-t-elle, furieuse. Vous voulez qu'un jour on vous pende ? Vous ne savez pas vous contrôler ? La violence, c'est tout ce que vous connaissez ?

Marlowe frissonna et la regarda. Il avala sa salive.

— Quand j'étais gosse, mon père voulait que je sois médecin. Lui, il était comptable, alors, il fallait que je sois médecin. Moi, je ne voulais pas, mais ça lui était complètement égal. Il n'a pas arrêté de me taper dessus pendant que j'étais à l'école. Jusqu'à ce qu'un jour, à dix-sept ans, je découvre que j'étais plus fort que lui. Je lui ai flanqué un crochet à la mâchoire et j'ai quitté la maison. (Les mains tremblantes, il prit une cigarette, et poursuivit :) En Mandchourie, à la mine de charbon où on m'avait envoyé, il y avait un officier chinois qui était chargé des prisonniers. Li, il s'appelait. Un petit nom pour un petit bonhomme. Il faisait un complexe à propos de sa taille, et il ne m'aimait pas, parce que moi, j'étais grand. Je travaillais au fond, douze heures par jour, jusqu'aux genoux dans l'eau glacée. Quelquefois, quand il pensait que je ne travaillais pas assez dur, il me laissait là toute la nuit alors que les autres remontaient à la surface. Il m'arrive encore d'en rêver. Il avait l'habitude de venir au milieu de la nuit et de m'appeler à travers le puits, et sa voix résonnait dans toute la mine. D'autres fois, il s'énervait, et il me tapait dessus avec un manche de pic.

Maria pleurait sans bruit en secouant la tête.

— Arrêtez. Arrêtez, je vous en prie.

Marlowe l'ignora.

— Et qu'est-ce que tout ça m'a appris ? Je vais vous le dire.

En réalité, c'est très simple. (Il leva son poing serré :) Ça ! C'est ça qui compte. La botte et le poing. Toute ma vie, je me suis fait emmerder par l'un ou par l'autre. Mon père, ou le capitaine Li, ou O'Connor, ou Monaghan. Ils sont tous de la même espèce et il n'y a qu'une seule façon d'en venir à bout.

Elle se retourna. Magellan s'avança et posa la main sur le bras de Marlowe. On lisait une grande pitié sur son visage.

— Je sais ce que c'est que d'avoir un démon perché sur l'épaule, mais c'est celui-là que vous avez à combattre. Pas le reste du monde.

Marlowe hocha la tête, très las.

— Je pense que je vais le prendre, ce bain, maintenant, papa. Ça me fera du bien. (Il s'élança, mais s'arrêta, le pied sur la première marche de l'escalier.) Autre chose, papa. Ce boulot dont vous me parliez... Si la place est toujours vacante, je la prends. Ce O'Connor commence à me courir sur les nerfs. Il me rappelle quelqu'un que j'ai connu autrefois.

Le vieux sourit et tout son visage se ranima.

— C'est bien, fils. Allez prendre votre bain et nous en parlerons après.

Marlowe grimpa l'escalier. Il se sentait le corps empli d'une lassitude inexprimable. Il commençait déjà à regretter sa décision, mais il s'était engagé. Quoi qu'il puisse arriver, il s'en tiendrait à la parole donnée. Il avait l'impression qu'il était comme possédé par une force puissante qui l'entraînait vers une destination inconnue. Il haussa les épaules et un demi-sourire lui vint aux lèvres. Au diable, après tout... Il n'avait peur ni de O'Connor, ni de Monaghan, ni de personne de leur bande. En entrant dans la salle de bains, il souriait largement. Il éprouvait presque du chagrin pour O'Connor : le malheureux était mûr pour une sacrée surprise.

4

La matinée était froide, mais sans pluie, et un soupçon de brume s'accrochait encore aux champs lorsque Marlowe traversa la cour pour aller dans la vieille grange. Des voix lui parvenaient de l'intérieur. Il s'arrêta un instant sur le seuil pour allumer une cigarette avant d'entrer.

L'air frais et pénétrant qui l'enveloppait comme un linceul le fit frissonner. Le local était brillamment éclairé par de nombreuses ampoules qui pendaient d'un câble électrique. Maria Magellan et un vieil homme s'activaient à charger des cageots et des sacs dans un camion Bedford de trois tonnes garé au milieu de la grange. On en distinguait deux autres, dans la pénombre du fond.

Quand il fit son entrée, la jeune femme se retourna vivement.

— Bonjour, dit-elle.

— On se croirait dans une glacière, ici, fit Marlowe.

Elle haussa les épaules.

— Les murs ont près d'un mètre d'épaisseur. Exactement ce qu'il nous faut pour stocker les fruits.

Elle se dirigea vers une table disposée contre le mur et prit un pot de métal sur un petit réchaud électrique.

— Du café ?

Il acquiesça d'un signe de tête.

— Où est votre père, ce matin ?

— Au lit, répondit-elle avec une petite grimace. Des rhumatismes, et ça ne lui plaît pas trop. Il en a une crise par-ci par-là, quand le temps tourne à l'humidité. Il faudra probablement que je l'enferme à clef si je veux le garder à l'intérieur.

Il but quelques gorgées de café brûlant et grogna de plaisir en sentant la chaleur descendre en lui. Du menton, il désigna le camion et le vieil homme, toujours occupé à y empiler des cageots.

— Vous commencez tôt.

— Dans ce métier, il le faut, si on veut gagner sa vie.

— Vous auriez dû me réveiller. Je serais venu vous donner un coup de main.

— Oh, ne vous inquiétez pas, riposta-t-elle. C'est ce que je ferai la prochaine fois. Je veux seulement vous apprendre tranquillement le métier.

Le vieux approchait, bourrant sa pipe dans sa blague d'une main déformée. Il était coiffé d'une casquette de velours graisseuse et d'un vieux costume rapiécé. On lui aurait donné au moins soixante-dix ans.

— C'est terminé, miss Maria, annonça-t-il d'une voix chevrotante. Je m'en vais à la serre, maintenant.

Elle lui sourit chaleureusement.

— Très bien, Dobie. Le petit déjeuner est à 9 heures. (Il repartait déjà lorsqu'elle se hâta d'ajouter :) Oh, Dobie, je vous présente Hugh Marlowe. Il va travailler pour nous comme chauffeur.

Le vieux posa sur Marlowe le regard vide de ses yeux noyés et hocha la tête. Puis il tourna les talons, s'en fut en allumant sa pipe, et disparut dans la grisaille.

— Il vous est vraiment utile ? interrogea Marlowe. Il m'a l'air sacrément trop vieux pour fournir encore une pleine journée de travail.

Maria se servit une tasse de café en haussant les épaules.

— Si Dobie s'arrêtait de travailler, il en mourrait. Il fait partie de ce genre d'hommes. De toute façon, il en sait plus sur les cultures maraîchères que n'importe qui que je connaisse. Sans lui, nous ne nous en sortirions pas.

Marlowe reprit du café à son tour.

— Il est quand même trop vieux pour charger des pleins sacs de patates sur un camion. La prochaine fois, réveillez-moi.

Les yeux de la jeune femme étincelèrent de colère.

— Ne vous en faites pas, Mr Marlowe. Je veillerai à ce que vous méritiez votre salaire.

Il sourit et alluma une nouvelle cigarette.

— Je le mériterai. (Il se dirigea vers le camion et referma l'abattant du plateau.) Qu'est-ce que je fais de tout ça ?

— De deux choses l'une. Ou bien vous vendez le tout au marché, ou bien vous faites le tour des détaillants, comme Bill Johnson hier.

— Est-ce que ça vaut vraiment la peine d'aller au marché ? interrogea-t-il. Je croyais qu'O'Connor avait tout bouclé, là-bas.

— Presque, oui. Mais il reste quand même un grossiste indépendant. Le vieux Sam Granby. Il a été malade pendant longtemps et c'est son neveu Tom qui l'avait remplacé. Tom fricote avec O'Connor, mais pas le vieux. On nous a dit hier qu'il serait peut-être de retour aujourd'hui. Ça mérite un essai.

Marlowe approuva :

— Alors, il vaut mieux que je me mette en route.

Elle fronça les sourcils et prit dans sa poche un morceau de papier.

— J'ai failli oublier ça.

Marlowe l'examina. C'était une liste de différentes espèces de fruits et de légumes, chacune avec un prix indiqué.

— Vous ne devez pas descendre en dessous de ces chiffres, expliqua-t-elle. Sinon, nous ne faisons aucun bénéfice.

— Ça, ça ne ferait pas l'affaire, sourit Marlowe. Mais ne vous en faites pas. Je vous aurai les prix que vous voulez.

D'un placard, elle sortit une vieille canadienne et la lui lança.

— Vous feriez mieux d'enfiler ça. Il peut faire sacrément froid dans la cabine de ce camion. (Il la passa puis s'installa derrière le volant. Alors qu'il venait de claquer la portière, elle s'approcha.) N'oubliez pas, Marlowe. Tenez-vous à l'écart des ennuis.

Il mit le contact et le moteur ronronna. Il se pencha avec un sourire moqueur.

— Ne vous inquiétez pas pour moi, mon ange. Je déteste les ennuis.

À son visage, il vit clairement qu'elle ne le croyait pas. Mais il avait débloqué le frein à main et le camion était sorti de la cour avant qu'elle n'ait pu répondre.

Le trajet en direction de Barford demanda moins d'une demi-heure. Il roula presque tout le temps vitre ouverte, laissant l'air froid lui inonder les joues. Il n'éprouvait aucune anxiété particulière à propos de ce qui pourrait se passer quand il arriverait au marché, même s'il était probable que Kennedy avait déjà rapporté à O'Connor les événements de la veille.

À Barford, les rues étaient désertes et silencieuses. Mais en arrivant sur la grande place pavée qui marquait le centre de la ville, il y trouva, déjà garés, trente ou quarante camions et camionnettes. L'endroit bourdonnait d'activité et de bruit. Un grand nombre d'hommes se glissaient entre les véhicules en poussant de grosses charrettes à bras pleines de produits divers.

Au milieu du côté sud de la place, au coin d'une rue étroite, un grand entrepôt se détachait sur le ciel. Une grande enseigne jaune, accrochée haut sur la façade du bâtiment, proclamait « Inter-Allied Trading Corporation ». Quelques mètres plus loin, une pancarte de bois délavé signalait les locaux de Sam Granby.

En s'en approchant, il vit Kennedy, fumant une cigarette, adossé à la large double porte qui menait à l'intérieur.

Le visage de Kennedy portait de vilaines marques, et ses lèvres éclatées avaient plus que doublé de volume. Quand Marlowe grimpa les marches qui menaient en haut du quai, Kennedy le reconnut. Un instant, il le fixa, ébahi, puis une expression de peur passa dans ses yeux. Il se retourna et se précipita dans le bâtiment. Marlowe prit le temps d'allumer une cigarette avant de le suivre.

Dans l'entrepôt, de nombreux employés s'activaient à disposer des pommes dans des cageots. Un bureau vitré était installé dans un coin, au sommet d'un escalier de fer forgé à l'ancienne. Marlowe pouvait nettement distinguer Kennedy en train de parler, très animé, avec quelqu'un qui y était assis.

Marlowe monta et ouvrit la porte du bureau. Outre Kennedy, deux autres hommes s'y trouvaient. Le premier, assis à la table de travail, était jeune, avec des cheveux châtains et un regard aigu et malin. L'autre, affalé dans un vieux fauteuil dont les ressorts fléchissaient dangereusement sous son poids, était l'être le plus corpulent que Marlowe ait jamais vu. Il possédait un visage plein et charnu, qui arborait une expression de bonne humeur permanente, et des yeux bleus candides et pleins de gaieté.

Kennedy se retourna en hâte, les traits envahis par l'inquiétude. Marlowe sourit, méprisant.

— Pour l'amour de Dieu, Kennedy, essaie un peu de ne pas avoir l'air d'avoir envie de pisser dans ton froc chaque fois que tu me vois.

La rage se peignit sur le visage de Kennedy. Il écarta Marlowe, ouvrit la porte à la volée, et s'engouffra dans l'escalier. L'obèse explosa de rire, son vaste corps secoué par l'allégresse.

— Pauvre Kennedy, lâcha-t-il d'une voix étonnamment fluette. Il ne supporte pas la plaisanterie. Il n'a jamais pu.

Marlowe l'ignora et s'adressa à celui qui était derrière la table :

— Où puis-je trouver Sam Granby ?

Le jeune s'appuya au dossier de sa chaise, l'œil las :

— De l'autre côté de la place, aux pompes funèbres. Il est mort hier soir. (Il montra les dents dans un sourire sans joie.) Je suis son neveu... Tom Granby. C'est moi le propriétaire, maintenant.

Marlowe hocha la tête avec lenteur. C'en était fini des espoirs de Maria Magellan.

— J'ai un chargement de marchandise, là dehors. Ça vous intéresse ?

Tom Granby s'empara d'un crayon qu'il examina attentivement :

— Ça dépend. Vous venez d'où ?

Marlowe tentait de maîtriser la colère qui montait en lui.

— Vous savez sacrément bien d'où je viens, mon petit père. Arrêtez de jouer au plus fin.

À nouveau, le gros éclata de rire :

— Très amusant, ça, susurra-t-il. Franchement très amusant.

— Qui vous a demandé de fourrer votre nez là-dedans ? s'enquit Marlowe froidement, par-dessus l'épaule.

Le visage joufflu souriait toujours, mais l'expression des yeux avait changé. De nouveaux soubresauts agitèrent pourtant la forme massive.

— Ça, c'est encore plus drôle. Vous feriez mieux de lui dire, Tom.

Granby s'éclaircit la gorge.

— Voilà mon nouvel associé, proclama-t-il avec un plaisir évident. Mr O'Connor.

Marlowe se tourna vers l'obèse et le fixa avec mépris.

— Alors, c'est vous, le grand O'Connor ? finit-il par lâcher.

O'Connor s'essuyait les yeux à l'aide d'un grand mouchoir blanc.

— Et vous, vous êtes le type qui a cassé la gueule à Kennedy hier. (Il parcourut du regard la haute silhouette de Marlowe.) J'aurais bien aimé voir ça, ajouta-t-il. Vous êtes un costaud, fils. Vraiment un gars très costaud.

— Mais pas au point de ne pas pouvoir être remis à sa place, fit valoir Tom Granby, hargneux.

Marlowe pivota, main gauche en avant. Il saisit Granby par sa chemise et l'étendit à moitié sur la table. Un instant, l'autre le fixa les yeux emplis de peur :

— La prochaine fois que tu me mets en rogne, je t'écrase comme une punaise.

Il ouvrit la main et Granby s'effondra sur sa chaise. O'Connor secoua la tête et fit claquer sa langue.

— Pas futé, ça, Tom. Vous l'avez vraiment cherché. (Il se tourna vers Marlowe.) Le vieux Magellan est cuit. Dans une semaine, il pourra plus payer votre salaire.

Marlowe ne prit pas la peine de répondre. Il se détourna et marcha vers la porte. O'Connor se leva avec une rapidité étonnante pour un homme de sa corpulence et lui attrapa le bras.

— Il faut être raisonnable, fils. J'ai toujours du boulot pour un mec doué.

Marlowe observait la main posée sur sa manche.

— Ôtez votre patte de là, ordonna-t-il.

La main d'O'Connor retomba, comme si elle avait été piquée par une guêpe. Marlowe le regarda bien en face.

— Je ne couperais pas la corde si vous y étiez pendu, gros porc.

Les petits yeux bleus se remplirent de méchanceté. Un moment, les deux hommes se fixèrent, puis O'Connor sourit.

— Très bien, fils. Faites comme vous voulez.

En ouvrant la porte, Marlowe se tourna à demi.

— Encore une chose, O'Connor. Essayez un peu de m'avoir, et vous maudirez le jour où vous êtes né.

Il referma la porte doucement et descendit l'escalier.

Dehors, il demeura un moment sur le quai de chargement, pour allumer une cigarette et réfléchir à la situation. À l'évidence, il lui faudrait faire le tour des détaillants, comme Bill Johnson la veille. Et il pensait que, d'une manière ou d'une autre, O'Connor ne laisserait plus longtemps ouverte cette brèche dans son dispositif, à supposer même qu'il ne l'ait pas déjà refermée.

Il revint à son camion à pas lents. Alors qu'il passait devant la grande porte de l'entrepôt d'O'Connor, il remarqua, à l'entrée d'un couloir, Kennedy en conversation avec une jeune fille vêtue d'un blue jean et d'un blouson de cuir de conducteur. Elle avait un visage doux et arrondi, comme celui d'une enfant, encadré de cheveux d'un blond très pâle, presque blanc dans le soleil.

Kennedy lui dit quelque chose et elle leva rapidement les yeux en direction de Marlowe. Il la fixa, lui aussi, pendant plusieurs secondes, puis, longeant la bâtisse, reprit sa marche vers son véhicule. Il se retourna, une fois, et il vit qu'elle n'avait pas cessé de le suivre des yeux.

Un peu plus loin, dans la rue étroite qui bornait l'un des côtés de l'entrepôt d'O'Connor, Marlowe nota l'enseigne d'un café où entraient ou d'où sortaient les gens du marché. Il prit soudain conscience qu'il avait faim et se dirigea vers l'établissement.

Derrière l'entrepôt, il y avait une ruelle. En passant devant, Marlowe repéra un attroupement. Des voix furieuses s'élevaient. Il traversa rapidement et, à coups d'épaules, il se fraya un chemin.

Une autre porte de chargement s'ouvrait dans la ruelle. Sur le seuil, quatre hommes s'insultaient furieusement. L'un d'entre eux était un Noir. À ses pieds, sur le sol, on voyait une vieille valise en carton entourée d'une ficelle. Celui qui criait le plus dépassait largement le mètre quatre-vingt. Il possédait un torse comme une barrique et une toison de cheveux noirs frisés. Il alignait d'horribles blasphèmes, avec un accent irlandais très marqué, et brandissait un poing menaçant.

— On n'aime pas les moricauds, par ici, dit-il. Autour d'eux, ça pue. Retourne donc à la putain de Jamaïque d'où tu viens.

Il prit son élan et balança un magistral coup de pied dans la valise qui alla s'écraser contre le mur d'en face.

Le Jamaïcain fit un pas en avant, poings serrés. Une fraction de seconde, Marlowe espéra qu'il allait se précipiter sur l'Irlandais, mais il baissa le menton et se calma. Il commença à descendre du quai. L'un des hommes tendit la jambe et le fit trébucher. Il tomba lourdement au sol.

Le grand Irlandais sauta à côté de lui, un large sourire aux lèvres.

— Te voilà à ta place, le négro. Dans la merde.

Mais déjà, vif comme un chat, le Jamaïcain s'était remis sur ses pieds. Il avança, d'un mouvement à la fluidité superbe, et écrasa son poing dans la mâchoire de l'Irlandais qui s'effondra, comme un animal terrassé.

L'Irlandais se redressa avec un rugissement de fureur. Au même instant, ses deux compagnons bondirent de la rampe et, par-derrière, saisirent les bras du Noir.

— Vas-y, Blacky, cria l'un d'eux. Descends-le.

L'Irlandais resta quelques secondes immobile, essuyant le sang qui coulait de sa bouche, puis il s'avança, une joie mauvaise au visage. Marlowe se retourna, méprisant, vers la foule :

— Quel genre d'hommes vous êtes ? Il n'y aura personne pour donner un coup de main à ce type ?

Un vieil homme à la casquette de velours fripée et à l'imperméable graisseux se tourna vers Marlowe.

— Vous êtes sûrement nouveau dans le coin. Ça paie jamais de se mêler des affaires de Blacky Monaghan.

Une charrette de balayeur se trouvait là, avec une pelle et un balai. Marlowe prit la pelle et s'approcha des quatre hommes.

Monaghan le fixa, étonné.

— Qu'est-ce que tu veux, toi ? demanda-t-il, furieux.

Marlowe ne lui prêta aucune attention. Il s'adressa directement aux deux qui tenaient le Jamaïcain. Ils regardaient la pelle, incrédules.

— Si vous ne foutez pas le camp d'ici, vous deux, annonça Marlowe avec calme, je vous casse les bras.

Il n'eut qu'à brandir la pelle. Les deux voyoux bondirent en arrière, affolés. Ils lâchèrent le Noir et sautèrent sur le quai de déchargement.

Le Jamaïcain sourit, découvrant une superbe rangée de dents blanches.

— Merci beaucoup, l'ami, dit-il avec l'accent chantant des Antilles. Je me souviendrai de ça.

Monaghan, le dos contre le mur, débitait des obscénités :

— Mon salaud, une de ces prochaines nuits, je te coincerai sans cette pelle. Et là, ça sera mon tour à moi.

Marlowe, sans paraître l'écouter, s'approcha du quai, la pelle toujours en mains, et eut un sourire pour le Noir :

— C'est ton tour, mon pote.

Un rictus de satisfaction malsaine apparut sur le visage du Jamaïcain. Il fit un pas vers Monaghan. L'Irlandais cracha par terre et serra les poings.

— Dites donc, qu'est-ce que vous êtes en train de faire, là ? interrogea une voix tranquille. De transformer Barford en ville du Far West ?

Marlowe se retourna vivement. L'attroupement s'était dispersé et un homme paisible, d'âge moyen, arrivait. Il portait un imperméable marron et un vieux chapeau de feutre bleu. Une moustache poivre et sel, jaunie par la nicotine, complétait son visage d'épagneul triste.

Le Jamaïcain rejoignit rapidement Marlowe.

— Fais gaffe. Celui-là, c'est un flic.

Prudemment, Marlowe mit sa main droite dans son dos et appuya la pelle contre le mur. Mais il n'avait pas été assez rapide. La moustache frémit et une expression amusée apparut dans les yeux du nouveau venu.

— Qu'est-ce que vous aviez l'intention de faire avec ça, fils ? Planter vos rosiers ?

Marlowe arbora un sourire aimable.

— Comment l'avez-vous deviné ?

La moustache frémit à nouveau.

— Filez vite de là, avant que je vous coince, dit paisiblement le policier à Monaghan.

L'Irlandais écarquilla les yeux et ouvrit à demi la bouche comme s'il allait dire quelque chose. Mais il grimpa sur la quai de déchargement et disparut à l'intérieur de l'entrepôt.

Le policier s'adressa au Jamaïcain :

— Et maintenant, Mac, comment est-ce que ça a commencé ?

Le Noir haussa les épaules.

— Oh, comme d'habitude, Mr Alpin. Je crois simplement qu'ils aiment pas me voir dans le coin.

Alpin se contenta d'un bref hochement de tête et lança à Marlowe un regard interrogateur :

— Comment vous appelez-vous, fils ? Qu'est-ce que vous faites là-dedans ?

Marlowe haussa les épaules.

— Ils étaient trois à s'occuper de lui. Je suis seulement intervenu pour rétablir l'équilibre. Je suis chauffeur de camion chez Mr Magellan, de Litton. Marlowe, je m'appelle.

Alpin lança un coup d'œil à la pelle.

— Vous êtes certainement partisan des tactiques de choc. Mais c'est la bonne manière pour se retrouver un jour dans le box des accusés, avec une inculpation qui mène à la potence.

Le Jamaïcain ramassa sa valise et ils se dirigèrent tous trois vers le bout de la ruelle.

— Qu'est-ce que vous allez faire maintenant, Mac ? s'enquit Alpin.

Le Noir secoua la tête.

— Je sais pas, Mr Alpin. Je vais peut-être essayer de nouveau Londres. C'est déjà assez dur pour un Blanc de trouver du boulot à la campagne.

Alpin branla du chef.

— Eh bien, j'espère que vous réussirez.

Il sortit de sa poche un petit inhalateur, l'inséra dans une narine, renifla profondément et se moucha à grand bruit dans un mouchoir kaki.

— Ah, ça va mieux, reprit-il. C'est encore ce maudit rhume des foins. Bon, il faut que je m'en aille. Si je peux faire quelque chose pour vous, Mac, n'hésitez pas à me contacter. (Il se tourna vers Marlowe.) Transmettez mes amitiés au papa Magellan, et dites-lui que j'ai demandé de ses nouvelles. (Il fit quelques pas et s'arrêta.) Et puis tenez-vous à l'écart de Blacky Monaghan, en particulier par les nuits sombres, et laissez donc les pelles tranquilles.

Il repartit sans attendre la réponse et se dirigea vers la place, l'imperméable battant ses jambes dans le vent léger.

— C'est quelqu'un de bien, dit doucement le Jamaïcain. Dommage qu'il n'y en ait pas plus comme lui.

Il soupira, et puis il sourit et tendit la main.

— Je t'ai pas encore remercié, l'ami. Mon nom, c'est Mackenzie... Henry Mackenzie. Mais, en général, on m'appelle seulement Mac.

Marlowe prit la main tendue.

— Hugh Marlowe. (Du menton, il montra le petit café.) J'allais justement là pour prendre un verre. Ça te dit de venir avec moi ?

Mac acquiesça. Il saisit sa valise. Tous deux traversèrent la rue. Le café était bondé, mais ils parvinrent à découvrir une petite table près de la fenêtre. Marlowe s'en fut chercher deux cafés au comptoir et offrit une cigarette au Jamaïcain.

— Tu lui as flanqué un sacré crochet à la mâchoire, au Monaghan. On dirait que tu sais te servir de tes paluches.

Mackenzie sourit.

— C'est normal. Je suis venu dans ce pays comme boxeur professionnel.

— Et ça a marché ?

Le Jamaïcain haussa les épaules.

— Ça a été au poil pendant un an ou deux. Jusqu'au soir où j'ai eu un corps à corps dans les cordes et où je suis tombé du ring. Je me suis cassé le pied. (Il soupira.) Les toubibs se sont débrouillés pour m'arranger ça. Mais quand j'ai repris l'entraînement, je me suis aperçu que je ne pouvais plus tenir qu'un petit round avant que la douleur recommence.

— C'est un sacré manque de pot, sympathisa Marlowe.

Le Noir eut un sourire et s'appuya au dossier de sa chaise.

— Faut pas croire que je vais pleurer sur mon sort, mec. La vie, c'est comme une grande roue qui arrête pas de tourner. Aujourd'hui, je suis en bas. La prochaine fois, je serai en haut. (Il leva les mains.) C'est la loi de la nature.

Marlowe approuva d'un sourire.

— Tu n'as peut-être pas tort. Et qu'est-ce que tu faisais chez O'Connor ?

Mac haussa les épaules.

— Tout ce qui se présentait. Emballer les fruits, faire les chargements... Il m'avait engagé comme chauffeur de camion.

— Et qu'est-ce que tu penses de lui ?

Sur le visage du Jamaïcain, le sourire s'effaça.

— Je l'aime pas. Sa bande et lui, ils sont épouvantables. S'il y avait pas eu miss Jenny, il y a longtemps que je serais parti. C'était la seule qui me traitait correctement.

— Et qui est miss Jenny ?

— La nièce d'O'Connor. C'est comme une fleur sur le fumier.

Mac eut un rire bref et continua :

— Il y a quand même une bonne chose. Dans cette bande, il y a pas un type qui oserait poser un doigt sur elle. O'Connor lui ferait la peau tout de suite. Je crois qu'il vaut mieux que je file. Le train pour Londres part dans vingt minutes, acheva-t-il avec un coup d'œil à la pendule murale.

Marlowe le retint de la main.

— Pourquoi veux-tu aller à Londres ? Je peux te trouver un boulot ici même.

Le Jamaïcain fronça les sourcils.

— Tu es sérieux ? Quel genre de boulot ?

Marlowe poussa vers lui son paquet de cigarettes.

— Chauffeur de camion. Mais je te préviens, ça peut être un peu dur. Je travaille pour un type qui s'appelle Magellan, à Litton. O'Connor essaie de le chasser du marché.

— O'Connor en a déjà chassé du marché pas mal d'autres. Comment tu vas t'arranger pour l'empêcher de vous faire la même chose ?

Marlowe serra le poing.

— Il y a des moyens, affirma-t-il. Il y a des moyens.

Un sourire se dessina lentement sur le visage du Noir.

— Mr Marlowe, ça sera un plaisir de travailler avec vous.

— Parfait, approuva Marlowe. Fichons le camp d'ici.

Ils quittèrent le café, remontèrent la rue et retrouvèrent la grande place. Des hommes s'activaient de tous les côtés.

— Monte, ordonna Marlowe quand ils furent revenus au camion. Tu vas conduire. On va retourner à Litton, et je te présenterai au papa Magellan.

Soudain, il remarqua qu'une main s'était posée sur son bras. Il se retourna pour affronter le regard bleu de la jeune fille aux cheveux d'or. Ils se fixèrent un instant sans rien dire. Marlowe se sentit brusquement la gorge sèche et l'estomac crispé.

— Mr Marlowe ? interrogea-t-elle.

Il confirma de la tête et s'éclaircit la voix :

— C'est bien moi. Qu'est-ce que je peux faire pour vous ?

— Je suis Jenny O'Connor. La nièce de Mr O'Connor.

Mac se penchait par la fenêtre de la cabine.

— Hello, miss Jenny.

Elle se tourna vers le Noir.

— J'ai entendu ce qui se passait. Je suis vraiment désolée, Mac. Qu'est-ce que vous avez l'intention de faire ?

Il sourit.

— Je m'en sortirai, miss Jenny. Je vais travailler pour Mr Magellan, à Litton.

Le regard de la jeune fille s'assombrit. Elle s'adressa à Marlowe, d'une voix pressante :

— Mais ça ne fait qu'empirer les choses. Il faut que vous partiez, Mr Marlowe, je vous en supplie. Croyez-moi, je connais mon oncle. Il ne supporte pas qu'on lui résiste. Il ne reculera devant rien pour mettre Mr Magellan en faillite. Et si un étranger s'en mêle, il finira forcément par lui arriver des malheurs.

Marlowe secoua la tête.

— Personne ne peut jouer au Tout-Puissant pendant longtemps avec l'espoir de s'en tirer, miss O'Connor.

— Mais il vous brisera, lança-t-elle, désespérée. Je l'ai déjà vu le faire à d'autres.

— Je ne me casse pas facilement, rétorqua Marlowe.

Pendant une seconde, on eût pu croire qu'elle allait dire quelque chose, mais ses épaules s'affaissèrent et elle se détourna.

— De toute façon, merci pour l'avertissement, dit-il.

Il la suivit des yeux pendant qu'elle retournait à l'entrepôt et y disparaissait. Puis il monta dans la cabine du camion et s'assit à côté de Mac.

— Eh bien, maintenant, nous savons où nous en sommes. Allons-y, mon garçon.

Au moment où ils démarraient, Marlowe se retourna, à temps pour voir Kennedy, Monaghan et O'Connor sortir et, debout sur le quai de chargement, les suivre du regard. Pendant un bref instant, il les regarda. Et puis Mac s'engagea dans la grande rue et ils filèrent hors de la ville, en direction de Litton.

5

Marlowe s'était assis au pied du lit du vieux Magellan. 9 heures venaient de sonner et le père de Maria achevait le copieux petit déjeuner qu'elle lui avait apporté sur un plateau. Une légère rafale de pluie s'écrasa contre la fenêtre. Magellan jura :

— Davantage de pluie, davantage de rhumatismes. C'est un cercle vicieux. Et ce maudit hiver n'est même pas encore arrivé.

Marlowe sourit avec sympathie.

— Ça ne fait rien, papa. Quelques jours au lit, ça ne pourra que vous faire un sacré bien.

Magellan grogna :

— Ne rien fiche... C'est de ça que Maria pense que j'ai besoin. Mais il y a quand même du travail à faire, et je suis le seul qui peut s'en occuper. Cet après-midi, il faut que je fasse le tour des producteurs pour récupérer la marchandise et voir un peu comment la situation évolue. Qui sait ce que mijote O'Connor pendant que je reste couché à ne rien faire ?

La porte s'ouvrit et Maria entra, porteuse d'un plateau chargé d'une cafetière et de plusieurs tasses. Elle en remplit deux, et donna l'une à son père et l'autre à Marlowe.

— Comment Mac se débrouille ? demanda-t-il à la jeune femme.

— Oh, bien. Il vient de m'aider à mettre un lit de plus dans votre chambre et puis je l'ai laissé défaire sa valise.

— Qu'est-ce que vous pensez de lui ?

— C'est quelqu'un de bien, coupa le vieux Magellan. Je peux toujours le dire. C'est un cœur pur, celui-là.

Maria hocha la tête.

— Je suis d'accord avec papa. Mac est un chic type. Je lui fais confiance. J'ai pensé ça au moment où je l'ai vu. Ce n'est pas le genre d'homme qui vous laisserait jamais tomber.

Pendant un instant, un sentiment qui ressemblait dangereusement à de la jalousie agita Marlowe. Il eut pour elle un sourire grimaçant.

— Pas du tout comme moi.

Une expression peinée passa sur son visage.

— Je vous en prie. Ce n'était pas ce que j'avais l'intention de dire.

Marlowe leva la main.

— Ça n'a pas d'importance. Ça n'a aucune importance.

Quand il se tourna vers Magellan, il constata, avec surprise, que le vieux arborait un sourire complice.

— Je vais aller maintenant montrer cette cargaison aux détaillants, papa, reprit-il. Confiez à Mac les livraisons de charbon. Dès que je serai rentré, j'irai lui donner un coup de main.

— Peut-être que je devrais me lever et faire la tournée avec le garçon moi-même, remarqua le vieux. Au début, il risque de se perdre.

— Tu ne feras rien du tout, papa, trancha Maria avec fermeté. Pour une fois, tu peux bien rester au lit et faire ce qu'on te dit.

— Mais enfin, Maria, il y a du travail, protesta le vieux.

Marlowe hocha la tête et sourit.

— Je vous laisse tous les deux vous disputer jusqu'au bout. Mais vous feriez aussi bien de renoncer, papa. Elle peut être sacrément déterminée, quand elle le veut.

Au moment où il referma la porte, l'échange d'arguments reprenait de plus belle. Il s'en fut dans sa chambre.

Mac déballait ses affaires. Il leva les yeux, et sourit à l'entrée de Marlowe.

— Mec, aujourd'hui, c'était mon jour de chance.

Marlowe sourit, lui aussi, et alluma une cigarette.

— J'ai seulement pensé que tu serais tout à fait à ta place, ici. Bon, je retourne à Barford avec mon chargement de marchandise. Je vais essayer les détaillants et voir ce dont je peux me débarrasser, mais je ne me sens pas très optimiste. O'Connor doit savoir ce que nous fabriquons, maintenant.

Mac fronça les sourcils.

— Je peux pas vraiment dire qu'il m'avait mis dans la confidence. J'avais même jamais entendu parler de Mr Magellan jusqu'à ce que je fasse sa connaissance, ce matin.

Marlowe hochait la tête avec lenteur.

— Tu vas faire les livraisons de charbon pendant le reste de la journée. Ça ne doit pas être trop difficile. Je serai de retour à l'heure du déjeuner. Tu me diras comment tu te débrouilles.

Le Jamaïcain sourit et s'inclina à demi :

— Très bien, patron.

Marlowe lui rendit son sourire et le laissa achever son déballage.

Sur le chemin de Barford, il pensa, non sans trouble, qu'il était inexorablement en train de prendre la direction des opérations. Il commençait à se trouver impliqué dans quelque chose d'important et il n'en avait pas eu l'intention le moins du monde. Pendant un moment, il réfléchit à tout cela, puis il chassa ces pensées de son esprit et se concentra sur la tâche qui l'attendait.

Maria lui avait donné une liste des boutiques avec lesquelles Bill Johnson avait pu faire des affaires la veille. La première se trouvait dans un nouveau lotissement, à la limite de la ville, et il s'y rendit directement.

C'était un beau magasin de fruits et légumes, en briques rouges, à double devanture, à l'extrémité d'une longue rangée de maisons. Lorsqu'il y entra, l'endroit paraissait désert. Il resta devant le comptoir, laissant s'éteindre le tintement de la sonnette, et attendit. Un instant plus tard, un homme sortit d'une porte du fond. Il s'essuyait la bouche avec une serviette et sourit cordialement :

— Désolé de vous avoir fait poireauter. Nous avons pris notre petit déjeuner assez tard, comprenez-vous. On vient juste de finir.

— Ne vous en faites pas, répondit Marlowe. Je viens de chez Magellan, de Litton. Notre autre employé est venu chez vous hier. J'ai pensé qu'un peu de marchandises pourrait encore vous intéresser aujourd'hui.

Le commerçant prit un air ébahi.

— Je ne comprends pas. Le type de chez vous est déjà passé ce matin.

— J'ai dû me mélanger dans les listes, rétorqua Marlowe comme par automatisme. Il est chargé d'une partie de la ville, et je suis supposé m'occuper de l'autre. On vous a probablement deux fois sur nos papiers.

— Ça ne fait rien, jeune homme, dit l'autre avec un sourire aimable. Avec les prix que vous demandez ce matin, vous n'aurez aucune difficulté à vendre tout ce que vous avez à proposer.

Marlowe se força à sourire.

— Je l'espère bien. Il nous faut faire de grosses ventes si nous voulons que ce soit profitable.

Il se dirigea vers la porte.

— De toute manière, merci beaucoup, conclut-il. J'arrangerai cette erreur avec mon camarade quand je le verrai.

Il remonta dans la cabine de son camion et resta assis, les mains posées sur le volant, le regard perdu à travers le pare-brise. Il grinçait des dents de fureur. Abaissant les yeux, il vit que ses mains tremblaient. Il agrippa le volant et jura avec violence. Envahi par une rage meurtrière, il se pencha et ferma les yeux.

Après quelques minutes, il se sentit un peu mieux. Il alluma une cigarette et s'appuya au dossier pour réfléchir à la situation. Ainsi, Bill Johnson avait joué les Judas ? En fait, O'Connor avait dû découvrir la veille ce qui se passait. C'était là la vraie raison pour laquelle Blacky Monaghan et sa bande avaient attaqué

Johnson dans le café de routiers. Ils lui avaient sans doute tapé un peu dessus jusqu'à ce qu'il accepte de marcher dans leur combine.

Il se pencha en avant et tira sur le démarreur. En écoutant le moteur commencer à ronronner, il songea qu'il n'y avait pas eu besoin de beaucoup de persuasion pour qu'un rat comme Johnson accepte d'agir comme on le lui demandait. Chaque homme a son prix : c'était la première des leçons fondamentales, et la connaître permettait à des hommes comme O'Connor de bénéficier d'une telle réussite. Le fait le plus important, c'était que tout avait été planifié. O'Connor avait dû bien rire sous cape pendant leur rencontre dans le bureau de Tom Granby.

Après avoir visité une demi-douzaine d'autres boutiques, Marlowe reprit la route de Litton. Partout où il était allé, il avait eu droit à la même chanson. Johnson était déjà passé et offrait des prix extrêmement bas. Pour le moment, O'Connor les avait battus. En passant devant le café de routiers, à l'extérieur de Barford, il lança un coup d'œil rapide au parking et vit Bill Johnson sortir de l'établissement et se diriger vers un camion d'un jaune qu'il connaissait déjà. Marlowe se gara sur le bas-côté et sauta à terre.

Johnson saisissait la poignée de la portière de son camion quand Marlowe l'attrapa par l'épaule et le fit pivoter. Une peur affreuse se peignit sur ses traits et il ouvrit la bouche pour crier. Marlowe le frappa de toutes ses forces, au creux de l'estomac.

— Espèce de rat, cracha-t-il. Espèce de sale petit rat.

Johnson se plia en deux et s'effondra. Marlowe levait le pied pour lui administrer le coup de grâce lorsqu'il entendit un cri derrière lui. Il se retourna et aperçut Monaghan et ses deux acolytes qui sortaient du café.

Un instant, il voulut rester, mais le souci de la discrétion l'emporta et il traversa la route en courant pour rejoindre son véhicule. Alors que le rugissement du moteur noyait les cris de fureur, il pensa, sombre, qu'il aurait d'autres occasions. Il eut un sourire de satisfaction en passant la première. Il avait une certitude : Bill Johnson ne l'oublierait pas de sitôt.

Quand il s'arrêta dans la cour de la ferme, le vieux Magellan apparut en haut du perron. Marlowe sauta de sa cabine et alla vers lui en secouant la tête :

— Rien de bon, papa. O'Connor n'a pas perdu de temps.

Le vieux branla du chef.

— Vous feriez mieux d'entrer et de tout me raconter, dit-il lourdement.

Au moment où ils entraient dans le salon, Maria sortit de la cuisine, s'essuyant les mains à son tablier. Son expression pleine d'espoir disparut en voyant celle de son père.

— Qu'est-ce qu'il y a, papa ? Qu'est-ce qui se passe ?

Le vieux lui fit signe de se taire.

— Continuez, fils, ordonna-t-il à Marlowe.

Marlowe leur fit le récit complet des événements. À la fin, Maria explosa de colère.

— Attendez un peu que je revoie Bill Johnson, cria-t-elle. Je lui donnerai de quoi se souvenir de moi.

Le vieux Magellan arborait un air surpris, mais le chagrin se dessinait aussi sur ses traits.

— Bill Johnson était un gentil garçon. Je ne comprends pas. Qu'est-ce qui a bien pu lui arriver ?

Impatient, Marlowe secoua la tête, puis il leva la main, en se frottant le pouce de l'index.

— L'argent, papa. C'est la seule chose qui compte réellement. Avec de l'argent, vous êtes quelqu'un. Sans, vous n'êtes rien.

— Non ! s'écria Maria. Je ne veux pas accepter ça. Ce n'est pas vrai.

— Bon Dieu, devenez adulte, riposta Marlowe. L'argent signifie la puissance. Avec lui, vous pouvez tout. L'argent, et puis la peur. Ce sont eux qui produisent le plus d'effet sur les hommes. Ils l'ont menacé et ils lui ont proposé de l'argent. Et il a accepté, bien entendu.

Désespéré, le vieux poussa un profond soupir.

— Qu'est-ce que nous allons faire, maintenant ? Si nous n'arrivons pas à trouver un marché, nous sommes finis.

— Ce n'est pas dans le coin que vous en trouverez un, martela Marlowe. O'Connor n'a qu'à proposer des prix en dessous des vôtres, et il peut se le permettre jusqu'à ce que vous soyez fauché.

Le vieux Magellan parvint à esquisser un sourire las.

— Et ça, ça ne prendra pas longtemps, mon garçon.

Il y eut un long silence, avant que Maria ne dise lentement :

— Et à Birmingham ? Pourquoi ne pourrions-nous pas apporter notre marchandise là-bas ?

Marlowe fit non de la tête.

— O'Connor a trop de contacts. Il peut suivre chacun de nos mouvements et nous couper l'herbe sous le pied à tous les coups.

Le vieux hocha la tête avec vigueur.

— Hugh a raison, Maria. À Birmingham, ça ne marchera pas.

Une idée vint soudain à Marlowe, et il fronça les sourcils.

— Et à Londres ? À Covent Garden ? O'Connor est strictement provincial. Là-bas, il ne peut pas avoir beaucoup d'influence.

Le vieux Magellan secouait la tête.

— C'est trop loin. (Marlowe voulut protester et le vieux leva la main.) Non, écoutez-moi, fils. La plupart de nos produits sont périssables. En ce moment, nous travaillons beaucoup sur les fruits frais. Il faut les livrer tôt le matin, pour qu'ils puissent arriver dans les boutiques en parfaite condition.

— Et où est le problème ? interrogea Marlowe. Nous ferons le transport vers Londres pendant la nuit. Ça collera au poil. O'Connor ne saura même pas ce que nous serons en train de faire.

Maria semblait dubitative.

— Je ne sais pas trop, Hugh. C'est un long trajet. Plus de trois cents kilomètres, probablement. Vous vous mettriez un sacré boulot sur les bras.

Marlowe haussa les épaules.

— Qu'est-ce que c'est que trois cents kilomètres ? Les routes seront vides. Ce sera aussi facile que de fendre une bûche.

Son regard allait de Maria à son père. Le vieux n'avait pas encore l'air convaincu et il s'impatienta :

— Pour l'amour de Dieu, papa, c'est notre seule chance. Au moins, faisons un essai.

Le vieux se frappa le genou de la main et se dressa.

— Bon Dieu, vous avez raison, cria-t-il, les yeux brillants. Nous continuerons au moins à nous battre. (Il prit sa veste derrière la porte et l'enfila.) Nous allons en donner à ce cochon pour son argent.

— Et où as-tu l'intention d'aller comme ça, papa ? s'enquit Maria.

Magellan leva la main.

— Maria, n'essaie pas de te mêler de ça, dit-il d'une voix tranchante. Je vais prendre l'autre camion. Il faut que je fasse le tour des maraîchers pour leur dire que nous avons la situation bien en mains. En plus, il nous faut davantage de marchandise. Si Hugh doit faire toute la route jusqu'à Londres, autant que le voyage en vaille la peine.

— Mais ton déjeuner est presque prêt, papa, fit valoir Maria. Tu ne peux pas partir maintenant.

— Eh bien, je ne mangerai qu'en revenant. Est-ce que ce sera vraiment une grosse épreuve, alors que c'est notre vie qui est en jeu ?

Il sortit de la pièce et l'on entendit claquer la porte d'entrée.

Marlowe rit.

— Le vieux a encore pas mal de vigueur.

Elle approuva :

— Papa est parfois sacrément obstiné quand il a décidé quelque chose. Il dominera toujours O'Connor de la tête et des épaules.

Il y eut un moment de silence gêné. Maria tortillait nerveusement son tablier. La pluie avait repris et tambourinait sur les vitres comme avec d'invisibles doigts. Elle rit, d'un rire forcé.

— C'est un son assez triste, non ?

Marlowe se souvenait des innombrables fois où, couché sur la paillasse de sa cellule, il avait écouté ce bruit, avec la nostalgie de la liberté.

— C'est sans doute le son le plus triste du monde, dit-il d'un ton convaincu.

Pendant un court instant, ils furent très proches. Comme si chacun avait découvert en l'autre quelque chose qu'il ne soupçonnait pas d'exister. Un sourire chaleureux naquit sur le visage de Maria.

— Venez à la cuisine. Je vais vous faire une bonne tasse de thé. Vous avez eu une dure matinée.

Il la suivit le long du couloir jusqu'à la grande cuisine de ferme à l'ancienne, chaude et parfumée des odeurs du repas qui cuisait. Il s'assit au bord de la table, balançant une jambe, fumant une cigarette, et il se sentit envahi d'une paix qu'il n'avait pas éprouvée depuis longtemps.

Il l'observa, pendant qu'elle se déplaçait dans la pièce pour préparer le thé : ses jambes étaient doucement arrondies et, quand elle se baissa pour ramasser un torchon, sa robe, en se tendant, mit en valeur la courbe attirante de ses cuisses et accentua ses larges hanches. « Des hanches de future mère », songea-t-il.

Sa pensée en vint à Jenny O'Connor, à sa minceur de garçon, et il tenta de comparer les deux femmes. Il conclut que ce n'était pas possible. Jenny exerçait une formidable attirance superficielle, d'une nature complètement animale, qui saisissait un homme aux tripes et faisait flamber en lui un feu que seule une possession complète et totale pourrait éteindre.

Il savait que ce serait tout à fait différent avec Maria. Qu'il y aurait là une sensualité qui gagnait tout l'être, une flamme prête à éclater, que rien ne pourrait jamais éteindre. C'était une femme qui exigerait beaucoup, mais qui donnerait énormément en échange.

Elle se détourna du fourneau pour lui tendre son thé. On eut dit que son sourire était comme une lampe qui se serait allumée en elle, illuminant tout son visage.

— Hugh, je crois que je vous dois des excuses, dit-elle.

C'était la deuxième fois en une demi-heure qu'elle l'appelait par son prénom. Il plissa le front.

— De quoi parlez-vous ?

La couleur lui vint aux joues et elle se mit à tordre ses mains de nervosité.

— J'ai été parfaitement désagréable. Vous comprenez, j'avais plus ou moins l'impression que nos problèmes ne vous intéressaient pas réellement. Je pensais que vous vous serviez seulement de nous parce que vous aviez besoin d'un job.

— Et qu'est-ce qui vous fait penser que ce n'est pas le cas ?

Le sourire merveilleux revint.

— Maintenant, je sais que vous faites tout ce que vous pouvez pour aider papa. Vous l'avez prouvé.

Marlowe buvait son thé à petites gorgées et se forçait à demeurer impassible. Pourquoi fallait-il qu'elle donne sa propre interprétation à tout ce qu'il faisait ? Ne pouvait-elle pas comprendre que jusqu'à présent, chacun de ses actes avait été dicté par son refus de se laisser contraindre ? Il ressentait une colère amère. Il se leva et marcha jusqu'à la fenêtre. Il lui fallait serrer les dents pour retenir la riposte furieuse qui lui serait venue aux lèvres, mais pourtant, au fond de lui, il savait que ce n'était pas Maria qui l'irritait. C'était lui-même. Étrangement, il regrettait de ne pas être le genre d'homme qu'elle croyait.

Elle vint à côté de lui et posa la main sur son bras :

— Qu'est-ce qu'il y a, Hugh ? Qu'est-ce qui ne va pas ?

Son délicat parfum féminin lui emplissait les narines. Il la désirait physiquement. Il se retourna brusquement, ses mains lui saisirent les bras. Elle lui adressa un regard brûlant. Et, à cet instant, la porte d'entrée s'ouvrit et Mac cria :

— Hugh, tu es là, mon pote ? On a des ennuis. (Marlowe la lâcha et se tourna vers la porte quand le Jamaïcain entra, l'air excité. Il repoussa sa casquette en arrière et essuya la sueur de son front.) Mec, qu'est-ce que je suis content que tu sois là !

— Qu'est-ce qui s'est passé ? demanda Marlowe. Ne me dis quand même pas qu'O'Connor s'est lancé dans le transport du charbon ?

Mac hocha la tête.

— C'est exactement ça, mon pote. C'est ce Kennedy, qui travaillait ici. Il est en train de livrer le charbon dans le village. Je me suis pointé dans plusieurs fermes et on m'a raconté partout la même histoire. Kennedy est venu aujourd'hui, et il leur a dit que papa Magellan avait abandonné la livraison du charbon et qu'il le remplaçait.

— Mais il ne peut pas faire ça ! s'écria Maria, les yeux pleins de larmes, en se laissant tomber sur une chaise. Ça n'est pas juste, Hugh, ça n'est pas juste. Pour papa, ça serait la fin.

Marlowe se hâta de lui serrer l'épaule.

— Ne vous en faites pas, mon ange. Je vais régler son compte à ce rat de Kennedy une bonne fois pour toutes. Quand j'en aurai fini avec lui, il n'osera plus montrer sa bobine dans le coin.

Elle releva la tête aussitôt, avec une expression de crainte.

— Non, Hugh, je vous en prie. Ne faites pas d'histoires. J'ai peur de ce qui pourrait arriver.

Il la rassura d'un sourire et sortit de la maison, avec Mac sur ses talons.

Il pleuvait assez fort quand leur camion pénétra dans le village. Ils parcoururent de nombreuses rues sans rien trouver et, au bout de dix minutes, Marlowe se mit à jurer sans discontinuer :

— Où diable peut-il être ? lança-t-il.

Mac haussa les épaules.

— On peut pas être sûrs, Hugh. Peut-être qu'il est en train de livrer dans une des fermes de l'extérieur.

Au même instant, un camion jaune émergea d'une rue latérale et s'engagea dans la direction opposée à la leur. Marlowe se hâta de faire demi-tour et reprit sa route en sens inverse.

— Est-ce qu'il nous a repérés ? demanda-t-il à Mac.

Le Noir fit non de la tête.

— Ils ne nous a même pas remarqués. Il était trop occupé à regarder où il allait.

Le camion jaune ralentit et tourna à un carrefour. Marlowe le suivit. Quelques mètres après un pub, il y avait un terrain vague. Kennedy y entra et gara son véhicule. Au moment où ils le dépassaient, ils le virent descendre de sa cabine et se diriger vers le pub.

— Il va boire son demi, constata Marlowe.

Mac approuva.

— Qu'est-ce que tu vas faire ?

Marlowe, sourcils froncés, observait de près le camion. Il sourit d'abord, puis il éclata de rire.

— Je viens d'avoir un éclair de génie. Tu vas m'attendre ici.

Il sauta de la cabine et alla au camion jaune. Il s'arrêta un instant, regardant autour de lui pour s'assurer qu'on ne le voyait pas. Il ouvrit la portière, tira sur un levier. Puis, en hâte, il rejoignit Mac.

Le Noir s'était penché par la vitre, visiblement ravi.

— Mec... Oh, mec, ça va lui faire les pieds pour de bon.

Marlowe se retourna pour voir derrière lui. À l'évidence, la première intrusion d'O'Connor dans le commerce du charbon avait été préparée dans la précipitation, parce que le camion qu'utilisait Kennedy disposait d'une benne basculante hydraulique. Sous les yeux de Marlowe, la benne commença de se relever, tandis que les sacs de charbon dégringolaient peu à peu. Sans merci, la benne continua de monter jusqu'à ce que le dernier sac soit tombé sur la chaussée. Au même instant, un cri affolé s'éleva du pub et Kennedy apparut sur le seuil.

Marlowe avait déjà regagné sa cabine et mis le moteur en marche. En marche arrière, il gagna les lieux du désastre. Il ralentit et mit la tête à la portière.

— Tu as des problèmes, Kennedy ? s'enquit-il.

Sur le visage de l'Irlandais, la fureur avait remplacé l'affolement.

— Espèce de salaud ! hurla-t-il. O'Connor aura ta peau pour ça.

Marlowe négligea la menace.

— Contente-toi de lui transmettre un message de ma part. Dis-lui qu'il vaudrait mieux pour lui ne pas recommencer ce petit jeu-là. La prochaine fois, je ne m'amuserai plus seulement à faire joujou.

Il embraya, et partit avant que Kennedy n'ait pu répondre.

Lorsque le camion s'arrêta dans la grange, Maria arriva en courant, le visage marqué d'une terrible inquiétude.

— Que s'est-il passé ? interrogea-t-elle. Vous ne vous êtes pas lancé dans les embrouilles, Hugh ? Dites-moi que non, je vous en prie.

Marlowe sourit.

— Tout s'est passé à merveille. Je n'ai pas touché Kennedy, même pas d'un doigt. En fait, il a eu une sorte d'accident. Tout son charbon s'est répandu sur la route. Quand nous l'avons quitté, il était un peu dans le pétrin.

Elle manifesta quelque soulagement et ce qu'on aurait pu prendre pour du rire brilla dans ses yeux.

— Vous pensez qu'il ne recommencera pas ?

Marlowe secoua la tête avec gravité.

— Non. J'ai comme le sentiment qu'il ne recommencera pas.

Elle hocha la tête.

— Dieu merci. Papa est revenu. Je ne lui ai encore rien dit. Je ne voulais pas l'inquiéter.

Elle arbora un large sourire.

— Quoi qu'il en soit, le déjeuner est prêt. Dépêchez-vous d'aller vous laver avant que ça ne soit trop cuit.

Pendant le repas, Mac raconta par le menu à Maria et au vieux Magellan les mésaventures de Kennedy. Il possédait un don naturel de conteur, et ses deux auditeurs riaient de bon cœur avant qu'il n'eût achevé. Plus tard, en prenant leur café, tous quatre discutèrent du projet de vente des produits à Londres. Mac l'approuvait pleinement :

— À mon avis, c'est le seul moyen de prendre le dessus sur O'Connor.

— Ça me fait plaisir que tu sois d'accord, lui dit Marlowe. Parce que c'est toi qui devras te taper le trajet.

On aurait pu déceler dans les yeux de Mac une surprise passagère, bientôt remplacée par une sorte d'accord. Maria restait ébahie.

— Mais pourquoi n'iriez-vous pas à Londres vous aussi, Hugh ? Ça ne serait pas plus commode, avec deux chauffeurs ?

— Hugh a ses raisons, Maria, trancha sèchement le vieux Magellan. S'il ne veut pas aller à Londres, c'est son affaire. Restons-en là.

Maria s'appuya à son dossier, l'air tendu.

— Et alors, et les maraîchers, papa ? demanda Marlowe d'un air dégagé. Qu'est-ce qu'ils ont dit ?

Le vieux haussa les épaules.

— Je ne me trompais pas au sujet d'O'Connor, dit-il avec gravité. Il a fait le tour de la plupart des gens avec lesquels je suis en affaires, et il leur a proposé de leur acheter directement leurs produits, et à des prix bien plus élevés que moi.

— Et combien ont accepté ? demanda Marlowe.

Le vieux Magellan haussa les épaules.

— Pas autant qu'on aurait pu le croire. Ils ne sont pas idiots, tous ces types. La plupart d'entre eux sont assez intelligents pour comprendre qu'il ne leur paiera plus ce genre de prix quand il m'aura sorti du marché. La majorité d'entre eux continuent de marcher avec moi, mais il faut que je leur garantisse mes prix.

— Ce qui veut dire que tu auras à les payer, quoi qu'il arrive ? releva Maria.

Le vieux branla du chef. Marlowe se rembrunit.

— En d'autres mots, papa, reprit Maria, la seule personne qui risque quelque chose, c'est toi ?

Magellan sourit.

— J'ai assez d'argent disponible pour couvrir les premiers chargements. Mais si quoi que ce soit va de travers...

Il haussa les épaules sans achever sa phrase.

Mac soupira en se mettant debout :

— Je suppose que cela veut dire que nous ne pouvons pas nous permettre la moindre erreur.

On entendit alors le moteur d'une voiture. Lorsqu'il se tut, Marlowe alla à la fenêtre : dehors, il y avait une Jaguar verte, dont la portière s'ouvrit pour qu'une silhouette mince et garçonnière puisse s'extraire avec grâce du siège de cuir.

— Et maintenant, je me demande bien ce qu'elle veut, *elle*, murmura doucement Maria à côté de Marlowe.

C'était Jenny O'Connor.

6

Tous quatre échangèrent des regards lorsque la sonnette de la porte d'entrée tinta.

— Ça serait une bonne idée si quelqu'un faisait entrer cette fille, finit par dire Marlowe.

— Maria ! ordonna le vieux Magellan d'un ton sans réplique. Va ouvrir.

La jeune fille partit sans discuter. On entendit un murmure de voix dans le vestibule, puis Jenny O'Connor apparut sur le seuil, hésitante. Maria, l'air hostile, regardait par-dessus son épaule.

— C'est à Hugh qu'elle veut parler, annonça-t-elle.

Jenny O'Connor sourit et secoua vivement la tête.

— Non, que personne ne s'en aille, je vous en prie. Ce que j'ai à dire vous concerne tous.

Elle portait une jupe étroite et une veste de daim beige, tandis que des bas d'un nylon arachnéen moulaient ses jambes. Marlowe éprouvait la même crispation de l'estomac et la même sécheresse de la gorge que lors de leur première rencontre. Il fit un effort pour avaler sa salive :

— À quel sujet vouliez-vous me voir, miss O'Connor ?

Elle rougit, gênée, et baissa les yeux. Un instant, elle parut à court de mots. Le vieux Magellan, avec une courtoisie latine à l'ancienne, la prit par le bras et la conduisit à un fauteuil.

— Asseyez-vous, ma chère. Ici, vous n'avez pas d'ennemis.

Maria émit un grondement furieux et croisa les bras. Elle pinçait les lèvres, comme pour retenir sa colère. Jenny O'Connor lui sourit :

— Je vous en prie, miss Magellan. Ne me condamnez pas avant d'avoir entendu ce que j'ai à vous dire.

Il y eut un silence, et chacun attendit qu'elle poursuive. Il semblait qu'elle affrontait une difficulté encore plus grande à parler mais, soudain, les mots jaillirent de sa bouche comme en torrent :

— Je sais bien que Mr O'Connor est mon oncle et que ma venue ici peut paraître bizarre, mais je ne peux pas rester à regarder continuer toutes ces histoires et toute cette violence sans rien faire pour les arrêter.

Maria grinça, agacée, mais Marlowe dit doucement :

— Que nous suggérez-vous de faire sur ce point, miss O'Connor ?

Elle releva lentement ses yeux bleus candides, dans lesquels on lisait un grand trouble.

— Mr Magellan doit vendre, lâcha-t-elle simplement.

Il y eut un bref instant de silence surpris, puis Maria rejeta la tête en arrière et éclata de rire.

— Alors, c'est pour cela que vous êtes venue nous voir ! Vous nous prenez pour qui ? Pour des idiots ?

Le vieux Magellan se tourna vers elle, agacé.

— Maria, si tu ne peux pas te tenir tranquille, sors de cette pièce.

Une seconde, la jeune fille défia son père du regard, puis elle se précipita dans le corridor, claquant la porte derrière elle.

Magellan inclina la tête en direction de Jenny O'Connor.

— Je suis désolé, miss O'Connor. Il faut que vous excusiez ma fille. Elle s'est fait beaucoup de soucis à cause de cette histoire.

— Pourquoi Mr Magellan devrait-il renoncer et vendre maintenant ? interrogea Marlowe en la fixant.

— Parce que s'il ne le fait pas, mon oncle le brisera. Kennedy est revenu il y a une heure. Quand mon oncle a appris ce que vous aviez fait, il a été furieux. Fou de rage. Je ne l'avais jamais vu dans une telle colère.

— C'est lui qui vous a envoyée ici ?

— Mr Marlowe, mon oncle a des idées très arrêtées sur la place des femmes. Il ne m'a jamais autorisée à me mêler de ses affaires. J'aime conduire et il me fait seulement parfois la faveur de me permettre de prendre le volant d'un des camions.

Le vieux Magellan fronçait légèrement les sourcils.

— Puis-je vous demander, alors, ce qui vous a amenée ici ce matin ?

Elle se leva, alla à la fenêtre, et regarda la pluie qui tombait.

— Je déteste assister à des violences inutiles, répondit-elle avec calme. Il n'y en a déjà eu que trop. Si cette situation persiste, il y en aura davantage encore. Je sais que mon oncle a tort, mais il a de l'argent, du pouvoir et une grande entreprise. Il peut vous contraindre à la faillite en utilisant des méthodes parfaitement légales.

Marlowe sourit doucement.

— Et si nous n'avons pas l'intention de nous retirer du marché ?

Elle arbora une expression réellement soucieuse.

— Mais que pouvez-vous faire d'autre ? Il vous a déjà empêché de vendre aux grossistes du marché. Ce matin, il vous a interdit les détaillants en offrant des prix plus bas que les vôtres. Tout cela est légal.

Elle parut hésiter, puis reprit :

— Cela doit vous sembler une trahison complète que je vous dise tout cela, mais je sais qu'il a commencé à contacter les maraîchers avec lesquels vous avez l'habitude de travailler, Mr Magellan. Il peut leur proposer de meilleurs prix que vous.

Comment vous sera-t-il possible de résister à une pression comme celle-là ?

Mac sourit.

— Il y a davantage de méthodes pour tuer un chat que de le noyer, miss Jenny, répliqua-t-il impulsivement. Peut-être réservons-nous à votre oncle deux ou trois tours qui l'étonneront.

Marlowe lui donna un bon coup de pied dans la cheville, tandis que la stupéfaction se peignait sur les traits de Jenny O'Connor.

— C'était très aimable à vous de venir ici, lui dit-il. Mais j'ai bien peur que nous n'envisagions pas du tout de vendre. C'est votre oncle qui a mis le feu aux poudres. Maintenant, il va lui falloir boire le calice jusqu'à la lie.

Les épaules de la jeune femme s'affaissèrent, comme la première fois qu'ils s'étaient vus. Elle eut l'air d'avoir subi une défaite totale.

— J'ai l'impression d'avoir perdu mon temps. (Elle releva la tête et se contraignit à sourire.) Je suis heureuse de vous avoir rencontré, Mr Magellan. Croyez-moi : si je puis avoir la moindre influence sur mon oncle, je la mettrai à profit pour essayer de mettre fin à cette triste histoire.

D'un signe, elle salua Mac et passa dans le vestibule. Marlowe la suivit. Il lui ouvrit la portière de la Jaguar.

— J'ai l'impression que je me suis rendue plutôt ridicule, soupira-t-elle.

Il fit non de la tête.

— Ça, ça ne vous arrivera jamais, répliqua-t-il avec gentillesse.

Elle parut surprise et s'immobilisa un instant, les mains posées sur le volant :

— Vous semblez en savoir long sur moi.

— J'en saurais bien plus si vous me permettiez de vous retrouver ce soir, enchaîna-t-il avec calme. Nous pourrions peut-être boire un verre et aller manger un morceau.

Elle le fixa, yeux dans les yeux, puis un sourire grave naquit lentement sur ses lèvres.

— Vous êtes un homme étrange.

Il sourit.

— Plus vous me connaîtrez, plus vous me trouverez étrange. Je vous vois ce soir ?

Elle griffonna quelques mots rapides sur un petit agenda de cuir et déchira la page.

— Voilà mon adresse. Passez me prendre vers 7 heures et

demie. (Elle appuya sur le démarreur.) Et rentrez donc, maintenant. Vous êtes trempé.

Il resta immobile, le bout de papier à la main, et regarda la voiture disparaître dans le lointain, puis il tourna les talons et regagna la maison.

Lorsqu'il revint dans le salon, les yeux de Maria lançaient des éclairs.

— Et c'était à quel sujet, tout ça ? demanda-t-elle.

Il lui sourit en brandissant son morceau de papier.

— L'adresse de la dame... Je sors avec elle ce soir.

Une expression de complet effarement apparut sur les traits de la jeune fille, bientôt remplacée par la fureur.

— Et à quoi avez-vous l'intention de jouer, exactement ?

Sans lui répondre, Marlowe alla à la desserte et se servit un cognac. Il se retourna, porta en silence un toast à la santé des trois autres, et avala son verre d'un trait. Il laissa la chaleur monter en lui et arbora un sourire de satisfaction.

— Oui, je sors ce soir avec cette dame. Nous allons passer la soirée à Barford, où tout le monde verra que nous sommes charmants.

Le vieux Magellan et Mac comprirent en même temps.

— Tu vas jouer les leurres, lança le Jamaïcain.

Marlowe approuva, mais le vieux secouait la tête :

— C'est de la folie. Barford, en pleine nuit, ça sera très malsain. Monaghan et ses sbires doivent guetter la moindre chance de vous coincer dans une ruelle sombre.

Marlowe sourit.

— C'est bien mon idée. Toute la bande ne fera attention qu'à moi, en commençant par se demander ce que je fabrique là. Et ils passeront probablement tellement de temps à essayer de trouver une réponse qu'il ne leur en restera plus pour faire un mauvais coup.

— Et c'est votre seule raison pour y aller ? exigea Maria.

— Et quelle autre raison pourrais-je bien avoir ? répliqua-t-il.

Une seconde, ils s'affrontèrent du regard, puis Marlowe se tourna vers le Noir.

— Allons-y, Mac. Il faut qu'on vérifie le camion et qu'on le charge pour ton grand voyage.

Ils sortirent ensemble. Marlowe sentit dans son dos les yeux brûlants de la jeune fille. Bien entendu, elle avait parfaitement raison. Un autre motif le poussait à sortir avec Jenny O'Connor et, avec son intuition féminine, Maria l'avait deviné. Ce soir-là, en descendant du bus sur la grande place de Barford, Marlowe aperçut son reflet dans un miroir. Il hocha la tête et conclut qu'il ne comprendrait jamais rien aux femmes.

Maria avait brossé et repassé avec soin le costume qu'on lui avait donné à Wandsworth lors de sa levée d'écrou, et sa chemise resplendissait de blancheur. Il décida que son costume ne lui allait pas mal du tout : au moins, il avait été mis à ses mesures et ajusté aux bons endroits.

Alors qu'il s'engageait sur le trottoir, la cloche d'une église sonna. Il jeta un coup d'œil à sa montre. Il était 7 heures et à 8 heures, Mac partirait pour Londres. Marlowe, regardant le ciel, jugea qu'il ferait alors suffisamment sombre.

Il n'eut aucune difficulté à trouver l'adresse de Jenny O'Connor. C'était un appartement coquet aménagé dans d'anciennes écuries, au fond d'une cour, non loin de la grande place. Les châssis des fenêtres étaient peints d'un rouge brillant, et on y voyait encore quelques fleurs. Il pressa le bouton de la sonnette et attendit en regardant autour de lui. Il n'y avait nulle trace de la voiture de la jeune femme et il écouta dans le silence, le front légèrement plissé, en se demandant s'il n'avait pas commis une erreur.

Au moment où il allait reprendre le bout de papier dans sa poche, il entendit un bruit de pas, et la porte s'ouvrit. Jenny se tenait sur le seuil, souriante. Elle portait une longue robe d'intérieur, d'une lourde soie carmin, et ses cheveux resplendissaient comme des fils d'or. Elle s'effaça :

— Entrez, Mr Marlowe. Vous êtes un peu en avance.

Elle le précéda, à travers un vestibule lambrissé de chêne, jusqu'à un magnifique salon. Une moquette rose couvrait entièrement le sol, tandis que des lumières habilement dissimulées coloraient les murs de la même teinte. Une grande flambée crépitait dans une superbe cheminée. Des rideaux d'un riche velours occultaient les fenêtres, isolant quelque peu la pièce du monde extérieur. Elle lui fit signe de s'asseoir dans un grand fauteuil à oreillettes, puis ouvrit l'abattant d'un bar pour servir deux verres à l'aide d'un shaker.

— J'avais préparé cela à l'avance, expliqua-t-elle en lui en tendant un. Des Martini.

Il approuva de la tête :

— Une de mes vieilles boissons préférées.

Il commença de déguster le cocktail, se laissa aller contre son dossier et l'observa. Elle s'était lovée sur un long canapé à haut dossier, assorti à son fauteuil. Elle sourit :

— Nous n'avons pas besoin de nous dépêcher. J'ai retenu pour dîner une table dans un restaurant que je connais, à quelques kilomètres à l'extérieur de la ville. Malheureusement, ma voiture a eu un petit problème. Le garage l'a emmenée. Rien de grave. Ils ont promis d'arranger ça en une heure.

Il lui offrit une cigarette.

— C'est dommage. (Il se rassit et lui sourit.) De toute manière, je ne m'en plains pas. Ici, ce sera très bien. C'est une pièce magnifique.

Elle approuva de la tête et se leva pour remplir à nouveau son verre.

— J'aime les belles choses. Elles me font du bien. La vie est parfois tellement triste.

— L'ennui, c'est qu'elles coûtent beaucoup d'argent.

— Oh, je ne sais pas, sourit-elle en lui rapportant son Martini. Il y a beaucoup de choses qui sont très peu chères. (Elle actionna un interrupteur près de la cheminée, plongeant le salon dans une demi-obscurité.) La lumière du feu, par exemple. Cela fait partie des rares choses qui n'ont pas changé.

Marlowe fut surpris.

— Pas changé ?

— Pas changé depuis autrefois.

Comme une enfant, elle étendit sa tête sur son bras et tourna vers la flambée des yeux éclatants d'ambre et d'or :

— Je me souviens que lorsque j'étais petite, je prenais le thé à 4 heures, avec mon père, dans son bureau, certains après-midi d'automne. C'était un événement particulier, comme une fête dont je me réjouissais d'avance. La pièce était merveilleuse, avec des rangées de livres et, toujours, un immense feu. La femme de chambre apportait le thé et des muffins chauds sur un plateau, et mon père me permettait de faire la maîtresse de maison. (Elle rit.) J'adorais manier la théière d'argent et les belles tasses de porcelaine. Il y avait une atmosphère d'intimité toute particulière, avec les feuilles mortes qui tombaient le long des hautes fenêtres et les ombres qui grandissaient dans les coins.

Elle frissonna. Sa voix exprimait une désolation extrême. Marlowe ne dit rien, et ce fut le silence.

— Mais c'était il y a longtemps, conclut-elle vivement. Avant le déluge.

Marlowe fronça les sourcils. Il y avait là un élément qu'il ne saisissait pas.

— Qu'est-ce qui s'est passé ?

Elle haussa les épaules.

— Mon père a perdu sa fortune. Il a été mêlé à je ne sais quel tripatouillage financier. (Elle hésitait.) Il s'est fait sauter la cervelle, conclut-elle tristement.

— Je suis désolé. C'était une fin tragique.

Elle sourit et haussa de nouveau les épaules.

— Le seul problème, quand on est né avec de l'argent, c'est qu'on découvre qu'il est impossible de s'en passer. Ce qui veut dire qu'il faut trouver des solutions et qu'elles sont parfois très déplaisantes.

Marlowe comprenait un peu mieux.

— Et vous avez trouvé votre solution ?

Elle sourit finement.

— En général, les solutions ne sont pas faciles à découvrir. Quel âge me donnez-vous, Mr Marlowe ?

Il eut un geste d'ignorance :

— C'est difficile à dire. Dix-huit ans... ou dix-neuf.

Elle éclata de rire.

— J'aurai vingt-huit ans le mois prochain. À dix-sept ans, j'ai épousé un homme riche, parce que je voulais la sécurité. Il m'a fait mener dix ans d'une vie d'enfer. C'était un coureur, un ivrogne et, quand l'envie lui en prenait, il n'hésitait pas à me taper dessus. Je suis restée avec lui parce que je n'avais pas le courage de partir et d'affronter l'existence toute seule. Lorsqu'il est mort, l'an dernier, dans un accident de voiture, j'ai pensé que j'étais enfin libre. Il ne me laissait, hélas, que des dettes.

— Et c'est là qu'O'Connor est intervenu ?

— Tout à fait. C'était le demi-frère de mon père. Je savais très peu de choses de lui. Je crois qu'il y avait eu je ne sais quel scandale, dans sa jeunesse, et qu'il avait dû quitter la maison. Il est entré en contact avec moi il y a six mois, et il m'a proposé de m'entretenir.

— Et vous avez accepté ?

Elle haussa les épaules.

— Pourquoi pas ? Je suis faible. (De la main, elle désigna l'ensemble de la pièce.) Il est bon pour moi. À sa manière très bizarre, il est fier de moi. Il aime que les gens sachent que je suis sa nièce. J'imagine que maintenant qu'il est riche, il recherche une apparence de respectabilité.

— Vous êtes heureuse ? demanda Marlowe.

Elle eut un triste sourire.

— N'est-ce pas la Bible qui nous dit que nous devons payer pour nos faiblesses, Mr Marlowe ?

Elle rit d'un rire grinçant et prit une cigarette dans une boîte d'argent posée sur une petite table, juste à côté d'elle.

— J'ai tout ce que je veux, continua-t-elle. Tout. Mais, parfois, je me sens très seule. Oui, terriblement seule.

Un long moment, ils se fixèrent. Une sécheresse effroyable serrait de nouveau la gorge de Marlowe. Comme les flammes éclataient dans la cheminée et illuminaient son visage, il vit qu'elle avait les yeux pleins de larmes. Et puis sa cigarette tomba de ses doigts et ses traits se crispèrent comme ceux d'une petite fille.

— Si seule, répéta-t-elle. Si affreusement seule.

Marlowe se dressa, mû par une formidable énergie. Ses oreilles bourdonnaient. Il s'avança en titubant, mais elle le saisit dans ses bras et l'attira à elle. Sa bouche se colla avidement à la sienne. Une fois, elle murmura son nom. Quand les mains de Marlowe commencèrent de parcourir son corps, elle poussa un cri de plaisir. Ses doigts s'enfoncèrent en lui comme les griffes d'une tigresse lorsque la furie du désir les enveloppa tous deux.

L'obscurité avait presque envahi la pièce. Les ultimes braises rougeoyaient entre les chenets. Elle s'étira et posa la tête contre son épaule.

— Il faudrait que nous y allions, lui dit-il. Il est plus de 8 heures. Le dîner que vous avez commandé va être trop cuit.

Elle coula son ventre contre lui et lui passa un bras autour du cou :

— Rien ne presse. Le garage n'a pas encore téléphoné pour la voiture.

Marlowe prit une cigarette et l'alluma avec le briquet de table en argent qui accompagnait la boîte. Il souffla de longues bouffées vers le plafond sombre. Elle saisit sa chemise entre ses doigts.

— Vous avez réellement l'intention de défier mon oncle ?

— Je ne vois pas pourquoi je ne le ferais pas.

— Mais vous n'avez aucune chance, répliqua-t-elle en l'embrassant. Et je ne veux pas qu'il vous arrive du mal.

Il sourit, les dents brillant dans la pénombre. Elle s'approcha plus près de lui encore.

— Qu'est-ce qu'il y a de si drôle ? demanda-t-elle.

— C'est votre dernière phrase. Voyez-vous, je pense que c'est à votre oncle qu'il finira par arriver des malheurs. (Il jeta un coup d'œil aux chiffres phosphorescents de sa montre.) En ce moment même, Mac doit être en train de partir pour Londres.

Elle alluma un lampadaire, le visage incrédule.

— Mais que va-t-il faire à Londres ?

Marlowe haussa les épaules.

— Vendre un plein camion de produits sur le plus grand marché du monde, à Covent Garden. Là-bas, même quelqu'un comme votre oncle ne fait pas grosse impression.

Une seconde, elle conserva un air dubitatif, puis elle sourit et le serra contre elle.

— Oh, je pense que c'est une idée merveilleuse. J'espère que cela marchera.

Elle se mit debout, s'étira, et se contempla dans la glace. Elle poussa un petit cri :

— Mon Dieu, de quoi j'ai l'air ! Il faut que j'aille me changer. (Elle lui sourit et lui ébouriffa les cheveux.) Remettez votre cravate en place comme un gentil garçon, et prenez un autre verre pendant que je me prépare. Je vais téléphoner au garage et leur demander pour combien de temps ils en ont, acheva-t-elle en se dirigeant vers la porte.

Marlowe se resservit un Martini et écouta la voix étouffée qui lui parvenait du vestibule où elle téléphonait. Elle entrouvrit la porte au bout d'un moment :

— Ils vont l'amener dans un quart d'heure. Je n'en ai pas pour longtemps.

Elle referma. Marlowe s'empara d'un magazine et le parcourut distraitement. Après quelques minutes, il le lança dans un coin et réfléchit aux événements de la soirée. Il n'essayait pas de se persuader qu'il était amoureux de Jenny O'Connor. C'était inutile. Il s'agissait d'un type de rapport bien particulier qu'il avait déjà connu une fois dans sa vie : une alchimie irrésistible donnant naissance à une attirance physique qu'il fallait à tout prix satisfaire.

Il regarda de nouveau sa montre. Il était presque 9 heures. Le voyage de Mac devait être maintenant bien entamé. Il s'allongea et, contemplant le plafond, tenta de calculer l'heure d'arrivée à

Londres du Jamaïcain. Vers 3 heures du matin, estima-t-il. Il pourrait facilement être de retour pour le déjeuner. Une certitude s'imposait : il fallait que leur plan réussisse. Sinon, Magellan serait acculé à la faillite. Sur ce point, il n'y avait aucun doute.

La porte s'ouvrit et elle rentra dans la pièce. Elle portait une robe de jersey noir, sans manches, très moulante. Elle lui sourit et lui tendit un manteau de fourrure qu'il lui posa sur les épaules.

— Je commence à me demander si vous êtes un luxe que je peux m'offrir, remarqua-t-il.

Elle sourit en lui montrant le chemin.

— Ne vous inquiétez pas de cela. J'ai plus d'argent qu'il n'en faut.

Une seconde durant, son orgueil masculin en fut blessé, puis il sourit. Après tout, pourquoi pas ? C'était l'argent d'O'Connor. Le klaxon d'une voiture retentit et, lorsqu'elle ouvrit la porte, elle aperçut un mécanicien en combinaison blanche debout à côté de la Jaguar.

— Vous n'aurez plus aucun problème avec elle, miss O'Connor, annonça gaiement le nouveau venu.

— Merci, Jerry. (Elle se tourna vers Marlowe.) Vous pouvez la conduire si vous voulez.

Il la fit entrer et contourna le véhicule pour s'installer derrière le volant.

La grosse voiture se conduisait comme dans un rêve. Dès qu'ils eurent atteint la grande route qui menait à l'extérieur de Barford, il accéléra jusqu'à ce que l'aiguille du compteur marque le cent trente.

— C'est une sacrée bagnole, constata-t-il.

Elle lui sourit.

— C'est la meilleure. Vous n'avez jamais eu envie d'une voiture comme celle-là ?

Une fraction de seconde, il fut sur le point de lui parler de son passé. Du temps où il conduisait tous les jours une voiture analogue. Lorsqu'il avait de l'argent, et des vêtements, et des femmes. En bref, tout ce qu'un homme peut désirer. Et pourtant, il ne lui en dit rien. Et il ne lui en dit rien parce qu'il avait soudainement compris que toutes ces choses-là avaient perdu de leur importance : une voiture, ce n'était jamais qu'une voiture, avec un moteur et quatre roues, et ça vous transportait d'un endroit à l'autre. Était-il réellement important d'en posséder une dont le prix atteignait les deux mille livres ?

Il jura silencieusement. S'il continuait à nourrir de pareilles pensées, il allait gâcher leur sortie. Il se força à les rejeter dans un recoin obscur de son esprit, et se dirigea vers le parking de l'auberge où ils arrivaient. Pendant qu'ils se dirigeaient vers l'entrée, il se contraignit à ne plus penser qu'à savourer le reste de la soirée.

Il était 11 heures du soir lorsqu'il gara la Jaguar dans la cour, devant l'appartement de Jenny O'Connor, et coupa le contact. Ils demeurèrent d'abord silencieux.

— Je me suis vraiment très bien amusée, finit-elle par dire. Pour un homme de votre carrure, vous dansez exceptionnellement bien.

Il haussa les épaules.

— Tout le mérite en revient aux Martini. J'étais ailleurs, la moitié du temps.

Elle rit.

— Vous entrez pour un dernier verre ?

Elle posa sur son bras une main tiède et quelque chose en lui frémit. Mais pourquoi pas, après tout ? Il ouvrit la portière et s'apprêta à sortir de la Jaguar.

Un poing se dressa devant son visage. Par un réflexe inexplicable, il parvint à esquiver, de telle sorte que le coup lui frôla la joue. Il claqua la portière et, se précipitant en avant, envahi par une rage froide, il se heurta à un corps robuste. Un pied lui fit un croc-en-jambe. Il bascula sur les pavés, se protégeant d'instinct le visage de ses deux mains, et roulant sur lui-même pour éviter les coups de pied balancés à tout va. Il reçut cependant une chaussure dans le flanc, et une autre lui meurtrit le visage. Mais, déjà, il s'était remis debout. Jenny O'Connor n'avait pas poussé un seul cri. Un instant, il eut le terrible soupçon qu'elle s'était jouée de lui. Puis la porte d'entrée s'ouvrit. La lumière inonda la cour d'un rayon doré.

— Venez à l'intérieur, Hugh ! hurla-t-elle. À l'intérieur !

Dans la lumière, Blacky Monaghan et ses deux malfrats apparaissaient nettement. L'un d'eux, à deux mains, tenait une longue barre de fer. Il s'élança soudain, et voulut faucher la tête de Marlowe, qui s'effaça. La barre résonna, derrière eux, contre le mur de pierres. Marlowe lança sauvagement son pied vers le bas-ventre de l'homme, qui s'effondra avec un cri terrible, presque un sanglot, tandis que son arme improvisée roulait sur les pavés.

Monaghan recula, s'essuyant le front de la main. Au son de sa voix, on comprenait qu'il avait bu.

— Ça va pas te réussir, espèce de salopard, grinça-t-il. (Sans lâcher Marlowe des yeux, il s'adressa à celui de ses hommes qui était encore vaillant.) Fais-lui la peau, Paddy. Découpe-le en rondelles.

Le dénommé Paddy sortit la main de sa poche droite et déplia avec lenteur un rasoir ancien, à manche de corne. Il marcha vers Marlowe, la main tendue. Marlowe attendit qu'il ne soit plus qu'à un mètre environ, puis il se laissa tomber sur un genou, ramassa la barre de fer perdue par le premier assaillant, et la lança sur le bras droit de l'homme. L'os se brisa comme une brindille sèche. Paddy s'écroula au sol avec un gémissement sourd, le visage tordu dans un masque de douleur.

Au moment même où Marlowe allait se remettre sur ses pieds, Monaghan se rua vers lui et l'atteignit dans les côtes, ce qui le souleva et le jeta, dos au sol, contre le mur. L'Irlandais agissait vite, la jambe levée pour écraser le visage sans protection. Marlowe lui attrapa le pied, le tordit, et Monaghan chut lourdement sur lui. Pendant un moment, ils ne cessèrent de rouler l'un sur l'autre, se tenant chacun à la gorge. Mais, parvenus au mur opposé, Marlowe eut le dessus. Il frappa du poing deux fois, durement, la mâchoire de l'Irlandais. La tête de Monaghan s'inclina sur le côté et ne bougea plus.

Avec peine, Marlowe se remit debout et resta un moment appuyé au mur. Puis il marcha vers la porte. Jenny O'Connor se tenait sur le seuil et le regardait avec une expression étrange.

— Mon Dieu, personne ne peut donc vous battre ? souffla-t-elle.

Il ne prêta pas attention à cette phrase et la repoussa à l'intérieur.

— Vous n'avez pas appelé la police, n'est-ce pas ? (Elle secoua la tête.) Très bien ! Donnez-moi un double cognac. Quand je serai parti, téléphonez à votre oncle et racontez-lui ce qui s'est passé. Il faudra qu'il vienne ici pour ramasser ses petits copains lui-même.

Elle lui servit vivement un verre et le lui donna.

— Est-ce qu'ils vont bien ? demanda-t-elle d'une voix incertaine.

Il haussa les épaules.

— Les types de cette espèce vont toujours bien. Si vous vouliez seulement savoir si j'ai tué l'un d'entre eux, la réponse est non. Mais votre oncle va avoir tout de même à faire venir un docteur. Et les médecins qui acceptent de traiter des cas de ce genre ne sont pas bon marché.

— La prochaine fois, Blacky Monaghan vous tuera, dit-elle, d'un ton très convaincu.

Marlowe haussa de nouveau les épaules et resserra sa cravate.

— Bien des gens ont essayé de me tuer. Et je suis toujours là.

— Vous avez le visage dans un état affreux. Vous feriez mieux de venir à la salle de bains pour que je soigne ça.

Il parvint à esquisser un sourire.

— Non merci. O'Connor a peut-être quelqu'un qui m'attend aussi là-haut. (Il se pencha pour lui caresser la joue.) Ça a été délicieux, mon ange, mais la partie est terminée pour l'instant. Il vaut mieux que je me tire d'ici. Laissez-moi cinq minutes, et téléphonez-lui.

Marlowe traversa la cour. Paddy s'était mis à gémir et le troisième homme sanglotait sans arrêt comme un enfant. Il parcourut rapidement la rue sombre. Il eut de la chance : en arrivant sur la grande place, un taxi arriva face à lui et il lui fit signe.

Il se laissa aller contre le dossier rembourré de la banquette et ferma les yeux. Il se sentait fatigué, très fatigué, et son corps n'était qu'un amas de douleurs. Dès qu'il respirait, il avait mal à la poitrine, là où la chaussure de Monaghan l'avait touché, et il se demanda s'il avait une côte cassée. Quand il réfléchissait à ce qui s'était passé, il comprenait qu'il n'avait pas cessé de s'y attendre pendant toute la soirée. Après tout, Monaghan lui avait donné un avertissement très clair. Ses petits copains et lui devaient avoir soigneusement tout préparé.

Un sourire las se peignit sur le visage de Marlowe. Au moins, il les avait tenus occupés la soirée entière, pendant que Mac descendait la marchandise vers le sud. Son plan avait fonctionné à merveille, et il avait appris à bien connaître Jenny O'Connor. Tout bien considéré, la soirée avait été extrêmement profitable, nonobstant les plaies et les bosses.

Il fit arrêter son taxi à la barrière de la ferme et paya le chauffeur. Il s'arrêta un moment dans l'obscurité, à écouter le bruit du moteur qui s'atténuait peu à peu. Il tourna les talons et traversa la cour jusqu'à la porte d'entrée.

La lumière de la cuisine était allumée, et un rayon passait sous la porte. Il s'y dirigea et tourna la poignée. Maria était assise dans un vieux fauteuil à bascule, près de la cheminée, et pleurait sans bruit. Elle leva vers lui un visage ravagé par les larmes et ne put retenir un haut-le-corps :

— Oh, Hugh, qu'est-ce qu'ils vous ont donc fait ?

En une seconde, elle traversa la pièce et se jeta dans ses bras. Il la tint serrée contre lui, tandis que les sanglots lui secouaient tout le corps, et lui caressa doucement les cheveux :

— Qu'est-ce qu'il y a, mon ange ? Il n'y a aucune raison de s'inquiéter. Ils m'ont uniquement raboté un peu les angles.

Elle leva vers lui des yeux bouffis et gonflés de larmes.

— Mac a téléphoné d'un petit village, à côté de Peterborough, hoqueta-t-elle. Il s'était arrêté dans un café, au bord de la route, pour boire une tasse de thé. Et quand il est sorti, quelqu'un avait volé le camion. (Dans son malheur, elle agitait la tête d'un côté à l'autre.) Vous ne voyez pas ce que ça signifie, Hugh ? Nous sommes finis. Nous ne pouvons plus rien faire.

Une nouvelle crise de sanglots la prit. Marlowe la tint plus près de lui encore et, plein de colère, regarda devant lui sans rien voir. Il décida que si O'Connor s'était trouvé dans la pièce en cet instant précis, il l'aurait tué, à mains nues.

7

Mac revint le lendemain, tard dans l'après-midi. Marlowe travaillait sur l'un des camions lorsqu'il entendit le son d'un moteur. Il se releva et s'essuya les mains à un vieux chiffon pendant que le véhicule que conduisait Mac pénétrait dans la grange et s'arrêtait. Le Jamaïcain coupa le contact et sauta à terre.

— Alors, tu as pu récupérer ton camion, demanda Marlowe en s'approchant.

Le Noir secoua la tête :

— Oui. Mais le chargement avait disparu quand la police l'a retrouvé. Mec, je me sens sacrément embêté.

Marlowe lui offrit une cigarette.

— Ne commence pas à te faire des reproches. La même chose aurait pu m'arriver, à moi.

— Comment va le vieux ?

Marlowe craqua une allumette contre le mur et alluma la cigarette de Mac.

— Pas trop bien. Il a pris ça très mal et, en plus, ses rhumatismes se sont aggravés. Il est au lit.

— Ça va le briser, soupira Mac avec amertume. Les fumiers...

— Ne t'inquiète pas d'eux pour le moment. Dis-moi ce qui s'est passé.

Le Noir tendit les mains dans un geste d'impuissance :

— C'est ça qui est dingue. Il ne s'est rien passé. Je conduisais depuis à peu près trois heures quand je me suis arrêté dans ce café de routiers, près de Peterborough. Je me suis garé à côté d'une quinzaine d'autres camions, et je suis entré pour prendre une tasse de thé et un sandwich. Quand je suis ressorti, un quart d'heure plus tard, le camion était parti.

— Qu'est-ce que tu as fait, alors ?

— Je suis allé droit chez les flics du coin. Le sergent qui s'est occupé de l'affaire était un type très sympa. (Mac eut un rire bref.) Il m'a dit qu'un truc comme ça, ça arrive toutes les nuits, quelque part le long de la route.

Marlowe approuva de la tête.

— Il a raison, ça arrive. C'est en cela qu'O'Connor s'est montré bigrement malin. Pas d'attaque de la diligence, pas de coups, rien de spectaculaire. Pour la police, c'est seulement une affaire de routine et O'Connor sait que nous n'irons pas dire le contraire aux poulets.

Mac soupira.

— Ils ont retrouvé mon camion à 10 heures du matin. Il était arrêté au bord d'une petite route, à quinze bornes du café, à peu près.

Marlowe s'appuya dos au mur, le front plissé par ses réflexions.

— Dis-moi, Mac, finit-il par lâcher, dans quoi d'autre O'Connor a-t-il des intérêts, à côté des fruits et légumes ?

Le Noir haussa les épaules.

— Il possède une sablière. Ça marche fichtrement bien. Et puis il a son contrat de transport avec les Charbonnages. Mais, surtout, il fait des transports généraux, je dirais.

Marlowe secouait la tête, impatient.

— Je ne parlais pas de ses intérêts au grand jour. Qu'est-ce qu'il a d'autre, dans le genre clandestin ? Papa Magellan m'a dit qu'il avait une très mauvaise réputation pendant la guerre.

Mac eut un geste d'ignorance.

— Là-dessus, je pourrais rien te dire. Je suis resté chez lui que cinq ou six semaines. (Il fronça les sourcils et plissa les paupières.) Je suis sacrément convaincu qu'il y a plein d'activités illégales, mais, là-bas, ils m'ont jamais mis dans leurs petites confidences.

— C'est bien dommage, déplora Marlowe, déçu. J'avais espéré que tu pourrais savoir quelque chose.

Le Jamaïcain sourit soudain.

— Hé, attends une minute. Il y a aussi le garage, sur la route de Birmingham.

Cette information intéressa immédiatement Marlowe :

— Sur la route de Birmingham ? C'est de l'autre côté de Barford. Qu'est-ce qui se passe donc, là-bas ?

— C'est justement le problème. Je sais pas. Mais c'est quelque chose de drôlement louche. Il y a que Monaghan et ses gros bras qui ont le droit d'y entrer. Une ou deux fois, on m'y a envoyé, avec des messages d'O'Connor, mais on m'a jamais laissé franchir les portes.

Les yeux de Marlowe s'étaient durcis.

— Alors, on ne t'a jamais laissé entrer, hein ? dit-il doucement. (Il sourit et tapa dans le dos du Noir.) Je crois que nous allons leur rendre une petite visite ce soir. Qu'est-ce que tu en penses ?

— Mec, moi je suis d'accord avec tout ce qui pourrait jouer un mauvais tour à ces salauds.

Marlowe sourit, lui aussi.

— Excellent. Tu ferais mieux de venir et de manger un morceau, maintenant. Quoi que tu fasses, ne dis ni au vieux ni à Maria où nous allons ce soir, ajouta-t-il alors qu'ils se dirigeaient vers la maison. Surtout pas à Maria. S'il faut donner des explications, tu me les laisses à moi.

Le Noir parut surpris, mais il approuva de la tête :

— OK, mec. Ça sera comme tu veux.

Maria était dans la cuisine, pâle et les traits tirés. Elle sourit tristement à Mac.

— Je suis vraiment tout à fait désolé de ce qui s'est passé, lui dit le Jamaïcain.

Elle parvint à esquisser un nouveau sourire.

— Ne vous faites pas de reproches. Nous savons tous que ce n'était pas de votre faute.

— Est-ce que je peux voir votre père ? reprit Mac.

— Il est vraiment très malade, en ce moment, soupira-t-elle.

Le docteur est venu pour l'examiner des pieds à la tête. Il pense qu'il a aussi un peu la grippe. En tous cas, il fait de la température.

Elle les précéda dans l'escalier et, avec précaution, entrouvrit la porte de la chambre du vieux. Il avait l'air d'avoir pris dix ans, avec des joues creusées et tombantes. À entendre sa lourde respiration, on savait qu'il dormait.

Maria referma doucement la porte et ils redescendirent.

— Ce qu'il y a de sûr, c'est qu'il n'a pas bonne mine, fit remarquer tristement Mac.

— Tout lui est tombé dessus en même temps, répondit Maria. Et il doit affronter la ruine. C'est un miracle qu'il ne soit pas encore mort.

Marlowe éprouvait pour elle une pitié infinie. Elle eut un sanglot et s'appuya à la table, la tête dans les mains. Il lui enlaça la taille.

— Allons, allons, mon ange. Ça, ça ne vous ressemble pas. Il faut sourire. Ce soir, Mac et moi, nous allons faire le tour des producteurs. Nous réunirons un nouveau chargement, peut-être même deux. Et nous essaierons encore Londres demain soir.

Elle sourit et, du dos de la main, essuya une larme sur sa joue.

— Oui, vous avez raison, Hugh. Je me conduis comme une petite idiote, et ça ne nous aide pas du tout. (Elle lui pressa la main.) Vous êtes si gentils avec moi... tous les deux... (Elle sourit.) Je vous apporte votre dîner.

La nuit commençait à tomber quand ils partirent en camion pour Barford, peu après 7 heures. Marlowe, délibérément, évita de traverser la grande place de la ville. Quand Mac lui tapa sur l'épaule, il rangea le véhicule dans un terrain vague et coupa le contact.

Il faisait maintenant très sombre. Les lampadaires, jusqu'à Barford, s'égrenaient dans l'obscurité comme des perles jaunes. Le garage se situait à trois ou quatre cents mètres devant eux. Lorsqu'ils se dirigèrent vers lui, le crachin commença de sévir. À cinquante mètres du bâtiment, Marlowe s'arrêta.

— On ne va pas approcher plus loin que ça, décida-t-il. On ne sait jamais qui pourrait être à faire le guet. Essayons de trouver le moyen de passer par-derrière.

Ils s'engagèrent dans une venelle étroite, à peine éclairée par un unique bec de gaz à l'ancienne, et s'avancèrent en trébuchant sur le pavé inégal. Au bout de trente ou quarante mètres, elle tournait vers la droite, à angle droit, et longeait l'arrière du garage, dont le mur de briques, vieux et proche de l'écroulement, mesurait près de deux mètres cinquante. Mac fit la courte échelle à Marlowe qui se hissa sur le faîte du mur, puis tendit le bras pour aider le Jamaïcain à le rejoindre. Une minute, ils restèrent assis là-haut, pour repérer les lieux, et ils sautèrent dans la cour intérieure. Un vieil escalier de secours en fer conduisait au second étage de la bâtisse. Marlowe, avec prudence, s'y engagea. Ils s'arrêtèrent sur le palier et il tenta de tourner la poignée de la porte. Elle était verrouillée. Il hésita un instant, mais, déjà, Mac se dirigeait vers une fenêtre toute proche. Le Noir émit un grognement de satisfaction.

— C'est ouvert, dit-il.

Il y eut un craquement quand il releva le châssis vitré. Puis il grimpa sur la balustrade de l'escalier et se glissa par la fenêtre. Marlowe le suivit.

Ils restèrent dans l'ombre, aux aguets. Marlowe crut sentir une odeur particulière. Le front plissé, il huma l'air, pour mieux l'identifier. Et puis il se détendit et attira Mac près de lui.

— C'est du whisky, diagnostiqua-t-il. Et du bon. Tu le sens aussi ?

Mac acquiesça de la tête et s'engagea, non sans précautions, dans le corridor, qui se terminait par une porte dont l'un des panneaux, cassé, laissait passer de la lumière. Il l'ouvrit avec prudence et le parfum entêtant du whisky emplit leurs narines. La pièce était pleine de caisses contenant des bouteilles et, au fond, on distinguait nombre de tonneaux. Pour voir, Marlowe frappa l'un d'eux du majeur replié.

— Il est plein, observa-t-il. (Il se dirigea vers une table sur laquelle il ramassa une poignées d'étiquettes.) Regarde-moi ça, ajouta-t-il. Rien que des marques connues.

— Mais qu'est-ce qui se passe donc ici ? interrogea le Noir, stupéfait.

— C'est une combine vieille comme le monde. Ils coupent l'alcool. Ils achètent leur whisky en gros... et c'est peut-être même un produit de bonne qualité... et ils le diluent avec de l'eau. Et puis ils le mettent en bouteilles, ils collent dessus une étiquette d'une marque réputée. Et ils se font un bénéfice d'au moins deux cents pour cent sur chaque bouteille.

Mac n'était pas convaincu.

— Mais n'importe quel connaisseur peut dire si la bibine a été trafiquée.

Marlowe approuva.

— Je sais. Mais leur machin, ça se vend surtout dans les boîtes de nuit. Et pas dans les plus huppées, j'entends. Plutôt le genre d'endroits, comme à Soho, où les radasses saoulent les michetons et encaissent leur pourcentage.

Le Noir le fixa, admiratif.

— Mec, si nous mettons les flics sur ce coup-là, notre ami O'Connor va avoir de vrais ennuis.

— Ça vaut dans les cinq ans de taule, confirma Marlowe, sombre.

Il se dirigea vers une porte, dans un coin, et l'ouvrit sans bruit. Après quelques secondes, il fit signe à Mac de le rejoindre en lui enjoignant, du geste, de ne pas faire de bruit.

De là, ils pouvaient contempler la partie principale du garage. Elle était vide, à l'exception d'un trois tonnes Bedford, qui paraissait provenir des surplus de l'armée, dont il portait encore le camouflage kaki déteint. Apparemment, il n'y avait personne dans les parages. Marlowe s'approcha du camion et regarda à l'intérieur : la benne était pleine de caisses et de cartons rangés en bon ordre.

Il y grimpa, suivi par Mac. Marlowe sortit un canif et ouvrit l'un des cartons. Il repéra tout de suite le goulot d'une bouteille de whisky, et sourit à Mac.

— C'est sans doute un chargement en attente de transport.

Avant que le Noir n'ait pu répondre, ils entendirent le bruit d'une porte que l'on ouvrait, et des pas qui se rapprochaient du véhicule. Marlowe se coucha à côté de son compagnon sur le plancher de la benne. A travers la bâche de toile, ils pouvaient parfaitement entendre la conversation.

Il y avait deux hommes : O'Connor et Kennedy.

— Voilà l'adresse, dit O'Connor. C'est vers les docks, pas loin de Lime Street. Si tu appuies un peu sur le champignon, tu seras là-bas juste après minuit.

— Faut pas charrier, Mr O'Connor, protesta l'autre. Il faudrait qu'il me pousse des ailes. Liverpool, c'est pas exactement la porte à côté.

— Écoute-moi bien, Kennedy, répliqua O'Connor d'un ton glacial. Je te paie un bon salaire. Et je veux voir des résultats, pour changer. Ces derniers temps, tu as eu l'air d'avoir pris l'habitude de tout rater. Si ça ne te plaît plus de travailler pour moi, nous pouvons toujours procéder à d'autres arrangements, conclut-il, menaçant.

— Non, non. Ça n'était pas du tout cela que je voulais dire, Mr O'Connor, se hâta d'affirmer Kennedy, d'une voix tremblante de peur.

O'Connor grogna avec mépris :

— Alors, débrouille-toi pour que tout se passe bien, cette fois-ci. En échange du chargement, Sid Brown te remettra un paquet. Il y aura deux mille livres dedans. C'est une jolie masse de fric. Je veux vous revoir ici, toi et jusqu'au dernier penny de cette somme, demain matin, pour le petit déjeuner. Et je n'accepterai aucune excuse.

La portière claqua. Tout le camion vibra lorsque le moteur démarra. Un instant plus tard, Marlowe entendit le grincement des portes roulantes du garage que l'on ouvrait. Puis le camion s'élança dans l'obscurité et accéléra sur la grande route. Marlowe s'installa confortablement, adossé à des caisses de bois.

— Où il a dit que nous allions ? demanda-t-il à Mac. Près de Lime Street, pas loin des docks ?

Les dents du noir resplendirent dans la pénombre.

— Je suis jamais allé à Liverpool. Je suis franchement content d'y faire un tour.

Marlowe sourit, remonta son col et tira sa casquette sur ses yeux.

— Tâche de trouver une position aussi confortable que tu pourras. Nous voilà partis pour un long voyage.

À plusieurs reprises, Marlowe s'endormit mais, chaque fois, il fut réveillé par les soubresauts du camion sur une portion de chaussée en particulièrement mauvais état. Kennedy ne perdait pas de temps et, lorsque la route était dégagée, il poussait le Bedford à près de cent à l'heure.

La dernière fois qu'il fut ainsi réveillé, Marlowe nota qu'ils étaient entrés dans les faubourgs de Liverpool et, jetant un coup d'œil à sa montre, il constata qu'il était presque minuit. Il secoua doucement Mac. Le Jamaïcain s'éveilla aussi vite qu'un chat.

— On est presque arrivés, dit Marlowe. L'ami Kennedy a certainement poussé à fond ce vieux tacot.

— Et qu'est-ce qu'on va faire, ensuite ?

Marlowe haussa les épaules.

— Je ne sais pas. On agira en fonction des circonstances.

Un quart d'heure après, le camion s'engagea dans une rue sombre et tranquille et s'arrêta. Il régnait un complet silence. Dans le lointain, Marlowe entendait les sirènes, irréelles et lugubres, des navires sur la Mersey.

D'abord, rien ne bougea. La portière de la cabine s'ouvrit enfin et Kennedy sauta à terre. Ses pas résonnèrent le long du camion, puis il grimpa dans la benne et alluma une lampe torche. Marlowe la lui arracha de la main et en dirigea le faisceau sur lui.

— Salut, Kennedy, dit-il. C'est drôle de te rencontrer ici.

Le visage de l'Irlandais arbora une expression à la fois stupide et désolée. Il ouvrit la bouche pour crier. Mac lui administra un superbe direct à l'estomac, et il s'effondra, hoquetant. Marlowe lui enfonça un mouchoir entre les dents et lui lia les mains avec sa propre ceinture. Ensuite, Mac et lui écartèrent du fond du camion un certain nombre de caisses et le poussèrent dans l'espace ainsi dégagé.

À peine étaient-ils descendus du camion que deux camionnettes surgirent de la nuit et se garèrent à quelques mètres. Quatre hommes en sortirent. Marlowe s'appuya à l'arrière du véhicule, poings serrés pour faire face à toute éventualité. Un petit homme à tête d'oiseau sourit en allumant une cigarette.

— Je suis Sid Brown, se présenta-t-il. Vous travaillez pour O'Connor ?

— C'est bien ça, répondit Marlowe. On a notre camelote là-dedans, et il n'y a pas une bouteille de cassée.

Brown hocha la tête.

— Vous êtes nouveaux, non ? Je vous avais jamais vus avant.

Marlowe confirma :

— Oui. O'Connor vient juste de nous embaucher.

Sid Brown cligna de l'œil et se toucha le nez du bout du doigt.

— Quelqu'un de bien, O'Connor. Très malin. Avec lui, vous gagnerez bien votre vie.

Ses trois hommes de main transféraient le chargement du camion dans leurs camionnettes à une vitesse incroyable.

— Ça n'est pas rentable de traîner dans le coin trop longtemps, remarqua Brown. Les flics sont sacrément trop sur les dents pour mon goût.

— Et pour le pognon ? s'enquit Marlowe. Si on a à se tirer d'ici en vitesse, je préférerais l'emporter avec moi.

Brown sourit.

— Ah oui, ce bon vieux fric... J'étais en train de l'oublier. (Il sortit un paquet de son imperméable et le tendit à Marlowe.) Tout en billets de cinq livres. Et c'est des biftons qui voient le jour.

Marlowe déchira le paquet et en examina le contenu à la lumière de la lampe de Kennedy. La somme convenue y était.

— Vous êtes quelqu'un de prudent, je dois dire, fit Brown, du ton d'un homme vexé. Moi, vous me verrez jamais monter des coups tordus. Je paie recta pour de la bonne marchandise. Je l'ai toujours fait, et je le ferai toujours. C'est la seule façon de se bâtir une réputation.

Ses hommes achevaient de décharger le camion. L'un d'eux lança tout à coup :

— Hé, qu'est-ce que c'est que ça, là, nom de Dieu ?

Sid Brown, de l'arrière du véhicule, dirigea une puissante lampe sur la forme inanimée de Kennedy :

— Qu'est-ce qui se passe, ici ? Qui est ce type ?

Marlowe sourit et lui donna une bonne claque dans le dos.

— Ne vous faites pas de soucis pour lui. C'est mon cousin Charlie. Ça lui plaît bien de voyager comme ça.

Au premier signe de danger, Mac s'était fondu dans l'obscurité. Le grondement du moteur du camion s'éleva. Marlowe tourna vivement les talons et monta dans la cabine. Il claqua la portière, et se pencha à la fenêtre :

— Content d'avoir fait du bizness avec vous, Sid. On se reverra un de ces jours.

Le camion s'enfonça dans la nuit, laissant derrière lui Brown ébahi devant ses camionnettes.

Mac riait tellement qu'il en avait de la peine à tenir le volant :

— Mec, qu'est-ce qu'O'Connor va être malade !

— Deux mille livres, répondit Marlowe. Tous nos ennuis sont finis. Et O'Connor ne peut pas aller trouver les flics sans leur dévoiler toute sa combine. (Il s'appuya à son dossier et alluma une cigarette.) Oui, je dois dire que c'est une nuit de travail tout à fait satisfaisante.

Il regarda sa montre. Il était presque 1 heure du matin.

— On va se relayer pour conduire, conclut-il. Avec de la chance, nous serons de retour à 6 heures.

En fait, il plut à verse cette nuit-là, et il était presque 7 heures lorsqu'ils tournèrent pour s'engager dans le terrain vague, près du garage d'O'Connor, et garèrent le Bedford à côté de leur propre camion.

Quand Marlowe grimpa à l'arrière du camion, il s'aperçut que Kennedy était parvenu à se défaire de son bâillon. Alors qu'il se penchait pour le détacher, Kennedy lui dit :

— Avec cette histoire-là, tu ne pourras jamais t'en tirer.

Marlowe le mit debout et le lança presque au sol.

— Qu'est-ce que tu as l'intention de faire ? ricana-t-il. Aller chez les poulets pour leur dire que tu t'es fait chauffer une cargaison de whisky frelaté ? Je suis persuadé que ça les passionnerait énormément.

Kennedy était au bord des larmes.

— Pour l'amour du Christ, Marlowe, qu'est-ce que je vais devenir, maintenant ? O'Connor me tuera si je vais le voir.

Il paraissait sur le point de s'effondrer. Marlowe le regardait sans rien dire. Et puis il ressentit quelque chose comme de la pitié :

— Si tu as trois sous de jugeote, tu n'iras pas le retrouver. Tu vas te tirer d'ici aussi vite que tu pourras.

Il sortit de sa poche le paquet de Sid Brown et en sortit dix billets.

— Ça fait cinquante livres, dit-il à Kennedy. L'express de Londres part dans une heure.

Il ignora les remerciements que bredouillait l'Irlandais et monta dans la cabine de leur camion où Mac l'attendait déjà au volant, moteur au ralenti.

— C'était sacrément réglo, ça, mec, remarqua le Jamaïcain alors qu'ils s'engageaient sur la route.

Marlowe haussa les épaules.

— On ne devrait pas permettre à des connards comme Kennedy de se balader tout seuls.

Il posa sa tête dans le coin et ferma les yeux, pour couper court à toute tentative de poursuivre la conversation.

Ils arrivèrent une heure plus tard dans la cour de la ferme. Maria était en train de se diriger vers la grange. Elle se précipita vers le camion pendant que Marlowe en descendait.

— Où étiez-vous passés ? cria-t-elle. J'étais malade d'inquiétude.

Il ne répondit pas à sa question.

— Comment va votre père ? s'enquit-il.

— Beaucoup mieux, ce matin. Il est assis dans son lit, et il demande où vous êtes. Je ne savais plus quoi lui dire.

Elle les fit entrer et ils la suivirent à l'étage jusqu'à la chambre du vieux. Le vieux Magellan, redressé contre ses oreillers, portait une écharpe de laine autour du cou. Devant lui, les restes d'un petit déjeuner à moitié terminé reposaient sur un plateau. Son visage s'éclaira lorsque Marlowe apparut sur le seuil :

— Hugh, mon garçon, où étiez-vous ? Qu'est-ce que vous fabriquiez ?

— Ils ne m'ont rien dit, souligna Maria.

Mac s'appuya à la porte. Marlowe déboutonna son imper et prit le paquet de billets de cinq livres.

— Vos ennuis sont finis, papa, annonça-t-il en lançant le paquet sur le lit. Là-dedans, il y a deux mille livres.

Maria eut un haut-le-corps et porta la main à sa gorge.

— Hugh, qu'avez-vous fait ? s'inquiéta-t-elle.

L'ébahissement s'était peint sur le visage du vieux.

— D'où vient cet argent ?

Marlowe haussa les épaules.

— C'est le fric d'O'Connor. Nous avons découvert qu'il a monté un trafic de whisky frelaté. Cette nuit, nous avons fait à Liverpool une livraison pour son compte. Tout ce qui intéressait le client, c'était d'avoir sa bibine. Il nous a donné le fric sans le moindre murmure. (Il sourit.) Et voilà, papa. Vous n'aurez plus de problèmes.

Les traits de Magellan s'étaient figés.

— Maria, donne-moi une des grandes enveloppes qui sont là, dans le tiroir. (Maria obéit sans rien dire.) Maintenant, donne-moi un stylo et des timbres.

Marlowe, sans rien dire, contemplait le vieil homme qui comptait trente billets et les mettait de côté.

— J'ai pris cent vingts livres, expliqua Magellan. J'estime que c'est ce que notre chargement nous aurait rapporté à Londres.

Marlowe n'en revenait pas.

— Vous voulez dire que vous allez renvoyer le reste à O'Connor ? cria-t-il. C'est de la folie.

Le vieux Magellan secouait la tête.

— C'est du bon sens. Ça, c'est de l'argent sale, gagné malhonnêtement. J'ai pris ce que je considère qu'O'Connor me doit. Ni plus, ni moins.

Il acheva d'écrire l'adresse et colla soigneusement le rabat. Après avoir mis les timbres, il tendit l'enveloppe à Marlowe.

— Je veux que vous mettiez ça à la poste. (Marlowe hésitait.) Postez-moi ça tout de suite.

Marlowe soupira et prit l'enveloppe.

— Très bien, papa. Faites comme vous voulez.

Il quitta la chambre sans ajouter un seul mot et descendit. La boîte aux lettres se trouvait à plusieurs centaines de mètres. C'était une vieille boîte rectangulaire, peinte en rouge. Encastrée dans un mur de pierres sans enduit, elle portait encore le monogramme de la reine Victoria, en relief sur le métal usé.

Il resta un moment immobile devant la boîte, puis il glissa l'enveloppe dans la poche intérieure de sa veste et s'en revint à la ferme.

En arrivant à la barrière, il trouva Mac adossé au mur, le visage sombre.

— Tu l'as pas postée, hein ? dit le Noir.

Marlowe secoua la tête :

— Non. Ç'aurait été bête.

Mac émit un soupir.

— J'espère vraiment que tu sais ce que tu fais.

Il suivit Marlowe à l'intérieur.

Maria, dans la cuisine, préparait le petit déjeuner. Quand il y pénétra, elle tourna vers lui, un sourire anxieux aux lèvres.

— Alors, vous l'avez postée ?

Il se contraignit à sourire.

— Oui. Mais vraiment à mon corps défendant.

Elle sourit à nouveau, radieuse cette fois.

— Oh, Hugh, je suis si heureuse. Papa avait raison, vous savez.

Elle se tourna vers le fourneau et Marlowe s'assit devant la table, la rage au cœur. Il savait qu'il avait fait ce qu'il fallait : il n'allait tout de même pas jeter bêtement du bon argent à cause de la fantaisie d'un vieil homme. Il savait ce qu'il faisait. Et pourtant, dans sa fureur impuissante, il s'enfonçait les ongles dans la paume des mains. Parce qu'elle l'avait cru lorsqu'il avait dû lui mentir.

8

Marlowe fit le tour des producteurs, cet après-midi-là, et leur régla leur dû. Quand il ramena le camion dans la grange, Maria était assise sur la table, balançant ses jambes et discutant avec

Mac qui travaillait sur le moteur de l'un des véhicules. Lorsque Marlowe sauta à terre, elle remplit une tasse de café et la lui donna.

— Vous êtes juste à l'heure, dit-elle.

Il fut heureux de boire quelques gorgées.

— C'est bon. Il commence maintenant à faire bigrement frisquet, là dehors.

— Comment ça s'est passé avec les gens ?

Il haussa les épaules.

— Pour le moment, pas de problème de ce côté-là. Ils ont fini par toucher tout ce qu'on leur devait, et ils en étaient tout à fait contents. (Il se dirigea vers le camion.) J'ai réuni un sacré chargement, cette fois. Des pommes et des poires, pas mal de tomates, et une jolie quantité de prunes.

Il lui donna la liste de la cargaison du camion. Elle hocha la tête avec satisfaction.

— C'est très bien. Il y a une demande régulière pour tous ces produits, sur les marchés de Londres. J'ai vérifié dans le journal de ce matin.

Marlowe se tourna vers Mac avec un sourire.

— Tu ne devrais pas avoir de difficulté à fourguer le tout quand tu seras là-bas.

Avant que le Jamaïcain n'ait pu répondre, Maria intervint avec vivacité :

— Mais vous allez certainement y aller avec lui, Hugh, non ? Ça sera beaucoup plus sûr, si vous êtes deux.

Marlowe secoua la tête et tapa sur l'épaule de Mac.

— Il n'a pas besoin de moi.

Marc arbora un bon sourire.

— Tu ferais que m'embarrasser, mec.

— Ce n'est pas juste, Hugh, protesta Maria avec une expression de colère. Pourquoi Mac devrait-il faire tout ça tout seul ? Moi, je crois que vous devez y aller avec lui.

Marlowe retint une réplique furieuse et parvint à conserver un ton calme :

— Écoutez-moi bien, mon ange. Je me fiche complètement de ce que vous croyez. Je ne vais pas à Londres. J'ai de bonnes raisons pour ça, et elles ne vous regardent pas le moins du monde.

Elle était blême. Elle ouvrit la bouche pour répondre, mais Marlowe tourna brusquement les talons, sortit de la grange, traversa la cour, et rentra dans la maison. Lorsqu'il entra dans la chambre de Magellan, le vieux, assis dans son lit, lisait un quotidien. Il leva les yeux par-dessus ses lunettes :

— Vous avez l'air sacrément agité, fils. Qu'est-ce que vous avez ?

Marlowe alluma une cigarette et arpenta la pièce en tous sens.

— C'est votre maudite fille. Elle s'est mise dans tous ses états parce que j'expédie Mac tout seul à Londres.

Le vieux hocha la tête.

— Et comme c'est une femme, elle veut savoir pourquoi vous ne pouvez pas y aller ?

Marlowe soupira et s'assit sur une chaise.

— Pourquoi diable ne peut-elle pas comprendre à demi-mot, comme Mac et vous, et se mêler de ses propres affaires ?

Magellan sourit.

— Ouvrez donc ce placard, fils. Il y a un album, sur l'étagère du dessus.

Marlowe obéit et tendit au vieux un album de photos démodé, relié de maroquin. Magellan l'ouvrit.

— Voyons voir un peu ça.

Marlowe retourna le volume pour pouvoir regarder convenablement. Un instant, il crut qu'il avait sous les yeux un cliché de Maria.

— C'est sa mère ? demanda-t-il.

Le vieux acquiesça :

— Oui, c'était ma Maria à moi. Comme vous le voyez, la mère et la fille se ressemblent comme deux gouttes d'eau. (Il sourit doucement en refermant l'album.) Et pas seulement dans l'apparence. J'ai bien peur que ma femme n'ait eu une vraie soif de se cultiver, tout à fait comme Maria. C'est un défaut commun à la plupart des femmes, conclut-il en haussant les épaules avant de rendre l'album à Marlowe.

Marlowe se leva pour remettre le volume sur l'étagère. Au moment de refermer la porte, il remarqua un fusil de chasse, appuyé dans un coin du placard, en partie caché par des vêtements suspendus sur des cintres. Il le saisit pour l'examiner de près : c'était une arme de calibre 12, à deux canons juxtaposés, superbement polie et gravée. Marlowe siffla doucement.

— Ça a dû vous coûter une livre ou deux, dit-il.

Le vieux Magellan eut un petit sourire.

— Oui. J'aime la sensation que donne un bon fusil. Dans le

temps, j'aimais bien faire un petit tour dans les champs, tôt le matin, et tirer deux ou trois pigeons, mais c'est le passé. (Il se redressa pour essayer de voir dans le placard.) Il doit y avoir aussi une boîte de cartouches, sur cette étagère-là.

Marlowe la trouva sans peine.

— Oui, elle y est.

— Très bien ! Alors, prenez ce fusil. Mac et vous, vous pourrez un peu vous détendre avec dans le champ, derrière la maison.

Marlowe sourit.

— Nous pourrons toujours faire semblant de flinguer O'Connor.

Il examinait le fusil avec un réel plaisir. Il y eut un moment de silence que rompit le vieux :

— Maria est amoureuse de vous, n'est-ce pas ?

Marlowe releva lentement les yeux. Il hésita, une seconde, et haussa les épaules.

— Oui, je suppose qu'elle l'est.

Le vieux hocha la tête.

— C'était évident pour moi, depuis le début. (Il sourit gentiment.) Et vous, vous êtes amoureux d'elle ?

Marlowe rit, d'un rire amer.

— Papa, je ne suis amoureux de personne. J'ai bien d'autres soucis. (Il secoua la tête et se leva.) Je ne veux pas me retrouver attaché. Je ne peux pas me le permettre.

Le vieux fit un signe d'approbation, yeux demi clos.

— Alors, il vaudrait mieux que vous nous quittiez bientôt. Maria va beaucoup souffrir de tout ça.

Marlowe soupira.

— J'en suis désolé, papa. Mais ne vous inquiétez pas. Je serais parti bientôt, de toute façon. Peut-être dans une semaine. Si les choses marchent bien, nous devrions, d'ici là, avoir remis O'Connor à sa place. Et puis, quand je vous aurai quitté, il vous restera encore Mac. C'est un type bien.

— Mais vous aussi, fils, sourit le vieux. Ne vous sous-estimez pas trop. (Il fut pris d'une quinte de toux et dut s'appuyer contre ses oreillers.) Dites-moi, ces ennuis qui vous empêchent d'aller à Londres... c'est grave ?

Marlowe s'arrêta devant la porte, le fusil sous le bras, et secoua la tête.

— Seulement quelques vieux amis qui veulent me voir, alors

que moi, je n'en ai pas envie. Rien dont je ne puisse me débrouiller.

Le vieux Magellan, les yeux à demi clos, sourit.

— Bien. Ça me fait plaisir. Je crois que je vais dormir, maintenant.

Marlowe referma doucement la porte et descendit.

Pendant le reste de l'après-midi, Maria mit un point d'honneur à l'éviter. Pendant que le Jamaïcain et lui prenaient leur dîner, elle ne s'adressa qu'à Mac et ignora complètement Marlowe. Au début, cette attitude l'amusa un peu, mais, peu à peu, il prit conscience d'éprouver un léger ressentiment, qui ne fit que croître au fur et à mesure que la soirée s'avançait.

Mac et lui passèrent plusieurs heures à vérifier le moteur du camion qui allait faire le trajet jusqu'à Londres et à charger, avec un soin infini, les cartons et les cageots qui contenaient fruits et légumes. Marlowe abandonna le Noir pour quelques préparatifs de dernière minute et traversa l'obscurité jusqu'à la maison.

Devant la cheminée de la cuisine, Maria lisait un magazine.

— Mac est pratiquement prêt à partir, lui annonça-t-il. Je peux lui apporter le thermos et les sandwiches, si vous voulez.

— Je peux m'en charger moi-même, merci, répliqua-t-elle, très froide, en se levant de son fauteuil.

Marlowe haussa les épaules, repassa dans le couloir et gagna la porte d'entrée. Un moment, il resta sur le perron, pour respirer l'air frais de la nuit. Soudain, il y eut un fracas de verre brisé parce qu'un objet avait été lancé à travers la fenêtre de la grange. Il se mit à courir, et il entendit derrière lui Maria hurler de peur. Alors qu'il s'approchait de la grange, trois silhouettes s'encadrèrent dans la lumière de la porte, bondirent, et disparurent dans l'obscurité. Marlowe s'arrêta une seconde, puis il regarda à l'intérieur. Mac gisait sur le sol, à côté du camion. Marlowe hésitait encore. Le rugissement d'un moteur, non loin de là, brisa le silence. Peu après, il s'évanouit dans le lointain.

Marlowe se précipita dans la grange et s'agenouilla près du Jamaïcain. Mac avait une traînée de sang sur la tempe. Quand les doigts de Marlowe palpèrent la boîte crânienne, ils sentirent une bosse qui grossissait rapidement. Maria tomba à genoux à côté de lui.

— Est-ce qu'il va bien ? demanda-t-elle avec anxiété.

— Juste un méchant coup sur le crâne, répondit Marlowe.

Il souleva le Jamaïcain dans ses bras et, quittant la grange, il le ramena dans la maison. Il ouvrit, d'une poussée du pied, la porte du salon et déposa son fardeau sur le vieux canapé.

Maria, une serviette mouillée à la main, le rejoignit et nettoya avec soin le sang. Au bout d'un moment, Mac gémit et ouvrit les yeux.

— Salut, mec, dit-il à Marlowe. Sûr qu'il y a quelqu'un qui m'a tapé sur le ciboulot.

Marlowe hocha la tête.

— Qu'est-ce qui s'est passé ? demanda-t-il.

Mac essaya de s'asseoir, mais Maria le repoussa avec douceur.

— J'étais en train de resserrer un boulon sur le capot du moteur quand j'ai entendu des pas derrière moi, expliqua le Noir. Je me suis retourné et j'ai vu quelqu'un qui se jetait sur moi. J'ai pensé qu'ils en avaient après les camions, alors, j'ai balancé la clef à molette que j'avais à la main dans la fenêtre.

— Ça, c'était une bonne idée. Ça leur a fichu la trouille avant qu'ils n'aient le temps de faire des dégâts.

Mac tenta une nouvelle fois de se relever.

— Il faut que j'y aille, dit-il.

Marlowe le retint.

— Pas question. Dans l'état où tu es, tu ne pourrais même pas conduire sur dix kilomètres.

Il se dirigea vers la porte.

— Mais qu'est-ce qu'on va faire ? reprit Mac.

— Il va falloir que j'y aille à ta place, sourit Marlowe. (Mac voulut protester.) C'est la seule chose possible. Mais ne t'inquiète pas. Personne ne m'empêchera d'aller jusque là-bas.

Il traversa la cour et entra dans la grange. Il ouvrit l'un des placards à outils, derrière l'établi, et en sortit le fusil de chasse. Il examina l'arme : elle était en parfait état. Il déchira le couvercle de la boîte de cartouches, chargea le fusil, et glissa une poignée de cartouches dans sa poche. Puis il remit la boîte dans le placard.

Alors qu'il revenait au camion, Maria arrivait porteuse d'un thermos et d'une boîte contenant des sandwiches. À la vue du fusil, elle pâlit.

— Qu'est-ce que vous allez faire avec ça ?

Il ouvrit la portière de la cabine et posa l'arme derrière la banquette.

— C'est l'as que je garde dans ma manche, expliqua-t-il. Cette fois-ci, s'ils essaient encore une fois de nous monter des embrouilles, ils s'apercevront qu'ils ont fait une grosse erreur.

Elle secoua la tête.

— Les armes, c'est une sale affaire. Avec elles, quand on commence, qui peut savoir où ça finit ?

Il lui prit des mains le café et les sandwiches et les plaça sous son siège.

— Ne vous inquiétez pas, répliqua-t-il avec douceur. Je ne vais tuer personne. Je n'en aurai pas besoin. C'est stupéfiant de constater avec quelle rapidité le malfrat moyen se dégonfle lorsqu'il a devant lui le canon d'un fusil.

Il lui adressa un sourire rassurant, lui caressa la joue, puis il grimpa derrière le volant et fit démarrer le moteur. À l'instant où il relâchait le frein à main, elle se précipita avec désespoir :

— Je suis désolée, Hugh. Je vous demande pardon pour la manière dont je vous ai traité aujourd'hui.

— Ça ira très bien, mon ange, répondit-il en écrasant l'accélérateur.

Le rugissement du moteur emplit la grange, et il ne put pas entendre ce qu'elle lui disait ensuite. Sa bouche formait en vain des mots. Il lui fit signe de la tête, lui sourit, et lança le camion dans la nuit.

En descendant la colline en direction de Litton, il se demanda ce qu'elle avait essayé de lui dire. Il se souvint de ce qu'avait dit le vieux et soupira. Après tout, songea-t-il, peut-être les choses tournaient-elles pour le mieux. Et pourquoi ne profiterait-il pas de son trajet vers Londres pour s'occuper de ses propres affaires ? Après quoi, il pourrait abandonner derrière lui les Magellan et leurs problèmes. Il en avait assez fait.

De l'intérieur de sa chemise, il sortit le morceau de ficelle qui entourait son cou. La clef de son coffre était attachée au bout. Il la remit sous son col, et une sensation de soulagement s'empara de lui. Oui, conclut-il, les choses se présentaient pour le mieux, après tout. La société qui louait les coffres ouvrait sans doute à 9 heures, ou à 9 heures et demie. À 10 heures, il pourrait avoir quitté Londres. Il alluma une cigarette et s'appuya confortablement contre son dossier.

Après une heure de conduite, il commença de pleuvoir. Marlowe jura entre ses dents et mit les essuie-glaces en marche. Il alluma tous ses feux de route. Au même moment, il franchit le sommet d'une petite éminence et le puissant pinceau des phares accrocha une Jaguar verte, garée sur le bas-côté, une quarantaine de mètres devant lui. À côté de la voiture, une silhouette lui faisait signe de s'arrêter.

Marlowe sourit cyniquement et relâcha l'accélérateur, et puis, sourcils froncés, il écrasa la pédale du frein hydraulique. Le camion dérapa un peu avant de stopper. Il coupa le contact et, par la vitre ouverte, observa le visage trempé de pluie de Jenny O'Connor.

— Bon sang, mais qu'est-ce que vous faites là ? lui demanda-t-il.

Elle semblait avoir de la peine à parler, et le désespoir se lisait dans ses yeux. Il régnait un complet silence, seulement brisé par la pluie qui tambourinait sur la bâche de toile du camion. Marlowe sourit, mais il saisit le fusil lorsque des ombres surgirent de derrière la Jaguar et s'avancèrent.

Monaghan écarta la jeune femme et s'empara de la poignée de la portière.

— Allez, espèce de salopard, dit-il. C'est ici que tu vas avoir ta dose.

Marlowe posa le double canon de son arme en travers de la fenêtre. Une expression de fureur apparut sur le visage de l'Irlandais.

— T'oserais pas, cracha-t-il.

— Tu crois ? répliqua doucement Marlowe en armant le fusil.

Il ne connaissait pas les trois hommes qui accompagnaient Monaghan, mais ils avaient la dégaine de malfrats payés au contrat.

— Hé, fit valoir l'un d'eux à l'Irlandais, vous nous aviez pas dit que ça se passerait comme ça.

Marlowe, ostensiblement, releva le fusil et le pointa sur eux.

— Vous n'avez peut-être jamais entendu parler d'un fusil de chasse et de ce que ça peut faire. Moi, je vais vous le dire. Ça tire en gerbe. Si je fais feu maintenant, vous en prendrez tous les trois plein la gueule. Et si quelqu'un bouge encore après ça, j'aurai toujours une deuxième cartouche.

Les trois voyous se hâtèrent de reculer. Jenny O'Connor s'accrocha désespérément à la portière.

— Ils m'ont forcée à venir, Hugh. Ils savaient que, pour moi, vous vous arrêteriez. C'est mon oncle qui m'a obligée.

Elle se mit à pleurer à gros sanglots. Sur ses traits, les larmes se mêlaient à la pluie.

— Faites le tour et montez par l'autre portière, lui ordonna

Marlowe. Vous m'aviez dit que vous saviez conduire un camion. Maintenant, vous avez l'occasion de me montrer votre talent.

Monaghan allait reprendre sa diatribe. La jeune femme fila comme une flèche, ouvrit la portière à la volée, et se hissa derrière le volant. Un instant plus tard, le moteur rugit, et elle embraya avec autant de compétence que le meilleur chauffeur que Marlowe ait jamais vu.

L'Irlandais poussa un cri de colère et saisit la poignée de la portière. Marlowe lui balança le canon du fusil dans l'estomac. Quand le camion démarra, il regarda en arrière : Monaghan gisait sur la chaussée, entouré de ses trois fiers-à-bras.

Marlowe remit son arme derrière la banquette.

— Comment savaient-ils que j'allais à Londres ce soir ? demanda-t-il.

Elle lui répondit sans détourner la tête, les yeux fixés droit devant elle sur la route :

— Mon oncle a envoyé un de ses hommes acheter de la marchandise chez quelques-uns des producteurs qui travaillent avec Mr Magellan. Il s'est aperçu que vous étiez déjà passé chez eux aujourd'hui, et il a supposé que vous essaieriez de nouveau Londres.

Marlowe émit un grognement et alluma une cigarette.

— Quelqu'un nous a rendu visite ce soir, et a étendu Mac au tapis. Qui était-ce ? Monaghan et ses petits camarades ?

Elle approuva de la tête et lui lança un bref regard.

— J'étais sur le chemin, avec mon oncle, dans la voiture. Ils avaient l'intention de mettre vos camions hors d'usage. Mais vous êtes arrivé trop vite sur les lieux.

— Apparemment, ils vous utilisent beaucoup, en ce moment.

Elle négociait un virage difficile, avec la maîtrise d'un conducteur de grand prix.

— Mon oncle ne me fait plus confiance. Ce qui s'est passé l'autre nuit l'a rendu furieux. Les deux amis de Monaghan sont toujours alités. Il y en a un qui a le bras cassé.

— Et qui étaient les gus qui l'accompagnaient ce soir ?

— Ils sont arrivés de Birmingham cet après-midi. (Elle frissonna.) Des hommes répugnants. Mon oncle m'a forcée à partir avec eux. Ils pensaient que vous vous arrêteriez en nous voyant, moi et ma voiture.

Il saisit le thermos et se servit une tasse de café.

— Eh bien, leur petit plan n'a pas fonctionné. Grâce à l'as que je gardais dans ma manche. (Il remit le thermos sous son siège.) Vous pouvez me laisser le volant, maintenant. Je vais conduire.

Quand le camion s'arrêta, elle demeura un instant silencieuse. Puis elle se tourna vers lui.

— Vous ne vous seriez pas servi de ce fusil, n'est-ce pas ? interrogea-t-elle d'une voix qu'on eût pu croire horrifiée.

— Pourquoi diable croyez-vous que je l'avais emporté ? (Il éclata d'un rire rauque.) Ne commencez pas à me dire qu'on ne se comporte pas comme ça. Je suppose que vous auriez préféré ne pas bouger et rester à regarder Monaghan et ses potes m'utiliser comme ballon de football, non ?

Elle soupira.

— Non. J'imagine que vous avez raison, dans un sens.

Elle se dégagea du volant. Il la remplaça.

— Je suis sacrément sûr que j'ai raison. Avec un certain genre de types, vous devez vous servir de la première chose qui vous tombe sous la main, et Monaghan est de ce genre. (Il posa les mains sur le volant.) Bon, en ce qui me concerne, c'est Londres le prochain arrêt. Vous pouvez faire tout le chemin avec moi, ou bien je peux vous laisser à la première grande ville, si vous préférez.

— Je ferai tout le chemin, si ça ne vous ennuie pas.

Elle s'appuya dans le coin, dans la pénombre. Au moment où Marlowe allait tirer le démarreur, elle reprit :

— Vous ne m'aimez pas, Hugh, n'est-ce pas?

Il se tourna pour la regarder bien en face.

— Je n'aime personne.

Elle hocha la tête.

— Oui, c'est ce que je pensais.

— Vous voulez encore faire tout le chemin ?

À cause de l'obscurité, il ne pouvait discerner le visage de la jeune femme.

— Oui, je veux toujours faire tout le chemin avec vous, répondit-elle d'une voix égale.

Il actionna le démarreur et ils repartirent.

Il était déjà presque 7 heures et demie quand ils arrivèrent à Covent Garden, à cause d'un problème de carburateur que Marlowe avait mis une heure à diagnostiquer et à réparer. Sur le grand marché, l'heure de pointe était passée, mais, à sa grande surprise, Marlowe n'éprouva aucune difficulté à vendre toute sa cargaison. Le premier grossiste auprès duquel il fit une tentative alla droit au camion, examina son chargement, et lui signa sur le champ un chèque de cent soixante livres. Et, mieux encore, il demanda un chargement de la même qualité, à livrer le lendemain. Malgré la nuit qu'elle avait eue, Jenny O'Connor paraissait étonnamment belle. Sa jupe était coupée dans un si bon tissu qu'elle était à peine froissée. D'une poche de sa veste de daim, elle avait tiré un ruban et avait noué ses cheveux en queue de cheval.

— Même en tenant compte des exigences des Londoniens, vous êtes drôlement jolie, lui affirma-t-il en garant le camion sur Shaftesbury Avenue, non loin de Piccadilly.

Elle sourit.

— Je n'en sais rien, mais ça me fait du bien, de toute façon.

Il lui offrit une cigarette.

— Qu'est-ce que vous allez faire ? Vous rentrez avec moi ?

Elle secoua la tête.

— Non, je ne pense pas, dit-elle avec lenteur. Je reviendrai par le train. Je veux prendre mon temps. Il y a beaucoup de choses auxquelles je dois réfléchir après tout ce qui est arrivé.

— Vous avez assez d'argent ?

Elle sourit et lui posa la main sur le bras :

— Oui, j'en ai beaucoup. Je déciderai peut-être même de rester ici quelques jours.

À cet instant précis, Marlowe regardait par hasard à travers le pare-brise une limousine noire qui s'était rangée le long du trottoir à quelques mètres devant eux. La voiture lui sembla vaguement familière. La portière s'ouvrit, et Faulkner, pimpant et impeccable dans un élégant costume de flanelle grise, coiffé d'un feutre mou, en descendit et s'adressa à quelqu'un qui était resté à l'intérieur.

Marlowe se retourna vivement, une main sur le visage.

— Qu'est-ce qu'il y a, Hugh ? interrogea Jenny O'Connor. Qu'est-ce qui se passe ?

— L'homme, là, à côté de la limousine. C'est une vieille connaissance que je préfère ne pas rencontrer.

Faulkner se redressa, tandis que la voiture s'éloignait. Il parut lancer un regard direct au camion, puis il se détourna, traversa la chaussée et entra dans un restaurant. Jenny O'Connor pressa le bras de Marlowe :

— Vous pouvez relever les yeux, maintenant. Il est entré dans un restaurant.

Elle ouvrit la portière et sauta à terre.

— Allez, Hugh, continuez ! lui lança-t-elle.

Elle se mêla à la foule. Il engagea le camion dans le flot de la circulation. Il regarda une dernière fois en arrière, aperçut ses cheveux dorés, puis elle disparut. Ce qu'il avait à faire à la société de location de coffres ne lui prit, exactement, que dix minutes. Les locaux ouvraient à 9 heures et demie et il attendit sur le seuil, la clef à la main. En lui ouvrant son petit coffre, l'employé lui dit gaiement :

— Ça fait longtemps, depuis qu'on vous a vu pour la dernière fois, Monsieur.

Marlowe sourit.

— Oui. J'étais à l'étranger.

Bizarrement, il éprouvait des crampes d'estomac et, peu à peu, il lui semblait que les propos de l'employé devenaient un bredouillement dépourvu de sens. La porte du coffre ouverte, il s'empara du vieux sac de voyage de cuir éraflé qu'il contenait, et ils remontèrent. L'employé bavardait toujours, mais Marlowe n'entendait plus un mot de ce qu'il disait.

Dehors, il lui sembla que le trottoir se dérobait sous ses pas. Le brillant soleil du matin l'éblouissait. Il avait garé son camion dans une petite rue et il le rejoignit en courant presque. Il grimpa vivement dans la cabine et claqua sa portière. Il posa le sac à côté de lui, sur le siège, puis, les mains tremblantes, il alluma une cigarette. Longtemps, il resta à regarder le sac, conscient de la transpiration qui ruisselait de ses aisselles et de la soudaine sécheresse de sa gorge. En étouffant un juron, il saisit le sac et l'ouvrit.

L'argent était là, en petites liasses bien nettes de billets aussi neufs et aussi craquants que le jour où ils avaient été retirés de la banque. Il les contempla un instant.

— Vingt mille livres, songea-t-il, et elles sont entièrement à moi. J'ai sué pour l'avoir, cet argent, et je l'ai bien gagné, jusqu'au moindre penny.

Il referma le sac et le glissa sous son siège. Quelques secondes plus tard, le camion, au milieu de la circulation, avait repris la route du nord. Marlowe souriait de toutes ses dents, comme un petit garçon.

9

Le camion cahota sur les pavés de la cour de la ferme avant de venir s'arrêter dans la grange. Marlowe coupa le contact et regarda sa montre. Il était presque 2 heures. Sous son siège, il attrapa le sac de cuir et sauta à terre. Un moment, il resta le sac à la main, fouillant la grange du regard à la recherche d'une bonne cachette. Au fond, une échelle branlante menait à une soupente. Il s'y dirigea, dubitatif.

L'échelle craqua et grinça lorsqu'il en gravit les échelons. Il s'arrêta en haut et examina la soupente. Elle était bourrée de fouillis accumulé au long des années. Un sourire se dessina sur son visage, et il posa le sac à côté de quelques vieilles valises, puis tendit un filet de cricket moisi pour le recouvrir à moitié. Le sac donnait l'impression d'être parfaitement à sa place. Marlowe, satisfait, redescendit.

À l'entrée de la grange, il marqua un temps d'arrêt pour allumer une cigarette. La ferme somnolait tranquillement dans la chaleur humide de l'après-midi. Il ne discerna la trace de personne en approchant de la maison.

Dans la cuisine, un feu était allumé, et le couvert avait été disposé pour une seule personne. Sur l'assiette, Marlowe trouva un mot hâtivement griffonné par Maria, qui lui indiquait que son repas l'attendait dans le four, et que Mac et elle étaient partis faire le tour des producteurs pour rassembler un nouveau chargement.

Marlowe sourit, roula le message en boule, et l'expédia dans les flammes. Il quitta la cuisine et monta à l'étage. Il ouvrit la porte de la chambre du vieux Magellan et lança à l'intérieur un coup d'œil précautionneux. Le vieil homme, adossé à ses oreillers, lisait un livre. Il tourna vivement la tête, avec un sourire de bienvenue.

— Entrez donc, fils. Venez me raconter comment ça s'est passé.

Marlowe referma la porte et vint s'asseoir au pied du lit. Il prit le chèque que lui avait remis le grossiste de Covent Garden et le tendit à Magellan.

— Voilà ce qui s'est passé, dit-il.

Le vieux examina le chèque avec un regard incrédule et plissa les lèvres pour un sifflement presque silencieux.

— Cent soixante livres. C'est merveilleux.

— Et ça n'est pas tout. Ils veulent un nouveau chargement pour demain matin.

Magellan commença par éclater de rire, mais il fut pris d'une quinte de toux extrêmement violente. Lorsqu'il parvint à reprendre son souffle, il dut essuyer les larmes qui coulaient de ses yeux.

— Je me sens déjà cent pour cent mieux, lâcha-t-il d'une voix faible. J'aimerais bien avoir O'Connor en face de moi, juste maintenant, pour pouvoir promener ce chèque devant sa bobine bouffie.

On entendit à ce moment-là le bruit d'une voiture qui pénétrait dans la cour. Marlowe s'en fut à la fenêtre et put observer une grosse limousine noire qui stoppait. Un instant après, la portière s'ouvrit et O'Connor en sortit.

— Qui est-ce ? demanda le vieux.

Marlowe fronça les sourcils.

— Votre vœu est sur le point de se réaliser, papa.

Magellan arbora un air ébahi.

— O'Connor ? Mais, bon sang, qu'est-ce qu'il peut bien vouloir ?

Marlowe haussa les épaules.

— Peut-être veut-il conclure un arrangement. De toute façon, il vaut mieux que j'aille voir de quoi il retourne.

Quand il ouvrit la porte du perron, O'Connor, dos tourné, contemplait, à travers la cour, les serres et les champs qui s'étendaient au-delà. L'Irlandais se retourna lentement et ôta son cigare de sa bouche.

— Voilà une bien jolie propriété, dit-il. Vraiment très jolie.

— C'est ce que nous pensons, répliqua Marlowe.

Durant quelques secondes, ils s'affrontèrent du regard. Puis un sourire fleurit sur le visage de l'obèse.

— Vous n'avez pas l'intention de me laisser entrer ?

Marlowe haussa les épaules et s'écarta.

— Pourquoi pas ? Nous pourrons toujours désinfecter les lieux ensuite.

Le sourire d'O'Connor s'évanouit aussitôt, mais il le contraignit à réapparaître.

— Où est le vieux ? C'est lui que je suis venu voir. Pas son employé.

Marlowe fit un seul pas en avant. Le gros Irlandais battit vivement en retraite.

— Je ne veux pas provoquer la moindre histoire, bredouilla-t-il d'une voix effrayée. J'ai seulement l'intention de faire au vieux une honnête proposition d'affaires.

— Je ne vous aime pas, O'Connor, rétorqua Marlowe d'un ton tranchant. Ça ne m'ennuierait pas de briser votre nuque bien grasse. Souvenez-vous-en.

Il pivota brusquement et se dirigea vers l'étage. Quand il pénétra dans la chambre de Magellan, le vieil homme attendait avec impatience, soutenu par un oreiller supplémentaire, le dos aussi droit et raide qu'une barre de fer.

O'Connor arriva en haletant lourdement. Il se laissa tomber sur une chaise disposée près de la fenêtre, qui émit d'affreux craquements. Il saisit un mouchoir et se le passa sur le visage. Il semblait éprouver des difficultés à respirer et s'éventait éperdument avec son chapeau.

— Mon cœur n'est plus ce qu'il était, finit-il par lâcher. (Il déglutit et se frotta de nouveau la figure avec son mouchoir.) Votre escalier est sacrément raide.

Le vieux Magellan resta de marbre.

— Ici, vous ne trouverez personne pour pleurer sur vos malheurs. Dites-nous ce que vous êtes venu dire et fichez le camp.

Le sourire d'O'Connor disparut.

— Très bien. J'irai droit au fait. Vous encombrez mon chemin, Magellan. Je veux que vous dégagiez d'ici. Je vous donne trois mille livres pour le tout, camions compris, et je rembourse aussi votre hypothèque. Sur le marché, vous n'obtiendriez pas la moitié de ce prix-là, et vous le savez.

Magellan rajusta ses lunettes et prit son journal.

— Ça ne m'intéresse pas.

Il y eut de nouveau un silence, puis O'Connor explosa :

— Espèce de vieux fou, vous devez accepter. Autrement, vous serez ruiné.

Le vieux, avec une expression de dégoût, lança un coup d'œil à Marlowe.

— Foutez-le à la porte, Hugh. Cette chambre commence à puer.

O'Connor se mit debout avec difficulté et s'avança.

— Je vous avertis, cracha-t-il, menaçant. C'est votre dernière chance. Après ça, je vous chasserai de ma route, et je ne serai pas très regardant sur les moyens d'y parvenir.

Marlowe le saisit fermement par le bras et le poussa vers la porte. Le vieux reposa son journal et enleva ses lunettes :

— Une minute, Hugh.

Marlowe s'arrêta sur le seuil, agrippant toujours le bras d'O'Connor avec vigueur.

— Je vous connais depuis longtemps, O'Connor, reprit le vieil homme. Nous nous sommes payé l'un à l'autre plus de verres que je ne puis m'en souvenir. Je n'ai jamais apprécié certaines de vos façons de gagner de l'argent, mais cela ne voulait pas dire que je vous détestais.

O'Connor tenta de s'écarter. Marlowe resserra sa prise à lui faire mal.

— On ne bouge pas.

— Je ne sais pas ce qui vous est arrivé, continua le vieux Magellan. L'année dernière, vous êtes devenu une vraie bête sauvage. Vous détruisez quiconque se met en travers de votre route. (Le vieux hocha la tête et se mit à marteler ses mots.) Eh bien, je vous avertis honnêtement. À partir de maintenant, si vous causez du tort à qui que ce soit ou à quoi que ce soit qui m'appartienne, je vous donnerai la chasse et je vous détruirai comme le chien enragé que vous êtes.

Il reprit son journal, les mains un peu tremblantes. Marlowe poussa O'Connor dehors, et tout le long du corridor.

L'Irlandais semblait avoir de la peine à descendre les marches. Soudain, en arrivant au rez-de-chaussée, il s'accrocha au mur, cherchant l'air, une main essayant de déchirer son col.

A l'évidence, la crise était authentique. Marlowe poussa O'Connor dans un fauteuil et desserra son col et sa cravate. Le visage de l'Irlandais avait viré au cramoisi, tandis que ses lèvres avaient pris une teinte bleuâtre. Marlowe s'empressa de passer dans le salon et en revint avec un verre de cognac.

O'Connor se précipita avidement sur le liquide, qui coula sur son menton et tacha le devant de sa chemise. Après quelques instants, il respira plus facilement. Il eut pour Marlowe un pauvre sourire.

— Un de ces quatre matins, j'aurai une crise de trop.

Marlowe acquiesça brièvement de la tête.

— Vous pesez beaucoup trop lourd. C'est un miracle que votre cœur ait déjà tenu aussi longtemps.

O'Connor lutta pour se remettre debout.

— Quand j'étais plus jeune, j'étais exactement comme vous,

fils. Grand, et fort comme un bœuf. Et puis il y a quelque chose qui s'est mis à débloquer.

Il sourit et toussa à de nombreuses reprises dans son mouchoir. Lorsqu'il releva les yeux, il pleurnichait.

— La vie est une vallée de larmes, siffla-t-il. On ne sait jamais ce qui va se passer ensuite.

— J'en ai le cœur qui saigne pour vous, riposta Marlowe avec un rire froid.

Il prit O'Connor par le bras et l'aida à regagner sa voiture. Le gros homme s'appuyait lourdement sur lui et chaque pas lui demandait un effort.

Quand il fut enfin en sécurité derrière son volant, Marlowe claqua la portière.

— Je ne veux plus revoir votre tronche par ici, lui dit-il.

O'Connor appuya sur le démarreur et se pencha par la fenêtre :

— Vous direz au vieux de réfléchir encore. Je lui donne jusqu'à ce soir. Moi, je serai à l'entrepôt jusqu'à 9 heures.

Avant que Marlowe ait pu répondre, la voiture traversa la cour à toute vitesse, dérapant dangereusement en franchissant la barrière et n'évitant que de justesse une collision avec le Bedford qui s'apprêtait à entrer.

Mac arrêta son camion à côté de Marlowe et passa la tête par la fenêtre.

— Salut, mec. C'est bon de te voir. Comment ça s'est passé ?

Marlowe leva le pouce.

— Au poil. Je n'ai eu aucune difficulté à me débarrasser de la marchandise. En fait, j'ai promis un autre chargement pour demain.

Maria avait sauté par l'autre portière de la cabine et venait à eux, un sourire de bienvenue aux lèvres.

— Vous avez vraiment réussi, Hugh ? demanda-t-elle, excitée.

Marlowe hocha la tête :

— J'ai ramassé cent soixante livres. Tant que nous pourrons fournir un chargement complet à chaque voyage, nous n'aurons pas de mal pour que ça reste payant.

— Qui c'était, le cinglé qui vient juste de se tirer dans cette limousine ? interrogea Mac.

— Rien de moins que Mr O'Connor lui-même, sourit Marlowe.

Une expression d'inquiétude apparut sur les traits de Maria.

— Qu'est-ce qu'il voulait, Hugh ? Est-ce qu'il y a eu des problèmes ?

Marlowe secoua la tête.

— Il n'y a pas de quoi s'inquiéter. Il était là pour affaires. Il a de nouveau proposé à votre père de tout lui racheter, mais le vieux n'était pas intéressé.

Elle prit un air étonné.

— Mais qu'est-ce qui a bien pu le pousser à recommencer ? Je me le demande. La dernière fois, Papa lui avait dit très catégoriquement que rien ne pourrait l'amener à vendre.

— Oui, mais les choses ont un peu changé depuis, fit valoir Mac. Nous lui faisons la pige, maintenant. Et ça, en plus, il le sait.

La jeune fille se tourna vers Marlowe.

— Vous pensez que c'est ça, Hugh ? demanda-t-elle.

Marlowe eut un hochement de tête rassurant.

— C'est plus ou moins dans cet ordre d'idées, mon ange. Mais il n'y a aucune raison de se faire du souci. Vous allez monter voir votre père, et Mac et moi, nous allons nous occuper du chargement.

Elle sourit, soulagée, et pénétra dans la maison. Marlowe fit le tour du camion et grimpa dans la cabine, et le véhicule fut ramené dans la grange.

— Tu as eu des pépins sur ta route ? interrogea Mac après avoir coupé le contact. Marlowe alluma une cigarette.

— Des tas.

Il fit au Jamaïcain un résumé rapide des événements de la nuit précédente.

Quand il eut achevé, Mac siffla doucement.

— Mec, c'était une bonne chose d'avoir emporté ce flingue.

— Tu l'as dit, approuva Marlowe.

Ils sautèrent tous deux du camion.

— Tu penses qu'ils vont essayer quelque chose ce soir ? reprit Mac.

Marlowe fronça les sourcils.

— Je ne sais pas. Je continue à ne pas comprendre pourquoi O'Connor s'est pointé ici aujourd'hui. Ça ne colle pas. (Il sourit et tapa sur l'épaule du Jamaïcain.) De toute façon, ne te bile pas. Tu pourras prendre le fusil avec toi, juste au cas où. Mais, vois-tu, je ne pense pas que tu en auras besoin.

Mac approuva de la tête.

— J'espère bien que non, dit-il avec conviction. (Comme ils

passaient derrière le camion, il ajouta :) Je voudrais bien savoir comment miss Jenny s'en tire. J'ai horreur de penser qu'elle est mêlée à cette bande.

Marlowe plissa un peu le front.

— Ça, c'est une chose que je ne peux pas comprendre. O'Connor doit être inquiet de savoir ce qui lui est arrivé. Et, pourtant, il n'en a pas dit un mot.

Mac réfléchit un moment.

— Peut-être qu'elle lui a téléphoné de Londres ce matin, et qu'elle lui a dit qu'elle ne rentrait pas. Je ne peux pas imaginer qu'elle a encore quoi que ce soit à voir avec lui, après la manière dont elle a été traitée.

— Je voudrais bien en être aussi convaincu que toi, répliqua Marlowe en ouvrant la benne du camion.

Envahi par une terrible vague de fatigue, il bâilla et ferma un instant les yeux. Mac lui posa gentiment la main sur l'épaule.

— Pourquoi que tu ne rentrerais pas pour prendre quelques heures de sommeil ? Je suis sûr que ça te ferait du bien. (Marlowe allait protester, mais le Noir le poussa vers la porte.) Vas-y, mec. Je peux me débrouiller de tout ça tout seul.

Il lui fallut faire un effort pour monter l'escalier. En passant dans le corridor, il entendit le murmure des voix provenant de la chambre du vieux Magellan où Maria discutait avec son père. Une seconde il s'arrêta, hésitant à entrer, puis il alla jusqu'au bout du couloir et pénétra dans sa propre chambre.

Il enleva sa veste et, las, s'assit sur le bord de son lit. Il commença à déboutonner sa chemise, mais, soudain, l'effort parut trop grand et il se laissa tomber en arrière. Quand sa tête se posa sur l'oreiller, il plongea dans le sommeil.

Lorsqu'il se réveilla, il sentit une main sur son épaule. Mac se penchait sur lui, chaudement vêtu d'une canadienne, une écharpe de laine autour du cou et les mains gantées. D'un bond, Marlowe se rassit et lança un coup d'œil à sa montre : il était presque 7 heures et demie et, dehors, le ciel s'obscurcissait rapidement.

— Bon sang, pourquoi ne m'as-tu pas réveillé ? demanda-t-il en posant les pieds par terre.

Mac sourit.

— Ça n'était vraiment pas la peine, mec. Je me suis arrangé pour faire presque tout le chargement moi-même, et puis le vieux Dobie, celui qui travaille aux serres, est venu me donner la main pour m'aider à terminer. (Il frappa ses gants l'un contre l'autre.)

Bon, je suis pressé de partir. Si qui que ce soit se met en travers de mon chemin cette nuit, je lui roule droit dessus.

Marlowe se chaussa et se mit debout.

— C'est ce qu'il faut. Tu as pris le flingue dans ta cabine ? (Mac confirma de la tête.) Bon, tu seras en sécurité, mais ne t'arrête pour rien, ni pour personne.

Mac eut un sourire et lui tapa sur l'épaule.

— Ne te fais pas de mouron pour moi, mec. Cette fois, personne ne m'arrêtera.

Ils descendirent dans la cour, où le camion attendait. Il soufflait un vent glacial qui charriait du crachin. Marlowe frissonna :

— On dirait bien que ça va être une nuit humide.

Maria apparut avec la bouteille thermos et des sandwiches.

— Soyez prudent, recommanda-t-elle à Mac en les lui donnant.

Du haut de la cabine, le Jamaïcain lui sourit en mettant son moteur en marche.

— Ne vous inquiétez pas pour moi, miss Maria. Je me sens réellement en veine. Juste comme autrefois, avant un grand combat.

Il fit signe de la main. Le camion traversa lentement la cour, marqua un temps d'arrêt à la barrière, et s'enfonça dans l'obscurité. Ses feux arrière diminuèrent, puis ils disparurent.

Maria soupira en revenant vers la maison.

— Ne vous inquiétez pas, mon ange, la réconforta Marlowe. Cette fois, tout marchera comme sur des roulettes.

— Je l'espère.

Dans le salon, le téléphone sonna et elle alla répondre. Elle revint peu après et lui lança avec humeur :

— C'est pour vous.

— Qui est-ce ? demanda Marlowe, étonné.

— Vous verrez bien vous-même, riposta Maria.

Puis, méprisante, elle alla s'enfermer dans la cuisine en claquant la porte derrière elle.

En s'approchant de l'appareil, Marlowe put entendre les appels d'une voix anxieuse. Il prit le combiné :

— Hugh Marlowe. Qui est à l'appareil ?

— C'est vous, Hugh ? Vous êtes encore là, Dieu soit loué.

C'était Jenny O'Connor. Le son de sa voix trahissait l'anxiété.

— Ainsi, après tout, vous avez décidé de revenir, dit Marlowe. J'avais espéré que vous auriez plus de bon sens.

— Ça n'a plus d'importance, maintenant, répondit-elle, presque sanglotante. Il faut que je vous voie. Vous pourriez venir à mon appartement ?

Il fronça les sourcils.

— Je suis plutôt occupé, en ce moment.

— Je vous en supplie, Hugh. J'ai des ennuis épouvantables. Vous devez m'aider.

Il y avait du désespoir dans sa voix.

Un instant, il hésita.

— Très bien, soupira-t-il. Où êtes-vous ?

— Chez moi, à mon appartement. Dans combien de temps puis-je compter sur vous ?

Il regarda sa montre :

— Vers 8 heures et demie. (Elle commença à dire quelque chose, mais il l'interrompit.) Vous pourrez me parler de ça quand je serai chez vous.

Il raccrocha.

Il remonta dans sa chambre pour prendre sa veste et une écharpe. Lorsqu'il revint en bas, Maria l'attendait dans le vestibule, séchant ses mains sur son tablier.

— Eh bien, qu'est-ce qu'elle voulait ? lança-t-elle.

Une seconde, il éprouva la tentation de le lui dire, mais un sentiment de contrariété l'envahit.

— En quoi diable est-ce que ça vous regarde ? Mais si vous voulez le savoir, elle veut que j'aille la voir.

— Et vous y courez, cracha-t-elle, pleine de jalousie. Elle vous fait faire ses quatre volontés. Vous êtes comme sa marionnette.

Il tourna les talons et s'enfonça dans la nuit avant qu'elle ait pu en dire davantage. Il monta dans l'un des deux camions inutilisés et prit la route de Barford, grinçant des dents de colère : de quel droit Maria décidait-elle de lui recommander ce qu'il devait faire et ne pas faire ? Il jura en tournant violemment le volant, parce que le camion dérapait dans un virage dangereux. Maria s'était auto-proclamée sa conscience, jugeait de toutes ses actions et concluait toujours qu'il était coupable. Il alluma une cigarette et se calma peu à peu. Au bout d'un moment, il parvint à sourire de nouveau : maintenant qu'il avait récupéré son argent, il n'aurait plus à la supporter très longtemps. Pas plus de quelques jours, au maximum.

Le camion glissait et tressautait sur les pavés gras de la grande place de Barford. Il s'engagea dans la rue conduisant à l'appartement de Jenny O'Connor et gara le camion le long du trottoir. Il coupa le contact et parcourut à pied le reste du chemin. Il s'approcha avec prudence et s'arrêta à l'entrée de la cour, ses yeux fouillant l'ombre avec soin. Après quelques secondes, il s'estima satisfait. Il traversa la cour et appuya sur la sonnette.

Il y eut un moment de silence avant qu'il n'entende des pas et qu'elle ne demande :

— Qui est-ce ?

— C'est moi, Marlowe.

Un verrou fut tiré, et une clef cliqueta dans une serrure, puis la porte s'ouvrit pour révéler son visage livide et apeuré.

— Qu'est-ce que c'est que cette histoire ? demanda-t-il.

Elle l'attira à l'intérieur, remit le verrou et referma à clef avant de se tourner vers lui.

— Oh, Hugh chéri... Vous ne pouvez pas imaginer comme je suis heureuse de vous voir.

Elle lui passa les bras autour du cou.

Marlowe la tint contre lui quelques secondes, puis il la repoussa doucement et fronça les sourcils.

— Qu'est-ce qui s'est passé, ici ?

Elle le conduisit jusqu'au salon, où elle le fit asseoir à côté d'elle sur le canapé.

— Je suis revenue tard dans l'après-midi. Mon oncle n'a pas été long à arriver. (Le souvenir la fit frissonner.) Il était fou de colère. Il m'a accusée de le trahir et de vous apporter mon aide. Je lui ai dit que j'allais partir.

— Et comment a-t-il réagi à ça ?

Une expression de dégoût passa sur le visage de la jeune femme.

— Il m'a giflée deux fois et il m'a donné un coup de poing. (Elle tira sur le col de sa robe pour montrer une marque bleue sur son épaule droite.) Regardez, voilà ce qu'il m'a fait. Il a dit que je n'avais pas assez de cran pour m'en aller. Il m'a pris tout mon argent et mes bijoux. Et même mon manteau de fourrure. Il m'a dit aussi que je reviendrais bientôt à la réalité.

Marlowe s'appuya au dossier, paupières à demi closes.

— Bien franchement, voici une relation qui ne paraît pas très saine. Est-ce qu'il a jamais essayé de vous mettre la main aux fesses ?

Elle secoua la tête.

— Non, jamais. Pour vous avouer la vérité, je me demandais,

au début, s'il pensait à moi de cette façon-là, mais, jusqu'à aujourd'hui, il s'était toujours comporté très correctement.

— Pourquoi aviez-vous verrouillé la porte ?

Elle esquissa un pauvre sourire.

— Il a envoyé Monaghan pour prendre ma voiture. Il a tenté d'entrer dans la maison, et il a fallu que je lui claque la porte à la figure. (Une expression de haine déforma ses traits et elle frémit.) Il m'a appelée pendant des heures à travers la boîte aux lettres. Il me disait des choses horribles.

Marlowe prit un air menaçant et serra les poings.

— Ne vous inquiétez pas de ça, mon ange. La prochaine fois qu'il croisera ma route, j'ai l'intention de lui faire payer un certain nombre de choses.

Elle s'en fut au bar et lui servit un whisky soda. En le lui tendant, elle sourit faiblement.

— Mon Dieu, Hugh, qu'est-ce que je vais faire ? J'ai causé tellement de dégâts.

Marlowe reposa lentement son verre.

— Pourquoi donc êtes-vous revenue ?

— Parce que je suis faible, reconnut-elle sans ambages. Parce que, dès que je me suis retrouvée seule à Londres, toutes mes bonnes intentions m'ont abandonnée et que j'ai eu peur. Peur d'avoir à affronter le monde toute seule. Peur de n'avoir plus un sou.

— Peur d'avoir à travailler pour gagner votre vie ? interrogea-t-il avec douceur.

Elle grimaça.

— Ne soyez pas méchant, Hugh. Je sais que je suis faible. Au moins, j'ai l'honnêteté de le reconnaître. Je suis revenue parce que je pensais que je pourrais obtenir un compromis. Mais, au lieu de cela, je me suis aperçue que je devais prendre parti.

— Et dans quel camp vous êtes-vous rangée ?

Une expression blessée obscurcit le regard de la jeune femme.

— Il faut que je vous le dise ? Faut-il vraiment que je vous le dise ?

Il fixa son beau visage, innocent comme celui d'un enfant, et une chaleur monta en lui. Il se pencha vers elle. Elle glissa une main derrière son cou et se laissa tomber en arrière, l'attirant à elle. Il sentit la douceur de son corps qui se pressait contre lui, exigeant, et il écrasa sa bouche sur la sienne.

Elle finit par s'écarter doucement.

— Je suis tellement heureuse d'avoir réussi à vous joindre avant que vous ne partiez pour Londres.

Marlowe embrassa le creux chaud de sa nuque.

— Je ne vais pas à Londres.

— Mais pourquoi pas ? demanda-t-elle, surprise. Je croyais qu'il était indispensable pour vous de faire un autre voyage ?

— C'est indispensable. Mais c'est Mac qui y est allé, ce soir.

— Oh, je vois...

Elle se tut, puis elle reprit :

— Hugh, qu'est-ce que nous allons faire ?

Il grogna et lui embrassa l'épaule.

— Je n'en sais foutre rien. Je suppose que je vais m'en aller bientôt.

Elle se raidit.

— Je vois, lança-t-elle aigrement. (Elle marqua une pause.) Je crois que mon oncle vous a rendu visite cet après-midi, non ?

Marlowe se redressa et alluma une cigarette.

— C'est exact. Je dois vous dire qu'il a eu une crise cardiaque. Au début, j'ai pensé qu'il allait nous claquer dans les doigts.

Elle jouait nerveusement avec le col de sa robe.

— Oui, il a déjà eu plusieurs crises. (Elle respira profondément.) En fait, il se trouve que je sais qu'il n'en a plus que pour six mois, tout au plus, à vivre.

Marlowe arrêta son verre au bord de ses lèvres.

— Voilà qui est intéressant. En tout cas, ça donne un peu d'espoir aux Magellan.

Elle se mit debout, furieuse.

— Oh, au diable les Magellan ! Vous ne pouvez vraiment penser à rien d'autre ? (Elle arpenta nerveusement la pièce, puis pivota pour lui faire face.) Je vais vous résumer le tout en deux mots. Mon oncle va mourir. Peut-être ce soir, peut-être demain, mais certainement dans les mois qui viennent. Et moi, je suis son unique héritière.

Marlowe avala son whisky.

— Et alors ?

— Vous ne voyez pas ? Si seulement vous pouvez convaincre les Magellan de vendre et que nous retrouvions un peu de tranquillité, ce ne sera plus qu'une question de temps.

— De temps pour quoi ? demanda-t-il doucement.

Elle soupira, impatientée.

— Pour que mon oncle meure. À ce moment-là, c'est moi qui

aurai les affaires et vous pourrez les diriger pour moi. Vous ne comprenez pas ça, chéri ? Nous aurions la sécurité pour la vie entière.

Marlowe écrasa soigneusement son mégot et se leva.

— Vous, vous aurez la sécurité pour la vie, vous voulez dire.

Il l'écarta et passa dans le vestibule.

Elle lui courut après et le saisit par l'épaule pendant qu'il déverrouillait la porte.

— Qu'est-ce qui ne va pas ? Qu'est-ce que vous êtes en train de faire ?

Il s'arracha à elle et ouvrit la porte.

— Je m'en vais. Et pourquoi pas ? Vous n'avez aucun droit sur moi.

Elle eut l'air d'avoir éprouvé un grand choc, et secoua la tête en tous sens.

— Je ne comprends pas.

— Je pourrais vous répondre par un mot de cinq lettres. Mais, même moi, je respecte certaines convenances. (Elle paraissait toujours aussi étonnée. Il soupira.) Disons les choses comme ça, mon ange. J'ai rencontré toutes sortes de greluches, mais vous, vous décrochez le pompon. (Il secoua la tête.) Vous ne savez même pas de quoi je veux parler, n'est-ce pas ? Les gens comme vous ne le savent jamais.

Une seconde, elle continua à le fixer, comme stupide, incrédule. Puis la fureur éclata dans ses prunelles, et elle le gifla d'un revers de main.

— Fichez le camp ! hurla-t-elle. Partez ! Fichez le camp !

Il lui saisit étroitement les poings et la tint serrée contre lui, envahi par la colère. Elle le fixait toujours et lui cracha à la figure. Puis elle l'injuria.

Il la regarda, ébahi, et la relâcha en éclatant de rire. Il riait encore en traversant la cour et en franchissant le porche sombre qui donnait sur la rue.

Il roula jusqu'à Litton la vitre baissée, et il lui sembla que le vent froid le purifiait. Lorsqu'il pensait à Jenny O'Connor, c'était avec pitié. Après tout, songeait-il, il lui fallait vivre avec elle-même. Probablement était-ce là le pire des châtiments. Délibérément, il chassa sa pensée de son esprit et se concentra sur l'examen de son propre avenir.

L'intention d'aller en Irlande qu'il avait eue tout d'abord lui paraissait toujours bonne. En entrant dans la cour de la ferme, il décida de passer sans attendre à l'exécution de ce projet.

Il arrêta le camion devant la porte et pénétra à l'intérieur. Alors qu'il parcourait le corridor, il entendit des sanglots dans le salon. Quand il regarda, il vit Maria, effondrée dans un fauteuil, pleurant toutes les larmes de son corps.

— Qu'y a-t-il, mon ange ? demanda-t-il en s'agenouillant près d'elle.

Elle releva un visage ravagé.

— Éloignez-vous de moi, lança-t-elle, amère. Je peux encore sentir son parfum sur vous.

Furieux, il se redressa.

— Pour l'amour du Christ, dites-moi de quoi il s'agit.

— C'est papa. Il est parti avec l'autre camion.

Marlowe plissa le front.

— Il doit être complètement cinglé. Il est malade.

— Je sais. Mais Mac a téléphoné il y a une heure. Il a eu une panne et il demandait si vous pouviez le rejoindre avec le camion.

Marlowe jura violemment.

— Et le vieux a voulu à toute force y aller ?

— Oui. Pendant que vous vous amusiez avec Jenny O'Connor, il a fallu qu'il se sorte de son lit et qu'il parte par une nuit pareille.

Avant qu'il ait pu répliquer, le téléphone sonna. Elle se leva vivement pour répondre :

— Oui? Qui est-ce ?

Il y eut un silence. Elle vacilla et se cramponna à la table.

— Qu'est-ce que vous dites ? reprit-elle.

Elle commença d'agiter la tête d'un côté à l'autre. Elle lâcha le combiné et tourna vers Marlowe une figure tragique :

— Hugh ! Hugh !

Elle s'effondra sur le plancher, évanouie.

Marlowe tomba sur les genoux et s'empara de l'écouteur :

— Allô ? Marlowe à l'appareil. Qui est en ligne ?

— Hugh, c'est toi ? dit la voix de Mac à l'autre bout du fil. Je suis dans un bled qui s'appelle Bardon Bank, à une soixantaine de bornes. Tu ferais mieux de te pointer vite fait. Le vieux est mort.

10

Marlowe arriva à Bardon Bank peu après 7 heures, le matin suivant. Il n'eut aucune peine à localiser le théâtre de l'accident : à mi-chemin, sur la colline, une voiture de la police et deux dépanneuses étaient garées sur le bas-côté. Il se gara derrière elles et coupa le contact.

Au moment où il sautait de la cabine, un jeune policier s'approcha, sourcils froncés :

— Bon, eh bien, mon gars, nous ne voulons pas de spectateurs.

— Le type qui a eu le pépin, c'était mon patron, expliqua Marlowe. J'ai reçu hier soir un appel téléphonique qui me demandait de venir aussi vite que possible.

Une expression de sympathie se peignit sur les traits du policier :

— Ah oui, votre chauffeur était sur les lieux. Vous le trouverez là-bas, au pied de la côte, dans le café des routiers.

Marlowe hocha la tête.

— Merci beaucoup. Mais, avant d'y aller, j'aimerais bien jeter un coup d'œil, si vous n'y voyez pas d'inconvénient.

Le policier haussa les épaules.

— Faites comme vous voulez, mais je vous préviens : ça n'est pas joli-joli.

Ils parcoururent une dizaine de mètres le long de la route, jusqu'à une brèche ouverte dans le parapet. De l'autre côté, la pente descendait à pic, à travers une plantation de sapins, et s'achevait dans un ruisseau qui coulait quinze ou vingt mètres en dessous. La trajectoire du camion était bien visible et, au bout de la trouée qu'il avait ouverte dans les arbres, Marlowe put distinguer l'épave noircie et démantibulée du véhicule. Il s'éclaircit la voix :

— Ça m'a l'air assez moche.

Le policier approuva :

— Je suis allé jusque-là et, croyez-moi, *c'est* moche. Tout le camion a pris feu quand il est arrivé au fond.

— Et le vieux ? demanda Marlowe lentement.

Le policier secoua la tête.

— Il est toujours dedans, ou plutôt ce qu'il reste de lui. Ils sont en train de découper la carcasse au chalumeau pour le sortir de là.

Longuement, Marlowe contempla l'épave, et puis il se détourna :

— Merci. Je vous reverrai probablement plus tard.

Il remonta dans son camion et s'en fut au café.

Il trouva Mac à moitié vautré sur une table, dans un coin, presque endormi. Quand Marlowe le toucha, le Jamaïcain se réveilla sur le champ. Il esquissa un mince sourire.

— Hugh ! Je croyais que tu n'arriverais jamais.

— Maria est tombée dans les pommes à mes pieds lorsqu'elle a appris la nouvelle, expliqua Marlowe. Il a fallu que je fasse venir le médecin. Il lui a donné un sédatif et il l'a mise au lit. Mais elle était dans un tel état que je ne pouvais pas la laisser.

— Et comment va-t-elle, maintenant ?

Marlowe secoua la tête.

— Elle est comme gelée de l'intérieur, la pauvre gosse. Elle a pris ça très à cœur. Elle a eu une nuit infernale jusqu'à ce que je lui fasse une tasse de thé et que j'y glisse quelques comprimés sans le lui dire. Alors, elle s'est endormie comme une enfant.

Le Jamaïcain alla au comptoir chercher deux tasses de café.

— Mec, c'est une sale affaire, dit-il en revenant. Mr Magellan n'aurait pas dû sortir par une nuit comme celle-là.

Marlowe approuva.

— C'est bien ce que Maria pense. Elle m'accuse. Jenny O'Connor m'avait téléphoné pour me demander de venir la voir d'urgence. Maria n'était pas trop contente quand je suis parti. À son avis, j'aurais dû être à la ferme pour recevoir ton coup de fil et te rejoindre avec le camion de réserve.

Mac n'était pas d'accord.

— Mais ça n'est pas juste, ça, Hugh. Tu pouvais quand même pas savoir que j'allais avoir une panne.

Marlowe eut un sourire amer.

— N'essaie pas de me refiler cette salade, Mac. Étant donné les circonstances, j'aurais dû rester dans les parages de la maison, juste au cas où quelque chose tournerait mal. Je ne l'ai pas fait, et le vieux est mort. Quel que soit l'angle sous lequel tu regardes les faits, j'en suis, au moins, partiellement responsable. (Il glissa une cigarette entre ses lèvres.) Je me demande ce qui a provoqué l'accident.

Du doigt, Mac traçait des formes dans une flaque de thé renversée sur la table.

— Je me le demandais aussi, dit-il d'une voix hésitante. Tu

crois pas qu'il y avait quelque chose qui collait pas dans le camion, non ?

Marlowe lui lança un regard curieux.

— O'Connor ? Non, je ne pense pas. Quand le bahut avait-il été vérifié pour la dernière fois ?

— Hier matin. J'ai fait ça moi-même. Il était en bon état de marche.

— Alors, le problème est réglé. Il y a eu quelqu'un tout le temps dans la maison. Je ne vois pas comment quelqu'un aurait pu tenter un sabotage.

— Mais tu crois qu'il s'est passé quoi ? insista Mac.

Marlowe, les yeux dans le vague, soupira profondément.

— Je pense seulement que papa Magellan était un vieux monsieur, malade et fatigué, et qu'il aurait dû rester dans son lit. Il s'est probablement évanoui au volant, ou peut-être qu'il s'est endormi. Mais, quoi qu'il soit arrivé, ça n'a pris qu'une minute. (Il se leva.) Oui, c'était juste un vieil homme malade qui avait besoin de moi. Et quand il en a eu le plus besoin, moi je n'étais plus là.

Il tourna les talons et sortit en hâte du café, la gorge nouée en un sanglot étranglé de colère impuissante.

Il était presque midi quand les sauveteurs parvinrent à sortir du camion les restes du vieil homme. Ils les remontèrent sur la route, enveloppés dans une couverture. Marlowe et le Jamaïcain les observèrent en silence les déposer dans une ambulance. Quand le chef de l'équipe apparut, Marlowe alla à lui.

— Avez-vous découvert quelque chose qui expliquerait pourquoi il a quitté la route ? demanda-t-il.

L'homme fit non de la tête.

— Et on n'a d'ailleurs guère de chance d'en trouver. Pas dans cet amas de ferraille.

Marlowe se détourna avec un haut-le-cœur, et fit signe à Mac.

— Viens, tirons-nous d'ici. Ça pue comme dans un charnier.

Mais, tout au long de la route jusqu'à Litton, il fut incapable de chasser de ses narines la puanteur de la chair brûlée. Elle ne le quittait pas, même lorsqu'il ouvrit la fenêtre et remplit la cabine d'air frais. Il se dit que tout cela était purement mental et il prit des risques encore plus grands, négociant les virages à une vitesse dangereuse, ses mains serrant si fort le volant que les jointures de ses doigts blanchissaient.

Mac demeurait assis tranquillement à côté de lui, sans prononcer une parole. Lorsqu'enfin ils tournèrent pour pénétrer dans la cour et s'arrêtèrent devant la porte, il se contenta de dire :

— Ce qu'il te faut, mec, c'est un verre de raide. Viens, je t'en sers un.

Marlowe secoua la tête.

— Non, pas pour moi.

— Et Maria ? demanda encore le Noir. Elle a besoin de toi, dans un moment comme ça.

— Besoin de moi ? Pourquoi aurait-elle besoin de moi ?

Ce fut au tour de Mac de secouer la tête.

— Tu dois être aveugle, mec. Cette fille t'aime.

Marlowe éclata d'un rire sauvage.

— Elle *m'aimait*, tu veux dire. Je suis l'homme qu'elle tient pour responsable de la mort de son père, rappelle-toi.

Il tourna brusquement les talons, et traversa la cour pour se diriger vers la grange. Il s'arrêta sur le seuil et alluma une cigarette. Elle avait un goût de foin, et il la jeta au loin avec un juron. Il entra dans la grange, mains dans les poches, tête penchée, et soudain il se raidit car ses yeux s'étaient arrêtés sur quelque chose.

Il se baissa, un genou au sol, à côté de la flaque qu'il avait repérée, et y plongea un doigt. Il porta son doigt à son nez, aspira profondément, et s'en effleura les lèvres : c'était le liquide du système de freinage hydraulique du camion.

Un moment, il resta sans bouger sur son genou, paralysé, incapable de saisir pleinement la signification de sa découverte. Et puis il se remit sur ses pieds, poussé par une rage meurtrière, il traversa la cour et marcha vers son véhicule.

Tout était clair, maintenant. Parfaitement clair. Le vieux ne s'était pas évanoui au volant. Il avait défoncé le parapet parce qu'il avait perdu le contrôle de son camion en descendant la colline. Et il en avait perdu le contrôle parce que quelqu'un avait trafiqué les freins. C'était aussi simple que cela.

Marlowe se hissa derrière le volant de son camion et tira sur le bouton du démarreur. Le moteur rugit, couvrant le cri que Mac poussait derrière lui. Marlowe lança le véhicule à toute vitesse dans la cour et dérapa en passant la barrière pour rejoindre la grand-route.

Pendant qu'il se dirigeait vers Barford, il n'était plus conscient que d'une seule chose : il allait tuer O'Connor. Il allait serrer ses mains autour de ce cou adipeux et extirper toute vie de ce corps grotesque. Et il enverrait au tapis quiconque voudrait se mettre en travers de son chemin.

Il commença de pleuvoir et un éclair zébra le ciel. Au moment où Marlowe arrivait sur la place, un grondement de tonnerre déchira les nuées et une pluie torrentielle s'abattit.

Marlowe pila devant l'entrepôt d'O'Connor et descendit de la cabine sur le quai de déchargement. La pluie rebondissait sur lui pendant qu'il s'approchait des larges portes à glissière. Il tira dessus de toute sa force, mais elles refusèrent de bouger. Un peu plus loin, sur le côté, il y avait une petite entrée de service, munie d'une serrure. Il en manipula plusieurs fois la poignée, mais sans succès. Il essuya la pluie de ses yeux en se reculant d'un bon mètre. Il fit trois pas en avant et lança son pied contre la petite porte. Elle s'ouvrit à la volée dans un craquement terrible quand le verrou céda, et il bondit à l'intérieur.

Un silence irréel régnait, brisé seulement par le tambourinement incessant de la pluie contre les fenêtres. L'entrepôt était plongé dans la pénombre. Marlowe s'avança, tous ses sens en alerte. Il entendit un déclic et le vaste local fut inondé de lumière.

— Qui est là ? demanda une voix.

Marlowe leva les yeux. Blacky Monaghan se tenait sur le palier, en haut de la volée d'une grand escalier de bois. Il venait de se réveiller. Il se frotta les paupières plusieurs fois et cligna les yeux. Au bout d'un moment, il parut avoir reconnu Marlowe.

— Qu'est-ce que tu viens foutre ici ? cria-t-il.

Marlowe s'approcha du bas des marches.

— Je veux O'Connor. Je veux O'Connor, répéta-t-il, et si tu essaies de m'arrêter, je te tue.

Quelque chose comme de la peur passa dans les yeux de l'Irlandais.

— Tu perds ton temps. Il est pas là.

Marlowe commença de gravir lentement les marches, ses prunelles ne lâchant pas une seconde Monaghan. L'Irlandais se lécha les lèvres en reculant un peu.

— Je veux pas d'ennuis avec toi, Marlowe. J'ai rien contre toi.

Marlowe eut un sourire terrible.

— Mais moi, j'ai quelque chose contre toi, salopard.

Une terreur abjecte brouillait le regard de Monaghan.

— Je te dis qu'il est pas là, souffla-t-il d'une voix chevrotante comme celle d'une vieille femme. Il est à l'appartement de la fille. C'est la vérité, je te le dis.

Il recula sur le palier comme Marlowe approchait du sommet de l'escalier.

— Allez, fiche le camp d'ici, beugla-t-il. Je t'ai dit ce que tu voulais savoir.

Marlowe secoua la tête avec un petit rire.

— Je n'en ai pas encore fini avec toi. Il s'en faut de beaucoup.

Une expression de complet désespoir naquit sur les traits marqués par la boisson de Monaghan. Il regarda en tous sens autour de lui. Au mur étaient accrochés un extincteur, un pic, et une hache, tous peints d'un rouge vif. Il saisit la hache et l'arracha de ses supports muraux. Il se retourna pour faire face à Marlowe, tremblant de peur, brandissant son arme.

— Écarte-toi de moi, grinça-t-il. J'ai pas tué le vieux. Ce coup-ci, c'était le patron. Tu étais censé partir avec ce bahut.

Marlowe paraissait enraciné là où il était, fixant l'Irlandais, puis, soudain, une fureur irrépressible le submergea, et il bondit en avant.

Monaghan balança désespérément sa hache. S'il avait pris son temps pour bien estimer la distance, il aurait pu fendre sur-le-champ le crâne de Marlowe, mais une panique aveugle s'était emparée de lui. Marlowe esquiva, et la hache passa en sifflant au-dessus de sa tête et ne frappa que le mur. Une main terrible, aux phalanges d'acier, saisit à la gorge l'Irlandais qui, bien malgré lui, relâcha sa prise sur le manche de son arme.

Le visage de Monaghan virait à l'écarlate. Avec une vigueur engendrée par la terreur, il lança sa jambe en avant et atteignit Marlowe au tibia droit. Marlowe grogna de douleur et desserra les doigts. L'Irlandais recula en titubant jusqu'à la rampe de bois. Marlowe s'avança. Monaghan le frappa, en désespéré. Marlowe encaissa et leva le genou quand il commença de fléchir.

La force terrible du choc rejeta en arrière l'Irlandais, qui s'écrasa contre la rampe de bois. Un craquement signala qu'elle se rompait et il bascula dans le vide en poussant un cri.

Marlowe se rapprocha du bord et regarda en bas. Il poussa un brusque rugissement de rage : Monaghan n'était tombé que de deux ou trois mètres sur un amoncellement de sacs de pommes de terre. Pendant que Marlowe l'observait, l'Irlandais roula jusqu'au sol, se remit avec peine sur ses pieds et marcha péniblement jusqu'à la porte défoncée par laquelle Marlowe était entré dans le bâtiment. Il s'arrêta un instant pour regarder par-dessus son épaule, puis il disparut.

Marlowe sauta sur les sacs de patates, perdit l'équilibre, et roula au sol. Il se remit debout et courut à la porte. À l'instant où il sortait de l'entrepôt, un moteur commença de ronronner, puis un petit camion jaune traversa la place et s'enfonça dans une rue adjacente.

S'étant rassis derrière le volant de son véhicule, Marlowe se dirigea vers la rue de l'appartement de Jenny O'Connor. Il priait pour que Monaghan n'ait pas menti et qu'il puisse y trouver O'Connor. Le genre de fureur qui le possédait était tel qu'il n'était plus conscient que d'une seule idée qui le dévorait : il allait tuer O'Connor.

Maintenant, de la bouche même de Monaghan, il tenait la preuve qu'il lui fallait. O'Connor avait programmé sa mort, mais, dans son plan, il s'était trompé de cible, et le vieux Magellan était mort à sa place. Il n'était que justice qu'O'Connor ait à payer pleine et entière réparation.

Marlowe gara son camion et, à travers la pluie, courut dans la petite cour. Il appuya sur la sonnette de toute sa force, sans s'arrêter, jusqu'à ce que la sonnerie emplisse la maison.

La porte s'ouvrit et Jenny O'Connor lui apparut. Il l'écarta et se dirigea vers le salon. Quand il y entra, O'Connor, alarmé, se leva de son fauteuil au coin de la cheminée. Jenny l'avait suivi, affolée.

— Pour l'amour de Dieu, qu'est-ce qui arrive, Hugh ? Qu'est-ce qui s'est passé ?

Marlowe ne quittait pas O'Connor des yeux.

— Le vieux Magellan est mort, dit-il.

Une expression bizarre s'afficha sur les traits d'O'Connor, qui prit son mouchoir et le porta à ses lèvres. Sa nièce eut un haut-le-corps scandalisé.

— Oh non, Hugh ! Pas ce pauvre vieux bonhomme... Comment est-ce arrivé ?

Du menton, Marlowe désigna O'Connor.

— Demandez-lui. Il vous le dira. Il sait tout là-dessus.

— Je ne sais pas de quoi vous parlez, lâcha O'Connor.

— Espèce de putain de porc ! martela Marlowe. Je viens juste de discuter avec Monaghan, et il m'a tout raconté par le menu. Vous lui avez demandé de bricoler les freins de l'un des camions. Vous pensiez que je partirais avec, mais malheureusement, c'est le vieux qui a pris ce bahut à ma place. (Il éclata d'un rire dément, et reprit :) Ça vous intéresserait de savoir comment il est mort ?

Je m'en vais vous le dire. Il a traversé un parapet, et il a dégringolé vingt mètres dans un ravin. Et puis il a cramé. Vous avez déjà senti l'odeur de la chair humaine brûlée, O'Connor ? Moi, oui. C'est quelque chose qu'on n'oublie jamais.

O'Connor parut étouffer dans son mouchoir. Il l'enleva de devant sa bouche.

— Je n'ai rien à voir dans tout ça, hoqueta-t-il.

Marlowe s'avança vers l'Irlandais :

— Je vais vous tuer, O'Connor. Je vais vous tuer de mes mains nues.

L'obèse plongea la main dans sa poche. Quand il la ressortit, elle tenait un pistolet automatique.

— Dégagez, dit-il d'une voix étranglée, le visage tournant à l'écarlate. Vous allez m'écouter, espèce de cinglé.

Marlowe marqua un temps d'arrêt. O'Connor émit un affreux gargouillement et retomba dans son fauteuil. Sa main sans force laissa échapper l'automatique. Marlowe s'avança et saisit l'Irlandais par le devant de sa chemise.

— Espèce de salaud, lança-t-il. Ne croyez pas que vous allez pouvoir m'avoir de cette façon.

O'Connor avait les lèvres bleues et de l'écume apparaissait aux commissures. Ses yeux roulaient dans leurs orbites, mais il parvint, non sans difficulté, à les braquer sur Marlowe. Un demi-sourire éclaira ses traits.

— Sacré cinglé, lâcha-t-il faiblement. Il faut que...

Il fit soudain des yeux blancs et sa tête bascula mollement sur le côté.

Jenny O'Connor écarta Marlowe, immobile, et s'agenouilla auprès de son oncle. Elle colla son oreille contre sa poitrine, et écouta pendant de longues secondes. Lorsqu'elle se releva, elle arborait presque une expression de triomphe.

— Il est mort. Je savais que son cœur ne tiendrait plus très longtemps.

Tout à coup, Marlowe avait perdu toute énergie. Il tituba jusqu'au bar et versa en tremblant du cognac dans un verre. Il l'avala d'un trait, et le liquide brûlant le fit tousser.

Un miroir était accroché au mur. Il y observa son reflet et se sentit différent, comme s'il s'agissait de quelqu'un qu'il ne connaissait pas, qu'il n'avait jamais connu. Une main se posa sur son épaule et un corps chaud se pressa contre le sien.

— Ça y est, déclara Jenny O'Connor. C'est ce dont je vous

avais parlé. Vous et moi, tous les deux. Nous pourrons avoir tout ce que nous voulions.

Il se retourna et l'écarta comme un moustique pour regarder le cadavre d'O'Connor affreusement tordu dans son fauteuil.

— Bon Dieu, aboya-t-il, vous ne prenez même pas le temps d'enterrer vos morts, hein ?

Elle le fixa, traits figés, mais il tourna les talons et se traîna jusqu'à la porte, l'abandonnant là, avec son oncle mort dans son magnifique salon, entourée d'objets luxueux.

Il éprouva les pires difficultés en conduisant pour regagner Litton. Il pleuvait tant que la visibilité ne dépassait pas quelques mètres et que les essuie-glaces n'étaient plus d'aucune utilité.

Dans la cour de la ferme, les pavés étaient inondés. Lorsqu'il sauta du camion, l'eau dépassait ses chaussures, ce qui le glaça jusqu'à la moelle des os. Debout dans le vestibule, il se dépouilla de sa veste détrempée et prit soudain conscience du silence total. Il se tint immobile, la tête un peu levée, les narines palpitantes, comme un animal qui flaire un danger.

— Mac ! appela-t-il. Où es-tu ?

Sa voix résonnait sinistrement dans un silence irréel.

Il monta l'escalier quatre à quatre et s'élança dans le couloir.

— Mac ! cria-t-il, en ouvrant à la volée la porte de leur chambre.

Il s'immobilisa sur le seuil, sa veste échappa à ses doigts, et il regarda autour de lui, ébahi.

La chambre était dans un désordre indescriptible. La literie avait été éparpillée dans tous les coins et le crin de cheval débordait du matelas, éventré. Tous les tiroirs avaient été vidés et ses affaires personnelles étaient répandues sur le plancher.

Il fit vivement demi-tour et descendit au rez-de-chaussée. La cuisine présentait son aspect habituel, sauf que le feu était éteint dans la cheminée. Il s'arrêta à la porte et son regard fouilla lentement toutes choses.

Un frisson le saisit. Il s'avança et s'agenouilla près de la table : il y avait une flaque de sang sur le sol.

À cet instant, le téléphone sonna aigrement, dans un vacarme qui brisa le silence. La peur au ventre, il se précipita dans le salon et s'empara du combiné :

— Allô ? Ici Marlowe. Qui est à l'appareil ?

La ligne grésillait un peu.

— Allô, Hugh, mon vieux, dit une voix qui lui sembla vaguement familière. Très heureux que vous soyez rentré. C'est la cinquième fois que j'appelle depuis une heure.

Marlowe se força à avaler sa salive et tenta de conserver une voix calme :

— Qui est-ce ?

Un rire joyeux éclata dans l'écouteur :

— Tu ne me reconnais pas, mon vieux ? Là, réellement, je me sens vexé. C'est Faulkner, à l'appareil.

Une seconde, Marlowe ferma les yeux. Sa main serra convulsivement le combiné.

— Comment diable m'avez-vous retrouvé ?

— Ne t'inquiète pas de ça, mon vieux, répliqua Faulkner. Ce qui compte, c'est que nous avons déjà visité ton domicile actuel et que nous ne t'avons pas vu. Cependant, nous sommes tombés sur une jeune personne et sur un monsieur de couleur, et nous leur avons suggéré de nous tenir compagnie pendant une heure ou deux.

Marlowe s'humecta les lèvres.

— Venez-en au fait, Faulkner. Qu'est-ce que vous voulez ?

— Allons, allons, mon vieux... Fais pas le naïf.

— J'ai trouvé du sang sur le sol de la cuisine. Qui a été blessé ? Ce n'est pas la fille, n'est-ce pas ?

Le ton de Faulkner exprimait un certain dégoût :

— Non, c'est ton pote jamaïcain. Je crains qu'il n'ait guère de sympathie pour nous. Il a fallu que Butcher fasse preuve de quelque persuasion. Mais ne te fais pas de souci. Il se porte à merveille.

— Et la fille ?

— Oh, elle va très bien, affirma Faulkner. Pour le moment, en tout cas. Je crois avoir compris que tu lui portais un certain intérêt.

— Qui vous a dit ça ?

— Peu importe, à présent. Mais, pour le salut de la jeune personne, j'espère sincèrement que c'est vrai. Viens nous retrouver dans un endroit du nom de Garvald Mill, à six kilomètres de Litton, à peu près. C'est du côté de la route de Birmingham. Si tu n'es pas là dans une heure avec les vingt mille livres, je confierai la fille aux bons soins de Harris. Et tu sais comment il peut se comporter avec les jeunes femmes.

— Attendez une minute, Faulkner. Écoutez-moi...

Marlowe perdait son temps. Un clic indiqua qu'on avait raccroché.

11

Longtemps, Marlowe garda l'écouteur à l'oreille avant de le reposer sur son support. Il alla à la porte d'entrée et traversa la cour en courant, sans prendre garde à la pluie drue qui le trempait.

L'échelle était toujours en position contre la soupente. Il regarda un moment en l'air, puis commença de grimper. Le sac de voyage se trouvait exactement où il l'avait laissé. Il l'ôta de dessous le filet de cricket et redescendit rapidement.

Il revint à la maison sous l'averse, balançant le sac au bout de son bras droit, et essaya de réfléchir à l'étape suivante. Dans le salon, il vida le sac sur une table, s'assit dans un fauteuil et alluma une cigarette.

Les liasses de billets couvraient presque la totalité du plateau de la table. Une ou deux étaient tombées sur le plancher. Il les contempla, le cœur battant, et un rire ironique finit par s'échapper de ses lèvres : quand on y songeait, c'était réellement drôle. Toutes ces années, ces longues et dures années passées dans un lieu cerné de hauts murs. La lumière grise du matin filtrant à travers le vasistas étroit, les hommes avachis, sans espoir, la nourriture médiocre, la puanteur, le vice, la pourriture... Tout cela, il l'avait subi, mais un espoir l'avait soutenu : la certitude qu'un jour, il serait libre, avec assez d'argent pour mener une vie confortable le reste de son existence.

En Irlande, on pouvait vivre très bien avec vingt mille livres derrière soi... Il soupira et rit à nouveau. Oui, il y avait une ironie bien réelle à devoir, à la fin, sacrifier tout ça pour une fille qu'il ne connaissait que depuis quelques jours.

Il se leva et remit l'argent dans le sac. Un moment, il avait essayé de se persuader qu'il avait le choix, mais, au fond, il avait su qu'il n'avait pas d'autre solution. Son vernis de dureté, le rempart de brutalité qu'il avait dressé autour de lui, ne lui étaient plus maintenant d'aucun secours. Il affrontait un problème humain simple, et il n'existait qu'une seule manière de le résoudre : un sacrifice de sa part.

Il referma le sac et le mit de côté. Il se souvenait d'avoir vu une carte du district dans le buffet. Il alla la prendre et la déplia sur la table. Penché sur elle, il se sentait le cœur curieusement léger. C'était une sensation qu'il jugeait impossible à analyser, même pour lui.

Garvald Mill apparaissait clairement, sur une route secondaire, à quatre cents mètres de la grande route de Birmingham, juste à l'extérieur de Litton. Dans le tiroir, il trouva un vieux bout de crayon bleu, avec lequel il entoura le moulin, puis il étudia la situation.

Le moulin s'élevait sur le bord d'une rivière, dans une zone très boisée. Marlowe, sourcils froncés, revint au buffet pour se servir un cognac. S'il ne s'était agi que d'aller là-bas et de donner l'argent, l'affaire n'aurait offert aucune difficulté, mais il fallait compter avec Harris et Butcher. À sa manière tordue, Faulkner était quelqu'un de droit, qui respectait une sorte de code. Mais avec Butcher et Harris, c'était complètement différent. Ils étaient tordus eux aussi, mais pas dans le même sens, et Marlowe nourrissait le sentiment inconfortable que, cette fois-ci, ils ne seraient pas disposés à le laisser s'en tirer aussi facilement. En tout cas, pas Harris : le petit homme était un psychopathe. Et quand il était lancé, on ne pouvait pas savoir ce qu'il ferait.

Marlowe se souvint que Faulkner avait menacé de confier la jeune fille aux bons soins de Harris. Il frissonna et reprit l'étude de la carte. Le moulin se trouvait près de l'orée du bois, et la route qui y menait faisait un virage en épingle à cheveux. On pouvait donc s'en approcher de très près sans être vu.

Il quitta le salon pour aller dans la cuisine. Il ouvrit tous les tiroirs, jusqu'à ce qu'il découvre celui où Maria rangeait les couteaux. Elle en possédait un bel échantillonnage. Marlowe choisit finalement un couteau à découper, à la lame dentelée de vingt centimètres de long. Dans un autre tiroir, il trouva du chatterton, dont il coupa vivement plusieurs morceaux. Remontant la jambe gauche de son pantalon, il se servit de l'adhésif pour fixer avec soin le couteau à l'intérieur de son mollet.

Comme il se retournait pour sortir de la cuisine, il entendit au loin le grondement du tonnerre, tandis que la pluie frappait les vitres à coups redoublés. Au même instant, la sonnette de l'entrée retentit.

Immobile, il écouta. Des voix se faisaient entendre. À travers le panneau de verre dépoli, il pouvait discerner une silhouette déformée. On sonna encore. Marlowe s'avança et ouvrit la porte, pour découvrir l'aimable visage d'épagneul d'Alpin, le policier de Barford. Alpin lui sourit.

— Eh bien, mon gars, dit-il, j'ai amené avec moi un de vos vieux amis. Il est très désireux d'échanger quelques mots avec vous.

Il s'écarta et le superintendant Masters fit un pas en avant.

— Salut, Marlowe. C'est drôle de vous voir ici.

Marlowe, totalement pris au dépourvu, le fixa avec étonnement.

— Ça ne vous ennuie pas que nous entrions, n'est-ce pas ? ajouta Alpin. Il fait plutôt humide, dehors.

Les deux policiers pénétrèrent dans le vestibule.

— Nous entrons si vous êtes d'accord, reprit Alpin. Je pense que nous devons avoir une petite conversation.

Il se dirigea vers le salon, suivi par Masters.

Marlowe, du seuil, les observa soigneusement. Masters se mit en devoir d'allumer sa pipe et, ce faisant, se pencha sur la table et examina la carte.

— Tiens, tiens, remarqua-t-il, qu'est-ce que c'est que ça ? On prépare un voyage. On a fait son sac et tout.

Il tendit la main et ouvrit le sac. Il y eut un instant de silence pendant qu'Alpin, à son tour, en observait le contenu. Masters émit un sifflement :

— Une marchandise bizarre, non ? (Il referma le sac et hocha la tête.) Et quand je pense à ce que certains types sont prêts à faire pour ça...

— Ouais, on ne discute pas des goûts et des couleurs, renchérit Alpin.

Il sortit son inhalateur et inspira profondément.

Marlowe ne put retenir une exclamation d'impatience :

— Cessez de jouer aux plus malins et venez-en au fait. Comment m'avez-vous trouvé ?

Ce fut Alpin qui lui donna la réponse :

— Mon Dieu, que croyez-vous que nous fassions, dans la police ? Que nous restons toute la journée assis sur nos fesses ? L'après-midi même du jour où vous avez eu votre premier accrochage avec Monaghan et ses deux copains, votre signalement au grand complet courait sur les fils du télégraphe.

Masters sourit en tirant une bouffée de sa pipe.

— Voyez-vous, Marlowe, même les policiers de la campagne ne sont pas aussi stupides que vous, les durs, semblez le croire. Vous pensez vraiment qu'un flic ne se pose pas de questions quand un type comme vous arrive dans une petite ville et, sans plus attendre, se farcit tout seul les pires mauvais garçons de l'endroit ? (Il sourit.) Nous avons des dossiers, à Scotland Yard. Il n'y a pas beaucoup de jeunes hommes bien élevés d'un mètre quatre-vingt-douze qui transforment une pelle en arme. Ça a pris un jour ou deux, mais ça a fini par m'atteindre.

Soudain, Marlowe fut envahi par la fureur. Maintenant, il comprenait tout.

— Espèce de porc, cracha-t-il. Vous avez découvert où j'étais et vous avez lancé sur moi Faulkner et sa bande.

Masters eut l'air franchement surpris :

— Je ne vois pas de quoi vous parlez.

Marlowe était presque fou de rage. Il s'avança rapidement et lança un direct terrible en direction de la mâchoire du policier. Dans sa colère, il calcula mal son coup et son poing manqua Masters de dix bons centimètres. Le superintendant lui saisit le bras et le tordit, tandis qu'Alpin s'emparait vivement de son autre poignet.

— Maintenant, utilisez votre sacrée caboche, martela Masters. Vous me connaissez depuis longtemps, Marlowe. Est-ce que j'irais jouer un tour pareil à qui que ce soit ?

Marlowe se détendit : c'était vrai. Masters était incapable de ce genre d'entourloupette. Même dans le milieu, il avait la réputation d'être régulier et honnête dans ses méthodes.

Quand ils le lâchèrent, Marlowe leur fit face.

— Je suis désolé, dit-il. J'ai pris les choses un peu de travers.

— Il y a un bon moment que vous prenez les choses de travers, riposta Masters en tapotant le sac. Tout cela, c'était pour rien, Marlowe. Si vous aviez eu le bon sens de nous dire, lors de votre procès, où était l'argent, vous auriez été condamné à cinq ans tout au plus. Au lieu de cela, vous vous êtes buté et le juge en a tenu compte. Vous avez passé deux années supplémentaires en prison, pour rien.

Marlowe eut un geste impatient.

— Entendu, je me suis conduit comme un imbécile, mais pour le moment, il y a à discuter de choses plus importantes. Vous ne pouvez pas prendre cet argent maintenant. J'en ai besoin.

Ils le fixèrent, complètement ébahis. Il poursuivit :

— Faulkner est passé par ici. C'est pour cela que j'étais aussi enragé. Je pensais que vous lui aviez dit où j'étais. Il a emmené Maria Magellan avec lui. Je viens de recevoir un message téléphonique. Il me donnait une heure pour lui remettre le fric, ou bien... (Il regarda sa montre.) Il ne me reste que trente minutes.

Masters eut un rire froid.

— Allons, Marlowe, vous n'espérez quand même pas que nous allons gober une histoire pareille, non ? Restons-en aux faits. Vous vous prépariez tout juste à filer d'ici.

Un sentiment proche de la panique saisit Marlowe.

— Il faut que vous me croyiez. Vous pouvez fouiller la maison. Vous ne trouverez pas la fille.

Masters se tourna vers Alpin, sourcils relevés :

— Qu'est-ce que vous en pensez ?

Alpin plissa le front et alla à la fenêtre.

— Je connais Maria Magellan et, dans le cours normal des choses, elle serait là. (Il soupira.) Malheureusement, son père vient de se tuer dans un accident de la route. Elle ne pouvait pas rester seule ici avec Marlowe et Mackenzie.

Masters hocha la tête.

— Ça me semble raisonnable.

Il se tourna vers Marlowe.

— Désolé, mon gars, nous ne sommes pas preneurs, aujourd'hui.

Marlowe, maintenant, avait recouvré son calme et se sentait sûr de lui. Il fit un pas en avant et, cette fois, il ne commit pas d'erreur. Son poing gauche s'enfonça dans l'estomac de Masters et le grand policier se courba en deux, avec une respiration sifflante.

Avant même qu'Alpin ait pu esquisser un mouvement, Marlowe avait quitté la pièce. Il claqua derrière lui la porte d'entrée et courut sous la pluie. Il se hissa vivement derrière le volant du camion et fit démarrer le moteur. Il était à mi-chemin de la barrière et passait déjà en seconde quand Alpin apparut sur le perron. La pluie frappait le sol avec violence. Au loin, le tonnerre grondait, sinistre. Marlowe essuya la pluie qui lui brouillait la vue et se concentra sur la route qui s'ouvrait devant lui. Il était presque impossible de voir à travers le pare-brise et, à ce stade, il ne pouvait prendre le risque d'un accident.

Il regarda rapidement sa montre. Il lui restait encore vingt minutes pour arriver au moulin, mais il ne savait pas le moins du monde ce qu'il ferait lorsqu'il y serait. Le camion rugit en grimpant la colline, après la gare. Marlowe sourit avec ironie en passant devant le trou de la haie par lequel il s'était glissé le jour fatal de son arrivée à Litton. Il se souvenait parfaitement de tout ce qui s'était passé : peut-être n'aurait-il pas dû sauter de son train ? Il secoua la tête. Il n'y avait pas de réponse. La vie était un jeu, et on ignorait toujours comment les cartes allaient être distribuées la minute suivante.

Il freina, le pied à fond sur la pédale, et s'engagea dans la route étroite qui conduisait à Garvald Mill. Sourcils froncés, il essaya de se souvenir des détails de la carte. Le moulin, avait-il calculé, se trouvait à quatre cents mètres de la grande route, mais il fut en vue sans qu'il s'y soit attendu, au détour d'un virage. Il ralentit, passa sur le bas-côté et s'arrêta.

Il sauta dans la pluie et poursuivit à pied. Quelque cinquante mètres plus loin se trouvait le tournant qu'il avait repéré et, lorsqu'il arriva, il coupa par le bois et se fraya un chemin dans les sapins vers le moulin, entrevu dans les arbres.

Il se dissimula sous un buisson et examina soigneusement les lieux. Le bâtiment principal était constitué d'une grande tour à trois étages, au toit dressé vers le ciel. Jouxtant la bâtisse se trouvait une dépendance de bois, qui ressemblait davantage à une écurie ou à un entrepôt. Elle paraissait dans un état légèrement meilleur que le reste. À l'extrémité était installée une roue à aubes, qui, poussée par les eaux tumultueuses de la rivière en crue, tournait en grinçant et en grondant sourdement. Marlowe demeura un moment, sourcils froncés, à réfléchir à l'étape suivante, puis il soupira et se mit debout. Il n'y avait en réalité rien qu'il puisse faire, à part tenter sa chance avec l'espoir que quelque chose de positif se présenterait. Il sortit du couvert et marcha vers le moulin.

Lorsqu'il en fut à quelques mètres, la porte de la dépendance s'ouvrit et Faulkner apparut, souriant gaiement.

— Excellent, Hugh. Je savais que je pouvais compter sur toi. J'ai toujours dit que tu avais des instincts naturels un peu plus nobles que le reste d'entre nous.

Il recula d'un pas pour laisser entrer Marlowe. L'endroit sentait la vieille paille et la crotte de souris. Dans un coin, il y avait une charrette décatie. Une grande soupente s'étendait sur trois des quatre côtés, et des fenêtres rondes, sans vitres, laissait pénétrer la lumière.

Au centre de la pièce, un feu brûlait dans un vieux baril d'essence de vingt-cinq litres. En s'avançant, Marlowe regarda rapidement les lieux. Il pouvait entendre, au dehors, la roue à aubes battre avec violence. Contre le mur du moulin lui-même, il y avait un bassin, couvert d'écume verte et entouré de pierres usées par les ans.

Butcher et Harris étaient assis près du feu sur des caisses. Leurs yeux pleins de haine se fixèrent méchamment sur Marlowe.

— Salut, Marlowe, lança Butcher. Je ne croyais pas que tu viendrais. J'avais tort.

— Est-ce que tu as jamais eu raison, ordure ? répliqua Marlowe.

Butcher fit mine de se lever et Marlowe pivota.

— Allons, pas d'histoires, les gars, intervint vivement Faulkner.

Marlowe rit d'un rire rauque.

— Ils ne m'ennuient pas. Ils ne m'intéressent même pas. Je peux voir la fille et le Jamaïcain. Où sont-ils ?

Faulkner sourit et se dirigea vers le coin le plus proche du bassin. Il y avait là un tas de vieille paille qui puait comme s'il avait moisi depuis des années. Il en écarta une partie, découvrant Maria et le Noir. Tous deux étaient ligotés et bâillonnés.

— Enlevez-leur les bâillons, ordonna Marlowe.

Une seconde, Faulkner hésita, puis il haussa les épaules. Quand il lui eut ôté son bâillon, Mac sourit.

— Salut, mec. Je savais que tu nous laisserais pas tomber.

— Tu vas bien ? demanda Marlowe.

Le Jamaïcain sourit à nouveau.

— Ce grand con de bœuf, là, m'a un peu tapé sur la tête, mais je m'en sortirai.

Maria émit un sanglot étouffé lorsque sa bouche fut libérée :

— Oh, Hugh, vous êtes venu, Dieu merci. Mais de quoi s'agit-il ? Qu'est-ce qu'ils veulent, ces hommes ?

Marlowe lui adressa un sourire rassurant.

— Ne vous inquiétez pas, mon ange. Je vous ferai sortir d'ici dans quelques minutes.

Il se retourna et revint au feu. Faulkner le suivit.

— Alors, tu es satisfait ? demanda-t-il.

Marlowe approuva de la tête.

— Je vais chercher le fric, maintenant.

Les deux hommes assis près du feu se levèrent. Faulkner fronça les sourcils.

— Tu veux dire que tu ne l'as pas sur toi ?

Marlowe leva la main.

— Pas besoin de paniquer. Vous pensiez que j'étais assez con pour venir ici sans voir d'abord comment se présentait la situation ? (Il haussa les épaules.) J'ai caché le sac qui contient le pèze dans un buisson, un peu plus loin dans le bois. Je vais aller le prendre.

Faulkner sourit.

— J'aurais dû m'en douter. Tu as toujours été un peu plus doué que quiconque. (Il se tourna vers Butcher.) Va avec lui et surveille-le de près.

Il sortit ensuite de sa poche une main armée d'un pistolet automatique Luger et reprit :

— Pas de rigolade, Marlowe. Rappelle-toi que la fille et ton pote seront encore ici avec Harris et moi.

Marlowe ouvrit la porte sans un mot et marcha vers le bois. Il y entra sans regarder derrière lui. Butcher le suivit. Alors qu'ils progressaient, Butcher jura :

— Il n'y a que toi pour choisir un endroit comme ça, Marlowe. Je suis déjà trempé jusqu'aux os.

Marlowe poussa une grosse branche sur le côté.

— Ce que tu éprouves, dit-il, ça ne m'intéresse pas, Butcher.

Il laissa la branche revenir en plein dans la figure de Butcher. Il pivota vivement, puis, comme Butcher reculait en titubant, il bondit et le frappa à la gorge du tranchant de la main. Butcher tomba au sol, hoquetant et gémissant faiblement. Marlowe prit son élan et le frappa sauvagement du pied à la tempe, puis sans perdre de temps, il repartit vers le moulin, en tirant légèrement vers la gauche.

Il arriva sur le bord de la rivière à trente ou quarante mètres en amont de la bâtisse. Les eaux roulaient, tumultueuses, à côté de lui, brunes et écumantes, emportant tout devant elles. Un court instant, il considéra la situation et, remontant la jambe de son pantalon, il sortit le couteau de sa cachette. Le tenant bien serré dans la main droite, il s'agrippa aux branches d'un petit buisson qui plongeait dans la rivière, se laissa glisser sur le bord et entra dans l'eau.

Une seconde, il s'accrocha ainsi, puis, comme le courant le

poussait, il lâcha les branches et fut immédiatement entraîné. À cet endroit, la rivière n'était profonde que d'un mètre, à peu près, et, progressant vers le moulin, ses pieds raclaient le fond tandis qu'il tentait de garder son équilibre.

Puis la profondeur augmenta et il dut nager, poussant vigoureusement, avec toute la force qu'il possédait. Soudain, il fut projeté au-dessus d'un muret de béton et tomba d'une hauteur de plus d'un mètre cinquante dans un bassin profond. Tandis qu'il luttait pour remonter en surface, la grande roue du moulin, immense, tournait en tonnerre au-dessus de lui, changeant l'eau en écume blanche.

Le courant, sans pitié, l'emportait vers elle. Une panique affreuse l'envahit. Il battit désespérément des jambes, et, tout à coup, une variation particulière du flot vint à son aide et le balaya derrière la roue, contre les fondations de pierres couvertes de mousse du moulin.

Longtemps, il resta là, suspendu par la main gauche à un bloc en surplomb, toussant pour cracher l'eau boueuse de la rivière. À sa grande surprise, il s'aperçut qu'il tenait toujours le couteau dans sa main droite et il resserra sa prise, de ses doigts blancs et gourds. L'eau était glaciale. Maintenant qu'il ne bougeait plus, il sentait le froid le pénétrer jusqu'à la moelle des os.

Il plaça avec prudence le couteau entre ses dents, aspira profondément, et plongea sous la surface, les mains s'accrochant aux pierres brutes, se tirant vers l'avant. La roue tournait dans l'eau à une proximité inquiétante. La panique le reprit quand un courant imprévu l'attira par les jambes et qu'un de ses pieds toucha la roue.

Il remonta en surface pour respirer, et plongea de nouveau. Il devait y avoir un canal conduisant au bassin intérieur du moulin. Il se tenait aux pierres, les yeux tendus dans l'eau brune et trouble. Puis il trouva ce qu'il cherchait : l'entrée d'un tunnel bas et voûté, haut de quatre-vingt-dix centimètres, qui s'ouvrait dans le mur, à mi-hauteur.

Il décida de tenter sa chance et s'y introduisit sans remonter pour prendre de l'air. Il fut surpris de découvrir que seule l'épaisseur du mur séparait le bassin de la rivière elle-même. Il poussa encore et fit surface prudemment à travers l'écume verte.

Il eut soin de rester contre le bord et de ne sortir de l'eau que ses yeux et son nez. Harris et Faulkner se tenaient devant la porte à demi ouverte, et regardaient au-dehors.

— Je n'aime pas ça, disait Harris. Je n'ai jamais fait confiance à Marlowe. Ça a toujours été un salaud de truqueur.

— Pour l'amour de Dieu, ferme-la, riposta Faulkner, agacé. Il n'y a pas longtemps qu'ils sont partis.

Très prudemment, Marlowe se hissa sur le bord du bassin et rampa vers le coin où Maria et Mac étaient étendus. Comme il s'en approchait, le Jamaïcain tourna la tête et son visage s'éclaira. Au même instant, Maria le vit et elle ouvrit la bouche dans un haut-le-corps involontaire.

Marlowe s'enfouit dans la paille et se figea, mais les deux hommes, toujours à la porte, ne l'avaient pas repéré. Au bout d'un moment, il rejoignit le Jamaïcain et trancha rapidement ses liens.

— Quoi qu'il arrive, murmura-t-il, ne fais pas un bruit.

Il rampa vers Maria et commença à la libérer à son tour.

— Qu'est-ce qu'on fait maintenant ? interrogea Mac à voix basse.

Marlowe n'eut pas l'occasion de lui répondre, car Harris s'était retourné et avait lancé un coup d'œil au hasard vers leur coin. Il en resta bouche bée, et une seconde, muet. Puis il retrouva la parole et saisit le bras de Faulkner.

— Il est là, cria-t-il. Ce salaud nous a eus.

Faulkner pivota, le Luger dans la main droite, tandis que Marlowe bondissait vers le bassin. Alors que résonnait le premier coup de feu, il se jeta dans l'eau tête la première et plongea dans le tunnel. Ses mains s'accrochèrent fébrilement aux pierres, puis il émergea à l'extérieur.

Il n'y avait pas une seconde à perdre. Il lâcha le mur et se laissa porter loin de la roue. Le courant l'entraînait vers la rive. Il se cramponna fiévreusement à une branche pendant d'un arbre et se sortit de l'eau.

À côté de lui, un appentis de pierre s'appuyait contre la masse du moulin, et un peu au-dessus, les fenêtres les plus basses s'ouvraient comme des yeux aveugles. Il sauta pour parvenir sur le toit plat de la construction. Ses mains en saisirent le rebord. Il atteignit son but à la force du poignet.

Le bas de la première fenêtre n'était qu'à un mètre au-dessus du toit de l'appentis, et sa vitre avait été cassée depuis longtemps. En une seconde, il s'y introduisit. Il se retrouva dans une pièce vide et délabrée, qu'il traversa rapidement jusqu'à une porte qu'il ouvrit. Il tomba sur un étroit couloir, conduisant à une porte de guingois qui ne tenait plus que par un seul gond. Il pouvait entendre très clairement des voix et, prudemment, il traversa la pièce sur la pointe des pieds jusqu'à l'œil-de-bœuf. L'ouverture avait vue sur la soupente du bâtiment qu'il venait de quitter si précipitamment.

Faulkner, debout près du feu, pointait un Luger menaçant sur Marie et le Jamaïcain. Harris jurait d'une voix aiguë :

— Il nous a eus, râlait-il. Il n'avait pas l'intention d'amener le fric.

— Ferme-la, riposta Faulkner. Et laisse-moi réfléchir à tout ça.

Harris se détourna et ses yeux brillèrent en se posant sur Maria. Il sortit de sa poche son couteau à cran d'arrêt et se dirigea vers elle.

— Je vais faire de la peine à ce salaud, dit-il vicieusement. Il ne reconnaîtra plus sa petite amie quand j'en aurai fini avec elle.

Mac sauta sur ses pieds et se tint devant la jeune fille.

— Tu poses un seul doigt sur elle, et je t'écrase la bobine, même si c'est la dernière chose que je fais dans ce monde.

Faulkner tourna son automatique vers Harris.

— Ne sois pas stupide, petit con, grinça-t-il d'un ton chargé de menaces. Ça ne nous mènerait nulle part, maintenant.

Marlowe se glissa par la fenêtre ronde et doucement descendit dans la soupente. Les planches craquèrent un peu. Il se mit à quatre pattes et avança jusqu'au bord sur les mains et les genoux.

Harris et Faulkner s'injuriaient copieusement. Puis, alors que Marlowe regardait avec désespoir autour de lui pour trouver une arme, on entendit au-dehors le bruit de véhicules qui arrivaient.

Faulkner courut rapidement à la porte et regarda. Quelques secondes plus tard, il se retourna, livide.

— C'est la police, souffla-t-il. Le superintendant Masters, par-dessus le marché.

La voix de Masters s'éleva :

— Marlowe, vous êtes là-dedans ?

Mac hurla de toute sa force :

— Faites gaffe. Il y a un type avec un flingue, ici.

Il y eut un bref silence, puis ce fut la voix d'Alpin :

— Si vous avez le moindre bon sens, vous jetez ce pistolet et vous sortez.

Faulkner se mit à rire. Il prit dans sa poche un étui élégant, et y choisit une cigarette qu'il alluma avec un briquet d'or.

— C'est très drôle, vraiment, dit-il.

Harris jura :

— Vous avez perdu la boule. Il faut qu'on se tire de là.

— C'est l'ennui, avec les gens de ton genre, Harris, commenta Faulkner en secouant doucement la tête. Vous ne savez jamais quand il est payant d'abandonner. Moi, je sais.

Harris le fixa, ébahi.

— Qu'est-ce que ça veut dire, abandonner ? lança-t-il, furieux. Il y en a pas besoin. Nous avons le flingue, et la fille comme otage. Nous pouvons sortir d'ici sans problème.

Faulkner hocha la tête d'un air apitoyé.

— Ça ne marche même pas quand ils font ça dans les films.

Il se détourna et commença de marcher vers la porte. Harris se précipita derrière lui. La lame de son couteau s'ouvrit dans sa main, et il la plongea dans le dos de Faulkner.

Pendant que Faulkner s'effondrait sur le sol, plusieurs événements se produisirent en succession rapide. Maria poussa un long cri, tandis que la porte se mettait à bouger. Les policiers avaient entrepris de la défoncer.

Harris se saisit du Luger, qui était tombé de la main de Faulkner, et lâcha un coup vers la porte. Il y avait une ligne d'écume blanche sur ses lèvres. Il ricana affreusement et tira encore deux fois sur la porte.

Les chocs contre le battant cessèrent brusquement. Harris se passa la main sur les yeux et se retourna. Son regard se fixa sur Maria et sur le Jamaïcain. Une expression terrible apparut sur son visage. Au moment où il levait son arme, Marlowe hurla :

— Je suis là, Harris !

Et il sauta au sol.

Le choc secoua tout son corps. Il fléchit les genoux et roula en boule. Harris se tourna vers lui et fit feu au jugé.

— Je t'ai eu, salaud, glapit-il. Je t'ai eu.

Il tira à nouveau. Marlowe, en désespéré, roulait toujours sur lui-même et finit par atteindre le baril où brûlait le feu. Une balle traça un sillon dans son épaule. Et puis ses mains saisirent le bidon, il le souleva et le lança droit à la figure du dément.

Harris poussa un hurlement fou. Il tituba en arrière et son poing laissa échapper le pistolet. Il se redressa, et courut vers la porte, les vêtements embrasés, tapant sur les flammes avec ses mains nues. Il retira la barre de fermeture de son support, ouvrit la porte et disparut à l'extérieur sous la pluie, hurlant toujours.

Maria courut se jeter dans les bras de Marlowe.

— Oh, Dieu soit loué, Hugh. Dieu soit loué.

Elle pleurait et éclata en sanglots passionnés.

Marlowe grimaça de douleur quand il posa doucement les mains sur elle. De grandes cloques commençaient d'apparaître sur ses paumes où, à certains endroits, la peau était noircie, comme charbonneuse. Il confia la jeune fille en larmes à Mac et alla à Faulkner.

La respiration de Faulkner n'augurait rien de bon. Lorsque Marlowe s'agenouilla à côté de lui, un filet de sang coula d'un des coins de sa bouche. Il sourit à peine :

— Tu es un salopard doué, Marlowe. J'ai toujours dit que tu étais un peu plus intelligent que le reste d'entre nous.

Faulkner ferma les yeux. Un spasme de douleur agita son corps. Marlowe le secoua avec douceur.

— Faulkner, qui vous a dit que je me cachais à Litton ? C'était Masters ?

Faulkner rouvrit les paupières, et le spectre d'un sourire naquit sur ses lèvres.

— Bon Dieu, non. C'était une de vos relations. Une fille blonde, du nom d'O'Connor. Je prenais mon petit déjeuner l'autre matin dans un restaurant de Shaftesbury Avenue, quand elle est venue vers moi avec un bel aplomb et m'a demandé si je vous connaissais.

Marlowe prit conscience d'un mouvement derrière lui. Il releva les yeux et découvrit le visage de Masters. Il hocha la tête.

— Il est cuit.

Quand il se retourna, Faulkner secoua la tête à plusieurs reprises et sourit avec peine :

— Pauvre Hugh. Je vous avais dit de ne jamais faire confiance aux femmes, mais vous avez toujours eu un cœur d'artichaut sous votre dureté de surface. (Il se mit à rire.) C'est sacrément drôle, vraiment.

Soudain, il hoqueta. Un flot de sang ruissela de sa bouche. Sa tête bascula sur le côté. Marlowe se remit lentement debout, en proie à des émotions contradictoires. Il sentit une main se poser sur son épaule et se retourna pour voir le regard troublé de Mac.

— Il mentait, Hugh, dit le Jamaïcain. Il doit avoir menti. Miss Jenny n'aurait pas fait un truc comme ça.

Marlowe secoua la tête.

— Il ne mentait pas, Mac. Un homme ne ment pas pendant qu'il agonise. Personne n'est très sûr de là où il va.

Il enlaça les épaules de Maria et la guida vers la porte. Masters marchait à côté d'eux.

— Je suis désolé à propos de tout ça, Marlowe, s'excusa le superintendant. C'est un ce ces cas où on crie trop « au loup ! », j'imagine. Nous ne vous avons pas cru jusqu'à ce que vous filiez sans l'argent. Et puis Alpin a regardé la carte et il a repéré le cercle que vous aviez tracé autour de Garvald Mill. Il a appelé quelques renforts, et nous avons pensé que nous devions venir jeter un coup d'œil.

— Et Harris ? interrogea Marlowe.

Masters haussa les épaules.

— Il est dans un sale état. Ils l'ont emmené en voiture. (Il hocha la tête.) Vous vous êtes salement brûlé.

Marlowe fit un geste d'indifférence.

— Je ne le regrette pas. Il avait poignardé Faulkner dans le dos, et il s'apprêtait à liquider la fille et Mackenzie. Il a fallu que je prenne des mesures énergiques.

— Oui, je suppose que c'est ça, soupira Masters. Il me semble que vous finissez toujours par prendre des mesures énergiques contre quelqu'un, non ?

Ils rejoignirent les deux voitures de la police qui étaient garées à la corne du bois. Alpin sortit de l'une d'elles, avec une expression lugubre.

— Eh bien, pour une fois, vous nous avez offert un peu d'action.

Les yeux du policier se posèrent sur l'épaule blessée de Marlowe. Il claqua la langue.

— Vous feriez mieux de vous faire soigner ça, ajouta-t-il. Je veux que vous surviviez jusqu'à ce que vous ayez répondu à toutes mes questions.

Maria et le Jamaïcain montèrent à l'arrière de l'un des véhicules. Marlowe s'appuya à la portière, sous la pluie battante, pendant qu'un jeune policier mettait en place sur sa blessure un tampon de coton avec du sparadrap tiré d'une boîte de premier secours.

Lorsque le policier lui passa de la teinture d'iode sur les mains, des vagues de douleur le transpercèrent, mais il en eut à peine conscience. Son esprit ne pouvait se concentrer, avec une force dévorante, que sur une seule idée : que Jenny O'Connor l'avait mené en bateau. Qu'elle l'avait possédé sur toute la ligne. Qu'elle était responsable de la mort du vieux Magellan. Et il sut, avec une terrible certitude, qu'il allait la tuer.

12

Debout devant l'entrée, Marlowe regardait la dernière des voitures de police franchir la barrière pour regagner la grande route. Le bruit de son moteur s'atténua dans le lointain. Il alluma gauchement une cigarette, à cause de ses mains étroitement bandées, et sortit dans la pluie.

Pendant qu'il se dirigeait vers la grange, il s'entendit appeler par son nom. Mac sortit sur le perron et lui courut après, faisant jaillir des éclaboussures des nombreuses flaques. Marlowe continua de marcher. Il entrait dans la grange quand Mac le rattrapa et le tira par le bras.

— Hé, mec, où tu vas ?

Marlowe se dégagea et alla à l'établi. Il ouvrit divers tiroirs, qu'il fouilla. Après quelques instants, il grogna de satisfaction et s'empara d'une paire de lourds gants de conduite en cuir.

— Je peux juste enfiler ceux-là.

Mac fronça les sourcils.

— Qu'est-ce qu'il y a, Hugh ? Tu te comportes plutôt bizarrement depuis qu'on est rentré.

Marlowe haussa les épaules, agacé :

— Je vais très bien. Ne te bile pas pour moi. Comment va Maria ?

Le Jamaïcain sourit.

— Elle est dans la cuisine, à préparer le repas. Mec, elle s'est vraiment sortie très bien de tout ça. La plupart des filles seraient complètement à plat après ce qu'elle a traversé. (Il hocha la tête.) Il y a beaucoup de bon, chez cette fille.

Marlowe, le regard dans le vide, enfilait ses gants sur ses bandages.

— Oui, c'est une brave gosse. Elle fera une épouse idéale.

Il secoua la tête, comme hébété, et poursuivit :

— Dis donc, Mac, tu as la moindre idée de là où vit Monaghan ?

— Sûr, il perche dans un pub, le *Grey Goose*. C'est sur Dover

Street, pas loin de la grand-place. (Il fronça les sourcils.) Tu veux le savoir pourquoi ?

Marlowe montra les dents et lui tapa sur l'épaule.

— Rien d'important. Je veux juste lui dire deux mots.

Il se tourna vers le camion. Mac lui attrapa le bras :

— C'est bien le seul avec qui tu veux avoir deux mots ? Tu es certain que tu en as pas après Jenny O'Connor ?

Marlowe se retourna, en fureur.

— Tu vas m'écouter. Et bien m'écouter. Papa Magellan ne s'est pas endormi au volant, comme nous le pensions. Ses freins avaient été trafiqués. En ce qui me concerne, ça veut dire qu'il a été assassiné. C'était peut-être O'Connor qui dirigeait les affaires, mais elle a travaillé avec lui tout au long, et elle s'est payé ma fiole. Elle devait savoir ce qu'O'Connor avait l'intention de faire. Ça la rend tout aussi coupable.

Il se hissa dans la cabine et claqua la portière. Au moment où il faisait démarrer le moteur, Mac grimpa sur le marchepied.

— Si c'est vrai, dit-il avec désespoir, c'est un boulot pour la police ça. Tu aurais dû en parler à ces flics. (Il secoua la tête.) Tu ne peux pas t'offrir une vengeance privée, mec. Ils te pendront aussi haut et aussi court qu'elle.

Marlowe le repoussa, l'envoyant, titubant, le dos contre le mur.

— Désolé, Mac, lança-t-il. C'est mon affaire, et je la mène à ma manière. Veille sur Maria.

Il embraya, et le camion jaillit de la grange avant que le Jamaïcain ait pu en dire davantage.

Le crépuscule tombait quand il entra dans les faubourgs de Barford. La pluie violente réduisait encore la visibilité. Il trouva sans difficulté Dover Street, où une enseigne de verre éclairé qui se balançait sous l'averse indiquait le *Grey Goose*.

En s'en approchant, il reconnut la camionnette jaune garée devant. Monaghan était en train d'y monter. Elle s'écarta rapidement du trottoir. Marlowe accéléra et la suivit.

Il se demandait où partait Monaghan. Peut-être retrouver Jenny O'Connor, mais il n'y croyait pas trop. L'Irlandais, plus probablement, désertait pendant qu'il était encore temps le navire en train de sombrer.

La camionnette s'engagea sur une autre place et s'arrêta devant la gare. Alors que Monaghan descendait de son véhicule, Marlowe se rangea derrière lui et sauta de sa cabine.

— Alors, on va quelque part, Monaghan ? lança-t-il.

L'Irlandais sortait une valise de la camionnette. Il se retourna et regarda Marlowe avec inquiétude, mâchoire pendante.

— Qu'est-ce que tu me veux ? demanda-t-il.

— Je veux que tu me donnes davantage de faits, Monaghan, répondit doucement Marlowe. Principalement au sujet de Jenny O'Connor.

L'Irlandais lança sa valise à la tête de Marlowe, pivota et courut vers les marches de la gare.

Marlowe esquiva et se lança à sa poursuite. Monaghan disparut dans l'entrée, et quand Marlowe l'y suivit, il s'aperçut que le hall des guichets était bondé. Il regarda rapidement autour de lui : il n'y avait pas trace de l'Irlandais.

Il s'avança jusqu'au portillon. Une notice écrite à la craie sur un panneau lui apprit que le prochain train serait l'express de Londres, dont le départ était prévu dans cinq minutes. Il acheta rapidement un ticket de quai et franchit la barrière.

Le train attendait sur la voie opposée. Quand Marlowe emprunta la passerelle, il entrevit Monaghan qui entrait dans un compartiment, vers le milieu de la rame. Il descendit rapidement sur le quai et marcha d'un pas vif, regardant à travers les vitres. En atteignant la voiture qu'il avait repérée, il put voir Monaghan qui s'installait dans un coin.

Les regards se croisèrent. Une expression de peur mêlée de fureur passa sur le visage de l'Irlandais. Il se leva précipitamment et disparut dans le couloir. Marlowe alla à la prochaine porte, écarta de son chemin un voyageur indigné, et monta dans la voiture.

En pénétrant dans le couloir, il vit Monaghan à l'autre bout. Il le suivit, se frayant un chemin au milieu des nombreux passagers, utilisant sans scrupules sa carrure imposante pour forcer le passage. Les gens réagissaient avec colère. Quelque part derrière lui, une femme cria. Il poussa la dernière porte de la dernière voiture, et il se retrouva dans le fourgon du chef de train.

Au moment où il y pénétra, Monaghan en sortait, écartant les porteurs. Marlowe trébucha sur une valise et tomba de tout son long, mains tendues pour amortir sa chute. Il étouffa à peine un cri, parce que la douleur mettait ses mains à la torture, mais il se remit debout et poursuivit l'Irlandais, qui courait comme un lièvre vers le bout du quai.

Peu à peu, Marlowe gagna sur lui. Monaghan marqua une seconde d'arrêt au bout du quai, se retourna, puis sauta sur la voie. Il y avait plusieurs trains de marchandises en attente à quelques centaines de mètres, sur un écheveau de rails, et il se dirigea vers eux.

Marlowe, le suivant toujours, entendit le bruit d'une rame qui arrivait. Il tourna la tête et constata qu'un rapide entrait de l'autre côté de la gare. Monaghan l'avait vu, lui aussi, et redoublait d'efforts pour traverser la voie, dans l'espoir, à l'évidence, que ce train le protégerait de son poursuivant. Marlowe, grinçant des dents, força sa course.

Il ressentait une douleur terrible au côté et un brouillard rouge s'étendait devant ses yeux. Tout près de lui, il entendait le bruit du rapide. Il courut plus vite encore et partit en plongeon, la tête la première, sur les traverses. Le bruit du train devenait assourdissant et, lorsqu'il se redressa, il découvrit qu'il était derrière lui.

Monaghan s'était évanoui, caché par les wagons d'un train de marchandises tout proche. Marlowe, en s'approchant, remarqua qu'une pente escarpée s'élevait de l'autre côté de la rame et s'achevait sur la route, dont elle était séparée par une clôture de barbelés d'un mètre cinquante de haut. Monaghan en avait déjà gravi la moitié.

Au moment où Marlowe repartait de l'avant, l'Irlandais lâcha un hurlement de désespoir. Son pied lui manqua, et il glissa en arrière, jusqu'à atterrir cul par-dessus tête sur la voie.

Marlowe le souleva de ses grandes mains gantées. Monaghan en bredouillait de terreur :

— Pour l'amour de Dieu, Marlowe, laisse-moi tranquille. Je te dirai tout ce que tu veux, mais laisse-moi tranquille.

Marlowe le gifla d'un revers de main, projetant sa tête de l'autre côté.

— Parle-moi de Jenny O'Connor, et dépêche-toi. Elle savait que tu allais bricoler les freins de mon camion ?

Il secouait l'Irlandais comme un rat.

— Dis-le-moi ! ordonna-t-il en furie. Je veux savoir.

Monaghan toussa et essaya d'arracher ses mains de son cou.

— Bien sûr qu'elle le savait, imbécile, hoqueta-t-il. C'était la patronne. Elle avait tout combiné.

Une seconde, la poigne de Marlowe relâcha son étreinte, pendant qu'il tentait de comprendre la pleine signification de ce que l'Irlandais venait de lui dire. Monaghan retomba, dos contre la pente.

— Elle t'a pompé tout le temps des tuyaux, reprit-il. C'était à cause de ce que tu lui avais raconté que nous savions que tu allais transporter de la marchandise à Londres.

Marlowe ne pouvait toujours pas y croire.

— Mais pourquoi ? Et O'Connor ?

Monaghan haussa les épaules et tâta prudemment sa gorge.

— Ils étaient mariés. Elle était girl dans un spectacle minable de strip. Elle passait à Birmingham quand O'Connor l'a vue. Une semaine plus tard, ils se mariaient. Elle lui a fait promettre de garder ça secret. Il était fou d'elle. Il aurait rampé jusqu'à Londres sur le ventre si elle le lui avait demandé. Avant de la connaître, c'était un minable. C'était elle qui avait toutes les idées. Elle l'a fait se lancer dans le racket de la vente en gros et aussi dans quelques autres trucs.

Marlowe avait l'esprit sens dessus dessous, mais curieusement, son cerveau restait froid comme la glace.

— Qu'est-ce qui s'est passé, le soir où tu as trafiqué les freins de mon camion ?

Monaghan haussa les épaules.

— Elle pensait que tu irais à Londres cette nuit-là. Elle voulait que tu dégages, pour que j'aie une chance de pouvoir travailler sur ton bahut.

Marlowe s'avança et saisit l'Irlandais d'une main.

— C'était tout ce que je voulais savoir, gros porc.

Son poing droit frappa, encore et encore, le visage de l'Irlandais.

Quelque part, à travers la pluie, s'éleva le trille, fort et aigu, d'un sifflet de la police. Marlowe relâcha le corps inconscient de Monaghan et grimpa hâtivement la pente, jusqu'à la clôture. En la franchissant, il se retourna, et vit trois policiers qui couraient au milieu des voies en direction des trains de marchandises.

Il régnait maintenant une obscurité presque totale. Marlowe courut sur la chaussée, s'engagea dans la première rue adjacente, et continua à courir. La police pourrait l'avoir plus tard, si elle le désirait, mais pas à présent. Il avait encore une tâche à accomplir : il devait régler ses comptes avec Jenny O'Connor.

Il parcourut au pas de course, sous les lampadaires jaunes, les rues désertes à cause de la pluie. Après quelques minutes, il déboucha sur la grande place. Un moment, il hésita. Puis il prit une décision, et s'enfonça dans la rue latérale qui conduisait à son appartement.

La petite cour était silencieuse. Aucune lumière n'éclairait les fenêtres. Marlowe s'appuya à la porte et pressa la sonnette, mais personne ne répondit à ses appels insistants.

Il se retourna avec un juron. Il reprit son chemin en sens inverse, jusqu'à la place balayée par la pluie, et se mit à courir vers l'entrepôt. Une grande crainte s'était emparée de lui, la crainte qu'elle ne soit partie. Qu'il ne soit, lui, venu trop tard.

La façade de l'entrepôt était plongée dans l'obscurité. Quand il monta sur le quai de chargement, il vit que la petite porte de service était toujours défoncée et pendait bêtement sur ses gonds, telle qu'il l'avait laissée plus tôt dans l'après-midi.

Il l'emprunta pour entrer et s'immobilisa dans le silence de la pénombre. Un rai de lumière passait sous le bas d'une porte. Il s'y dirigea à pas de loup et s'arrêta un instant, pour écouter. Il n'y avait pas un bruit. Il ouvrit la porte et franchit le seuil. Il se trouvait dans le garage, sur l'arrière du bâtiment. Devant lui, deux grandes doubles portes dévoilaient la nuit. Une rampe de béton conduisait en pente raide à un autre quai de déchargement, au sous-sol. Alors qu'il regardait autour de lui, le bruit d'un moteur éclata soudain. Un camion entra et s'arrêta à côté de lui. Jenny O'Connor le toisa avec surprise quelques secondes, puis elle coupa le contact, mit le frein à main et sauta de sa cabine.

Elle portait son blouson de cuir noir et son jean moulant. Sa chevelure resplendissait dans la dure lumière blanche de la lampe. Elle avait l'air, à la fois, délicieuse et désirable. Un sourire ambigu naquit sur ses lèvres.

— Eh bien, Hugh, qu'est-ce que c'est, cette fois ?

— Espèce de salope, dit Marlowe d'une voix éteinte.

Quelque chose vacilla dans les yeux de la jeune femme. Elle rit à gorge déployée.

— Ainsi, vous êtes au courant ? Pauvre Hugh, vous qui étiez si sûr de vous. Si sûr de votre force, dans tous les sens du mot. Mais je vous ai ridiculisé, je crois ?

Il fit lentement non de la tête.

— Toutes ces salades à propos de votre père... Rien que des mensonges. Et les histoires que vous m'avez racontées au sujet d'O'Connor. (Il poussa une exclamation de dégoût.) Et penser que vous couchiez avec ce salaud... (Il secoua de nouveau la tête.) Quel genre de femme êtes-vous donc ?

La colère flamba dans son regard.

— Je suis née dans un taudis, à Poplar. Peut-être que cela ne signifie rien pour vous, mais pour moi, oui. À cinq dans le même lit, la saleté, la puanteur et la pauvreté. Non, ça n'était pas pour moi. Toute ma vie, je me suis battue pour en sortir et, quand j'ai rencontré O'Connor, j'ai saisi ma chance à deux mains. L'épouser voulait tout dire. Le confort, le luxe et la sécurité.

— Et aucun prix n'était trop cher payé, dit Marlowe. Même tuer un pauvre vieil homme qui ne vous avait jamais fait de mal.

Elle haussa les épaules.

— Ce vieux fou encombrait le chemin et, de toute façon, vous étiez censé vous trouver dans ce camion. (Elle eut un rire curieusement crispé.) Vous savez que vous me plaisiez, Hugh Marlowe. Vous me plaisiez vraiment, plus que n'importe quel homme que j'avais connu. Je vous ai donné votre chance, et vous ne l'avez pas saisie. (Sa voix se durcit et elle ajouta avec mépris :) Le problème avec vous, c'est que sous cette façade, vous êtes un tendre. Vous ne serez jamais personne.

Marlowe avait de la peine à contracter ses doigts brûlés. Il se demandait avec détachement comment il allait la tuer.

— Votre petit plan pour lancer sur moi mes vieux potes de Londres est tombé à l'eau. Faulkner est mort, et les deux autres sont aux mains de la police.

Elle plissa le front, fugitivement.

— Ils n'ont pas eu de pot.

Marlowe commençait de se sentir faible. Il passa la main sur son front.

— La mort du vieux Magellan, c'était un meurtre. Ça ne vous inquiète pas ?

Elle resta interdite quelques secondes, puis une expression amusée apparut sur ses traits.

— Ne me faites pas rire. Même s'ils arrivent à prouver quelque chose, ils ne peuvent pas lever le petit doigt contre moi. Feu mon malheureux époux était le patron, comme chacun sait. C'est sur lui que le blâme retombera, et il est mort. (Elle regarda autour d'elle les murs et les camions garés de l'autre côté.) Oui, il est mort, répéta-t-elle avec contentement. Et tout ça est à moi maintenant. (Elle adressa à Marlowe un sourire de pitié.) Vous auriez pu le partager avec moi. (Elle respira à fond.) Allez, filez d'ici, imbécile. Vous êtes chez moi.

Elle tourna les talons et descendit la rampe jusqu'au quai de déchargement. En y arrivant, elle s'empara du tableau de marche d'un des véhicules et l'examina, dos tourné.

Marlowe lança un coup d'œil par la portière ouverte du

camion. Dans sa précipitation, elle avait oublié de passer la marche arrière et le camion n'était retenu dans la pente raide que par le frein à main.

Du regard, Marlowe embrassa le lourd camion, la rampe et Jenny O'Connor en bas, devant le quai. Et il sut ce qu'il devait faire.

Il s'avança et tendit la main vers le levier de frein. Mais, derrière lui, on toussa doucement.

— Ça, ce serait une très belle sottise, dit une voix.

Alpin sortit de l'obscurité et vint à lui, secouant la pluie de son chapeau, escorté d'un sergent en uniforme et d'un policier.

— C'est vous, dit Marlowe stupidement.

Alpin lui posa la main sur le bras.

— La police règle beaucoup mieux ce genre de choses, dit-il avec douceur. Il serait temps que vous vous en aperceviez, non ?

Marlowe branlait du chef.

— Mais vous n'avez aucune preuve ?

Alpin sourit et remit son couvre-chef.

— Monaghan est au commissariat. Il était inconscient quand on l'a amené, mais il a assez récupéré pour me donner quelques éléments très intéressants.

Il poussa gentiment Marlowe.

— Allez, filez d'ici. Votre copain vous attend dehors.

Il se détourna et descendit vers Jenny O'Connor, accompagné des deux hommes en uniforme. Elle se retourna pour leur faire face et, sous les yeux de Marlowe, Alpin commença de lui parler. Un instant, elle le défia. Et puis ses épaules s'affaissèrent, et elle eut l'air d'une vieille femme.

En s'en allant, il se souvenait des longues années, des années grises, dans des cellules exiguës, avec un pauvre soleil filtrant des étroits vasistas. Il se demanda de quoi elle aurait l'air après dix ans de ce régime. Sa beauté durerait-elle, ou bien Jenny se ratatinerait-elle et se riderait-elle comme une pomme restée trop longtemps dans un placard sombre ?

Un camion attendait le long du trottoir, le moteur au ralenti. Mac appela d'une voix tranquille :

— Par ici, Hugh.

Marlowe s'installa sur le siège du passager, et le Jamaïcain démarra.

— Il a fallu que je prévienne la police, Hugh, finit-il par dire.

Je ne pouvais pas rester là, à te voir ruiner ta vie. Cette femme n'en vaut simplement pas la peine.

Marlowe hocha la tête.

— Tu as raison, Mac. L'autre camion est toujours garé devant la gare, ajouta-t-il après coup.

Mac haussa les épaules.

— On passera le prendre demain.

Demain, songea Marlowe. Alors, il va y avoir un lendemain ? Il prit soudain conscience qu'il était trempé jusqu'aux os et une vague de fatigue le submergea.

— Comment va Maria ? demanda-t-il.

— Très inquiète à ton sujet, mec, sourit le Noir, mais, à part ça, c'est tout.

La pluie avait cessé. Marlowe abaissa sa vitre et respira l'air froid jusqu'au fond de ses poumons. D'une manière assez inexplicable, il commençait à envisager les choses sous un bon jour. Il se tourna vers le Jamaïcain.

— Qu'est-ce que tu vas faire maintenant, Mac ?

Mac haussa les épaules.

— Ça dépend.

— Ça dépend de quoi ?

— De si on me fait une bonne proposition, rétorqua Mac.

Marlowe sourit et secoua la tête.

— Ne te précipite pas sur des idées comme ça. C'est l'affaire de Maria, aujourd'hui. Elle ne voit peut-être pas les choses comme ça.

Mac hochait la tête.

— En ce qui te concerne, cette fille n'a qu'une seule idée, martela-t-il.

Marlowe plongea la main dans sa poche intérieure et en sortit une enveloppe détrempée d'où l'eau coulait. Il la regarda avec sérieux.

— Il y a presque deux mille livres là-dedans, Mac, dit-il. À mon point de vue, Maria a droit à une petite compensation. Un homme intelligent pourrait développer l'entreprise au fil des années et utiliser cet argent sans même qu'elle le voie.

Mac sourit.

— Surtout s'il avait l'aide qu'il lui faut.

Marlowe lui tapa sur l'épaule. Le camion vira pour entrer dans la cour de la ferme et, en se dirigeant vers la porte ouverte, il inonda le perron de lumière.

Elle se tenait sur les marches, le visage dans la pénombre. Marlowe, las, descendit du camion et se tourna dans sa direction. Il ne pouvait pas encore voir ses traits. Mais, lorsqu'il fit un premier pas hésitant, elle cria son nom d'une voix brisée et courut à lui.

Quand il l'enferma dans la prison de ses bras, Marlowe se sentit enfin en paix. Pour la première fois de sa vie, il était entièrement sûr de lui, et il savait où il allait. Elle se dégagea et le tira doucement de l'ombre pour l'emmener dans la chaude lumière de la maison.

1962

RETOUR A L'ENFER

Traduit de l'anglais
par Clarisse Frémiet

Ce roman a paru sous le titre original :
COMES THE DARK STRANGER

Celui-ci est pour Sarah.

1

Il perdait pied, il coulait à pic dans une eau noirâtre. Les mains des damnés le tiraient vers l'abîme... Mais il se défendait, se débattait, luttait désespérément pour retrouver la surface. Une douleur atroce lui martelait la tête. Il voulut crier, ouvrit la bouche et sentit cette eau ignoble lui couler dans le gosier... Une faible lueur apparut enfin, grandit, devint de plus en plus lumineuse... et soudain, il fut hors de l'eau et put de nouveau respirer.

Étendu sur le dos dans une flaque d'eau nauséabonde, il gisait le long d'une rangée de poubelles débordantes. L'eau était dégoûtante, grasse. Il ferma les yeux, puis les rouvrit. La faible clarté que répandait un réverbère de la rue principale, à quelques mètres de là, lui révéla qu'il se trouvait dans une ruelle bordée de chaque côté par des murs de briques lépreux.

Il pleuvait à verse. La pluie ruisselait, propre et fraîche, sur son visage ; pourtant, chaque goutte lui faisait mal comme une piqûre d'insecte. Il n'arrivait pas à se rappeler qui il était, ni à comprendre pourquoi il gisait sur le dos dans cette ruelle, et moins encore pourquoi les gouttes de pluie lui brûlaient la figure.

Il fit un effort pour s'asseoir et découvrit qu'il n'avait pas de chaussures et que ses deux poignets étaient attachés l'un à l'autre par des menottes. Chose curieuse, cela ne le contraria pas. Il n'en éprouva aucune inquiétude, mais seulement une légère surprise. Il fronça les sourcils, cherchant en vain une explication. Le cerveau vide, il n'avait conscience que d'une souffrance aiguë et constante qui lui déchirait la tête un peu au-dessus de l'œil droit.

Il se retourna, et sentit l'eau glacée qui transperçait ses vêtements. Il essaya de se mettre debout mais n'en eut pas la force. Il lui sembla que la douleur faisait gémir tout son corps torturé.

Des deux mains, à tâtons, il saisit le bord d'une des poubelles et se mit sur ses jambes. Il demeura là, flageolant, et une douleur violente le prit à l'estomac ; il s'appuya au mur et vomit.

En s'écartant du mur, il heurta une des poubelles. Un chat bondit hors des ordures, où il était tapi, en hurlant comme un possédé et disparut dans l'obscurité, tandis que le couvercle de la poubelle tombait avec fracas et résonnait sur les pavés.

Les murs répercutaient indéfiniment ce tintement et le cri déchirant du chat. C'est alors seulement qu'il eut peur. Il se rappela qui il était, comment il se trouvait écroulé dans cette venelle, inconscient et menotté, et se souvint en même temps du fait essentiel : quelqu'un avait été assassiné et, si l'on s'en tenait aux apparences, c'était lui l'assassin.

La terreur l'envahit. Non sans peine, il se mit à courir en chaussettes en tournant le dos à la grande rue. Il s'engagea dans une voie transversale et s'arrêta sous un antique bec de gaz fixé à un mur. En face de lui, sur une enseigne délavée, au-dessus d'une porte, on pouvait encore lire :

H. JOHNSON et Fils, Tôliers.

Il courut à cette porte. Temps perdu. De solides cadenas la fermaient en haut, et en bas. Mais il n'eut pas de peine à briser, d'un coup de coude bien appliqué, la vitre de la fenêtre voisine et à en manœuvrer la guillotine. Il entra et se trouva enfin à l'abri, dans un local obscur et tiède.

La lumière du bec de gaz l'éclairait faiblement. Les yeux écarquillés, tâchant de percer l'ombre, il entreprit une exploration prudente. Il était manifestement dans l'atelier. Des feuilles de métal s'amoncelaient contre les murs. Des pièces plus ou moins endommagées, portières, ailes de voitures jonchaient le sol. Il s'approcha de l'établi qui occupait le centre de l'atelier et fut pris d'une fébrile joie à la vue d'un énorme tranchet à métaux solidement fixé à l'une de ses extrémités.

Sans hésiter, il plaça ses bras dessous, les poignets aussi écartés que le permettaient les menottes, en s'arrangeant pour que la pièce d'acier qui reliait les menottes l'une à l'autre se trouvât exactement sous la partie coupante. Il s'arc-bouta, respira profondément et fit peser le poids de tout son corps sur le manche de l'outil. La lame traversa le métal aussi aisément qu'un fil d'acier traverse une motte de beurre. Il se redressa les mains libres.

Il fit un inventaire rapide des casiers et des placards. La plupart étaient cadenassés. Pourtant, il réussit à en ouvrir un. Il y trouva des boîtes de fer-blanc vides, une combinaison graisseuse et une paire de bottes spéciales à bouts d'acier pour le travail des métaux. Il s'assit sur le bord de l'établi et les enfila. Elles étaient un peu trop grandes ; il les laça serré et courut à la fenêtre.

Au-dehors, tout était silencieux. Il écouta un moment le tambourinement régulier de la pluie, le lointain bourdonnement de la grande rue, avant d'enjamber l'appui de la fenêtre et de se laisser glisser dans la ruelle.

Comme il abaissait la vitre, une voix rude sortie de l'obscurité cria :

— Halte-là !

Un jeune policeman apparut dans la lumière du bec de gaz, la cape ruisselante, et tendit la main vers lui. Il le regarda venir. Un léger mouvement mit son visage en pleine lumière. Le policier pâlit, s'arrêta net. Il paraissait épouvanté.

— Bon Dieu ! dit-il. C'est Martin Shane !

Shane ne lui laissa pas le temps de souffler et lui décocha un coup de pied formidable. Le bout d'acier de la chaussure l'atteignit sous la rotule. L'agent s'écroula contre le mur avec un cri. Des larmes de souffrance coulaient le long de ses joues. D'une main, il fouillait maladroitement ses poches à la recherche de son sifflet. Shane lui appliqua un direct à la mâchoire et partit en courant, cette fois, dans la direction de la rue principale.

Dans la vitrine d'une boutique, une horloge marquait 6 heures et demie, l'heure du crépuscule à laquelle, un soir d'automne, les rues sont à peu près désertes. Les travailleurs sont rentrés chez eux et les gens en quête de plaisir ne sont pas encore sortis. Soudain, alors qu'il regardait, hébété, les aiguilles lumineuses de l'horloge, la douleur derrière son front devint intolérable. Il partit au hasard dans la rue.

Cette douleur était une chose vivante et hostile. Le trottoir se déroulait devant lui à l'infini. Il se mit à marcher en rasant les murs, titubant comme un homme ivre. Le vent lui soufflait à la figure, les gouttes de pluie le piquaient comme des grains de plomb. Arrivé devant une vitrine étincelante, il s'arrêta. Dans la grande glace qui en formait le fond, il voyait un visage.

Des cheveux noirs collés sur le front haut. Un œil à demi fermé, et tout le côté droit de la figure déformé, enflé sous une énorme ecchymose violacée. La bouche écrasée saignait, le plastron de la chemise était couvert de sang. Machinalement il sourit, et cette face horrible se fendit en un rictus douloureux.

Il reprit son chemin. En croisant un couple il entendit la femme pousser une exclamation d'horreur, que suivit une conversation angoissée. Il pressa le pas aussitôt, traversa et s'enfonça dans une petite rue sombre.

Il marchait aussi vite qu'il le pouvait, passant d'une rue dans une autre pour fuir le centre de la ville. Peu à peu, l'aspect des rues se modifia, et il se trouva bientôt dans un ancien quartier résidentiel. Des maisons victoriennes vétustes s'élevaient de chaque côté de rues plantées de marronniers. Les premières feuilles mortes détrempées par la pluie rendaient les trottoirs glissants. À plusieurs reprises, il trébucha et dut s'appuyer contre le mur d'un des jardins.

Les réverbères étaient de plus en plus écartés. Il avançait difficilement dans les parties obscures du chemin qui séparaient les cercles de lumière. Il s'était arrêté au bout d'un trottoir quand la sonnerie obstinée d'un avertisseur déchira le silence : un car de la police contournait l'angle de la rue et avançait vers lui. Il se précipita dans un jardin dont il avait vu la grille entrebâillée, s'accroupit derrière un massif d'arbustes et attendit que la sonnerie se fût perdue dans le lointain. Alors, il quitta son abri et attendit encore un moment, planté sur le bord du trottoir, au coin de la rue.

La pluie avait redoublé. Il releva le col de sa veste et jeta autour de lui un regard désespéré. Tout à coup, il distingua dans la pénombre, de l'autre côté de la rue, la masse imprécise d'une église.

En chancelant, il traversa la chaussée déserte et poussa une grille de fer qui se mit à grincer. Une clarté douce filtrait à travers un immense vitrail, inscrivant des losanges clairs sur les tombes blanches du cimetière. Il monta les marches du porche, poussa la grande porte ; elle s'ouvrit sans bruit, sans heurt, comme pour lui souhaiter la bienvenue. Il entra.

Le silence était absolu. Il restait au fond de l'allée centrale, et contemplait l'autel, la lumière de la lampe. Puis tout naturellement il avança, le regard toujours fixé sur cette petite flamme. Elle lui semblait croître et décroître alternativement. Alors, il ferma les yeux. Il haletait, et, depuis quelques instants, de profonds soupirs soulevaient sa poitrine lorsqu'il entendit, tout près de lui, une voix basse et douce dire avec un léger accent irlandais :

— Excusez-moi, mais..., est-ce que vous vous sentez bien ?

Shane se retourna vivement. À sa gauche, dans une petite chapelle, il vit, devant une fresque inachevée, un homme en blouse blanche qui le regardait, un pinceau à la main. Il était grand, ses cheveux commençaient à grisonner, et un col, indubitablement ecclésiastique, dépassait de celui de la blouse.

Shane s'humecta les lèvres ; il essaya de parler mais les mots ne voulaient pas sortir de sa gorge ; il ne parvint à émettre qu'un son inarticulé. Repris par le vertige, il se sentit de nouveau vaciller et dut se retenir au dossier d'un banc pour ne pas tomber. Un bras d'une solidité inattendue lui entoura les épaules. Il ouvrit les yeux et esquissa un sourire.

— C'est vrai que je ne me sens pas trop bien. Permettez-moi de rester un moment à l'abri de la pluie. Ensuite, je m'en irai.

Le prêtre le regarda bien en face :

— Seigneur ! Ayez pitié de nous ! dit-il d'une voix étouffée.

Shane tenta de se libérer du bras qui l'entourait.

— Je serai mieux dans deux minutes. Permettez-moi seulement de m'asseoir.

Le prêtre secoua la tête.

— Vous avez besoin de soins. Vous êtes sérieusement blessé, dit-il.

Une vague de terreur envahit Shane qui s'accrocha à lui, les mains tremblantes.

— N'appelez pas la police ! Faites tout ce que vous voudrez, mais n'appelez pas la police !

Le prêtre posa sur lui un regard intense et lui sourit avec bonté. Ce sourire fit apparaître sur sa joue une cicatrice de forme bizarre mais qui semblait éclairer son visage. Alors, Shane le reconnut.

— Vous êtes le Père Costello ! s'écria-t-il. Vous étiez l'aumônier de la 52e division d'infanterie en Corée.

Le prêtre fit un signe affirmatif et le dirigea d'une main ferme vers une petite porte qui s'ouvrait à l'autre extrémité de l'église.

— C'est vrai, j'étais en Corée. Est-ce que nous nous sommes déjà rencontrés ?

— Non, dit Shane en secouant la tête, mais je vous ai vu plusieurs fois. (Et il ajouta tandis que le prêtre ouvrait la porte devant lui :) Je me souviens du jour où vous avez attrapé cette balafre. Vous aviez escaladé le parapet pour porter secours à un Chinois blessé, et il a essayé de vous tuer.

Le visage du Père Costello s'assombrit.

— C'est une chose que je préfère oublier, dit-il en soupirant.

Il poussa Shane dans un fauteuil. Ils étaient dans la sacristie. Une soutane pendait derrière la porte ; un poêle à gaz crachotait dans un coin. Le prêtre s'assit devant un vieux bureau en noyer et ouvrit un casier fermé à clef. Il en sortit une bouteille de cognac, remplit à demi un verre, et dit en souriant :

— Ceci devrait un peu arranger les choses.

Shane s'étrangla à la première gorgée d'alcool qui lui brûla le gosier. Il sentit une vague chaude circuler dans ses veines. Le Père Costello lui lança un paquet de cigarettes, et, dans un tiroir du vieux bureau, prit une trousse médicale.

Shane alluma la cigarette avec gratitude ; le prêtre approcha sa chaise et examina attentivement la figure du jeune homme.

— Vous avez vraiment besoin d'un médecin, dit-il au bout d'un moment.

Shane refusa :

— Pas ce soir, mon Père. J'ai autre chose en tête.

Le Père Costello soupira et se mit au travail. Il lava les plaies, désinfecta les plus profondes, les recouvrit de pansements légers et dit tranquillement :

— On ne vous a pas raté. C'est vraiment du bon travail.

Shane releva ses manches et lui montra les bracelets d'acier qui encerclaient encore ses poignets.

— C'était un policier, mon Père. Ce sont les pires de tous quand ils s'y mettent.

Il se leva en mesurant ses mouvements. Il avait les reins douloureux, tout le corps meurtri, mais, autant qu'il pouvait en juger, pas d'os cassé. Il alla se regarder dans un miroir suspendu au-dessus du poêle et fit une grimace.

— Je me demande si je ne suis pas encore plus affreux maintenant que vous m'avez nettoyé.

Le Père Costello sourit et reprit la bouteille de cognac.

— Encore une goutte ?

Shane secoua la tête et se dirigea vers la porte.

— Non, merci, mon Père. Je n'ai pas le temps.

Il posait déjà la main sur le bouton de la porte. Le Père Costello le regardait toujours et lui dit avec sérénité :

— Vous ne croyez pas que vous devriez tout me raconter, Martin Shane ?

Shane sursauta. Un instant, il resta pétrifié. Il demanda avec inquiétude :

— Vous me connaissez ?

Le Père Costello inclina la tête.

— Votre photo était ce matin dans tous les journaux ; la radio a annoncé votre évasion. (Il prit une cigarette dans le paquet, l'alluma, puis ajouta :) Voyez-vous, il est quelquefois utile de parler à un étranger. On voit souvent les choses sous un angle différent.

Shane se rapprocha et dit, les dents serrées :

— Cette ville fourmille de flics et c'est après moi qu'ils en ont tous. Vous savez de quoi on m'accuse ?

Le prêtre hocha gravement la tête.

— D'un crime particulièrement odieux.

Shane fouilla dans ses poches à la recherche d'une autre cigarette et s'effondra dans un fauteuil.

— Ils prétendent que je suis fou et je ne suis même plus sûr qu'ils se trompent. Cela ne vous effraie pas ?

Le prêtre lui tendit une allumette et fit « non » de la tête.

— La seule personne à qui vous faites vraiment peur est peut-être vous-même.

Le prêtre le regardait avec bienveillance et Shane essayait de comprendre où il voulait en venir. Soudain, toutes les terreurs, tous ses doutes des jours précédents remontèrent en lui, et il sentit que rien au monde ne lui était plus nécessaire que de les confier à cet homme. Il dit lentement :

— Mon Père, si je vous racontais tout depuis le début, cela me soulagerait peut-être. Je commencerais peut-être à y voir clair, ou, du moins, à entrevoir une raison à ce qui est arrivé.

En souriant, le Père Costello s'appuya au dossier de sa chaise.

— Je connais un peu votre histoire par les récits des journaux, mais il me semble qu'il faudrait tout d'abord m'expliquer pourquoi vous êtes venu à Burnham.

Shane prit une position confortable pour son corps endolori.

— Oh ! mon Père, c'est bien simple. je suis venu à Burnham pour tuer un homme, dit-il sans sourciller.

2

Il pleuvait à torrents le jour où Shane était arrivé à Burnham. Un vague brouillard flottait dans l'air. Au moment où il sortait de la gare, une bourrasque lui jeta méchamment un paquet de pluie en pleine figure. Il eut l'impression d'un avertissement, d'une menace : « Va-t'en avant qu'il ne soit trop tard. » Il l'écarta et partit à pied sur les pavés ruisselants vers le centre de la ville.

Il trouva bientôt ce qu'il cherchait : un petit hôtel de troisième ordre dans une rue tranquille. Une jeune fille lisait un périodique illustré dans le bureau. Elle leva la tête à son arrivée, et prit soudain un air intéressé en lui adressant un aimable sourire.

— Je voudrais une chambre pour une semaine environ, dit Shane.

— Avec ou sans salle de bains ? demanda-t-elle, et en même temps, elle tourna son registre pour qu'il puisse signer.

Il voulait une salle de bains. Elle décrocha une clef, et passa devant Shane pour le conduire au deuxième étage.

Elle portait une jupe très étroite, des talons très hauts, et vu de dos, cela n'avait rien de déplaisant. L'effet général était pourtant gâté par le fait qu'elle n'avait pour ainsi dire pas de poitrine et, de plus, autour de la bouche, une profusion de boutons d'acné qu'aucun maquillage ne parvenait à dissimuler.

Au deuxième étage, un de ses talons s'accrocha dans un trou du tapis usé jusqu'à la corde ; elle trébucha et serait tombée si Shane ne l'avait rattrapée à temps. Elle se laissa aller contre lui avec un sourire.

— Voici votre chambre, Mr Shane, dit-elle en ouvrant la porte.

Elle tourna la clef dans la serrure et s'effaça pour le laisser entrer.

Ce n'était ni mieux ni plus mal qu'il ne l'avait prévu. Il y avait une table et une armoire victoriennes en acajou que la direction avait dû acquérir à bon compte dans une vente aux enchères, mais le lit était propre et la salle de bains commode. La chambre avait cette pénible odeur de moisi qui est particulière à cette sorte d'endroits et qui réveille des souvenirs coupables. Il alla à la fenêtre et l'ouvrit toute grande.

En se retournant, il s'aperçut que la fille était restée sur le seuil et l'observait avec un sourire qui se voulait énigmatique.

— Vous ne voulez rien d'autre ?

Il vint à elle, prit la clef qu'elle lui tendait et la poussa doucement dehors.

— Si j'ai besoin d'autre chose, je vous le dirai.

Elle lui lança un sourire ardent, tandis qu'il refermait la porte.

— Si vous avez besoin de n'importe quoi... mais n'importe quoi, Mr Shane, vous n'avez qu'à sonner.

Dès qu'elle eut disparu, le silence se fit dans la pièce. Subitement, Shane sentit revenir sa douleur. Elle s'agitait à l'intérieur de son crâne comme une chose vivante et lui coupait la respiration.

En chancelant, il alla dans la salle de bains, remplit un verre d'eau froide, tira de sa poche un petit flacon dont il dévissa le bouchon, les doigts tremblants. Il versa deux comprimés rouges dans le creux de sa main, hésita, en prit deux autres, les mit tous dans sa bouche et les avala d'un seul coup avec de l'eau. Il resta un instant les yeux fermés, appuyé au lavabo, puis en titubant, alla s'affaler en travers du lit.

Jamais encore il n'avait eu de crise aussi violente. La figure dans l'oreiller, il transpirait d'angoisse à grosses gouttes. Soudain, comme toujours, la souffrance cessa et il put respirer de nouveau.

Il se redressa lentement, s'assit sur le bord du lit et resta ainsi quelques minutes, la tête dans les mains. Ensuite, il attrapa sa valise de toile et l'ouvrit. Il y prit une demi-bouteille de whisky, enleva son bouchon et but une bonne gorgée au goulot.

Il eut l'impression que l'alcool pénétrait dans toutes les fibres de son corps et y amenait une vie nouvelle. Il alluma une cigarette, retira sa chemise trempée de sueur et en enfila une fraîche. Il se planta devant l'armoire à glace et s'examina avec anxiété. Le cou robuste s'élevait sur des épaules larges, mais la peau du visage était pâle et trop tendue sur les pommettes saillantes ; les yeux, noirs comme du jais, sans expression, étaient trop enfoncés dans leurs orbites.

Partant du sourcil droit, une cicatrice partageait le front de sa ligne rouge irrégulière et disparaissait dans les cheveux noirs.

Il passa un doigt léger sur la cicatrice ; elle n'était plus douloureuse. Avec un soupir de soulagement, il se hâta d'achever sa toilette, enfila son imperméable, et, dans le verre de la salle de bains, se versa une autre rasade de whisky.

Il se mit à boire, les sourcils froncés, tout en considérant sa valise de toile d'un air sombre. Comme s'il prenait une décision, il finit d'un coup ce qui restait de whisky dans son verre et fouilla dans le fond de la valise pour en extraire un pistolet automatique. Il vérifia le Lüger, le glissa dans la poche intérieure de sa veste et quitta la chambre après en avoir fermé la porte à clef.

Il traversa rapidement le centre de la ville, le chapeau rabattu sur les yeux, les mains enfoncées dans les poches pour se protéger de la pluie. Il n'était pas venu depuis longtemps à Burnam et il lui fallut près d'une heure pour retrouver l'endroit qu'il cherchait. C'était un petit bar dans une rue écartée, près de l'université. Il n'y avait dans la salle qu'un vieux barman à cheveux blancs qui essuyait des verres en écoutant la radio.

Shane s'arrêta sur le seuil, embrassa d'un coup d'œil le décor edwardien suranné, les tabourets recouverts de cuir alignés devant le marbre du bar. Rien n'avait changé. Il demanda une bière et alla s'asseoir sur le tabouret placé tout au bout du comptoir d'où il se voyait dans une grande glace à cadre doré. Alors, il eut l'impression de revivre ce qui s'était passé là huit ans plus tôt. Le premier lundi de la guerre de Corée, assis sur ce même tabouret, il écoutait la radio et apprenait qu'on engageait des volontaires.

La porte s'ouvrit brusquement derrière lui. Il se retourna comme s'il s'attendait à voir quelque fantôme échappé d'un temps révolu, mais ce n'était qu'un petit homme vêtu d'un imperméable trempé et coiffé d'un béret, qui se mit à jurer contre le temps et ne cessa que pour commander sa consommation. Ensuite, il entama une conversation avec le barman. Shane emporta sa bière dans la cabine téléphonique, derrière le comptoir, et ferma la porte.

Il alluma une cigarette et s'absorba dans la lecture d'un petit carnet dans lequel il avait noté des noms et des adresses. Le premier de ces noms était celui d'un certain Henry Faulkner. Il le chercha dans l'annuaire et constata avec un grognement satisfait qu'il avait bien l'adresse exacte. Il releva le numéro de téléphone et réfléchit avant de le former sur le cadran.

Les bruits du dehors ne parvenaient pas à l'intérieur de la cabine. Au bout du fil, la sonnerie lui sembla tinter dans un autre monde. Il tambourinait doucement du bout des doigts sur le mur en attendant la réponse. Elle ne venait pas. Il remit le récepteur à sa place et forma de nouveau le numéro. Toujours rien. Après une troisième tentative vaine, il renonça à l'obtenir, reprit son verre et retourna dans la salle.

Le barman et l'autre client discutaient les résultats probables d'un match de football entre équipes locales qui devait avoir lieu le samedi suivant. Shane, silencieux au bout du comptoir, restait plongé dans ses réflexions. Brusquement, il fut pris de dégoût pour cet endroit. Il ne fallait jamais revenir à quoi que ce soit, où que ce soit. C'était idiot d'être revenu là. Il avala le reste de sa bière et partit.

Il pleuvait toujours aussi fort. Le jeune homme regagna à pied le centre de la ville, finit par trouver une station de taxis et donna à un chauffeur l'adresse de Faulkner.

Pendant une dizaine de minutes, il roula dans un quartier industriel crasseux et noir où quelques maisons d'habitation apparaissaient de loin en loin entre les usines. Bientôt, il se trouva au milieu d'arbres sur une route qui, par des tournants en épingle à cheveux, escaladait la colline laissant loin en arrière, dans la vallée, la ville invisible sous la pluie.

Arrivé au sommet, Shane se trouva dans un autre univers où les rues étaient tranquilles, les maisons élégantes. Celle qu'il cherchait se trouvait dans Fairholme Avenue. Il dit au chauffeur de s'arrêter là. Quand la voiture se fut éloignée, il suivit lentement le trottoir à la recherche d'une propriété appelée *Four Winds*.

Dans ce quartier bourgeois, les maisons étaient spacieuses sans viser au grandiose. Demeures typiques des citadins fortunés, c'étaient généralement des villas construites en pierre au milieu de jardins. L'avenue se terminait par une impasse silencieuse dans laquelle Shane trouva celle qu'il cherchait. Le bâtiment paraissait abandonné, désert. Les fenêtres fermées le regardaient comme des yeux vides. Dans le jardin négligé, les arbustes n'avaient pas été taillés depuis plusieurs années. Une allée l'amena jusqu'au pied d'un large perron. Il en monta les marches et se trouva devant la porte principale. Il appuya sur le bouton d'une sonnette dont il entendit le tintement dans les profondeurs de la maison. Personne ne répondit. Il sonna de nouveau, longuement, sans plus de succès.

Il redescendit les degrés du perron et s'éloigna en traversant la pelouse. C'est alors qu'il aperçut dans l'herbe l'amorce d'un passage qui partait d'une terrasse de pierre. Sur cette terrasse, par une porte-fenêtre laissée entrouverte, le pan d'un rideau de velours rouge sortait, trempé de pluie, et claquait sous la bourrasque.

Shane s'approcha de la porte-fenêtre, il essaya de distinguer quelque chose à l'intérieur d'une pièce obscure et dit doucement :

— Est-ce qu'il y a quelqu'un ?

Pas de réponse. Il avait déjà fait demi-tour lorsqu'il entendit qu'on demandait d'une voix haute et maussade :

— Qui est là ?

Shane écarta le rideau et avança avec précaution. La pièce était plongée dans une demi-obscurité et il fallut à ses yeux un moment pour s'habituer à la pénombre. La même voix s'éleva de nouveau, presque contre lui :

— C'est ici que je suis, jeune homme.

Il n'alla pas plus loin. Un vieillard était assis dans un grand fauteuil à oreilles près d'une petite table sur laquelle Shane vit une carafe et un verre. Il avait une couverture sur les genoux et portait une antique robe de chambre boutonnée jusqu'au menton.

— Ce n'est pas souvent que j'ai des visites, dit-il. Qu'est-ce que je peux faire pour vous ?

Sa voix était pointue comme celle d'une vieille femme.

Shane tira une chaise, s'assit auprès de lui :

— Je voudrais voir Mr Henry Faulkner.

Le vieillard se pencha légèrement de son côté.

— C'est moi Henry Faulkner. À quel propos désirez-vous me voir ? Il me semble que je ne vous connais pas.

Il avait un tic à la joue droite. Ses yeux ternes semblaient regarder sans rien voir, dans les cendres de la vie.

Shane s'humecta les lèvres :

— Je m'appelle Shane, dit-il, Martin Shane. J'ai connu votre fils en Corée.

Les mains du vieillard se crispèrent sur la canne qu'il tenait devant lui et un frisson parcourut tout son corps. Une lueur avait paru dans son regard. Il se pencha vers le jeune homme :

— Vous avez connu Simon, quel bonheur, quel bonheur !

Il s'appuya contre le dossier de son fauteuil en hochant plusieurs fois la tête et continua :

— C'était un bon garçon, mon fils, un chic garçon, un peu turbulent, peut-être, mais qui n'a jamais fait de mal à personne. Vous savez qu'il a été tué au combat ? ajouta-t-il avec un gros soupir.

Shane, l'air sombre, alluma une cigarette.

— C'est ça qu'on vous a dit ?

Le vieillard opina vigoureusement de la tête.

— Oui. J'ai toutes ses décorations. Je vais vous les montrer ; je n'en ai que pour une seconde. Mon fils, c'était un héros, vous savez.

Avant que Shane ait pu protester, le vieillard avait rejeté sa couverture et réussi à se mettre debout. D'abord un peu vacillant, il saisit sa canne et sortit en clopinant.

— J'en ai pour un instant, dit-il.

La porte se referma derrière lui et Shane s'essuya le front. On étouffait, dans cette pièce ; il y flottait une odeur de poussière, comme si le ménage n'avait pas été fait depuis des années. Il se leva et fit quelques pas en regardant les meubles. Soudain, il entendit le vieux Mr Faulkner qui parlait dans l'embrasure de la porte :

— Simon, c'est toi, Simon ?

Shane eut l'impression que des doigts glacés lui frôlaient la figure. Il frissonna et se dirigea lentement vers lui.

— Simon est mort, Mr Faulkner, dit-il doucement.

Il y eut un moment de silence ténu, puis une lueur étrange apparut dans des yeux sans expression et la joue droite du vieil homme tressauta.

— Vous mentez, cria-t-il. Simon n'est pas mort, ce n'est pas possible.

— Il y a sept ans qu'il est mort, dit Shane, la gorge sèche.

Le vieillard secoua la tête avec le mouvement saccadé d'une marionnette. Il suffoquait presque et reculait vers le hall en criant toujours d'une voix hystérique :

— Allez-vous-en ! Que je ne vous voie plus !

Il avait levé sa canne pour le frapper, lorsqu'une jeune femme apparut derrière lui, et dit avec douceur :

— Père, qu'est-ce que vous faites là ? Pourquoi avez-vous quitté votre fauteuil ?

Le vieillard se blottit contre elle comme un tout petit enfant qui retrouve sa mère ; elle passa un bras autour de lui et se tourna vers Shane, l'air sévère :

— Qui êtes-vous ? Qu'est-ce que vous voulez ? demanda-t-elle.

Il y avait de la colère dans sa voix. Shane s'avança jusque dans le hall.

— Je m'appelle Shane. J'étais un ami de Simon.

Elle parut brusquement se raidir, étreignant avec plus de force les épaules de son père, et dit :

— Il y a bien longtemps que mon frère est mort, Mr Shane.

— Je le sais, dit Shane, j'étais auprès de lui lorsqu'il a été tué.

Elle eut un regard étrange et s'apprêtait à parler lorsque le vieillard s'affaissa contre elle en murmurant :

— Lau... ra...

Shane fit un pas en avant.

— Puis-je vous aider ?

— Non, c'est inutile ; j'ai l'habitude. Attendez-moi dans le salon, s'il vous plaît. Ce ne sera pas long.

Elle emmena le vieillard avec sollicitude et ouvrit une porte, de l'autre côté du hall. Shane eut le temps d'apercevoir un lit adossé au mur avant que la porte se referme.

Il retourna dans le salon où il faisait presque noir, tira une chaise près de la fenêtre, alluma une cigarette et repassa dans son esprit les instants qu'il venait de vivre. C'était pour lui comme un puzzle qu'on aurait remonté à l'envers ; cette maison délabrée, ce vieillard, cette femme, rien de tout cela n'avait de sens.

La jeune femme revint et s'approcha de la fenêtre dont elle écarta les rideaux. Le jour entra à flots.

— Mon père a les yeux très faibles, la lumière lui fait mal, dit-elle.

Elle tira une cigarette d'un paquet froissé et Shane lui tendit son briquet.

— Je suis désolé de lui avoir causé une telle émotion. J'ai sonné, on ne m'a pas répondu ; alors, j'ai vu cette porte-fenêtre ouverte...

Elle eut un geste d'impatience.

— C'est sans importance. Un rien le bouleverse, ces temps-ci. Il est, depuis huit ans, atteint d'une maladie du cerveau qui progresse lentement. Il n'est plus qu'un enfant apeuré.

Appuyée contre la fenêtre, elle regardait tomber la pluie. Shane l'observait. Il lui donnait entre vingt-huit et trente ans. Elle portait un pantalon écossais et un chemisier blanc noué à la taille. Ses cheveux noirs lui retombaient sur la figure et elle avait les yeux cernés. Comme elle secouait la cendre de sa cigarette, il remarqua la finesse de ses mains et se demanda pourquoi elles étaient tachées de peinture.

Elle interrompit cette rêverie en reprenant d'un ton acerbe :

— Et maintenant, Mr Shane ? Je crois que vous ne feriez pas mal de me dire ce qui vous amène ici ?

Il haussa les épaules.

— J'étais le meilleur ami de Simon. Nous nous sommes engagés ensemble ; nous avons combattu côte à côte. Je voulais seulement parler de lui avec son père.

Elle fronça les sourcils et dit, non sans ironie :

— Il y a sept ans que Simon a été tué ; vous avez pris votre temps pour nous présenter vos condoléances !

Il leva sur elle un regard morne.

— J'en suis désolé, mais il m'a été impossible de le faire plus tôt.

— Impossible ? répéta-t-elle après un silence. Qu'est-ce que ça veut dire ?

Il s'était levé ; debout dans l'embrasure de la porte-fenêtre, presque sous la pluie, il regardait, bien au-delà du jardin, les années écoulées.

— Je viens de passer six ans dans un asile, miss Faulkner, dit-il. Je n'en suis sorti qu'il y a trois jours.

Il entendit siffler sa respiration et il continua sans se retourner :

— Tout de suite après la mort de votre frère, j'ai été blessé, des éclats d'obus dans la tête. Les Chinois en ont retiré la plus grande partie, mais il restait un tout petit éclat qu'ils n'ont pas pu atteindre et qui a provoqué chez moi une amnésie progressive. Quand on m'a rapatrié, je ne savais plus mon nom, je ne pouvais plus rien faire seul. (Il haussa les épaules.) On m'a mis dans un asile. Il n'y avait rien d'autre à faire. Il n'était pas question de m'opérer.

Il sentit qu'elle posait la main sur son bras et se retourna. Elle le regardait avec compassion.

— C'est horrible ! s'écria-t-elle. Mais comment avez-vous pu en sortir ?

— Je suis tombé, il y a un mois, en descendant l'escalier. J'ai eu une commotion terrible, l'éclat s'est sans doute déplacé. Toujours est-il qu'après avoir vécu dans le cirage pendant près de sept ans, je me suis réveillé un beau matin à l'hôpital avec l'impression d'être tout neuf. Le seul problème, c'est que je me croyais en juin 1952.

« Il a fallu me mettre au courant de pas mal de choses, ajouta-t-il avec une grimace.

— Je comprends tout, maintenant, dit la jeune femme. Le dernier fait que vous vous rappeliez, c'était la mort de Simon, juste avant votre blessure. C'est pourquoi vous êtes venu. Pour nous en parler.

Il jeta sa cigarette dehors dans une flaque d'eau et l'observa, le front plissé, tandis qu'elle grésillait avant de s'éteindre, puis, avec un soupir, il se retourna et regarda Laura Faulkner bien en face.

Elle fronça les sourcils, perplexe.

— C'est cela, à un détail près.

— Que voulez-vous dire ?

Il s'appuya contre la fenêtre et reprit d'une voix basse :

— Que vous ne savez pas la vérité, miss Faulkner. Ce n'est pas au combat que votre frère a été tué.

3

Visiblement stupéfaite, Laura Faulkner le regarda, les yeux vides, et réfléchit un instant avant de dire :

— J'aimerais mieux ne pas en parler ici ; on pourrait nous entendre. J'ai mis mon père dans son lit, mais à tout moment, il peut revenir auprès de nous.

Shane acquiesça d'un signe. Elle passa devant lui et ils quittèrent la pièce et le hall. Elle le conduisit jusqu'à la cuisine par un corridor étroit. Là, elle prit un vieil imperméable qu'elle jeta sur ses épaules.

— Vous allez encore être mouillé, dit-elle en ouvrant la porte qui donnait dehors.

Le jardin descendait en terrasses successives jusqu'à un mur de pierre bas et large près duquel une maisonnette en bois se dressait à quelques mètres du sol, sur une plate-forme également en bois.

Laura Faulkner courut tête baissée pour éviter la pluie. Shane la suivit le long d'un sentier jusqu'à la maisonnette. Ils escaladèrent une volée de marches qui conduisaient à la plate-forme et elle le fit entrer.

En face d'eux, une large baie vitrée donnait sur une vallée splendide et profonde où coulait le fleuve, en amont de la ville. La vue était superbe. Un grognement accueillit Shane. Et, comme il avançait, un beau chien, un doberman noir, couché devant la fenêtre sur un divan, leva la tête et l'examina d'un air soupçonneux. Laura Faulkner le calma d'un mot et jeta son imperméable sur un siège.

Des tableaux étaient empilés dans tous les coins ; sur un chevalet, en pleine lumière, une toile inachevée représentait un paysage.

Shane alluma une cigarette.

— C'est comme ça que vous gagnez votre vie ? dit-il en montrant les peintures.

Elle sourit avec insouciance.

— Non, je peins surtout pour mon plaisir. Je suis dessinatrice industrielle, à mon compte. Je fais des projets et des dessins de meubles, de tissus, de tout ce qui concerne la décoration.

Elle poussa le chien, s'assit à côté de lui sur le divan, et ajouta :

— Mais nous ne sommes pas venus ici pour parler de mes

moyens d'existence. Ce que vous m'avez dit de mon frère m'a étonnée.

— Oui... Que vous avait-on dit exactement au Ministère, en vous annonçant sa mort ?

— Qu'il avait été tué au combat en juin 1952. Je crois que c'était sur la rivière Yalu.

Shane sortit son carnet.

— Voici quatre noms, dit-il en l'ouvrant : Adam Crowther, Joe Wilby, Reggie Steele, Charles Graham, les connaissez-vous ?

— Non.

La jeune femme secoua la tête. Un pli léger barra son front.

— Je ne crois pas. Suis-je censée les connaître ?

Il remit le carnet dans sa poche.

— Tous les quatre étaient avec votre frère quand il est mort, et il se trouve qu'ils vivent à Burnham.

— C'est une curieuse coïncidence, dit-elle.

— Non. Quand la guerre a éclaté, le gouvernement britannique a enrôlé des volontaires. Le jour où la radio a annoncé cette mesure, j'étais ici, dans un petit bar d'une rue qui avoisine l'Université. C'est là que j'ai rencontré votre frère pour la première fois. La boîte de publicité où je travaillais comme rédacteur à Manchester venait de me virer et je traversais Burnham en allant à Londres. Simon et moi avons fait connaissance. Nous nous étions offert mutuellement un certain nombre de consommations, tout en écoutant la radio, et nous étions aussi soûls l'un que l'autre quand nous avons appris qu'on recrutait des volontaires. Il en avait marre de son job ; moi, j'étais sur le pavé. Alors, nous sommes allés ensemble au bureau de recrutement.

— Et on vous a pris dans cet état-là ?

— Non seulement nous, mais une douzaine d'autres garçons qui étaient tous de Burnham. On nous a versés dans le même régiment d'infanterie.

— Et vous êtes toujours restés ensemble, mon frère et vous ?

Il sourit en déboutonnant un de ses poignets et remonta sa manche. Il avait, tatoué sur l'avant-bras, un serpent vert et rouge, qu'entouraient les mots : « Simon et Martin, amis à la vie et à la mort. »

Laura Faulkner eut envie de rire et ses lèvres tremblèrent.

— Quels gosses ! dit-elle.

Il sourit de nouveau.

— Pour tout vous dire, nous avions bu, ce soir-là aussi. On

nous avait donné quartier libre à Singapour. C'était la dernière escale avant la Corée. Alors... Il avait fallu nous porter pour remonter dans le bateau. Le lendemain, au réveil, nous avions chacun notre serpent.

— Et qu'est-il arrivé ensuite ?

Il haussa les épaules et alluma une cigarette.

— Rien de particulier ; ce qui arrive habituellement à la guerre... la ligne de front, la souffrance, la mort... Bien sûr, le climat n'arrangeait rien. Il fait plutôt froid en Corée pendant l'hiver.

Elle baissa tristement la tête.

— J'imagine... Mais comment mon frère est-il mort ?

Il se passa la main dans les cheveux. Une douleur légère s'installait derrière son front et il fronça les sourcils, comme s'il lui fallait un effort pour se souvenir.

— Une grande attaque était prévue dans notre secteur. Six heures avant qu'elle ne commence, j'avais été envoyé en avant avec une patrouille composée de Simon et des quatre hommes que je viens de vous nommer. Nous avions pour mission de reconnaître les champs de mines, de l'autre côté de la rivière.

— Et que s'est-il passé ?

— Nous sommes tombés dans une embuscade. Nous avancions sans bruit dans l'obscurité. En une seconde, nous nous sommes trouvés entourés d'une nuée de Chinois. Nous n'avons pas tiré un coup de fusil.

— Et qu'est-ce qu'ils ont fait de vous ?

Shane s'appuya au mur et enfonça ses mains dans ses poches.

— Il y avait un petit temple bouddhiste tout près ; c'était le P.C. d'un officier de renseignements chinois, le colonel Li.

À ce seul nom, il sentit sa gorge se contracter et la sueur perler à son front.

Laura Faulkner s'en aperçut et le regarda avec inquiétude.

— Ça ne va pas ? demanda-t-elle.

— Si, si, ça va... Ça va magnifiquement.

Il alla jusqu'à la grande baie et contempla la vue, avant de continuer :

— Le colonel Li était un petit bonhomme à l'air insignifiant. Il avait un pied-bot et portait des lunettes avec des verres énormes. Il avait eu vent de l'attaque et voulait savoir quand elle aurait lieu. Alors, il a commencé par nous travailler.

Laura Faulkner ouvrit de grands yeux.

— Vous travailler ? Qu'est-ce que ça veut dire ?

Il frissonna.

— Je pensais que vous aviez au moins une vague idée des tortures médiévales qui accompagnent l'interrogatoire des prisonniers dans le temps délicieusement civilisé où nous vivons.

Le visage de la jeune femme s'assombrit.

— Je comprends... Continuez, je vous en prie, n'essayez pas de me ménager. Je voudrais savoir exactement ce qui s'est passé.

Une étrange grimace tordit la bouche de Shane.

— Il y avait au premier étage du monastère une grande salle, qui était jadis la chambre du Supérieur. De là, partait un petit couloir sur lequel ouvraient cinq cellules. Elles avaient servi de cachots pour les moines. Les interrogatoires se faisaient dans la grande salle. Pour commencer, Li nous avait fait déshabiller dans son bureau et enfermer tout nus dans les cellules. Nous étions dans la même, Charles Graham et moi. Les autres avaient chacun la leur.

Bouleversée, elle parvint à balbutier :

— Et ensuite ?

— Inutile d'entrer dans les détails, dit Shane en secouant la tête. Li est venu nous chercher les uns après les autres. J'entends encore son pied-bot glissant sur les dalles du couloir. Pendant plus de trois heures, il a essayé de nous faire parler. Personne n'a rien dit. Finalement, quand il a ramené Charles Graham dans la cellule, il m'a déclaré qu'il allait recommencer mais que, cette fois, il y aurait une règle. Chaque homme serait interrogé une seule fois, puis serait fusillé sur-le-champ s'il refusait de répondre.

— Mais il fallait qu'il soit fou, s'écria Laura Faulkner, horrifiée.

— Non, dit Shane avec calme, non, il n'était pas fou. Je crois même que ce qu'il faisait ne lui causait aucun plaisir. Il n'avait rien d'un sadique, et tout cela n'en était que plus abominable. Il ignorait la sensibilité et calculait ses moindres actes. Il agissait toujours avec un sang-froid absolu.

Shane avait pris une autre cigarette et la roulait entre ses doigts, l'air absent.

— Alors, c'est comme ça que Simon est mort ? murmura Laura Faulkner.

— Oui. On l'a emmené le premier, et presque tout de suite, j'ai entendu les coups de feu. Un peu plus tard, Li est venu dans ma cellule ; il m'a dit qu'il avait obtenu les renseignements dont il avait besoin, qu'il regrettait d'avoir été forcé d'exécuter Simon, mais que la guerre était la guerre. Il avait presque l'air de le penser.

— Lequel avait parlé ? demanda-t-elle.

Un silence total suivit sa question. La pluie tapotait sur les vitres avec des doigts invisibles de fantôme.

Shane se retourna. Son visage était impassible.

— C'est pour le découvrir que je suis venu à Burnham.

Elle écarquilla les yeux.

— Vous ne le savez pas ?

— Moins de deux heures après, le temple s'écroulait sous les bombes des avions américains. C'est alors que le rideau est tombé pour moi.

Laura Faulkner se leva et s'approcha du chevalet qui portait le paysage inachevé. Elle le regarda longuement, puis demanda d'une voix changée :

— Dites-moi, qu'est-il advenu de votre régiment après l'attaque ?

Shane se pencha et caressa doucement les oreilles du chien.

— Je l'ai appris hier au ministère de la Guerre. L'offensive a complètement échoué ; nous avons perdu plus de deux cents hommes.

La jeune femme prit sa palette et un pinceau et fit quelques retouches sur la toile.

— Au ministère, avez-vous dit à quelqu'un ce que vous venez de me dire ?

Il secoua la tête.

— C'est de l'histoire trop ancienne. Ils ne peuvent plus rien faire maintenant quand bien même ils le voudraient. J'ai appris que les quatre autres sont revenus et qu'ils habitent tous Burnham. Le secrétaire chargé des archives s'est montré fort obligeant ; il s'était mis dans la tête, je ne sais pourquoi, que je voulais organiser une réunion d'anciens.

Le front plissé, Laura Faulkner concentrait son attention sur un point précis de son paysage.

— Est-ce là votre intention ? demanda-t-elle d'une voix blanche mais en maniant fermement son pinceau.

Shane quitta la fenêtre et vint revoir le tableau. Il était debout derrière elle et la regardait peindre.

— Je veux savoir qui nous a trahis il y a sept ans, dit-il d'une voix frémissante, qui nous a vendus à ce Li... Pour moi, ce besoin de savoir, c'est comme une torture dans ma chair, comme une faim inassouvie. Ce ne peut pas être Charles Graham, puisqu'il est resté avec moi dans la cellule presque tout le temps. Restent Crowther, Wilby et Steele.

Elle laissa tomber la palette et le pinceau, et le regarda bien en face.

— Et quand vous le saurez, que ferez-vous ? demanda-t-elle avec colère. À quoi cela servira-t-il de le savoir après tant d'années ?

Shane se retournait sans répondre, mais elle le retint en l'attrapant par le revers de sa veste. Sa main rencontra la crosse du Luger. Épouvantée, elle sursauta, puis, sans hésiter, elle plongea la main dans sa poche et s'empara de l'arme.

— Imbécile, dit-elle, pauvre imbécile ! Mais que pouvez-vous attendre de cela ? Est-ce un revolver qui rendra la vie à un seul de nos hommes ? Qui nous ramènera Simon ?

Shane lui enleva doucement l'arme et la remit dans sa poche.

— Disons simplement que je le fais pour ma satisfaction personnelle, répondit-il en reboutonnant son imperméable.

Laura Faulkner s'était écartée de lui. Les mains jointes, elle le regardait d'un air désespéré.

— De quel droit venez-vous ramener chez nous le désarroi et la douleur ? C'est passé, c'est trop tard. Pourquoi vous obstinez-vous ?

Indifférent, il se dirigea vers la porte et tourna le bouton, tandis qu'elle criait avec fureur :

— On vous pendra. J'espère que vous vous en rendez compte ?

Un sourire ambigu parut sur les lèvres de Shane.

— Je suis navré de vous causer une déception, mais je crains de n'être pas libre pour cette opération-là.

Cette réponse exprimait un tel détachement que la jeune femme frissonna. Elle demanda :

— Qu'est-ce que vous voulez dire ?

— Que je serai mort avant, miss Faulkner.

Il avait dit cela avec fermeté et sans la moindre émotion.

Elle s'élança vers lui comme il allait sortir et lui prit le bras.

— Qu'est-ce que vous racontez ?

Il haussa les épaules.

— Ma chute m'a rendu la mémoire ; du même coup, l'éclat est passé dans une région beaucoup plus sensible du cerveau. Il faut absolument l'enlever. J'ai pris rendez-vous avec un spécialiste. Il m'opérera la semaine prochaine à l'hôpital. Si je manque ce rendez-vous, je serai mort d'ici quinze jours. Il y a une chance sur cent pour que l'opération réussisse. Le choix est donc limité.

Il sortit sur la véranda sans attendre de réponse et descendit les marches jusqu'au jardin.

Laura Faulkner ne put retenir ses larmes.

Une fois dans le jardin, il se retourna. Debout, dans le cadre de la porte, avec son chien à côté d'elle, elle le suivait des yeux.

Il prit une allée qui contournait la maison. En arrivant à l'angle, il se retourna encore. Mais la porte de la maisonnette était fermée. Laura Faulkner avait disparu.

4

La pluie tombait toujours quand il s'éloigna de la maison. Au bout de l'avenue, il chercha un arrêt d'autobus sans le trouver et entra dans une boutique qui faisait à la fois épicerie et débit de tabac. Il acheta des cigarettes et chercha dans un annuaire l'adresse de Charles Graham. Celui-ci habitait à moins de cinq cents mètres de là, sur la route qui conduisait à la ville. Shane décida d'y aller à pied.

Il se demandait si Graham avait beaucoup changé. C'est long, sept ans. Mais quand la guerre les avait séparés, Charles Graham n'était pas bien vieux. Il n'avait pas plus de vingt-deux ou vingt-trois ans.

Tout en cheminant sur le trottoir mouillé, Shane essaya de se rappeler les traits des autres. Wilby, une espèce de gros rustaud, avait à son actif une longue série de délits mineurs, mais c'était un bon soldat. Crowther, un intellectuel, sortait tout juste de l'Université ; un de ses oncles avait employé Charles Graham lorsque celui-ci faisait un stage dans le commerce du bois. Et Reggie Steele ? Reggie Steele ?... Shane avait beau chercher, il ne retrouvait rien de lui.

Il commençait à s'habituer à cette séquelle irritante de sa blessure : l'oubli de certaines choses sans importance qui laissait dans sa mémoire des vides exaspérants.

Il n'eut pas de peine à trouver la demeure de Charles Graham, une grande maison en pierre grise, construite à la fin du règne de la reine Victoria ; la vraie maison de ville. Prétentieuse, elle s'élevait à l'écart, au milieu de pelouses veloutées et de parterres de fleurs. Elle avait une particularité : presque tout le second étage était occupé par une immense serre entourée d'une terrasse qui dominait la vallée jusqu'à la ville.

Shane vérifia l'adresse et s'engagea dans la grande allée qui aboutissait au perron d'honneur. Il appuya sur un bouton, ce qui déclencha un carillon mélodieux à l'intérieur de la maison. Puis il entendit des pas, et une femme âgée, au visage charmant et maternel, entrouvrit la porte. Elle avait les mains couvertes de farine et portait un grand tablier blanc. Elle l'examina de la tête aux pieds.

— J'aimerais voir Mr Graham s'il est chez lui, dit Shane.

Elle eut l'air stupéfait :

— Mais Mr Graham ne reçoit jamais personne, Monsieur, du moins depuis son problème. Je pensais que tout le monde le savait.

Sans paraître étonné, Shane sourit aimablement :

— Je crois qu'il me recevra si vous lui dites mon nom. Nous sommes de très vieux amis ; j'ai été absent pendant plusieurs années, et il y a bien longtemps que nous ne nous sommes vus.

Elle parut hésiter et s'essuya les mains sur son tablier.

— Puisque vous insistez, Monsieur, je vais dire à Mr Graham que vous êtes là, mais je ne crois pas que ça serve à grand-chose.

Shane lui dit son nom. Elle se dirigea vers le fond du hall et monta le large escalier.

Une fois seul, il regarda autour de lui et apprécia les tableaux suspendus sur les boiseries de chêne qui recouvraient les murs de la grande pièce. Il y avait des toiles excellentes, œuvres de peintres renommés. En apercevant le merveilleux vase de Chine posé sur une des tables, il ne put retenir un sifflement admiratif. Quels qu'aient pu être les problèmes de Charles Graham, le manque d'argent n'en faisait apparemment pas partie.

Il entendit une toux discrète et il se retourna. La vieille femme était revenue et paraissait ahurie.

— Mr Graham vous prie de monter jusqu'à la serre, Monsieur. C'est au second étage. Je vais vous conduire.

Shane la suivit dans un escalier que recouvrait un tapis moelleux. Ils traversèrent une large galerie et, après avoir monté encore un étage, se trouvèrent en face d'une porte de chêne à ferrures ouvragées.

La femme l'ouvrit et fit signe à Shane d'entrer.

La pluie frappait régulièrement la toiture vitrée ; un silence absolu régnait dans la serre où l'on étouffait comme dans la vapeur d'un bain turc. En un instant Shane se sentit couvert de sueur. Il enleva sa veste et la posa sur le dossier d'une chaise.

Il avait l'impression d'entrer dans la jungle. C'était une masse de feuillage vert, de lianes enchevêtrées où s'épanouissaient à profusion des fleurs exotiques, où flottait un parfum étrange et lourd qui lui causait un léger malaise, cette odeur chaude et moite de la jungle où entre toujours le relent de la moisissure et de la décomposition. Il avança dans un étroit sentier tracé entre les plantes.

Il perçut à sa droite une sorte de froissement mystérieux dans les massifs. Quelqu'un semblait s'y mouvoir sans vouloir être entendu. Il traversa toute la serre et parvint jusqu'à la porte qui s'ouvrait sur la terrasse. Il y avait là une table et deux fauteuils en vannerie... Pas trace de Graham.

Shane plissa le front. Il hésitait. Il s'apprêtait à aller ouvrir la porte de la terrasse lorsqu'il eut conscience d'un regard fixé sur lui. Il fit demi-tour et demanda vivement :

— C'est toi, Graham ?

Pas de réponse. Mais bientôt, il entendit un profond soupir ; on aurait dit qu'un souffle d'air agitait les feuilles, une voix rauque et brisée s'éleva :

— Je te demande pardon, Shane. Je ne pouvais pas croire que c'était vraiment toi. Il fallait que je m'en assure. Je te croyais mort.

Cette voix fit tressauter Shane. Elle avait quelque chose d'irréel et d'horrible. Quelque chose qui déclencha chez lui une vibration de peur. Il se força à sourire et dit tranquillement :

— C'est bien moi, Graham.

Les feuilles s'écartèrent devant lui et Graham lui apparut. Horrifié, Shane écarquilla les yeux. Il sentit un frisson glacé parcourir tout son corps. L'homme qu'il voyait avait les cheveux complètement blancs et un visage de cauchemar. Les yeux enfoncés dans des bourrelets de chair entre les cicatrices le regardaient fixement. La bouche avait l'air d'une blessure ouverte.

Péniblement, horriblement, la pauvre face labourée ébaucha un sourire douloureux. Graham tendit la main.

— Ça me navre, mon pauvre vieux, de te donner un pareil coup. Tu comprends maintenant pourquoi je n'encourage pas les visiteurs.

Shane se ressaisit et prit la main tendue.

— Je suis désolé, Graham. Je ne savais rien. Que t'est-il arrivé ?

Graham haussa les épaules et conduisit son camarade vers les fauteuils d'osier.

— Pour le moment, ne parlons pas de moi, dit-il. Que t'est-il arrivé à toi ? Mon dernier souvenir de toi, c'est une jambe qui sortait d'un tas de moellons et de gravats, après le bombardement de leur foutu temple.

Le chuchotement rauque, irréel, bouleversait Shane. Il offrit une cigarette à Graham.

— J'ai été grièvement blessé. C'est le cerveau qui a tout pris. Black-out total. J'ai retrouvé ma mémoire il y a quelques jours seulement.

Graham lui donna du feu, et s'allongea dans son fauteuil.

— Je doute que cette épreuve t'ait été agréable, dit-il, mais elle a pu être intéressante ; raconte-moi cela.

Shane regardait au loin la vallée dans la direction de la ville que cachaient la brume et la pluie, et il commença son récit. D'abord, il s'efforça de ne pas voir Graham, mais il lui était impossible de ne pas lever les yeux de temps en temps, et chaque fois, il trouvait le regard de Graham fixé sur lui.

Quand Shane se tut, son ami dit avec un profond soupir :

— J'avais donc raison dans un certain sens, tu as connu la mort ; c'est maintenant, en somme, comme une seconde naissance. Très intéressant. Je suis persuadé que tu fournirais à un psychiatre le sujet d'une étude passionnante.

— Qu'est-ce que tu veux dire ? demanda Shane, lui jetant un coup d'œil incisif.

— Qu'une épreuve comme la tienne suffirait à déboussoler un être moins bien équilibré que toi. Après tout, ce doit être une sacrée secousse pour un type que de se réveiller un matin et d'apprendre qu'il a sept ans de plus que la veille... Sept ans... Ça compte dans une existence. Et tu ne te rappelles rien de cette période ?

— Non. Je ne peux rien me rappeler, sauf ce que m'ont dit les médecins, mais je me souviens des six heures que nous avons passées dans le temple avant que les bombes ne commencent à pleuvoir. Je me souviens du colonel Li comme des coups de feu dans la cour quand ils ont fusillé Simon.

Il y eut un silence et Graham dit doucement :

— Ainsi, tu te rappelles ça, tu te rappelles notre vieil ami, le colonel Li.

Shane eut un frisson.

— Quand je rêve, j'entends encore le bruit de son pied-bot qui raclait le dallage du couloir, je l'entends s'arrêter à la porte de notre cellule.

— Je dois reconnaître que j'ai eu de la peine à l'oublier, dit Graham, mais d'autres choses me sont arrivées depuis. Elles ont rejeté son souvenir dans le fin fond de mon subconscient.

— Raconte-moi ce qui t'est arrivé. Au ministère, on m'a déclaré que tu n'avais jamais été prisonnier. Tu figures sur les listes comme blessé au combat et réformé cent pour cent ; je n'ai pas compris.

— C'est bien simple, dit Graham. Après le bombardement, j'étais complètement sonné, mais pas blessé. On se serait cru dans un abattoir. Apparemment, il n'y avait aucun survivant, et pour être honnête, je ne me suis pas attardé à m'en assurer. J'ai retrouvé nos uniformes dans ce qui restait du bureau de Li. Du colonel lui-même, il ne restait rien, soit dit en passant. J'ai attrapé le premier battle-dress qui m'est tombé sous la main et j'ai descendu la pente au galop. Les canons alliés tiraient encore sur les ruines.

— Et alors ? dit Shane.

Graham prit une cigarette dans un mince étui en or.

— J'ai réussi à franchir la rivière. (Un léger sourire effleura sa bouche tordue.) J'étais à cent cinquante mètres environ des lignes alliées, quand j'ai marché sur une mine.

— Quelle poisse ! dit Shane.

Graham haussa les épaules.

— En tout cas, j'ai été aussi bien soigné qu'il est possible de l'être. Le résultat n'est pas extraordinaire, comme tu le vois, mais il faut reconnaître qu'il ne restait pas grand-chose sur quoi travailler. Pendant un an, je n'ai pas pu parler. Finalement, on a appelé un chirurgien allemand ; il m'a fait une opération jusqu'alors inconnue sur les cordes vocales. Maintenant, j'arrive à parler, à me faire comprendre, tout au moins.

Shane ne savait plus que dire. Il se leva, alla jusqu'à la fenêtre.

— À en juger par ta maison, je pense au moins que tu n'es pas à court d'argent ?

Graham acquiesça.

— Mon vieil oncle est mort quelques jours avant notre dernière patrouille. Tu t'en souviens ? Quand j'ai reçu la lettre de son notaire, je vous ai promis à tous, lors d'une prochaine permission, une virée du tonnerre à Tokyo pour fêter l'événement. En sortant de l'hôpital, j'ai vendu l'affaire de mon oncle à une grosse boîte et acheté cette maison. C'est la serre qui m'a charmé. J'ai une vraie passion pour les orchidées ; leur culture m'amuse beaucoup, et, crois-moi, c'est plutôt calé.

— Ça t'a étonné d'apprendre que les autres, Crowther, Wilby, Steele, étaient encore de ce monde ? demanda Shane.

— Étonné ? Je ne pouvais pas le croire, dit Graham. Crowther est rentré le premier ; il paraît qu'il n'était pas dans le même camp que les deux autres.

— Tu les as aperçus ? poursuivit Shane doucement.

— Quand Crowther est rentré, le canard local lui a consacré un entrefilet. Je lui ai envoyé un mot en lui demandant de venir me voir pour évoquer nos vieux souvenirs. Je me suis rendu compte que cette soirée ne lui avait pas été très agréable. Franchement, nous n'avions pas trouvé grand-chose à nous dire. Il est marié depuis deux ans ; en dernier lieu, il était professeur à l'université.

— Que sont devenus Wilby et Reggie Steele ?

— Je n'ai jamais cherché à les revoir, et moins que jamais après avoir passé une aussi sale soirée avec Crowther. J'ai aperçu Wilby il y a à peu près un an. Un samedi soir. J'étais au volant de ma voiture. Il était visiblement ivre, ce qui ne m'a pas surpris, tel que je le connais. Quant à Steele, il dirige une espèce de boîte dans le centre. Je crois que ça s'appelle le *Garland Club*. Des numéros de strip-tease pendant le déjeuner pour distraire les hommes d'affaires fatigués, et je crois que c'est pareil le soir.

Shane ne répondit pas. Il restait, près de la fenêtre, à regarder tomber la pluie.

— Tu vas chercher à les revoir, pendant que tu es ici ? demanda Graham.

— Oui, dit Shane en inclinant la tête. Je passerai chez eux.

— Qu'est-ce que c'est cette tournée ? Un voyage sentimental ?

Shane répondit sans se retourner :

— Cet après-midi, je suis allé voir le père et la sœur de Simon Faulkner.

Il y eut un court silence, lourd de réminiscences, et, soudain, l'atmosphère se chargea d'électricité.

— Bon Dieu ! s'écria Graham, c'est pour cela que tu es revenu ?

Shane se retourna lentement et dit :

— Oui, j'ai besoin de savoir qui de nous a trahi, qui a parlé au colonel Li. Ce n'est pas moi, et ce n'est sûrement pas toi. Il reste Wilby, Crowther ou Steele. Le choix est limité.

Graham hocha la tête.

— Tu es fou. Comment pourrais-tu le découvrir ? Penses-tu que le coupable, pris de remords, va avouer ? Et cela a-t-il vraiment de l'importance maintenant ?

Shane, le visage contracté, se rapprocha lentement de lui, puis il finit par éclater :

— Est-ce que ça a de l'importance ? Bon Dieu ! as-tu oublié ce qui est arrivé là-bas ? As-tu oublié ce que nous avons enduré, et ce qu'ils ont infligé à Simon ?

Graham lui jeta un regard étrange :

— Je n'ai rien oublié, dit-il. Mais toi ?

Malgré la chaleur humide qui les environnait, Shane se sentait glacé. Il dit d'un air sombre :

— Je me rappelle tout ce qui est arrivé ce jour-là.

Graham hocha la tête :

— Peux-tu en être certain ? Pendant sept ans, tu n'as pu te souvenir de rien. Comment peux-tu être certain de ce qui s'est passé dans le temple ? Comment peux-tu être certain que ce n'est pas toi qui as dit à Li ce qu'il voulait savoir ? Peut-être est-ce la seule chose dont ton esprit se refuse à enregistrer le souvenir ?

Pendant un instant, Shane crut sentir une main géante qui lui écrasait la poitrine pour l'empêcher de respirer. Il cherchait son souffle, la gorge sèche. Il essaya en vain de parler. Il alla jusqu'à la table en chancelant, prit la carafe et remplit un verre d'eau. Il s'étrangla avec la première gorgée, puis, subitement, il respira.

Livide, il se tourna vers Graham.

— C'est impossible, nous étions dans la même cellule, toi et moi ; tu sais que ce n'est pas moi, comme je sais que cela ne peut pas être toi.

Graham hocha la tête et dit doucement :

— J'étais inconscient quand on m'a ramené après le dernier interrogatoire et je suis resté inconscient pendant près d'une heure.

Un moment, Shane regarda sans rien dire le visage ravagé, puis fit demi-tour et se dirigea vers la porte. Avec une vivacité inattendue, Graham le suivit ; il l'avait rejoint avant qu'il eût remis son imperméable.

— Je ne voulais pas te mettre dans un pareil état, dit-il de sa voix rauque. J'ai seulement voulu essayer de te montrer à quel point tes recherches sont chimériques.

Shane boucla sa ceinture et ouvrit la porte.

— Tu ne m'as pas bouleversé. Tu m'as seulement fait entrevoir une autre possibilité à laquelle j'aurais dû penser moi-même.

Il descendit rapidement l'escalier. Graham, qui était sur ses talons, sortit sur le perron avec lui. Ils restèrent là un moment, puis Shane dit simplement :

— Tu m'as beaucoup aidé ; je t'en suis reconnaissant.

Graham secoua tristement la tête.

— Que sortira-t-il de tout cela ? À qui cela servira-t-il ?

Shane haussa les épaules, remonta le col de son imperméable et dit, l'air égaré :

— Je ne sais pas. On prétend que personne ne peut aider les morts, mais moi qui suis un mort vivant, je suis peut-être une exception. Tout ce que je sais, c'est que cette horreur m'obsède. Je ne peux plus penser qu'à cela. Il faut que je sache qui a parlé.

— Même si tu dois découvrir que c'est toi ?

Les traits tirés au point que son visage paraissait squelettique, Shane dit en inclinant la tête :

— Même si je dois découvrir que c'est moi !

— Et alors, quand tu sauras la vérité ? dit doucement Charles Graham.

Ils restèrent un instant silencieux, les yeux dans les yeux, puis Martin Shane, sans dire un mot, descendit les marches du perron et se dirigea vers la ville.

5

Lorsqu'il quitta l'autobus devant l'Université, la pluie avait presque cessé. Le brouillard s'installait aux carrefours. Les contours des bâtiments s'estompaient progressivement et devenaient indistincts.

Shane traversa la rue en face de l'entrée principale. Il frappa à la loge du portier et s'enquit d'Adam Crowther. Un petit homme rubicond, qui portait une livrée à parements dorés, lui dit de s'adresser à la section archéologique installée dans une rue voisine.

La partie de la ville qui s'étendait derrière l'université était évidemment un quartier résidentiel et élégant vers la fin du XIXe siècle. D'immenses jardins, avec des avenues circulaires pour le passage des voitures, entouraient la plupart des maisons dont un certain nombre avaient été transformées pour constituer les différentes sections de l'université.

Shane trouva la section archéologique sans difficulté et monta les marches qui conduisaient à l'entrée. La bâtisse n'avait rien d'accueillant. Les murs intérieurs étaient peints de couleurs ternes, où le vert et le beige dominaient. Pas de tapis dans le hall ; les lames du parquet, d'ailleurs soigneusement ciré, craquaient d'une façon sinistre. Un grand panneau indiquait l'entrée du secrétariat.

Un peu plus loin, dans la galerie, il aperçut une porte sur laquelle le nom de Crowther était calligraphié en lettres blanches sur une plaque de bois. Il frappa et entra.

Assis à une grande table placée de biais, devant une fenêtre, Crowther examinait un silex à contre-jour.

— Oui. Qu'est-ce que c'est ? cria-t-il avec impatience. J'ai dit que je ne voulais pas être dérangé cet après-midi !

Shane avança à pas lents et s'arrêta en face de lui, de l'autre côté du bureau.

— Salut, Crowther, dit-il. Ça fait un bon bout de temps qu'on ne s'est vus !

Crowther fit tourner vivement son fauteuil et ne cacha pas sa stupéfaction.

— Martin Shane ! Mais c'est impossible ! J'ai des visions ! Tu es mort. Il y a sept ans que tu es mort !

Shane hocha la tête.

— Ils me disent tous la même chose. Je finis par ne plus savoir si je suis encore de ce monde !

Crowther le regardait bouche bée, tenant toujours son silex entre le pouce et l'index.

— Qu'est-ce que tu tiens là ? demanda Shane.

— Une pointe de flèche. Un de mes élèves l'a trouvée dans une de nos fouilles. Du néolithique, je crois, répondit machinalement Crowther. (Il éclata de rire aussitôt.) Tu vois, je finis par radoter. Assieds-toi, mon vieux, et raconte-moi ce que tu es devenu depuis cette époque, la pire de notre existence. Je t'ai vu pour la dernière fois sur un brancard, en sang, le crâne ouvert, et des infirmiers m'ont dit que tu étais en train de mourir.

Shane prit une chaise et, avec un large sourire, déboutonna son imperméable.

— Ils se trompaient. J'étais plutôt mal en point, mais je m'en suis tiré tout de même, après des années d'hôpital. (Il prit une cigarette.) Et toi ? Je te croyais mort, moi aussi, jusqu'à ce que je trouve ton nom sur les listes du ministère de la Guerre.

Crowther tira de sa poche une vieille blague à tabac et se mit à bourrer sa pipe.

— Quand on m'a sorti des décombres du temple, après le bombardement, je n'avais finalement pas grand-chose. Wilby et Steele étaient blessés tous les deux. Les Chinois les ont embarqués dans une ambulance, et je ne les ai jamais revus.

— Et qu'est-ce qu'ils ont fait de toi ? demanda Shane.

Crowther haussa les épaules.

— Oh ! ce qu'ils avaient l'habitude de faire des prisonniers. J'ai rejoint une colonne qui partait pour le Nord. Je ne sais pas combien de temps nous avons pu marcher. L'hiver commençait ; je peux te dire que ça n'avait rien d'agréable.

Shane sourit en jetant un coup d'œil autour de lui.

— Je vois que tu as bien employé ton temps depuis lors. Le portier m'a dit que tu es maintenant le « Dr Crowther ». Depuis quand es-tu diplômé ?

— Depuis environ deux ans. J'avais entrepris certaines recherches et j'ai eu la chance de réussir. C'est tout, déclara Crowther en riant. Je suis marié et j'ai une petite fille. Il faut que tu viennes dîner chez nous un de ces soirs pour faire la connaissance de ma femme.

— J'en serai très heureux, dit Shane.

Il s'était levé et se penchait sur une vitrine pleine d'objets préhistoriques. Tout en les admirant, il demanda :

— Est-ce qu'il t'arrive de rencontrer quelques-uns de nos copains ?

— À mon retour, je suis allé voir Graham. Cela m'a été si pénible que je n'ai jamais eu envie de recommencer.

— Je comprends ça. Je lui ai rendu visite ce matin. Et les deux autres ? Tu les vois de temps en temps ?

— Pas sur le plan mondain, si c'est ce que tu veux dire. J'ai rencontré Reggie Steele une fois dans la rue. Il m'a invité à prendre un verre, mais j'étais trop pressé. (Il se mit à rire.) À vrai dire, cela ne me tentait pas beaucoup.

— Pourquoi ? demanda Shane, soudain méfiant.

— Que veux-tu, c'est toujours pareil, dit Crowther en haussant les épaules. Les types qu'on a connus dans la vie militaire ne sont plus les mêmes quand on les retrouve dans la vie civile.

Shane lui jeta un regard singulier.

— Alors, ce qui s'est passé là-bas ne signifie plus rien pour toi ? Cela t'est complètement égal ?

— La Corée, c'est un souvenir qui s'efface peu à peu, Dieu merci !

— Et le temple, le colonel Li ?

Crowther rallumait sa pipe ; l'allumette jetait une lueur jaune sur son visage.

— Au commencement, ça m'empêchait de dormir, mais ça n'a pas duré. On n'imagine pas avec quelle rapidité la nature nous aide à oublier les choses vraiment désagréables.

Shane secoua la tête.

— Moi, je ne peux rien oublier, rien, dit-il presque avec fureur. La nuit, je revois Li. J'entends son sacré pied-bot, je pense à la mort de Simon Faulkner. (Il s'assit, les yeux fixés sur Crowther.) Et surtout, ce que je n'oublierai jamais, c'est que quelqu'un a livré à Li les renseignements qui lui manquaient... (Il eut un drôle de sourire.) Et nous n'avons jamais su qui c'était.

Crowther le regarda un instant sans que son visage exprime grand-chose, puis il dit en riant :

— Eh bien ! non. Nous ne l'avons jamais su.

Il y eut un nouveau silence, lourd de signification, et Shane reprit :

— Je sais que ce n'est pas moi. Ce n'est sûrement pas Graham ; à ce moment-là, il était évanoui dans ma cellule et il est resté sans connaissance pendant près d'une heure.

Crowther avait soigneusement déposé sa pipe sur son bureau. Il se redressa à demi dans son fauteuil et dit d'un ton tranquille.

— Veux-tu insinuer que c'est moi, Shane ? Est-ce pour t'en assurer que tu reviens après tant d'années ?

Le regard de Shane semblait le transpercer.

— Est-ce toi ? demanda-t-il.

Le silence s'installa d'un coup dans la pièce, évitant aux deux hommes de prononcer des mots irréparables. Puis, Crowther, avec un rire bref, se pencha et délaça son soulier droit. Il retira sa chaussette et mit son pied nu sur le bord de la table, pour que Shane le voie. Il y avait à la place des orteils une cicatrice violacée.

— Regarde bien, dit-il.

— Comment est-ce arrivé ? demanda Shane sans émotion apparente.

Crowther renfila sa chaussette.

— Quand je marchais vers le Nord avec les autres prisonniers. J'ai omis de te dire qu'on nous avait fait aller jusqu'en Chine à pied. Il nous a fallu près de cinq mois. L'hiver a été rigoureux cette année-là. Les trois quarts des hommes sont morts. J'ai eu de la chance. Je m'en suis tiré avec tous les orteils gelés ; quand la gangrène s'y est mise, je n'ai eu qu'une chose à faire : je les ai coupés avec mon couteau de poche.

Il remit son soulier, se leva en boitant très légèrement et fit le tour de la table.

— Si c'est moi, ça ne m'a pas avancé à grand-chose, dit-il.

Shane se leva, la main tendue.

— Non, en effet, si c'est toi...

Il se dirigea vers la porte et, comme il l'ouvrait, Crowther lui dit :

— Pour l'amour du ciel, mon vieux, laisse tomber ! C'est de l'histoire ancienne. Ça servirait à quoi de savoir maintenant qui a trahi ?

Shane se retourna vers lui avec un air singulier :

— Tu es la troisième personne qui me dit ça aujourd'hui. Je commence à me demander pourquoi tout le monde est tellement inquiet.

Les épaules de Crowther s'affaissèrent lentement. Il paraissait désespéré. Les deux hommes se regardèrent sans rien dire. Shane se détourna pour ne plus voir ce visage décomposé et sortit doucement de la pièce.

6

Joe Wilby habitait 15 Gower Street, au cœur de la vieille ville, dans un quartier de taudis destinés à la démolition. À voir le nº 15, on pouvait s'attendre à ce qu'il tombe en ruines d'un instant à l'autre. La porte principale, sans doute dangereuse, était condamnée, on l'avait barricadée avec des planches.

Shane découvrit sur le côté un petit passage et arriva dans une cour où s'amoncelaient les vieilles boîtes de conserves et les déchets de toutes sortes. Il vit de la lumière à une porte vitrée au fond de la cour, monta quatre marches et frappa.

Une femme entrouvrit la porte et demanda :

— Qui est là ?

— Je cherche Joe Wilby, dit Shane. Je suis un de ses vieux camarades.

La femme décrocha une chaîne, lui dit d'entrer et fit quelques pas dans un couloir obscur. Shane referma la porte et suivit la femme. Le relent de friture et d'urine qui régnait dans ce boyau lui fit tordre le nez. La femme le précéda dans une chambre, à l'extrémité du couloir, et tourna un interrupteur. La pièce était à peu près propre et confortable. Il y avait un tapis sur le plancher et un grand lit contre un des murs. Dans la pièce éclairée, la femme se retourna pour l'accueillir. Grande et forte, et plus près de quarante ans que de trente, elle était encore belle, d'une beauté vulgaire et hardie. Elle regarda le jeune homme avec intérêt et lui sourit :

— Je suis Bella, la femme de Joe, dit-elle. Il n'est pas là en ce moment. Est-ce que *moi*, je peux faire quelque chose pour vous ?

Il n'y avait pas à se tromper sur le sens de cette proposition.

Shane se mit à rire :

— Je suis Shane, Martin Shane. J'étais en Corée avec votre mari. En traversant Burnham, je me suis dit que j'allais voir ce qu'il devenait.

Souriante, elle s'était assise sur le bord du lit.

— Eh bien, ça c'est gentil. Joe ne m'a jamais dit grand-chose de ce qu'il a fait pendant la guerre. Donnez-moi une cigarette, venez vous asseoir près de moi et racontez-moi tout ça.

Elle tapota le lit à côté d'elle. Shane lui obéit. Elle croisa les jambes et le peignoir voyant qu'elle portait s'écarta, révélant deux bourrelets de chair blanche au-dessus de ses bas noirs.

— Ainsi, vous étiez ensemble en Corée, mon Joe et vous, dit Bella, quand elle eut allumé sa cigarette. Il y a un fameux bout de temps.

Shane acquiesça.

— Je suis resté absent pendant des années. Ce n'est que la semaine dernière que je suis revenu en Angleterre.

— Alors, il faut arroser votre retour, pas vrai ? dit Bella en lui serrant la main.

Elle alla prendre dans un placard une bouteille de gin et deux verres. Elle les remplit, en donna un à Shane et se rassit.

— À la vôtre, dit-elle, et elle avala d'un coup le contenu du sien.

Shane, qui sirotait son gin, dit en riant :

— Où est Joe, cet après-midi ? Il travaille ?

Elle secoua la tête.

— Non. Il travaille le soir. Il est barman en ville, dans une boîte de nuit. En ce moment, il est là où il est toujours à cette heure-ci, dans un bistrot du quartier à s'envoyer quelques verres de bière.

Shane voulut avoir l'air de sympathiser :

— Ça doit être rudement embêtant pour vous, à la longue.

Elle se pencha vers lui, la bouche entrouverte, posa la main sur son genou et dit d'une voix câline :

— Vous ne vous doutez pas de ce que ça peut être embêtant.

La porte extérieure s'ouvrit avec fracas. En entendant marcher dans le couloir, Bella s'écarta vivement de Shane. Wilby entra dans la chambre. Il ne tenait visiblement plus sur ses jambes. Il avait la carrure d'un taureau, des bras qui lui tombaient presque jusqu'aux genoux, la figure renfrognée et bouffie d'un ivrogne. Il restait là, titubant, avec un mauvais regard.

— Alors, c'est comme ça quand j'ai le dos tourné ?

Bella s'approcha de lui et dit doucement :

— C'est un de tes amis d'autrefois, Joe. Je lui ai tenu compagnie en attendant que tu rentres.

Joe l'empoigna par les cheveux et lui rejeta la tête en arrière.

— Comme c'est probable ! dit-il.

Shane se redressa et se tourna pour que Joe puisse voir ses traits. Cloué sur place et la bouche ouverte, Wilby était devenu vert. Il répétait d'un air hébété :

— Shane ! Martin Shane !

— Mais oui, Joe, c'est bien moi, dit Shane.

Wilby le regarda encore. Puis il attrapa sa femme par les deux épaules, la jeta dehors et referma la porte d'un coup de pied.

— Je te croyais mort, dit-il lentement.

— Tu devais penser à quelqu'un d'autre, Joe, peut-être à Simon Faulkner, mais lui, il est bien mort, n'est-ce pas ?

Wilby, qui le regardait toujours l'air furieux, alla en titubant jusqu'au lit, prit la bouteille de gin, et la vida. Puis il s'essuya la bouche sur sa manche et dit d'un ton agressif :

— Ben quoi, je le sais qu'il est mort, Faulkner. Ils l'ont fusillé juste en dessous de ma fenêtre. Alors ?

Shane lui sourit aimablement :

— Ce que je veux dire, c'est que Faulkner est mort et que tu ne l'es pas... Ne crois-tu pas que cela permet d'envisager certaines possibilités ?

Wilby ouvrit des yeux ronds et, furieux, lança la bouteille vide contre le mur où elle se brisa.

— Qu'est-ce que tu racontes ? Pourquoi que tu es venu ? Tu as toujours été un vrai fils de pute. Allez, fous le camp ! Débarrasse le plancher !

Il hurlait en cherchant à tâtons le bouton de la porte.

Shane bondit, l'attrapa par le col de sa veste, le ramena jusqu'au milieu de la chambre, et l'envoya bouler à l'autre bout.

Wilby se ramassa et, ses deux énormes mains en avant, se rua sur Shane. Lorsqu'il fut assez près, Shane qui l'attendait fit un pas de côté et lui envoya de toutes ses forces un coup dans l'estomac. Wilby poussa un grand soupir. Ses genoux fléchirent, et il tomba en travers du lit.

Shane s'était appuyé contre la cheminée. Plusieurs minutes s'écoulèrent avant que Wilby s'assît en gémissant et en se frictionnant le ventre. Haineux, mais terrorisé. Il répéta :

— Pourquoi tu es venu ? Qu'est-ce que tu fous là ?

Shane le remit de force sur ses pieds avant de répondre d'une voix coupante :

— Je cherche le salaud qui nous a vendus au colonel Li.

De plus en plus terrifié, Wilby, la mâchoire pendante, les yeux exorbités, roulait la tête d'une épaule sur l'autre :

— Ce n'est pas moi, Shane ! Je t'assure que je l'ai bouclée !

Shane l'attira tout près de lui et scruta d'un regard impitoyable cette grosse figure qui empestait la bière. Wilby, éperdu, s'écria :

— Il faut me croire, Shane, je te jure que ce n'est pas moi !

Shane le retint un moment puis le repoussa. Wilby alla s'étaler sur le lit et se mit à sangloter. Avant de s'en aller, Shane lui cria :

— Ne t'imagine pas que j'en ai fini avec toi. J'ai encore quelqu'un à voir et, ensuite, peut-être bien que je reviendrai.

Dans le corridor, Shane trouva Bella Wilby aplatie contre le mur :

— Qu'est-ce qui se passe dans cette chambre ? demanda-t-elle.

À vous entendre, je croyais que vous étiez de vieux amis, Joe et vous.

Shane se mit à rire.

— Pourquoi me le demandez-vous ? Vous écoutiez à la porte.

Elle lui tourna le dos, l'air outragé, mais il lui saisit le bras.

— Si Joe désire me parler, dites-lui que je suis à l'hôtel *Embassy*.

Il la planta là dans l'obscurité, retraversa le couloir et sortit.

Il pleuvait toujours, et le brouillard était plus dense que jamais. Shane se hâtait vers le centre de la ville, tout en réfléchissant aux événements de cette journée. Laura Faulkner, Graham, Crowther... Rien de commun entre eux. Pourtant, tous souhaitaient qu'il renonçât aux recherches qui lui tenaient tant à cœur. Et Wilby était terrifié, vraiment terrifié. Était-il coupable ? Avait-il peur pour une autre raison ?

Shane se torturait l'esprit. Mais la douleur sourde le reprenait juste derrière l'arcade sourcilière droite. Elle empirait. Alors, il reprit le chemin de son hôtel.

Le brouillard faisait autour de lui des tourbillons dans lesquels il avait l'impression d'être absolument seul. La peur l'envahissait. Le monde n'était qu'une illusion nébuleuse sans aucune réalité et qui tournoyait indéfiniment.

Shane traversa la rue en titubant. Comme il allait mettre le pied sur le trottoir, Laura Faulkner passa devant lui, son chien sur les talons. Il s'attendait si peu à la voir qu'il sursauta, recula, et la perdit de vue dans la brume. Il resta là, pétrifié, jusqu'à ce qu'une voiture, en le frôlant, lui rendît le sens des réalités. Il monta sur le trottoir et courut après la jeune femme.

Il arriva à l'angle de la rue et la vit entrer dans une maison où l'on accédait par un perron de quelques marches. Le mot « hôtel » se détachait sur une enseigne lumineuse au-dessus de la porte. Shane hésita un moment au bas des marches avant d'entrer dans le hall pour la suivre.

C'était une toute petite pièce. Assis dans le minuscule bureau de réception, un vieux portier à lunettes de corne lisait tranquillement son journal. Shane se dirigea vers le bar situé de l'autre côté du hall.

Le vieux bonhomme l'arrêta par une toux discrète :

— Je suis désolé, Monsieur, mais le bar est fermé jusqu'à 8 heures.

Shane revint vers le bureau.

— Je voudrais parler à la jeune femme qui vient d'entrer, dit-il.

Le vieux portier prit un air ahuri.

— Une jeune femme, Monsieur ?

— Oui. La jeune femme accompagnée d'un gros chien. Je l'ai vue entrer à l'instant, dit Shane qui s'énervait.

Le portier posa son journal et secoua la tête.

— Je suis désolé, Monsieur, vous avez dû vous tromper. Voilà une demi-heure que je suis ici et vous êtes la première personne que je vois.

Shane, troublé par cette réponse, dit en pesant ses mots :

— Mais je l'ai vue entrer ici, quelques secondes avant moi.

Le vieux portier secoua de nouveau la tête et répéta :

— Je regrette beaucoup, Monsieur, mais vous devez vous tromper.

Et il se replongea dans son journal.

Shane se pencha par-dessus le bureau, le tira par sa veste et l'obligea à se lever.

— Vous mentez, gronda-t-il. Laura Faulkner vient d'entrer par cette porte et vous l'avez forcément vue.

Le vieux avait peur. Il se dégagea et dit en reculant :

— Vous êtes fou ! Sortez, ou j'appelle la police.

Pour se calmer, Shane respira profondément et réussit à dire d'une voix égale :

— Écoutez, il est facile de savoir qui a raison. Avez-vous l'annuaire du téléphone ?

Le portier prit le volume sur une étagère et le poussa devant Shane qui le feuilleta fébrilement et, quand il eut trouvé le numéro, demanda en montrant l'appareil :

— Je peux me servir de ça ?

— Il faut que je demande le numéro par le standard, dit le vieux encore sur ses gardes.

Shane bouillait pendant que le portier enfonçait la fiche dans le tableau et formait le numéro. Il se retourna enfin en disant :

— Vous avez la communication, Monsieur.

Shane porta le récepteur à son oreille et écouta la sonnerie à l'autre bout. Il n'arrivait pas à dominer son impatience. La sueur perlait sur son front, il l'essuyait rageusement. Enfin, il perçut la voix de Laura Faulkner, lointaine et calme.

— Allô ! Qui est à l'appareil ?

Il eut peine à répondre et bredouilla :

— Ici, Martin Shane.

Il entendit Laura Faulkner reprendre son souffle, puis de la même voix lointaine et impersonnelle, elle demanda :

— Qu'est-ce que je peux faire pour vous, Mr Shane ?

— Oh ! rien. Je n'ai rien d'important à vous dire. Je croyais vous avoir aperçue dans la rue il y a un instant et je voulais savoir si je ne m'étais pas trompé.

Elle parut surprise :

— Mais je ne suis pas sortie de la journée !

— Je suis désolé de vous avoir dérangée ; c'est ridicule.

Il s'étranglait presque en lui répondant. Il laissa tomber le récepteur sur son support, gagna la porte d'un pas mal assuré et s'enfonça en trébuchant dans le brouillard.

Ce qui lui arrivait dépassait son entendement. Il sentait surgir et grandir en lui la peur, comme une main noire qui menaçait de l'étouffer. Il était certain d'avoir vu Laura Faulkner, et pourtant, elle lui avait répondu de chez elle, à plus de six kilomètres de là... Il y avait forcément une explication.

Il se mit à marcher très vite, empruntant un itinéraire peu fréquenté pour regagner son hôtel. Sa tête lui faisait de plus en plus mal. À l'angle de deux rues, subitement pris de faiblesse, il s'appuya contre un réverbère, mais il entendit des pas dans le brouillard et se redressa pour écouter. Glacé de frayeur, il sentit ses cheveux se dresser sur sa tête. Quelqu'un avançait lentement vers lui, quelqu'un qui traînait un pied-bot et qui avançait, trébuchant et glissant, tour à tour, sur le pavé mouillé avec un bruit impressionnant.

Shane tentait de percer le brouillard. Il cria :

— Qui est là ?

Pas de réponse. Les pas s'étaient arrêtés. Immobile, le jeune homme écarquillait les yeux, essayant en vain de voir quelque chose à travers le mur d'ouate qui l'environnait, puis il se mit à courir aussi vite que ses jambes pouvaient le porter.

Arrivé au bord du trottoir, il s'arrêta, pantelant, pour reprendre haleine, et là, tout près de lui, invisible dans le brouillard, il entendit de nouveau le pied-bot qui glissait, trébuchait et se rapprochait de lui.

Terrorisé, il se mit à courir comme si tous les démons de l'enfer étaient à ses trousses. Quand il arriva dans la rue étroite où se trouvait son hôtel, sa douleur à la tête était devenue telle qu'il ne put retenir un gémissement.

Il avançait en chancelant lorsqu'une silhouette vague et menaçante émergea du brouillard, à sa gauche. Un croc-en-jambe l'envoya s'étaler de tout son long sur le trottoir. Un tour sur lui-même lui évita un coup de pied destiné à sa tête. Il se releva, et la rage de tuer monta en lui. Cette fois, il avait devant lui quelque chose de tangible qu'il pouvait combattre. Il discerna tout juste une figure brutale, des yeux cruels, le nez écrasé d'un boxeur, et plongea. Un poing lui frôla la joue. Alors, il envoya son pied dans le ventre de son agresseur ; l'homme poussa un cri de douleur, se plia en deux et tomba contre le mur.

Shane le saisit par le devant de sa veste et hurla :

— Qui t'a payé ?

L'homme suffoquait, les yeux hagards.

— C'est Wilby, Joe Wilby. Il m'a promis cinq livres si je te faisais la peau.

D'une poussée, Shane l'envoya la tête la première dans le brouillard. Wilby pouvait attendre. Il se dit qu'il avait des choses plus importantes à faire pour le moment, et il reprit le chemin de l'hôtel.

L'escalier qui montait à sa chambre n'en finissait plus. Il pensa ne jamais arriver en haut. Son crâne allait éclater. Il souffrait trop. Il se précipita dans la salle de bains, attrapa la boîte de pilules rouges, en avala quatre à la fois avec un peu d'eau et alla se jeter sur son lit.

Comme il s'étendait, il vit des fusées de toutes les couleurs puis une grande nappe d'ombre, noire comme de l'encre, qui s'avançait vers lui et il s'y plongea.

7

Lorsqu'il s'éveilla, il faisait complètement noir. Il resta étendu sur le lit, fixant le vide sans savoir où il était. Le déclic intérieur joua au bout de plusieurs minutes, et il se souvint.

Il posa le pied par terre, alluma la lampe de chevet et, en regardant sa montre, s'aperçut avec stupeur qu'il n'était que 18 h 30. Il avait dormi un peu plus d'une heure. Il se sentait pourtant étonnamment reposé ; son mal de tête avait disparu comme par enchantement.

Il ôta son imperméable mouillé qu'il avait encore sur le dos et passa dans la salle de bains. Il ouvrit le robinet d'eau chaude et, pendant que le lavabo se remplissait, il examina son visage dans la glace. Sur la joue droite, le poing de son agresseur avait laissé un bleu ; il y passa légèrement le doigt et fit la grimace. L'ecchymose encore sensible lui rappela Joe Wilby, et la colère le reprit. Il se lava rapidement et mit une chemise propre ; cinq minutes plus tard, il quittait sa chambre et descendait.

Dehors, le brouillard avait encore épaissi et s'agrémentait d'un crachin glacé. Shane releva son col jusqu'aux oreilles et traversa d'un pas rapide les quartiers du centre.

Le *Garland Club* se trouvait St Michael's Square, véritable oasis de paix, à côté de l'hôtel de ville. C'était un jardin rectangulaire entouré de charmantes maisons du XVIIIe siècle. Presque toutes étaient occupées par des études de notaire ou d'avoué et des cabinets d'avocats. *Le Garland Club*, avec son éclairage au néon et son entrée tapageuse, n'était pas tout à fait dans le ton.

La place était presque déserte lorsque Shane monta les marches que couvrait un tapis rouge, sous une large marquise lumineuse. Les portes vitrées étaient fermées. On pouvait voir à l'intérieur un garçon fort affairé, en culotte rouge et en manches de chemise, qui lavait le carrelage du hall ; avec un air exaspéré, il lâcha sa serpillière et vint tirer le verrou.

— Je regrette, Monsieur, mais nous n'ouvrons pas avant 8 heures.

— Je ne suis pas un client, dit Shane en mettant vivement le pied derrière le battant de la porte ; je voudrais voir Mr Steele.

L'autre se rembrunit encore.

— Vous perdez votre temps ; il ne vient jamais avant 9 heures.

Shane insista :

— Où puis-je le trouver ? C'est assez urgent. Croyez-vous qu'il soit chez lui ?

— Non. À cette heure-ci, il est probablement à son autre établissement. Ça s'appelle *Club Eight*.

Shane retira son pied, le garçon remit le verrou et reprit son travail.

Shane entra dans une cabine téléphonique pour chercher l'adresse du *Club Eight* sur l'annuaire. C'était à 1 500 mètres environ, à la limite du quartier animé du centre. Il s'y rendit à pied.

L'immeuble, dont le *Club Eight* occupait une partie, s'élevait entre un entrepôt de vêtements de confection et une ruelle.

Shane entra dans un couloir étroit et s'arrêta devant une porte fermée. Il frappa.

Une petite grille s'ouvrit, et deux yeux l'examinèrent sans aménité.

— Votre carte s'il vous plaît, dit une voix bourrue.

— Je n'ai pas de carte, dit Shane. Je suis un ami de Mr Steele.

La grille se referma, mais la porte s'ouvrit aussitôt. L'employé chargé du contrôle portait un smoking graisseux, une chemise blanche tachée et un nœud tout fait en guise de cravate.

— Si c'est le patron qui vous a dit de venir, je me figure que ça va. Vous n'avez qu'à signer sur le registre.

Shane s'approcha d'un bureau crasseux ; après une seconde d'hésitation, il signa *Raymond Hunt*, avec un paraphe prétentieux.

— Mr Steele est-il déjà là ? demanda-t-il en posant la plume.

— Pas encore, Monsieur. La cotisation est de 10 shillings.

Shane donna un billet d'une livre au contrôleur et lui dit de garder la monnaie. L'homme répondit par un large sourire qui découvrit une rangée de chicots verdâtres.

— Je vais vous apporter votre carte au bar, Monsieur, dit-il avant de rentrer dans la petite pièce qui lui servait de bureau.

Shane ouvrit une porte à l'autre extrémité du couloir et se trouva en haut de quelques marches qui conduisaient directement sur la piste de danse. Autour de celle-ci, les tables étaient serrées à se toucher. Sur une petite estrade, quatre musiciens se démenaient et faisaient de louables efforts pour créer une ambiance endiablée. Shane descendit les marches, traversa la piste et alla s'installer au bar qui lui faisait face. Il s'assit sur un tabouret dans un angle, le dos au mur.

Dans la salle, on ne s'écrasait pas. Il y avait plus de femmes que d'hommes. Le barman, courbé sur l'évier, rinçait des verres. Quelle ne fut pas la surprise de Shane lorsque l'homme se redressa ; c'était Wilby.

L'ahurissement qui se peignit sur la figure de celui-ci fit aussitôt place à la fureur. Il s'avança, et interpella Shane par-dessus le zinc.

— Qui diable t'a dit que je travaillais ici ? C'est Bella ?

— Je n'ai pas eu besoin qu'on me le dise. Je n'ai eu qu'à suivre mon inspiration.

Les grosses mains de Wilby serraient convulsivement le rebord du comptoir. Shane continua :

— À propos, j'ai rencontré un de tes amis cet après-midi. Il m'a chargé d'une commission pour toi. Il paraît qu'il a eu un petit accident et qu'en fin de compte il ne sera pas en état d'aller chercher son billet de cinq livres.

Wilby devint cramoisi. S'il avait pu tuer Shane d'un regard, il l'aurait fait.

— Ça va, espèce de petit malin, on ne te ratera pas.

Shane alluma une cigarette et lui envoya un nuage de fumée dans la figure.

— Tais-toi, dit-il avec un sourire sarcastique. Tu me fais trop peur. Sers-moi une bière avant que je m'évanouisse.

Sans un mot, Wilby apporta la bière et, visiblement furieux, il retourna rincer les verres, mais il s'arrêta presque tout de suite. L'air décidé, il leva l'abattant du comptoir, se faufila entre les tables et disparut.

Shane fronça les sourcils, se demandant ce que le bonhomme mijotait, puis il haussa les épaules et se mit à observer les habitués. La plupart des femmes, outrageusement maquillées, étaient manifestement des prostituées. Leurs toilettes étaient à la limite de la décence.

Parmi les hommes, quelques voyageurs de commerce, du type gras à cheveux clairsemés, en bordée dans une ville inconnue, paraissaient bien décidés à s'offrir ce qui représentait à leurs yeux une bonne soirée. Les autres appartenaient à la pègre ; escrocs au petit pied, gangsters de bas étage, ils étaient tous d'une extrême élégance vestimentaire.

Pas trace de Reggie Steele. Shane vidait son verre lorsqu'il remarqua la présence d'une toute jeune femme debout à côté de lui. Elle tenait à la main une cigarette qu'elle n'avait pas encore allumée et le regardait, hésitante. Il sourit et lui tendit une allumette.

Malgré le fard, on voyait qu'elle n'était guère qu'une enfant. Son corps ferme et frais avait le même charme que celui d'un jeune animal. À ce moment Wilby reparut et reprit sa place derrière le bar.

— Vous prendrez bien quelque chose, dit Shane à sa voisine.

— Pour ça, je ne dis jamais non.

Elle s'assit à côté de lui. Sa jupe étroite remonta d'une dizaine de centimètres au-dessus de ses genoux sans qu'elle essayât même de la baisser.

— Je prendrai un gin-orange, si vous permettez.

Il passa la commande à Wilby, et, quand ils furent servis, elle leva son verre en disant :

— Je m'appelle Jenny Green. Et toi ? C'est la première fois que je te vois ici.

— Raymond Hunt. Je ne suis que de passage à Burnham.

Elle se pencha vers lui. Son chemisier qui bâillait permettait à Shane d'admirer à loisir la naissance de ses seins.

— Il va falloir chercher ce que nous pourrions faire pour rendre ton séjour agréable, dit-elle.

Shane allait répondre, mais quelqu'un lui tapa sur l'épaule. Il se retourna : le contrôleur qui l'avait introduit dans l'établissement lui tendait un billet d'une livre en souriant de toutes ses dents gâtées.

— Je suis désolé, Monsieur, je viens de m'apercevoir que le nombre des membres que nous sommes autorisés à recevoir ce soir est dépassé. Excusez-moi.

Wilby tournait autour du bar, un bâton de policeman à la main. Toutes les conversations avaient cessé. Un silence soudain plana sur l'assistance.

Jenny s'était déjà éclipsée. Shane estima que cela lui suffisait pour un soir. Il empocha le billet, haussa les épaules et se dirigea tranquillement vers l'escalier qui conduisait à la sortie, suivi par le contrôleur qui ouvrit la porte et dit en s'effaçant :

— Bonsoir, Monsieur, je regrette infiniment de n'avoir pas pu vous être agréable.

— Je me suis amusé tout de même, dit Shane, et il sortit.

Arrivé au bout de la ruelle, il s'arrêta pour allumer une cigarette.

— « Pssst ! », entendit-il soudain, et Jenny Green émergea du brouillard.

— La sortie de secours est par là, dit-elle, rapport aux flics.

Shane soupira.

— Allons, ne commence pas à te faire des idées.

Elle se mit à rire.

— Raconte-moi ce que tu faisais là-dedans.

— Je cherchais Reggie Steele.

Elle prit aussitôt un ton distant pour demander :

— C'est un de tes amis ?

Il secoua la tête.

— Non. Je ne crois vraiment pas qu'on puisse dire ça de lui.

Elle retrouva aussitôt son sourire.

— S'il n'est pas arrivé à cette heure-ci, c'est qu'il ne viendra pas. Tu le trouveras probablement au *Garland Club*.

— Qu'est-ce qu'il faut faire pour y être admis ? demanda Shane.

Jenny fouilla dans son sac et en sortit une petite carte blanche.

— Il faut payer une livre, comme nouveau membre. Tu n'as qu'à montrer cette carte au contrôleur et il t'inscrira.

— Merci beaucoup, dit Shane. (Puis il ajouta, avant de s'éloigner :) J'espère que personne n'a remarqué que tu sortais en même temps que moi. Ça m'ennuierait que tu aies des problèmes.

Elle éclata de rire et ses dents luisaient dans l'obscurité.

— Ne t'en fais pas pour moi. Je sais me débrouiller.

Elle s'appuya au mur et l'attira tout contre elle. Il se sentit pénétré par la tiédeur de son corps et posa doucement ses mains sur ses épaules.

— Dis-moi une chose, demanda-t-elle. Ce n'est pas ton vrai nom, Raymond ?

Il lui sourit.

— Non. C'est Martin, mon vrai nom. Martin Shane.

Elle prit un ton sérieux :

— Ah ! bon ! Ça te va beaucoup mieux.

Elle le prit par le cou, l'embrassa longuement, puis le repoussa et partit en courant.

Il essuya le rouge à lèvres qu'il avait sur la bouche et dit à mi-voix :

— Au revoir, Jenny.

Elle répondit :

— À bientôt, Martin.

Il entendit le bruit d'une porte qu'elle refermait et il s'éloigna.

Les rues avaient retrouvé leur animation. Il traversa d'un bon pas le centre de la ville et, lorsqu'il arriva St Michael's Square, il trouva la place transformée en parking.

L'homme qui, trois heures plus tôt, lavait le vestibule, faisait office de portier et paradait à l'entrée du club dans une somptueuse livrée rouge à galons d'or. Au moment où Shane arriva, il tenait ouverte la grande porte vitrée pour laisser passer un client qui sortait, et qu'il salua avec déférence.

Celui-ci, un homme assez grand qui portait un pardessus foncé, leva le poignet pour regarder sa montre. Sous la lumière crue de l'entrée, Shane vit nettement son visage : c'était Adam Crowther.

Shane le héla. Crowther tourna la tête, parut hésiter, mais ne s'arrêta pas. Il traversa la chaussée en boitant et s'engouffra dans une petite conduite intérieure. Shane courut après lui mais une autre voiture arrivait. Il fut obligé de reculer et fit un saut en arrière pour l'éviter. Il vit la petite conduite intérieure démarrer et disparaître à l'angle de la place.

Il resta un moment sur le bord du trottoir. Il regardait la nuit, les yeux mi-clos, en se demandant ce qui pouvait expliquer la présence de Crowther au *Garland Club*.

Cette histoire lui semblait se compliquer singulièrement, et c'est avec un visage sombre qu'il passa à son tour la grande porte vitrée pour entrer dans le club.

8

Un employé à cheveux blancs qui devait être un étranger s'avança et dit tout naturellement :

— Seuls les membres du club sont admis, Monsieur.

Shane lui tendit la carte de Jenny. L'homme l'examina sans sourciller.

— Veuillez passer dans le bureau pour signer le registre, Monsieur, dit-il en introduisant Shane dans une petite pièce qui ouvrait sur l'entrée.

Shane inscrivit son véritable nom sur le livre. L'homme regarda attentivement sa signature, puis releva la tête avec un vague sourire.

— Je vais vous demander une livre pour le droit d'entrée, Mr Shane, dit-il, et il fit signe à une des filles chargées du vestiaire.

Pendant qu'elle l'aidait à se débarrasser de son imperméable, Shane demanda :

— N'est-ce pas Mr Crowther que j'ai vu sortir du club au moment où j'y arrivais ? Mr Adam Crowther.

L'homme fronça les sourcils comme s'il réfléchissait :

— Mr Crowther, Monsieur ? Non. Je crois qu'aucun membre du club ne porte ce nom.

Il retourna dans son bureau, parcourut rapidement une liste et revint, l'air contrarié.

— Vous avez dû vous tromper, Monsieur. Ce nom ne figure pas sur la liste des personnes qui sont venues ce soir.

Shane le remercia et lui tendit un billet d'une livre. L'homme s'inclina légèrement et s'effaça.

— Merci beaucoup, Monsieur. J'espère que vous passerez une soirée agréable dans nos salons.

Ces simples mots parurent à Shane lourds de sous-entendus. Lorsqu'il se fut éloigné de quelques mètres, il se retourna et vit l'homme à cheveux blancs qui le suivait des yeux tout en parlant avec animation au téléphone.

Il continua d'avancer dans le couloir tout au long duquel courait un tapis rouge, mais il éprouvait une crainte indéfinissable. Comme il approchait de la porte grande ouverte au bout de la galerie, il entendit des applaudissements. Il déboucha sur un balcon d'où un large escalier descendait directement dans une salle à manger bondée.

Au-dessus des tables, on avait installé une sorte de passerelle sur laquelle des girls à moitié nues exécutaient un numéro de danse.

Un petit Italien qui avait l'air d'un oiseau, posté en au haut de l'escalier, regardait la salle. Du coin de l'œil il aperçut Shane et tourna vers lui une figure épanouie et souriante.

— Bonsoir, Monsieur. Je vais vous dénicher une table.

Shane l'écarta d'un geste.

— Merci. Pas tout de suite, je vais d'abord prendre quelque chose au bar.

Il descendit dans la salle et se fraya un chemin à travers la cohue jusqu'au bar où il commanda une consommation. Dès qu'il eut son verre, il s'installa le dos au comptoir et regarda autour de lui. Dans l'ensemble, les clients paraissaient convenables. C'étaient pour la plupart des hommes d'affaires entre quarante-cinq et cinquante ans. Visiblement, ils s'amusaient. Leurs épouses devaient ignorer qu'ils se trouvaient là.

Le bruit était assourdissant. Une demi-douzaine de girls vinrent sur la passerelle danser le french-cancan. Shane était admirablement placé, presque au-dessous d'elles ; il n'en perdait rien. C'étaient les filles habituelles, avec des figures cyniques, trop fardées, et des cheveux teints. Chaque fois qu'elles lançaient la jambe en l'air elles poussaient des cris suraigus comme si elles y prenaient un plaisir extrême et l'assistance applaudissait à tout rompre.

Shane était là depuis une demi-heure environ et regardait le spectacle en guettant Reggie Steele. Il venait de commander son troisième verre lorsque son attention fut attirée par l'Italien qui jusqu'alors surveillait l'entrée au haut de l'escalier. Il s'était mis soudain à inspecter la salle. Lorsque son regard croisa celui de Shane, il eut un sursaut et descendit. Shane le vit se faufiler entre les tables et disparaître par une porte de service.

Au même moment, il y eut un roulement de tambour. Une jeune femme élancée et gracieuse fit son apparition sur la scène, accueillie par un tonnerre d'applaudissements et les vivats enthousiastes de toute l'assistance. Elle fit quelques pas de parade sur la passerelle et alla se placer à quelques mètres de Shane. Ils se reconnurent. Elle lui adressa un sourire effronté. C'était Jenny Green.

Elle cligna de l'œil et Shane, impassible, la salua de la main. Elle n'avait guère sur elle que des bas en filet de soie noire et une écharpe de gaze d'or drapée autour des reins. Une fleur d'or brillait à la pointe de chacun de ses seins. Le rideau descendit sur la scène, derrière elle. Elle était chargée de présenter le numéro.

Spectacle sans originalité : l'évocation de femmes célèbres à travers les âges. À chaque nouveau nom, le rideau se relevait sur une exhibition de nudités. D'aimables jeunes personnes, bien en chair, représentaient de leur mieux Ève au paradis terrestre, Hélène de Troie et maintes autres.

Le numéro dura une dizaine de minutes. Le public applaudit chacun des tableaux avec frénésie. Comme le rideau tombait, Jenny pirouetta sur elle-même, les bras tendus, et salua. Elle regarda Shane bien en face, sourit, partit en courant sur la passerelle et disparut derrière le rideau.

Shane vida son verre, puis se fraya un passage à travers la foule et gagna le côté de la scène où il avait repéré une porte. Il l'ouvrit et monta quelques degrés qui l'amenèrent dans les coulisses. Des machinistes inoccupés fumaient et bavardaient, appuyés aux portants. Il passa au milieu d'eux sans qu'ils s'intéressent à lui et s'engagea dans un escalier de fer.

Il aboutit dans un corridor sur lequel donnaient plusieurs pièces et entendit un éclat de rire. Une porte s'ouvrit livrant passage à Jenny qui marchait si vite qu'elle se heurta à lui et leva la tête, éberluée.

— Décidément, je te trouve partout ! dit-elle en riant.

Il rit aussi.

— Tu as dû foncer pour être ici à l'heure de ton numéro.

— On était plusieurs filles là-bas et on a pris un taxi ensemble. Est-ce que par hasard ce serait moi que tu cherches ? demanda-t-elle avec un sourire malicieux.

Il secoua la tête.

— Pas ce soir, Jenny. Je cherche Reggie Steele.

Elle lui indiqua le fond du corridor.

— C'est la porte du bout. Son nom est écrit dessus, tu ne peux pas te tromper. On se verra plus tard, beau mec, ajouta-t-elle avec une grimace et elle rentra dans sa loge.

Après avoir monté deux marches, Shane se trouva dans un univers différent. Un tapis moelleux recouvrait le sol du corridor. Il avait en face de lui une porte sur laquelle le nom de Steele se détachait en lettres d'or.

Il hésita un instant et tendit l'oreille. Aucun bruit ne lui parvenait par l'imposte entrouverte, mais quelque chose bougea derrière lui et il se retourna vivement.

Un grand type le toisait de près. Noiraud, large comme une armoire à glace, ce nouveau personnage avait des cheveux noirs frisés en boucles serrées sur le front. Le bourrelet d'une cicatrice qui lui traversait la joue droite lui donnait un air bizarre et sinistre.

— À quel jeu tu joues, Jack ? demanda-t-il.

Shane le toisa à son tour et dit tranquillement :

— Je cherche Mr Steele, Jack.

L'homme eut un vilain regard. Shane ouvrit la porte et entra.

Dans cette pièce, les boiseries étaient peintes de couleur crème rehaussée d'or. Un feu de bois pétillait dans une magnifique cheminée. Steele, assis derrière un bureau, examinait des papiers étalés devant lui. Il releva la tête et sursauta.

Pendant quelques instants, Shane et lui se regardèrent fixement. Steele tordit la bouche avec une espèce de ricanement.

— Hello, Shane ! Je t'attendais. Qu'est-ce qui t'a retardé ?

Le grand type noiraud entra dans la pièce et dit :

— J'ai trouvé ce gars-là qui écoutait, collé contre votre porte, patron.

Steele se leva et le congédia d'un geste.

— Ça va, Frenchy. Nous sommes de vieux amis, Mr Shane et moi. De très vieux amis.

Frenchy battit en retraite et ils se retrouvèrent seuls.

Steele, s'approchant d'un petit bar, montra une bouteille.

— Du whisky ? Ça te va ?

Shane hocha la tête et alluma une cigarette.

— Je n'arrivais pas à me rappeler ta figure, dit-il, mais dès que j'ai passé cette porte, je t'ai retrouvé et je me suis souvenu de toi et de tout ce qui te concerne. J'avais toujours pensé que tu te lancerais dans ce genre de commerce.

Steele lui tendit un verre plein et se rassit derrière le bureau.

— Je ne me plains pas, dit-il. Je gagne bien ma vie avec cette petite affaire.

De la poche d'un smoking admirablement coupé, il avait tiré un étui à cigarettes en platine. La moustache taillée en brosse lui donnait du chic et une certaine beauté un peu canaille, mais au-dessous des lèvres pleines, le menton fuyant était efféminé et veule. Il envoya une volute de fumée au plafond.

— Il paraît que tu as fait sensation dans mon autre établissement.

Shane leva les sourcils.

— Qui t'a dit cela ? Wilby ?

Steele se mit à rire.

— Pauvre vieux Joe ! Tu lui as flanqué une sacrée frousse, tu sais. Il pense que tu vas lui casser la figure d'un moment à l'autre.

— Alors, tu sais pourquoi je suis ici ?

Steele hocha la tête avec désinvolture.

— Oui. Il m'en a vaguement parlé.

— Et Crowther ? Qu'a-t-il eu à raconter ?

Steele eut un air sincèrement étonné.

— Qu'est-ce que tu veux dire ? Il y a des mois que je n'ai vu Crowther.

— C'est curieux, étant donné que, moi, je l'ai vu sortir d'ici voilà moins d'une demi-heure.

Steele secoua la tête.

— Tu t'es certainement trompé.

Shane serra les poings. Il s'efforçait de rester maître de lui.

— Tu mens, dit-il.

Steele sourit poliment.

— Tu crois, mon vieux ?

Il y eut un silence, puis Shane murmura :

— Est-ce toi, Reggie ?

Steele souleva son verre et dit en regardant Shane droit dans les yeux :

— Et si je te dis que c'est moi ?

Shane plongea la main dans sa poche intérieure et en sortit le Luger :

— Si c'est toi, je te tue à l'instant, dit-il d'une voix rauque.

Steele regarda le pistolet, puis rejeta la tête en arrière et se mit à rire.

— Non. Je n'ai pas parlé à cette ordure de Chinois, et, si je l'avais fait, je ne te le dirais certainement pas. (Il se pencha au-dessus du bureau et détourna de lui le canon du Luger.) Pour l'amour de Dieu, fiche cet objet dans la poubelle avant qu'on ne t'enferme encore dans une maison de fous.

Shane remit l'arme dans sa poche et se dirigea lentement vers la porte. Arrivé là, il se retourna le regard menaçant.

— Dès l'instant où j'aurai la preuve que c'est toi, je jure que je te tuerai.

Steele éclata de rire.

— Shane, je te connais mieux que tu ne te connais toi-même. Tuer des Chinois en Corée, c'était une chose, mais me tuer ici maintenant, de sang-froid, c'en serait une autre et bien différente. Tu n'aurais jamais assez de cran pour appuyer sur cette détente si tu n'as pas une preuve irréfutable. Et une preuve irréfutable, tu ne l'auras jamais. Il y a trop longtemps que tout ça s'est passé.

Shane secoua la tête.

— Je l'aurai la preuve irréfutable et, si c'est bien toi, je viendrai te chercher, dit-il sans élever la voix.

Il ferma la porte et repartit par le corridor.

Jenny Green l'accueillit gaiement devant sa loge.

— C'est fou ce que tu as l'air gai.

Il fit un effort pour sourire :

— Je suis fatigué, tout simplement.

Elle lui glissa dans la main une carte du club.

— J'ai écrit mon adresse derrière au cas où tu aurais l'idée de venir me voir.

Une ombre parut sur le mur. Shane se retourna et vit Frenchy qui les observait :

— Est-ce que ce petit malin t'embête, Jenny ?

Elle eut l'air d'avoir peur et dit en secouant vivement la tête :

— Non, non, Frenchy, pas du tout. C'est un de mes amis.

Et, avec un petit sourire à Shane, elle disparut dans sa loge dont elle referma la porte.

Comme Shane se dirigeait vers la sortie, Frenchy le saisit par un bras qu'il écrasa délibérément dans son énorme patte.

— Mr Steele n'aime pas qu'on tourne autour de ses girls, Jack.

— Et moi, je n'aime pas qu'on m'appelle Jack. Ce n'est pas mon nom, dit Shane avec calme.

De sa main libre, il empoigna le bras gauche de Frenchy et enfonça le pouce juste au point douloureux de l'articulation du coude.

Une expression d'indicible souffrance se répandit sur les traits de Frenchy qui recula. Shane en profita pour lui appliquer un coup de pied sous la rotule gauche. Il le laissa effondré contre le mur, vomissant des obscénités, et sortit tranquillement par l'escalier qui aboutissait à côté de la scène.

9 heures venaient de sonner lorsqu'il quitta le *Garland Club*. Il prit à pied le chemin de l'hôtel. Il avait l'impression que le brouillard faisait peser sur lui une terrible pression qui l'étouffait, le laissant étourdi et la tête vide.

Une douleur sourde s'était installée derrière ses yeux. Il était sans force et dépourvu de tout sentiment. À l'hôtel, le gardien de nuit lui remit sa clef. Il monta péniblement jusqu'à sa chambre.

Tout était silencieux, trop silencieux, et un malaise vague et irraisonné l'envahit. Dans l'obscurité, il s'étendit sur le lit. Dès qu'il eut fermé les yeux, il revit les fusées multicolores qui traversaient si souvent sa cervelle. Dans son esprit, la nuit prenait d'innombrables visages.

Il était étendu là depuis à peine dix minutes, lorsqu'il perçut un bruit qui lui donna la chair de poule. Dans la chambre au-dessus de la sienne, quelqu'un marchait en traînant un pied, puis trébuchait sur le parquet.

Shane resta quelques instants appuyé sur un coude, retenant son souffle et glacé d'effroi, mais bientôt il sauta de son lit, et partit en courant dans le corridor à la recherche de l'escalier qui montait à l'étage supérieur.

Pas d'escalier visible mais, au bout du couloir, il trouva une porte fermée à clef. Il descendit le grand escalier quatre à quatre et courut au bureau :

— Je voudrais savoir qui habite la chambre au-dessus de la mienne.

Le portier le regarda, étonné :

— Mais personne, Monsieur. Il n'y a pas de chambre au-dessus de la vôtre ; il n'y a que le grenier à cet étage-là.

Shane insista :

— Pourtant, j'entends quelqu'un aller et venir au-dessus de ma tête.

L'homme secoua la tête.

— C'est impossible, monsieur. La porte de l'escalier qui va au grenier est fermée à double tour. Il n'y a qu'une clef, la voici.

Il décrocha une clef qui pendait dans un casier et la montra à Shane. Celui-ci éprouva subitement une nausée. Il ferma les yeux pour les rouvrir presque aussitôt et demanda sur le ton le plus naturel qu'il pût prendre :

— Cela vous ennuierait-il d'aller avec moi jeter un coup d'œil là-haut ? Je suis à peu près certain d'avoir entendu des pas.

— Mais pas du tout, Monsieur, dit l'homme, en soulevant l'abattant du bureau ; je vais vous accompagner.

Ils montèrent au deuxième étage, et le portier ouvrit la porte qui donnait accès à l'escalier des combles. Il tourna un interrupteur et s'y engagea prudemment, avec Shane sur ses talons. Arrivés en haut, ils traversèrent un petit palier et entrèrent dans une grande pièce mansardée qui couvrait toute la surface du bâtiment. Elle était totalement vide ; la lumière crue d'une ampoule sans abat-jour en éclairait les coins les plus éloignés.

Le portier se tourna en souriant vers Shane :

— Vous voyez, Monsieur, il n'y a personne ; vous avez dû vous imaginer qu'on marchait.

— Sans doute, dit doucement Shane, et il descendit le premier.

Il attendit que la porte soit refermée, et reprit le couloir silencieusement, aux côtés du portier. En arrivant au grand escalier, il lui dit :

— Je regrette de vous avoir dérangé.

Le portier le regardait avec attention.

— Excusez-moi, Monsieur, mais vous n'avez pas l'air d'être dans votre assiette. Vous ne voulez pas que je vous apporte quelque chose pour vous remonter ?

— Merci, dit Shane ; quand j'aurai dormi, ça ira tout à fait bien ; je suis un peu fatigué.

Il entra dans sa chambre et referma la porte contre laquelle il s'appuya un moment pour écouter. Aucun bruit ne venait du grenier.

Il s'assit sur le bord du lit et fuma une cigarette. La tête lui tournait. Ces pas qu'il avait entendus, il fallait leur trouver une explication rationnelle. S'il admettait un seul instant qu'il les avait imaginés, il était perdu.

Il respira profondément et s'appliqua à avaler la fumée pour se calmer. Au fond, il suffisait que quelqu'un eût la clef de la porte du grenier, quelqu'un qui voulait l'effrayer suffisamment pour qu'il parte ou qu'il devienne fou. L'individu aurait eu le temps de filer pendant qu'il était dans le hall avec le portier.

Il retourna dans le corridor et essaya vainement d'ouvrir la porte du petit escalier ; elle était fermée à double tour. Il en découvrit une autre sur le côté ; il l'ouvrit et se trouva au haut d'un escalier sombre qu'il se hâta de descendre. Une odeur de cuisine refroidie le prit à la gorge. Au fond d'un passage vaguement éclairé, il entendit des voix et un bruit de casseroles. Le passage aboutissait à une ruelle qui longeait l'hôtel. Il remonta. Les idées tourbillonnaient dans son esprit.

La personne qu'il avait entendu marcher dans le grenier était sûrement une de celles qu'il avait vues le jour même : des gens qui voulaient lui faire peur parce qu'eux-mêmes avaient peur. Il se souvint d'Adam Crowther. Il avait menti incontestablement au sujet de ses rapports avec Steele. D'ailleurs, s'il n'avait rien eu à cacher, il n'aurait pas évité Shane en sortant du *Garland Club*.

Le front barré d'un pli profond, Shane réfléchit pendant quelques minutes avant de prendre une décision. Enfin, il mit son imperméable et sortit de l'hôtel. Pour gagner du temps, il prit un taxi à une station du centre de la ville.

Crowther habitait un quartier résidentiel proche de l'Université. Shane dit au chauffeur de s'arrêter à l'entrée de la rue. Il releva son col, à cause de la pluie, et fit à pied le reste du chemin.

La maison qu'il cherchait était un joli bungalow moderne, de style canadien, fait de briques roses et de pierres brutes avec des traverses en bois de pin. Elle était prise en sandwich par deux maisons de ville prétentieuses en pierre grise qui s'élevaient au milieu de pelouses et de plates-bandes fleuries.

Shane suivit sans se presser une allée qui l'amena jusqu'aux marches du perron. Peu après qu'il eut sonné, une grosse lampe s'alluma sous le porche qu'elle inonda de lumière. D'un coup d'œil, il se rendit compte qu'on remuait dans le bow-window du salon. Un rideau frémissait. Il tourna la tête ; la personne recula vers le fond de la pièce ; une main remit le rideau en place.

Il attendit encore, puis il appuya une seconde fois sur le bouton de la sonnette, dont le tintement métallique résonna longtemps à l'intérieur de la maison. Il entendit des pas et la porte s'ouvrit. Une jeune femme brune et jolie, dont les lèvres étaient frémissantes et les yeux pleins de douceur, le considéra d'un air interrogateur :

— Oui, qu'est-ce que c'est ?

— Mrs Crowther, sans doute ?

— C'est moi.

— Shane. Martin Shane. Je suis un vieil ami de votre mari. Croyez-vous que je pourrais lui dire un mot ?

Elle hésita. Un nuage passa sur son visage.

— Je crains que ce ne soit pas possible, Mr Shane. Adam avait de la température ce soir quand il est rentré de l'Université et il est allé tout droit se coucher ; pour le moment, il dort profondément.

— Je suis désolé de l'apprendre ; j'espère que ce n'est rien de sérieux, dit Shane.

D'une main, elle repoussa une boucle de cheveux noirs.

— Oh ! non, c'est un peu de grippe. Je regrette que vous vous soyez dérangé inutilement, Mr Shane. Téléphonez à Adam dans deux ou trois jours à l'Université. Il est probable qu'il ira tout à fait bien à ce moment-là.

Elle paraissait sincèrement contrariée. Shane lui sourit.

— C'est ce que je vais faire. Transmettez mes amitiés à Adam et dites-lui que je lui ferai signe.

Il descendit vivement les marches et se dirigea vers la grille. Comme il y arrivait, il se retourna. Elle était toujours sous le porche et le suivait du regard. Il continua son chemin ; elle rentra alors dans la maison et, presque aussitôt, la lumière s'éteignit sous le porche.

Shane resta quelques minutes dissimulé dans l'ombre du mur, puis il retourna jusqu'au bungalow en marchant sur les bordures de gazon. Cette femme avait menti. Il en était certain. Non seulement Crowther ne voulait pas lui parler, mais il voulait lui faire croire qu'il n'était pas sorti de toute la soirée. Pour cela, il devait avoir une raison.

Shane arriva rapidement au garage en brique au toit plat qui flanquait le bungalow. La porte n'était pas fermée et il entra sans difficulté. À la lumière d'une allumette qu'il éleva au-dessus de sa tête, il reconnut la voiture de Crowther ; la pluie n'avait pas encore eu le temps de sécher sur la petite conduite intérieure noire.

Quand l'allumette s'éteignit, Shane sortit du garage. La question était réglée. C'était bien Crowther qu'il avait vu à la porte du *Garland Club*.

Il fit le tour de la maison. La cuisine était plongée dans l'obscurité, mais la porte de service n'était pas verrouillée ; elle s'ouvrit sous une simple poussée. Il entra et ne bougea plus ; immobile, il écouta. Le bruit d'une conversation lui parvenait, très assourdi. On devait parler dans une des pièces qui donnaient sur la façade. Il avança sans bruit dans un petit couloir qui aboutissait au hall. De la lumière filtrait sous une porte, à sa gauche ; il s'en approcha.

Crowther et sa femme n'étaient pas d'accord. Elle le suppliait d'une voix basse et désespérée. Il ne pouvait entendre ce qu'ils disaient, mais subitement Crowther éleva le ton et cria « Non ». Il y eut en même temps un mouvement inattendu, et la porte s'ouvrit avec fracas, livrant passage à Mrs Crowther.

En apercevant Shane, elle poussa un cri et mit sa main sur sa bouche. Shane la repoussa doucement dans le salon où il la suivit, après avoir refermé la porte derrière lui.

Crowther était près de la cheminée ; sa vieille blague de cuir à la main, il bourrait sa pipe. Sur son visage, la colère succéda à la stupéfaction. Il posa pipe et tabac sur un guéridon et s'avança, blême et les poings serrés, vers Shane.

— Je ne te donne pas plus de dix secondes pour sortir d'ici ! cria-t-il.

Impassible, Shane s'appuya contre la porte et dit :

— Réponds d'abord aux questions que j'ai à te poser. Pourquoi, par exemple, ta femme vient-elle de me mentir ?

Crowther s'arrêta :

— Je ne voulais plus te parler. Je suppose que c'était assez évident.

— Est-ce la raison pour laquelle tu ne t'es pas arrêté quand je t'ai rencontré tout à l'heure à la porte du *Garland Club* ?

Crowther fronça les sourcils.

— Je ne sais pas de quoi tu parles...

Shane secoua la tête.

— Tu mens, Crowther, comme tu mentais cet après-midi quand tu m'as déclaré n'être pas lié avec Steele. Tu es allé le voir ce soir même au *Garland Club*.

— Il faut que tu aies perdu la tête ; je n'ai pas quitté la maison de toute la soirée, dit Crowther avec un rire méprisant.

— Tu es allé voir Steele au *Garland Club*, répéta Shane sans s'émouvoir. Ensuite, tu es allé à mon hôtel pour essayer de me faire peur. Tu l'avais déjà fait dans la journée, n'est-ce pas, Crowther ? Tu m'as suivi à travers la ville en traînant le pied pour me faire croire que c'était quelqu'un d'autre.

Il y eut un moment de silence absolu, puis Crowther demanda tranquillement :

— De quoi as-tu peur, Shane ? Par qui croyais-tu être suivi dans le brouillard ?

Une sueur froide perlait en grosses gouttes sur le front de Shane.

— Par le colonel Li, murmura-t-il d'une voix rauque.

Crowther secoua la tête.

— Mais Shane, il y a longtemps, très longtemps, que Li est mort, dit-il. (Et il ajouta en souriant :) C'est d'un médecin dont tu as besoin, mon ami.

Shane sentit la terreur monter en lui et le glacer ; ses mains se mirent à trembler.

— C'est toi, dit-il, il faut que ce soit toi.

Mrs Crowther s'approcha des deux hommes et mit la main sur la manche de Shane. Il y avait presque de la pitié dans le regard qu'elle leva vers lui.

— Mais mon mari vous dit la vérité, Mr Shane. De toute la soirée, il n'a pas bougé de la maison.

Un instant, Shane hésita devant ces yeux pleins de candeur. Puis la mémoire lui revint. Il prit la jeune femme par le bras et l'attira tout près de lui :

— Je suis allé dans le garage ; j'ai examiné la voiture ; elle est encore couverte de pluie. Vous n'avez pas pensé à ça.

Elle poussa un gémissement et essaya de le repousser avec sa main libre :

— Mon bras... Vous me faites mal au bras.

Crowther rugit de colère et s'élança vers Shane. Shane lâcha la jeune femme et se jeta au-devant de lui. Il se baissa pour éviter son poing et, en se retournant, il lui donna dans le dos une poussée telle que Crowther chancela, glissa, et dut, pour ne pas tomber, se raccrocher à un magnifique secrétaire ancien en acajou.

Comme Shane s'approchait de lui, il fit en un clin d'œil le tour du secrétaire, ouvrit un tiroir, fouilla fiévreusement dans un monceau de papiers et en sortit un Webley 38.

Shane s'arrêta net et reprit son souffle.

— Tu as une autorisation pour ce machin-là ? demanda-t-il.

Crowther ne fit pas un geste. Son visage exprimait une résolution farouche.

— Je te conseille de sortir d'ici avant que ce machin-là ne parte tout seul !

Mrs Crowther, le souffle soudainement coupé, s'approcha. Elle prit Shane par le bras :

— Je vous en prie, partez tout de suite, dit-elle. Partez, sinon il va faire quelque chose, quelque chose d'irréparable...

Shane arrêta un instant son regard sur son visage épouvanté, puis, sans se hâter, il passa dans le hall ; elle lui ouvrit la porte. Sous le porche, il se retourna. Crowther les avait suivis, mais il laissait pendre le revolver au bout de son bras. Il dit gravement :

— Ne reviens pas, Shane, ne reviens jamais. Ne reste pas à Burnham.

Les deux hommes se regardèrent longuement, puis Shane partit dans la direction de la grille. Derrière lui, la jeune femme s'était mise à sangloter.

Il marcha jusqu'à son hôtel, obsédé par ces sanglots. Quand il fut dans sa chambre, il s'assit sur le bord du lit ; tout bouillonnait dans sa tête ; il n'arrivait plus à avoir une idée nette de la situation.

Il alluma une cigarette, appuya sa tête sur les oreillers et resta ainsi, sans penser, les yeux perdus dans le vide. Il était là depuis un temps indéterminé lorsqu'il entendit un coup léger frappé à la porte. Il se passa les doigts dans les cheveux, alla ouvrir et vit devant lui Laura Faulkner.

Il se tenait de côté et elle passa près de lui pour entrer dans la pièce. Il ferma la porte.

— Comment m'avez-vous trouvé ? demanda-t-il.

— Ce n'était pas bien difficile. J'ai cherché dans l'annuaire et j'ai appelé successivement les numéros de tous les hôtels jusqu'à ce que je trouve le bon.

— Il fallait que vous ayez vraiment envie de me voir !

— Je m'inquiétais, surtout après le coup de téléphone de cet après-midi.

Il se mit à rire.

— Ça n'avait pas la moindre importance. J'avais cru vous apercevoir dans la rue et je voulais simplement savoir si je m'étais trompé.

Elle portait un manteau vague ouvert sur une robe de cocktail noire qui la moulait. Ses boucles brunes encadraient son visage charmant et tombaient jusque sur ses épaules. Un parfum léger était entré avec elle et flottait dans la chambre, délicat et grisant.

— Qui est auprès de votre père ? demanda-t-il. Est-il en état de rester seul dans la maison ?

— Non, répondit-elle. Quand j'ai besoin de m'absenter, je fais venir la femme de ménage. Je peux vraiment compter sur elle. Ce soir, je devais aller chez des amis, mais j'ai changé d'idée.

— À cause de moi ?

— À cause de vous.

Il y eut entre eux une seconde de silence, presque de gêne. Elle se penchait vers lui lorsqu'ils furent ramenés à la réalité par le doberman qui grattait à la porte en gémissant. Elle éclata de rire.

— Oh ! Ce diable de chien ! Je l'avais laissé dehors pour qu'il garde la voiture...

Elle entrouvrit la porte, et le doberman se glissa dans la pièce. Méfiant, il commença par flairer les chaussures de Shane avant d'aller trouver sa maîtresse.

Sans chercher à comprendre pourquoi, le jeune homme se sentait renaître. Il attrapa sa veste, la remit et dit :

— En somme, j'ai gâché votre soirée. Où puis-je vous emmener pour me faire pardonner ? Est-ce que ça vous ferait plaisir d'aller prendre un pot, peut-être de danser ?

Elle eut un sourire heureux.

— Oui, ça me ferait vraiment plaisir.

Elle réfléchit, puis releva la tête :

— Je connais un coin sympathique, à trois ou quatre kilomètres d'ici ; une petite auberge agréable et tranquille au bord de la route. Pendant la semaine, il n'y a presque personne.

— C'est exactement ce qu'il me faut, déclara Shane, et il endossa son imperméable.

Il ouvrit la porte et s'effaça pour la laisser passer.

Elle avait aperçu le pistolet lorsqu'il remettait sa veste. Elle s'arrêta devant lui et dit en montrant du doigt la poche où se trouvait l'arme :

— Avons-nous vraiment besoin d'emporter cet objet ?

Il hésita une seconde, puis retourna dans sa chambre et alla glisser le pistolet sous son oreiller. Il revint auprès de Laura Faulkner qui l'accueillit avec un sourire.

— Merci, dit-elle simplement, en passant une main sous son bras.

Il referma la porte à clef, et ils descendirent.

La visibilité était encore très mauvaise et elle conduisit lentement, prudemment, pour quitter la ville. Sa voiture, un tout petit cabriolet, n'était plus neuve, mais le moteur tournait bien ; lorsqu'ils eurent atteint le haut de la colline qui dominait la ville, le brouillard était moins épais.

La lueur rouge d'une enseigne lumineuse leur indiqua l'auberge longtemps avant qu'ils n'y arrivent. C'était une maison campagnarde, longue et basse, flanquée d'un côté par un grand parking, dans lequel Laura Faulkner arrêta la voiture.

— Qu'est-ce qu'on fait du chien ? demanda Shane.

Elle sourit.

— Je vais le laisser là. D'ailleurs, nous ne pouvons pas rester longtemps. Il faut que je sois rentrée au plus tard à minuit.

Une douzaine de couples dansaient sur la piste. Le garçon les conduisit à une petite table isolée dans un angle de la salle. Shane commanda deux Martini, puis offrit une cigarette à la jeune femme et dit avec un soupir.

— Que c'est bon ! Il y avait bien longtemps que je n'avais rien fait de ce genre.

Elle posa doucement sa main sur la sienne.

— Vous avez l'air fatigué, dit-elle.

— J'ai eu une dure journée.

Une ombre passa sur le visage de la jeune femme.

— Avez-vous... Avez-vous vu quelqu'un ?

Il eut un sourire amer.

— Si j'ai vu quelqu'un ?... Je les ai tous vus.

Elle ouvrit de grands yeux et ne parut pas très convaincue. Après un court silence, elle demanda :

— Est-ce que vous avez l'intention de m'en parler ?

— Je ne vois aucune raison de ne pas le faire. Puis-je vous offrir autre chose ?

Elle refusa d'un geste. Shane s'appuya au dossier de la banquette et commença le récit de son après-midi. Il lui raconta son entretien avec Charles Graham, puis il passa en revue les autres événements de la journée, et n'omit aucun détail de sa seconde visite à Crowther. Toutefois, il ne fit même pas allusion à ce bruit de pas qui l'avait tant bouleversé.

Lorsqu'il eut fini, elle resta un moment silencieuse, les yeux fixés sur le fond de son verre, puis elle dit d'une voix douce et lente :

— Je ne crois pas que vous soyez plus avancé pour autant...

Vous avez vu les trois suspects, vous leur avez parlé. C'est forcément l'un des trois le coupable, et, pourtant, vous n'en savez pas davantage. Pouvez-vous honnêtement affirmer que vous soupçonnez l'un d'entre eux plus que les deux autres ?

Il fit un signe négatif et dit avec un soupir :

— Non. Tout d'abord, j'ai vraiment cru que je pouvais biffer Crowther de ma liste. Maintenant, je n'en suis plus sûr du tout. Il a trop envie que je renonce à poursuivre mes recherches. Wilby est positivement terrorisé, mais j'ai l'impression que c'est autre chose qui le terrorise.

— Et Steele ? demanda-t-elle.

Il haussa les épaules.

— Steele ? C'est surtout lui que je soupçonne. Il n'a pas de scrupules et son égocentrisme est effrayant. Il fait uniquement ce qui peut lui rapporter.

— Et maintenant, qu'avez-vous l'intention de faire ? Il me semble que vous êtes dans une impasse.

Il fronça les sourcils.

— Peut-être pas. Je reconnais qu'on pourrait le croire, mais j'ai une sorte de prémonition en ce qui concerne Joe Wilby. Pour moi, il détient la clef du mystère. S'il n'est pas le coupable, je suis prêt à jurer qu'il le connaît. Mais en fin de compte, je crois que c'est Reggie Steele.

L'orchestre se mit à jouer un vieil air qu'on chantait avant la guerre, un air dont chaque mesure évoquait l'amour et la gaieté, la tendresse et la mélancolie.

— Voulez-vous danser ?

Elle se leva en souriant et ils se dirigèrent vers la piste.

À peu près de la même taille, ils étaient faits pour danser ensemble et ils dansaient bien. Un parfum subtil se dégageait des boucles brunes de Laura Faulkner et Shane était troublé par son corps pressé contre le sien.

Lorsque l'orchestre s'arrêta, elle leva la tête ; ses yeux avaient une expression étrange.

— Je suis désolée, Martin. Il faut que je rentre maintenant.

Il s'inclina avec courtoisie et fit signe au garçon.

Au moment où ils sortaient du parking pour prendre la route, elle dit soudain :

— J'aimerais bien faire votre portrait. Auriez-vous le temps de venir à la maison demain dans l'après-midi ? Je voudrais commencer par une esquisse au crayon.

— Pour qui ? Pour la postérité ?

Elle ne répondit pas, et ils restèrent silencieux pendant tout le reste du trajet. En arrivant à l'hôtel, elle n'arrêta pas le moteur.

— Il faut que je me dépêche, dit-elle. Alors, demain, vous pourrez venir ?

Il acquiesça.

— Oui, je serai là un peu après le déjeuner.

Ils se regardèrent un moment sans rien dire. Il fit un mouvement pour ouvrir la portière, et, comme il mettait la main sur la poignée, Laura murmura son nom en frémissant :

— Martin...

Il se retourna, l'attira vers lui, et la serra étroitement entre ses bras. Ses lèvres chaudes s'ouvrirent sous les siennes. Au bout d'un moment, elle se dégagea, le souffle court.

Il essaya de la reprendre contre lui, mais elle le repoussa fermement en disant :

— Il faut que je m'en aille. À demain.

Lentement et bien à contrecœur, il sortit de la voiture. Elle lui fit un signe d'adieu. Il la vit disparaître dans la brume et entra dans l'hôtel avec l'impression de vivre pour la première fois depuis bien des années.

Il monta l'escalier en enjambant deux marches à la fois et se surprit à siffloter tandis qu'il ouvrait la porte de sa chambre. Il alluma la lampe de chevet et, aussitôt les fantômes surgirent des quatre coins de la pièce et ses idées fixes reparurent. Il sortit de l'armoire la valise qui contenait la demi-bouteille de whisky, s'assit sur le lit et en but une gorgée. La brûlure de l'alcool lui fit du bien et il passa distraitement la main sous son oreiller.

Son visage se contracta. Il se leva vivement, tira l'oreiller... Le Luger avait disparu.

9

Il jeta un coup d'œil rapide sur le reste de ses affaires ; rien ne manquait, rien ne révélait le passage d'un intrus. La serrure et le verrou étaient intacts ; on s'était évidemment servi de la clef pour ouvrir la porte.

Il pensa un instant à interroger le veilleur de nuit et y renonça aussitôt. Si le bonhomme avait laissé quelqu'un pénétrer dans la chambre, il le nierait certainement, et cela ne servirait à rien de faire une scène. Parmi les gens à qui Shane avait parlé dans la journée, deux personnes seulement savaient qu'il possédait un pistolet : Laura Faulkner et Reggie Steele. Mais l'idée que Laura pût avoir une part quelconque dans cette disparition était absurde.

Restait Reggie Steele. Shane sentit brusquement une rage froide monter en lui. Il demeura encore quelques instants sans bouger, puis, après avoir bien réfléchi, il se leva, éteignit la lumière et quitta la pièce en verrouillant la porte derrière lui.

En bas, le veilleur de nuit ronflait paisiblement dans un fauteuil. Shane passa sans hâte devant lui et sortit dans la nuit.

Il pleuvait à torrents, le brouillard n'avait pas diminué et on ne voyait pas loin dans les rues désertes. Shane arriva au *Garland Club* vers 1 heure et quart. Des voitures étaient encore garées sur la place. Il passa devant l'établissement d'un pas tranquille et se dirigea vers un passage étroit où il était à peu près sûr de trouver une porte latérale. Et là, ce qu'il vit le cloua sur place. La voiture de Laura Faulkner était arrêtée le long du trottoir, à quelques pas de lui.

Il crut d'abord s'être trompé et s'approcha de la voiture pour la voir de plus près. Un grognement le fit reculer. Le doberman avait passé le museau au-dessus de la glace à demi baissée. Shane regardait fixement la voiture tandis que ses pensées tourbillonnaient dans son cerveau, lorsqu'il entendit des pas derrière lui et une voix joyeuse qui l'interpellait :

— Alors, beau mec ? Ce ne serait pas moi que tu attends, par hasard ?

Il se retourna. Jenny Green sortait du petit passage. Sous la lumière blafarde et tremblotante du réverbère, il la trouva pâle ; elle avait les traits tirés, les yeux cernés. Lorsqu'elle fut près de lui, son visage devint grave.

— Tu as une fichue mine, dit-elle. Qu'est-ce qui ne va pas ?

— Si je pouvais dormir pendant toute une semaine, ça irait mieux. Tu n'as pas l'air trop brillante, toi non plus ?

Elle haussa les épaules.

— Trois séances par soirée dans cette boîte ! Quand j'arrive chez moi, je ne pense plus qu'à dormir. Pour s'amuser, il y a mieux, ajouta-t-elle avec un gros soupir.

Il eut un sourire amer.

— En ce moment, je n'ai guère de temps pour ça, moi non plus.

Elle se rapprocha de lui, et posa doucement la main sur son bras. Il y avait de l'inquiétude dans ses yeux tandis qu'elle l'observait.

— Tu ferais bien de te détendre, sinon, tu vas avoir de réels ennuis.

Il la regarda en souriant.

— Tu es gentille, Jenny, mais je manque de temps en ce moment.

Elle allait le quitter, mais elle s'arrêta et dit timidement :

— À pied, il faut cinq minutes pour être chez moi, et tu sais, je fais du bon café.

Avant qu'il ait pu répondre, la porte du *Garland Club* qui donnait dans le passage s'ouvrit et quelqu'un sortit. Shane attrapa Jenny par le bras et la poussa dans l'obscurité d'un porche voisin. Comme elle allait protester, il passa un bras autour d'elle et l'attira contre lui. Elle eut un petit rire étouffé et dit en pressant son corps contre celui de Shane.

— Voilà ce que j'appelle une vraie détente.

Il lui mit un doigt sur les lèvres. Deux personnes sortaient ensemble du passage. Il crut rêver en reconnaissant Laura Faulkner et Steele. Ils traversèrent le trottoir et se dirigèrent vers la voiture de Laura. Elle caressait le museau du chien par la vitre baissée et Steele lui parlait à voix basse. Puis il se mit à rire et posa familièrement la main sur l'épaule de la jeune femme. Enfin, elle monta dans la voiture et la mit en marche.

Steele partit à pied et passa le long du porche où Shane et Jenny se dissimulaient. Shane avait attiré Jenny encore plus près de lui et cachait son visage contre son épaule. Steele ne fit aucune attention à ce couple enlacé dans l'ombre et continua son chemin.

Shane sortit de sa cachette et le suivit d'un regard plein d'amertume tandis qu'il disparaissait à l'angle de la rue. Il entendit Jenny qui disait derrière lui :

— Alors, qu'est-ce que ça signifie ? Elle t'intéresse, elle aussi ?

Il se retourna, le visage sombre.

— Tu l'as déjà vue ?

— Bien sûr. Elle vient tout le temps chez Steele. je la vois depuis que je travaille au *Garland Club* et ça fait bientôt deux ans.

Shane, les mains enfoncées dans ses poches, se mit à marcher. À la pâle lumière des réverbères, son visage aux traits accusés ressemblait à une tête de mort. Il était fou de rage. Laura Faulkner s'était bien fichue de lui. Elle était montée dans sa chambre au début de la soirée uniquement pour l'en faire sortir, ce qui avait permis à Steele, ou à un de ses hommes, de s'emparer du pistolet. Le plus rageant, c'est qu'elle lui avait demandé de ne pas emporter son arme.

L'affaire avait été parfaitement combinée de bout en bout. On pensait bien qu'il inviterait Laura à aller prendre un verre. S'il ne l'avait pas fait, elle lui en aurait probablement donné l'idée.

Immobile au coin de la rue, il cherchait quel parti prendre. Soudain, il se sentit plus fatigué qu'il ne l'avait été depuis bien longtemps. Laura Faulkner pourrait attendre. Il poussa un profond soupir. Un point, du moins, était acquis. Il savait de façon positive qu'on lui cachait quelque chose. Quoi ?... Il l'ignorait, mais cela aussi pouvait attendre au lendemain. Shane se remit en marche.

— Eh bien, et moi, alors ? dit Jenny.

Il s'arrêta, surpris qu'elle fût encore là.

Son visage se rasséréna.

— Est-ce que tu n'avais pas parlé de café ? dit-il.

Elle sourit gaiement, glissa la main sous son bras et ils partirent ensemble vers la rue principale.

Jenny habitait derrière l'Université, dans une rue bordée de vieilles maisons de grès brun que de minuscules jardins séparaient du trottoir. Son logement était au dernier étage.

En entrant, elle tourna l'interrupteur, et ils se trouvèrent dans une grande pièce agréablement arrangée. Sitôt arrivée, elle envoya promener ses souliers et dit avec un soupir de soulagement :

— Il faut que je mette quelque chose de plus confortable. Installe-toi bien ; j'en ai pour une minute.

En l'attendant, Shane fit le tour de la pièce, s'amusant à regarder meubles et bibelots. Par l'entrebâillement de la porte de la chambre, il l'aperçut qui se tenait en face d'une glace. Elle ôtait ses bas, et sa combinaison de nylon ne dissimulait en rien les contours de son corps. Il fit volte-face, la gorge sèche, et s'assit dans un fauteuil près de la cheminée. En prenant un magazine, il s'aperçut que ses mains tremblaient. Sa respiration était irrégulière. Il entendait couler l'eau dans la salle de bains. Au bout de quelques minutes, Jenny revint dans le studio en relevant ses cheveux qu'elle tordit en un chignon lâche sur la nuque.

Elle portait une vieille robe de chambre ouatée et des pantoufles doublées de fourrure. Bien débarbouillée et sans le moindre fard, elle paraissait invraisemblablement jeune et innocente.

Elle alla à la cuisine remplir la bouilloire. Shane la suivit et alluma une cigarette. Il la regardait faire, appuyé au chambranle de la porte.

— Comment diable en es-tu arrivée là ? demanda-t-il.

Elle se retourna, l'air tout à coup très sérieux.

— Ne te fais pas d'idées fausses. Je suis girl et rien d'autre. Quand quelqu'un vient ici, c'est parce que j'en ai envie, et uniquement parce que j'en ai envie.

Il lui sourit.

— Je suis désolé d'avoir été si direct.

Elle mit la cafetière et les tasses sur un plateau qu'elle emporta dans le salon.

— Et comment as-tu atterri chez Steele ?

— C'est toujours la même chose, dit-elle. Depuis que j'étais gosse, je désirais être actrice. J'ai été élevée — si on peut dire — dans un taudis de Manchester. Quand j'ai eu dix-sept ans, je suis partie pour Londres. Je travaillais toute la journée dans un magasin et je me suis inscrite comme étudiante pour les cours du soir dans une Académie d'art dramatique de troisième ordre.

— Ce n'était peut-être pas une très bonne combinaison, observa Shane.

— Non. Finalement, j'ai cru en savoir assez pour débuter sur une scène. Pendant près de trois mois, j'ai traîné dans les agences où l'on m'a fait à peu près toutes les propositions imaginables... toutes du même genre, naturellement. Enfin, je suis arrivée à obtenir un emploi de danseuse dans une troupe minable qui faisait en province des tournées de revue.

Shane fit la grimace.

— Je vois. Des comédiens à nez rouge et du strip.

— À peu près. La dernière représentation avait lieu à Burnham. Reggie Steele m'a offert une place.

— Sans condition particulière ?

Elle haussa les épaules et dit en lui tendant une tasse :

— Au début, il a eu une passade pour moi, mais ça n'a pas duré ; ça dure rarement avec lui.

Il lui offrit une cigarette et ils restèrent silencieux l'un en face de l'autre pendant plusieurs minutes. Elle appuya la tête contre le dossier de son fauteuil ; Shane allongea les jambes et ferma les yeux mais il ne parvint pas à se détendre. La robe de chambre s'était ouverte et dévoilait les longues cuisses, et son cœur manqua un battement quand il pensa à ce qu'il avait aperçu par l'entrebâillement de la porte de la chambre.

Il y avait trop longtemps qu'il n'avait pas touché une femme. Beaucoup trop longtemps. Il se leva et alla jusqu'à la fenêtre. Dans la rue, un policeman passa sous le réverbère. Sa pèlerine ruisselait de pluie. Jenny Green dit doucement :

— Toi, tu as des ennuis. Mais des ennuis graves, je veux dire. C'est pas vrai ? Il se tourna vers elle avec un petit sourire.

— Rien qui dépasse mes possibilités.

Elle hocha la tête :

— Il ne doit pas y avoir grand-chose qui dépasse tes possibilités.

Elle avait, en disant cela, une expression amusée et il sentit sa gorge se nouer. Il respira profondément et dit :

— Il est tard, Jenny. Il faut que je m'en aille.

Elle esquissa un sourire.

— Pourquoi ? Tu peux rester, ce ne sont pas les pièces qui manquent.

Il secoua la tête.

— Merci, mais peut-être qu'un message important m'attend à l'hôtel.

Elle se rapprocha de lui et le regarda.

— J'ai vu dans la glace que tu me regardais me déshabiller.

Il serra les poings et essaya de garder un ton naturel.

— Je passais devant la porte, c'est tout.

Elle eut un profond rire de gorge.

— Pourquoi penses-tu que j'avais laissé la porte ouverte ?

Les paumes de Shane étaient moites et il avait l'estomac noué. Quand il empoigna les bras de Jenny, ses mains tremblaient.

— Il y a longtemps, Jenny. Sacrément longtemps.

Elle se haussa sur la pointe des pieds et l'embrassa doucement sur les lèvres.

— Donne-moi deux minutes, dit-elle et elle disparut dans la chambre.

Il resta là à regarder dans le vide un moment, puis attrapa son imperméable et se dirigea vers la porte. Comme il l'ouvrait, elle l'appela à voix basse. Il hésita un instant puis, avec un juron étouffé, jeta son imperméable et gagna la chambre en trois enjambées.

Immobile dans l'embrasure de la porte, le souffle coupé, il l'entrevit qui l'attendait là, couchée, puis elle éteignit la lampe et rit doucement dans l'obscurité.

10

Shane se réveilla de très bonne heure. Pendant la nuit la pluie avait pénétré dans la chambre par la fenêtre entrouverte et les rideaux mouillés claquaient doucement, soulevés par une brise légère. Jenny dormait, la tête légèrement détournée de lui, ses cheveux noirs répandus sur l'oreiller. Il se sentait détendu, heureux et se rendormit presque aussitôt.

Lorsqu'il se réveilla de nouveau, il était seul. Un mot sur l'oreiller le prévenait qu'elle était au *Garland Club* pour la séance du déjeuner. Il regarda sa montre : midi et demi ! Il se souvint de son rendez-vous avec Laura Faulkner et se mit à jurer.

Il s'habilla en hâte, avala du café et deux toasts dans la cuisine et, vingt minutes plus tard, il se dirigeait à toute allure vers le centre de la ville où il prit un taxi.

Le brouillard s'était levé, mais il pleuvait toujours aussi fort lorsqu'il arriva devant la maison des Faulkner.

Il quitta la voiture devant la grille. Tout lui parut plus abandonné, plus délabré que jamais. Il prit l'allée qui contournait la maison et celle qui descendait jusqu'à l'atelier, monta les marches, et, dès qu'il arriva devant la porte, le doberman se mit à grogner. Shane ouvrit et entra.

Laura Faulkner travaillait devant son chevalet, l'air concentré. En le voyant, elle rougit comme une gamine, comme si elle se souvenait de la façon dont ils s'étaient séparés la veille.

— Hello, Martin ! Je suis contente que vous ayez pu venir.

Elle avait sur elle le pantalon écossais et le chemisier blanc noué à la taille qu'elle portait lorsqu'il l'avait vue pour la première fois, et il s'aperçut avec une sorte d'émerveillement qu'elle était belle.

— J'ai bien failli ne pas venir, dit-il. J'ai dormi tard...

Il avait dit cela sans la moindre gêne et d'une voix tranquille.

Elle leva les sourcils :

— Vous ne vous êtes pas couché quand je vous ai quitté ?

Il alluma une cigarette.

— Pour tout vous dire, j'ai passé une nuit plutôt agitée. Arrivé dans ma chambre, je me suis rendu compte que quelqu'un y était venu en mon absence.

Elle fut aussitôt sur ses gardes, sans cesser pour autant de peindre attentivement.

— Et qui était-ce ? demanda-t-elle.

Il se rapprocha d'elle et dit en regardant par-dessus son épaule.

— Je n'en sais rien. Toujours est-il que ce quelqu'un a emporté mon revolver. J'ai réfléchi et je me suis rappelé que deux personnes seulement savaient que j'en avais un : vous et Reggie Steele. Comme il m'était impossible de vous soupçonner, j'ai pensé que le mieux était d'avoir une explication avec Reggie.

— Et qu'est-ce qu'il a trouvé à vous répondre ?

Elle s'exprimait encore avec calme, mais il vit que la main qui tenait le pinceau tremblait.

Shane secoua la tête et dit doucement :

— Je n'ai pas eu la possibilité de lui parler ; il était plongé dans une conversation animée lorsque je suis arrivé au *Garland Club*.

Il y eut un long moment de silence. Elle continuait à peindre sans rien dire.

Une colère subite s'empara de Shane. Il la prit brutalement par l'épaule et la força à se retourner :

— Vous m'avez menti en m'assurant que vous n'aviez jamais rencontré Steele, et je veux savoir pourquoi.

Avec un grognement furieux, le doberman s'élança sur Shane. Celui-ci lâcha Laura Faulkner qui saisit le chien par son collier et le fit reculer. Elle s'agenouilla près de lui et lui parla tout doucement à l'oreille en le caressant. Une fois calmé, il alla se coucher sur le divan mais sans cesser un seul instant de surveiller Shane.

Elle se retourna, les joues rouges, frémissante, évidemment furieuse. Elle prit une cigarette et l'alluma, les mains tremblantes, et sa voix aussi tremblait quand elle reprit la parole :

— Si vous essayez encore de porter la main sur moi, je n'empêcherai pas mon chien de vous étrangler, et, croyez-moi, il en est capable.

Shane s'éloigna d'elle en reculant et, lorsque son dos toucha le mur, il dit tranquillement :

— Parfait. Supprimons les éléments dramatiques et venons-en à quelques simples faits. La première fois que je vous ai vue, vous m'avez dit que vous n'aviez rencontré aucun des hommes qui étaient en Corée avec votre frère. La nuit dernière, je vous ai vue sortir du *Garland Club* avec Reggie Steele, et, d'après ce qu'on m'a dit, vous allez le voir régulièrement depuis plusieurs années.

Exaspérée, elle fit quelques pas qui l'éloignèrent encore de lui, puis elle lui lança un regard furibond.

— Fort bien. Vous voulez des faits ? Je vais vous en donner.

Elle défit le nœud qui tenait à la taille son chemisier blanc qu'elle enleva avec une parfaite aisance, et elle resta ainsi en face de lui.

— Ne vous faites pas d'idées stupides simplement parce que je vous traite en adulte. Regardez.

Elle ne portait pas de soutien-gorge et ses seins étaient superbes, lourds, avec de délicats mamelons. Shane sentit sa gorge se nouer, puis il vit la cicatrice. Sur sa peau brune, c'était une ligne blanche en dents de scie qui commençait sous le sein gauche et remontait jusqu'à l'épaule.

— Qui vous a fait ça ? demanda-t-il.

Elle renfila vivement son chemisier.

— Mon aimable frère Simon. Plus exactement mon demi-frère, car c'est ce qu'il était pour moi.

Shane était stupéfait.

— Simon ? dit-il. J'avoue que je ne comprends pas.

— Vous allez comprendre. Quand il était ivre, il était capable de tout. Un soir, il s'est jeté sur moi. Je me suis défendue. En luttant, nous avons renversé une table sur laquelle il y avait des bouteilles de liqueur, et je suis tombée sur une des bouteilles cassées.

— Et qu'a dit votre père ?

Elle fit un geste vague.

— Mon père ? Le pauvre homme ne jurait que par son fils. Je ne pouvais pas le détromper. Je lui ai dit que c'était un accident, que nous avions couru comme des gosses et que j'étais tombée. J'en ai du moins retiré un avantage. Après cela, Simon m'a laissée en paix.

— Il a toujours été violent, mais je n'aurais jamais pensé qu'il allait jusque-là, dit Shane.

— Oh ! il y a eu pire ! reprit Laura avec un rire amer. Quand mon père a eu son attaque, Simon a pris ses affaires en main ; pendant deux ans, l'argent lui a filé entre les doigts — l'argent des autres. Le jour où vous l'avez rencontré dans ce bar, il était au bord de la catastrophe. Les comptables devaient venir la semaine suivante, et il était trop endetté pour pouvoir s'en sortir.

— C'est donc pour cela qu'il est parti pour la Corée ?

— Oui. C'était assez habile, d'ailleurs. Il était sûr que ses débiteurs n'iraient pas le chercher là-bas. Nous sommes restés sans nouvelles de lui jusqu'au jour où le ministère de la Guerre nous a fait savoir qu'il était mort.

— En fin de compte, il a payé bien cher les fautes qu'il a pu commettre, dit Shane avec un soupir.

— Vous croyez ? répliqua Laura Faulkner d'une voix rauque. Pas en ce qui me concerne, en tout cas. Quant à mon père, il a eu une seconde attaque le jour où il a appris sa mort. Vous avez vu son état. Et à peu près tout ce que nous possédions est passé dans le remboursement de ses dettes.

Elle jeta un regard autour d'elle et ajouta avec amertume :

— Vous avez peut-être remarqué l'état de la maison et du jardin ?

— Bien sûr. Et vous m'apprenez sur Simon des choses que j'ai toujours ignorées. Mais maintenant, il est mort. Et je ne vois pas ce qu'il y a de commun entre ces événements et vos rapports avec Reggie Steele ?

Laura Faulkner s'approcha de la fenêtre et répondit sans regarder Shane :

— Il est venu nous voir environ six mois après son retour de Corée. Il venait d'ouvrir son premier cabaret. Jusqu'alors, j'avais été tellement absorbée par les soins qu'exigeait l'état de mon père que je n'avais pas le temps de penser aux hommes. Steele s'est beaucoup occupé de moi et j'ai un peu perdu la tête. Il peut être charmant, vous savez.

— Je n'en doute pas, dit Shane d'un ton sec.

Elle fit comme si elle n'avait pas entendu.

— Je lui ai écrit... Puis j'ai fini par comprendre à quel type j'avais affaire et j'ai essayé de rompre. Il m'a priée d'aller le voir à son bureau. Là, il m'a montré mes lettres ; il les a mises devant moi dans une enveloppe qu'il a cachetée, après y avoir écrit le nom et l'adresse de mon père. Depuis lors, il me tient.

— Et quel est son prix ?

Elle rougit légèrement.

— Je viens quand il m'appelle.

— L'immonde salaud, souffla Shane, les poings serrés.

Elle cherchait une autre cigarette.

— Ce n'est pas si terrible. Il lui arrive de m'oublier pendant plusieurs mois, puis tout d'un coup, il pense à moi et me téléphone.

— Avez-vous jamais envisagé d'en parler à la police ?

— J'y ai pensé, mais je n'ose pas le faire. Mon père a des moments de lucidité pendant lesquels il est parfaitement normal. Le choc d'un nouveau scandale le tuerait. C'est un risque que je ne peux pas prendre.

Ils se turent tous deux, puis Shane reprit :

— Qu'est-ce qui s'est passé la nuit dernière ? Vous avait-il demandé de m'éloigner de ma chambre ?

Elle s'approcha de lui, le visage grave, et dit en posant la main sur son bras :

— Je ne suis pour rien dans cette histoire. Si c'est Reggie qui a volé le pistolet, il l'a fait sans m'en parler.

— Alors, pourquoi êtes-vous venue me voir hier soir ?

— Je vous l'ai dit, Je m'inquiète pour vous.

Elle avait rougi et baissé les yeux en parlant. Il la prit par le menton et leva son visage de façon à plonger ses yeux dans les yeux d'ambre.

— Je regrette ce que j'ai dit et ce que j'ai pensé, déclara-t-il avec un bref sourire, puis il se dirigea vers la porte et l'ouvrit, mais elle l'arrêta.

— Martin, qu'allez-vous faire maintenant ? demanda-t-elle anxieusement.

— Je crois que je vais avoir une petite conversation avec Steele, dit-il sans émotion apparente. Peut-être parviendrai-je à lui faire comprendre ce qu'il y a d'odieux dans son attitude.

Il ferma la porte, laissant Laura Faulkner consternée, et s'en alla avant qu'elle ait pu protester.

Il revint en ville par l'autobus et se rendit directement à son hôtel. Dans le hall, il trouva la jeune réceptionniste devant une glace, en train de rattacher un de ses bas.

Elle tourna la tête et baissa vivement sa jupe en essayant de prendre un air effarouché.

— Il faut que je fasse plus attention, dit-elle avec un sourire compassé.

Elle passa derrière le bureau de la réception et décrocha la clé de Shane. Elle portait un tailleur en gabardine de prix et elle sortait apparemment de chez le coiffeur.

Shane cligna de l'œil et dit en prenant sa clé.

— Vous avez sûrement fait un héritage.

Elle écarta les bras et tourna lentement sur elle-même.

— Ça vous plaît ?

— Certainement, mais cet ensemble a dû vous coûter une fortune.

Elle prit un air astucieux pour dire :

— Voilà ce que c'est, quand on a un petit ami à la hauteur.

Shane commençait à monter l'escalier lorsqu'elle le rappela :

— Ah ! je savais bien que j'oubliais quelque chose. Le portier de nuit a reçu un message pour vous hier soir. Il m'a dit de le prévenir aussitôt que vous rentreriez. Il paraît que c'était important. Je vais lui dire de monter dans votre chambre.

Shane fronça les sourcils. Il faillit redescendre, mais la fille avait déjà formé le numéro de téléphone intérieur et il y renonça. Qui avait bien pu essayer de se mettre en rapport avec lui ?

Sa chambre était silencieuse. Les événements de la nuit précédente paraissaient lointains, irréels. Shane prit une chemise propre dans sa valise et il allait se changer lorsqu'on frappa à sa porte. C'était le portier de nuit.

— Il paraît que vous avez un message pour moi, dit Shane.

— Oui, Monsieur. On vous a appelé au téléphone vers minuit. J'aurais voulu vous mettre directement en communication avec la personne mais vous ne répondiez pas. Je suis monté et j'ai constaté que vous étiez absent.

— En effet. Qui me demandait ?

Le portier tira de sa poche un calepin rouge qu'il feuilleta maladroitement et dit avec un grognement de satisfaction :

— Voilà, Monsieur. Je l'ai inscrit là. Le nom, c'est Wilby. Il m'a dit que vous sauriez qui c'était.

Shane respira profondément pour affermir sa voix :

— Et qu'est-ce qu'il voulait ? demanda-t-il tranquillement.

Le portier fit une grimace.

— Franchement, Monsieur, je n'y ai pas compris grand-chose. Il m'a dit de vous dire que, si vous vouliez qu'il réponde à la question que vous lui aviez posée, vous n'aviez qu'à aller le voir.

Shane, un peu contrarié, se regardait distraitement dans le miroir de l'armoire à glace. Le portier finit par tousser avec discrétion.

— Désirez-vous autre chose, Monsieur ?

— Non, merci. Je sonnerai si j'ai besoin de quoi que ce soit.

Quand le portier l'eut quitté, il s'approcha de la fenêtre. Il se sentait mal à l'aise, déprimé ; au fond, il ne désirait pas savoir ce que Wilby avait à lui dire.

Il restait un peu de whisky dans la bouteille. Il en but une gorgée lentement avant de finir de s'habiller. Il enfilait son veston lorsqu'il entendit qu'on frappait doucement à sa porte.

Il alla ouvrir et se trouva en face d'un homme jeune, grand et mince, qui portait un imperméable avec une ceinture, et un chapeau de feutre mou. Un petit sourire éclairait son visage maigre au nez aquilin.

— Mr Shane ? Mr Martin Shane ?

Shane éprouva une certaine méfiance, mais répondit tranquillement :

— C'est moi. Que désirez-vous ?

L'homme sourit aimablement.

— Je m'appelle Lomax. Inspecteur détective Lomax du C.I.D. de Burnham. Je voudrais vous parler.

Il entra. Shane referma la porte, et se tourna vers lui :

— Je n'aurai que peu de temps à vous consacrer, Inspecteur. À quel propos voulez-vous me parler ?

Lomax sortit de sa poche une pipe de bruyère et soigneusement l'alluma, puis il releva la tête en souriant. Mais son regard était froid et sérieux.

— Connaissez-vous un nommé Wilby, Mr Shane ?

Shane fut aussitôt sur ses gardes.

— Vous voulez dire Joe Wilby ? Oui. J'étais en Corée avec lui.

Lomax le regardait toujours sans sourciller, un petit sourire aimable figé sur les lèvres.

— Eh bien quoi ? Qu'est-ce qui se passe ? demanda Shane qui s'énervait.

Lomax repoussa son chapeau sur le haut de son crâne.

— De bonne heure, ce matin, Joe Wilby a mis sa tête dans le four de sa cuisinière à gaz. Sa femme avait passé la nuit chez des amis. Elle l'a trouvé là il y a une heure.

— Et qu'est-ce que j'ai à voir là-dedans ? demanda calmement Shane en allumant une cigarette.

Lomax fronça les sourcils et examina attentivement le fourneau de sa pipe.

— La femme de Wilby semble croire que vous n'êtes pas étranger à la mort de son mari, Mr Shane, dit-il doucement. Ça vous ennuierait de venir jusqu'au poste de police avec moi ? J'aimerais que vous fassiez une déposition.

11

Après l'enquête du coroner, qui eut lieu le lendemain matin, Shane revint à l'hôtel, en proie à des émotions contradictoires.

Il était assis depuis un moment sur son lit et regardait par la fenêtre la pluie battante, en réfléchissant à tout ce qui était arrivé, quand Lomax frappa et entra, le visage grave.

Il vint jusqu'au pied du lit et alluma sa pipe, mais il ne souriait pas.

Shane leva les yeux et dit avec aigreur :

— Mais qu'est-ce que vous voulez encore, bon Dieu ? Le coroner a dit tout ce qu'il y avait à dire.

— J'ai bien peur que non, Shane. Je sais qu'il vous a fait passer un sale moment, mais il faut regarder les choses en face. Il ne semble pas douteux que Wilby se soit suicidé, mais pour une seule raison : il avait peur de vous. Il avait l'impression que vous le pourchassiez à cause de ce qui s'était passé en Corée ; la note qu'il a laissée le prouve.

Shane se leva et alla jusqu'à la fenêtre.

— Venez-en au fait, Inspecteur. J'ai beaucoup de choses à régler.

— Pas à Burnham, dit Lomax.

Il y eut un moment de silence. Shane se tourna lentement :

— Ce qui signifie ?

— J'en ai appris pas mal sur votre compte, depuis hier. Je sais ce qui vous est arrivé en Corée et je connais l'endroit où vous avez passé les sept dernières années. Vous avez eu un sacré coup dur, mais ça ne change rien aux faits.

— Et que sont ces faits, selon vous ? demanda Shane.

Lomax avait pris un air grave ; un large pli barrait son front.

— Votre obsession a déjà causé un drame. À mon avis, vous devriez prendre le train pour Londres cet après-midi. Peut-être feriez-vous bien d'entrer dès maintenant à l'hôpital où l'on doit vous opérer.

Shane secoua la tête.

— Rien à faire. Pour moi, cet hôpital est le point final, et j'ai encore quelques jours à vivre.

— Pas à Burnham, répéta Lomax avec fermeté.

— Vous ne pouvez pas vous débarrasser de moi, vous le savez bien.

— Vraiment ? Vous venez de passer sept ans dans un hôpital psychiatrique. Qu'arriverait-il si je téléphonais au directeur de cet hôpital et si je lui disais que vous êtes dangereux aussi bien pour vous-même que pour ceux qui vous entourent ?

Shane avança vers lui, le visage convulsé par la fureur.

Lomax secoua la tête :

— Allons, soyez raisonnable. Une sottise ne vous servirait à rien, dit-il.

Et avant de quitter la chambre, il ajouta avec une expression de pitié sincère :

— Voyez-vous, Shane, je suis désolé. Comme je vous l'ai déjà dit, vous avez eu un sacré coup dur. Mais si vous n'êtes pas dans le train cet après-midi, je serai forcé de téléphoner au directeur de l'hôpital.

La porte se referma sans bruit.

Shane resta pendant plusieurs minutes debout au milieu de la pièce, puis il alla dans la salle de bains et se passa de l'eau froide sur la figure. Ses tempes battaient. Il éprouvait une légère douleur derrière un œil. Il prit deux de ses pilules et fit sa valise. Un instant plus tard, il descendait, demandait sa note et sortait sous une pluie diluvienne. Il alla prendre un taxi à la station du bout de la rue et se fit conduire chez Charles Graham.

Quand il traversa le jardin, les dernières traces de brouillard avaient disparu, chassées par les torrents de pluie, mais sa douleur à la tête, elle, était toujours là. Il sonna, et presque aussitôt, Graham vint lui ouvrir lui-même.

— Entre, Shane, entre ! Je t'ai aperçu dans l'allée. Je suis obligé de m'en tirer sans bonne. Mrs Grimshaw n'est pas venue aujourd'hui. J'ai peur qu'elle n'ait attrapé un rhume.

Il prit le manteau de Shane, l'accrocha dans un petit vestiaire, à côté du hall, et fit monter son camarade dans la serre. Il lui offrit une cigarette et les deux hommes s'installèrent dans les fauteuils d'osier.

— Je pense que tu as vu dans le journal ce qui est arrivé à Wilby, dit Shane après un moment de silence.

— Oui. J'ai lu dans le journal d'hier soir quelques lignes disant qu'il s'était suicidé, mais rien de plus, répondit Charles Graham, d'un air parfaitement indifférent.

Shane s'appuya au dossier du fauteuil. Il regardait le ciel de plomb à travers le toit transparent de la serre.

— Il a laissé une lettre expliquant que je le harcelais à cause de ce qui s'est passé en Corée et qu'il ne pouvait plus le supporter.

— Et tu l'as véritablement harcelé ? demanda doucement Graham.

Shane soupira :

— Je suppose qu'on pourrait employer ce terme-là. Je suis allé chez lui avant-hier. Quand il a su pourquoi j'étais à Burnham et quand il a compris que je ne plaisantais pas, il a été terrorisé. Il a même payé quelqu'un pour me passer à tabac.

— L'enquête du coroner a-t-elle déjà eu lieu ?

— Oui, ce matin, à 10 heures. Et le coroner a déclaré sans hésiter que j'étais entièrement responsable de sa mort. La police m'a même fortement conseillé de ne pas rester à Burnham.

— Tu vas partir ?

Shane fit un signe négatif.

— C'est pour ça que je suis ici. J'ai quitté mon hôtel pour donner le change, mais j'ai besoin de temps pour mettre cette affaire au point. Je me demandais si je ne pourrais pas venir chez toi.

— Crois-tu que ce serait raisonnable ? dit Graham. Pourquoi devrais-tu rester ? Tout est sûrement réglé maintenant que Wilby est mort.

Shane se leva et alla jusqu'à la fenêtre.

— Réglé ? Pas pour moi ! Quand Wilby m'a parlé l'autre soir, il avait peur, mais ce n'était pas uniquement à cause de moi. Il avait peur de quelque chose de plus grave, j'en suis absolument certain.

— Tu veux dire que tu ne crois pas qu'il se soit suicidé ?

Shane se tourna vers lui.

— D'après le rapport du coroner, il était ivre quand il a mis la tête dans ce four... Peut-être que quelqu'un l'a aidé ?

Graham hocha la tête.

— Ça ne tient pas debout, Shane. La police a raison : tu ferais bien de quitter Burnham.

— J'ai une autre raison de rester ici. La sœur de Simon Faulkner a eu une aventure avec Steele il y a quelques années ; elle lui a écrit des lettres qu'il a gardées, et depuis, il la fait chanter.

Graham sursauta :

— En es-tu absolument sûr ?

— J'en suis si sûr que je suis décidé à lui reprendre ces lettres, quand bien même je devrais lui casser la figure pour ça.

Graham n'était pas convaincu.

— Ce ne sera peut-être pas aussi facile que tu le crois. Tu ne t'attends tout de même pas à ce que Steele te les donne ?

— Je crois que je pourrai arriver à le persuader, dit Shane.

Il écrasa sa cigarette dans un cendrier et reprit son souffle.

— Alors, Graham, puis-je rester quelques jours chez toi ?

Graham se leva et dit avec un profond soupir :

— Je ne crois pas, Shane. Je crois que Laura Faulkner devrait mettre cette affaire de chantage entre les mains de la police et que tu devrais quitter Burnham. C'est la seule chose que tu puisses faire dans les circonstances présentes.

Shane se leva à son tour et dit tranquillement :

— C'est régulier, Graham, tu m'as donné ton point de vue.

Pendant qu'ils traversaient la serre, en direction de la porte, Graham l'interrogea :

— Alors, tu partiras ?

— Certainement pas. Je suis en relation avec une autre personne à Burnham, une fille qui travaille dans la boîte de Steele ; elle s'appelle Jenny Green ; je vais voir si elle peut faire quelque chose pour moi.

Graham soupira et haussa les épaules.

— Eh bien, j'ai fait de mon mieux. Je ne peux rien dire de plus.

Il aida Shane à mettre son imperméable et ils allèrent ensemble jusqu'au porche. Sur le perron, Shane se tourna vers lui et lui tendit la main.

— Je pense que je ne te reverrai pas.

Graham posa la main sur son épaule.

— Nous vivons une assez sale époque, dit-il. Toi et moi, plus que la plupart des hommes, sommes payés pour le savoir.

Il fit brusquement demi-tour et rentra, tandis que Shane, le visage sombre, s'éloignait lentement.

Arrivée à la grande route, Shane entra dans la première cabine téléphonique qu'il trouva sur son chemin. À deux reprises, il forma le numéro de Jenny Green sans obtenir de réponse. Il téléphona donc au *Garland Club*.

Malade d'impatience, il entendit enfin sa voix claire au bout du fil. Il éprouva un tel soulagement qu'il dut s'appuyer au mur de la cabine pour se ressaisir.

— Ici, Martin Shane, Jenny. Il faut que je te voie, dit-il.

— Qu'est-ce qui t'est arrivé ? Il y a quelque chose de cassé ?

Il essaya de prendre un ton indifférent.

— Rien de grave. En réalité, j'ai un pépin et je me demandais si tu pourrais m'aider. Je cherche un coin où je pourrais passer un jour ou deux.

Elle se mit à rire.

— Si c'est là tout ce qui te tourmente, n'y pense plus. Tu peux aller chez moi.

— Ça, c'est magnifique. Mais comment ferai-je pour entrer ?

Il entendit dans l'appareil qu'on appelait Jenny. La musique commençait à l'arrière-plan, et elle dit en hâte :

— Il faut que j'y aille ; tu trouveras la clé sous le tapis devant la porte d'entrée : installe-toi comme chez toi ; je te rejoindrai dès que je le pourrai. Au revoir.

Elle avait raccroché l'appareil. Shane se sentit subitement fatigué, à bout de force ; il téléphona pour avoir un taxi qu'il attendit devant la cabine. Pour se calmer, il aspirait profondément l'air saturé de pluie.

Quand le taxi arriva, il donna au chauffeur l'adresse de Jenny et se laissa tomber sur la banquette. Le trajet ne dura qu'une dizaine de minutes ; il se hâta de payer ce qu'il devait et courut dans la petite allée qui allait du trottoir à la maison.

Il trouva, comme prévu, la clé sous le tapis et fut enfin en sécurité dans l'appartement silencieux. Il posa sa valise sur le parquet et alla dans la cuisine. Là, il sortit d'un placard une bouteille de sherry et en but un grand verre. L'amertume du vin lui arracha une légère grimace, et il revint dans la chambre à coucher.

Son front lui faisait de plus en plus mal. Il prit encore deux pilules, enleva sa veste et s'étendit sur le lit avec un oreiller sous la tête.

Il voulait passer en revue les événements qu'il venait de vivre pendant ces trois jours, mais il n'arrivait pas à établir de rapport entre eux, ni à les ajuster pour en avoir une image cohérente. Il avait l'impression pénible qu'un élément primordial lui échappait, quelque chose qui aurait tout éclairé. Il était encore en train d'y penser lorsqu'il s'endormit brusquement.

Quand il se réveilla, il faisait nuit. Il ne souffrait plus. Il resta sur le lit à contempler le rectangle pâle inscrit par la fenêtre dans le mur avant de poser les pieds par terre.

Il ouvrit la porte du living-room au moment où Jenny sortait de la cuisine tenant un plateau. Elle sourit gaiement en le voyant.

— J'allais justement t'appeler, dit-elle.

Shane passa la main dans ses cheveux en désordre et regarda sa montre. Il était presque 7 heures ! Il étouffa un juron.

— Je ne croyais pas qu'il était si tard.

Jenny lui tendit une tasse de café.

— Quoi que tu aies à faire, ça peut attendre.

— Malheureusement non. À quelle heure Steele va-t-il au *Club Eight* ?

Elle fronça les sourcils.

— A 7 heures. Un peu plus tard quelquefois. Pourquoi ?

— Et combien de temps y reste-t-il ? demanda-t-il sans répondre à sa question.

— Je ne sais vraiment pas. Une heure, peut-être. Il vérifie les recettes de la veille avec le gérant.

Shane regarda de nouveau sa montre et dit, l'air satisfait :

— Ça me laisse tout le temps voulu.

Il alla chercher sa veste dans la chambre. Lorsqu'il revint, Jenny, une cigarette entre les doigts, marchait de long en large devant la cheminée ; elle leva vivement la tête et posa sur lui un regard anxieux.

— Écoute-moi, Martin. Jusqu'à présent, je ne me suis pas mêlée de ce qui ne me regardait pas ; mais maintenant, tu m'inquiètes. Dans quelle histoire t'es-tu lancé ?

Il la prit par la taille et l'embrassa sur les lèvres, puis il fit un pas vers la porte.

— Avec un peu de chance, je serai ici avant que tu ne repartes pour le *Garland Club*.

Elle s'élança vers lui, mais il était parti avant qu'elle eût pu parler.

Il y avait encore un peu de brouillard lorsqu'il arriva au *Garland Club* et la pluie tenace martelait toujours les trottoirs. Le hall était éclairé et, en passant devant la porte, il vit le portier qui lavait le carrelage.

La ruelle qui longeait le bâtiment était déserte. Il ouvrit la porte réservée au personnel et entra. Il était dans un couloir étroit d'où il entendait la rumeur gaie des cuisines. Il trouva un escalier à sa gauche, monta sans bruit et arriva à l'extrémité du corridor qui conduisait au bureau de Steele. Il passa devant les vestiaires où il n'y avait personne. La partie la plus large du corridor était dans l'obscurité.

Il s'arrêta devant la porte du bureau de Steele et resta un

moment aux aguets, prêtant attentivement l'oreille. Pas le moindre bruit. Il essaya d'ouvrir la porte. Elle était fermée à clé. Il y avait une autre porte quelques mètres plus loin, après l'angle du corridor. Il n'eut qu'à tourner le bouton pour l'ouvrir. Il alluma l'électricité. Il se trouvait dans les toilettes. Une fenêtre étroite à vitre dépolie les éclairait dans la journée. Shane l'ouvrit et vit au-dessous de lui un toit plat couvert en zinc. Il éteignit la lumière, se glissa par l'ouverture et se laissa tomber sur le toit.

Il s'approcha doucement de la fenêtre du bureau de Steele et constata avec un grognement de satisfaction qu'elle était entrouverte. Il passa la main par la fente, souleva le loquet intérieur et passa une jambe par-dessus l'appui.

Il s'arrêta, fouillant des yeux les ténèbres, et tout à coup entendit la voix de Steele :

— Alors, mon vieux ? Je pensais bien que tu viendrais me voir !

La lumière jaillit, l'aveuglant momentanément. Steele se tenait près de la porte, sourire aux lèvres.

Shane se mit en garde, les poings levés et soudain, il ressentit comme une explosion à l'arrière du crâne. Une douleur atroce envahit tout son corps et il vit le plancher venir à sa rencontre.

Malgré le bourdonnement qui l'assourdissait, il comprenait ce que disait Steele :

— Pas de bêtise, Frenchy ! Il faut que ça ait l'air sérieux. Remplis-le de whisky et flanque-le sur la voie ferrée, derrière Market Street. Quand on trouvera ce qui restera de lui, on pensera qu'il s'est soûlé pour noyer ses chagrins et qu'ensuite, il s'est égaré dans l'obscurité. Si tu as besoin de moi, je serai à Hampton.

Shane gémit. Steele plia un genou et dit en ricanant :

— T'en fais pas, mon vieux, tu ne sentiras rien.

Shane rassembla tout ce qu'il avait de salive et de sang dans la bouche et cracha en plein dans la figure de Steele. Celui-ci poussa une exclamation de dégoût, se redressa et s'essuya la figure avec son mouchoir.

— Espèce de porc ! Je n'ai jamais pu te sentir.

Il rit méchamment et envoya un coup de pied violent dans le cou de Shane qui poussa un cri de douleur et perdit connaissance.

Un liquide lui brûlait le gosier. Il étouffait. Il essaya de se libérer mais une main brutale pesa sur sa poitrine.

Il retomba et alla donner de la tête contre un mur. Il ouvrit les yeux et les fixa sur le visage qu'il voyait devant lui. Il essaya de se rappeler où il était. Quelqu'un dit :

— Tu cognes peut-être un peu trop fort, Frenchy.

Frenchy grogna :

— Et après ? de toute façon, il est là pour claquer, non ?

Il empoigna solidement Shane par sa veste et l'obligea à s'asseoir.

— O.K., Jack. Avale ton remède bien gentiment, dit-il avec un rire cruel.

Il lui enfonça le goulot d'une bouteille entre les dents et lui versa le whisky à flots dans la gorge. Shane fut pris d'une terrible nausée ; son corps se souleva convulsivement, et les vomissements lui sortirent des lèvres en jets saccadés.

Frenchy sauta de côté en jurant et lui envoya des coups de pied dans les côtes.

— Ah ! l'ordure ! mon pardessus est foutu, je n'arriverai jamais à en chasser la puanteur.

Il lança la bouteille contre le mur où elle s'écrasa et s'éloigna en marmonnant qu'il allait en chercher une autre.

— Quand Jo arrivera avec la bagnole, tu flanqueras ce petit malin dans le fond et tu m'attendras.

Il disparut. Une porte claqua, puis il n'y eut plus d'autre bruit que celui de la pluie. Shane entrouvrit les yeux, et promena un regard prudent autour de lui. Il était étendu par terre dans une cour pavée de galets, et un homme vêtu d'un imperméable se tenait debout à quelques mètres de lui, en face d'une porte. Shane supposa qu'il se trouvait quelque part sur l'arrière du *Garland Club*.

Il souffrait atrocement. Épuisé, la tête prête à éclater, l'estomac en révolution, il se sentait constamment sur le point de vomir de nouveau. Il était à bout de forces, et se savait en danger de mort. S'il était encore là quand Frenchy reviendrait, ce serait la fin.

L'homme qui se tenait près de la porte sortit de sa poche un paquet de cigarettes et en mit une entre ses lèvres. Au même moment, Shane, assis sur les pavés, en sentit un qui branlait sous sa main. Il se mit à gratter fébrilement le sol, à pousser et à tirer la pierre qui, enfin, céda si brusquement qu'il fut rejeté contre le mur.

Il respira profondément et parvint à se mettre debout. L'homme à l'imperméable, qui lui tournait le dos, fit craquer une allumette, abrita la flamme du vent avec ses deux mains jointes devant sa figure et se pencha. Shane avança d'un pas mal assuré et lui porta un coup de son pavé sur la nuque. L'homme s'abattit comme une quille. Shane traversa la cour en clopinant et en sortit par une petite porte. Il se trouvait dans la ruelle qui longeait le cabaret. Lorsqu'il arriva sur la place, des cris éclatèrent derrière lui. Il se mit à trotter comme un cheval boiteux et prit la première rue latérale qu'il rencontra. Il finit par s'arrêter, épuisé, après s'être égaré dans un dédale de petites rues pendant près d'un quart d'heure. Il entra dans un parc à ferrailles dont la grille était ouverte et tomba sur les genoux dans l'obscurité. Des haut-le-cœur le secouèrent soudainement.

Il lui fallut un certain temps pour retrouver sa lucidité. Il se nettoya du mieux qu'il put et alluma une cigarette avec peine tant ses mains tremblaient. Il se sentait détaché du monde environnant et, lorsqu'il se remit en marche, il lui sembla que les maisons flottaient dans le brouillard et dans la pluie.

Son cou, meurtri par le coup de pied de Steele, le faisait cruellement souffrir. Il avait l'impression que sa tête gonflait comme un ballon et il voyait dans la nuit des fusées multicolores éclater autour de lui.

Il s'arrêta, s'appuya à un réverbère, le visage tourné vers le ciel, vers la fraîcheur de la pluie et, au bout d'un moment, il se sentit mieux.

Il lui fallut plus d'une demi-heure pour rentrer chez Jenny et quand il arriva devant la maison, il vit une voiture noire qu'il considéra avec méfiance. Il entra dans le vestibule et monta sans bruit.

En approchant de la porte, il entendit un cri de douleur qui lui parut étouffé et lointain. Il s'arrêta pour écouter, puis alla à pas de loup jusqu'au bout du palier et ouvrit la fenêtre.

Une corniche, large d'une trentaine de centimètres, courait tout le long du bâtiment à moins d'un mètre au-dessous de lui. Il descendit sur la corniche et se glissa, non sans peine, jusqu'à la fenêtre du living-room.

La pluie le frappait au visage, et il se mit à trembler de tous ses membres lorsqu'il vit ce qui se passait dans la pièce.

Un homme avec un imperméable brun crasseux se tenait près de la porte, les bras croisés, impassible comme une statue. Jenny Green était repliée sur elle-même devant le foyer, le visage baigné de larmes, l'air égaré ; elle n'avait sur elle qu'un slip noir, le reste de ses vêtements était éparpillé sur le sol.

Frenchy, assis sur une chaise à côté d'elle, faisait chauffer un tisonnier. Il sourit méchamment. Étendant la jambe, il poussa Jenny du bout de sa chaussure en disant quelque chose que Shane ne pouvait entendre. Elle secoua la tête avec véhémence, et Frenchy la gifla.

Shane, fou de rage, se dirigea vers la fenêtre de la chambre. Il se souvenait que Jenny l'avait laissée entrouverte lorsqu'il avait passé la nuit avec elle et il espérait que c'était son habitude.

Il glissa une fois, retrouva son équilibre en s'agrippant désespérément au mur. Enfin, sa main droite trouva l'appui de la fenêtre entrouverte comme il l'avait espéré, et s'y accrocha. Il remercia le Ciel et sauta dans la chambre.

Il y avait à la tête du lit une lampe faite avec une ancienne bouteille de cognac. Il enleva l'abat-jour et l'ampoule, empoigna la bouteille et s'approcha de la porte du living-room. Il l'ouvrit sans faire le moindre bruit.

Frenchy venait de sortir du feu le tisonnier chauffé à blanc et se tournait vers la jeune femme.

— Maintenant, à nous deux. Je sais très bien ce qu'il y a entre le petit malin et toi. Tout ce que tu as à faire, c'est de me dire où il peut se trouver, et je n'aurai pas besoin de me servir de ce joujou-là.

L'homme qui était près de la porte s'avança pour mieux voir. Shane entra dans la pièce et, de toute sa force, lui lança la bouteille à la tête. Elle l'atteignit au cou, entre la clavicule et l'oreille droite. L'homme poussa un cri étranglé et tomba à la renverse. Ses doigts cherchèrent vainement un point d'appui sur le mur, puis il ne bougea plus. Shane entendit alors Jenny lui crier :

— Attention !

Il se baissa juste à temps pour éviter le tisonnier lancé par Frenchy ; celui-ci avançait ; Shane lui poussa le divan dans les tibias et l'envoya s'étaler sur le parquet, puis, sautant sur le divan, il le bourra de coups de pied dans la tête. Mais Frenchy l'attrapa par la cheville et le tira sur lui.

Les deux hommes roulèrent l'un sur l'autre en tous sens. Les jambes et les bras battaient l'air. Au moment où Shane allait le prendre à la gorge, Frenchy lui administra un formidable coup de poing sur la bouche. D'abord étourdi, Shane se releva aussitôt et repoussa le divan entre eux. Frenchy sauta comme un chat et s'élança vers Shane, l'air triomphant.

Parfaitement maître de lui, Shane avait la tête froide et retrouvait cette impérieuse nécessité de tuer, ce qui l'avait tant de fois sauvé en Corée. Frenchy avançait et contractait déjà le bras pour lui envoyer un coup de poing à la tête, Shane, qui s'était baissé, lui enfonça ses doigts raidis en fourchette juste au-dessus de la pomme d'Adam.

Frenchy poussa un hurlement horrible, tomba sur le sol et y resta, suffoquant et se tordant de douleur. Shane, immobile, le regardait sans éprouver la moindre pitié.

Jenny fit le tour du divan.

— Dieu merci ! Tu es arrivé ! s'écria-t-elle, en se jetant dans les bras de Shane. Je n'ai jamais eu aussi peur de ma vie.

Il la serra tendrement contre lui, puis il la poussa vers la chambre avec gentillesse :

— Habille-toi, dit-il, je vais me débarrasser de ces deux-là.

Tandis qu'elle fermait la porte de la chambre, Shane chargea Frenchy sur ses épaules et le descendit dans la voiture noire. En remontant dans l'appartement, il avait des battements de cœur et la tête lui tournait. Il se souvint de la bouteille de sherry et alla s'en verser un verre. Il le but à petits coups et se sentit mieux.

L'homme grognait faiblement près de la porte en essayant de s'asseoir. Shane alluma une cigarette et alla dans la chambre à coucher. Devant la coiffeuse, Jenny se remaquillait d'une main encore mal assurée.

— Comment te sens-tu ? demanda-t-il.

Elle se retourna vers lui avec un pâle sourire.

— Pas trop bien... C'était comme les horreurs qu'on vit dans un cauchemar. Je n'arrive pas encore à croire tout à fait que c'est fini.

Shane lui pressa le bras gentiment.

— Personne ne viendra plus t'ennuyer, je te le promets, dit-il. (Puis il reprit :) Sais-tu où se trouve Hampton ?

— Oui, c'est un village à six kilomètres à peu près au nord de Burnham, sur la grande route.

— Et qu'est-ce que Reggie Steele peut bien faire là-bas ?

— C'est simple, il a une propriété à côté de Hampton. Ça s'appelle *Garth Cottage*.

— On y va comment ?

— Il y a un service régulier, un bus qui part toutes les heures de la gare centrale. On descend à Five Lane Ends, juste avant le village. Le chemin qui conduit au cottage commence à l'arrêt du bus. Une centaine de mètres plus loin, on trouve la maison dans un bouquet d'arbres, au bord de la rivière.

Shane la regarda dans la glace :

— Tu as l'air bien mal fichue, dit-il. À ta place, ce soir, je n'irais pas au *Garland Club*.

Elle posa son peigne :

— Je crois que c'est ce que je vais faire. Au fond, je voudrais ne jamais y retourner.

Il posa la main sur son épaule et chercha à la rassurer.

— Ne te tourmente pas, Jenny ; nous trouverons une solution. Maintenant, j'ai une petite affaire à régler. Ça ne devrait pas me prendre beaucoup de temps. Je reviendrai dès que j'aurai fini.

Elle était trop fatiguée pour discuter. Sans rien dire, elle lui fit un signe d'adieu et il passa dans le living-room. L'homme qu'il avait laissé couché par terre était debout, appuyé au mur, et gémissait. Shane le poussa dans l'escalier et ils descendirent ensemble.

Frenchy était toujours sans connaissance au fond de la voiture noire. Shane poussa l'autre à côté de lui, puis il s'assit derrière le volant et démarra. Arrivé dans le centre, il s'arrêta dans une petite rue près de la gare routière. Avant de laisser les deux hommes, il regarda par la vitre arrière. Frenchy était toujours dans le cirage, et son comparse, pelotonné dans un coin, tenait sa tête entre ses mains. Shane les abandonna et s'éloigna rapidement.

Il arriva à la station au moment où le bus pour Hampton démarrait. Il courut, l'attrapa au vol et s'installa sur l'impériale. Là, il se mit à fumer en pensant à Steele. Sa décision était prise, rien ne l'empêcherait de récupérer les lettres et d'obtenir quelques explications.

À 9 h 30, il quittait l'autobus et s'engageait dans le chemin boueux que Jenny lui avait indiqué. Avant d'arriver au cottage, il aperçut une lumière à travers les arbres; C'était un coin solitaire, mystérieux. La rivière glissait silencieusement à quelques mètres de là, au bas d'une pente raide.

Shane prit un sentier qui l'amena derrière la maison et il trouva une Daimler garée dans la cour pavée. La fenêtre de la cuisine n'était pas éclairée. Il leva le loquet vétuste et ouvrit la porte de derrière.

Il parcourut sans difficulté un petit corridor dallé et se dirigea lentement vers une porte sous laquelle filtrait un peu de lumière. Il attendit un instant et l'ouvrit.

13

Steele était assis devant un beau feu de bois. Il y avait sur une table, à portée de sa main, une bouteille de whisky à moitié vide et, sur ses genoux, un magnifique fusil de chasse à deux coups qu'il était en train de nettoyer avec un chiffon gras.

Une femme qui était étendue sur le divan se redressa et posa les pieds par terre. Elle avait manifestement bu et son chemisier était largement déboutonné. Elle tendit le bras pour attraper la bouteille et aperçut Shane. Elle fit une moue dégoûtée et s'écria avec indignation :

— Ben quoi, Reggie ! Je croyais que tu avais dit qu'on ne serait que nous deux ?

Steele leva la tête d'un air sévère, puis il sourit.

— Salut, Shane ! Quelle agréable surprise !

Il avait les yeux vitreux et bredouillait comme s'il était ivre.

Shane s'était appuyé contre la porte et allumait une cigarette.

— La dernière fois que nous nous sommes rencontrés, nous n'avons pas pu terminer notre conversation, dit-il.

Steele prit la bouteille et se versa un verre de whisky.

— Comment as-tu fait pour découvrir mon petit ermitage ?

Shane haussa les épaules.

— J'ai des amis, ce qu'on ne peut guère dire de toi.

Steele vida son verre et le posa soigneusement sur la table.

— Qu'est devenu Frenchy ?

— Il m'ennuyait. Je crois qu'il n'ennuiera plus personne d'ici quelque temps, dit Shane avec un bon rire.

Il y eut un court silence. On n'entendait que le bruit des gouttes de pluie qui tombaient par la cheminée et grésillaient dans les flammes.

— Shane, je commence à comprendre que nous t'avons sous-estimé, dit Steele d'une voix rêveuse.

— C'est indiscutable, dit Shane.

Averti par quelque sixième sens, il passa rapidement la main derrière son dos et leva le loquet de la porte contre laquelle il était appuyé.

Steele sourit aimablement.

— Je vois que je vais être obligé de prendre des mesures rigoureuses, dit-il.

Il épaula son fusil et tira.

Shane avait déjà passé la porte, plié en deux. Il sentit une brûlure aiguë ; quelques plombs l'avaient atteint. Il courut le long du corridor et bondit dehors sous la pluie. Steele le suivait de près.

Shane vit la lueur d'un second coup de feu et plongea au sol. Le projectile passa au-dessus de sa tête. Steele cria :

— Je t'aurai, mon salaud ! J'ai toutes les cartouches qu'il faut !

Il ne bredouillait plus.

Shane courut vers un bouquet d'arbres pour se mettre à couvert. Il s'y jetait lorsqu'un nouveau coup de fusil retentit. Il perdit l'équilibre et roula sur la pente qui dévalait jusqu'à la rivière. Il essaya de se rattraper sans y parvenir, roula par-dessus la berge, et tomba dans l'eau en étouffant un cri.

Entraîné par le courant, il ne fit surface qu'une quinzaine de mètres en aval. Il se laissa dériver en maintenant la tête hors de l'eau. Enfin, ses pieds touchèrent le fond. Un remous inattendu l'avait jeté sur un banc de sable. Il sortit de l'eau en chancelant, s'accrocha aux touffes de joncs de la rive et se traîna jusqu'au haut de la pente, à travers les arbres.

Il arriva dans une prairie d'où il voyait les lumières du cottage à une centaine de mètres à sa droite et il partit dans cette direction en courant. Il avançait prudemment vers la porte de service lorsqu'il entendit marcher derrière lui. C'était Steele qui revenait de la rivière, le fusil sur l'épaule. Shane l'attendit, tapi dans l'ombre.

Comme Steele posait le pied sur le seuil, Shane lui assena un coup brutal sur la nuque. Steele poussa un gémissement inarticulé et s'écroula. Shane, haletant, s'appuya un instant contre la muraille pour reprendre haleine, mais il saisit l'autre par le col de sa veste et le traîna le long du corridor jusqu'au living-room.

La femme était debout devant la cheminée, un verre à la main. Lorsqu'il se redressa, elle se précipita sur lui en hurlant de rage et lui griffa le visage. Il la prit à bras-le-corps, ouvrit d'un coup de pied la porte de la chambre et la jeta sur le lit. Puis il sortit de la pièce et ferma la porte à double tour.

Dans la cuisine, il trouva une grande corde pour étendre le linge. Il attacha Steele solidement, les mains derrière le dos, et le hissa sur un des fauteuils près du feu. Ensuite, il se versa un verre de whisky, s'installa confortablement et attendit.

La femme commença par cogner rageusement à la porte de la chambre, mais finit par se lasser. Steele gémit deux ou trois fois, et Shane le calma en le giflant. Enfin, il leva la tête et ouvrit les yeux.

Il promena autour de lui un regard vague, qui se fixa sur Shane et devint haineux.

Shane remplit un verre de whisky, le lui jeta à la figure et dit :

— Ça va mieux. Nous allons pouvoir parler.

La fureur faisait étinceler les yeux de Steele. Il passa la langue sur ses lèvres sèches.

— Je n'ai rien à te dire, déclara-t-il.

Shane alluma une cigarette.

— Je crois que si. J'ai parlé à Laura Faulkner. Je vous ai vus ensemble l'autre soir. Elle m'a dit pourquoi.

Une lueur passa dans les yeux de Steele mais il haussa les épaules et dit avec calme :

— Je ne vois pas de quoi tu parles.

Shane lui administra sur la bouche un coup de poing qui rejeta sa tête contre le dossier du fauteuil.

— Je n'ai pas de temps à perdre, dit-il. Voilà des années que tu fais chanter Laura Faulkner. Tu as une enveloppe adressée à son père et prête à être mise à la poste si Laura ne fait pas ce que tu exiges d'elle. C'est cette enveloppe que je veux.

Le sang coulait du menton de Steele sur sa chemise blanche ; il écumait.

— Je te revaudrai ça, espèce de salaud ! cria-t-il. Allez donc tous les deux au diable, cette garce et toi !

Shane prit tranquillement le tisonnier et en plaça la pointe au cœur même de la flamme.

— Comme je viens de te le dire, je suis pressé. (Il soupira et se renversa dans son fauteuil.) Les retours de la vie sont bien étranges, n'est-ce pas ? Me voici exactement dans la même position que le colonel Li. Si tu t'en souviens, il était assez pressé, lui aussi.

Steele, fasciné, regardait le tisonnier. Il était blême. Il essaya de plaisanter.

— Tu n'oserais pas !

Shane haussa les épaules.

— Et pourquoi pas ? C'est Frenchy, ton copain, qui m'en a donné l'idée. Je l'ai vu l'essayer sur une de mes amies ce soir même.

Il y eut un silence, puis Shane se baissa et retira du feu le tisonnier chauffé à blanc. Il se retourna et demanda en souriant aimablement :

— Tu n'as pas encore changé d'avis, Reggie ?

Steele se mit à jurer en essayant de se dégager du fauteuil. Shane l'y rejeta et avança le tisonnier. La sueur ruisselait sur le front de Steele, et il secouait frénétiquement la tête de droite à gauche. Shane hésita une seconde, puis ses traits revêtirent une expression de brutalité impitoyable. Il étendit le bras. Steele se mit à pousser des cris aigus comme une femme :

— Enlève ça ! Pour l'amour de Dieu, enlève ça !

Shane éloigna le tisonnier, mais son visage demeurait implacable.

— Je veux l'enveloppe. Où est-elle ?

— À Burnham, dans le coffre de mon bureau, bredouilla Steele. Sur l'étagère du haut. Une grande enveloppe en papier bulle, sous la caisse. La clef est dans ma poche droite.

Shane plongea la main dans la poche indiquée et en retira un trousseau de clefs qu'il considéra un moment avant de le glisser dans sa propre poche. De sa main libre, il empoigna Steele par les cheveux et approcha le tisonnier de sa joue.

— Me dis-tu la vérité ? demanda-t-il d'un ton menaçant.

Steele, terrorisé, multipliait les signes affirmatifs et de l'écume apparut au coin de ses lèvres.

— Je te jure que c'est la vérité ! hurla-t-il.

Shane le tint encore un instant sous la menace du tisonnier qu'il jeta finalement dans l'âtre. Rasséréné, Steele frémit des pieds à la tête et s'évanouit.

Shane alla déverrouiller la porte de la chambre à coucher. La femme était pelotonnée sur le lit. Elle s'assit lorsqu'il alluma l'électricité.

— Je m'en vais maintenant, dit-il. Occupez-vous de lui.

— Qu'est-ce que vous lui avez fait ? demanda-t-elle d'une voix tremblante.

— Il ira mieux quand vous l'aurez nettoyé.

Il retourna dans le living-room où elle le suivit lentement. Le téléphone était sur une table près de la porte. Il en arracha les fils et se tourna vers la femme :

— À votre place, je n'essaierais pas d'alerter la police. Je crois que Reggie n'aimerait pas ça. Je prends la voiture. Dites-lui que je la laisserai devant le *Garland Club*.

Elle hocha la tête sans rien dire. Shane sortit vivement de la maison et s'enfonça dans la nuit.

Sur la route, la circulation était nulle. Seul avec ses pensées qu'accompagnait le ronronnement régulier du moteur, il eut le temps de réfléchir. Il souffrait du dos et conduisait penché en avant pour atténuer la douleur. En approchant de la ville, il se rendit soudain compte qu'il traversait le faubourg où habitaient les Faulkner. Il ralentit pour ne pas manquer le chemin de leur propriété et, dès qu'il le vit, s'y engagea sans hésiter.

Il laissa la voiture au bord du trottoir et marcha jusqu'à la maison. Aucune des fenêtres n'était éclairée. Il prit le sentier et arriva dans le jardin du fond. Il y avait de la lumière aux fenêtres de l'atelier. Le doberman se mit à aboyer quand il s'approcha ; mais ses aboiements lui parurent caverneux, lointains. Il monta les marches de bois et resta là, hébété, secouant la tête de droite à gauche. Il n'entendait plus le chien. Enfin, Laura Faulkner parut dans l'embrasure de la porte, l'interrogea du regard, lui parla mais aucun son ne semblait sortir de ses lèvres.

Shane, pris de frayeur, lui tendit la main. Elle l'entraîna dans l'atelier et le conduisit au divan sur lequel il s'effondra, le visage entre ses mains. Peu à peu, il retrouva le sens de l'ouïe, se redressa lentement et regarda le visage anxieux de Laura.

— Ce n'est qu'un vertige, rien d'alarmant, dit-il.

Elle passa la main sur son épaule.

— Mais vous êtes trempé ! s'écria-t-elle. Que diable avez-vous bien pu faire ?

— J'ai eu un petit accident. C'est le moment de sortir la trousse d'urgence.

Il enleva sa veste mouillée, puis sa chemise. Elle poussa un cri en voyant son dos.

— Martin ! Mais vous saignez !

— Rien de grave. Deux ou trois plombs de chasse. Attrapez les pinces et le sparadrap.

Elle disparut dans la petite cuisine et revint bientôt, portant une cuvette pleine d'eau bouillie et une boîte en métal. Elle s'assit à côté de lui sur le divan.

— Il faut montrer votre dos au docteur, Martin. Ça me paraît sérieux.

Il secoua la tête.

— Ne vous fiez pas aux apparences. Nettoyez bien et ensuite, utilisez les pinces. Il n'y a pas plus de deux ou trois plombs. J'ai eu de la veine.

— Qu'est-ce qui vous est arrivé ? demanda-t-elle tout en enlevant doucement le sang coagulé avec une compresse.

Il haussa les épaules et dit d'un ton las :

— Je n'étais pas du même avis que Reggie Steele. Je l'ai trouvé à Hampton, caché dans un cottage au bord de la rivière. Quand je suis arrivé il avait déjà beaucoup bu. Je lui ai dit qu'il me fallait ces lettres. Il n'a pas paru apprécier mon initiative. Nous nous sommes disputés, et il m'a tiré dessus. Mais j'ai fini par lui faire partager ma manière de voir.

Elle parut hésitante.

— Vous avez les lettres sur vous ? demanda-t-elle.

Il secoua la tête.

— Non. Mais je vais les avoir. (Il se retourna et lui sourit pardessus son épaule.) Ne vous tourmentez plus, mon ange. C'est fini.

Elle le regarda, et quelque chose qui ressemblait étrangement à des larmes tremblait au bord de ses cils. Elle poussa un profond soupir et dit :

— Maintenant, je prends la pince. Je vais essayer de ne pas vous faire trop mal.

À la première morsure de l'instrument, il étouffa un gémissement.

— De quoi ça a-t-il l'air ? demanda-t-il.

— Vous aviez raison. C'est beaucoup moins sérieux que je l'avais cru tout d'abord. Il y a trois plombs à un ou deux centimètres l'un de l'autre, juste sous la peau.

Il mordit le coin d'un coussin pendant qu'elle procédait à l'extraction. Elle se mit à nettoyer les plaies.

— Et Reggie ? demanda-t-elle, qu'est-ce qu'il est devenu ? Où est-il maintenant ?

— Toujours à Hampton, répondit-il avec un petit rire. Quand je l'ai quitté, il n'avait pas l'air très frais.

Elle eut vite fait de fixer le pansement et dit en se levant :

— Vous paraissez épuisé. Étendez-vous ; mettez vos pieds sur le divan. Je vais vous faire une tasse de café. Ensuite, je vous donnerai une chemise de mon père.

Shane se sentit subitement très fatigué. Il appuya doucement son dos endolori sur des coussins et alluma une cigarette. Il entendait Laura aller et venir dans la cuisine, et ce bruit familier était réconfortant.

Elle revint avec un plateau qu'elle posa sur un tabouret à côté de lui.

— Qu'avez-vous l'intention de faire, maintenant ? demanda-t-elle tout en remplissant deux tasses de café.

— Je vais aller au *Garland Club* chercher ces lettres. Désirez-vous venir avec moi ?

— J'aimerais bien, Martin, mais ce n'est pas possible. Je n'ose pas laisser mon père tout seul. Il n'est pas bien du tout depuis quelques jours. (Elle versa de la crème dans le café et poursuivit :) Et après, que ferez-vous ?... Je veux dire... pour le reste ?

Shane avala une partie de son café et soupira.

— Je ne sais pas, Laura. Je ne sais pas du tout. Le temps passe et, je ne sais comment, les choses qui paraissaient importantes n'ont plus aucun sens maintenant.

— Et qu'est-ce qui *est* important, Martin ?

— Vous, dit-il.

Assise sur le bord du divan, elle regardait par la fenêtre. Elle tourna la tête lentement et le regarda. Elle portait un cardigan en laine rose pâle qui mettait en valeur sa poitrine et une jupe qui la moulait étroitement.

Le temps parut se suspendre tandis qu'ils se regardaient, puis elle posa sa tasse et se leva. Une fois près de lui, elle tendit la main vers la lampe et la pièce fut plongée dans l'obscurité.

Allongé, la gorge sèche, il écoutait le bruissement de ses vêtements qu'elle ôtait. Puis elle fut dans ses bras, son corps contre le sien, et quand il se mit à couvrir son visage de baisers, il eut sur ses lèvres le goût salé de ses larmes.

Il se rendit compte qu'il avait dormi. Pendant combien de temps ? Il n'en savait rien. Il faisait tout à fait noir dans l'atelier. Il y était seul, et pourtant, un peu du parfum de Laura flottait encore dans l'atmosphère chaude.

À tâtons, il alluma la lampe et les ténèbres reculèrent. Il posa les pieds par terre et bâilla. Il avait un mauvais goût dans la bouche et son dos était endolori. Il regarda sa montre. Il était à peine passé minuit. Il n'avait pas dormi longtemps.

Il reprit sa veste mouillée et ouvrit la porte du jardin. Une fois dehors, il descendit les marches et prit le sentier qui menait à la maison. L'air nocturne lui parut froid et il pressa le pas.

Dans la cuisine, la lampe était allumée, le doberman, roulé en boule, dormait sur un bout de tapis. Il ouvrit un œil et après avoir bien examiné Shane, le referma, satisfait.

Un séchoir pendait au plafond, chargé de toute une lessive. Shane en descendit une chemise blanche et l'enfila sur-le-champ. Elle avait grand besoin d'un coup de fer mais elle était propre et sèche et il estima qu'il lui fallait s'en contenter pour le moment. Il ouvrit l'autre porte et s'engagea dans un couloir sombre, qui conduisait aux pièces de la façade.

Parvenu dans le hall, il se dirigea vers la porte du salon sous laquelle filtrait un rai de lumière. Il entendit Laura parler à mi-voix. Il s'arrêta un moment, puis entra tout doucement dans la pièce.

Debout, face à la porte, elle était derrière une table, le récepteur du téléphone à la main. Comme il s'approchait sans bruit, elle secoua la tête et dit à voix basse :

— Non. Quand je l'ai laissé, il dormait.

À ce moment, elle leva les yeux et vit Shane.

Elle pâlit, remit l'appareil en place et dit avec un sourire forcé :

— Tiens, vous voilà, Martin. Je croyais que vous dormiez toujours.

Il fit le tour de la table et vint tout près d'elle.

— À qui parliez-vous ?

Elle haussa les épaules.

— Simplement à un ami. C'est sans importance.

Elle voulut s'éloigner, mais Shane la prit par un bras et l'attira tout près de lui.

— Vous parliez de moi avec quelqu'un. Qui était-ce ?

Cette question provoqua sa colère, et elle se débattit pour se libérer.

— Vous me faites mal ! cria-t-elle.

Il la lâcha si brusquement qu'elle heurta la table. Exaspérée, elle répondit tout en se frottant le bras :

— Puisque vous tenez à le savoir, je parlais de vous avec Charles Graham.

Une colère faite d'horreur, de dégoût et d'une amère souffrance s'empara de Shane.

— Vous mentez ! dit-il. Vous mentez !

Il la gifla si violemment qu'elle recula en vacillant. Il la saisit par les épaules.

— Vous allez me dire la vérité ! J'en ai assez des trahisons et des mensonges !

Elle était prête à se défendre, à lui labourer le visage avec ses ongles lorsque la porte s'ouvrit brusquement. Le vieux Mr Faulkner entra en robe de chambre. Il arriva jusqu'au milieu de la pièce, la canne levée, et essaya de frapper Shane à la tête, mais ses genoux se dérobèrent sous lui et il s'affaissa sur le parquet.

La fureur de Shane s'évanouit. Il prit le vieillard dans ses bras et le porta sur son lit. Comme il se redressait, Laura le repoussa violemment.

— Sortez ! Sortez ! cria-t-elle. Ne revenez jamais. Je ne veux plus vous revoir !

Il la regarda fixement, puis il passa dans le hall sans dire un mot, et sortit de la maison. Laura, qui l'avait suivi, claqua la porte derrière lui dès qu'il eut le pied posé sur la première marche et poussa les verrous.

Elle sanglotait, appuyée contre la porte et il écouta un instant ses sanglots désespérés avant d'aller reprendre la Daimler dans l'avenue. Son cerveau était complètement paralysé. Il n'avait qu'une seule idée nette : finir ce qu'il avait entrepris.

Il conduisit très vite pour rentrer à Burnham. Lorsqu'il arrêta la voiture à quelques mètres du *Garland Club*, dans St Michael's Square, 1 heure sonnait à l'horloge d'une église voisine.

Le brouillard avait épaissi et un crachin tenace tombait sans discontinuer. Il tourna dans la ruelle et alla directement à l'entrée du personnel. Le passage était désert. Il resta un moment immobile pour écouter les voix en provenance des cuisines, puis monta rapidement par l'escalier de service jusqu'au premier étage.

Personne dans le corridor. Il courut au bureau de Steele. La porte était fermée à clé. Il essaya l'une après l'autre les clés que Steele lui avait remises. Derrière lui, une porte s'ouvrit et des éclats de rire retentirent. D'un bond, il fut dans le couloir transversal et s'aplatit contre le mur.

Quelques-unes des danseuses se dirigeaient vers la scène. Il resta dissimulé tant qu'il entendit leurs voix et reprit ses essais dès que le silence fut revenu. La deuxième clef s'adapta à la serrure et il entra dans le bureau.

Il alluma l'électricité et alla directement au coffre-fort placé dans un coin à côté de la fenêtre. La clef spéciale lui permit de l'ouvrir sans difficulté. Il poussa la caisse sur le côté de l'étagère et prit la fameuse enveloppe, adressée à Henry Faulkner.

L'écriture était nette mais plutôt féminine. Shane commençait à l'ouvrir lorsqu'il entendit dans le corridor des pas qui se rapprochaient. Il la glissa dans sa poche et vint en deux enjambées s'aplatir contre le mur à côté de la porte à peine une seconde avant qu'on frappe.

Un homme entra. Shane reconnut l'employé qui était de service lors de sa première visite au *Garland Club*. Il était en smoking et tenait à la main une liasse de papiers. Il fronça les sourcils et jeta un regard autour de la pièce. Shane s'avança et lui appliqua un direct à la mâchoire. L'homme s'écroula sur le parquet. Shane sortit et s'éloigna rapidement.

La pluie était devenue un vrai déluge. Il se dirigea vers la place, mais s'arrêta d'abord sous le réverbère qui éclairait l'entrée de la ruelle. Son pouls s'accéléra. Fou de joie, il sortit l'enveloppe de sa poche et l'ouvrit.

Il en retira plusieurs feuilles de papier et déplia la première, qu'il inclina vers la lumière. Elle était couverte de lignes serrées de la même écriture un peu féminine que l'adresse et portait un titre :

La mort de Simon Faulkner, circonstances exactes.

Shane plissa le front et rapprocha le papier de ses yeux. Il commençait à lire lorsqu'il crut soudain entendre respirer derrière lui. Il n'eut pas le temps de se retourner. Un coup d'une violence inouïe l'atteignit à la nuque, provoquant une vive douleur tandis que des points lumineux explosaient devant ses yeux.

Il s'écroula sur les pavés. Il leva un bras pour se protéger le visage, mais ne reçut pas d'autres coups. Quelqu'un enjamba son corps, lui enleva les papiers de la main, et, comme il essayait de les récupérer, son agresseur disparut dans la brume. Shane entendit son pied-bot qui butait et glissait sur l'asphalte mouillé du trottoir.

Shane se traîna jusqu'au réverbère et s'y appuya. Une idée terrifiante dominait toutes celles qui se bousculaient dans son esprit : l'homme au pied-bot existait, c'était un être vivant et non une création fantastique née du cauchemar de la guerre. Il partit en titubant et arriva au bout de la ruelle juste à temps pour entendre un moteur tousser et renâcler avant de se mettre en marche. Quelques secondes plus tard, il aperçut vaguement une voiture qui s'éloignait dans le brouillard. Son impuissance le rendit furieux. Il frappa le mur et resta là jusqu'à ce qu'il se sentît un peu calmé. Alors, il se mit en route.

Un engourdissement singulier s'insinuait dans ses membres. Quand il fut isolé dans la nappe du brouillard, les bruits de la rue s'éloignèrent et lui devinrent de moins en moins perceptibles. Il avait le sentiment d'être seul dans le vide et le silence. Au moment où il tournait dans la rue principale, la douleur se déplaça dans son crâne et devint telle qu'il cria et dut s'accrocher aux barreaux d'une grille.

Il souffrait horriblement. Il ne se souvenait pas d'avoir jamais autant souffert. Ce que le spécialiste lui avait dit lui revint à la mémoire. Des douleurs violentes qui augmentent progressivement annoncent presque toujours la crise finale. L'épouvante lui arracha un gémissement. En titubant, il traversa la rue pour gagner une station de taxis. Il donna au chauffeur l'adresse de Jenny Green et s'effondra sur la banquette arrière, la tête entre les mains. Arrivé à destination, il jeta un billet d'une livre au chauffeur et suivit avec peine la courte allée qui conduisait à la porte d'entrée.

Les marches de l'escalier lui parurent sans fin. Il les gravit péniblement, sur les genoux et sur les mains, cramponné à la rampe. Arrivé au dernier étage, il parvint à se mettre debout et à atteindre la porte. Elle s'ouvrit d'une simple poussée et d'une voix rauque, il cria :

— Jenny !

Il se sentit saisi par les épaules et jeté avec violence à l'autre bout du living-room. Il passa par-dessus une chaise et tomba. Il ferma les yeux pour atténuer la douleur aiguë qui se déplaçait sans cesse au fond de ses orbites, et il entendit alors le pas du pied-bot. Le boiteux se dirigeait vers la porte qu'il ferma doucement, puis Shane l'entendit descendre l'escalier.

Étendu par terre, la joue contre le tapis, les mains crispées l'une dans l'autre, il lui fallut un effort pour ouvrir les yeux. Il vit qu'il y avait du sang sur le tapis.

Son regard hébété ne quitta pas cette tache irrégulière. Il ne comprenait pas... Son esprit tournait en rond sans arriver à se fixer. Quelque chose d'affreux était arrivé... quelque chose d'affreux...

Il tourna la tête lentement. Il y avait du sang partout, jusque sur les murs... Une boucherie... Il essaya de se relever et retomba. Sa main heurta un objet dur, un kukri ghurka, tranchant comme un rasoir, qu'il se souvenait d'avoir vu accroché en décoration au-dessus de la cheminée. Ses doigts se refermèrent sur le manche. Il regardait, fasciné, la lame tachée de sang quand, tout à coup, il entrevit l'atroce vérité et se mit à crier :

— Jenny ! Jenny ! Où es-tu ?

C'est dans la chambre qu'il la trouva, étendue en travers du lit, la gorge ouverte et le corps horriblement mutilé. Immobile, il resta longtemps là sans pouvoir détourner les yeux, puis, vaincu par le chagrin qui le submergeait, il tomba évanoui à côté d'elle.

Il y était encore, serrant le kukri dans la main, lorsque les policiers arrivèrent.

14

Il pleuvait toujours. La voiture cellulaire entra dans la cour de la gare par la porte réservée aux marchandises. Le chauffeur la fit reculer contre le quai d'embarquement. Lomax sauta de la cabine, fit le tour du véhicule et alla sur le quai ouvrir la portière.

Shane sortit, flanqué de deux détectives, et lié à l'un d'eux par une menotte fixée à son poignet droit, sa veste simplement jetée sur les épaules. Le train était déjà en gare. Les quatre hommes restèrent debout devant la rame de wagons, attendant l'heure du départ. Shane se tourna vers Lomax avec un sourire ironique.

— Il y en a encore pour longtemps ?

Lomax regarda sa montre.

— À peu près dix minutes. Comment vous sentez-vous ?

— Comme quelqu'un qui fumerait une cigarette avec plaisir.

Sous la lumière blafarde des lampadaires du quai, il était très pâle. Il prit avec reconnaissance la cigarette que Lomax lui mit entre les lèvres et soupira.

— C'est bon, dit-il. (Puis, avec un rire amer, il ajouta :) Je suppose que lorsqu'un homme est parvenu à ce stade de sa vie, presque tout doit lui paraître bon.

Lomax le regarda.

— À votre place, je ne penserais pas tant à tout cela. Il est probable que cette opération réussira. Sir George Hammond est considéré comme le meilleur chirurgien du cerveau de toute l'Europe. Dans huit jours, vous serez sans doute bien vivant dans votre lit d'hôpital, vous ne tiendrez plus en place et vous vous demanderez comment vous avez pu vous inquiéter à ce point.

— Et après, vous pourrez me renvoyer devant la justice et me faire pendre pour un crime que je n'ai pas commis. Quelle délicieuse perspective ! dit Shane.

Lomax secoua la tête.

— Ça m'étonnerait que ça se passe comme ça.

Shane se tourna vers lui blême et furieux :

— Parce que je suis fou ? demanda-t-il en haussant la voix. La perspective de finir mes jours à Broadmoor vous paraît plus enviable ?

Le jeune détective, au poignet duquel la menotte de Shane était fixée, s'agitait. Lomax prit le prisonnier par le coude et lui parla doucement :

— Allons, ne vous énervez pas comme ça. Je vous ai déjà dit que je savais quels cruels moments vous avez traversés et j'ai essayé de vous faciliter les choses. J'ai fait tout ce que j'ai pu pour vous aider.

— Vous ne pouvez m'aider que d'une seule façon : trouver l'assassin de Jenny Green.

Lomax soupira :

— Ne revenez pas encore une fois là-dessus. Je n'entends que ça depuis trois jours. Vous êtes malade, Shane. Vous avez besoin d'aide, c'est vrai... mais d'une aide médicale.

Shane lui jeta un regard exaspéré et méprisant.

— Oh ! bien sûr ! Ce qu'il vous faut à vous autres flics, c'est un crime sans complications et sans mystère, pour lequel on n'a pas besoin de trop réfléchir.

Il tourna le dos à Lomax, mais celui-ci l'attrapa par le bras et le força à lui faire face. Le policier était livide et la colère transparaissait dans ses yeux.

— Écoutez-moi, dit-il, et écoutez bien. Cela vous intéressera peut-être de savoir que je viens de passer des heures entières à examiner votre cas. Je suis allé voir chacun de ceux avec qui vous avez été en rapport depuis votre arrivée à Burnham.

— Et qu'avez-vous découvert ? demanda Shane avec humeur.

Lomax sortit sa pipe et se mit à la bourrer.

— Que Reggie Steele était encore chez lui à Hampton à l'heure où le crime a été commis. Son amie le jure devant Dieu.

Shane leva son poing crispé dans un geste de colère impuissante.

— Elle jurera n'importe quoi, pourvu qu'on y mette le prix. Vous ne vous en êtes pas rendu compte ?

— Si *c'est* Steele, comment a-t-il pu être de retour à Burnham si peu de temps après vous ? Vous aviez pris sa voiture, ne l'oubliez pas.

— Avez-vous vu Adam Crowther ?

— Oui. Il a reconnu qu'il vous avait menti. Il est bien allé voir Steele au *Garland Club*, mais uniquement pour l'avertir que vous étiez à Burnham et, semblait-il, disposé à faire du scandale. Pour ne rien vous cacher, Crowther m'a dit qu'à son avis vous étiez déséquilibré.

— Mais ça *pourrait* fort bien être Crowther. Tout colle, il est même boiteux. Il a eu les doigts de pied gelés en Corée !

— Il était à la faculté ce soir-là, retenu par un travail important. De son propre aveu, il était seul, mais je suis convaincu qu'il dit la vérité.

— Ben voyons, dit Shane avec amertume. Qui dit mieux ? Et vous acceptez sa parole, n'est-ce pas ? Mais pourquoi diable ne serait-ce pas lui ? Il boite, et le type qui m'a cogné sur la tête dans l'appartement de Jenny était boiteux. Qu'est-ce qui fait de Crowther un être exceptionnel qu'on le croit sur parole ?

Lomax poussa un lourd soupir.

— Ça va, Shane. Calmez-vous et écoutez-moi. Je n'ai accepté l'histoire de Crowther qu'après avoir vu non seulement Reggie Steele, mais aussi Charles Graham. Steele n'a aucune sympathie pour vous — il a eu l'honnêteté de le reconnaître — mais Charles Graham en a. Ils m'ont, l'un et l'autre, donné une version identique de vos tribulations. Depuis des années, vous vivez hanté par un revenant, obsédé par le souvenir d'un certain colonel Li. C'est l'homme au pied-bot, celui que vous avez entendu l'autre nuit chez Jenny Green. Seulement, voilà : il est mort en Corée il y a sept ans.

Shane siffla entre ses dents.

— C'est si réconfortant de savoir qu'on peut compter sur ses amis quand on est dans la mélasse ! Remerciez Graham pour moi la prochaine fois que vous le verrez.

Lomax paraissait furieux.

— Cela vous intéressera peut-être aussi de savoir que c'est Charles Graham qui a obtenu de sir George Hammond qu'il vous opère lui-même.

Un lourd silence tomba entre eux. Il semblait qu'il n'y eût plus rien d'autre à dire. Alors, Shane pensa à Laura.

— Il y a une seule chose que je voudrais encore savoir, Inspecteur : avez-vous vu Laura Faulkner ?

— Oui, dit Lomax. Nous l'avons ennuyée le moins possible. Son père a eu une attaque hier. On a dû le transporter d'urgence à l'hôpital. Je crois que ce n'est plus qu'une question de jours.

Avant que Shane ait eu le temps de parler, le plus âgé des deux détectives s'avança. Les portières claquaient le long du train. Lomax fit un signe.

— Bon. Emmenez-le tout de suite dans le compartiment.

Ils se dirigèrent vers le wagon et, sur le marchepied, Shane hésita, pris d'un désir fou de tout dire à Lomax, de combler tous les vides qui subsistaient pour lui dans cette affaire. Un des détectives le poussa en avant... L'occasion était passée. Il monta.

En entrant dans le compartiment réservé, le jeune détective sortit une clé de sa poche et se libéra de la menotte qu'il fixa au poignet gauche de Shane. Celui-ci se trouva avec les deux mains solidement enchaînées devant lui. Les policiers le firent asseoir à une place d'angle. L'un d'eux mit l'imperméable de Shane dans le filet pendant que l'autre délaçait ses chaussures. Lomax, debout dans le couloir, suivait d'un œil attentif leurs mouvements.

— Vous a-t-on donné une clé de la portière, Brown ? demanda-t-il au plus âgé. (L'homme fit un signe affirmatif, et Lomax continua :) Gardez constamment la porte fermée à clé. On vous attend à Londres. Je vous verrai demain tous les deux.

Comme il partait Shane l'appela :

— Lomax !

L'inspecteur s'arrêta et le regarda par-dessus son épaule.

— Oui ?

Shane dit avec un pâle sourire :

— Vous vous trompez, vous savez.

Lomax parut sur le point de parler, mais haussa les épaules et disparut dans le couloir. Un instant plus tard, il passait sur le trottoir devant le compartiment en retournant à la voiture cellulaire.

Un coup de sifflet retentit ; le train sembla pris d'un grand frisson et se mit à glisser sur les rails pour se perdre dans la nuit pluvieuse.

Shane, terrifié, regardait ses pieds sans chaussures, et ses poignets encerclés par les menottes. Un sentiment d'impuissance absolue s'empara de lui. C'était la fin. Les dés étaient jetés. De quelque côté qu'ils tombent, pour lui, tout était fini.

Soudain, il fut rappelé à la réalité. Le détective Brown, qui essayait depuis un moment de fermer la porte du compartiment, se redressa, l'air dégoûté :

— Il ne marche pas, ce sacré machin ! dit-il.

Son collègue fronça les sourcils et posa le journal qu'il venait de déplier.

— Qu'est-ce que tu vas faire ?

— Il faut que je trouve le contrôleur. Il doit bien avoir un passe-partout. (Il ajouta en montrant Shane d'un mouvement du menton :) Surveille notre ami. On ne sait jamais ce que les types comme lui vont inventer.

Shane se tourna vers la vitre tandis que Brown disparaissait dans le couloir. Il avait un peu mal derrière les yeux, mais surtout, les paroles de Brown l'avaient blessé. On le croyait fou. Tout était joué d'avance. S'il vivait assez longtemps pour paraître au banc des accusés, le procès serait vite bouclé.

Dans la vitre complètement noire, il voyait le compartiment comme dans une glace. Derrière lui, le policier, qui l'observait attentivement, se rapprocha de la portière pour être plus près de la poignée.

Shane ne réfléchit même pas. D'un seul bond, il fut sur lui et, de ses deux poings serrés, il le frappa à la nuque. L'homme tomba de la banquette et roula sur le sol.

Shane poussa de toute ses forces la portière coulissante et enjamba le corps du policier. Brown qui arrivait à l'extrémité du couloir poussa un cri et se mit à courir après lui.

Shane avait pris ses jambes à son cou. Sans s'arrêter, il tira la poignée du signal d'alarme. Le train commençait à ralentir comme il tournait près des toilettes. Il piétinait devant la portière extérieure du wagon qu'il avait de la peine à ouvrir, mais le vent la rabattit brusquement en arrière. Il eut une seconde d'hésitation, scrutant l'obscurité tandis qu'il essayait d'apprécier la vitesse du convoi, mais, lorsqu'il entendit Brown crier derrière lui, il n'hésita plus. Brown tendait déjà la main pour l'attraper par sa veste. Il sauta dans la nuit.

La tête rentrée dans les épaules, il roula deux fois sur lui-même. Il essaya de se mettre debout, mais entraîné par son propre mouvement, il tomba à plat ventre. Le train qui ralentissait finit par s'arrêter une centaine de mètres plus loin. Shane réussit, non sans peine, à se redresser. Il entendait des cris dans la nuit, voyait des lanternes aller et venir et s'agiter le long de la voie.

Plus loin en arrière, il aperçut les lumières de la gare et se rendit compte avec stupeur que tout cela s'était passé en quelques minutes.

Il se mit en marche, cherchant prudemment son chemin entre les voies. Les pierres du ballast lui meurtrissaient les pieds à travers ses chaussettes. Il grimpa sur un petit talus qui supportait une palissade en bois de deux mètres de haut. Il réussit à la franchir, tomba de l'autre côté dans une rue étroite bordée de maisons identiques, et se mit à courir.

La pluie tombait à verse et rejaillissait sur le trottoir. Il eut l'impression qu'il se trouvait dans une zone de taudis croulants. Il tourna et retourna d'une rue dans une autre jusqu'à ce qu'il fût épuisé.

Les poumons vides et la gorge sèche, il souffrait un peu de la tête ; ses pieds, écorchés, saignaient. En avant, il entendit le ronronnement de la circulation et supposa qu'il approchait du centre de la ville. Il s'arrêta à un croisement, incertain de la direction qu'il lui fallait prendre, puis une auto arriva et tourna. À la lueur des phares, il vit un passage étroit et sombre qui s'ouvrait dans le mur en face de lui. Il traversa la rue et s'y jeta.

Il repartit ses deux mains liées au hasard, devant lui. Une lanterne se balançait, suspendue très haut, sur un mur de briques et, plus loin, au bout de la ruelle, il voyait les voitures circuler dans une voie très passante.

Il s'appuya contre le mur, haletant, à bout de forces, et leva les yeux vers la lanterne qui lui parut s'éloigner, flotter dans l'air, devenir de plus en plus petite, puis il n'y eut plus rien que les ténèbres et il glissa lentement contre le mur, inconscient.

15

Un grand calme régnait dans la sacristie. Par la fenêtre, Shane regardait le ciel nocturne. Derrière lui, le Père Costello toussait et dit doucement :

— C'est tout ?

Shane inclina la tête et se retourna vers lui :

— C'est tout, mon Père, absolument tout, jusqu'au moment où je me suis réveillé dans cette venelle, derrière les poubelles.

Le prêtre, l'air pensif, tapotait sur son bureau de ses longs doigts maigres.

— Drôle d'histoire..., dit-il.

— Mais me croyez-vous, mon Père ? demanda Shane d'un ton désespéré. C'est la seule chose qui compte.

Le Père Costello posa sur lui un regard pénétrant, puis sourit.

— Oui. Je vous crois. Ne me demandez pas pourquoi, mais je suis persuadé que ce n'est pas vous qui l'avez tuée.

Shane se sentit soulagé du fardeau qui l'écrasait. Il soupira profondément.

— Dieu merci ! Je commençais à me demander s'ils n'avaient pas tous raison de me croire fou.

Le Père Costello inclina la tête et dit gravement :

— Mais cela ne nous rapproche nullement de la vérité. Puisque ce n'est pas vous le coupable, alors, qui a tué Jenny Green ?

Shane hocha la tête en soupirant de nouveau.

— Je ne vous dis pas ce que je donnerais pour le savoir mon Père !

Et subitement, la lumière se fit dans son esprit. De son poing droit fermé, il frappa victorieusement dans sa main gauche.

— Je sais comment briser ce cercle infernal ! s'écria-t-il avec exaltation.

Le prêtre se pencha vers lui, les yeux brillants.

— Dites !

Shane alluma une cigarette d'une main tremblante.

— Si je suis sain d'esprit, équilibré, normal, l'homme au pied-bot existe. Je ne l'ai pas inventé ! C'est l'élément essentiel d'une machination conçue pour me faire croire que je perds la raison.

— Mais à quoi cela nous avance-t-il ? demanda le Père Costello.

— Je viens de penser à une façon très simple de découvrir qui est l'homme au pied-bot. (Il tira vivement à lui un bloc et un crayon qui se trouvaient sur le bureau.) Il y a encore bien d'autres choses, que je n'ai pas le temps de vous expliquer maintenant, mon Père. Il faut que vous me fassiez confiance.

Il griffonna un nom et une adresse sur le bloc qu'il tendit au prêtre.

— Je vous demande de m'accorder une heure exactement, ni plus ni moins. Et je vous prie, au bout de cette heure, de téléphoner à l'inspecteur Lomax au C.I.D. et de lui dire que je suis à cette adresse.

Le Père Costello regarda ce que Shane avait écrit sur le bloc et parut stupéfait.

— Savez-vous ce que vous faites ?

— Oui, dit Shane. Mais vous, mon Père, ferez-vous ce que je vous demande ?

Le prêtre jeta un nouveau coup d'œil à l'adresse et dit avec un soupir :

— À une condition : pas de meurtre. Il me faut votre parole, ajouta-t-il en plongeant son regard dans les yeux de Shane.

Shane, l'air sombre, hésita, puis répondit fermement :

— C'est bien, mon Père. Vous avez ma parole. Je jouerai votre jeu.

Il ouvrit la porte. Le Père Costello l'arrêta et sortit de sa poche des clés qu'il lui tendit.

— Un instant. Vous trouverez une voiture dans la cour derrière l'église. Ce n'est pas le tout dernier modèle, mais vous réussirez plus facilement en voiture qu'à pied.

Shane essaya de parler, mais les mots ne venaient pas. Le prêtre sourit et lui fit un signe de la main.

— Bonne chance ! dit-il.

Shane s'éloigna. Il roula rapidement à travers les rues calmes du centre de la ville et quelques minutes plus tard, il arrêtait la voiture devant son hôtel. Le hall était vide. Il n'y avait personne à la réception. Il avança sur la pointe des pieds et souleva doucement l'abattant du comptoir. Quelqu'un fredonnait dans la petite pièce adjacente. Il s'y glissa par la porte entrebâillée qu'il referma derrière lui.

La réceptionniste était devant la glace, occupée à refaire ses sourcils d'un trait de crayon. Elle l'entendit et se retourna, effrayée. Alors, ce fut de l'épouvante. Elle ouvrit la bouche pour crier.

Shane s'élança et lui appliqua une main sur les lèvres.

— Si vous poussez un cri, je vous jure bien que ce sera le dernier, dit-il brutalement.

Il la lâcha, et elle alla buter contre le bureau, terrorisée.

Elle portait son tailleur neuf en gabardine. Shane la saisit par un des revers.

— J'aurais dû me méfier, l'autre jour, quand je vous ai vue avec ça sur le dos. Jamais de votre vie vous n'avez gagné plus d'une livre par semaine et aucun de vos petits amis non plus.

Elle s'humecta les lèvres.

— C'est un homme que je n'ai fait que rencontrer. Un vieux. Il a beaucoup d'argent, dit-elle, affolée.

Shane la gifla du dos de la main.

— Petite garce ! vous mentez. Aucun homme fortuné ne regarderait deux fois une fille comme vous. Je vais vous dire, moi, comment vous vous êtes procuré cet ensemble : on vous a payée. Quelqu'un qui voulait entrer dans ma chambre, qui avait besoin d'un passe-partout, vous a donné de l'argent pour l'obtenir.

La figure de la fille se décomposa. Shane comprit qu'il avait vu juste. Il l'attrapa par les cheveux et lui releva la tête de force.

— Qui était-ce ? demanda-t-il.

Les yeux pleins de larmes, elle se débattait pour qu'il la lâchât.

— Je ne sais pas son nom. Il m'a donné l'argent en espèces. Je ne croyais rien faire de mal.

Shane la repoussa contre le bureau.

— Décrivez-moi cet homme.

Elle hésita et, en bredouillant, finit par parler. Quand elle eut fini, Shane poussa un grand soupir et prit une cigarette. La fille pleurait à chaudes larmes, secouée de sanglots. Il la regarda froidement.

— Ça vous apprendra peut-être la discrétion.

Il ouvrit la porte et, par-dessus son épaule, lui jeta sur un ton venimeux :

— Si vous allez parler de ça à la police, je vous jure que je ne vous raterai pas.

Elle poussa un petit gémissement et s'effondra dans un fauteuil. Shane sortit et alla reprendre la voiture.

Il s'engagea hardiment dans la rue principale où se trouvait le poste de police, passa devant deux agents de faction à un carrefour et n'arrêta la voiture qu'à St Michael's Square, devant le *Garland Club*. Le club était plongé dans l'obscurité. Il sortit de la voiture et, en approchant de l'entrée, il vit sur la porte un avis indiquant que l'établissement serait fermé pendant quelques jours.

Il alla voir dans la ruelle si la porte de l'entrée du personnel était ouverte. Elle ne l'était pas. Il s'inquiétait déjà, mais, en passant dans la cour qui se trouvait derrière l'immeuble, il leva la tête et sourit. Par la fente des rideaux, il vit de la lumière à la fenêtre du bureau de Steele.

Prenant une poubelle comme tremplin, Shane s'accrocha au rebord du toit plat des cuisines, parvint à s'y hisser et s'approcha de la fenêtre éclairée. La vitre n'était pas complètement descendue. Il y colla son oreille, écouta et n'entendit rien. Alors, il passa doucement les doigts dans la fente, et, d'un coup, releva le panneau vitré. Presque en même temps, il écarta les rideaux et entra dans la pièce la tête la première.

Steele, qui était assis devant le bureau, se retourna et plongea la main dans un tiroir entrouvert, mais Shane, plus rapide que lui, repoussa le tiroir et la main de son adversaire y resta prise. Steele hurla et voulut se lever, Shane ouvrit le tiroir et envoya Steele rouler au sol d'un coup de poing au visage.

Le fameux pistolet était dans le tiroir. Il le prit bien en main et le soupesa les yeux fixés sur Steele.

— Tu ne ne pensais guère me revoir, chien ?

Steele se releva en chancelant. Il frictionnait doucement sa main meurtrie, les traits convulsés par la terreur.

— Je te donnerai tout ce que tu voudras, n'importe quoi ! Je t'aiderai à partir, même à passer à l'étranger. J'ai des amis. Mais ne me tue pas ! Ne me tue pas ! criait-il comme un forcené.

Ce flux de paroles dura plusieurs minutes pendant lesquelles Shane l'observait avec mépris. Finalement il se tut. Toute son assurance l'avait abandonné.

Shane le poussa brutalement vers la porte.

— Nous allons faire un petit tour, toi et moi. Je serais heureux si tu rencontrais un de mes très bons amis. Avec son aide, je parviendrais sans doute à t'arracher la vérité.

Lorsqu'ils arrivèrent à la voiture, Shane fit asseoir Steele derrière le volant. Il s'installa à côté de lui, une cigarette aux lèvres, et il le surveilla attentivement pendant qu'il conduisait.

Steele n'opposa aucune résistance. Il traversa les faubourgs, tourna pour prendre la route qui passait sur la colline, laissant loin derrière eux, dans la nuit et la pluie, les lumières de la ville.

Il suivait ponctuellement les instructions de Shane et, lorsqu'ils arrivèrent chez Graham, il arrêta le moteur et attendit d'autres ordres sans desserrer les dents.

Shane le fit descendre de la voiture et ils montèrent ensemble jusqu'à la maison. Steele était en piteux état. Sa bouche tuméfiée saignait, le plastron de sa chemise était couvert de sang. Le regard désespéré, le souffle court et irrégulier, il s'appuya contre le mur pendant que Shane sonnait.

La porte s'ouvrit. Un rayon de lumière jaune éclaira le perron et Charles Graham jeta un coup d'œil au-dehors. Shane poussa Steele devant lui et le suivit dans le hall. Graham, visiblement inquiet, ferma rapidement la porte.

— Shane ! s'écria-t-il. Qu'est-ce qui t'est arrivé ? Je croyais que tu étais dans le train pour Londres !

— Tu n'es pas le seul, dit Shane avec un sourire amer. Beaucoup de gens en sont persuadés. Mais, moi, j'avais d'autres intentions. Il me faut quelques précisions et j'ai avec moi celui qui va me les donner. Je suis désolé de t'entraîner là-dedans, Graham, mais j'ai grand besoin de ton aide. Pouvons-nous monter ?

— Certainement, Shane, mais j'espère que tu sais ce que tu fais.

Il passa le premier dans l'escalier de la serre; Shane le suivit, en poussant Steele devant lui. L'air surchauffé et le parfum des orchidées rendaient l'atmosphère accablante, et, en pénétrant dans cette grande salle à parois de verre, Shane sentit des gouttes de sueur couler de son front dans ses yeux.

Graham portait une mince chemise de Nylon et un foulard de soie. Il semblait très à son aise et détendu. Il conduisit les deux hommes par la petite allée tracée entre les plantes fleuries jusqu'à l'extrémité de la serre qui donnait sur la terrasse. Là, les laissant debout devant lui, il s'assit sur le bord de la table en face d'eux. Son visage couturé restait impassible mais il y avait de l'inquiétude dans son regard.

— Alors, je pense que tu accuses Steele d'avoir assassiné cette fille. Mais je voudrais savoir comment tu as l'intention de le prouver.

Shane, avec un pâle sourire, prit une cigarette. Il l'alluma vivement et rejeta un nuage de fumée. Il se sentait parfaitement calme et sûr de lui. Il mit la main dans sa poche et en sortit le Luger.

— Je ne crois pas que Steele ait assassiné Jenny. Je crois que c'est toi, Graham, dit-il doucement.

Au loin, le tonnerre grondait de façon sinistre. La pluie qui martelait le dôme de la serre avait redoublé de violence. Le visage de Charles Graham était impassible. Il alluma une cigarette et demanda tranquillement :

— Tu te rends bien compte de ce que tu dis ?

Steele s'avança et cria d'une voix aiguë et brisée par la peur :

— Je te l'avais bien dit qu'il était dangereux !

Du coup, Graham perdit son sang-froid. Il gifla brutalement Steele.

— Tais-toi donc, abruti !

Steele se dégonfla complètement. Il roulait les yeux en bavant. Il se retourna et voulut se jeter sur Shane. Celui-ci recula vivement et lui envoya un coup de pied dans le ventre.

Tandis que Steele se tordait par terre, Graham dit en le regardant avec mépris :

— Il y a longtemps que j'aurais dû me débarrasser de lui !

Shane pointa son pistolet sur Graham.

— Assieds-toi ! commanda-t-il.

Le timbre de la porte d'entrée, fixé à un montant de bois, était tout près d'eux. Shane en arracha les fils et dit avec sérénité :

— Maintenant, nous pouvons parler sans qu'on nous interrompe.

Graham s'assit sur un des fauteuils d'osier, les mains croisées sur l'estomac. Il paraissait parfaitement calme et assuré.

— Cela m'intéresserait de savoir comment tu en es arrivé à me soupçonner.

Shane s'adossa contre l'un des piliers métalliques qui soutenaient l'armature du dôme.

— D'abord, j'ai soupçonné tout le monde : Crowther, Steele, même Laura Faulkner, mais rien ne collait tout à fait. J'ai compris il y a moins d'une heure, à force de repasser les faits dans ma tête en cherchant désespérément un indice, un fil conducteur. C'est alors que je me suis rappelé deux points importants qui établissaient un lien entre Steele et toi.

Graham prit une autre cigarette.

— Lesquels ?

— La première fois que je suis allé voir Steele au *Garland Club*, il m'a rappelé que j'avais été soigné dans un hôpital psychiatrique. Quand je l'ai menacé, il m'a dit que je ferais bien d'être prudent, sinon je risquais de retourner dans une maison de fous. Je n'en avais parlé qu'à deux personnes : Laura Faulkner et toi.

— Intéressant, mais pas très concluant, dit Graham.

— Pris isolément, non. Mais un autre fait curieux m'est revenu à la mémoire. La nuit où je suis allé à son bureau pour chercher l'enveloppe qui devait contenir les lettres de Laura Faulkner, il m'attendait dans le noir avec deux de ses hommes. Cela ne pouvait s'expliquer que d'une façon : il m'attendait parce qu'on l'avait averti de ma visite probable. Tu étais seul au courant de mon intention.

Graham secoua la tête et un semblant de sourire effleura sa bouche tordue.

— Intéressant, mais toujours pas concluant. Rien de tout cela ne tiendrait devant un tribunal. Après tout, Laura Faulkner savait que tu espérais mettre la main sur cette enveloppe. Il faut trouver mieux.

— Ça m'est facile, dit doucement Shane. J'ai encore un atout. Ce soir même, j'ai eu à l'hôtel un entretien avec la fille qui s'occupe de la réception. Elle s'est mise, un beau jour, à dépenser de l'argent pour s'habiller, beaucoup d'argent. Je me suis demandé s'il n'existait pas un rapport entre ça et le fait qu'un inconnu avait pu se procurer la clé de ma chambre. Cet inconnu a volé mon Luger. Je l'ai retrouvé dans le bureau de Steele.

— En ce cas, pourquoi m'accuser ? demanda Graham.

— Parce que, après avoir été un peu bousculée, la fille t'a décrit avec précision. Il faut bien admettre que ce n'était pas difficile.

— Alors, j'ai tué Jenny Green ?

— Tu étais la seule personne qui savait que je logeais chez elle. Les hommes de Steele le savaient aussi parce que tu avais dû le dire à Steele, mais ils étaient hors de combat. Et il était impossible que Steele fût rentré en ville assez tôt pour agir lui-même. J'ai envisagé un instant la culpabilité de Crowther, mais il ignorait mes rapports avec Jenny. Ce ne pouvait être que toi, Graham. Simple calcul. Tu restais seul. Par exemple, ce que je n'arrive pas à comprendre, c'est pourquoi tu as commis ce crime ?

Shane fit une grimace en sentant une petite douleur qui se déplaçait derrière son œil droit.

Graham soupira et se leva lentement de son fauteuil. Alors, Steele roula sur lui-même et empoigna une des jambes de Shane qui tomba sur un genou. Graham bondit et lui arracha le pistolet. Shane essaya en vain de reprendre son arme. Il tenait la manche de Graham, mais celui-ci, en reculant, fit céder le mince tissu et la manche entière resta entre les doigts de Shane.

Il y eut un silence. Le souffle court de Shane, que la chaleur humide de la serre oppressait, sifflait entre ses dents. Graham tenait le pistolet à la hauteur de sa taille. Son bras nu ressortait tout blanc sur sa chemise bleue et Shane aperçut un serpent vert et rouge tatoué près du poignet et qu'entouraient ces mots : « Simon et Martin, amis à la vie et à la mort ! »

Entre deux gémissements, Steele s'écria :

— Descends-le, Faulkner ! C'est lui ou nous !

Shane se releva et s'appuya de nouveau contre le pilier de fer. Sa douleur empirait rapidement ; il passa la main sur son visage ; il était couvert de sueur. Il parvint enfin à parler, et sa voix semblait venir de très loin.

— Qu'est-ce qui s'est passé, Simon ? Qu'est-ce qui s'est passé ? Véritablement ?

— En Corée, tu veux dire ? (Simon Faulkner haussa les épaules.) C'est moi que le colonel Li avait choisi comme tête de pipe pour son exercice de tir. Moi, je voulais vivre, c'était simple. Il a fait fonctionner le peloton d'exécution dans la cour pour vous faire croire qu'on m'avait fusillé et il m'a ramené dans ma cellule. Ensuite, il m'a dit qu'il avait un emploi pour moi ; espion dans les camps de prisonniers du Nord.

— Et tu as accepté sans hésiter ? demanda Shane.

Faulkner haussa de nouveau les épaules.

— Je n'ai pas eu le temps de penser aux détails. Les Américains commençaient à bombarder le temple.

— Comment as-tu fait pour t'en tirer ?

— Exactement comme je te l'ai raconté la première fois que tu es venu me voir, dit Faulkner. Tout avait l'air de tourner pour le mieux, et il a fallu que je mette le pied sur cette mine !

— Comment as-tu pris l'identité de Charles Graham ?

Faulkner se mit à ricaner et plaça une autre cigarette entre ses lèvres tordues.

— Je n'ai rien eu à faire, mon vieux. C'est arrivé comme ça. Quand je me suis réveillé à l'hôpital, je ne pouvais pas parler, je ne pouvais pas même voir. À ce moment-là, je savais que Graham était mort. Quelqu'un m'a appelé Charles Graham. Sur le moment j'étais trop faible pour protester. J'étais sûr que Graham était mort parce que j'avais vu ce qui restait de lui après le bombardement. Au bout d'un certain temps, j'ai compris ce qui s'était passé. L'uniforme que j'avais pris dans le bureau de Li était celui de Graham. C'est d'après ça qu'on m'avait identifié ! (Il reprit avec un rire dur :) Là-dessus, quelques jours plus tard, on a amené le colonel de notre régiment à l'hôpital. Quand j'ai vu qu'il ne me reconnaissait pas et qu'il dégoisait sur les miracles de la chirurgie esthétique, j'ai cessé de m'en faire. C'était d'une simplicité : il y avait toute la fortune que l'oncle de Graham lui avait laissée, pas d'autre héritier, et vous tous, qui me connaissiez, morts là-bas en Corée dans les ruines de ce sacré temple.

Shane commençait à se sentir fatigué — très fatigué. Sa souffrance augmentait. C'était pour lui un effort de parler. Il hocha légèrement la tête et dit :

— Tu risquais gros, quand même.

— Oui, dit Faulkner, mais ça valait le coup. Tu comprends, j'avais au moins cinq ans de prison à tirer en rentrant en Angleterre. J'avais joué en Bourse, assez imprudemment, de grosses sommes que j'avais prises dans l'affaire de mon père. On l'aurait forcément découvert un jour ou l'autre. Ce n'était qu'une question de semaines. C'est ce qui m'a décidé à m'engager pour la campagne de Corée.

— Je sais. Ta sœur me l'a dit. (Une idée soudaine lui traversa l'esprit et il ajouta en fronçant les sourcils :) Laura connaît tous les autres détails de ton passé ?

— Oui. J'ai fait une gaffe. Quand ils ont eu fini de me rapiécer à l'hôpital, j'étais persuadé que ma mère elle-même n'aurait pas reconnu son fils dans l'homme qui sortait de là. J'ai voulu faire une expérience. J'ai écrit à Laura en lui racontant que j'étais en Corée avec son frère et elle m'a invité à venir la voir à la maison.

— Et elle t'a reconnu ?

— C'est mon écriture qu'elle a reconnue. C'est l'ironie du sort, dit Faulkner en riant.

— Et tu ne lui as rien caché ?

— Il n'y avait aucune raison ! Je n'avais rien à craindre. Elle redoutait plus que tout un nouveau scandale qui aurait certainement tué mon père.

— Et tu ne t'es jamais inquiété ?

— Si. À la fin de la guerre, quand les Chinois ont commencé à libérer les prisonniers. J'ai pris le taureau par les cornes et je suis allé voir Crowther dès son retour. Il n'a jamais rien soupçonné. Reggie Steele est venu me voir le premier avant que j'aie eu le temps de lui faire une visite. Il m'a laissé baratiner pendant une dizaine de minutes, puis il m'a déclaré froidement qu'il savait foutre bien qui j'étais. À plat ventre et cloué par les deux jambes dans les décombres, il m'avait vu quitter le temple bien vivant et en un seul morceau.

— Et tu as été forcé d'acheter son silence.

— Exact. D'abord, j'ai cherché un moyen de me débarrasser de lui. Et puis il a ouvert sa boîte, et je me suis vite rendu compte de tout le profit que je pouvais tirer d'une association avec lui. J'étais la tête, lui le directeur officiel. Nous avons gagné beaucoup d'argent pendant les deux ou trois dernières années.

— Savais-tu que Steele faisait chanter ta sœur ? demanda Shane.

— Elle a été stupide. Steele la menaçait de tout révéler à mon père si elle ne faisait pas ce qu'il voulait. Elle a souffert inutilement pendant des années. Elle n'aurait eu qu'à m'en parler et, d'un seul coup de téléphone, j'aurais tout arrêté. Mais voilà... Elle ignorait mes rapports avec Steele.

Shane avait de la peine à se concentrer. Il fit une grimace et se passa la main sur le front.

— Et Wilby, quel était son rôle dans tout ça ? demanda-t-il.

Faulkner soupira.

— Ça, c'est l'erreur de Steele. Il a eu l'impression d'être grand et généreux en lui donnant un emploi, au nom de leur ancienne camaraderie, quand Wilby est venu, chapeau bas, gémir auprès de lui sur la dureté des temps.

— Et Wilby a découvert ton secret ?

— Oui. Un soir où nous parlions dans le bureau de Steele, il a surpris notre conversation. C'était facile de le faire taire. Il avait de moi une frousse intense, et, en plus, il suffisait pour le contenter, de lui donner assez d'argent pour qu'il puisse se soûler. Malheureusement, tout a changé lorsque tu es entré en scène.

— C'est toi qui l'as poussé dans le four à gaz ?

— Bien sûr, dit tranquillement Faulkner. Il s'était mis subitement à avoir bien plus peur de toi que de moi. Il m'a écrit une lettre pour me dire qu'il ne pouvait plus le supporter, qu'il allait tout te dire. Je suis allé chez lui, décidé à lui offrir ce qu'il fallait pour le museler jusqu'à ce que je sois arrivé à me débarrasser de toi d'une manière ou d'une autre.

— Alors ?

— Je l'ai trouvé ivre mort dans sa cuisine. L'occasion était trop belle pour la laisser échapper. Je l'ai traîné jusqu'au four à gaz et je lui ai mis la tête dedans

— Et la lettre annonçant son intention de se suicider, ce n'est pas toi qui l'as écrite ?

Faulkner sourit.

— La touche de l'artiste. J'ai laissé sur la table de la cuisine la fin de la lettre qu'il m'avait adressée. On aurait absolument dit un petit mot écrit sous le coup de l'émotion. Il parlait de toi sans équivoque.

— Et le reste ? demanda Shane. Les bruits de pas ?

— Le pied-bot a été une assez jolie trouvaille, dit Faulkner avec satisfaction. Le souvenir de Li paraissait t'obséder. Ce n'était pas la peine de te tuer, étant donné que tu allais mourir. Je me suis dit que si j'arrivais à te faire croire que tu perdais la tête, tu partirais peut-être plus tôt.

— Et cette histoire à l'hôtel où j'ai vu disparaître Laura ?

— Je ne voulais pas qu'elle vienne chez moi. Je craignais que tu n'y viennes toi-même à l'improviste. Je m'étais arrangé pour la retrouver à cet hôtel. Je faisais le guet à la fenêtre et j'ai vu que tu la suivais. J'ai tout de suite téléphoné à la réception et j'ai expliqué au portier ce qu'il avait à faire exactement. Je lui ai dit que nous avions rendez-vous, Laura et moi, et que tu étais un détective à la solde de son mari.

— Cela n'explique pas la conversation téléphonique que j'ai eue avec elle. Je l'ai appelée chez elle.

Faulkner se mit à rire.

— Mais tu n'as pas formé le numéro toi-même. C'est le portier qui l'a fait, et il t'a mis en communication avec notre chambre.

Toutes les pièces du puzzle semblaient avoir trouvé leur place, et pourtant, le tableau demeurait incomplet. Shane demanda d'une voix basse et lente :

— Et Jenny ? Pourquoi a-t-il fallu que tu la tues ?

Faulkner haussa les épaules.

— C'est facile à comprendre. Je voulais me débarrasser de toi une fois pour toutes. Quand tu as laissé Steele à Hampton, il a réussi à me téléphoner d'une cabine publique sur la grande route. Il m'a dit que tu allais au *Garland Club* pour retirer du coffre une certaine enveloppe et il m'a expliqué ce qu'elle contenait. Ce n'était pas des lettres de Laura, comme elle te l'avait raconté, mais toute la vérité sur mon compte. Quelques minutes plus tard,

Laura me téléphonait la même chose. Elle a ajouté qu'elle s'était arrangée pour te retenir. Elle voulait que je rattrape l'enveloppe avant que tu aies eu le temps de l'ouvrir.

Shane n'éprouva pas une vraie souffrance en l'écoutant, mais seulement une certaine tristesse et un sentiment très proche du regret. Il dit doucement :

— Je vois.

Faulkner secoua la tête.

— Non, Martin, tu ne vois rien du tout. Je savais que Laura était tombée très amoureuse de toi. Mais si fort que soit son amour, elle était résolue à tout faire, à tout supporter, pour que la vérité me concernant ne transpire jamais. Elle savait que mon père en mourrait.

— Mais rien de tout cela n'explique pourquoi tu as tué Jenny ! s'écria Shane.

— Après t'avoir assommé dans la ruelle, près du *Garland Club*, j'étais sûr qu'en revenant à toi, c'était chez elle que tu irais. Alors, l'idée m'est venue d'un moyen de me débarrasser de toi définitivement. Tu avais passé des années dans un hôpital psychiatrique. Plusieurs personnes te savaient obsédé par le fait qu'un de tes camarades de la guerre de Corée était un traître. Le coroner t'en avait même fait la remarque publiquement à l'enquête sur la mort de Wilby. Je n'avais qu'à me trouver chez Jenny avant toi, à tuer la fille et à t'assommer de nouveau dès que tu arriverais.

— Tu ne t'es pas contenté de la tuer, salaud ! C'était un massacre.

— Je ne pouvais pas faire autrement, expliqua patiemment Faulkner. On te soupçonnait d'être fou. Il fallait un crime de fou.

Steele avait réussi à se mettre debout et était venu s'effondrer dans un des fauteuils d'osier, la figure blême, les traits contractés par la souffrance. Il demanda :

— Qu'est-ce que nous allons faire de Shane ?

Faulkner fit un geste insouciant et dit tranquillement :

— Je vais le descendre. Pas de problème. Il t'a forcé à le conduire de ta boîte jusqu'ici. Il était armé. Il y a eu bagarre et je lui ai tiré dessus.

Shane respira profondément. Appuyé contre le pilier, il essayait de redresser son corps fatigué lorsque, derrière lui, un mouvement soudain agita les buissons d'arbustes et Lomax apparut. Il s'approcha de Shane qui se sentit envahi par un immense soulagement.

— Qu'est-ce qui vous a retardé ? murmura-t-il. Je commençais à m'inquiéter.

Lomax sourit.

— Il y a un bon moment que je suis ici. On n'a pas répondu à mon coup de sonnette. La porte d'entrée était verrouillée. Il a fallu que je force une fenêtre, et vous étiez si absorbés par votre conversation que mon arrivée est passée inaperçue.

— Avez-vous tout entendu ?

— Suffisamment. Je vous ferai mes excuses plus tard, dit Lomax.

Il se tourna vers Faulkner et dit sévèrement en montrant le pistolet :

— Vous feriez bien de me passer cette arme. La maison est cernée, et, de toute façon, vous n'iriez pas bien loin.

Steele, épouvanté, poussa un cri et essaya de se lever. Faulkner se retourna vivement et lui assena, avec le canon du Luger un coup qui lui fendit la peau du front, puis, à reculons, il se dirigea vers la porte qui ouvrait sur la terrasse.

— Le premier qui bouge, je lui flanque une balle entre les deux yeux, cria-t-il. Ce n'est pas une blague. Je n'ai rien à perdre et je ne veux pas être pendu !

Il ouvrit la porte et, tandis qu'il reculait toujours sans cesser de regarder les trois hommes, Shane dit doucement :

— Mais *tu vas* être pendu, Simon. Tout à l'heure, j'ai promis à un de mes amis que je ne te tuerais pas. Comme je craignais de n'avoir pas assez de volonté pour ne pas tirer quand tu serais en face de moi, j'ai pris mes précautions. Regarde !

Il prit dans sa poche le chargeur du pistolet et le lui montra.

Faulkner parut se raidir des pieds à la tête. Sa face torturée grimaçait de rage.

— Tu mens ! hurla-t-il.

En même temps, il tira. Ils entendirent le déclic fonctionner à vide. Shane se mit à avancer lentement vers Faulkner.

Lomax poussa un cri pour le mettre en garde et le prit par les épaules. Shane se dégagea d'une secousse. Il n'était plus conscient que du regard de Faulkner, brûlant de haine. Il s'agissait d'une affaire personnelle, une affaire qui devait être réglée entre eux deux seuls : Shane et Faulkner.

Faulkner s'éloignait à reculons sur la terrasse, tenant toujours le Luger inutilement braqué devant lui. Il regarda par-dessus son épaule et un rayon d'espoir passa dans ses yeux. Shane regarda dans la même direction et aperçut derrière Faulkner l'échelle de secours. Il secoua la tête.

— Tu ne t'échapperas pas, Simon. C'est maintenant que finit l'histoire. Maintenant qu'il faut régler l'ardoise.

Subitement, Faulkner lui lança le pistolet à la tête, de toute sa force. Shane se baissa, mais le coup l'atteignit sur le haut du front et lui arracha un cri de douleur. Il lui sembla que quelque chose se déplaçait dans son crâne et explosait en taches de couleurs. Il vacilla et faillit tomber.

Faulkner sauta sur la balustrade. Les bras tendus, il allait saisir l'échelle. De la main droite, Shane empoigna une de ses chevilles qu'il tira. Faulkner lui lança un regard meurtrier et, de son pied libre, le frappa sauvagement.

Shane recula en titubant et tomba sur Lomax. Le pied de Faulkner, ne trouvant plus de résistance, lui manqua. Il fit un pas en arrière, dans le vide. Une seconde, il parut avoir trouvé son équilibre, puis il poussa un cri affreux et disparut derrière la balustrade.

Shane eut l'impression que ce cri pénétrait dans sa cervelle et y tourbillonnait en un cercle qui s'amenuisait. Puis il vit toute la lumière de la serre se rassembler en un énorme globe incandescent qui se mit à tourner à l'infini devant ses yeux, et il perdit connaissance.

16

Il se réveilla dans une pièce silencieuse où rien ne lui était familier. Il était couché dans un étroit lit d'hôpital et tout, dans cette chambre, les murs comme les meubles, était peint en blanc.

Au bout d'un moment, il essaya de s'asseoir. Pour une raison qui lui échappait, sa tête lui semblait détachée du reste de son corps. Il porta la main à son front et s'aperçut qu'un énorme bandage l'enveloppait.

Il essaya de se soulever un peu plus. Au même moment, la porte s'ouvrit et il vit entrer une infirmière. C'était une femme d'une cinquantaine d'années, grande et plutôt corpulente. Elle avait un visage sympathique et de grandes mains qu'on devinait adroites et douces. Elle s'approcha vivement du lit et le recoucha sur les oreillers avec délicatesse.

— Il ne faut pas faire ça, dit-elle. Il ne faut pas bouger du tout.

— Où suis-je ? demanda Shane d'une voix faible. Qu'est-ce qui m'est arrivé ?

— Vous êtes à l'hôpital général de Burnham, dans une chambre particulière. Il y a cinq jours que vous y êtes, déclara l'infirmière.

Shane plissa le front.

— Cinq jours ? dit-il. Je ne comprends pas.

Elle remit adroitement les draps en place, et regarda la feuille de température suspendue au pied du lit.

— Vous avez subi une très grave opération. C'est un miracle que vous soyez là.

Shane eut l'impression qu'elle s'éloignait, qu'il l'entendait de très loin et qu'il restait seul pour réfléchir au sens de ses paroles. Il soupira et demanda en hésitant presque à chaque mot :

— Voulez-vous dire qu'on a extrait cet éclat d'obus que j'avais dans le cerveau ?

— C'est ça ! On vous a amené ici dans un état désespéré. Sir George Hammond a pris spécialement l'avion à Londres pour pouvoir vous opérer à temps. Il espérait que vous auriez repris connaissance avant son départ, mais une autre opération difficile l'attendait en Allemagne et il a été forcé de partir hier.

— Alors, je ne vais pas mourir, finalement ? dit lentement Shane.

Elle se mit à rire.

— Grands dieux, non ! Vous allez rester ici encore une semaine ou deux, mais vous serez complètement guéri lorsque vous vous en irez.

Elle quitta la pièce et il resta immobile. Les yeux fixés sur le plafond, il se sentait incapable d'éprouver une émotion quelconque. Peut-être que plus tard il se réjouirait mais pour l'instant, il semblait que tout sentiment lui fût interdit, à part celui du vide, un vide inexplicable.

Un médecin vint le voir pour la visite et l'examen quotidien. Ensuite, l'infirmière lui apporta son petit déjeuner.

Pendant qu'elle installait le plateau sur ses genoux, il aperçut près de la fenêtre des fleurs dans un vase. Il demanda qui les avait apportées. Elle sourit.

— C'est une jeune femme. Elle s'appelle miss Faulkner, je crois.

— Elle est venue ici ? demanda Shane sur un ton qu'il s'efforça de rendre indifférent.

— Tous les jours. J'ai promis de lui téléphoner aussitôt que vous auriez repris connaissance.

L'infirmière emporta le plateau. Dès qu'il fut seul, Shane posa sa tête sur l'oreiller et regarda par la fenêtre la pluie battante en pensant à Laura. Ses sens paraissaient plus affinés qu'auparavant. Il percevait le parfum de ses fleurs bien qu'elles fussent à l'autre bout de la chambre et il désirait presque douloureusement sa présence. La porte s'ouvrit sans bruit. Il se retourna, plein d'espoir, et vit Lomax qui lui souriait timidement.

— Vous avez l'air déçu. Vous attendez quelqu'un ?

— Je pensais que c'était peut-être Laura Faulkner, dit Shane en souriant à son tour.

Lomax secoua la tête.

— On a transporté son père à l'hôpital le même jour que vous. Il est mort hier. Je crois que l'enterrement aura lieu ce matin. Elle doit avoir bien des choses à faire.

La main de Shane se crispa sur le bord de son drap. Laura était toute seule et l'idée de cette solitude le bouleversait. Il se ressaisit et demanda à Lomax s'il n'avait pas une cigarette. Lomax lui tendit son étui et reprit :

— Elle a un fameux cran, cette fille-là. On a enterré son frère il y a trois jours et elle a suivi le cercueil jusqu'à la tombe. Dans ces circonstances, c'était bigrement courageux. D'après ce que je sais, il n'a jamais fait grand-chose ni pour elle ni pour son père.

Il donna du feu à Shane. Celui-ci avala la fumée avec délice et dit avec un soupir heureux :

— Je ne comptais pas vivre assez longtemps pour profiter encore de ce genre de choses. (Il désigna une chaise proche du lit.) Asseyez-vous et racontez-moi tout.

Lomax sortit sa pipe.

— Il n'y a pas grand-chose à raconter. La chute de Faulkner lui a été fatale. Il est mort sur le coup. Steele est en prison. Nous l'avons arrêté pour complicité dans au moins un meurtre et pour toute une série de délits dont certains sont très graves. La perquisition dans son bureau nous a révélé des choses fort intéressantes. Faulkner et lui trempaient dans toutes les combinaisons illicites depuis la prostitution organisée jusqu'au trafic des stupéfiants.

Shane fronçait les sourcils, les yeux à demi fermés. Il essayait de retrouver dans sa pensée l'image de Simon Faulkner. Simon le bon camarade, l'ami digne de confiance sur qui on pouvait compter dans les moments difficiles ; toujours de bonne humeur, toujours souriant. Mais l'image restait insaisissable, irréelle, comme s'il ne s'agissait que d'une création passagère de son imagination.

Il fit un geste d'impuissance.

— Cela montre à quel point nous connaissons mal les autres, même nos amis les plus intimes... Et moi ? demanda-t-il avec un demi-sourire. Ne va-t-on pas m'arrêter pour voies de fait, agression, coups et blessures ? J'ai estourbi un jeune agent dans une ruelle et votre détective, dans le train. J'étais pressé et je crains de n'avoir pas mis les formes.

— Légalement, je pourrais vous coffrer, mais étant donné les circonstances...

Lomax haussa les épaules et se leva.

— J'espère bien que je vous reverrai avant de quitter Burnham, dit Shane.

— Sûrement ! Invitez-moi à prendre un verre le jour où vous sortirez de l'hôpital. Maintenant, il faut que je file. Vous pouvez rester dans votre lit tant que vous voudrez, mais, pour moi, dès que j'ai terminé une enquête, il faut que j'en commence une autre.

Il ouvrit la porte. Shane l'appela.

— Lomax ! Vous savez, Faulkner...

L'inspecteur se retourna l'interrogeant du regard. Shane continua :

— Tout n'était pas mauvais en lui. Il m'a sauvé la vie. J'avais reçu un éclat d'obus dans le pied. Il m'a transporté sur son dos sous un bombardement d'enfer.

Lomax hocha la tête.

— Comme vous le disiez, qui peut savoir ce qui se passe dans le cœur d'un autre être humain ?

Il fit un geste d'adieu rapide et amical, et la porte se referma silencieusement sur lui.

Shane, les yeux fixés sur le plafond, pensait toujours à Simon Faulkner lorsque le Père Costello entra. Il portait un imperméable de couleur foncée et tenait un sac de cuir noir à la main. Il sourit cordialement et s'assit sur le bord du lit.

— Martin, cela me fait chaud au cœur de vous voir revenu dans ce monde des vivants.

— C'est bien grâce à vous, mon Père. Si vous ne m'aviez pas accordé votre confiance...

Shane ne put en dire davantage.

— Allons donc, dit le Père Costello. Si nous avons un peu de foi, la vérité finit toujours par éclater. Je regrette de ne pas pouvoir rester. Le père de Laura Faulkner est mort hier, et elle m'a demandé d'officier à son enterrement qui a lieu ce matin.

Il se leva. Shane n'arrivait pas à parler. Il finit par demander :

— Comment va-t-elle, mon Père ?

Le prêtre leva la main :

— Elle a été durement éprouvée par les événements de ces derniers jours. D'abord, la mort de son frère et le scandale causé par la divulgation de ce qu'il était, de ce qu'il a fait. Et maintenant, la mort de son père. Je lui dirai que j'ai passé un instant auprès de vous. Si elle vient vous voir, soyez gentil avec elle. Pauvre enfant, la voilà complètement seule.

Après le départ du Père Costello, Shane ne pensait plus qu'à Laura Faulkner. Au bout d'un moment, il rejeta ses couvertures et posa les pieds par terre. Une fois debout, il alla jusqu'à l'armoire. Ses oreilles bourdonnaient, et il avait l'impression de flotter dans l'air.

Il trouva ses vêtements soigneusement suspendus sur des cintres. Il s'habilla aussi vite qu'il put. Ses mains tremblaient si fort qu'il lui fallut un temps invraisemblable pour boutonner les boutons et qu'il prit le parti de ne pas mettre de cravate. Il enfila son imperméable et sortit de la chambre.

Personne dans le corridor. Il en profita pour aller rapidement jusqu'à l'escalier qui se trouvait à l'extrémité du palier et descendit. Au rez-de-chaussée, il y avait beaucoup de monde, des gens allaient et venaient. Certains, en blouses, faisaient partie du personnel, mais la plupart étaient des malades. Il avança tranquillement dans une galerie qui aboutissait à un vestibule carrelé et se trouva devant une grande porte vitrée.

Un portier en livrée bleue, coiffé d'une casquette à visière, se tenait sous le porche et regardait tomber la pluie.

— Je vous demande pardon, lui dit Shane. J'ai cru comprendre qu'on enterrait ce matin un malade de l'hôpital, un Mr Faulkner. Le cortège est-il déjà parti ?

Le concierge se tourna et le regarda avec curiosité.

— Oui, Monsieur, il y a environ un quart d'heure.

— Savez-vous à quelle paroisse la cérémonie doit avoir lieu ?

— À St Augustin, je crois, dit le portier. (Voyant que Shane fermait à demi les yeux et ne semblait pas très solide sur ses jambes il ajouta :) Vous vous sentez bien, Monsieur ?

Shane fit un signe affirmatif.

— Pas de problème, dit-il, mais il n'y a pas longtemps que j'ai quitté mon lit.

Il se hâta de descendre les marches du perron avant que le portier ait pu lui poser d'autres questions, et fit signe à un taxi qui stationnait devant l'hôpital.

Arrivé à l'église, il dit au chauffeur de l'attendre, entra par la grille et suivit à pied un chemin étroit bordé de peupliers qui conduisait au cimetière.

Il entendit bientôt la voix du Père Costello. Puis il aperçut le groupe de six ou sept personnes rassemblées autour de la tombe. La voix du prêtre s'éleva, forte et réconfortante malgré la pluie qui lui tombait sur la tête et l'aveuglait presque.

Shane alla se placer derrière un grand monument tout en marbre. Il voyait Laura debout de l'autre côté de la tombe. Elle portait un tailleur noir et, bien qu'il fût assez loin, Shane distinguait des cernes sombres sous ses yeux. Le doberman était auprès d'elle et elle gardait une main crispée sur le collier du chien comme s'il était le seul ami qui lui restât sur terre.

Shane eut un mouvement de recul en entendant la première pelletée de terre mouillée tomber sur le cercueil. Il frissonna et s'éloigna d'un pas rapide entre les pierres tombales. Son taxi l'attendait à la grille.

Il s'assit lourdement sur la banquette et attendit. Bientôt, il vit sortir le Père Costello qui accompagnait Laura. Le prêtre parlait à la jeune femme, son visage bon et doux penché vers elle. Il lui prit la main pour lui dire adieu, puis elle monta avec son chien dans une auto de louage qui partit aussitôt.

Shane dit à son chauffeur de suivre la voiture. Il s'appuya aux coussins et alluma une cigarette. Tout son corps tremblait, et la cigarette lui donnait la nausée. Il la jeta par la vitre ouverte et essuya du revers de la main la sueur froide qui perlait sur son front. Il n'avait pas idée de ce qu'il allait dire à Laura, mais il était sûr d'une chose : il avait besoin d'elle désespérément, plus qu'il n'avait jamais eu besoin de personne au monde.

La voiture qu'elle avait louée la laissa devant sa maison. Shane attendit qu'elle eût disparu dans le jardin pour payer le chauffeur de son taxi et la suivre.

Tout semblait plus abandonné que jamais. Les fenêtres masquées par les rideaux ressemblaient à des yeux éteints qui le fixaient sans le voir.

Il fit le tour de la maison et se dirigea vers l'atelier. La pluie redoubla soudain, et un corbeau s'envola des arbres qui dominaient la rivière en protestant d'une voix criarde. Shane monta les marches de bois et entra.

Le doberman sauta du divan et vint jusqu'à la porte, mais son grognement s'arrêta dans sa gorge, et à la grande surprise de Shane, il lui fourra son museau dans la main. Laura, debout près de la fenêtre, se retourna vivement.

Ses yeux paraissaient trop grands dans son visage émacié. Une faible plainte lui échappa. Elle regarda Shane, hésita et fit un pas vers lui.

Il la prit dans ses bras et elle se mit à sangloter. Quand elle put parler, elle sourit :

— Avez-vous le droit de sortir de l'hôpital ? demanda-t-elle.

— Ils doivent être fous là-bas en ce moment, mais ça ne fait rien. J'avais envie de vous voir.

Il se tut, puis ajouta :

— La mort de votre père me fait beaucoup de peine.

Elle soupira et s'écarta de lui.

— Moi, je n'ai plus de peine maintenant que tout est fini. On ne peut pas dire qu'il vivait pendant ces dernières années.

— On ne peut guère le dire de vous non plus, dit Shane.

Elle respira profondément pour rassembler ses forces :

— Il y a une ou deux choses que je dois avouer tout de suite... Je savais que Charles Graham était mort en Corée et que Simon vivait sous son nom.

— Je le savais aussi, dit doucement Shane. Simon me l'a révélé quelques instants avant de mourir.

— Mais il y a encore autre chose qu'il faut que vous sachiez. La nuit où vous êtes venu ici après avoir forcé Steele à vous donner les clés de son coffre, vous m'avez dit que vous aviez l'intention d'aller au *Garland Club* pour chercher les lettres. J'ai prévenu Simon. C'est ce que j'étais en train de faire lorsque vous m'avez surprise au téléphone.

— Ça aussi je le savais.

Elle parut surprise pendant un instant. Ses épaules s'affaissèrent et elle reprit avec lassitude :

— Je pense que vous ne me croirez pas, mais, tout le reste, je l'ignorais. Je n'avais pas compris qu'il essayait de vous rendre fou.

Shane s'avança et l'attira tout contre lui :

— Mais *si, je vous crois.*

Elle releva la tête et le regarda, émerveillée.

— Comment est-ce possible ?

— Parce que je vous aime. Je crois que je vous ai aimée dès le premier jour et j'ai besoin de vous follement, tout autant que vous avez besoin de moi. Tous les deux, nous venons de naître pour la seconde fois. C'est une opération douloureuse que la naissance ; il n'en est pas de plus douloureuse. Et ce ne sera pas facile ni pour vous ni pour moi de renouer les fils d'une nouvelle vie dans la solitude.

Le temps s'arrêta pendant qu'elle regardait le jeune homme, puis elle sourit, prit sa main, et l'entraîna vers la porte.

— Ou allons-nous, comme ça ? demanda-t-il, un peu étonné.

— Chercher ma voiture. Je vous ramène tout droit à l'hôpital.

Il était prêt à discuter, mais il comprit que Laura ne céderait pas. Il se mit à rire tout doucement. Il n'avait encore jamais été aussi heureux.

Ils suivirent ensemble le sentier qui longeait la maison avec le doberman sur leurs talons.

1962

LE TESTAMENT DE CASPAR SCHULTZ

Traduit de l'anglais
par Renée Tesnière

Ce roman a paru sous le titre original :
THE TESTAMENT OF CASPAR SCHULTZ

1

Chavasse avait renoncé à compter les moutons. Il était tellement fatigué qu'il n'arrivait même pas à s'endormir. Il se résigna à allumer la lampe de chevet et prit machinalement une cigarette. Il tirait la première bouffée lorsque le téléphone se mit à sonner.

Il décrocha et entendit une voix de femme, froide, impersonnelle :

— C'est vous, Paul ?

Il se souleva sur l'oreiller.

— Qui est à l'appareil ?

— Jane Frazer. Votre avion a atterri à Londres il y a trois heures. Comment se fait-il que vous ne soyez pas passé rendre compte ?

— Y a pas le feu, dit Chavasse. Hier, j'ai envoyé d'Athènes un rapport préliminaire. Je verrai le Patron demain matin.

— Vous allez le voir tout de suite, fit Jane Frazer. Et je vous conseille même de vous dépêcher.

Chavasse fronça les sourcils.

— Vous exagérez, dit-il. Je viens de me taper deux mois de Grèce, et c'était pas en voyage de noces ! J'ai quand même le droit de dormir une nuit de temps en temps !

— Je m'attendrirai sur votre cas quand j'aurai un moment... Allez, dépêchez-vous de vous habiller. Je vous fais envoyer une voiture, dit-elle en raccrochant.

Chavasse poussa une bordée de jurons bien sentie, rejeta les draps et, après avoir enfilé un pantalon, se dirigea, pieds nus, vers la salle de bains.

Il avait les yeux douloureux et la bouche sèche et amère. Il avala avec satisfaction un grand verre d'eau fraîche ; puis il plongea héroïquement la tête dans le lavabo.

Tout en s'essuyant, il s'examina dans la glace. Des cernes sombres soulignaient ses yeux, des petites rides de fatigue lui sillonnaient la peau au-dessus des joues. Mais le visage était beau, du genre racé, avec une touche d'ironie et de désinvolture. La vilaine cicatrice que lui avait laissée une balle à l'épaule gauche ne déparait pas trop l'ensemble. Il se prit le visage à pleines mains, tirant la chair de ses joues, sous ses yeux gris.

— Tu as quand même une sacrée mine de déterré ! dit-il en se souriant dans la glace avec indulgence.

C'était un de ses principaux atouts, ce large sourire qui lui illuminait le visage. Il y en avait peu qui y résistaient.

Il passa la main sur sa barbe de deux jours qui lui hérissait le menton, décida de ne pas se raser et revint dans sa chambre. Pendant qu'il s'habillait, la pluie, de ses doigts invisibles, tambourinait contre les vitres. Il enfila un vieil imperméable et sortit rapidement.

La voiture l'attendait le long du trottoir ; il monta près du chauffeur et demeura silencieux, fixant la nuit d'un regard morose, tandis qu'ils parcouraient les rues désertes balayées de pluie.

Il était las. Las de vivre avec une valise toujours entrouverte, de sauter sans cesse d'un pays à un autre, d'être n'importe quoi pour n'importe qui, de ne jamais pouvoir être lui-même. Pour la première fois depuis cinq ans, il se demandait pourquoi il n'envoyait pas tout promener. Mais ils virèrent pour franchir les grilles de la maison bien connue de St John's Wood et il repoussa cette idée avec un petit sourire triste.

La voiture vint s'arrêter devant la porte d'entrée. Sans un mot au chauffeur, il descendit et gravit le perron. Il pressa le bouton placé près de la plaque de cuivre bien astiquée qui portait l'indication *Brown & Company — import export*, et attendit.

Au bout d'un moment, la porte s'ouvrit et un homme de haute taille, grisonnant, vêtu d'un costume de serge bleue, s'écarta pour le laisser entrer.

— Ça fait plaisir de vous revoir, Mr Chavasse.

Chavasse lui donna en passant une petite tape amicale sur l'épaule.

— Vous avez l'air en pleine forme, Joe.

Il monta l'escalier à l'imposante courbe Régence et longea un couloir tapissé d'une épaisse moquette. Le seul bruit que l'on entendait était le bourdonnement léger et continu de la dynamo, dans la salle de radio ; mais il passa sans s'arrêter devant la porte et gravit deux marches qui l'amenèrent dans un autre couloir. Là, le silence était total. Il ouvrit une grande porte peinte en blanc, tout au bout, et entra.

La pièce était petite, simplement meublée ; quelques chaises et un bureau avec une machine à écrire et plusieurs appareils téléphoniques. Jane Frazer était penchée sur un classeur ; elle se releva, un léger sourire sur son joli petit visage tout rond aux yeux pétillants d'intelligence derrière ses lunettes. Elle les retira et fronça les sourcils :

— Vous avez une mine patibulaire.

Chavasse sourit largement.

— J'ai toujours cet air-là quand on me sort du lit à une heure pareille.

Elle portait un strict chemisier blanc et une jupe de tweed dont la coupe, trompeusement simple, moulait ses hanches arrondies. Il la suivit d'un regard approbateur, tandis qu'elle regagnait son bureau et s'asseyait.

Lui-même s'assit sur un coin du meuble et s'offrit une cigarette du paquet qui était devant lui. Il l'alluma et exhala un nuage de fumée avec un soupir de satisfaction.

— A quoi ça rime cet enlèvement en pleine nuit ? Qu'est-ce que le Patron a de si important à me dire, que ça ne puisse pas attendre une heure convenable ?

Elle haussa les épaules.

— Allez donc le lui demander vous-même. Il vous attend avec impatience.

— Encore un boulot ?

Elle hocha la tête.

— J'ai l'impression que c'est une grosse affaire.

Chavasse se laissa retomber sur les pieds.

— Qu'est-ce qu'il croit ? dit-il. Qu'on est fait en béton armé ? Sans attendre de réponse, il traversa la pièce, ouvrit une porte où il y avait écrit « Direction » et entra.

Le bureau était plongé dans la pénombre ; la seule lumière était celle d'une lampe à abat-jour posée sur une grande table, près de la fenêtre. Le Patron parcourait une liasse de feuillets dactylographiés et il leva les yeux d'un air contrarié. Mais sa grimace se transforma en sourire et de la main, il désigna un fauteuil.

— Alors, Paul, on a fini par vous dénicher. Asseyez-vous et parlez-moi de la Grèce.

Chavasse se laissa tomber dans le fauteuil et repoussa son chapeau sur son front.

— L'ambassade d'Athènes ne vous a pas transmis mon rapport codé ?

— Si, si. J'y ai jeté un rapide coup d'œil quand il est arrivé hier. Ça me paraît satisfaisant. Encore des questions en suspens ?

Chavasse haussa les épaules.

— Une ou deux. Votre opinion sur Skiros était juste. C'était bien un agent double. Il travaillait pour les communistes depuis quatre ans. Ils vont attendre longtemps son prochain rapport.

Le Patron choisit une cigarette dans un coffret d'argent et l'alluma avec soin.

— Comment avez-vous fait ?

— Je l'ai suivi jusqu'à Lesbos, dit Chavasse. Il passait quelques jours de vacances à faire de la pêche sous-marine. Malheureusement, un après-midi, quelque chose s'est détraqué dans son scaphandre. Le temps qu'on le ramène sur la plage, il était trop tard.

Le Patron soupira.

— C'est vraiment pas de chance !

Chavasse se pencha sur le bureau.

— Maintenant que je vous ai précisé les points les plus délicats de l'histoire, je peux peut-être aller me recoucher ?

Il se leva, alla jusqu'à la fenêtre.

— J'ai l'impression de ne pas avoir dormi depuis un mois.

Il resta là un moment, à regarder tomber la pluie ; puis, brusquement, il se retourna.

— Pour être tout à fait franc, en venant ici, je pensais à tout envoyer promener.

Le Patron haussa les sourcils d'un air surpris.

— Vous vous voyez retourner faire votre cours dans une Université de province ?

Il secoua la tête.

— Rien à faire, Paul. Vous êtes le meilleur élément dont je dispose. Un de ces jours, vous me remplacerez à ce bureau.

— Si je ne suis pas mort d'ici là, fit Chavasse d'un ton aigre.

D'un geste, le Patron lui désigna le fauteuil qu'il avait quitté.

— Venez vous rasseoir. Reprenez une cigarette. Vous êtes toujours dans cet état quand une mission est terminée, surtout quand vous avez liquidé quelqu'un. Ce qu'il vous faut, c'est un long repos.

— Justement, si on en parlait un peu ? fit Chavasse. Dieu sait que je l'ai bien gagné. Cette année je n'ai pratiquement pas eu le temps de souffler.

— Je sais, Paul, je sais, dit le Patron d'un ton apaisant, et je veillerai à ce que vous l'obteniez... après la prochaine mission.

Chavasse se détourna de la fenêtre avec colère.

— Mais, bon Dieu, je ne suis quand même pas le seul agent dont dispose le bureau. Pourquoi pas Wilson ou LaCosta ?

— J'ai envoyé Wilson à Ankara le mois dernier. Il a disparu au bout de deux jours. J'ai bien peur que nous ne devions rayer son nom de nos fichiers.

— Et LaCosta ?

— Il s'est effondré après cette affaire à Cuba. Je l'ai envoyé pour six mois dans une maison de repos.

Il poussa un profond sourire.

— J'ai reçu ce matin un rapport du psychiatre. Franchement, ça ne me dit rien qui vaille. Je crains bien que nous ne puissions plus jamais l'utiliser.

Chavasse revint à son fauteuil et s'y laissa tomber. Il prit une cigarette dans le coffret que lui tendait le Patron et l'alluma d'une main ferme.

— Ça va, je me rends. De quoi s'agit-il ?

Le Patron se leva.

— Je savais que vous comprendriez, Paul. Et ne vous en faites pas. Vous l'aurez, votre congé. Cette affaire ne devrait pas vous retenir plus d'une semaine ou deux, au maximum.

— Où dois-je aller ? demanda simplement Chavasse.

— En Allemagne de l'Ouest.

Le Patron alla à la fenêtre et poursuivit sans se retourner :

— Que savez-vous de Caspar Schultz ?

Chavasse plissa le front, cherchant à se souvenir.

— L'un des dirigeants nazis, probablement tué dans l'holocauste final de Berlin, quand les Russes sont arrivés. Il n'était pas dans le bunker jusqu'à la fin avec Hitler et Bormann ?

Le Patron se retourna en hochant la tête.

— La dernière fois qu'on l'a vu, il tentait de sortir de la ville dans un tank. C'est la seule chose que l'on sache de source sûre. Ce qui s'est passé ensuite, nous n'en savons rien ; une chose est certaine : on n'a jamais identifié son corps.

Chavasse haussa les épaules.

— Ça n'est guère surprenant. A l'arrivée des Russes les formalités à la morgue étaient plutôt réduites.

Le Patron revint à son bureau, s'assit et ralluma une nouvelle cigarette.

— De temps en temps, des bruits vagues ont couru à propos de Schultz. L'un prétendait qu'il vivait en Argentine, un autre qu'il était fermier en Irlande. Nous avons vérifié ces rumeurs avec le plus grand soin mais elles se sont révélées sans fondement réel.

Chavasse se redressa brusquement intéressé.

— Et vous avez maintenant d'autres indications ? Quelque chose d'un peu plus substantiel ?

Le Patron fit un signe d'acquiescement.

— Connaissez-vous sir George Harvey ?

— N'a-t-il pas été quelque temps ministre des Renseignements, dans le gouvernement de coalition, pendant la guerre ?

— Exactement. Après la guerre, il a quitté la scène politique pour se consacrer à ses affaires. Hier, il s'est présenté au Foreign Office avec une très curieuse histoire. Le Secrétaire d'État me l'a aussitôt envoyé. J'aimerais que vous l'entendiez de vive voix.

Il pressa deux fois le timbre, sur son bureau. Au bout d'un moment, la porte s'ouvrit et Jane fit entrer un homme de haute taille, grisonnant, qui avait dépassé de peu la soixantaine. Elle sortit en refermant doucement la porte et le Patron se leva.

— Sir George. Je vous présente Paul Chavasse, le jeune homme dont je vous parlais tout à l'heure.

Chavasse se leva à son tour et ils se serrèrent la main. De toute évidence, sir George Harvey se maintenait dans une forme parfaite. Sa poignée de main était ferme, son visage bronzé et sa moustache taillée courte lui donnaient une certaine allure militaire.

Il s'assit, en souriant cordialement.

— On m'a dit des choses très flatteuses sur votre compte, Mr Chavasse.

Chavasse lui rendit son sourire et lui offrit une cigarette.

— J'ai eu ma part de chance, dit-il modestement.

— Dans votre métier, dit sir George, ça doit être indispensable.

Le Patron frotta une allumette qu'il abrita dans ses deux mains.

— Cela ne vous ennuierait-il pas de répéter exactement à Chavasse ce que vous m'avez raconté ?

Sir George acquiesça d'un signe et se renversa dans son fauteuil. Il se tourna légèrement vers Chavasse.

— Parmi les nombreuses affaires dont je m'occupe, Mr Chavasse, je détiens un grand nombre d'actions dans une maison d'édition dont je tairai le nom. Hier matin, l'administrateur général est venu m'apporter une lettre assez extraordinaire. Il était d'avis, après avoir consulté le conseil d'administration de la transmettre au plus vite au Secrétaire d'État du Foreign Office et, sachant que j'étais un de ses amis personnels, il me demandait de m'occuper de l'affaire.

— De qui venait cette lettre ? demanda Chavasse.

— D'un Allemand nommé Hans Muller. Il prétend que Caspar Schultz est vivant. Il dit que Schultz a vécu au Portugal jusqu'en 1955, date à laquelle il est rentré en Allemagne, où il vit tranquillement depuis sous un nom d'emprunt.

— Mais qu'a-t-il à voir avec une maison d'édition ? demanda Chavasse.

— J'y arrive. S'il faut en croire la lettre, Caspar Schultz a écrit ses mémoires et désire les faire publier.

— Et Muller sert d'intermédiaire ? dit Chavasse. Mais pourquoi ne s'adresse-t-il pas à un éditeur allemand ? J'aurai pensé qu'un livre pareil ferait encore plus sensation là-bas qu'en Angleterre.

— C'est précisément ce que Muller semble avoir fait. Il leur a écrit le même genre de lettre qu'à nous et, quelques heures après, il avait à ses trousses tout le réseau clandestin nazi. Selon Muller, Schultz a mis dans le bain un certain nombre de personnes qui, en Allemagne, ont toujours proclamé qu'elles n'avaient jamais vraiment appuyé Hitler. Des gens fort importants, qui plus est. Il parle même de sympathisants nazis ici, en Angleterre, et consacre tout un chapitre à l'homme qui était prêt à jouer les Quisling en 1940, quand on redoutait une invasion allemande.

Chavasse émit un petit sifflement.

— Donne-t-il des noms, dans sa lettre ?

Sir George secoua la tête.

— Non. Il déclare simplement qu'il détient le manuscrit et qu'il est écrit de la main même de Schultz — ce qui, naturellement, peut être vérifié ; il dit aussi qu'il n'existe que ce seul exemplaire. Inutile de préciser que la somme qu'il mentionne est fort importante.

— Je m'en doute, fit Chavasse. Je ne sais pas si le gars s'en rend compte, mais c'est une bombe à retardement qu'il accepte de trimbaler avec lui.

Il se retourna vers le Patron.

— Il y a près de trois ans que je n'ai pas travaillé en Allemagne. Où en sont les nazis, maintenant ?

— Ils sont beaucoup plus forts que ne veulent le croire des tas de gens, dit le Patron. Depuis le moment où le gouvernement allemand a institué à Ludwigsburg le Bureau de Détection des Crimes de Guerre, celui-ci doit jouer serré avec le réseau clandestin nazi. D'anciens officiers S.S. ont réussi à s'infiltrer dans la police. Grâce à quoi les services de renseignements nazis ont pu prévenir à temps un certain nombre de responsables S.S. des camps de concentration qui étaient sur le point d'être arrêtés. Beaucoup ont pu s'enfuir en République Arabe Unie.

— Mais il en reste encore pas mal dans les postes officiels ?

— Il n'y a pas de doute. Ils sont dans le gouvernement, dans les grandes entreprises, un peu partout.

Le Patron eut un rire ironique.

— Muller a dû s'en rendre compte à ses dépens quand il a écrit à cette maison d'édition allemande.

— Donne-t-il le nom de la firme ?

Le Patron secoua la tête.

— Il ne donnait même pas sa propre adresse. Il disait simplement dans sa lettre qu'il téléphonerait à l'éditeur.

— Et il l'a fait ?

— A six heures pile, hier soir, comme il l'avait écrit. L'administrateur a pris la communication. Il a dit à Muller que l'affaire les intéressait énormément et Muller a accepté de le rencontrer avec l'un des associés de la maison.

— Et cet associé, c'est moi, je suppose ?

— Tout juste ! dit le Patron. Je désire que vous fassiez la traversée jusqu'au Hoek van Holland par le bateau de cet après-midi. Vous attraperez l'express Nord-Ouest pour Hambourg.

Il ouvrit un tiroir, en sortit une grande enveloppe.

— Vous trouverez là-dedans tout ce qu'il vous faut. Un nouveau passeport à votre propre nom mais avec « éditeur » comme profession, de l'argent pour vos frais et quelques autres papiers qui pourraient vous être utiles.

— Pourquoi le train de nuit pour Hambourg ? demanda Chavasse.

— J'y arrive, dit le Patron. Je vous ai fait retenir une couchette dans un compartiment réservé. Vous trouverez les tickets dans l'enveloppe. Muller montera dans le train à Osnabruck, quelques minutes avant minuit, et se rendra tout droit à votre compartiment.

— Et qu'est-ce que j'en fais, une fois que je le tiens ?

Le Patron haussa les épaules.

— C'est à vous de juger. Je veux le manuscrit, mais, je veux surtout Schultz en personne. Il se trouve que sir George prend le même train pour se rendre à la Conférence de la Paix des Nations Unies, à Hambourg. C'est l'une des raisons pour lesquelles j'ai fait prendre ces dispositions en toute hâte, avant de m'en être entretenu avec vous. Faites marcher Muller. Dites-lui qu'il faut que vous voyiez le manuscrit, en partie au moins. Si c'est nécessaire, faites-lui faire la connaissance de sir George. Dites-lui qu'il est un gros actionnaire de la maison, que les éditeurs lui ont demandé de vous accompagner comme preuve de leur bonne foi.

Sir George se leva.

— C'est d'accord, Mr Chavasse. Vous pouvez compter que je ferai tout mon possible pour vous aider.

Il sourit.

— On se croirait revenu au bon vieux temps. Ça me rajeunit de quelques lustres. Mais, si vous voulez bien m'excuser, il faut vraiment que je m'en aille. Le train part de Liverpool Street à 10 heures et j'aimerais, avant, passer au lit une heure ou deux.

Il tendit la main à Chavasse.

— Si vous me permettez un conseil, jeune homme, vous devriez en faire autant. Vous avez l'air d'en avoir besoin. Je vous reverrai sans doute dans le train.

Le Patron l'accompagna jusqu'à la porte et revint s'asseoir à son bureau.

— Alors, qu'en pensez-vous ?

Chavasse haussa les épaules.

— Tout dépend de Muller. Nous avons des renseignements sur lui ?

— J'ai fait faire des recherches, dit le Patron, mais il semble que ce soit le premier contact que nous ayons avec lui. Évidemment, nous n'avons pas son signalement et il est possible qu'il ait auparavant utilisé un autre nom.

— A-t-il précisé quels étaient ses rapports avec Schultz ?

— Non. Ça aussi, c'est un mystère complet.

Chavasse prit l'enveloppe qui contenait son passeport et ses tickets et la glissa dans sa poche.

— Et les Services secrets allemands ? Ils sont au courant ?

Le Patron secoua négativement la tête.

— J'y avais pensé mais j'ai décidé de les laisser dans l'ignorance. Pour l'instant tout au moins. Je n'ai pas envie de compliquer la situation. Si l'affaire devient trop difficile et si vous jugez avoir besoin d'aide sur place, téléphonez-moi. Demandez Mr Taylor et donnez comme nom Cunningham. Dites simplement que les affaires marchent très fort et que vous auriez besoin d'aide. A ce moment-là, je ferai intervenir les services allemands.

Chavasse se leva et hocha lentement la tête.

— Il semble que ce soit tout, dit-il. Je crois que je vais suivre le conseil de Sir George et retourner me coucher.

Il fit un mouvement vers la porte et s'arrêta.

— A propos, dans quelle mesure puis-je compter sur lui ?

— Sur sir George Harvey ?

Le Patron eut un geste évasif.

— C'est un homme important et nous ne voulons surtout pas de scandale international. Il ne faut recourir à lui qu'en cas d'urgence, et je suis sûr que, dans la limite du raisonnable, il fera tout pour vous aider. Il a très bien réussi au ministère, pendant la guerre, vous savez.

Chavasse fit un signe d'approbation.

— J'essaierai de ne pas le mettre à contribution si je peux m'en passer mais il pourrait représenter l'élément nécessaire pour convaincre Muller de ma bonne foi.

— C'est bien ce que je pensais, dit le Patron.

Il fit le tour de son bureau, la main tendue.

— En tout cas, bonne chance, Paul. Je crois que vous allez trouver là une affaire sans grande complication. Quoi qu'il arrive, je vous ferai obtenir ce congé dès que tout sera fini.

Chavasse ouvrit la porte et se retourna à demi, un léger sourire aux lèvres.

— J'en suis persuadé, fit-il d'un ton qui en disait long.

Et il referma la porte avant que le Patron ait pu lui répondre.

Jane Frazer était partie et, à en juger par l'ordre parfait qui régnait sur son bureau et la housse posée sur sa machine à écrire, elle ne devait pas revenir. Il descendit lentement l'escalier, repassant dans son esprit tout l'entretien, évoquant chacune des remarques du Patron et de sir George, essayant de les assembler en un tout cohérent.

Dehors, la voiture l'attendait ; il monta à côté du chauffeur et se recroquevilla sur son siège ; plongé dans ses pensées, il ne bougea pas durant tout le trajet. Un détail le tracassait. A supposer que toute l'affaire fût authentique et qu'il ne s'agît pas d'une mystification, pourquoi Caspar Schultz avait-il choisi ce moment plutôt qu'un autre pour essayer de faire publier ses mémoires ?

La guerre était finie depuis quinze ans — quinze années au cours desquelles Schultz avait réussi à se soustraire aux recherches des agents secrets de toutes les grandes puissances. Alors, pourquoi se lançait-il à présent dans une entreprise qui, par sa nature même, devait déclencher la chasse à l'homme la plus colossale de tous les temps ? Une chasse dont il allait être le gibier...

Il y songeait encore chez lui, en se déshabillant, mais c'était là le problème qui, pour l'instant, ne pouvait trouver de solution. Seul, Hans Muller était en mesure d'y fournir une réponse.

Il se fit un café et se mit au lit. Il était un peu plus de trois heures du matin, et la pluie tambourinait sans désemparer contre les vitres. Il alluma une cigarette et ouvrit l'enveloppe que lui avait remise le Patron.

On avait fait un joli travail avec le passeport. Il datait de quatre ans et chaque détail était exact, sauf sa profession. Il semblait que, durant cette période, il se fût rendu à plusieurs reprises sur le continent et une fois en Amérique. Il fixa rapidement les dates dans sa mémoire et passa à l'examen des autres documents.

Ses tickets étaient en règle, ainsi que les chèques de voyage.

L'enveloppe contenait également un permis de conduire et une carte de membre d'un club-restaurant londonien. Enfin, on l'avait muni de plusieurs lettres soi-disant écrites par des relations d'affaires et d'une autre, rédigée en termes fort tendres et signée d'une certaine Cynthia.

Il la lut avec intérêt. Elle était bien... vraiment très bien. Il se demanda si le Patron l'avait fait écrire par Jane Frazer et son visage était souriant quand il éteignit enfin sa lampe et se retourna sur l'oreiller.

2

Le train commença de ralentir en entrant dans les faubourgs de Rheine et Chavasse posa le livre qu'il feuilletait distraitement pour consulter sa montre. Il était 11 heures du soir. Dans un peu moins d'une heure, il serait à Osnabruck.

Il enfila sa veste et sortit dans le couloir au moment où le train s'arrêtait. L'employé des wagons-lits ouvrit la portière et sauta sur le quai. Cédant à une impulsion soudaine, Chavasse en fit autant et resta, les mains dans les poches, à respirer profondément l'air froid de la nuit.

Le quai était presque désert et personne ne semblait ni monter ni descendre. Il allait regagner son compartiment quand un groupe émergea de la salle d'attente, venant dans sa direction.

L'homme qui marchait en tête était grand, bâti en force, avec un visage dur comme l'acier et des yeux d'un bleu glacé. Derrière lui venaient deux infirmiers en blouses blanches portant un homme sur une civière. Fermant la marche, un curieux individu avec un feutre enfoncé sur la tête et un pardessus luxueux à col de fourrure qui prenait un air un peu trop détaché. Son visage maigre, décharné, était à demi masqué par une barbe noire soigneusement taillée et visiblement teinte.

Chavasse s'écarta et les deux infirmiers montèrent avec précaution la civière dans le train et l'introduisirent dans le compartiment voisin du sien. Les deux autres hommes les suivirent et fermèrent la porte.

Chavasse regagna le couloir et se retourna d'un air interrogateur vers l'employé des wagons-lits qui était remonté derrière lui.

— Que se passe-t-il ? demanda-t-il en allemand.

— Celui qui n'a pas l'air commode, c'est l'inspecteur Steiner, de la police de Hambourg. Le barbu s'appelle Kruger ; c'est un des médecins les plus connus de la région.

— Et le type dans la civière ?

— Un repris de justice qu'ils ramènent à Hambourg, dit l'employé. Il a été blessé dans une bagarre avec la police et ils ont fait venir le Dr Kruger pour voir s'il était transportable.

Chavasse hocha la tête.

— Je vois, dit-il. Merci.

— De rien, dit l'employé. Y a-t-il autre chose que je puisse faire pour vous ?

— Pas pour le moment. Un café, peut-être, un peu plus tard. Je vous appellerai.

L'homme s'éloigna dans le couloir et Chavasse réintégra son compartiment. Il s'assit au bord de sa couchette et, de nouveau, consulta sa montre. Encore trois quarts d'heure et le train serait à Osnabruck. On frapperait légèrement à la porte, elle s'ouvrirait et Hans Muller entrerait. Il se demanda à quoi il ressemblerait, quelles seraient ses premières paroles ; il lui vint ensuite à l'esprit que Muller ne se manifesterait peut-être pas. Pour quelque obscure raison, cette idée l'amusa et il alluma une cigarette : il avait brusquement confiance dans l'issue de l'aventure.

Il résolut de rendre visite à sir George Harvey. Jusque-là, ils n'avaient pu échanger que quelques mots sur le bateau. C'était le moment de faire le point avec lui.

Il ouvrit la porte de son compartiment et, en sortant dans le couloir, se heurta violemment à un voyageur qui débouchait. Il entendit une bordée de jurons et, sous le choc, faillit en perdre l'équilibre.

Devant lui se dressait un sergent de l'armée américaine, le menton pointu dans une attitude belliqueuse.

— Tu ne peux donc pas regarder où tu mets les pieds ? dit l'homme d'un ton agressif.

Chavasse reçut en pleine figure une haleine chargée de whisky et il se contraignit à sourire.

— Excusez-moi, dit-il, mais je ne pouvais pas deviner que vous étiez là.

L'Américain se fit plus conciliant.

— Ça va bien, mon pote. Tout le monde peut se tromper.

Ses yeux de myope avaient peine à se fixer, démesurément grossis par les verres de ses lunettes à monture d'acier, et sa casquette exagérément inclinée sur son nez lui donnait un air un peu pitoyable. Il tapota l'épaule de Chavasse, se glissa entre lui et la fenêtre et s'éloigna d'un pas incertain.

Chavasse suivit le couloir et s'arrêta devant le dernier compartiment. Il frappa et entra.

Sir George, assis devant la tablette pliante, écrivait une lettre. Il leva les yeux, sourit et posa son stylo.

— Ah, Mr Chavasse, je pensais bien vous voir. Je crains d'avoir été très occupé avec diverses questions concernant cette Conférence de la Paix. Tout va bien ?

Chavasse haussa la tête.

— Aussi bien que possible. Nous arrivons à Osnabruck dans une quarantaine de minutes. J'ai pensé qu'avant, je ferais bien d'avoir une petite conversation avec vous.

Sir George emplit deux verres de Xérès et lui en tendit un.

— Vous vous attendez à des ennuis avec Muller ?

Chavasse fit un signe négatif.

— Pas vraiment. J'imagine qu'il doit être actuellement sur des charbons ardents. Il a probablement peur de son ombre. Tout ce que je désire, c'est gagner sa confiance et le persuader que je suis bien ce que je suis censé être. Je ne tiens pas à avoir recours à vous, si je peux l'éviter, mais s'il fait des difficultés ou s'il paraît se méfier, je serai obligé de vous mettre à contribution. Avec un peu de chance, cela devrait suffire.

— Pensez-vous qu'il aura le manuscrit sur lui ?

— S'il l'avait, ce serait un sacré idiot, dit Chavasse. J'essaierai de convenir avec lui d'un rendez-vous ultérieur pour voir ce fameux manuscrit. A partir de là, tout est possible, et j'espère bien que la piste me conduira jusqu'à Caspar Schultz.

— Nous allons boire à cet espoir, dit sir George en levant son verre.

Après un silence, il reprit l'air intéressé :

— Chavasse... c'est bien un nom français ?

Chavasse acquiesça.

— Mon père était un avocat parisien mais ma mère était anglaise. Il était officier de réserve... il a été tué à Arras, lors de la percée des Panzer en 1940. Je n'avais alors que onze ans. Ma mère et moi, nous sommes partis par Dunkerque.

— Vous étiez donc trop jeune pour servir pendant la guerre ?

Sir George alluma minutieusement un petit cigare et reprit :

— J'étais du premier contingent. Lieutenant à vingt ans... Lieutenant-colonel à vingt-quatre. On prenait vite du galon, à l'époque.

— Ça a dû être rudement dur, dit Chavasse.

— Oh, je ne sais plus. Il régnait un esprit merveilleux à cette époque, en Europe. Les gens restaient attachés aux anciennes valeurs. Ce n'est qu'après la guerre que tout s'est désagrégé.

— La génération perdue, dit Chavasse à voix basse.

Les yeux perdus dans le passé, sir George soupira :

— Tout a changé — rien n'a plus été comme auparavant. Je me suis mis à la politique, comme tant d'autres, dans l'intention d'y remédier, mais il était trop tard.

— Le déclin d'une civilisation, fit Chavasse.

— On pourrait établir un parallèle remarquable entre les Empires britannique et romain. Le suffrage universel et la voix du peuple menant à de graves faiblesses internes, à un éventuel effondrement, avec les Barbares guettant aux portes...

Il se leva en souriant.

— Excusez-moi de me laisser aller. Je dois vous paraître un peu vieux jeu. J'avoue que je garde la nostalgie du temps de l'Empire. Mais nous pourrions converser ainsi toute la nuit et il n'en est pas question.

Chavasse jeta un coup d'œil à sa montre. Dans vingt minutes exactement, ils seraient à Osnabruck. Il ouvrit la porte et sortit dans le couloir.

— Quoi qu'il arrive, dit-il, je vous tiens au courant. Où descendez-vous, à Hambourg ?

— A l'*Atlantic*. Tâchez de m'y joindre si vous n'avez pas besoin de moi cette nuit pour traiter avec Muller. J'aimerais savoir comment l'affaire se déroule.

Chavasse ferma la porte et rebroussa chemin le long du couloir. Au moment où il s'arrêtait devant son compartiment, il entendit vaguement remuer à l'intérieur. Il ouvrit brusquement la porte.

Le sergent de l'armée américaine, debout près de la couchette, se retourna d'un air coupable. Il fit un pas chancelant en avant et se retrouva en face de Chavasse, vacillant sur ses jambes, appuyé d'une main à la cloison. Il semblait complètement ivre.

— J'ai dû me tromper, dit-il d'une voix pâteuse.

— Ça m'en a tout l'air, dit Chavasse.

L'Américain tenta de sortir en passant devant lui.

— Je ne me sens pas très bien. Je suis toujours malade en voyage. Je voulais aller aux toilettes. Je suis entré au hasard...

Un bref instant, Chavasse lui barra le passage, scrutant ces yeux inquiets qui le regardaient derrière les verres épais ; puis il s'écarta sans un mot. L'Américain passa dans une embardée et s'éloigna en titubant le long du couloir.

Chavasse referma la porte et s'y adossa. Tout paraissait normal, mais il se sentait vaguement mal à l'aise. Il y avait quelque chose d'inquiétant chez cet Américain, quelque chose qui ne collait pas à la réalité. Il avait l'air d'un personnage sorti d'un mauvais film burlesque — le comique effaré qui passe sa vie à entrer dans des chambres à coucher où des filles superbes enfilaient leur chemise, pour en ressortir en bafouillant, tandis que le public est censé se tordre de rire.

Sa valise était posée sur la couchette supérieure ; il la descendit et l'ouvrit. Tout y était bien rangé, comme il l'avait laissé, à un seul détail près. A l'origine, ses mouchoirs étaient au fond de la valise. Ils se trouvaient maintenant sur le dessus. C'était là le genre d'erreur que n'importe qui pouvait commettre, même un expert, surtout s'il était pressé par le temps.

Il referma la valise, la remit sur la couchette supérieure et consulta sa montre. Le train arriverait à Osnabruck dans un quart d'heure. Pas question de s'occuper de l'Américain avant d'avoir vu Muller.

On frappa discrètement à la porte et l'employé parut, tenant un plateau en équilibre sur une main.

— Café, mein Herr ?

Chavasse hocha la tête.

— Oui, je veux bien.

L'homme emplit rapidement une tasse et la lui tendit. Chavasse se servit du sucre et demanda :

— Nous sommes à l'heure ?

L'employé secoua la tête.

— Nous avons environ cinq minutes de retard. Désirez-vous autre chose ?

— Non, merci.

L'homme lui souhaita une bonne nuit et se retira, fermant la porte derrière lui.

Le café n'était pas tout à fait chaud et Chavasse vida rapidement la tasse, puis il s'assit au bord de sa couchette. Il faisait chaud dans le compartiment, trop chaud, et il se sentait la gorge bizarrement sèche. La sueur lui perlait au front et lui ruisselait jusque dans les yeux. Il voulut se lever mais ses membres semblaient cloués à la couchette. Il se passait quelque chose d'inquiétant — de très inquiétant. Brutalement, la lampe parut exploser en mille fragments qui se mirent à tourbillonner dans la cabine en une sorte de nébuleuse éblouissante ; il s'écroula en travers de la couchette et la nuit l'engloutit.

Au bout d'un certain temps, la lumière parut revenir, se précipiter à sa rencontre, du fond d'un abîme d'obscurité, et prendre peu à peu la forme de la lampe qui se balançait sur un rythme régulier. Il battit plusieurs fois des paupières et la lampe redevint immobile.

Il était couché sur le dos sur le sol du compartiment. Il fronça les sourcils en tentant de se rappeler ce qui s'était passé, mais sa tête était douloureuse et son cerveau refusait de fonctionner. Qu'est-ce que je fais là ? se demanda-t-il. Comment, diable, suis-je arrivé là ? Il tendit un bras pour saisir le bord de la couchette et se redressa tant bien que mal.

Un homme était affalé par terre, à l'autre extrémité de la cabine, près du lavabo. Chavasse ferma les yeux et respira à fond. Quand il ouvrit de nouveau les paupières, l'homme était toujours là. Une seule chose était anormale. Il avait les yeux fixes, grands ouverts sur une éternité qui n'avait pas l'air d'être bien souriante. Par sa veste entrouverte, on voyait un petit trou irrégulier, noirci, au côté gauche de sa chemise. Il avait été tué d'un coup de feu en plein cœur, à bout portant.

Chavasse resta un bon moment à regarder le corps. Son esprit fonctionnait paresseusement. Soudain, quelque chose parut refluer de son estomac et il eut tout juste le temps de se pencher sur la cuvette pour vomir. Il fit couler de l'eau dans un verre, la but et, après une minute ou deux, il se sentit mieux.

Il avait la joue droite marquée d'un coup et assez fortement entaillée. Il examina le dommage dans la glace, en fronçant les sourcils, et jeta un coup d'œil à sa montre. Minuit et quart. Cela signifiait que le train avait déjà traversé Osnabruck et se hâtait dans la nuit vers Bremen.

Avant même d'avoir examiné le corps, Chavasse savait ce qu'il allait trouver. L'homme était petit, avec des cheveux bruns clairsemés, et ses joues, sous les doigts, étaient déjà froides. Sa main droite, crispée comme une serre d'oiseau de proie, se tendait vers une liasse de billets de banque éparpillée sous le lavabo.

Ce fut dans la poche intérieure que Chavasse trouva ce qu'il cherchait. Une carte de membre d'un club situé dans la Reeperbahn, à Hambourg, au nom de Hans Muller, une photo de lui, en uniforme de la Luftwaffe, le bras autour de la taille d'une fille ; et plusieurs lettres d'une certaine Lilli, adressées à un hôtel de la Gluckstrasse, à Hambourg.

Chavasse se redressa lentement ; son esprit maintenant fonctionnait à toute allure. Il ne fut pas surpris en détournant les yeux du corps, d'apercevoir le Mauser automatique, à l'autre coin du compartiment. Il se baissa pour le ramasser quand on frappa violemment à la porte qui s'ouvrit presque aussitôt.

L'inspecteur Steiner se tenait sur le seuil et, derrière lui, l'employé risquait un regard inquiet par-dessus son épaule.

— Herr Chavasse ? dit poliment l'inspecteur. Désolé de vous déranger, mais le contrôleur m'apprend qu'il a entendu un coup de feu provenant de ce compartiment. Avez-vous une explication à donner ?

Au même moment, il vit le Mauser par terre et le ramassa. L'employé était comme paralysé d'effroi. Steiner repoussa Chavasse au fond du compartiment.

Chavasse s'assit au bord de la couchette, tandis que Steiner examinait rapidement le cadavre. Puis il se retourna vers l'employé.

— Comment vous appelez-vous ? demanda-t-il.

— Schmidt, Herr Steiner, dit l'homme. Otto Schmidt.

Son visage avait pris une teinte jaune malsaine et il semblait sur le point de vomir.

— Eh bien ! remettez-vous, dit rudement Steiner. Avez-vous déjà vu cet homme ?

Schmidt hocha la tête.

— Il est monté dans le train à Osnabruck, Herr Steiner.

— Et ensuite ? demanda Steiner.

Schmidt jeta vers Chavasse un regard furtif.

— Il s'est installé dans ce compartiment.

Steiner approuva d'un signe.

— Demandez au Dr Kruger de venir un instant.

Schmidt sortit dans le couloir et Steiner se retourna vers Chavasse la main grande ouverte. Celui-ci s'aperçut qu'il tenait encore les documents qu'il avait pris dans la poche de Muller, et les lui donna. Steiner examina rapidement les lettres et grommela :

— Qui était cet homme, cet Hans Muller ? Pourquoi l'avez-vous tué ?

Chavasse haussa les épaules.

— A cause des mouches...

Steiner se baissa pour ramasser la liasse de billets sous le lavabo.

— Je ne pense pas que nous devions chercher bien loin, à moins que vous n'essayiez de me dire que cet argent vous appartient.

Chavasse secoua la tête.

— Non, ce n'est pas à moi.

Steiner eut un petit gloussement de satisfaction.

— Bon, voilà déjà un résultat. Vous vous êtes querellés, peut-être, à propos de cet argent. Il vous a frappé. Votre joue porte la marque du coup. Cette coupure a été sûrement produite par la bague qu'il a au majeur de la main droite.

— Et après ça, je l'ai tué ? fit Chavasse, serviable.

Steiner haussa les épaules.

— Vous devez reconnaître que ça en a bien l'air.

A ce moment, Kruger pénétra dans le compartiment. Il jeta un regard interrogateur à Steiner qui lui désigna le corps. Kruger fronça les sourcils et s'agenouilla pour l'examiner. Il se releva presque aussitôt :

— Un coup de feu en plein cœur. La mort a dû être instantanée.

Steiner mit l'argent dans une de ses poches et prit tout à coup un air très professionnel.

— Avez-vous autre chose à me dire avant que je vous fasse prisonnier, Herr Chavasse ?

— Non, je ne vois pas... J'aimerais simplement poser une question à Schmidt, si vous le permettez.

Il se tourna vers l'employé, avant que Steiner ait eu le temps de répondre.

— Dites-moi, Schmidt, y a-t-il un sergent américain qui voyage dans ce train ?

Schmidt parut sincèrement perplexe.

— Un sergent de l'armée américaine, mein Herr ? Vous devez vous tromper.

Chavasse sourit, l'air satisfait.

— C'est bien ce que je pensais.

Il se leva et se tourna vers Steiner.

— Alors, où allons-nous, monsieur l'inspecteur ?

Steiner interrogea Schmidt du regard.

— Avez-vous un compartiment vide ?

— Oui, Herr Steiner, dit Schmidt. Mais à l'autre bout du train.

Kruger, qui les avait écoutés en silence, s'écarta tandis que Steiner poussait Chavasse vers le couloir. Le bruit des voix avait attiré plusieurs voyageurs au seuil de leurs compartiments et ils dévisagèrent avec curiosité Chavasse que Steiner suivait de près, sans le perdre des yeux.

Sir George Harvey se trouvait devant son compartiment, l'air stupéfait, indécis. En les voyant approcher, il parut vouloir lever la main, mais Chavasse secoua la tête en fronçant légèrement les sourcils. Sir George rentra dans son compartiment et ferma la porte.

Chavasse estimait qu'il ne lui servirait pas à grand-chose de moisir dans une prison de Hambourg pendant six mois, tandis que les hommes de loi discuteraient de son sort, et en traversant le deuxième wagon, il avait déjà ébauché son plan.

Le compartiment vide se trouvait à l'extrémité du troisième wagon et, quand ils y parvinrent, Chavasse était prêt. Schmidt se pencha pour ouvrir la porte et Chavasse attendit, Steiner toujours derrière lui.

Au moment où la porte s'ouvrait, Chavasse, d'une poussée au creux du dos de Schmidt, l'expédia à l'intérieur du compartiment. Puis virant rapidement sur les talons, il enfonça de toutes ses forces les doigts de sa main gauche dans la gorge de Steiner.

Le policier s'écroula sur le plancher du couloir, les mains crispées sur son cou, tandis que son visage virait au violet. Vivement, Chavasse referma la porte du compartiment et tourna la clef dans la serrure. Puis, enjambant le corps convulsé de Steiner, il se mit à courir dans la direction d'où ils étaient venus.

Son intention était d'atteindre le sanctuaire du compartiment de sir George Harvey. Là, il serait en sécurité, du moins jusqu'à Hambourg. Mais il fallait d'abord faire croire à Steiner qu'il n'était plus dans le train.

Au bout du couloir, il attrapa la poignée du signal d'alarme. Au moment où le train commençait à ralentir, il ouvrit la portière que l'air froid de la nuit aspira et projeta avec force contre la paroi extérieure.

Rapidement, Chavasse passa dans le wagon suivant. Il était presque au bout du couloir à quelques mètres du compartiment de sir George quand il entendit des voix et des bruits venant en sens inverse. Il eut un moment d'hésitation. Il faisait volte-face pour fuir quand, derrière lui, la porte d'un compartiment s'ouvrit sans bruit. Une main anonyme l'empoigna et l'attira fermement à l'intérieur.

Il perdit l'équilibre et tomba. Derrière lui, la porte se referma avec un déclic. Il se disposait à se relever d'une brusque détente, comme un ressort bandé au maximum, mais il s'immobilisa, un genou à terre.

Sur la couchette, devant ses yeux, s'étalait un uniforme de l'armée américaine, les chevrons de sergent bien en vue sur la vareuse soigneusement pliée. Une casquette reposait sur la tunique, et, sur la casquette, une paire de lunettes aux verres épais, cerclés d'acier.

3

L'homme adossé à la porte tenait négligemment dans sa main droite un Beretta automatique. Il était de taille moyenne et ses yeux paraissaient très bleus dans son visage basané. Un sourire amusé relevait les commissures des lèvres.

— Avec vous, au moins, les voyages ne sont pas trop monotones, dit-il en un anglais impeccable.

Le train avait fini par s'arrêter complètement et on entendait crier dans le couloir. En écoutant avec attention, Chavasse parvint à distinguer la voix de Steiner. Il se releva rapidement et l'homme constata :

— Steiner n'a pas l'air très content. Vous lui avez fait des misères ?

Chavasse haussa les épaules.

— Du judo : un coup de pointe à la gorge. Ça n'est pas très régulier, mais je n'avais pas le temps de faire des politesses.

D'un geste du menton, il désigna l'automatique.

— Vous pouvez rengainer ça. Je promets d'être sage.

L'homme sourit et glissa l'arme dans sa poche.

— Je ne savais pas exactement comment vous réagiriez à la manière dont je vous ai prié de venir me rejoindre.

Il sortit de sa veste un étui à cigarettes cuir et or et l'ouvrit. Chavasse prit une cigarette et se pencha vers le briquet qu'il lui tendait.

Il n'avait pas travaillé pendant cinq ans pour le Patron sans être capable de reconnaître un professionnel quand il en rencontrait un. Les gens qui faisaient son métier transportaient avec eux une atmosphère particulière, indéfinissable et pourtant immédiatement sensible à l'agent entraîné. On pouvait déduire la nationalité par l'attitude, les méthodes de travail et des tas d'autres signes distinctifs ; mais, cette fois, il ne savait à quoi s'en tenir.

— Qui êtes-vous ? demanda-t-il.

— Je m'appelle Hardt, monsieur Chavasse, dit l'homme. Mark Hardt.

Chavasse fronça les sourcils.

— Un nom allemand. Pourtant, je suis prêt à le parier : vous n'êtes pas allemand.

— Israélien, fit Hardt en souriant. Un peu abâtardi. De Winchester par Emmanuel College.

Le tableau commençait à se préciser.

— Des Services secrets israéliens ? demanda Chavasse.

Hardt secoua la tête.

— Naguère, oui. Mais, cette fois, rien d'aussi officiel. Disons que je fais partie d'une organisation qui, par la nature même des buts qu'elle se propose, est contrainte de travailler clandestinement.

— Je vois, dit doucement Chavasse. Et quels sont précisément vos buts, pour le moment ?

— Les mêmes que les vôtres, répondit calmement Hardt. Je veux ce manuscrit mais, plus encore, je veux Caspar Schultz.

Avant que Chavasse pût répondre, il se leva, alla à la porte.

— Je crois que je ferais bien d'aller voir ce qui se passe dans le couloir.

La porte se referma sans bruit sur lui et Chavasse demeura assis au bord de la couchette. Le front légèrement plissé, il se demandait en quoi l'intrusion de Hardt dans l'affaire pouvait modifier le problème. Il était de notoriété publique qu'il existait une puissante organisation juive clandestine qui, depuis la fin de la guerre, travaillait sans trêve, dans tous les coins du monde, à rechercher les criminels de guerre nazis échappés aux filets alliés en 1945. Il avait entendu dire que ses membres étaient fanatiquement dévoués à leur tâche : des hommes courageux qui avaient consacré leurs vies à livrer à la justice les monstres responsables de Belsen, d'Auschwitz et autres lieux sinistrement célèbres.

En diverses occasions, depuis qu'il travaillait pour le Bureau, il s'était trouvé en compétition avec des agents d'autres puissances visant au même but que lui, mais, cette fois, c'était différent — très différent.

Le train se remit en marche, la porte s'ouvrit et Hardt se glissa dans le compartiment. Il souriait.

— Je viens de voir Steiner. Il déambulait comme un lion enragé le long de la voie ferrée. On a fini par lui faire remarquer que vous deviez vous trouver maintenant à des kilomètres d'ici et on l'a persuadé de remonter dans le train. Je ne donnerais pas cher de vous si jamais il réussit à vous remettre la main dessus.

— Je veillerai à ce que ça ne se produise pas.

Chavasse désigna l'uniforme américain.

— Pas mal, votre déguisement. Après le crime, le criminel cesse tout bonnement d'exister... pas vrai ?

Hardt hocha la tête.

— Il s'est révélé utile en plusieurs circonstances, bien que les lunettes soient parfois un peu gênantes : je n'y vois absolument rien quand je les porte.

Il tourna la clé dans la serrure et tira de sous la couchette un tabouret sur lequel il s'assit, confortablement adossé contre la porte.

— Ne pensez-vous pas qu'il est temps de parler affaires ?

Chavasse fit un signe d'acquiescement.

— D'accord, mais à vous l'honneur. Que savez-vous exactement de cette histoire ?

— Auparavant, dites-moi une seule chose. C'est bien Muller qui est mort, n'est-ce pas ? J'ai entendu un autre voyageur parler de coup de feu et j'ai vu ensuite Steiner vous emmener le long du couloir.

Chavasse hocha la tête.

— J'ai pris une tasse de café juste avant d'arriver à Osnabruck. Je ne sais pas ce qu'il y avait dedans, mais ça m'a lessivé pour une bonne demi-journée. Quand je suis revenu à moi, Muller était dans un coin, tué d'une balle en plein cœur.

— Un beau coup monté.

— A parler franc, je pensais que c'était votre œuvre, dit Chavasse. Que cherchiez-vous précisément dans mon compartiment ?

— Tout ce que je pourrais y trouver, avoua Hardt. Je savais que Muller devait vous rencontrer à Osnabruck. Je ne pensais pas qu'il apporterait le manuscrit mais que, peut-être, il vous y conduirait — ou même jusqu'à Schultz.

— Et vous aviez l'intention de nous suivre ? demanda Chavasse.

— Naturellement, répondit Hardt.

Chavasse alluma une autre cigarette.

— Mais comment diable en savez-vous aussi long ?

Hardt sourit.

— Nous avons entendu parler de Muller pour la première fois il y a quinze jours, quand il a voulu proposer à un certain éditeur allemand le manuscrit de Schultz.

— Comment avez-vous découvert ça ?

— Ce fameux éditeur est un homme que nous essayons de coincer depuis maintenant trois ans. Nous avons placé une fille à nous dans ses bureaux. Elle nous a passé le tuyau, pour Muller.

— Et vous n'avez pas pu le coincer ?

Hardt secoua la tête.

— Malheureusement, l'éditeur a lancé sur sa piste quelques-uns de ses bons amis nazis. Muller qui était sur ses gardes, à Brême où il habitait les a battus d'une longueur — et nous aussi, par la même occasion.

— Et vous avez perdu sa trace ?

Hardt fit un signe affirmatif.

— Jusqu'au moment où nous avons entendu parler de vous.

— J'aimerais bien savoir comment ! C'est surtout ça qui m'intrigue.

Hardt eut un large sourire.

— Une organisation comme la nôtre a des amis un peu partout. Quand Muller s'est mis en rapport avec la maison d'édition que vous êtes censé représenter, les directeurs en ont touché un mot à sir George Harvey, l'un de leurs principaux actionnaires. Il a contacté le Secrétaire d'État au Foreign Office qui a remis l'affaire entre les mains du « Bureau ».

Chavasse fronça les sourcils.

— Qu'est-ce que vous savez exactement du « Bureau » ?

— Je sais que c'est un organisme spécialement créé pour régler les affaires les plus douteuses et les plus complexes. Le genre de choses où le M.I.5 et les Services secrets ne veulent pas se salir les mains. Rappelez-vous que c'est par l'intermédiaire de l'administrateur de la maison d'édition qu'il a été convenu que Muller se mettrait en rapport avec vous à Osnabruck. L'administrateur était évidemment censé garder le secret.

— Et on peut supposer qu'il n'en a rien fait ?

Hardt hocha la tête.

— Je pense que l'histoire était trop belle pour qu'il ait envie de la garder pour lui. Le soir même, à dîner, il la racontait à ses collègues. Il se trouve que par hasard l'un d'eux considère nos activités avec sympathie. Il a pensé que l'affaire était susceptible de nous intéresser. Il a contacté notre représentant à Londres qui m'a aussitôt transmis le renseignement. Je me trouvais à Hambourg et j'ai été quelque peu pris de court, mais j'ai fait en sorte, dans la matinée, de prendre l'avion pour Rotterdam où je suis monté dans ce train.

— Cela ne m'explique toujours pas comment ceux qui ont tué Muller savaient que nous devions nous rencontrer dans ce train, dit Chavasse. Je ne vois vraiment pas d'où pourrait provenir une autre fuite à Londres. Je ne pense guère probable qu'il puisse se trouver également un sympathisant nazi au conseil d'administration de la maison que je suis censé représenter.

— Vraisemblablement pas, dit Hardt en souriant. Mais j'ai une théorie là-dessus. Muller, à Brême, vivait avec une femme nommée Lilli Pahl. On l'a retirée de l'Elbe ce matin ; apparemment, elle s'était suicidée.

— Et vous pensez qu'il s'agit d'un meurtre ?

Hardt approuva d'un signe.

— Elle a disparu de Brême en même temps que Muller ; ils devaient donc être ensemble. Ce que je crois, c'est que le camp adverse a toujours su où se trouvait Muller et qu'on l'a laissé tranquille dans l'espoir qu'il conduirait jusqu'à Caspar Schultz. Je pense que Muller a réussi à leur échapper en quittant Hambourg pour Osnabruck hier soir. Il ne leur restait plus alors qu'une personne, qui savait probablement où il était allé et pourquoi : Lilli Pahl.

— Ça n'est pas impossible, dit Chavasse. Ça me paraît se tenir. Mais ça n'explique toujours pas pourquoi ils l'ont abattu.

Hardt haussa les épaules.

— Muller avait peut-être le manuscrit sur lui, mais ça m'étonnerait. J'imagine plutôt que le coup de feu a été accidentel. Muller a probablement pris par surprise celui qui l'attendait dans votre compartiment et il a été tué au cours de la bagarre.

Chavasse, le front plissé par la réflexion, repassait dans son esprit tout ce que Hardt venait de lui dire. Il finit par constater :

— Il y a encore un point qui me tracasse. Muller est mort, ce qui signifie que je suis maintenant bloqué, en ce qui concerne la découverte de Schultz. Je ne peux plus vous être utile. Alors, pourquoi avoir pris la peine de me tirer d'affaire ?

— Disons que je suis un sentimental, fit Hardt. J'ai un faible pour les sympathisants de la cause israélienne et il se trouve que je sais pouvoir vous compter parmi eux.

— Comment cela ?

— Vous rappelez-vous un certain Joel Ben David ? demanda Hardt. En 1956, au Caire. Un agent secret israélien. Vous lui avez sauvé la vie et vous lui avez permis de regagner Israël avec des renseignements qui ont été d'une grande utilité à notre armée durant la campagne du Sinaï.

— Je me rappelle, dit Chavasse. Mais j'aimerais que vous l'oubliiez. Ça pourrait me valoir des ennuis dans certains milieux. Je n'étais pas censé, à l'époque, prendre aussi violemment parti.

— Nous autres, Juifs, nous n'oublions pas nos amis, déclara Hardt d'un ton posé.

Chavasse se sentit gêné et reprit vivement :

— Pourquoi êtes-vous tellement désireux de mettre la main sur Schultz ? Ce n'est pas un second Eichmann, vous savez. On réclamera sûrement à grands cris un procès international. Les Russes eux-mêmes auront leur mot à dire.

— Je ne crois pas, fit Hardt en secouant la tête. De toute façon, nous n'avons guère envie de le laisser juger en Allemagne, pour une bonne raison. La loi allemande institue des délais de prescriptions. L'homicide doit être jugé dans les quinze ans qui suivent le crime ; l'assassinat, dans les vingt ans.

— Ce qui signifie, dit Chavasse, les sourcils froncés, qu'il se pourrait que Schultz ne passât même pas en jugement ?

Hardt haussa les épaules.

— Qui sait ? Tout peut arriver.

Il se leva et se mit à arpenter le compartiment.

— Nous ne sommes pas des bouchers, Chavasse. Nous n'avons pas l'intention de conduire Schultz à la table de sacrifices tandis que tout Israël chantera Hosanna. Nous voulons le faire passer en jugement, pour les mêmes raisons que nous avons jugé Eichmann. Afin de révéler au monde entier ses crimes monstrueux. Afin que nul n'oublie la manière dont les hommes peuvent traiter leurs frères.

Ses yeux étincelaient. Il était en proie à une ferveur qui semblait presque religieuse, qui le possédait si totalement que, pour lui, rien d'autre n'avait plus d'importance.

— Un homme voué totalement à sa cause, dit Chavasse doucement. Je pensais qu'il n'y en avait plus... que ce n'était plus de mode.

Hardt s'était brusquement immobilisé. Il regarda Chavasse, puis il se mit à rire, le visage légèrement empourpré.

— Excusez-moi, il m'arrive de me laisser entraîner. Mais il y a pire, pour un homme, que de servir une cause qui lui tient à cœur.

— Comment vous êtes-vous trouvé mêlé à tout cela ?

Hardt s'assit sur la couchette.

— Mes parents étaient Juifs allemands. Par chance, mon père, en 1933, sut prévoir ce qui allait se passer. Il partit pour l'Angleterre en nous emmenant, ma mère et moi. Je n'ai jamais été spécialement pieux — je ne crois pas d'ailleurs l'être devenu. C'est sur un coup de tête d'adolescent que j'ai quitté Cambridge en 1947, pour gagner la Palestine sur un navire d'immigrants clandestins qui partait de Marseille. Je me suis engagé dans la Haganah et j'ai combattu dans la première guerre arabe.

— C'est comme ça que vous êtes devenu sioniste ?

Hardt sourit et secoua la tête.

— Je suis devenu israélien — ce n'est pas la même chose. J'ai vu des jeunes hommes mourir pour une idée, j'ai vu des jeunes filles, qui auraient dû être à l'école, manier des mitrailleuses. Jusqu'alors, ma vie n'avait pas eu beaucoup de sens. Ça m'a donné l'impression d'avoir un but.

Chavasse lui offrit une cigarette en soupirant.

— Savez-vous que, d'un certain point de vue, je vous envie.

Hardt le dévisagea, l'air incrédule.

— Mais, voyons, vous croyez sûrement à ce que vous faites ? A votre travail, à votre pays, à son idéal.

Chavasse hocha la tête.

— Je n'en suis pas tellement sûr. Des hommes comme moi travaillent pour chacune des grandes puissances mondiales. Je me sens plus proche de mon homologue de Smersh que de n'importe quel citoyen normal de mon propre pays. Quand on me dit de faire une chose, je la fais. Je ne me pose pas de questions. Les hommes de ma sorte n'ont qu'une loi : le boulot avant tout.

Il eut un rire amer.

— Si j'étais né en Allemagne quelques années plus tôt, j'aurais probablement travaillé pour la Gestapo.

— Alors, pourquoi avez-vous aidé Joel Ben David, au Caire ? dit Hardt. Ça ne cadre guère avec ce que vous dites.

Chavasse haussa les épaules et dit négligemment :

— C'est mon unique faiblesse. Je m'attache aux gens et ça me fait parfois commettre des imprudences.

Sans attendre la réponse de Hardt, il continua :

— A propos, j'ai fouillé Muller avant l'entrée en scène de Steiner. Il avait dans sa poche intérieure quelques lettres de cette Lilli Pahl dont vous parliez. Elles étaient adressées à un hôtel de la Gluckstrasse, à Hambourg.

— Curieux, fit Hardt, les sourcils froncés. J'aurais cru qu'il aurait utilisé un autre nom. Avez-vous trouvé autre chose ?

— Une vieille photo, dit Chavasse. Elle a dû être prise pendant la guerre. Il portait l'uniforme de la Luftwaffe et tenait une jeune fille par la taille.

Hardt leva brusquement les yeux.

— Vous êtes sûr que c'était bien l'uniforme de la Luftwaffe qu'il portait ? Vous en êtes sûr ?

— Absolument. Pourquoi ?

— C'est sans importance. J'avais cru comprendre qu'il était dans l'armée de terre. Mes renseignements devaient être inexacts.

Il marqua un temps et reprit :

— Cet hôtel de la Gluckstrasse pourrait valoir la peine d'une visite.

— C'est trop dangereux. N'oubliez pas que Steiner est au courant. J'imagine qu'il va le faire surveiller.

— Mais pas tout de suite. Si j'y vais dès notre arrivée à Hambourg, j'aurai une bonne avance sur la police. Après tout, de leur point de vue, il n'y a pas urgence.

— C'est peut-être une idée, admit Chavasse.

— Il me reste un point délicat, dit Hardt. Vous, qu'allez-vous faire en arrivant à Hambourg ?

— Je le sais bien ce que j'aimerais faire : passer cinq minutes en tête-à-tête avec Schmidt — l'employé des wagons-lits qui m'a servi ce café. J'aimerais savoir pour qui il travaille.

— Je crois que, pour le moment, vous feriez mieux de me laisser m'occuper de ça. Je peux me procurer son adresse et nous irons le voir un peu plus tard. Ça pourrait être malsain pour vous d'aller faire tout de suite du lèche-vitrine dans les rues de Hambourg.

— Alors, quelle est votre idée ?

Hardt paraissait perplexe. Au bout d'un moment, il parut prendre une décision.

— Avant de décider quoi que ce soit, je désirerais savoir si vous êtes disposé à travailler avec moi dans cette affaire.

Chavasse saisit aussitôt le bout du problème :

— Que se passera-t-il, si nous trouvons le manuscrit ? Qui est-ce qui l'aura ?

Hardt haussa les épaules.

— C'est simple : nous pourrons facilement en faire une copie.

— Et Schultz, on ne peut pas en faire une copie.

— Pour Schultz, on en discutera en temps utile.

Chavasse hocha lentement la tête.

— Je ne crois pas que mon Patron verrait ça d'un bon œil.

Hardt eut un petit geste évasif.

— A vous de choisir. Sans mon aide, vous n'aboutirez nulle part. Et puis, voyez-vous, j'ai un atout dans ma manche. Et un atout qui se révélera probablement être la clé de toute l'affaire.

— Alors, pourquoi avez-vous besoin de moi ?

Hardt haussa les épaules.

— Je vous l'ai dit. Je suis un sentimental.

Il hésita une seconde, puis se mit à rire.

— Bon, je vais être franc. Les choses vont plus vite que je ne l'avais prévu et, pour le moment, je n'ai personne à Hambourg. Vous pourriez m'être utile.

Les avantages à retirer d'une collaboration avec Hardt étaient évidents et Chavasse prit rapidement sa décision. Il tendit la main.

— D'accord. Je suis votre homme. Nous discuterons du partage du butin quand nous en serons là, si nous y arrivons jamais.

— Bravo ! fit Hardt, et dans sa voix perçait une réelle satisfaction. Écoutez bien ce que je vais vous dire. Muller avait une sœur. Nous le savons, mais je ne pense pas que l'adversaire soit au courant. Muller avait toujours cru qu'elle était morte dans les bombardements incendiaires, en juillet 43. Ils ne se sont retrouvés que récemment. Elle fait partie du spectacle dans une boîte de la Reeperbahn appelée le *Taj Mahal.* Elle se fait appeler Katie Holdt. Depuis une semaine, j'ai placé là un de mes agents, une femme. Elle cherchait à se lier avec la sœur dans l'espoir qu'elle pourrait nous conduire jusqu'à Muller.

Chavasse demanda, légèrement surpris :

— C'est une Allemande, votre agent ?

— Non, dit Hardt. Une Israélienne... née de parents allemands. Elle s'appelle Anna Hartmann.

Il ôta une grosse bague d'argent du majeur de sa main gauche.

— Montrez-lui ça et dites-lui qui vous êtes. Je l'ai déjà mise au courant de votre existence. Demandez-lui de vous emmener chez elle après le spectacle. Je vous y retrouverai dès que je pourrai.

Chavasse glissa la bague à l'un de ses doigts.

— Maintenant tout est réglé, dit-il. A quelle heure arrivons-nous à Hambourg ?

— Dans deux heures environ, dit Hardt, après un coup d'œil à sa montre. Pourquoi ?

Chavasse sourit.

— Parce que, ces derniers temps, j'ai accumulé un sacré retard de sommeil et que, si vous n'y voyez pas d'inconvénient, j'ai l'intention de faire usage de la couchette supérieure.

Un sourire éclaira le visage de Hardt. Il mit en place la petite échelle mobile.

— J'ai l'impression que nous allons bien nous entendre, dit-il. J'aime bien votre manière d'agir.

— Je crois qu'on peut dire que c'est réciproque, fit Chavasse.

Il suspendit sa veste derrière la porte, grimpa à l'échelle et s'étendit de tout son long sur la couchette, pour laisser ses muscles se détendre l'un après l'autre. C'était un vieux truc, qu'il ne pouvait utiliser que s'il avait l'esprit tranquille.

Grâce à ce sixième sens particulier, qui était le résultat de son entraînement et de son expérience, il savait que, pour l'instant du moins, l'affaire était en bonne voie. En très bonne voie, même. Il tourna son visage contre l'oreiller et s'endormit aussitôt, aussi paisiblement qu'un enfant.

4

Chavasse contemplait son image dans la glace. Il portait un imperméable blanc et un chapeau vert, tous deux prêtés par Hardt. Il baissa sur ses yeux le bord du chapeau et demanda en souriant :

— De quoi ai-je l'air ?

Hardt lui donna une tape sur l'épaule.

— Vous êtes très bien. Il y aura foule à la descente du train. En deux minutes, vous serez sorti de la gare. Vous pouvez prendre un taxi, si vous voulez.

Chavasse lui rendit sa tape sur l'épaule.

— Ne vous en faites pas pour moi. Il y a longtemps que je ne suis pas venu à Hambourg, mais je suis encore capable de retrouver mon chemin jusqu'à la Reeperbahn.

— Alors, à tout à l'heure.

Hardt ouvrit la porte du compartiment, jeta un regard dans le couloir et s'écarta pour laisser passer Chavasse.

— La voie est libre.

Chavasse longea rapidement le couloir presque désert. Le train entrait lentement dans le Hauptbahnhof et, déjà, le quai paraissait glisser sous ses yeux. Il traversa plusieurs wagons successifs, se faufilant devant les gens qui commençaient à sortir des compartiments, jusqu'à ce qu'il eût atteint la tête du train. Dès que celui-ci s'arrêta, il ouvrit la portière et sauta sur le quai.

Il fut le premier à passer au contrôle et, un court instant plus tard, il sortait par la porte principale. Il était 2 h 30 du matin et, à cette heure, le S-Bahn ne fonctionnait pas. Il pleuvait légèrement, une bruine tiède qui sentait l'automne, et, mû par une impulsion soudaine, il décida de marcher. Il releva le col de son imperméable et, par la Monckebergstrasse, partit vers St Pauli, le célèbre quartier des cabarets de Hambourg.

Les rues étaient silencieuses et désertes et, en passant devant les somptueux immeubles modernes, il se souvenait de Hambourg, tel qu'il l'avait vue à la fin de la guerre. Ce n'était plus une ville, alors, rien qu'un monceau de décombres. Il semblait incroyable que ce fût là l'endroit où près de soixante-dix mille personnes avaient été tuées en dix jours au cours des grands bombardements incendiaires de l'été 1943. Tel le phénix, l'Allemagne, c'était indubitable, avait ressuscité de ses cendres.

La Reeperbahn était restée telle qu'il se la rappelait, bruyante, pittoresque et incroyablement animée, même à cette heure de la nuit.

Tout en se frayant un chemin dans cette joyeuse bousculade, il pensait à ce qu'était Londres à trois heures du matin et un sourire lui effleura les lèvres. Comment donc appelait-on le cœur de St Pauli... *Die Grosse Freiheit...* La Grande Liberté ? Un nom approprié !

Il longeait les façades des boîtes de nuit, illuminées de néons aveuglants, sans se soucier des racoleurs qui l'attrapaient par la manche. Il traversa la Davidstrasse, où de jeunes personnes, à leurs fenêtres, dévoilent leurs charmes à d'éventuels clients.

Après avoir demandé son chemin, il trouva le *Taj Mahal* dans une petite rue qui donnait dans la Talstrasse.

L'entrée prétendait représenter un temple hindou et le portier était vêtu d'une tunique richement brodée et coiffé d'un turban. Entre deux rangées de palmiers en pots, une jeune femme en sari transparent débarrassa Chavasse de son chapeau et de son imperméable.

A l'intérieur, la décoration était du même style : fausses colonnes de chaque côté de la salle et nouveaux palmiers en pots. Le serveur qui le conduisit jusqu'à une table était superbement paré de brocart d'or sous un turban rouge, mais l'effet était gâté par des lunettes sans monture et un fort accent westphalien. Chavasse commanda un cognac et regarda autour de lui.

La salle n'était qu'à moitié pleine et tout le monde paraissait un peu blasé, comme si les réjouissances duraient depuis un peu trop longtemps. Sur un plateau étroit, une douzaine de filles posaient pour un tableau qui était censé représenter l'heure du bain au harem. L'une d'elle au milieu, une grosse rousse voluptueuse ébauchait la Danse des Sept Voiles avec un manque absolu de sens artistique. Le dernier voile tomba, il y eut quelques applaudissements las parmi le public et les lumières s'éteignirent. Quand elles se rallumèrent, les filles avaient disparu.

Le serveur revenait avec le cognac. Chavasse lui demanda :

— Vous avez ici une Fräulein Hartmann. Comment puis-je la joindre ?

Le serveur sourit, révélant des dents largement aurifiées.

— Rien de plus facile, mein Herr. Après chaque séance, les danseuses servent d'entraîneuses. Je vous l'indiquerai quand elle entrera.

Chavasse le gratifia d'un généreux pourboire et commanda une demi-bouteille de champagne et deux verres. Un petit orchestre s'était installé sur le plateau. Les musiciens attaquèrent, et au même moment, une porte s'ouvrit, près de l'entrée des cuisines : comme un signal, les danseuses firent leur apparition.

Elles étaient jeunes, pour la plupart, et approximativement séduisantes. Leurs robes étaient évidemment faites pour révéler leurs charmes plus ou moins généreux. Elles semblaient toutes taillées sur le même modèle : visages violemment maquillés et sourires figés, automatiques, à l'adresse des clients.

Chavasse eut conscience d'un vague sentiment de déception, parfaitement absurde, à la pensée que l'une d'elles devait être la fille qu'il cherchait. Il allait détourner la tête quand la porte se rouvrit.

Il n'eut pas besoin de voir le serveur lui faire un signe de tête, de l'autre côté de la salle, pour savoir qu'il s'agissait d'Anna Hartmann. Comme les autres, elle portait des chaussures à hauts talons, des bas noirs et un fourreau de soie également noir qui lui arrivait à peine aux genoux et lui collait aux hanches comme une seconde peau.

Mais là cessait la ressemblance. Elle dégageait une extraordinaire impression de calme, presque de sérénité. Du seuil, elle promena sur la salle un regard tranquille : on eût dit qu'elle était étrangère au décor, que la laideur de la vie ne pouvait l'atteindre.

Il se sentit gagné par une soudaine émotion qu'il ne parvenait pas à analyser. Ce n'était pas qu'elle fût vraiment belle. Elle avait le teint olivâtre et ses cheveux d'un noir bleuté lui descendaient aux épaules. Son visage arrondi, sa bouche généreusement modelée lui donnaient un air légèrement sensuel, mais l'ossature solide, le menton ferme indiquaient une force de caractère qui la plaçait immédiatement dans un tout autre univers que celui des danseuses du *Taj Mahal.*

Les têtes se retournèrent sur son passage, les hommes la regardaient avec admiration. Adroitement, elle évita la main d'un ivrogne. Au moment où elle arrivait près de sa table, Chavasse se leva, et, doucement, lui saisit le bras.

— Fräulein Hartmann ? dit-il. Accepteriez-vous de boire quelque chose avec moi ?

Elle se retourna, le dévisagea ; puis elle vit le champagne et les deux coupes, tout préparés.

— Voilà qui m'a l'air prémédité, Herr... ?

— Chavasse, dit-il. Paul Chavasse.

Il y eut un semblant de lueur dans ses yeux bruns mais le visage de la jeune fille ne trahit aucune émotion. Pour quiconque l'eût observée, elle n'était qu'une fille parmi les autres qui acceptait de boire un verre avec un client. Elle sourit, attira une chaise.

— C'est très aimable à vous, Herr Chavasse. Le champagne est une boisson rassurante.

En s'asseyant, Chavasse ôta la bague que lui avait donnée Hardt et la poussa vers la jeune fille.

— J'espère que ceci également vous paraîtra rassurant, Fräulein Hartmann.

Il prit la bouteille dans le seau à glace et l'ouvrit.

Tandis qu'il remplissait son verre, elle examinait la bague, sans émotion apparente. Puis elle la glissa dans son sac. Quand elle releva les yeux, une petite ride se creusait entre ses sourcils.

— Qu'est-il arrivé à Mark ? demanda-t-elle simplement.

Chavasse sourit.

— Buvez votre champagne et ne vous inquiétez pas. Nous avons décidé de travailler ensemble. Vous devez, paraît-il, me ramener chez vous. Il nous y retrouvera dès que possible.

Elle but une gorgée de champagne et regarda fixement sa coupe comme pour réfléchir à ce qu'il venait de dire. Au bout d'un moment, elle leva les yeux.

— Je crois que vous feriez bien de me raconter ce qui s'est passé, Herr Chavasse.

Il lui offrit une cigarette et en prit une également. Penchés l'un vers l'autre, fronts rapprochés, on eût dit deux amoureux. Il la mit au courant en quelques phrases brèves.

Quand il eut fini, elle soupira.

— Alors, Muller est mort ?

— Et sa sœur ? demanda Chavasse. Est-elle ici ce soir ?

Anna Hartmann secoua la tête.

— Non, malheureusement. Quand je ne l'ai pas vue, en arrivant, j'ai téléphoné chez elle. Sa propriétaire m'a dit qu'elle était partie ce matin avec une valise, sans laisser d'adresse.

Chavasse fronça les sourcils.

— C'est embêtant. Nous n'avons plus de piste, maintenant.

— Il reste toujours cet employé des wagons-lits. Par lui, vous pourrez peut-être découvrir quelques indices.

— Oui, j'aimerais bien savoir qui il y a derrière lui.

Il consulta sa montre, vit qu'il était près de 3 h 30.

— Si nous partions ? Qu'est-ce que vous en dites ?

Elle sourit.

— J'ai peur que ce ne soit pas aussi facile que ça en a l'air. Je suis censée travailler jusqu'à 4 h 30. Si vous voulez m'emmener avant l'heure, il faut que vous dédommagiez la direction.

— Vous plaisantez, fit Chavasse en lui rendant son sourire.

— Non, c'est tout ce qu'il y a de plus vrai. Mais, d'abord, il faut que nous dansions ensemble, pour que ça ait l'air plausible.

Elle l'avait entraîné vers la minuscule piste au milieu de la salle. Elle lui passa un bras autour du cou et se mit à danser, la tête sur son épaule, si étroitement serrée contre lui qu'il sentait la ligne de son corps depuis les seins jusqu'aux cuisses.

La plupart des autres couples, entassés sur la piste avaient apparemment adopté la même technique et Chavasse lui murmura à l'oreille :

— Combien de temps devons-nous continuer ?

Elle lui sourit, un brin de moquerie au fond des yeux.

— Je pense que cinq minutes suffiront. Ça vous ennuie ?

— Non, mais, si ça ne vous fait rien, j'aimerais me permettre d'en profiter.

Le sourire s'effaça de son visage et elle le considéra gravement pendant un moment. Puis elle remit sa tête au creux de l'épaule de Chavasse et il resserra l'étreinte de son bras autour de sa taille.

Il oublia sa mission, il oublia tout, excepté le fait qu'il dansait avec une jolie fille dont le parfum lui emplissait les narines et éveillait en lui une agréable sensation de désir. Il y avait longtemps qu'il n'avait pas couché avec une femme, mais ça n'expliquait pas tout. Anna Hartmann l'attirait physiquement, c'était indéniable, et cependant il y avait autre chose, quelque chose de plus profond qui dépassait pour l'instant sa compréhension.

Ils dansaient depuis un bon quart d'heure quand enfin elle s'écarta doucement de lui.

— Nous ferions bien de partir, maintenant, dit-elle avec gravité.

Et, la première, elle se dirigea vers leur table. Elle prit son sac et se tourna vers lui avec un sourire.

— Ainsi que je vous le disais, il faut que vous m'achetiez mon temps sinon, je ne peux pas m'en aller.

Elle regarda sa montre.

— Je pense que trente marks suffiront.

Il ouvrit son portefeuille et compta les billets.

— Vous faites ça souvent ? demanda-t-il avec un clin d'œil moqueur.

Elle sourit malicieusement, et tout son visage s'illumina comme celui d'une petite fille.

— Non, ce sera la toute première fois. Jusque-là, je faisais plutôt le désespoir du directeur. Ce sera un homme heureux qui ira prendre son petit déjeuner tout à l'heure.

S'infiltrant entre les tables, elle disparut derrière la porte, au fond de la salle. Chavasse appela le serveur, régla l'addition et reprit au vestiaire son imperméable et son chapeau.

Il alluma une cigarette et attendit sur le trottoir, devant le cabaret. Au bout de cinq minutes, elle le rejoignit. Elle portait un manteau de fourrure et avait noué une écharpe de soie, à la paysanne, sur ses cheveux.

— Nous allons loin ? demanda-t-il, tandis qu'elle passait une main sous son bras.

— J'ai ma voiture. Il ne faut pas plus de dix minutes ; à cette heure-ci les rues sont désertes.

La voiture, une petite Volkswagen délabrée, était rangée dans la rue voisine. Ils traversèrent plusieurs rues vides et silencieuses balayées par la pluie. Elle conduisait avec assurance et Chavasse, enfoncé dans son siège, se détendit.

Elle l'intriguait vraiment. D'abord, elle paraissait bien jeune pour ce genre d'activité ; et puis, elle n'avait pas cette dureté qu'ont en général les femmes qui se lancent dans ce genre d'aventures. C'était une fille jolie, ardente, intelligente, et il se demanda, avec une irritation qui le surprit, comment diable elle s'était trouvée mêlée à cette aventure.

Elle s'arrêta dans une rue étroite, devant un vieil immeuble. Son appartement se trouvait au premier étage et, en montant l'escalier, elle dit d'un ton d'excuse :

— Ce n'est pas très luxueux, je vous préviens, mais l'endroit a un air de décadence distinguée qui me plaît, pour quelque raison bizarre, et c'est très tranquille.

Elle ouvrit la porte et, quand elle alluma, il se trouva dans une vaste pièce confortable.

— Il faut que je quitte cette robe, dit-elle. Excusez-moi un instant.

Chavasse alluma une cigarette et fit nonchalamment le tour de la pièce. Sur une table, près de la fenêtre, il découvrit plusieurs livres d'hébreu et un cahier sur lequel elle prenait visiblement des notes. Il le feuilletait quand elle revint.

Elle portait un kimono brodé, de lourde soie japonaise, et elle avait noué ses cheveux sur la nuque avec un ruban. Elle ne paraissait pas plus de seize ans.

— Je vois que vous avez trouvé mes travaux d'écolière. Mark m'a dit que vous étiez un linguiste distingué. Savez-vous l'hébreu ?

— Pas assez pour que ça vaille la peine d'en parler.

Elle passa dans la cuisine et il la suivit. Il était tout heureux que Hardt ne soit pas encore là.

— Je ne le parle pas mal, mais j'ai encore besoin de m'exercer à le lire, dit-elle.

Il s'adossa au chambranle et la regarda préparer le café.

— Dites-moi, comment une fille comme vous s'est-elle trouvée embarquée dans ces jeux dangereux ? demanda-t-il.

Elle lui adressa par-dessus l'épaule un rapide sourire avant de se remettre à l'œuvre.

— C'est tout simple. J'ai quitté l'école à seize ans pour étudier l'économie politique à l'Université de Jérusalem. Après ça, je suis entrée dans l'armée israélienne.

— Vous avez participé à des combats ?

— Suffisamment pour me persuader que je devais faire davantage.

Elle déposa deux tasses et la cafetière sur un plateau et alla prendre dans un placard une boîte de lait concentré. Chavasse la regardait circuler dans la minuscule cuisine ; il se sentait la gorge sèche et il avait, au creux de l'estomac, comme une boule qui durcissait.

Elle se pencha vers la table pour prendre le plateau et son kimono se tendit, soulignant les courbes harmonieuses de son corps. Il avait les mains moites ; il fit vers elle un pas hésitant et elle se retourna, le plateau entre les mains. Elle souriait.

Aucune femme ne lui avait jamais souri ainsi. C'était un sourire d'intimité, qui l'enveloppait d'une tendresse qu'il n'avait pas connue jusque-là.

Comme si elle pénétrait ses pensées, elle rougit et cessa soudain de sourire. Il lui prit le plateau et dit doucement :

— Il sent bon, ce café. J'en boirais volontiers une tasse.

Ils passèrent dans la grande pièce et ils s'assirent près de la cheminée vide ; il posa le plateau sur une petite table. Pendant qu'elle versait le café, il dit :

— Rien de ce que vous m'avez raconté n'explique entièrement pourquoi une fille telle que vous se livre à ce genre d'activité.

Les deux mains autour de la tasse, elle en dégustait lentement le contenu.

— Mes parents étaient des réfugiés allemands qui sont passés en Palestine pendant les persécutions nazies, mais moi, je suis une *sabro* — ce qui signifie que je suis née et que j'ai été élevée en Israël. Cela crée en moi une différence qu'il serait difficile d'expliquer. Les gens comme moi ont tant reçu... je n'ai jamais su ce que c'était que la souffrance, telle que l'ont connue mes parents. A cause de cela, je me sens une responsabilité particulière.

— Ça m'a plutôt l'air d'un fameux complexe.

Elle secoua la tête.

— Non, ce n'est pas exact. Je me suis portée volontaire pour ce genre de travail parce que je sentais que je devais faire quelque chose pour mon peuple.

— Vous auriez sûrement pu faire autre chose dans votre pays. Il y a encore tant à construire.

— Mais, pour moi, ce n'aurait pas été suffisant. Avec ce que je fais maintenant j'ai l'impression d'être utile à tous les hommes. Pas seulement à ma propre race.

Elle soupira doucement.

— Je ne m'exprime peut-être pas très bien, mais c'est difficile de traduire en paroles ce qu'on ressent.

Elle sortit un paquet de cigarettes de la poche de son kimono et lui en offrit une.

— D'ailleurs, si vous allez par là, comment qui que ce soit en vient-il à faire ce genre de travail ? Vous, par exemple ?

Il sourit en lui donnant du feu.

— J'ai débuté en amateur. J'étais chargé de cours dans une université — j'ai un doctorat en langues modernes. L'un de mes amis avait une sœur plus âgée qui avait épousé un Tchèque. Après la guerre, son mari mourut. Elle voulait rentrer en Angleterre avec ses deux enfants mais les communistes lui refusaient l'autorisation.

— Et vous avez décidé de la faire sortir ?

Il acquiesça d'un signe.

— Le gouvernement ne pouvait être d'aucun secours ; comme je parle la langue, j'ai décidé d'agir à titre officieux.

— Ça n'a pas dû être facile, dit Anna.

Il sourit.

— Comment nous avons réussi, je ne le saurai jamais ; le seul fait certain, c'est que nous avons réussi. J'étais dans un hôpital de Vienne où l'on me soignait pour une blessure légère, quand l'homme pour qui je travaille maintenant est venu me trouver. Il m'a offert une place.

— Ce qui n'explique toujours pas, dit-elle malicieusement pourquoi vous avez accepté.

Il haussa les épaules.

— Je n'ai pas accepté... pas tout de suite. Je suis revenu dans mon université pour le trimestre suivant.

— Et que s'est-il passé ?

Il se leva, marcha jusqu'à la fenêtre. Il pleuvait toujours et il demeura un instant les yeux grands ouverts sur la nuit, tandis qu'il cherchait à mettre de l'ordre dans ses pensées. Il dit enfin :

— Je me suis aperçu que je passais ma vie à enseigner des langues étrangères à des gens qui, à leur tour, passeraient leur vie à enseigner des langues étrangères à d'autres gens. Brusquement, cela m'a paru dérisoire.

— Mais ce n'est pas une raison, dit-elle. C'est là toute l'histoire de l'humanité.

— Vous ne comprenez donc pas ? J'ai découvert à mon sujet des choses que j'avais toujours ignorées. Que j'aimais prendre des risques calculés et mesurer mon intelligence à celle de l'adversaire. En récapitulant l'affaire tchécoslovaque, je me suis rendu compte que, d'une manière très complexe, j'y avais pris plaisir. Vous ne voyez pas ce que je veux dire ?

— Je n'en suis pas absolument certaine, dit-elle lentement. Se peut-il que quelqu'un puisse dire en toute honnêteté qu'il prend plaisir à voir chaque jour la mort en face ?

— Je ne pense pas plus à cet aspect des choses qu'un coureur automobile au Grand Prix.

— Mais enfin vous êtes un intellectuel ! Il y aurait tant d'autres manières de mieux utiliser vos connaissances.

— Il faut de l'intelligence pour demeurer vivant dans cette sorte de sport.

Après un bref silence, elle demanda :

— N'avez-vous jamais envie de tout lâcher ?

Il répondit avec un léger haussement d'épaules :

— Seulement quand il est quatre heures du matin et que je ne peux pas dormir. Parfois, je reste étendu dans l'obscurité avec une cigarette, j'écoute le vent secouer les fenêtres et je me sens seul, totalement retranché du reste de l'humanité.

Sa voix avait une intonation tellement amère qu'elle tendit vivement la main vers la sienne.

— Ne pouvez-vous trouver personne pour partager cette solitude ?

— Vous voulez dire une femme ? demanda-t-il en riant. Voyons, qu'aurais-je à offrir à une femme ? De longues absences inexplicables, sans même une lettre pour la réconforter ?

Il lut dans ses yeux une pitié soudaine et il se pencha pour couvrir doucement sa main de la sienne.

— Ne me plaignez pas, Anna, dit-il. Ne me plaignez jamais.

Elle ferma les yeux et des larmes perlèrent à l'extrémité des grands cils sombres. Il se leva, brusquement irrité :

— Gardez vos larmes pour vous, vous en aurez besoin. Moi je suis un professionnel et je travaille contre des professionnels. Les hommes de mon acabit ne connaissent qu'une loi : le travail avant tout.

Elle ouvrit les yeux et les leva vers lui.

— Et vous ne croyez pas que je vis tout autant que vous selon cette loi ?

Il la fit lever et ses doigts s'enfoncèrent douloureusement dans les bras de la jeune fille.

— Ne me faites pas rire, dit-il. Vous et Hardt, vous êtes des amateurs qui jouez avec le feu.

Elle voulut détourner le regard mais, d'une main, il lui releva le menton.

— Sauriez-vous être impitoyable — je veux dire vraiment impitoyable ? Pourriez-vous abandonner Hardt avec une balle dans la jambe et fuir pour vous sauver vous-même ?

Une expression qui ressemblait à de l'horreur passa dans ses yeux et il ajouta moins durement :

— En plusieurs occasions, il m'a fallu agir ainsi, Anna.

Elle blottit son visage contre l'épaule de Chavasse qui l'enveloppa de ses bras et la serra contre lui.

— Pourquoi n'êtes-vous pas restée en Israël, là où était vraiment votre place ?

Elle leva la tête ; elle ne pleurait plus.

— C'est parce que j'avais envie d'y rester que je suis venue.

Elle l'attira vers le divan et ils s'assirent.

— Quand j'étais petite, je vivais dans un kibboutz près de Migdal. Il y avait une colline que je gravissais souvent. De là-haut, je découvrais la mer de Galilée. C'était très beau, mais la beauté, comme tout le reste dans la vie, ça se paye. Comprenez-vous ?

Elle était tout près de lui ; il avait les yeux plongés dans les siens. Ils se rapprochèrent encore, tout naturellement, et s'embrassèrent. Ils demeurèrent ainsi un long moment. Elle dit enfin, avec un soupir :

— Ça n'aurait pas dû se produire, n'est-ce pas ?

Il secoua la tête.

— Non. Surtout pas.

— Mais je savais que ça se produirait, dit-elle. Dès l'instant où vous m'avez adressé la parole, au cabaret, j'ai su que ça se produirait. Et pourquoi non ? Après tout, nous sommes des êtres humains.

— Croyez-vous ? dit-il.

Il se leva, alla vers la fenêtre et prit tout son temps pour allumer une cigarette.

— Vous, peut-être, mais moi, je ne sais si je pourrais changer, maintenant, même si je le voulais.

Elle se rapprocha et le regarda bien en face, l'interrogeant du regard :

— Alors, ce qui vient de se passer ne change rien pour vous ?

Il hocha la tête d'un air presque douloureux.

— Je me sentirai simplement encore plus seul, à quatre heures du matin.

Une expression de détermination soudaine envahit le visage d'Anna et elle était sur le point de répliquer lorsqu'on frappa à la porte. Elle traversa la pièce pour aller ouvrir. Mark Hardt entra.

5

Il portait un imperméable sombre à ceinture et ses cheveux étaient mouillés de pluie. Il passa un bras autour des épaules d'Anna et lui posa sur la joue un baiser léger ; puis il sourit à Chavasse.

— Alors, vous l'avez bien trouvée ?

— Sans peine.

Hardt se débarrassa de son imperméable qu'il jeta négligemment sur une chaise ; il vint s'asseoir à la table. Anna alla chercher à la cuisine une troisième tasse et l'emplit de café. Il but une gorgée et soupira d'aise.

— Il pleut plus fort que jamais.

Il leva les yeux vers elle.

— Quoi de neuf ?

— Katie Holdt n'est pas venue travailler. J'ai parlé à sa propriétaire. Il semble qu'elle ait fait sa valise et soit partie sans laisser d'adresse.

Il étouffa quelques jurons et posa sa tasse.

— J'espérais qu'elle finirait par nous fournir une piste.

— Et l'hôtel de la Gluckstrasse ? demanda Chavasse. Avez-vous trouvé quelque chose d'intéressant ?

— Simplement que Muller n'y a jamais habité. Il semble ne s'être servi de l'endroit que comme d'une adresse où il pouvait sans danger venir retirer son courrier.

— Et Otto Schmidt ? reprit Chavasse.

— C'est un veuf. Il vit seul dans un appartement de la Steinerstrasse. Ce n'est pas loin d'ici.

Chavasse jeta un coup d'œil sur sa montre. Il était un peu plus de 4 h 30.

— Si on lui faisait une petite visite ? C'est étonnant ce qu'on peut parfois tirer des gens à la froide lumière de l'aube.

— Exactement ce que j'allais vous proposer.

Hardt se releva. Il tendait la main vers son imperméable lorsqu'il parut se souvenir de quelque chose. Il se tourna vers la jeune fille.

— A propos, Anna, ne m'avais-tu pas dit que Muller avait été dans la Wehrmacht ?

Elle acquiesça, l'air intrigué.

— C'est exact. Pourquoi ?

— D'après une photo que Chavasse a trouvé en fouillant le corps de Muller dans le train, il aurait été dans la Luftwaffe.

— Mais non : il était bien dans la Wehrmacht, dit Anna. Moi aussi, j'ai une photo.

Elle fouilla dans son sac et en sortit une vieille photo jaunie.

— Elle est tombée hier du sac de Katie. Elle venait d'ailleurs de me la montrer. Elle date de 1942, quand Katie était encore petite fille.

Hardt prit la photo et Chavasse vint regarder par-dessus son épaule. Elle était fanée, froissée, mais on distinguait encore l'expression de fierté sur le visage de la petite fille qui donnait la main au grand frère, figé au garde-à-vous dans son uniforme de la Wehrmacht.

Chavasse fronça les sourcils et prit la photo des mains de Hardt.

— Mais ce n'est pas Muller, dit-il à Anna. Vous devez vous tromper.

— Si, si, c'est bien lui, dit-elle catégoriquement. Pourquoi Katie m'aurait-elle menti ? De toute manière, je peux garantir que c'est bien elle, la petite fille, et il y a, entre le soldat et elle, un air de famille indéniable. C'est sûrement son frère.

— Alors, qui était l'homme de votre compartiment ? demanda Hardt à Chavasse.

— Ce n'était pas Muller, c'est tout ce qu'on peut dire.

— Que croyez-vous donc qu'il se soit passé ?

Chavasse enfila son imperméable et le boutonna rapidement.

— Je ne pourrais que faire des suppositions et je n'ai jamais aimé ça. Disons que je commence vaguement à y voir clair. Une petite conversation avec Otto Schmidt pourrait nous être très utile pour préciser les choses.

— Ne perdons donc plus de temps. Allons-y, fit Hardt.

Il se tourna vers Anna.

— Nous prenons la voiture. Tu as les clés ?

Elle les sortit de son sac et les lui tendit ; puis elle ouvrit la porte aux deux hommes. Hardt sortit sans un mot mais, en descendant l'escalier, Chavasse se retourna et vit qu'elle était restée sur le seuil. Elle leva la main et ses lèvres remuèrent en silence. Quand il se retourna de nouveau, elle avait refermé la porte.

Ils arrêtèrent la voiture juste avant la Steinerstrasse et firent à pied le reste du chemin. Hardt trouva l'immeuble sans difficulté et ils y entrèrent rapidement. L'appartement de Schmidt se trouvait au second ; ils s'arrêtèrent devant la porte pour écouter. Ils n'entendirent aucun bruit et Chavasse pesa doucement sur la porte. Elle était fermée à clé.

D'une main ferme, Hardt appuya longuement sur la sonnette. Un moment après, ils entendirent des pas s'approcher de la porte. Elle s'entrouvrit, bloquée par une chaîne, et Schmidt demanda d'une voix ensommeillée :

— Qui est là ?

— Police ! dit rudement Chavasse, en allemand. Allons, ouvrez !

Schmidt parut aussitôt retrouver sa lucidité. Il ôta la chaîne et ouvrit la porte. En voyant Chavasse, il resta bouche bée. Chavasse s'avança rapidement et envoya son poing dans le ventre de l'homme avant qu'il ait eu le temps de pousser un cri. Les genoux de Schmidt fléchirent et il s'affaissa. Chavasse se pencha, le jeta sur son épaule et entra dans la pièce.

Derrière lui, Hardt referma la porte et Chavasse jeta Schmidt dans un fauteuil. Il alluma une cigarette, s'assit et attendit.

Schmidt avait une mine affreuse. Son visage, dans la lumière tamisée de la lampe posée sur une table voisine, avait pris une teinte verdâtre. Au bout d'un certain temps, il parut avoir retrouvé son souffle. Chavasse approcha sa chaise pour s'asseoir en face de lui.

— Surpris de me voir, Schmidt ? dit-il.

Schmidt semblait en proie à une terreur mortelle. Il s'humecta les lèvres.

— La police vous recherche, Herr Chavasse.

— C'est gentil à vous de me prévenir.

Chavasse se pencha et, du dos de la main, gifla Schmidt en plein sur la bouche.

— Et maintenant, laissons-là les politesses et venons-en aux affaires sérieuses. Le café que vous m'avez servi dans le train, juste avant l'arrivée à Osnabruck... il était drogué, n'est-ce pas ?

Schmidt fit un faible effort pour protester.

— Je ne sais pas ce que vous voulez dire, mein Herr.

Chavasse se pencha et dit froidement :

— Je n'ai pas beaucoup de temps, Schmidt. Je serai donc bref. Je vous accorde dix secondes pour vous mettre à table. Sinon, je crains fort de me voir dans l'obligation de vous casser le poignet gauche. Si ça ne suffit pas, nous essaierons avec le droit.

Des gouttes de sueur perlaient sur le front de Schmidt ; tout son visage semblait s'être affaissé sous l'effet de la peur.

— Mais je ne peux rien vous dire, mein Herr. Il me tuerait.

— Qui ça ? dit Hardt en traversant rapidement la pièce pour venir se placer derrière le fauteuil.

Schmidt leva vers lui des yeux ronds et fixes.

— L'inspecteur Steiner, murmura-t-il.

— C'est bien ce que je pensais, dit Chavasse. Nous commençons maintenant à savoir où nous allons.

De nouveau, il se pencha, fixant un regard impitoyable sur le visage terrifié de Schmidt.

— L'homme qui a été tué dans mon compartiment... c'était celui qui est monté dans le train à Osnabruck ?

Schmidt secoua la tête. Ses traits étaient agités de grimaces convulsives.

— Non, mein Herr.

— Qui était-ce, alors ? questionna Hardt.

Schmidt parut avoir des difficultés à assembler ses mots. Finalement, il dit presque dans un murmure :

— C'était celui que Steiner et le docteur Kruger avaient fait amener sur une civière à Rheine.

— Et avait-il quelque chose de particulier quand ils l'ont mis dans le train ? demanda Chavasse.

Il attrapa Schmidt par le devant de sa robe de chambre.

— Allons, réponds !

— Il était mort, mein Herr ! gémit Schmidt.

Et il s'effondra dans son fauteuil en sanglotant.

Chavasse se leva avec un soupir de satisfaction.

— C'est bien ce que je pensais. Peut-être tout bonnement un cadavre fourni par le Dr Kruger. Steiner et lui sont montés dans le train à Rheine, ont fait droguer mon café par Schmidt et ont attendu dans mon compartiment que le véritable Muller prenne le train à Osnabruck.

— Et à l'arrivée du train à Hambourg, c'était sûrement Muller, drogué à son tour, qui avait pris la place sur la civière, dit Hardt.

— Un plan sans bavures. Ils m'éliminaient et ils mettaient la main sur Muller. Ils ont sans doute l'intention de lui arracher tout à loisir les renseignements dont ils ont besoin.

— Je me demande où ils l'ont emmené ?

Chavasse haussa les épaules, mais une idée lui traversa brusquement l'esprit.

— Peut-être notre petit ami pourrait-il nous le dire.

Il prit Schmidt par les cheveux pour lui faire relever la tête.

— Vous n'auriez pas une suggestion, Schmidt ?

— L'ambulance venait de la clinique privée du Dr Kruger, à Blankenese, dit Schmidt qui leva des mains suppliantes. Pour l'amour du ciel, ayez pitié de moi, mein Herr. Il ne faut pas que Steiner apprenne que c'est de moi que vous tenez ces renseignements. C'est un homme terrible. Il était chef de camp dans les S.S.

— Alors, pourquoi l'avez-vous aidé ? demanda Hardt.

— Je n'avais pas le choix. Vous ne connaissez pas la puissance de ces hommes.

A ce moment, un pas résonna sur le palier et l'on frappa à la porte. D'un geste vif, Chavasse releva Schmidt et l'attira contre lui.

— Voyez qui c'est, murmura-t-il, et surtout pas de bêtises !

Schmidt marcha d'un pas hésitant vers la porte et dit d'une voix enrouée :

— Qui est là ?

— L'inspecteur Steiner !

La voix avait facilement traversé le mince panneau de bois et

Schmidt, avec un horrible coassement, se retourna vers les deux hommes.

— C'est Steiner ! dit-il littéralement pris de panique. Qu'est-ce que je fais ?

Chavasse jeta vers Hardt un regard interrogateur.

— Vous êtes armé ?

— Non, mais Steiner, lui, l'est sûrement.

Chavasse hocha la tête.

— C'est bien ce que je crains. Quelle merveilleuse occasion pour lui, de se débarrasser de nous deux en invoquant la légitime défense. On n'a pas de chance.

Il alla vers la fenêtre, écartant au passage le misérable Schmidt qui s'accrochait à lui, et l'ouvrit à double battant. Un peu sur la droite, un gros tuyau de plomb dégringolait sur une douzaine de mètres jusqu'aux pavés de la cour, derrière l'immeuble. A un mètre plus loin, il y avait un escalier de secours en fer.

Au moment où Hardt rejoignait Chavasse à la fenêtre, Steiner tambourina sur la porte en criant d'une voix irritée :

— Alors Schmidt... Je vous conseille d'ouvrir... et plus vite que ça !

Schmidt tira Chavasse par le bras.

— Qu'est-ce que je vais faire, mein Herr ? Il va me tuer.

Ignorant ses gémissements, Chavasse désigna du menton l'escalier de secours.

— A mon avis, c'est par là qu'il faut descendre.

Sans attendre l'accord de Hardt, il grimpa sur l'appui de la fenêtre. Il tendit le bras vers le tuyau, s'écorchant les mains sur la brique rugueuse. Un instant, il demeura immobile puis il se lança de côté et attrapa de la main gauche la rampe de l'escalier. Une minute après, il se trouvait sain et sauf sur la plate-forme.

Hardt parut sur l'entablement. Il atteignit sans peine le tuyau et sauta vers l'escalier de secours. Chavasse tendit le bras pour le rattraper au moment où il glissait. Sain et sauf, lui aussi, Hardt vint le rejoindre sur la plate-forme.

Schmidt se penchait à la fenêtre, le visage déformé par la terreur.

— Aidez-moi, je vous en supplie. Il est en train d'enfoncer la porte !

Chavasse dégringolait déjà les marches de fer. Hardt le suivit après avoir hésité une seconde. Ils traversaient la cour pavée pour gagner l'allée qui donnait accès à la façade de l'immeuble quand un cri soudain les arrêta. Ils levèrent la tête.

Schmidt s'accrochait au tuyau, visiblement trop terrifié pour faire un geste. A ce moment, Steiner se pencha à la fenêtre et chercha à l'attraper. Avec le courage du désespoir, Schmidt se lança vers l'escalier de secours.

Sa main griffa l'air. Ses doigts parurent avoir trouvé une prise ; un instant, il demeura suspendu. Puis il glissa et tomba ; dans sa chute, son corps se retourna, de sorte qu'il toucha les pavés la tête la première.

Avec un cri d'horreur, Hardt fit un mouvement vers lui, mais Chavasse le saisit par le bras et l'entraîna vers l'allée, jusqu'à la rue.

— Il faut penser aux vivants, dit-il. Si nous ne nous éloignons pas d'ici au plus vite, Steiner va nous lancer la moitié des flics de Hambourg aux trousses.

Quand ils se retrouvèrent en sûreté dans la Volkswagen, filant à travers les petites rues désertes, Chavasse repoussa son chapeau en arrière et eut un petit rire mal assuré.

— Nous l'avons échappé belle. Pendant une minute ou deux, j'ai bien cru que nous n'y arriverions pas.

Hardt lui jeta un coup d'œil ; son visage était blême et décomposé.

— Le bruit qu'a fait la tête de ce pauvre diable en touchant les pavés... je ne crois pas que je pourrai jamais l'oublier.

Avec un violent frisson, il se concentra de nouveau sur le volant.

— Steiner avait probablement l'intention de se débarrasser de lui un de ces jours d'une façon ou d'une autre, dit Chavasse. Il en savait trop long.

— Oui, vous avez sans doute raison.

Il ne pleuvait plus quand ils vinrent s'arrêter devant l'immeuble d'Anna. Hardt arrêta le moteur. En silence, il fumait sa cigarette en tapotant nerveusement du bout des doigts le bord du volant.

— Alors, que faisons-nous maintenant ? demanda enfin Chavasse.

Hardt parut avoir quelque difficulté à clarifier ses idées.

Il se passa une main sur le front, et dit d'une voix lente :

— Une visite à la clinique du Dr Kruger à Blankenese s'impose, j'imagine.

— Et quand proposez-vous que nous la fassions ?

— Ce soir, à la tombée de la nuit, je crois que c'est le mieux. Je vais voir dans la journée si je peux me procurer quelques renseignements.

Il ouvrit la portière et descendit. Chavasse se glissa sur le siège et sortit après lui. Ils allèrent jusqu'à la porte de l'immeuble et Hardt s'arrêta sur le trottoir.

— Vous n'entrez pas ? demanda Chavasse surpris.

— Non, je rentre chez moi. J'ai besoin de quelques heures de sommeil. Je ne peux malheureusement pas vous emmener : je suis à l'hôtel. Mais vous serez très bien, ici. Anna vous fera un lit sur le divan.

— Vous ne prenez pas la voiture ? demanda Chavasse.

— Non. J'ai envie de marcher... ce n'est pas loin.

Il s'éloignait déjà, mais il eut une légère hésitation et se retourna lentement. L'aube pointait tout juste, caressant le ciel de plomb de ses doigts glacés et, dans la lumière grise, Hardt était effroyablement pâle.

— Je n'ai pas perdu mon sang-froid, là-bas, dit-il.

— Je le sais.

— C'est seulement le bruit horrible qu'a fait sa tête en heurtant les pavés.

Il frissonna.

— J'ai vu mourir des hommes, j'en ai moi-même tué plusieurs, mais je n'ai jamais rien vu de semblable.

— Allez dormir, dit simplement Chavasse.

Pendant un instant encore, Hardt le regarda fixement ; puis il s'éloigna lentement sur le trottoir mouillé. Chavasse le suivit un moment des yeux avant d'entrer dans l'immeuble et de monter rapidement l'escalier.

Au premier coup léger qu'il frappa, Anna ouvrit la porte et le fit entrer. Pendant qu'il se débarrassait de son imperméable, elle demanda avec inquiétude :

— Où est Mark ?

— Rentré à son hôtel. Il nous fera signe un peu plus tard dans la journée, quand il se sera renseigné sur la clinique de Kruger, à Blankenese. Nous irons y faire un petit tour à la nuit tombée.

Elle passa dans la cuisine et revint presque aussitôt avec du café chaud. Elle remplit deux tasses et demanda :

— Que s'est-il passé ? Avez-vous vu Schmidt ?

Tout en buvant son café, assis auprès d'elle sur le divan, il lui conta brièvement ce qui était arrivé. Quand il se tut, elle était toute pâle, elle aussi.

— Le pauvre... quelle mort horrible.

— Il n'a pas dû s'en rendre compte, dit Chavasse. La mort a été sûrement instantanée.

— Nous savons au moins contre qui nous luttons, dit-elle.

Il acquiesça.

— D'après Schmidt, Steiner était chef de camp dans les S.S. Kruger était probablement médecin de camp ou quelque chose de ce genre.

— Pensez-vous que Schultz parle d'eux dans ses mémoires ?

Il secoua la tête.

— Je ne crois pas. J'ai l'impression qu'ils font simplement partie d'un réseau nazi clandestin. Ceux qui leur donnent des ordres sont, eux, probablement cités dans le bouquin de Schultz.

— Et vous croyez qu'ils ont emmené Muller dans cette clinique de Blankenese ?

— Espérons-le.

Il posa sa tasse et se leva.

— Et maintenant, si vous voulez bien que je dispose de votre divan, j'ai l'intention de dormir pendant au moins sept heures.

Elle alla dans la chambre et en revint avec plusieurs couvertures et un oreiller. Il la regarda lui installer vivement un lit sur le divan. Elle se retourna vers lui en souriant.

— Je pense que vous y serez bien et je peux vous promettre que vous ne serez pas dérangé. Moi-même, je serais capable de dormir pendant une semaine entière.

Elle lui parut soudain très proche, et il se sentait las... terriblement las.

— Vous êtes charmante, Anna, dit-il.

Elle leva la main pour lui caresser la joue et, très vite, il se pencha pour lui baiser les lèvres. Un court instant, elle répondit à son baiser mais, dès qu'elle sentit les mains de Chavasse lui enserrer la taille, elle se dégagea et se précipita vers sa chambre.

La porte se referma sur elle. Chavasse demeura un instant immobile, les yeux fixés sur cette porte ; puis il soupira et commença de se déshabiller. Quand il eut fini, la fatigue avait gagné son cerveau. Il lui restait tout juste assez de force pour se glisser sous les couvertures et éteindre la lampe avant de sombrer dans le néant.

6

Il sortit lentement d'un sommeil profond, sans rêves, pour se trouver dans une atmosphère de silence inquiétant. Un pâle soleil d'automne filtrait par la fenêtre et, au loin, il entendait le faible écho des cloches qui lui rappela que c'était dimanche.

Il consulta sa montre et, à sa vive surprise, constata qu'il était 1 h 30. Il rejeta les couvertures et se mit à s'habiller. C'est alors qu'il vit la lettre appuyée au vase, sur la petite table.

Anna disait qu'elle avait décidé de rendre visite à la propriétaire de Katie Holdt, dans l'espoir de découvrir un indice sur la direction qu'avait prise la jeune fille. Elle comptait être de retour pour 3 heures au plus tard.

Il alluma une cigarette et passa dans la cuisine. Il n'avait guère faim et ne mangea qu'une tartine beurrée en attendant que son café fût passé. Il revint ensuite dans le living-room.

Assis au bord du divan, sa tasse entre les mains, il se demandait comment Hardt se débrouillait. Il se sentait inquiet, mal à l'aise et il se leva, arpentant l'appartement. C'était l'attente qu'il détestait par-dessus tout. Il préférait se trouver en pleine action, parer à toute initiative de l'adversaire ou avoir lui-même à en prendre.

Une brusque impulsion lui fit décrocher le téléphone et appeler l'hôtel *Atlantic*. Il demanda sir George Harvey. Il y eut un léger déclic quand on décrocha à l'autre bout du fil, puis la voix de sir George.

— Qui est à l'appareil ?

— Votre compagnon de voyage, dit Chavasse.

La voix de sir George resta parfaitement impersonnelle.

— J'espérais que vous alliez m'appeler. J'ai eu votre Patron au téléphone, de Londres. Il m'a demandé de vous transmettre certains renseignements.

— C'est important ?

— Rien de sensationnel, mais ça pourrait vous être utile.

— Bon. Il faudrait donc tâcher de nous voir.

— Je crains que ce ne soit difficile. J'ai loué une voiture et je dois aller aux courses à Farmsen, avec quelques-uns des délégués de la conférence. Nous partons dans quelques minutes. La première course commence à 2 h 30.

Chavasse réfléchit. Il était déjà allé voir les courses de trot à

Farmsen. Elles attiraient généralement beaucoup de monde, les dimanches après-midi. Il prit rapidement sa décision.

— Je vous retrouverai au bar, sous la tribune du pesage, à 3 heures, dit-il. Cela vous conviendra-t-il ?

— Pourquoi pas ? répondit sir George. Je peux facilement les abandonner pendant quelques minutes. Du moment que vous êtes sûr de ne courir aucun danger en vous montrant à l'air libre.

— Ne vous inquiétez pas pour moi, dit Chavasse. Je ne serai guère qu'une molécule parmi plusieurs milliers de personnes.

Il raccrocha et finit rapidement de s'habiller.

Il laissa pour Anna un petit mot disant qu'il ne serait pas longtemps absent et quitta l'appartement. Par les rues tranquilles, il gagna la station de métro la plus proche où il prit une rame bondée d'Allemands endimanchés.

Arrivé à Farmsen, il se mêla à la foule qui se dirigeait vers l'entrée du champ de courses. En passant les tourniquets, il vit, appuyés sur la barrière, deux agents de police qui bavardaient d'un air morose. Il les ignora et pressa le pas pour gagner le pesage.

La première course se terminait. Debout près de la barrière, il regarda les légers sulkys rebondir sur leurs deux roues et les jockeys se cramponnant aux rênes tandis que les chevaux trottaient à une vitesse incroyable vers la ligne d'arrivée. Un rugissement monta de la foule et, un instant après, le haut-parleur annonça les résultats.

Chavasse consulta sa montre. Encore dix minutes. Il alla d'un pas nonchalant jusqu'à la tribune et entra au bar. Pour le moment les affaires marchaient au ralenti ; il commanda une bière et alluma une cigarette. Il emportait son verre à une table d'angle quand sir George Harvey parut sur le seuil.

Il vit aussitôt Chavasse et vint tout droit s'asseoir en face de lui.

— Vous ne croyez pas que c'est rechercher le danger que de vous montrer dans un endroit public comme celui-ci ?

Chavasse haussa légèrement les épaules.

— Plus il y a de monde, moins on court de risques.

— Je persiste à penser que c'est dangereux, dit sir George. Vous devez avoir des nerfs d'acier. Mais puisque vous êtes là, vous allez pouvoir me dire ce qui s'est passé dans ce satané train. Pourquoi avez-vous été obligé de tuer Muller ?

— Je ne l'ai pas tué. Pour autant que je sache, il est toujours bien vivant.

Il conta ce qui s'était réellement passé.

Quand il eut fini, sir George se renversa dans son fauteuil en fronçant les sourcils.

— C'est l'histoire la plus étonnante que j'aie jamais entendue. Ainsi, Steiner et ce Kruger travailleraient pour le réseau nazi clandestin ?

— Ça m'en a tout l'air.

— Et l'autre type ? Celui qui vous a tiré d'affaire. Je suppose qu'il travaille pour les gens qui ont enlevé Eichmann d'Argentine pour l'amener en Israël ?

Chavasse approuva d'un signe.

— C'est à peu près ça.

Sir George hocha la tête d'un air ébahi.

— Savez-vous que, même pendant la guerre, quand ce genre de choses dépendait de mes services, je n'ai jamais rien connu de pareil ? Enfin, que diable, mon cher, nous avons vécu six ans d'enfer pour infliger à ces gens-là le châtiment qu'ils méritaient et les voilà qui relèvent la tête, apparemment en toute impunité.

— Pas pour longtemps, dit Chavasse. Le seul fait qu'ils soient obligés de rester dans l'ombre est un signe d'encouragement.

Il alluma une nouvelle cigarette.

— Vous aviez un message pour moi ?

— En effet, dit sir George. Excusez-moi, mais j'allais l'oublier. Votre Patron désire que vous sachiez qu'on a une piste, concernant Muller. Il était l'ordonnance de Schultz. Il semble que, dans la vie civile, il ait été valet de chambre. Sa famille habitait Hambourg et il avait une sœur. Ils ont tous été tués dans les bombardements de 1943. Ça peut vous servir ?

— Assez peu pour être franc. La seule chose que j'ignorais encore, c'est que Muller ait été l'ordonnance de Schultz. C'est en tous cas l'explication de leurs rapports. Quant à la sœur, elle vit toujours. Jusqu'à hier, nous savions où elle habitait et où elle travaillait mais, pour le moment, nous avons perdu sa trace.

— Il faut absolument que vous la retrouviez, dit sir George. C'est peut-être elle la clé de toute l'affaire.

Chavasse hocha la tête d'un air dubitatif.

— Non, c'est Muller qui est la clé de toute l'affaire. C'est lui qu'il faut retrouver.

Il jeta un coup d'œil sur sa montre.

— Je ferais bien de prendre le large.

Sir George approuva.

— Ce serait peut-être plus sage. Je vais vous accompagner jusqu'à la sortie.

Ils quittèrent le bar et, parmi la foule, longèrent le grand virage de la piste. Tout en marchant, Chavasse demanda :

— A propos, avez-vous parlé de tout ce gâchis au Patron, quand vous l'avez eu au téléphone ?

Sir George secoua négativement la tête.

— Non, j'ai pensé que vous préféreriez peut-être lui dire ça vous-même.

Ils avaient dépassé le parc de stationnement et se dirigeaient vers les portes, à contre-courant de la foule qui continuait d'arriver. Chavasse se disposait à remercier sir George quand celui-ci lui saisit brusquement le bras et le contraignit à faire volte-face.

Ils rebroussèrent chemin et Chavasse demanda :

— Que se passe-t-il ?

— Steiner est près des grilles, avec une demi-douzaine de policiers, dit sir George entre ses dents.

Chavasse hésita et jeta par-dessus l'épaule un coup d'œil rapide. Steiner était bien là avec ses hommes groupés autour de lui qui écoutaient ses instructions. Ils se dispersèrent presque aussitôt pour occuper des positions bien déterminées de façon à pouvoir surveiller toutes les issues.

— Vite, pour l'amour du ciel, dit sir George en entraînant Chavasse vers le parc de stationnement.

En se faufilant entre les rangs serrés de véhicules, Chavasse dit, l'air soucieux :

— Il doit bien y avoir une autre issue à ce sacré bazar.

— Ne vous inquiétez pas de ça, dit sir George, s'arrêtant devant une longue Mercedes. C'est moi qui vais vous faire sortir, et par la grande porte.

— Jamais de la vie. Je ne veux pas vous compromettre dans cette histoire.

Déjà, il faisait volte-face, mais sir George l'attrapa par le bras et le retint avec une force insoupçonnée. Il était devenu tout rouge et sa voix tremblait de colère.

— Pour qui me prenez-vous ? demanda-t-il. Je ne vais pas rester là à rien faire, pendant que vous avez une meute de nazis à vos trousses. Vous allez vous coucher au fond de la voiture, sous une couverture, et nous sortirons par la porte principale. Vous m'avez compris ?

Il paraissait rajeuni de plusieurs années : momentanément, il était redevenu le jeune colonel qui avait entraîné ses hommes, à la bataille de la Somme, armé de sa seule cravache, les bottes impeccablement cirées et les boutons d'uniforme étincelants.

Il ouvrit la portière arrière de la Mercedes.

— Montez ! fit-il d'un ton qui ne souffrait pas la contradiction.

Chavasse hésita encore un instant ; puis, avec un haussement d'épaules, il fit ce que sir George lui disait. Il s'allongea par terre. Sir George le couvrit d'une couverture et referma la portière. Quelques minutes plus tard, ils sortaient lentement du parc de stationnement.

Au bout d'un petit moment la voiture s'arrêta ; des pas s'approchèrent. Aux premiers mots du policier, Chavasse retint son souffle ; mais il entendit la voix irritée de Steiner :

— Je m'en occupe. Retournez à votre poste.

Steiner se pencha à la portière et dit, dans son anglais soigneusement articulé :

— Navré qu'on vous ait ennuyé, sir George.

— Ah, inspecteur Steiner, fit sir George. Qui donc cherchez-vous ?

Chavasse imagina le haussement d'épaules de Steiner.

— Personne en particulier, sir George. C'est une vieille coutume policière que de tendre les filets là où une foule est rassemblée. Vous seriez surpris de voir à quel point, bien souvent, la prise est intéressante. Je regrette que vous ayez été dérangé.

La voiture se remit en marche et prit de la vitesse. Chavasse resta encore sur le plancher pendant cinq minutes avant de rejeter la couverture et de s'asseoir sur le siège arrière.

— Nous l'avons échappé belle.

— Je n'ai pas eu une seconde d'inquiétude, dit sir George.

Il éclata d'un large rire.

— Savez-vous que je commence à m'amuser, Chavasse ? Il y a si longtemps que je mène ma petite existence sage, ordonnée, un peu ennuyeuse que j'avais presque oublié ce que c'était que de prendre des risques.

— Vous en avez pris suffisamment pour aujourd'hui, fit Chavasse. Arrêtez-vous où vous voudrez et laissez-moi descendre. Je prendrai le métro pour rentrer en ville.

— Rien à faire, mon vieux. Dites-moi où vous allez. Je vais vous déposer.

— Mais vos amis ? lui rappela Chavasse. Ils vont se demander ce qui vous est arrivé.

Sir George étouffa aristocratiquement le juron qui lui venait aux lèvres.

— C'est vrai, vous avez raison. Alors, où voulez-vous que je vous dépose ?

— Nous arrivons à Hellbrook. Vous pouvez vous arrêter devant la station de métro. D'ici, je m'arrangerai très bien.

Quelques instants plus tard, la voiture s'arrêtait au bord de la chaussée ; Chavasse descendit. Il se pencha à la portière et sourit.

— Merci pour tout. Vous méritez d'être décoré.

Sir George prit un air modeste.

— Allons, allons, pas de ce genre de phrases entre nous. Et surtout n'oubliez pas de m'appeler si vous avez encore besoin d'aide.

Il rayonnait de plaisir.

— Vous savez que, grâce à vous, je me sens renaître ? Je ne crois pas m'être autant amusé depuis des années.

La Mercedes fit demi-tour et repartit en rugissant vers Farmsen. Pendant un moment, Chavasse la suivit des yeux en pensant à sir George. C'était un homme, et un vrai, sans aucun doute. Quand la voiture eut disparu au premier virage, il tourna les talons et descendit rapidement les marches du métro.

Il était près de 4 h 30 quand il monta l'escalier qui menait chez Anna Hartmann et frappa à la porte. Elle s'ouvrit presque immédiatement et Anna l'attira à l'intérieur, le visage blême et tendu.

— Où étiez-vous ? J'étais folle d'inquiétude.

— Vous aviez une raison spéciale de vous inquiéter ? demanda-t-il en ôtant son imperméable.

Elle secoua la tête.

— Non. Ils n'ont rien dit à la radio de l'affaire du train. J'ai écouté tous les bulletins d'informations. Je ne comprends pas.

— Vous vous faites trop de souci. Steiner a probablement persuadé ses supérieurs de lui donner carte blanche pour cette histoire. Après tout, il ne peut guère laisser quelqu'un d'autre me mettre le grappin dessus : je pourrais parler un peu trop. Il faut qu'il me coince le premier, ne serait-ce que pour sauver sa propre peau.

Il l'attira près de lui, sur le divan.

— Avez-vous pu avoir des renseignements sur Katie Holdt ?

— Absolument rien. Sa propriétaire ne l'a même pas vue partir. Il semble qu'elle ait laissé dans une enveloppe le montant du loyer qu'elle devait avec un petit mot disant qu'elle était obligée de partir d'urgence. Il n'y avait pas d'adresse où faire suivre son courrier.

— Dommage, fit Chavasse. Elle aurait pu nous être utile. Nous savons du moins maintenant le genre de relations qui liaient Muller à Schultz.

Elle le regarda, l'air interrogateur et il lui conta rapidement son expédition à Farmsen.

— Comment pouvez-vous courir de tels risques ? dit-elle quand il eut terminé. Sir George n'aurait-il pas pu vous transmettre le message au téléphone ?

Chavasse sauta sur ses pieds et alla jusqu'à la fenêtre.

— Oui, sans doute, mais je ne tenais plus en place. J'aime bien être dans le bain jusqu'au cou.

Il se retourna et lui sourit :

— Ne parlons plus de moi... Hardt a-t-il donné signe de vie ?

— Nous devons le retrouver ce soir à Blankenese, dans un café au bord de l'Elbe. Je connais l'endroit. Je crois qu'il a tous les renseignements nécessaires sur Kruger et sa clinique.

— Tant mieux. Ça facilitera les choses. A quelle heure avons-nous rendez-vous ?

— 9 heures. A cette heure-là, il fera nuit.

Il revint vers le divan et la fit lever.

— Ce qui nous donne près de cinq heures à tuer.

Il la tenait solidement par les deux mains. Il ajouta :

— Que pourrions-nous bien trouver à faire ?

Elle rougit et dit en retirant ses mains :

— Vous avez ici un journal. Vous pourrez le lire pendant que je vous préparerai quelque chose à manger.

Elle passa dans la cuisine. Il la suivit et resta sur le seuil, un léger sourire sur les lèvres.

— J'aime mieux vous regarder.

Elle se retourna vers lui et, brusquement, son visage parut se défaire ; elle se précipita dans les bras qu'il lui tendait.

— Oh, Paul, j'ai eu si peur pour vous, dit-elle d'une voix brisée. Vous ne pouvez pas savoir à quel point j'avais peur.

Il la serrait dans ses bras et lui caressait les cheveux en murmurant des paroles de réconfort ; mais, en même temps, il fixait sur la fenêtre, en face de lui, un regard d'aveugle, et, tout bouleversé, il reconnaissait enfin le fait indéniable qu'il n'avait pas voulu admettre jusque-là. Depuis le premier moment où il l'avait vue au *Taj Mahal*, debout sur le seuil de la porte dans sa tenue ridicule d'entraîneuse, il s'était senti emporté par un flot d'émotion si profond et si violent qu'il ne pouvait lui résister.

Elle leva vers lui un visage baigné de larmes et il se demanda avec ironie ce qu'en penserait le Patron. Puis il se pencha et il l'embrassa et il oublia tout le reste. Muller, Steiner, le manuscrit de Schultz... tout ce qui n'était pas cette jeune fille. Elle noua ses bras autour de son cou et il la souleva et l'emporta dans la pièce voisine.

7

Ils arrivèrent à Blankenese à 8 h 30 et laissèrent la voiture dans la Hauptstrasse. Chavasse suivit Anna au long d'une ruelle étroite, en pente raide, qui les amena finalement au bord de l'Elbe.

Il y avait une foule et les cafés peints de couleurs vives et brillamment éclairés qui bordaient la berge semblaient travailler à plein rendement. Anna l'entraîna vers l'un d'entre eux, le moins fréquenté et ils s'assirent à une table d'angle, sur une terrasse qui surplombait l'eau. Chavasse commanda deux bières et offrit une cigarette à la jeune fille en attendant Hardt.

La terrasse était éclairée par une rangée de lanternes japonaises gaiement coloriées et ils en étaient les seuls occupants. Ils restèrent silencieux un long moment et, Chavasse tout d'un coup se sentit étrangement en paix avec lui-même ; il aspira profondément la senteur automnale, humide et froide, apportée par le vent léger qui se levait sur la rivière.

— J'aime cet endroit, dit-il. Vous y êtes venue souvent ?

Elle fit signe que oui.

— Blankenese est l'un de mes endroits préférés. C'est très fréquenté par les jeunes couples, vous savez.

Il se pencha pour poser sa main sur la sienne.

— Pensez-vous que nous pourrions être membres du club ?

Un sourire ravi illumina soudain son visage et elle lui prit la main, la serra fortement.

— Ne serait-ce pas merveilleux, si c'était possible, Paul ? Si seulement nous étions semblables à tous les autres couples qui se promènent au long du Strandweg.

— Deux amoureux, tout simplement, qui ne se plaisent qu'à être ensemble et n'ont pas d'autre souci en tête.

Un moment, il eut envie de lui dire qu'il avait toujours d'autres soucis — l'argent, la maladie, la pauvreté, la vieillesse — mais il n'en eut pas le cœur. Il sourit et dit légèrement :

— Mark ne sera pas là avant 9 heures. Cela nous laisse une bonne demi-heure pour faire semblant.

Elle sourit et dit doucement :

— Alors, faisons semblant.

Le garçon apportait la bière. Chavasse but lentement, en savourant avec plaisir la saveur âpre et fraîche. Il regarda un vapeur de tourisme qui passait lentement, en direction de la mer, tout illuminé de la poupe à la proue. Par-dessus l'eau lui arrivait le faible écho des voix et des rires insouciants, plus fort que la palpitation des machines.

— Je me demande où il va, dit-il.

— Qu'est-ce que ça peut faire ?

Elle sourit tristement et il lui prit les mains :

— Vous ne faites déjà plus semblant, dit-il.

Pendant un moment, elle garda les yeux fixés sur son verre, les sourcils un peu froncés. Puis elle dégagea ses mains pour allumer une autre cigarette. Enfin, elle le regarda, avec un sourire un peu moqueur.

— C'est tellement ironique, tellement inattendu. Jusqu'à hier, j'étais parfaitement sûre de moi, heureuse de savoir que je faisais quelque chose d'important, de valable. Rien ne comptait, semblait-il.

— Et aujourd'hui ?

— Aujourd'hui, soupira-t-elle, je suis amoureuse. Ce n'est pas plus compliqué que ça.

Elle reprit, avec un rire bref, nerveux :

— Pour moi, c'est une expérience nouvelle. Voyez-vous, je n'avais jamais eu de temps pour ça, mais vous avez sauté à pieds joints dans ma vie. Vous êtes apparu dans mon champ de vision et il m'était impossible de ne pas vous voir.

Elle eut un moment d'hésitation puis jeta sa cigarette dans l'eau et secoua la tête.

— Non, si je regrettais de vous avoir connu, ce serait comme si je regrettais de vivre.

Tournée vers la rivière, elle suivit encore un instant des yeux le bateau qui disparaissait dans la nuit ; puis elle se retourna et dit d'une voix basse, intense :

— Pouvons-nous espérer, Paul ? Pourrons-nous jamais échapper à ce genre d'existence ?

Les yeux grands ouverts dans l'obscurité, il songeait à ce qu'elle venait de dire. Combien de fois, au cours des cinq dernières années, s'était-il trouvé à ce point précis d'une mission ? Tout juste tiré d'un mauvais pas et envisageant déjà le suivant, sans cesse en équilibre entre deux dangers, comme sur le fil tranchant d'un rasoir ? La moitié de sa vie semblait se dérouler sous le couvert de la nuit, à rencontrer des gens bizarres en des endroits plus bizarres encore. Et, en fin de compte, où cela le menait-il ?

Tout cela valait-il ce qu'il tenait maintenant dans le creux de sa main ? Il regardait la jeune fille, en face de lui, il vit son air triste, presque découragé. Mais, voyant qu'il la dévisageait, elle redressa le buste et sourit bravement.

— Je me demande si Mark sera à l'heure ?

Il se pencha brusquement vers elle et lui étreignit les bras avec une telle violence qu'elle poussa un petit cri de douleur.

— Au diable Mark, s'écria-t-il. Au diable toute cette satanée affaire. Pour un peu, je serais prêt à tout lâcher immédiatement. Nous pourrions prendre la Volkswagen, aller jusqu'en Hollande, franchir la frontière à pied avant le jour. J'ai des amis à Rotterdam... de bons amis.

Elle secoua la tête.

— Mais vous ne le ferez pas, n'est-ce pas, Paul ? Le travail avant tout... vous vous rappelez ce que vous m'avez dit ? Et c'est un principe vrai, honnête.

Pour ces paroles si simples, si directes, il ne pouvait que l'aimer davantage. Il se pencha si près que leurs visages se touchaient presque.

— Mais après, Anna ? dit-il d'un ton pressant. Avec un peu de chance, cette histoire sera réglée d'ici deux ou trois jours. Je pourrais alors tout envoyer promener.

Elle parut gagnée par son enthousiasme et ses joues devinrent toutes roses de bonheur.

— Vous parlez sérieusement, Paul ? Mais où irions-nous ?

Il eut un sourire juvénile.

— Qu'est-ce que ça peut faire ? N'importe où. En Israël, si vous voulez. Je pourrais peut-être décrocher un poste dans votre Université hébraïque.

Elle eut un petit soupir de doute.

— Je crains bien que nous ne souffrions déjà d'un surplus d'intellectuels.

Il haussa les épaules.

— Eh bien, tant pis. Nous retournerons à la terre. Mon grand-père était fermier en Bretagne. Je serais sans doute capable de me tirer d'affaire dans ce kibboutz dont tu m'as parlé.

Il se rendit compte qu'il venait de la tutoyer pour la première fois.

— Près de Migdal, là où j'ai été élevée ? Ce serait merveilleux, Paul. Je crois que ce serait ce qui pourrait nous arriver de plus merveilleux.

— Nous pourrions monter au sommet de ta colline. Je nous vois d'ici. Par un bel après-midi d'été, sans personne à des kilomètres à la ronde.

— Et, une fois au sommet, qu'est-ce que... tu ferais ?

Il lui sourit joyeusement. Elle aussi l'avait tutoyé.

— Oh, je n'en sais rien. Je trouverais bien quelque chose.

Elle tendit la main pour lui caresser doucement le visage et secoua la tête d'un air faussement réprobateur.

— Tu es incorrigible.

D'un autre café, un peu plus loin sur la berge, venait le son d'un accordéon et la musique flottait sur l'eau, mélodieuse, un peu triste, éphémère, pareille aux feuilles d'automne que le vent léger éparpillait au bord de la rivière. Chavasse fit lever Anna et la prit dans ses bras et ils se mirent à danser, tout seuls sur la terrasse, la tête de la jeune fille sur l'épaule de l'homme qu'elle aimait et qui l'aimait.

Pendant un instant, elle eut l'impression que ses vœux étaient exaucés, que plus rien n'avait d'importance, sinon eux deux, seuls, sur cette terrasse. Mais un toussotement poli les fit revenir à la réalité ; ils se séparèrent vivement pour se trouver en face de Mark Hardt qui les regardait d'un air étonné.

— Tiens, vous voilà, dit Chavasse, pour dire quelque chose.

Ils retournèrent ensemble à la table.

— Vous avez l'air de vous amuser, tous les deux, remarqua Hardt.

Il dévisageait Anna qui lui rendit calmement son regard. Il haussa légèrement les épaules et se retourna vers Chavasse.

— Où êtes-vous allé, cet après-midi ? Ça n'est pas très prudent de vous aventurer dehors en plein jour.

— Il y avait un message de Londres pour moi. Je suis allé retrouver sir George Harvey aux courses de Farmsen.

Hardt leva les sourcils.

— Quelque chose d'intéressant ?

— Ils venaient de découvrir qui était Muller et pensaient que ça pourrait nous être utile. Il semble qu'il ait été quelque temps l'ordonnance de Schultz.

— Je l'ignorais, en effet, dit Hardt. Mais nous avons pour le moment des préoccupations plus importantes.

Il déplia une feuille de papier et la posa sur la table pour que chacun pût la voir.

C'était un plan minutieusement établi de la clinique et Chavasse l'examina attentivement.

— C'est parfait, dit-il enfin. Où l'avez-vous eu ?

— Chez un agent immobilier du pays. Il y a une propriété vacante, à côté, et je lui ai dit que je serais susceptible de l'acheter. Le plan qu'il ma montré comprenait également la clinique de Kruger. La propriété n'a dû être transformée que l'an dernier.

— Avez-vous d'autres renseignements sur la clinique ? demanda Chavasse.

— Oui, elle est remarquablement défendue. Des murs très hauts, des tessons de verre pris dans le ciment — toutes les précautions habituelles. Il y a un bar en face de la porte principale et j'ai bavardé un peu avec le propriétaire. D'après lui, Kruger traite beaucoup les malades mentaux. Neurasthéniques fortunés, riches perverties sexuelles, enfin, vous voyez le genre.

Chavasse s'était repenché sur le plan.

— Comment entrons-nous ?

— Ce ne doit pas être très difficile, dit Hardt. Le mur de séparation entre la clinique et la propriété vacante a environ trois mètres de haut. Une fois de l'autre côté, nous pénétrons dans le bâtiment par la porte de la chaufferie. Au-delà se trouve une série de caves, et dans l'une d'elles, un petit monte-charge qui dessert tous les étages. On s'en sert pour le linge sale, la vaisselle, des trucs comme ça...

— Et les malades ?

— Tous les dimanches soir, ils voient un film dans le hall du rez-de-chaussée. La séance ne se termine pas avant dix heures. D'après ce que j'ai pu savoir, tout le monde y va.

Chavasse approuva de la tête.

— Ça devrait nous laisser le champ libre. Si Muller est là, il va sans dire qu'il doit être au premier, soit au second ; en principe, il ne nous faudra pas longtemps pour le trouver. Il n'y a que quinze pièces.

Hardt jeta un coup d'œil à sa montre.

— Nous ferions bien de nous dépêcher. Il est déjà 9 heures 15 et nous n'avons pas de temps à perdre. Où avez-vous laissé la voiture ?

— Elle est à cinq minutes d'ici, dit Anna.

Chavasse paya le garçon. Ils partirent rapidement et remontèrent la ruelle en pente raide jusqu'à la Hauptstrasse. Anna et Chavasse montèrent à l'arrière. Hardt prit le volant.

La clinique se trouvait à l'angle d'une étroite rue adjacente bordée de marronniers. De la musique parvenait du petit bar situé en face de la porte principale. Chavasse vit en passant qu'elle était en fer et solidement close ; au-delà, la clinique se dessinait vaguement dans la nuit, à demi masquée par les arbres.

Hardt arrêta la Volkswagen à quelques mètres des grilles de la maison voisine et coupa le contact. Il se tourna vers Anna.

— Je voudrais que tu nous attendes ici. Avec un peu de chance, nous devrions être de retour en moins de vingt minutes.

Elle acquiesça avec calme.

— Et sinon ?

Chavasse, qui descendait, dit d'un ton grave :

— Si, à 10 heures, nous ne sommes pas revenus, fichez le camp d'ici... le plus vite possible.

Elle semblait sur le point de protester mais Hardt intervint et dit doucement :

— Il a raison, Anna. Ce n'est pas la peine que tu sois embarquée avec nous. S'il arrive quoi que ce soit, rentre chez toi et mets-toi en rapport avec Londres. Ils sauront quoi faire.

Chavasse sentait les yeux d'Anna fixés sur lui, le suppliant de se retourner, de la regarder ; mais, avec une détermination obstinée, il poursuivit son chemin le long du trottoir et pénétra dans le parc de la maison à vendre. On n'entendait aucun autre bruit que le léger frémissement du vent dans les arbres à demi dépouillés.

Une vieille serre délabrée s'appuyait au mur mitoyen ; Chavasse se hissa sur le toit et promena un regard précautionneux sur le parc de la clinique.

Le faîte du mur était couvert d'une couche de ciment dans laquelle s'enchâssaient des centaines de morceaux de verre qu'il tâta prudemment, du bout des doigts. Hardt qui l'avait rejoint étala quelques vieux sacs sur les tessons de bouteilles.

— Je les ai trouvés dans la serre, cet après-midi, en fouinant un peu partout, murmura-t-il.

Ils voyaient les fenêtres du hall, alignées sur la face latérale de la maison, et ils entendirent un brusque éclat de rire poussé par les malades qui regardaient le film.

— On dirait qu'ils s'amusent, remarqua Chavasse. Vous êtes prêt ?

Hardt fit signe que oui. Chavasse prit légèrement appui d'une main sur l'épais rembourrage formé par les sacs et sauta le mur. Il s'enfonça jusqu'aux genoux dans les feuilles mortes. Une minute après, Hardt était à ses côtés.

Ils traversèrent la pelouse en restant à l'abri des arbres et s'approchèrent de la porte de la chaufferie. Un moment, Chavasse écouta avec attention, l'oreille collée au battant, puis il ouvrit sans effort, d'un coup sec, et entra, prêt à la défense. Il n'y avait personne.

Sans parler, il poursuivit son chemin, franchit la porte opposée qui donnait sur un étroit corridor dallé de pierre. En face de lui, il y avait encore une porte. Il l'ouvrit. Elle donnait sur une pièce obscure. Sa main tâtonna à la recherche d'un commutateur et l'actionna prêt à l'éteindre aussitôt en cas de surprise. La cave était pleine de paniers à linge et il avait devant lui la porte du monte-charge.

Chavasse l'examina brièvement. Le fonctionnement en était simple. Il se tourna vers Hardt qui le suivait :

— Je pensais que nous ferions peut-être mieux de nous occuper chacun d'un étage. Si vous le voulez, vous prendrez le premier et moi, le second.

Hardt approuva sans rien dire. Il sortit son Beretta et en vérifia le mécanisme. Chavasse dit à voix basse :

— Sans silencieux, ce truc-là est pire que tout dans une opération comme celle-ci. Si vous rencontrez quelqu'un et que vous vous en servez, vous allez nous mettre toute la maisonnée sur le dos.

Hardt s'insurgea, visiblement pas d'accord :

— Que voulez-vous que je fasse ? Que je lève les mains en l'air et me laisse cueillir gentiment ?

Chavasse grimaça un sourire.

— Je serais en mesure de vous dire ce qu'il faudrait faire, si nous avions le temps, mais on remettra ça à une autre fois.

Il poussa Hardt dans le monte-charge et y prit place après lui. Un instant plus tard, les portes se refermaient sans bruit.

Chavasse appuya sur le bouton du premier étage et presque aussitôt l'engin s'immobilisa. Il se tourna vers Hardt en souriant et murmura :

— Premier étage. Dingues, drogués, mythomanes, névrosés en tous genres !

Les portes s'ouvrirent et, prudemment, il jeta un coup d'œil au dehors. Le couloir était désert. Sans un mot, il poussa Hardt en avant et appuya vivement sur le bouton du deuxième étage.

Il commençait à s'amuser et sentait monter en lui une ivresse bien connue. C'était une sensation où se mêlaient de multiples éléments et qu'il avait vainement essayé d'analyser. Il savait seulement qu'elle existait, que c'était elle, au fond, qui le forçait à continuer de mener ce genre de vie et qu'il ne pourrait l'expliquer à personne — pas même à Anna.

Le monte-charge s'arrêta, les portes s'ouvrirent silencieusement et il se trouva dans le couloir. Tout était silencieux. Il hésitait sur la direction à prendre mais, en se fiant au hasard, il tourna à gauche.

Avec prudence, il visita deux chambres, non sans avoir, chaque fois, écouté à la porte avant de l'ouvrir. De toute évidence, les occupants étaient en bas, pour la séance de cinéma. Il consulta sa montre, vit qu'il allait être 9 h 45. Il ne lui restait plus grand temps. Au même instant, il entendit une voix féminine qui chantait en descendant l'escalier du grenier, au bout du couloir. Il gagna rapidement la porte suivante, l'ouvrit et entra, refermant le battant sur lui.

L'endroit était plongé dans l'obscurité et, quand il alluma, il découvrit qu'il se trouvait dans un vaste placard à linge. Il entrebâilla la porte et jeta un coup d'œil au dehors.

La chanteuse était une jeune fille en tablier et bonnet empesés. Elle pénétrait tour à tour dans chaque chambre, pour en ressortir au bout d'une minute ou deux. Ce devait être une femme de chambre qui faisait les couvertures.

Elle s'arrêta devant la porte voisine du placard à linge et arrangea ses cheveux blonds. Chavasse se surprit à sourire. Elle était bien jolie, avec ses yeux bleus, ses lèvres rouges et gonflées, ses joues rondes. Elle entra dans la chambre et il referma la porte du placard pour attendre qu'elle fût passée.

8

En y repensant, par la suite, il lui était difficile de dire lequel des deux avait été le plus surpris lorsqu'elle avait ouvert la porte. Mais ce devait quand même être la bonne...

Quand on vient chercher une paire de draps ou de taies d'oreiller dans un placard et qu'on tombe sur un loustic comme Chavasse, tout sourire dehors, il y a de quoi manifester quelque étonnement.

Elle resta plantée là, une bonne dizaine de secondes, la main sur la poignée de la porte, les yeux arrondis de stupeur.

Mais déjà, elle ouvrait la bouche pour crier : Chavasse adopta la seule solution possible : il l'attira contre lui et l'embrassa. En même temps qu'il lui écrasait sauvagement la bouche et qu'il lui serrait la taille il referma la porte de l'autre main.

Tout d'abord, elle se débattit. Il resserra son étreinte et prolongea le baiser. Brusquement, elle se détendit et, s'amadouant nettement, parut se fondre en lui tandis qu'elle lui nouait ses deux mains sur la nuque.

Au bout d'un moment, il s'écarta un peu et lui murmura à l'oreille :

— N'ayez pas peur, Liebling. Je ne vous veux pas de mal.

— Ça me paraît évident, dit-elle d'une voix toute émoustillée. Qui êtes-vous, mein Herr, un gentleman-cambrioleur ?

Il secoua la tête.

— J'ai bien peur que ça ne soit pas aussi romanesque.

— Non... non... je sais : vous m'aimez en secret depuis des mois et, ce soir, vous avez enfin trouvé le courage de vous déclarer.

Chavasse s'efforça galamment de ne pas lui éclater de rire au nez.

— Comment vous appelez-vous, Liebling ?

— Gisela. Je suis femme de chambre ici.

— Vous pouvez peut-être m'aider, dit-il. Je cherche un ami à moi. On l'a amené ce matin de bonne heure, dans une ambulance qui venait de la Hauptbahnhof.

— Ce doit être le numéro douze, au premier étage. On le tient enfermé à clef dans sa chambre. Karl, l'infirmier-chef, dit qu'il est fou à lier, celui-là.

— C'est bien là l'ennui, dit Chavasse. Il se trouve que je ne suis pas de cet avis, mais on ne me permet pas de le voir. C'est pourquoi j'ai décidé d'employer les grands moyens.

Elle le détaillait d'un œil plutôt favorable.

— Vous savez que vous n'êtes pas mal, dans votre genre.

— C'est ce que me répètent toutes ces dames, dit-il en tendant la main vers la poignée de la porte.

Elle le repoussa à l'intérieur du placard et, lui passant un bras autour du cou, elle l'embrassa à pleine bouche, son corps souple pressé contre le sien. Il se dégagea doucement et elle dit, d'un ton engageant :

— Je suis libre à 11 h 30. Je suis de l'équipe du soir, cette semaine.

— D'accord, ma petite Gisela. Tout ça est bien agréable, mais il faut absolument que je voie mon ami avant la fin de la séance de cinéma. Le numéro douze, avez-vous dit ?

Au moment où il s'engageait dans le couloir, elle le retint par un pan de sa veste :

— En tout cas, méfiez-vous de Karl. Quand il s'y met, c'est plus un homme, c'est un gorille.

Rapidement, il longea le couloir et commença de descendre vers le premier étage. Il ne restait plus que dix minutes pour en finir et il se demandait comment Hardt s'en tirait. Il n'allait pas tarder à le savoir.

La porte du numéro douze était ouverte et, à l'intérieur, il entendit la voix de Steiner. Elle n'avait rien de très aimable.

— Je suis vraiment déçu, disait-il. J'avais espéré trouver mon ami commun, Herr Chavasse, mais, faute de mieux, vous ferez admirablement l'affaire. Je suis navré que Herr Muller ne soit pas ici pour vous accueillir en personne mais ne vous inquiétez pas. Je crois pouvoir vous assurer que vous le verrez d'ici très peu de temps.

Sa voix se fit soudain dure et tranchante.

— Et maintenant, retournez-vous. Les mains en l'air, et sortez dans le couloir.

Chavasse remonta de trois marches et attendit, collé au mur. Hardt fut le premier à traverser son champ visuel, les mains levées au-dessus de la tête. Steiner venait tout de suite après. Il tenait un Mauser dont le canon renflé faisait office de silencieux. C'était une relique des années de guerre, un modèle souvent utilisé par le contre-espionnage allemand.

— Steiner ! cria Chavasse.

Le gros Allemand se retourna l'air ébahi, et Chavasse envoya promener son Mauser d'un coup de pied. L'arme frappa le mur et tomba sur la dernière marche. Steiner tendait la main pour la reprendre quand Hardt lui asséna sur la nuque un coup de tranchant de la main. L'Allemand s'écroula, face contre terre.

Chavasse bondit dans le couloir mais Hardt lui cria de faire attention : un homme en blouse blanche venait de surgir de la chambre douze.

Il devait mesurer pour le moins un mètre quatre-vingt-quinze ; avec son crâne et son visage glabres, couturés de cicatrices, il avait l'air de sortir d'un film d'horreur. Chavasse tenta de l'esquiver, mais deux mains énormes s'étaient déjà nouées autour de son cou.

Il se rappela l'avertissement de Gisela et en déduisit que ce devait être là le dénommé Karl. Il se laissait aller, mollement, et cracha à la figure de l'Allemand. Instinctivement, Karl relâcha son étreinte et Chavasse lui lança un coup de genou dans le bas ventre.

Karl grogna de douleur mais resta debout. Son bras gauche vint frapper Hardt de plein fouet et l'envoya s'écraser contre le mur, tandis que de la main droite il agrippait de nouveau Chavasse. Celui-ci, de toutes ses forces, lui fit une clé japonaise à l'épaule et Karl poussa un hurlement. Sans relâcher sa prise, Chavasse le poussa le long du couloir vers le haut de l'escalier. A quelques mètres de la rampe, il libéra le bras de l'Allemand et lui asséna un violent coup de pied derrière le genou gauche. Avec un nouveau hurlement, Karl passa, la tête la première, par-dessus la rampe de fer forgé.

Au moment où son corps venait s'écraser sur le dallage de marbre du vestibule, la porte du hall s'ouvrit et une femme poussa un cri perçant. Chavasse ne s'attarda que le temps de ramasser l'automatique de Steiner, Hardt était déjà au bout du couloir et appelait le monte-charge.

Au moment où Chavasse arrivait, les portes s'ouvrirent et ils sautèrent à l'intérieur. Un instant plus tard, ils traversaient les caves en courant pour regagner la chaufferie. Des bruits confus leur parvenaient de l'intérieur de la maison et ils se lancèrent à travers la pelouse en direction du mur.

Derrière eux, une porte s'ouvrit à la volée sur des bruits de voix affolées, des appels rauques. Chavasse s'enfonçait dans les buissons quand il entendit la détonation assourdie d'un automatique muni d'un silencieux et le murmure d'une balle dans les feuilles, au-dessus de sa tête. Il glissa le Mauser dans sa poche et reprit sa course.

En arrivant au mur, Hardt joignit ses mains en forme d'étrier et banda ses muscles. Chavasse ne perdit pas de temps à faire des politesses. Il accepta l'aide ainsi offerte et sauta vers le faîte du mur tandis que Hardt l'aidait à se hisser.

Ses mains s'agrippèrent aux sacs et, au moment où il franchissait la crête, des tessons traversèrent la toile et le poignardèrent cruellement.

Il passa sur le toit de la serre, se retourna vivement et se pencha sur les sacs malgré la souffrance intolérable pour tendre la main à Hardt. Celui-ci recula de quelques pas, prit son élan et sauta. Chavasse l'attrapa par le poignet droit et s'y cramponna. Il respira à fond et se mit à tirer.

Hardt s'accrochait tout juste au faîte du mur lorsque le coup partit des buissons au-dessus d'eux : l'automatique de nouveau, déchargé à bout portant.

Avec un mouvement convulsif, Hardt commença de glisser vers le sol.

— Il m'a touché à l'épaule, dit-il.

Un instant encore, il parut faire effort pour s'accrocher. Chavasse essayait désespérément de l'attirer jusqu'à lui. Mais ce fut en vain.

— Fichez le camp, espèce d'idiot, grogna Hardt.

Et il tomba.

Il alla s'écraser dans les buissons et ses poursuivants se précipitèrent sur lui avec des cris de triomphe. Chavasse ne chercha pas à en entendre davantage. Du toit de la serre, il sauta à terre et se précipita en titubant vers le sentier.

Il franchit la grille et courut le long du trottoir ; il avait l'impression que ses poumons étaient en feu et ressentait dans les deux bras une douleur intense. Il ouvrit brutalement la portière de la Volkswagen, se glissa sur le siège avant et referma aussi violemment.

— Fichons le camp d'ici ! articula-t-il, à bout de souffle.

Affolée, Anna se retourna vers lui.

— Et Mark ?

— Ce n'est pas le moment de discuter, cria-t-il. Démarre. Et vite.

Un instant, elle parut sur le point de protester ; mais elle obéit et mit le contact. Quelques secondes plus tard, ils débouchaient sur la route, elle passait en prise directe et se dirigeait à toute allure vers le centre de Hambourg.

Au bout d'un moment, elle demanda :

— Tu n'as rien ?

— Je me suis assez sérieusement coupé les bras en passant par-dessus ce sacré mur, avec ces tessons de bouteille, mais je ne crois pas que ce soit grave.

— Et Mark ?

Rapidement, il lui conta ce qui s'était passé. Quand il se tut, elle dit avec un calme surprenant :

— Penses-tu qu'il soit gravement blessé ?

— Il m'a dit que c'était à l'épaule, répondit Chavasse. Je ne crois pas que ça puisse être bien grave.

— Et maintenant, que faisons-nous ?

— Il faudrait d'abord me faire panser les bras. Ils me font bougrement souffrir.

— Je peux m'en occuper, dit-elle. J'ai tout ce qu'il faut chez moi.

Elle fit en silence le reste du trajet et Chavasse se laissa aller contre le dossier, les yeux clos. L'opération se soldait par un échec total. Sachant qu'ils avaient parlé à Schmidt, Steiner avait dû se douter que, tôt ou tard — et le plus tôt possible — ils rendraient visite à la clinique. Mais ils n'avaient pas le choix : qu'auraient-ils pu faire d'autre, sinon chercher du côté de Blankenese ?

Il y songeait encore quand la Volkswagen s'arrêta. A bout de force, il monta l'escalier derrière Anna jusqu'à l'appartement. Elle alluma, se retourna pour l'examiner et ne put retenir un cri d'effroi.

Les manches de sa veste étaient déchirées en plusieurs endroits et toutes tachées de sang. Elle se débarrassa de son manteau et emmena Chavasse dans la salle de bains. Après avoir ouvert sa boîte à pharmacie et avoir tout préparé, elle l'aida doucement à ôter la veste qu'elle jeta dans un coin.

Il avait trois entailles dans un bras, quatre dans l'autre et, tandis qu'elle les badigeonnait d'une solution antiseptique, il eut un rire hésitant.

— Ça bardait, là-bas, tu sais. J'ai cru un moment que je n'arriverais jamais à m'en sortir.

Elle lui jeta un étrange regard. Elle prit un gros rouleau de sparadrap et, tout en le coupant aux mesures voulues, elle demanda :

— Tu étais à ton affaire, n'est-ce pas, Paul ?

Il fut sur le point de dire non, mais il ne voulait pas lui mentir, et il acquiesça :

— Je ne sais pas ce que c'est, mais une sorte de force s'empare de moi. Le goût des sensations violentes, sans doute, et le danger de la situation.

Elle soupira longuement et termina son pansement.

— C'est pourquoi tu ne changeras jamais.

Il n'avait pas le temps de discuter. Il lui prit les ciseaux des mains, coupa rapidement les manches de sa chemise, et jeta les deux morceaux tachés de sang.

— Aurais-tu par hasard une veste de Mark à me prêter ?

— Oui, je crois. Je vais te la chercher.

Il la suivit dans le living-room. Elle passa dans la chambre et revint avec une veste de tweed gris. Il l'enfila et rit en la boutonnant.

— Un peu étroite, mais elle fera l'affaire, momentanément.

Il alla reprendre le Mauser, dans la poche de l'autre veste restée dans la salle de bains. Puis, il revint dans le living-room et décrocha du porte-manteau l'imperméable et le chapeau vert que Hardt lui avait donnés dans le train.

— Où vas-tu ? lui demanda-t-elle pendant qu'il boutonnait l'imperméable.

— Je vais voir ce qu'est devenu Mark. J'ai le pressentiment qu'ils vont l'emmener cette nuit et j'aimerais savoir où.

Elle prit son manteau.

— Je vais avec toi.

Doucement, il le lui enleva.

— Certainement pas. Pour ce genre de travail, un seul de nous deux suffit.

Elle eut un petit haussement d'épaules résigné.

— Bon. Alors, que veux-tu que je fasse ?

Il sourit.

— Fais-moi quelque chose de bon pour souper, si tu veux bien. Avec un peu de chance, je ne serai guère absent plus d'une heure.

Elle se détourna sans rien dire et il sortit rapidement, descendit et prit la voiture. Il retourna directement à Blankenese, parquer la voiture un peu avant la clinique, entra dans le petit bar situé en face de la porte principale et commanda une bière.

La salle était vide ; accoudé sur le zinc du comptoir, le patron lisait le journal. Par la grande baie vitrée, en partie voilée de rideaux, Chavasse gardait l'œil fixé sur la porte de la clinique.

Celle-ci fut tout à coup ouverte à deux battants par un type en tenue de chauffeur avec une casquette à visière. Il traversa rapidement la route et entra au bar.

Le propriétaire lâcha son journal et demanda en rigolant :

— Tu ne vas pas me dire qu'on t'envoie encore quelque part à cette heure-ci ?

Le chauffeur haussa la tête.

— Avec ces salauds-là, faut toujours s'attendre à ce genre de vacheries, dit-il amèrement. Donne-moi un paquet de cigarettes.

— Et où vas-tu, cette fois ? demanda le patron en lui tendant le paquet.

— Encore à Berndorf, soupira-t-il. En plein jour, c'est déjà pas du gâteau, mais ces routes de cambrousse, en pleine nuit, j'te jure, y a de quoi devenir dingue.

Il claqua la porte derrière lui, retraversa la route et franchit le portail.

Quelques instants plus tard, une ambulance descendait la grande allée et s'engageait sur la route. Une grande conduite intérieure noire la suivait de tout près. Chavasse ne put réprimer une grimace de dépit. De toute évidence, ils prenaient toutes les précautions nécessaires pour n'être pas suivis.

Au moment où il se retrouvait sur le trottoir et se demandait ce qu'il allait faire, Gisela apparut à la grande porte. Elle traversa la rue et tourna sur la droite. Chavasse se précipita et la rattrapa à la hauteur de la Volkswagen.

— Puis-je vous déposer quelque part ? demanda-t-il.

Surprise, elle se retourna et le reconnut aussitôt.

— Oh ! c'est vous ?

Elle se rapprocha et demanda d'un ton où perçait un certain respect :

— Qu'est-ce que vous avez bien pu faire à Karl ? On dit qu'il a les deux jambes cassées.

Il sourit en ouvrant la portière.

— Vous allez loin ?

— Non, pas tellement. A Flottbek seulement.

Il l'aida à monter en voiture, passa de l'autre côté, s'assit au volant et démarra. Tout en suivant les rues désertes, il demanda :

— A propos, mon ami ne se trouvait pas dans la chambre douze. Ils avaient dû le changer de place.

Elle parut sincèrement surprise.

— Je n'étais pas au courant.

— Y a-t-il eu beaucoup de pétard, là-bas, quand je vous ai eu quittée ?

Elle haussa les épaules.

— Il y a toujours un vacarme de tous les diables. On finit par ne plus y faire attention. Quelques-unes des femmes sont terribles, vous savez ?

— Vraiment ? dit Chavasse. Dites-moi, est-ce que le Dr Kruger a une autre clinique ailleurs ?

— Le chauffeur de l'ambulance était au bar, il y a un moment. Il parlait de conduire un malade à un endroit appelé Berndorf.

— Oh, ils emmènent souvent des gens a Berndorf, mais ce n'est pas une clinique. Ils vont là-bas en convalescence. Le Dr Kruger a un ami, Herr Nagel, qui y possède un château. On dit que c'est ravissant.

— Je vois, dit Chavasse d'un ton indifférent. Et ce Nagel... il vient souvent à la clinique ?

— Oh, oui. Le Dr Kruger et lui sont de grands amis. Il est très riche. Je crois qu'il s'occupe d'aciéries.

Comme sur un déclic, brusquement tous les morceaux du puzzle semblaient se réunir pour former un tableau cohérent et Chavasse se rappela un article du journal qu'il avait lu chez Anna. Kurt Nagel était un gros industriel, un homme qui exerçait une influence considérable dans les milieux politiques. C'était l'un des principaux organisateurs de la conférence de la paix et, dans le courant de la semaine, il devait donner une grande réception en l'honneur des délégués.

Si quelqu'un comme Nagel marchait la main dans la main avec le réseau nazi clandestin, c'était que la situation était plus grave encore que le Patron ne l'imaginait.

Tout en réfléchissant, il suivait la direction indiquée par Gisela et il finit par venir s'arrêter devant un grand immeuble neuf dans un quartier modeste.

— J'ai apprécié cette petite balade, dit-il.

Elle avait déjà ouvert la portière ; elle se retourna et lui dit d'un air engageant :

— Vous n'entrez pas un instant ? Vous savez, je ne mords pas... et il n'y a rien à craindre à cette heure-ci, tout le monde est couché.

Il secoua la tête.

— Je regrette pour ce soir, Gisela. Ce sera pour une autre fois.

Elle se pencha pour l'embrasser sur les lèvres et soupira.

— Les hommes sont tellement menteurs. Je parierais bien n'importe quoi que je ne vous reverrai jamais.

Il démarra rapidement. Un moment, sur le trottoir, elle le regarda s'éloigner d'un air de regret. Entièrement repris par le problème à résoudre, Chavasse n'y pensait déjà plus au bout de quelques secondes.

A en juger par les apparences, ils emmenaient Hardt au château de Nagel, à Berndorf, ce qui signifiait que Muller s'y trouvait probablement, lui aussi. Il n'y avait qu'une chose à faire : aller y voir. Mais c'était risqué... fichtrement risqué. Il y songeait encore en montant à l'appartement.

En entrant, il trouva Anna en train de cuisiner.

— Je t'ai pris au mot, dit-elle.

Il sourit.

— Je ramène des bonnes nouvelles. Je me suis débrouillé pour savoir où ils avaient emmené Hardt. Je pense que Muller doit être enfermé au même endroit.

La curiosité éveillée, elle réclama des explications. Quand il eut fini, elle demanda :

— Alors, qu'est-ce que le chef décide de faire ?

Sourcils froncés, il réfléchit un long moment, puis il dit en souriant :

— Je pense que nous irons faire un tour là-bas demain matin. Il doit bien y avoir dans le village une auberge quelconque. Un couple de jeunes mariés serait du meilleur effet.

Elle rougit, fit mine de se détourner. Mais il la prit dans ses bras et lui releva le menton afin de plonger droit dans ses yeux.

— Est-ce que tu vois une objection à partir en voyage de noces avec moi ?

Elle finit par sourire.

— Non, pas vraiment. Après tout, je suppose que c'est la seule lune de miel que tu pourras m'offrir.

Il la serra encore plus fort, l'écrasa contre lui et dit d'un ton soudain grave :

— A ta place, je n'en serais pas si sûre.

Elle s'écarta.

— Alors, il me reste un espoir, dit-elle en le poussant doucement. En attendant, va t'asseoir. Je vais t'apporter de quoi manger.

Il s'assit sur le divan et elle amena une petite table où elle posa les plats ; puis, assise en face de lui dans un fauteuil, elle le regarda manger.

Quand il eut fini, tandis qu'elle desservait et préparait le café, il se renversa sur les coussins. Momentanément il se sentit heureux. Pour la première fois, il lui vint à l'esprit qu'ils pourraient peut-être donner suite à leurs projets : la mission terminée, il donnerait sa démission au Patron.

Mais les rêves se réalisent-ils jamais aussi facilement ? Il se le demandait avec une étrange insistance. Même quand elle vint se blottir sur ses genoux et lui passer les bras autour du cou, la petite question insignifiante mais insidieuse continua à lui trotter dans la tête, sans qu'il pût l'en déloger.

9

La matinée s'annonçait humide et brumeuse quand ils se mirent en route. Ils ne s'arrêtèrent à Hambourg que le temps nécessaire pour qu'Anna fît l'emplette d'une veste de tweed pour Chavasse et de deux modestes alliances.

Berndorf n'était qu'à une trentaine de kilomètres de Hambourg, sur la route de Lübeck. Chavasse conduisait et, au bout de quarante minutes, Anna le tira par la manche pour lui signaler le poteau indicateur. Il tourna à gauche dans un chemin étroit qui s'enfonçait dans une région très boisée ; cinq kilomètres plus loin, ils arrivaient au village.

Il ne comprenait qu'une rue bordée de maisons de pierres et semblait totalement désert. L'auberge était située un peu en dehors. C'était une vieille bâtisse à deux étages, construite en grosses pierres, patinée par l'âge et les intempéries et surmontée de hauts pignons de bois qui paraissaient presque trop grands pour la maison.

Ils rangèrent la voiture et entrèrent par une porte dont le linteau portait la date de 1652. La salle commune était longue, basse de plafond, avec d'énormes poutres apparentes et une vaste cheminée dans laquelle un homme eût aisément tenu debout. Un grand feu y brûlait et Anna vint s'y chauffer les mains pendant que Chavasse allait agiter la sonnette du petit bureau placé près de la porte d'entrée.

Au bout d'un moment, quelque chose bougea dans une petite pièce voisine et une vieille femme au visage de pomme reinette entra en faisant une bizarre petite courbette.

— Nous voudrions une chambre pour un jour ou deux, dit Chavasse.

Elle hocha la tête et dit d'une voix sans timbre :

— Il faut que vous voyiez Herr Fassbender. Je vais le chercher.

Elle disparut à l'intérieur de la maison et Chavasse, en attendant, alluma une cigarette. Une minute plus tard, un gros homme rougeaud aux cheveux en brosse émergea de ce qui devait être la cuisine.

— Vous voudriez une chambre, mein Herr ?

— Oui, pour ma femme et moi. Un jour ou deux seulement.

Il essayait de paraître convenablement embarrassé comme un vrai jeune marié. Anna vint le rejoindre et ils se prirent par la main.

— Ah, je comprends, mein Herr, dit-il avec un clin d'œil complice. J'ai justement une très belle chambre libre.

Il passa derrière le bureau et sortit un registre. Chavasse signa du nom de Reimarch. Fassbender décrocha une clé et monta l'escalier avec eux.

— Dommage que le temps soit si mauvais, mais la pluie du matin n'arrête pas le pèlerin.

Il ouvrit une porte et s'effaça pour les laisser entrer. La chambre était agréable, avec une cheminée, des meubles de chêne sombre et, dans un angle, un grand lit à deux places.

— Ça nous conviendra totalement, dit Chavasse.

Fassbender sourit.

— Je vais vous faire allumer du feu. Aimeriez-vous manger quelque chose dès maintenant ?

— Non, dit Chavasse. Nous attendrons. Je pense que nous allons explorer un peu les alentours, n'est-ce pas, ma chérie ?

Il adressa à Anna un regard interrogateur. Elle lui sourit.

— Je crois que c'est une bonne idée.

— Il n'y a pas grand-chose à voir, je le crains, dit Fassbender. Pour bien apprécier la beauté de cette région, c'est en été qu'il faut nous rendre visite.

— Y a-t-il des endroits spécialement intéressants ? demanda Chavasse négligemment.

Fassbender haussa les épaules.

— Le château, bien sûr. Vous pouvez y jeter un coup d'œil, mais j'ai bien peur qu'il ne soit pas ouvert au public. Il y a un sentier qui vous y conduira à travers bois. Il part de la cour, derrière l'auberge.

Chavasse le remercia et il sortit avec Anna.

En s'enfonçant dans le sentier, au milieu des sapins, il lui demanda en souriant :

— Comment m'as-tu trouvé dans mon rôle ? Est-ce que je jouais bien le jeune homme tout tremblant à l'approche de sa nuit de noces ?

— Tu en faisais presque trop.

— Et toi tu avais l'air de mourir de peur en voyant le lit.

Elle se mit à rire.

— C'est le lit le plus colossal que j'aie jamais vu.

— Je parie que je vais avoir un mal du diable à t'y retrouver, dit-il malicieusement.

Elle devint toute rouge, si bien que, sur le moment, elle eut vraiment l'air de ce qu'elle était censée être : une jeune mariée le jour de ses noces.

Ils virent luire de l'eau derrière les arbres qui s'espaçaient. Bientôt, ils se trouvèrent au bord d'un lac et aperçurent les hautes tours gothiques du château qui se perdaient dans la brume, en face d'eux. Il était construit sur une petite île et on y accédait par une étroite chaussée longue d'une centaine de mètres qui partait du rivage, un peu plus loin.

— On se croirait dans un conte des frères Grimm, dit Anna.

Chavasse hocha lentement la tête. La brume paraissait s'épaissir et l'on voyait de moins en moins bien le château. Il passa le bras de la jeune fille sous le sien et prit la direction de la jetée. Tout en marchant, il remarqua :

— Ça ne va certainement pas être facile d'y pénétrer.

— Comment va-t-on s'y prendre ?

— Je n'en sais trop rien, dit-il avec un haussement d'épaules. Il faut attendre la tombée de la nuit mais j'aimerais d'abord voir l'endroit de plus près.

A mesure qu'ils avançaient sur les cailloux mouillés, la visibilité se faisait de plus en plus mauvaise. Tout à coup, une remise à bateaux émergea du brouillard, juste devant eux.

— Je me demande... ? dit Chavasse à mi-voix.

Il sauta sur la rampe couverte de mousse qui descendait jusqu'à l'eau. Amarrée à un anneau, flottait une petite barque qui paraissait ne pas avoir servi depuis un certain temps. Il y avait de l'eau au fond, mais les deux rames étaient là, ainsi qu'une vieille canne à pêche.

Chavasse aida la jeune fille à grimper sur la rampe et lui désigna la barque.

— A qui crois-tu qu'elle appartienne ? demanda-t-elle.

— Peut-être à notre ami Fassbender, répondit-il. D'ailleurs, ça n'a aucune importance : de toute façon j'ai l'intention de l'emprunter.

— Tu ne penses pas que ça peut être dangereux de montrer qu'on s'intéresse un peu trop au château ?

— Pas par ce brouillard. C'est le moment ou jamais d'y aller voir de plus près. Il faut que je trouve le moyen d'entrer, Anna. Et pas seulement en revenant à la nuit tombée et en espérant que tout s'arrangera miraculeusement.

— Tu dois avoir raison, dit-elle avec calme. Veux-tu que je t'accompagne ? Ça ferait plus naturel.

— Non, attends-moi ici. Si les choses se gâtent, je ne veux pas que tu sois dans le bain.

Il sauta dans la barque et dénoua la corde, non sans mal, tellement elle était mouillée. Il y avait plus d'eau qu'il n'avait imaginé. Ses chaussures étaient entièrement submergées mais, sans prêter attention à l'humidité glacée qui commençait à le pénétrer, il assujettit les rames dans les tolets et s'écarta de la rampe. Anna leva une main, puis elle disparut rapidement et il se trouva seul dans un cocon de brouillard.

En jetant un coup d'œil par-dessus son épaule, il put tout juste distinguer les toits pointus des tours qui semblaient flotter au-dessus de la brume et il rama énergiquement dans cette direction. Ce qu'il y avait de plus étrange, c'était le silence, complet, absolu.

Seul venait le troubler le léger éclaboussement des rames quand elles sortaient de l'eau. Pas un oiseau ne chantait.

C'est alors qu'il entendit au loin la monotone pulsation d'un moteur, bizarrement étouffée par le brouillard. Immédiatement, il cessa de ramer pour écouter les oreilles tendues. Peu à peu, le bruit s'accentua jusqu'à devenir tout proche, puis à nouveau il s'éloigna. A travers la brume, un remous courut sur l'eau et vint s'écraser contre le flanc de la barque.

Rapidement, Chavasse rentra ses avirons et attrapa la canne à pêche. La ligne était irrémédiablement emmêlée et il se débattait encore avec les nœuds lorsqu'il entendit se rapprocher le bruit du moteur. Il renonça et faute de mieux tendit sa gaule au-dessus de l'eau, à quelques centimètres seulement de la surface. Sa main libre s'enfonçait dans sa poche, prête à sortir le Mauser qu'il avait pris à Steiner, à la clinique.

La barque oscilla fortement à l'approche de l'autre embarcation toujours invisible. Le moteur se tut. Chavasse, penché sur sa ligne, gardait la tête baissée. Une vedette sortit lentement du brouillard et vint heurter doucement l'avant de la barque.

— Alors, mon vieux, ça mord ?

Lentement, Chavasse tourna la tête et regarda par-dessus son épaule. Steiner était penché sur le bordage de la vedette, le visage éclairé d'un sourire affable.

— Vous ne semblez pas très bavard, ce matin, Herr Chavasse.

— Pour être tout à fait franc, je ne vois pas trop quoi dire, répliqua Chavasse.

Son pouce repoussa le cran de sûreté du Mauser et son index se recourba doucement sur la détente.

— Comme tous les gens du pays, Fassbender est d'une parfaite loyauté, dit Steiner. Mais venez donc, mon ami. Vous semblez trempé jusqu'aux os. Un verre de schnapps vous fera le plus grand bien.

Chavasse se redressa lentement et se tourna vers lui.

— J'espère que vous n'allez rien tenter de déraisonnable, dit encore Steiner. Comme vous pouvez le voir, Hans a tout ce qu'il faut pour y porter remède.

Le dénommé Hans qui avait une belle barbe noire ne paraissait pas, en effet, d'humeur à badiner. Son torse puissant tendait à le faire éclater son jersey bleu de pêcheur et le fusil qu'il épaulait était ferme comme roc.

Il était impossible de sortir le revolver et de tirer avant que l'autre, avec son fusil, ne lui fît voler la tête en éclats, mais Chavasse voulait à tout prix avertir Anna. Il laissa ses épaules s'affaisser et soupira :

— On dirait bien que c'est vous qui gagnez cette manche, Steiner.

En même temps, il se rejetait en arrière dans l'eau, tirait le Mauser de sa poche et faisait feu à l'aveuglette.

La détonation résonna bruyamment à ses oreilles ; moins fort, cependant, que le grondement de tonnerre du fusil. Les plombs sifflèrent tout près de lui et il plongea. Il n'avait pas eu le temps d'emmagasiner beaucoup d'air. Nageant au mieux, il passa sous la vedette et fit surface de l'autre côté. Silencieusement il s'accrocha à une échelle de corde.

Un instant, il écouta Steiner qui jurait comme un forcené ; puis il commença de se débarrasser de son imperméable. Son unique chance consistait à nager vers le rivage ; il espérait que le brouillard très dense le dissimulerait. L'imperméable ne ferait que gêner ses mouvements.

Il parvint enfin à l'ôter. Au moment où il s'écartait de la vedette, une balle fouetta l'eau près de sa tête et Steiner cria :

— Restez où vous êtes, Chavasse.

Chavasse s'arrêta, nageant sur place et Steiner poursuivit :

— Maintenant, venez ici. Et je vous préviens : au moindre geste suspect, je vous envoie une balle dans la tête.

Chavasse se sentit tout à coup las et glacé. Il nagea jusqu'à la vedette et se hissa le long de l'échelle de corde. Au moment où il arrivait en haut, Hans l'attrapa et le fit passer par-dessus la lisse, si brutalement qu'il trébucha et tomba de tout son long.

Il se releva péniblement et attendit, frissonnant dans le vent qui transperçait ses vêtements mouillés. Steiner s'avança, un Luger dans la main droite. Il souriait.

— Vous êtes un drôle de type, Chavasse. En d'autres circonstances je crois que nous nous serions fort bien entendus. Malheureusement, vous avez eu l'imprudence de choisir le mauvais côté.

— Oui, c'est assez stupide de ma part, je suis vraiment trop bête.

— Vous ne tarderez pas à vous en rendre compte, fit Steiner : j'ai une mémoire impitoyable et je paie toujours mes dettes. Voilà déjà un acompte.

Il se déplaçait avec une vitesse étonnante pour un pareil colosse : avant que Chavasse pût esquiver le coup, le canon du

Luger lui balafra la joue droite et il sentit le sang couler. En même temps, Hans s'approcha par derrière et, du tranchant de la main, lui assena un coup sur la nuque. Chavasse se plia en deux et il vit le pont monter à sa rencontre.

Pendant ce qui lui parut un siècle, il n'eut conscience que de sa souffrance et il demeura étendu, une joue appuyée contre le pont mouillé, les yeux fermés. Il entendit vaguement le moteur se mettre en marche, puis on lui jeta de l'eau à la figure ; il secoua la tête et, lentement se releva.

Steiner jeta la baille dans un coin et se mit à rire.

— Vous avez une sale tête, mon pauvre ami. Je voudrais que vous puissiez vous voir.

Chavasse ne répondit pas et se retourna vers la lisse. Ils étaient tout près du château et, de ce côté, les murs descendaient à pic jusqu'à la rivière. Ils se dirigeaient vers une arche obscure et Hans réduisit les gaz pour y pénétrer.

Dès l'entrée, Chavasse sentit la morsure glaciale de l'air saturé d'humidité ; il s'essuya le visage du dos de la main et la retira pleine de sang.

La vedette heurta doucement le flanc d'une jetée de pierre. Hans se précipita à l'avant, sauta par-dessus la lisse et amarra l'embarcation à un gros anneau de métal.

— Après vous ! fit Steiner, avec un geste vers la lisse.

Chavasse s'avança et monta sur la jetée. Un escalier de pierre émergeait de l'obscurité et menait à une petite plate-forme ; il monta d'un pas lent, Steiner et Hans sur ses talons.

Hans se faufila devant lui et ouvrit une porte qui donnait sur un long couloir dallé. Il précéda Steiner et Chavasse jusqu'au bout du couloir, ouvrit une autre porte et gravit quelques marches qui donnaient directement dans un hall aux dimensions impressionnantes.

D'énormes poutres de chêne formaient une haute voûte sombre et Chavasse s'arrêta. A l'autre extrémité du hall s'élevait un large escalier de marbre ; au-dessus s'étendait une galerie. Dans une immense cheminée médiévale, de grosses bûches flambaient joyeusement.

— Spectaculaire, n'est-ce pas ? dit Steiner. Ça appartenait jadis à une famille princière, mais les choses ont changé, depuis la guerre.

Chavasse poursuivit son chemin sans répondre et traversa le

hall jusqu'à la porte que Hans venait d'ouvrir. Sur le seuil, il hésita et Steiner le poussa brutalement à l'intérieur.

La pièce était richement meublée, le sol recouvert d'un tapis somptueux. Le docteur et un autre homme étaient assis devant le feu ; ils se levèrent l'un et l'autre en voyant Hans pousser Chavasse à l'intérieur de la pièce.

— C'est lui, Herr Nagel, dit Steiner.

Nagel était un homme de haute taille, élégamment vêtu d'un costume de fin drap sombre et de linge impeccablement blanc. Ses cheveux gris fer étaient soigneusement lissés et son visage avait la froideur et l'austérité d'un ministre calviniste du XVIe siècle.

Il assujettit fermement un monocle cerclé d'or pour examiner Chavasse.

— Je dois dire qu'il paraît plutôt moins redoutable que je ne l'imaginais et qu'il a l'air en assez piètre état.

— Nous avons dû le secouer quelque peu, expliqua Steiner. Il voulait absolument faire un peu de natation.

Kruger tirait d'une main sur sa barbe et ses yeux sombres luisaient dans son visage décharné.

— Vous avez là une vilaine coupure à la joue, Herr Chavasse. Il va falloir me permettre de la recoudre, je crains bien de n'avoir pas ici de quoi vous faire une anesthésie locale, mais je suis convaincu qu'un homme aussi brave que vous pourra supporter la douleur.

— Vous me rappelez une limace que j'ai trouvée un jour sous une pierre plate, dit Chavasse.

Une lueur de haine démentielle étincela dans les yeux de Kruger, mais il leva la main pour arrêter Steiner qui avait fait un pas en avant.

— Non, laissez-le, Steiner. Son heure viendra. Faites plutôt entrer l'autre.

Steiner ouvrit la porte et s'adressa à quelqu'un au dehors. Chavasse se retourna au moment où Anna était poussée dans la pièce ; derrière elle, il vit le sourire faux et affecté de Fassbender.

— Je suis navré, Anna, dit Chavasse, d'une voix sourde.

Elle parvint à sourire.

— Ça ne fait rien, Paul. Ce n'est pas de ta faute.

— J'aurais dû plus réfléchir, dit-il, mais tout le monde peut se tromper.

— Est-ce là la Juive ? demanda Nagel. Je dois reconnaître qu'elle est charmante. Tout à fait charmante.

Kruger la dévisagea avec des yeux bizarrement fixes ; il se passa rapidement la langue sur les lèvres.

— Vous connaissez mon opinion sur cette race, mon cher Kurt, dit-il à Nagel. Mais quelles qu'elles soient, les femmes m'ont toujours beaucoup plu.

Anna ne put s'empêcher de frissonner. Kruger se rapprocha d'elle et lui mit une main sur le bras.

— Vous n'avez pas à vous inquiéter, ma chère enfant. Du moins aussi longtemps que vous vous conduirez comme il faudra.

Elle s'écarta de lui, avec haine et mépris.

— Ne me touchez surtout pas, espèce de porc.

Kruger haussa les épaules.

— Si vous préférez rendre les choses plus difficiles, je n'y vois pas d'inconvénient.

Il fit signe à Hans.

— Enferme-la dans la chambre voisine de la mienne. Rien à boire ni à manger. Je m'en occuperai moi-même plus tard.

Chavasse ravala sa rage et son inquiétude. Il s'efforça de prendre un air rassurant tandis que Hans entraînait Anna dans le hall. Elle lui sourit bravement au passage. Puis Steiner ferma la porte.

— Voyons un peu, Chavasse, dit Nagel. Passons aux affaires sérieuses. Que savez-vous de cette affaire Schultz ?

Chavasse eut un rire ironique.

— Pourquoi me poser la question, puisque vous tenez Muller ?

Nagel soupira.

— Par malheur, Muller se montre extrêmement entêté. Jusqu'à présent, il s'est refusé à parler. J'avoue que son comportement me laisse perplexe. Je lui ai offert une grosse somme... une très grosse somme. Cependant, nous possédons à présent quelques autres renseignements qui devraient pouvoir nous aider.

— De quoi s'agit-il ? demanda Chavasse.

Nagel sourit.

— En temps voulu, mon cher ami. Vous saurez ça en temps voulu. Pour commencer, je vais vous permettre de dire quelques mots à Muller. Peut-être pourrez-vous lui faire comprendre son intérêt.

— Je ne vois pas en quoi ce que je pourrais lui dire le ferait changer d'avis, dit Chavasse. Surtout après le traitement que vous avez dû lui faire subir.

Nagel haussa les épaules.

— Vous pouvez toujours lui faire savoir que ma patience est à bout.

Il se tourna vers les deux autres.

— Si nous y allions tous ? Je pense que l'entretien pourrait être intéressant.

Steiner ouvrit la porte et prit la tête du cortège, suivi de Chavasse. Kruger et Nagel fermaient la marche. Ils traversèrent le hall et montèrent le large escalier qui menait à la galerie. Chavasse entendait, venant des profondeurs mêmes du château les aboiements monotones de plusieurs chiens ; il se demanda s'il sortirait vivant de ces lieux inquiétants, et il eut l'impression qu'une bête immonde lui rampait sur la peau.

Ils gravirent les marches qui conduisaient à une galerie. Deux hommes, qui lisaient des fascicules de bandes dessinées, assis face à face dans deux gros fauteuils, se levèrent à leur arrivée. C'étaient des individus aux visages épais, mais solidement baraqués, choisis, de toute évidence, beaucoup plus pour leur force physique que pour leurs capacités intellectuelles. Kruger leur enjoignit d'aller se restaurer à la cuisine.

Comme ils s'éloignaient, Kruger dit à Nagel :

— Si nous le laissions voir son ami avant de l'amener chez Muller ?

Il ajouta en ricanant :

— Après tout, c'est peut-être leur dernière chance de se rencontrer.

Nagel eut un mince sourire.

— Mais certainement, mon cher Kruger. Certainement.

Kruger ouvrit la porte devant laquelle ils s'étaient arrêtés et Steiner poussa Chavasse à l'intérieur.

La chambre était confortablement meublée et présentait un aspect normal, n'étaient les barreaux aux fenêtres. Hardt était étendu sur le lit. A leur entrée, il se redressa péniblement et se leva.

Il avait le bras droit en écharpe, le teint blême, les traits tirés. Il considéra Chavasse d'un air anxieux, avec des yeux un peu fiévreux.

— Alors, ils ont fini par vous avoir aussi, Paul ?

— J'en ai peur. Comment ça va, votre épaule ?

Kruger s'avança.

— Il va parfaitement bien, n'est-ce pas, Herr Hardt ? Une

légère blessure dans le gras de l'épaule. Je m'en suis occupé personnellement.

— Sans anesthésique, souligna Hardt, tourné vers Chavasse. Il n'est pas encore passé à l'âge adulte. Il adore arracher les ailes des mouches et tout ce genre de choses.

Kruger, de propos délibéré, posa sa main sur l'épaule blessée et serra vicieusement de toutes ses forces.

Des gouttes de sueur perlèrent au front de Hardt qui retomba sur le lit.

— Je reviendrai tout à l'heure, dit Kruger. Quand j'en aurai fini avec vous, je pense que vous aurez appris à tenir votre langue.

Il se retourna, poussa Chavasse hors de la pièce et dit à Steiner de refermer à clé. Ils passèrent à l'autre bout de la galerie et s'arrêtèrent devant la dernière porte.

— Vous avez cinq minutes, Herr Chavasse, dit Nagel. Je souhaite, pour son propre intérêt, que Muller veuille bien vous écouter.

Kruger tourna la clé dans la serrure et Steiner, d'une poussée violente, envoya Chavasse à l'intérieur. La porte se referma derrière lui et il fit quelques pas en avant.

C'était une pièce nue, presque sans meubles. Au centre, une solide table d'opération en métal était vissée au plancher ; des courroies de cuir pendaient de chaque côté, destinées sans doute à maintenir le patient.

Muller était allongé sur un lit de camp, dans l'angle le plus éloigné, sous une fenêtre également scellée de gros barreaux de fer. Chavasse s'approcha et s'assit au bord du lit. Au bout d'un moment, Muller ouvrit les yeux et les fixa sur lui.

Il semblait avoir tout juste dépassé la quarantaine. Son visage osseux évoquait une tête de mort et sa peau avait la couleur du parchemin. Il ne portait aucune marque au visage et Chavasse se pencha pour soulever doucement le drap. Muller était complètement nu et son corps était sillonné en tous sens de meurtrissures livides et de zébrures rouge vif. On avait dû le rouer de coups à plusieurs reprises.

Pendant un moment, il parut regarder Chavasse sans le voir. Puis, quelque chose sembla se déclencher et, craintivement, les yeux presque implorants, il fit un effort pour s'écarter, avec un imperceptible gémissement.

Chavasse dit doucement :

— N'ayez pas peur, Muller, je ne fais pas partie de la clique.

Muller humecta ses lèvres fendillées.

— Qui êtes-vous ?

— Paul Chavasse, l'homme que vous deviez retrouver à Osnabruck, dans l'express.

Muller secoua faiblement la tête.

— Pourquoi voulez-vous que je vous croie ?

Chavasse se pencha davantage pour lui montrer son visage tuméfié.

— Qui croyez-vous qui m'ait fait ça ?

Muller fronça les sourcils, à demi convaincu, et Chavasse reprit :

— Je sais même que votre sœur est vivante — ils ne sont pas au courant, eux. Elle travaillait au *Taj Mahal*, sous le nom de Katie Holdt.

Une expression poignante envahit le visage de Muller qui tendit vers Chavasse une main tremblante.

— Pour l'amour du ciel, il ne faut pas le leur dire. Je vous en supplie : ne le leur dites pas.

Il avait les yeux pleins de larmes.

— C'est pour sauver ma sœur que je me suis tu. Je savais trop ce qu'ils lui feraient.

Chavasse le ramena doucement sur l'oreiller et dit d'une voix rassurante :

— Ne vous inquiétez pas. Je ne leur dirai rien. C'est elle qui a le manuscrit ?

Muller hocha légèrement la tête.

— Je pensais que personne ne connaissait son existence. Elle était considérée comme morte depuis les bombardements de 1943.

— Et Caspar Schultz ? dit Chavasse. Où est-il ?

— C'est ça le plus drôle, dit Muller. Le plus drôle de toute l'histoire. Il est mort il y a trois mois, dans un petit village du Harz.

— Vous étiez son ordonnance, pendant la guerre, reprit Chavasse. Et après, que s'est-il passé ?

De nouveau, Muller se passa la langue sur les lèvres.

— Schultz avait de l'argent planqué au Portugal. Nous avons vécu là-bas sous des noms d'emprunt ; je lui servais de valet de chambre. Quand son état de santé s'est aggravé et qu'il a su qu'il allait mourir, il a décidé de rentrer en Allemagne. Il a passé la dernière année de sa vie à écrire le fameux manuscrit. Il appelait ça son testament.

Quelque chose parut crépiter dans sa gorge et il ferma les yeux. Au moment où Chavasse se redressait, la porte s'ouvrit et Nagel, Steiner et Hans entrèrent l'un après l'autre. Nagel ôta un instant de ses lèvres le long fume-cigarette et exhala un nuage de fumée.

— Avez-vous quelque chose à me dire, Herr Chavasse ?

Celui-ci secoua la tête.

— Absolument rien.

Nagel soupira.

— Quel dommage... Dans ce cas...

D'une main, il fit un signe et Hans, qui était passé derrière Chavasse, lui prit les bras et les lui ramena brutalement derrière le dos. Steiner s'approcha, serrant ses poings énormes.

— Et voilà le reste de ce que je vous dois, dit-il d'un air vicieux.

Chavasse se trouva projeté en arrière contre Hans, sous la violence du coup qui atteignit sa joue déjà blessée. Une onde de souffrance aiguë le parcourut tout entier.

Au moment où Steiner s'approchait de nouveau, Chavasse lança les deux pieds à la fois dans l'estomac du gros Allemand. Steiner alla donner contre la table d'opération. Il s'y accrocha un instant, avant de revenir à la charge, le visage haineux.

Chavasse se préparait à se défendre encore coûte que coûte, mais Hans le serra vivement à la gorge de son avant-bras musclé et Chavasse crut qu'il allait être étouffé. Le premier coup de Steiner l'atteignit en plein estomac et fut suivi d'un autre dans le bas-ventre et d'un autre encore, jusqu'au moment où il glissa à terre.

Steiner lui envoya un coup de pied dans la mâchoire et se préparait à recommencer quand Nagel intervint :

— C'est assez. Il nous le faut vivant. Pour l'instant, tout au moins.

Chavasse, les yeux clos, respirait profondément pour combattre la douleur poignante qui l'envahissait comme une sombre marée. Il luttait pour ne pas sombrer. Il eut vaguement conscience que Muller gémissait tandis qu'on le tirait du lit pour l'attacher sur la table d'opération.

Nagel demanda :

— Vous m'entendez, Muller ?

Un grognement hébété lui répondit et il continua :

— Muller, je me suis montré très patient avec vous mais maintenant je n'ai plus de temps à perdre.

— On y va ? demanda Steiner.

Chavasse fit un effort pour ouvrir les yeux. Steiner et Hans, le torse nu, étaient armés de longues matraques de caoutchouc.

Nagel se pencha vers la table.

— Nous avons été mis au courant de l'existence de votre sœur, Muller. Je crois qu'elle se fait appeler Katie Holdt. C'est elle qui a le manuscrit, n'est-ce pas, Muller ? Dites-nous où elle habite. Je ne veux que le manuscrit. Je veillerai à ce qu'il ne lui arrive rien, à elle.

Le même étrange crépitement s'exhala de nouveau de la gorge de Muller. Nagel poussa une exclamation exaspérée.

— Allez-y ! ordonna-t-il à Steiner et à Hans.

Et il se détourna, dédaigneusement.

Chavasse referma les yeux au bruit du premier coup de tuyau de caoutchouc cinglant la chair et les os. Puis Muller se mit à hurler. Le bruit des coups et les hurlements se mêlaient sans fin et Chavasse, les dents serrées, s'efforçait de ne plus les entendre. Il finit par glisser dans un néant miséricordieux.

10

Il reprit lentement ses sens et demeura immobile, étendu sur le plancher, les yeux clos. Il ne devait pas être resté bien longtemps inconscient, car ils étaient encore tous là. Kruger s'était joint aux trois autres.

Le bruit des coups avait cessé et Nagel avait l'air courroucé.

— Vous êtes sûr que tout va bien ? demanda-t-il.

Après un moment de silence, Kruger répondit :

— Il vit encore, si c'est ce que vous voulez savoir.

— Je n'ai jamais vu un pareil obstiné, fit Nagel avec irritation. Qui aurait pu imaginer qu'il aurait un tel courage ?

— On recommence ? demanda Steiner.

Nagel eut une exclamation d'impatience.

— On sera bien avancé, quand il sera mort, et c'est ce qui va arriver si vous continuez. Laissez-le tranquille pour l'instant. Nous avons des choses plus importantes à discuter.

— Qu'avez-vous prévu pour ce soir ? demanda Kruger.

— C'est justement de cela que je voulais vous parler. La réception commence à 7 heures. On dînera à 8 heures et Hauptmann prononcera son discours à 9 h 30 précises.

— A quelle heure voulez-vous que je sois là-bas ? dit Steiner.

— A 9 heures. Vous attendrez dans les buissons, sous la terrasse de la salle de bal. Une table a été tout spécialement préparée pour Hauptmann sur la terrasse. Je l'y amènerai à 9 h 15, sous prétexte de lui permettre de rassembler ses idées avant de prononcer son discours.

— Êtes-vous certain qu'il vous accompagnera sur la terrasse ? demanda Kruger.

— Mais oui, bien sûr, dit Nagel. Je connais maintenant Hauptmann depuis plusieurs années et il ne se sert jamais de discours écrits à l'avance. Il s'y prend toujours de cette façon.

Il se tourna vers Steiner.

— Je ne veux surtout pas de fausses manœuvres dans cette affaire, Steiner. On vous a choisi parce qu'on savait pouvoir compter sur vous. Hauptmann doit mourir ce soir.

— Vous pouvez compter sur moi, Herr Nagel, dit Steiner d'un ton assuré.

— Les rapports de Hauptmann avec le Bureau de Détection des Crimes de Guerre à Ludwigsburg en ont fait une espèce de héros de la démocratie. Nous devons marquer le coup et rappeler aux gens que notre mouvement reste une force avec laquelle il faut compter.

Nagel traversa la pièce et poussa Chavasse du bout du pied.

— Vous avez été un peu brutaux avec notre ami. Il semble en bien piteux état. J'espère qu'il sera en mesure de répondre à quelques petites questions demain, à mon retour.

Kruger s'approcha à son tour.

— Je l'examinerai en fin d'après-midi. Vous déjeunez ici ?

— Je ne pense pas. Il faut vraiment que je rentre à Hambourg. Il y a pas mal de choses à préparer pour la petite sauterie de ce soir.

Ils se dirigèrent vers la porte et Chavasse entrouvit un œil pour les regarder sortir. Hans leur ouvrit la porte et Kruger se tourna vers lui :

— Vous feriez bien de rester en faction au bout de la galerie, Hans, jusqu'à ce que les deux autres aient fini de manger.

La porte se referma et la clé tourna dans la serrure.

Chavasse se mit lentement sur son séant et se tâta avec précaution le cou et la mâchoire. Par bonheur, Steiner ne portait ce jour-là que des chaussures à semelles de crêpe. Chavasse avait les muscles du ventre meurtris et douloureusement sensibles au toucher, mais c'était surtout le visage qui le faisait souffrir. Il lui donnait l'impression d'être tout de travers et d'avoir doublé de volume et il avait la joue droite gluante de sang.

Muller poussa un léger gémissement et, une fois encore, sa gorge fit entendre son inquiétant crépitement. Chavasse se releva et s'approcha de la table d'opération. Il regardait, écœuré, son pauvre corps disloqué lorsque Muller ouvrit les yeux et le regarda sans le voir.

Il semblait vouloir parler et Chavasse se pencha.

— Ma sœur, gémit Muller. Est-ce que je leur ai dit où elle est ?

Chavasse secoua la tête.

— Non, vous n'avez absolument rien lâché.

Quelque chose qui ressemblait à un sourire apparut sur le visage de Muller. Il referma les yeux avec un long soupir de soulagement. Chavasse s'aperçut soudain que la respiration de Muller s'était arrêtée.

Un long moment, il demeura absorbé dans la contemplation du mort. Puis, doucement, il dit comme s'il pouvait encore l'entendre.

— En tout cas, Muller, tu avais un drôle de cran. C'est le moins qu'on puisse dire.

Il alla prendre une couverture sur le lit et l'étendit sur le cadavre.

Puis il se mit à examiner la pièce. Il n'y avait pas de cheminée et l'unique fenêtre avait des barreaux de fer solidement enfoncés dans la pierre. Il essaya ensuite la porte, mais, en regardant de près la serrure, il se rendit compte que tout espoir de s'évader par là était hors de question.

Il consulta sa montre. Il était près de 2 h 30. Il s'assit sur le lit pour étudier la situation. Il lui fallait absolument trouver le moyen de sortir. D'après les regards qu'avait eus Kruger, en voyant Anna, il n'attendrait pas longtemps avant de lui rendre visite et Chavasse frémit de dégoût et de colère à la pensée de ce qui se passerait à ce moment-là.

Il y avait également l'affaire Hauptmann. Il tenta de se rappeler ce qu'il savait de lui. C'était un politicien libéral, qui jouissait d'une très grosse popularité... peut-être même un futur chancelier. Sa mort causerait une sensation mondiale. Quelle ironie qu'elle dût se produire lors d'une Conférence de Paix des Nations Unies...

Le fait même que Nagel et ses acolytes eussent l'audace d'envisager un tel assassinat indiquait la force de leur mouvement. S'ils réussissaient, impossible de prévoir les conséquences finales de cet événement sur la scène politique allemande. Si les nazis parvenaient à reprendre une partie quelconque du pouvoir gouvernemental, toute la situation en serait déséquilibrée, sans parler des relations entre l'Allemagne de l'Ouest et celle de l'Est, avec les répercussions qu'elles entraîneraient dans la politique mondiale.

Dans sa rage impuissante, il asséna un coup de poing sur le lit et fit un mouvement pour se lever. C'est alors qu'il vit l'une des longues matraques de caoutchouc dont on s'était servi pour battre Muller.

De toute évidence, soit Steiner, soit Hans l'avait laissée tomber par terre et elle avait roulé sous la table d'opération. Il la ramassa ; elle était gluante de sang. Il l'essuya sur une couverture et, debout au milieu de la pièce, l'éprouva entre ses mains. Elle avait environ soixante centimètres de long, c'était une arme terrible, meurtrière. Un sourire lui effleura les lèvres à la pensée de ce qu'il allait bientôt en faire.

Il ouvrit la bouche toute grande et poussa un hurlement. Il laissa mourir les derniers échos et recommença. Puis il tendit l'oreille. Des pas s'approchèrent rapidement dans le couloir et s'arrêtèrent derrière la porte. Chavasse se mit à pousser d'horribles gémissements.

Hans cria à travers la porte :

— Si vous ne cessez pas de beugler, je vais venir moi-même vous faire taire !

Chavasse poussa un nouveau hurlement, comme s'il souffrait le martyre, et, traversant vivement la pièce, s'aplatit contre le mur, près de la porte.

Hans reprit d'une voix furieuse :

— Très bien mon bonhomme, tu l'auras voulu.

La clé tourna dans la serrure et la porte s'ouvrit toute grande. Hans s'avança dans la pièce, serrant ses poings énormes, prêt à cogner.

— Je suis là, espèce de salaud, dit Chavasse, derrière lui.

Hans se retourna, la bouche ouverte pour appeler à l'aide, et Chavasse, de toutes ses forces, abattit la matraque. Elle atteignit Hans en travers de la gorge. Il n'eut pas le temps de pousser un cri. Ses yeux remontèrent dans leurs orbites et il tomba en arrière comme une bête qu'on abat. Sa barbe était éclaboussée d'écume ; un instant, dans sa lutte pour retrouver son souffle, ses doigts griffèrent inutilement le plancher. Puis, il demeura immobile.

Chavasse mit un genou en terre et le fouilla rapidement, mais il n'avait pas de chance : Hans n'était pas armé. Il passa dans la galerie et tendit l'oreille. Tout était silencieux. Vivement, il ferma la porte et mit la clé dans sa poche. Il allait se diriger vers la chambre où Hardt était enfermé quand, non loin de là, il entendit un cri de femme.

Saisi d'une rage froide, meurtrière, il longea rapidement le couloir. Il entendit un nouveau cri traversant la massive porte de chêne, à l'extrémité de la galerie. Très doucement, il tourna la poignée et ouvrit la porte.

Anna était tapie dans un coin, près de la cheminée. Le devant de sa robe était déchiré et une meurtrissure livide lui sillonnait l'épaule droite. Debout au milieu de la pièce, Kruger brandissait une petite cravache.

— Vous savez bien que vous ne m'échapperez pas, dit-il, mais je vous en prie, continuez à me résister. Je trouve cela tellement plus piquant.

Chavasse se glissa dans l'entrebâillement de la porte qu'il referma doucement derrière lui. Les yeux d'Anna s'agrandirent en le voyant s'avancer. Kruger se retourna, le visage brusquement déformé par la peur, et Chavasse cingla de sa matraque la main qui tenait la cravache.

Avec une grimace de souffrance, Kruger tomba à genoux et se mit à gémir comme un enfant. Chavasse le dominait de toute sa taille. Sans la moindre pitié il abattit la matraque sur la tête de l'homme agenouillé à ses pieds.

Kruger courba la nuque comme s'il priait et s'écroula lentement. Chavasse relevait déjà la matraque, mais Anna se jeta sur lui et lui prit le bras.

— C'est assez, Paul ! cria-t-elle, en le retenant avec une force imprévue, surprenante.

A regret, il abaissa le bras.

— Est-ce que ce porc t'a fait mal ?

— Non. Il n'était là que depuis dix minutes. Et il a passé le plus clair de son temps à me débiter des obscénités.

— Je crois qu'il faut remercier le ciel que ce ne soit pas tout à fait un homme, dit Chavasse en l'entraînant vers la porte. Nous n'avons pas une minute à perdre. Il faut libérer Hardt et trouver ensuite le moyen de sortir d'ici.

— Et Muller ? demanda-t-elle.

— Muller n'ira plus jamais nulle part.

Ils s'arrêtèrent devant la porte de la chambre où Hardt était enfermé et Chavasse essaya la clé qu'il avait prise sur Hans. Le battant s'ouvrit sans bruit. Hardt était assis au bord du lit, la tête entre les mains.

Il leva lentement les yeux et son visage prit une expression stupéfaite.

— Comment diable avez-vous réussi... ?

— Je crains fort d'avoir dû user de violence, répondit Chavasse. Comment vous sentez-vous ? Assez bien pour marcher ?

— J'irais jusqu'en Chine pour sortir d'ici.

— Inutile d'aller jusque-là. Si nous parvenons à traverser le grand hall et à atteindre les caves, nous serons au bout de nos peines. Ils ont une vedette, en bas, dans une caverne souterraine qui ouvre directement sur le lac.

— Et Muller ?

— Je viens de passer une heure avec lui, dit Chavasse. Steiner et Hans y sont allés un peu fort, pendant la dernière séance de matraque. J'étais auprès de lui quand il est mort.

— Vous a-t-il dit quelque chose ? demanda Hardt.

Chavasse fit un signe affirmatif.

— Il semble que Schultz soit mort, il y a quelques mois. Muller essayait simplement de se faire un peu d'argent.

— Et le manuscrit ?

— C'est bien sa sœur qui l'a. C'est elle qu'il faut maintenant retrouver.

Il prit Anna par la main et ils sortirent de la chambre et longèrent la galerie. Le hall était désert. L'on n'entendait que le paisible pétillement des bûches dans la vaste cheminée. Chavasse eut un sourire rassurant à l'adresse de ses deux compagnons restés en arrière et ils commencèrent à descendre avec précaution.

Ils étaient à mi-hauteur de l'escalier quand une porte s'ouvrit et Steiner entra dans le hall. Il alluma une cigarette, l'allumette entre ses mains jointes, de sorte qu'il ne les vit pas immédiatement. Il ne les aperçut qu'après avoir éteint l'allumette et une expression de stupeur se répandit sur son visage.

Au moment où Chavasse se retournait et poussait Anna vers le haut de l'escalier, Steiner sortit de sa poche un Luger et tira. La balle ébrécha l'un des pilastres de marbre et Chavasse, courbé en deux, poussant toujours Anna devant lui, entraîna Hardt vers la galerie.

Ils la longèrent en courant. Steiner tira de nouveau. Ils dégringolèrent un étroit escalier, puis dévalèrent un couloir plus large au bout duquel se trouvait une porte. Chavasse tenta de l'ouvrir ; elle était fermée à clé.

— Nous sommes passés devant une autre porte, sur la gauche, fit Hardt en rebroussant chemin.

La porte céda et ils entrèrent dans ce qui semblait être une chambre de service. Il était temps. Steiner, du haut de l'escalier, tirait dans le couloir. Chavasse claqua la porte et poussa les verrous. Momentanément, ils étaient en sécurité.

— Et maintenant, qu'est-ce qu'on fait ? demanda Hardt.

Chavasse alla vers la fenêtre et l'ouvrit. A six bons mètres au-dessous d'eux, les eaux du lac clapotaient contre le mur de pierre du château. Il se retourna vers Hardt.

— Nous ne sommes qu'à une centaine de mètres du rivage. Croyez-vous pouvoir nager jusque-là ?

— Pour m'en aller d'ici, je ne sais pas de quoi je serais capable ! répondit Hardt avec simplicité.

— Et toi, Anna ?

Anna sourit.

— Je nage depuis l'enfance. Cent mètres, ce n'est rien.

Steiner martelait la porte à coups de pied.

— Vous feriez mieux de sortir de là, aboya-t-il.

Chavasse fit un geste rapide vers la fenêtre.

— Après vous, dit-il. Et bonne chance.

Hardt sauta le premier, puis Anna. Au moment où Chavasse se hissait sur l'entablement, Steiner fit feu à plusieurs reprises à travers la porte. Chavasse respira à fond et sauta.

Le contact avec l'eau fut plutôt brutal, mais il fit surface presque aussitôt. Il faisait terriblement froid. Il vit Anna qui faisait la planche à côté de lui.

— Tout va bien ? souffla-t-il.

Elle hocha la tête et avala convulsivement sa salive.

— Très bien, dit-elle, mais nous ferions bien de nous mettre à nager avant d'attraper une crampe, avec un froid pareil.

Le brouillard s'était encore épaissi et Hardt y disparaissait déjà ; ils se lancèrent à sa suite. Le château s'évanouissait derrière eux lorsque Chavasse entendit un cri de rage impuissante. Une balle siffla au-dessus de l'eau ; puis ils se trouvèrent seuls dans un monde d'une blancheur fantomatique qui paraissait les enfermer entièrement.

Ils nagèrent en triangle, Hardt à l'extrême pointe. Il était très pâle et semblait épuisé ; Chavasse le rattrapa :

— Vous vous en tirez ?

Hardt cracha un filet d'eau brunâtre et parvint à sourire péniblement :

— Mon bras me fait un peu souffrir, mais ne vous inquiétez pas : j'y arriverai.

Chavasse se retournait vers Anna quand il entendit le moteur de la vedette déchirer le silence de son rugissement ; l'embarcation sortit de derrière le château. Ils continuèrent à nager, accélérant l'allure. La vedette passa tout près d'eux pour revenir ensuite en arrière.

Ils se rapprochèrent, se maintenant simplement sur l'eau, sans faire de bruit pour écouter. Tout à coup, ils eurent l'impression que la vedette venait droit sur eux et le rugissement du moteur leur emplit les oreilles.

— Laissez-vous couler ! cria Chavasse désespérément.

Ils plongèrent tous les trois.

Chavasse se sentit frappé comme par une main puissante et secoué dans tous les sens. Il avait l'impression d'être un poisson pris dans un filet. Puis il fit brutalement surface, les poumons tout près d'éclater.

Anna apparut presque en même temps que lui ; et Hardt quelques secondes plus tard. Ils se serrèrent les uns contre les autres, ballottés par le remous, et écoutèrent s'éteindre dans le lointain le bruit du moteur. Au bout d'un moment, ils se remirent à nager.

Cinq minutes plus tard, la remise à bateaux émergea de la brume et, pataugeant dans l'eau basse, ils gravirent la rampe. La porte de bois n'était pas fermée à clé ; Chavasse l'ouvrit et ils entrèrent.

Anna se laissa choir sur un tas de vieux sacs et écarta de son visage une mèche de cheveux mouillés.

— Je crois n'avoir jamais eu aussi froid de ma vie.

Hardt se passa la main sur son visage las.

— Que faisons-nous, maintenant ?

Chavasse haussa les épaules.

— Nous jouons les cartes comme elles se présentent. Mais, quoi qu'il arrive, il faut que l'un d'entre nous arrive jusqu'à Hambourg. Steiner doit assassiner Hauptmann, le célèbre libéral, pendant la réception, offerte par Nagel en l'honneur des délégués à la Conférence de la Paix des Nations Unies.

— Mon Dieu, fit Anna. Mais Hauptmann est un homme de grande valeur, l'un des hommes politiques les plus remarquables d'Allemagne.

A ce moment, un chien se mit brusquement à hurler ; un aboiement furieux qui venait de la chaussée menant au château. Puis ils l'entendirent de nouveau, étouffé par le brouillard, mais certainement plus proche.

Hardt s'était redressé, le visage tendu.

— Ce fumier de Steiner a lancé les chiens à nos trousses. Je les ai aperçus ce matin de bonne heure, quand ils m'ont amené ici. Trois Doberman noirs dressés à tuer. Nous n'avons pas une seule chance de nous en tirer.

— Si, à condition de nous séparer, dit Chavasse. L'un de nous peut essayer d'éloigner les chiens pendant que les deux autres prendront le large. Il faut que quelqu'un arrive jusqu'à Hambourg.

— Et qui va servir d'appât ? demanda Hardt d'un ton légèrement ironique.

— Je suis en meilleure condition que vous. Je pourrai probablement leur donner plus de fil à retordre.

— Mais vous seriez sacrément plus utile à Hambourg pour vous occuper de ces salauds, déclara Hardt.

Chavasse voulut protester, mais Anna le prit par la main et le força à se retourner pour lui faire face.

— Mark a raison, Paul. Tu es le seul à pouvoir sauver Hauptmann et c'est maintenant le plus important.

La porte claqua derrière eux. Chavasse se retourna : Hardt n'était plus là. Ils l'entendirent se frayer un chemin parmi les sapins ; il ne faisait aucun effort pour étouffer le bruit de ses pas. Il y eut un brusque concert de hurlements : les chiens l'avaient repéré. Chavasse et Anna retinrent leur souffle pour mieux écouter, mais il n'y eut plus aucun bruit.

11

— Voilà ce que j'appelle un homme, dit doucement Chavasse en rompant le silence.

Anna hocha la tête.

— Il y a longtemps que je m'en suis rendu compte. Alors. Où allons-nous, à présent ?

— Nous retournons à l'auberge. Il y a toujours la Volkswagen. Avec un peu de chance, d'ici un quart d'heure, nous serons sur la route de Hambourg.

— Je crains que non, Fassbender a conduit la voiture au château. Je l'ai vue dans la cour, quand ils m'ont amenée.

Il réfléchit un moment, les sourcils froncés, avant de décider :

— Nous allons quand même retourner à l'auberge. Il y a une petite chance pour que Fassbender ait accompagné les autres pour la chasse à l'homme, et ils vont dans la direction opposée. Mais, il faudra faire vite.

Il sortit le premier et ils s'enfoncèrent dans le bois. Au bout d'un petit moment, ils retrouvèrent le sentier qu'ils avaient suivi la première fois pour aller au château et Chavasse, prenant Anna par la main, se mit à courir.

L'auberge ne donnait aucun autre signe de vie que la mince spirale de fumée bleue qui montait de son unique cheminée. Ils s'arrêtèrent un instant sous les sapins à l'entrée de la cour, puis Chavasse pressa la main d'Anna et, courbé en deux, traversa la cour à toute allure, jusqu'à la porte de derrière. Il ouvrit vivement, poussa Anna à l'intérieur et entra à son tour en refermant derrière lui.

Ils se trouvaient dans une vaste cuisine dallée de pierre. Penchée sur l'évier, la vieille récurait une casserole. Elle se retourna et les considéra de ses yeux vides.

— Vous n'êtes pas rentrés déjeuner, dit-elle.

Chavasse lui sourit gentiment.

— Non, nous sommes allés faire un tour en barque sur le lac et, comme vous voyez, nous avons eu un accident. Herr Fassbender est là ?

— Non. Il est au château. Il a dit qu'il ne serait pas de retour avant la nuit.

— Y a-t-il quelqu'un d'autre dans la maison ?

Elle parut ne pas comprendre la question.

— Pourquoi voulez-vous qu'il y ait quelqu'un d'autre, mein Herr ?

Elle retourna vers ses casseroles, en marmonnant à voix basse et en branlant du chef.

Chavasse et Anna passèrent dans la salle commune.

— Une chance pour nous que la vieille soit retombée en enfance.

— Oui, dit Anna. Et maintenant, chef, quels sont les ordres ?

— Monte tout de suite mettre des vêtements secs. Fais le plus vite possible. Ensuite va dans la chambre de Fassbender et tâche de me trouver quelque chose à me mettre. Nous sommes à peu près de la même taille.

— Et qu'est-ce que tu vas faire pendant ce temps ?

— Il faut que je téléphone.

Il lui sourit en la poussant doucement vers l'escalier.

— Dépêche-toi, chérie. Il faut que nous fichions le camp d'ici au plus tôt.

Quand elle fut montée, il passa derrière le bureau et demanda la communication avec Londres. La fille du téléphone lui dit qu'elle allait le rappeler. Il raccrocha et alla au bar où il prit un cognac et un paquet de cigarettes.

Il eut un frisson de plaisir en sentant la chaleur du cognac se répandre dans son corps tout entier. Il résolut d'en prendre un second et le finissait tout juste quand le téléphone sonna.

Il décrocha le récepteur et attendit ; au bout d'un moment, la voix de Jane Frazer crépita dans l'écouteur :

— Ici, Brown & C°. Que puis-je pour vous ?

— Cunningham à l'appareil, dit Chavasse. J'aimerais parler à Mr Taylor, s'il est là.

— Un instant, je vous prie, Mr Cunningham, répondit-elle d'une voix neutre.

Une minute encore et la voix du Patron résonnait au bout du fil :

— Ici, Taylor... C'est vous, Cunningham ? Comment vont les affaires ?

— Du tonnerre ! dit Chavasse. De fait, j'aurais bien besoin d'aide. Pouvez-vous faire quelque chose ? C'est très urgent.

— Je suis ravi de savoir que ça marche aussi bien, dit le Patron. Je vais faire tout mon possible. Où peut-on vous joindre ?

— Je serai à *l'Atlantic*, chez sir George. J'essaierai d'y rester jusqu'à 8 heures, mais je ne pourrai guère attendre plus longtemps.

— Ça devrait suffire. Nous avons là-bas un excellent correspondant, un certain von Kraul. Je vais voir s'il est disponible.

— J'ai hâte de faire sa connaissance, dit Chavasse. Je crains maintenant de devoir vous quitter. Les événements vont plutôt vite, en ce moment.

La voix du Patron restait calme et posée.

— Eh bien, tant mieux, Cunningham. Il faudra que nous envisagions de vous donner une prime. J'espère vous revoir très bientôt.

Il y eut un déclic à l'autre bout de la ligne et Chavasse, à son tour, raccrocha en souriant. Il se sentait beaucoup plus tranquille. Le Patron avait au moins une qualité : on pouvait compter sur lui. S'il disait qu'il s'occupait de quelque chose, il s'en occupait vraiment.

Il chercha le numéro de l'hôtel *Atlantic* dans l'annuaire et demanda sir George Harvey. Il fallut dix minutes pour le trouver et l'on finit par le découvrir au célèbre *Long Bar*, attenant à l'hôtel.

Il paraissait contrarié qu'on l'eût arraché à ses libations.

— Ici, Harvey... Qui est à l'appareil ? aboya-t-il au bout du fil.

Chavasse se nomma et la voix de sir George se radoucit aussitôt.

— Je me demandais ce que vous étiez devenu, mon vieux.

— Vous m'avez dit que vous seriez toujours disposé à me venir en aide, lui rappela Chavasse. Qu'il me suffirait de vous appeler. Est-ce que ça tient toujours ?

— Naturellement ! dit vivement sir George, je n'ai pas l'habitude de faire des promesses sans avoir l'intention de les tenir.

— Alors, quittez immédiatement votre hôtel, sautez dans votre voiture et prenez la grand-route de Lübeck. A une trentaine de kilomètres de Hambourg, vous trouverez sur votre gauche un poteau indiquant la route d'un patelin qui s'appelle Berndorf. Je vous attendrai là.

— Est-ce vraiment important ?

— On peut dire que c'est une question de vie ou de mort. Et je vous jure que ça n'est pas de la comédie.

— J'arrive, dit sir George, en raccrochant.

Chavasse monta au premier, et trouva Anna dans leur chambre. Elle étalait sur le lit, à son intention, un costume de tweed, des sous-vêtements et des chaussettes.

— J'ai même déniché une paire de chaussures. J'espère qu'elles t'iront.

Il commença de se dévêtir et elle le frictionna énergiquement.

— J'ai pu joindre sir George Harvey, lui dit-il. Il vient nous chercher au poteau indicateur de Berndorf, sur la grand-route.

— Que ferons-nous, une fois à Hambourg ? demanda-t-elle tandis qu'il s'habillait rapidement.

— Nous te laisserons chez toi. Moi, j'irai avec sir George à *l'Atlantic*. J'ai téléphoné à Londres. Ils font le nécessaire pour qu'un agent allemand, nommé von Kraul, vienne me trouver là-bas.

— Tu le connais ?

— Non. Jusqu'à présent, nous avons fait notre possible pour ne pas avoir à faire à eux.

Tout en parlant elle nettoyait avec un linge son visage meurtri et recouvrait de sparadrap l'entaille de sa joue droite.

— C'est un peu pour ça que je préfère que tu restes chez toi, dit-il. Moins von Kraul en saura sur les activités en Allemagne d'organisations clandestines israéliennes, et mieux cela vaudra. Par ailleurs, si Mark arrive à leur échapper, c'est là qu'il essaiera de nous joindre.

— Penses-tu qu'il ait une chance ?

Chavasse haussa les épaules.

— Il y a toujours un espoir. Par cette pluie diluvienne, les chiens auront du mal à suivre sa trace et le brouillard devrait aussi l'aider à s'en tirer.

— J'espère qu'il s'en tirera. Je prie Dieu qu'il s'en tire.

Sa voix avait une gravité, une intonation poignante qui le troublèrent bizarrement.

— Tu as beaucoup d'affection pour lui, n'est-ce pas ? dit-il avec douceur.

— C'est normal... C'est mon demi-frère. Nous avons été élevés ensemble.

Chavasse la prit doucement par le bras et ils descendirent en silence. Parmi les quelques vêtements accrochés dans le vestibule, il se choisit pour lui un paletot de chasse tyrolien vert. Il aida Anna à enfiler un vieux trench-coat défraîchi, beaucoup trop grand pour elle, et ils se mirent en route.

Ils marchèrent sans parler tout le long de la route, après être sortis du village. Chavasse se sentait étrangement déprimé. C'était une impression difficilement analysable mais elle était sans doute due au fait qu'il dormait peu depuis trop longtemps. Chaque muscle de son corps était douloureux et son visage, labouré de coups, le faisait terriblement souffrir.

Au bout de trois ou quatre kilomètres il s'arrêta.

— Je crois que nous ferions bien de rester sous le couvert des arbres, pour faire le reste du chemin. Au cas où ils feraient surveiller la grand-route.

Elle approuva d'un signe. Ils abandonnèrent la route et marchèrent parmi les arbres, en écartant les branches trempées d'eau des sapins. Chavasse aperçut d'abord le rendez-vous de chasse et, au-delà, la blancheur luisante de la route. A mesure qu'ils approchaient, il vit que la maisonnette était abandonnée : la porte ne s'accrochait plus qu'à un seul gond et les fenêtres ouvraient des yeux aveugles.

Il regarda l'heure. Un peu plus de 4 heures et demie. Il ne fallait pas espérer voir sir George avant 5 heures.

— Nous avons une demi-heure devant nous, dit-il à Anna. Nous ferions aussi bien de rester là. La route n'est guère qu'à une cinquantaine de mètres.

— Comme tu veux, Paul, dit-elle avec indifférence.

La maisonnette exhalait cette odeur de moisi habituelle en ce genre d'endroit : un mélange d'humidité de terre et de feuilles mortes. Anna s'assit au bord d'une fenêtre et Chavasse lui offrit une cigarette.

Un moment, ils fumèrent en silence. Elle regardait par la fenêtre et son visage avait une indicible expression de tristesse. Chavasse dit enfin :

— Qu'est-ce qui ne va pas ?

— Rien de précis, rien que je puisse définir clairement.

Elle se retourna et lui sourit et, brusquement, elle parut absurdement jeune, dans le vieux trench-coat.

Il sourit à son tour.

— Cet imperméable est dix fois trop grand pour toi.

Elle approuva d'un signe.

— Il a été fait en Angleterre, dit-elle. J'ai remarqué l'étiquette en le mettant. Je me demande comment il a pu se trouver accroché à ce porte-manteau, dans cette auberge.

Il haussa les épaules.

— Sans doute un touriste qui l'aura laissé, il y a longtemps.

— Je crois que c'est l'expression la plus triste que je connaisse : il y a longtemps. Elle me fait le même effet qu'un clairon sonnant l'extinction des feux. Plus de lumières, c'est terminé, tout est fini.

Elle parlait d'un ton si pathétique qu'il jeta sa cigarette et la prit par les bras.

— Anna, qu'y a-t-il ? Tu ne m'as jamais parlé comme ça...

— C'est que je n'ai encore jamais ressenti une telle impression, dit-elle. Je t'ai observé, Paul. J'ai vu la façon dont tu réagissais devant le danger, la façon dont tu trouvais toujours une solution à chaque problème, aussi inattendu soit-il, ce manque total de scrupules, indispensable, sans doute, à la réussite... tu ne changeras jamais, Paul, reprit-elle en secouant la tête. Tu ne pourrais pas, même si tu le voulais. Tout ce dont nous avons parlé... tout ce que nous devions faire quand cette histoire serait terminée... tout cela n'était qu'un rêve.

Il lui serra le bras cruellement. Il ressentait une étrange sensation de colère, d'indignation.

— Je *peux* changer, dit-il. Je te le promets, Anna. Une fois cette affaire terminée, je me retire du jeu, définitivement.

Elle lui effleura doucement le visage du bout des doigts.

— Mais non, Paul. Toi et moi, ce rendez-vous de chasse, tout ce que nous avons connu ensemble ces derniers jours... rien de tout cela n'est réel. En y songeant plus tard, tu auras l'impression qu'il s'agit simplement d'événements survenus il y a longtemps.

Elle ajouta avec un rire léger :

— Comment disait donc Marlowe, dans une de ses pièces ? *« Mais cela se passait il y a bien longtemps, dans un autre pays... »*

Il l'attira entre ses bras, la serra contre lui, sentant toujours monter en lui, cette vaine, cette inutile colère. Puis il entendit le bruit aisément reconnaissable d'une voiture qui ralentissait sur la route.

Elle tenta de se dégager en disant doucement :

— Je crois qu'il faut partir, maintenant, Paul, ce doit être sir George.

Il voulut la reprendre dans ses bras, mais elle lui résista de toutes ses forces, soudain rigide, inflexible. Il hésita un moment, puis finit par la lâcher avec un léger haussement d'épaules. Elle se détourna sans un mot et, derrière elle, il sortit de la maisonnette et, à travers les arbres, regagna la route.

12

Le chemin de retour jusqu'à Hambourg fut couvert à vive allure. Anna était blottie dans le coin du siège arrière, les yeux fermés ; Chavasse et sir George conversaient.

— Vous ne pouvez savoir à quel point je vous suis reconnaissant, dit Chavasse.

Sir George renifla bruyamment.

— Ça n'est rien, mon vieux. Comme je vous l'ai déjà dit, je suis toujours heureux de vous donner un coup de main. Je dois dire que vous êtes en piteux état.

Chavasse eut un petit sourire grimaçant.

— Il faut avouer que je me suis retrouvé en assez mauvaise compagnie.

— Du nouveau, dans l'affaire Schultz ?

— J'ai réussi à découvrir que Schultz lui-même est mort depuis plusieurs mois. Quant au manuscrit, c'est apparemment la sœur de Muller qui le détient.

— Savez-vous où la trouver ?

— Non, pas encore. De toute façon, je dois m'occuper pour l'instant de questions plus importantes. J'aimerais que nous déposions d'abord miss Hartmann chez elle. Nous continuerons ensuite jusqu'à *l'Atlantic*. J'ai pris la liberté de donner rendez-vous dans votre appartement à un agent des Services secrets allemands. J'espère que vous n'y voyez pas d'inconvénient ?

— Pas le moindre, dit sir George. Il faut que la situation se complique pour que vous ayez résolu de faire appel aux Allemands.

Chavasse hocha la tête.

— Il s'agit d'une nouvelle affaire que je viens de découvrir et qui concerne certains personnages très importants. Étant donné les circonstances, je ne peux malheureusement pas vous en parler avant d'avoir vu cet homme des Services secrets allemands. De fait, c'est une affaire qui les concerne directement.

— Je comprends très bien, dit cordialement sir George. Après tout, il faut agir dans les formes et les continentaux sont toujours si susceptibles ! Rappelez-vous simplement que je suis toujours prêt à vous aider de mon mieux.

Il soupira.

— Le moment venu, Chavasse, je regretterai de reprendre une

petite vie bien tranquille. Cette randonnée avec vous m'a ragaillardi.

Chavasse sourit et chercha, pour son corps douloureux, une position plus confortable. Il ferma les yeux pour penser à Anna et à ce qu'elle lui avait dit. Était-ce vraiment exact ? Était-il en fait une espèce de mercenaire du vingtième siècle qui aimait cette activité pour elle-même ? A cette question, il ne pouvait pas vraiment répondre. Il n'était même pas convaincu que d'être ce genre d'homme fût tellement répréhensible.

Il y songeait encore en arrivant à Hambourg. Sir George gagna directement le centre de la ville, traversa l'Alster sur le Lombardsbrucke et, à partir de là, Chavasse lui indiqua le chemin. Il était près de 6 heures moins le quart quand ils s'engagèrent dans la petite rue tranquille et vinrent s'arrêter devant l'immeuble qu'habitait Anna.

Elle sommeillait encore lorsque Chavasse descendit et ouvrit la portière arrière. Il lui toucha le bras et, aussitôt, elle ouvrit les yeux, le regarda d'abord sans le voir, puis lui sourit.

— Je te demande pardon, je suis si lasse que je dormirais bien toute une semaine d'affilée.

Elle se retourna vers Sir George.

— Permettez-moi de me joindre à Paul pour vous remercier. Je ne sais ce que nous serions devenus sans votre aide.

Il retint un instant sa main ; son visage exprimait une vive admiration.

— Vous êtes une jeune femme extrêmement courageuse. C'est pour moi un plaisir et un privilège d'avoir pu vous être utile.

Elle rougit fortement et descendit de la voiture sans répondre. Chavasse l'accompagna jusqu'à la porte.

— Je ne veux pas que tu bouges d'ici jusqu'à ce que je revienne, dit-il. Ce sera peut-être assez tard : il faut que je débrouille cette affaire Hauptmann.

Elle paraissait soudain très fatiguée.

— Je crois que je ne pourrais aller nulle part, même si j'en avais envie. J'ai l'intention de boire quelque chose de chaud avant d'aller m'étendre un peu.

Il lui posa sur les lèvres un baiser léger.

— Ce n'est qu'un acompte. Une fois cette affaire réglée, nous allons avoir une conversation sérieuse à propos de l'avenir, tu m'entends ?

Elle était trop lasse pour discuter.

— Comme tu voudras, Paul.

Elle monta les marches qui menaient à la porte d'entrée. Au moment de l'ouvrir, elle se retourna et lui sourit. Ce sourire le pénétra jusqu'au cœur et il fut envahi d'un douloureux désir de la serrer dans ses bras. Une minute ou deux, il demeura immobile, les yeux fixés sur la porte qu'elle venait de refermer ; puis il revint vers la voiture.

— Une jeune femme vraiment remarquable, dit sir George en démarrant. Et jolie, qui plus est.

— Eh bien d'autres choses, encore.

Sir George sourit.

— Me tromperais-je ou y a-t-il de l'amour dans l'air ?

Chavasse hocha la tête.

— Vous ne vous trompez pas. J'ai l'intention d'abandonner le métier dès que cette affaire Schultz aura été débrouillée.

— Vous avez tout à fait raison, approuva sir George. On ne peut pas tenir le coup éternellement.

C'était là une perspective qui donnait à réfléchir. Chavasse passa en revue par la pensée quelques-uns de ceux qu'il avait connus au cours de ses cinq années de travail avec le Bureau. C'est une faiblesse commune à l'humanité tout entière que de croire qu'on est plus habile et plus malin que le voisin, que rien ne peut vous arriver.

Combien en avait-il connu — et des types intelligents, débrouillards — qui n'étaient pas revenus d'une mission ! Un de ces jours, ce serait son tour : tôt ou tard, on commettait toujours une erreur. C'était de bonne logique d'abandonner la partie pendant qu'il en était temps encore. Il y pensait encore quand ils arrivèrent à *l'Atlantic*.

Sir George avait son appartement au deuxième étage du célèbre hôtel. En montant dans l'ascenseur, il consulta sa montre d'un œil inquiet.

— Je crains bien de devoir vous laisser recevoir seul votre homme des Services secrets allemands. J'ai un rendez-vous à 7 heures. J'ai à peine le temps de me changer pour me mettre en tenue de soirée.

Une idée vint brusquement à l'esprit de Chavasse qui demanda d'un ton indifférent :

— Assistez-vous à la réception et au bal que donne Kurt Nagel en l'honneur des délégués à la Conférence de la Paix ?

Sir George haussa les sourcils, l'air surpris.

— Oui, mais comment le savez-vous ?

— J'ai dû le lire dans un journal.

— Je crois que la conférence, dans son ensemble, doit son succès à Nagel plus qu'à aucun autre, dit sir George en ouvrant la porte de son appartement. Vous savez qui il est ?

— Non, pas très bien, mais il est vrai que, jusqu'à ces derniers jours, j'avais plus ou moins perdu tout contact avec les milieux allemands.

Sir George l'invita à se servir à boire et disparut dans sa chambre. Chavasse examina les bouteilles posées sur la desserte, se versa un cognac, prit une cigarette dans un coffret d'argent et s'installa confortablement dans un fauteuil. Il allait prendre un journal quand le téléphone sonna.

En portant le récepteur à son oreille, il reconnut aussitôt la voix d'Anna. Elle paraissait surexcitée.

— C'est toi, Paul ?

— Qu'y a-t-il ? Que s'est-il passé ?

— Il y a environ dix minutes, le concierge m'a monté un paquet. Il était arrivé au courrier de ce matin. En défaisant le premier emballage, j'ai trouvé à l'intérieur une lettre et un paquet cacheté.

Avec un sentiment de triomphe, il sut ce qu'allait être la réponse d'Anna à la question qu'il allait lui poser. Il le sut même avant de l'avoir formulée.

— Laisse-moi deviner... la lettre était de Katie Holdt ?

— Tu tombes juste du premier coup. Elle me dit qu'elle a dû s'absenter pour quelque temps et me demande de lui garder le paquet. En fin de compte, je n'ai pas tout à fait perdu mon temps au *Taj Mahal.* Si j'apprends qu'il lui est arrivé quelque chose, je dois envoyer le paquet aux autorités de Bonn.

— Inutile de te demander si tu l'as déjà ouvert, dit Chavasse.

Elle rit.

— Bien sûr... En ma qualité de femme, je ne puis être que d'une insatiable curiosité. Schultz a l'air d'avoir une bonne écriture. Si ça t'intéresse, il y a plus de quatre cents pages bien remplies. Ça doit être d'une lecture passionnante. Veux-tu que je te l'apporte ?

— Non, reste chez toi. Il faut encore que je m'occupe de cette affaire Hauptmann. Von Kraul n'est pas encore là. Je te retrouve dès que je peux. En attendant, récupère donc un peu de ce sommeil dont tu me disais avoir tant besoin.

Elle étouffa un petit rire.

— Il n'en est plus question. Je ne me suis jamais sentie aussi éveillée. J'ai l'intention de m'installer sur le divan avec un bon livre en attendant ton retour.

Il raccrocha et, en se retournant, vit sir George qui ajustait sa cravate, debout sur le seuil de sa chambre.

— Je présume que la communication ne m'était pas destinée ? dit-il.

— Non, fit Chavasse. C'était Anna. Vous n'allez peut-être pas me croire, mais le manuscrit est retrouvé.

— C'est extraordinaire ! dit sir George. Comment est-ce arrivé ?

Chavasse le mit au courant.

— Je pense que la sœur de Muller a été prise de panique et qu'elle a décidé de s'éclipser pendant quelque temps. Elle a dû penser qu'en laissant le manuscrit à Anna, elle risquait moins d'être supprimée par l'adversaire, si celui-ci la retrouvait. Elle pourrait toujours user du vieux truc : dire que les autorités recevraient automatiquement le manuscrit s'il lui arrivait quelque chose.

— Oui, sûrement. Ce doit être ça.

Sir George enfila son pardessus en soupirant.

— Je voudrais bien ne pas être obligé d'aller à cette satanée réception juste au moment où ça devient passionnant. J'espère que vous me laisserez jeter un coup d'œil sur le manuscrit avant de le remettre aux autorités.

— Je pense que ce sera faisable.

— Et maintenant, il faut que je me dépêche, dit sir George. N'hésitez pas à commander par téléphone tout ce dont vous aurez besoin.

Quand il fut parti, Chavasse se versa un autre cognac. Il se sentait envahi d'une indicible exaltation. La mission était pratiquement terminée. Rapporter le manuscrit à Londres n'était plus qu'une question de routine. Restait seulement l'affaire Hauptmann. Certes, c'était aux Services allemands de s'en occuper mais il tenait cependant à veiller personnellement à ce que Steiner et Nagel eussent le sort qu'ils méritaient. Il finissait son cognac lorsque l'on frappa à la porte. Il se leva et alla ouvrir.

L'homme qui se tenait sur le seuil paraissait avoir dépassé de peu la cinquantaine. Il avait une canne à la main et portait un pardessus bleu marine à col de fourrure. Son visage rond avait une expression bienveillante ; les yeux et le menton étaient un peu bouffis, comme souvent chez les gros mangeurs. Des lunettes sans monture complétaient assez bien l'image de l'homme d'affaires allemand moyen. Seuls, les yeux, pénétrants, calculateurs, toujours en mouvement, le trahissaient au regard d'un observateur averti.

— Herr Chavasse, j'imagine ? dit-il en allemand. Je suis le colonel von Kraul.

— Comment m'avez-vous reconnu ? demanda Chavasse, en refermant la porte derrière l'Allemand.

Von Kraul s'assit dans un fauteuil, en souriant.

— Nous avons un dossier sur vous dans nos fichiers. J'ai beaucoup entendu parler de vous, mon cher. Père français, ancien chargé de cours d'Université, le don des langues. Vous avez connu une assez étonnante réussite depuis vos débuts dans ce... métier un peu particulier. C'est pourquoi je suis venu aussitôt après ma conversation téléphonique avec un ami commun de Londres. Je ne pense pas que ce soit pour des broutilles.

— Vous allez en juger par vous-même, dit Chavasse d'un ton grave. Quelle importance attribueriez-vous à Hauptmann, pour l'avenir de l'Allemagne ?

Von Kraul était en train d'allumer un long « manille » noir. Il hésita une fraction de seconde avant de poursuivre. Quand le « manille » fut bien allumé, il demanda :

— Heinrich Hauptmann, l'homme politique ?

Il haussa légèrement les épaules.

— Personne n'est indispensable mais, dans le contexte actuel de la politique allemande, Hauptmann pourrait l'être plus que quiconque.

— On doit l'assassiner ce soir à 9 heures et quart, dit Chavasse.

Von Kraul le dévisagea longuement sans sourciller ; puis il consulta sa montre.

— Il est 7 heures précises. Cela nous laisse deux heures et quart, Herr Chavasse. Le mieux est que vous me mettiez au courant de tout le plus rapidement possible.

Chavasse alluma une cigarette et se leva.

— Connaissez-vous un certain Kurt Nagel ?

— Le magnat de l'acier ? précisa von Kraul avec un signe affirmatif. C'est un personnage très connu de la vie de Hambourg. Il a une très grosse fortune et c'est un grand philanthrope. Il donne ce soir, chez lui, à Blankenese, une réception en l'honneur des délégués à la Conférence de la Paix.

— A laquelle Hauptmann a également été invité à prononcer un discours, ajouta Chavasse.

Pour la première fois, von Kraul perdit un peu de son calme.

— Prétendriez-vous que Nagel est mêlé à cette histoire ?

— Oui, dit Chavasse. Il occupe un poste-clé dans le réseau nazi clandestin. Je ne sais pas combien il a d'hommes sous ses ordres, mais je peux vous donner les noms de ses deux principaux adjoints.

— Je vous écoute, fit von Kraul. Je suis sûr que c'est fort intéressant.

— Un médecin nommé Kruger, qui dirige une clinique à Blankenese, et un inspecteur de police de Hambourg, du nom de Steiner.

Von Kraul se leva, alla jusqu'à la table où étaient les bouteilles et, d'une main ferme, se versa une bonne rasade de cognac. Il l'avala d'un trait et contempla d'un œil méditatif le fond de son verre.

— Si quelqu'un d'autre m'avait raconté une pareille histoire, je ne l'aurais sûrement pas cru. Vous avez de la chance, mein Herr, de vous appeler Paul Chavasse.

— C'est Hauptmann qui a de la chance, voulez-vous dire.

Von Kraul regagna son fauteuil.

— Comment le meurtre doit-il se passer, exactement ? demanda-t-il.

Chavasse ferma les yeux et retourna en esprit dans la chambre du château de Berndorf où Muller était mort. C'était un vieux truc qui lui avait déjà rendu bien des services.

— Je vais essayer de me rappeler mot pour mot les instructions de Nagel, dit-il.

Il parla lentement, n'omettant aucun détail, et quand il se tut, von Kraul demeura assis dans son fauteuil, les mains croisées sur la poignée de sa canne, les yeux fixés sur le mur en face de lui. Il finit par demander :

— Steiner sera là-bas tout seul. Vous en êtes bien sûr?

— C'est là l'essence même du plan. La simplicité.

— Et un plan très simple peut toujours être contrarié avec la même simplicité, dit von Kraul. N'est-ce pas logique, Herr Chavasse ?

— A quoi pensez-vous, exactement ?

Von Kraul haussa les épaules.

— Je songeais qu'il serait préférable d'éviter le scandale, surtout s'il doit souligner que les nazis sont toujours aussi actifs et puissants. Nos amis communistes en feraient des gorges chaudes.

— Jusqu'ici, je vous suis, mais où cela nous mène-t-il ?

— Jusqu'au parc de la propriété de Herr Nagel à Blankenese, dit tranquillement von Kraul. Il me semble que deux hommes bien décidés pourraient facilement liquider cette affaire. Et, mon cher ami, si cela vous intéresse...

Chavasse se leva lentement, tandis qu'un sourire éclairait son visage.

— Vous avez fichtrement raison : ça m'intéresse.

— Alors, si nous buvions à notre succès ?

Chavasse remplit deux verres de cognac et lui en tendit un. Von Kraul, en silence, le leva très haut avant de le vider. En le posant sur la table, il constata :

— Savez-vous, mon cher ami, qu'il y a des trous considérables dans votre histoire ? Par nature, je suis un homme d'ordre. Et, comme la nature, j'ai horreur du vide. Il m'intéresserait énormément de savoir comment vous avez été amené à faire la connaissance de Nagel et de ses amis.

Chavasse était en train d'enfiler le paletot de chasse qu'il avait pris à l'auberge de Berndorf. Il dit avec un charmant sourire :

— Allons, colonel, vous êtes trop avisé pour me poser une pareille question.

Von Kraul se leva en soupirant.

— Après tout, mon cher ami, nous sommes censés être alliés. Comme il serait plus simple d'être absolument francs l'un avec l'autre...

Il ouvrit la porte.

— Nous partons ?

Sa voiture était une Porsche conduite intérieure et il la mania avec une grande habileté à travers la circulation intense du centre de la ville, avant de traverser l'Alster sur le Lombardsbrucke.

Chavasse consulta sa montre. Il était un peu plus de 7 heures et demie. Il se retourna vers son compagnon :

— Combien nous faudra-t-il pour arriver chez Nagel ?

— Vingt minutes, peut-être même une demi-heure, dit von Kraul. Certainement pas davantage.

Chavasse prit rapidement sa décision.

— J'aimerais passer chez une amie, si cela ne vous fait rien.

Simplement pour lui dire que je rentrerai un peu plus tard que prévu.

Von Kraul eut un petit rire.

— Une dame, hein ? Vous en aurez pour longtemps ?

— Une minute ou deux, pas plus, je vous le promets. C'est d'ailleurs sur notre chemin.

Quand Chavasse lui eut donné l'adresse, von Kraul s'abstint de tout autre commentaire et ils parcoururent en silence les rues animées. C'était une belle soirée d'automne et la pluie avait cessé. Chavasse baissa la vitre et alluma une cigarette. Il se sentait soudain détendu. Il lui arrivait ainsi, de temps en temps, d'avoir l'impression que tout allait suivant ses désirs, que la mission était sur le point de se conclure exactement comme il le voulait.

La Porsche freina et s'arrêta devant l'immeuble d'Anna. Il descendit, étonnamment heureux, et, par la portière, sourit à von Kraul.

— J'en ai pour deux minutes.

Von Kraul lui rendit son sourire, le « manille » toujours entre les dents.

— Prenez votre temps, mon cher. Raisonnablement, bien sûr.

Chavasse monta l'escalier quatre à quatre, sonna chez Anna et attendit en fredonnant doucement. Il n'y eut pas de réponse et, au bout d'un moment, il sonna de nouveau ; toujours sans résultat. Il essaya d'ouvrir la porte mais elle était fermée à clef. Il fronça les sourcils et sonna encore une fois, appuyant un long moment : peut-être était-elle dans son bain.

Alors seulement, il sentit la peur le gagner. Il frappa à plusieurs reprises en criant son nom mais en vain et il prit conscience du silence bizarre qui régnait dans toute la maison.

Il descendit et frappa à la porte du concierge, dans le vestibule. Il n'obtint d'abord aucune réponse mais, quand il eut donné un violent coup de pied dans le battant, il entendit des pas hésitants s'approcher lentement.

La porte s'entrebâilla, le concierge passa la tête.

— Oui, mein Herr, qu'y a-t-il pour votre service ?

— Miss Hartmann, dit Chavasse. La jeune femme du premier. Elle ne m'a pas ouvert.

Le concierge était un homme d'âge moyen, avec des yeux bleus larmoyants, un visage bouffi et ridé. Il haussa les épaules.

— Ça n'a rien d'étonnant, mein Herr. Fräulein Hartmann est sortie il y a près d'une heure.

Chavasse donna dans la porte un tel coup d'épaule que le concierge fut projeté à l'autre bout de la pièce où il alla s'écraser contre le mur. Un petit cri apeuré salua l'entrée de Chavasse et une femme aux cheveux gris se renversa dans son fauteuil, une main sur la bouche.

Chavasse agrippa le concierge terrifié par le devant de la chemise et l'attira tout contre lui.

— Vous mentez ! cria-t-il. Il se trouve que je sais que rien au monde n'aurait pu la contraindre à quitter son appartement en ce moment.

Il gifla l'homme du dos de la main.

— Où est-elle?

La tête de l'homme se balança faiblement comme une toupie en fin de course.

— Je ne peux pas vous le dire, mein Herr. Si je vous le dis, c'est ma vie qui est en jeu.

Chavasse le gifla de nouveau, sauvagement, de toutes ses forces. La femme se précipita de l'autre bout de la loge et s'accrocha à son bras.

— Laissez-le tranquille. Je vous dirai tout, mais ne le frappez plus. Il est malade. Il a été blessé à Stalingrad.

Chavasse poussa le concierge dans un fauteuil et se tourna vers la femme.

— Très bien, dites-moi tout et tâchez que ça ait l'air vrai.

Elle ouvrait la bouche pour parler quand son mari dit d'un ton apeuré :

— Pour l'amour du ciel, tais-toi. Rappelle-toi de quoi il nous a menacés si nous parlions.

— Je sais ce que je fais, Willi, dit-elle en se retournant vers Chavasse. Il y a environ vingt minutes, une voiture s'est arrêtée devant la maison. Il y avait deux hommes dedans. Un seul est descendu.

— Comment le savez-vous ?

— Je les ai vus de ma fenêtre. Celui qui est entré a frappé à notre porte. C'est mon mari qui a ouvert. Il voulait connaître le numéro de l'appartement de Fräulein Hartmann. Quelques minutes après, nous avons entendu un cri et, quand nous sommes sortis dans le vestibule, il lui faisait descendre l'escalier.

Chavasse ferma les yeux un instant et respira profondément.

— Pourquoi n'avez-vous pas appelé la police ?

— Il nous a menacés, mein Herr, dit-elle avec simplicité. Il nous a dit qu'il veillerait pour le moins à ce que mon mari perde sa place.

— Et vous l'avez cru ? demanda Chavasse, écœuré.

Elle hocha la tête.

— Ces gens-là sont assez puissants pour faire n'importe quoi, mein Herr. Ils sont tout autour de nous. Quelle chance avons-nous, nous autres, pauvres malheureux, de pouvoir lutter contre eux ? Ils nous ont possédés pour nous faire faire la dernière guerre... ils nous forceront encore à nous battre avant longtemps.

Il se détourna, saisi soudain d'une haine illogique pour tout ce qui était allemand. Elle le suivit jusqu'à la porte, lui tendit une clef.

— C'est un passe-partout, mein Herr. Peut-être aimeriez-vous examiner l'appartement ?

Il la lui prit sans un mot et remonta lentement l'escalier. Il se sentait complètement anéanti. Il ouvrit la porte, entra, alluma l'électricité.

Elle s'était bien défendue, il n'y avait pas de doute là-dessus. Le tapis était tout retourné, la table, au centre de la pièce, était renversée, le téléphone à terre. Près de la fenêtre, la table et le fauteuil étaient à leur place habituelle ; le livre et le cahier d'hébreu étaient ouverts : on eût dit qu'elle travaillait encore l'instant d'avant et qu'elle était simplement sortie de la pièce pour une minute.

Il alla jeter un coup d'œil dans la chambre. Elle s'était certainement changée en rentrant ; du linge était jeté en désordre sur le lit. Il ramassa un bas nylon tombé sur le sol et le garda entre ses mains, les yeux fixes, aveugles. Au bout d'un moment, il le laissa tomber sur le lit, revint dans la salle de séjour et y trouva le colonel von Kraul qui relevait la table renversée.

13

— Vous tardiez tellement, dit von Kraul en ramassant le téléphone pour le replacer sur la table, que je me suis inquiété. Votre amie est sortie ?

Chavasse hocha lentement la tête.

— Oui, et j'ai bien peur qu'elle ne revienne pas.

— On dirait qu'il y a eu de la bagarre, dit l'Allemand. Ne croyez-vous pas, mon cher, que vous devriez me mettre au courant ? Je présume qu'il y a un certain rapport avec l'affaire dont nous nous occupons.

Chavasse s'assit et se prit la tête entre les mains. Au bout d'un long moment, il leva les yeux.

— Il ne semble plus très indiqué que je garde le secret maintenant, dit-il.

— Non, en effet. Et par ailleurs, je peux être en mesure de vous aider.

Chavasse secoua tristement la tête.

— Je ne sais trop pourquoi, mais je ne le crois pas.

Il se leva, alla jusqu'à la fenêtre et plongea le regard dans la rue qui s'obscurcissait.

— Je suis venu en Allemagne pour trouver Caspar Schultz. Nous avions entendu dire qu'il était vivant et qu'il avait écrit ses mémoires.

Les yeux de von Kraul se rétrécirent légèrement mais le reste de son visage resta calme. Seules, les jointures de ses mains blanchies par la violence de l'étreinte sur la poignée de sa canne témoignèrent de son émotion devant la révélation de Chavasse.

— Et ces informations étaient exactes ?

— Pour l'essentiel... Schultz est mort, il y a quelques mois, dans un village du Harz. Il semble qu'il ait presque toujours vécu au Portugal, depuis la fin de la guerre. Son valet de chambre, un certain Muller, s'empara du manuscrit de ses mémoires pour tenter de s'en faire un peu d'argent. Il s'adressa à une firme d'édition allemande et mit ainsi à ses trousses le réseau nazi clandestin. Il essaya alors d'entrer en rapport avec une maison anglaise... c'est ainsi que nous sommes entrés en contact avec lui.

— Vous l'avez rencontré ?

— Oui, j'étais là quand Steiner et un autre homme l'ont battu à mort dans le château de Nagel, à Berndorf.

— Tout cela commence à me paraître bien compliqué, dit von Kraul. Et que vient faire dans l'histoire cette jeune femme que vous espériez retrouver ici ?

— Elle travaillait pour un organisme israélien non officiel. Le genre de gens qui ont retrouvé la trace d'Eichmann et l'ont enlevé d'Argentine.

— Je vois, fit von Kraul d'un ton sarcastique. Elle et ses amis étaient également sur la piste de Schultz. Il semblerait que tout le monde ait été au courant de l'affaire… tout le monde, sauf les Services secrets allemands.

— Elle m'a téléphoné à *l'Atlantic*, il y a une heure ou deux, poursuivit Chavasse. Sans entrer dans les détails, je puis vous dire qu'en rentrant chez elle ce soir, elle y avait trouvé le manuscrit de Schultz.

— Selon toute probabilité, c'est ce que cherchait l'adversaire en venant ici.

Chavasse fit un signe de dénégation.

— Non, ils cherchaient simplement Anna. C'est un coup de chance pour eux qu'elle se soit trouvée en possession du manuscrit.

— Ce doit être d'une lecture intéressante.

— D'après ce que j'ai compris, Schultz lavait abondamment son linge sale en public et citait plusieurs noms. Des personnages qui ont toujours prétendu n'avoir jamais vraiment pris le parti d'Hitler… des personnages importants.

— Y compris Nagel probablement.

— Il devait y avoir un chapitre entier pour lui seul, dit amèrement Chavasse.

Le téléphone sonna brusquement et Chavasse décrocha.

— Qui est à l'appareil ? demanda-t-il, tout en sachant très bien à qui il avait affaire.

La voix de Steiner, grasse et moqueuse, lui parvint dans l'écouteur.

— Question vraiment superflue. Vous vous attendiez sûrement à mon appel ?

— Comment saviez-vous que j'étais ici ?

— J'ai fait surveiller l'endroit constamment depuis votre départ, dit Steiner, d'un ton plein d'assurance.

— Assez grenouillé comme ça, venons-en au fait. Qu'avez-vous fait de la jeune fille ?

Steiner eut un rire dur et cassant.

— Vous savez que vous n'êtes pas aussi intelligent qu'on avait voulu me le faire croire, Chavasse. Vous nous avez permis de vous suivre depuis Berndorf jusqu'à l'appartement de la petite. Grosse négligence de votre part.

— Vous avez le manuscrit. Que voulez-vous de plus ?

— Ah oui, le manuscrit. Providentiel qu'elle l'ait eu en sa possession, lors de notre visite. Je suis persuadé qu'il vous intéressera de savoir que je viens de le réduire en cendres dans la chaudière de l'établissement d'où je vous téléphone. Une belle flambée.

Chavasse s'assit. La sueur lui perlait au front et la pièce lui semblait insupportablement étouffante. Il s'éclaircit la voix.

— Vous avez ce que vous vouliez. Pourquoi ne relâchez-vous pas la jeune fille ? Elle ne peut plus rien contre vous.

— Mais c'est exactement ce que j'ai l'intention de faire. Avec votre collaboration, bien entendu.

Von Kraul était accroupi auprès de Chavasse, l'oreille aussi proche que possible du récepteur. Ses yeux semblaient vides de toute expression.

Chavasse s'humecta les lèvres.

— Que voulez-vous que je fasse ?

— Je suis heureux de vous trouver raisonnable, dit Steiner. Pour être tout à fait franc, vous nous avez bien embêtés, Chavasse. Nous aimerions bien vous savoir hors d'Allemagne. Maintenant que l'affaire Schultz est terminée, rien ne vous retient plus ici. Un avion quitte l'aérodrome à 10 heures en direction de Londres. Si vous nous donnez votre parole de ne plus nous importuner, la petite et vous pourrez partir par cet avion.

— Comment saurai-je si je peux vous faire confiance ?

— Je ne peux pas vous en donner la preuve mais, si vous avez envie de courir la chance, trouvez-vous à 9 heures devant la gare d'Altona. Une voiture viendra vous y prendre et vous conduira jusqu'à la petite.

— Plus vraisemblablement, elle me conduira jusqu'à une bonne petite tombe bien discrète.

— Comme il vous plaira, dit froidement Steiner. Mais décidez-vous rapidement. Je n'ai pas de temps à perdre.

Chavasse jeta un coup d'œil vers von Kraul. Il y avait soudain de la pitié dans les yeux de l'Allemand. Chavasse s'essuya le front du dos de la main et demanda, en désespoir de cause :

— Comment puis-je savoir que la jeune fille est encore en vie ?

— Jugez-en par vous-même.

A l'autre bout du fil, il entendit un murmure de conversation, puis la voix d'Anna, claire et calme, mais comme lointaine.

— C'est toi, Paul ?

Il avait la gorge serrée et il eut du mal à parler.

— Anna, je te demande pardon. J'ai fait un beau gâchis.

— Ne les écoute pas, chéri, dit-elle tranquillement. Ils veulent te tuer.

Il y eut un brusque tumulte. Elle poussa un cri au moment où on lui arrachait l'appareil. Chavasse entendit le bruit confus d'une lutte, puis la voix rauque de Steiner : « Arrêtez-la, imbécile ! Elle va passer par la fenêtre. »

Il entendit un fracas de verre brisé suivi presque aussitôt de trois coups de feu, si rapprochés que, pour toute autre oreille que celle d'un expert, ils n'en eussent fait qu'un seul.

Chavasse se leva, le récepteur collé à l'oreille ; il était comme pétrifié. Il y eut un léger déclic à l'autre bout du fil et la voix de Steiner dit calmement :

— Rien ne va plus, Chavasse. Il semble que nous n'ayons plus rien à discuter.

Chavasse laissa retomber le récepteur sur son support. Il avait l'impression, tout à coup, d'être paralysé. Une main se posa sur son épaule.

— Je crois, mon cher, dit von Kraul, que vous feriez bien de vous asseoir.

Lentement, Chavasse repoussa la main de l'Allemand.

— Ça va aller. Donnez-moi une minute, pas davantage.

Il traversa la pièce en titubant et passa dans la cuisine. Désespérément, il fouilla les placards jusqu'à ce qu'il eût trouvé une demi-bouteille de Vodka polonaise. Il arracha le bouchon avec les dents et renversa la tête en arrière.

L'alcool se fraya un chemin brûlant jusqu'à son estomac. Il se mit à tousser et se pencha sur l'évier. Au bout d'un moment, von Kraul apparut à ses côtés.

— Vous sentez-vous un peu mieux ?

Chavasse se retourna et le regarda fixement.

— Elle l'a fait exprès. Elle l'a forcé à l'abattre. De cette manière, elle résolvait le problème à ma place.

— Ce devait être une jeune femme incomparable, dit le colonel von Kraul.

Dans sa fureur impuissante, Chavasse brisa la bouteille contre l'évier et saisit von Kraul par les revers de son pardessus.

— Je ne désire qu'une chose : mettre mes mains sur la gorge de Steiner, et serrer, serrer... Je me fous de ce qui m'arrivera ensuite.

Von Kraul se dégagea doucement.

— Alors, je vous suggère de partir. Nous n'avons plus beaucoup de temps.

Chavasse le suivit sans un mot. Il avait toujours l'impression que son esprit était paralysé, de sorte que le spectacle et le bruit de la rue, tandis qu'ils roulaient vers Blankenese, n'avaient aucun sens pour lui.

A travers le pare-brise, il ouvrait sur la nuit des yeux fixes et il se rappelait que, la dernière fois qu'il avait parcouru cette route, Anna était auprès de lui. En entrant dans Blankenese et en passant devant la gare, il tourna les yeux dans la direction de l'Elbe : il se rappelait le café sur le Strandweg, les lumières dans l'eau, le corps d'Anna entre ses bras, les projets qu'ils avaient faits. Tout cela lui faisait l'effet de n'être jamais arrivé, comme un rêve déjà oublié à demi et qui s'effaçait rapidement : il voulut retrouver une image nette d'Anna et s'aperçut qu'il ne le pouvait pas.

La maison de Nagel était une vaste demeure imposante dont le parc descendait jusqu'à l'Elbe. La route qui passait devant la grille d'entrée était bordée de voitures en stationnement. Von Kraul continua de rouler et tourna dans un petit cul-de-sac ; il arrêta la voiture et éteignit les phares.

— La terrasse de la salle de réception se trouve derrière la maison et donne sur la rivière, dit-il. Dans la haie il y a un portillon, qui sert surtout pour le service. C'est par là qu'on peut rentrer sans risquer d'être remarqués.

Il trouva sans difficulté le portillon et, Chavasse à sa suite, traversa la vaste pelouse jusqu'aux abords de la maison. Elle était toute illuminée et plusieurs fenêtres étaient entrouvertes : Chavasse entendit une rumeur de conversation et, de temps à autre, un éclat de rire insouciant.

La terrasse s'élevait de près de deux mètres au-dessus du jardin et des massifs de rhododendrons la bordaient sur toute sa longueur. Les rideaux étaient tirés sur les portes-fenêtres de la salle de réception mais, ici et là, un rai de lumière filtrait dans l'air froid de la nuit.

Ils virent la table et la chaise disposées à l'extrémité nord de la terrasse. Ils se faufilèrent dans les buissons jusqu'à ce qu'ils fussent exactement au-dessous, et von Kraul remarqua :

— C'est simple, mais extrêmement habile. Steiner peut tirer d'ici pratiquement à bout portant sans cependant risquer d'être vu si quelqu'un d'autre apparaissait à l'improviste sur la terrasse.

Chavasse consulta sa montre sans répondre. Il était 9 heures moins le quart. Il s'accroupit sous les buissons, près de von Kraul, et attendit. Il se sentait soudain très calme. Dans l'obscurité, un vent léger apportait l'odeur de la rivière et il perçut clairement le bruit du moteur d'un bateau qui allait vers l'aval.

Avant von Kraul, il entendit arriver Steiner. Il se leva et sortit les mains des poches. Ils étaient debout l'un près de l'autre, dans l'ombre des arbustes, et Steiner s'arrêta à moins de cinquante centimètres d'eux.

Un rai de lumière filtrait par la fente d'un rideau et descendait obliquement jusqu'au sol. Steiner mit un genou en terre, sortit un pistolet et en vérifia rapidement le mécanisme dans la petite tache lumineuse. C'était un Mauser, muni d'un silencieux à l'extrémité du canon.

Chavasse dit doucement :

— Bonsoir, charogne.

Avant que Steiner ait eu le temps de réagir, Chavasse fit sauter le Mauser d'un coup de pied.

Steiner se releva lentement et ses dents brillèrent dans la pénombre. Il avait un sourire triste et résigné.

— J'ai su que vous nous causeriez des ennuis dès la première fois que je vous ai vu, dans le train. J'aurais dû vous flanquer un pruneau entre les deux yeux, hier, à Berndorf, mais Nagel avait envie de s'amuser un peu.

Il éclata d'un rire dur.

— En tout cas, je me suis occupé de votre petite amie... une balle dans le dos, deux dans le ventre.

Aveuglé par la rage qui s'emparait de lui, Chavasse lança son pied vers le bas-ventre de Steiner mais celui-ci reçut le coup sur la cuisse et riposta d'un direct qui atteignit Chavasse à la joue droite et fit jaillir le sang à l'endroit où il avait été blessé.

Une souffrance aiguë lui parcourut tout le corps. Rageusement, il lança en avant le tranchant de sa main et atteignit Steiner sur le côté du cou. Steiner perdit l'équilibre, tomba sur lui et ils s'écroulèrent ensemble. Chavasse se retrouva sous son rival et il sentit ses mains énormes se nouer sur sa gorge. Bandant ses muscles, il lui retourna les deux petits doigts.

Steiner poussa un grognement de douleur et relâcha son étreinte. De la paume, Chavasse repoussa en arrière la tête du policier et lui serra le cou jusqu'au moment où Steiner roula sur le dos, immobile, le visage dans la tache de lumière.

Chavasse s'avançait, les mains toujours tendues vers la gorge de l'Allemand pour achever de l'étrangler, quand une main gantée sortit de l'ombre, tenant le Mauser. Le silencieux placé à l'extrémité du canon s'appliqua sur l'oreille droite de Steiner ; il y eut une petite toux étouffée. Le corps de Steiner eut un tressautement et le sang jaillit des yeux et des narines.

Chavasse se releva, pris d'une brusque faiblesse. Avant qu'il pût parler, von Kraul murmura :

— Attention. Voilà quelqu'un.

Ils se glissèrent et s'accroupirent sous les arbustes. Une des portes-fenêtres s'était ouverte, puis refermée. Ils entendirent des pas traverser la terrasse.

— Vous êtes là, Steiner ? murmura Nagel , en se penchant sur la balustrade, dans l'obscurité.

Chavasse n'eut pas le temps de bouger : von Kraul se leva et abattit Nagel d'un coup tiré à bout portant entre les deux yeux. Il dut être tué instantanément et tomba par-dessus la balustrade ; le corps glissa, la tête la première, entre les arbustes.

— Maintenant, mon cher, il faut faire vite, dit von Kraul.

Il s'agenouilla et replia sur la crosse du Mauser les doigts de la main droite de Steiner.

Puis il se releva et donna à Chavasse une légère poussée.

— Je crois à présent qu'il vaut mieux laisser les événements suivre leur cours.

Tandis qu'ils traversaient la vaste pelouse, la pluie se mit à tomber et ils suivirent rapidement le sentier, passèrent le portillon ménagé dans la haie et remontèrent en voiture. Von Kraul reprit le chemin qu'ils avaient suivi à l'aller et, passant devant la gare de Blankenese, ils continuèrent vers Hambourg.

Devant une brasserie qui faisait l'angle de deux rues, von Kraul freina et arrêta la voiture.

— Je crois, mon cher ami, dit-il, que nous pouvons nous permettre de nous offrir un verre. Nous l'avons bien gagné.

Chavasse approuva d'un signe et ils entrèrent. Von Kraul offrit un « manille » à son compagnon et ils burent en silence leurs deux cognacs. Finalement, von Kraul demanda :

— Vous sentez-vous un peu mieux, maintenant ?

Chavasse parvint à sourire.

— J'ai agi comme un débutant à sa première mission. Je vous fais mes excuses. En l'entendant se vanter de ce qu'il avait fait, j'ai perdu mon sang-froid.

— Étant donné les circonstances, c'était bien compréhensible, dit von Kraul. Mais je crois que ma méthode était la bonne. Dans une crise de folie, un inspecteur de police abat un industriel bien connu et se suicide. La sauce qu'ils mettront autour de l'histoire ne compte pas. Ce qui importe, c'est le résultat.

— Mais pourquoi avez-vous tenu à en finir aussi vite avec Nagel ?

Von Kraul soupira.

— Essayez d'imaginer les difficultés que vous auriez rencontrées pour prouver vos allégations à l'encontre de Nagel. Steiner lui-même nous aurait posé un véritable problème. Par malheur, ces sortes de gens ont toujours de nombreux partisans haut placés. Une bataille juridique aurait pu se prolonger durant des années.

— Vous avez probablement raison, fit Chavasse avec un soupir. De cette façon, c'est terminé. Je ne rapporterai pas grand-chose. Schultz était déjà mort au début de l'affaire et ses mémoires se sont envolés en fumée.

— Mais vous avez apporté une aide précieuse à l'Allemagne, si je puis me permettre de vous le rappeler, dit le colonel von Kraul.

Chavasse haussa les épaules et dit avec amertume :

— Oui, je suppose qu'on peut envisager les choses sous cet angle.

Von Kraul posa soigneusement son verre sur la table et, quand il parla, sa voix frémissait d'une émotion contenue :

— Autrement dit, cela ne signifie rien pour vous ? Sommes-nous donc encore en guerre, après quinze ans ?

Chavasse regretta aussitôt son attitude.

— Je vous demande pardon si j'ai pu vous blesser. Ce n'était pas mon intention.

Von Kraul finit son cognac et plongea son regard au fond de son verre vide.

— Étiez-vous au courant du fait qu'à aucun moment, les nazis n'ont obtenu plus de trente-sept pour cent des voix, dans une élection, Herr Chavasse ?

— Non, dit Chavasse surpris. J'avoue que je l'ignorais.

— Alors, dites-moi autre chose et soyez tout à fait franc, reprit von Kraul. Vous êtes français d'origine et anglais par adoption, de sorte que vous pouvez parler au nom de deux grandes nations. Combien d'hommes avez-vous connus, dans ces deux pays, qui, à votre avis, auraient fait des membres consciencieux des S.S. ou de toute autre organisation similaire ?

— Des quantités, hélas.

— Merci ! fit von Kraul avec un léger sourire. Peut-être, à l'avenir, ne serez-vous pas trop dur à notre égard.

Il se leva.

— Êtes-vous prêt, mon cher ami ?

Chavasse secoua lentement la tête.

— Non, je crois que je vais rester là et boire un autre verre. Ne vous inquiétez pas pour moi. Je trouverai mon chemin pour rentrer.

Von Kraul lui tendit la main.

— J'ai été vraiment très heureux de vous connaître, Herr Chavasse. Peut-être aurons-nous de nouveau l'occasion de nous rencontrer. Je le souhaite.

Il marqua une brève hésitation avant d'ajouter :

— Pardonnez-moi de vous dire un lieu commun mais le temps est un grand médecin.

Sans attendre de réponse, il tourna les talons et sortit.

Chavasse commanda un autre cognac et resta là un moment encore ; il méditait les dernières paroles de von Kraul mais n'y trouvait aucun réconfort. Pas le moindre. Brusquement, il se sentit submergé par le tumulte, l'agitation, les rires joyeux qui emplissaient la brasserie. Il se leva et partit, en se frayant brutalement un chemin parmi un groupe de gens qui arrivaient au même moment.

Il marchait, sans rien voir, le long du trottoir, le col de son paletot relevé pour se défendre de la pluie lorsqu'une voiture vint s'arrêter à sa hauteur. C'était sir George Harvey.

— Tiens, Chavasse. Je pensais bien que c'était vous. Je peux vous déposer quelque part ?

Chavasse hésita. Puis il monta sans rien dire dans la voiture. Tout en redémarrant, sir George dit avec animation :

— Il s'est passé une histoire terrible à la réception chez Nagel. Quelqu'un l'a tué et s'est suicidé ensuite.

Chavasse alluma une cigarette et demanda prudemment :

— Vous étiez là quand on a trouvé les corps ?

— Non. Nous avons tous été priés de nous retirer. Le prétexte fourni a été que Nagel venait d'avoir un accident. Naturellement, j'étais curieux de savoir la vérité et, en sortant, j'ai questionné un domestique. Il m'a donné tous les détails.

— A-t-on identifié l'homme qui l'a tué ?

— Pas que je sache. La police venait d'arriver quand je suis parti.

Comme Chavasse se taisait, sir George lui jeta de biais un regard intrigué.

— Et vous, bien sûr, vous ne saviez rien de cette affaire ?

Chavasse hocha lentement la tête.

— J'imagine qu'on doit être en train de découvrir que l'autre cadavre est celui de l'inspecteur Steiner, de la police de Hambourg.

La voiture dérapa fortement et sir George dut vivement donner un coup de volant pour en reprendre le contrôle. Finalement, il l'immobilisa, sortit un mouchoir de sa poche et s'épongea le front.

— Je suis navré, dit-il, mais, pour parler vulgairement, vous m'avez coupé le sifflet.

Chavasse ne répondit pas et, après un silence, sir George reprit :

— Je suppose que tout cela est lié à l'affaire Schultz ?

Chavasse baissa la vitre et secoua sous la pluie la cendre de sa cigarette.

— Il n'y a plus d'affaire Schultz. C'est fini, terminé.

— Mais le manuscrit ? demanda sir George, les sourcils froncés.

— Un tas de cendres. Steiner, malheureusement, avait un peu d'avance sur moi.

Dans le nouveau silence qui suivit, sir George questionna gauchement :

— Et miss Hartmann ?

Un moment, les mots se refusèrent, mais Chavasse avala sa salive et les contraignit à sortir de sa gorge :

— J'ai bien peur qu'il ne l'ait eue, elle aussi.

Sir George se retourna lentement vers lui et le considéra avec des yeux horrifiés.

— Vous voulez dire qu'elle est morte ?

Chavasse ne se donna pas la peine de répondre. Ils gardèrent un moment le silence. Puis Sir George demanda :

— Puis-je vous conduire quelque part ?

— Oui, dit lentement Chavasse, je crois que j'aimerais retourner chez elle, si cela ne vous fait rien.

Sir George acquiesça d'un signe : il semblait trop ému pour parler. Il mit le contact et, un instant plus tard, ils étaient de nouveau en route, sous la pluie battante, vers le centre de Hambourg.

Quand ils s'arrêtèrent devant l'immeuble, Chavasse descendit rapidement. Sir George n'avait pas coupé le contact. Il se pencha à la portière.

— Puis-je faire autre chose pour vous ?

— Non, ça ira. Merci.

— Je pars demain, par le train de l'après-midi. Vous reverrai-je avant mon départ ?

— Je rentrerai sans doute moi-même par ce train-là, répondit Chavasse. Je n'ai plus rien qui me retienne ici.

Sir George ébaucha un sourire crispé.

— Alors, je ne vous dis pas adieu. Si je ne vous vois pas dans le train, nous pourrons boire un verre ensemble sur le bateau.

Il embraya et la Mercedes démarra rapidement, laissant Chavasse seul au bord du trottoir.

Il monta lentement l'escalier. Il prenait tout son temps, si grande était son appréhension à retrouver l'appartement désert. Sur le seuil, il eut une brève hésitation avant de sortir de sa poche le passe-partout que lui avait donné la concierge et de le faire tourner dans la serrure.

Il posait la main sur la poignée quand il perçut à l'intérieur un léger mouvement. Il s'immobilisa un instant, puis ouvrit la porte à toute volée et entra plié en deux, les mains en avant, prêt à l'attaque.

Mark Hardt était debout au milieu de la pièce. Il portait un épais pardessus de voyage mais son pantalon mouillé lui collait aux jambes. Il était blême et tendu mais, en reconnaissant Chavasse, il poussa un profond soupir de soulagement.

— Vous m'avez fait peur, dit-il.

Chavasse déboutonna lentement le paletot de chasse.

— Comment êtes-vous parvenu à leur échapper ? demanda-t-il.

Hardt haussa les épaules.

— Oh, ça n'a pas été trop difficile. Après les avoir éloignés de vous, j'ai cessé de faire tout ce tintamarre. Sous la pluie battante, les chiens ne retrouvaient plus ma piste. J'ai traversé la grand-route et je me suis caché une heure ou deux dans une grange. Après quoi, j'ai fait signe à un camionneur qui passait. Je lui ai raconté que je faisais du camping et que la pluie m'avait tout emporté. Je ne pense pas qu'il m'ait cru, mais il m'a prêté ce pardessus et m'a déposé à Hambourg.

— Et votre bras ?

— Salement douloureux ! répliqua Hardt avec une grimace de fatigue. Mais je n'en mourrai pas. Où est Anna ?

Chavasse dit lentement :

— Je crois que vous feriez bien de vous asseoir, Mark. J'ai une très mauvaise nouvelle à vous annoncer.

— Que voulez-vous dire ? demanda Hardt, les sourcils froncés.

— Elle est morte, dit Chavasse d'une voix sourde. Steiner et sa bande ont mis la main dessus.

Hardt chancela légèrement. A l'aveuglette, il tendit la main vers une chaise et s'assit. Au bout d'un moment, il demanda, d'une voix sans timbre :

— Comment est-ce arrivé ?

Chavasse lui dit tout en quelques phrases brèves. Quand il eut fini, il marqua une pause avant d'ajouter :

— Si cela peut vous être de quelque réconfort, Steiner et Nagel sont morts tous les deux. J'étais à Blankenese, dans le parc de la résidence de Nagel, en compagnie d'un agent allemand, quand Steiner est arrivé pour assassiner Hauptmann.

Hart se releva lentement.

— Ce n'est pas une consolation, dit-il. Steiner, Nagel, Caspar Schultz étaient des bêtes malfaisantes, tandis qu'Anna...

Il sourit tristement.

— Il me semble brusquement que tout cela est un jeu idiot et je me demande à quoi en est arrivée l'humanité.

Il alla jusqu'à la table placée près de la fenêtre et effleura tendrement le livre d'hébreu.

— C'était là qu'elle faisait ses devoirs, comme elle disait. Ça ne semble pas possible, n'est-ce pas, Chavasse ?

Ses épaules furent secouées de sanglots et son beau visage se crispa. Il s'écroula dans le fauteuil, mit sa tête dans ses bras et pleura.

Un moment, Chavasse le regarda, le cœur gonflé de pitié. Puis il se détourna et sortit, en refermant doucement la porte derrière lui.

14

Il faisait un froid intense, au Hoek van Holland, lorsque le bateau sortit lentement du port, et le brouillard, poussé par un petit vent, arrivait par vagues régulières de la Mer du Nord.

Penché sur le bastingage, Chavasse fumait une cigarette en regardant les lumières disparaître dans l'obscurité. Quelque part au loin, un clairon sonna dans l'un des camps militaires hollandais et le faible écho, porté par le vent, toucha en lui une corde profonde et l'emplit d'une étrange tristesse. Un bref instant, il se rappela les paroles d'Anna. Dans le rendez-vous de chasse de Berndorf : *Plus de lumières, c'est terminé, tout est fini.* Au moment où la Hollande s'évanouissait dans la nuit, il lança sa cigarette dans le brouillard et descendit.

Il avait une cabine pour lui seul. Torse nu, il se lava, se rasa. Après quoi, il s'habilla lentement et monta au bar.

Il n'avait pas dormi depuis plus de vingt-quatre heures mais, après le premier double-whisky, il se sentit un peu mieux. Il alluma une cigarette et regarda autour de lui. Sir George Harvey, assis dans un coin avec quelques amis, lui fit bonjour de la main. Chavasse répondit d'un bref signe de tête et ramena son attention sur son verre.

Accoudé au bar, il regardait dans le vide, repassant dans son esprit les événements qui s'étaient déroulés au cours des derniers jours, préparant le rapport qu'il devrait remettre au Patron.

Mais c'était rudement difficile. Il avait beau essayer de toutes ses forces de se concentrer, des faits apparemment sans importance repoussaient au second plan tous les autres, ceux que le Patron tiendrait à connaître.

Un peu de surmenage, sans plus. Il soupira, abandonna la lutte. Il ferma les yeux et le visage d'Anna parut flotter devant lui, dans l'obscurité. Ses lèvres dessinaient un sourire doux et grave qui lui rappela l'expression qu'elle avait, dans le rendez-vous de chasse de Berndorf, tandis qu'ils attendaient sir George et sa voiture.

Il se souvint de ce qu'elle lui avait dit : *En y songeant plus tard, vous aurez l'impression qu'il s'agit simplement d'événements survenus il y a longtemps.* Elle avait ensuite cité un passage d'une pièce de Marlowe : *Mais cela se passait il y a bien longtemps dans un autre pays.*

Il demeura ainsi un long moment, les yeux fermés, les sourcils légèrement froncés. Puis il se rappela la citation complète et il se sentit glacé tout d'un coup, et ses mains se mirent à trembler. *Mais cela se passait il y a bien longtemps, dans un autre pays, et par ailleurs... la jeune fille est morte.*

Se pouvait-il qu'elle eût, ne fût-ce qu'un bref instant, brusquement pressenti ce qui allait arriver ? Mais son esprit lui refusait tout service ; il reprit son verre et le vida.

Il allait se lever quand sir George Harvey vint s'asseoir sur le tabouret voisin.

— Avez-vous le temps de boire le dernier ? demanda-t-il.

Chavasse acquiesça et se rassit.

— Un seul, si vous n'y voyez pas d'inconvénient. Je suis effroyablement las. Je n'ai pas dormi depuis avant-hier.

Sir George hocha la tête avec un air de profonde sympathie.

— Je regrette que nous n'ayons pu nous voir dans le train. Malheureusement, plusieurs délégués à la Conférence de la Paix ont décidé, à la dernière minute, de passer un jour ou deux à Londres avant de se séparer. J'ai naturellement été contraint de voyager avec eux.

— Je comprends parfaitement, dit Chavasse, tandis que le barman plaçait deux grands whiskies devant eux.

Sir George lui tendit son étui à cigarettes et ajouta :

— En de telles circonstances, j'en étais d'autant plus navré. Je voulais trouver le temps de parler de tout ça avec vous.

— Il n'y a malheureusement rien à dire.

— Mais si. J'ai l'impression que vous considérez les choses d'un très mauvais œil. La mission qu'on vous avait confiée se solde par un échec. Miss Hartmann est morte... Mais on peut se placer à un autre point de vue, vous savez. Après tout, vous avez tout de même réussi à sauver Hauptmann. Qui sait les conséquences que cela peut avoir pour l'avenir de l'Allemagne ?

Chavasse hocha lentement la tête.

— Oui, je suppose qu'on peut en effet envisager la situation sous cet angle.

Une douleur lancinante lui martelait les tempes et il se sentait la tête effroyablement lourde.

— J'espère que vous voudrez bien m'excuser. Je suis terriblement fatigué.

Sir George se hâta de vider son verre. Son visage exprimait une grande sollicitude.

— C'est idiot de ma part de vous garder ici, Chavasse. Vous avez une mine épouvantable.

Ils sortirent du salon et s'arrêtèrent en haut de l'escalier des cabines.

— Je vais vous quitter ici, dit sir George. J'ai envie de faire un tour sur le pont. Je n'arrive jamais à dormir, pendant cette sacrée traversée.

Il lui tendit la main.

— Bonne chance, si je ne vous revois pas. Et si jamais l'envie vous prend de revenir à une vie plus normale, venez me trouver. J'ai beaucoup d'influence dans le milieu des affaires.

Chavasse suivit le couloir qui menait à sa cabine en songeant à la proposition de sir George. Il se demandait ce que dirait le Patron s'il entrait dans son bureau pour lui donner sa démission en même temps que son rapport sur l'affaire Schultz. C'était tentant... très tentant.

Il entra en bâillant dans sa cabine. La fatigue semblait fondre jusqu'à ses os, les transformer en compote. Devant la glace, il entreprit de dénouer sa cravate ; des pensées, des images menaient dans sa tête une ronde sans fin, sans lieu, sans signification. Mais, du fond de son subconscient, quelque chose jaillit soudain et lui cria un nom dans le silence.

Des deux mains, il s'agrippa au bord du lavabo et regarda fixement son reflet dans la glace ; le choc lui faisait l'effet d'un baquet d'eau glacée en pleine figure. Brusquement, il ne sentait plus la fatigue. Il enfila rapidement son imperméable, sortit et grimpa l'escalier.

Le bateau avançait à travers un univers de brume, silencieux et fantomatique. Il tombait une petite pluie fine. Il alluma une cigarette et parcourut le pont, fouillant des yeux chaque recoin.

Il trouva sir George à l'arrière, accoudé au bastingage, un cigare entre les dents, une main profondément enfoncée dans la poche d'un épais pardessus. Un matelot en bonnet de laine et caban enroulait une corde non loin de là. A l'approche de Chavasse, il s'éloigna dans le brouillard.

Sir George se détourna du bastingage.

— Tiens, c'est vous, Chavasse. Vous avez changé d'avis, vous n'allez pas dormir ?

— Il y a encore certains points obscurs dans l'affaire Schultz. J'ai pensé que vous pourriez peut-être m'aider à les éclaircir.

— Mais certainement, dit sir George. Trop heureux si je puis vous être utile.

— J'étais sûr que vous verriez les choses de cette façon, dit Chavasse avec un aimable sourire. Vous pouvez commencer par me dire comment vous vous êtes acoquiné avec Kurt Nagel, Steiner et toute cette charmante petite bande.

Dans la pâle lumière d'un fanal, le visage de sir George parut soudain vieilli, creusé. Il s'humecta les lèvres.

— Je ne sais pas ce que vous voulez dire.

— Alors, je vais être plus précis. Pourquoi m'enfoncez-vous un poignard dans le dos depuis le début de cette affaire ? J'aimerais bien en connaître la raison.

Sir George fit un brusque mouvement en avant et tenta de passer devant lui.

Chavasse le repoussa avec violence et le frappa brutalement au visage.

Sir George recula en chancelant et tomba sur un genou. Un instant, il demeura ainsi, les lèvres ensanglantées. Quand il se leva, la main qu'il sortit de son pardessus tenait un vieux Webley .38 à canon scié.

— Vous ne vous en tirerez pas comme ça, dit Chavasse.

Soigneusement, sir George s'essuya la bouche avec un mouchoir. Quand il parla, ce fut d'une voix froide, impersonnelle.

— Comment savez-vous ? Comment avez-vous deviné ?

— A cause d'une phrase que vous avez prononcée au bar, tout à l'heure. Vous m'avez dit de ne pas me sentir trop déprimé : j'avais au moins sauvé la vie de Hauptmann.

Sir George fronça les sourcils mais tout à coup, il sembla réaliser.

— Mais oui, bien sûr... je n'étais pas censé connaître le projet d'assassinat de Hauptmann, c'est bien ça ?

— Une grosse négligence de votre part, dit Chavasse.

Sir George haussa les épaules.

— Nous commettons tous des erreurs, dit-il.

— Il y avait d'autres indices. Auparavant, ils ne signifiaient rien, mais maintenant il n'en est plus de même. Le fait que l'adversaire savait que Muller devait me retrouver dans le train, à Osnabruck. Ça m'avait toujours tracassé. Il y avait aussi la question qu'avait posée Nagel, en voyant pour la première fois Anna à Berndorf : « Est-ce là la Juive ? ». C'est exactement ce qu'il a dit.

— Et alors ? Qu'est-ce que ça avait de si particulier ?

Chavasse haussa les épaules.

— Le mot *race* n'est jamais qu'une abstraction. Si Nagel savait qu'elle était juive, ce ne pouvait être que parce qu'on le lui avait dit ; et, en dehors de moi-même, une seule personne savait qu'une organisation clandestine israélienne recherchait Schultz et son manuscrit. Vous, parce que je vous avais mis au courant.

— Il semble, soupira sir George, que j'aie été par trop négligent. C'est vraiment dommage, Chavasse, parce que je m'étais pris pour vous d'une réelle sympathie et qu'il va maintenant falloir que je vous tue.

Chavasse prit une cigarette et l'alluma calmement.

— Pas sans explication, dit-il. J'y ai droit, je suppose ?

— Pourquoi pas ? fit sir George d'un air détaché. En vérité, c'est fort simple. Il y eut, dans ma vie, une période où j'étais très mécontent de la façon dont mon pays était gouverné. En ce temps-là, j'admirais énormément ce qui se passait en Allemagne, sous l'autorité des nazis. De fait, la presse, en plusieurs occasions, m'a critiqué pour le soutien trop fervent que j'apportais à Herr Hitler.

— Et jusqu'où précisément allait ce soutien ?

— J'acceptai de devenir le chef du Gouvernement provisoire, quand les Allemands auraient réussi à envahir l'Angleterre, dit sir George d'un ton calme.

Toute l'histoire s'éclairait maintenant sous son véritable jour.

— Schultz parlait de vous dans son manuscrit, c'est ça ? demanda Chavasse.

— Je ne serais pas étonné qu'il m'ait consacré pour le moins un chapitre. C'était le seul membre de la hiérarchie nazie avec lequel j'aie été en contact étroit pendant les années qui précédèrent la guerre. C'est par son entremise que se conclut l'accord ; un accord si secret que seuls, Schultz, Hitler et un intermédiaire de la branche politique étaient au courant.

— Et qui était cet intermédiaire ?

Sir George se permit un léger sourire.

— Kurt Nagel.

— Cette fois, je commence vraiment à y voir clair. Et, sans doute, il n'a pas cessé depuis de vous faire chanter ?

— Je n'irai pas jusque-là. Nous nous sommes toujours parfaitement entendus. Disons plutôt que, à l'époque difficile de l'après-guerre, j'ai fait en sorte qu'il pût reprendre un bon départ dans l'industrie. De fait, l'opération s'est soldée pour moi par un bénéfice. Et nous sommes toujours restés dans les meilleurs termes.

— Vous étiez au courant de ses activités nazies clandestines ?

— Pas jusqu'à ces tous derniers temps. Quand les directeurs de la maison d'édition dont je suis actionnaire sont venus me trouver, je me suis senti pris au piège. Je ne pouvais pas empêcher l'histoire d'arriver jusqu'aux autorités compétentes. J'ai donc décidé que le mieux était d'aller la leur raconter moi-même.

— C'était habile de votre part, mais dangereux aussi.

Sir George haussa légèrement les épaules.

— J'ai eu de la chance, Chavasse. Une chance inouïe, depuis le début. Je me suis mis en rapport avec Nagel et l'ai mis au courant de ce qui se passait. Il se trouva que, du côté allemand, on était déjà sur la piste de Muller et il arrangea l'affaire du train. A ce moment-là, cela nous parut très habile. C'était la meilleure façon de se saisir de Muller tout en se débarrassant de vous.

— Mais vous comptiez sans Mark Hardt.

Sir George poussa un profond soupir.

— On ne saurait penser à tout. J'ai pris toutes les précautions possibles. J'ai toujours agi par l'intermédiaire de Nagel, de façon que les autres ne sachent pas que j'étais dans le coup. Mais hier soir, quand vous m'avez dit que la petite avait le manuscrit, il a fallu faire vite et, malheureusement, cela signifiait que je devais aller chercher Steiner et l'emmener chez elle.

Chavasse se sentit soudain le cœur si serré qu'il pouvait à peine respirer. Il demanda lentement :

— C'est donc Steiner et vous qui l'avez enlevée ?

— Je dois malheureusement l'avouer. Vous vous rendez compte, naturellement, de la fâcheuse situation dans laquelle je me trouvais. Je devais veiller à ce que le manuscrit fût détruit. Je suis navré pour la petite... elle me barrait la route. Mais c'est Steiner qui l'a tuée... pas moi.

— Mais vous l'auriez tuée de toute manière, dit Chavasse, parce qu'elle connaissait votre secret.

Sir George hocha gravement la tête.

— Oui, j'en ai bien peur. La seule raison pour laquelle je n'ai pas tué Steiner, c'est qu'il m'a parlé de l'assassinat de Hauptmann. J'ai entrevu alors sous un nouveau jour certaines remarques que vous aviez faites dans la soirée ainsi que la visite de cet agent des Services secrets allemands. J'ai pensé que, de toute façon, Steiner était probablement un mort en sursis.

— Et vous en avez eu deux pour le prix d'un seul, dit Chavasse. Et même trois avec Nagel. Il n'y a plus maintenant qu'une seule personne vivante à savoir que vous avez eu l'intention de devenir l'un des traîtres les plus méprisables de l'histoire d'Angleterre.

Sir George approuva d'un signe de tête et décrivit un demi-cercle sans que le revolver changeât de direction.

— Le dos au bastingage, je vous prie, dit-il, d'une voix sèche.

Chavasse prit son temps pour se mettre dans la position requise ; chacun de ses muscles était bandé, prêt pour l'action. S'il devait mourir, il tenait au moins à vendre chèrement sa peau.

— Parfait, dit sir George. Oui, vous avez tout à fait raison. Vous êtes la seule personne qui puisse me perdre aux yeux du monde. Croyez bien que je le regrette. J'avais de la sympathie pour vous.

Il recula d'un pas si rapidement qu'il prit Chavasse par surprise. Au moment où son doigt se resserrait sur la détente, le matelot que Chavasse avait remarqué un peu plus tôt sortit silencieusement du brouillard. Son bras partit en avant et le tranchant de sa main droite s'abattit sur la nuque de sir George.

Le revolver tomba de ses doigts inertes. Sir George allait s'écrouler inanimé sur le pont mais le matelot le rattrapa au vol et le jeta sur ses épaules. Il fit deux rapides enjambées jusqu'au bastingage et laissa tomber sir George Harvey dans le brouillard. On entendit le bruit que fit le corps au contact de la mer.

Le tout s'était déroulé avec une telle rapidité que Chavasse n'avait pu intervenir. Le matelot envoyait le revolver par-dessus bord quand Chavasse l'attrapa par l'épaule pour le forcer à se retourner. Il se trouva en face du visage impassible, toujours un peu pâle de Mark Hardt.

Il y eut un moment de silence. Puis Hardt dit calmement :

— Je crois que vous feriez mieux de regagner votre cabine, Paul. Il n'est pas indiqué qu'on vous voie sur le pont en ce moment. On pourrait vous questionner, plus tard.

— Comment saviez-vous? demanda Chavasse.

Hardt haussa les épaules.

— Hier soir, après votre départ, je faisais un peu de rangement chez Anna. En parcourant le manuscrit de Schultz elle avait pris des notes en hébreu sur son cahier. Il semble qu'un chapitre entier était consacré à Harvey.

Chavasse se retourna et son regard se perdit, par-dessus le bastingage, dans l'épaisseur du brouillard.

— C'est une mort affreuse, dit-il, mais je ne peux pas dire que je le plaigne. Il est directement responsable de la mort d'Anna.

Hardt hocha la tête.

— Tout est beaucoup mieux ainsi. Un homme politique anglais bien connu est victime d'un tragique accident et le pays échappe à un scandale de proportions mondiales.

Chavasse le dévisagea un long moment.

— Vous êtes un drôle de type, Mark. Je ne crois pas que je vous aie jamais bien compris.

Hardt sourit en lui mettant une main sur l'épaule.

— Vous l'aimiez, Paul, n'est-ce pas ?

Chavasse acquiesça lentement et soupira.

— Oui. Malheureusement. Pour elle et pour moi.

— Moi aussi, je l'aimais. Il y aura toujours ce lien entre nous.

Ils longèrent le pont et s'arrêtèrent à l'entrée du salon. Hardt lui tendit la main en disant d'un ton grave :

— Je ne pense pas que nous nous reverrons, Paul.

Chavasse prit la main tendue et la serra longuement. Il chercha ce qu'il pourrait dire mais déjà Hardt avait tourné les talons et disparaissait dans le brouillard.

Le bateau parut se poser en équilibre à la crête d'une vague et, sans savoir pourquoi, Chavasse retint son souffle en songeant à Anna. Puis le navire glissa sans heurt dans le creux suivant.

15

Quand Chavasse entra dans le bureau, Jane Frazer tapait à la machine. Il s'assit sur un coin de table, prit une cigarette et attendit qu'elle eût terminé.

Dès qu'elle fut au bout du rouleau, elle ôta ses lunettes, se renversa dans son fauteuil et leva vers lui un regard apitoyé.

— Vous n'avez pas bonne mine, dit-elle. Ça a été dur ?

— Assez. A-t-il déjà lu mon rapport ?

— Ce matin, dès son arrivée. Pourquoi ne l'avez-vous pas apporté vous-même ?

Il haussa les épaules.

— J'avais besoin de dormir un peu. Je n'en ai guère trouvé le temps ces derniers jours.

— Ce qu'il vous faut, c'est un bon congé.

— C'est exactement ce que j'ai l'intention de demander. Il est là ?

— Oui. Il vous attend.

Elle remit ses lunettes et recommença à taper, tandis que Chavasse se dirigeait vers la porte où il y avait écrit « Direction ».

En le voyant entrer, le Patron leva vivement les yeux et un sourire éclaira son visage.

— J'attendais votre visite, Paul. D'après votre rapport, j'ai l'impression que vous avez eu quelques jours un peu agités.

Chavasse se laissa tomber dans un fauteuil.

— C'était sans aucun doute une fichue mission. Vous n'avez jamais eu le plus léger soupçon à l'égard d'Harvey ?

Le Patron secoua lentement la tête.

— Non. J'ai été le premier surpris. Au cours des années qui ont précédé la guerre, quantité de gens importants se sont montrés favorables aux nazis. N'oubliez pas que, pendant un certain temps, Hitler a paru faire du bon travail. A l'époque, plusieurs politiciens étaient de l'avis de Harvey.

— Il a en tous les cas fait tout ce qu'il fallait pour me mettre des bâtons dans les roues, dit Chavasse, et il est directement responsable de la destruction du manuscrit de Schultz.

— Ce n'était pas un personnage ordinaire, fit le Patron. En fin de compte, je suis heureux que vous vous en soyez débarrassé de cette manière. Ça vous évitera bien des complications.

— C'est Hardt qu'il faut en remercier. Pas moi. S'il n'était pas intervenu à ce moment-là, c'est moi qui aurais fait le plongeon par-dessus bord.

— Pour un amateur, il m'a l'air de ne pas se débrouiller trop mal. Est-ce que vous croyez qu'il accepterait de travailler pour nous ?

Chavasse ne put s'empêcher de ricaner :

— Vous perdez votre temps. C'est un homme qui s'est entièrement voué à sa cause.

Le Patron poussa un soupir :

— Bon... bon... N'en parlons plus.

Il prit le rapport et le feuilleta rapidement. Au bout d'un moment, il releva les yeux.

— Nous pouvons donc considérer comme acquis que, parmi

tout ce joli petit monde, Nagel et Steiner ne nuiront plus à personne ?

— Vous pouvez aussi ajouter le garde du château, un dénommé Hans. Je crois bien lui avoir brisé le cou.

— Et Kruger ? Celui-là a l'air encore capable de faire des siennes.

Chavasse tira de sa poche un journal qu'il posa sur le bureau.

— C'est l'édition du soir. Je l'ai acheté en venant ici. Au bas de la page deux, vous trouverez un petit entrefilet relatant la mort accidentelle du Dr Otto Kruger, médecin bien connu à Hambourg. Il décollait dans son avion personnel, d'un aérodrome privé, aux environs de Hambourg — pour une destination inconnue, naturellement. Il semble qu'il y ait eu un petit accident. Il a piqué du nez d'une hauteur d'une centaine de mètres.

— Où allait-il, à votre avis ? demanda le Patron. En République Arabe Unie ?

Chavasse haussa les épaules.

— C'est probable. Ça a l'air très en vogue.

— Où que ce fût, il n'y sera pas arrivé, fit le Patron avec un large sourire. C'est un hommage à rendre à von Kraul : il ne traîne pas en affaires.

— Je dois reconnaître que j'apprécie beaucoup sa façon de travailler, dit Chavasse. Et il n'a pas du tout l'air de ce qu'il est, ce qui, dans le métier, est un gros atout.

— Oui, c'est un rude gaillard, approuva le Patron. Il est bon de se rappeler de temps en temps que tous les Allemands n'étaient pas davantage membres du Parti nazi que tous les inspecteurs de police de Hambourg ne ressemblent à Steiner.

Chavasse hocha légèrement la tête sans répondre. Il ne s'était encore jamais senti aussi las et il ferma un instant les yeux pour essayer de se détendre. Il avait l'impression d'être un ressort trop bandé qui n'en finissait plus de se relâcher.

Il lutta contre cette impression de fatigue et, en rouvrant les yeux, il vit le Patron qui refermait le dossier.

— Somme toute, je trouve que ça aurait pu se passer plus mal.

— Je suis heureux que vous preniez les choses de cette façon, dit Chavasse. Après tout, nous n'avons pas eu le manuscrit et Schultz était déjà mort, de toute manière.

— Oui, mais vous avez sauvé la vie de Heinrich Hauptmann et vous avez nettoyé un beau nid de rats. A votre place, je ne me sentirais pas trop déprimé.

Il choisit une cigarette dans le coffret d'argent posé sur son bureau et reprit :

— Quel malheur pour cette petite... cette Anna Hartmann. Elle devait avoir un courage de tous les diables.

— Elle avait plus que ça — beaucoup plus, dit lentement Chavasse. Elle souffrait d'une vertu dont peu de gens sont affligés : une totale honnêteté. Et de plus, elle m'aimait.

Maintenant que c'était dit, il s'aperçut que ses mains tremblaient légèrement. Il se leva, alla jusqu'à la fenêtre et regarda dans le jardin. Un petit vent pianotait sur la vitre et une dernière feuille descendit en tournoyant et disparut dans l'herbe mouillée, laissant complètement nu le platane qui se dressait devant la fenêtre.

Derrière lui, le Patron dit doucement :

— C'était donc ça ?

Chavasse se retourna et le regarda gravement.

— En entrant dans ce bureau, j'étais décidé à vous donner ma démission.

— Et maintenant ?

Chavasse soupira et un petit sourire juvénile illumina soudain tout son visage.

— Maintenant, je crois que j'aimerais profiter de ce congé que vous m'avez promis.

Le Patron parut soulagé d'un grand poids.

— J'aime mieux ça, dit-il. Pendant un moment, vous m'avez inquiété.

Il eut un petit rire jovial.

— Vous êtes surmené, voilà tout. Je sais que ça n'a pas été drôle de mener à bien coup sur coup deux missions aussi difficiles. Mais vous pouvez maintenant laisser tout tomber pendant cinq ou six semaines. Détendez-vous. Imbibez-vous de soleil. On dit que les Bermudes sont très agréables à cette époque de l'année.

Chavasse haussa les sourcils.

— Mazette. On ne regarde pas à la dépense pour organiser les loisirs du personnel.

Le Patron sourit.

— En sortant d'ici, voyez Jane. Dites-lui où vous voulez aller et elle vous prendra vos billets.

Avec un soupir, il reprit le dossier.

— Et maintenant, si vous voulez bien m'excuser, il faut que je prépare à toute allure un rapport sur cette affaire. Le Secrétaire d'État au Foreign Office dîne ce soir avec le Premier Ministre et le vieux veut connaître toute l'histoire.

Il ouvrit le dossier et prit son stylo, tandis que Chavasse regagnait le bureau voisin.

Jane Frazer était debout devant un classeur. Elle se retourna avec un petit sourire interrogateur.

— Vous avez eu ce que vous voulez ?

— Oui... dans un sens... dit Chavasse.

Elle prit son bloc.

— Et où allez-vous ? Aux Bermudes ?

Il fit un bref signe de dénégation.

— Vous pouvez téléphoner à El Al et me retenir une place demain matin sur le premier avion en partance pour Tel Aviv.

Il se disposait à sortir quand Jane Frazer demanda d'une voix neutre :

— Mais pourquoi Israël ?

Il se retourna et lui sourit.

— Il y a une colline que j'aimerais gravir, tout à côté d'un endroit appelé Migdal, au bord de la Mer de Galilée. Une promesse faite à une amie, il y a longtemps.

Et il referma doucement la porte.

Il y a longtemps ? En descendant l'escalier, il sourit en secouant la tête : déjà, il avait l'impression de la sentir tout près de lui.

1962

ÉVASION VERS L'ENFER

Traduit de l'anglais par
Maurice-Bernard Endrèbe

Ce roman a paru sous le titre original :

HELL IS TOO CROWDED

1

Pour Matthew Brady, qui se trouvait encore à l'imprécise frontière de la veille et du sommeil, ce visage parut émerger du brouillard et flotter dans la clarté jaunâtre du réverbère. Mais, avec ses pommettes hautes, ses méplats accentués, et son regard fixe, c'était un visage mémorable.

Le jeune homme eut conscience du dossier du banc sous sa nuque et de la légère bruine qui mouillait son visage. Il respira profondément en fermant les yeux et, lorsqu'il les rouvrit, il était seul.

Un bateau descendait la Tamise en actionnant sa corne de brume et cela acheva d'éveiller Brady. Frissonnant, il pêcha une cigarette dans son paquet presque vide. Quand il en tira voluptueusement une première bouffée, Big Ben sonna deux coups, ouatés par le brouillard, puis ce fut de nouveau le silence.

Le jeune homme avait le sentiment d'être complètement retranché du genre humain. Il alla s'accouder au parapet, sous le réverbère, et considéra mélancoliquement le fleuve obscur.

Quand il s'en détourna en relevant le col de son veston, une femme surgit en courant du brouillard, se heurta violemment à lui et, comme il la retenait dans ses bras, se débattit en poussant un petit cri d'effroi.

— Allons, lui dit-il, calmez-vous. Vous n'avez aucune raison d'avoir peur.

Elle était vêtue d'un vieil imperméable dont la ceinture était étroitement serrée à la taille et, en guise de coiffure, elle avait un foulard noué sous le menton. Âgée apparemment d'une trentaine d'années, avec un visage rond, intelligent, elle levait vers Brady un regard apeuré. Puis elle se rassura et se laissa aller contre le parapet, avec un rire fêlé :

— Il y avait un homme par là... probablement inoffensif... mais qui a surgi si inopinément du brouillard que j'ai été prise de panique à sa vue.

Elle parlait bien l'anglais, mais avec un léger accent étranger.

— À pareille heure, l'Embankment n'est pas une promenade bien indiquée pour une femme, fit remarquer Brady en lui offrant une cigarette. La nuit, il y rôde de drôles de gens.

— Vous ne m'apprenez rien, répondit-elle tandis qu'il lui allumait la cigarette. J'habite à deux pas d'ici, mais j'étais allée passer la soirée chez une amie, à Chelsea et, n'arrivant pas à trouver de taxi, je m'étais résignée à rentrer à pied... À ce compte-là, repritelle en riant, vous n'êtes pas non plus le genre d'homme qu'on s'attend à rencontrer sur l'Embankment aux petites heures ! Vous n'êtes pas Anglais, hein ?

— Je suis de Boston, dans le Massachusetts.

— Oh ! un Américain..., fit-elle, comme si cela expliquait tout.

Il eut un sourire las :

— J'ai là-bas des amis qui contesteraient cette assertion.

— Avez-vous encore beaucoup à marcher ou comptez-vous passer la nuit ici ?

— Je ne sais même pas trop comment je me trouve là... J'habite un hôtel voisin de Russel Square.

La bruine s'était transformée en pluie à travers le feuillage des sycomores et il ferma plus étroitement le col de son veston. La femme le regarda en fronçant les sourcils :

— Vous devriez avoir un pardessus... Vous allez attraper une pneumonie... Racompagnez-moi... Je dois avoir un vieil imperméable qui vous protégera quand même un peu...

Elle lui avait pris le bras et il se laissa entraîner cependant que les vapeurs du whisky semblaient de nouveau lui monter à la tête.

Ils traversèrent la chaussée entre deux murs de brouillard et tournèrent dans une rue de traverse. Brady en déchiffra le nom, Edgbaston Gardens, car il y avait là un brasero qui rougeoyait à côté d'une baraque de cantonniers, à l'intérieur de laquelle le jeune homme entrevit une vague silhouette.

— Faites attention, lui dit sa compagne. Ils ont tendu des cordes car on a entrepris des travaux dans le coin... Pour le gaz, je crois.

Il la suivit prudemment et gravit derrière elle quelques marches d'un perron. Tandis que sa compagne sortait une clef de son sac, Brady se rendit compte que la maison était la dernière de la rue. Après elle, il distingua la tour d'une église émergeant d'un petit cimetière. Tout cela semblait appartenir au domaine du rêve et prêt à s'évanouir dans le brouillard. Brady se hâta d'entrer dans le hall tandis que sa compagne allumait la minuterie.

Au bas de l'escalier, il y avait une vieille armoire victorienne dans le miroir de laquelle le jeune homme vit une porte s'ouvrir derrière lui pour laisser passer un visage ridé, encadré par de longs pendants d'oreilles en jais. Comme il se retournait, la porte se referma sans bruit.

— Qui est votre voisine ? demanda-t-il.

— Quelle voisine ? Personne n'habite au rez-de-chaussée, alors ne vous tracassez pas pour le bruit... Je suis au 1er.

Brady la suivit dans l'escalier, en se cramponnant à la rampe. Une soûlerie de deux jours ne se dissipe pas comme ça, mais il se sentait la tête étrangement vide et avait l'impression de se mouvoir au ralenti.

La porte que la jeune femme ouvrit en haut de l'escalier donnait accès à un appartement étonnamment confortable, avec une épaisse moquette et un éclairage indirect révélant des murs roses.

Il attendit planté au centre de la pièce, tandis qu'elle retirait imperméable et foulard, arrangeant du bout des doigts ses cheveux bruns coupés court. Comme elle s'avançait vers lui, il vacilla et elle étendit les bras pour le retenir en s'enquérant d'un ton anxieux :

— Qu'y a-t-il ? Vous ne vous sentez pas bien ?

— Oh ! ce n'est rien... rien dont une tasse de café et une bonne nuit de sommeil ne puissent me guérir !

Il la sentait toute proche de lui, chaude et désirable. Brusquement, il s'affranchit de la colère et de la frustration qu'il remâchait depuis deux jours. Après tout, n'était-ce pas là meilleur remède ? Attirant la jeune femme contre lui, il l'embrassa gentiment sur la bouche.

Elle lui rendit son baiser puis se dégageant d'une main ferme, elle le contraignait à s'asseoir dans un fauteuil.

— Je vous demande pardon... balbutia-t-il.

— Allons, ne dites pas de bêtises...

Elle alla ouvrir une sorte de bar qui se trouvait au fond de la pièce et, après quelques instants, lui apporta un verre en disant :

— Considérez cela comme un remède homéopathique... Je vais vous faire du café et vous donner des couvertures. Vous pourrez dormir sur le divan.

Sans lui laisser le temps de protester, elle traversa la pièce et gagna la cuisine. Brady s'abandonna contre le dossier du fauteuil et se détendit. Le mélange qu'elle lui avait préparé était bon, très bon même... Il le but en deux longues gorgées, puis éprouva le besoin d'une cigarette. Son paquet était vide maintenant, mais il avisa une boîte en argent, sur une petite table, de l'autre côté de la pièce.

Il se leva, et soudain la petite table lui parut lointaine, comme s'il la regardait par le gros bout d'une lorgnette. Il esquissa un pas mal assuré dans sa direction et ses doigts sans force lâchèrent le verre qu'il avait gardé à la main...

À présent, il était étendu sur le dos et la femme se penchait vers lui. Elle paraissait très calme, nullement émue. Derrière elle, la porte s'ouvrit et se referma.

Le visage de l'homme qui émergea par-dessus l'épaule de la jeune femme avait des pommettes hautes, des méplats accentués, un regard fixe... C'était le visage que Brady avait vu flotter dans le brouillard de l'Embankment.

Le jeune homme ouvrit la bouche pour émettre un cri d'avertissement, mais la pièce devint soudain comme un tourbillon coloré au sein duquel il se sentit sombrer.

2

Une gifle le fit émerger des ténèbres où il s'était englouti. Il perçut un bruit de voix, puis une main vigoureuse lui poussa la tête sous un robinet dont le jet glacé le fit suffoquer. Quand on consentit à le laisser se redresser, il avait grand-peine à retrouver sa respiration, mais y voyait de nouveau clair.

Il se trouvait dans une petite salle de bains blanche, face à un miroir qui le reflétait avec un visage hagard, aux yeux enfoncés et aux traits tirés, dont une joue avait des égratignures.

Tandis qu'il s'appuyait au lavabo et se regardait avec une stupeur incrédule, le jeune homme se rendit compte que sa chemise était trempée de sang. Derrière lui, il vit un gaillard en imperméable et feutre mou qui le considérait sans aménité.

— Comment vous sentez-vous ?

— Affreusement mal, croassa Brady d'une voix qui lui parut appartenir à quelqu'un d'autre.

— Tant mieux, salaud ! dit l'inconnu en le poussant brutalement vers la porte.

Le living-room semblait plein de monde. Un policeman en uniforme se tenait près de l'entrée et deux hommes en civil étaient en train de saupoudrer des meubles, à la recherche d'empreintes digitales.

Un autre homme, mince, grisonnant, avec des lunettes, était assis à une extrémité du divan, un carnet de notes sur les genoux, écoutant un petit vieux qui lui parlait en tordant nerveusement une casquette de toile entre ses mains.

À l'approche de Brady, le petit vieux tourna la tête et une expression apeurée se peignit sur son visage :

— C'est lui, monsieur l'inspecteur ! C'est bien lui !

L'inspecteur Mallory regarda posément Brady en disant :

— Vous en êtes absolument sûr, Mr Blakey ?

Le petit vieux hocha la tête :

— Je ne suis pas près de l'oublier, m'sieu... Je l'ai vu distinctement dans l'ouverture de la porte, quand elle a allumé.

Mallory paraissait las. Il inscrivit quelque chose dans son carnet, puis dit :

— C'est bien, Mr Blakey. Vous pouvez retourner à votre poste. Nous recueillerons votre déposition plus tard.

Tandis que le petit vieux se dirigeait vers la porte, Brady s'enquit avec lenteur :

— Mais que se passe-t-il donc ici ?

Mallory le dévisagea froidement.

— Montrez-lui, Gower.

Le policier qui avait ramené Brady de la salle de bains le poussa vers la chambre à coucher. Comme le jeune homme hésitait sur le seuil, il y eut l'éclair d'un flash et un photographe se retourna en le regardant avec curiosité.

La pièce était sens dessus dessous, le sol jonché de ce qui garnissait la coiffeuse, les rideaux de la fenêtre voletant devant la vitre brisée. Les couvertures du lit traînaient par terre et le mur avait reçu une giclée de sang. Un autre policier venait de ramasser délicatement, en l'enveloppant dans une serviette, une lourde canne toute gluante de sang.

Gower poussa Brady vers le pied du lit. Dans la ruelle, entre le sommier et le mur, un corps gisait recouvert d'une couverture.

— Regarde ! dit le policier en tirant la couverture. Regarde bien !

Ses vêtements étaient en lambeaux et elle écartait de façon obscène ses cuisses maculées de sang, mais le plus horrible était encore son visage devenu une informe masse de pulpe charnue et osseuse.

Sur le point de vomir, Brady se détourna vivement et Gower le ramena sans ménagement dans le living-room en disant :

— Même à toi, ça te tourne le cœur !

Mallory était toujours assis sur le divan, maintenant en train d'examiner le passeport de Brady. Le jeune homme posa sur lui un regard épouvanté :

— Vous pensez que c'est moi qui ai fait ça ?

Mallory lui jeta son veston :

— Mettez-le... vous pourriez prendre froid... (Puis il ajouta en se tournant vers Gower :) Emmène-le dans l'autre pièce. J'arrive tout de suite.

Brady voulut parler, mais les mots refusèrent de sortir de sa bouche. Bousculé par Gower, il traversa la salle de bains et gagna une petite chambre, où il y avait juste un divan sous la fenêtre et une penderie aménagée dans un renfoncement. Gower l'y laissa à la garde d'un jeune policeman.

Lorsque Gower fut reparti, Brady demanda :

— Est-ce que je pourrais avoir une cigarette ?

Le jeunot hésita puis, déboutonnant sa tunique, il lui donna une cigarette et du feu, avant de reprendre sa faction près de la porte.

Brady se sentait exténué. La pluie fouettait rageusement les vitres et il trouvait à sa cigarette un goût de feuilles mortes. La porte se rouvrit, livrant passage à Gower et Mallory.

— Qui t'a donné ça ?

En deux rapides enjambées, Gower avait arraché la cigarette à Brady et d'une violente bourrade envoyait le jeune homme s'étaler par terre.

Brady se releva, furieux. Au sein de toute cette incohérence, Gower était quelque chose de tangible qu'il frappa au creux de l'estomac, puis à la pointe du menton comme le policier se pliait en deux.

Tandis que Gower se remettait péniblement debout, le jeune constable avait saisi son bâton, mais s'adossant à un angle de la pièce l'Américain s'était fait un bouclier de l'unique chaise.

— Ne soyez pas stupide, Brady ! lança sèchement Mallory.

— Alors, dites à votre gorille de me laisser tranquille ! S'il me touche de nouveau, je lui défonce le crâne !

— Allez dans la cuisine, George, dit Mallory en s'interposant vivement. Faites-vous une tasse de thé... n'importe quoi... Je vous enverrai chercher quand j'aurai besoin de vous.

— Bon Dieu ! tonna Gower. Vous avez pourtant vu ce qu'il a fait à cette fille !

— Je m'occupe de lui, rétorqua Mallory d'un ton sans appel.

Avant de s'en aller, Gower lança un mauvais regard à Brady. Lorsqu'il fut sorti, Mallory dit au constable :

— Allez attendre de l'autre côté.

Alors, Brady abaissa sa chaise et Mallory sortit de sa poche un paquet de cigarettes :

— Prenez-en une autre... Vous me paraissez en avoir besoin.

— Ça, vous pouvez le dire !

La cigarette allumée, Mallory s'assit sur le divan et Brady se laissa tomber sur sa chaise en déclarant :

— Avant toute chose, je tiens à vous dire que je ne l'ai pas tuée. Je ne saurais même pas vous dire son nom !

Mallory sortit une photographie de sa poche et la lui tendit :

— Elle s'appelait Marie Duclos. Née à Paris, elle vivait ici depuis environ six ans... Prostituée notoire... Quand le fameux arrêté la chassa du bitume, elle fit comme la plupart des autres : elle se procura un appartement avec le téléphone... ou quelqu'un les lui procura.

La photo était vieille et jaunie. Brady secoua lentement la tête :

— Ça ne lui ressemble pas.

— Rien d'étonnant... Si vous regardez au dos, vous verrez que cette photo a été prise voici dix ans, quand elle en avait dix-huit... Dites-moi comment vous avez fait sa connaissance.

Brady raconta tout à l'inspecteur, depuis le moment où il avait repris conscience sur un banc de l'Embankment jusqu'à celui où il l'avait de nouveau perdue dans l'appartement. Lorsqu'il se tut, Mallory demeura un moment silencieux avant de dire :

— Bref... Vous affirmez avoir aperçu un homme sur l'Embankment, que vous avez revu ici, derrière Marie Duclos, juste au moment où vous sombriez dans le cirage ?

— Oui.

— Selon vous, ce serait cet homme qui aurait tué ?

— Ce doit être lui.

— Mais pourquoi, Brady ? questionna Mallory d'une voix neutre. Pourquoi aurait-il choisi de vous mettre ça sur le dos, à vous ?

— Parce que je me trouvais là. Je suppose que ç'aurait pu aussi bien être n'importe quel autre bougre qu'elle aurait ramené...

— Mais s'il était ici, où serait passé cet homme ? Marie et vous êtes les seuls à être entrés dans la maison, d'après le témoignage du père Blakey, le gardien du chantier.

— Comment avez-vous été informé du drame ? demanda Brady.

— C'est Blakey qui a entendu la fille hurler, puis une vitre a été brisée par un chandelier qu'elle a réussi à jeter au dehors. Le vieux s'est aussitôt précipité réveiller des voisins, en leur demandant de nous téléphoner, mais il n'a pas perdu la porte de vue et personne n'est sorti de la maison.

— Il y a sûrement une autre porte derrière...

— Oui, mais qui donne dans une cour et un jardin à l'abandon, séparés du cimetière par une grille haute de deux mètres.

— Cela ne constitue pas un obstacle infranchissable... Et la vieille d'en bas ? Elle a peut-être vu quelque chose ?

— Cela fait deux mois que l'appartement du rez-de-chaussée est inhabité. Non, Brady, fit Mallory en soupirant et secouant la tête. Ça ne peut pas aller... D'ailleurs, vous m'avez dit avoir vu cet homme sur l'Embankment *avant* que Marie Duclos ne vous ait parlé.

— Mais je n'ai pas pu la tuer ! Il aurait fallu que je sois fou pour m'acharner pareillement sur elle !

— Fou, ou soûl au point de ne plus savoir ce que vous faisiez.

Brady promena désespérément son regard autour de la pièce. Le monde entier semblait conspirer contre lui et il n'y avait rien qu'il pût faire pour se défendre... rien.

La porte s'ouvrit et le jeune constable apporta un bout de papier à Mallory :

— Le sergent Gower pense que ceci vous intéressera, chef.

Le policeman reparti, Mallory parcourut le papier du regard, puis dit :

— Il semble que vous soyez un homme extrêmement violent quand ça vous prend, Brady...

— Que voulez-vous dire ?

— Nous venons de procéder à une rapide enquête pour voir ce que l'on pouvait apprendre sur votre compte. Depuis que vous êtes arrivé du Koweït par avion, voici trois jours, vous avez passé votre temps à vous soûler. Mardi soir, vous avez été expulsé d'un bar de King's Road dont vous aviez frappé le patron parce que, vu votre état, il refusait de vous servir. Plus tard, cette même nuit, vous vous êtes battu dans une boîte de Soho. Lorsque le videur a voulu vous jeter dehors, vous lui avez cassé le bras, mais ils n'ont pas voulu porter plainte. Finalement, vous avez été ramassé ivre mort, dans Haymarket, à 4 heures du matin, par une ronde de police. Ce qui vous a valu une amende de 2 livres... Un véritable record en si peu de temps !

Brady se leva et se mit à arpenter la pièce avant de dire :

— Soit... Je vais tout vous raconter.

Il se planta devant la fenêtre, regardant les policiers en bas, dans la rue, avec leurs capes luisantes de pluie :

— Je suis ingénieur... Construction mécanique... Spécialisé surtout dans les ponts, les barrages, les trucs comme ça... L'année dernière, j'ai fait la connaissance à Londres d'une fille nommée Katie Holdt. C'était une Allemande, qui travaillait comme gouvernante d'enfants dans une famille, pour apprendre l'anglais. J'ai eu le coup de foudre et je désirais l'épouser, mais j'étais à sec... On me faisait une proposition : un barrage à édifier au Koweït. C'était extrêmement bien payé, parce que personne ne voulait s'en charger, à cause des conditions de travail et surtout du climat. Moi, j'ai accepté. Je suis allé vivre dix mois là-bas, en faisant porter mon salaire au crédit du compte de Katie, ici, à Londres.

— Et, il vous est arrivé le coup habituel, je suppose ? fit Mallory d'un air peiné.

Brady acquiesça :

— Après dix mois d'enfer, j'ai pris l'avion pour apprendre par l'employeur de Katie que celle-ci était retournée en Allemagne, voici un mois, afin de s'y marier... Et il n'y avait rien que je puisse faire ! Absolument rien ! Tout était parfaitement légal !

— Alors, vous avez décidé de vous soûler... de vous soûler au point que, la plupart du temps, vous ne saviez même plus ce que vous faisiez.

— Oui, inspecteur, je me suis soûlé et je me suis battu dans ces bistrots, mais je n'ai pas tué cette femme.

Mallory se leva à son tour et alla décrocher une petite glace :

— Regardez-vous donc !

Le sang des égratignures avait séché et elles paraissaient maintenant encore plus sinistres. Brady les effleura du bout des doigts :

— Ce serait elle qui m'aurait fait ça ? demanda-t-il d'une voix éteinte.

— Le docteur a prélevé du sang et des raclures de peau sous les ongles de sa main droite. Il vous examinera tout à l'heure au poste.

Brady noua étroitement ses mains, pour les empêcher de trembler.

— Je suis citoyen américain, dit-il. Je voudrais prendre contact avec mon ambassade.

— On s'en est déjà occupé, répondit Mallory en ouvrant la porte de la salle de bains.

Brady fit une ultime tentative :

— Passons de nouveau tout en revue, inspecteur... Nous devons forcément finir par trouver une explication...

— La seule chose qui puisse vous être utile désormais Brady, c'est d'avoir un avocat. Je vais demander à votre ambassade de vous procurer le meilleur qui se puisse trouver. Vous en aurez besoin.

Ils l'emmenèrent en bas et, sur le perron, ils s'arrêtèrent tandis que Gower exhibait avec satisfaction une paire de menottes.

Il continuait de pleuvoir mais, en dépit de cela, les voitures de police avaient attiré un petit groupe de curieux que deux policemen en uniforme maintenaient à distance.

Comme Gower s'enchaînait à lui avec les menottes, Brady se raidit soudain. Parmi les curieux, il venait de reconnaître un visage qui ne lui était devenu que trop familier. Mais, au même instant, l'homme se fondit à l'arrière-plan des badauds. Brady s'élança à sa poursuite, entraînant Gower qui lui tordit le bras. Désespérément, l'Américain se retourna vers l'inspecteur Mallory :

— Je l'ai vu, inspecteur ! Il était derrière ces gens... Il ne peut pas être encore bien loin !

À la clarté du réverbère, Mallory paraissait plus las que jamais :

— De grâce, Brady, assez ! Ça ne vous mènera à rien.

— Bon sang, je vous dis qu'il était là ! hurla Brady en se débattant.

Ils durent se mettre à six pour le hisser dans une des voitures.

3

Le gouverneur de la prison de Manningham soupira. Il était 8 heures du soir, ce qui le mettait déjà en retard pour sa partie de bridge.

Rangeant soigneusement les rapports dans le dossier, il se renversa dans son fauteuil.

— Cette prison, Brady, dit-il, est classée « sécurité maximale ». Il est impossible d'en sortir, sinon par la grande porte. C'est pourquoi on y envoie les hommes qui ont de grandes peines à purger ou qui sont condamnés à vie, comme vous. Avez-vous des questions à poser ?

— Non, monsieur, répondit Brady.

La lampe placée sur le bureau soulignait le relief de son visage. Il avait maigri au cours de ces trois derniers mois et ses tempes s'étaient argentées. Son regard était devenu dur, glacé, et dénué d'expression. Il avait tout l'air d'un homme dangereux et le gouverneur soupira de nouveau :

— Si j'ai bien compris, vous avez attaqué un gardien de Wandsworth où vous vous trouviez entre deux audiences de votre procès ?

— À l'époque, j'étais dans un état terrible.

Le gouverneur ne fit aucun commentaire, mais rouvrit le dossier :

— Je vois que vous êtes ingénieur et vous occupiez de constructions. Nous pourrons vous employer puisque nous sommes en train d'édifier nous-mêmes certains agrandissements, à l'intérieur de l'enceinte bien entendu. Rien ne s'oppose à ce que vous commenciez ce travail dès demain matin.

— Merci, monsieur !

— Inutile de vous dire que c'est là une faveur qui peut vous être retirée au premier signe de mauvaise conduite.

— Oui, monsieur.

Le gouverneur eut un bref sourire :

— Si jamais vous avez besoin d'un conseil, Brady, n'hésitez pas à me le demander. C'est pour cela que je suis ici.

Ayant dit, le gouverneur se leva pour signifier la fin de l'entretien, et le gardien-chef emmena Brady.

Manningham était la troisième prison que découvrait l'Américain depuis son incarcération et il regardait autour de lui avec intérêt, tandis qu'on le conduisait d'abord au magasin d'habillement, puis aux cuisines pour un repas et enfin dans sa cellule.

Le bâtiment où il gîtait avait été construit vers le milieu du XIXe siècle selon les principes d'alors. Quatre ailes comprenant chacune trois étages de cellules rayonnaient à partir d'un hall central dont le dôme de verre armé l'élevait à quarante-cinq mètres du sol. Mais chaque aile, pour des raisons de sécurité, était séparée de ce hall central par une grille. Le gardien-chef ouvrit celle de l'aile C et, avec lui, Brady gravit un escalier de fer dont la rampe était surmontée d'un solide grillage pour empêcher les candidats au suicide de faire un plongeon dans le vide. On avait l'impression de se mouvoir dans un labyrinthe de fer enveloppé de silence ; Brady ne put se retenir de frissonner quand son guide s'arrêta devant la dernière porte de la galerie et l'ouvrit.

La cellule était plus spacieuse que ne s'y attendait l'Américain. Sa petite fenêtre avait des barreaux ; dans un coin, un lavabo et des W.C. Contre un des murs, deux couchettes superposées, contre l'autre, un lit à roulettes, sur lequel un homme était étendu, en train de lire un magazine. Âgé d'une soixantaine d'années, il avait des cheveux blancs coupés ras, des yeux d'un bleu intense et une expression ironique sur son visage ridé.

— Un nouveau compagnon de cellule, Evans, lui annonça le gardien-chef. Demain, il se joindra à l'équipe de construction. Vous lui expliquerez comment ça fonctionne ici.

Puis, se tournant vers Brady :

— Rappelez-vous ce que vous a dit le gouverneur. Conduisez-vous bien avec moi, et je me conduirai bien avec vous.

La porte se referma derrière lui avec un claquement métallique et le bruit de la clef dans la serrure eut quelque chose de définitif.

— Conduisez-vous bien avec moi et je me conduirai bien avec vous, répéta Evans avec écœurement. Quel bobard !

S'asseyant, il tira un paquet de cigarettes de son traversin :

— Une sèche, fiston ? Je m'appelle Joe Evans. Toi, c'est Brady ?

— Oui, répondit l'Américain en prenant une cigarette. Comment le sais-tu ?

Evans haussa les épaules tout en lui donnant du feu :

— Le téléphone arabe. J'ai entendu dire que t'avais voulu casser la gueule à un maton ?

Étendu sur la couchette du bas, Brady tira avec volupté sur sa cigarette :

— Il n'avait pas cessé de m'asticoter depuis le premier jour. À la fin, j'en ai eu marre.

— Les journaux du dimanche avaient fait de toi un tel portrait que pour un peu, je me serais attendu à te voir avec deux têtes et des crocs en guise de dents ! gloussa Evans.

Malgré lui, Brady sourit et Evans l'approuva :

— À la bonne heure, fiston ! Faut pas te laisser abattre par leurs histoires. Et si tu t'ennuies, crache dans l'œil d'un maton, ça te vaudra tout de suite de la distraction !

— Ça, j'en doute pas ! C'est comment ici ?

— Mieux que dans la plupart des taules. Ils vont sûrement nous foutre un gars dans l'autre couchette, mais ça, c'est la crise du logement. Ça fait trois ans que je suis ici. On m'y a transféré quand c'est devenu « sécurité maximale » comme y disent, et depuis lors, y a pas eu une seule tentative d'évasion.

— Combien il te reste à faire ?

Evans ricana :

— J'ai purgé six années sur sept et je serais déjà dehors si j'avais commencé par mieux me conduire.

Il lança un rond de fumée vers le plafond :

— Mais je me bile pas. Ma vieille a une chouette petite auberge en Cornouailles, et on ne risque pas de me revoir par ici !

— J'ai l'impression d'avoir déjà entendu ça souvent.

— Ouais, mais moi, c'est du sérieux. Je vais te dire une chose, fiston... Ce qui m'a perdu, c'est que je faisais trop bien mon boulot. Quand je te démolissais un coffre, ça faisait pas plus de bruit qu'un pet. L'ennui, c'est que les flics se disaient aussitôt qu'un aussi beau travail ne pouvait être que mon œuvre.

— En tout cas, tu sembles bien organisé ici.

— J'ai pas à me plaindre. Et t'as du pot, fiston, d'être tombé avec moi.

— Qu'est-ce que c'est que ces constructions dont m'a parlé le gouverneur ?

— Toujours la crise du logement, gars ! Alors, on construit un autre bâtiment dans la cour principale. C'est le bon numéro, je te le dis. Vaut foutrement mieux faire ça que de coudre des sacs ou demeurer ici tout le temps à se sentir devenir fou. Si on y va mollo, ça peut durer encore dix bons mois.

— J'espère bien me tailler avant ça.

Campé devant la fenêtre, Brady regardait au-dehors. Le mur d'enceinte avait environ douze mètres de haut et de l'autre côté, il y avait une voie de chemin de fer, au-delà de laquelle les lumières de Manningham brillaient gaiement dans la nuit d'automne, comme si elles provenaient d'une autre planète.

— Écoute-moi, fiston, dit alors Evans très sérieusement. Vouloir jouer au pot de terre contre le pot de fer, ça ne te vaudra qu'un petit jardin sur le ventre. Personne ne peut s'évader d'ici. Ça fait trois ans que j'y suis et tu peux te douter que j'ai étudié la question. Raye ça de tes projets.

Brady se retourna et regarda son compagnon :

— Il faut pourtant que je m'évade. J'ai été victime d'un coup monté, Evans. Quelqu'un a tué cette fille et m'a mis ça sur le dos. Je veux savoir qui et pourquoi.

— T'as raconté ça au procès et ça valait le coup d'essayer. Malheureusement ça n'a pas marché. Nous sommes tous coupables ici... coupables de nous être laissés prendre.

Brady eut un geste désespéré :

— Par moments, je me demande si je ne suis pas le seul à avoir conservé ma raison dans un monde devenu fou !

Il s'approcha de la porte et caressa la serrure du bout des doigts :

— Si seulement je pouvais ouvrir ça, pour commencer...

Evans se leva et alla prendre une cuiller à soupe dans le placard ménagé sous le lavabo.

— Les désirs de Monsieur sont des ordres.

Faisant s'écarter Brady, il s'agenouilla devant la porte. La serrure était recouverte par une plaque d'acier. Evans inséra le manche de la cuiller entre le bord de la plaque et le chambranle. Il fourragea pendant quelques instants, puis un déclic se fit entendre et Evans tira doucement sur la porte qui s'entrouvrit.

— Par exemple ! fit Brady à voix basse.

Evans repoussa la porte, remua de nouveau le manche de la cuiller et un autre déclic se produisit.

— Mais c'est incroyable ! dit Brady tandis que son compagnon se relevait.

Evans secoua la tête :

— C'est un vieux truc. Y en a beaucoup ici qui le connaissent. La plupart des portes ont des serrures à mortaise, installées il y a longtemps. Un de ces quatre matins, ils s'en aviseront et les changeront.

Et il ajouta avec son habituel sourire en coin :

— Moi, ça me sera égal. Tu peux me montrer n'importe quelle

clef pendant cinq secondes et je suis foutu de la refaire de mémoire.

— Mais je ne comprends pas... Tu m'as dit que c'était impossible de s'évader d'ici.

Le vieil homme s'étendit de nouveau sur le lit :

— Prends une autre sèche, fiston, et je m'en vais t'enseigner quelques vérités premières. Sortir de cette cellule, ça n'est qu'un commencement. En bas, t'as encore une grille à franchir avant d'arriver dans le hall central. Ensuite, il ne reste pas moins de cinq portes pour te séparer de la cour. Quant à la porte d'enceinte, c'est presque un fort à elle seule... Non, gars, crois-moi : « sécurité maximale » et c'est pas de la blague.

— Je trouverai bien un moyen ! J'ai tout le temps devant moi !

Mais c'était faux ; il lui fallait faire vite, réfléchissait l'Américain étendu sur sa couchette. Il ne pourrait pas endurer longtemps de rester là, à ronger son frein. Fermant les yeux, il lui sembla voir ricaner le visage qui n'avait cessé de le hanter depuis cette terrible nuit.

« Pourquoi moi ? se répétait-il. Pourquoi moi ? »

Mais il n'aurait pas de réponse, tant qu'il ne se serait pas évadé pour la chercher. Se tournant vers le mur, Brady remonta la couverture sur ses épaules et sombra dans un sommeil agité.

Les jours qui suivirent étaient tous taillés sur le même patron. Chaque matin, après le petit déjeuner, cinquante hommes défilaient devant le gardien-chef dans la cour principale et s'en allaient travailler à la construction. Le gros œuvre était déjà assez avancé, mais il y avait encore beaucoup de travail à faire sur la charpente métallique du 4e étage. Evans était employé là en qualité de soudeur-riveteur et Brady lui fut donné comme compagnon. Quand il vit avec quelle habileté l'Américain maniait la lampe à souder, le vieil homme s'exclama :

— Je n'ai vraiment rien à t'apprendre sur ce chapitre, mon gars !

Relevant les lunettes de protection sur son front, Brady lui sourit avec satisfaction. Ils fumèrent ensemble une cigarette en regardant la petite ville industrielle environnée par les fameux *moors* du Yorkshire, dont les courbes pourpres s'étendaient presque jusqu'à l'horizon dans l'air sec de cette journée d'automne où se décelait déjà l'approche de l'hiver.

— Nom d'un chien ! Qu'il fait bon vivre par une journée pareille ! déclara Evans. Même ici !

Brady acquiesça en regardant au-dessous d'eux les hommes qui travaillaient à un tas de briques, surveillés par des gardiens. Ces uniformes constamment présents ôtaient toute illusion de liberté. Puis il considéra le dôme vitré de la tour centrale et ses yeux suivirent le parcours du tuyau d'écoulement qui, douze mètres plus bas, rejoignait le toit de l'aile D. Cette aile se terminait à une dizaine de mètres du mur d'enceinte.

L'Américain soupira et jeta le reste de sa cigarette dans le vide. Pour sortir de là, il lui aurait fallu des ailes !

— Je sais à quoi tu penses, fiston, gloussa Evans. Mais ça n'est pas possible, crois-moi. Si tu trouves un moyen, je suis prêt à te donner 500 livres pour en avoir communication.

— Je n'oublierai pas cette proposition. En attendant, remettons-nous au boulot, dit Brady en reprenant sa lampe.

Durant les deux semaines qui suivirent, il ne revint pas sur ce sujet mais, chaque jour, du haut de son poste d'observation, il étudiait les aîtres au point d'en avoir le plan gravé dans sa tête, jusqu'aux moindres détails. Cela demanderait une minutieuse mise au point, mais un projet commençait à s'esquisser dans son esprit.

Le jeudi, peu avant midi, Brady fut informé qu'il avait une visite. En faisant la queue devant le parloir, le jeune homme se demandait qui pouvait bien venir le voir. Ses parents étaient morts et il n'avait pas d'amis en Angleterre. Sa sœur de Boston s'était déplacée lors du procès et ce n'était sûrement pas elle qui revenait.

Quand son tour arriva et que le gardien l'introduisit dans la sorte de cabine téléphonique qu'un grillage séparait du côté réservé aux visiteurs, il eut la surprise de voir s'asseoir en face de lui une jeune fille d'une vingtaine d'années, aux cheveux bruns coupés très court. Ce n'était pas une beauté mais néanmoins, elle ne devait jamais passer inaperçue, où qu'elle se trouvât.

— Mr Brady, vous ne me connaissez pas... commença-t-elle d'un ton pas très assuré. Je m'appelle Anne Dunning.

— Cela ne me dit rien, mademoiselle...

— Vous connaissiez mon père, Harry Dunning. Je crois que vous aviez travaillé ensemble à la construction d'un barrage, au Brésil...

— Vous êtes la fille de Harry Dunning ? s'exclama alors Brady en se penchant vers le grillage qui les séparait. Comment va-t-il ? Je n'ai plus eu de ses nouvelles depuis que nous nous sommes séparés à New York, après l'achèvement de ce barrage... Je crois qu'il devait ensuite aller au Guatemala ?

Elle acquiesça en tordant nerveusement son sac entre ses mains :

— Il est mort, Mr Brady. Mort à Coban, il y a six semaines, des suites d'une chute.

— Oh ! je suis désolé, dit l'Américain, sincèrement ému. Je le considérais comme un de mes meilleurs amis.

— C'est exactement ce qu'il m'a dit de vous. Quand on m'a télégraphié son accident, j'ai pris l'avion pour le Guatemala et j'ai rejoint mon père deux jours avant sa mort. Il avait appris ce qui vous était arrivé et me disait que vous étiez absolument incapable d'une chose pareille, que vous deviez sûrement dire la vérité. Il m'avait même précisé que vous lui aviez sauvé la vie...

— Ah ! ça me fait plaisir de savoir qu'il y a quand même eu quelqu'un pour me croire ! s'exclama Brady.

Ouvrant son sac, la jeune fille en sortit une vieille montre d'argent avec sa chaîne, qu'elle plaqua contre la grille pour qu'il pût l'examiner :

— Il a tenu à vous léguer cette montre et m'a chargée de veiller à ce qu'elle vous parvienne. Je dois, je suppose, la remettre au gouverneur pour qu'il la mette avec le reste de vos affaires ?

Brady secoua doucement la tête :

— Elle ne me serait d'aucune utilité ici. Gardez-la moi.

— Vous préférez vraiment que je la garde ?

— Oui... Peut-être sortirai-je d'ici plus vite que vous ne le pensez. Alors, vous pourrez me la donner.

Elle remit la montre dans son sac et se pencha vers le grillage :

— Mais j'ai cru comprendre que votre appel avait été rejeté ?

— Oh ! ça n'est pas fini... Mais parlez-moi un peu de vous, dit-il en changeant de sujet avec le sourire. Comment avez-vous su où me trouver ?

— J'avais lu un entrefilet dans le journal, disant qu'on vous avait transféré ici. Et comme cette semaine je suis avec une tournée qui joue au Grand Théâtre de Manningham, j'ai profité de l'occasion pour téléphoner au gouverneur, lequel n'a fait aucune difficulté.

— Vous faites du théâtre ? Ça marche, cette tournée ?

Elle esquissa une grimace :

— Non. Nous étions partis pour trois mois, en principe, mais je crois bien qu'on va terminer samedi soir. Je croyais pourtant que, cette fois, la chance m'avait favorisée. J'avais un bon second rôle, avec trois scènes importantes... Enfin, c'est ça, le théâtre !

— Je donnerais cher pour être ce soir au premier rang d'orchestre et pouvoir applaudir votre entrée !

— Et moi, je donnerais cher aussi pour vous y voir, Mr Brady, rétorqua-t-elle avec une chaude cordialité. Je suis convaincue maintenant que mon père avait raison. Pensez-vous qu'ils m'autoriseront à vous revoir avant que je ne quitte Manningham ?

— Ça m'étonnerait fort. Mais vous pouvez m'écrire.

— Volontiers ! Je vous donnerai mon adresse à Londres.

Le gardien vint toucher l'épaule de Brady pour lui signifier la fin de l'entretien. Il se leva aussitôt et la jeune fille le regarda comme si elle voulait lui dire quelque chose mais ne trouvait pas les mots qu'il fallait. Alors, elle se détourna vivement et Brady suivit le gardien.

De retour au travail, il s'entendit demander par Evans :

— Qui était-ce, fiston ? On m'a raconté qu'elle était très mignonne.

— Vous êtes donc au courant de tout ?

— S'il y a quelque chose que j'ignore, sourit Evans, c'est que ça ne vaut pas la peine d'être su.

Quand sonna la fin du travail, Evans et Brady rassemblèrent leurs affaires, puis se mirent à descendre le long de l'échafaudage. Il y avait déjà tout un groupe de travailleurs qui se pressaient le long de l'étroite passerelle enjambant le bâtiment à hauteur du 3e étage. Comme Brady se tournait pour commencer à descendre l'échelle aboutissant à l'étage du dessous, quelqu'un le poussa violemment dans le dos. Il se sentit partir dans le vide, la tête la première, et poussa un cri d'effroi, mais on le saisit par sa veste de treillis et il put se raccrocher à l'échafaudage.

— Tu as eu de la veine que je sois là ! lui dit Evans en l'aidant à reprendre pied sur la passerelle.

Le tout n'avait pas duré plus de deux secondes et était passé inaperçu de la majorité de leurs compagnons.

— As-tu vu comment ça s'est produit ? demanda Brady.

— Je t'ai vu partir dans le vide et je t'ai agrippé aussitôt. C'est tout.

Brady était convaincu que quelqu'un l'avait volontairement poussé. Mais pour quelle raison ? Il ne s'était fait aucun ennemi et son amitié avec Evans lui assurait même une certaine estime de la part des autres prisonniers. Il fut sur le point de s'en ouvrir à son compagnon, mais s'en abstint finalement, car il avait en tête des préoccupations qu'il estimait plus importantes.

Cette abstention faillit lui être fatale. Le lendemain matin, peu avant midi, il était en train de souder un tuyau au 3e étage et, derrière lui, un chargement de briques était hissé dans un panier de toile vers le 4e étage.

Ce fut un pur hasard qui le sauva. Il venait de relever ses lunettes pour s'offrir un instant de répit quand, du coin de l'œil, il entrevit quelque chose arrivant vers lui. Instinctivement il se laissa tomber à plat sur la passerelle où il était juché et le chargement de briques, passant au-dessus de lui, se balança nonchalamment dans le vide avant de revenir à la verticale.

Brady vit l'homme qui hissait le chargement de briques au 4e étage, un grand type basané, avec le nez cassé et des cheveux bruns frisés. L'homme lui retourna calmement son regard puis s'éloigna.

L'Américain monta alors rejoindre Evans occupé, au 4e étage, à d'autres travaux de soudure dans une des pièces à demi terminées qui se trouvaient à l'extrémité nord du bâtiment.

— Quelqu'un vient d'essayer de me balancer dans le vide, lui annonça-t-il.

— Tu en es sûr ? s'enquit Evans en se redressant.

— C'est la seconde fois en deux jours. Hier non plus ça n'était pas accidentel.

— T'as des soupçons ?

— Viens, je vais te montrer le gars.

L'homme au nez cassé était occupé à charger des briques sur une brouette au bout de la passerelle.

— C'est Jango Sutton, dit Evans en fronçant les sourcils. Il se prend pour un dur. Il a écopé de sept ans pour vol accompagné de violences : il avait assommé, d'un coup de barre de fer, un vieux veilleur de nuit. Mordez un peu le « dur », conclut-il d'un ton sarcastique.

— Il a l'air d'un étranger, remarqua Brady.

— C'est un gitan qui s'était collé avec une fille de Manningham.

— J'aimerais savoir qui lui a demandé de me liquider.

— C'est facile à arranger, dit Evans avec un rictus. Amène-le par ici et je me charge du reste.

Sutton approchait, revenant avec sa brouette vide. Lorsque le gitan arriva à la hauteur de la porte, Brady étendit le bras et le saisit par la peau du cou, le tirant avec une telle force à l'intérieur de la pièce que l'autre, trébuchant, alla heurter le mur opposé.

— Qu'est-ce que ça veut dire ? demanda Sutton en se redressant.

— Ça veut dire que, par deux fois en deux jours, tu as essayé de m'envoyer dinguer dans le vide. Dis-moi pour quelle raison.

— Va te faire foutre ! répondit Sutton en se précipitant vers la porte.

Mais Evans étendit le pied et lui fit un croc-en-jambe. Le gitan tomba à plat ventre et Evans l'empêcha de se relever en lui appuyant son pied sur les reins, cependant qu'il réglait la flamme de la lampe à souder jusqu'à ce qu'elle devînt d'une intense blancheur :

— Nous ne te demandons que d'être raisonnable, Jango.

Le gitan humecta ses lèvres épaisses tandis que, comme fasciné, il regardait la flamme avec épouvante :

— Vous... vous n'oseriez pas...

— Pourquoi ? Ça facilitera ton retour à la vie civile. Cinq secondes de ça sur ta gueule et tu surpasseras Boris Karloff. T'auras pas besoin de maquillage, toi !

— Tu es fou ! balbutia l'autre d'une voix fêlée.

— Je vais sûrement le devenir si tu ne nous dis pas ce que nous voulons savoir, rétorqua Evans d'une voix dure. Crois-moi, vaut mieux que tu parles ! Qui t'a dit de balancer mon pote dans le vide ?

Sutton essaya de se libérer de sous le genou qui le plaquait au sol, mais Evans accentua la pression dans le même temps qu'il rapprochait la flamme. Affolé, Sutton hurla :

— Je vais parler ! C'est... c'est Wilma, ma femme. Elle est venue me voir hier et m'a dit qu'il y aurait 500 livres pour moi, si Brady mourrait dans un accident. Et si ça pouvait se produire avant dimanche, je toucherais même 200 livres de mieux.

Brady se tenait sur le seuil de la pièce, pour le cas où un gardien se fût aventuré dans les parages.

— Qui l'a chargée de te faire cette commission ? demanda-t-il d'un ton pressant.

— Je ne le sais pas, répondit le gitan. Elle n'a pas voulu me le dire.

— Il ment... Ça ne tient pas debout...

Evans rapprocha la terrible flamme dont le seul rayonnement suffit à faire crépiter les cheveux noirs de Sutton qui hurla :

— C'est la vérité ! Je lui ai demandé... Elle n'a pas voulu me le dire !

Evans leva les yeux vers Brady :

— T'es satisfait ?

L'Américain hocha vaguement la tête et Evans força l'autre à se remettre debout et le tirant par son bourgeron :

— S'il arrive quoi que ce soit à Brady, lui dit-il, c'est comme si t'avais signé ton arrêt de mort. Compris ?

Il le repoussa loin de lui et Sutton, plongeant sous le bras de Brady, s'empressa de quitter la pièce. Evans éteignit alors la lampe et sortit deux cigarettes de sa poche en demandant :

— T'y comprends quelque chose ?

— Non, répondit Brady. Tu connais sa femme ?

— Elle tient un club au bord de l'eau... Le *Quatre-Vingt-et-Un* que ça s'appelle... Mais c'est pas le seul jeu qu'on y joue, tu peux me croire. La Wilma est sur le turf depuis l'âge de quatorze ans, alors tu m'as compris !

Brady alluma sa cigarette et demeura à regarder silencieusement au-dehors. Après un moment, Evans lui demanda :

— À quoi tu penses, fiston ?

— À un tas de choses. Si quelqu'un souhaite ma mort, je voudrais savoir pour quelle raison. Quand je connaîtrai cette raison, je crois que tout deviendra clair pour moi, y compris l'assassinat de Marie Duclos.

— Alors, qu'est-ce que tu comptes faire ?

Brady sourit :

— Toi, tu as un museau de fouine !

S'approchant d'un tas de gravats, il en extirpa un rouleau de corde.

— J'en ai douze mètres, dit-il. Plus une sangle de deux mètres munie de crochets. Ça fait une semaine que je les ai planqués ici. Et sous mon matelas, y a une paire de pinces coupantes. C'est tout ce dont j'ai besoin.

— Besoin pour quoi ?

— Pour me tailler. Maintenant j'ai une piste : Wilma, la poule de Sutton. Je te jure que si je me mets à la dérouiller, elle me dira vite qui l'a chargée de me faire tuer !

— Tu es fou, gars. On peut pas sortir d'ici.

— Rien n'est impossible quand on veut s'en donner la peine, rétorqua Brady. Viens là-haut et je vais te faire voir...

Ils se hissèrent au niveau supérieur de l'édifice et s'accroupirent sur un triangle formé par la charpente métallique.

— T'avais raison, Evans, de dire que sortir de la cellule n'était rien, avec tous les gardes et les portes qui restaient à vaincre ensuite. Alors, j'ai décidé de passer par-dessus.

— Que diable veux-tu dire ?

Brady pointa le menton vers le dôme vitré de la tour centrale :

— T'as jamais vu un maton tourner la poignée qui est près de l'entrée de notre aile, dans le hall central ? Elle actionne un système de fils et de poulies pour manœuvrer une fenêtre d'aération, tout en haut. C'est par là que je vais filer.

— T'es complètement louf ! Cette tour fait quarante-cinq mètres !

— Écoute : je découperai le grillage sur le palier. De là, je pourrai atteindre un des éléments de la charpente métallique qui se prolonge jusqu'au dôme...

— Mais jamais tu ne pourras grimper là-haut ! Cette charpente est presque à la verticale...

— Tu oublies mon métier. J'ai travaillé sur des ponts, des barrages, des trucs drôlement plus hauts que ça... J'aurai des chaussures en caoutchouc et la sangle me tiendra lieu de ceinture de sécurité.

— Admettons que tu réussisses à filer par le dôme, concéda Evans. Tu ne seras pas sorti d'affaire pour autant ?

— Il y a un tuyau d'écoulement qui rejoint le toit de l'aile D, répondit Brady en l'indiquant à son compagnon. Ensuite, je rampe sur le bord du toit jusqu'à la cheminée de la blanchisserie. De là, avec ma corde, je me descendrai jusqu'à un tuyau qui va du bâtiment au mur d'enceinte. C'est le seul point faible de toute la prison, mais ils doivent penser que ça ne risque rien, car personne ne peut l'atteindre d'en bas : il est à douze mètres du sol.

— Et il y a bien douze mètres aussi entre le bâtiment et le mur d'enceinte, ce qui te laisse encore pas mal de chances de te casser la gueule, même si tu arrives jusque-là.

— Je te dis que je vais filer, Evans, s'entêta Brady. Rien ne pourra m'en empêcher !

— Et quand comptes-tu faire ça ? s'enquit l'autre en soupirant.

— Dimanche soir. À partir de 5 heures, il fait noir et, à 6 heures, on nous boucle pour la nuit. Après ça, il n'y a qu'un seul maton de garde dans le hall central qui fait des rondes dans toutes les ailes.

— Ouais... Mais avec ses pantoufles, on l'entend pas. Tu peux jamais dire où il est.

— Je tenterai ma chance. Avec un peu de pot, ils ne s'apercevront pas de ma disparition avant le petit déjeuner. Bien entendu, j'aurai besoin de toi et de ta cuiller pour la porte.

Evans sourit :

— C'est pas seulement pour ça que t'auras besoin de moi, fiston. Admettons que tu réussisses à passer de l'autre côté du mur. T'es lâché dans la nature... Mais comment feras-tu pour te procurer du fric et des vêtements ?

Brady haussa les épaules :

— Je les faucherai quelque part. Faudra bien.

— Écoute, fiston... J'ai un passe que je me suis fait... Il est planqué dans notre cellule. Ce truc-là, il t'ouvre n'importe quelle serrure à mortaise... Enfin, disons : presque n'importe laquelle. Si tu réussis à sortir d'ici, tu vas directement au petit cimetière que tu vois là... De l'autre côté, il y a une baraque. C'est un de ces trucs où l'on vend des surplus. Tu pourras donc t'y nipper à ta guise et si la chance te favorise, tu trouveras peut-être même du flouze dans le tiroir-caisse.

— T'es sûr de ça ? questionna Brady.

Evans acquiesça :

— Tu te rappelles : je t'avais dit avoir cherché un moyen de me tailler au début que j'étais ici ? Un mec qu'était alors dans ma cellule m'avait parlé de cette baraque. C'est pour cela que je m'étais fait un passe ; Seulement, j'ai jamais pu combiner mon évasion. Maintenant, c'est trop tard.

Tournant la tête, Brady regarda par-dessus le mur la ligne de chemin de fer et le cimetière au-delà. La baraque et le passe-partout complétaient à merveille son plan. À présent, il se sentait très calme et parfaitement sûr de lui.

Ce fut seulement lorsque retentit la sirène de midi, tandis qu'il descendait l'échelle derrière Evans, qu'il fut ému à l'idée que, désormais, rien ne pourrait plus l'empêcher de tenter son évasion.

4

La pluie battait les vitres de la fenêtre tandis que Brady essayait de percer du regard les ténèbres extérieures.

— Sale nuit pour un départ ! dit-il avec un sourire sarcastique.

Evans qui avait l'oreille collée contre la porte se retourna :

— Si tu pars, fiston, c'est le moment !

Soulevant son matelas, Brady prit le rouleau de corde qu'il accrocha à une de ses épaules. La sangle attachée autour de sa taille et les pinces dans sa poche, il était prêt.

Evans s'était déjà agenouillé devant la porte et au bout de quelques secondes, il y eut le léger déclic annonçant que la serrure avait fonctionné. Le vieil homme risqua un regard dans l'entrebâillement et hocha la tête d'un air satisfait.

— T'as tout ? chuchota-t-il.

— Oui, répondit Brady en lui posant la main sur l'épaule. La seule chose qui me tracasse, c'est toi... Que vont-ils te faire ?

— Mais rien, mon gars, assura l'autre avec un sourire. Demain matin, à mon réveil, je constaterai avec stupeur que tu n'es plus là et que la porte de notre cellule est ouverte. Comme je n'en aurai pas profité moi-même pour tenter de filer, que veux-tu qu'ils me fassent ? Vas-y, gars, te bile pas pour moi. Tous mes vœux t'accompagnent !

Sur le palier, il n'y avait que la clarté d'une veilleuse et toute l'aile était silencieuse. Sans bruit sur ses semelles de caoutchouc, Brady gagna l'extrémité de la galerie. En bas, une seule ampoule éclairait le hall et le dôme était noyé dans l'obscurité.

Il ne fallut guère plus de cinq minutes au fugitif pour couper, maille après maille, une portion suffisante du treillis métallique. Il rabattit le grillage vers l'extérieur et, perché sur la rampe, il passa le buste par l'ouverture ainsi aménagée.

La poutrelle d'acier la plus proche était à environ un mètre sur sa droite et il l'effleura du bout des doigts. Respirant à fond, il pesa sur le grillage qui le retint en se creusant au-dessus du vide. Les quelques centimètres ainsi gagnés lui permirent de saisir fermement la poutrelle et, l'instant d'après, il avait pris pied sur le rebord qui se trouvait entre la poutrelle et le mur.

En bas, il y eut un bruit de porte ouverte et refermée. Le gardien de nuit traversa le cercle de lumière et gagna son bureau, cependant que Brady retenait son souffle. Après avoir inscrit quelque chose dans le registre, le gardien se dirigea vers l'aile A dont il referma la grille derrière lui.

Dès lors, Brady ne perdit plus un instant. À l'aide de la sangle, il s'attacha à la poutrelle, puis se mit à grimper comme à la perche. L'Américain pensa que c'était moins terrible que, par exemple, lors de la construction de ce pont au Venezuela, quand le vent soufflait impétueusement... La seule différence était qu'on le payait alors pour faire des acrobaties !

Les difficultés commencèrent lorsqu'il atteignit le dôme lui-même. Là, les poutrelles épousaient la courbe et il ne restait plus que deux ou trois centimètres entre le mur et elles... Brady finit par se trouver avec le dos arqué au-dessus du vide.

Enfin, trempé de sueur, le ventre crispé, il atteignit le rebord, suffisamment large pour qu'il pût s'y étendre en se plaquant contre les vitres courbes.

La fenêtre d'aération était de l'autre côté et l'Américain dut ramper vers elle, tandis que la poussière accumulée sur le rebord, au long des ans, lui donnait une terrible envie d'éternuer.

La fenêtre était fermée et refusa de céder sous sa poussée. Brady dut donc se servir de ses pinces pour couper le fil métallique qui la reliait à la manivelle d'en bas. Il eut soin d'en accrocher soigneusement l'extrémité à l'encadrement métallique pour éviter sa chute dans le hall. Alors seulement il poussa le châssis vitré et passa avec précaution sur le rebord extérieur.

Avec les lumières de Manningham clignotant à travers le rideau de pluie, la vue était magnifique. Tandis qu'un train roulait en sifflant sur la voie ferrée, Brady aspira l'air humide avec délice.

Le tuyau d'écoulement datait de la construction. Il était d'une robustesse toute victorienne et les ouvriers l'avaient solidement fixé au mur.

Une minute plus tard, le fugitif prenait pied sur le toit de l'aile D. Dans la cour, au-dessous de lui, une voiture était arrêtée devant la grande porte de l'enceinte. Un gardien s'en approchait et se penchait vers la portière. Après quoi, il esquissa un geste, et la voiture put sortir. Il s'agissait probablement du gouverneur, qui se rendait à un de ces bridges du dimanche soir. Brady pensa que le cher homme aurait, le lendemain matin, autre chose pour se distraire !

Progressant prudemment le long du toit, Brady atteignit la cheminée encore chaude de la buanderie. Là, c'est en vain qu'il sonda du regard l'obscurité au-dessous de lui. Impossible de rien distinguer. L'Américain se rappela Evans lui disant que, parvenu là, il lui resterait encore pas mal de chances de se casser la gueule, mais il chassa de son esprit cette réminiscence importune.

Néanmoins, tout en déroulant sa corde, Brady se rendait bien compte que c'était maintenant la partie la plus périlleuse de toute son évasion. Il ne pouvait pas attacher la corde, car il en aurait besoin pour descendre le mur d'enceinte. Il se contenta donc de la faire passer derrière la cheminée et la tint ensuite, ainsi doublée, fermement entre ses mains. Alors commença une laborieuse descente, ses pieds glissant sur les briques humides, la corde lui limant les mains. Enfin, il atteignit l'endroit où le tuyau faisait un coude. Il s'y installa à califourchon et, le dos contre le mur, lâcha une des extrémités de la corde tout en tirant sur l'autre. De la sorte, il eut bientôt reconstitué le rouleau qu'il se passa autour du cou, puis il se mit à progresser, toujours à califourchon, sur le tuyau devenu horizontal. L'obscurité étant totale, Brady ne voyait absolument rien, ce fut seulement en sentant soudain sous sa main le mur rugueux qu'il sut avoir atteint l'enceinte. Alors, déroulant vivement la corde, il l'attacha solidement au tuyau, puis en jeta l'autre extrémité par-dessus le mur dont il pouvait saisir le faîte en élevant les bras.

Après avoir opéré un rétablissement, il se laissa descendre de l'autre côté, le long de la corde. Celle-ci se terminait à quelque deux mètres du sol, mais Brady sauta et se reçut dans l'herbe bordant le ballast.

Bien que trempé jusqu'aux os, le fugitif prit à peine le temps de se ressaisir et traversa la voie. Comme il atteignait l'autre côté, une horloge sonna la demie. Vingt minutes seulement s'étaient écoulées depuis qu'il avait quitté sa cellule. Si tout allait bien, il lui restait douze heures avant que son évasion ne soit découverte, lors des premières rondes du matin.

Le petit cimetière entourait une église à l'intérieur de laquelle l'orgue accompagnait une hymne chantée en chœur. Afin d'éviter les retardataires, Brady fit le tour en longeant le mur pour gagner l'autre côté.

Il se trouva dans une rue pauvre, bordée de maisons plus ou moins décrépites et repéra, une trentaine de mètres plus loin, la baraque indiquée par Evans. Un camion passa, dans un chuintement de pneus mouillés, puis ce fut de nouveau le silence.

Lorsqu'il traversa la rue, l'Américain avait déjà le passe dans sa main, mais il se sentait l'estomac serré et, pour la première fois, connaissait la crainte. Si Evans s'était trompé ? Si le passe n'ouvrait pas la porte ?

Mais tout alla bien et Brady se retrouva haletant, adossé à la porte qu'il venait de refermer derrière lui. Ses yeux s'accoutumant à l'obscurité, il repéra une petite fenêtre dont il tira l'épais rideau, après quoi il put allumer.

La baraque était bourrée de marchandises, la plupart d'occasion, et l'Américain n'eut aucune peine à se trouver un costume de tweed à sa taille, une paire de chaussures à sa pointure et les différentes choses dont il avait besoin.

Dans un coin, il y avait un petit lavabo surmonté d'un miroir et quand il se regarda dans ce dernier, Brady y vit un inconnu au visage osseux, avec les cheveux plaqués sur le crâne. Faute de mieux, il se lava à l'eau froide, torse nu, puis se frotta énergiquement avec une serviette. Quand il se fut habillé avec ses nouveaux vêtements, il dissimula sa tenue de prisonnier sous un tas d'habits, puis passa au tiroir-caisse. Là encore, Evans ne s'était pas trompé : Brady y trouva 3 livres en billets de 10 shillings plus environ 2 livres en pièces. Il empocha le tout, puis se choisit un trench-coat bon marché. Seul le chapeau était trop grand, mais l'Américain s'en accommoda néanmoins en l'inclinant sur l'oreille.

Ainsi équipé, le fugitif repassait peu après à proximité de l'église où l'on continuait à chanter des hymnes.

La pluie tombait toujours et Brady releva son col. Il s'arrêta devant un distributeur automatique pour des cigarettes et des allumettes. Maintenant qu'il était libre, le tabac lui parut avoir une saveur différente ; pour la première fois depuis des mois, le jeune homme se sentit de nouveau en vie.

Du haut du bâtiment en construction, Brady avait eu tout loisir d'étudier la topographie de la ville et, s'orientant vers le fleuve à travers les rues désertes, il n'eut pas grand-peine à trouver le *Quatre-Vingt-et-Un*, qui se dressait dans une rue pavée aboutissant à un quai. Sous la minable enseigne au néon, une pancarte annonçait : *Club privé,* mais Brady poussa la porte sans hésitation.

Le vestibule était sombre et légèrement nauséabond. Sous l'escalier, dans une petite cage vitrée, se tenait un vieil homme portant un uniforme de portier aux ors ternis.

— Club privé, réservé aux membres inscrits, m'sieu ! annonça-t-il, après avoir jeté un coup d'œil à Brady.

L'Américain s'approcha du guichet et dit en souriant :

— Je ne suis ici que pour la nuit... et un ami m'avait dit que le *Quatre-Vingt-et-Un* était un bon endroit pour s'amuser.

— Il vous faut un parrain, m'sieu. C'est le règlement.

— Quel dommage, fit Brady en jouant avec un billet de 10 shillings. Je repars demain...

Le vieil homme toussota et, posant le journal qu'il était en train de lire, il ouvrit un registre, puis tendit un stylo-bille à Brady :

— Dans ces conditions, on peut faire une exception en votre faveur, m'sieu... Mais je vais être quand même obligé de vous faire payer la cotisation d'1 livre...

— Oh ! Ça ne fait rien, assura l'Américain en lui remettant trois billets de 10 shillings et signant *Johnson* sur le registre. Où vais-je maintenant ?

— C'est en haut de l'escalier, m'sieu. Le bruit de la musique vous guidera.

À l'étage, au bout du couloir, il y avait un petit vestiaire où une fille extrêmement maquillée, mais qui ne devait pas avoir plus de seize ans, se polissait les ongles d'un air ennuyé.

Brady lui remit son trench-coat en échange d'un ticket et s'enquit d'un air détaché :

— Wilma est là ce soir ?

La fille acquiesça :

— Y a cinq minutes, elle était au bar, en train de prendre un verre.

La salle du club était vaste, mais encombrée de tables et de chaises si bien que les danseurs ne disposaient que d'un espace grand comme un mouchoir de poche. Comme il était encore de bonne heure, l'endroit paraissait presque désert avec un couple assis à une table et deux autres qui dansaient, aux accents d'un juke-box rutilant.

Brady, en se dirigeant vers le bar, se vit approcher dans la glace murale et trouva que son costume lui allait très bien. Le barman, un Grec ou un Chypriote aux cheveux frisés, était en train d'essuyer des verres.

Tout en commandant un double brandy destiné à faire impression, l'Américain regarde ostensiblement la femme blonde assise à l'autre extrémité du bar et qui feuilletait un magazine.

— Demandez à cette dame si elle veut prendre quelque chose avec moi, dit-il au barman.

— Tu veux boire quelque chose avec monsieur, Wilma ? questionna l'autre pour la forme.

Elle détailla Brady d'un œil critique et sourit en répondant :

— Volontiers... Sers-moi un Pimms, Dino.

Elle se rapprocha et s'enquit, une main sur la hanche :

— Est-ce que je vous connais ?

Brady se rendit compte que la pose avait été étudiée pour mettre en valeur une silhouette fort agréable, avec des seins pointus, des jambes longues et des chevilles fines. Seul le visage gâchait l'ensemble avec son expression bassement sensuelle, son regard froid et calculateur.

— Non, répondit-il en souriant. C'est la première fois que je viens à Manningham.

— C'est drôle, dit-elle, en se perchant sur le tabouret voisin du sien, j'aurais juré que je vous avais déjà rencontré quelque part. Vous êtes Américain, n'est-ce pas ? On en voit beaucoup ici, car il y a un groupe de l'Air Force stationné à quelques miles au nord...

— Je suis venu de Londres pour affaires et je repars demain matin, expliqua Brady. Mais l'envie m'a pris de me distraire un peu ce soir...

— Eh bien, nous allons voir ce que nous pouvons faire pour ça.

Ayant vidé son verre, Wilma se laissa glisser à bas du tabouret et s'enquit en lissant sa robe sur ses hanches rondes :

— On danse ?

Ils se frayèrent un chemin entre les tables tandis que le juke-box diffusait un air langoureux traversé par le gémissement d'un saxophone.

Immédiatement, Wilma colla son corps à celui de l'Américain, passant un bras autour de son cou.

— Je ne suis pas de bois, tu sais...

— Je l'espère bien, se contenta-t-elle de répondre.

Ils dansèrent quelques instants ainsi serrés l'un contre l'autre et, depuis le temps qu'il était privé de femmes, Brady n'eut aucune peine à jouer son rôle. Il chuchota à l'oreille de sa compagne, d'un ton pressant :

— Oh ! dis, Wilma... Tu ne connais pas un endroit où l'on pourrait aller ?

— Si, répondit-elle calmement, mais il te faudra payer.

— Aucune importance ! Allons-y !

Elle le guida dans le couloir jusqu'à un escalier conduisant au 2nd étage, où elle ouvrit la porte d'une chambre confortable. Les murs étaient peints en bleu pastel contrastant avec les tapis roses ; pour tout mobilier, un grand lit et une petite table supportant un téléphone.

Éteignant le plafonnier, Wilma alluma un réflecteur placé au-dessus du lit et qui, braqué vers le plafond, fit baigner la pièce dans une clarté diffuse. Puis elle tourna la clef dans la serrure et noua ses bras derrière la nuque de Brady.

Quoi qu'on pût dire de Wilma, elle connaissait son affaire. Tandis qu'un long frisson lui parcourait l'échine, l'Américain lui rendit avidement son baiser. Après un moment, elle se détacha pour reprendre son souffle et dit en riant :

— Fumons un peu... Nous avons tout notre temps.

Brady lui donna une cigarette et elle en tira une première bouffée tout en s'étendant sur le lit :

— C'est drôle... J'ai de plus en plus l'impression d'avoir déjà vu ton visage quelque part...

— Rien d'étonnant, rétorqua posément Brady. Ma photo est passée dans tous les journaux. Je suis Matthew Brady.

Il y eut quelques instants de silence total cependant que s'agrandissaient les yeux de Wilma.

— Brady... murmura-t-elle enfin. Mais ce n'est pas possible !

— Navré de te décevoir, bel ange, mais c'est bien moi. Il n'y a pas une heure que je me suis évadé de Manningham.

Balançant ses jambes de côté, elle s'assit au bord du lit et écrasa sa cigarette dans le cendrier placé près du téléphone :

— Qu'est-ce que tu veux ? s'informa-t-elle d'un ton neutre, ayant apparemment recouvré tout son sang-froid.

— Je n'ai pas le temps d'y aller par quatre chemins, répondit l'Américain. Hier, Jango a tenté de m'expédier hors de ce bas monde. Un peu de persuasion a suffi pour lui faire dire qu'il avait agi ainsi à ton instigation. Je veux savoir pour quelle raison.

— Compte pas sur moi pour te l'apprendre... Et fous le camp d'ici avant que j'appelle les flics.

Elle voulut se lever mais d'un revers de main, Brady la renversa sur le lit et l'y maintint :

— Écoute-moi bien, fumier... Si tu me donnes aux flics, maintenant ou plus tard, c'est Jango qui paiera. J'ai des amis en taule... de très bons amis. Sur un mot de moi, la gueule de ton Jango aura tout du steak tartare ! Ceci étant bien entendu, qui t'a demandé de me faire descendre par Jango ?

Il la laissa se redresser et elle alluma une autre cigarette d'un air boudeur :

— Un nommé Das... un Hindou qui dirige un culte à la noix, dans un truc appelé le Temple de la Quiétude qui se trouve non loin du Grand Théâtre.

Brady fronça les sourcils :

— Je ne comprends pas... C'est la première fois que j'entends parler de lui...

Elle eut un haussement d'épaules :

— Je te dis la vérité. De la drogue aux filles, c'est un mec qui est dans un tas de combines. Il est venu me voir mercredi et m'a déclaré qu'un de ses clients souhaitait qu'il t'arrive un accident fatal à l'intérieur de la prison. Si Jango pouvait arranger ça, il y avait 500 livres pour nous.

— Plus 200 livres de bonus, si l'accident se produisait avant aujourd'hui.

Wilma acquiesça :

— Oui, c'est exact. Pour en savoir davantage, il te faudra aller voir Das.

— C'est bien mon intention, répondit Brady.

S'approchant de la porte, il fit tourner la clef, puis lança par-dessus son épaule :

— N'oublie pas ce que je t'ai dit, Wilma. Si tu me fais avoir un pépin, c'est Jango qui paiera les pots cassés.

Elle mâchonna une injure tandis qu'il refermait doucement la porte.

La petite du vestiaire avait toujours le même air ennuyé. Elle lui rendit son trench-coat et son chapeau sans manifester le moindre intérêt.

5

Il pleuvait encore quand Brady atteignit le centre de la ville. Le fugitif acheta un journal du soir à un vieil homme embusqué sous une porte cochère afin de lui demander son chemin.

Ainsi guidé, il arriva d'abord au Grand Théâtre, dans les vitrines duquel étaient exposées des photos se rapportant au spectacle de la semaine. Impulsivement, le jeune homme chercha Anne Dunning et trouva plusieurs portraits d'elle. En la contemplant ainsi, il se rappela sa gentillesse et repartit en soupirant.

Le Temple de la Quiétude se trouvait dans la rue suivante. De nombreuses voitures étaient garées là et comme Brady s'y engageait, une grande Mercedes noire survint qui se rangea le long du trottoir en l'aspergeant d'eau.

— Vous pourriez quand même faire attention, non ? lança-t-il avec humeur.

Il distingua à l'intérieur du véhicule un feutre souple et un miroitement de lunettes. Puis des dents très blanches apparurent dans un sourire :

— Excusez-moi, dit le conducteur avec un très léger accent.

Brady poursuivit son chemin jusqu'au temple, vaste édifice ancien, précédé de fausses colonnes doriques. Il devait avoir été construit à la fin du siècle précédent pour quelque secte non conformiste, avant de devenir le fief de Das.

Une fois gravies les larges marches du perron, l'Américain ouvrit une porte et fut accueilli par une forte odeur d'encens.

Un coûteux tapis d'Orient recouvrait le sol du hall. Guidé par un murmure de voix, Brady se dirigea vers une porte, monta un étroit escalier de pierre et déboucha ainsi dans une galerie d'où il découvrit l'intérieur du temple. L'autel et les stalles avaient été enlevés pour faire place à une statue dorée de Bouddha. Il n'y avait aucun siège et les fidèles étaient assis par terre, jambes croisées. Ils étaient tous d'un certain âge et comportaient une nette majorité de femmes.

Éclairé seulement par quelques lampes en forme de flambeaux le sanctuaire baignait dans la pénombre. Prosterné devant le Bouddha aux pieds duquel brûlait de l'encens, un homme priait. Il avait le crâne rasé et était vêtu d'une robe jaune qui laissait une de ses épaules à nu. Brady pensa que ce devait être Das.

Après un moment, l'homme en robe jaune se releva et fit face aux fidèles. Il avait un beau visage à l'expression sereine et il dit d'une voix mélodieuse :

— Mes frères... Je m'en vais vous donner un texte à méditer jusqu'à notre prochaine réunion... Faire le bien n'est pas suffisant. Il faut aussi être bon.

Il paraissait on ne peut plus sincère, mais gâcha tout aux yeux de Brady en ajoutant :

— Il y aura la quête habituelle à la sortie. Donnez ce que vous pouvez et nous en bénéficierons tous.

L'homme éleva les bras en un geste de bénédiction, puis disparut par une porte située derrière la statue.

Les fidèles se remirent alors debout — certains non sans mal ! — et quittèrent le sanctuaire. Brady attendit qu'ils fussent tous partis avant de redescendre au rez-de-chaussée. Comme il atteignait le hall, une femme se retourna qui était sur le point d'entrer dans un petit bureau. Elle était vêtue d'une robe jaune semblable à celle de l'officiant et tenait à la main une grande aumônière débordante de billets.

— Vous désirez quelque chose ? demanda-t-elle en fronçant légèrement les sourcils.

Âgée d'une quarantaine d'années, elle avait un air desséché de vieille fille.

— Je voudrais voir Mr Das si c'était possible, répondit Brady.

— Le Swami est toujours très fatigué après l'office, dit-elle. Et, d'ordinaire, il ne reçoit personne le dimanche.

— Oui, mais c'est très urgent...

Comme elle hésitait, Brady sortit vivement de sa poche deux coupures de 10 shillings qu'il déposa dans l'aumônière en disant :

— L'office a été pour moi une inspiration.

— Ah ? fit-elle simplement. Je vais voir si le Swami peut vous consacrer quelques instants...

Elle referma à demi la porte du bureau, mais Brady l'entendit décrocher un téléphone et parler à mi-voix. Elle reparut ensuite en annonçant :

— Bien qu'il soit très las, le Swami va vous accorder cinq minutes d'entretien. Par ici, je vous prie...

Un long passage couvert reliait le temple à ce qui avait dû être autrefois une manière de presbytère. En y entrant, Brady eut de nouveau conscience d'une forte odeur d'encens. Le vestibule était tendu de riches tapisseries, mais dans la pièce où la femme l'introduisit, les murs disparaissaient sous des soieries brodées de dragons chinois et le sol était recouvert d'un magnifique tapis noir. En face de la porte, il y avait une petite alcôve où trônait une statue de Bouddha devant laquelle Das était prosterné dans des fumées d'encens.

— Attendez qu'il soit prêt à vous écouter, chuchota la femme avant de se retirer.

Au centre de la pièce, il y avait un très beau bureau sculpté à dessus d'ébène et le long des murs une superbe collection de porcelaines chinoises était disposée sur des étagères.

Brady s'approcha d'un vase pour l'examiner de plus près. Il y eut alors derrière lui un léger mouvement et Das s'enquit :

— Seriez-vous artiste ? Je vois que vous admirez ma petite collection...

— Non, répondit Brady en secouant la tête, je suis ingénieur. Mais cela ne m'empêche pas d'apprécier ce qui est beau.

— Même un pont peut être une œuvre d'art, convint Das. Si cela vous intéresse, sachez que ce vase date de la dynastie Ming et vaut plus d'un millier de livres. C'est le joyau de ma collection.

Sa main fine effleura la porcelaine d'une caresse, après quoi Das alla s'asseoir derrière le bureau en indiquant un siège à son visiteur :

— Mahroon m'a dit que vous aviez un problème qui vous tourmentait et que vous désiriez me consulter à ce sujet ?

— Plus ou moins, oui, répondit Brady tout en allumant une cigarette. (Il s'assit en posant son chapeau par terre et ajouta :) Je m'appelle Matthew Brady. Ce nom vous dit-il quelque chose ?

— Pourquoi ? Je suis censé le connaître ? demanda Das d'un air vaguement surpris.

— Probablement, puisque vous avez offert une assez jolie somme pour qu'on me fasse passer de ce monde dans l'autre.

Les beaux yeux de l'Hindou prirent une expression peinée :

— Je crains de ne pas comprendre de quoi vous voulez parler, Mr Brady. Ici, nous n'avons d'autre préoccupation que la conquête de soi et la découverte de la vérité que chaque homme doit trouver dans son âme. La destruction d'un de nos semblables serait à nos yeux un crime encourant l'anathème...

— Gardez ce genre de discours pour vos gogos de payants, coupa Brady.

Das soupira et pressa un bouton sur son bureau :

— Je vais devoir demander à Mahroon de vous reconduire.

— Je vous aurais cru capable de trouver mieux en fait de vestale. Qu'était-elle avant que vous ne l'embobeliniez ? Maîtresse d'école ?

— Vous êtes extrêmement grossier, Mr Brady... Je vais être obligé d'agir en conséquence...

Soudain, un bras musclé entoura le cou de l'Américain, lui relevant le menton et le forçant à se mettre debout. Pris comme dans un étau, Brady était incapable de tourner la tête pour voir son assaillant.

Das se renversa dans son fauteuil et dit en souriant :

— Je crois que nous allons vous jeter à l'eau, Mr Brady. Ça me paraît être la meilleure solution. On pensera que vous avez glissé en longeant un des quais, et j'aurai ainsi rendu service à la société.

— Vous ne vous en tirerez pas si facilement ! s'écria Brady aux abois.

— Oh ! si, lui assura Das. J'aurais aimé savoir comment vous vous y êtes pris pour sortir de Manningham, mais nous n'avons pas le temps...

En vain, Brady essaya-t-il de résister ; il se sentit irrésistiblement entraîné vers la porte et ne put, en désespoir de cause, que décocher un violent coup de talon dans le tibia de son agresseur.

Surpris, l'autre poussa un cri de douleur en relâchant son étreinte et, opérant une rapide volte-face, Brady vit devant lui un véritable colosse dont les petits yeux porcins étincelaient de rage. Un coup de poing l'atteignit alors à l'épaule et le projeta contre un des murs.

— Achève-le, Shaun ! Achève-le ! cria Das.

Shaun s'avança, balançant ses longs bras au bout desquels les mains aux ongles cassés atteignaient presque les genoux. Brady saisissant une petite table laquée, la lui jeta dans les jambes. Shaun s'étala de tout son long et, comprenant qu'il n'aurait aucune chance de s'en tirer loyalement, Brady lui décocha un coup de pied, visant la tempe. Mais les réflexes de Shaun ne laissaient pas à désirer. Sa grande patte saisit la cheville de l'Américain et la tordit.

Emmêlés l'un à l'autre, ils roulèrent sur le sol et bientôt Brady se sentit étouffer sous la masse de l'autre. Se rappelant un vieux truc de judo, il cracha au visage de Shaun. Instinctivement, le colosse rejeta la tête en arrière ; alors Brady, raidissant ses doigts, frappa juste au-dessous de la pomme d'Adam la gorge ainsi offerte.

La bouche de Shaun s'ouvrit en une muette clameur, et tombant à la renverse, il se roula sur le sol en essayant désespérément d'aspirer un peu d'air.

En se relevant, Brady eut conscience que Das se précipitait vers la porte. Il l'empoigna au vol par sa robe jaune et le rejeta dans le fauteuil.

— Vous allez me le payer, Brady ! hurla l'Hindou, dont le beau visage était déformé par la fureur.

— Je me demandais quelle gueule tu avais sous ton masque de douceur, ricana Brady. Maintenant, je le sais.

— Je vous ferai retourner en prison ! Vous allez voir !

— Oh ! non, rétorqua Brady. Je te préviens que si les flics remettent la main sur moi, je leur raconterai que c'est toi qui avais organisé mon évasion et que tu as fait du vilain ensuite parce que je n'ai pas voulu te payer la somme convenue.

— Ils ne vous croiront pas ! lança l'Hindou avec mépris.

— N'en sois pas si sûr ! Tu dois déjà avoir chez eux un sommier épais comme ça, et sans doute n'attendent-ils qu'une fausse manœuvre de ta part pour te mettre la main au collet.

— Sortez d'ici ! hurla Das.

— Pas avant que tu m'aies dit ce que je veux savoir. Tu as demandé à Wilma Sutton de s'arranger pour que je périsse dans un accident, de préférence avant ce soir. Pour quelle raison ?

— Allez au diable !

Brady eut un haussement d'épaules et, étendant la main, il saisit sur une des étagères une jarre d'albâtre qu'il jeta contre un des murs. Elle se brisa en mille morceaux et Das se leva d'un bond en poussant un véritable cri de douleur.

— Ceci afin de te montrer que je parle sérieusement, lui dit Brady. Maintenant, passons au joyau de ta collection...

En le voyant saisir le précieux Ming, Das s'écria, horrifié :

— Non, Brady ! Je vous en supplie ! *Non !*

— Alors, parle vite, car je n'ai pas de temps à perdre.

— Un homme est venu me trouver la semaine dernière, dit précipitamment Das. Il venait de Londres... C'était un Hongrois nommé Anton Haras. Il m'a dit avoir absolument besoin que vous mouriez, et être disposé à payer grassement si je pouvais arranger ça.

— Qui lui avait conseillé de s'adresser à toi ?

Das parut hésiter et Brady leva le Ming au-dessus de sa tête.

— Non, non ! Je vais vous le dire ! C'est quelqu'un de Londres avec qui je fais des affaires de temps en temps...

— Son nom ?

— Soames... Le professeur Soames... Son cabinet est dans Della Street, près de Regent's Park... Nous ne nous sommes jamais rencontrés... C'est simplement mon intermédiaire quand j'ai besoin de certaines choses.

Brady fit un moulinet avec le bras tenant le vase et Das tomba à genoux devant lui, les bras étendus :

— Je vous ai dit la vérité ! Je vous le jure !

L'Américain demeura un instant à considérer ce visage levé vers lui, ruisselant de sueur et tordu par l'angoisse.

— Je l'espère pour toi, dit-il en tendant le vase à l'Hindou.

Das le serra contre sa poitrine en poussant un grand soupir de soulagement. Brady se dirigea alors vers la porte, passant près de Shaun qui s'était redressé mais, le visage pourpre, gémissait doucement comme un animal blessé.

Quand l'Américain ouvrit la porte, Das lui dit méchamment :

— Quelqu'un souhaite votre mort, Brady. Je ne sais pour quelle raison et j'ignore même qui... Mais j'espère bien qu'il arrivera à ses fins avant que la police ne vous ait repris !

Brady ne se donna même pas la peine de lui répondre et sortit en refermant la porte.

Dans le vestibule, la femme était en prière devant une petite statue. En l'entendant, elle se retourna pour demander :

— Le Swami a-t-il pu vous venir en aide ?

— Je crois bien que oui.

— Il est notre Guide et notre Sauveur ! dit l'autre avec révérence tandis que Brady regagnait la rue.

Une fois dehors, le jeune homme réfléchit. Il lui fallait aller à Londres, mais comment faire ? Il avait maintenant dépensé la moitié des 5 livres prises dans le tiroir de la baraque et le billet de chemin de fer excédait certainement ses moyens... Recourir à l'auto-stop eût été une erreur fatale, mais il devait bien exister un de ces rendez-vous de routiers où les chauffeurs de camions font escale. S'il se faufilait dans un de ces véhicules, il pourrait être à Londres pour le petit déjeuner sans que personne ne s'en doute.

La rue était maintenant déserte, à l'exception d'une voiture qui avait ses phares allumés et qui démarra lentement lorsque Brady rejoignit le trottoir au bas des marches. L'Américain reconnut la Mercedes noire qui l'avait aspergé d'eau, un peu plus tôt dans la soirée. Il marchait d'un pas décidé vers la rue du Théâtre quand il entendit la voiture accélérer derrière lui et monter soudain sur le trottoir avec la visible intention de l'écraser contre le mur. Brady n'eut que le temps de sauter en s'appuyant des deux mains sur le capot. Il se retrouva sur la chaussée et se mit à courir. Mais, derrière lui, la voiture avait promptement manœuvré et il se vit de nouveau saisi dans le pinceau des phares qui projetaient son ombre sur un mur de brique. Au moment où il se croyait perdu, courant à perdre haleine, le jeune homme aperçut une ouverture dans le mur et s'y précipita. Tandis qu'il entendait la voiture freiner à bloc, Brady vit qu'il était dans un étroit passage bordé de hauts murs aveugles et qu'éclairait vaguement en son milieu un vieux bec de gaz à potence.

Une portière claqua pendant que l'Américain se réfugiait dans l'ombre, au-delà du bec de gaz. La clarté de ce dernier lui montra l'homme campé à l'entrée du passage, ses lunettes sans monture luisant sous le rebord du feutre. Il avait aussi relevé le col de son pardessus, mais cela ne cachait pas son sourire :

— Allons, soyons sérieux, Brady, dit-il avec ce léger accent qui tenait un peu du blèsement.

— D'accord, répondit l'Américain. Qui diable êtes-vous ? Anton Haras ?

L'homme eut un rire bref et leva la main droite. Brady n'eut que le temps de se baisser pour éviter le trait de flamme. Une détonation étouffée retentit dans le passage et une balle ricocha sur le mur derrière le jeune homme.

En s'enfuyant, l'Américain ramassa une grosse pierre qu'il jeta vers le bec de gaz. Il atteignit son but et plongea le passage dans les ténèbres, cependant que, accompagné par l'éternuement du revolver muni d'un silencieux, quelque chose sifflait à son oreille.

Courant de toutes ses forces, Brady s'aperçut que le passage aboutissait à la venelle longeant le Grand Théâtre. À quelques mètres, sur sa gauche, il vit l'entrée des artistes au-dessus de laquelle brûlait encore une ampoule. Comme le jeune homme allait l'atteindre, la porte s'ouvrit, livrant passage à une femme tenant une petite valise à la main. Elle se retourna avec frayeur et il reconnut Anne Dunning.

— N'ayez pas peur..., haleta-t-il.

Le cri qu'elle allait pousser mourut dans sa gorge et elle le regarda avec des yeux ronds :

— Mais, Mr Brady... Ils vous ont libéré ?

Le revolver éternua de nouveau et l'ampoule, au-dessus de la porte, vola en éclats. En un éclair, Brady entrevit Haras au débouché du passage. Il poussa vivement la jeune fille vers l'intérieur du théâtre :

— Pas le temps de vous expliquer... Un homme me poursuit avec un revolver et veut me tuer...

Juste comme ils tournaient dans un couloir transversal, ils purent entendre Haras rouvrir la porte d'entrée.

— Qu'y a-t-il en dessous ? demanda Brady.

— Les coulisses... La scène... Venez ! J'ai une idée...

Ils dévalèrent les marches, traversèrent en courant la scène éclairée par une unique ampoule, et Anne entraîna son compagnon vers une porte à demi dissimulée derrière des pans de décors. Elle l'ouvrit et, quand ils furent à l'intérieur, la referma en poussant un verrou. Après quoi, ils attendirent dans les ténèbres.

Haras arriva sur la scène, en fit le tour, essaya d'ouvrir la porte, puis repartit vers la rampe.

— Je donnerais cher pour avoir un revolver ! chuchota Brady.

La jeune fille avait tourné le commutateur, révélant une pièce tout encombrée de vieux costumes et d'éléments de décors poussiéreux, accumulés là au long des années. Elle ouvrit le tiroir d'un meuble et tendit à Brady un revolver calibre 38 :

— Je n'ai que ça... et des cartouches à blanc.

Brady avait déjà ouvert l'arme et l'examinait avec excitation :

— Ça peut me permettre de l'effrayer... Ce sera toujours ça !

Il chargea vivement le revolver avec les cartouches qu'elle lui passait puis, retournant à la porte, il poussa le verrou tandis qu'Anne éteignait la lumière. Il eut conscience de sa chaude proximité dans les ténèbres et lui murmura :

— Restez en arrière... C'est mon affaire... Je ne veux pas que vous risquiez d'être blessée.

Il ouvrit la porte sans bruit et vit Haras debout au milieu de la scène, tourné vers la salle.

— C'est inutile, Brady, était-il en train de dire. Vous ne pouvez plus sortir d'ici...

— Haras ! appela doucement l'Américain.

L'autre se retourna dans le même temps que Brady tirait. La détonation fut assourdissante et le Hongrois se fondit aussitôt dans l'obscurité du côté opposé.

— Où est le commutateur de cette ampoule qui éclaire la scène ? murmura le jeune homme à l'intention de sa compagne.

— Ici même, dit Dunning. Vous voulez que j'éteigne ?

Il acquiesça d'un signe de tête et, l'instant d'après, le théâtre tout entier fut plongé dans les ténèbres.

— Je vais t'avoir, Haras ! hurla Brady.

Un trait de flamme lui répondit et il tira deux fois en retour, tout en traversant la scène, courbé vers le sol. Haras avait déjà gagné l'escalier et, peu après, la porte de la venelle claqua. Lorsqu'il l'atteignit à son tour, Brady n'entendit plus que la course du Hongrois qui s'éloignait rapidement dans le passage. Après quoi, un moteur prit vie et une auto démarra.

— Ce brave vieux revolver a réussi à lui faire peur ! constata derrière lui la voix d'Anne Dunning.

Comme Brady se retournait pour lui répondre, une sorte de hurlement modulé déchira soudain la nuit et il se sentit frissonner.

— Qu'est-ce donc ? demanda la jeune fille en le regardant avec stupeur.

— La sirène d'alarme de la prison. Cela signifie que, à partir de maintenant, ils vont être à ma recherche.

6

Assise dans une des loges, Anne Dunning soupira. Brady venait de tout lui raconter.

— On dirait un cauchemar, à un détail près... remarqua-t-elle en secouant doucement la tête.

— Haras ?

— Oui... Avec lui, cela devient terriblement réel. Qu'allez-vous faire maintenant ?

— Je vais essayer de gagner Londres. C'est tout ce que je peux faire. Je n'ai pas d'autre piste que celle de ce professeur Soames.

— Est-ce que ça ne va pas être difficile, maintenant que votre évasion a été découverte ?

— Oh ! si... J'avais espéré qu'ils ne s'en apercevraient pas avant le petit déjeuner... De la sorte, j'aurais été à Londres qu'ils m'auraient encore cherché à Manningham. Mais, à présent, c'est une autre histoire !

— Comment allez-vous faire ?

— Je n'en ai pas encore la moindre idée.

— Mon père était prisonnier pendant la guerre. Il avait réussi à s'évader en traversant l'Allemagne, la France et à gagner l'Espagne en franchissant les Pyrénées. Il se plaisait à dire que l'important est de rester à l'écart des routes et de ne pas perdre de temps pour aller où l'on veut aller.

— C'est une séduisante théorie... Dans la pratique, toutefois, je crains que ça ne soit pas si simple... Il y a un train de nuit pour Londres, mais, maintenant, j'ai à peu près autant de chances de le prendre que de réussir à cambrioler la Banque d'Angleterre.

— Écoutez ! J'ai une idée... On a arrêté la tournée et les autres sont repartis ce matin. Moi, je suis restée jusqu'à ce soir parce que j'avais des amis à voir... J'ai loué un *single* dans le train de nuit — ce luxe était prévu dans mon contrat — et si vous pouviez vous y enfermer avec moi, nous serions tranquilles jusqu'à Londres !

— Impossible... La gare va être pleine de policiers qui surveilleront tous les trains. Jamais je ne pourrai passer à travers un tel barrage.

— Pour s'évader du camp, mon père avait revêtu un uniforme allemand et il en était sorti sans que personne lui pose la moindre question.

— Quel rapport avec moi ?

— Qui songerait à poser la moindre question à un porteur transportant les bagages d'une dame ? Il l'accompagne jusqu'à son compartiment... et y reste avec elle.

— Oui... mais pour cela il me faudrait un uniforme de porteur !

Anne eut un rire léger :

— Vous oubliez que vous êtes dans un théâtre.

Elle le ramena dans la pièce où ils avaient précédemment cherché refuge et se mit à fouiller dans une grande panière d'osier. Au bout d'un moment, elle en extirpa triomphalement une casquette de porteur :

— C'est toujours un commencement !

Brady s'empressa d'aller essayer la casquette devant une glace et Anne le rejoignit en apportant un uniforme de serge avec de très officiels boutons métalliques.

— Le problème est résolu ! s'exclama-t-elle en proie à une excitation puérile.

Brady se retourna vers elle et lui dit gravement :

— Non... Il faudrait vous compromettre dans cette histoire et je ne le veux pas. Ça coûte cher, vous savez, d'avoir été complice d'une évasion... Vous allez prendre le train toute seule et moi, je trouverai bien un autre moyen de rallier Londres.

— Mon père vous avait en haute estime et l'autre jour, quand je suis allée vous voir, j'ai su que vous méritiez cette estime. Alors, Matthew Brady, que ça vous plaise ou non, j'entends faire tout mon possible pour vous aider !

Il la regarda avec une sorte d'émerveillement :

— Vous êtes vraiment la digne fille de votre père...

Consciente d'avoir gagné, elle lui sourit en disant :

— Allons-nous-en d'ici. Ma chambre est à deux pas. Nous pourrons y rester jusqu'à l'heure du train.

— Et votre logeuse ?

— Pas de problème de ce côté-là. Elle couche cette nuit chez sa sœur et m'a dit de laisser la clef sous le paillasson lorsque je m'en irai.

Anne fit un paquet de l'uniforme et ils quittèrent le théâtre. La pluie tombait toujours en abondance ; lorsqu'ils s'engagèrent dans la rue conduisant au domicile provisoire de l'actrice, les deux jeunes gens entendirent l'avertisseur d'une voiture de police qui passait dans une artère voisine.

— Ils vont mettre la ville sens dessus dessous...

— Oui, mais vous serez en route pour Londres avant que leurs recherhes ne deviennent méthodiques, répondit calmement Anne.

Brady la regarda avec étonnement. Il n'en revenait pas de la voir si pleine de tranquille assurance. Anne avait vraiment quelque chose qu'il n'arrivait pas à définir, mais qui la faisait différente de toutes les femmes qu'il avait pu connaître jusqu'alors.

Lorsqu'ils furent arrivés à destination, la jeune fille fit asseoir son compagnon près d'un radiateur électrique :

— Je vais d'abord terminer ma valise, puis je nous préparerai du café. Fumez une cigarette, détendez-vous...

Brady fit de son mieux, mais son estomac demeura serré... Pour l'instant, il était au chaud et en sécurité, mais dès qu'il ressortirait, il deviendrait un homme traqué.

Après un moment, Anne reparut pour lui annoncer qu'elle allait s'occuper du café et lui conseilla d'aller endosser son uniforme, qu'elle lui avait préparé sur le lit.

Dans la chambre, une des valises était demeurée ouverte. Anne s'était arrangée pour que le costume de tweed et le trench-coat pussent y trouver place. Quand il se fut changé et eut rangé les vêtements qu'il venait de quitter, Brady transporta les bagages dans l'autre pièce.

Anne était encore occupée dans la cuisine, mais quand elle arriva et le vit debout au milieu de la pièce, elle eut un recul instinctif, avant de s'exclamer en riant :

— Oh ! mais c'est formidable, Matt ! Vous n'êtes absolument plus le même homme !

— Rien ne pouvait me faire plus plaisir ! repartit l'Américain. Combien de temps faut-il compter pour aller à la gare ?

— Dix minutes... un quart d'heure peut-être en passant par les petites rues. Ainsi, nous arriverons sur le côté d'un grand hôtel et n'aurons que la place à traverser pour atteindre la gare.

— Parfait... Comme cela, quiconque nous verra traverser la place pensera que je suis allé chercher vos bagages à l'hôtel.

— C'est ce que je me suis dit, oui... Le train est formé à partir de 11 heures mais, comme il ne part qu'à minuit, mieux vaut attendre les dernières minutes pour y monter.

Ils prirent du café avec quelques tartines, puis ce fut enfin le moment de partir.

La pluie s'était un peu calmée, cependant les deux jeunes gens atteignirent la place de la gare sans avoir rencontré âme qui vive.

Toutefois, l'étape décisive restait à franchir.

Il y avait trois voitures de police arrêtées devant l'entrée principale de la gare mais Anne, qui marchait la première, ne leur jeta qu'un regard indifférent au passage et gagna la salle des pas perdus. À cette heure de la nuit, seul le buffet était encore ouvert ; les kiosques aux rideaux baissés contribuaient à rendre l'atmosphère triste et déprimante.

Près de l'accès aux quais se tenaient deux agents de police dont le regard détaillait chacun des voyageurs passant devant eux. Anne avait préparé son ticket et le préposé au contrôle y jeta un rapide coup d'œil avant de le lui rendre. Anne repartit alors posément suivie de Brady portant les valises.

Le wagon-lit se trouvait vers le bout du train. Le jeune policeman qui montait la garde près de la portière était fatigué. Il étouffa un long bâillement quand Anne passa devant lui.

La jeune fille remit son billet à l'employé posté à l'entrée du couloir. Il pointa dans un registre :

— Le n° 12, miss Dunning. Voulez-vous du thé demain matin ?

— Non, merci. Je prendrai mon petit déjeuner chez moi.

— Nous arriverons à 7 heures, mais vous n'êtes pas obligée de quitter le train avant 8 heures, l'informa-t-il avec un sourire en lui rendant son billet.

Comme un autre voyageur survenait, Anne s'engagea dans le couloir, toujours suivie de Brady avec les valises. Quelques instants plus tard, ils étaient à l'intérieur du compartiment 12 dont l'actrice referma soigneusement la porte. Lâchant alors la poignée des valises, Brady retira sa casquette et essuya son front trempé de sueur.

— Ouf ! fit-il. Je n'aimerais pas devoir recommencer ça !

— Ne vous avais-je pas dit que tout se passerait bien ? murmura-t-elle avec excitation en lui jetant ses bras autour du cou. J'en étais sûre !

Il la garda un instant serrée contre lui, puis elle se dégagea gentiment et retira son imperméable, cependant que Brady s'asseyait au bord de la couchette et s'enquérait tout en allumant une cigarette :

— Qu'est-ce que je ferai si quelqu'un frappe à la porte ?

La jeune fille regarda l'étroit compartiment et dit :

— Vous n'avez pas le choix. Il faudra vous cacher sous la couchette.

— Et lorsque nous arriverons à destination, quel est votre plan ?

— Nous gagnerons directement le métro. J'ai un appartement à Kensington. Nous pourrons y être en vingt minutes. J'habite avec une camarade mais, cette semaine, elle joue à Glasgow.

— Mon uniforme risque d'attirer l'attention une fois que nous aurons quitté la gare...

— Bien sûr. Aussi, en descendant du train, aurai-je mon manteau sur le bras, avec votre trench-coat caché dessous. Vous l'enfilerez dans le couloir du métro. À cette heure matinale, il y a plein de gens qui s'en vont à leur travail et vous pourriez vous tenir debout sur la tête que personne ne vous accorderait la moindre attention !

— Vous êtes ma providence...

Brusquement, Brady sentit sa tête qui devenait lourde et il la redressa en faisant un effort pour garder les yeux ouverts.

— Vous tombez de sommeil... Retirez vos chaussures, desserrez votre cravate et étendez-vous...

— Mais vous ? protesta-t-il.

— Il y a place pour deux, lui assura-t-elle.

Quelques minutes plus tard, ayant troqué sans la moindre gêne son ensemble de voyage contre un négligé de soie rouge, Anne était allongée près de Brady. Elle lui sourit et ce fut comme si tout son visage se mettait à rayonner sous l'effet de quelque clarté intérieure. Jamais, pensa l'Américain, aucune femme ne lui avait encore souri ainsi.

Se penchant, il embrassa très doucement cette bouche aux

lèvres entrouvertes. Alors, Anne se blottit contre lui et, après un moment, ils s'endormirent.

Brady fut réveillé par un coup « toqué » à la porte et sortit d'un sommeil sans rêve pour reprendre contact avec la réalité. Anne était déjà en train de se rhabiller et elle s'empressa de le rassurer :

— C'est simplement l'employé pour prévenir.

— Nous sommes arrivés ? s'étonna le jeune homme.

Elle acquiesça et, mettant les pieds par terre, il entreprit alors de se chausser. Il se sentait reposé, détendu, et constata qu'il avait grand faim.

Quand ils furent prêts, Anne entrouvrit la porte pour regarder dans le couloir, puis elle fit un signe d'acquiescement à Brady qui la suivit aussitôt avec les valises.

Près de la sortie, il n'y avait aucun agent de police, mais Brady remarqua à proximité du kiosque à journaux deux gaillards en imperméable et chapeau mou qui observaient attentivement tous les voyageurs.

À ce moment, le jeune homme fut dépassé par un employé conduisant un petit chariot électrique sur lequel des sacs de courrier avaient été chargés. Comme quelqu'un ouvrait le portillon spécial pour laisser passer le véhicule, Brady n'hésita pas. Il suivit le chariot, en gratifiant d'un signe de tête reconnaissant l'homme qui avait ouvert le portillon, puis obliqua immédiatement vers l'accès du métro. Il se joignit à la foule descendant l'escalier et, après un instant, il eut conscience qu'Anne l'avait rejoint. Lorsqu'ils arrivèrent en bas, Brady posa les valises et la jeune fille l'aida à enfiler le trench-coat.

La casquette pliée en deux prit, dans une des poches, la place du feutre souple dont l'Américain se coiffa après l'avoir vivement reformé.

— Tout va bien ? demanda Anne avec un sourire.

— Tout va bien, répondit Brady en saisissant les poignées des valises.

La rame suivante les emporta vers Kensington.

7

Anne Dunning habitait, au 3e étage d'un vieil immeuble donnant sur un square tranquille à proximité de Kensington Gardens, un appartement comprenant un grand living-room, une chambre avec des lits jumeaux, cuisine et salle de bains. Brady occupait cette dernière, trempant jusqu'au menton dans l'eau chaude, lorsque la porte s'entrouvrit légèrement pour laisser passer la main d'Anne qui déposa un paquet sur le carrelage.

— Petit déjeuner dans un quart d'heure, annonça la voix de la jeune fille avant que la porte ne se referme.

Le paquet contenait un rasoir bon marché, un paquet de lames et un tube de crème à raser. Avec un sourire, l'Américain s'empressa d'utiliser ces emplettes et, lorsqu'il ressortit de la salle de bains dix minutes plus tard, lavé, rasé, bien coiffé, vêtu du costume de tweed, pour la première fois depuis des mois, il se sentit de nouveau un homme civilisé.

La table était dressée pour deux près de la fenêtre et un quotidien du matin était posé sur le sucrier. Brady le déplia avec fébrilité.

Il avait les honneurs de la première page, colonne de droite. Le gouverneur de la prison n'avait donné aucun détail concernant son évasion. On se bornait à rappeler les circonstances de son procès et à prévenir le public qu'il était dangereux. Le chef de la police de Manningham disait sa conviction que le fugitif était encore dans la ville et considérait son arrestation comme imminente.

La photographie publiée était une de celles prises lors du procès.

— Vous n'y êtes guère ressemblant, estima Anne.

— Tant mieux, car ils ne vont pas me rechercher indéfiniment à Manningham.

La jeune fille avait préparé des œufs au jambon et une pile de toasts :

— Mes talents de cuisinière sont assez limités, tint-elle à préciser. Et j'ignore quels sont vos goûts en la matière...

— Si vous m'aviez consulté, c'est exactement ce que j'aurais souhaité... et je ne me suis jamais senti un tel appétit depuis l'époque où j'allais pêcher le matin dans la baie !

— Où était-ce ?

— Près du Cap Cod. Mon père avait une ferme juste sur la côte.

— J'ai toujours eu envie de visiter la Nouvelle Angleterre, dit Anne. Aimeriez-vous y retourner un jour ?

— J'étais sur le point de le faire, après le Koweït, figurez-vous. J'avais reçu une lettre de mon beau-frère. Il est architecte et principal associé dans une grosse firme de Boston. Il m'offrait de me joindre à eux.

— Vous le ferez peut-être quand vous serez sorti de cette affaire.

— Peut-être... Mais pour me sortir de cette affaire, comme vous dites, il ne faut pas que je reste assis à me tourner les pouces...

— Non, sans doute... Cependant vous ne pouvez pas non plus circuler dans Londres comme si de rien n'était. Tôt ou tard, en tournant un coin de rue, vous tomberiez dans les bras d'un jeune policeman rêvant d'avancement.

— Vous avez une suggestion à me faire ?

— Oui. Je m'en vais louer une voiture à la journée. Ça ne coûte pas tellement et ce sera quand même moins risqué pour vous que de circuler à pied.

— Je commence à me demander ce que je serais devenu sans vous, dit Brady en lui prenant la main.

Elle rosit et se leva vivement en répliquant :

— Au lieu de jouer les flatteurs, vous pourrez débarrasser la table, pendant que je vais aller jusqu'au grand garage qui est au bout de la rue, m'occuper de cette voiture.

Tout en achevant de fumer sa cigarette derrière la fenêtre, Brady regarda la jeune fille s'éloigner sur le trottoir. Au serrement de cœur qu'il éprouva à suivre des yeux sa silhouette, il comprit que Anne avait désormais beaucoup d'importance dans sa vie.

Ayant débarrassé la table, il terminait tout juste de laver la vaisselle quand la jeune fille revint.

— Vous avez fait vite ! s'exclama-t-il.

— Oh ! c'est un garage où je suis connue, expliqua-t-elle en souriant. Il m'est arrivé plusieurs fois déjà, depuis que j'habite ici, de leur louer une voiture. Ça n'a donc pas nécessité beaucoup de formalités... J'en ai profité pour demander où se trouve Dell Street. C'est près de Regent's Park... à une vingtaine de minutes en voiture, compte tenu des encombrements.

Brady fronça légèrement les sourcils en la regardant :

— Il est inutile que vous m'accompagniez. J'ignore moi-même ce que je risque de trouver là-bas.

— Raison de plus pour ne pas y aller seul. D'ailleurs, la voiture est à mon nom et, aux termes de l'assurance, personne d'autre ne doit la conduire. Il faudra vous faire à l'idée que je suis désormais dans cette histoire jusqu'au cou, Matt.

— O.K., Anne, soupira l'Américain. Vous avez gagné. Puisque c'est ainsi, partons.

La voiture était une petite Morris, l'idéal pour circuler dans les rues enfiévrées de Londres, et Anne la conduisait avec beaucoup de dextérité.

Ils eurent quelque difficulté à découvrir Della Street, qui était une petite rue paisible, située derrière Regent's Park, et ne comportait que des hôtels particuliers de l'époque victorienne, chacun fièrement isolé dans son jardin. Celui du professeur Soames était un des plus imposants et il avait été encore agrandi vers l'arrière par des bâtiments aux toits en terrasse.

La grille était ouverte à deux battants, mais Anne la dépassa pour aller garer la voiture dans un petit cul-de-sac, situé une dizaine de mètres plus loin. Au passage, les deux jeunes gens avaient pu déchiffrer les inscriptions du grand panneau surmontant la grille : *PLAISANCE Maison de repos...* et au-dessous : *Professeur H. Soames, Naturologue*.

— Ça m'a l'air important, remarqua Brady.

Anne acquiesça tout en coupant le moteur et s'enquit :

— Qu'est-ce qu'on fait ?

— Je m'en vais entrer et demander à voir le professeur Soames, en me donnant pour un éventuel client. C'est le seul moyen.

— Et puis ?

— Je crois qu'il saura entendre raison, sourit l'Américain. Quand on dirige un établissement de ce genre, le scandale est la dernière chose que l'on puisse souhaiter.

— Non, Matt, rétorqua la jeune fille en secouant la tête. Il peut être absent pour la journée... Alors, mieux vaut que j'entre la première. Je demanderai un rendez-vous. S'il me reçoit, tant mieux, et sinon, nous pourrons revenir à l'heure indiquée.

Brady allait protester, mais elle l'interrompit gentiment :

— Moins les gens verront votre visage et mieux cela vaudra.

Anne descendit de voiture, claqua la portière, puis revint donner les clefs à Brady :

— Il est préférable que vous les ayez, si jamais vous aviez besoin de vous éloigner à toute vitesse.

La jeune fille partie, l'Américain alluma une cigarette en se renversant contre le dossier de son siège. Elle avait raison... Mieux valait ne pas courir le risque d'être reconnu avant d'avoir pu faire quoi que ce soit. Et il n'y avait certainement aucun danger à ce que Anne demande un rendez-vous. Brady dénicha un vieux journal dans le casier à gants et se mit à le lire pour passer le temps.

Quand il constata qu'une heure s'était écoulée depuis que Anne l'avait quitté, il commença à s'inquiéter. Peut-être avait-elle dû attendre derrière d'autres clients, mais... Le jeune homme décida de patienter encore un quart d'heure et, au terme de ce délai, Anne n'ayant toujours pas reparu, il descendit de voiture, ferma la portière à clef et glissa les clefs dans la poche à tickets de son pantalon.

Une légère bruine s'était mise à tomber sur la rue tranquille. Brady franchit la grille, suivit l'allée de gravier et la porte centrale de l'ancien hôtel particulier céda sous sa poussée.

L'Américain se trouva dans un agréable vestibule, où était installé un bureau moderne derrière lequel une jeune femme était occupée à consulter un fichier. C'était une fort jolie rousse dont la blouse blanche, lorsqu'elle se penchait, laissait entrevoir une gorge ravissante.

— Oui, monsieur ? s'enquit-elle avec un sourire professionnel.

— Est-ce que je pourrais voir le professeur Soames ?

— Je suis navrée, monsieur. Le professeur ne reçoit que sur rendez-vous.

— Je m'en doute, mais je viens sur la recommandation d'un ami qui m'a conseillé de le voir. À la suite d'un accident, je souffre du dos depuis plusieurs années.

— Je crains que toute la journée du professeur ne soit prise. Mais nous avons ici plusieurs autres naturologues extrêmement compétents.

— C'est Soames que je veux voir. Il est le seul qui puisse me soulager. J'en suis convaincu d'après ce que mon ami m'a dit de lui.

Elle eut un petit soupir et prit une feuille :

— Si vous voulez bien me donner votre nom, monsieur... Je vais voir ce que je peux faire.

— Harlow, répondit Brady. George Harlow.

Elle inscrivit le nom, fit pivoter son fauteuil révélant ainsi de très jolies jambes, et se leva en disant :

— Veuillez vous asseoir, Mr Harlow. Je reviens tout de suite.

Elle traversa le hall d'un pas agréablement balancé et disparut par une porte. En s'appuyant de la hanche contre le bureau, Brady ne put retenir un sourire : si tout le personnel était conforme à cet échantillon, *Plaisance* devait bien mériter son nom aux yeux des malades !

Un registre de rendez-vous était ouvert sur le bureau. Brady le fit pivoter et parcourut la page du regard, sans y trouver aucune mention d'un rendez-vous au nom d'Anne Dunning. Comme il remettait le registre en place, il s'entendit dire :

— Voulez-vous venir par ici, Mr Harlow ? Je pense que ça va pouvoir s'arranger.

L'infirmière était revenue silencieusement, le bruit de ses pas ayant été étouffé par le tapis. Elle ne laissa point paraître qu'elle avait vu Brady consulter le registre et cependant la chose n'avait pu lui échapper.

— Vous êtes vraiment très aimable, lui dit l'Américain avec un sourire.

Elle le guida le long d'un étroit couloir conduisant à l'un des bâtiments qui avaient été rajoutés, et lui ouvrit la porte d'une petite pièce confortablement meublée.

— Quelqu'un va venir s'occuper de vous, Mr Harlow. En attendant, voulez-vous vous déshabiller ? Vous trouverez un peignoir de bain derrière la porte.

— Me déshabiller ? Est-ce vraiment nécessaire ?

— Le professeur Soames préfère que les patients soient complètement détendus avant qu'il ne les examine. Vous passerez donc quelques instants dans le sauna et l'on vous massera. C'est ensuite seulement que le professeur vous verra.

La porte refermée derrière l'infirmière, Brady esquissa un haussement d'épaules et entreprit de retirer son veston. S'il fallait en passer par là pour voir Soames, il n'avait pas le choix.

Ayant noué une serviette autour de ses hanches et enfilé le peignoir, il attendit. Au bout de quelques instants, survint une autre infirmière, si possible encore plus séduisante que la première. Elle repoussa une mèche de cheveux qui tombait sur son front et dit avec un sourire :

— Mr Harlow, voulez-vous venir par ici, je vous prie ?

Tout en la suivant, Brady ne put s'empêcher de se demander si c'était vraiment là un bon moyen de « détendre » les patients !

Son joli guide lui fit traverser une chambre de vapeur où ils croisèrent un gros monsieur en pagne, accompagné aussi par une ravissante infirmière. La vaste salle était bordée d'alcôves masquées par des rideaux de matière plastique. Il régnait sur le tout un silence plein de quiétude que vint soudain rompre un rire de femme. Tournant la tête du côté d'où il provenait, Brady se rendit compte que le rideau d'une alcôve en laissait entrevoir l'intérieur où un vieux monsieur grassouillet était étendu sur un divan, livré aux mains d'une masseuse. Détail insolite : la masseuse n'était pas plus habillée que son patient.

Les choses devenaient plus claires. À présent, Brady comprenait mieux que Soames pût être en rapport avec un homme comme Das.

Au sortir de la chambre de vapeur, ils suivirent un couloir carrelé jusqu'à une porte marquée *PRIVÉ* que la jeune femme ouvrit. La pièce était également carrelée et son air, alourdi de vapeur. Dans un angle, il y avait une stalle de douche et, au milieu, une grande table de massage près de laquelle se tenait un gaillard musclé, nu dans un short de bain.

— Voici Mr Harlow, Karl, dit la pseudo-infirmière. Voulez-vous le préparer ? Le professeur sera là dans une dizaine de minutes.

Karl parlait bien l'anglais, mais avec un accent germanique. Après lui avoir fait retirer le peignoir, il conduisit Brady à la salle de douche, dont il referma la lourde porte de verre. Aussitôt, l'Américain fut assailli par une multitude de jets d'eau, aussi vifs que glacés, à tel point que cela lui devint vite physiquement insupportable. Il voulut alors ouvrir la porte, mais n'y put parvenir. Il frappa contre la vitre et Karl releva la tête d'un air surpris, consulta sa montre, et fit un signe négatif. Après quoi, il tourna une manette, qui eut pour effet d'accroître encore l'intensité des jets. Brady finit par s'effondrer sur le sol de la cabine, suffoquant et à deux doigts de l'évanouissement.

L'Allemand ouvrit la porte et le souleva en s'enquérant avec un sourire qui révélait de vilaines dents :

— Comment vous sentez-vous maintenant, Mr Harlow ?

— Plus mort que vif, haleta Brady. Ce traitement est-il censé me faire du bien ?

L'Allemand accentua son sourire :

— Oh ! non, Mr Brady. Il est censé vous adoucir.

Brady n'eut pas conscience du coup en soi, mais simplement d'une sorte d'explosion au creux de son estomac et du carrelage qui se précipitait à sa rencontre.

Il ne demeura pas longtemps inconscient. Il distingua des voix lointaines cependant que la douleur commençait à décroître. Il sentit qu'on lui massait expertement les muscles de l'estomac. Il voulut se redresser, mais une solide poigne le contraignit à n'en rien faire tandis qu'une voix américaine et rauque disait :

— Du calme, mon mignon, du calme !

Respirant profondément, Brady ouvrit les yeux. Une femme était penchée au-dessus de lui, mais une femme comme il n'en avait encore jamais vue. De longs cheveux noirs encadraient un visage dur et masculin où tranchait une bouche pulpeuse. Elle devait bien mesurer un mètre quatre-vingt-dix et les manches retroussées de sa blouse blanche laissaient voir des bras qui eussent pu faire envie à un catcheur.

— Qui diable êtes-vous ? demanda Brady.

— Soames, répondit-elle calmement. Vous vous étiez mépris sur mon sexe.

Brady s'assit en se frottant le ventre :

— Je suppose que Das vous a téléphoné de Manningham ?

Elle acquiesça :

— Je n'aurais jamais cru que vous arriveriez jusqu'ici avec tous ces flics à vos trousses.

Brady hésita avant de demander :

— La jeune fille qui avait essayé de vous voir avant moi... Que lui est-il arrivé ?

Soames sourit :

— Je pensais bien qu'il devait y avoir un lien entre vous, car elle aussi me prenait pour un homme. En outre, elle prétendait que mon nom lui avait été indiqué par une cliente satisfaite. Or ma clientèle est exclusivement masculine.

— Ça, je m'en doute ! fit Brady avec un hochement de tête. Cette jeune fille va bien ?

— Pour l'instant, oui.

Il y avait une menace sous-entendue dans la réponse, mais ne pouvant rien faire pour l'instant, Brady se garda de relever la chose et se borna à demander :

— Quel est le programme maintenant ?

La femme ouvrit une porte et l'Allemand rentra dans la pièce :

— Karl va vous emmener vous rhabiller, puis il vous conduira dans mon bureau pour que nous bavardions un peu... Ne cherchez surtout pas à filer, mon mignon, car ça vous vaudrait simplement d'être encore un peu rudoyé. Ce n'est pas si souvent que j'ai l'occasion d'avoir quelqu'un avec qui parler du pays !

Elle sortit et Brady regarda Karl, maintenant en tee-shirt et costume de toile blanche :

— Vous êtes drôlement girond, Karl... Je parie que les vieux doivent souvent vous réclamer comme masseur.

Le visage de l'Allemand se congestionna de colère. Sortant brusquement de sa poche un revolver calibre 38 au canon raccourci, il en frappa le jeune homme au visage :

— Maintenant ou plus tard, moi ça m'est indifférent, Brady. Mais si vous préférez vivre encore quelques heures, mieux vaut ne pas ramener votre grande gueule.

Tout en se rhabillant, Brady pensa que si l'Allemand n'avait pas simplement cherché à l'effrayer, la fin de cette histoire était facile à deviner. Mais il se tourmentait encore plus pour Anne que pour lui-même. Il l'imaginait sans défense dans cette grande maison et peut-être livrée aux délicates attentions de Karl...

Le bureau de Soames était situé tout au bout du couloir. Très luxueusement meublé en moderne, il avait une dominante bleu pastel dans sa décoration. Derrière la table à écrire, essentiellement constituée par une grande plaque de verre noir, un long fume-cigarette d'argent au coin de la bouche, Soames était occupée à signer des lettres. Levant la tête à l'entrée des deux hommes, elle dit :

— Vous m'avez l'air de nouveau très en forme, mon cher... Attends dans le couloir, Karl.

L'Allemand obéit docilement et Soames dit, après son départ :

— Un bon garçon, ce Karl. Un peu psychopathe à ses heures, mais les clients l'apprécient beaucoup.

— Vous avez une excellente affaire, à ce que je vois.

Elle eut un haussement d'épaules :

— Je donne aux clients ce qu'ils souhaitent. Toutes mes filles sont des masseuses diplômées et l'on ne peut donc me prendre en défaut.

Un plateau avait été apporté. Soames servit le café, tendit une tasse à Brady tout en s'enquérant :

— De quelle partie des États-Unis êtes-vous ?

Il le lui dit, goûta le café, le trouva excellent et but le reste avant de reposer délicatement la tasse de fine porcelaine.

— Trêve de politesse, déclara-t-il alors, passons aux affaires. Pourquoi désirez-vous me voir mort ?

Elle posa aussi sa tasse et alluma une autre cigarette :

— Mais je ne le désire aucunement.

— C'est Haras alors ? Vous l'avez mis en rapport avec Das, n'est-ce pas ?

Elle secoua la tête :

— J'ignorais tout de Haras jusqu'à ce que Das me téléphone. C'est quelqu'un d'autre qui m'avait demandé si je pouvais lui indiquer une personne de toute confiance à Manningham... Une vieille relation.

— Avec qui Haras est en rapport ?

— Certainement.

— Et vous ne voulez pas me dire son nom ?

— Non, pas pour l'instant. Elle m'a demandé de vous garder ici en attendant qu'elle ait pris une décision.

— Il s'agit donc d'une femme ?

— Oui, mon cher. Ça vous surprend ?

— Plus rien ne peut me surprendre, répondit Brady.

Il avait mal à la tête et Soames lui paraissait soudain avoir des yeux énormes, comme deux taches noires dans son visage blême.

— Et Anne ? demanda-t-il lentement.

— Votre petite amie ? Ne vous tourmentez pas pour elle. Je connais quelqu'un à Port-Saïd qui est toujours en quête de nouveaux talents.

— Espèce de garce ! s'écria Brady. Je...

Il voulut se lever, mais ce fut pour constater qu'il était comme vidé de toute force. En face de lui, la femme sourit :

— Allez, mon cher, ne résistez pas... Laissez-vous aller... Dormez, reposez-vous bien...

Mais déjà il ne l'entendait plus et s'était effondré en travers du bureau.

8

Brady avait conscience que quelqu'un le giflait, mais il ne ressentait absolument aucune douleur. C'était comme s'il était devenu indépendant de son corps. Les sons semblaient lui parvenir de loin et cependant il entendait tout très distinctement.

— Comment est-il ? demandait la voix de Soames.

Et Karl répondait en riant :

— Oh ! il en a encore pour deux bonnes heures !

— D'ici là, je saurai ce qu'ils veulent en faire.

Les voix s'éteignirent et une porte se referma. Brady ouvrit lentement les yeux et se rendit compte peu à peu qu'il était étendu sur un lit étroit, le long d'un mur. Il se trouvait dans une petite pièce éclairée par une lampe pendant du plafond. Des rideaux tirés devaient masquer une fenêtre.

Brady s'assit au bord du lit en posant ses pieds par terre, mais attendit pour se mettre debout que la pièce cessât de tourner. Il avait la bouche amère, la langue sèche et comme enflée. Le café, l'excellent café, devait être drogué.

Après un moment, le jeune homme réussit à faire quelques pas chancelants, mais rapidement il redevint lui-même et constata que la porte était fermée à clef.

Retournant s'asseoir sur le lit, il fit alors le point de la situation. À l'heure actuelle, les recherches de la police devaient avoir atteint Londres. Il lui fallait s'en aller de là...

Brady se rappela soudain que Soames avait parlé d'Anne et d'un « ami de Port-Saïd toujours en quête de nouveaux talents ». Il avait travaillé trop longtemps au Moyen-Orient pour ne pas croire à la réalité de ce que cela sous-entendait. Il alla tirer les rideaux et, ayant pu ouvrir la fenêtre sans difficulté, il constata qu'il se trouvait au dernier étage, à quelque douze mètres du jardin obscur et trois mètres de la plus proche fenêtre.

Alors, il se mit à donner des coups de pied dans la porte. Le résultat ne se fit pas attendre.

— Arrêtez ça, Brady ! aboya la voix de Karl. Ou je m'en vais vous corriger !

Brady continua de plus belle et l'Allemand dit :

— Bon, vous l'aurez cherché !

Quand la clef tourna dans la serrure, Brady pesa de tout son poids contre le battant. Il entendit Karl émettre un juron avant de se mettre à pousser dans l'autre sens. Le jeune homme résista pendant quelques instants, puis sauta vivement de côté. La porte s'ouvrit aussitôt avec violence, projetant vers l'intérieur Karl qui s'étendit de tout son long sur le plancher. Avant qu'il ait pu se ressaisir, Brady le mit proprement K.O. et le délesta de son revolver.

Ainsi armé, l'Américain descendit l'escalier au bas duquel il n'eut aucune peine à s'orienter. À la porte du bureau de Soames, il écouta un instant avant d'en tourner lentement la poignée.

La pièce était éclairée uniquement par la lampe posée sur la table à écrire et Soames était en train d'examiner des papiers. Quelque sixième sens dut l'avertir, car elle leva soudain la tête, en regardant par-dessus ses lunettes à monture d'écaille.

— Une petite surprise ! chuchota Brady.

Elle posa son stylo et s'enquit calmement :

— Qu'avez-vous fait de Karl ?

— Il se sentait fatigué. Alors, j'ai préféré le laisser dormir.

Comme elle étendait négligemment la main vers un tiroir, il la menaça de son revolver :

— Non, non... Restez tranquille... Ça vaudra mieux pour vous.

Quand elle parla de nouveau, sa voix était toujours calme, mais deux profondes rides s'étaient creusées entre ses yeux :

— Que voulez-vous ?

— Anne, pour commencer.

Elle alluma posément une cigarette tout en secouant la tête :

— Trop tard, mon cher. Elle est maintenant à bord du *Kontoro*, dans le port de Londres, et ils gagneront la mer dans une heure.

— Quel jeu jouez-vous donc ?

— Aucun. Il fallait que je me débarrasse d'elle, Brady. Elle en savait trop.

— Et vous avez trouvé ainsi le moyen de vous en débarrasser avec profit ?

— Exactement... Sans que vous puissiez vous y opposer en aucune façon.

— Vous croyez ? rétorqua Brady d'une voix glaciale.

Il se rapprocha et le revolver ne fut plus qu'à quelques centimètres de la femme :

— Si ce bateau part avant que nous n'ayons pu en faire descendre Anne, vous aurez droit à une balle dans le ventre. Comme vous êtes une femme robuste, vous mettrez longtemps à mourir...

Pour la première fois, elle parut s'émouvoir :

— Vous n'oserez jamais faire une chose pareille !

— Je n'ai plus rien à perdre, vous le savez.

Elle se leva avec lenteur :

— Je ne peux plus la récupérer... Le capitaine Skiros m'a déjà payée et il compte se faire un bonus à Port-Saïd...

— Combien avez-vous touché ?

— 500 livres.

— Donnez-les moi... Et vite ! Nous n' avons pas de temps à perdre.

Sous la menace du revolver, elle alla soulever un tableau qui dissimulait un coffre-fort, où elle prit une liasse de billets de 5 livres attachés avec un élastique.

Brady fourra l'argent dans sa poche et dit :

— Maintenant, nous allons faire une promenade. J'ai une voiture dehors... C'est vous qui conduirez.

— Et qu'arrivera-t-il si le bateau n'est pas parti ?

— Nous aviserons quand nous y serons.

— Skiros est un coriace...

— Occupez-vous simplement de nous amener à bord, je me chargerai du reste.

Ils sortirent par une porte de côté, sans avoir rencontré personne. La pluie tombait toujours, striant la morne clarté des réverbères. La voiture était bien à sa place. Brady en ouvrit vivement la portière et Soames s'installa tant bien que mal au volant qui n'était pas conçu pour une taille comme la sienne.

— Que se passera-t-il si un flic nous arrête ? questionna-t-elle posément tandis que Brady se glissait sur le siège voisin.

— Priez le ciel que ça ne se produise pas car, si l'on me pince, je vous promets que vous serez pincée en même temps.

Mais ils traversèrent Londres et atteignirent les quais sans avoir été arrêtés et en réalisant même une bonne moyenne. Soames gara la voiture dans la clarté d'un réverbère en disant :

— Il nous faut maintenant continuer à pied.

La guérite du gardien était vide.

— Où est-il donc ? questionna Brady.

Elle eut un haussement d'épaules :

— Au bistrot du bout de la rue, je suppose. C'est son habitude. Ce n'est pas lui qui nous dérangera.

Mouillé tout au bout du quai, le *Kontoro* était brillamment éclairé. À mesure qu'on s'en rapprochait, on entendait la sourde pulsation de ses machines. Accoudé au bastingage, un homme fumait la pipe en regardant tomber la pluie. En les voyant s'engager sur la passerelle glissante, il s'enquit d'un ton rogue :

— Qu'est-ce que vous voulez ?

— Je suis une amie du capitaine, répondit Soames. Il faut que je lui parle avant le départ... C'est très important.

— Moi, je m'en balance, fit l'autre avec un geste expressif. Vous le trouverez dans sa cabine... Mais grouillez-vous : on largue dans vingt minutes.

L'équipage s'affairait aux préparatifs de départ et Soames continua son chemin en ignorant superbement les commentaires grossiers dont les hommes la gratifiaient au passage. Arrivée devant la cabine du capitaine, elle hésita et se tourna vers Brady :

— Qu'est-ce qu'on fait ?

— Dites-lui que vous avez changé d'avis. Après, ce sera à moi de jouer.

Quand Soames ouvrit la porte, Skiros était en train d'écrire dans un angle de la cabine et il fit pivoter son siège pour se tourner vers eux. C'était un gros homme, avec un ventre énorme et de multiples mentons qui lui donnaient une apparence joviale démentie par le regard acéré des petits yeux porcins.

Il parut surpris et dit en anglais, avec juste un léger accent :

— Mon cher professeur... Qu'est-ce qui vous ramène si vite ?

Soames réussit à répondre :

— Il s'est produit du nouveau, Skiros. Quelque chose de très important, et je suis obligée d'annuler notre petit marché.

L'expression du capitaine demeura joviale, mais son regard se fit plus dur :

— Impossible, voyons. Le marché a été conclu. Vous avez l'argent, moi, la fille ; tout le monde doit donc être satisfait.

— Non, intervint calmement Brady, en jetant la liasse de billets sur le bureau, car le professeur a fait une erreur. Il ne lui appartenait pas de disposer de la marchandise.

Skiros se mit à rire, au point que ses yeux disparurent presque totalement dans ses bourrelets de graisse :

— Votre ami en a de bonnes, professeur ! Il s'imagine peut-être que je vais rendre la fille pour le prix que je l'ai payée ? Où serait le bénéfice ? Dans mon pays, ce n'est pas ainsi qu'on fait des affaires.

— Dans le mien, on ne fait pas des affaires de ce genre, alors veuillez m'excuser si je m'y prends mal, dit Brady en exhibant soudain le calibre 38. Je vous préviens que sa détente est très sensible, Skiros... Il pourrait facilement arriver un accident... et ce sera probablement le cas si, dans une minute, cette fille n'est pas là.

Les yeux du Grec devinrent d'une dureté d'agate :

— Vous êtes à mon bord, environné par mon équipage... lequel a l'habitude de faire ce que je lui demande.

— Au cas où vous ne vous en seriez pas rendu compte, vous avez engraissé ces derniers temps... Et j'aurais du mal à vous rater.

— Si j'étais vous, je ferais ce qu'il dit, Skiros, intervint Soames. Il ne bluffe pas, je puis vous l'assurer.

Skiros soupira, et sortit un trousseau de clefs de sa poche :

— Comme toujours, je me fie à votre jugement, chère amie. Mais lors de notre prochaine transaction, vous vous apercevrez que les conditions ne sont plus les mêmes. Ce sera mon dédommagement pour cette déplaisante histoire.

Il alla ouvrir la porte de la cabine intérieure et commanda d'un ton sec :

— Sortez de là-dedans !

Anne Dunning apparut dans l'encadrement de la porte et tout dans son attitude, jusqu'à la main légèrement tremblante qui repoussait ses cheveux en arrière, exprimait la défaite. Mais à la vue de Brady, elle eut comme un regain de vie et de son bras libre l'Américain l'attira contre lui.

— Vous n'avez plus rien à craindre, Anne, je suis venu vous chercher.

Elle hocha la tête à plusieurs reprises sans pouvoir parler et Brady s'enquit durement :

— Que lui avez-vous donc fait, Skiros ?

Pour la première fois, le Grec parut inquiet :

— Mais rien, je vous assure, rien ! Personne ne l'a touchée !

— Cet après-midi, je lui avais fait une piqûre pour la calmer, intervint alors Soames. Chez certaines personnes, cela produit une réaction de ce genre, mais ce n'est pas grave. Pour se remettre complètement, elle n'a besoin que d'une bonne nuit de sommeil.

— Est-ce vrai, Anne ? Ce porc ne vous a rien fait ?

Elle le rassura d'un nouveau hochement de tête et Brady dit alors à Soames :

— Bon... Voici comment nous allons procéder... Vous passerez devant avec la petite... Skiros et moi nous vous suivrons. S'il se produit quoi que ce soit de fâcheux, je commence par le descendre. C'est bien compris ?

Skiros haussa les épaules et mit sa casquette :

— Jusqu'où devons-nous aller comme ça ?

— Jusqu'à la sortie du quai. Nous avons une voiture qui nous attend.

— Vous êtes d'une prudence excessive...

— Non, Skiros. Si nous nous séparions au bas de la passerelle, je sais aussi bien que vous que vous lanceriez vos hommes à notre poursuite. Aussi fera-t-on comme j'ai dit.

Soames passa donc la première, son bras robuste soutenant Anne, Skiros suivit et Brady ferma le cortège. Il gardait le revolver braqué dans sa poche, le doigt sur la détente. Mais c'était une précaution superflue. Si, sur leur passage, des têtes se tournèrent avec curiosité, Skiros s'abstint du moindre signe et, parvenu à la passerelle, il dit à l'homme de garde :

— Te bile pas... Je raccompagne seulement mes amis jusqu'à la grille. Continuez les préparatifs. Nous allons partir dès que je serai de retour.

Jusqu'à la voiture, personne ne prononça plus une seule parole. Brady donna les clefs à Soames qui ouvrit la portière, fit asseoir Anne sur la banquette arrière et s'installa au volant.

— Je peux partir maintenant ? demanda le Grec.

Brady acquiesça et l'autre lui dit alors avec le sourire :

— La vie est une roue qui tourne sans cesse... Nous nous reverrons, mon ami, et ce jour-là...

— C'est peu probable. Nous habitons des mondes différents. Si j'étais vous, Skiros, je tirerais un trait et ne penserais plus à cette histoire. Ce serait le plus sage.

Brady s'installa à côté de Soames qui démarra aussitôt. Quand elle ralentit vers le bout de la rue, le jeune homme tourna la tête et, par la vitre arrière, vit Skiros toujours planté sous le réverbère, qui les regardait partir.

— Vous connaissez vraiment des gens très bien, dit-il en allumant une cigarette.

Après ça, ils roulèrent en silence jusqu'au moment où Soames arrêta la voiture devant une bouche de métro.

— Mon cher, vous désiriez récupérer votre amie, déclara-t-elle, et c'est maintenant chose faite. Alors, si vous n'y voyez pas d'inconvénient, je m'en vais vous quitter ici...

— Si j'ai bonne mémoire, vous deviez aussi me dire un certain nom ? l'interrompit calmement Brady.

Elle parut vouloir renâcler, puis céda avec mauvaise grâce :

— Je voudrais bien n'avoir jamais eu à m'occuper de vous ! La dame en question se nomme Jane Gordon. Elle habite Carley Mansions, dans Baker Street.

— Quel est son rôle dans cette affaire ?

— Je n'en sais rien... Elle m'a téléphoné voici quelques jours en me disant qu'un de ses amis était à la recherche d'une personne de toute confiance à Manningham, quelqu'un sachant tenir sa langue. Comme elle m'avait précédemment rendu un service, je l'ai mise en rapport avec Das.

— Mais c'est Haras qui est allé à Manningham donner les instructions à Das ?

— Sans doute parce que Jane n'est pas directement dans le coup, fit Soames avec un haussement d'épaules. Quand je vous ai pincé à fouiner chez moi, ce matin, je lui ai téléphoné pour la mettre au courant. Elle m'a aussitôt demandé de vous garder en lieu sûr, car il lui fallait en référer à quelqu'un. Elle devait me rappeler à 6 heures ce soir, mais il est plus tard que ça maintenant.

— Carley Mansions, dans Baker Street, répéta Brady en lui ouvrant la portière. Si vous m'avez menti, je vous garantis que vous aurez de mes nouvelles.

— Je vous ai dit l'absolue vérité, mon mignon, car je ne tiens aucunement à vous revoir. J'ai fait provision de votre charme jusqu'à la fin de mes jours !

Soames gagna l'entrée du métro sans se retourner une seule fois. Brady la regarda disparaître dans les profondeurs du sol avant de demander à Anne :

— Comment vous sentez-vous maintenant ?

Elle ouvrit les yeux et esquissa un sourire :

— Bien... Il me semble simplement que si je me mets au lit, je vais dormir une semaine d'affilée.

— Je vous demande seulement deux minutes... Après ça, on rentre à la maison.

Il descendit de voiture et gagna l'entrée du métro. Au bas des marches, il y avait plusieurs cabines téléphoniques et dans l'une d'elles Soames était en train de parler avec volubilité. Brady l'observa un moment en fronçant les sourcils, puis regagna la voiture. De toute façon, il lui fallait courir le risque que Soames prévienne

Jane Gordon. Il allait simplement devoir précipiter le mouvement.

En dépit du mauvais temps, le West End était aussi animé que d'ordinaire et l'Américain mit pour atteindre Kensington plus de temps qu'il ne l'escomptait. Il était près de 8 heures quand la voiture s'arrêta devant le domicile d'Anne.

La jeune fille subissait de nouveau l'effet de la drogue et Brady dut quasiment la porter jusqu'à sa chambre, où il la mit au lit. Il l'embrassa sur le front et quitta l'appartement.

L'Américain ne mit guère qu'un quart d'heure pour atteindre le voisinage de Baker Street, mais il laissa prudemment sa voiture près du métro de Bond Street et continua son chemin à pied.

Carley Mansions était un immeuble imposant et luxueux, dans le hall duquel officiait un portier. Près de l'entrée toutefois, un petit tableau discrètement encadré d'or donnait la liste des locataires. Miss Jane Gordon occupait l'appartement 48.

Comme Brady hésitait, le téléphone se mit à sonner et le portier décrocha en tournant le dos à l'entrée. L'Américain ne perdit pas un instant. Il poussa la porte vitrée et, sans bruit sur la moquette, gagna directement l'escalier. Quand il disparut au tournant, le portier parlait toujours, sans avoir eu conscience de son passage.

Au 4e étage, l'appartement 48 était tout au bout du couloir. Brady frappa à la porte et attendit. Comme personne ne se manifestait, il frappa de nouveau, puis tourna la poignée. La porte céda docilement à sa poussée.

Les lumières étaient allumées, mais le hall d'entrée était désert, ainsi que le luxueux living-room auquel on accédait en descendant trois marches et dont une des parois était constituée par un immense panneau vitré offrant une superbe vue de Londres. Une porte entrouverte communiquait avec une chambre à coucher qui était aussi éclairée.

Ce fut d'abord la chaussure que vit Brady. Une ravissante chaussure de grand bottier qui gisait sur le tapis.

Celle qui avait involontairement joué les Cendrillon était tombée au pied du lit, avec une double blessure dans le dos, due apparemment à un parabellum.

Le meurtre devait être récent, car il y avait encore une odeur de poudre dans l'air. Tout en soupirant, Brady retourna la morte et la vue de son visage fut pour lui comme un coup au creux de l'estomac.

Ce n'était pas Jane Gordon, mais la femme qu'il avait rencontrée sur l'Embankment, la femme nommée Marie Duclos dont il avait vu pour la dernière fois le corps horriblement mutilé sur le lit de son appartement de Chelsea, la femme pour le meurtre de laquelle il avait été condamné !

L'espace d'un instant, il crut être devenu fou, puis soudain il devina la vérité, en partie tout au moins.

Il se redressait quand il eut conscience d'un mouvement derrière lui. Comme il allait se retourner en sortant le revolver de sa poche, une poigne solide le frappa durement à la nuque et, avec un cri de douleur, il s'effondra, perdant connaissance avant même d'avoir touché le sol.

9

Quand il rouvrit les yeux, Brady vit qu'il était étendu à plat ventre près du cadavre. Mais sa main droite étreignait maintenant un automatique mauser dont le canon se terminait avec le renflement d'un silencieux... Une arme ressemblant en tout point à celle dont s'était servi Anton Haras pour tenter de le tuer à Manningham.

De toute évidence, le jeune homme n'avait pas dû rester inconscient plus de quelques minutes. Se remettant debout, il s'assit au bord du lit et se frictionna la nuque.

Quel imbécile il avait été ! Il s'était précipité dans le piège, comme un agneau à l'abattoir car, à en juger par l'odeur de la poudre qu'il avait décelée en entrant dans la chambre, le meurtre avait dû être commis tandis qu'il gravissait l'escalier...

Une chose était sûre, en tout cas. Si la police le pinçait là, ce serait cette fois la peine de mort sans rémission. Et c'était probablement ce qu'escomptait Haras.

La pièce avait été mise sens dessus dessous, tiroirs béants, vêtements jonchant le tapis. Le Hongrois n'avait certainement rien oublié qui pût le compromettre.

Brady se hâta de regagner le living-room. Comme il allait gravir les trois marches conduisant au hall, il vit un imperméable de femme jeté sur le dossier d'un fauteuil et des plis duquel émergeait un sac à main. Sans doute la morte était-elle sur le point de sortir quand Haras était arrivé...

L'Américain ouvrit le sac et le retourna au-dessus du tapis pour en inventorier vivement le contenu. Quelques billets de banque, des pièces de monnaie, un tube de rouge à lèvres, un poudrier et des clefs de voiture... Il y avait aussi une enveloppe dont le timbre portait une oblitération du jour même. D'une écriture anguleuse, elle était adressée à Miss Jane Gordon, Carley Mansions, Baker Street et contenait une seule feuille que Brady s'empressa de déplier. Il s'agissait d'une lettre extrêmement brève :

Chère Jane,
Je me réjouis de te revoir ce soir. Je serai libre à partir de 9 heures.
Ta mère qui t'aime

Mais ce fut l'adresse imprimée sur le papier que Brady trouva particulièrement intéressante : *2, Edgbaston Square, Chelsea*. Marie Duclos habitait Edgbaston Gardens. Qu'est-ce que cela pouvait bien vouloir dire ?

Par la pensée, le jeune homme revit la rue avec ses étroites maisons victoriennes, le cimetière et l'église... Il sentit sourdre en lui une sorte de crainte instinctive, comme s'il avait peur de retourner là-bas. Il la chassa d'un haussement d'épaules ; quoi qu'il pût y avoir à redouter, il irait là-bas : il n'avait pas le choix.

Quand il atteignit le hall, le portier était en train de lire un magazine. Brady pressa le pas et disparut dans la nuit au moment où l'autre levait la tête.

Comme l'Américain se hâtait sur le trottoir, l'avertisseur d'une voiture de police se rapporcha, déboucha de Marylebone Road et s'arrêta devant Carley Mansions. Il s'en était fallu de peu !

Deux minutes plus tard, le jeune homme avait regagné sa voiture et démarrait aussitôt.

Il y avait dans l'air ce brouillard typiquement londonien qui, jaune et menaçant, monte de la Tamise pour envelopper la ville dans ses plis. Cela ne pouvait que faciliter les choses, pensa Brady qui, bientôt, se retrouvait sur l'Embankment, en face de l'endroit où tout avait commencé. Sous le même réverbère, il alluma une cigarette et demeura un instant à contempler l'eau obscure, comme si soudain toute notion de temps avait été abolie.

Puis, se détournant du fleuve, l'Américain s'enfonça dans le brouillard qui s'épaississait. La plaque bleue et blanche, *Edgbas-*

ton Gardens, était toujours là, mais les travaux étaient depuis longtemps terminés et la maison ne laissait filtrer aucune clarté. Brady se revit en sortant, environné de policiers, avec le rassemblement de curieux... Le commencement d'un long cauchemar.

Le jeune homme dépassa les grilles du cimetière, humide et silencieux, comme en attente. L'église se dressait à l'angle. Avant même qu'il tournât dans l'autre rue, quelque sixième sens avertit Brady du nom qu'il lirait sur la plaque : *Edgbaston Square*. La maison portant le n° 2 était juste après l'église.

Une lampe éclairait le perron et, sur la porte d'entrée, dans un cadre de métal noir, une carte annonçait : *Mrs Rose Gordon. Sur rendez-vous seulement.*

Une voiture était garée quelques mètres plus loin et comme il tournait la tête pour la regarder, Brady entendit du bruit à l'intérieur de la maison. Redescendant vivement les marches, il alla se dissimuler dans l'ombre.

La porte s'ouvrit, livrant passage à une femme en manteau de fourrure qui se retourna pour parler à quelqu'un demeuré à l'intérieur :

— Vous m'avez aidée plus que je ne saurais dire, chère Mrs Rose. Il me tarde de revenir vous voir la semaine prochaine.

Brady ne put distinguer la réponse, mais la porte se referma et la femme gagna la voiture en stationnement, qui démarra peu après.

Le jeune homme demeura un instant encore à considérer la maison en fronçant les sourcils, puis revint vers l'église et entra dans le cimetière. À travers le brouillard, les vitraux avaient un rayonnement d'arc-en-ciel et l'on entendait les accents plaintifs d'un orgue. La tour du clocher était environnée par un échafaudage métallique et Brady dut contourner un tas de moellons. Passant derrière l'église, il constata que le jardin de la maison habitée par Mrs Rose était séparé du cimetière par un mur de deux mètres de haut à l'extrémité duquel se trouvait une étroite porte de bois. Cette porte était fermée et comme il longeait le mur parmi les sépultures, Brady s'entendit soudain demander :

— Je vous demande pardon, mais puis-je quelque chose pour vous ?

Il se retourna vivement. Dans la clarté colorée provenant des vitraux, se tenait un homme à cheveux blancs, dont la vieille veste de tweed laissait paraître la blanche raideur d'un faux col ecclésiastique.

Brady s'avança aussitôt vers lui avec un sourire :

— Je me rends bien compte que cela peut paraître insensé, mais je suis à la recherche d'une pierre tombale... À ce que je crois savoir, mon arrière-grand-père est enterré quelque part dans ce cimetière...

— Ah ! vous êtes Américain, dit le vieux prêtre. Je ne pense pas que vous puissiez retrouver cette tombe maintenant... Il vous vaut mieux revenir demain matin et, entre-temps, je consulterai les registres de la paroisse à votre intention...

Brady s'efforça de mettre une intonation de regret dans sa voix :

— C'est vraiment très aimable à vous, mais demain matin je reprends l'avion... Enfin, conclut-il avec un petit rire, j'ai quand même réussi à voir l'église. C'est toujours ça !

— Elle est jolie, n'est-ce pas ? dit le prêtre avec un sincère enthousiasme. Malheureusement, une bombe l'a endommagée pendant la guerre. C'est pourquoi vous voyez cet échafaudage autour du clocher. Nous ne pouvions différer davantage les réparations...

— Je regrette de ne pas rester plus longtemps. J'aurais aimé y assister à un de vos offices.

— Oh ! ça n'aurait pas été possible... Depuis ce bombardement, la solidité de l'église était trop précaire pour qu'on pût risquer d'y faire venir les fidèles. J'officie actuellement dans une autre, un peu plus loin, mais j'aime venir de temps à autre dans celle-ci, pour vérifier que l'orgue est toujours en bon état...

— J'ai remarqué qu'il y a dans ce mur une porte de communication avec le jardin d'une maison. Était-ce le presbytère ?

— Non, cette maison-là était celle du fossoyeur. Voici où était le presbytère...

Et l'ecclésiastique indiquait la maison d'Edgbaston Gardens.

Brady s'efforça de ne point laisser paraître son excitation :

— Tout à l'heure, j'ai pris un verre dans un café du voisinage pour demander mon chemin et j'ai appris incidemment qu'un meurtre avait été commis tout près d'ici, voici quelques mois ?

— Oui, hélas ! dit le prêtre. Une bien triste affaire. La victime était une jeune femme qui habitait précisément le 1er étage de l'ancien presbytère.

— Oh ! quelle pénible coïncidence... Mais dites-moi, mon père, reprit Brady comme pour changer de sujet, si le fossoyeur bénéficiait d'un raccourci pour se rendre à l'église, vous n'aviez pas le même avantage...

— Détrompez-vous ! La chose vous a échappée dans l'obscurité, car elle n'est déjà pas tellement visible en plein jour... Il y a aussi une porte ménagée dans la grille du cimetière... Seulement on ne l'utilise plus depuis des années et elle est maintenant presque entièrement bloquée par des rhododendrons.

Ils étaient revenus sur le devant de l'église et Brady releva son col pour résister à un assaut de la pluie :

— Je vous ai retardé, mon père, et je vous prie de m'en excuser. Maintenant, je m'en vais.

— Mais non, j'ai eu un grand plaisir à causer avec vous. Je regrette seulement que vous ne puissiez revenir demain.

Quittant le prêtre, Brady regagna vivement la rue et peu après, gravissait à nouveau le perron du 2, Edgbaston Square.

Il entendit des pas qui se rapprochaient de l'autre côté de la porte. Un des battants s'entrouvrit de quelques centimètres, laissant voir un visage de vieille femme.

Ses cheveux étaient tirés en arrière pour former un chignon à l'ancienne mode et de longs pendants d'oreilles en jais encadraient son visage ridé. C'était ce même visage que Brady avait entrevu au rez-de-chaussée de l'autre maison, la nuit où Marie Duclos avait été assassinée.

— Mrs Rose ? s'enquit l'Américain en ayant soin de se maintenir dans l'ombre.

— Oui, répondit-elle d'une voix éteinte évoquant un friselis de feuilles mortes.

— Pourriez-vous m'accorder quelques instants ?

— Vous désirez consulter les astres ?

— Oui... On ma dit que vous pourriez m'être d'un grand secours.

— Je ne reçois que sur rendez-vous, jeune homme. C'est un principe, car la police est très pointilleuse pour ces choses-là.

— Mais je ne suis que de passage à Londres. Je reprends l'avion demain matin, objecta Brady en recourant à l'explication qui lui avait servi pour le prêtre.

— Ah ! bon... fit-elle avec un soupir. Mais je ne peux vous consacrer qu'une demi-heure, car j'attends quelqu'un.

Quand elle eut refermé la porte, la vieille femme le regarda de nouveau en fronçant légèrement les sourcils :

— Il me semble connaître votre visage... Êtes-vous sûr que nous ne nous soyions jamais rencontrés ?

— Je suis Américain, répondit Brady, et c'est la première fois que je viens en Angleterre.

— Alors, je dois me tromper.

Au bout d'un couloir, Mrs Rose écarta une tenture de velours sombre et ouvrit une lourde porte.

La pièce où ils pénétrèrent était étrangement silencieuse, coupée des bruits extérieurs par d'épais doubles rideaux. Il y avait dans la cheminée un radiateur électrique simulant des bûches en train de se consumer et l'atmosphère était étouffante au point que Brady déboutonna son trench-coat.

La vieille femme le fit asseoir en face d'elle, de l'autre côté d'un bureau. Elle prit un bloc-notes et un crayon en disant :

— Indiquez-moi votre lieu de naissance, ainsi que la date et l'heure.

Brady la renseigna tout en promenant son regard dans la pénombre, au-delà du cercle de clarté où ils se tenaient tous deux. Mrs Rose consulta plusieurs livres, notant rapidement des renseignements sur son bloc, puis elle demanda :

— Croyez-vous à l'astrologie, jeune homme ?

— S'il en était autrement, je ne serais pas ici.

— Vous êtes ambidextre, n'est-ce pas ?

— Oui, reconnut-il non sans surprise. Comment le savez-vous ?

— La plupart des natifs du Scorpion sont ambidextres. La vie est souvent âpre pour vous... La conjonction de Mars, de Neptune et du Soleil contribue à rendre votre caractère vif, pour ne pas dire emporté. Vous avez tendance à vous méfier de tout le monde et vous êtes votre pire ennemi.

Brady éclata d'un rire dur :

— Tout ça est vraiment merveilleux !

La vieille femme leva les yeux vers lui :

— Ce que je dis semble vous amuser, jeune homme ?

— Oh ! oui alors ! confirma Brady.

Elle empila soigneusement ses livres tout en s'enquérant :

— Qui est-ce déjà qui vous avait recommandé à moi ?

— Je ne vous l'avais pas dit, répondit Brady. Mais il se trouve que c'est votre fille, Jane Gordon.

— Vraiment ? fit la vieille d'un air sceptique. Nous allons bien voir. C'est justement elle que j'attends.

— Vous risquez de l'attendre longtemps, Mrs Gordon. Elle est morte.

Le vieillissement du visage s'accentua brusquement sous les yeux de l'Américain et Mrs Rose se mit à tousser en portant une main à sa bouche, comme si elle étouffait. Brady se rendit compte que l'autre main cherchait à tâtons la poignée d'un tiroir. Il l'ouvrit pour elle, vit un petit flacon de comprimés et comprit la situation. Comme il y avait sur le bureau une carafe coiffée d'un verre, il aida la vieille femme à prendre le médicament. Après un moment, elle parut aller mieux et parvint à dire :

— C'est mon cœur... Je dois éviter les émotions.

— Je suis désolé... De toute façon, étant donné la façon dont cela s'est produit, vous auriez eu un choc...

— Qui l'a tuée ? demanda Mrs Rose qui, chose étrange, ne semblait pas mettre en doute l'assertion du jeune homme.

— Un nommé Haras... Anton Haras. Le connaissez-vous ?

Elle hocha la tête, son regard perdu dans la pénombre :

— Je le connais, oui... Je le connais... Qui êtes-vous ? ajouta la vieille femme en faisant de nouveau face à son visiteur.

— Matthew Brady, répondit-il simplement.

— Ah ! oui, fit-elle doucement. Je savais que vous finiriez par venir...

— Vous étiez là-bas la nuit du meurtre, n'est-ce pas ? Qui était l'homme qui se trouvait avec votre fille ?

— Miklos Davos, répondit-elle dans un souffle.

— Quoi ? Le roi du pétrole ?

— Certains disent qu'il est l'homme le plus riche du monde, Mr Brady. Je sais seulement qu'il est le plus diabolique...

— Dites-moi ce qui s'est passé ce soir-là...

D'une voix comme absente, Mrs Rose expliqua :

— Ma fille se livrait à un honteux trafic, Mr Brady. Elle faisait office d'entremetteuse... Elle avait beaucoup de biens à son nom, mais dont la majeure partie appartenait en réalité à Davos.

— Elle était amoureuse de lui ?

— Amoureuse ? répéta la vieille femme avec un rire dur. Elle lui était asservie corps et âme ! À ses yeux, tout ce qu'il faisait était bien et elle ne cessait de l'aider à assouvir sa brutalité, ses goûts sadiques. Complètement perverti, il était sans cesse en quête de sensations nouvelles...

— Quel rôle a joué Marie Duclos dans tout cela ?

Mrs Rose eut un haussement d'épaules :

— C'était une Française dont il s'était engoué plus longuement que d'ordinaire. Il l'avait installée dans l'appartement du haut et depuis deux mois, il venait la voir tous les jours...

— En passant par le cimetière ?

Elle secoua la tête :

— Non. Il n'est passé par le cimetière que pendant les travaux dans la rue. Il ne voulait pas être vu par le gardien du chantier.

— Mais pourquoi a-t-il tué Marie Duclos ?

— Parce qu'elle essayait de le faire chanter... C'est un homme qui ne se possède plus quand la colère le prend... Ce soir-là, lorsqu'il est venu chercher ma fille, je les ai suivis à leur insu. Chemin faisant, il lui a raconté ce qui venait d'arriver et ma fille ne s'est souciée que de lui...

— Qu'avez-vous fait ?

— Que pouvais-je faire ? Je suis une vieille femme et ma fille était devenue pour moi une étrangère... Davos lui a expliqué qu'il leur suffisait d'avoir un bouc émissaire auquel ils feraient endosser le crime. Le premier ivrogne qu'ils trouveraient sur l'Embankment...

— Et ç'a été moi, dit Brady avec amertume.

Un souffle d'air effleura la nuque du jeune homme et quand il voulut se retourner vers la porte, en plongeant la main dans la poche de son imperméable, il s'entendit commander :

— Haut les mains !... Et ne bougez surtout plus, Mr Brady !

Haras surgit dans le cercle de clarté, délesta l'Américain du mauser et l'escamota dans sa poche en disant :

— Maintenant, vous pouvez baisser les bras.

Le calibre 38 était braqué sur le jeune homme :

— J'ai été pris dans un embouteillage du côté d'Oxford Street ce qui m'a mis en retard... Je surveillais Carley Mansions et j'avais été navré de vous voir filer avant l'arrivée de la police, mais je me doutais que vous reviendriez par ici... Vous avez fait preuve de beaucoup d'astuce, Mr Brady...

— Vous n'en attendiez pas autant d'un ivrogne ramassé sur l'Embankment ?

— Ah ! la vieille a parlé...

— Porc ! lança Mrs Rose en essayant de se lever.

— Restez où vous êtes ! commanda le Hongrois.

Mais Brady avait mis à profit cet instant où l'attention de Haras s'était détournée de lui. Tirant vivement sur le fil de la lampe portative, il venait de plonger la pièce dans l'obscurité.

Haras tira à deux reprises. La vieille femme poussa un cri et s'effondra devant le radiateur électrique dont le faible rayonnement montra la blessure qu'elle avait au front.

Brady qui s'était aussitôt accroupi, se mit en devoir de contourner un grand canapé dans l'espoir de gagner la porte. La silhouette du Hongrois se découpait dans la vague clarté provenant de la cheminée :

— Vous ne m'échapperez pas, cette fois, Brady. J'ai les deux revolvers.

L'Américain se rappela qu'il y avait quatre balles dans le 38 et que Haras venait d'en tirer deux. Tapi entre le divan et le mur, à deux mètres de la porte, le jeune homme saisit un chat de porcelaine qu'il avait repéré sur une table voisine. D'un geste vif, il l'envoya se briser contre la paroi opposée. Le Hongrois fit volteface et tira à deux reprises. Alors, Brady se précipita vers la porte, l'ouvrit et disparut dans le couloir vers l'arrière de la maison.

Un cri de rage s'éleva derrière lui et, tandis qu'il s'affairait à tirer le verrou de la porte de service, le mauser éternua à son tour et une balle fit voler un éclat de bois au-dessus de la tête du jeune homme.

Brady se rua dans le jardin. Devant lui, il y avait le haut mur derrière lequel s'étendait le cimetière. Cette fois, il n'hésita pas et attaqua à forts coups de pied la petite porte de communication dont le bois ne résista pas à l'assaut. Quand le mauser se fit de nouveau entendre, le jeune homme, courbé en deux, se faufilait déjà parmi les tombes.

Il y avait encore de la lumière à l'intérieur de l'église. Dissimulé derrière une petite chapelle funéraire, Brady attendit en reprenant son souffle. Haras ne se manifestant plus, il reprit sa progression circonspecte jusqu'au pied du clocher. De là, il voyait l'allée s'étendant vers la grille demeurée ouverte. Ce fut lorsqu'il fit un premier pas dans cette direction que Haras surgit de derrière un arc-boutant, à dix mètres de lui.

Le Hongrois avait dû vivement contourner l'église pour venir lui barrer le chemin. En le voyant lever le mauser pour le mettre en joue, Brady se replongea vivement dans l'ombre du clocher et se mit à escalader l'échafaudage métallique.

Il se fondit ainsi dans le brouillard, passant lestement d'une barre à une autre, comme sur les ponts en construction. Mais quand il se fut hissé sur une étroite passerelle, le jeune homme se rendit compte qu'il ne pouvait aller plus loin.Il prêta l'oreille, tandis que le vent glacé le faisait frissonner. N'entendant rien il allait s'aventurer le long de la passerelle quand la voix de Haras s'éleva soudain :

— Je sais que vous êtes là, Brady.

Le mauser éternua une fois de plus et le jeune homme se rendit compte que le Hongrois était à l'autre extrémité de la passerelle. Il se mit donc en devoir de reculer prudemment, tout en retirant son trench-coat. Comme il avait réussi à se dégager de ce dernier, son pied heurta un bout de tuyau qui roula sur la passerelle et disparut dans le vide.

Ainsi renseigné sur la position de son adversaire, Haras s'avança hardiment, le bras tendu. La balle qu'il tira ricocha sur une des barres verticales et Brady lui jeta son trench-coat à la figure. Le Hongrois émit un cri étouffé et, quand il recula instinctivement, son pied ne trouva que le vide. L'espace d'une seconde, il parut comme suspendu dans les airs, puis le brouillard l'engloutit.

Les mains de Brady tremblaient et sa chemise était trempée de sueur, mais il entreprit néanmoins de redescendre.

Haras gisait en travers du sentier, à une bonne quinzaine de mètres du clocher, et le vieux prêtre était agenouillé près de lui. À l'approche de Brady, l'ecclésiastique leva la tête :

— Il est mort ? demanda l'Américain.

Le vieillard acquiesça.

De la bouche du Hongrois le sang coulait. Dans la chute, il avait perdu ses lunettes et ses yeux ouverts avaient une fixité qui ne pouvait tromper.

— Il a tué une femme, voici quelques minutes, expliqua Brady. Là-bas... dans l'ancienne maison du fossoyeur.

Le vieil homme se remit lentement debout :

— Vous voulez dire Mrs Gordon ? Mais... pourquoi ?

Il s'était rapproché, regardant fixement le jeune homme et un déclic dut soudain se produire dans son esprit :

— Vous êtes Matthew Brady, n'est-ce pas ? L'homme que recherche la police... J'ai vu votre photo dans le journal de ce soir.

Sans répondre, Brady fit demi-tour et s'éloigna rapidement. Quand il atteignit la rue, il se mit à courir et, quelques instants plus tard, il avait regagné la voiture qui démarrait aussitôt.

10

Dans la première cabine téléphonique qui se trouva sur son chemin, Brady apprit que Miklos Davos habitait le quartier de Mayfair.

Le vieux prêtre avait dû maintenant alerter la police. Quand cette dernière aurait rattaché la mort d'Haras à celle de Jane Gordon et de sa mère, on rechercherait Brady avec plus d'acharnement que jamais. Il n'y avait qu'une issue pour lui : retrouver rapidement Davos et le contraindre à dire la vérité, car il restait désormais le seul à la connaître.

Tout en roulant, le jeune homme essayait de se remémorer le peu qu'il savait de Davos. Le millionnaire était d'origine hongroise ce qui expliquait ses relations avec Haras. Très énigmatique, il fuyait la publicité et passait pour avoir la haute main sur tout le pétrole du monde occidental... Un de ces bâtisseurs d'empire qui écrasent impitoyablement quiconque risque de leur faire obstacle.

Au n° 20 de la rue proche de Park Lane où habitait Davos, il devait y avoir une réception car on entendait des rires et de la musique de l'autre côté de la double porte. Un des battants de celle-ci s'ouvrit brusquement après que Brady eut sonné.

L'Américain se trouva en présence d'un homme visiblement soûl qui avait un collier de barbe et un veston de velours à côtes.

— Plus on est de fous, plus on rit ! dit-il aussi joyeusement que le lui permettait sa voix pâteuse et il disparut sans plus attendre.

Mais Brady avait la musique pour le guider. Il déboucha ainsi dans une pièce pleine de gens où tout le monde semblait parler en même temps et à tue-tête. Elle était éclairée uniquement par des bougies fichées dans des bouteilles dispersées au hasard des meubles.

Les hommes semblaient avoir les cheveux plus longs que ceux de leurs compagnes et la plupart portaient la barbe. Ce genre de réception, très Saint-Germain-des-Prés, n'était pas du tout ce que Brady s'attendait à trouver chez Davos.

Comme il se détournait un peu brusquement, l'Américain heurta une jeune fille et fit tomber le verre qu'elle tenait à la main :

— Oh ! je suis désolé... Je vais aller vous en chercher un autre. Qu'est-ce que c'était ?

— Laissez faire... aucune importance... Je préfère une cigarette, si vous en avez une.

Elle n'avait certainement pas plus de dix-sept ans et alluma avec gaucherie la cigarette qu'il lui offrit, après quoi elle dit :

— C'est bien, n'est-ce pas ? Il y a de l'ambiance.

— Oui, beaucoup... Mais qui est-ce qui reçoit ?

Elle le regarda avec des yeux ronds :

— Quoi, vous ne le savez pas ?

— Je débarque... Des amis étaient invités, expliqua Brady en souriant, et ils m'ont emmené avec eux sans que je comprenne bien de quoi il retournait...

— C'est Lucia qui donne cette *party*... Lucia Davos. Vous ne l'avez jamais rencontrée ?

— Je ne crois pas, non... Comme je vous le disais, j'arrive tout juste des États-Unis...

— Oh ! vous êtes Américain ? Lucia les adore ! Elle est dans l'autre pièce, en train de chanter avec l'orchestre...

Une main venait de saisir le bras de l'adolescente et elle disparut de nouveau dans les remous de la foule. Brady se fraya laborieusement un chemin jusqu'au couloir, pour aller dans l'autre pièce.

Il croisa une jeune domestique en uniforme noir et blanc, aux yeux cernés de fatigue, qui transportait un plateau chargé de verres vides. Il lui évita de justesse un tamponnement avec un rouquin complètement ivre et elle le remercia d'un sourire.

— Vous avez l'air exténué, lui dit-il. Voulez-vous que je vous aide jusqu'à la cuisine ?

— Non, merci, ce n'est pas la peine. Mais maintenant, je vais faire la pause : une cigarette avec une tasse de thé et les pieds sur la table !

Elle s'éloigna après l'avoir gratifié d'un nouveau sourire et Brady gagna la pièce de devant. L'orchestre ne comptait que trois musiciens, mais il avait du rythme et, assise sur le piano, les jambes croisées, une fille chantait un blues. Elle n'avait pas beaucoup de voix, mais réussissait à lui communiquer une sorte de poignante nostalgie, comme si elle avait déjà découvert la vanité de tout ce qui lui avait été offert dès le berceau. Avec ses cheveux coupés court, son absence de maquillage, elle avait quelque chose d'androgyne dans sa robe de gros tricot. Lorsqu'elle se tut, il y eut des applaudissements dispersés et quelqu'un cria :

— Une autre, Lucia !

— Plus tard, peut-être, répondit-elle en secouant la tête. Pour l'instant, j'ai soif !

Avisant un plateau où il y avait un shaker et des verres, Brady en emplit un qu'il apporta à la chanteuse. Elle le remercia d'un bref sourire, puis dit en fronçant les sourcils :

— Je ne vous connais pas.

— Je suis venu avec d'autres... Je vous ai entendue chanter... Je vous ai trouvée épatante !

À son regard, Brady se rendait compte qu'elle avait déjà trop bu :

— Vous êtes Américain ?

Il acquiesça :

— Je suis arrivé aujourd'hui même.

Elle continua de le regarder en plissant le front, puis finit par s'exclamer :

— Ça y est ! Je sais ce que vous avez de drôle : vous êtes le seul garçon en complet. Avec qui êtes-vous venu, dites-vous ?

Regardant autour de lui, Brady s'était rendu compte qu'elle avait raison et il changea aussitôt de tactique :

— O.K., miss Davos, j'avoue : je me suis faufilé ici dans l'espoir d'obtenir une interview de votre père.

— Un journaliste... Je me doutais bien que ce devait être quelque chose comme ça ! fit-elle après avoir vidé son verre. Eh bien, vous perdez votre temps... D'abord, parce que mon père ne donne jamais aucune interview... et ensuite, parce qu'il est absent de Londres.

— Si vous me disiez où il est... Peut-être consentirait-il à faire une exception ? et, pour moi, ce serait formidable...

— Vous m'ennuyez, dit-elle d'un air soudain distant. Si j'étais vous, je finirais mon verre et je m'en irais.

Déjà elle se détournait de lui et l'Américain comprit l'inutilité d'insister. Pourtant, il lui fallait trouver un moyen de joindre Davos où qu'il pût se trouver...

Une clameur générale s'éleva. Une fille venait de se jucher sur le bar et, au rythme de l'orchestre, improvisait un numéro de strip-tease, jetant ses vêtements un à un dans la foule. Quand elle entreprit de déboutonner son soutien-gorge, Brady se souvint de la petite femme de chambre et gagna aussitôt le couloir, en se disant que ça valait toujours le coup d'être tenté.

La petite bonne était en train de fumer, les pieds sur la table, comme elle se l'était promis. À l'entrée de l'Américain, elle tourna vivement la tête d'un air surpris, puis sourit :

— Oh ! c'est vous... Vous êtes en quête d'une tasse de thé ?

— Ma foi, volontiers... dit Brady en lui retournant son sourire et allumant une cigarette. Ça commence à être un peu trop bruyant pour mon goût !

Elle le servit tout en disant :

— De fait, quand je vous ai rencontré tout à l'heure, vous n'aviez pas l'air de tellement vous amuser.

Il accentua son sourire :

— L'ennui, c'est précisément que je ne suis pas ici pour m'amuser ! Mon rédacteur en chef m'a dit de me débrouiller pour lui rapporter une interview de Miklos Davos. C'est pourquoi je me suis faufilé dans cette réception...

— Mr Davos à une réception de sa fille ? s'esclaffa la petite bonne. Eh bien, c'est pas demain la veille ! Et il ne donne jamais d'interviews.

— Savez-vous où il se trouve en ce moment ?

— Bien sûr, il est parti ce matin pour l'île. Ça l'a pris comme ça, d'un seul coup...

— L'île ?

— Shayling Island, précisa-t-elle. À deux miles environ de la côte de l'Essex, près d'un village de pêcheurs appelé Harth. Monsieur y a une propriété.

— C'est bien ?

— Oh ! c'est d'un triste ! J'y ai passé quelques semaines, l'été dernier, quand Monsieur y avait des invités. J'ai eu le sentiment qu'il n'arrêtait pas de pleuvoir !

Comme Brady reposait sa tasse, elle lui dit :

— Mais vous perdriez votre temps en allant là-bas. Il ne vous recevrait pas.

— On ne sait jamais... Je pourrais tomber sur un de ses bons jours.

— Il n'a jamais de bons jours.

— Merci pour le thé et le renseignement. Vous avez probablement sauvé ma situation ! conclut Brady.

— J'en doute...

Il lui sourit encore et referma la porte de la cuisine.

La réception devenait de plus en plus bruyante et désordonnée. Cela s'entendait maintenant jusqu'au dehors.

En dépit du brouillard, Brady ne mit qu'une demi-heure pour

regagner Kensington. L'appartement était plongé dans l'obscurité. Le jeune homme entrouvrit silencieusement la porte de la chambre où dormait Anne et, rassuré par le bruit régulier de la respiration qui lui parvenait, il passa dans la cuisine car il se sentait affamé. Il achevait de se préparer des œufs au jambon, quand il eut conscience d'une présence derrière lui. Se retournant, il vit Anne qui achevait de nouer la cordelière de son négligé. Elle avait les cheveux en désordre, les yeux encore pleins de sommeil.

— Vous voulez manger quelque chose ? demanda l'Américain.

— Non, répondit-elle en secouant la tête. Je ne désire qu'un peu de café.

Il lui en servit une tasse et elle s'assit de l'autre côté de la table pour le regarder manger. Elle lui sourit gentiment :

— Vous avez l'air fatigué.

— La nuit a été dure.

— Avez-vous réussi à retrouver cette Jane Gordon dont la Soames vous avait parlé dans la voiture ?

— Oui, mais trop tard. Néanmoins, j'ai enfin appris ce que j'avais besoin de savoir.

Il alluma une cigarette et résuma à sa compagne les événements des dernières heures. Quand il se tut, elle demeura à regarder dans le vague, d'un air préoccupé.

— Qu'en pensez-vous ? lui demanda-t-il.

— Je pense que, au point où les choses en sont arrivées, vous devriez aller trouver la police.

— Désormais, il n'y a plus sur terre que Davos qui connaisse la vérité. Croyez-vous vraisemblable qu'il se laisse aller maintenant à tout avouer ?

— Mais les autres qui ont été mêlés à cette affaire ? Das et le professeur Soames, par exemple ? La police devrait pouvoir les faire parler...

— Non... Même Soames ne savait pas pour qui travaillait Jane Gordon. Davos est mon unique espoir. Il faut que je le contraigne à tout avouer avant que la police ne me reprenne.

— Et s'il refuse ? Que ferez-vous alors ? Vous le tuerez ?

— Pourquoi pas ? Si jamais homme a mérité la mort, c'est bien lui !

Se levant, Brady se mit à arpenter la petite cuisine puis, après un moment, il revint près d'Anne qui était demeurée assise, la tête penchée. Il l'aida à se mettre debout et la serra contre lui :

— J'ai perdu le contrôle de mes nerfs et je vous en demande

pardon... Je suis très fatigué... Nous le sommes tous les deux, d'ailleurs, et ferions mieux d'aller nous coucher...

— L'homme qui s'est occupé de l'affaire au début... L'inspecteur Mallory... Ne pourrait-il faire quelque chose ? suggéra Anne.

— Ne pensez plus à tout cela... Nous en reparlerons demain matin... Retournez vous coucher...

— Et vous ? demanda-t-elle.

— Je vais m'installer sur le divan, dans le living-room.

Anne se coucha, mais son visage demeurait soucieux :

— Vous irez trouver la police, n'est-ce pas, Matt ?

— Oui, dormez...

Il se pencha et embrassa la jeune fille. La dernière image qu'il emporta, avant de tourner le commutateur et de refermer la porte, fut celle de son rayonnant sourire.

11

De retour dans la cuisine, Brady but une autre tasse de café. Il attendait qu'Anne fût endormie. Cela ne demanda pas longtemps. S'étant assuré qu'elle reposait paisiblement, il prit une feuille de papier et un crayon pour lui laisser un mot, mais finalement il y renonça et, roulant la feuille en boule, la jeta loin de lui.

2 heures du matin venaient de sonner quand le jeune homme se retrouva dans la rue. Il ouvrit la voiture, prit la carte routière qui était dans le casier à gants et mit les clefs à sa place. Comme il risquait fort de ne pas réussir à sortir de Londres, il ne voulait pas qu'on pût le prendre dans la voiture d'Anne. Elle ne s'était déjà que trop compromise dans cette affaire.

On ne voyait pas à plus de trente ou quarante mètres à cause du brouillard et Brady se mit à marcher d'un pas rapide, tous les sens en alerte.

Ce fut une demi-heure plus tard, près de l'Albert Hall, qu'il eut un coup de chance. Une petite camionnette était garée dans une impasse. La serrure de la portière était déjà démolie, mais le propriétaire avait emporté la clef de contact. Ce n'était pas pour embarrasser Brady. Tâtonnant derrière le tableau de bord, il arracha deux fils puis les joignit. Quelques instants plus tard, il roulait vers une sortie de Londres. L'Essex était un comté qu'il se trouvait assez bien connaître car, trois ans auparavant, il avait construit un pont près de Chelmsford. Il étudia la carte dans une petite rue tranquille, repéra Harth sur la côte de la mer du Nord, dans une région où il y avait peu de routes et qui ne semblait guère habitée. Comme le lui avait dit la petite bonne, Shayling Island était à environ deux miles du rivage.

D'après la jauge, il n'y avait qu'une dizaine de litres d'essence dans le réservoir. En réalité, l'indicateur du tableau de bord fonctionnait mal. Il indiquait encore dix litres quand, sur une route du côté de Tillingham, le moteur se mit soudain à tousser d'une façon asthmatique, puis s'arrêta.

Brady avait levé le capot et examinait la situation quand surgit du brouillard un agent de police à bicyclette. Il freina, rangea sa bicyclette contre un arbre et vint s'enquérir :

— Vous avez des ennuis ?

— Rien de grave, merci, répondit Brady en gardant la tête baissée.

— Vous n'êtes pas de par ici, hein ?

— Non, je suis tombé en panne.

Il y eut un pesant silence, puis le policier dit :

— Puis-je voir votre permis de conduire, monsieur ?

— Je ne l'ai pas sur moi pour l'instant... Ah !

Il restait encore un peu d'essence au fond du réservoir et le moteur venait de reprendre vie.

— Je crois que ça va rouler, maintenant !

Comme il rouvrait la portière, le policier le retint par le bras :

— Un instant, monsieur, je voudrais...

Une expression de surprise se peignit sur le visage de l'agent.

— Vous êtes Brady..., balbutia-t-il d'un air stupide. Matthew Brady...

Le moteur s'arrêta de nouveau et d'une façon qui avait quelque chose de définitif. Il y eut un moment de total silence puis, comme l'étreinte de l'agent commençait à se resserrer, Brady le frappa de toutes ses forces au visage et s'enfonça en courant dans le brouillard.

Ayant disparu à la vue du policier, il s'empressa de se frayer un chemin de l'autre côté de la haie, traversa un champ labouré, escalada une barrière, continua d'avancer. Après qu'il eut ainsi parcouru près d'un kilomètre, le jeune homme s'arrêta et se laissa tomber par terre dans un petit taillis.

Le policier ne lui avait pas donné la chasse. Brady eût d'ailleurs été étonné qu'il le fît. L'homme devait être maintenant au téléphone le plus proche, en train de faire un rapport à ses supérieurs tout en palpant délicatement sa bouche tuméfiée. Dans une heure, deux au maximum, une battue serait organisée avec l'aide de tous les mâles du patelin en état de circuler. Acculé à la mer, Brady ne pourrait leur échapper. Il ne lui restait qu'un moyen de s'en tirer : gagner Harth au plus vite pour y voler une embarcation qui lui permettrait d'atteindre Shayling Island.

L'Américain se mit en marche, mais le brouillard était si épais que, au bout d'une heure, il se sentit complètement désorienté. Tandis qu'il s'arrêtait sous un arbre pour allumer sa dernière cigarette, un vent léger se leva qui lui apporta une bonne bouffée d'air salin. Cette constatation ragaillardit Brady : en continuant d'aller contre le vent, il atteindrait sûrement la côte qu'il lui suffirait alors de longer pour arriver à Harth.

Comme le jeune homme se remettait en marche, un cri s'éleva sur sa gauche et tournant la tête, il distingua confusément la silhouette de trois hommes émergeant du brouillard :

— Restez où vous êtes ! lui ordonna l'un d'eux.

Brady partit en courant. Il y eut une détonation et des plombs de chasse chantèrent à travers les arbres, cependant qu'un chien se mettait à aboyer avec excitation. Le jeune homme franchit un talus et se retrouva avec de l'eau jusqu'aux chevilles. Il continua d'avancer dans l'eau, s'arrêtant de temps à autre pour prêter l'oreille, mais les cris de ses poursuivants ne tardèrent pas à se perdre au loin.

C'était à travers une sorte de marécage que Brady pataugeait désespérément quand enfin il entendit le bruit des vagues. Bientôt, ayant escaladé une petite dune, il se trouva au bord de la mer et se mit à courir de plus en plus vite sur le sable humide. À un moment donné, il fit une chute et eut du mal à se relever, mais se contraignit à reprendre sa course. Il avait la bouche sèche et un léger élancement derrière l'œil droit, mais sa ténacité trouva sa récompense quand il aperçut un hangar à bateaux devant lui, au bord d'une petite anse. À sa gauche, il vit des maisons qui devaient être Harth car, en regardant vers la mer, il distingua Shayling Island à demi voilée par un rideau de pluie.

Tous les villages de pêcheurs se ressemblent et les hangars à bateaux ne sont jamais fermés à clef, car il arrive souvent qu'on ait de toute urgence besoin de prendre la mer.

À l'intérieur du hangar, il y avait une grosse embarcation de pêche pour la manœuvre de laquelle trois hommes au moins étaient nécessaires, mais près de quoi le fugitif eut la satisfaction de découvrir un petit dinghy.

Le vent fraîchissait, crêtant les vagues d'écume, quand Brady poussa le dinghy hors du hangar. Il leva le mât et la voile se gonfla dès qu'il l'eut déroulée. Le jeune homme pesa sur le bord opposé pour la compenser et un moment plus tard, sortant de l'anse, il voguait vers la mer du Nord.

À Cap Cod, durant les longues vacances d'été, Brady avait eu l'occasion d'utiliser un dinghy, mais jamais par un temps pareil. La légère embarcation n'était pas conçue pour cela et dansait sur les vagues. Très vite, le jeune homme fut trempé jusqu'aux os et il se cramponnait désespérément à la barre cependant que les vagues se faisaient de plus en plus menaçantes.

À travers le rideau de pluie, l'île grossissait, révélant de hautes falaises au pied desquelles la mer écumait sur des rochers déchiquetés. Ne voyant aucun endroit où il lui fût possible d'accoster, Brady voulut contourner l'île en rentrant un peu de voile, mais le vent était trop fort pour lui. Soudain, les falaises ne furent plus qu'à une centaine de mètres.

Abandonnant la voile, Brady se précipita vers les rames mais c'était trop tard. Comme saisi par une main monstrueuse, le dinghy fut soulevé dans les airs et le jeune homme, précipité à la mer. Il se sentit emporté vers la falaise. Quand l'eau se retira avec un grand bruit de succion, le fugitif crocha ses doigts dans le gravier du rivage et parvint à se remettre debout. Chancelant, il se mit à escalader les récifs, tandis que la mer revenait à l'assaut et tentait de l'entraîner. Enfin, s'étant cramponné de toutes ses forces, Brady réussit à franchir, entre deux vagues, la dernière ligne de brisants et atteignit, sain et sauf, l'étroite plage qui s'étendait au pied de la falaise.

Il s'assit, la tête entre les mains. Le monde entier semblait tourbillonner autour de lui dans le bruit de la mer et il vomit une grande quantité d'eau salée.

Après un moment, il se sentit de nouveau suffisamment d'aplomb pour examiner la falaise derrière lui. Il vit qu'elle n'avait guère plus d'une vingtaine de mètres. Elle s'inclinait doucement vers l'arrière et était toute creusée de trous.

L'escalade fut relativement facile, mais parvenu en haut, le jeune homme se sentit extrêmement las. Le bruit de la mer continuait d'emplir ses oreilles et il avait une impression d'irréalité, comme si rien de tout cela ne pouvait véritablement lui être arrivé.

« Que fais-je ici ? », se demanda-t-il vainement avant de se laisser aller à plat ventre dans l'herbe mouillée.

12

Au bout d'un moment, Brady rouvrit les yeux et vit une paire de bottes à quelques centimètres de sa tête. Comme il tentait de se redresser il perçut un grognement semblable à un lointain roulement de tonnerre.

Levant les yeux, l'Américain vit alors que Miklos Davos était devant lui. En tenue de chasse, avec une canadienne et un feutre tyrolien enfoncé sur le front, il tenait sous son bras un fusil à deux coups.

Quant au grognement, il émanait d'un magnifique doberman aux yeux de braise, qui observait Brady d'un air menaçant.

— Couché, Kurt ! commanda Davos. Nous n'avons rien à craindre de Mr Brady, qui ne me paraît pas en tellement bon état.

Tout en parlant, le millionnaire avait sorti de sa poche une gourde en cuir :

— Cela fait une bonne demi-heure que je vous observe et j'imagine ce que vous pouvez éprouver après une telle traversée... Un peu de brandy vous redonnera du cœur au ventre.

Brady ne chercha pas à discuter. Il prit la gourde, avala une rasade d'alcool et se sentit mieux tandis qu'une plaisante chaleur s'épandait en lui.

Davos, ayant allumé une cigarette de tabac turc, lui dit avec un sourire en coin :

— Alors, mon ami, on se sent un peu moins mort ?

— Bandit ! croassa Brady.

— C'est bien ce que je pensais : vous allez mieux, acquiesça Davos dont le visage avait pris une expression sardonique. Voilà qui me paraît prometteur. Une cigarette ?

Brady accepta l'offre et du feu, mais le tabac turc lui racla la gorge et le fit un peu tousser.

— Au fait, dit Davos, comme je n'ai aucune nouvelle de Haras depuis hier, je suppose qu'il ne m'en faut plus espérer ?

— Non. Il lui est arrivé un pénible accident la nuit dernière. Il aurait dû regarder où il mettait les pieds.

— Vous vous êtes vraiment bien débrouillé depuis deux jours, remarqua Davos. Quand Haras m'a dit que vous aviez réussi à vous évader de Manningham et à lui échapper, j'ai eu le pressentiment que nous nous reverrions. Je n'ai jamais eu aucune animosité contre vous...

— Je le sais. Je me suis simplement trouvé être le premier ivrogne que vous avez rencontré cette nuit-là sur l'Embankment.

— Hé oui ! S'ils vous avaient exécuté, tout se fût terminé pour le mieux. Malheureusement, le ministre de l'Intérieur a commué votre condamnation à mort en détention à vie.

— Cela a dû beaucoup vous contrarier !

— Certes ! Dans ce pays, un meurtrier ayant bénéficié d'une commutation de peine est, en moyenne, libéré au bout de sept ans. Les Anglais sont pleins de commisération pour leurs semblables.

— Voilà pourquoi vous avez décidé d'exécuter vous-même la sentence de mort ?

— Je n'avais pas le choix. Je ne pouvais pas courir le risque que vous voyiez ma photo quelque part et me reconnaissiez un jour ou l'autre. C'eût été par trop préjudiciable à ma tranquillité d'esprit.

Brady jeta sa cigarette. Il se sentait si fatigué qu'il ne parvenait pas à se concentrer.

— Et maintenant, demanda-t-il, que va-t-il se passer ?

— Ah ! question intéressante, n'est-ce pas ? sourit Davos. Nous sommes seuls ici... Seuls avec Kurt. En arrivant, hier, j'ai envoyé à Harth mon gardien et sa femme.

Quelque peu vacillant, Brady parvint à se remettre debout, face au Hongrois :

— Alors, que me réservez-vous ? Une balle dans la nuque ?

— Quelle idée, mon cher ! Cela manquerait vraiment d'élégance, protesta Davos en caressant la tête de son chien qui gémit de plaisir. Ces dobermans sont des bêtes magnifiques, n'est-il pas vrai ? Quand ils sont bien entraînés, ils peuvent tuer un homme en moins d'une minute.

— Un vrai record.

— N'est-ce pas ?

Davos avait reculé, en levant son fusil :

— Je crois que cette haie, là-bas, vous donnerait une avance suffisante. Elle doit être au moins à soixante-quinze mètres.

— J'aimerais demeurer seul deux minutes avec vous, dit Brady d'un ton amer. Cela me suffirait !

— Je vous conseille de partir sans plus attendre... Ma patience commence à s'épuiser.

Brady prit son temps pour gravir l'escarpement dominé par la haie. Il se sentait comme vidé, avec des jambes terriblement pesantes. Il s'arrêta une fois pour regarder par-dessus son épaule. Davos attendait, tenant fermement le chien par son collier.

Qu'avait dit de lui la vieille Mrs Gordon ? *Un sadique... complètement perverti... sans cesse en quête de sensations nouvelles*. Brady se sentit envahir soudain par une rage glacée qui lui communiqua une énergie nouvelle. Il acheva rapidement le chemin qu'il lui restait à parcourir et passa de l'autre côté de la haie.

Le doberman bondit dès que Davos le lâcha et Brady dévala une pente aboutissant à une petite vallée boisée. Son avance, au grand maximum, était de trois ou quatre minutes, calculait-il en se frayant un chemin à travers une plantation de jeunes sapins dont les branches lui fouettaient le visage. Brusquement, il sentit le sol se dérober sous lui et chut parmi des fougères jusqu'à un ruisseau. Celui-ci n'avait guère plus de cinquante centimètres de profondeur et Brady marcha dans l'eau pendant une quarantaine de mètres. Au-delà, le ruisseau, approfondissant son cours, se déversait dans un bassin naturel.

Tandis que, ruisselant, le jeune homme se hissait sur l'autre rive, assez escarpée et toute bossuée de rocs et de pierres, il entendit le doberman aboyer sous le couvert. Il achevait juste de retirer sa veste trempée d'eau, quand le chien surgit de l'autre côté du bassin et, plongeant aussitôt, se mit à nager vers lui.

Brady attendit qu'il fût à un mètre et lui emprisonna vivement la tête dans sa veste. Le doberman recula en essayant de se dégager, mais l'Américain avait saisi une grosse pierre dans sa main libre et il l'abattit de toutes ses forces sur le crâne de l'animal, qui hurla comme un être humain en se secouant désespérément pour se libérer de sa veste. Brady frappa de nouveau et le chien s'immobilisa définitivement.

Haletant, Brady se remit en marche avec l'idée de précéder Davos dans la maison où il finirait bien par trouver une autre arme.

Comme il émergeait de parmi les sapins, près d'une barrière, Brady entendit un cri de rage et vit Davos à une quarantaine de mètres sur sa gauche.

Le Hongrois se déplaçait avec une rapidité extraordinaire et tira tout en marchant. Brady faisait un rouleau par-dessus la barrière et la décharge ne l'atteignit pas. Le jeune homme se mit alors à courir en zigzaguant, mais il avait parcouru à peine une vingtaine de mètres quand Davos atteignit à son tour la barrière et tira de nouveau.

Brady poussa un grand cri d'agonie, bascula en avant et roula jusque vers le bord de la falaise où, face au ciel, il s'immobilisa enfin, une pierre lui entamant douloureusement le dos.

La seconde décharge l'avait manqué, à l'exception de plusieurs plombs qui lui étaient entrés dans le bras et l'épaule gauches, le faisant gémir de douleur tandis que sa manche s'imprégnait de sang.

Davos descendait vers lui, le visage blême et tordu par un tic :

— Je pourrais vous pardonner bien des choses, Brady, mais pas d'avoir tué Kurt.

À trois cents mètres d'eux, un hélicoptère avait surgi de la mer et son fuselage jaune faisait une tache livide sur le ciel gris. Mais Davos ne prenait même pas garde au bruit de son moteur. Il avait ouvert le fusil et sortait deux cartouches d'une de ses poches, sans quitter Brady du regard.

Sous sa main, le jeune homme avait trouvé une pierre, à peu près de la grosseur d'une balle de tennis. D'une brusque détente, il la jeta au visage du Hongrois qui, atteint à l'œil droit, poussa un cri en lâchant son fusil. Dès lors, ce fut le corps à corps.

Le poing de Davos meurtrit la bouche de Brady mais, oubliant son bras gauche blessé, le jeune homme était devenu comme insensible. Il décocha un coup de genou dans le bas-ventre du Hongrois, puis son poing le frappa à la pointe du menton. Davos tomba et se mit à glisser sur le dos, le long de la pente qui descendait vers la mer.

Vidé de toute force, Brady était tombé assis dans l'herbe, s'employant désespérément à retrouver son souffle, cependant que l'hélicoptère se posait.

Quand la porte de la cabine s'ouvrit, le premier homme à surgir de l'appareil fut un constable en uniforme ; derrière lui parut l'inspecteur Mallory, tenant son feutre à la main tandis qu'il passait sous les pales de l'hélicoptère.

Brady se laissa alors glisser sur le dos, comme l'avait fait Davos, et partit ainsi vers la plage dans un jaillissement de graviers et de sable.

En bas, Davos s'efforçait de gagner une avancée rocheuse qui les séparait d'une anse voisine. Brady se lança aussitôt à sa poursuite. L'entendant venir, le Hongrois lui jeta un rapide coup d'œil par-dessus l'épaule et s'engagea péniblement dans l'eau pour contourner le rocher.

Lorsque Brady le rejoignit, l'eau leur arrivait aux aisselles. Davos n'eut pas la force de se défendre quand l'Américain le saisit à la gorge et se mit à le secouer en criant :

— Tu vas leur dire la vérité, salaud ! Tu vas tout leur dire !

Le visage sanglant de Davos disparut sous l'eau dans le même temps que des bras puissants tiraient le jeune homme en arrière et que la voix de Mallory hurlait à son oreille, pour dominer le bruit du ressac :

— Laissez, Brady ! Nous avons tout appris !

Sans trop savoir comment, l'Américain se retrouva hors de l'eau, à l'abri d'un grand rocher, complètement épuisé mais l'esprit de nouveau parfaitement clair. Accroupi près de lui, Mallory examinait son bras :

— Je crois que vous ne vous en tirerez pas à moins de deux semaines d'hôpital.

— Que m'importe ! Dites-moi comment vous avez su pour Davos ?

— Votre amie, miss Dunning, a pris contact avec nous, ce matin, dès 5 heures, quand elle a constaté votre disparition.

— Et vous l'avez crue ?

Mallory secoua la tête :

— Elle m'a seulement donné matière à réflexion. J'étais encore avec elle lorsque j'ai reçu un coup de téléphone du Guy's Hospital. Un de mes hommes s'y trouvait au chevet de Mrs Rose Gordon, attendant qu'elle reprenne connaissance.

— Mais Haras lui avait tiré une balle dans la tête ! s'exclama Brady avec stupeur. Je l'ai vue s'effondrer...

— La balle ne lui avait qu'éraflé le front. Elle a donc pu nous faire de très intéressantes déclarations et j'ai aussitôt alerté la R.A.F...

— Bravo pour l'hélicoptère !

Mallory sourit :

— J'avais hâte d'être ici ! Je tremblais à l'idée de ce qu'il pourrait résulter, si vous retrouviez Davos avant notre arrivée...

Des cailloux roulèrent sur la pente et Brady, levant la tête, vit Anne Dunning qui achevait de descendre vers eux. En imperméable, un foulard noué sous le menton, elle avait un visage d'une extrême pâleur, aux traits tirés par la fatigue.

Mallory se redressa et dit en pointant le menton vers les deux policemen qui soutenaient le Hongrois :

— Je vais les aider à remonter Davos... Nous reviendrons vous chercher dans quelques minutes.

Comme il s'éloignait, la jeune fille arriva et s'agenouilla près de Brady. Retirant son foulard, elle se mit en devoir de confectionner une écharpe pour soutenir le bras blessé :

— Vous n'auriez pas dû partir sans me le dire, Matt.

— Croyant Mrs Gordon morte, je ne pouvais pas agir autrement, Anne. Je ne voulais pas vous compromettre davantage dans cette affaire, alors que mes chances de réussite étaient si faibles.

Elle lui caressa le front, rejetant les cheveux en arrière :

— Vous semblez avoir passé un bien mauvais moment...

— Tout est fini maintenant, et c'est la seule chose qui compte. Auriez-vous une cigarette, par hasard ?

Elle sortit un paquet froissé de la poche de son imperméable et en alluma une pour lui. En la lui passant, elle s'enquit d'un ton hésitant :

— Qu'allez-vous faire à présent ?

— Retourner à Boston, je pense, où m'attend la situation proposée par mon beau-frère. Pour l'instant, j'ai ma suffisance de l'Angleterre !

Comme elle détournait son visage vers la mer avec une expression attristée, il lui entoura les épaules de son bras valide en demandant :

— Ce programme vous agrée-t-il ?

Elle se retourna vivement, les yeux pleins de larmes :

— Oh ! Matt Brady... J'ai bien cru que vous n'alliez plus vous soucier de moi !

Il la serra tendrement contre sa poitrine. Très haut dans le ciel, une mouette lança son cri rauque, puis plongea par-dessus leurs têtes en direction du large.

1963

AU DIABLE SON DÛ

Traduit de l'anglais
par Pascal Loubet

Ce roman a paru sous le titre original :
PAY THE DEVIL

Pour Amy, une fois de plus.

Prends garde, car après l'avoir invoqué, il est nécessaire de payer au Diable son salaire.

ANONYME

La vie est action et passion, et c'est pourquoi il faut qu'un homme partage la passion et l'action de son époque, sans quoi on pourrait juger qu'il n'a pas vécu.

Oliver WENDELL HOLMES

IRLANDE - 1865

1

Au moment où la roue s'enfonça dans une ornière, le coche bascula violemment sur le côté et les bagages empilés sur la banquette opposée furent projetés sur l'homme qui dormait dans le coin, son chapeau enfoncé sur les yeux.

Clay Fitzgerald s'éveilla dans un juron tandis que le véhicule s'arrêtait. Cela faisait quatre heures qu'ils roulaient sur ce qu'on pouvait à peine appeler une route et, depuis qu'ils avaient quitté Galway, les choses n'avaient fait qu'aller inexorablement de mal en pis.

Il jeta un coup d'œil par la fenêtre : la pluie continuait à détremper la campagne. La route traversait une étroite vallée en longeant une petite rivière, bordée au loin de quelques arbres clairsemés nimbés de brume. Il ouvrit la portière et descendit dans la boue.

C'était un homme de taille moyenne. Ses bottes militaires donnaient l'impression de quelqu'un qui était plus à l'aise sur une selle, et son manteau de coûteux drap sombre tombait sans un pli de ses larges épaules. Ses yeux d'un noir profond brillaient dans un visage lisse, au teint mat, qu'on aurait pu croire taillé dans la pierre, avec ses pommettes saillantes, dont l'une portait la cicatrice étroite d'un coup de sabre.

C'était un visage dur, celui d'un homme que peu se seraient risqués à provoquer et, tandis qu'il sortait de sa poche et allumait un mince cigare avec une allumette tirée d'une petite boîte d'argent, il émanait de lui un calme et une maîtrise de soi curieusement inquiétants.

Quelqu'un toussa et une voix à l'accent géorgien demanda poliment :

— Corrigez-moi si je me trompe, Colonel, mais je vous ai toujours entendu dire que l'Europe était une contrée civilisée.

Celui qui avait parlé était le conducteur du coche, un Noir d'une quarantaine d'années, grand et mince, et dont les traits aquilins trahissaient le sang mêlé. Il portait un lourd manteau de cavalerie boutonné serré jusqu'au menton et une couverture de cheval jetée sur les genoux. La pluie dégoulinait du rebord de son feutre.

Clay se retourna lentement et grimaça un sourire.

— C'est en Irlande, que nous sommes, fit-il. Mon père m'a toujours dit que le Seigneur avait fait les choses un peu différemment, par ici.

Le Noir essuya du revers de sa manche la pluie qui lui coulait sur le visage.

— Je dirais plutôt que le Seigneur a oublié ce pays depuis bien longtemps, Colonel. Je commence à me demander ce que nous sommes venus faire ici.

— Et moi donc, Josh, répondit Clay. Et moi donc. (La pluie redoubla soudainement de violence et il poursuivit :) Tu m'as tout l'air d'un rat mouillé. Laisse-moi te remplacer un peu et va t'asseoir à l'intérieur.

— Je suis déjà tellement trempé que ça ne changera pas grand-chose, répondit Joshua.

Clay secoua la tête.

— Ne discute pas. Descends de là et monte dans la voiture, c'est un ordre.

Le ton était sans réplique. Joshua soupira, rejeta la couverture et commença à descendre. Au même moment, deux cavaliers surgirent des arbres et traversèrent la rivière dans une gerbe d'éclaboussures.

Le premier arrivé fit arrêter si brusquement sa monture que l'animal se cabra et dansa un instant en vacillant sur ses deux pattes arrière, forçant Clay à se jeter de côté contre le coche et le souillant de boue. Une touffe de cheveux blonds jaillissait sous le rebord de son chapeau éculé et ses yeux bleus étincelaient au-dessus du foulard rouge qui couvrait le bas de son visage. Son manteau, coupé dans une étoffe grossière, était boutonné jusqu'au col, et il portait un fusil posé sur le bras gauche.

Les quatre années qu'il avait passées dans le camp des vaincus d'une guerre particulièrement désagréable avaient enseigné à Clay Fitzgerald à prendre avec philosophie les caprices de l'existence. Aussi sortit-il très calmement sa bourse en demandant :

— J'imagine que c'est après ceci que vous en avez ?

Avant que l'homme ait pu répondre, son compagnon, qui était arrivé par l'autre côté, fit le tour du coche et s'exclama d'une voix remplie de stupeur :

— Regarde donc ça, Dennis. Un Noir. As-tu donc jamais vu ça de la vie ?

Le jeune homme qui s'appelait Dennis éclata de rire.

— Oui, chaque fois qu'un vaisseau espagnol jette l'ancre à Galway. (Il rafla la bourse des mains de Clay et la soupesa.) Voilà qui est bien léger pour un homme de votre qualité.

— Seul un fou porterait sur lui davantage, répondit Clay en haussant les épaules.

L'autre glissa la bourse dans sa poche et se pencha en avant.

— C'est une bien jolie chaîne en or que vous portez là, dit-il en désignant le bas du gilet de Clay. Se trouverait-il à son bout la montre qui va avec ?

— C'est un bien de famille que m'a laissé mon père, dit Clay. Vous n'en tirerez pas grand-chose.

L'homme tendit la main et se saisit de la chaîne, qu'il tira en déchirant l'étoffe. Il l'éleva à la hauteur de ses yeux et examina la montre.

— Un oignon en or, rien de moins. J'en ai toujours rêvé. (Il secoua la tête d'un air réprobateur.) Vous n'avez pas été honnête avec nous, l'ami, et, du coup, je me demande bien ce que vous transportez avec vous. (Il se tourna vers son acolyte.) Décharge ses bagages et fouille-les.

L'autre mit pied à terre, écarta sans ménagement Clay de son chemin et se pencha dans la voiture. Au bout d'un moment, il se redressa en tenant un petit sac de cuir dans la main.

— Vous ne trouverez rien de valeur dans ce sac, l'avertit Clay. Il ne contient rien d'autre que des instruments chirurgicaux et des médicaments.

Le jeune homme ouvrit le sac et en inspecta le contenu.

— Il a dit la vérité, Dennis, dit-il en lui tendant le sac ouvert pour que son compagnon juge par lui-même.

— Alors, vous êtes médecin, n'est-ce pas ? demanda Dennis.

— Entre autres choses, oui, dit Clay en hochant la tête.

— J'ai le plus grand respect pour cette profession, dit Dennis. En d'autres circonstances, je vous aurais laissé aller, mais les temps sont durs et au moins aurez-vous la satisfaction de savoir que votre argent servira une juste cause. (Il fit un signe de tête au jeune homme.) Regarde ce que tu peux trouver d'autre.

Clay soupira en pensant à la centaine de souverains d'or cachés dans sa paire de bottes de rechange au fond de sa malle de voyage. Il avança d'un pas pour se préparer à s'emparer du fusil dès que l'occasion s'en présenterait.

C'est à ce moment-là qu'un cri résonna non loin, immédiatement suivi du bruit d'une détonation étouffée par la pluie. La balle frappa le sol juste à côté du coche. Dennis poussa un juron en essayant de contenir d'une seule main son cheval effrayé tout en se tournant pour regarder derrière lui.

Plusieurs cavaliers dévalaient la colline dans leur direction. Dennis fit volte-face et menaça Clay de son arme.

— Allons-y, Marteen, lança-t-il à son compagnon.

L'autre jeune homme sauta en selle et piqua des deux éperons. Sans un mot, Dennis lui emboîta le pas. Ils retraversèrent la rivière dans une gerbe d'éclaboussures et disparurent au petit galop comme deux ombres dans la brume.

Joshua descendit péniblement de son siège et s'adossa au coche en se tamponnant le visage de son mouchoir.

— Colonel, mais qu'est-ce que c'est que ce pays ?

— Tout ce que m'a raconté cet avocat de Galway doit être vrai, dit Clay en haussant les épaules. Et moi qui croyais qu'il exagérait. (Il eut un sourire narquois.) Ne me dis pas qu'un vétéran des campagnes comme toi a eu peur ?

— J'ai arrêté d'avoir peur après ce qui s'est passé à Pittsburgh, lorsque nous sommes tombés sur ce régiment yankee en pleine nuit et que vous avez réussi à nous tirer de là en leur racontant des sornettes, dit Joshua. Je craignais simplement que vous ne tentiez quelque chose d'imprudent.

— Je dois admettre que j'y songeais, avoua Clay.

— Alors, ce coup de feu est arrivé à point pour empêcher qu'on ne vous brûle la cervelle, rétorqua Joshua.

Entre-temps, les cavaliers étaient arrivés à leur hauteur. Trois d'entre eux poursuivirent sur leur élan et traversèrent à leur tour la rivière pour disparaître dans la brume. Le quatrième s'arrêta et descendit de son cheval.

Il avait à peine plus de la trentaine, il était râblé et bien bâti, un rictus cruel déformait ses lèvres qui tranchaient sur son teint pâle, et il portait des bottes couvertes de boue et un manteau de tweed. Il déplut immédiatement à Clay.

L'homme considéra Joshua avec curiosité et toucha brièvement le bord de son chapeau avec sa cravache.

— Colonel Fitzgerald ? (Clay acquiesça.) Il semble que nous soyons arrivés juste à temps. Je m'appelle Burke. Je suis le régisseur de Sir George Hamilton. Il a été informé que vous arriviez à Galway hier et il m'a envoyé à votre rencontre. Avez-vous bien reçu sa lettre ?

Clay hocha la tête.

— Elle m'attendait chez l'avocat de mon oncle, auquel j'ai rendu visite hier. Dommage que vous ne soyez pas arrivés cinq minutes plus tôt, dit-il avec un triste sourire. J'aurais été plus riche d'une montre en or et de quinze souverains. Avez-vous une idée de l'identité de ces hommes ?

Burke haussa les épaules.

— La région grouille de ce genre de malfrats. Lorsque nous les prenons, ils disent au juge qu'ils sont de bons patriotes qui collectent des fonds pour l'organisation et ils maudissent la Reine par la même occasion.

— Je vois, fit Clay. Appartiendraient-ils à cette Fraternité de *Fenians* dont j'ai tellement entendu parler à Galway ?

— *Fenians*, *Moonlighters*, *Ribbonmen*, fit Burke. On ne compte plus toutes ces sociétés secrètes qui se donnent pour noble cause de libérer l'Irlande, comme ils disent. (La pluie continuait de tomber sans relâche et il poursuivit :) Mais l'endroit est mal choisi pour une conversation, Colonel. Sir George espère que vous passerez la nuit chez lui. Si vous voulez bien remonter dans votre voiture, je vous ouvrirai le chemin.

Clay secoua la tête.

— C'est très aimable de sa part, mais je préfère poursuivre jusqu'à Claremont. Est-ce encore loin d'ici ?

— Drumore est à une dizaine de kilomètres d'ici, expliqua Burke, et Claremont à deux de plus. (Il eut l'air d'hésiter et une légère ombre passa sur son visage.) Vous ne trouverez guère de confort là-bas, Colonel, je peux vous l'assurer. La maison ne conviendrait ni à un homme ni à une bête.

— Mais je crois savoir que mon oncle y a vécu jusqu'à sa mort il y a neuf mois, dit Clay. Elle ne peut tout de même s'être à ce point délabrée ?

— Vous oubliez l'incendie, dit Burke.

— Non, les avocats m'ont donné tous les détails de l'affaire. Je sais que les dégâts ont été importants.

Burke hocha la tête.

— Une grande partie de la maison a été emportée. Votre oncle a occupé l'aile ouest pendant les six derniers mois de sa vie. C'était la seule partie de la maison dont le toit était encore intact.

— Au cours des quatre dernières années, Mr Burke, dit Clay en haussant les épaules, il y a eu maintes occasions où je n'ai rien désiré d'autre qu'un toit sur ma tête, et peu importait le toit. Si mon oncle a pu continuer à habiter là-bas, je suis sûr que je n'en mourrai pas.

— Comme vous voudrez, Colonel. (Burke sauta en selle et s'empara des rênes.) Une dernière chose, dit-il. Prenez garde à vous lorsque vous serez à Drumore. On n'aime guère les étrangers, là-bas.

— Même ceux qui portent un nom irlandais, comme Fitzgerald ? s'enquit Clay avec un petit sourire.

Burke ignora la plaisanterie.

— Nous vivons une dure époque, Colonel, comme vous vous en rendrez compte vous-même avant longtemps, je pense.

Il éperonna sa monture et disparut.

Clay resta pensivement à regarder la route, les sourcils froncés. Puis il se tourna vers Joshua :

— Eh bien, qu'en penses-tu ?

— Ça ne peut pas être pire que certains des endroits où nous avons dormi pendant la guerre, Colonel. Mais une chose est sûre, je n'aime pas cet homme.

— Comme toujours, nous serons d'accord, dit Clay en souriant. Il y a quelque chose de déplaisant chez lui, quelque chose sur quoi je ne parviens pas à mettre le doigt, mais qui est là tout de même.

Le tonnerre gronda dans le lointain et il remonta dans la voiture pour y prendre un lourd manteau qu'il enfila.

— Il semblerait que le temps ait l'intention de se gâter et moi je vais commencer à me lasser de ce paysage. Aussi, si tu veux bien monter à l'intérieur, nous allons nous remettre en route.

Joshua hésita l'espace d'un instant comme s'il avait voulu discuter l'ordre, puis il poussa un profond soupir et monta dans la voiture. Clay claqua la portière sur lui, se hissa sur le siège du cocher et saisit les rênes. Un instant plus tard, ils s'ébranlaient sur la route embourbée.

La pluie dégouttait du rebord de son chapeau, mais il n'y prêtait pas attention et tenait fermement les rênes. Il repensa à sa conversation avec Burke et se demanda — ce n'était pas la première fois — ce qu'il était venu faire en Irlande.

La lettre de l'avocat l'informant de la mort de son oncle lui était parvenue à Atlanta, apportée par un messager, six mois avant la bataille d'Appomatox et la fin de la guerre de Sécession. Une demeure en mauvais état et un domaine de quelques hectares, ce n'était pas grand-chose comme héritage, mais il n'était jamais venu dans cette région que son père avait toujours appelée « son pays » jusqu'à sa mort.

Il n'y avait certainement rien qui pouvait le retenir en Géorgie. Ces quatre années de guerre n'avaient laissé en lui qu'un désir : la paix. Et, ironie du sort, c'était en Irlande qu'il était venu la chercher. Si ce qu'on lui avait raconté à Galway était vrai — et ce qui venait de lui arriver semblait le confirmer — il venait de pénétrer en plein cœur d'une région où pillages et meurtres régnaient sans partage.

La légitimité de l'exigence du peuple irlandais à pouvoir disposer de lui-même, il l'avait apprise sur les genoux de son père, en même temps que celui-ci lui racontait la façon impitoyable dont les propriétaires anglais traitaient leurs malheureux paysans. Plus tard, ses années d'études médicales à Londres et à Paris, puis la guerre, avaient conspiré pour repousser ces questions dans un recoin de son esprit comme quelque chose de peu d'importance qui ne l'affectait guère personnellement.

Quoi qu'il en fût, si justes que fussent les revendications des Irlandais, jouer les bandits de grand chemin n'était pas une façon de s'attirer des sympathies, se dit-il tristement en repensant à ses deux agresseurs. C'est alors qu'il lui vint à l'esprit que, si les deux bandits étaient grossièrement habillés, leurs montures étaient en revanche des bêtes superbes, et il se demanda en plissant le front qui étaient les deux hommes et ce qui avait bien pu les conduire à de tels agissements.

Peut-être étaient-ce des membres de cette Fraternité *Fenian* dont on lui avait tant parlé ? Il essuya la pluie qui ruisselait sur son visage et écarta cette pensée. Quelle que soit la tournure que prendraient les événements, il avait décidé de rester parfaitement neutre. Il resterait un ou deux mois à Claremont, tout au plus. Après quoi, Sir George Hamilton pourrait faire ce qu'il voudrait et acheter le domaine au prix qu'il avait proposé dans la lettre qui attendait Clay la veille à Galway.

La nuit commençait à tomber lorsqu'ils arrivèrent à Drumore et la pluie n'avait pas cessé. C'étaient des maisons petites et modestes, aux toits de tourbe et de chaume, dont la fumée bleue qui s'échappait par les cheminées était alourdie par la pluie. Il y en avait peut-être vingt ou trente, réparties de chaque côté de l'étroite rue non pavée qui courait sur une centaine de mètres.

Arrivés à mi-chemin, ils entendirent des rires et des voix qui provenaient d'un établissement public. Clay arrêta la voiture et sauta à terre. Le bâtiment était moins misérable que les autres. Il comportait une cour et des écuries où se reposaient des chevaux, les flancs fumant dans l'air humide. Clouée au-dessus de la porte, une pancarte annonçait en lettres à demi effacées : Cohan's Bar.

— Pourquoi nous arrêtons-nous, Colonel ? demanda Joshua en passant la tête par la portière.

Clay secoua son chapeau et le remit.

— Tu te souviens de ce que Burke a dit de l'état de la maison de Claremont ? Une bouteille d'eau-de-vie pourrait fort bien nous être utile d'ici à demain. Tu as de l'argent sur toi ?

Joshua fouilla dans sa manche gauche et en sortit finalement une bourse de cuir qu'il lui tendit. Clay l'ouvrit et y prit un souverain.

— Cela devrait suffire à acheter la maison tout entière, pour ce que j'en vois, dit-il en rendant la bourse au Noir. Je n'en aurai que pour un instant.

Il poussa la porte, entra et la referma derrière lui. L'endroit était rempli d'une épaisse fumée et éclairé par deux lampes à pétrole qui se balançaient à l'une des deux poutres noircies. Un feu de tourbe rougeoyait à l'autre bout de la pièce et une dizaine d'hommes étaient accoudés au bar, suspendus aux lèvres d'un jeune homme de haute taille, au visage assez beau mais un peu féminin, surmonté d'une touffe de cheveux blonds.

Pendant un moment, personne ne remarqua Clay qui resta le dos à la porte et écouta.

— Alors, qu'est-ce qui s'est passé ensuite, Dennis ? demanda quelqu'un.

Dennis s'adossa au bar, le rouge aux joues, un verre de whisky dans la main.

— C'est pour une bonne cause, l'ami, je lui ai dit, et si vous jouez franc-jeu avec moi, il ne vous arrivera rien de mal. Il était blanc comme un linge et il avait la main qui tremblait tellement qu'il a fait tomber sa bourse dans la boue.

Un garçon d'une quinzaine d'années qui était à côté de lui s'écria d'une voix impatiente :

— Fais-leur voir la montre, Dennis, fais-leur voir !

— Chaque chose en son temps, Marteen, fit Dennis.

Il vida son verre et le reposa ostensiblement sur le bar. Quelqu'un le remplit immédiatement et Dennis glissa une main dans sa poche pour en sortir la montre de Clay.

Il la tint par le bout de la chaîne pour qu'elle étincelle à la lueur des lampes et un murmure admiratif passa sur l'assistance.

— Regarde donc comme elle est élégante, lança quelqu'un.

Clay s'avança lentement et s'approcha du groupe. Le premier à l'apercevoir fut Marteen, dont les yeux bleus s'agrandirent de surprise. Les hommes se retournèrent un à un et Clay se fraya un chemin entre eux pour arriver nez à nez avec Dennis.

— C'est ma montre, je crois, dit-il posément.

Le silence s'abattit soudain sur la pièce. Pendant un long moment, Dennis resta à regarder Clay d'un air stupide, puis il retrouva sa contenance.

— Et qu'est-ce que vous voulez donc dire par là ? demanda-t-il d'un ton agressif.

Clay jeta lentement un coup d'œil circulaire. Les regards qu'il croisa étaient durs et peu amènes. Dans certains, il lisait une profonde bêtise, dans d'autres luisait une étincelle d'intelligence. C'est alors qu'il remarqua un homme négligemment adossé de l'autre côté du bar. Il était grand, avec des épaules puissantes qui gonflaient son manteau de drap noir.

Il avait les cheveux de la même couleur que ceux de Dennis, mais là s'arrêtait la ressemblance. Il n'y avait rien de faible dans son visage. Seules s'y lisaient la force et l'intelligence. Il saisit son verre, prit une gorgée de whisky et un petit sourire passa sur ses lèvres. Il plongea son regard dans celui de Clay : on aurait dit qu'ils se connaissaient.

Clay se retourna vers Dennis et dit sans se démonter :

— Peu m'importe l'argent, mais cette montre m'a été léguée par mon père.

Personne ne bougea. Dennis étouffa un ricanement comme s'il venait de se rendre compte que sa réputation était en jeu et il fourra la montre dans sa poche. Il s'empara de son fusil qui était posé le long du bar et enfonça le canon dans la poitrine de Clay.

— Je vous donne cinq secondes pour partir, mon gars, dit-il. Cinq secondes. Pas une de plus.

Clay soutint sans ciller le regard de ce visage faible et téméraire, puis il fit brusquement volte-face et se dirigea vers la porte. Alors qu'il s'apprêtait à sortir, Dennis fit :

— Regardez-moi ça, il a souillé sa culotte pour la deuxième fois de la journée.

Clay hésita un instant. Des rires s'élevèrent. Il ouvrit la porte et sortit.

Il écarta Joshua sans ménagement et sortit de la voiture un sac de toile. Il n'était pas en colère, mais ses mains tremblaient légèrement lorsqu'il l'ouvrit et il ressentit cette familière impression de vide au creux de l'estomac.

— Que se passe-t-il, Colonel ? demanda Joshua, inquiet.

Clay fit celui qui n'avait rien entendu. Il avait trouvé ce qu'il cherchait au fond du sac : un lourd colt Dragon six-coups, l'arme qui ne l'avait pas quitté depuis qu'il s'était évadé du pénitencier de l'État d'Illinois avec le Général Morgan en 1863.

Il s'empara de l'arme d'une main experte et repartit d'un pas décidé vers le pub. Les rires emplissaient la pièce tandis que Dennis poursuivait l'anecdote en rajoutant force détails et personne ne remarqua Clay pendant un moment.

A quatre mètres de là se trouvait sur le comptoir une bouteille de whisky posée juste à côté du coude de Dennis. C'était un coup facile. Clay leva son arme et pressa la détente : la bouteille explosa en mille morceaux comme une bombe, arrosant de whisky l'assistance qui s'égailla dans la pièce.

Le visage de Dennis prit une teinte jaunâtre sous la lumière de la lampe et il écarquilla les yeux. La bouche ouverte, les lèvres sèches, il cherchait une aide du regard. Personne ne broncha. Sur tous ces visages se peignait la peur, sauf sur celui de l'homme de haute taille, qui n'avait pas bougé de sa place à l'autre bout du bar, mais dont le sourire avait disparu tandis qu'il plongeait la main dans sa poche intérieure.

Le visage de Clay restait impassible, sans expression, et pourtant il était effrayant. Clay s'avança et braqua doucement le canon du colt sous le menton de Dennis.

— Ma montre, dit-il d'un ton égal.

Le visage de l'autre sembla s'effriter tandis qu'il sortait la bourse et la montre et les posait sur le comptoir d'une main tremblante.

— Dieu me garde, monsieur, fit-il, c'était une plaisanterie. Je ne vous voulais rien de mal.

Clay resta à le regarder droit dans les yeux. Une voix murmura :

— Regarde les yeux qu'il a, on dirait le Diable en personne.

Dennis avait le front couvert de sueur et les yeux remplis de terreur. C'est alors que Clay se détourna et rangea son arme dans sa poche. Le jeune homme bondit vers la première chaise venue, s'y assit et enfouit son visage dans ses mains.

Le tenancier, un gros homme rougeaud, regardait Clay par-dessus son comptoir en s'essuyant nerveusement les mains à son tablier sale.

— Qu'est-ce que monsieur désire ? demanda-t-il.

— Je suppose que vous livrez de l'alcool aux habitants de la région ? demanda Clay.

— Certainement, monsieur, l'assura l'autre. Je livre Sir George Hamilton lui-même. (Il sortit un morceau de papier crasseux et mouilla son crayon entre ses lèvres.) Que souhaiteriez-vous, monsieur ?

Clay empocha sa bourse et sa montre et lui donna sa commande d'une voix calme, comme si rien ne s'était passé.

— Et je vais emporter une bouteille d'eau-de-vie avec moi, ajouta-t-il.

Le tenancier posa la bouteille sur le comptoir, Clay s'en empara et s'apprêta à partir.

— Mais à quel nom et à quelle adresse dois-je faire livrer, monsieur ? demanda l'autre.

Pour la première fois, le visage de Clay s'éclaira d'un sourire.

— Ah, j'oubliais : A Claremont House, pour le Colonel Clay Fitzgerald.

Il tourna les talons et un murmure s'éleva dans la salle lorsqu'il sortit.

Joshua l'attendait près de la portière ouverte du coche et il eut l'air soulagé de le voir revenir.

— Colonel, dit-il, après votre père, vous êtes l'homme que je connaisse qui a le plus de sang-froid.

Clay lui tendit la bouteille et le poussa dans la voiture.

— J'ai récupéré ma montre, ce qui est encore mieux que je ne croyais. Maintenant, tout ce que je veux, c'est un bon feu et dîner. Quel que soit l'état dans lequel nous allons trouver Claremont, j'imagine que nous réussirons bien à avoir cela.

Alors qu'il se hissait sur le siège du conducteur, la porte du pub s'ouvrit et claqua. Clay se retourna lentement en glissant une main dans sa poche. L'homme de haute taille était devant lui, la main tendue, souriant.

— Ne vous inquiétez pas, Colonel. Je voulais juste vous remercier de ne pas avoir tué mon frère.

Clay s'approcha de l'homme et écarta vivement le pan du manteau de son interlocuteur, découvrant la crosse d'un pistolet qui sortait de la ceinture.

— J'avais bien vu où était votre main, dit-il d'un ton désabusé.

— Sûrement, dit l'autre en hochant la tête. Et moi j'avais bien vu que vous aviez remarqué.

— Il ne courait aucun danger, dit Clay en haussant les épaules. Je n'ai pas l'habitude de tuer les jeunes gens. Ce qu'il lui faudrait plutôt, c'est une bonne raclée.

— Quand son père aura appris ce qu'il a fait aujourd'hui, c'est ce qu'il aura — et peut-être même davantage, dit l'homme. (Il tendit sa main et Clay la serra.) Kevin Rogan, Colonel. Je connaissais très bien votre oncle.

Clay écarquilla les yeux de surprise.

— Seriez-vous parent de Shaun Rogan, le Grand Shaun, comme on l'appelait ?

— C'est mon père, dit Kevin dans un sourire. Pourquoi cela ?

— J'ai rencontré l'un de ses amis à New York, dit Clay. Un certain O'Hara, James O'Hara. Il m'a donné un paquet pour lui. Si Dennis l'avait volé, je me demande comment votre père aurait réagi.

Un sourire mystérieux passa sur les lèvres de Rogan.

— Eh bien, vous serez deux fois bienvenu si vous nous rendez visite pour nous donner des nouvelles de James O'Hara, Colonel. Vous trouverez un petit chemin derrière Claremont House. Suivez-le pendant environ cinq kilomètres dans la lande et vous arriverez à Hidden Valley. Ce sont les terres des Rogan. Et nous en avons payé jusqu'au dernier arpent.

— Peut-être viendrai-je demain, dit Clay. Dites à votre père de m'attendre.

Il se hissa sur le siège du conducteur et fouetta légèrement le cheval épuisé du bout des rênes. L'animal s'ébranla dans le crépuscule. Alors qu'ils tournaient le coin de la rue près de la minuscule église, Clay se retourna et jeta un coup d'œil par-dessus son épaule. Kevin Rogan lui fit un petit signe de la main et rentra dans le pub.

2

C'est tout à coup qu'ils aperçurent la maison qui se dressait devant eux dans la nuit, sombre et massive, derrière un mur bas. Clay fit tourner le coche entre deux piliers de pierre qui avaient jadis supporté des grilles depuis longtemps disparues.

L'allée faisait le tour de la maison et aboutissait dans une vaste cour où Clay arrêta le coche. Ce fut sa première surprise : de la lumière passait par les fenêtres à meneaux et faisait scintiller les pavés luisants de pluie.

Il sauta sur le sol tandis que Joshua sortait de la voiture pour le rejoindre.

— Qu'est-ce que vous dites de cela, Colonel ?

— Rien pour l'instant, mais nous allons vite en savoir plus, dit Clay en secouant la tête.

La porte s'ouvrit sans peine et il entra dans une pièce au plafond bas soutenu par des poutres, qui devait être la cuisine. De grosses bûches brûlaient dans l'âtre de l'autre côté de la pièce. Clay s'en approcha et se réchauffa les mains en fronçant les sourcils.

Joshua s'affairait à allumer l'une des deux lampes à pétrole qui se trouvaient sur la table. Alors que la pièce s'illuminait soudain d'une douce clarté, il s'exclama :

— Regardez-moi cela, Colonel !

Clay fit le tour de la table tandis que Joshua ôtait une pièce de drap blanc et découvrait une miche de pain, des œufs, du jambon et un pichet de lait. Sur un petit morceau de papier bleu, en lettres bien droites, étaient inscrits les mots : *Bienvenue à Claremont*.

Clay examina le message.

— Il n'est pas signé, dit Joshua, comme si Clay n'avait pas remarqué. Si ça n'est pas un mystère...

Clay porta le morceau de papier à son nez et perçut un parfum de lavande. Il plissa les yeux.

— Je me disais bien aussi que c'était une écriture de femme.

— Mais qui est-ce ? demanda Joshua.

— Une bonne Samaritaine, dit Clay en haussant les épaules. Elle se fera connaître en temps et en heure.

Joshua alluma la deuxième lampe et éclaira toute la pièce. Des tableaux étaient accrochés au mur et devant l'âtre, un tapis et deux confortables fauteuils attendaient. Il régnait dans la pièce une paisible atmosphère, comme si celui qui avait vécu là avait toujours été heureux.

— Une chose est sûre, fit Joshua. Ce Burke ne savait pas de quoi il parlait.

— Je ne crois pas non plus que les derniers jours de mon oncle aient été désagréables, dit Clay en hochant la tête.

Il s'empara de l'une des lampes et se dirigea vers la porte située de l'autre côté. Elle donnait directement sur un escalier de bois qu'il monta rapidement, Joshua sur ses talons portant la seconde lampe. Il ouvrit la première porte venue et entra.

C'était une petite chambre confortablement meublée, avec un tapis. L'armoire d'acajou était vide, tout comme les tiroirs de la commode, mais les couvertures posées sur le lit venaient d'être sorties et les draps et taies d'oreillers étaient blancs et propres.

Sans vraiment savoir pourquoi, il comprit que cette pièce avait été la chambre de son oncle et il resta pendant un instant près de la fenêtre à regarder la nuit en silence tout en essayant de s'imaginer à quoi pouvait ressembler cet homme qu'il n'avait jamais vu.

Il y eut un petit toussotement. Il se retourna et vit Joshua qui attendait sur le seuil.

— J'ai inspecté les autres pièces, Colonel, fit-il. Il y en a cinq en tout. Celle d'à côté est meublée et le lit est fait. Les autres sont vides.

— Eh bien, tout est prêt pour nous, dit Clay. Tu n'as rien trouvé d'autre dans le couloir ?

Joshua secoua la tête.

— Il se termine par un mur aveugle.

Clay redescendit le premier.

— J'imagine que c'était là que se tenaient les domestiques, dit-il. Il ne devait plus y avoir d'autre pièce habitable après l'incendie.

Il traversa la cuisine en direction d'une autre porte et tenta de l'ouvrir. Elle ne céda pas. C'est alors qu'il remarqua une grosse clé enfoncée dans la serrure. Il la fit rapidement tourner et la porte s'ouvrit sans difficulté. Il se retrouva dans un couloir pavé et glacial qui sentait l'humidité. Il entendait la pluie qui tombait quelque part et il s'avança dans le couloir en tenant la lampe devant lui.

Il monta quelques marches et ouvrit la porte qui se trouvait au bout. Il reçut immédiatement de la pluie sur le visage et plaça sa main au-dessus de la lampe pour protéger la flamme.

Il se trouvait d'évidence dans ce qui avait naguère été l'entrée de la maison. Un immense escalier s'élevait dans l'obscurité sur sa droite et devant lui gisaient les débris de ce qui avait dû être le toit et le deuxième étage.

L'espace d'un instant, il fut frappé par l'ironie de la situation. Les sept siècles de la turbulente histoire de sa famille étaient donc réduits à cela et lui, le dernier du nom, né sur une terre étrangère, était maintenant debout sur les ruines de la vaste demeure. Une soudaine bourrasque faillit éteindre la lampe et il rentra en fermant la porte derrière lui.

Alors qu'il pénétrait dans la cuisine, Joshua arriva de la cour, un sac dans chaque main. Il les déposa avec précaution sur le plancher et se redressa.

— Je crois que vous devriez aller jeter un coup d'œil aux écuries, Colonel, fit-il. Vous y trouverez quelque chose d'intéressant.

Clay le suivit dans la cour. Les écuries étaient situées de l'autre côté, leurs grandes portes ouvertes sur la nuit et il vit que Joshua y avait mis le cheval et la voiture à l'abri. Joshua prit une lanterne qui était accrochée à un clou et l'éleva.

— Là-bas, Colonel.

Clay entendit un hennissement dans l'obscurité et, dans la clarté de la lanterne, il aperçut un cheval dans l'une des stalles. C'était un très bel animal, une jument noire à la robe satinée. Il eut un frisson de plaisir en passant doucement sa main sur la croupe de l'animal.

— Un autre cadeau de notre bonne Samaritaine ? demanda Joshua.

— Elle peut continuer à me faire des cadeaux de ce genre tant qu'elle veut, dit Clay dans un sourire. C'est l'une des plus belles bêtes que j'aie jamais vues.

— Les choses sont de plus en plus surprenantes de minute en minute, dit Joshua.

Il reposa la lanterne sur son clou et commença à dételer le cheval. Clay s'interposa.

— Je vais m'en occuper, dit-il. Toi, tu as un repas à préparer.

— Comme vous voulez, Colonel.

Joshua se chargea de deux autres sacs et traversa la cour en direction de la maison, ses frêles épaules ployant sous la charge.

Clay ôta son manteau et dételа le cheval. Il dénicha une vieille couverture et frotta l'animal épuisé avec. Après quoi, il le mena dans l'une des stalles et lui donna un peu de l'avoine et du foin dont la jument noire avait été abondamment approvisionnée.

Comme la pluie semblait se calmer un peu, il resta sur le seuil de l'écurie à regarder la cour, respirant profondément l'air frais. Il était fatigué et son estomac criait famine, mais il avait encore quelque chose à faire. Il sortit la grosse malle de voyage en cuir du coche, la hissa sur ses larges épaules et traversa la cour sous la pluie.

Il monta la malle dans sa chambre. Une fois redescendu, il sentit l'odeur de la cuisine : Joshua était penché sur l'âtre, une poêle dans la main.

— Je ne sais pas ce que c'est, mais cela sent bon, dit Clay.

Le Noir eut un sourire reconnaissant.

— Du jambon et des œufs avec des croûtons, Colonel. Je verrai ce que je pourrai faire demain, quand je me serai mis au fourneau.

— Nous avons connu pire, et plus d'une fois, dit Clay.

La bouteille d'eau-de-vie qu'il avait achetée chez Cohan's était posée sur la table que Joshua avait dressée pour le dîner. Clay s'en versa une généreuse ration et alla s'asseoir près du feu dans un grognement de plaisir en étendant les jambes.

— C'est le meilleur moment de la journée, Colonel, dit Joshua en grimaçant un sourire. C'est ce que vous disiez toujours, quand on était en campagne.

Clay avala une petite gorgée d'alcool. Une expression de surprise se peignit sur son visage. Il éclata de rire et en but une autre.

— Quelque chose ne va pas, Colonel ? demanda Joshua.

Clay secoua la tête.

— Les choses deviennent de plus en plus mystérieuses, voilà tout. Je suis en train de boire l'un des meilleurs cognacs français qui soit. Seulement voilà : où donc un pauvre tenancier de pub comme Cohan a-t-il bien pu se procurer cela ?

— Je n'en sais trop rien, Colonel, dit Joshua en versant le dîner dans les assiettes. Mais une chose est sûre, l'Irlande n'est pas un pays pour un *gentleman*.

— La Géorgie, c'est mieux, sans doute ? dit Clay dans un sourire narquois tout en prenant place à la table. Je ne crois pas que les Irlandais seraient heureux d'entendre vos commentaires. En fait, si ceux que j'ai vus dans ce pub constituent un échantillon représentatif des habitants de la région, je serais vous, je garderais mes appréciations pour moi. On aurait dit des Texans.

Le Noir frémit et s'assit en face de Clay.

— Il n'y a pas pire que les Texans, Colonel. A moins que le Diable se soit mis à l'œuvre dans deux pays différents en même temps.

Ils dînèrent en silence, tous deux absorbés par leurs assiettes pleines. Après un moment, Clay s'adossa dans un soupir et prit la bouteille de cognac.

— Joshua, j'ai toujours dit qu'en ce qui concernait la cuisine, tu étais capable de miracles.

Joshua prit le compliment comme une juste récompense.

— C'est vrai, Colonel, sauf que c'est votre père qui l'a dit le premier. C'est bien aussi pour cela qu'il continuait à tenir tellement à moi alors que tout fichait le camp, juste avant la guerre, quand votre mère est morte. Il disait toujours qu'il aurait été perdu sans moi.

— Et moi donc, acquiesça Clay.

Joshua sembla juger que cette dernière déclaration ne souffrait pas davantage la contradiction et s'employa à débarrasser la table tandis que Clay retournait se détendre près du feu.

Il buvait son cognac à petites gorgées tout en regardant les flammes, plus fatigué que jamais. Tout doucement, ses yeux se fermèrent et il dodelina de la tête. Puis il prit une profonde inspiration et se força à se mettre debout en bâillant.

— Cela a été une longue journée. Je crois que je vais aller me coucher de bonne heure. Nous aurons beaucoup à faire demain.

— Je vous apporterai votre café comme d'habitude à 7 heures, dit Joshua.

Clay hocha la tête, prit l'une des lampes et monta l'escalier.

Il faisait froid dans la chambre. Il posa la lampe sur la petite table de chevet et ouvrit la fenêtre. La pluie avait cessé et la nuit était parfumée par un vent léger qui balayait les arbres de l'autre côté de la cour. Il respira profondément l'odeur de la terre humide. Puis la fatigue l'accabla à nouveau et il eut toutes les peines du monde à ôter ses vêtements et à se mettre au lit. Il souffla la lampe et l'obscurité bienveillante envahit la pièce.

Il ne se rendit pas compte qu'il se réveillait, mais seulement du fait qu'il était allongé et que la lumière de la lune venait passer ses doigts blancs et translucides par la fenêtre.

Pendant un moment, il resta à regarder le plafond, en se demandant ce qui l'avait éveillé et il fut étonné de ne plus se sentir fatigué. Il tendit la main vers la petite table de chevet et saisit la montre. Il était presque 2 heures, ce qui signifiait qu'il n'avait pas dormi plus de cinq heures. La lumière de la lune s'évanouit. Il rejeta les couvertures et alla à la fenêtre.

C'était une nuit bénie des dieux, avec la terre qui respirait la fraîcheur après la pluie. Il resta à la contempler, frissonnant d'émotion sous la caresse légère du vent qui touchait sa peau nue. C'était une nuit calme et silencieuse que troublaient à peine les aboiements d'un chien dans le lointain. Puis les nuages s'éloignèrent et la lune réapparut, baignant le paysage d'une lumière blanche et crue. Le ciel était d'une incroyable beauté, semé d'étoiles jusqu'à l'horizon où des collines se dressaient comme pour tenter de l'atteindre.

C'est alors qu'il prit conscience d'un bruit, une sorte de roulement de tambour sourd qui lui sembla familier. Il se pencha par la fenêtre et aperçut la silhouette d'un cavalier qui se découpait sur le ciel. Il était sorti des arbres qui bordaient la cour et galopait le long de la vallée au bord de la lande.

Le cavalier arrêta brusquement sa monture qui se cabra. L'espace d'un éclair, l'homme et la monture restèrent totalement immobiles comme une statue. Clay les observait et, soudain, sans vraiment savoir pourquoi, il sentit qu'on l'observait lui aussi. Et tandis qu'il s'écartait vivement de la fenêtre, il entendit éclater un rire enjoué et moqueur puis le cheval qui s'ébrouait et s'élançait, comme si on l'avait talonné, et l'apparition s'évanouit dans la vallée.

Clay s'habilla à la hâte, l'esprit vif et clair. Cela faisait déjà beaucoup trop de mystères depuis son arrivée à Claremont, et il avait bien l'intention de résoudre celui-là. Il descendit l'escalier sans un bruit, ses bottes à la main, et s'arrêta dans la cuisine pour les enfiler. L'instant d'après, il traversait la cour en direction des écuries.

Il ouvrit la porte et la lumière de la lune inonda l'entrée tandis qu'il se dirigeait vers la jument noire à travers l'obscurité. Elle eut un petit hennissement, comme si elle l'avait attendu. Il dénicha une selle et un harnais accrochés non loin. Ils étaient de fabrication anglaise et beaucoup plus légers que ceux auxquels il était habitué, mais il sortit prestement l'animal de sa stalle et le harnacha.

Alors qu'il serrait la sangle, il entendit un bruit de pas derrière lui et fit volte-face. Joshua le regardait d'un air réprobateur.

— Sois damné, tu es pire qu'un hibou, fit Clay.

Joshua soupira.

— Ce que vous faites la nuit ne me regarde pas, Colonel, seulement, avec ce qui s'est déjà passé aujourd'hui, je vous serais très reconnaissant si vous vouliez bien prendre cela avec vous, dit-il en lui tendant le colt Dragon dans son étui suspendu à une ceinture de cuir noir.

Clay la prit et la mit.

— Je ferai tout ce que tu voudras pour avoir la paix. Tu es pire qu'une vieille femme. (Il sauta en selle.) Maintenant, retourne te coucher. C'est un ordre.

Il claqua la langue, la jument franchit la porte de l'écurie et traversa la cour avant même que Joshua n'eût pu répondre.

Une fois qu'il eut atteint le bord de la vallée, Clay regarda autour de lui. Le chien continuait d'aboyer dans le lointain, un bruit qui le fit un peu penser aux chaudes nuits d'été de Géorgie lorsque, enfant, il n'arrivait pas à dormir et ne souhaitait qu'une seule chose : s'enfuir à cheval dans la campagne.

Il poussa la jument au petit galop et, lorsqu'ils furent parvenus sur l'herbe rase, il la lança au galop. Ce fut merveilleux de sentir le vent glacé lui fouetter le visage tandis qu'il se penchait au ras de l'encolure. Ce ne fut qu'au bout de deux bons kilomètres qu'il la freina et la fit s'arrêter près d'un bosquet d'arbres.

Il se pencha et flatta doucement les oreilles de l'animal.

— Ma beauté, dit-il à voix basse, ma petite beauté !

Et la jument secoua la tête en roulant des yeux comme si elle avait compris et apprécié le compliment.

Un cheval hennit non loin et, comme la jument répondait à l'appel, il la fit passer à couvert sous les arbres et sauta à terre. Plusieurs cavaliers apparurent sur une hauteur à une trentaine de mètres de là. Ils s'arrêtèrent et il entendit très clairement l'un d'eux dire :

— C'était un cheval, je vous dis, et ce n'était pas loin d'ici.

Clay posa sa main sur le mufle de la jument et attendit.

Un autre homme éclata de rire.

— Tu es bien nerveux, ce soir, Patrick, crois-moi. Pourquoi s'inquiéter alors que Burke et ses hommes guettent au nord de la propriété des braconniers qui ne se montreront pas ?

Ils poursuivirent leur chemin et Clay attendit qu'ils aient fait presque un kilomètre avant de les suivre à son tour.

Arrivés sur la hauteur, il fut accueilli par un vent violent qui lui fouetta le visage. Il passa sa langue sur ses lèvres et, au goût du sel, il comprit qu'il n'était pas très loin de la mer. La file de chevaux avait disparu et il marqua un temps d'arrêt pour examiner les alentours.

La lande elle-même était brillamment éclairée par la lune, mais l'étroite valleuse qui la traversait était plongée dans l'ombre et il comprit que c'était par là que les autres étaient passés. Il venait de reprendre son chemin lorsqu'il s'arrêta brusquement : il avait entendu le bruit d'une pierre derrière lui. Il pivota sur sa selle, mais il ne vit personne.

Il attendit un peu, mais rien ne bougea. Il haussa les épaules et fit descendre la jument le long de la pente sans faire de bruit pour pénétrer dans la valleuse.

Un chemin bien dessiné s'étendait devant lui et il pressa sa monture au petit galop en scrutant l'obscurité. Dix minutes plus tard, la pente devint plus raide et il s'arrêta. Quelque part plus bas, la mer se fracassait sur des rochers et il entendit des voix.

Il fit remonter sa jument sur le terrain couvert d'herbe rase qui s'étendait le long de la falaise puis il sauta à terre et s'avança précautionneusement.

La baie en forme de croissant était magnifique sous le clair de lune. Un schooner était ancré à une centaine de mètres du rivage, toutes voiles ramenées, son gréement se découpant comme une dentelle noire sur la nuit. Il se jeta à plat ventre et observa la scène par-dessus le rebord de la falaise qui tombait à pic sur la plage en dessous. La valleuse était apparemment le seul moyen d'y accéder.

Les chevaux attendaient au bord de l'eau et plusieurs hommes déchargeaient un canot avec des gestes qui trahissaient l'habitude. Ils semblaient s'amuser et deux d'entre eux chahutèrent en traversant les vagues pour atteindre le canot. Il entendit un rire clair qui s'éleva dans la nuit.

— En tout cas, nous savons maintenant comment Cohan se procure son si bon cognac, pensa Clay. C'est à ce moment-là que le bord de la falaise s'effrita sous son poids.

Une pluie de pierres et de terre dévala de la falaise sur la plage et les hommes qui s'affairaient autour du bateau se retournèrent et regardèrent dans sa direction. Un sifflement aigu traversa la nuit et, alors qu'il sautait sur ses pieds et s'enfuyait, quelqu'un tira un coup de feu et une balle déchira l'air.

De toute évidence, l'opération n'était pas menée aussi légèrement qu'il ne l'avait cru, car, alors qu'il enfourchait sa jument, trois cavaliers apparurent en haut de la valleuse et se dirigèrent au galop dans sa direction.

Il laissa la bride sur le cou de sa monture, qui réagit aussitôt. Alors qu'ils arrivaient près de la lande, il se pencha sur son encolure et l'encouragea en la cajolant. Il entendait les cris de ses poursuivants et sa monture ralentit à peine son allure en gravissant la colline.

Il se trouvait maintenant sur un terrain qu'il ne connaissait pas et, en voyant la lande s'élever de chaque côté de lui, il s'aperçut qu'il venait de pénétrer dans une étroite vallée. Il jeta un coup d'œil par-dessus son épaule et vit que le premier cavalier était à moins de cinquante mètres derrière lui. Il pressa sa monture et la laissa se diriger à sa guise parmi les gros cailloux qui parsemaient le terrain.

Un instant plus tard, il pila net dans un juron : il venait d'arriver dans un cul-de-sac et devant lui se dressait une muraille de roc, surmontée d'un buisson d'épines rabougri, qui s'élevait à une quinzaine de mètres dans l'obscurité. De chaque côté, les parois de la valleuse étaient aussi abruptes que les pentes d'un toit.

Il ne craignait pas l'arrivée du premier de ses poursuivants. Il était simplement ennuyé d'être contraint à la violence. Il sortit son colt Dragon qui étincela dans le clair de lune et attendit, comme il avait tant de fois attendu par le passé, sans la moindre peur, maintenant que l'instant fatidique approchait.

Un rire joyeux et moqueur qui lui était devenu en quelque sorte familier éclata en haut de la falaise et il se tourna sur sa selle, le bras tendu, prêt à tirer. Le cavalier qu'il avait aperçu de la fenêtre de sa chambre une heure à peine plus tôt était apparu près du buisson d'épines.

— Laissez la jument s'essayer sur la pente, si vous voulez sauver votre peau, Colonel, s'écria une voix claire. Elle en est capable, je vous l'assure.

Clay n'hésita pas un instant. Ses poursuivants étaient presque sur lui. Il tira un coup en l'air pour les retarder et pressa la jument vers la paroi de la valleuse.

Elle réagit à merveille. Il se coucha sur son encolure pour placer tout son poids vers l'avant. A quelques mètres du bord de la valleuse, elle commença à glisser sur l'herbe humide. Il sauta à terre, s'empara des rênes et se hissa au sommet en la tirant derrière lui. Un instant plus tard, ils étaient en haut.

— Par ici, Colonel, cria le cavalier en faisant demi-tour. Clay sauta en selle et le suivit au galop, sans prêter attention aux cris de rage qui lui parvenaient d'en bas. Ses poursuivants s'apercevaient qu'il leur échappait.

La lande s'étendait devant eux sous la lumière de la lune en pente douce jusqu'aux collines et la jument la traversa dans un train d'enfer. Clay regarda par-dessus son épaule et vit les trois autres cavaliers apparaître sur une crête au loin. Il éprouvait une familière sensation de creux au ventre et il s'efforça de rattraper son compagnon.

La jument galopait sans effort et, peu à peu, la distance qui séparait les deux cavaliers diminua jusqu'au moment où les deux chevaux furent presque flanc contre flanc. Son allié inconnu portait une vieille veste de tweed et un chapeau à larges revers baissé sur les yeux. Clay surprit un regard de côté et entendit un rire alors qu'ils plongeaient dans un large vallon boisé pour suivre une piste sablonneuse.

Le cavalier zigzaguait entre les arbres et Clay le suivait en se contorsionnant sur sa selle et en faisant des écarts, sans pouvoir éviter des branches trempées qui le fouettaient au passage. Ils finirent par arriver dans une vaste prairie, sautèrent ensemble une clôture basse et atterrirent dans une éclaboussure de boue de l'autre côté avant de s'arrêter auprès d'un pavillon de chasse en ruines.

Clay mit pied à terre et resta à côté de sa monture qu'il flatta d'une main caressante.

— Je suis votre obligé, monsieur, dit-il.

L'autre leva la main et lui fit signe de garder le silence. On entendait le bruit de sabots qui martelaient le sol et approchaient rapidement. Ils passèrent non loin, puis le silence retomba.

Le cavalier était resté immobile sur sa selle, la tête penchée en avant, tendant l'oreille tandis que le galop des chevaux s'évanouissait dans la nuit. Puis il se tourna vers Clay et éclata d'un rire joyeux.

— Les pauvres sots, ils vont courir pendant des kilomètres avant de s'apercevoir que nous ne sommes peut-être pas devant eux, en fin de compte.

La voix était claire et douce comme le tintement d'une cloche de bateau qui résonne sur les eaux. Clay fronça les sourcils et s'avança d'un pas. Au même moment, son sauveteur inconnu se découvrit d'un geste cérémonieux et laissa un flot de cheveux noirs retenus par un ruban couler jusqu'à ses épaules.

— Que je sois damné, murmura Clay.

Le visage qui lui souriait avec espièglerie sous le clair de lune était celui d'une jeune fille d'à peine plus de dix-huit ans. Elle était petite et frêle et la veste d'homme qu'elle portait était trop grande pour elle. Elle avait des yeux trop grands et trop éloignés pour correspondre aux canons de la beauté et un nez retroussé qui surmontait une bouche aux lèvres généreuses. Il émanait d'elle un charme irrésistible, immédiat et ensorceleur.

— Mais qui êtes-vous donc ? demanda-t-il. Diane Chasseresse ou la Reine de la Nuit ?

Elle renversa la tête en arrière et rit tandis que la lune illuminait son visage juvénile.

— On m'avait dit que les *gentlemen* du Sud étaient renommés pour leur tempérament chevaleresque, Colonel, mais voilà que vous dépassez toutes mes attentes.

Soucieux de ne pas la décevoir, il ôta ironiquement son chapeau et s'inclina solennellement.

— Colonel Clay Fitzgerald. Vous avez sur moi, madame, l'avantage de savoir à qui vous parlez.

— Oh, non, Colonel, je vous en prie, fit-elle. Je préfère nettement rester Diane Chasseresse ou la Reine de la Nuit pendant quelque temps. Les femmes sont incurablement romantiques.

Alors qu'il remettait son chapeau, elle éperonna son cheval qui bondit dans la prairie, sauta par-dessus la clôture et plongea dans l'ombre des arbres. L'écho d'un rire argentin flotta un instant derrière elle et, alors qu'il enfourchait à nouveau la jument, il comprit qu'il était déjà trop tard.

Il atteignit la piste juste à temps pour voir se découper sa silhouette au haut d'une crête avant qu'elle ne disparaisse pour de bon.

Lorsqu'il arriva sur place à son tour, il ne restait plus trace d'elle. Il sortit un mince cigare de sa poche et l'alluma soigneusement en protégeant la flamme de la brise qui soufflait de la mer. Il fronçait les sourcils en se demandant qui elle pouvait être, lorsqu'un sourire vint illuminer son visage. Si on pouvait en juger d'après son petit numéro de cette nuit, elle ne le laisserait guère longtemps dans l'incertitude.

Il retourna au petit galop sur Claremont en savourant son petit cigare et le calme de la nuit. Une fois qu'il eut atteint la crête qui donnait sur la maison, il marqua un temps d'arrêt et contempla dans le lointain les montagnes du Connemara. C'était un spectacle d'une beauté à couper le souffle et le clair de la lune qui nimbait la mer d'une lumière argentée le laissa émerveillé.

Il avait commis l'erreur de venir en Irlande pour y chercher la paix, mais, cependant, il était déjà heureux d'avoir fait le voyage. La pensée du lendemain le remplit d'un sentiment d'enthousiasme diffus et impatient et, alors qu'il descendait vers la maison, un sourire flottait sur ses lèvres.

3

Le lendemain matin, le temps était gris et il bruinait lorsque Clay quitta la cour sur son cheval pour reprendre le chemin qui menait à la lande à travers les arbres.

Dans l'une de ses fontes militaires, il transportait le paquet qu'on lui avait demandé d'apporter à Shaun Rogan et, tandis qu'il avançait, la tête baissée sous la pluie, il se demandait vaguement ce qu'il contenait.

Il ne savait pas grand-chose de l'homme qui le lui avait confié. Il avait rencontré ce O'Hara par hasard à une réception chez quelqu'un, à New York et, au cours de la conversation, il avait parlé de son voyage à Galway. Plus tard dans la soirée, l'homme lui avait demandé s'il pouvait emporter un paquet et Clay avait accepté, pensant que les choses en resteraient là. Mais quand il s'était embarqué le lendemain, le paquet l'attendait dans sa cabine, accompagné d'un petit billet courtois qui le remerciait par avance du service qu'il rendait.

Sur le moment, il s'était plus ou moins douté qu'O'Hara se servait de lui et que le paquet contenait quelque chose qui sortait de l'ordinaire. D'après ce qu'il avait pu voir jusqu'ici de la famille Rogan, il était désormais presque convaincu que son contenu était de nature douteuse.

Il chassa cette préoccupation de son esprit et regarda alentour. Les montagnes étaient enveloppées de brume et on n'y voyait guère, mais tout exhalait une fraîcheur qui réjouissait le cœur. L'air était enivrant comme du vin nouveau. Il se mit à siffloter doucement entre les dents et, comme la pluie redoublait d'ardeur, il pressa sa monture au petit galop.

Comme l'avait annoncé Kevin Rogan, le chemin traversait la lande sur cinq ou six kilomètres avant de plonger soudainement dans un large vallon. En dessous de lui, blottie auprès d'un bosquet de vieux hêtres se dressait une vieille ferme.

La ferme semblait prospère et en bon état, avec ses clôtures bien entretenues qui entouraient l'enclos des chevaux. Alors qu'il approchait, une femme apparut sur le porche, un seau dans chaque main. Elle s'arrêta et regarda dans sa direction, puis elle posa ses seaux et mit une main au-dessus de ses yeux.

Elle était grande et décharnée et son visage creusé des rides de toute une vie de travail. Les cheveux qui dépassaient du châle qui lui couvrait la tête étaient d'un gris métallique. Elle le regarda fixement de ses yeux d'un bleu fané sans expression et Clay toucha le rebord de son chapeau.

— Mrs Rogan ? (Elle hocha la tête.) Je m'appelle Fitzgerald. Votre mari est-il là ?

Elle secoua la tête et répondit d'une voix peu aimable :

— Il est sorti pour la journée.

— Puis-je vous demander vers quelle heure vous pensez le voir revenir ? demanda Clay.

— Il revient et il repart, fit-elle en reprenant ses seaux. Vous perdrez votre temps si vous l'attendez.

Et sans ajouter un mot de plus, elle tourna les talons et traversa la cour en direction de l'étable.

Clay la regarda disparaître à l'intérieur en fronçant légèrement les sourcils. C'est alors qu'il entendit une voix derrière lui.

— Ne faites pas attention à ma mère. Elle n'aime pas les étrangers.

L'homme qui avait parlé sortait de l'écurie en s'essuyant les mains sur un chiffon. Il avait un regard calme et un visage mince surmonté de cette houppe de cheveux désormais familière.

Clay fit avancer son cheval vers lui et sourit.

— J'ai déjà été présenté à Dennis, Marteen et Kevin, et dans cet ordre. Mais vous, qui êtes-vous ?

— Moi, c'est Cathal, Colonel, dit l'autre en souriant. Le moins turbulent de la famille. Kevin a dit que vous passeriez aujourd'hui.

— Votre père n'est pas là, si j'ai bien compris ?

— Affaires urgentes à Galway, dit Cathal en hochant la tête. Lui et mes frères ne seront pas rentrés avant la nuit.

Clay se pencha en avant et regarda à l'intérieur des écuries. Il y avait au moins une trentaine de chevaux parqués dans leurs stalles.

— Vous avez de belles bêtes, dites-moi, fit-il avec un sifflement admiratif.

— Le contraire serait dommage, Colonel. C'est nous qui les élevons. (Cathal passa une main habituée sur le mufle de la jument et lui parla doucement.) Mais aucune de nos bêtes ne vaut votre Pegeen.

Clay haussa les sourcils de surprise.

— Vous connaissez ma jument ?

Cathal eut un petit sourire.

— C'était la consolation des vieux jours de votre oncle. S'il se trouve une meilleure bête d'ici à Dublin, qu'on me l'amène. Miss Joanna s'en est bien occupée.

Clay résista à la tentation de poser l'inévitable question et il y eut un petit silence. Comme Cathal Rogan ne semblait pas disposé à poursuivre, Clay sourit.

— Eh bien, je vais repartir. Dites à votre père que je repasserai demain.

Il fit faire demi-tour à Pegeen tandis que Cathal demandait :

— D'après ce qu'a dit Kevin, vous aviez un paquet pour nous ?

— Pour votre père, dit Clay par-dessus son épaule. Et je préfère le lui remettre personnellement.

Il franchit la barrière au petit galop et remonta jusqu'en haut du vallon. Une fois arrivé sur la crête, il s'arrêta et regarda la ferme. Pour le coup, les Rogan étaient un clan bien peu hospitalier et les étrangers n'étaient vraiment pas les bienvenus chez eux. Et cela, Cathal et sa mère le lui avaient bien fait comprendre.

Alors qu'il se retournait pour s'en aller, il vit bouger quelque chose dans les arbres derrière la ferme. Il se pencha en avant et guetta. L'instant d'après, une demi-douzaine de cavaliers sortirent du bosquet de hêtres et entrèrent dans la cour au galop.

La femme sortit de l'étable en portant ses seaux et l'un des hommes sauta à terre et s'approcha d'elle. Ils restèrent à parler et Clay la vit secouer la tête avec véhémence. C'est alors que l'homme la poussa en arrière et qu'elle vacilla avant de lâcher ses seaux et de tomber sur les pavés tandis que le lait se répandait par terre.

Clay se demandait où avait bien pu passer Cathal Rogan lorsqu'il le vit sortir par l'autre porte de l'étable et entrer dans la maison par-derrière. Alors que la femme se relevait, il apparut sur le seuil, un fusil à la main. Il l'avait déjà épaulé lorsque l'un des autres hommes bondit avec son cheval au haut des marches, l'accula contre le mur et lui arracha le fusil.

Clay n'hésita pas un instant. Il fit descendre à Pegeen la pente herbeuse du vallon qui menait à la ferme, sans prendre la peine d'emprunter le chemin, arqué sur sa selle. Ils arrivèrent sains et saufs en bas et Pegeen se hissa sur le chemin et rejoignit au galop l'enclos à chevaux puis la cour.

L'un des cavaliers était encore en selle, mais les autres avaient mis pied à terre. Cathal Rogan était toujours acculé au mur et quatre hommes étaient sur lui tandis qu'un autre allait faire sortir les chevaux de l'écurie. Cathal se défendit désespérément, mais il se retrouva rapidement au sol sous un déluge de coups.

L'un des hommes lui décocha un violent coup de pied dans les côtes et Mrs Rogan hurla en se précipitant sur lui et en s'accrochant à son manteau.

C'est à ce moment précis qu'arriva Clay. Il jeta Pegeen au beau milieu de la mêlée, éparpillant les combattants de chaque côté et donna un coup de botte à l'agresseur en plein visage. L'homme poussa un cri et alla cogner contre le mur avant de s'affaisser sans bruit sur le sol.

Pegeen, qui s'était cabrée et dansait élégamment sur ses arrières, se retourna brusquement pour faire face au cavalier qui fonçait sur eux en jurant. C'est ainsi que Clay se retrouva nez à nez avec le régisseur de Sir George Hamilton.

Le visage de Burke était empourpré de colère et ses yeux lançaient des étincelles.

— Par Dieu, Colonel, vous dépassez les bornes ! cria-t-il. Restez en dehors de ce qui ne vous regarde pas. Nous sommes ici pour régler des affaires de Sir George Hamilton.

— Eh bien, figurez-vous que je viens de décider que cela me regardait, répondit Clay. Votre maître vous donne-t-il habituellement comme instructions d'agresser les vieilles dames et de vous conduire comme des crapules ?

L'un des hommes tendit la main vers le fusil de Cathal, qui gisait au bas des marches. Clay surprit sa tentative du coin de l'œil, plongea sa main dans son manteau et sortit son colt Dragon. Il tira presque dans le même mouvement et la balle ricocha sur les pavés au pied de l'homme, qui poussa un cri et sauta vivement en arrière.

Le visage de Clay était resté impassible. Il garda négligemment son arme à la main.

— Tout d'abord, je crois que nous allons faire rentrer les chevaux dans les écuries, Mr Burke. Et ensuite, nous partirons sans faire d'histoires. (Il désigna l'homme effondré, inconscient, au bas du mur.) Je crois que j'ai dû lui briser la mâchoire. Vous verrez ce qu'il en est demain, et, si c'est le cas, envoyez-le moi, je m'occuperai de le soigner.

Le visage convulsé de haine, Burke lui lança un regard noir. Clay le soutint sans broncher jusqu'à ce que l'autre se secoue et donne les ordres nécessaires.

Les hommes rassemblèrent rapidement les quelques chevaux qu'ils avaient fait sortir et les ramenèrent aux écuries. Ensuite, deux d'entre eux hissèrent leur compagnon encore inconscient en travers d'un cheval et l'attachèrent avec une corde.

Mrs Rogan s'était agenouillée auprès de Cathal. Au bout d'un moment, il la repoussa et se remit péniblement sur pied. Il avait le visage couvert de marques et de bleus et une dent cassée, mais il parvint à sourire lorsqu'il leva les yeux vers Clay.

— Nous vous sommes obligés, Colonel. Vous vous rendrez compte bien vite que les Rogan n'oublient jamais leurs amis — ni leurs ennemis, ajouta-t-il en se tournant vers Burke.

— Je vais escorter ces messieurs jusqu'aux limites de votre domaine, dit Clay. Je crois pouvoir vous promettre qu'ils ne reviendront pas.

Cathal sembla pris d'un malaise. Il vacilla légèrement et sa mère s'élança pour le soutenir. Ils gravirent tous deux les marches qui menaient à la maison et Clay se tourna vers Burke. Sans un mot, ce dernier quitta la cour et ses hommes lui emboîtèrent le pas.

Clay ferma la marche et ils s'éloignèrent. Alors que Clay rengainait son colt, Burke lui lança d'un ton venimeux :

— Je n'oublierai jamais cela, Colonel.

— Moi non plus, répliqua simplement Clay.

Burke continua de soutenir son regard, puis il fit faire brusquement volte-face à son cheval et rejoignit ses hommes au galop.

Alors que Clay les regardait disparaître par-dessus une crête dans le lointain, il entendit une voix familière.

— Voilà un bien redoutable ennemi, Colonel Fitzgerald.

Cette fois, elle était vêtue d'une façon moins fantaisiste : elle portait une redingote de cheval bleue et un tricorne orné d'une petite plume blanche qui pendait, alourdie par la pluie.

Il sourit et éperonna Pegeen pour la retrouver alors qu'elle sortait du bosquet.

— Je ne savais pas que la Reine de la Nuit sortait aussi le jour. Vous connaissez bien Burke, dites-moi ?

— Je ne pourrais pas faire autrement : c'est le régisseur de mon oncle, dit-elle en lui tendant la main comme un jeune garçon. (Bien que surprenantes, ces manières allaient bien avec son allure.) Je m'appelle Joanna Hamilton, Colonel Fitzgerald. Votre oncle et moi étions de grands amis.

— Je n'en doute pas, répondit-il en retenant doucement sa main sans qu'elle résiste. Il semblerait que je doive vous remercier de plusieurs choses, Miss Hamilton. De cet accueil chaleureux dont j'ai bénéficié à mon arrivée après une longue route ainsi que des soins que vous avez prodigués à l'une des plus belles bêtes que j'aie jamais eu la chance de posséder. Sans parler de la fois où vous m'avez sauvé la vie.

Elle éclata d'un rire enjoué en secouant la tête.

— Je n'ai aucun mérite pour cela, Colonel. Je suis arrivée en haut de la valleuse vingt minutes plus tôt, le temps de vous voir entrer en action. En outre, je crois savoir que vous aviez fait votre petit effet chez Cohan un peu plus tôt dans la soirée. Je comprends maintenant pourquoi il a fallu quatre ans aux Yankees pour vaincre les Sudistes.

— On exagère toujours, ne l'oubliez pas, répondit Clay en haussant modestement les épaules.

— Mon oncle a malheureusement un point de vue différent, dit-elle en secouant la tête.

— Je crains de ne pas vous suivre, dit-il.

— C'est pourtant très simple, répondit-elle. Avant tout, c'est un magistrat. Et d'autre part, il n'aime pas les Rogan. Burke lui a raconté ce matin que c'étaient deux fils Rogan qui avaient attaqué votre voiture sur la route de Galway hier.

— Une incartade de jeunesse, rien de plus. C'est oublié, dit Clay. Je ne parviens pas à voir en quoi cela peut concerner votre oncle.

— Cela lui a donné un excellent prétexte pour envoyer Burke et ses hommes à Hidden Valley. Ils avaient pour mission de ramener le Grand Shaun Rogan avec eux. Mon oncle veut le faire traduire en justice.

— Et comme ils ne l'ont pas trouvé, ils se sont naturellement rattrapés en attaquant sa femme et l'un de ses fils, dit Clay. Votre oncle apprécie-t-il les méthodes de Burke ?

— Il les encourage, dit-elle d'un ton résigné. Je crains bien qu'il ne place les Irlandais dans la même catégorie que les Noirs, les deux races étant naturellement inférieures à la sienne, ainsi que l'a voulu Dieu.

— Sir George doit à n'en pas douter être un homme d'une intelligence pénétrante, observa Clay. Puis-je vous demander si vous partagez ses opinions ?

— Comme ma grand-mère maternelle était une Indienne, née et élevée à Calcutta, vous comprendrez que je souffre d'un handicap, lui dit-elle.

Ils menèrent leurs chevaux le long du chemin en les laissant aller à leur guise et Clay la regarda à la dérobée. On voyait bien qu'elle était de sang mêlé à cause de ses grands yeux en amande et de cette peau claire si typique des femmes eurasiennes.

Elle se tourna vers lui et, surprenant son regard, elle rougit. Pendant un bref instant, il sembla que son assurance l'avait abandonnée et qu'elle était devenue une charmante jeune fille de dix-huit ans un peu garçonne. Puis elle eut un timide sourire : ce fut comme si une lampe s'était allumée en elle et, comme une révélation, il comprit qu'elle était la plus belle chose qu'il ait jamais contemplée de sa vie.

Dans ses yeux se lisait quelque chose de craintif et virginal qui le remplit d'une tendresse inconnue et inexplicable. Il s'approcha et étreignit sa main pour la rassurer. Son sourire s'agrandit et illumina son visage et la crainte la quitta. Elle semblait à nouveau tout à fait sûre d'elle.

A ce moment-là, la pluie redoubla comme une averse de mousson et elle éperonna sa monture avec un rire léger. Clay laissa aller Pegeen et se lança à sa poursuite. La jeune fille quitta le chemin et s'engagea dans une petite vallée boisée au-delà de laquelle il vit scintiller des vaguelettes.

Elle s'arrêta à l'abri d'un énorme hêtre dont les racines s'étendaient jusqu'au bord d'une petite mare et, tandis qu'il mettait pied à terre, elle se laissa glisser au sol.

Elle rejeta une mèche de ses cheveux noirs trempés qui lui collait au front.

— Nous serons à l'abri ici le temps que la pluie se calme, dit-elle.

Clay prit un petit cigare et l'alluma pendant qu'elle jetait des brindilles dans l'eau d'un air pensif. Un canard passa sur la mare et, comme elle claquait des doigts, il s'approcha d'elle dans l'espoir qu'elle lui donne à manger.

Une faible brise provenant de l'autre côté apportait avec elle l'odeur humide de feuilles pourries.

— Oh ! cette odeur, dit-elle en tournant vers lui un visage

transfiguré de passion. Cette odeur, elle ne vous rend pas heureux d'être vivant ?

— C'est ma saison favorite, l'automne, acquiesça-t-il. Mais elle a toujours un petit quelque chose de triste, cependant. De vieux rêves nostalgiques qui flottent et s'attardent comme la fumée dans l'air avant de disparaître pour toujours.

Il ne parvenait pas à dissimuler son amertume tandis qu'il repensait à son propre rêve, pareil à ceux de milliers de ses semblables, qui s'était terminé à Appomatox cinq mois plus tôt.

Elle posa une main sur son bras et dit doucement :

— Pardonnez-moi, j'oubliais ce que cette année a été pour vous.

Il réussit à sourire faiblement.

— Je pensais que cela m'avait enfin apporté la paix, mais je n'en ai guère trouvé depuis Galway. Dites-moi, que faisiez-vous aussi près de la maison des Rogan ? Ce n'est guère un temps pour se promener à cheval.

— J'avais dans l'esprit de venir à Claremont vous rendre visite, dit-elle. Il y a un enfant malade au village, un petit garçon. Je pensais que vous accepteriez de le voir. Nous n'avons pas de docteur d'ici à Galway.

— Dites-moi, vous aviez choisi de faire un détour, pour aller à Claremont.

— L'une des servantes a surpris mon oncle en train de donner ses consignes à Burke, sourit-elle. Je suis venue les avertir. Ce sont des amis, de très bons amis.

D'un geste brusque et presque enfantin, elle leva la main et passa doucement son doigt le long de la cicatrice de la joue de Clay.

— Comment vous êtes-vous fait cela ?

— C'était il y a longtemps, il y a des milliers d'années, à la bataille de Pittsburgh.

Une ombre passa fugitivement sur le front de la jeune fille.

— Ah oui, j'avais oublié que les deux camps utilisaient des noms différents pour les batailles. Les Yankees l'appellent Shiloh, n'est-ce pas ?

Décidément, elle était pleine de surprises, pensa-t-il.

— Vous semblez bien connaître ces questions.

— Ce serait dommage, dit-elle. Lorsqu'il était paru à Londres, j'avais commandé un exemplaire du journal qu'a rédigé Fremont lors de sa visite à l'armée confédérée.

— Il avait certainement dû voir du pays en trois mois, dit Clay. Mais il est parti à l'été 1863, juste après Gettysburg.

— J'avais l'habitude de lire les lettres des États du Sud que publiait Mr Lawley dans le *Times*, poursuivit-elle. Et puis votre oncle s'est mis à me donner des nouvelles de la guerre d'après les lettres qu'il recevait de votre père. Malheureusement, elles n'étaient guère nombreuses et je n'ai pu apprendre que quelques-uns de vos exploits. J'espère que vous me raconterez ce que j'ai manqué.

— Peut-être dit-il en riant, mais ce sera pour plus tard. Pour l'instant, c'est moi qui m'intéresse à vous.

— Il n'y a pas grand-chose à dire, fit-elle en haussant les épaules. Mon père était capitaine d'un régiment de cipayes. Il est né à Madras, mais, lorsque la Révolte s'est déclarée, nous habitions à Lucknow, où mon père était en poste. Nous avons trouvé refuge à la Résidence. Il a été tué durant le siège de la ville et mère est morte deux mois plus tard.

— N'aviez-vous pas d'autre famille ?

— Mon oncle est mon tuteur légal, dit-elle. Je n'ai pas été laissée sans le sou, aussi ne suis-je pas une charge financière pour lui. Cependant, eu égard à mes origines et à ma grand-mère, il me traite avec le plus grand respect et une courtoisie un peu glaciale. La plupart du temps, il fait tout ce qu'il peut pour se persuader que je ne suis pas là.

— Et Burke ? demanda Clay.

Elle se rembrunit et une expression de dégoût se peignit sur son visage.

— La santé de mon oncle n'est plus très bonne. Il passe la majeure partie de son temps dans sa serre avec ses fleurs et il laisse l'administration de la propriété à Burke.

— Vous ne semblez avoir guère de tendresse pour lui, dit Clay.

— Je le hais. Il est né et il a grandi sur nos terres et il est absolument sans pitié. Il s'est mis en tête de réussir et il a déjà trahi les siens pour y parvenir. C'est l'homme le plus détesté et le plus craint de la région.

— Les hommes qui l'accompagnaient ce matin avaient pour le moins une allure bien peu recommandable, dit Clay.

— Des Écossais des plaines, importés ici tout spécialement pour accomplir les basses besognes de mon oncle.

— Que pense-t-il des méthodes de Burke ?

— Je vous l'ai dit, Colonel, peu lui importent les méthodes.

Seuls les résultats l'intéressent, dit Joanna Hamilton d'un ton désabusé. (Elle leva les yeux vers le ciel qui s'était légèrement éclairci.) Je crois que nous devrions nous mettre en route. La pluie semble s'être calmée.

Clay l'aida à monter en selle et, alors qu'il reculait, elle éperonna son cheval et cria :

— Voyons qui ira le plus vite !

Il sauta sur Pegeen et la suivit à travers les arbres jusqu'au chemin. Une fois qu'ils furent arrivés à découvert sur la lande, elle le devançait déjà d'une quarantaine de mètres et il se coucha sur l'encolure de Pegeen pour presser l'allure. Peu à peu, il se rapprocha d'elle et ils finirent par galoper flanc à flanc. Elle se tourna vers lui et lui décocha un sourire éblouissant qui le transporta absurdement de bonheur.

Il laissa aller Pegeen, plongea dans le bois qui était derrière Claremont et arriva dans la cour. Lorsque Joanna y parvint à son tour, il avait déjà mis pied à terre et l'attendait.

Elle éclata d'un rire insouciant et s'écria d'un ton de colère feinte :

— C'était une lutte inégale, monsieur : vous montiez la meilleure bête du pays.

Avec un sourire, il l'aida à descendre de cheval.

— La meilleure bête et la plus belle jeune femme du pays. Qu'est-ce qu'un homme pourrait demander de plus ?

Son visage s'empourpra pour la seconde fois de la journée et elle ne trouva rien à répondre. Clay se tourna vers Joshua qui était apparu sur le seuil.

— Joshua, je te présente Miss Hamilton. C'est à ses bons offices que nous devons le merveilleux accueil que nous avons eu ici la nuit dernière.

Joanna Hamilton tendit sa main avec une élégance naturelle et Joshua eut un sourire reconnaissant.

— Très heureux de vous connaître, madame. (Il se tourna vers Clay.) J'ai préparé du café si vous et Miss Hamilton souhaitez en prendre, Colonel.

Clay lança un regard interrogateur à Joanna qui acquiesça. Ils entrèrent dans la maison.

— L'un des hommes de Sir George Hamilton a apporté une lettre pour vous il y a une heure, Colonel. Je l'ai posée sur la table.

Clay s'excusa et ouvrit l'enveloppe pendant que Joshua servait le café. Puis il leva les yeux et sourit.

— Votre oncle donne une petite réception ce soir pour me souhaiter la bienvenue dans la région. Etiez-vous au courant ?

Elle prit une gorgée de café et hocha doucement la tête.

— Bien entendu. Cela fait deux jours que je m'occupe des préparatifs. Il s'en remet toujours à moi pour ce genre de choses. Je me flatte de ne lui avoir encore jamais fait faux bond. Et une invitation chez les Hamilton, cela ne se refuse jamais.

— Je vois, dit pensivement Clay. Et combien d'invités sont attendus ?

— Entre cinquante et soixante, selon le temps et l'état des routes. Viendrez-vous ?

— Puisque vous y serez, comment pourrais-je refuser ? répondit-il d'un ton solennel.

Ils se regardèrent dans les yeux pendant un instant, puis elle sourit et prit ses gants.

— Ne m'en veuillez pas, mais nous devrions nous en aller, maintenant. J'ai beaucoup de choses à faire à la maison et cette affaire au village risque de nous prendre une bonne heure.

Il la pria d'attendre pendant qu'il allait chercher son sac. Lorsqu'il fut redescendu, elle était déjà en selle et l'attendait, tandis que Joshua tenait Pegeen.

— Je ne pense pas qu'il me faudra plus d'une heure et demie, dit-il au Noir en sautant en selle.

Joshua hocha la tête et rentra tandis que Clay et la jeune fille contournaient la maison et s'en allaient par le chemin qui rejoignait la grand-route.

Il pleuvait à verse lorsqu'ils arrivèrent à Drumore et il trouva qu'il n'avait jamais de sa vie vu spectacle aussi désolant que ce village avec ses rues en terre battue et ses masures délabrées qui s'élevaient au milieu de la boue.

Au milieu de la rue se trouvait un puits où une femme était venue prendre de l'eau. Elle s'appuya un instant sur la margelle comme si elle était épuisée, avant de se pencher pour remplir et retirer le seau.

Clay sauta à terre en poussant une exclamation indignée et se précipita vers elle. Le ventre ballonné, le visage couvert d'affreuses marbrures, elle était enceinte de plusieurs mois.

Il s'empara du seau et lui dit avec douceur :

— Vous ne devriez pas faire ce genre de corvée, vous allez vous faire du mal.

— Et si je le fais pas, moi, qui est-ce qui le fera ? demanda-t-elle en haussant les épaules d'un air résigné.

— Eh bien, moi, je le ferai, répondit Clay. Où habitez-vous ?

Elle désigna du menton l'autre côté de la rue sans mot dire et Clay la précéda et ouvrit la porte. Il se trouva dans une pièce sombre et misérable. Les murs de pierre suintaient d'humidité et la seule chaleur provenait d'un feu de tourbe qui brûlait faiblement dans la vaste cheminée. La vieille femme qui était en train de remuer le contenu d'une grosse marmite ne lui prêta aucune attention. Il fronça le nez de dégoût, posa le seau à terre et ressortit.

Joanna était restée en selle et souriait à la femme.

— Le Colonel Fitzgerald est médecin, Mrs Cooney. Si vous avez besoin de lui quand vous serez sur le point d'accoucher, vous n'avez qu'à envoyer quelqu'un le chercher à Claremont.

La femme se tourna vers Clay d'un air interrogateur et il acquiesça.

— A n'importe quelle heure du jour ou de la nuit, Mrs Cooney. Envoyez-moi un message et je viendrai immédiatement.

Des larmes embuèrent les yeux de la femme. Elle saisit sa main et la porta à son visage puis elle courut jusqu'à la masure et referma la porte derrière elle.

Il avait encore la même expression de dégoût alors qu'il remontait en selle.

— Cette chaumine est à peine moins misérable qu'un chenil, dit-il alors qu'ils se remettaient en route. Comment pourra-t-elle mettre un enfant au monde dans des conditions pareilles ? A qui appartient cet endroit ?

— A mon oncle, répondit Joanna. Il n'y a que les Rogan qui soient propriétaires, dans la région. Et vous, bien entendu.

— Eh bien ! mon Dieu, votre oncle devrait avoir honte, dit Clay. Et je le lui dirai lorsque nous nous verrons.

— Vous parlerez en pure perte, l'avertit-elle. Il ne comprendra pas de quoi vous voulez parler. N'oubliez pas que pour lui, les Irlandais sont à mettre dans la même catégorie que les Noirs.

— Eh bien, je lui dirai que j'ai vu des esclaves mieux traités.

— Mais les esclaves valaient de l'argent, répondit-elle. C'est là que réside toute la différence.

Elle s'arrêta devant l'une des dernières maisons du village et

Clay sauta à terre pour l'aider à descendre. Alors qu'il sortait son sac, la porte de la maison s'ouvrit et un prêtre en sortit.

C'était un petit homme mince et fragile qui devait avoir la soixantaine et dont les cheveux gris ébouriffés retombaient sur le front. Il avait le visage ridé et soucieux, mais les yeux qu'il tourna vers Clay étaient d'un bleu étincelant de piété.

— Je vous présente le Colonel Fitzgerald, dit Joanna. Colonel, voici le Père Costello.

Le prêtre sourit et lui serra la main d'une poigne ferme.

— Votre oncle et moi étions de grands amis, Colonel, et je connaissais votre père, mais c'était il y a des années. Je suis heureux que vous soyez venu.

Il rentra dans la maison, suivi de Clay et Joanna. C'était pratiquement la réplique exacte de l'autre masure, avec ses murs suintants d'humidité, et la pièce était remplie de l'âcre fumée du même feu de tourbe. Des poulets étaient juchés sur les solives et une chèvre attachée à un mur.

Dans un coin se trouvait un grand lit couvert d'une courtepointe dépenaillée et dans un autre gisait une paillasse posée à même le sol. C'était là qu'était allongé l'enfant, sous une couverture douteuse, avec une femme qui le veillait, assise à son chevet sur un petit tabouret.

Le bruit de la respiration de l'enfant était affreusement familier et Clay eut un pincement de cœur en s'agenouillant pour l'examiner. Il avait la peau si pâle qu'elle semblait presque transparente et il était d'une telle maigreur que ses os saillaient et que ses joues étaient effroyablement creuses. Sa chemise était souillée de sang et, lorsque Clay posa sa main sur son front, le pauvre corps frêle fut saisi d'une violente quinte de toux qui le fit cracher du sang.

La femme sanglota derrière lui tandis qu'il essuyait doucement le sang avec un linge. Une fois que le visage de l'enfant fut propre, Clay ouvrit son sac et prit un petit flacon de laudanum. Il demanda qu'on lui donne un verre d'eau et Joanna lui en apporta un.

Clay versa quelques gouttes du liquide dans l'eau, souleva la tête de l'enfant et lui fit boire le contenu du gobelet. Puis il se releva, le visage grave.

— Il devrait dormir profondément pendant plusieurs heures. Combien de fois a-t-il craché du sang ?

— Dieu seul le sait, répondit la femme. Il ne peut pas manger, et la nuit, il est tellement trempé de sueur que son père et moi nous sommes obligés de le prendre dans notre lit pour le réchauffer et qu'il a quand même froid.

Elle fondit en larmes et Clay lui tapota doucement l'épaule.

— Essayez de ne pas trop vous faire de souci. Il dormira tranquillement cette nuit, je vous l'assure. Je reviendrai demain.

Son visage se tordit de désespoir.

— Mais nous ne pouvons pas vous payer. Le Ciel nous vienne en aide, nous n'avons pas d'argent.

Clay secoua la tête.

— Mes services ne vous coûteront pas un sou, dit-il, et avant qu'elle n'eût pu répondre, il se précipita dehors, bouleversé.

Joanna le suivit et demanda, le visage soucieux :

— Pourrez-vous faire quelque chose ?

— C'est l'un des cas de consomption les plus graves que j'aie pu voir jusqu'à présent, dit-il en secouant la tête. Je me demande comment cet enfant a pu survivre jusque-là. Je serais bien étonné s'il pouvait encore tenir vingt-quatre heures. S'il y a en ce monde un peu de miséricorde pour l'humanité souffrante, il ne se réveillera pas, après ce que je lui ai donné.

— C'est la volonté de Dieu, dit doucement le Père Costello.

— Tout dépend de la façon dont on voit les choses, mon Père, dit Clay en sautant en selle. Je préfère penser que ce pauvre enfant n'avait de toute façon aucune chance depuis le jour même où il a été conçu, car il est né dans une porcherie et a été élevé dans des conditions que je trouverais indécentes même pour mon cheval.

Il se tourna vers Joanna, le visage crispé :

— Pardonnez-moi, dit-il, mais je vais devoir vous quitter. J'ai besoin de boire quelque chose, après avoir vu cela. Je vous verrai ce soir.

Sur ces mots, il partit avant qu'elle eût pu répondre et galopa jusqu'au pub Cohan.

Il but un verre, puis un second et, lorsqu'il rentra à Claremont une heure et demie plus tard, le souvenir du visage dévasté de l'enfant s'était temporairement dissipé.

4

La soirée fut douce, mais il régnait une atmosphère oppressante et, tandis que le coche franchissait les grandes grilles de fer et s'engageait rapidement dans l'allée qui conduisait à Drumore House, Clay entendit gronder sourdement le tonnerre.

Il se pencha par la fenêtre et observa la demeure avec attention. C'était une bâtisse de style géorgien finissant, environnée de superbes jardins d'agrément. Les fenêtres brillaient de lumières. Tandis que Joshua arrêtait le coche précisément au bas des marches qui menaient à l'entrée principale, deux valets de pied se précipitèrent et l'un d'eux ouvrit la portière pour laisser descendre Clay.

Il s'arrêta sous le porche pour regarder le parc qui s'étendait jusqu'à la route. Le ciel était d'un jaune d'airain et, au-delà de la masse noire des arbres, la fumée qui sortait de la cheminée des communs montait droit dans l'air. Il eut l'impression d'être revenu dans un autre univers, ce monde de confort et de grâce qui était mort avec la guerre. Il soupira et traversa le grand hall d'entrée.

Un valet prit son chapeau et sa cape et Clay tendit son invitation à un grand majordome aux cheveux grisonnants qui l'examina d'un œil impassible avant de s'incliner.

— Sir George vous attend dans la serre, Colonel Fitzgerald. Si vous voulez bien me suivre.

Clay lui emboîta le pas le long d'un large couloir couvert d'un épais tapis qui conduisait jusqu'à une porte feutrée que le majordome ouvrit. Ils pénétrèrent dans un monde étrange à l'atmosphère suffocante et peuplé de plantes extraordinaires.

De larges feuilles vertes et des vrilles de lianes formaient une arche au-dessus de l'allée et de bizarres fleurs multicolores comme il n'en avait jamais vu proliféraient de toutes parts.

Au centre de la serre se trouvait une sorte de clairière meublée d'une table et de chaises en osier. Un homme en robe de chambre et aux mains gantées de cuir était occupé à tailler une vigne.

— Le Colonel Fitzgerald est arrivé, Sir George, dit le majordome.

— Merci, Hammond. Dites à ma nièce que nous la rejoindrons dans une demi-heure, répondit l'homme d'une voix sèche et précise sans se retourner.

Le majordome se retira et Clay s'assit sur le rebord de la table.

— Je suis certain que vous me pardonnerez, Colonel, commença Sir George, mais je suis absorbé par une tâche bien délicate.

Il poussa alors un soupir de satisfaction et se tourna en retirant ses gants.

C'était un homme d'une soixantaine d'années, de haute taille, émacié, avec des yeux caverneux enfoncés dans un mince visage. Il tendit à Clay une main molle et flasque et eut un bref sourire qui troubla à peine son visage glacial.

— Soyez le bienvenu à Drumore, Colonel. C'est un plaisir de vous recevoir dans ma demeure.

C'était une formule si courtoise que Clay ne put que répondre dans le même registre.

— Je suis certain que vous comprendrez que j'aie décliné votre invitation de la nuit dernière. J'étais en quelque sorte impatient de voir Claremont.

— C'est une chose que je comprends parfaitement, Colonel, répondit Sir George. Voulez-vous vous joindre à moi et partager ce sherry ? (Il se saisit d'une carafe et remplit deux verres avant de poursuivre.) Je crois que mon régisseur et vous vous êtes rencontrés dans des circonstances déplaisantes ce matin. Laissez-moi vous présenter toutes mes excuses. Burke a légèrement tendance à se laisser parfois aller à la violence. Malheureusement, notre situation ici est telle que, dans les conditions actuelles, ces méthodes sont les seules qui semblent efficaces.

— Et quelle est exactement votre situation ? demanda Clay en prenant une gorgée de sherry.

— Mais vous en avez vous-même été victime, lui répondit Sir George. De nos jours, dans quel pays civilisé le banditisme est-il une chose courante et où donc le meurtre, ainsi que toutes sortes de crimes sont-ils le lot quotidien ?

Clay hocha lentement la tête.

— Certes, mais il faut sans doute en rechercher les raisons. Ne faut-il pas mettre tout cela sur le compte de la misère et de la pauvreté de ses gens et de leur désir d'indépendance ?

— L'indépendance est économiquement impossible, dit Sir George en haussant les épaules. Nous avons besoin de la puissance et de la protection de l'Empire. Demandez à n'importe lequel des propriétaires que vous rencontrerez ici ce soir ce qu'il en pense, vous aurez une réponse sensée et honnête. Ils partagent tous mon point de vue.

— J'en ai rencontré qui ne le partageaient pas, répliqua Clay.

— Les Rogan ? demanda Sir George avec un froncement de sourcils. Une famille de fauteurs de troubles et de brutes qui ont très mauvaise réputation dans tout le comté. Les autorités ont tenté de leur passer les fers depuis des années. Si vous voulez mon avis, poursuivez-les pour vous avoir attaqué sur la route de Galway.

— Ce n'était qu'une incartade de gamins, rien de plus, dit Clay en secouant la tête. Tout ce qu'on m'avait volé m'a été rendu et c'est une affaire close.

— Puis-je vous demander pourquoi vous rendiez visite aux Rogan ce matin ?

Par précaution, Clay préféra mentir :

— J'étais simplement sorti me promener. Je suis arrivé dans le vallon au moment précis où vos hommes étaient en train de maltraiter Mrs Rogan et l'un de ses fils. Naturellement, je suis intervenu.

— Mais ces gens sont des sauvages.

Clay protesta mais Sir George leva la main pour lui intimer le silence.

— Permettez-moi de vous conter une anecdote et vous jugerez par vous-même.

Il prit place dans l'un des fauteuils et se versa un autre verre de sherry sans se départir de son calme.

— Il y a quinze ans, nous traversions une période similaire à celle que nous connaissons aujourd'hui. Plusieurs propriétaires avaient été assassinés et personne ne semblait plus en sécurité. Je m'enorgueillissais d'avoir toujours été honnête et bon avec mes fermiers et, à cause de cela, je n'ai pas tenu compte des menaces de mort que l'on m'a écrites à plusieurs reprises.

— D'où provenaient ces lettres ?

Sir George ouvrit un tiroir de la table et lui tendit une feuille de papier pliée.

— En voici un exemple. J'ai trouvé celle-ci clouée sur la porte d'entrée il y a quelques jours.

Le message était bref et clair. En lettres capitales était écrit : *Ton tour viendra bientôt. Attends-moi. Capitaine Swing.*

— Qui est ce Capitaine Swing ? demanda Clay en lui rendant le mot.

Sir George se permit un sourire méprisant.

— Mais ce n'est personne, Colonel. Ils se plaisent à jouer à créer des sociétés secrètes aux noms romantiques. Capitaine Swing, Capitaine Moonlight... Le moindre coquin mal disposé utilise ce genre de nom pour écrire des lettres de menaces à son propriétaire.

— J'imagine que lors de la période troublée dont vous parliez, ces menaces ont été mises à exécution, dit Clay.

— Ma femme et moi étions allés rendre visite à des amis. Idée qui s'est par la suite révélée bien imprudente, nous sommes rentrés tous les deux seuls dans un cabriolet. C'était une belle soirée d'été et, pendant que je conduisais, elle me parlait des arrangements qu'elle comptait faire dans les jardins.

Il sembla éprouver des difficultés à parler et fit une pause. Clay devinait quelle allait être la suite de l'histoire. Sir George vida son verre et le reposa délicatement sur la table.

— L'assassin nous guettait dans un petit bois sur le flanc d'une colline, au-dessus d'un pont, à deux kilomètres de la maison sur la route de Galway. Il n'a tiré qu'une fois, mais la balle qui m'était destinée a tué ma femme sur le coup.

Clay soupira et murmura :

— Et la violence engendre la violence.

— Peut-être, dit Sir George, mais vous comprenez sans doute mon point de vue, Colonel, n'est-ce pas ? L'assassin savait certainement que la balle pouvait tuer ma femme, mais cela ne l'a pas empêché de prendre le risque. Aussi, comment pouvez-vous espérer que j'aie pour ces gens, après ce qu'ils ont commis, autre chose que de la haine ?

— Non, c'est tout à fait naturel, dit Clay, mais peut-être qu'une attitude plus compréhensive de la part des propriétaires permettrait de faire de grands progrès et d'éliminer ce genre de problèmes. Ce matin, je suis allé voir un enfant qui était en train de mourir de consomption. Il vit dans l'une des maisons du village qui vous appartiennent. Je n'ai jamais vu une telle pestilence. Comment voulez-vous que des gens qui vivent dans de telles conditions ne soient pas violents et prêts à transgresser les lois ?

— Mais les critères que l'on peut appliquer en Angleterre ne sont pas de mise ici. Ces gens sont des animaux. (Clay eut une expression incrédule et Sir George poursuivit.) Je vais vous raconter une autre anecdote tout aussi véridique et vous jugerez par vous-même. Il y a deux ans, un jeune Anglais — Lord Craig

— a hérité d'une propriété dans les environs. Lorsqu'il est arrivé pour l'inspecter, il a été dégoûté de voir que les paysans vivaient dans des maisons d'une seule pièce, sans cheminée ni aucune hygiène. Il a dépensé une fortune pour faire construire un village modèle et, après que ses locataires ont emménagé dans les maisons neuves, il a fait démolir les autres.

— Qu'est-il arrivé ensuite ?

— Un mois s'était à peine écoulé qu'une délégation est venue lui demander de faire boucher les cheminées. Ils se plaignaient qu'elles laissaient s'échapper la chaleur. Lorsque Lord Craig est allé visiter les maisons pour se rendre compte par lui-même, il s'est aperçu, à sa grande horreur, que les locataires continuaient à vivre selon leurs anciennes habitudes. Ils partageaient toujours la maison avec le bétail et la volaille et préféraient utiliser un seau dans un coin plutôt que les toilettes qui avaient été aménagées dans les jardins.

— Et qu'a-t-il fait ?

Sir George eut un mince sourire.

— Il m'a vendu la propriété et il est rentré en Angleterre. Peut-être que cette histoire l'a rendu plus triste, mais en tout cas, elle l'a aussi rendu plus sage.

— Mais le progrès ne se fait pas en un seul jour, dit Clay.

— Je vois que seule l'expérience vous fera comprendre, dit Sir George en secouant la tête. Vous verrez bien par vous-même avant trois mois.

— Je ne suis même pas sûr de rester aussi longtemps, répondit Clay.

Sir George leva les sourcils de surprise.

— Vous n'avez donc pas l'intention de vous établir ici ?

— Non, je n'ai entrepris ce voyage que pour des raisons sentimentales et je n'ai pu y résister.

— Dans ce cas, je suis certain que vous n'oublierez pas l'offre que je vous ai faite pour votre domaine. Je crois que vous la trouverez plus que raisonnable.

Avant que Clay eût pu répondre, le visage de Sir George se crispa de douleur. Il mit une main sur sa bouche et se précipita vers un évier de pierre accroché au mur opposé. Lorsqu'il y parvint, il se courba et se convulsa en vomissant abondamment.

Après quoi, il se retourna et essuya sa bouche de son mouchoir.

— Vous voudrez bien m'excuser, Colonel, cela a dû être bien déplaisant pour vous.

— Vous oubliez que je suis médecin, dit Clay en pompant de l'eau pour nettoyer l'évier et remplir un verre d'eau. Buvez cela et dites-moi si ces attaques vous arrivent souvent.

Sir George se rinça la bouche et cracha dans l'évier.

— Allons, Colonel, puisque vous êtes médecin, je suis sûr que vous avez déjà fait votre diagnostic. En ce qui me concerne j'ai déjà appris l'an dernier le verdict de la bouche des meilleurs médecins londoniens. J'ai un cancer à l'estomac et il n'y a rien à faire.

— Je m'en serais douté rien qu'en vous voyant, dit Clay. (Il hésita avant de poursuivre.) Si je peux faire quelque chose, n'hésitez pas à faire appel à moi à n'importe quel moment.

Sir George secoua la tête et répondit d'une voix égale :

— J'ai un très bon praticien à Galway qui me rend visite toutes les deux semaines. Personne ne peut rien faire de plus. Je vous serai reconnaissant de ne pas en parler à ma nièce, bien entendu. Je ne vois pas la nécessité de l'inquiéter inutilement. (Il sourit.) Maintenant, je crois que nous devrions rejoindre mes autres invités. Ils risquent de se demander où je suis passé.

Alors qu'ils sortaient de la serre, Clay, le visage soucieux, réfléchit à ce dont il venait d'être le témoin. Lui qui s'apprêtait à mépriser cet homme, voilà qu'il en était réduit à le prendre en pitié.

Parfois, les surprises de la vie ont de quoi vous rendre perplexe, se dit-il, alors qu'un valet leur ouvrait la porte et qu'ils entraient dans une longue pièce étroite remplie de gens.

Il y eut un léger murmure d'intérêt et les têtes se tournèrent dans leur direction. Il remarqua avec surprise que Burke était également présent, debout tout seul près d'un mur et en tenue de soirée. Sir George le guida à travers la foule en s'arrêtant çà et là pour le présenter. Au bout d'un moment, il s'excusa et le laissa au beau milieu d'un cercle d'admirateurs, des officiers d'une garnison de Galway qui portaient d'extravagants uniformes de hussards.

Quelqu'un lui apporta un verre de champagne et un jeune capitaine du nom de Vale lui dit :

— Je vois que vous avez été blessé, Colonel. Pourtant je croyais que les chirurgiens n'étaient pas considérés par les deux camps comme des combattants.

— Quelqu'un avait dû oublier d'en informer les Yankees, dit Clay. (L'assistance éclata de rire. Une fois que le silence fut revenu, il poursuivit :) La situation a quelque peu changé à mesure que la guerre s'avançait. Les circonstances m'ont contraint à devenir officier. Il fallait que je sois à la fois soldat et chirurgien lorsque c'était nécessaire — et c'était très souvent le cas, ajouta-t-il tristement.

Les autres rirent de plus belle et quelqu'un demanda :

— Nous avions tous l'impression que le Sud allait remporter la victoire, Colonel. A quoi attribuez-vous la défaite, alors ?

Clay haussa évasivement les épaules.

— Les Confédérés étaient voués à l'échec dès le début, dit-il. Il est impossible de se dresser contre l'histoire et le progrès, messieurs. Malheureusement on ne s'en aperçoit généralement qu'après.

— Commandiez-vous un régiment de cavalerie, Colonel ? demanda Vale.

— Le Colonel Fitzgerald commandait deux régiments de la cavalerie de Géorgie et une brigade à Five Forks, mais dix jours après, la Confédération avait cessé d'exister et sa promotion comme commandant de brigade n'a jamais été ratifiée.

Le groupe s'écarta pour laisser passer Joanna Hamilton.

— Vous voyez, je connais bien ma leçon sur la guerre de Sécession, messieurs, dit-elle en souriant et en prenant le bras de Clay. Serez-vous mon cavalier pour m'emmener dîner, Colonel ?

Alors qu'ils se dirigeaient vers la salle à manger, Clay aperçut leur reflet dans le grand miroir à cadre doré qui occupait tout un mur. Joanna était éblouissante, avec sa crinoline de soie blanche et sa taille si bien prise qu'il aurait pu en faire le tour de ses deux mains. Lui-même portait un habit de soirée d'un noir austère mais qui se distinguait des autres par une chemise à jabot comme on en portait habituellement en Géorgie en pareille occasion. Personne ne pouvait lui trouver fière allure, pensa-t-il, mais malgré tout, ils formaient tous les deux un couple très bien assorti. C'est alors qu'il croisa le regard de Joanna dans le miroir. Sa bouche trembla légèrement et elle dissimula son trouble derrière son éventail alors qu'ils pénétraient dans la salle à manger.

Placé entre Joanna et son oncle, il fit honneur au somptueux dîner tout en prêtant l'oreille aux badineries échangées de part et d'autre de la table. Sir George Hamilton mangeait peu, ce qui était compréhensible, et ne se mêlait que de temps à autre à la conversation. A la fin, les dames se retirèrent et l'on apporta le porto.

Clay alluma l'un de ses minces cigares et resta sans rien dire à écouter les conversations. Le principal sujet en était la pénible situation des affaires dans le pays et les différentes solutions envisageables pour y remédier.

La plupart des propriétaires présents semblaient partisans d'une plus grande sévérité envers les paysans, du renforcement des garnisons locales et de la promulgation de la loi martiale.

Un convive alla même jusqu'à proposer qu'un homme sur dix soit arrêté dans chaque village et retenu en otage comme garant du comportement docile de ses concitoyens. Les malheureux désignés ainsi par le sort risquaient apparemment la pendaison au cas où d'autres forfaits seraient perpétrés dans leur village.

Clay s'était dit que l'homme qui avait avancé cette idée devait parler légèrement, jusqu'à ce qu'il entende un murmure approbateur dans l'assistance et que quelqu'un renchérisse :

— Que l'on fasse pendre l'un de ces porcs à chaque arbre de la route d'ici à Galway. C'est le seul moyen de les soigner. Si seulement je pouvais tenir le vaurien qui m'a envoyé ceci.

Il jeta sur la table une feuille de papier dont quelqu'un s'empara avant qu'elle ne passe de main en main, saluée à chaque fois de murmures courroucés, et qu'elle n'échoue dans celles de Clay. Il vit alors qu'il s'agissait encore une fois d'une lettre de menaces signées du Capitaine Swing, mais cette fois d'une écriture différente.

L'homme qui avait parlé était une créature grossière à l'air mauvais, avec des mains potelées comme celles d'une femme et des lèvres perpétuellement humides. Il se dégageait de lui quelque chose d'obscène et, lorsqu'il se leva pour rejoindre les dames, le Capitaine Vale s'approcha de Clay.

— Je vois que vous êtes éperdu d'admiration pour notre ami Marley, Colonel.

— Qui est-ce ? s'enquit Clay.

— Il possède une vaste propriété à une vingtaine de kilomètres d'ici sur la route de Galway. L'endroit s'appelle Kileen. (Vale eut une grimace dégoûtée.) C'est un individu répugnant. Je suis étonné que Sir George l'ait invité.

— J'imagine qu'il plaisantait lorsqu'il a suggéré qu'on pende un homme à chaque arbre sur la route d'ici à Galway, non ? demanda Clay.

— Marley ne plaisante jamais, Colonel, l'assura Vale. Il règne sur ses locataires avec une trique et les traite comme des animaux. (Ils se servirent un peu de cognac d'un flacon que leur apportait un valet et Vale poursuivit :) Il a un penchant marqué pour les très jeunes filles. Tout ce qui a entre treize et dix-huit ans lui convient. Au-delà, elles sont trop vieilles pour lui.

— Je suppose qu'il a de quoi faire, et en abondance. Il semble plutôt satisfait, en ce moment.

— Comme je vous l'ai dit, répondit Vale en hochant tristement la tête, ses locataires doivent faire ce qu'il leur ordonne. Un de ces jours, quelqu'un lui tirera dessus de derrière une haie et on me donnera l'ordre de traquer le pauvre diable.

— Personnellement, je serais plutôt enclin à décerner au coupable une médaille et à lui offrir un billet pour l'Amérique.

— Dans les circonstances présentes, je serais plutôt d'accord avec vous. Les petites fêtes que donne Marley sont de véritables cauchemars. Seule la lie du pays y assiste. L'une de ses distractions favorites consiste à faire traquer sur ses terres une jeune fille nue par une meute hurlante d'ivrognes brandissant des torches. Vous imaginerez sans peine quelle est la récompense de celui qui l'attrape.

Clay le prit par le bras et l'emmena vers la table où étaient servis les rafraîchissements.

— Après ces révélations, il va me falloir quelque chose à boire.

Un instant plus tard, un petit orchestre de cordes qui était venu spécialement de Galway pour l'occasion se lança dans une valse de Strauss. Clay pria Vale de l'excuser et traversa la pièce pour rejoindre Joanna occupée à donner des instructions au majordome.

— M'accorderez-vous cette danse ? demanda-t-il en s'inclinant légèrement.

Elle consulta son carnet de bal un sourcil froncé.

— Je suis affreusement désolée, Colonel Fitzgerald, mais vous auriez dû venir plus tôt. Je crains d'avoir déjà réservé une dizaine de cavaliers avant vous.

Il éclata d'un rire tellement sonore que les invités qui se trouvaient à proximité se retournèrent alors qu'il prenait son bras et l'emmenait au centre de la salle de bal.

Alors qu'ils tourbillonnaient à travers la pièce, elle leva les yeux vers lui et sourit.

— Vous êtes tout à fait séduisant, ce soir.

— On m'a accusé de bien des choses, Miss Hamilton, dit-il en grimaçant un sourire de dénégation, mais jamais d'être séduisant.

Sa réponse la plongea dans une sincère perplexité.

— Vous devez pourtant bien vous rendre compte que chacune des femmes présentes ce soir n'a qu'une impatience, que vous l'invitiez à danser ?

Avant qu'il n'ait pu répondre, la musique s'arrêta et les danseurs se séparèrent. Ils entendirent des murmures d'effroi et tout à coup, une femme poussa un cri.

Les portes-fenêtres qui donnaient sur la terrasse avaient été ouvertes un instant plus tôt à cause de la chaleur. Deux hommes venaient d'entrer dans le salon.

Celui de gauche était Kevin Rogan. Il portait un fusil sous le bras et avait les pouces passés négligemment dans sa ceinture. Ses yeux parcoururent l'assistance et, lorsqu'ils arrivèrent sur Clay, un léger sourire glissa sur ses lèvres.

Il n'était pas difficile de deviner l'identité de son compagnon. Shaun Rogan était l'un des hommes les plus grands qu'ait jamais vus Clay. Il devait bien mesurer un mètre quatre-vingt-dix ou douze, avec de larges épaules et des cheveux d'un blanc de neige peignés en arrière. Il portait un feutre et une veste de velours côtelé.

Un silence absolu s'abattit sur la pièce alors que Sir George s'approchait des deux hommes.

— J'ignore ce que vous venez faire ici, Rogan, dit-il calmement, mais j'aimerais vous rappeler que vous êtes sur mes terres. Et comme je ne vous ai pas convié, vous êtes coupable de violation de domicile. Je vous suggère de quitter les lieux aussi rapidement que vous êtes venu.

La voix de Shaun Rogan résonna comme un roulement de tambour.

— Violation de domicile, c'est bien de cela que vous parlez, George Hamilton ? Alors dans ce cas, dites-moi comment vous qualifiez ce qu'ont fait vos hommes ce matin lorsqu'ils sont venus chez moi et ont agressé, non seulement l'un de mes fils, mais aussi mon épouse ? Vous vous attaquez aux femmes, maintenant, c'est cela ?

Burke s'était lui aussi approché et se trouvait maintenant aux côtés de son maître. Il fit un pas en avant. Sir George le retint d'une main sur le bras.

— Je ne veux pas de scandale devant mes invités, Rogan. Si vous avez à formuler une plainte légitime, déposez-la auprès des autorités de Galway.

— Et vous entendez cela ? fit Shaun Rogan en promenant son regard sur l'assistance. Que voulez-vous que je fasse avec des gens de cette sorte ? (Personne ne broncha.) Non, je n'ai pas de plainte à déposer, mais je viens vous avertir, vous et votre petit chien qui se cache derrière vous, si jamais vous remettez ne serait-ce que le pied sur mes terres, vous prendrez une balle dans la peau et c'est une promesse solennelle que je vous fais.

Il s'apprêtait à partir lorsque la colère s'empara de Sir George.

— Par Dieu, Rogan, vous dépassez les bornes, s'écria-t-il, le visage congestionné de rage. Je m'en vais vous envoyer croupir dans les geôles de Galway, racaille !

Rogan se retourna lentement.

— Racaille ? C'est bien cela que vous dites ? demanda-t-il sans perdre son calme. Et comment appelez-vous un homme qui cherche querelle et qui, parce qu'il n'a pas le courage d'affronter ses ennemis lui-même, envoie ses hommes de main pour maltraiter une pauvre femme de soixante ans ?

L'assistance resta silencieuse. Le souffle de Joanna passa en sifflant entre ses dents crispées. Rogan mit la main à sa poche et en sortit un pistolet qu'il jeta aux pieds de son ennemi.

— Voilà pour vous, chien, dit-il d'une voix dure. Vous avez là la seule occasion de vous débarrasser de moi et vous n'avez même pas le courage de la saisir.

Il tourna les talons et, poussant Kevin devant lui, franchit les portes-fenêtres. Au même moment, Burke se jeta vivement à terre et saisit le pistolet. Il l'arma et visa, toujours agenouillé. Alors qu'il allait presser la détente, Clay s'avança, lui plaqua le poignet au sol d'un coup de pied et le coup de feu se perdit dans le plancher. Burke lâcha l'arme avec un cri de douleur et se massa le poignet.

Kevin se retourna d'un seul coup, le fusil prêt à tirer, mais son père s'interposa immédiatement. Il croisa le regard de Clay et Kevin lui dit quelque chose tout bas. Un léger sourire se peignit sur le visage austère de Shaun Rogan qui hocha la tête et dit :

— Je suis votre obligé, Colonel.

Ils restèrent un instant immobile avant de s'enfoncer enfin dans la nuit.

Sir George se tourna vers Clay. Son visage était impassible, mais un tic qui agitait le coin de sa paupière trahissait son agitation.

— Je dois vous remercier d'avoir agi si promptement, Colonel.

La réaction de Burke était compréhensible, mais il a été mal avisé. Vous nous avez épargné de considérables désagréments.

Il éleva la voix pour s'adresser à ses invités.

— Je vous prie de ne pas laisser ce malheureux incident gâter votre plaisir, mesdames et messieurs, dit-il.

Puis il fit un signe de tête au pianiste et l'orchestre entama une valse, tandis qu'il sortait de la pièce, Burke sur ses talons.

Les gens s'étaient rassemblés en petits groupes et discutaient de l'incident. Clay donna son bras à Joanna et ils sortirent sur la terrasse.

Joanna s'adossa à la balustrade et poussa un long soupir de soulagement.

— Le Ciel soit loué, vous avez réussi à vous interposer à temps. Si Shaun Rogan avait été tué ici ce soir, le scandale aurait soulevé tout le pays.

— Pourquoi votre oncle le déteste-t-il à ce point ?

Elle haussa les épaules.

— Je l'ignore. Demandez-moi pourquoi il déteste tant de choses. Je crois que c'est parce que Shaun Rogan a toujours refusé de courber l'échine. Il est pire qu'un roc, il ne bouge pas d'un pouce et mon oncle ne tolère pas cela. Il se targue de plier tout un chacun à sa volonté.

— Mais il n'y parvient pas toujours, n'est-ce pas ? demanda Clay. Je me demande ce qu'il dirait s'il savait que sa nièce s'adonne à de longues chevauchées au clair de lune en costume d'homme.

Elle éclata d'un rire léger.

— Ce qu'il ignore ne peut pas le blesser, dit-elle en frissonnant. Il fait un peu frais. Verriez-vous un inconvénient à ce que nous rentrions ?

Tandis qu'ils regagnaient l'intérieur, un jeune officier des hussards s'approcha et la pria à danser. Clay se rendit au buffet et se fit servir un grand verre de cognac. Tandis qu'il le buvait, Vale le rejoignit, une expression de dégoût peinte sur le visage.

— Vous avez l'air d'avoir besoin d'un bon verre, lui dit Clay.

— Je viens d'entendre ce porc de Marley raconter ses derniers exploits. Il est ivre comme jamais, bien entendu. Il semblerait qu'il retient enfermée chez lui une pauvre fille. La mère est une veuve qu'il a menacé d'expulser pour des arriérés de loyers impayés. La jeune fille est venue cet après-midi plaider la cause auprès de lui et il a posé ses conditions en des termes plus que clairs. Apparemment, elle n'a pas voulu céder et, du coup, il l'a enfermée pour qu'elle puisse « réfléchir aux conséquences de son refus », comme il l'a si délicatement dit.

Il avala d'un trait son cognac et s'excusa lorsque l'orchestre commença une autre valse. Clay se tourna et regarda par les fenêtres, en lui montait la colère. Il s'empara de la carafe, se servit un verre à ras bord et le vida. L'alcool coula en lui comme un feu liquide. C'est alors qu'il sentit une main se poser sur son bras. C'était Joanna.

Son sourire s'évanouit lorsqu'elle vit son visage.

— Que se passe-t-il, Clay ? demanda-t-elle. Qu'avez-vous ?

Il eut un rire sarcastique.

— Mais rien, voyons, répondit-il. Je me disais que j'avais besoin de prendre l'air, voilà tout.

Il fit un signe à l'un des valets et lui demanda qu'on appelle sa voiture. Joanna lui saisit le bras et chuchota.

— Clay, vous me faites peur. On dirait le Diable en personne.

Il lui adressa un sourire rassurant.

— Ne vous inquiétez pas pour moi, ma chère. Il m'arrive d'éprouver des sautes d'humeur de temps à autre. Tout ce dont j'ai besoin, c'est d'un petit galop dans la campagne pour chasser mes démons.

Elle l'accompagna jusqu'à l'entrée où il reprit son manteau et sa cape. Alors qu'ils arrivaient en haut des marches, elle lui sourit en levant son pâle visage vers lui.

— Vous reverrai-je ?

— Essayez de m'empêcher de le vouloir, dit-il en lui prenant les mains et en les retenant dans les siennes.

Un sourire rayonnant illumina son visage lorsqu'elle s'approcha encore plus près pour murmurer :

— Ne commettez pas d'imprudence, Clay.

Il descendit les marches et, tandis qu'il montait dans le coche, il entendit l'un des valets de pied annoncer à l'un des chasseurs qui attendaient près du mur :

— Mr Marley a demandé sa voiture pour onze heures.

Clay regarda le valet remonter l'escalier et disparaître à l'intérieur de la demeure et comprit ce qui lui restait à faire. Il donna un coup sur le toit et Joshua fouetta les chevaux qui s'ébranlèrent et partirent à fond de train.

5

Une fois qu'ils furent arrivés à Claremont, il monta immédiatement dans sa chambre pour se changer. Alors qu'il enfilait ses bottes de cavalerie, Joshua apparut sur le seuil.

— Vous avez l'intention de ressortir, Colonel ? demanda-t-il.

— Oui, dit Clay. Tu peux aller seller la jument, mais avant cela, va me chercher la carte que j'ai achetée le jour de notre arrivée et trouve-moi Kileen. Si je me souviens bien, nous y sommes passés hier en venant ici.

Joshua ouvrit une valise, sortit la carte doublée de tissu et l'étala sur le lit.

— J'ai trouvé, Colonel, dit-il après un instant. C'est à une quinzaine de kilomètres d'ici.

Clay s'approcha.

— Il doit y avoir une grande propriété non loin. Elle appartient à quelqu'un du nom de Marley.

Joshua se redressa avec un regard de surprise.

— On parlait de lui à l'office, ce soir. Son cocher était là et les histoires que j'ai entendues n'étaient pas du meilleur goût.

Clay eut un rire lugubre.

— J'ai eu le douteux plaisir de faire la connaissance de ce monsieur. Tu peux croire ce qu'on t'a raconté. Maintenant, va me seller la jument, je n'ai guère de temps.

Joshua quitta la pièce et Clay examina la carte. Après quoi, il poussa un grognement de satisfaction. Un chemin qui traversait droit la lande derrière Drumore House rejoignait la route de Galway à deux kilomètres de Kileen, ce qui diminuait considérablement le trajet.

Il replia la carte et ouvrit une malle de voyage qui trônait le long du mur. Après quelques recherches, il en sortit son vieux feutre de campagne et le manteau militaire gris à pèlerine élimé qui lui avait fait tant d'usage au cours des deux années où il avait servi chez les Confédérés.

Il boutonna le manteau jusqu'au menton et sangla la ceinture de cuir noir qui portait le colt Dragon. Puis il enfonça son feutre sur ses yeux et se regarda dans le miroir.

A la parcimonieuse lumière de la lampe à pétrole, il vit un spectre, celui d'un homme qui était mort à Appomatox ou, plus exactement, six jours après que son régiment avait été dispersé.

D'une certaine façon, c'était comme s'il avait retrouvé un vieil ami. Pendant un bref instant, il éprouva une sorte de nostalgie et il revit un passé qui était à la fois très proche et incroyablement ancien.

Il soupira et ouvrit un tiroir de la commode dont il sortit un foulard de soie noire qu'il noua autour de son cou et remonta sur son visage. L'effet produit était saisissant. L'homme qu'il avait maintenant debout devant lui dans l'ombre était un inconnu qui semblait menaçant et particulièrement redoutable.

C'était comme si un autre le regardait, un autre sur lequel il n'aurait eu aucun contrôle et, pendant un moment, il hésita. Un frisson glacé l'envahissait tandis qu'une petite voix murmurait au fond de lui quelque chose qui devait le retenir avant qu'il ne soit trop tard. Mais cela ne dura qu'un instant. Il baissa le foulard, s'inclina ironiquement devant son reflet et, tournant les talons, quitta la pièce.

Joshua l'attendait dans la cour en caressant doucement le mufle de Pegeen. Elle poussa un petit hennissement de plaisir lorsque Clay s'approcha et sauta prestement en selle.

— Je ne sais pas combien de temps cela me prendra, avertit-il. Tout dépend de notre ami Marley.

— J'ai déjà vu cette expression sur votre visage, fit Joshua. Je suppose que vous n'avez pas l'intention de lui rendre une visite de courtoisie. (Il eut une hésitation.) Pardonnez-moi de vous demander cela, Colonel, mais que s'est-il passé là-bas ? Mr Marley vous aurait-il insulté ?

— Je crois qu'on peut le dire, répondit Clay.

— Vous n'allez tout de même pas chez lui pour une consultation ?

— Je ne dirais pas cela, fit Clay. En fait, il est très probable que je le tue avant l'aube.

Il claqua de la langue et Pegeen s'élança dans la cour en direction du chemin qui menait au vallon.

La nuit était fraîche et claire, parfumée d'une senteur d'ajoncs et de celle, plus légère et indéfinissable dont l'automne imprégnait tout le pays et qui montait des valleuses comme la fumée d'un feu de bois ; il était rempli d'une excitation inquiète.

Le chemin s'étendait, clair et blanc sous la lune. Il donna libre cours à sa monture qui galopa à travers la lande de colline en colline.

Quelque part dans la nuit, des bruits de rires qui s'élevaient, étouffés et insouciants, l'emplirent de tristesse et d'envie et il fit ralentir Pegeen sur l'herbe rase. Drumore House se dressait plus bas dans le val ; et les lumières et la musique lui parvenaient faiblement.

Il s'arrêta sous le couvert des arbres et tendit l'oreille. C'était une vieille valse familière, triste et gaie tout à la fois, dont chaque mesure exprimait amour et tendresse. La dernière fois qu'il l'avait entendue, c'était le mois qui avait précédé la guerre.

Pendant un moment, le temps cessa d'exister et il se retrouva en Géorgie, un soir qu'il arrivait en retard à un bal donné pour fêter la majorité de la sœur de son meilleur ami. La soirée précédait une semaine de chasse et de fêtes, conclusion de ces longues années bienheureuses.

Comme son père le lui avait si souvent dit, il ne servait jamais à rien de compter sur quoi que ce soit. Il eut un soupir pour cet été enfui et pressa Pegeen pour sortir du bois et retourner sur le chemin. Et tandis que la musique s'évanouissait dans la nuit, il s'élança au galop.

Une demi-heure plus tard, il rejoignait la route de Galway et trottait vers Kileen. Il passa une rivière à gué et traversa le village endormi.

Kileen House était à quelque deux cents mètres de l'autre côté. La silhouette noire se dressait dans la nuit et il franchit les grilles avant de s'arrêter devant la porte principale.

Hormis la lumière qui éclairait l'entrée, la demeure était plongée dans l'obscurité. Il monta les marches et tira la sonnette. Le tintement de la cloche résonna faiblement dans les profondeurs de la maison comme l'écho d'un autre monde.

L'instant d'après, des pas s'approchèrent et il tira son foulard sur son visage tout en sortant son colt. La porte s'ouvrit alors et il entra sur-le-champ en la refermant derrière lui.

L'homme qu'il avait devant lui était un vieillard replet, à la peau jaune et ridée, vêtu d'une redingote élimée. Il écarquilla les yeux de terreur et ouvrit la bouche pour appeler à l'aide.

Clay le saisit à la gorge et prit une voix menaçante.

— Un seul cri et vous êtes un homme mort. Qui êtes-vous ?

Il relâcha légèrement son emprise et le vieillard répondit d'une voix cassée :

— Le majordome, monsieur. Dieu me garde, si c'est Mr Marley que vous cherchez, il n'est pas là.

— Qui d'autre se trouve dans la maison ? demanda Clay.

— Les domestiques, monsieur, mais ils sont tous couchés à l'arrière de la maison.

— Vous oubliez la jeune femme qui est venue voir votre maître cet après-midi, lui répondit Clay. Où est-elle ?

— Eithne Fallon, c'est d'elle que vous parlez, monsieur ? (Le vieillard trembla d'effroi en prenant une lampe sur une table voisine.) Par ici, monsieur, par ici.

Clay le suivit dans le hall jusqu'à un large escalier qu'ils gravirent tous deux. Arrivé à l'étage, le vieil homme s'arrêta devant une porte située à l'extrémité d'un couloir. Il sortit un trousseau de sa poche et, après avoir tâtonné à la recherche de la bonne clé, finit par la trouver. Il ouvrit la porte et Clay le poussa à l'intérieur.

La jeune fille qui était allongée sur le lit s'était levée et se tenait contre un mur, le visage livide et défait et les yeux gonflés de pleurs. Elle ne devait pas avoir plus de quinze ans, comme en témoignait sa silhouette encore enfantine sous sa robe brune.

Elle se précipita avec affolement vers la porte, mais Clay l'attrapa au passage par le poignet et lui fit faire volte-face.

— N'ayez crainte, lui dit-il. Je suis venu vous délivrer pour vous ramener chez votre mère.

Elle se calma et regarda le visage masqué, plongeant son regard brûlant dans le sien puis jetant un œil apeuré de part et d'autre de la pièce, comme si elle ne croyait pas à ce qui lui arrivait.

— Mon Dieu, et moi qui allais presque devenir folle.

Elle ramassa son châle et le mit sur sa tête tandis que des larmes emplissaient ses yeux.

— Personne ne vous fera plus jamais de mal, la rassura Clay d'une voix ferme. Vous avez ma parole.

Il posa doucement une main sur son épaule et elle recula comme s'il venait de la brûler.

— Pour l'amour du Ciel, Monsieur, partons d'ici avant qu'il ne revienne, le supplia-t-elle.

Elle sortit sur le palier et Clay prit la lampe des mains du majordome avant de l'enfermer dans la pièce.

— Il me tuera quand il reviendra, dit le vieil homme, en larmes en se tordant les mains.

— N'essayez pas de m'apitoyer, lui répondit Clay en tournant la clé dans la serrure.

Il jeta les clés et suivit la jeune fille qui était déjà dans l'entrée en train d'essayer d'ouvrir la porte. Lorsqu'il la rejoignit, elle s'était adossée à l'une des colonnes, à demi défaillante, et il passa un bras autour de sa taille pour l'emmener dehors.

Ses forces semblaient l'avoir abandonnée. Il la chargea sur Pegeen et sauta en selle à son tour. Tandis qu'ils repartaient vers les grilles, elle enfouit sa tête dans le col de son manteau et éclata en sanglots.

Le temps qu'ils arrivent au village, elle s'était suffisamment remise pour pouvoir lui indiquer où se trouvait sa maison. Il mit pied à terre, la souleva et la déposa sur le sol avant de tambouriner à la porte.

La jeune fille avait cessé de pleurer et, tandis que des pas se faisaient entendre à l'intérieur, elle leva les yeux vers lui et demanda d'une petite voix :

— Qui êtes-vous ?

— Un ami, répondit-il simplement. Vous n'avez rien à craindre, mon enfant, ni maintenant ni plus jamais.

La porte venait de s'ouvrir. Il se détourna et sauta promptement en selle. Pegeen s'élança hors du village et repartit vers Drumore.

Il s'arrêta dans un bosquet d'arbres derrière Kileen. Il ne fut pas long à attendre. Il entendit le bruit d'une voiture qui approchait et vit un coche tiré par deux chevaux qui surgissait d'un virage et arrivait vers lui sous le clair de lune.

Le conducteur fit ralentir ses chevaux pour traverser la rivière. Les deux bêtes s'arrêtèrent pour boire et Marley sortit la tête par la portière en hurlant d'une voix irritée :

— Bon sang, pourquoi s'arrête-t-on, Kelly ? Fouettez-moi ces maudites rosses !

Clay sortit du couvert, son colt en main. Marley avait rentré la tête et le conducteur cherchait de la main son fouet.

C'était un individu patibulaire, au visage brutal et renfrogné et aux larges épaules. Sa bouche s'arrondit lentement sous l'effet de la stupeur lorsqu'il vit Clay faire irruption et s'arrêter de l'autre côté du gué et lui dire d'une voix joviale, avec un accent irlandais :

— Belle nuit pour se promener à pied. Remerciez Dieu et votre maître, qui vous en donne la permission.

L'homme tâtonna sous son siège et la lumière de la lune étincela sur l'arme que leva Clay pour la pointer sur lui.

— Je n'essaierais pas, si j'étais à votre place.

L'homme lui jeta un regard désespéré, lâcha les rênes et sauta dans l'eau. Marley sortit à nouveau la tête par la portière et cria d'une voix furieuse :

— Que se passe-t-il, Kelly ? Ne vous ai-je pas dit de fouetter ces damnés chevaux ?

Au même instant, il aperçut Clay et rentra immédiatement la tête.

Kelly sortit de l'eau presque sous le museau de Pegeen. Il fit semblant de passer à côté et, au dernier moment, il se jeta sur Clay pour essayer de le désarçonner.

Clay tira vivement sur les rênes et, alors que Pegeen se cabrait, il assena à l'homme un coup de botte en pleine figure. Kelly vacilla en arrière en gémissant et s'effondra dans l'herbe sur le bas-côté de la route.

Pas un bruit ne sortait du coche et Clay s'approcha.

— Vous avez cinq secondes pour sortir de là, Marley, après quoi, je tire.

Il y eut un silence avant que la porte s'ouvre enfin et que Marley s'extirpe et descende dans l'eau. Il resta là, tremblant de rage l'eau glacée le trempant jusqu'aux genoux.

— Je vous ferai pendre pour cela, grinça-t-il.

Il s'apprêtait à s'éloigner lorsque Clay lui fit signe de la tête.

— Restez où vous êtes. Je veux vous dire deux mots.

— Parlez et soyez maudit, répondit Marley. Vous n'aurez rien de moi, je n'ai rien de plus qu'un souverain dans ma bourse.

— Votre argent ne m'intéresse pas, répondit Clay. Je m'attache plutôt à certains côtés déplaisants de votre caractère. Je crois savoir que vous vous considérez comme un homme à femmes ?

— Où donc voulez-vous en venir ? demanda Marley en fronçant le sourcil.

— Il semblerait que les femmes aient un tout autre point de vue. J'ai un message pour vous de la part d'Eithne Fallon. Elle vous remercie de votre hospitalité, mais elle préfère passer la nuit chez sa mère.

La visage de Marley était livide sous le clair de lune, mais ses yeux étincelaient comme des braises. Il s'élança maladroitement dans l'eau qui bouillonna autour de ses cuisses et brandit le poing dans un accès de fureur impuissante.

— Vous allez me le payer.

Clay le coupa immédiatement en se penchant et en pressant le canon de son colt sur son front.

— Je ne vous avertirai pas deux fois, Marley, dit-il d'une voix blanche. Si j'apprends que vous avez à nouveau importuné cette enfant ou sa mère, je vous ferai sauter la cervelle.

— Qui êtes-vous ? demanda Marley, dont la voix s'était maintenant teintée de crainte.

Clay éclata d'un rire moqueur.

— Vous avez certainement reçu ma lettre ? Je vous avais dit de m'attendre.

La bouche de Marley trembla et une expression de stupeur se peignit sur son visage.

— Le Capitaine Swing, murmura-t-il.

— Exact ! répliqua Clay. Maintenant, ôtez votre manteau.

Marley lui jeta un regard éperdu.

— Qu'allez-vous faire ? lui demanda-t-il d'une voix mal assurée.

Pour toute réponse, Clay leva le colt d'un air menaçant et Marley ôta prestement son coûteux manteau et sa redingote. Il resta à frissonner, vêtu de sa seule chemise. Il avait l'air pitoyable, répugnant, et Clay lui lança en désignant le chemin de Kileen :

— Vous savez où se trouve votre maison. Maintenant, courez !

Pour le coup, Marley était saisi de terreur. Il battit en retraite, les lèvres tremblantes, et s'enfuit à toutes jambes vers le village.

Clay rengaina son arme et s'approcha du coche. Il tira le fouet de l'étui qui se trouvait le long du siège du conducteur et s'élança vers Kileen.

Marley était encore à une trentaine de mètres de la première maison lorsque Clay le rattrapa. Le fouet s'abattit sur ses épaules dodues et lacéra la chemise de coton.

Marley hurla comme une femme et s'effondra, le visage dans la boue. Le fouet s'abattit sur lui de nouveau et il se releva en vacillant pour s'enfuir en trébuchant, les bras levés pour se protéger de la lanière.

Clay repensait à Eithne Fallon comme à ses semblables et à tout ce qu'il avait entendu dire de cet homme et toute pitié l'abandonna. Le fouet s'abattit encore et encore, sans merci, poussant Marley jusqu'au centre du village.

Déjà des lumières s'étaient allumées derrière les fenêtres et des chiens aboyaient en grattant les portes. Il le cingla d'un dernier coup de fouet assené de toutes ses forces. La lanière s'abattit sur les épaules de Marley et s'enroula sur son visage où elle fit une profonde entaille. L'homme s'effondra sur le sol, inconscient.

Clay jeta le fouet. A ce moment, une porte s'ouvrit et un homme sortit prudemment. Tout en jetant un œil soupçonneux à Clay, il alla s'agenouiller auprès du corps inanimé de Marley et le retourna.

— Dieu nous garde, siffla-t-il entre ses dents. C'est le châtelain.

— La prochaine fois qu'il reviendra, dites-lui de laisser les jeunes filles tranquilles, à l'avenir, s'écria Clay de façon à ce que chacun entende bien. Salutations du Capitaine Swing !

Et sur ces mots, il fit faire demi-tour à Pegeen et s'élança au galop. Ils repassèrent devant Kelly qui était resté assis, la tête dans les mains, et traversèrent le gué dans une gerbe d'éclaboussures. Derrière lui, Clay entendit des cris dans le village et des aboiements, mais il n'y prêta aucune attention.Dix minutes plus tard, il quittait la route et laissait Pegeen aller tandis qu'ils sortaient du val et arrivaient sur la lande.

Arrivé à Claremont, il ne s'arrêta qu'à l'écurie et mit pied à terre. Tandis qu'il dessellait la jument, Joshua arriva et Clay lui dit :

— Je m'occupe de la bête. Prépare-moi à dîner. Je viens de faire une promenade qui m'a ouvert l'appétit.

Lorsqu'il entra dans la maison dix minutes plus tard, le Noir était aux fourneaux et Clay monta dans sa chambre pour se débarrasser de son arme. Il jeta son chapeau dans un coin et ôta son manteau, puis il resta à se regarder devant le miroir.

Ses yeux étincelaient d'excitation et le sang lui battait aux tempes. Il passa ses doigts dans ses cheveux et éclata de rire.

— Voilà qui devrait donner à ce porc une leçon qu'il n'oubliera pas de sitôt, dit-il.

Quand il redescendit, Joshua mettait la table. Le Noir lui lança un regard grave et alla prendre la bouteille de cognac dans le placard.

— On dirait qu'il vous faut un verre, Colonel.

— Et peut-être même deux, répondit Clay.

Il vida le verre d'un trait et toussa sous le feu de l'alcool qui lui brûlait la gorge. Puis il s'en servit un second et s'assit auprès de l'âtre pour raconter les événements de la nuit à Joshua qui continuait à cuisiner.

Le Noir écouta sans un mot, le visage impassible. Une fois que Clay eut terminé, il secoua la tête.

— On dirait bien que vous avez fait la seule chose que vous vouliez éviter, Colonel. Vous avez pris parti.

Clay fronça les sourcils.

— Non. Marley était un cas particulier.

— Oui, mais vous baptiser Capitaine Swing a été une pure folie. Si, comme vous le dites, plus d'une personne a reçu des menaces signées de ce nom, toute la région va être sens dessus dessous. Maintenant, tout le monde va croire que cet homme existe vraiment.

— Mais il existe, répondit Clay. Ou plutôt, il a existé. (Il soupira.) Cela a été presque comme au bon vieux temps, Josh. Quand nous faisions le coup de feu dans l'Indiana et l'Ohio avec les Morgan's Raiders.

— Et votre accent géorgien ? insista Joshua. Marley ou quiconque vous aura entendu n'aura aucune difficulté à le reconnaître la prochaine fois.

— J'ai toujours été doué pour les imitations depuis que je suis petit, répondit Clay avec un sourire ironique. Tu le sais mieux que personne. J'ai réussi à faire une très raisonnable imitation de l'accent irlandais.

Joshua secoua la tête et entreprit de servir le dîner.

— Vous êtes naturellement violent, Colonel. C'est là tout le problème. Votre père était comme cela, lui aussi, et vous avez bien vu comment il est mort.

— En tout cas, cela a été rapide, répondit Clay en haussant les épaules. En tant que médecin, je peux t'assurer qu'il y a des façons bien moins agréables de mourir que de succomber d'une balle.

Il se leva pour gagner la table et ils entendirent des bruits de sabots dans la cour. L'instant d'après, on frappa à la porte. Joshua jeta un coup d'œil alarmé à Clay qui sourit calmement et traversa la pièce. Il ouvrit la porte et trouva Kevin Rogan sur le seuil.

L'homme sourit.

— Pardonnez-moi de vous déranger à une heure pareille, Colonel, mais nous avons besoin de vos services de médecin.

Clay le fit entrer et referma la porte.

— Que se passe-t-il ?

— Après notre visite à Drumore, nous sommes allés au pub Cohan prendre un verre. Il y a eu une altercation avec Varley, un homme d'Hamilton. Il a blessé mon père d'un coup de couteau.

— Est-ce que cela a l'air grave ? demanda Clay.

— Une mauvaise entaille à l'intérieur de la cuisse droite. Varley essayait d'atteindre l'entrejambe.

— Je prends ma trousse, dit Clay. Si vous sellez Pegeen, nous gagnerons du temps.

Rogan s'apprêtait à ouvrir la porte lorsqu'il se tourna et demanda d'un air hésitant :

— Au fait, Colonel, n'oubliez pas le paquet. Vous aviez dit que vous vouliez le lui remettre personnellement. Ce serait le moment ou jamais.

Clay hocha la tête avec un petit sourire.

— Excellente idée, fit-il. Cela me tracassait depuis quelque temps.

Rogan referma doucement la porte derrière lui et Joshua redescendit avec un sac noir dans une main et un manteau dans l'autre. Tout en aidant Clay à l'enfiler, il lui glissa :

— J'ai pris la liberté de mettre le colt au fond du sac, Colonel, on ne sait jamais.

Clay hocha pensivement la tête.

— On ne saurait te donner tort.

Joshua alla au placard et en sortit le paquet.

— Je suppose que vous voulez l'emporter, Colonel ?

— Peut-être que je découvrirai ce qu'il contient avant demain matin, répondit Clay. Je crois que je demanderai cela en compensation de mes services à Shaun Rogan.

Alors qu'ils sortaient, Kevin apparut devant les écuries avec Pegeen, sellée et harnachée. L'instant d'après, ils traversaient la cour et prenaient à travers les arbres en direction de la lande.

6

Ils traversèrent en silence la lande déserte. Alors qu'ils arrivaient en haut d'une valleuse, Kevin Rogan, qui ouvrait la marche, siffla doucement et un cavalier sortit de sous les arbres sur leur gauche, la lumière de la lune étincelant sur le canon de son fusil.

— C'est toi, Kevin ? souffla Dennis Rogan.

— J'envoie Marteen te relever dans une heure, répondit Kevin au passage.

Dennis eut un sourire chaleureux.

— Bonne nuit à vous, Colonel, dit-il en se renfonçant dans l'ombre des arbres.

— Alors, vous faites des tours de garde, maintenant ?

— Disons que la situation commence à s'échauffer, dit Kevin en hochant la tête.

Au même moment, ils arrivèrent au bout du vallon et ils se turent pour aborder avec précaution l'abrupt sentier.

Un chien commença à aboyer lorsqu'ils arrivèrent près de l'enclos aux chevaux et mirent pied à terre. La porte d'entrée s'ouvrit et projeta sur la cour un rectangle de lumière jaune.

Mrs Rogan scrutait l'obscurité, une lampe à la main, tandis que Clay s'avançait avec sa trousse et ses fontes sur le bras.

— Comment va-t-il ? demanda-t-il.

— Il a survécu à pire, dit-elle en haussant les épaules.

Elle le conduisit le long d'un étroit couloir chaulé et elle ouvrit la porte qui se trouvait au bout.

Clay se retrouva dans une vaste cuisine pavée, aux murs blancs, pourvue d'une large cheminée. Marteen et Cathal étaient en train de jouer aux échecs sur la grande table pendant que leur père était vautré dans un fauteuil à oreillettes près du feu, un lévrier à ses pieds.

La jambe droite de son pantalon était déchirée jusqu'à la taille et le bandage de sa cuisse dégouttait de sang, mais son visage, avec ses yeux bleus et sa grande barbe, restait impassible.

Il sourit en tendant la main.

— Je ne saurais pas que c'est vous, je jurerais que c'est votre père que j'ai là devant moi, Dieu le garde ! (Il hocha la tête et son rire résonna dans la pièce.) Ah, je pourrais vous en raconter, des choses.

Clay éprouva pour l'homme le genre de sympathie chaleureuse qui naît dès le premier instant ou ne se déclare jamais. Il lui rendit son sourire en ôtant son manteau.

— On dirait que mon père a fait forte impression dans la région quand il était jeune.

— Et ça, ce n'est rien de le dire, fit Shaun Rogan en se servant un whisky et en gloussant. Je n'arrive pas à croire que vous lui ressembliez tant. Et vous êtes aussi vif que lui. La façon dont vous avez plaqué au sol la main de Burke, ça, c'était quelque chose.

— Dommage que vous n'en ayez pas profité pour flanquer un

coup de pied dans le museau de ce salaud, pendant que vous y étiez, ajouta Kevin.

— Il me semblait plus important de faire en sorte que la balle n'aille pas là où il voulait, dit Clay en prenant une paire de ciseaux chirurgicaux dans sa trousse et en commençant à couper le bandage.

La blessure faisait une quinzaine de centimètres de long. Les bords étaient à vif. Il épongea le sang avec un linge et l'examina de plus près, puis il hocha la tête d'un air satisfait.

— C'est une entaille bien nette. Avec un peu de chance, vous pourrez remonter en selle dans une quinzaine de jours.

Shaun Rogan jura tout son soûl et Kevin eut un sourire.

— Une semaine ou deux près du feu ne te feront pas de mal. Mes frères et moi, nous pourrons nous occuper de tout.

Clay demanda à Mrs Rogan de lui apporter des bandes de linge et une bassine, puis il posa la jambe de Shaun sur un tabouret en demandant à Kevin de la maintenir fermement. Puis il s'empara de la bouteille de whisky et en versa un peu sur la blessure. Le Grand Shaun lâcha un juron et s'agrippa aux bras de son fauteuil jusqu'à s'en blanchir les phalanges tandis que l'alcool lui brûlait la chair.

— Bon sang, et c'est censé servir à quoi, ça ? demanda-t-il.

— Les blessures par balle restent saines, mais celles causées par un couteau ont tendance à s'infecter, ne me demandez pas pourquoi, dit Clay en enfilant un fil de soie sur une aiguille recourbée. Un certain Lister prétend détenir la réponse, mais je ne vais pas me lancer dans des explications, ce n'est pas le moment. Le whisky ou tout autre alcool assez fort aide à stériliser la blessure. Nous en avons largement fait l'expérience au cours de la guerre.

Il commença à recoudre la plaie et le Grand Shaun continua à parler d'une voix assurée, bien que des gouttes de sueur soient apparues sur son front lorsque l'aiguille eut fait le premier point de suture.

— Vous étiez avec les Confédérés, n'est-ce pas, Colonel ? Du côté des perdants, comme tout bon Irlandais qui se respecte.

— Les Yankees avaient un régiment irlandais, répondit Clay. A Gettysburg, leur chapelain, le Père Corby, leur a donné l'absolution avant la bataille et a fait savoir à ceux qui refusaient de se battre qu'ils n'auraient pas de sépulture chrétienne.

— Dieu nous garde, ça devait être un coriace, celui-là, dit Cathal.

Le Grand Shaun grogna lorsque l'aiguille s'enfonça à nouveau.

— Et votre père, comment est-il mort ? J'ai appris par votre oncle qu'il ne s'était pas engagé comme vous.

— Il a acheté deux bateaux et il s'est enrichi en organisant le blocus de Nassau à Atlanta, répondit Clay sans s'émouvoir. Il a pris une balle mortelle lors d'un abordage avec une frégate yankee, trois mois avant la fin de la guerre.

Shaun Rogan se signa d'un air solennel.

— Qu'il repose en paix.

— Il ne l'avait pas trouvée en ce bas monde, répondit Clay.

Il fit adroitement un nœud après le dernier point, coupa les bouts de fils et banda la cuisse avec un linge propre. Alors qu'il nouait l'étoffe, Shaun Rogan soupira.

— Par Dieu, je me sens déjà beaucoup mieux. Vous savez y faire, Colonel.

— Le contraire serait dommage : j'ai suffisamment eu l'occasion de m'entraîner, répondit Clay.

Marteen sortit des verres et une nouvelle bouteille de whisky et Kevin Rogan lui tendit un verre.

— Le travailleur mérite le salaire de sa peine, Colonel, comme on dit dans la Bible.

— Ah, oui, la question du salaire, fit Clay. J'allais oublier.

Il y eut un silence embarrassé et les Rogan se regardèrent. Puis Shaun Rogan haussa les épaules.

— C'est juste, Colonel. Vous avez fait du bon travail. Dites votre prix.

Clay s'empara de ses fontes et sortit le paquet.

— Quand un homme a apporté quelque chose d'aussi loin que je l'ai fait, je crois qu'il a le droit de savoir ce qu'il y a dedans.

Les yeux de Shaun Rogan s'écarquillèrent de surprise et il éclata de rire.

— Et par Dieu, votre vœu sera exaucé, Colonel. Je crois bien que vous le méritez. Ouvre le paquet, Kevin.

Le paquet était enveloppé de toile cousue sur les côtés et scellée de cire rouge. Kevin sortit un couteau et défit les coutures. Clay prit le temps d'allumer un petit cigare et attendit.

Une fois ôtée la seconde de soie huilée qui la protégeait de l'humidité, apparut une caisse de bois. Kevin la retourna et des liasses de billets tombèrent en cascade sur la table.

Les fils Rogan prirent chacun une liasse et les examinèrent en parlant avec animation. Clay se tourna vers leur père en fronçant le sourcil.

— Je ne comprends pas.

Kevin jeta une liasse devant lui.

— Regardez, vous comprendrez.

C'étaient des billets de cinq dollars tout neufs et craquants imprimés au nom de la République irlandaise et signés de John Mahoney. Clay leva les yeux et s'aperçut que les autres le regardaient d'un œil attentif.

— Mais la République d'Irlande n'existe pas, dit-il.

— Elle existera bientôt, répondit brutalement Kevin. Nous avons des milliers de membres de la Fraternité ici comme en Amérique. Dans quelques mois, nous serons prêts à frapper et, à ce moment-là, l'Irlande sera libérée à nouveau.

— Je suppose que c'est la Fraternité *Fenian* dont j'ai tellement entendu parler à Galway ?

Shaun Rogan hocha la tête.

— Et cette fois, nous ne plaisantons pas. Nous voulons être libres et maintenant.

— Mais à quoi servent les billets ?

Kevin en prit un et lut :

— Remboursable six mois après la reconnaissance de l'indépendance de la République d'Irlande, dit-il avec un sourire. Voilà une excellente façon de lever des fonds, Colonel, vous me l'accorderez. En échange de leur argent, nos partisans reçoivent des billets, l'argent nous aide à libérer le pays et ensuite nous le leur rendons.

— L'homme qui a eu cette idée est loin d'être un imbécile, je vous le concède, dit Clay en hochant la tête avant de se tourner vers Shaun Rogan. J'ai parlé à Sir George Hamilton plus tôt dans la soirée. Il pense qu'il est économiquement impossible pour l'Irlande d'être indépendante et qu'elle a besoin de la protection de l'Angleterre.

— De sa protection c'est bien ça ? s'écria Kevin dans un accès de colère. Si ce qu'ils nous donnent, ils appellent ça leur protection, Dieu nous aide !

Son père posa une main sur son bras pour l'apaiser.

— Tiens ta langue. Le Colonel n'est pas au courant de tout. (Il se tourna vers Clay. Avec ses yeux bleus et sa barbe de patriarche, on aurait dit un prophète de l'Ancien Testament.) En

Irlande, nous vivons de nos terres, Colonel. Tous, les locataires comme les propriétaires.

— J'ai vu les conditions dans lesquelles vivaient certains locataires, répondit Clay. Je peux comprendre qu'ils aient des raisons d'être mécontents.

— Les propriétaires terriens sont pour la plupart des Anglais ou des Irlandais protestants, ce qui revient finalement au même, poursuivit Rogan. En règle générale, leurs revenus proviennent des loyers de fermage. Ce qui signifie qu'un propriétaire n'a que deux moyens de rentabiliser ses investissements. Soit il augmente les loyers, soit il se lance dans l'élevage extensif de moutons ou de bétail.

— Ce qui implique qu'il se débarrasse de ses fermiers ? demanda Clay.

— C'est à peu près cela, répondit le Grand Shaun en hochant tristement la tête.

— Mais il doit bien exister des lois qui protègent les gens de l'injustice ?

Kevin Rogan éclata d'un rire mauvais tandis que son père poursuivait :

— Dans la pratique, les locataires sont à la merci de leurs propriétaires. Ils sont contraints de payer des loyers exorbitants qui les laissent dans le plus complet dénuement. Ils doivent en outre assumer les réparations qui, en Angleterre, sont payées par les propriétaires, et voir leur loyer augmenter en raison de ces améliorations et réparations.

— Mais il doit bien y avoir une manière légale de lutter contre cette situation, dit Clay. Et la politique ? Ils ont leurs représentants au Parlement, n'est-ce pas ?

— Des pressions sont exercées sur ceux qui ont le droit de vote, lui expliqua Shaun Rogan. Tout ce système pourri assure la domination de la classe des propriétaires, et des gens comme Hamilton et Marley ont tout le loisir de saccager et terroriser les campagnes avec l'aide de leurs hommes de main, qu'ils font venir d'Ecosse ou d'Angleterre.

Le silence s'abattit sur la pièce. Puis Kevin Rogan intervint :

— Vous comprendrez maintenant pourquoi je trouve cette histoire de « protection » plutôt mal venue. L'Angleterre s'accroche à nous parce qu'elle a toujours refusé de céder quoi que ce soit. Le système de propriété des terres qui nous a été imposé au cours des siècles a plongé la nation dans la pauvreté et a forcé des milliers d'entre nous à émigrer chaque année.

— Pardonnez-moi. Devant de tels arguments, je ne trouve rien à répondre, dit Clay avec simplicité.

— Prenez encore quelque chose, Colonel, dit Shaun Rogan en remplissant son verre. Pour les Anglais, les Irlandais sont des va-nu-pieds barbares qui se nourrissent de pommes de terre. C'est une légende aussi fausse que celle qui prétend que tous les Anglais sont des *gentlemen*. Ce qu'ils ne comprennent pas, c'est que cent arpents de pommes de terre nourrissent quatre fois plus de personnes que cent arpents de blé. Mais si les patates manquent, nous mourrons de faim, conclut-il en haussant les épaules.

Clay avala une gorgée de whisky et dit lentement :

— Qu'en est-il de George Hamilton ? Pourquoi vous haïssez-vous tant ?

— Parce qu'il nous traite comme des animaux, tous. Il se prend pour une sorte de dieu et nous, nous ne sommes que de la racaille, pour lui. Il me déteste tout particulièrement parce que je possède cette vallée et que j'y suis hors d'atteinte. (Shaun secoua la tête et ajouta d'une voix sombre :) Quand on a élevé le Diable, il faut lui payer son salaire. George Hamilton s'en rendra compte avant longtemps. Son heure viendra.

— N'êtes-vous pas un peu dur avec lui ? demanda Clay. J'ai appris que quelqu'un avait voulu l'assassiner et avait tué sa femme à la place par erreur. Au moins, je peux comprendre les raisons de son chagrin et de sa haine.

Shaun Rogan éclata de rire.

— C'était ce qui pouvait lui arriver de mieux, à cette pauvre femme, que d'être assassinée à sa place. Cela faisait des années qu'il lui menait une vie d'enfer. Au nom du Ciel, Colonel, vous avez vu comment vivent ses locataires. Avez-vous besoin d'une preuve supplémentaire pour comprendre le genre d'homme qu'il est ?

Clay poussa un long soupir.

— C'était sot de ma part de penser autrement, sans doute, mais sa version de la mort de sa femme était assez différente. Il m'a aussi confié qu'il était très ami avec mon oncle.

Les fils Rogan, qui avaient suivi attentivement la conversation, éclatèrent de rire comme un seul homme.

— Amis, c'est ça ? demanda Kevin. Votre oncle lui a entaillé le visage d'un coup de fouet en plein milieu du village devant tout le monde. Il avait fait expulser une famille et la femme était morte en couches sur la route de Galway.

Clay plissa les yeux. Une désagréable pensée venait d'effleurer son esprit.

— Et l'incendie de Claremont ? Comment a-t-il pris ?

— Tout le monde a sa version de cette histoire, dit Shaun Rogan en haussant les épaules. Votre oncle vivait seul en compagnie d'une vieille gouvernante, car les temps étaient devenus durs. Il ne serait rien resté de la maison s'il n'y avait eu un orage providentiel.

— Et vous pensez que Sir George a quelque chose à voir avec ça ?

— Je ne pense rien du tout, répondit Shaun Rogan. Mais c'était une belle coïncidence.

Clay sauta sur ses pieds et se dirigea vers le feu. Il fixa un moment les braises rougeoyantes en repensant à son oncle, vieux, malade et solitaire, en train d'essayer de sauver des flammes qui s'élevaient dans la nuit cette maison qui était tout pour lui.

Il jeta son cigare dans le foyer et se retourna avec un sinistre sourire.

— Comme vous dites, tout le monde doit avoir sa propre version de cette histoire. (Il revint s'asseoir à la table.) Dites-moi quelque chose : est-ce que vos préjugés envers les Hamilton s'étendent également jusqu'à sa nièce ?

— Comment elle a fait pour être sa parente, je me le demande, répondit Shaun. Vous ne rencontrez personne ici qui n'ait rien d'autre à dire sur Miss Joanna que des gentillesses.

Clay saisit son verre et le vida. Il sourit.

— Où donc Cohan se procure-t-il son si bon cognac français, au fait ?

— Alors ça ! Comment savez-vous une chose pareille, Colonel ? dit Kevin.

— Non, j'y pensais, simplement. Je me demandais si cela avait un rapport avec le schooner que j'avais vu décharger à moins de cinq kilomètres d'ici la nuit dernière.

Il y eut un long silence que Kevin finit par briser d'un grand éclat de rire.

— Alors c'était vous ? J'aurais dû m'en douter. Mais qui était avec vous ?

— Je n'ai pas le droit de vous le dire, sourit Clay. Disons que c'est quelqu'un qui adore galoper au clair de lune.

— Et ce ne devrait pas être trop difficile de deviner qui c'est, ajouta le Grand Shaun.

— Il faut que je parte, maintenant, dit Clay en enfilant son manteau. Je passerai demain voir comment va votre blessure. Au fait, qu'est-il arrivé à ce Varley, ce type qui vous a poignardé ?

Shaun Rogan eut un petit sourire, mais son regard s'était durci.

— Il s'est enfui, Colonel. Mais nous avons tout notre temps.

Tandis que Clay ramassait sa trousse, Kevin Rogan lui demanda tranquillement :

— Dites-nous une chose avant de partir, Colonel. Vous êtes contre nous ou avec nous ?

Clay s'empara de l'un des billets et le regarda d'un air pensif.

— Très artistique, fit-il. Mais malheureusement, j'ai eu l'occasion de voir ce qu'un pays industrialisé peut faire en cas de guerre à un autre pays qui lui ne l'est pas. Vous ne gagnerez jamais. C'est l'Angleterre qui possède les canons.

— C'est parce que vous avez peur, hein ? le coupa Marteen.

Kevin fondit férocement sur son frère.

— Le Colonel n'est pas un froussard. Tu es bien placé pour en avoir eu la preuve. (Il se retourna vers Clay.) De quel côté êtes-vous, finalement, Colonel ? Nous vous en avons trop dit, ce soir.

— Je ne vous trahirai pas, vous avez ma parole, répondit Clay. Je ne peux pas dire que j'apprécie Sir George Hamilton ni Marley ni tous ceux que j'ai pu voir à Drumore House, mais je ne prendrai pas parti. J'ai vécu au cours des quatre dernières années plus de choses désagréables que n'en a connu personne dans toute une vie.

Shaun Rogan lui tendit la main.

— Voilà qui me suffit, Colonel.

Ils se serrèrent la main et Clay fit un signe de tête aux autres avant de suivre Kevin Rogan qui le reconduisit. Alors qu'il remettait ses fontes en place et sautait en selle, Kevin Rogan lâcha :

— Quoi que vous ait dit mon père, Colonel, personne ne peut rester éternellement neutre. Il faudra bien qu'un jour ou l'autre vous choisissiez votre parti et si vous ne voulez pas prendre de décision, il vaudra mieux que vous soyez à mille lieues de Drumore.

Sur ces mots, il rentra dans la maison et referma la porte avant même que Clay ait pu répondre.

Tandis qu'il rentrait sur le chemin qui longeait le vallon, Clay était assailli de toutes sortes de pensées. Il revoyait les répugnantes masures que possédait à Drumore Sir George Hamilton, l'enfant qui se mourait de consomption sur sa paillasse dressée contre un mur suintant d'humidité. Et puis il y avait Eithne Fallon. Que lui serait-il arrivé s'il n'avait pas incarné le Capitaine Swing pendant quelques heures ?

Il commençait à se sentir fatigué et il avait les paupières douloureuses à force de manque de sommeil et de scruter la nuit. Il crut voir dans l'obscurité un immense billet de cinq dollars dévoré par des flammes qui brûlaient les mots *République d'Irlande*. Puis ces flammes firent place à celles qui avaient consumé Claremont.

Pegeen se hissa sur le haut du vallon et Clay secoua la tête pour rassembler ses esprits. Il fit un signe à Dennis Rogan qui restait caché sous les arbres. Et, tandis qu'il galopait à fond de train, il se rendit compte avec un pincement de cœur qu'il était déjà obligé de prendre parti malgré lui.

7

La journée était enivrante comme un vin nouveau et le ciel bleu s'étendait, limpide, jusqu'à l'horizon, mais Clay avait le visage grave et sombre alors qu'il quittait la cour pour s'enfoncer sous les arbres.

Dans la matinée, il était allé au village visiter l'enfant atteint de consomption et il était arrivé au moment où le Père Costello lui administrait les derniers sacrements. Malgré tout ce que Clay s'était efforcé de faire pour adoucir ses derniers instants, l'enfant s'était accroché une heure de plus à la vie avec opiniâtreté et son agonie avait été affreuse à voir.

La lande était violette sous la bruyère et Clay s'arrêta auprès d'un petit lac noir où flottaient des lis des marais. L'endroit était bordé d'ajoncs où soufflait la brise. Un pluvier poussa un cri plaintif en s'élevant au-dessus d'une colline, puis ce fut le silence et une étrange tristesse s'abattit sur Clay tandis qu'il repensait à cette jeune existence qui s'était terminée avant même d'avoir commencé.

Il donna un léger coup d'éperons à Pegeen et quitta le petit lac silencieux pour galoper en direction de la mer. Les brumes d'automne nimbaient déjà le pays et la brise qui venait de l'Atlantique à sa rencontre était tiède et douce comme une caresse. Il mit pied à terre et, laissant Pegeen brouter les hautes herbes, alla s'asseoir au bord de la falaise pour regarder la mer. C'est là que Joanna Hamilton le retrouva une heure plus tard.

Elle glissa de sa monture avant même qu'il n'ait pu l'aider et s'avança vers lui, le visage grave.

— Je suis passée à Claremont et Joshua m'a raconté pour l'enfant. Je suis désolée.

— Vous n'avez pas à l'être, dit-il en haussant les épaules. J'ai tellement vu de morts durant les quatre dernières années qu'une de plus ou de moins ne doit pas faire beaucoup de différence.

— Mais celle-là n'était pas nécessaire, dit-elle farouchement. Nous le savons tous les deux. Si l'on donnait à ces gens des maisons décentes au lieu de les traiter comme du bétail, ce genre de chose n'arriverait pas.

— Je ne vous conseille pas de poursuivre dans cette voie, dit-il, à moins que vous ne veuillez que je me précipite chez votre oncle dans le dessein de lui trouer la peau. C'est exactement ce que j'avais envie de faire, lorsque j'étais au chevet de cet enfant.

Il y eut un silence et elle fit visiblement un effort pour changer de sujet.

— Avez-vous appris ce qui s'était passé à Kileen la nuit dernière ?

— Non, dit Clay en secouant la tête. J'aurais dû ?

— Oui, tout Drumore ne parle que de cela. Hugh Marley, de Kileen House, a été attaqué la nuit dernière sur le chemin du retour après notre réception et on l'a fouetté en plein milieu de la grand-rue de Kileen sous les yeux de presque tous ses locataires.

Elle lui racontait les détails avec une remarquable exactitude et, lorsqu'elle eut fini, Clay sourit.

— Je ne peux pas dire que j'aie de la peine pour lui. D'après ce que j'ai pu entendre sur lui hier soir, il méritait jusqu'au dernier de ces coups de fouet.

— C'est apparemment l'opinion générale, dit-elle. Le mystérieux Capitaine Swing est devenu un héros du jour au lendemain.

— Avez-vous une idée de qui cela pourrait être ?

Elle secoua la tête.

— J'ai pensé que cela pouvait être Kevin Rogan, mais cela pourrait aussi bien être n'importe qui.

— Et que pense votre oncle de tout cela ?

— Il a envoyé une lettre par porteur spécial à Galway pour demander le renfort de la cavalerie, mais ils ont mieux à faire que de perdre leur temps à écumer la campagne pour chercher un homme, surtout avec l'émoi dans lequel est plongé le pays.

— Tout cela semble d'un mélodramatique, dit Clay. Et que croit-il bien pouvoir faire tout seul, votre Capitaine Swing ? Galoper la nuit avec un loup sur le visage à travers la campagne en agitant son pistolet, c'est très joli, mais en quoi cela peut-il résoudre la situation actuelle ?

Elle devint rouge comme une pivoine et un accent de colère s'insinua dans sa voix.

— Il a déjà ramené l'espoir à des gens qui avaient oublié jusqu'à la signification du mot. Rien que pour cela, nous devrions déjà lui être reconnaissants. Je suppose que cela, vous êtes capable de le comprendre ?

— Je vais vous donner la même réponse que j'ai faite à Shaun Rogan la nuit dernière, répliqua Clay. Etant donné que je viens de passer quatre ans dans le mélodrame au quotidien, vous comprendrez que les causes désespérées ne m'attirent plus guère désormais.

Elle eut l'air étonnée.

— Comment se fait-il que vous soyez allé chez Shaun Rogan ?

Il lui apprit ce qui s'était passé et, une fois qu'il eut terminé, elle se mordit les lèvres, dépitée.

— Je ne savais pas ce qui était arrivé chez Cohan hier soir. Maintenant, les choses vont s'envenimer entre mon oncle et les Rogan. Que pensez-vous d'eux, d'ailleurs ?

— Je les aime bien, dit Clay évasivement. Les fils sont un tantinet remuants, mais ils se bonifieront, s'ils vivent assez longtemps pour cela.

— Vous voulez dire qu'ils vont tous mal finir ?

— Finir au bout d'une corde, répondit Clay, à moins qu'ils ne changent et qu'ils abandonnent ce projet illusoire de rébellion contre l'Angleterre. Il est voué à l'échec.

— Mais ils ont le droit pour eux, insista-t-elle.

— Le droit, c'est le droit du plus fort. Les Anglais ont inventé l'expression et ont consacré beaucoup de temps et d'énergie à la prouver dans les faits.

Pendant un moment, elle resta assise, le visage soucieux, puis elle demanda :

— Je voudrais vous comprendre, Clay, mais je vous connais si peu. Pour quelle raison êtes-vous exactement venu à Drumore ?

— Je voulais voir Claremont. C'est aussi simple que cela.

— Mais ce qu'il en reste n'a plus guère de valeur, poursuivit-elle. Si c'était parce que vous espériez en tirer de l'argent, vous avez perdu votre temps. Même pour mon oncle, l'endroit ne vaut plus grand-chose.

Il s'allongea dans l'herbe, les mains derrière la tête.

— L'argent est le dernier de mes soucis. Mon père a acheté deux vaisseaux et a fait fortune en organisant le blocus des Yankees de Nassau à Atlanta. Il a été tué juste avant la fin de la guerre. Il m'a laissé un peu plus d'un million de livres déposées sur un compte en Angleterre.

— Je me sens bien pauvre, en comparaison, dit-elle avec un petit rire. Ce devait être un homme remarquable.

— Certains disaient qu'il avait le Diable au corps, dit Clay. C'était l'homme le plus redoutable que j'ai jamais connu. Ma mère était une femme douce et gentille, et elle était la seule à pouvoir lui tenir tête. Elle n'était guère résistante, pourtant. Elle est morte lorsque j'avais dix ans.

Il resta silencieux à ruminer ses souvenirs.

— Après quoi, il a vendu la plantation et nous avons déménagé. Les choses ont été de mal en pis pendant quelque temps. Il n'a jamais été très doué comme planteur de coton. Nous ne sommes jamais restés très longtemps quelque part. C'était un joueur impénitent et pendant des années il a gagné sa vie en jouant sur les bateaux qui descendent le Mississipi. Après, nous sommes allés à Virginia City, où il a ouvert un saloon.

— Et vous, que faisiez-vous ?

— J'étais pendu à ses basques, dit Clay. Mais j'ai été remarquablement bien élevé, croyez-moi. Je l'ai vu tuer un homme sous mes yeux quand j'avais douze ans. Nous n'en avons jamais reparlé, mais toutes les bonnes choses ont une fin : il a décidé qu'il était temps que j'aille à l'école et il m'a renvoyé dans l'Est chez le frère de ma mère, à New York. Lorsque j'ai eu dix-huit ans, mon père s'est rendu compte que j'étais passionné de médecine et il m'a envoyé à Londres et à Paris pour que j'y achève mes études. Il ne faisait jamais rien à moitié.

— C'est à ce moment-là qu'est survenue la guerre ?

— Pas tout à fait. Il a vendu son établissement de Virginia City et est rentré en Géorgie, où il a acheté une grande plantation et s'est essayé à vivre à nouveau comme un *gentleman*. Il était trop tard, bien entendu. Cela faisait bien trop longtemps qu'il ne vivait plus que d'action et de passion. Mais la passion ne remplace pas l'amour. L'amour grandit, tandis que la passion consume. Il s'est trouvé mêlé tour à tour à plusieurs scandales, des histoires d'adultère, rien que de très banal. La guerre est survenue juste à temps pour l'empêcher de mourir de boisson.

— Et malgré cela, il ne s'est pas engagé ?

— Non, il a laissé ce soin à des imbéciles dans mon genre, comme il m'a dit le jour où je suis parti rallier mon régiment.

— Vous habitiez avec lui, à l'époque ?

— Oui, pendant les deux ans qui ont suivi mon retour de Paris.

— Votre père n'était pas d'accord avec les motifs qu'avait le Sud d'entrer en guerre ?

Clay secoua la tête.

— Ce n'était pas cela. Il savait que nous ne pourrions jamais gagner, c'est tout.

— Alors pourquoi vous êtes-vous engagé, *vous* ? demanda-t-elle simplement.

Il plissa le front.

— Je ne sais pas vraiment. Il y avait tellement de raisons. D'abord parce que j'étais né en Géorgie. Ensuite parce que mes amis et nos voisins s'engageaient. Ne sont-ce pas là les seules raisons que peut avoir un homme de se battre ?

— Et du coup, vous avez embrassé quand même une cause perdue ?

— Au départ, c'était tout sauf cela, commença-t-il. C'était des chevaux et des *gentlemen*, des cors qui sonnaient dans le vent, toute la mystique chevaleresque. Aux premiers jours de la guerre, nous allions encore dans la capitale, à Richmond, et il y avait encore des femmes en robe de bal et des hommes resplendissants dans leurs magnifiques uniformes.

— Et ensuite ? demanda-t-elle.

Il eut un pauvre sourire.

— Ensuite, cela a été le blocus organisé par les Yankees et la famine. J'ai cru que nous allions nous en sortir en juillet 1864, lorsque Jubal Early a réussi à s'échapper de Shenandoah Valley et a fait trembler les Yankees jusqu'à Washington. Mais il était trop tard. Je ne pourrai vous décrire l'enfer qu'ont été les neuf derniers mois.

— Il y a encore une chose qui m'intrigue, demanda-t-elle.

Vous vous êtes engagé comme médecin militaire et vous avez terminé comme commandant d'un régiment de cavalerie. Comment se fait-il ?

— Les hasards de la guerre, répondit-il. A l'été 1863, j'étais en détachement avec le Général Morgan lorsqu'il a accompli sa fameuse expédition sur le Kentucky, l'Indiana et l'Idaho. Nous avons été faits prisonniers et, les Yankees n'aimant guère les pillards, ils ont refusé de nous traiter comme des prisonniers de guerre. J'ai été mis avec les autres officiers, médecin ou pas et nous avons été incarcérés dans le pénitencier de l'État d'Ohio.

— Mais c'est ignoble, s'indigna-t-elle. Vous ne faisiez qu'obéir aux ordres.

— Cela n'avait guère d'importance : nous n'avions nulle intention d'y rester, dit-il en réprimant un petit rire. Nous avons dérobé des couteaux dans le réfectoire, percé presque un mètre d'épaisseur de béton et creusé un tunnel qui aboutissait derrière le mur d'enceinte. Naturellement, nous avons laissé au gouverneur de la prison un petit mot courtois qui le remerciait de son hospitalité.

— Vous avez eu du mal à rejoindre les lignes des Confédérés ?

— Non, pas véritablement, dit-il en secouant la tête. C'est l'un des avantages des guerres civiles. Il est difficile de reconnaître l'ennemi quand il ne porte pas d'uniforme. Lorsque j'ai retrouvé les miens, j'ai demandé à être officier de cavalerie d'active. Les Yankees se souvenaient de moi et ils risquaient de ne pas me traiter comme un non-combattant à l'avenir, aussi n'avais-je guère le choix.

— On dirait que vous avez un talent pour cela, dit-elle avec un sourire narquois.

— En gros, il s'agissait surtout de rester en vie. Et de ne prendre que des risques calculés. Pas comme Morgan. Il a trop tiré sur la corde et a fait une autre expédition dans le Tennessee. Son peloton a été taillé en pièces près d'un endroit appelé Granville. Il s'est fait prendre alors qu'il était caché dans des vignes et on lui a tiré en plein cœur.

Il plissa le front et cligna des yeux comme s'il essayait de percer les profondeurs illimitées du ciel en repensant à Morgan et à son père, qui avaient eu une attitude si semblable envers l'existence. Elle restait assise à côté de lui sans rien dire.

Elle fixait la mer, plongée elle aussi dans ses pensées. Il posa sur elle un regard dénué de passion et ce fut comme s'il la voyait pour la première fois. Comment avait-il pu ne pas la trouver belle ? Elle était splendide, avec ce vent qui rosissait ses joues dorées, et plus d'un homme se serait volontiers laissé engloutir dans les sombres profondeurs de ses yeux.

Elle se retourna et, s'apercevant qu'il la dévisageait, elle rougit et demanda précipitamment :

— Et qu'avez-vous l'intention de faire lorsque vous aurez quitté Drumore ?

— Je ne suis pas pressé. Je veux vider mes narines de l'odeur pestilentielle de la guerre. Je suis venu ici pour trouver un peu de paix, mais je suis déjà tiraillé dans des directions opposées par des forces que je ne peux maîtriser. Quoi qu'il arrive, je ne retournerai jamais en Géorgie. J'ai pensé aller en Californie. Voilà un bien joli pays.

Il ferma les yeux et elle répondit doucement :

— Parfois, il faut faire face aux problèmes qui se dressent devant nous, Clay. L'homme n'est pas une île. Je crois que d'une certaine manière votre père a essayé de vivre parmi les autres tout en restant séparés d'eux et il a finalement découvert que c'était impossible.

Il soupira. Il était évident qu'elle aurait eu cette opinion, que les problèmes de ces gens seraient les siens. Elle était jeune, délicieuse et pleine de bonté. Quelque part, là-haut dans le ciel, une alouette poussa une trille, mais il s'en rendit à peine compte. Elle continuait de parler et sa voix qui montait et descendait finit par se confondre avec le souffle inlassable et triste de la mer.

Il se réveilla brusquement. Au-dessus de lui, les nuages qui tournoyaient et glissaient dans le ciel semblaient indiquer un changement de temps. Elle avait disparu. Pendant un moment, une panique étrange et irrationnelle le saisit et il courut au bord de la falaise. C'est alors qu'il la vit tout en bas sur la grève, au bord de l'eau. Un sentier épouvantablement tortueux s'offrait devant lui et il entreprit une périlleuse descente.

Elle était là, de l'eau jusqu'aux genoux, les pans de la jupe de son habit d'équitation rassemblés dans une seule main, et de l'autre, elle éclaboussait alentour comme une enfant. Elle entendit le bruit de ses bottes sur les galets et se retourna d'un seul coup pour venir en trébuchant à sa rencontre.

— Vous m'avez abandonné, dit-il. Je me suis réveillé et vous étiez partie comme la princesse enchantée de quelque conte de fées.

— Comme vous vous étiez endormi, je suis descendue sur la plage et l'eau était tellement tentante que je n'ai pu résister, dit-elle.

Elle avait posé ses bottes et ses bas sur une grosse pierre au pied du sentier. Elle s'avança dans leur direction et s'arrêta en poussant un petit cri : elle venait de marcher sur une pierre coupante. Clay l'enleva dans ses bras sans une parole et la porta jusqu'à ses chaussures.

Une fois arrivé à la grosse pierre, il la tint encore un peu dans ses bras, ses yeux dans les siens, tandis que sa douce chaleur faisait bouillir son sang dans ses veines. C'est alors qu'elle enfouit sa tête au creux de sa poitrine.

Il la reposa à terre et dit gauchement :

— Je vais remonter m'occuper des chevaux. Pourrez-vous vous débrouiller seule ?

Elle hocha la tête en détournant son regard.

— Je vous rejoindrai dans cinq minutes.

Ses mains tremblaient encore lorsqu'il atteignit le haut de la falaise. Il alluma un cigare avec difficulté à cause du vent et il ramena les chevaux près du bord. Au même moment, elle apparut en haut du sentier.

Elle marchait dans les hautes herbes sèches, le dos au soleil. Il plissa les yeux et son image se troubla. Puis elle s'arrêta et contempla la mer. On eut dit une peinture par un grand maître, tant elle semblait irréelle, éthérée, d'une beauté totale et inégalable.

Il lâcha les rênes et s'avança vers elle. Cette fois, dans ses yeux, la crainte avait laissé la place à une intense chaleur et elle vint à sa rencontre, un grave sourire sur les lèvres.

Elle tendit les mains et, au moment où il s'en saisissait, ils entendirent brusquement un cri non loin, suivi du galop d'un cheval. Clay fit vivement volte-face et vit Joshua qui arrivait à toute allure sur le cheval du coche.

Le Noir s'arrêta et essuya la sueur qui perlait sur son front avec un vaste mouchoir.

— Je suis bien content de vous trouver, Colonel. Le Père Costello a fait envoyer un message pour vous. Il dit qu'il y a une femme, une certaine Cooney qui est en train d'accoucher à Drumore et qu'elle a drôlement besoin de vous.

Joanna s'était déjà élancée vers son cheval et Clay l'aida à monter en selle. Alors qu'il se tournait vers Pegeen, Joshua lui tendit ses fontes.

— Tout votre matériel est là, Colonel, dit-il, partez, je ne pourrai jamais vous suivre avec ce cheval.

— Reste à la maison, répondit Clay. Si j'ai besoin de toi, je te ferai chercher.

Puis il éperonna sa monture et s'élança derrière Joanna qui était déjà en route et galopait à travers la lande.

8

Des nuages voilaient le soleil et étendaient sur le sol leur ombre démesurée comme une grande tache noire. Alors qu'ils entraient dans le village, la pluie commença à tomber et des enfants pieds nus et en loques les poursuivirent en tendant la main dans l'espoir d'une aumône. Clay leur lança une poignée de piécettes pour les éloigner alors qu'ils dépassaient le pub Cohan. Ils s'arrêtèrent à la maison des Cooney.

Alors qu'ils mettaient pied à terre, la porte s'ouvrit et le Père Costello apparut, visiblement soulagé.

— Je suis heureux que vous soyez venu, dit-il. Elle souffre le martyre, la pauvre âme.

Joanna entra la première dans la masure tandis que Clay détachait ses fontes.

— Son mari est-il là ?

Le Père Costello secoua la tête.

— Il est parti pour Galway hier et il n'est pas encore revenu. Il espérait pouvoir emprunter de l'argent à l'un de ses frères qui est dans le commerce. Il a un mois de retard pour son loyer et Sir George l'a menacé de l'expulser si les arriérés n'étaient pas payés avant lundi.

— Mais c'était il y a trois jours ! s'étonna Clay.

— C'est vrai, répondit le prêtre. J'espère que Sir George fait preuve pour une fois de charité chrétienne, étant donné les circonstances. Il leur doit un peu d'égards. Michael Cooney a travaillé pour lui pendant neuf ans jusqu'au jour où Burke l'a congédié en raison de ses trop fréquentes absences à cause de ses problèmes de santé.

— La charité est la dernière vertu que je prêterai à Sir George, observa Clay.

Le vieux prêtre soupira.

— Je crains de ne pouvoir vous contredire, mais le monde est plein de surprises. Quoi qu'il en soit, je ne dois pas vous empêcher de voir votre patiente. Je vais aller chez les Flaherty m'occuper des préparatifs des obsèques de leur fils. Je reviendrai plus tard, si vous me le permettez.

Il s'éloigna en relevant les pans de sa robe pour éviter de les tacher de boue et Clay entra à son tour dans la maison.

La vieille femme, courbée près de son feu de tourbe, était toujours en train de marmonner toute seule et Joanna était occupée à allumer une lampe à pétrole qui attendait sur la table. Elle lui désigna le lit d'un signe de tête et Clay posa ses instruments sur la table avant de traverser la pièce.

Mrs Cooney était à demi inconsciente, le visage convulsé de douleur. Il délaça rapidement ses vêtements et l'ausculta en palpant son ventre gonflé. Puis il se releva et revint à la table.

— Donnez-moi un verre d'eau, demanda-t-il à Joanna en ouvrant sa trousse.

Il versa un opiat dans le verre qu'elle lui tendait et, revenant à Mrs Cooney, lui fit boire le mélange. Elle toussa un peu, puis elle reposa sa tête sur l'oreiller et commença à respirer profondément.

Clay rapporta le gobelet, le visage grave.

— Qui s'est occupé d'elle, jusqu'ici ?

Joanna lui désigna la femme penchée sur le feu.

— La vieille Mrs Byrne. C'est la sage-femme du village. Elle a tout essayé, mais l'enfant refuse de venir.

— Cela n'a rien d'étonnant, répondit Clay. Il se présente dans une position telle qu'elle ne peut accoucher naturellement.

— Pourquoi cela ?

— Pour bien des raisons, dit-il, évasif. Peut-être a-t-elle travaillé trop durement, par exemple, mais peu importe, désormais. (Il ôta sa veste.) Il va falloir que vous m'aidiez. Déshabillez-la rapidement et enveloppez-la dans le drap le plus propre que vous puissiez trouver. Le moment n'est plus à la pudeur.

— Vous allez l'opérer ? demanda Joanna. Lui faire — comment cela s'appelle, déjà ? — une césarienne ?

— Certainement pas, dit-il avec un triste sourire. Surtout dans des conditions pareilles. En général, cela tue la mère et l'enfant avec. Ce n'est jamais qu'un meurtre déguisé.

Il releva ses manches et se versa du whisky sur les mains. Puis il les essuya avec un linge propre pendant que Joanna et la vieille préparaient la femme.

Désormais, elle était sous l'influence de la drogue et, une fois qu'elle fut totalement nue, elle resta allongée sous la lumière jaunâtre de la lampe à pétrole en respirant profondément.

— Qu'en dites-vous ? demanda Joanna.

— Cela ne sera peut-être pas aussi difficile que je l'avais pensé tout d'abord.

Il sortit une paire de forceps de sa trousse et alla s'agenouiller au pied du lit. Il lui fallut plusieurs minutes pour assurer sa prise sur la tête de l'enfant, puis, enfin, il poussa un grognement de satisfaction et vissa les deux pinces.

A ce moment, la porte de la maison s'ouvrit d'un coup et on entra dans la pièce. Clay jeta rapidement un coup d'œil par-dessus son épaule. C'était Peter Burke, accompagné de deux Ecossais chacun armé d'un fusil.

Clay se remit à sa tâche et dit sans s'émouvoir :

— Joanna, dites-leur de sortir.

Joanna se releva, le visage blanc de colère, mais Burke ne lui laissa pas le temps de parler.

— Inutile, Miss Hamilton. Nous avons des instructions très strictes de votre oncle. Les Cooney doivent partir d'ici. On leur a laissé suffisamment de temps, maintenant.

— On ne traiterait pas un chien ainsi, explosa-t-elle. Comment voulez-vous que cet enfant puisse naître ? En pleine rue, ou chez Cohan, peut-être ?

Il haussa les épaules.

— Le colonel peut prendre le temps d'accoucher cette femme, mais, après cela, il faudra qu'elle s'en aille. Quelqu'un la prendra chez lui, sans aucun doute.

Clay essuya la sueur qui perlait sur son front et demanda à Joanna de lui passer sa trousse. Elle la posa au bout du lit et il lui sourit.

— Je pense que vous allez trouver un pistolet quelque part au fond de ma trousse.

Elle sortit du sac le colt qui étincela dans la lumière.

— Tout ce que vous avez à faire, c'est l'armer et appuyer sur la détente, fit Clay. Je serai ravi d'extraire la balle de Mr Burke une fois que j'en aurai fini avec l'enfant.

Joanna s'avança, tenant le colt des deux mains, et visa très précisément la poitrine de Burke.

— Je vous donne exactement cinq secondes pour sortir d'ici, lui intima-t-elle froidement.

— J'obéirais, si j'étais vous, Burke, renchérit Clay. La détente de ce pistolet est particulièrement chatouilleuse.

Les deux Ecossais déguerpirent immédiatement, mais Burke hésita un instant en regardant fixement Joanna. Elle arma le pistolet et, en entendant le déclic métallique résonner dans le silence, il lâcha un juron et tourna les talons. La porte claqua violemment sur lui.

Joanna se précipita pour la verrouiller et revint vers le lit pour ranger le colt dans la trousse.

— Tenez-lui les genoux, dit Clay. Malgré l'opiat, elle risque d'avoir mal. Quoi qu'il arrive, maintenez-la immobile.

Il prit une profonde inspiration, s'assura que les pinces étaient solidement verrouillées et commença à tirer vers le bas. L'enfant bougea. Il redressa les forceps, tira fermement vers le haut et, miraculeusement, l'enfant se retrouva sur le drap au bout du lit.

Clay lâcha les forceps et l'examina soigneusement. Hormis les légères marques du fer sur la tête et qui disparaîtraient par la suite, l'enfant semblait en bonne santé et sauf. C'était un joli petit garçon. Il noua rapidement le cordon ombilical et le trancha à l'aide de son scalpel.

Il souleva l'enfant et le tendit à la vieille pendant que Joanna, d'une main experte, avec cette connaissance innée qu'ont toutes les femmes, aida doucement la mère et nettoya le sang.

Clay la regarda faire pendant un moment.

— De toute évidence, ce n'est pas la première fois que vous faites cela.

Joanna leva les yeux et secoua la tête.

— On m'appelle souvent pour cela. Vous croyez qu'elle ira bien, maintenant ?

— Je crois, oui, dit-il en hochant la tête. On observe toujours une légère fièvre après les couches, mais les femmes semblent l'attraper plutôt dans les hôpitaux que lorsqu'elles accouchent chez elles.

— Vous aviez l'air de savoir vous y prendre, vous aussi.

— Ce n'était pas la première fois pour moi non plus, dit-il dans un sourire.

Il transpirait abondamment et il prit une longue gorgée de whisky au goulot de la bouteille. C'est alors qu'elle s'approcha et éclata en sanglots en l'étreignant, sa tête contre sa poitrine.

— Oh ! Clay, comme je vous aime. Vous ne pouvez savoir combien je vous aime.

Il la tint serrée contre lui tout en lui caressant les cheveux d'une main. Aucune émotion particulière ne le troublait, car il savait, depuis le jour de leur première rencontre, que cela finirait ainsi. Ils le savaient tous les deux.

Ils restèrent enlacés pendant quelques minutes, puis il la repoussa doucement, déverrouilla la porte et sortit. Burke et ses hommes l'attendaient dix mètres plus loin, les fusils à l'épaule.

Plusieurs hommes étaient sortis devant le pub et attendaient de voir la suite des événements. Cohan était au premier rang avec son tablier tandis que des femmes se pressaient sous la pluie pour faire rentrer leurs enfants.

Pendant un court instant, personne ne dit mot. On entendait seulement la pluie qui tombait dans la boue. Puis Burke s'avança, suivi de ses deux acolytes.

Ses yeux brillaient comme des charbons ardents dans son visage blafard. D'évidence, il avait du mal à se maîtriser.

— Si vous avez terminé votre travail ici, Colonel, je vais exécuter mes ordres.

— Dites-moi une chose, répondit calmement Clay. Combien doivent les Cooney ?

Une expression méfiante se peignit sur le visage de Burke.

— Je ne vois pas en quoi cela vous regarde.

— Moi si, répliqua Clay. Et plus que vous ne croyez. Voyez-vous, j'ai l'intention de régler personnellement les arriérés à Sir George cette après-midi même.

Burke secoua la tête d'un air borné.

— Je n'ai rien à voir avec ça. J'ai des ordres et je vais les exécuter.

Clay fit un pas en avant et le frappa si violemment à la bouche qu'il s'écorcha le poing et que Burke, déséquilibré, s'affala dans la boue.

Les deux Ecossais lâchèrent leurs fusils et se précipitèrent sur Clay qui se replia contre le mur. Avec leur allure de brutes bestiales, il était évident que ses opposants ne faisaient pas la différence entre la bagarre et le massacre. A les voir, si jamais ils le mettaient à terre, ils le finiraient à coups de bottes.

C'est au moment où Burke se relevait et s'avançait à son tour que surgit un allié inattendu. Un coup de fusil résonna sous la pluie et tous se retournèrent. Kevin Rogan était à quelques mètres d'eux.

L'un des Ecossais tenta de reprendre son arme, mais Kevin intervint :

— Je n'en ferais rien si j'étais toi. J'ai deux fusils. (Il eut un sourire mauvais.) Il n'y a rien de mieux que de voir une bonne bagarre, mais à trois contre un, ça manque de suspense.

— Tu n'avais pas besoin de te mêler de ça, Rogan, lui dit Burke. Je n'ai pas du tout l'intention de laisser mes hommes me priver de ce plaisir. (D'un geste, il leur ordonna de reculer et se retourna vers Clay.) Je serai heureux d'en découdre avec vous, Colonel, dit-il avec un rictus de fauve, tout en ôtant son manteau.

Ses muscles roulaient sous sa chemise et il avait l'air tout à fait sûr de lui. La dernière fois que Clay s'était battu à mains nues, il avait quinze ans. Et là, par un tour étrange de la mémoire, la scène lui revint très clairement. C'était sur un quai de Natchez, par une chaude après-midi de juillet. Des Noirs déchargeaient une cargaison de fûts vides tandis que le cercle de visages hostiles se refermait autour de lui et que s'avançait son adversaire.

Il avait été vaincu. Battu à plates coutures, ce qui augurait mal du combat d'aujourd'hui. Il s'élança en avant, mais Burke l'esquiva, l'agrippa de la main droite et lui décocha un féroce croc-en-jambe.

Clay resta allongé dans la boue pendant un instant, étourdi par le choc. Il entendit un cri et, alors qu'il se relevait, il vit Joanna à ses côtés.

— Il va vous tuer, Clay, dit-elle d'une voix suppliante. Il a rendu aveugle un lutteur à la foire de Galway il y a trois mois.

Clay l'écarta et s'avança à nouveau. Les dents de Burke étincelèrent.

— Vous n'avez pas l'air en forme, Colonel, dit-il. Mais ce n'est pas fini, loin de là.

Il feinta à gauche, Clay baissa sa garde et Burke lui assena un coup de poing dans l'estomac. Comme Clay vacillait, Burke le frappa à nouveau au visage et lui fendit la pommette. Clay s'affala à nouveau dans la boue.

Hormis une femme qui se mit à hurler et un enfant qui pleurait, tout le monde se taisait et attendait l'issue du combat. Dans son esprit embrumé, une petite voix ne cessait de répéter à Clay qu'il avait été bien imprudent. Burke pesait quinze kilos de plus que lui et jouait de ses poings en expert. Et alors ? Il y avait d'autres façons de s'en sortir. Dans la vie comme en temps de guerre, c'est la surprise qui vous fait remporter la victoire. Autrement, on mord la poussière.

Clay resta au sol pour reprendre ses esprits, tout en gardant un œil sur les bottes de Burke qui attendait. Puis tout à coup, il se détendit comme un ressort, se jeta sur lui, le souleva par-dessus son épaule et le projeta à terre avec une incroyable violence.

C'est là que Burke commit son erreur. A demi assommé par le choc, il essaya quand même de se relever immédiatement. Et alors qu'il avait posé un genou en terre, Clay lui assena de toutes ses forces deux terribles coups au visage. Burke tituba et s'effondra à nouveau sur le sol où il resta, inerte.

Une clameur d'allégresse s'éleva sous la pluie et les villageois accoururent pour féliciter Clay, qui reçut claques dans le dos et sourires admiratifs de toutes parts.

Clay était épuisé et hors d'haleine et il ne savait plus très bien où il en était. Une seule chose était sûre. Il avait eu de la chance. Une chance incroyable. Les poings de Burke étaient des armes mortelles. Il ne l'avait pas vaincu par la force, mais grâce à l'effet de surprise et à ce stratagème que lui avait appris un vieil Indien lorsqu'il était adolescent.

La foule se dispersa et Kevin Rogan vint vers lui, le visage fendu d'un large sourire.

— Mon père regrettera toute sa vie de n'avoir pas vu cela, Colonel, dit-il. (Clay tituba un peu et Kevin passa un bras sous son épaule, alarmé.) Doucement, Colonel. Vous feriez mieux d'aller vous asseoir un moment.

Ils entrèrent dans la maison et Joanna avança une chaise. Alors que Clay s'y laissait tomber, Kevin versa une bonne dose de whisky dans un gobelet.

— Buvez ça, Colonel, dit-il. Il n'y a pas beaucoup d'hommes qui peuvent se vanter d'être sortis d'une bagarre avec Peter Burke suffisamment en forme pour recommencer.

Le visage de Joanna était pâle et inquiet.

— Mon Dieu, dit-elle avec effroi, il vous a entaillé la joue jusqu'à l'os. J'ai cru qu'il allait vous tuer.

— Il n'en a pas été loin, l'assura Clay.

Il se releva et Kevin l'aida à remettre son manteau.

— Vous êtes sûr que vous allez bien ? demanda Joanna.

— Je vais retourner à Claremont et prendre un bon bain chaud. Je n'en mourrai pas.

— Je vais l'accompagner, Miss Hamilton, dit Kevin. Je rentre chez moi, c'est sur ma route.

Elle le remercia d'un sourire.

— Je serai plus tranquille, en effet. (Puis elle sourit à Clay et lissa le revers de son manteau dans un geste presque intime.) Je vais rester chez Mrs Cooney encore un peu. Je ne pense pas qu'il y aura d'autres problèmes. J'essaierai de venir vous voir plus tard.

Il hocha la tête et sortit. Burke était assis, adossé contre le mur. Ses hommes tentaient de lui faire reprendre conscience en le giflant. Clay enfourcha Pegeen et traversa la foule, suivi par Kevin Rogan.

Il sentait encore les effets des terribles coups qu'il venait de prendre et, une fois qu'ils furent sortis du village et hors de portée de vue, il s'arrêta et vomit. Après une pause, il releva la tête et sourit faiblement.

— Je me sens nettement mieux, maintenant.

— Tout ce dont vous avez besoin, c'est de vous allonger un peu, l'assura Kevin.

— Plus tard, répondit Clay. Avant, j'ai une petite visite à rendre à quelqu'un. Il est temps que je dise à Sir George Hamilton ce que je pense vraiment de lui.

— Vous feriez mieux de dormir un peu et de remettre ça à demain, dit vivement Kevin Rogan.

— Non, dit Clay en secouant la tête. Je préfère le faire pendant que je suis d'humeur. D'autre part, il faut que je m'occupe des Cooney. J'ai l'intention de payer les arriérés de leur loyer.

— Mais ce n'est pas l'argent qui intéresse Hamilton, Colonel, dit Kevin Rogan. Ce qu'il veut, c'est le terrain et la maison, pour une raison que j'ignore, sinon il les aurait laissés s'enfoncer jusqu'au cou dans leurs dettes pour se les assujettir corps et âme.

— Il prendra cet argent, même s'il faut pour cela que je le lui enfonce dans la gorge, dit Clay d'une voix sombre.

Kevin Rogan soupira.

— Je vois que vous n'en démordrez pas, Colonel. J'aurais aimé vous accompagner, mais je dois absolument rentrer chez moi dès que possible. Nous avons des choses importantes à faire, ce soir.

Clay se pencha pour lui serrer la main.

— Vous m'avez assez bien aidé pour aujourd'hui. Dites à votre père que je passerai demain matin pour jeter un coup d'œil à sa cuisse.

Puis il fit faire volte-face à Pegeen et s'enfonça à travers bois.

Une fois arrivé sur la lande, il s'élança au galop et le souffle du vent le réconforta. Il contourna le village et entra dans le domaine de Drumore House par une brèche du mur des écuries. De là, il arriva au petit trot devant l'entrée principale.

Le vieux majordome qui lui ouvrit la porte était trop bien élevé pour laisser paraître la moindre surprise en voyant l'état dans lequel se trouvait le visage de Clay. Il lui demanda de patienter un instant et disparut. Un petit moment après, il revint et l'emmena jusqu'à la serre. Cette fois, cependant, il ouvrit une porte à droite et introduisit Clay dans un petit cabinet confortablement meublé.

— Sir George viendra vous rejoindre dans un instant, Colonel, dit-il. Puis-je vous servir quelque chose ?

Clay fit non de la tête et le majordome se retira. Clay s'installa dans un fauteuil à oreillettes près de la porte et ferma les yeux. La porte avait été laissée légèrement entrebâillée et il entendit des gens qui parlaient. Des pas se rapprochaient et, alors qu'ils s'arrêtaient non loin, Clay entendit la voix du majordome :

— Maintenant, tenez-vous correctement quand Sir George s'adresse à vous, mon garçon.

Clay tourna la tête et scruta le corridor à travers l'entrebâillement de la porte. Un homme de petite taille, avec un visage chafouin, vêtu d'une veste de tweed mitée, se tenait humblement, son chapeau dans la main, devant la porte de la serre que le majordome était en train d'ouvrir. Tandis qu'ils s'engouffraient tous deux à l'intérieur, Clay se renfonça dans son fauteuil en fronçant les sourcils. Il avait déjà vu cet homme auparavant. Il avait une bonne mémoire des visages et celui-là n'était pas de ceux que l'on oublie facilement. C'est alors qu'il se souvint. C'était la première nuit où il s'était trouvé dans le pub de Cohan. Le petit homme faisait partie de ceux qui écoutaient Dennis raconter ses exploits de l'après-midi sur la route de Galway.

Il y avait là quelque chose de louche, à n'en pas douter. Clay jeta à nouveau un coup d'œil dans l'entrebâillement de la porte pour voir le majordome ressortir seul et disparaître en direction de l'office. Clay hésita un moment, puis il se décida à traverser le couloir et à ouvrir discrètement la porte.

La moite chaleur de la serre l'enveloppa quand il pénétra dans la pièce. Il entendit des voix non loin. Il prit à gauche et s'avança sur la pointe des pieds le long d'une petite allée qui suivait parallèlement l'allée centrale. Un instant plus tard, caché à l'abri d'une vigne, il put discerner Sir George Hamilton et son visiteur qui conversaient.

— Venez-en au fait, O'Brian, disait Sir George. Qu'avez-vous réussi à découvrir ?

— Oh ! quelque chose de bien, votre honneur, quelque chose de très particulier, répondit O'Brian.

— Cela vaudrait mieux. Dieu m'est témoin que je vous paie assez cher pour cela, dit Sir George d'un ton acide.

— Ça ne vous servira à rien de continuer à faire surveiller les Rogan. Ils ont des sentinelles postées à l'entrée de Hidden Valley, expliqua O'Brian. Mais ce soir, juste avant minuit, ils vont recevoir une cargaison d'un bateau de pêche de Galway. Ce qu'elle contient, je ne sais pas, mais c'est quelque chose d'exceptionnel. Des armes, je crois.

— Ce sera difficile de les prendre sur le fait, réfléchit Sir George à haute voix. Leurs sentinelles nous verront traverser la lande pour atteindre la falaise. Et si le chargement est aussi important que vous le prétendez, ils seront d'autant plus prudents.

— J'y ai pensé, votre seigneurie, dit O'Brian. Je sais qu'ils vont transporter les caisses sur des chevaux jusqu'aux bois de Drumore pour les charger sur des chariots là-bas.

Sir George poussa un cri de triomphe.

— Par Dieu, voilà l'endroit rêvé pour une embuscade. Il n'y a qu'un seul chemin pour traverser ce bois. Nous pourrons leur mettre la main au collet. (Il se retourna, les yeux brillants, en se frottant nerveusement les mains.) Ce sera la corde. La corde. (Il tira sur un cordon dissimulé dans le feuillage au-dessus de lui et Clay entendit sonner une clochette dans les profondeurs de la maison.)

Il battit en retraite. Un instant plus tard, la porte s'ouvrit et le majordome revint. Clay attendit qu'il ait rejoint Sir George et son indicateur, puis il ouvrit la porte et retourna dans le couloir, qui était silencieux et désert. Il rentra dans le cabinet et ferma la porte.

Quelques minutes plus tard, Sir George vint le retrouver. Le sourire qu'il avait aux lèvres disparut lorsqu'il constata dans quel état se trouvait Clay.

— Dieu me garde, Colonel, que vous est-il arrivé ?

Clay sourit.

— Je viens simplement de donner à votre sbire, Burke, la leçon de sa vie.

— Vous m'obligeriez en me précisant les faits, dit Sir George en fronçant le sourcil.

— J'en serai ravi ! lança Clay. J'étais en train d'aider Mrs Cooney à accoucher. Je crois savoir que c'est l'une de vos locataires. Burke a fait irruption dans la maison avec deux hommes armés au moment le plus délicat de l'accouchement et a annoncé qu'il était venu expulser la famille pour cause de retard dans le paiement du loyer. Vous lui en aviez donné l'ordre ?

— Naturellement, Colonel, dit tranquillement Sir George. Après tout, c'est de ma propriété qu'il s'agit. (Il secoua la tête.) Si Burke a été insolent, je le ferai punir. Il doit apprendre à tenir son rang, mais ne vous perdez pas en pitié pour des rebuts de l'humanité comme les Cooney. Le mari est un va-nu-pieds, un fainéant qui n'a jamais travaillé correctement une seule fois dans sa vie. C'est pourquoi je l'ai congédié.

— Et qu'en est-il de sa femme ? demanda Clay. Sans parler de l'enfant. Si je suis bien renseigné, ce n'est pas la première fois que vous expulsez une famille par la force en pareilles circonstances. Une femme n'est-elle pas morte dans un fossé de la route de Galway en donnant naissance à son enfant ? Je crois que mon oncle et vous avez eu un petit différend sur la question.

— Par Dieu, monsieur, vous dépassez les limites ! dit Sir George, le visage congestionné.

— Nous avons assez perdu de temps en paroles, lui répliqua Clay. Je suis venu payer les arriérés de loyer, ainsi que six mois d'avance. Cela devrait assurer à ces pauvres diables un certain répit.

— Mais je ne veux pas de votre argent, Colonel Fitzgerald, répondit Sir George d'une voix glaciale. Je veux recevoir ce qui m'est dû des Cooney et de personne d'autre.

Clay fronça les sourcils de surprise puis il comprit.

— Ah ! bien sûr... En fait, vous *voulez* que ces pauvres gens se retrouvent à la rue. C'est cela que vous voulez, et non pas l'argent.

Le visage de Sir George tourna au violacé et ses yeux étincelèrent.

— Après ce qu'ils ont fait à ma pauvre femme, Colonel, je crois que j'ai le droit de traiter ces sauvages comme bon me semble.

Clay eut un rire méprisant.

— La balle qui vous était destinée a surtout été un soulagement pour votre épouse, Hamilton. Vous lui aviez mené une vie infernale pendant des années. Vous ne détestez pas ces pauvres diables à cause d'elle : c'est cette chose ignoble et répugnante qui s'épanouit en vous et le goût qu'elle laisse dans votre bouche, qui vous terrifie. Vous avez peur, mon ami, peur de mourir et que personne ne vienne s'approcher de votre tombe pour autre chose que pour cracher sur votre cercueil.

Sir George sembla suffoquer et s'agrippa à son col empesé qu'il mit en pièces d'un geste convulsif avant de courir vers l'évier. Clay le regarda s'étrangler sans éprouver la moindre pitié pour lui, puis il quitta la pièce.

Il était épuisé lorsqu'il arriva dans la cour de Claremont, plus épuisé qu'il ne l'avait été depuis longtemps. Un cheval était attaché près de l'entrée et, lorsqu'il descendit du sien, Joanna sortit, suivie de Joshua.

— Où étiez-vous ? demanda-t-elle. J'étais rongée d'inquiétude.

— J'étais en train de parler avec votre cher oncle, dit-il en entrant dans la cuisine. Je crains que nous ne soyons un peu brouillés, désormais.

Il tituba légèrement et se rattrapa au bord de la table. Joshua le soutint d'une main et l'aida à atteindre la porte de l'escalier.

— C'est l'heure d'aller au lit, Colonel, dit-il d'une voix inquiète. Vous avez eu une rude journée.

Ils montèrent l'escalier, suivis de Joanna, et entrèrent dans sa chambre. Tandis que Joshua ôtait le manteau de maître, Clay se regarda dans le miroir. Soudain, le reflet se troubla comme dans un brouillard et il tomba de tout son haut en travers du lit.

Joanna poussa un cri.

— Oh, mon Dieu, il est blessé, dit-elle en se penchant sur lui, inquiète.

Joshua souleva les jambes de son maître et les plaça sur le lit pour lui ôter ses bottes.

— Je l'ai déjà vu comme ça, Miss Hamilton. Il s'évanouit après des efforts intenses. Il est comme les pur-sang : très nerveux.

— Comme si j'avais besoin qu'on me dise cela, fit-elle.

Clay eut un sourire et sentit les ténèbres l'envahir.

Il se réveilla au milieu de la nuit. La lumière de la lune entrait à flots par la fenêtre. Il resta allongé pendant un moment. Quelque chose le tracassait vaguement. C'est alors qu'il se rappela et rejeta vivement les couvertures.

Il trouva du feu et alluma la lampe qui se trouvait sur la commode. Il éprouvait une sourde douleur dans le crâne, il avait mal aux côtes et il ne sentait plus sa joue gauche, celle que Burke avait fendue. Il la palpa d'un doigt précautionneux et grimaça. Il avait une contusion violacée sur le ventre, des bleus en maints endroits et une écorchure au menton.

Alors qu'il examinait ses blessures, la douleur se raviva et il grimaça en s'habillant. Le plus urgent était de prévenir les Rogan de l'embuscade qui les guettait, mais comment allait-il s'y prendre ? S'il se contentait d'y aller en personne ou d'envoyer Joshua porter le message, ce serait pris comme une déclaration d'allégeance ouverte. Non, cela n'irait pas. Il frappa violemment le plancher de son pied botté et passa sa chemise.

La porte s'ouvrit et Joshua entra.

— Vraiment, Colonel, vous devriez rester couché, dit-il d'un ton indulgent.

— Miss Hamilton est partie ? (Le Noir acquiesça.) Quelle heure est-il ?

— Un peu plus de neuf heures, dit Joshua.

— Alors je n'ai guère de temps. Je sais que je vais te désespérer, Joshua, mais je crois qu'il faut que je ressuscite encore une fois le Capitaine Swing.

Il ouvrit sa malle et sortit son manteau de cavalerie. Tout en s'habillant, il expliqua la situation à Joshua.

— Et vous pensez qu'il y aura encore ce soir l'un des fils Rogan en sentinelle au même endroit que la dernière fois ? demanda Joshua une fois qu'il eut terminé.

Clay noua le foulard autour de son cou et baissa son chapeau sur ses yeux.

— Je l'espère bien. Sinon, il faudra que je trouve une autre solution.

Ils descendirent et allèrent seller Pegeen. Un instant plus tard, il quittait Claremont.

La lande était déserte sous la lune voilée de nuages et le seul bruit qu'on y entendait était le soupir solitaire du vent dans la bruyère. Lorsqu'il approcha de Hidden Valley, Clay quitta le chemin et fit un détour pour approcher l'endroit par une autre direction en passant dans l'herbe pour étouffer le bruit des sabots de Pegeen.

Il la laissa attachée à un buisson dans un val auprès d'un ruisseau et remonta pour pénétrer dans le bosquet où Dennis Rogan se cachait la dernière fois. Il s'avança avec précautions, puis il entendit un toussotement discret et le vent lui apporta l'odeur d'un cheval.

Clay s'arrêta derrière un hêtre et sortit son colt. Au même moment, les nuages se dissipèrent et un rayon de lune vint éclairer le visage de Marteen Rogan, assis sur un tronc d'arbre, son cheval attaché auprès de lui.

Le cheval leva la tête et poussa un hennissement comme pour l'avertir. Clay s'avança et leva son colt d'un air menaçant vers Marteen qui se retournait. Le jeune homme en resta stupéfait.

— Dieu me garde, c'est le Capitaine Swing, dit-il dans un souffle.

— Excellent, Marteen, dit Clay en feignant un accent irlandais. Maintenant, tourne-toi et il ne t'arrivera rien.

Le garçon obéit et leva les mains.

— Dieu me garde, Capitaine, mais on est pourtant du même côté ?

— C'est une façon de parler, répondit Clay. Mais je n'ai pas le temps de bavarder. Ton frère Kevin et ses amis ont rendez-vous dans les bois de Drumore, je crois. Dis-leur que Sir George Hamilton et ses hommes ont prévu de se trouver là-bas. Dis-lui aussi de faire attention à qui l'écoute, à l'avenir, et de se méfier d'un petit homme nommé O'Brian qui fréquente le pub de Cohan.

Le garçon resta sans voix tandis que Clay le poussait vers sa monture.

— Monte là-dessus, mon garçon. Il faut que tu piques des deux si tu veux arriver à temps.

— Dieu vous bénisse, Capitaine, dit Marteen qui sautait en selle. Un instant plus tard, il sortait du couvert et s'enfonçait au galop dans la nuit.

Clay rengaina son colt et revint vers Pegeen. Il remonta péniblement en selle et reprit le chemin de Claremont. Tout à coup, il se sentit à nouveau épuisé. La journée avait été longue, mais en tout cas, elle s'était terminée de façon satisfaisante.

Joshua l'attendait, inquiet. Clay mit pied à terre et, le laissant desseller Pegeen, monta dans sa chambre et se dévêtit. Il se mit au lit et resta à regarder le plafond. Un peu plus tard, Joshua monta avec un grog et refusa de redescendre tant qu'il ne l'eut pas bu jusqu'à la dernière goutte.

Une fois que le Noir eut éteint la lampe et quitté la chambre, Clay recommença à scruter l'ombre du plafond en repensant aux bois de Drumore et en se demandant ce qui était en train de se passer au même moment.

Ce n'est que beaucoup plus tard qu'il apprit que Burke et ses hommes avaient attendu jusqu'à l'aube dans les bois en grelottant. Au petit matin, Burke avait envoyé un homme en éclaireur sur le chemin. Il était revenu avec un morceau de papier qu'il avait trouvé accroché à un arbre.

Il portait un message laconique : *Avec les compliments du Capitaine Swing*, tracé de l'écriture nette et scolaire de Cathal Rogan. Ce que Burke ou Sir George avaient dit après l'avoir lu, cela, nous ne le saurons pas.

9

Clay s'éveilla d'un profond sommeil sans rêves. Il avait le côté droit du visage un peu endormi et il éprouvait une sourde douleur au creux du ventre, mais, hormis cela, il se sentait bien. Quelle qu'en ait été la recette, le grog de Joshua s'était révélé efficace.

Il s'assit sur le bord du lit et constata à sa montre qu'il était presque 3 heures. Il avait dormi pendant au moins quatorze heures. Il se mit sur ses pieds et tituba jusqu'à la fenêtre.

Des nuages menaçants s'amoncelaient sur les champs, la pluie coulait des gouttières et, lorsqu'il plongea son regard dans la cour, il s'aperçut que les arbres commençaient à se dénuder et que des feuilles brunes tourbillonnaient sur le sol. Il s'habilla promptement. Il en était aux bottes lorsque la porte s'ouvrit et que Joshua entra, portant un plateau chargé d'une tasse et d'une cafetière.

— Je vous ai entendu vous lever, Colonel, dit-il en lui servant du café. Comment vous sentez-vous ?

— Beaucoup mieux que je n'étais en droit de m'attendre, répondit Clay. (Il but un peu de café.) Il est bon.

Il posa la tasse et commença à boutonner sa chemise C'est alors qu'il remarqua l'expression grave du visage de Joshua.

— Qu'est-ce que tu as, Josh ? Il est arrivé quelque chose ?

Le Noir poussa un long soupir.

— Je crains bien, Colonel. Je suis descendu au village juste avant midi pour acheter des provisions. Il y a eu un meurtre chez Cohan.

La pluie qui frappait aux carreaux de ses doigts de spectre ponctua le silence et Clay répondit doucement.

— Savez-vous de qui il s'agit ?

— Oui, fit Joshua. Un nommé Varley, l'un des hommes de Sir George Hamilton. Apparemment, c'est celui qui a poignardé Shaun Rogan lors de la bagarre de l'autre nuit.

— Qui l'a tué ? demanda Clay du même ton calme.

— Kevin Rogan, répondit Joshua. Il était en train de prendre un verre au pub avec son frère Dennis. Selon Cohan, Varley et quelques-uns de ses amis sont entrés et une bagarre a éclaté. Varley a sorti un pistolet, mais Kevin Rogan lui a fait sauter des mains d'un coup de pied et lui a brisé le crâne avec une chaise.

— Que s'est-il passé ensuite ?

— Dennis Rogan s'est échappé par la porte de derrière, je l'ai vu partir au galop. Son frère était inconscient quand on l'a transporté dehors et qu'on l'a attaché en travers d'un cheval pour l'emmener à Drumore House. J'ai comme l'impression qu'il va finir au bout d'une corde, Colonel.

— C'est une sale affaire, dit Clay. Même si Rogan bénéficie d'un procès équitable, il n'a aucune chance avec Sir George Hamilton.

Il prit son manteau. Au même moment un bruit de sabots se fit entendre sur les pavés de la cour. Joshua alla à la fenêtre.

— C'est Miss Hamilton.

Clay descendit les escaliers quatre à quatre et la trouva debout près du feu qui faisait fumer ses vêtements trempés. Elle se retourna vers lui, le visage tiré et angoissé et il l'attira dans ses bras pour la tenir serrée contre lui pendant un moment.

— Oh, Clay, il est arrivé quelque chose d'affreux, dit-elle.

— Je sais, dit-il. Joshua était au village et il vient de tout me raconter. Qu'est-il advenu de Kevin Rogan ? S'il lui arrive quoi que ce soit à cause de votre oncle, je lui en ferai rendre raison, même si c'est la dernière chose que je doive faire sur cette terre.

— Mais il n'est absolument pas question de cela, dit-elle. Il a prévu d'emmener Kevin à Galway lui-même. Il a dit que le procès serait une simple formalité. Avec le genre de preuve qu'il va pouvoir présenter, Kevin est bon pour la potence.

— C'est justement ce que je crains. dit Clay. A-t-on des nouvelles de Shaun Rogan ?

— Oui, c'est l'une des raisons pour lesquelles je suis venue vous voir. Mon oncle m'a interdit de quitter la maison et j'ai dû seller mon cheval moi-même et me glisser dehors par le verger. J'ai vu le domestique de Burke en passant devant sa maison. Apparemment, Burke avait passé la nuit dehors et il avait décidé de rester couché toute la journée pour se reposer. Il y a environ une heure, Shaun Rogan est venu à cheval avec trois de ses fils et l'a emmené sous la menace d'une arme. Ils ont laissé un message à mon oncle : s'il ne leur rend pas Kevin avant 6 heures, ils pendront Burke.

— Sellez Pegeen, demanda Clay à Joshua. C'est exactement le genre de chose à laquelle je m'attendais de la part de Shaun Rogan, mais je me demande comment il a fait pour monter en selle avec sa blessure.

— Qu'avez-vous l'intention de faire ? demanda-t-elle.

— Tout d'abord, il est évident qu'il faut que j'aille voir Shaun Rogan pour lui demander de ne rien faire tant que je n'aurai pas parlé à votre oncle. J'aimerais que vous veniez avec moi. Ils ont l'air d'avoir un certain respect pour vous.

— Le plus difficile ne sera pas de retenir les Rogan, dit-elle, mais de faire entendre raison à mon oncle.

Il essaya de paraître rassurant et lui serra les épaules tandis qu'ils sortaient prendre leurs chevaux.

— Je verrai bien comment je m'y prendrai le moment venu.

Il pleuvait à verse lorsqu'ils arrivèrent sur la lande, mais il n'y faisait pas attention. Il était plongé dans ses propres préoccupations et cherchait désespérément une solution à un problème qui semblait n'avoir qu'une seule issue : deux hommes finissant chacun au bout d'une corde. Si on laissait Shaun Rogan et sa famille faire eux-même justice, ils étaient condamnés. La cavalerie serait appelée en renfort pour les déloger une bonne fois pour toutes de leur petite vallée.

Alors qu'ils arrivaient auprès du bosquet d'arbres qui ouvrait le val, Dennis Rogan en sortit et les rejoignit, monté sur sa jument rouanne, un fusil sur le bras.

— Votre père est en bas ? demanda Clay.

— Pour sûr, Colonel, répondit Dennis. Il espérait pouvoir vous parler. Je crois que Marteen devait aller chez vous, mais tout le monde est trop occupé à soigner la jambe de mon père pour le moment.

— Quel imbécile, dit Clay. Je lui avais bien dit de ne pas monter pendant une semaine ou deux.

Dennis fit un signe de tête à Joanna et repartit sous le couvert des arbres. Ils descendirent le sentier et pénétrèrent dans la cour. Alors qu'ils descendaient de cheval, la porte s'ouvrit et Cathal sortit en courant pour aider Joanna à mettre pied à terre. Clay défit ses fontes et entra dans la maison sans mot dire.

Shaun Rogan était à nouveau affalé dans un fauteuil auprès du feu, le pied posé sur un tabouret et la jambe de son pantalon fendue jusqu'à la taille. Sa femme était penchée sur lui et tentait d'arrêter l'hémorragie. Burke était assis sur une chaise dans un coin et ligoté par des cordes qui lui entraient cruellement dans les chairs et l'immobilisaient totalement. Ses yeux lancèrent des éclairs lorsqu'il vit Clay, mais il ne broncha pas.

Clay ouvrit sa trousse et s'agenouilla près du Grand Shaun.

— Je croyais pourtant bien vous avoir dit de ne pas forcer sur cette jambe ?

— J'avais un travail à faire, gronda Shaun. Un travail d'importance.

Son visage se tordit de douleur et il tendit la main pour atteindre la bouteille de whisky.

Plusieurs des points de suture avaient cédé et Clay reprit aiguille et fil pour réparer les dégats. Tout en s'y employant, il dit :

— Je suis désolé de ce qui est arrivé à Kevin, mais vous ne lui rendez pas service en agissant comme vous le faites.

— Parlons peu, mais parlons bien, Colonel, fit Shaun Rogan. S'ils réussissent à jeter mon garçon dans la prison de Galway, ce sera déjà un homme mort. Les hommes d'Hamilton raconteront leur version des faits et aucun de ceux qui étaient présents dans le pub n'aura les tripes de les contredire. (Il secoua la tête et dit posément :) J'ai pris ma décision. Si Kevin n'est pas de retour ici avant 6 heures, je pendrai ce vaurien de Burke. Je lui passerai moi-même la corde au cou. Personne d'autre que moi n'en endossera la responsabilité.

Burke eut un rire rauque.

— Si vous croyez que Sir George me considère comme une monnaie d'échange suffisante contre ton fils, Rogan, tu te fourres le doigt dans l'œil, dit-il. Il sera ravi que tu me pendes, au contraire. Comme ça, il aura le plaisir de vous faire tous pendre ensuite.

— Il a raison, Mr Rogan, intervint Joanna en désespoir de cause. Je connais mon oncle et je sais quelle est sa façon de penser. En pendant Burke, vous vous jetez dans la gueule du loup.

Clay noua le bandage et Shaun Rogan secoua la tête.

— Je ne vais pas rester là à rien faire pendant qu'on pend mon fils pour avoir tué un homme alors qu'il était en état de légitime défense, dit-il. Varley a tiré sur lui et Kevin ne pouvait pas réagir autrement. (Il vida la bouteille et la reposa posément sur le sol.) Je ne reviendrai pas sur ce que j'ai dit. Si Kevin n'est pas revenu à 6 heures, Burke sera pendu.

Clay se releva et jeta ses fontes par-dessus son épaule.

— Vous me devez une faveur, Shaun, et vous pouvez vous en acquitter très facilement. Je vais aller chez Hamilton voir ce que je peux faire. Je veux seulement que vous me promettiez que vous ne ferez rien avant minuit.

Il y eut un silence tendu et Mrs Rogan se précipita vers son mari pour poser timidement une main creusée de rides sur son épaule.

— Fais confiance au Colonel, Shaun. Il a déjà prouvé qu'il était un ami.

Shaun Rogan continuait d'hésiter. Clay s'impatienta.

— Pour l'amour du Ciel, décidez une bonne fois pour toutes de ce que vous voulez vraiment. Voir revenir votre fils sain et sauf ou pendre Burke au bout d'une corde. Le dilemme n'est pourtant pas si difficile.

Le Grand Shaun abattit sa large main sur le bras de son fauteuil.

— Par Dieu, non, ce n'est pas difficile, Colonel. J'attendrai jusqu'à minuit.

Joanna en avait les larmes aux yeux et Clay lui fit un rapide sourire.

— J'aimerais que vous restiez ici, Joanna, de façon à vous assurer que Shaun ne se trompe pas d'heure.

Elle acquiesça de ses grands yeux noirs qui tranchaient sur son pâle visage.

Il s'approcha et lui pressa la main.

— Ne vous inquiétez pas, dit-il doucement, je vais trouver quelque chose.

Il préféra se détourner de cet espoir qu'il avait fait naître dans son regard et alla retrouver Pegeen.

Une fois arrivé sur la lande, il laissa aller sa monture et partit au galop sous la pluie en pensant au conflit qu'il s'apprêtait à affronter. Il avait déjà formé un plan, mais il lui fallait encore voir si Sir George allait se laisser raisonner.

Il quitta la lande, entra par la brèche du mur et traversa les pelouses au trot. Alors qu'il passait derrière les écuries, il vit qu'on apprêtait un attelage et qu'une bonne dizaine d'hommes étaient en train de seller des chevaux.

Il sauta à terre au pied des escaliers et atteignit la porte. Alors qu'il s'apprêtait à tirer la cloche, le majordome ouvrit. Au même instant, une main l'écarta et Sir George fit son apparition.

— Vous n'êtes plus le bienvenu dans ma demeure, Colonel Fitzgerald, dit-il d'une voix glaciale.

— Pour l'amour du Ciel, oublions nos affaires personnelles, dit Clay. Nous avons à discuter de quelque chose de bien plus important. Vous rendez-vous compte que les Rogan détiennent Burke et ont l'intention de le pendre si Kevin Rogan ne leur est pas rendu avant 6 heures ?

— J'ai déjà pris connaissance de la situation, répondit Sir George. Naturellement je suis extrêmement ennuyé de ce qui arrive à Burke, mais dans les circonstances présentes je ne puis rien faire. Il est beaucoup plus important pour la paix de ce pays que des malfaiteurs de la triste réputation de Kevin Rogan soient jetés en prison. J'ai l'intention de l'escorter personnellement jusqu'à Galway dans une heure. Après quoi, j'espère rentrer avec des renforts suffisants pour expulser cette maudite famille de Hidden Valley une bonne fois pour toutes.

Une rage soudaine fit bouillir Clay, qui faillit perdre son sang-froid.

— Vous vouliez que ce genre de chose arrive, n'est-ce pas ? S'ils pendent Burke, vous aurez toute latitude de les faire pendre à leur tour.

— Exactement, répondit Sir George avec une lueur malsaine dans le regard. Je les contemplerai en train de se balancer au bout d'une corde, même si c'est la dernière chose que mes yeux auront le droit de voir.

Pendant un moment, Clay resta à fixer ce regard dément, puis il redescendit les marches vers Pegeen. Alors qu'il remontait en selle, il entendit Sir George s'adresser à son majordome.

— Si cet homme remet le pied sur mes terres, j'entends qu'on lâche les chiens sur lui. Est-ce bien clair ?

La porte se referma et Clay repartit au trot à travers les herbes. Il n'attendait guère de résultats de cette entrevue et il n'avait rien obtenu, excepté qu'il avait découvert que Sir George était un déséquilibré, quelque chose qu'il soupçonnait déjà depuis leur première rencontre. Sans doute le fait de savoir qu'il était condamné par sa maladie à une mort chaque jour plus proche devait-il obscurcir son esprit. C'est de ce désespoir qu'était né le besoin de passer sa rage et ses terreurs sur quelqu'un d'autre. Les Rogan tombaient à point nommé.

Il ne restait plus qu'une solution et Clay eut un sourire sardonique tandis qu'il arrivait à Claremont. Qu'est-ce que Morgan disait toujours, au fait ? *Dans la guerre, il faut toujours faire de son premier mouvement un chef-d'œuvre d'audace, tel que l'ennemi ne puisse s'y attendre. Ensuite, il suffit de jouer les cartes au fur et à mesure qu'elles arrivent.*

Morgan avait appliqué dans sa vie cette maxime avec un certain succès, mais elle avait aussi été la cause de sa mort, songea tristement Clay en rentrant dans la cuisine et en déposant ses fontes sur la table. Joshua se détourna de ses fourneaux, les manches relevées.

— Vous arrivez juste à temps pour le dîner, Colonel.

— Il faut que je reparte sur-le-champ, répondit Clay. Mais je serais bien content de pouvoir prendre un sandwich et une tasse de café.

Il remonta dans sa chambre et sortit sa veste. Puis il ouvrit sa malle et s'empara de son grand manteau gris de cavalerie. Alors qu'il le boutonnait soigneusement, un coup de tonnerre menaçant résonna dans le lointain et le ciel s'assombrit. La pluie redoubla soudainement de violence et il hocha la tête avec satisfaction. Cela allait servir ses projets. Il boucla la ceinture de cuir noir et se souvint que le colt était resté dans son sac en bas. Enfin, lorsqu'il se coiffa du feutre de campagne et se tourna vers son miroir, la silhouette qu'il y aperçut avait son identité propre. Il frissonna légèrement et quitta la pièce.

Joshua avait préparé café et sandwichs qui attendaient sur la table et Clay prit son pistolet dans son sac pour le vérifier une dernière fois. Après avoir bu une grande gorgée de café, il expliqua la situation à Joshua, dont le visage s'assombrit.

— Je n'aime pas cela, Colonel. Je n'aime pas cela du tout. Ils doivent être sur leurs gardes, c'est sûr.

— Je ne crois pas, répondit Clay. Les Rogan gardent Burke prisonnier. Que peuvent-ils faire d'autre ?

— Cela commence à devenir dangereux, Colonel, continua Joshua. Cette fois, quelqu'un va vous soupçonner, c'est certain.

— J'y ai pensé, avoua Clay. Il y a quelques risques, mais je dois les prendre. (Il finit son café et donna une claque sur l'épaule de Joshua.) Ne t'inquiète pas, je reviendrai sain et sauf. Pour te dire la vérité, je commence même à m'amuser un peu. Les vieilles habitudes ont du mal à disparaître.

Joshua se contenta de hocher la tête.

— C'est précisément ce qui m'inquiète, Colonel. Réfléchissez bien à chaque pas que vous ferez, et réfléchissez-y à deux fois.

Il resta sur le seuil, le visage grave, tandis que Clay s'éloignait sous la pluie battante en direction de la lande.

Il fallait trouver la solution quelque part en chemin sur la route de Galway, cela c'était évident, et le plus près possible de Drumore. Il s'élança sous la pluie torrentielle sur le même chemin qu'il avait pris pour aller à Kileen s'occuper de Marley, mais, alors qu'il tournait pour rejoindre la route de Galway, il n'avait toujours pas trouvé sa solution.

Ce ne fut qu'après 6 heures qu'il la trouva, alors qu'il contournait Kileen en passant à travers les bois qui couvraient la vallée, une main levée pour éviter les branches détrempées qui le fouettaient au visage. Une fois qu'il eut dépassé le village, il retourna sur la route et, un moment plus tard, il arriva à un pont de pierre qui surplombait un torrent rugissant.

A une époque, le centre du pont avait été emporté par une crue et on l'avait réparé temporairement avec des grosses planches. Déjà, l'eau écumante s'infiltrait par les fentes du bois. Clay mit pied à terre et alla y voir de plus près. C'est alors qu'il commença à entrevoir un plan.

Kileen était à environ cinq cents mètres de là. Il repartit vers le village à travers bois. Il se souvenait qu'un pub, semblable à celui de Cohan, occupait le bout de l'unique rue et il s'en approcha par l'arrière avec précautions avant d'attacher Pegeen à un buisson à côté du grand mur qui en fermait la cour.

Il y avait une brèche dans le mur et, tirant son foulard noir sur son visage, il se faufila à travers jusqu'à la porte de derrière. Elle s'ouvrit sans difficulté et il se retrouva dans une cuisine pavée. Il dégaina son colt.

La pièce était vide, mais, par une lourde porte de bois entrebâillée, il entendit des voix. Il tendit l'oreille, puis il ouvrit la porte toute grande et entra dans le pub.

Le tenancier était en train de servir, une cruche à la main. Il resta immobile et une expression d'effarement grotesque se peignit sur son visage.

— Dieu du Ciel, murmura-t-il. Le Capitaine Swing !

Deux hommes étaient assis au coin du feu. L'un avait un visage ridé et de longs cheveux blancs. Clay s'aperçut avec surprise que l'autre était le Père Costello.

Lorsqu'ils se tournèrent vers lui, il leur dit doucement :

— Ne tentez rien et il ne vous sera fait aucun mal.

Le tenancier alla rejoindre les deux hommes assis au coin du feu et le Père Costello répondit sans s'émouvoir.

— Ce sont des hommes de bien, l'ami. Je m'en porte garant.

Le tenancier semblait s'être remis de sa surprise et il le dévisagea avec curiosité.

— Par tous les saints, Capitaine, Le Père Costello dit la vérité. Nous sommes tous des Irlandais, ici, et que le diable emporte ces maudits Anglais !

— Vive la République ! croassa le vieillard, tandis que le Père Costello posait une main apaisante sur son bras.

— Je ne veux de mal à personne ici, dit Clay, mais j'ai besoin de votre aide. Vraiment. (Il regarda le tenancier.) Combien de clients attendez-vous ce soir d'ici une demi-heure ?

— Les gars du coin arrivent généralement vers 8 heures. Il y en aura peut-être un ou deux avant, mais je ne parierais pas là-dessus, vu le temps.

Clay hocha la tête d'un air satisfait.

— Voilà qui me convient parfaitement. Avez-vous un cheval dans l'écurie, derrière ?

Le tenancier acquiesça et répondit fièrement :

— Vous pouvez le dire. C'est la plus belle jument des environs à une journée d'ici. Elle m'a rapporté vingt livres à la foire de Galway cet été.

— La prêteriez-vous pour sauver la vie d'un homme ? demanda Clay.

L'homme fronça les sourcils et ses narines se dilatèrent.

— Par Dieu, je le ferai si c'est vous qui le demandez, Capitaine. Nous vous devons bien cela et davantage, à Kileen, après la correction que vous avez donnée au seigneur Marley.

— Vous êtes un brave homme ! répondit Clay. Maintenant, écoutez ce que je vous demande de faire. D'ici une heure, environ, Sir George Hamilton va traverser Kileen en coche avec une escorte armée. Il transporte Kevin Rogan à Galway pour le faire pendre.

Le Père Costello siffla entre ses dents et le vieillard se signa en murmurant :

— Dieu nous garde !

— Quand ils arriveront, continua Clay, je veux que vous sortiez et que vous arrêtiez l'attelage. Dites à Sir George que le pont a été emporté par le torrent et que des hommes sont en train de le réparer. Il veut atteindre Galway dans la nuit, aussi j'espère qu'il enverra ses hommes prêter main forte à ceux qui travaillent sur le pont et qu'il attendra ici avec Rogan.

— Si Kevin Rogan a tué un homme, il doit être jugé, fit remarquer tranquillement le Père Costello.

Clay secoua la tête.

— S'il n'est pas revenu chez lui avant minuit, son père a décidé de pendre Peter Burke, mon Père. Choisissez.

Le prêtre prit une expression soucieuse et le tenancier répondit d'une voix hésitante :

— Ce n'est pas que je craigne pour moi-même, Capitaine, mais il faut que je pense à ma fille qui est seule à Galway. Que se passera-t-il quand Sir George apprendra que j'ai aidé des gens à le duper ?

Avant même que Clay eût pu répondre, le Père Costello intervint :

— J'ai cru comprendre que si nous refusions de collaborer à votre plan, Capitaine, vous nous réserviez quelque violence, n'est-ce pas ?

Clay saisit immédiatement la perche :

— Bien évidemment, mon Père.

— Bien, il me semble donc que je n'ai pas d'autre choix, soupira le prêtre, que de sortir parler à Sir George, afin de pouvoir sauver mes deux compagnons de votre courroux.

Le tenancier sourit et se tourna vers Clay.

— Je vais seller la jument, Capitaine.

Clay lui expliqua où il devait la laisser et l'homme s'en fut.

Alors que Clay scrutait l'obscurité par la fenêtre, le prêtre dit :

— C'est une terrible affaire.

Clay hocha la tête.

— Je ne vois pas d'autre solution pour sortir de cette situation à part rendre à l'Irlande sa liberté. La violence engendre la violence, mon Père.

— Mais est-ce qu'un homme sensé est forcé d'y prendre part ? demanda doucement le Père Costello. Je suis sûr qu'il existe d'autres façons d'occuper sa vie.

— Tout dépend de votre point de vue, répondit Clay. Il n'y a pas si longtemps, j'ai rencontré quelqu'un qui disait : « La vie est action et passion, et c'est pourquoi il faut qu'un homme partage la passion et l'action de son époque, sans quoi on pourrait juger qu'il n'a pas vécu. »

Le Père Costello hocha la tête.

— C'est une bien intéressante théorie. Le problème, c'est que les êtres humains se haïssent très facilement. Combien de fois, je vous le demande, combien de fois un rebelle n'a-t-il pas brûlé la maison d'un autre, non pas pour des raisons politiques, mais pour assouvir sa propre vengeance ?

— Vous touchez là au cœur du problème, répondit Clay, qui s'aperçut avec horreur qu'il venait de parler sans contrefaire sa voix.

Le prêtre ne semblait pas l'avoir remarqué.

— Une dernière chose, monsieur, dit-il. Je voudrais que vous me donniez votre parole que vous ne tuerez personne ici ce soir.

Clay se tourna vers lui et sourit malgré le foulard qui lui cachait le visage.

— Peut-être devrai-je faire sauter une ou deux cervelles, mon Père, mais pas davantage.

Le tenancier venait de rentrer.

— Tout est prêt, Capitaine.

— Autre chose, dit-il. Avez-vous sous la main un couteau bien aiguisé ? Je suppose que le prisonnier sera attaché.

L'homme sortit un couteau de derrière son comptoir et Clay lui expliqua :

— Restez ici. Lorsqu'ils arriveront, je pousserai Rogan vers vous. Vous pourrez couper ses liens pendant que je m'occuperai des autres.

A ce moment, ils entendirent le bruit reconnaissable de roues qui approchaient dans la rue et Clay se mit à la fenêtre. Le coche avançait lentement dans la boue, précédé et escorté de cavaliers armés.

Le Père Costello se leva et sourit doucement.

— Il semblerait que le moment soit venu pour que j'entre en scène.

Il s'arrêta sur le seuil, la porte entrouverte et se retourna vers Clay :

— Souvenez-vous de votre promesse, lui dit-il.

Puis il sortit.

Il leva la main et la troupe s'arrêta. Il était impossible d'entendre ce qu'il disait. Le Père Costello s'approcha de la portière du coche et Sir George passa la tête dehors avec humeur. Au bout d'un instant, il donna un ordre. Quatre de ses hommes mirent pied à terre et les autres s'élancèrent vers le pont. La porte s'ouvrit et le Père Costello rentra et alla se réchauffer auprès du feu. Clay s'était embusqué derrière la porte et retenait son souffle. C'est alors que Kevin Rogan entra à son tour, suivi de Sir George qui tenait un pistolet à la main.

Rogan avait les mains solidement liées derrière le dos. Clay lui assena un violent coup de pied qui l'envoya buter contre le comptoir, tandis qu'il poussait Sir George de côté et qu'il fermait la porte en plein sur le visage de l'homme qui les suivait.

Il ferma le verrou et se retourna au moment précis où Sir George se relevait sur un coude et tirait. La balle atteignit Clay dans l'avant-bras gauche et il s'arrêta net sous le choc. Luttant contre la douleur qui l'envahissait, il donna un coup de pied dans la main de Sir George qui lâcha le pistolet. Puis il s'élança dans la cuisine.

Kevin y était déjà, les mains libres, et Clay le poussa dans la cour jusqu'à la brèche du mur. Il faisait presque nuit et les chevaux les accueillirent d'un hennissement de bienvenue. Clay sauta en selle et, l'instant d'après, il s'élançait, suivi de près par Kevin.

Ils traversèrent le petit lac au bout du village et prirent le chemin de la lande. Derrière eux, ils entendirent faiblement à travers la pluie une clameur qui montait de Kileen et Clay eut un sourire malgré la douleur. En tout cas, la théorie de Morgan s'était révélée juste et une balle, c'était un bien faible prix à payer pour ce succès.

Il fit arrêter Pegeen et Kevin Rogan arriva à sa hauteur.

— Pourquoi s'arrête-t-on ? demanda-t-il dans l'obscurité.

— Parce que c'est là que nos chemins se séparent, lui répondit Clay. Je vous ai sauvé la vie, Rogan. Maintenant, c'est votre tour de faire quelque chose pour moi. Votre père a retenu Peter Burke en otage pour obliger Sir George à vous relâcher. Si vous n'êtes pas chez vous avant minuit, il le pendra.

— Mais vous êtes blessé, dit Kevin. Laissez-moi au moins vous aider à faire un pansement.

— Rentrez chez vous, mon garçon ! s'écria Clay d'une voix qui n'admettait pas la réplique. Il fouetta la croupe de la jument qui s'élança dans la nuit et il fit demi-tour.

Peu de temps après, il s'arrêta et ôta son foulard pour s'en faire un pansement. Puis il reprit son chemin solitaire sous la pluie. Ce fut une terrible chevauchée. Il ne cessait de presser sa monture en serrant les cuisses pour ne pas tomber. Cela devait faire une heure qu'il galopait lorsque la jument trébucha sur une butte et lui fit vider les étriers.

Il ne se rendit pas compte du temps qu'il était resté allongé au sol, inconscient. Il se souvenait seulement de la langue râpeuse de Pegeen qui l'avait éveillé. Puis il s'était remis en selle et la jument avait repris d'elle-même le chemin de Claremont. Elle avait traversé la cour, le bruit de ses sabots étouffé par le crépitement incessant de la pluie, et s'était arrêtée à l'écurie. Clay était resté un moment en selle avant de se laisser tomber à terre et de traverser la cour en titubant, affaibli par la douleur.

La cuisine était plongée dans l'obscurité et il se demanda vaguement si Joshua s'était couché. Tandis que l'averse faisait rage au dehors, il lui sembla que l'air était chargé d'électricité, comme si toute la pièce était éveillée, comme si dans l'obscurité environnante était tapie une présence qui attendait. C'est alors qu'un éclair déchira le ciel et que, dans la soudaine lumière, Clay vit Joshua, Kevin Rogan et Joanna qui le regardaient de l'autre côté de la table.

Ce qui se passa ensuite resta confus dans sa mémoire. Joanna s'approcha de lui, le visage étonnamment calme, tandis que Kevin lui ôtait ses vêtements et que Joshua faisait chauffer de l'eau. Ils enveloppèrent Clay dans une couverture et le firent asseoir près du feu et Joanna lui tendit une bouteille de cognac en lui disant de boire.

Il toussa sous l'effet de l'alcool qui lui brûlait les entrailles, puis Joshua posa une bassine d'eau sur la table et ouvrit la trousse de Clay.

— Il faut extraire cette balle, Colonel.

Clay prit une profonde inspiration et lutta pour retrouver toute sa maîtrise de soi.

— Je ne crois pas que le bras ait été fracturé. C'était un petit pistolet. Vous allez devoir chercher la balle malgré tout. Juste au-dessus du coude. Allez, vous l'avez déjà fait.

Kevin lui maintint le bras et Clay reprit une gorgée de cognac tout en regardant d'un œil détaché et tout professionnel le Noir qui commençait à opérer.

Joshua nettoya doucement la plaie et tenta en vain de localiser la balle ; il prit donc une sonde et l'insinua avec précaution dans la blessure en la poussant dans différentes directions jusqu'à ce qu'il la touche. Il releva la tête.

— Je suis désolé, Colonel. Il va falloir que j'incise.

Clay hocha faiblement la tête.

— C'est toi le médecin. Souviens-toi bien de tes leçons.

Il reprit un peu de cognac et Joshua se saisit du scalpel. Il s'arrêta, la sueur au front, puis il entreprit de commencer l'incision.

La douleur qui envahit Clay fut si vive qu'il poussa involontairement un cri de souffrance tel que la main de Joanna se crispa sur son épaule. Lorsqu'il rouvrit les yeux, Joshua avait la balle entre ses doigts et la jetait dans le feu. Puis le Noir alla se laver les mains et, avec un sourire forcé :

— Il va falloir recoudre, maintenant, Colonel.

— Recouds, recouds, lui répondit Clay.

Il se ressaisit comme il put, mais nul ne peut lutter indéfiniment et, au premier point de suture, il sombra dans des ténèbres libératrices.

10

Le reflet des flammes qui se tordaient et dansaient au plafond fut sa première vision lorsqu'il se réveilla. Il resta un instant allongé, l'esprit vide, puis la mémoire lui revint brusquement et une douleur l'irradia lorsqu'il essaya de bouger le bras gauche.

Il poussa un grognement et une main apaisante et fraîche se posa immédiatement sur son front. Il tourna la tête et trouva Joanna assise à son chevet, le visage à demi dissimulé par l'ombre.

— Comment vous sentez-vous ? demanda-t-elle.

— Pas très bien, pour l'instant. Quelle heure est-il ?

Elle lui répondit qu'il était 2 heures et il demeura sans rien dire en essayant de se concentrer sur les événements de la nuit. Puis il demanda :

— Ils ont relâché Burke, j'espère ?

— Dès que Kevin est arrivé.

Il y eut encore un silence, puis il demanda :

— Comment avez-vous deviné ?

— Vous ne pouviez tout de même pas croire que vous alliez pouvoir garder cela secret cette fois. En tout cas, pas vis-à-vis des Rogan ou de moi. Le rapprochement était trop facile à faire. Mais c'est Kevin qui a tout deviné. Il a reconnu Pegeen.

— Cela devait arriver tôt ou tard, soupira Clay.

— Qu'est-ce qui vous a poussé à faire cela ? demanda-t-elle doucement.

— Je ne sais pas vraiment, dit-il. Tout d'abord, j'ai essayé de me persuader que c'était à cause de Marley, qu'il fallait lui donner une bonne leçon. Mais désormais, je n'en suis plus si sûr. Kevin Rogan m'a dit l'autre soir que personne ne pouvait vivre dans ce pays et rester neutre et qu'un jour ou l'autre il faudrait que je prenne parti ou que je m'en aille. Il avait raison. Les choses que j'ai vues ici, la misère, la pauvreté, les humiliations, tout cela perpétré de la main d'hommes comme Marley et votre oncle font que je les méprise, eux et tout ce qu'ils représentent.

Elle serra sa main dans la sienne et des larmes embuèrent ses yeux.

— Je sais, Clay, je sais. Mais que pouvez-vous y faire ? Qui peut faire quoi que ce soit ? Les hommes comme Marley et mon oncle ont derrière eux la loi et la puissance de l'Angleterre. Vous êtes un soldat. Pensez-vous sincèrement que l'Irlande a le moindre espoir de gagner sa liberté par la force des armes ?

— Bien sûr que non, dit-il. Mais il existe d'autres moyens. Si une clameur s'élève, les Anglais feront peut-être quelque chose d'eux-mêmes. Je ne crois pas vraiment que tout le monde soit comme Marley et votre oncle.

— Et pourtant, des hommes comme Kevin Rogan continueront à se battre, dit-elle. Les *Fenians* se rebelleront, peut-être pas cette année, mais peut-être l'an prochain. Les innocents mourront, tout comme les coupables, l'horreur succédera à l'horreur jusqu'à ce que le petit capital de sympathie que peut susciter l'Irlande ait fondu.

Dans son for intérieur, il savait qu'elle disait la vérité et, touché par l'émotion avec laquelle elle avait parlé, il lui prit la main et lui dit avec douceur :

— Il y a toujours de l'espoir. C'est la seule chose qui garde les gens en vie. Cela et la fierté de la race.

Elle rejeta une mèche de cheveux qui courait sur son front et se leva.

— Il faut que je parte. Même si mon oncle est rentré chez lui au lieu de poursuivre jusqu'à Galway, j'aurai peut-être la chance de réussir à regagner ma chambre sans que personne ne me voie. Je suis dans l'aile ouest, assez loin de ses appartements et je possède une clé de la porte qui mène à la cour des écuries.

— Et Kevin ? demanda-t-il. Il est parti ?

— Il connaît un endroit à quelque distance de la ferme où il pourra se cacher en toute sécurité pendant un jour ou deux.

— Il va falloir qu'il quitte le pays aussi vite que possible. Votre oncle a toute latitude de faire appel aux autorités pour cette affaire.

— Et vous ? demanda-t-elle gravement. L'idée ne vous a pas effleuré que Burke puisse soupçonner qui vous êtes, en particulier s'il apprend de mon oncle tous les détails des événements de Kileeen et qu'il commence à faire le rapprochement ? Il a un esprit vif comme l'éclair.

Clay tenta de s'adosser à ses oreillers.

— Un soupçon est une chose, une preuve en est une autre. Après tout, j'ai une certaine position dans la région. Un homme qui a un compte en banque tel que le mien ne s'amuse pas à courir la campagne la nuit avec un masque sous un nom aussi ridicule et mélodramatique que Capitaine Swing.

Elle enfila ses gants, mais elle ne souriait plus.

— J'espère que vous savez ce que vous faites, Clay. Je ne sais pas pourquoi, mais j'ai peur, vraiment peur. Ces derniers temps, mon oncle a semblé de pire en pire. Parfois, je me demande s'il a toute sa tête.

Clay s'efforça d'arborer un sourire confiant.

— Vous n'avez aucune raison de vous inquiéter, je vous l'assure.

Joshua frappa discrètement à la porte et entra. Ses dents brillaient à la lueur du feu.

— Je vous ai entendu parler, Colonel. Désirez-vous quelque chose ?

— Selle Pegeen et escorte Miss Hamilton chez elle, lui dit Clay. (Joanna voulut protester, mais il leva une main pour la faire taire.) Non, j'y tiens. Vous n'avez qu'à passer par la lande. Je ne serai pas tranquille tant que je ne vous saurai pas en sécurité chez vous.

Joshua se retira et Joanna se rassit au bord du lit avec un sourire.

— Très bien, je baisse les armes, dit-elle.

Clay lui rendit son sourire et elle se pencha vers lui pour déposer un baiser sur ses lèvres. Il passa son bras valide autour de ses épaules, mais elle se dégagea et se dirigea vers la porte.

— Quand vous reverrai-je ? demanda Clay.

— Il me sera peut-être difficile de sortir pendant les deux prochains jours, dit-elle. S'il arrive quoi que ce soit et que je pense que vous deviez être mis au courant, je vous ferai porter un message. Nous avons un jeune palefrenier du nom de Joseph qui serait prêt à faire n'importe quoi pour moi.

Elle lui lança un nouveau sourire dont la chaleur envahit la pièce, puis elle referma doucement la porte derrière elle.

Il écouta les chevaux s'éloigner sous l'averse et réfléchit à ce qu'elle venait de dire. Que Burke commence à la soupçonner, c'était prévisible, mais qu'il ose exprimer ses soupçons, c'était une tout autre affaire.

Clay eut un petit rire et se rendit compte, avec une sorte de surprise, qu'il ne craignait nullement la perspective de croiser le fer avec Burke ou son maître. Terroriser des paysans à demi morts de faim était une chose, mais accuser publiquement un citoyen américain qui jouissait des relations et de la fortune de Clay, voilà qui serait bien moins aisé.

Il s'aperçut soudain à quel point il en était arrivé à haïr Sir George Hamilton et son régisseur. Il poussa un long soupir et commença à sombrer dans le sommeil. Kevin Rogan avait justement prophétisé : personne ne pouvait rester éternellement entre deux chaises.

C'est un peu après 9 heures qu'il se réveilla, alors que le pâle soleil d'automne commençait à filtrer par la fenêtre. Joshua était en train de mettre une bûche dans le feu. Les couvertures posées sur le fauteuil près du lit indiquaient qu'il avait passé la nuit au chevet de son maître. Il se tourna et s'approcha avec un sourire.

— Comment vous sentez-vous, Colonel ?

Clay s'assit avec peine. Une sourde douleur paralysait son bras gauche et il était un peu étourdi, mais c'était tout.

— Je mangerais volontiers quelque chose.

Le Noir eut un sourire ravi.

— Je vais m'en occuper tout de suite, Colonel.

— Auparavant, tu pourrais me préparer un bain bien chaud devant le feu, en bas. Je vais me lever.

Le sourire de Joshua s'évanouit.

— Mais vous n'y songez pas, Colonel. Vous devez rester au lit quelques jours.

— Je suis resté pendant trois jours à cheval avec une balle dans le pied gauche après la bataille de Chancelorville, fit Clay. Si je ne me trompe, on ne trouvait pas de lit à des lieues à la ronde. (Il haussa les épaules.) De toute façon, je dois avoir l'air aussi normal que possible au cas où nous aurions une visite inattendue. Il est hors de question qu'ils me trouvent au lit avec une blessure au bras.

Joshua soupira et prit une expression inquiète.

— Vous avez raison, Colonel. (Il secoua la tête d'un air découragé et ouvrit la porte.) Je savais bien que les choses allaient se compliquer. Je le sentais depuis le début.

Clay resta allongé une heure de plus avant que Joshua ne revienne l'aider à se lever et à descendre dans la cuisine où l'attendait un bain chaud qui fumait devant un feu ronronnant.

Il y resta une demi-heure, son bras blessé soigneusement hors de l'eau et but deux tasses de café additionné de cognac. Puis il se sécha et Joshua l'aida à s'habiller. Il endossa précautionneusement une veste de tweed et se mit à table pour déjeuner.

Alors qu'il terminait son repas, un claquement de sabots retentit dehors et Joshua se précipita à la fenêtre. Il se retourna vers Clay d'un air soulagé.

— C'est seulement un jeune garçon sur un poney, Colonel. Je ne sais pas qui c'est.

Clay fronça les sourcils.

— Je crois que c'est un messager de Miss Hamilton. Fais-le entrer.

Joshua ouvrit la porte et le garçon entra gauchement dans la pièce. Il devait avoir treize ans. Il était grand et maigre pour son âge, avec un son visage éveillé et couvert de taches de rousseur et des cheveux d'un blond roux.

— Tu dois être Joseph, dit Clay. Tu as un message pour moi ?

Le garçon hocha la tête.

— Si vous êtes bien le Colonel Fitzgerald, monsieur. (Il tira de la poche intérieure de sa vieille veste de tweed usée une enveloppe cachetée de cire rouge.) Miss Hamilton m'a demandé de vous apporter ceci et de ne rien dire à personne.

Clay décacheta la lettre avec un couteau de cuisine et prit une expression grave à mesure qu'il lisait. Lorsqu'il en eut terminé, il glissa la lettre dans sa poche et se leva.

— Selle-moi Pegeen, dit-il à Joshua, je dois sortir.

Joshua donna brièvement l'impression qu'il allait essayer de l'en dissuader, puis il sembla se raviser et quitta la pièce.

Clay sortit de sa poche un demi-souverain qu'il tint devant le garçon entre le pouce et l'index.

— Sais-tu ce que c'est ? (Le garçon écarquilla les yeux et fit oui de la tête.) Reviens dans trois heures, je te donnerai un message à porter à Miss Hamilton et tu auras un autre demi-souverain pour aller avec celui-ci.

Il lança la pièce en l'air et le garçon la rattrapa habilement dans son chapeau.

— Je serai à l'heure, monsieur, vous pouvez compter sur moi, dit-il avec un sourire avant de s'éclipser.

Clay remonta dans sa chambre prendre son chapeau et le colt Dragon, puis il redescendit. Pegeen était prête et l'attendait. Alors que Clay l'enfourchait, Joshua demanda :

— Vous êtes sûr que vous ne voulez pas que je vous accompagne, Colonel ? Vous n'avez pas l'air tout à fait rétabli, je trouve.

— Non, dit Clay. Avec un peu de chance, je serai revenu dans deux heures. Je dois aller voir Shaun Rogan. Je t'expliquerai en rentrant.

Les feuilles mortes jonchaient le chemin qui menait au vallon. Il avançait au trot, la main gauche dans sa poche afin de soulager son bras, qu'il aurait dû avoir en écharpe, et il s'efforçait de penser à autre chose pour oublier la sourde douleur persistante qui l'élançait.

C'était l'un de ces calmes matins d'automne rempli d'une odeur de feu de bois. Un calme très particulier pesait sur toutes choses. Il laissa Pegeen aller et elle partit au galop sur le sentier sans s'arrêter devant Marteen qui lui fit un signe de la main en pointant la tête hors du bosquet où il s'était embusqué pour garder la vallée.

Une fois arrivé dans la cour de la ferme, il trouva Cathal et Dennis qui l'attendaient devant la porte. Clay sauta à terre et s'avança. Il se sentait de plus en plus étourdi.

— Kevin est là ? demanda-t-il.

Cathal secoua la tête.

— Il se cache à quelques kilomètres d'ici dans un endroit que nous connaissons, en attendant qu'on sache de quel côté souffle le vent.

— Je n'aurais jamais cru vous voir sur pied après ce que nous a raconté Kevin, dit Dennis d'un ton admiratif. Ça, c'est sûr.

Clay s'efforça de sourire.

— Je ne sais pas très bien combien de temps je vais encore tenir, mais il faut que je voie votre père.

Cathal le fit entrer sans un mot. Shaun Rogan était confortablement assis dans un fauteuil près du feu, la jambe sur un tabouret. Lorsque Clay entra, il se tourna et fronça le sourcil avec une étincelle dans le regard.

— Par Dieu, Colonel, vous êtes celui de tous les hommes au monde que j'attendais avec le plus d'impatience. Mais ne devriez-vous pas être couché ?

Clay tira une chaise et s'assit devant lui, le visage grave.

— Quelque chose de grave est arrivé. Il fallait que je vous voie.

Shaun Rogan s'empara de la bouteille de whisky et remplit un verre qu'il lui tendit.

— Tenez, prenez déjà ça pour commencer. Vous avez l'air d'en avoir bien besoin.

Clay vida son verre d'un trait et commença tranquillement.

— Avez-vous eu jamais affaire avec un homme du nom de Fitzgibbon ?

Rogan hocha lentement la tête.

— Un vieil ami à moi, un banquier de Galway. (Il hésita avant de poursuivre :) C'est lui qui détient les droits d'hypothèque sur nos terres.

— Plus maintenant. Il est mort il y a deux jours. Et son neveu a accepté de céder ses droits à Sir George Hamilton.

Un silence terrible s'abattit sur la pièce et le sang vint aux tempes du vieil homme. Il passa sa langue sur ses lèvres sèches et dit :

— C'est impossible. Je sais qu'Hamilton a essayé de racheter cette hypothèque plusieurs fois, mais Fitzgibbon a toujours refusé. C'était un trop fidèle ami.

— Apparemment, son neveu est beaucoup moins sentimental, dit Clay d'un ton goguenard. Il est l'unique héritier et il a prévu de régler les formalités au plus vite. Il a envoyé hier un messager spécial de Galway pour donner une lettre à Sir George et lui demander s'il était toujours intéressé par la propriété. Sir George lui a immédiatement donné son consentement et a renvoyé le messager à Galway dans l'heure en lui donnant un souverain pour qu'il se hâte.

Le vieil homme resta abasourdi.

— Mais c'est impossible, répéta-t-il. C'est impossible.

— J'ai bien peur que ce le soit, pourtant, répondit doucement Clay. Miss Hamilton a entendu son oncle et Burke discuter de l'affaire ce matin. Elle m'a fait envoyer un palefrenier qui m'a apporté une lettre avec tous les détails.

Cathal se pencha en avant, les mains posées sur la table et dit posément :

— Ne nous précipitons pas, Père. Un contrat d'hypothèque est un document légal qui comprend des clauses permettant le remboursement avant terme et bien d'autres encore. Hamilton ne peut pas venir nous expulser sans même nous avoir envoyé un préavis.

Shaun Rogan leva les yeux. Tout à coup, il avait vraiment l'air d'un vieillard.

— J'ai déjà deux mois de retard sur mes dernières traites. Fitzgibbon n'était pas pressé. (Il fit un geste las de la main.) Nous avions besoin d'argent pour la cause. J'ai payé de ma poche certaines des armes qui nous ont été livrées, en espérant en être remboursé lorsque les fonds levés commenceraient à rentrer.

Dennis donna un violent coup de poing sur la table.

— Alors, qu'est-ce que nous allons faire ? demanda-t-il. Rester à attendre comme des moutons à l'abattoir que les bouchers d'Hamilton viennent s'occuper de nous égorger ?

Shaun Rogan secoua la tête.

— Nous allons réfléchir à une solution, mon garçon. Nous allons réfléchir. (Il se tourna vers Cathal.) Saute en selle et va prévenir Kevin. Nous ne serons jamais trop nombreux.

— Je vais retourner à Claremont, dit Clay. Joanna ignore quand ils ont prévu d'agir contre vous, mais elle a promis de me tenir au courant. Je vais revoir son messager d'ici à deux heures.

Les yeux de Rogan se plissèrent.

— Il aura peut-être des nouvelles pour nous. (Il se tourna vers Dennis.) Va à Claremont avec le Colonel. Dès qu'il aura vu le messager, tu reviendras me rendre compte, s'il y a du nouveau.

Dennis sortit seller son cheval sans mot dire et Clay se leva.

— J'ai l'impression que la situation commence à se tendre, dit-il. Dans les prochaines heures, bien des choses vont changer à Drumore, bien que je ne sache pas dans quel sens.

Shaun Rogan semblait avoir repris sur lui et il hocha la tête.

— Notre sort à tous est entre les mains de Dieu, Colonel, mais une chose est certaine, j'ai vécu ici toute ma vie durant et quoi qu'il arrive, j'ai l'intention d'y mourir.

Clay resta à contempler un instant ce visage impassible, puis il quitta la maison.

Il remonta avec Dennis jusqu'à la sortie du val, puis ils traversèrent la lande au galop et ne s'arrêtèrent qu'auprès de Marteen pour lui expliquer les événements.

Au-dessous d'eux, à travers les arbres, une traînée de brume blanche flottait sur la rivière et, tout à coup, l'air sembla glacé. Clay avançait en silence, plongé dans ses pensées, et il se demandait si Joanna avait réussi à en apprendre davantage sur les projets de son oncle. Il se l'imaginait seule dans la grande demeure, sans personne à qui parler et une irrépressible tendresse s'éleva en lui. Il ralentit l'allure alors qu'ils prenaient un chemin sous les arbres et débouchaient sur une clairière.

Peter Burke était là devant eux sur son cheval. Il était très élégamment vêtu d'un manteau de cheval en drap et portait des bottes fraîchement cirées. Il toucha le bord de son chapeau de sa cravache et dit d'un ton solennel :

— Bonjour, Colonel Fitzgerald.

Clay glissa sa main dans sa veste pour s'emparer de son colt, mais au même instant, une demi-douzaine d'hommes sortirent du couvert, l'arme au poing.

Burke avait tout un côté du visage tuméfié et couvert de bleus, à la suite de leur bagarre. Il eut un regard mauvais tandis qu'il s'avançait et tendait la main.

— Veuillez me remettre votre pistolet, Colonel, je vous prie.

Clay le lui tendit à contrecœur et Dennis poussa un juron lorsque l'un des hommes s'empara de son fusil. Il y eut un lourd silence et Clay contempla le cercle de visages hostiles avant de demander posément :

— Et que faisons-nous, maintenant ?

Burke s'approcha et le fouilla sans un mot. Un instant plus tard, il trouva la lettre de Joanna. Clay ne broncha pas, mais la colère monta en lui tandis que Burke parcourait la lettre des yeux. Une fois qu'il en eut fini, il la replia soigneusement et la rangea dans sa poche intérieure sans rien dire.

— Nous allons nous rendre à Drumore House, Colonel. Sir George désire s'entretenir avec vous. Je vous déconseille formellement de tenter de vous échapper. Je serais particulièrement ravi de vous faire abattre sur-le-champ l'un comme l'autre, vous pouvez me croire sur parole.

Dennis allait répliquer, mais Clay se pencha et posa une main apaisante sur son bras.

— Faites ce qu'il vous dit. Nous nous en occuperons plus tard.

Sans prêter attention au rire déplaisant qui parcourait les hommes de Burke, il éperonna Pegeen et ils se mirent en marche.

Ils traversèrent la lande par-derrière Claremont et contournèrent le village pour arriver sur Drumore House par les vergers. Clay et Dennis mirent pied à terre et furent poussés dans un couloir pavé qui aboutissait devant la porte de la serre.

Burke entra et ils attendirent. Un instant plus tard, il revint et les conduisit dans la grande pièce à portes-fenêtre qui donnait sur la terrasse, celle-là même où avait eu lieu la réception.

L'un des hommes ferma la porte et un autre poussa Dennis au milieu de la pièce. Tout en s'avançant sur le jeune homme Burke lança sans se retourner :

— Surveillez le Colonel.

Les hommes firent cercle autour de Clay.

Dennis était blême. Tout à coup, il eut l'air d'un enfant terrorisé. En le voyant, Clay songea à leur première rencontre sur la route de Galway et à ses fanfaronnades, qui avaient bien vite disparu lorsque le jeune homme avait été confronté avec le danger.

— Je veux savoir où se cache ton frère, demanda calmement Burke.

Dennis humecta ses lèvres et Clay lança d'une voix haute et claire qui trancha dans le silence :

— Souviens-toi de ton nom et de ton pays, mon garçon.

Dennis se redressa, les narines dilatées, une expression de défi sur le visage.

— Oui, par Dieu. je suis un Rogan, mais je suis avant tout un Irlandais et je ne trahirai pas les miens, comme tu l'as fait, crapule.

Burke lui décocha un coup de poing dans le ventre et, au moment où le jeune homme se pliait en deux, il lui assena au visage un second coup qui le fit basculer en arrière et lui déchira les lèvres.

Dennis poussa un grognement et tenta de se remettre debout. Lentement, avec peine, il se releva sur un genou, la bouche ensanglantée et trois dents cassées. Burke le hissa sur ses pieds d'une seule main.

— La mémoire te revient ? demanda-t-il sans se départir de son calme.

Dennis sembla essayer de dire quelque chose. Il bougea les lèvres et eut un sourire effroyable avant de cracher au visage de Burke. Le régisseur terrassa le garçon d'un autre coup de poing et s'apprêta à lui décocher un coup de botte. C'est alors que Clay échappa à ses gardes et s'élança en avant. Il attrapa Burke par une épaule et le fit trébucher de l'autre côté de la pièce. Les autres hommes poussèrent un cri de rage et s'apprêtaient à se jeter sur lui, lorsque la porte s'ouvrit et laissa entrer Sir George.

Il parcourut la scène d'un regard impassible et, sans prêter attention à Clay, traversa la pièce pour examiner Dennis.

— Il a parlé ?

Le régisseur essuya avec son mouchoir le crachat sanglant qui maculait son visage et secoua la tête.

— Je viens de commencer, mais je crois que je perds mon temps. C'est une engeance têtue.

Sir George hocha la tête.

— Il y a des moyens plus efficaces. Faites-le mener à l'étage. Nettoyez-le et faites en sorte qu'il soit en état de parler quand j'aurai besoin de lui.

Burke donna les ordres et on fit sortir Dennis de la pièce. La porte une fois fermée, Sir George se retourna et dévisagea froidement Clay pendant un moment avant de s'approcher et de le gifler.

— Vous vous êtes bien moqué de moi, Colonel, mais je crois que mon tour est venu de rire un peu.

Il claqua des doigts et l'un des hommes ouvrit la porte et sortit. Il revint un instant plus tard avec un ballot qu'il donna à Burke. Le régisseur l'ouvrit et jeta un à un aux pieds de Clay le vieux feutre de campagne, le foulard noir et le grand manteau confédéré à pèlerine.

Clay eut un haut-le-corps en voyant les vêtements sur le sol.

— C'est le fait que Kevin Rogan ait été sauvé juste après votre visite à la ferme des Rogan hier qui m'a mis la puce à l'oreille, Colonel. J'aurais pu le deviner plus tôt. Bien des témoins répétaient que la lumière de la lune étincelait sur la crosse de bronze du colt du Capitaine Swing. Seulement, les colts n'ont pas une crosse en bronze.

— Comme c'est intéressant, répondit Clay.

— Oh, oui, certainement, poursuivit Burke. Voyez-vous, je me suis souvenu d'avoir lu quelque part que les Confédérés étaient à cours de métal durant la guerre et qu'ils avaient utilisé les cloches d'une église à Macon, en Géorgie, pour fabriquer les crosses de leurs colts. Le modèle s'appelait un colt Dragon, je crois, et c'était l'arme la plus répandue dans les régiments de cavalerie des Confédérés.

Il sortit de sa poche le colt de Clay.

— Même lorsque Burke m'a expliqué cela, j'ai eu du mal à le croire, dit Sir George. C'est pour cela que nous avons monté notre petite mise en scène de ce matin. (Il sortit la lettre de Joanna de sa poche et la lui tendit, la main tremblante.) J'ai appris à quel point ma nièce était éprise de vous, Colonel. Ce matin, je vous ai mis tous deux à l'épreuve en la laissant écouter ce que Burke et moi-même discutions à propos de la marche à suivre maintenant que James Fitzgibbon est décédé.

— Miss Hamilton était étroitement surveillée, ajouta Burke. Nous voulions qu'elle prenne contact avec vous. Lorsqu'elle l'a fait, elle vous a trahi sans le savoir. Vous êtes allé chez les Rogan les prévenir comme nous l'avions prévu, vous avez laissé votre maison sous la seule surveillance de votre domestique, ce qui nous a également bien rendu service, comme je l'espérais. (Il repoussa les vêtements épars sur le sol du bout de sa botte.) Voici la preuve ultime, Colonel Fitzgerald.

— La preuve qui va vous passer la corde au cou, maudit rebelle, dit Sir George, l'écume aux lèvres.

Clay haussa les épaules et répondit d'un ton égal :

— Il y a d'autres anciens officiers confédérés en Irlande, et plus d'un porte un colt Dragon. J'espère que vous savez ce que vous faites.

Burke s'approcha de lui avec un mauvais sourire.

— Certainement, Colonel, certainement. Comment va votre bras, ce matin, d'ailleurs ? Vous ne souffrez pas trop, je suppose ?

Il agrippa légèrement le bras de Clay juste au-dessus du coude et serra les doigts. Clay se crispa et ferma les yeux sous la douleur.

Sir George eut un rire sinistre.

— Je crois que le Colonel voudrait s'asseoir. (On apporta un siège et on y poussa Clay sans ménagement. Puis le baronnet continua :) Il y a une demi-heure, j'ai envoyé un messager spécial avec mon meilleur cheval aux autorités de Galway. Je leur ai fait dire que j'avais fait prisonnier le Capitaine Swing. J'ai fait observer que la situation de ce district empirait et je leur ai demandé une escorte de cavalerie pour vous faire emmener à Galway. J'ai également précisé que je devais pouvoir m'emparer de Kevin Rogan entre-temps.

Clay commençait à se sentir mieux. Il leva les yeux et répondit d'un ton sinistre :

— Vous ne capturerez jamais Kevin Rogan vivant.

— Ah, mais je crains que vous ne sous-estimiez la force de l'amour fraternel, dit Sir George. J'ai fait envoyer notre palefrenier, Joseph — je crois que vous le connaissez déjà, il me semble — porter un message à Shaun Rogan. Je lui fais dire que je détiens son fils Dennis et que je l'échange contre Kevin. S'il refuse, je ferai livrer son fils aux autorités en leur disant qu'il est le Capitaine Swing. Aucun juge du pays n'ira croire le contraire, lorsque Burke et moi leur aurons donné les preuves nécessaires.

Il eut un rire suraigu et grotesque de vieille femme et l'écume afflua encore davantage à la commissure de ses lèvres. Quelques-uns des gardes se dandinèrent sur place, mal à l'aise, et Sir George conclut :

— Emmenez-le. Enfermez-le soigneusement avec l'autre. Je viendrai le faire chercher plus tard.

Burke arracha Clay de son siège et le poussa sans ménagements vers la porte. L'un des gardes l'ouvrit et ils s'avancèrent dans le couloir. Alors qu'ils gravissaient le grand escalier, Clay demanda à Burke qui marchait devant lui :

— Qu'est-il arrivé à mon domestique ?

— Un coup sur la tête, répondit Burke d'un ton désinvolte. Il paraît que les hommes de couleur ont le crâne solide.

Ils passèrent le long couloir en silence, montèrent un autre escalier étroit, puis encore un autre et arrivèrent au troisième étage.

Les deux hommes qui avaient emmené Dennis étaient postés devant une lourde porte bardée de fer. Burke leur demanda :

— Il est en état ?

— Toujours de ce monde, malheureusement, Mr Burke, dit l'un d'eux en hochant la tête.

Burke tourna la clé qui était déjà dans la serrure et ouvrit la porte.

— Entrez là-dedans, Colonel. Si j'étais vous, je ne perdrais pas mon temps à essayer de trouver un moyen de m'évader. Il n'y en a aucun.

Clay s'avança et s'arrêta en plantant son regard droit dans le sien.

— Hamilton est fou, dit-il. Vous en êtes conscient, n'est-ce pas ?

— On ne me paie pas pour réfléchir à ce genre de question, dit Burke en haussant les épaules.

— Dites-moi une chose, continua Clay. Qu'est-il arrivé à Miss Hamilton ?

— Ne vous inquiétez donc pas pour elle, dit Burke en éclatant d'un rire mauvais. Quoi qu'elle ait fait, ce sera toujours une Hamilton. Sir George trouvera une punition adéquate, je suppose. Pour le moment, elle est enfermée dans ses appartements. Un petit malaise. Aucune raison de s'inquiéter.

Il poussa Clay dans la pièce et, tandis qu'il fermait la porte, son rire résonna à travers les épaisses planches, puis s'évanouit lentement à mesure qu'il s'éloignait dans le couloir.

11

Clay s'appuya contre la fenêtre, un cigare entre les lèvres, et contempla le parc trois étages plus bas à travers les épais barreaux. Pendant plus d'une heure, il avait observé la route, en attendant en vain que quelque chose se passe.

La fumée des maisons de Drumore s'élevait au-delà des arbres et, dans le lointain, un chien qui poursuivait un lièvre dans les bois aboya. Clay se retourna en entendant grogner Dennis. Le jeune homme s'assit sur le bord du petit lit, la tête dans les mains, les épaules rentrées.

— Mon Dieu, Colonel, j'ai l'impression que j'ai la tête qui va exploser à tout moment.

Clay lui tapota l'épaule avec compassion.

— Burke a un sacré coup de poing, mon garçon, on ne peut pas le nier.

Dennis essaya de sourire et toucha précautionneusement du bout des doigts ses lèvres enflées.

— Qu'est-ce qu'on va devenir, Colonel ? On va nous pendre ?

— N'ayant aucune expérience de la justice anglaise, je ne saurais le dire, mais je crois savoir que ceux qui se rebellent contre la Couronne connaissent généralement ce genre de sort. (Il lui fit un sourire.) Mais il est ridicule de s'inquiéter de cela pour le moment. Nous avons encore de l'espoir. Peut-être que Kevin viendra se rendre et nous serons libérés.

— S'il vient, ce sera plutôt pour mettre la maison à feu et à sang, ricana Dennis. Et il y en a plein qui seraient prêts à se joindre à lui. Il a déjà eu tellement de mal à les retenir pour le moment jusqu'à la date fixée pour le soulèvement général l'an prochain.

— Alors, tu ne crois pas qu'il va venir ? demanda Clay.

— Je préfère mourir plutôt que le laisser prendre ma place. (Il y avait dans la voix du jeune homme une fermeté qui trahissait son arrivée à l'âge adulte.) Il n'aurait aucune chance de s'en tirer, avec cette affaire Varley.

— Tu le sais, et Kevin aussi le sait, dit Clay d'une voix sombre. Maintenant toute la question est de savoir ce qu'il va décider de faire.

Il se retourna vers la fenêtre et se figea. Un cabriolet venait de franchir les grilles et s'était arrêté devant la maison du gardien.

Shaun Rogan tenait les rênes et à côté de lui était assis le jeune palefrenier, Joseph.

Le vieil homme mit sa main devant ses yeux pour les protéger du pâle soleil d'automne et leva la tête pour regarder la maison, puis il se pencha pour parler à Joseph. Le garçon sauta à terre et remonta l'allée en courant.

— Ton père est arrivé à l'entrée du parc, dit tranquillement Clay.

Dennis sauta sur ses pieds et le rejoignit en titubant légèrement.

— Il est tout seul ?

— Non, fit Clay. Il est arrivé avec le petit palefrenier qui lui a apporté le message de Sir George. Il vient d'envoyer le gamin à la maison et il attend près de l'entrée. J'ai l'impression qu'il essaie de parlementer.

Dennis se rapprocha et ils se tordirent le cou pour essayer tous les deux de voir ce qui se passait à la porte d'entrée. Un moment après, Joseph ressortit et courut vers les grilles. Ils le virent parler avec de grands gestes, puis Shaun Rogan reprit les rênes et fit avancer son attelage vers la maison. Il s'arrêta à une quarantaine de mètres et attendit à nouveau.

Clay et Dennis se retournèrent en entendant une clé tourner dans la serrure. La porte s'ouvrit et Burke entra, un pistolet à la main.

— Dehors, tous les deux, fit-il. Shaun Rogan a l'air de croire que nous essayons de lui jouer un tour. Il veut voir que vous êtes vraiment entre nos mains.

Il les précéda le long du couloir, tandis que deux gardes armés fermaient la marche. Dennis avait encore du mal à tenir sur ses pieds et Clay le soutint pour descendre le grand escalier qui aboutissait dans le hall.

La porte d'entrée était grande ouverte et une demi-douzaine d'hommes en armes surveillaient l'extérieur. Sir George était debout en bas des marches et regardait Shaun Rogan.

Burke fit arrêter Clay et Dennis en haut du perron et descendit parler à Sir George. Hormis le murmure de leurs voix, le silence régnait.

Soudain, des oiseaux s'envolèrent des hêtres du mur d'enceinte et passèrent au-dessus d'eux en piaillant. Clay plissa les yeux et jeta un coup d'œil aux gardes. Aucun d'eux n'avait remarqué. Il se retourna donc vers les hêtres en se demandant qui se cachait là-bas et dans quel but.

Sir George fit un pas en avant et cria :

— Bien, êtes-vous satisfait, Rogan ? Vous avez vu le Colonel Fitzgerald et votre fils de vos propres yeux. Vous connaissez mes conditions. Qu'avez-vous à répondre ?

La voix de Shaun Rogan retentit :

— Rien d'autre que cela, misérable chien : je vous donne une heure pour les relâcher tous les deux. Sinon, je reviendrai et je vous promets une chose : si vous avez touché à un seul cheveu de leurs têtes, je mets le feu à Drumore House et vous rôtirez avec, George Hamilton.

Sir George sembla avoir des difficultés à parler, tant il écumait de rage.

— Par Dieu, Rogan, vous m'avez menacé une fois de trop, croassa-t-il d'une voix éraillée.

Il sortit de sa poche un pistolet. Avant qu'il ait pu viser, Dennis Rogan poussa un cri et, se jetant au bas des marches, bouscula Sir George, qui alla trébucher sur Burke, tandis que le jeune homme courait dans l'allée pour retrouver son père.

Avant que Clay ait pu faire un mouvement, les gardes l'avaient encerclé et il resta là, témoin impuissant du drame qui s'ensuivit. Le garçon avait couvert la moitié de la distance, lorsque Sir George visa calmement en s'aidant de son bras gauche pour stabiliser son arme et lui tira dans le dos.

Dennis poussa un cri, trébucha, roula sur le sol, puis il se releva et courut à nouveau vers le cabriolet en titubant.

Alors que Sir George s'apprêtait à tirer à nouveau, une balle alla ricocher sur le gravier de l'allée et plusieurs cavaliers apparurent de sous les hêtres et galopèrent en direction de la maison, Kevin Rogan à leur tête. Sir George fit volte-face et remonta en vacillant sous le porche, suivi par les gardes. Burke remonta le dernier en prenant le temps de tirer jusqu'à ce que son pistolet soit vide.

Kevin Rogan mit pied à terre, souleva Dennis et le porta jusqu'au cabriolet. Il allongea avec précaution le garçon sur le siège à côté de leur père et le vieil homme saisit les rênes et, faisant demi-tour, partit à vive allure.

Les quatre autres hommes continuaient leur feu nourri en direction de la porte d'entrée pour couvrir Kevin jusqu'à ce qu'il soit à nouveau en selle. Un instant plus tard, il les rassembla d'un cri et ils repartirent tous au galop sur la route de Drumore où ils disparurent.

Clay s'était jeté face contre terre lorsque les coups de feu avaient commencé. Il se releva et regarda autour de lui. Les murs étaient criblés de balles et le grand miroir à cadre doré avait éclaté en morceaux.

L'un des hommes était assis de l'autre côté et tenait sa main ensanglantée. Clay alla s'agenouiller auprès de lui, mais, alors qu'il s'apprêtait à l'examiner, l'homme eut un haut-le-corps. Un râle s'échappa de sa gorge, suivi d'un flot de sang, puis sa tête roula sur le côté.

— Il est mort, annonça Clay en se relevant.

Les gardes s'agitèrent, mal à l'aise, et Burke ordonna d'une voix calme :

— Surveillez le Colonel.

Quelqu'un écarta violemment Clay d'un coup de crosse dans les côtes tandis que Sir George s'avançait pour examiner le cadavre à son tour. Il était blême, mais néanmoins maître de lui-même.

— Il semblerait que nous allons avoir du grabuge, dit-il. Sur combien d'hommes pouvons-nous compter ?

— Nous sommes six, moi y compris, répondit Burke. Et les sept que vous avez envoyés au village imposer le couvre-feu devraient rentrer sous peu. Nous pourrions tenir le siège de la maison pendant un mois s'il le fallait, mais la cavalerie devrait être là dans trois ou quatre heures.

— Vous avez tout à fait raison, répondit Sir George. Et nous oubliions les domestiques. La plupart d'entre eux sont à mon service depuis des années.

— Et ils vous ont haï et méprisé pendant chaque instant, dit Clay d'une voix dure. Espèce d'assassin. Regardez donc autour de vous : ces hommes ont peur. Je me demande pendant combien de temps vous allez encore pouvoir compter sur eux si les choses se gâtent.

Sir George se tourna vers lui, l'œil vitreux. D'un revers de main, il essuya lentement l'écume qui maculait les commissures de ses lèvres et dit d'une voix sépulcrale :

— Remmenez le Colonel à l'étage, Burke. S'il fait la moindre tentative d'évasion, tirez.

Puis il s'engouffra dans le couloir qui menait à la serre tandis que Burke poussait Clay vers les escaliers.

Alors qu'ils arrivaient à l'étage, une porte s'ouvrit et Joanna apparut, suivie d'une femme entre deux âges vêtue d'une robe noire et d'une coiffe blanche surmontant un visage pincé. Joanna s'arrêta, interdite, et, reconnaissant Clay, se jeta dans ses bras.

— J'ai entendu les coups de feu, dit-elle, j'étais folle d'inquiétude.

La femme l'interrompit d'une voix indignée.

— Je n'y arrive pas, Mr Burke. Je ne peux pas la tenir. Elle a réussi à me prendre la clé de force.

— Calmez-vous, Mrs Ferguson, répondit Burke. Vous pouvez disposer. (Il se tourna vers Joanna.) La clé, je vous prie, Miss Hamilton.

Elle hésita avant de la lui tendre et regarda Clay d'un air angoissé.

— Que s'est-il passé ?

Avant qu'il ait pu répondre, Burke la saisit par le bras et la poussa dans sa chambre, dont il ferma la porte à clé. Puis, mettant la clé dans sa poche, il revint à Clay avec un sourire sardonique.

— Et maintenant, à votre tour, Colonel.

Ils prirent le couloir et montèrent jusqu'au troisième étage. Clay s'assit sur le lit et, en entendant la clé tourner dans la serrure, son cœur se figea. Quel espoir lui restait-il désormais ?

Il passa l'heure suivante debout à la fenêtre, scrutant l'horizon en direction du village et se demandant si Dennis Rogan avait été gravement blessé. Il était le seul docteur à des kilomètres à la ronde et sa présence aurait pu sauver le garçon. Il quitta la fenêtre avec un juron en entendant la porte s'ouvrir derrière lui.

Deux des hommes de Burke entrèrent et le firent sortir dans le couloir sans explication. Tandis qu'ils le poussaient devant eux, il écouta leur conversation.

— J'aime pas ça, fit l'un. J'aime pas ça du tout. Il n'y a plus un seul domestique dans la maison.

— Burke sait ce qu'il fait, répliqua l'autre d'un ton qui se voulait confiant. Tout va bien se passer.

Ils avaient l'air si angoissés que Clay reprit courage. Ils arrivèrent sur le palier, mais, au lieu de descendre l'escalier, ils le traversèrent et tournèrent dans un autre couloir avant de s'arrêter devant une porte. L'un des hommes l'ouvrit tandis que l'autre le poussait sans ménagement à l'intérieur.

Sir George Hamilton était allongé dans un grand lit et Burke était debout à côté, un verre d'eau à la main. Le régisseur se retourna, le visage sans expression.

— Voici une occasion d'exercer votre art, Colonel, Sir George a eu une sorte de crise.

— Je n'ai rien sur moi, dit Clay. Ni médicaments ni instruments. Je peux tout de même l'examiner si vous insistez.

— J'insiste ! répliqua Burke. (Tandis que Clay s'approchait, le régisseur s'adressa aux deux gardes :) Henderson, rejoins les autres en bas. Et toi, Clark, garde cette porte.

La porte se ferma derrière eux et Clay se pencha sur Sir - George. Le devant de sa chemise était souillé d'un sang nauséabond et son col était ouvert. Lorsque Clay le toucha, les yeux s'ouvrirent et Sir George fixa sur lui des yeux atones. Puis soudain, une lumière sembla les animer et il bougea les lèvres.

— Enlevez vos maudites mains de moi, souffla-t-il d'une voix rauque.

Clay se redressa et se tourna vers Burke.

— Je ne puis rien faire. Votre maître souffre d'un mal incurable. Il a déjà eu ce genre de crise. Laissez-le se reposer quelques heures et il pourra se remettre sur pied.

— Mais pour combien de temps ? demanda doucement Burke.

— C'est impossible de le savoir, dit Clay dans un haussement d'épaules. Je crois qu'il ne pourra survivre à une prochaine attaque, cela dit.

Burke se rembrunit et alla à la porte pour appeler le garde.

— Remmène le Colonel à sa chambre, Clark, dit-il.

Clay sortit sans mot dire et s'engagea dans le couloir, Clark sur ses talons. Ils traversèrent le palier et il aperçut en bas deux hommes devant la porte d'entrée. L'un d'eux leva la tête et, en le voyant, fit une plaisanterie grossière.

Clay ralentit le pas en passant devant la porte de Joanna et Clark le pressa d'un coup de crosse dans le dos en disant :

— Avancez !

Clay fit volte-face, écarta le fusil de son bras blessé et lança son poing dans la figure de l'homme. Clark tituba, heurta le mur et glissa lentement sur le sol.

Clay s'éloigna de la porte et y donna plusieurs coups de botte. Au bout d'un moment, la serrure céda et la porte s'ouvrit d'un seul coup, révélant Joanna réfugiée de l'autre côté, une chaise à la main. Une expression de soulagement se peignit sur son visage et elle posa la chaise pour se jeter dans ses bras.

Il la serra dans ses bras un moment, puis il lui demanda avec douceur :

— Vous allez bien ? Ils ne vous ont fait aucun mal ?

— Aucun d'entre eux n'oserait lever le petit doigt sur moi. Ils ont bien trop peur de mon oncle. Mais vous ? Qu'est-ce que c'était que tous ces coups de feu ?

— Je n'ai pas le temps de vous expliquer en détail, dit-il, mais votre oncle a tiré une balle dans le dos de Dennis Rogan.

— Est-il mort ? demanda-t-elle d'une voix émue.

— Je ne sais pas, répondit Clay. Shaun Rogan l'a emmené dans son cabriolet. Il faut que je me rende auprès de ce pauvre garçon pour voir si je peux faire quelque chose. J'imagine que les événements vont se déchaîner dans cette maison d'ici une heure.

— Dans ce cas, il vaut mieux que nous partions le plus vite possible, répondit-elle. Je possède la clé de la petite porte qui mène aux écuries.

Elle ouvrit le chemin et Clay s'empara du fusil de Clark au passage. La maison était plongée dans un calme surnaturel, comme si elle attendait qu'éclate un orage. Il se demanda pourquoi les domestiques s'étaient enfuis. Peut-être avaient-ils reçu des consignes du village ou la fusillade avait-elle été la goutte d'eau qui avait fait déborder le vase. Une chose était sûre, cependant : Sir George Hamilton récoltait ce qu'il avait semé pendant de longues années. Désormais, il restait seul avec ses brutes et Burke pour le protéger jusqu'à ce que les soldats arrivent. Et il allait falloir qu'ils arrivent vite. Très vite.

Ils descendirent les deux étages de l'escalier de service et empruntèrent un étroit couloir fermé par une porte. Joanna sortit sa clé et ouvrit.

La cour était silencieuse et déserte et les écuries étaient ouvertes. Clay scruta précautionneusement les alentours, puis il la prit par la main et ils traversèrent.

C'est à ce moment-là qu'une porte s'ouvrit et que Burke et deux de ses hommes en sortirent à une vingtaine de mètres de là. De toute évidence, le régisseur ne savait pas que Clark gisait, inconscient, devant la chambre de Joanna, car il les regarda, ébahi.

Pendant ces quelques secondes de surprise, Clay poussa Joanna dans l'écurie. Alors qu'il s'y engouffrait à son tour, les gardes tirèrent sur eux. Clay précipita Joanna au sol tandis que

Burke et ses hommes se mettaient à couvert pour recharger leurs armes.

— Partez pendant que vous le pouvez, Clay, cria Joanna en se relevant. Souvenez-vous que Dennis Rogan a besoin de vous. Tout ira bien pour moi, ils n'oseront pas me faire le moindre mal.

Elle avait parfaitement raison et il était inutile de discuter. Pegeen était dans une stalle non loin de là. Il la fit sortir et la harnacha. Puis il sauta sur le dos de la jument et sourit à Joanna.

— Je reviens ! s'écria-t-il. Je vous le promets !

Puis il poussa un cri sauvage et, fouettant la croupe de Pegeen, s'élança dehors.

Les hommes de Burke n'avaient jamais entendu ce cri de ralliement des Confédérés et ce bruit, ajouté à la vitesse à laquelle Pegeen surgit de l'écurie, les fit se replier à l'abri de la porte de l'office comme s'ils allaient subir un assaut.

C'est Burke qui reprit ses sens le premier. S'emparant de l'un des fusils, il l'épaula et tira. Couché sur l'échine de Pegeen, Clay entendit la balle siffler dans les branchages des arbres tandis qu'il gravissait le chemin qui traversait le verger et qu'il arrivait à la brèche dans le mur et se retrouvait à l'abri de la forêt.

Il donna libre cours à Pegeen, cramponné sur la bête qu'il montait à cru, et la lança au galop lorsqu'ils atteignirent la lande. Quinze minutes plus tard, il traversait le bois et arrivait à Claremont.

En entrant dans la cuisine, il trouva la pièce sens dessus dessous. De toute évidence, il y avait eu lutte. Il monta les marches quatre à quatre en appelant Joshua d'une voix inquiète, mais personne ne répondit. Il trouva ses fontes dans un coin, là où les hommes de Burke les avaient jetées lorsqu'ils avaient fouillé la chambre. Il vérifia que ses médicaments et ses instruments étaient tous là et il redescendit dans la cuisine.

Il se rua dans les écuries et vit, avec soulagement, que l'autre cheval avait disparu. Il était plus que probable que Joshua s'était remis de son coup sur la tête et s'était rendu au village pour voir s'il pouvait trouver de l'aide. Clay trouva une selle et équipa Pegeen. Un instant plus tard, il reprenait son chemin et galopait sur la route.

Lorsqu'il arriva à Drumore, un étrange silence l'accueillit. Une vieille femme traversa la route en se hâtant, s'arrêtant seulement pour lui lancer un regard terrorisé par-dessus son épaule avant de fermer la porte derrière elle et de tirer bruyamment le verrou.

A la hauteur du pub Cohan, il entendit une voix familière l'appeler. C'était Joshua qui sortait de l'écurie, un bandage autour de la tête.

— Si je suis content de vous voir, Colonel !

Dans sa voix, il y avait un soulagement qui n'était pas feint.

Clay lui sourit.

— La journée a été éprouvante pour toi comme pour moi, dit-il. Comment va ta tête ?

— J'ai un peu mal, Colonel, dit Joshua en grimaçant un sourire douloureux. Mais je n'en mourrai pas.

— Tu ferais bien de me raconter ce qui s'est passé ici, dit Clay? Où sont les villageois ?

— Ils sont tous partis à Drumore House, Colonel, répondit Joshua. Kevin Rogan a tenu une assemblée ici, au beau milieu du village. Il a raconté à tout le monde que Sir George Hamilton avait tiré sur son frère dans le dos et de sang-froid.

— C'est tout ce qu'il y a de plus vrai, dit Clay. J'en ai été témoin. Où est Dennis, maintenant ?

— Il est mort, Colonel, juste après que son père l'a ramené au village dans son cabriolet, fit Joshua. Mr Rogan est à l'église en train de le veiller, en ce moment.

— Mais où est le Père Costello ? demanda Clay? Où était-il quand tout cela est arrivé ?

— Il s'est passé des choses graves, ici, continua Joshua. Des hommes de Sir George sont venus pour imposer le couvre-feu. La foule s'est jetée sur eux et les a fait tomber de leur cheval. Tout semblait devoir finir par un lynchage, quand le Père Costello est arrivé. Il a fait entrer trois des hommes dans sa maison et a interdit à quiconque de porter la main sur eux. Les autres se sont enfuis. Il est chez lui, en ce moment.

Clay réfléchit à la situation pendant quelques instants, les sourcils froncés, puis il remonta promptement en selle.

— Je vais aller à l'église retrouver Shaun Rogan. Attendez-moi chez le Père Costello.

Il fit demi-tour et partit au trot sur la route boueuse. Il s'arrêta et descendit de cheval à côté du cabriolet de Shaun Rogan, devant la minuscule église. Il prit le petit chemin entre les vieilles tombes couvertes de mousse. Tout était calme et paisible. L'une des grandes portes de chêne était légèrement entrouverte. Il ôta son chapeau et se glissa à l'intérieur.

La quiétude de l'endroit l'envahit et il se sentit soudain très fatigué, vidé de toute son énergie. L'église était très faiblement éclairée et, en bas de l'autel, les flammes des cierges tremblaient ; l'image de la Sainte-Vierge semblait flotter dans l'obscurité, nimbée d'une douce lumière blanche.

L'entêtante odeur de l'encens lui donna le tournis. Il tendit la main dans l'obscurité et sentit la pierre glacée d'un pilier devant lui. Son contact le ramena à la réalité et il reprit sa marche sur les dalles de l'église où résonnaient ses pas, jusqu'à l'endroit où Shaun Rogan était agenouillé en train de prier devant le cercueil ouvert de son fils.

Il n'y avait aucune trace de violence. Le jeune homme avait été mis dans le cercueil habillé des vêtements qu'il portait le jour même, les mains croisées sur la poitrine. Son visage semblait encore plus juvénile.

Clay posa doucement sa main sur l'épaule de Shaun Rogan et le vieil homme leva les yeux sur lui. Il avait incroyablement vieilli depuis la dernière fois. La chair semblait pendre sur son visage et ses yeux bleus étaient noyés de chagrin. Lorsqu'il se releva, ses épaules tombaient, et il traînait les pieds tandis qu'ils s'éloignaient de l'autel pour sortir.

Le ciel s'assombrissait et le tonnerre grondait dans le lointain. Shaun Rogan se coiffa soigneusement de son chapeau et dit d'une voix blanche :

— Je suis heureux que vous ayez réussi à leur échapper, Colonel. Vous allez avoir besoin d'aide pour quitter le pays.

— Je viens d'apprendre que Kevin avait lancé une attaque sur Drumore House, dit Clay. Il faut que vous usiez de votre influence pour empêcher qu'elle ait lieu. Nous devons nous dépêcher si nous voulons arriver à temps.

Shaun Rogan leva sur lui un regard sans expression.

— Alors que l'un de mes fils vient d'être tué, assassiné de sang-froid devant tout le monde, vous me demandez d'arrêter cette attaque ?

— Sir George a envoyé un messager à Galway ce matin, répondit Clay. Il a demandé le renfort de la cavalerie. Je crains qu'il n'y ait de graves problèmes si nous ne réussissons pas à convaincre les villageois de se disperser et de rentrer chez eux.

Shaun Rogan regagna en boitant son cabriolet et grimpa péniblement sur le siège. Il saisit les rênes et secoua la tête. Sa voix était impitoyable.

— Je vous ai dit une fois qu'il était dangereux d'élever le diable, Colonel, dit-il. Aujourd'hui, Sir George Hamilton va apprendre à ses dépens qu'il lui faut verser salaire. Je souhaite qu'il rôtisse en enfer. Maintenant, je vous prie de m'excuser, ma femme m'attend à la maison pour que je lui donne des nouvelles de notre fils.

Le cœur serré, Clay le regarda s'éloigner. Shaun Rogan avait incroyablement changé, il était devenu l'ombre de lui-même. Puis il remonta en selle et galopa jusqu'à la maison du Père Costello.

Le prêtre l'attendait sur le seuil, le visage grave.

— Triste journée pour Drumore, Colonel. La violence engendre la violence, comme vous me l'aviez dit une fois à Kileen.

— Vous m'aviez reconnu, alors ? dit Clay.

— Je suis au courant de bien des choses, Colonel, dit le vieux prêtre en hochant la tête. Un prêtre voit bien plus de choses que ne l'imaginent les gens. Avez-vous vu Shaun Rogan ?

— J'ai perdu mon temps, dit Clay, j'en ai bien peur. Il refuse d'user de son influence pour disperser la foule. Il est rentré chez lui annoncer à sa femme la mort de son fils.

— Les gens étaient déchaînés lorsqu'ils se sont mis en route, dit le Père Costello. Je n'ai jamais vu une telle fureur, lorsque Shaun Rogan est arrivé avec le corps de son fils. Je n'ai rien pu faire pour les arrêter. J'ai dû déployer tous mes efforts pour sauver les trois pauvres garçons qu'ils avaient jetés à bas de leurs chevaux.

— Où sont-ils ? demanda Clay.

— Deux d'entre eux sont partis il y a dix minutes. L'autre a le crâne fendu. Votre domestique s'occupe de lui.

— Ce qui vous laisse libre pour venir avec moi à Drumore House, dit Clay. Sir George a fait demander la cavalerie. Si les renforts arrivent et trouvent les villageois en train de prendre la maison d'assaut, ils vont les mettre en pièces.

Le prêtre prit une expression inquiète.

— Alors je vous suggère de partir devant et de faire de votre mieux en attendant que j'arrive, Colonel, dit-il. Croyez-moi, vous avez une influence bien plus grande que vous ne le croyez, maintenant que les gens connaissent votre autre identité.

Il rentra dans la maison et Clay s'élança au galop le long de la rue du village. Le ciel était devenu si sombre qu'on aurait cru que la lumière allait manquer. Il prit conscience d'un étrange chuchotement qui sifflait dans les branches des arbres, alors que semblait se lever un vent venu de nulle part. Il entendait déjà les hurlements de la foule alors qu'il n'était pas encore arrivé à Drumore House. C'est lorsqu'il emprunta le petit pont qu'il les vit, attroupés devant les grilles.

Les fenêtres de la maison du gardien avaient été brisées et la porte défoncée se balançait au gré du vent. Alors que Clay arrivait, des hommes sortirent de la maison et une clameur s'éleva dans la foule, tandis qu'une langue de feu commençait à lécher les rideaux d'une fenêtre. La fumée se mit bientôt à sortir par toutes les embrasures. Quelqu'un éclata de rire et la foule se mit à pousser des vivats.

Il y avait une ou deux femmes du village un peu à l'écart, enveloppées dans leurs châles serrés sur leurs têtes, mais la majorité des villageois présents étaient des hommes. Ils semblaient étonnamment bien armés et, lorsque Clay les vit de plus près, il eut un pincement de cœur.

Leurs mains serraient convulsivement des fusils, et des flammes étincelaient dans leurs yeux. Un vieillard croassait en découvrant des gencives édentées et, près de lui, un gamin trépignait avec excitation. Ils semblaient tous envahis d'une dangereuse exaltation. Les voix jusque-là éparses ne faisaient plus désormais qu'une seule clameur.

Lorsque des gens se rassemblent pour défendre leurs droits, on ne peut mesurer l'honnêteté de leurs revendications qu'à l'aune de ceux qui les dirigent. C'est toujours la même chose, songea-t-il tristement en levant les yeux vers la maison et en avançant vers Kevin, monté sur un étalon noir qui piaffait auprès des grilles.

Au fur et à mesure que les villageois reconnaissaient Clay, des hourras s'élevaient et des mains se tendaient pour le toucher. L'étonnement se peignit sur le visage de Kevin, qui étreignit chaleureusement la main de Clay.

— Par Dieu, cela fait plaisir de vous voir, Colonel. Alors, vous avez réussi à fausser compagnie à ces démons ?

— Il faut que vous partiez d'ici, coupa Clay d'un ton pressant. Il faut que vous disiez à tous ces gens de regagner leurs maisons. Hamilton a fait envoyer un messager à Galway ce matin. J'ai toutes les raisons de croire qu'ils vont faire donner la cavalerie.

Kevin eut un rire sauvage.

— Vous pensez que nous ne sommes que des femmelettes, Colonel ? demanda-t-il en désignant la foule d'un geste. Regardez autour de vous. Nous sommes bien armés. Vingt carabines du dernier modèle apportées de New York, sans compter les fusils de chasse et les pistolets. Ce n'est pas une jacquerie, nous n'avons ni fourches ni faux. Et l'incendie de la maison du gardien n'est que le début. Nous avons l'intention de pendre George Hamilton à l'un de ses arbres. Et, si nous ne parvenons pas à mettre la main sur lui, il rôtira dans sa demeure.

Il fit volte-face et donna d'un ton bref et précis à l'un de ses lieutenants la consigne de prendre trente hommes et de contourner le domaine par l'arrière. Tandis qu'ils s'exécutaient immédiatement et longeaient le mur d'enceinte, Clay rejoignit à nouveau Kevin et le supplia :

— Joanna est encore dans la maison. Nous devons l'en faire sortir avant que la fusillade n'éclate.

Kevin haussa les épaules et répondit d'une voix impassible :

— Je suis désolé, mais il est trop tard pour faire quoi que ce soit pour elle.

— Pas pour moi ! répliqua sèchement Clay.

Il se fraya un chemin dans la foule. Les hommes s'écartèrent pour éviter les sabots de Pegeen. Une fois qu'il les eut dispersés, il s'élança au galop sur l'allée et remonta vers la maison.

Quelqu'un commença à tirer depuis une fenêtre et il dut se coucher sur l'encolure de la jument. Les coups de feu cessèrent. Alors qu'il mettait pied à terre devant l'entrée, la porte s'ouvrit et Burke en sortit, le colt Dragon à la main.

— Alors, Colonel, vous avez décidé de revenir à nous ? demanda-t-il calmement.

Clay monta les marches et se retrouva devant lui.

— Dennis Rogan est mort et une troupe d'une centaine de personnes sont massées devant les grilles avec l'intention de mettre le feu à la maison. Je suis venu chercher Miss Hamilton. Le moins que vous puissiez faire, c'est la laisser partir avant qu'il ne lui arrive quelque chose.

Un énigmatique sourire se peignit sur les lèvres de Burke.

— Vous ne cessez de me surprendre, Colonel Fitzgerald. Sincèrement, je commence à me demander comment vous avez réussi à ne pas vous faire tuer lors de la guerre. (Il leva le colt et visa droit au cœur.) Vous m'obligerez en acceptant d'entrer.

La porte avait été barricadée avec des meubles et, une fois qu'ils furent entrés, un homme la referma tandis que deux autres poussaient contre elle une énorme commode.

— Cela ne risque pas de tenir bien longtemps, observa Clay.

— Ce n'est pas nécessaire, répliqua Burke. N'oubliez pas que nous attendons des renforts d'un instant à l'autre. Et lorsqu'elle sera arrivée, cette racaille pourra rire jaune.

Il désigna les escaliers de sa main armée du colt et Clay monta le premier, suivi de Burke et d'un garde. Ils prirent l'escalier de service et s'arrêtèrent devant la petite pièce du troisième étage où Clay et Dennis avaient déjà été enfermés le matin même. Burke ouvrit la porte et Clay entra.

Joanna était debout près de la fenêtre. Elle se tourna vers eux et son regard se remplit de détresse lorsqu'elle vit Clay. Il lui fit un sourire rassurant et prit ses mains dans les siennes.

— Vous n'avez aucune raison de vous inquiéter, vous pouvez me croire.

— Je crains que vous ne vous mépreniez, Colonel, intervint Burke. Voyez-vous, je n'ai nulle intention de laisser Miss Hamilton quitter ces lieux, pas plus que je ne désire vous laisser me glisser à nouveau entre les doigts. (Il désigna la fenêtre du menton.) Vous devriez avoir d'ici une vue imprenable sur la suite des événements, mais je ne nourrirais pas de faux espoirs, si j'étais vous. Je vais poster un garde dehors, d'ailleurs. Je vous prie de ne rien tenter d'inconsidéré.

Il referma la porte et ses pas décrurent le long du couloir.

Clay étreignit Joanna avec une expression songeuse. Il ne s'était pas imaginé un seul instant que Burke allait laisser Joanna partir, mais, au moins, ils étaient maintenant tous les deux ensemble. Toute la question était désormais de savoir comment ils allaient s'échapper.

Ils s'approchèrent de la fenêtre et regardèrent à travers les barreaux. Les villageois entraient par les grilles en poussant devant eux des chariots en guise de boucliers. Kevin Rogan et plusieurs autres hommes à cheval les suivaient en les encourageant de la voix.

Curieusement, la scène qui se déroulait sur les pelouses semblait lointaine et irréelle, comme s'il s'était agi d'enfants qui jouaient à la guerre. C'est alors que les assiégés ouvrirent le feu et que les villageois répliquèrent. L'odeur âcre et si particulière de la poudre s'éleva, portée par le vent, jusqu'aux narines de Clay qui revit mentalement défiler des images de batailles.

Un homme poussa un cri et tomba, face contre terre. Puis un autre. C'est là que la réalité se fait jour, songea tristement Clay. La dure réalité de la violence, de la douleur et du sang.

Joanna poussa un gémissement et ses doigts s'enfoncèrent dans le bras de Clay.

— Oh ! Clay, tout cela est si ridicule. Cela n'a pas de sens. Ils n'y gagneront rien.

Il secoua la tête et répondit d'une voix lugubre :

— Je n'en suis pas si sûr. Que reste-t-il d'autre à des gens comme eux ? Ils ont accepté humiliations et violences d'année en année, mais, finalement, il arrive un moment où n'importe quel homme se rebelle et se défend. La seule façon qui lui reste de protester contre la tyrannie, c'est d'offrir sa vie dans un geste d'ultime défi. Et cela, ce n'est pas ridicule. Un jour, cela aura des résultats, un jour tous les morts et toutes les petites insurrections qui ont eu lieu au cours des siècles seront compris comme les éléments d'un grand dessein commun. Et peut-être que la cause pour laquelle tous ont sacrifié leur vie triomphera alors.

— Je ne vous avais jamais entendu parler ainsi, dit-elle en levant vers lui un visage perplexe.

— Peut-être était-ce parce que je n'avais encore rien éprouvé de tel, dit-il avec un triste sourire. Ce qui me fait de la peine, c'est de savoir que les soldats vont arriver et qu'au bout du compte, quoi qu'il arrive, ce sont ces pauvres gens qui pâtiront, et non pas Burke et votre oncle.

Elle lui serra le bras. Du parc leur parvenaient les cris et les hurlements des blessés tandis que la fumée montait jusqu'à eux. C'est alors que Clay se raidit. Il se pencha contre les barreaux, observa la scène et se retourna, le visage grave.

— Ils ont mis le feu à la maison.

— Vous êtes sûr ? demanda-t-elle.

Un lourd nuage de fumée noire qui passa devant la fenêtre lui tint lieu de réponse. Clay se précipita contre la porte et tambourina.

— Pour l'amour du Ciel, cria-t-il, laissez-nous sortir ! La maison est en feu !

Il entendit quelqu'un bouger de l'autre côté et le garde répondit d'une voix mal assurée :

— Je n'ai pas la clé. C'est Mr Burke qui l'a.

— Alors, allez la chercher, s'écria Clay.

— Mais il m'a dit de rester ici, répondit le garde, d'une voix tremblante de panique. Puis soudain, il poussa un cri de stupeur et Clay l'entendit partir en courant le long du couloir.

12

D'en bas leur parvint un fracas de verre brisé suivi du rugissement de la foule, et la fumée, aspirée par le courant d'air, s'engouffra dans la pièce. Clay sentit la panique le gagner. Joanna rejeta d'une main nerveuse une boucle de cheveux collée sur son front et demanda sans s'émouvoir :

— Que se passe-t-il, Clay ? Pensez-vous qu'il va revenir ?

— Aucune chance, répondit-il en secouant la tête. D'après ce que j'ai pu entendre, il avait l'air totalement terrifié.

Il s'empara d'une lourde chaise et l'abattit violemment sur la porte en serrant les dents sous la douleur fulgurante qui élançait son bras. A plusieurs reprises, il cogna la porte jusqu'à ce que la chaise se brise en morceaux.

Il jeta un regard circulaire sur la pièce, mais il n'y avait rien d'autre, rien du tout. C'est alors que Joanna lui désigna le lit.

— Et si nous utilisions ceci ? Je peux vous prêter main forte.

Il jeta les couvertures et le matelas dans un coin et examina le lit. Il était en fer et semblait très solide. Il le fit basculer sur le flanc et le souleva par un bout tandis que Joanna s'emparait de l'autre et, en s'en servant comme d'un bélier, ils attaquèrent la porte.

Elle commença à céder presque au premier coup. Il frappa encore avec une vigueur renouvelée en ignorant la douleur qui lui transperçait le bras. Des éclats volèrent, puis l'une des planches commença à se fendre comme par magie. Tout à coup, la porte s'enfonça en plein milieu et, bien que le verrou continuât de tenir bon, les planches cédèrent sous les coups successifs. Clay lâcha le lit et tira sur les morceaux de bois à mains nues jusqu'à ce qu'il finisse par ménager un espace suffisant pour les laisser passer.

La fumée qui envahissait le couloir arrivait sur eux. Clay prit la main de Joanna et ils se précipitèrent dans l'escalier de service. Ils parvinrent au deuxième étage sans encombres, mais, lorsqu'il posa le pied sur les marches suivantes, il sentit une brusque vague de chaleur les envelopper et il vit des flammes lécher le bois.

Il se retourna, désespéré, saisi d'angoisse. D'après l'odeur de la fumée, le feu avait tout d'abord été mis au magasin où étaient rangées les lampes à pétrole, et il se répandait maintenant rapidement le long de la charpente de bois de la vieille demeure.

Il s'arrêta et s'appuya contre le mur en toussant sous la fumée qui lui envahissait la gorge. Joanna s'appuya contre lui en tremblant. Elle revoyait des scènes de son passé et ses yeux étaient remplis de terreur. Il se souvint alors qu'elle avait subi une épreuve tout aussi terrible dans son enfance à Lucknow. Il l'étreignit et lui demanda si elle se sentait bien.

Une étincelle sembla se raviver dans ses yeux. Elle prit une profonde inspiration et se redressa.

— Oui, ça va. Mais qu'allons-nous faire ? Le bois de charpente de cette maison a trois siècles. Il va prendre feu comme de l'amadou.

— Y a-t-il un autre escalier ?

— Non, excepté le grand escalier qui descend dans le hall.

Un souffle d'air brûlant se propagea dans le couloir et les força à s'enfuir avant que Clay ait pu réfléchir. Il n'avait aucune idée de ce qui pouvait bien se passer dans le hall, mais, bon gré mal gré, ils allaient bientôt le savoir. Ils n'avaient plus le choix.

Le plancher était brûlant et de la fumée s'élevait des tapis qui commençaient à s'embraser. Soudain, lentement, une planche se souleva à quelques pas d'eux et une langue de flamme s'engouffra dans la fente. Clay comprit que tout le rez-de-chaussée devait être en feu ; il leva un bras devant son visage pour se protéger de la fumée et continua à avancer tant bien que mal en tirant Joanna derrière lui.

A travers le grondement des flammes, leur parvenaient des coups de feu et un bruit de voix confus. Alors qu'ils atteignaient le couloir, une silhouette sortit en trébuchant de la fumée et se cogna contre Clay.

C'était Burke. Un mince filet de sang visqueux coulait sur son visage noirci d'une blessure sous l'œil gauche.

— Inutile, c'est sans issue, misérable chien, l'avertit Clay en retenant Joanna derrière lui.

Burke se rejeta contre le mur et s'apprêta à lever le colt. Clay lui fit sauter d'un coup de pied l'arme des mains et, alors qu'elle tombait sur le plancher, l'envoya glisser plus loin d'un second coup de pied. Ils se retrouvèrent face à face et sans armes.

Clay oublia la douleur que lui causait son bras. Il oublia tout, hormis sa volonté de terrasser son adversaire. Ils roulèrent sur le plancher en grondant comme des animaux, agrippés l'un à l'autre et Clay poussa un cri de douleur lorsque des flammes vinrent toucher sa peau nue en passant à travers les lames du parquet.

Burke se releva juste un peu avant lui. Alors que Clay se remettait sur ses pieds, le régisseur lui assena un coup à la poitrine qui le refit tomber au sol. Clay avait le souffle coupé, mais il sentit dans son dos quelque chose de dur et il tâtonna pour s'en emparer alors que Burke s'élançait à nouveau sur lui en levant sa botte pour lui écraser le visage. Clay sentit ses doigts se refermer sur le colt. Il le leva et tira dans le même geste à bout portant.

Burke fut projeté en arrière sous l'impact de la balle qui lui déchira la poitrine. Une étrange expression de souffrance et de colère convulsa son visage, comme s'il était furieux que le destin lui ait été contraire à la dernière minute. Puis un flot de sang s'échappa de sa bouche. Il crispa ses mains sur sa blessure comme s'il cherchait à retenir la vie qui s'enfuyait de lui, s'affaissa lentement sur les genoux et roula sur le sol.

Clay essaya de s'asseoir. Joanna se précipita vers lui, échevelée, le visage noirci de suie.

— Relevez-vous ! hurla-t-elle. Nous n'avons pas une seconde à perdre !

Il fourra dans sa poche le colt qu'il tenait encore dans la main et la suivit. Alors qu'ils atteignaient le haut des escaliers, la fumée se dissipa. Le plancher du palier était déjà en feu, tout comme l'escalier lui-même. En bas, quatre des gardes tentaient désespérément de tenir la barricade, en tirant par les fenêtres voisines.

Tandis que Clay dégainait son arme et commençait à descendre les marches, l'un des hommes se mit en devoir de démolir la barricade en hurlant :

— Nous allons tous mourir brûlés vifs si nous restons ici !

Au même moment, le tapis de l'escalier prit feu et Joanna poussa un cri de douleur en descendant précipitamment une marche. Les hommes firent volte-face et levèrent les yeux. Clay brandit son colt.

— Ouvrez cette porte avant que nous rôtissions tous, cria-t-il. Faites ce que je vous dis et il ne vous arrivera rien de mal.

Colère et désespoir se mêlaient sur le visage des gardes qui laissèrent un par un tomber leurs armes et commencèrent à défaire la barricade. Clay et Joanna descendirent les rejoindre et, une fois la porte ouverte, Clay hurla :

— Ne tirez pas ! Nous sortons !

Kevin Rogan apparut derrière un chariot au bas du perron tandis que Clay et Joanna sortaient en titubant à l'air libre, suivis des quatre gardes, les mains en l'air.

Rogan s'avança à leur rencontre.

— J'ai convaincu ces hommes de se rendre, dit Clay, en leur jurant qu'il ne leur arriverait rien de mal. Je veux que vous me le promettiez.

— Je n'ai rien à faire de ces crapules, répondit sauvagement Kevin. C'est le gros poisson qui m'intéresse.

— Burke est mort. Je l'ai tué de mes propres mains, répondit Clay.

— Et Hamilton ? demanda Kevin. Ne me dites pas qu'il est mort, lui aussi ?

Clay fronça les sourcils et se souvint que Sir George devait toujours être dans sa chambre. Il s'élança à nouveau dans le hall, mais alors qu'il atteignait la porte Kevin le rattrapa.

— Où est-il ? demanda-t-il.

— Au premier étage, fit Clay. Il a eu une attaque dans l'après-midi et Burke l'a fait porter dans sa chambre.

L'escalier et le palier étaient embrasés et, alors que Kevin s'avançait, Clay le retint par le bras.

— Il est trop tard, cria-t-il pour dominer le rugissement des flammes. Vous n'y arriverez jamais.

Kevin se retourna, un rictus féroce sur les lèvres et les yeux hagards.

— Je le poursuivrai jusqu'en enfer, s'il le faut, répondit-il en se dégageant brutalement et en s'élançant dans l'escalier.

Clay vacilla en arrière devant la chaleur du brasier et, se protégeant le visage d'une main, leva les yeux. Alors que Kevin Rogan atteignait le palier, Sir George Hamilton sortit brusquement du couloir de droite. Ses yeux n'étaient plus que deux cavités noires dans son visage blême, mais on n'y lisait aucune crainte.

Kevin poussa un hurlement qui domina le tumulte des flammes et marcha sur lui. Alors qu'il n'était plus qu'à quelques mètres, Sir George leva un pistolet qu'il tenait dans la main gauche et tira. Kevin vacilla, s'agrippa à la rampe brûlante pour se rétablir, se jeta sur son adversaire et lui arracha l'arme.

D'une main, il agrippa fermement le vieillard à la gorge et de l'autre, il le saisit à la ceinture. Puis il le souleva au-dessus de sa tête pour le balancer par-dessus la balustrade. Au même instant, le plancher s'affaissa. Kevin se rattrapa à la rampe et le palier s'enfonça sous lui tandis qu'il disparaissait dans la fournaise.

Clay s'avança d'un pas hésitant et c'est alors que le plafond commença à s'effondrer. Il fit volte-face et sortit précipitamment à l'air frais tandis que le hall s'embrasait comme un véritable enfer.

Il descendit les marches en ôtant sa veste en feu et Joshua se hâta à sa rencontre.

— Tout va bien ? lui demanda-t-il en lui saisissant le bras.

Clay acquiesça silencieusement. Quelqu'un l'empoigna et lui fit faire demi-tour. Il se retrouva nez à nez avec Cathal Rogan, livide.

— Qu'est-il arrivé à Kevin ? demanda Cathal d'une voix mal assurée.

Clay ne parvint pas à répondre. Les mots s'arrêtaient dans sa gorge. Peu importait, cependant, car son expression défaite était suffisamment parlante. Cathal Rogan se détourna et rejoignit en titubant Marteen qui l'attendait non loin avec leurs chevaux. Clay les regarda parler et vit les épaules du jeune garçon s'affaisser. Puis ils enfourchèrent leurs montures et s'éloignèrent à travers la foule vers le verger avant de disparaître sur la lande.

Le Père Costello attendait dans son cabriolet, Joanna à ses côtés. Elle semblait épuisée et sa robe était déchirée et brûlée en maints endroits. Elle ouvrit les yeux et demanda d'une voix sans émotion :

— Mon oncle est-il mort ?

— Oui, répondit Clay, et Kevin Rogan également. Triste journée.

— En vérité, Colonel, renchérit le Père Costello, je crains bien que nous n'en ayons pas encore vu la fin. (Il s'empara des rênes.) Je vais emmener Miss Hamilton chez moi. Qu'avez-vous l'intention de faire pour le moment, Colonel ? Je crois qu'un passage sur le premier bateau serait la meilleure chose à envisager.

— Je vais devoir quitter le pays aussitôt que possible, convint Clay. Il ne va pas falloir longtemps avant que les autorités ne se lancent à ma poursuite. Je vais rester ici et essayer de faire de mon mieux pour persuader les gens de rentrer chez eux. Je laisse mon domestique vous accompagner. Miss Hamilton pourrait avoir besoin de lui.

Joshua, qui avait assisté à la conversation, monta à son tour dans le cabriolet à côté de Joanna.

— Je ne traînerais pas trop longtemps ici, Colonel, si j'étais vous, dit-il. J'ai dans l'idée que l'endroit va devenir très malsain.

— Ne vous inquiétez pas, dit Clay, je ne prendrai aucun risque. Je vous retrouve dans une demi-heure.

Le Père Costello fouetta son cheval et ils partirent au trot le long de l'allée.

La foule s'était tue. La fumée et les flammes continuaient de s'élever par les fenêtres. Désormais la passion et l'enthousiasme étaient retombés et Clay vit se peindre sur ces visages le malaise et le doute, comme si tous commençaient à se rendre compte des conséquences de leur geste.

Çà et là, des gens commençaient à s'éloigner, d'autres restaient au chevet d'un blessé. Clay monta sur l'un des chariots et leva la main. Tous se tournèrent vers lui. Le silence était d'une épaisseur presque palpable.

Il essuya la sueur qui coulait sur son front et commença, d'une voix calme qui s'adressait à chacun :

— Pour le meilleur et pour le pire, tout est terminé ici. Sir George a envoyé un messager ce matin à Galway pour requérir l'aide des autorités ; vous feriez mieux de tous rentrer chez vous avant que les soldats n'arrivent.

Presque immédiatement, les villageois se dispersèrent. Clay sauta à terre et ramassa sa veste brûlée. Il en sortit le colt et vérifia le barillet. Il lui restait encore trois balles. Il l'enfonça dans sa ceinture et se tourna pour examiner les corps étendus sur la pelouse devant la maison. Au même instant, des cavaliers firent irruption dans le parc et s'arrêtèrent.

Ils se mirent en ligne avec une efficacité toute militaire, leurs uniformes rouges se détachant sur les pierres grises du mur d'enceinte. La foule s'arrêta et le silence retomba tandis que de lourdes gouttes de pluie commençaient à cribler le sol.

Un officier cria un ordre et les sabres étincelèrent au clair, tirés en même temps comme pour la parade. Il y eut un moment de silence pesant pendant lequel la foule sembla attendre, puis un cor retentit dans le soir et les soldats s'avancèrent au trot.

Les villageois s'éparpillèrent, les uns courant vers la maison, d'autres tentant désespérément d'atteindre le bosquet de hêtres et le mur d'enceinte, conscients que leur seule chance de salut résidait dans les bois.

Clay partit en courant le long de la maison et suivit l'allée jusqu'aux écuries. Il avait de la chance. Pegeen n'était plus là, mais plusieurs chevaux déjà sellés étaient attachés à une barrière. De toute évidence, les hommes qui avaient mis le feu avaient vidé les écuries, au cas où celles-ci s'embraseraient à leur tour.

Clay détacha un étalon noir et sauta en selle. Derrière lui, il entendit un bruit de sabots et il vit apparaître un officier qui tournait le coin du bâtiment, sabre au clair. Il s'apprêtait à l'abattre sur Clay lorsqu'il prit une expression stupéfaite et abaissa son arme.

C'était Vale, le jeune capitaine que Clay avait rencontré à la réception de Sir George. Clay se précipita sur lui et lui assena un coup de crosse sur le bras. Vale poussa un cri de douleur et Clay lui arracha son sabre en disant :

— Désolé, Vale, je n'ai pas le temps de vous expliquer.

Il rengaina son pistolet dans sa ceinture et pressa sa monture à travers le verger tout en faisant tournoyer le sabre. Un homme qui courait entre les arbres trébucha et griffa la terre en tentant de se rattraper dans l'herbe glissante. Derrière lui surgit un cavalier, le sabre brandi, prêt à frapper. Clay s'interposa, entrevit l'espace d'un éclair le visage brutal et effrayé du soldat et lui assena un coup de la poignée de son sabre qui le vida de ses étriers.

Le fuyard s'empara des rênes du cheval et Clay, l'ayant sauvé, reprit son chemin. Alors qu'il atteignait la côte et traversait les pommiers en direction de la brèche, un jeune lieutenant arriva au galop sur sa gauche pour lui barrer la route.

Combien de fois ai-je connu cela, songea Clay. Combien de fois, au cours de ces longues et sinistres années ? Il fit tourbillonner son sabre avec le savoir-faire d'un vétéran de campagne et attendit, résigné. Le lieutenant n'était qu'un enfant, avec à peine une ombre de moustache au-dessus de la lèvre. Pour lui, c'était l'occasion de sa vie.

A la dernière minute, Clay eut pitié de lui. Il esquiva le coup que lui destinait maladroitement l'autre et fit sauter l'arme des mains de son adversaire. Puis il lança son bras comme pour porter ce terrible revers de lame qui peut briser les côtes comme une hache coupe des branches. Mais au dernier moment, il tordit le poignet et c'est le plat du sabre qui frappa le gamin sur les omoplates et le fit tomber de son cheval.

Clay jeta son sabre et pressa sa monture à travers les arbres jusqu'à la lande. La pluie tombait à verse, désormais, et il galopa sur le chemin de Claremont en réfléchissant à ce qu'il allait faire.

Quoi qu'il arrive, il était évidemment hors de question qu'il retourne au village. Il n'y avait qu'un endroit où il pouvait trouver un refuge sûr, c'était chez les Rogan. Mais avant, il fallait qu'il prenne des vêtements et de l'argent.

Comme il s'y attendait, il n'y avait pas âme qui vive lorsqu'il arriva dans la cour de Claremont. Il se passerait un certain temps avant que Vale et ses hommes ne viennent l'y chercher. Il mit pied à terre et se précipita dans la maison.

Il avait caché une centaine de souverains d'or dans sa paire de bottes dissimulée au fond de sa malle de voyage. En entrant dans sa chambre, il pria silencieusement le Ciel que Burke et ses hommes ne les aient pas dénichées. Les bottes étaient toujours à leur place et, lorsqu'il les retourna l'une après l'autre, une bourse de cuir tomba sur le plancher.

Il sortit ensuite un coûteux manteau, le premier qui lui tomba sous la main, trouva un autre chapeau et redescendit aussitôt. Il commençait à nouveau à se sentir un peu étourdi et il prit conscience de la cuisante douleur aiguë qui élançait son bras gauche. Il trouva une bouteille de cognac dans le placard en but une généreuse rasade et l'alcool lui brûla les entrailles.

Lorsqu'il remonta sur son cheval, il se sentait légèrement mieux. Il partit à travers les arbres et arriva à la lisière de la lande.

Dans le lointain, une colonne de fumée noire s'élevait dans le ciel au-dessus de Drumore House, mais, au lieu de s'attarder à la contempler, il regarda Claremont au-dessous de lui. Pendant un moment la tristesse l'envahit et il se rendit compte que c'était probablement la dernière fois qu'il voyait cet endroit. Puis il fit demi-tour et partit au galop en direction de Hidden Valley.

13

Aucune sentinelle ne sortit du bosquet de hêtres à son approche lorsqu'il arriva au bout du vallon et fit descendre à sa monture la pente couverte d'herbe qui menait à la ferme. Ils traversèrent le fond du vallon, se hissèrent sur le chemin et galopèrent jusqu'à l'enclos des chevaux.

La pluie torrentielle continuait à tomber comme un rideau gris qui réduisait considérablement toute visibilité. Alors qu'il s'arrêtait devant la maison, la porte s'ouvrit et Cathal sortit, une carabine à la main.

Un immense soulagement se peignit sur son visage et il baissa son arme en disant :

— Dieu soit loué, Colonel. Pendant un moment, en vous

voyant arriver, je n'ai pas su qui c'était. Nous sommes tous à bout de nerfs, ici.

— Vous avez toutes les raisons de l'être, répondit Clay d'un ton lugubre. La cavalerie est arrivée juste après que vous et Marteen êtes partis. Je n'ai pu m'échapper de là-bas que de justesse.

Cathal hocha la tête.

— Nous étions déjà sur la lande quand nous avons entendu les coups de feu. Nous avons deviné ce qui se passait. (Il prit les rênes du cheval de Clay et le mena à l'écurie.) Mieux vaut le laisser sellé, Colonel. Nous ne savons pas si nous n'allons pas être forcés de décamper bientôt.

Clay sauta à terre et conduisit l'étalon dans une stalle à côté de deux autres chevaux déjà sellés, attendit qu'on lui ait donné une bonne ration de foin et ressortit avec Cathal.

Arrivés devant la maison, ils furent accueillis par les déchirants hurlements de désespoir d'une femme. Cathal le retint par le bras auprès de la porte de la cuisine.

— C'est ma mère que vous entendez, Colonel, expliqua-t-il. Mon père a changé d'idée et, au lieu de laisser le cercueil de Dennis à l'église de Drumore, il l'a rapporté ici dans le cabriolet.

— Vous leur avez dit ce qui est arrivé à Kevin ? demanda Clay.

Cathal hocha la tête et une lueur douloureuse passa dans ses yeux juvéniles.

— Il valait mieux le leur dire pendant qu'ils étaient déjà tout à leur chagrin, Colonel, dit-il en ouvrant la porte pour le faire entrer.

Le cercueil gisait sur la table, un cierge brûlant dans un bougeoir de bronze à chaque extrémité. Mrs Rogan sanglotait, assise à côté, la tête couverte d'un châle, un chapelet cliquetant entre ses doigts.

Shaun Rogan était assis dans son fauteuil auprès du feu et fixait les flammes d'un regard absent. Le lévrier allongé à ses pieds leva la tête et gronda sourdement lorsque Clay s'approcha.

Shaun Rogan tourna la tête et Clay vit son visage hagard et ses yeux embués de larmes. Il désigna de la main un siège vacant et dit d'une voix monocorde :

— Asseyez-vous, Colonel. Cela fait du bien de voir des amis lorsqu'on a de la peine.

Cathal sortit une bouteille de whisky et deux verres et les deux hommes portèrent le toast d'usage sans mot dire. Clay vida son verre et dit :

— Je pense qu'il est inutile de vous dire ce que j'éprouve.

— Je sais reconnaître un ami, répondit Shaun Rogan. Vous en avez été un dès le début. Mon fils est-il mort en brave, là-bas ?

— Il a entraîné Sir George Hamilton avec lui dans la mort, dit Clay.

— Et la maison ?

— Elle n'est plus que cendres et poussière.

Derrière eux, Mrs Rogan gémit faiblement et Shaun Rogan se replongea dans sa muette contemplation des flammes. Le long soupir qu'il poussa sembla provenir des tréfonds de son âme.

— C'est bien peu, en échange de deux fils. Bien peu, Colonel. Vous aviez raison, depuis le début.

Clay ne trouva rien à répondre, mais toute parole était inutile. Shaun Rogan sembla retrouver en lui des forces nouvelles. Il se tourna vers ses deux fils.

— Nous allons enterrer votre frère dans un petit moment, décemment et avec respect, à l'endroit où il a toujours vécu. Le Père Costello viendra plus tard bénir la terre.

— Nous creuserons la tombe près du mur du fond du verger, dit Cathal. La terre est molle, cela ne prendra guère de temps.

Il emmena doucement sa mère et Marteen referma le couvercle du cercueil. Ils le sortirent de la cuisine pour le porter dans une autre pièce et, un instant plus tard, Clay entendit le bruit du marteau.

Rogan se servit un autre verre d'une main ferme.

— Et vous, Colonel ? demanda-t-il. Avez-vous des projets immédiats ?

— Non, répondit Clay, mais j'aimerais bien en avoir. La cavalerie est arrivée à Drumore juste après le départ de vos fils. J'ai eu de la chance de pouvoir m'échapper. Tout le monde sait que j'étais le Capitaine Swing et plusieurs des hommes d'Hamilton ont échappé à l'incendie. Ils risquent de raconter le rôle que j'ai joué dans cette histoire. Et, en outre, c'est moi qui ai tué Burke.

Rogan hocha lentement la tête.

— Votre procès ne serait qu'une simple formalité, Colonel. Rien de plus. Vous avez eu raison de venir ici et pas ailleurs.

— Voulez-vous dire que vous pouvez m'aider ? demanda vivement Clay.

— Oui. Ce qu'il vous faut, c'est un bateau rapide pour partir d'ici et, ça, nous pouvons le trouver. Il y a un schooner français qui doit se rendre à Galway avec lequel nous avons régulièrement rendez-vous. Dieu nous garde, il arrive souvent qu'en Irlande les hommes aient besoin de partir rapidement de nuit.

— Dans combien de temps cela peut-il être arrangé ? demanda Clay.

— Cette nuit même, répondit Rogan. Mais il faudra que vous me rendiez un petit service en échange : emmener Cathal et Marteen en Amérique avec vous. Dieu sait qu'ils n'ont d'autre choix ici que mourir à petit feu.

— J'ai une meilleure idée, répondit Clay. Pourquoi ne venez-vous pas avec nous ?

Le vieil homme sourit tristement.

— Mes racines sont trop profondément enfoncées dans cette terre. Je dépérirais si on me transplantait ailleurs.

— Mais qu'en est-il de ce soulèvement que projettent les *Fenians* pour l'année prochaine ? demanda Clay. Vos fils sont membres de la Fraternité. Ne vont-ils pas y prendre part ?

— Ils feront ce que je leur dirai, répondit Shaun Rogan. Je serai plus heureux en les sachant en sécurité dans un pays où ils pourront faire fortune à force de travail et où tous les hommes sont égaux.

— Vous croyez que le soulèvement va échouer ? demanda Clay.

— Il va échouer, répondit Rogan d'un ton résigné. Vous me l'avez dit un jour : c'est l'Angleterre qui possède les canons.

— Si c'est ce que vous voulez, soupira Clay, ce sera comme vous le souhaitez. Je les emmènerai en Californie avec moi. Je les aiderai, je vous le promets.

— Ils auront besoin d'argent pour payer leur passage, dit Rogan.

— J'en ai amplement assez, et même davantage pour assurer le voyage jusqu'à New York. Et là-bas, j'ai suffisamment de ressources sur place.

Shaun Rogan hocha la tête et se leva lentement.

— Je vais aller le leur dire, annonça-t-il.

Au passage, il s'arrêta pour poser une main tendre sur la tête inclinée de sa femme.

Clay écouta les chuchotements des voix dans la pièce voisine. Après un moment, Marteen revint, les bottes souillées de boue. Il aida sa mère à se relever et demanda doucement :

— Si vous pouviez nous aider, Colonel, je vous serais très reconnaissant.

Clay les suivit dans le couloir. Il donna son bras à Mrs Rogan qui s'y appuya lourdement, tandis que Cathal et Marteen soulevaient le cercueil et sortaient de la maison derrière leur père.

Ils traversèrent la cour et entrèrent dans un verger enclos de murs. La pluie diluvienne tombait sans relâche sur les hautes herbes et dégouttait des branches des arbres.

Shaun Rogan s'approcha pour voir de plus près la tombe qu'ils avaient creusée à la hâte dans un massif de fleurs contre le mur couvert de lierre.

— Elle ne fait que deux mètres de profondeur, Père, lui dit Cathal à voix basse. Nous n'avons pas eu le temps de faire mieux.

— Il reposera en paix malgré tout et personne ne viendra le déranger, répondit Shaun Rogan.

Marteen avait apporté deux cordes qui servirent à descendre le cercueil dans la tombe. Ensuite, ils restèrent en silence, la tête inclinée pendant que leur père prononçait l'oraison funèbre.

Clay devait se rappeler ce moment des années plus tard. La pluie, glacée et mordante qui le transperçait et lui cinglait les épaules, la toile d'araignée tendue en travers d'une porte ouverte dans le mur, une faux brisée à demi enfouie dans les feuilles à ses pieds. La voix de Shaun Rogan cessa alors son murmure. Il ramassa une poignée de terre et la jeta dans la tombe, puis il se retourna et remmena sa femme sous la pluie jusqu'à la maison.

Clay attendit que les deux fils aient fini de combler la tombe et ils repartirent ensemble tandis que Cathal et Marteen discutaient à voix basse des dispositions à prendre. A 9 heures, le schooner français mouillerait à un peu moins d'un mille de la côte et y resterait pendant deux heures. Une lanterne qui clignoterait quatre fois sur la grève serait le signal pour envoyer un canot.

Les deux frères restèrent sur le seuil pour nettoyer la boue qui maculait leurs bottes pendant que Clay rentrait. Shaun Rogan était assis seul auprès du feu, un verre à la main.

— Je vous prie d'excuser ma femme, Colonel. Elle est partie s'allonger. Prenez un verre.

Clay se servit et s'assit sur le rebord de la table.

— Il y a une chose qui me tracasse, dit-il, mon domestique est resté à Drumore avec Miss Hamilton. Le Père Costello leur a offert l'asile. Je me demande si je pourrais aller les voir.

Le vieil homme secoua la tête.

— Drumore doit grouiller de soldats. Ce serait vous jeter dans la gueule du loup d'essayer.

— Et si je leur faisais parvenir un message ?

— Et qui le porterait ? demanda Shaun en secouant la tête. Il n'y aurait qu'un fou pour oser aller s'aventurer là-bas aujourd'hui. En ce moment, tout le monde doit être assis auprès du feu en prétendant ne rien savoir de ce qui s'est passé à Drumore House. (Il se pencha pour remplir le verre de Clay.) Ne vous inquiétez pas, mon ami, je donnerai à la jeune fille de vos nouvelles. Si elle vous aime vraiment, elle vous rejoindra au bout du monde.

— Vous avez raison, répondit Clay. Au moins, elle a Joshua avec elle. Il s'en occupera.

— Evidemment que j'ai raison, fit Shaun Rogan. Après tout, vous ne lui serviriez à rien si vous étiez mort, n'est-ce pas ?

Marteen et Cathal vinrent rejoindre leur père. Ils portaient tous les deux leur veste de cheval et tenaient leur chapeau à la main.

Shaun Rogan leva les yeux et leur dit d'une voix sans émotion :

— N'allez pas tracasser votre mère avec cela. Elle en a eu assez pour la journée. (Marteen était au bord des larmes et le vieillard le sermonna en le secouant par le bras.) Si tu te mets à pleurnicher devant le Colonel, jamais je ne te pardonnerai. (Puis, dans un sourire, il leur tendit la main.) Allez, partez, maintenant. Ne souillez pas notre nom et écrivez-nous de temps en temps.

Ils se serrèrent la main et Marteen lutta pour réprimer ses sanglots alors qu'ils quittaient la pièce. Shaun Rogan se leva et Clay vit qu'il avait lui aussi les larmes aux yeux.

— Prenez soin d'eux, Colonel, lui dit-il en lui tendant la main.

Pendant un long moment, Clay garda sa main dans la sienne en fixant ce visage impassible.

— Nous avons passé de grands moments ensemble, Shaun Rogan, fit-il.

Un pauvre sourire glissa sur les lèvres du vieil homme.

— Oh, ça oui, Colonel, ça oui.

Il se rassit lourdement dans son fauteuil et Clay sortit dans le couloir. Au moment où il arrivait sur le perron, les deux jeunes gens sortaient les chevaux des écuries. Ils sautèrent en selle et Clay demanda :

— Où allons-nous, maintenant ?

— Dans un endroit que nous connaissons, dans les collines,

répondit Cathal. Nous y serons en sécurité jusqu'à ce soir. Les soldats risquent de venir fouiller la ferme.

— Et votre père ? demanda Clay

— On ne peut pas le punir des méfaits de ses fils, dit Cathal, d'un ton fataliste.

Ils prirent le chemin qui remontait hors du vallon et traversèrent la lande tandis que la pluie s'apaisait et s'arrêtait enfin. Dans le lointain, on voyait encore la fumée s'élever des ruines de Drumore House ; lorsqu'ils arrivèrent à un croisement, Clay arrêta son cheval et, se protégeant les yeux d'une main, regarda vers l'horizon.

— Qui aurait pu croire que cette maison brûlerait ainsi ?

— Qu'est-il arrivé à votre domestique, Colonel, et à Miss Hamilton ? demanda Marteen.

— Je ne sais pas vraiment, répondit Clay. Je les ai envoyés à Drumore chez le Père Costello.

— Peut-être qu'ils sont allés à Claremont dans l'espoir de vous y trouver ? dit Marteen en fronçant les sourcils.

Cette pensée avait déjà effleuré l'esprit de Clay. Il regarda pardessus la lande la ligne d'arbres qui bordait le vallon où était blotti Claremont. Puis il prit brusquement sa décision.

— Je vais aller y jeter un coup d'œil pour en être sûr. Vous deux, restez là. Cela ne me prendra que vingt minutes.

Cathal l'arrêta par les rênes.

— C'est de la folie, Colonel. Les soldats sont sûrement là-bas.

— Je ferai attention, l'assura Clay. Je resterai à couvert et j'ouvrirai l'œil avant de descendre.

Il coupa court à la discussion en piquant des deux, mais il avait eu à peine le temps de faire une centaine de mètres qu'il entendit galoper derrière lui. Cathal et Marteen arrivèrent bientôt à sa hauteur.

— Ce n'était pas la peine, dit Clay.

— C'est vous notre billet pour l'Amérique, Colonel. On ne peut pas se permettre de vous perdre, répondit Cathal.

Ils ralentirent pour pénétrer dans le bois, Clay en éclaireur. Une sorte de sixième sens lui avait fait pressentir le danger qui les guettait. Il y eut un froissement de buissons et un éclair rouge. Il arrêta net son cheval tandis qu'une voix s'écriait :

— Au nom de la Reine, halte !

Un soldat sortit des arbres et leur coupa le chemin. Clay esquiva son sabre et lui envoya en pleine figure un coup de poing qui le désarçonna. L'étalon se cabra et piétina l'homme tombé à terre. Puis soudain, Clay se trouva entouré de soldats. Il sortit son colt et assena de part et d'autre des coups de crosse qui lui permirent de se frayer un chemin dans cette mêlée confuse d'hommes et de chevaux.

Une fois sorti, il entendit qu'on l'appelait. Il monta à travers les arbres jusqu'à l'endroit d'où Cathal lui faisait signe et, en arrivant ensuite sur la crête, il vit que Marteen s'était lui aussi échappé et qu'il galopait jusqu'aux collines.

Clay se coucha sur l'encolure de sa monture et la pressa au galop. L'animal réagit vaillamment. Peu à peu, il se rapprocha de Cathal qu'il talonna bientôt. En poussant leurs montures, ils évitèrent d'une bonne vingtaine de mètres des cavaliers qui tentaient de les intercepter.

Les chevaux grimpèrent avec peine le flanc de la colline, traversèrent un marais et entrèrent dans une étroite valleuse. Arrivé au bout, Marteen mit pied à terre et tira son cheval sur la pente abrupte.

Il atteignit le haut sans encombre et se baissa pour prêter main-forte à son frère. Cathal fouetta la croupe de son étalon qui grimpa jusqu'à la crête, tandis que Clay restait en bas. Après quoi, il fit volte-face et sortit son colt de sa ceinture.

Il y avait eu assez de sang répandu pour la journée. Trop, même. Lorsque le premier de leurs poursuivants apparut, Clay visa soigneusement la poitrine de sa monture et tira. L'animal se cabra, désarçonnant son cavalier qui tomba dans la boue et, derrière eux, le reste de la troupe s'efforça tant bien que mal de faire demi-tour pour éviter ce qui semblait un piège. Il tira une seconde fois au-dessus de leurs têtes, puis il grimpa à son tour et remonta en selle.

Ils seraient désormais suffisamment en sécurité. Marteen ouvrait le chemin, passant d'une valleuse à une autre, traversant marécages et tourbières et s'enfonçant chaque fois davantage dans les collines. Ils galopèrent pendant une bonne heure en file indienne avant d'arriver dans une petite valleuse qui s'enfonçait au flanc d'une abrupte colline.

Devant eux, à moins de deux kilomètres, se trouvait la mer. Juste en dessous, un petit loch s'enfonçait au cœur des collines, avec ses eaux violettes, presque noires, qui léchaient des rochers de basalte. Clay mit pied à terre dans la lumière du crépuscule qui teintait vers le nord le sommet des montagnes d'un feu orangé.

Cette beauté le dépassa et il prit une longue inspiration de cet air parfumé de bruyère encore humide de pluie. Puis il suivit Cathal et Marteen qui descendaient la pente et en s'enfonçant dans les fougères. Ils parvinrent à un sentier, remontèrent en selle et longèrent les bords du loch au long d'un petit ruisseau limpide qui gargouillait dans la quiétude du soir.

Derrière eux, les collines s'élevaient doucement dans le ciel sombre où brillait déjà une première étoile et, au détour du chemin, Clay aperçut une petite cabane de chasseur blottie dans les herbes près de la rivière.

Elle était construite de solides pierres sèches et couverte de chaume.

— Nous serons en sécurité ici, Colonel, dit Marteen en descendant de cheval. Ce n'est qu'à une heure et demie des falaises. La marée va descendre bientôt et nous pourrons suivre la grève jusqu'à l'endroit où le Français a jeté l'ancre.

Il s'assit avec son frère sur un banc rudimentaire et ils parlèrent tous deux de l'Amérique à voix basse. L'insouciance de leur jeunesse faisait que le passé était déjà moins important désormais que l'avenir. Clay s'éloigna et alla s'asseoir sur un rocher auprès de la rivière.

Son bras blessé le faisait souffrir sans relâche et il avait la bouche desséchée. Il se pencha, prit de l'eau au creux de sa main et la but en savourant sa fraîcheur.

Il songea à Joanna et cette pensée le remplit d'un sentiment de solitude. Son cœur lui sembla se briser en lui. Quoi qu'un homme tentait de faire, c'était toujours le Destin qui avait les cartes en main. C'était la vie. En acceptant cet état de fait, on s'épargnait bien des souffrances.

Pendant un moment, il ressentit cette terrible sensation d'impuissance qui étreint les hommes de temps en temps. Il l'avait déjà éprouvée au beau milieu des batailles sanglantes. Il avait alors compris que le prochain à tomber serait peut-être lui et que quoi qu'un homme fît, cela ne le conduisait nulle part.

Au-dessus de lui, un petit nuage rougeoyant sembla se consumer sous ses yeux, puis la lumière décrut sur le flanc des collines et la nuit étendit son lourd manteau sur la valleuse.

Il resta assis pendant longtemps à regarder la mer d'un œil aveugle. Au bout d'un moment, Cathal vint le rejoindre et lui tapa sur l'épaule. Ils remontèrent en selle et quittèrent les lieux, le cliquetis des harnais tintant dans la nuit.

Ils avançaient avec précaution en restant dans l'ombre de la valleuse, puis ils mirent pied à terre en arrivant aux falaises pour conduire leurs montures le long d'un chemin tortueux qui descendait entre les rochers brillant d'un éclat blafard sous la lune.

La plage s'étendait devant eux en flaques de sable luisant. Cathal lança sa monture au galop et ils s'élancèrent le long de la mer en s'enfonçant de temps à autre jusqu'au garrot pour contourner un rocher et pénétrer dans la crique suivante.

Le bateau était mouillé à moins d'un mille du rivage et ses mâts et cordages se détachaient sur le ciel nocturne. Clay leva les yeux, s'inquiéta du clair de lune et espéra qu'un nuage viendrait au plus vite obscurcir le ciel jusqu'à ce qu'ils soient parvenus à bord.

Marteen eut un rire nerveux et galopa dans les vagues pour contourner un autre récif. Cathal le suivit et Clay ferma la marche. Une vague qui emporta sa monture la força à nager et l'eau qui gagna les genoux de Clay le ramena soudain à la vie et lui arracha un rire à son tour.

Ils se retrouvèrent bientôt sur la grève où les attendait un canot à une centaine de mètres, ballotté en eau peu profonde, avec ses quatre rameurs et un cinquième marin, de l'eau jusqu'aux genoux.

— Nous avons de la chance, cria Cathal par-dessus son épaule. Nous n'avons même pas besoin de faire de signal, ce soir.

Les deux jeunes gens mirent aussitôt pied à terre et Marteen courut dans les vagues rejoindre le marin auquel il assena une grande claque dans le dos.

— C'est trois passagers que tu auras ce soir, l'ami.

L'homme répondit quelque chose d'inintelligible et, lorsque Clay arriva, Marteen lui expliqua dans un sourire :

— Il ne parle que français, Colonel.

Clay se tourna vers le marin et lui dit dans un français parfait :

— Nous voulons quitter le pays, l'ami. On m'a dit que vous pouviez nous y aider.

Le marin eut un sourire rayonnant.

— Colonel Fitzgerald ? (Clay hocha la tête et l'autre poursuivit :) Nous vous attendions, montez dans le canot au plus vite.

— Vous nous attendiez ? demanda Clay, stupéfait, tout en grimpant dans l'embarcation.

— Mais naturellement, *monsieur*, répondit le marin en prenant la barre.

Clay s'assit à la proue et regarda les rameurs peser sur leurs avirons. Les trois chevaux restaient sur la plage, l'air désorienté et il eut un pincement de cœur en repensant à Pegeen et en se demandant qui serait son prochain propriétaire. Au même moment l'étalon releva la tête, hennit et s'enfuit sous la lune au galop, rapidement suivi par les deux autres bêtes.

Le canot approchait à peine du schooner que l'équipage commença à remonter l'ancre et à déployer les voiles. Clay entendit des ordres brefs en français résonner sur les eaux tandis que le canot heurtait le flanc du bateau.

Marteen et Cathal grimpèrent les premiers l'échelle de corde, suivis de Clay. Lorsqu'il enjamba le bastingage, un homme de haute taille aux traits anguleux, qui portait un caban et une casquette blanchie par le sel, s'approcha de lui en lui tendant la main .

— Colonel Fitzgerald ? dit-il en anglais, je suis le Capitaine Jourdain. J'espère que vous ferez un confortable voyage jusqu'à Bordeaux. Si vous voulez bien descendre, quelqu'un vous attend pour vous conduire à votre cabine. Pour l'instant, vous allez devoir m'excuser, je ne serai tranquille que lorsque nous aurons quitté la région.

Il s'éloigna sur le pont en direction du gouvernail en donnant des ordres à voix basse et Cathal se gratta la tête, perplexe.

— Eh bien ! on dirait qu'on nous attendait, n'est-ce pas, Colonel ?

Clay hocha la tête, soucieux.

— A n'en pas douter, oui, dit-il. (Puis il haussa les épaules.) Il doit certainement y avoir une explication logique.

— De quoi vous inquiétez-vous ? demanda Marteen à son frère. Descendons voir le genre de cabines qu'on nous a réservées. J'ai entendu raconter tellement de choses bizarres sur ces bateaux français.

Ils descendirent en parlant avec animation et Clay alla sur la proue et resta à regarder l'Irlande.

— Vous êtes triste de partir ? demanda une voix.

Pendant un moment, il resta immobile, pétrifié. Puis il se retourna lentement. Elle était debout près du mât, enveloppée d'une longue cape noire et Joshua l'accompagnait. Le Noir sourit de toutes ses dents et les laissa tous les deux tandis que Joanna s'avançait.

Clay l'étreignit dans ses bras et l'embrassa passionnément. Puis il s'écarta d'elle et la regarda d'un air stupéfait.

— Mais comment se fait-il ? Je ne comprends pas.

— Le Père Costello, répondit-elle simplement. Il était au courant pour le bateau, même s'il n'aurait pas dû. Il savait que ce serait la seule façon pour vous de quitter le pays.

— Mais comment avez-vous quitté Drumore ?

— Le Père Costello est un homme de ressources. Nous nous sommes allongés au fond du cabriolet et ils nous a recouverts d'un tapis. Le Capitaine Vale lui avait donné un laissez-passer spécial pour pouvoir rendre visite aux familles en deuil qui habitent loin du village.

— Vous avez vu Vale ?

— Oui, il a fait une affaire personnelle de me retrouver immédiatement.

— A-t-il dit quelque chose sur moi ?

— Non, rien, hormis qu'il ne vous comprenait pas du tout.

Clay eut un petit rire.

— Ce n'est guère étonnant. Je ne me comprends pas moi-même non plus. (Il soupira et sembla accablé de tristesse.) Je me demande si cela changera un jour, s'il reste quelque espoir pour tous ces gens.

— Il y a toujours de l'espoir, répondit-elle d'un ton confiant. Dieu ne laisse personne souffrir indéfiniment.

— Mais le Destin joue parfois des tours bien étranges, répondit-il. Je suis arrivé en Irlande pour y trouver la paix et la tranquillité. Au lieu de cela, j'ai trouvé le pays dans un tel état que je n'ai pu que m'en préoccuper. Et maintenant, je m'en vais, comme un fugitif traqué, heureux d'échapper à la potence.

— Vous pensez que votre visite n'est qu'une erreur, alors ? dit-elle en levant vers lui des yeux où la lune faisait briller des paillettes d'ambre et d'or.

Il prit son visage dans ses mains et l'embrassa délicatement sur les lèvres. Il glissa son bras autour de sa taille et elle se blottit contre lui. Ce n'était plus la peine de répondre à sa question. Et ensemble, ils jetèrent un dernier regard sur l'Irlande qui s'enfonçait dans la nuit à l'horizon.

Impression réalisée sur CAMERON par
BRODARD ET TAUPIN
La Flèche
en février 1994

Imprimé en France
Dépôt légal 9623 - février 1994
Collection 17 - Édition 01
N° d'impression : 6802 I-5
ISBN : 2-7024-2442-2
ISSN : 1152-2526

52/0611/5

Table